产业转型升级与产能过剩治理

——中国工业经济学会2014年论文集

主　编／刘友金　吕　政

副主编／潘爱民　高　粮

经济管理出版社
ECONOMY & MANAGEMENT PUBLISHING HOUSE

目　录

北京城市公用事业价格形成机制目标与改革路径

卢宇　柳学信　范合君

（首都经济贸易大学工商管理学院，北京　100070）

一、问题的提出

改革开放之前，与当时的公用事业经营管理体制和计划价格体制相适应，北京公用事业价格实行计划价格规制模式。这种模式的基本特征如下：在价格形成方式上，实行单一的政府定价方式。公用事业只有国家定价一种价格形式。政府价格机构和业务主管部门是定价主体，公用产品生产企业没有定价权。在价格规制权限上，定价权高度集中于中央。所有公用产品价格，包括像自来水这样典型的地方性公用产品价格都由中央政府统管。在价格制定过程中，排斥供求关系的作用，片面强调公用事业的公益性和福利性，实行低价政策，造成公用事业价格水平严重偏低；而且价格一定就是几十年不变，在价格结构上很不完善。改革开放以后，价格改革在经济体制改革中一直处于十分重要的地位。30 多年的价格改革主要是在私人产品价格领域中进行，对传统的公用事业价格规制体制触动不大。30 多年来，公用事业价格体制的调整与改革只是对部分地方性特点较强的公用产品下放了价格规制权限，对若干公用产品价格实行了国家指导价格形式，也对长期偏低的公用事业价格水平进行了一定程度的调整，引入了价格听证会、特许经营等模式和方法，但是并没有从公用事业价格规制体制的深层次方面进行改革。本文给出北京城市公用事业价格形成机制目标与改革路径。

二、北京城市公用事业价格形成的目标

按照劳动价值论观点，价格应该以价值为基础，反映供求关系，而价值即是凝聚在商品中的一般劳动时间；现代西方经济学普遍认为，价格是商品稀缺性通过市场交易双方的信息掌握而对供求力量对比做出的反映。公用事业作为受众面极其广泛的行业，其定价应体现如下几方面目标：

（一）有利于促进效率

（1）刺激企业生产效率。由于政府规制的实质是，在几乎不存在竞争或竞争很弱的产业或业务领域中，政府通过一定的规制政策与措施，建立一种类似于竞争机制的刺激机制，以刺激企业的生产效率。因此，价格规制作为一种重要的规制手段，其规制功能不仅仅是通过制定最高规制

价格，以保护消费者利益，实现分配效率，而且要刺激企业优化生产要素组合，充分利用规模经济，不断进行技术革新和管理创新，努力实现最大生产效率。

（2）实现外部经济效率。定价机制应能使企业在追求微观个别效益的同时，具有外部经济性，对环境和下游产业产生适当的积极影响，促进经济的可持续发展，即溢出效应。

（3）促进社会分配效率。目前公共事业领域通常由一家或极少数几家企业垄断经营。由于这些企业拥有市场垄断地位，如果不存在任何外部约束机制，它们就会成为市场价格的制定者而不是价格接受者，就有可能通过制定垄断价格，把一部分消费者剩余转化为生产者剩余，从而扭曲分配效率。这要求政府对公共事业的价格实行规制，以促进社会分配效率。

（二）有利于社会公平

政府规制公用事业价格的基本原因是在公用事业价格上存在市场失灵，如果不加规制，垄断企业便会制定垄断高价以获取高额利润，这会直接导致国民收入分配不公平。因此，政府制定规制价格以保证收入公平分配便成为最直接的规制目标。社会公平方面的目标主要体现在普遍服务与适当负担两方面。普遍服务原则是公用事业对所有服务的需求者，应尽可能提供相应服务，满足其需求；公用事业不能在允许经营范围内进行歧视性的市场选择，不能只对具有短期财务效益的需求者提供服务，而对短期不具备财务效益的需求者采取歧视性价格或消极提供服务。这是公用事业企业独到的社会义务，体现社会公平原则。适当负担原则意即公用事业的定价应能使受用者具有支付能力，应能使受用者的负担适当。同时，应尽可能反映不同消费者的消费特性差异而导致的生产及传输成本差异。

（三）保证合理收入，吸引投资和促进行业发展

公用事业定价应能提供投资者与其承担风险相适应的报酬水平，保证企业获得合理收入或保证企业财务稳定。如何吸引资金投向这些行业是保障其发展的前提，按照资本资产定价模型，资本总是追逐利润的，而且资本的回报要求与其承受的风险成正比；否则，如果行业内不能获得与其风险相匹配的收益率，资本就会退出该行业。随着国民经济的发展，对公共事业的需求具有加速增长的趋势。为适应这种大规模的、不断增长的需求，需要公共事业的经营企业不断进行大规模投资，以提高市场供给能力。这需要政府在制定规制价格时，考虑到使企业具有一定的自我积累、不断进行大规模投资的能力。

（四）实现社会福利最大化

政府只有在实现社会福利最大化的目标下制定的价格才能使政府、企业、消费者达到均衡。因此，政府对公用事业的规制目标还应包括实现社会福利最大化。

（五）节约能源，实现社会可持续发展

有些公用产品具有资源稀缺性特点，因此，在提供这类公用产品时，应考虑到节约能源。例如由于自来水是一种稀缺的公用产品，所以在价格制定上要体现这一点。

三、北京城市公用事业价格形成的基本原则

公用事业不同于一般的商品，它的特殊性对价格形成提出了特殊要求。公用事业价格形成应

遵循以下基本原则。

（一）受益原则

既然这类公用事业的受益者不是全体社会成员，而是某类社会群体或社会成员，因而其费用支出不应由全社会负担，而应由受益者负担。在公用事业价格形成上运用受益原则应注意两大要点：一是收费项目的确定与当事人受益面直接相关，不能"为定价而定价，为收费而收费"；二是收费的最高限度不能超过受益量，受益者的负担量应与他们的受益量对称。

（二）效率与公平的统一

根据"谁受益，谁付费"的原则确定公用事业的价格，实质是反映公用事业具有"私人性"的一面，并体现市场机制运行的效率。由于公用事业存在不同程度的外部效应。这些外部效应并不与个人需要相对应，而是体现了社会公共需要，且这部分效应难以用货币计量。因此，根据受益原则确定的公用事业价格，并不能全面地反映实际的受益程度，导致受益与负担的脱节。因此，在公用事业价格形成中，应根据公用事业存在的不同性质、不同程度的外部效应，辅之以税收或补贴的办法，从而实现效率与公平的统一。公用事业价格形成如只考虑效率，不考虑公平，不考虑社会效益，将有失公用事业的公益性特点。

（三）补偿成本、合理收益原则

合理的公用事业价格形成必须贯彻"补偿成本、合理收益"的原则，因为在一般情况下，成本是产品价格形成的最低界限。如果公用事业价格高于成本，等同于向受益人收税，加重了其额外负担，违背了公用事业的公益性特征。如果公用事业价格低于成本，一方面，政府必须提供较多的财政补贴，加重财政负担；另一方面，必然影响公用事业提供的数量和质量。合理的利润能激发企业的积极性，有能力扩大再生产。那么，贯彻"补偿成本、合理收益"的原则，是以平均成本为标准还是以边际成本为标准，应根据不同的公用事业的类型而选择。

（四）考虑消费者的消费需求和付费意愿

公用事业的价格形成也要考虑公用事业的价格对消费者的消费需求和付费意愿的影响。如果某项公用产品的价格导致消费过度，产生拥挤现象、资源的浪费或负外部性，给社会带来不良影响，表明公用产品的价格大大低于消费者的消费意愿，应给予适当提高；反之，如果某项公用产品的价格导致消费不足，表明这项公用产品的价格大大高于消费者的消费意愿和承受能力，应给予适当降低，因为公用产业的供给能力在短期内不能显著增加，而设备容量闲置也会造成浪费和减少社会福利。另外，有些公用产品带有正外部性，消费量的减少会带来社会福利的减少。总之，公用产品的价格要适当反映产品的供求关系。价格不仅要与生产成本相近，还要调节需求水平和需求结构，使之服务于国家的资源和环保目标，促进资源节约。

（五）公开、公正原则

公用事业的特殊性还要求其价格必须是公开、公正地形成。如果不将其价格放置在公开、公正的环境中形成，则该价格必定会在不完全竞争或垄断环境下形成。这与一般的商品和服务价格形成不一样，后者基本上是受市场竞争制约的，因而其价格形成不需要在公开、公正的环境下形成。实际上，在市场竞争领域，企业的价格决策、价格形成是企业的商业秘密。为什么公用事业价格制定调整要经过听证会程序，其原因就在于此。因此，必须按公开、公正的原则，确立公用事业价格形成的程序、制度，规范整个价格管理体制。

四、北京城市公用事业价格形成的约束条件

公用事业定价的约束条件是指影响公用事业定价的客观因素。大致来说，公用事业定价的约束条件有生产约束、市场约束、财务约束和可操作性约束四个方面。

（一）生产约束

公用事业的生产能力一经确定，一般具有稳定性，扩充生产能力的实施难度大，周期长。例如，一个电厂形成后，其生产能力相对固定，而大幅度扩充的办法是新建电厂或扩建机组，这个周期平均至少需要 3 年左右；一个城市管网形成后，其传输能力也基本确定，如果设计的传输能力不能满足增长的需求，那么进行改造的难度较大，只能通过新建管道解决。这种生产能力的约束使公用事业不能在短期内对较大的价格波动或需求波动做出生产能力的调整。当需求出现显著波动或变化较大时，生产能力不处于最优状态，出现过剩或不足，价格机制的灵活调节供需出现一定的时滞现象。

（二）市场约束

公用事业的生产能力具有稳定性，但其市场状态却具有不同的形态。例如，成熟的城市供气、水、电基本稳定；但对一条公路来说，就中国的现实，在快速发展期具有多变性，接近或达到运输能力后出现稳定，只能通过另建一条满足超过的需求，周期较长。对于新型发展区域来说，市场约束十分明显，如果一个区域的需求增长为指数分布 $Q = Q_0 AX$，X 为年数，A 为增长率，Q_0 为起始需求量，Q 为期末需求量。可见，公用事业设施要么面对漫长的生产过剩，要么面对漫长的生产不足，这使市场风险骤然增大。

市场约束的另一个表现是需求密度，即单位投资的需求经济价值。例如，城市供水、气、热、电等，存在投资的利用系数差异，高密度的工业需求、商业需求远比分散的、小规模的居民需求具有经济性。如果某个发展区域工业需求较少，由于通常常住人口少（旅游城市是例外）导致居民需求及商业需求狭小，投资的内部经济性较差，但从改善投资及生活环境、吸引外来资金及人口角度看，具有很大的外部经济性。

（三）财务约束

由于市场约束、生产约束等原因，当财务的收支与现金的平衡存在困难时，财务风险立即显现，新发展区域的这一因素尤其明显。由于市场的规模开始时明显不足，导致平均成本较高。如果从短期角度出发，以平均成本为基础制定较高的价格，会导致需求萎缩，不能吸引投资与人口的增加，不能扩充需求；如果长期延续较低的定价，则会给企业造成巨大的财务风险。

对于新发展区域，政府总是希望及早进行城市基础设施及公用设施的建设，作为推动区域经济发展的第一动力，而且希望各种设施的使用费较低，低于周边的成熟城市。但实际上，新发展区域相对于成熟市区，风险更加明显，其需求量更难以预测，不确定性大；需求密度开始时通常较低。

（四）可操作性约束

价格的可操作性，其实是维持力问题。政府定价偏高，会给消费者带来损失，出现显著的净福利损失；即使政府将价格定得较低，也会存在非价格垄断，即较少的供给和较差的服务，企业在供

货和付款方面制定有利于自己而不利于消费者的规则，让消费者付出排队等待等非货币的代价。

解决这一两难困境的办法是政府在自然垄断市场结构中，尽可能仿效市场建立"一个人造的"制度环境，使企业仿佛置身于一个市场制度中，同时解决"定价"和"竞争压力"问题，从而既避免了市场的弊端，又借用了市场的力量。

五、影响北京城市公用事业价格形成的经济因素

影响北京城市公用事业价格形成的经济因素很多，大致可分为行业发展阶段与市场规模的影响、不同市场结构的影响、需求特性的影响和历史及产权结构的影响等方面。

（一）行业发展阶段与市场规模的影响

一个行业从其发展历程来看可划分为创立期、成长期、成熟期及衰退期几个阶段。一般来说，公用事业的发展阶段与城市的发展阶段基本一致，与城市经济的发展速度正相关，而城市发展速度及人口的增长速度与投资的增长速度高度正相关。将城市分为新发展地区与成熟地区两类。在成熟地区，经济及人口的增长比较平稳，公用事业运营已有一定时间，存在一定的积累，城市建设的任务主要是改造性的，例如北京、上海、广州等城市中心区域；而新发展区域处于人口及投资的高度集中状态，增长速度明显大于周边地区，城市建设任务繁重，新增性的基建投资巨大，如20世纪80年代及90年代初的深圳、珠海、天津开发区、广州黄埔开发区等，90年代后的上海浦东及目前的广州南沙等地区非常典型。

对于市场规模大的北京市，由于其城市公用事业已具有经济规模，且公用事业企业具备一定的积累，因此，应该逐步建立以接近边际成本的定价方式，边际成本应考虑维护成本及边际生产能力的扩充所需的投资成本，其原有投资基本是国有投资，因此，应采取政府授权经营方式，并核定新增投资及计入成本方式，部分通过一次性的容量收费。

（二）不同市场结构的影响

市场结构首先表现为市场的竞争性，从深层次来说，主要是产业本身及其周边环境的竞争关系，按照著名战略管理专家波特的竞争力分析模型，产业内的竞争取决于五类因素，具体如图1所示。

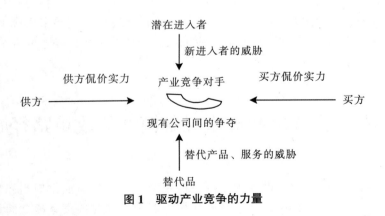

图1　驱动产业竞争的力量

以上五种作用力共同决定产业竞争的强度及产业利润率,就北京市公用事业来说,产业内竞争程度较低。买方相对处于弱势,特别对普通市民更是如此,但随着消费者自主权意识的提高,这一弱势地位有所缓和;供方实力基本不强,但个别行业例外,例如城市燃气上游产业具有较强侃价能力;由于这些行业具有较为稳定的收益,潜在进入者有逐步增加趋势,包括民营及外资逐步加入竞争队伍,预计潜在进入者将逐步加大行业的竞争;替代品较少,但随着技术的进步,替代品有增加趋势。总之,目前北京市公用事业竞争程度较低,但有增强趋势,为逐步利用市场调节供需创造了条件。

市场结构的结果表现为产业内竞争者的数量及竞争方式,经济学将其分为垄断型、寡头垄断型、垄断竞争型和竞争型,实际上,北京公用事业主要表现为区域性行政垄断特点,可以视为寡头分占市场的格局。

不同市场结构及特性的公用事业行业应该采取不同的价格管理手段,从而具有不同的定价机制。对于竞争性较强的行业,应该让市场解决定价问题,逐步放松规制,鼓励公平竞争;对于竞争性较弱的行业,应在鼓励竞争因素形成的同时,建立科学合理的定价管理体制。

(三) 不同需求特性的影响

市场的需求特性主要包括需求的自然增长率与需求的价格弹性。

由于我国经济正处于高速发展期,城市化的进程较快,公用事业的自然增长率较高。对于增长率较高的行业,无疑更有条件经受短期的亏损,而通过长期收益能加以弥补,因此定价决策应该是立足长远的动态盈亏平衡;对于增长率较低的行业,则以短期平衡为出发点。

产业的需求价格弹性是价格决策的重要依据。公用事业行业价格弹性较低,但部分存在替代竞争的产业具有较大的价格弹性。例如燃气供应,由于燃气与电存在较大的替代性,国际上经验数据分析及技术经济比较后认为,当电、气等热值价格比在 2:1 左右时,处于竞争的临界点。毫无疑问,当价格处于这一阶段时,价格弹性突然增大,产业的竞争性急剧加大,这时,降低价格具有扩大利润的作用。

(四) 历史及产权结构的影响

北京城市公用事业领域大部分为国有投资,产权结构单一,现代企业制度尚未完全建立,企业政企不分、产权不明。政府的行政隶属关系既是造成目前状况的原因,同时也是促进改革的力量,为推进重组与产业重构提供了条件。

一些领域,比如地铁、水厂、独立发电厂、停车场、道路桥梁等通过大量引进 BOT (Build-Operate-Transfer,建设—经营—移交)、TOT (Transfer-Operate-Transfer,移交—经营—移交)、PPP (Private-Public-Partnership,国家私人合营公司) 等方式进行建设,主要采用成本加成机制确定价格,其产权相对明晰,今后移交政府所有后,应采取公开选择、特许经营的方式进入下一轮的运营管理。

六、公共事业价格规制模式的改革路径

中国规制改革总的来讲是顺应世界潮流而放松规制,制止目前强化规制和规制泛滥的倾向。考虑到我国正处在经济转型过程中,由于我国法律不健全,同时并没有建立起科学的规制体系,因此我国公用事业规制模式改革是放松规制与强化规制并存的过程。一方面,需要建立、强化、完善我国缺失的、合理的规制；另一方面，又要不断地减少、废除过时的、不合理的规制。

　　包括价格规制在内的放松规制改革在内容上应当是渐进的，需要分阶段进行。OECD 提出垄断产业的规制模式改革应当分为三个阶段，分步骤进行（如图 2 所示）。

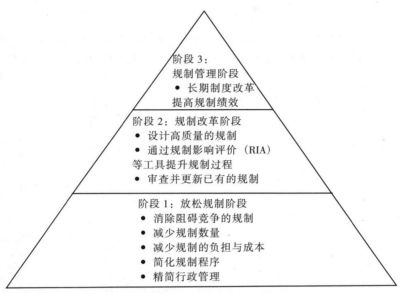

图 2　OECD 对规制改革的阶段划分

资料来源：OECD. Recommendation of the Council of the OECD on Improving the Quality of Government Regulation, 1995, Paris.

　　在具体规制改革内容上，在总体上强调放松规制的趋势下，放松进入规制应该先行。没有进入规制的放松，竞争仍是政府人为设计出来的竞争（如通过分拆措施），竞争不是自由的，竞争程度有限。因为有了产权模式改革和治理模式改革，企业一定程度上已经成为市场竞争主体，有了硬预算约束，这时候必然呼唤对规制体制的改革，包括价格形成机制的市场化和进入规制的自由化。但在价格和进入两个方面内容规制上，放松进入规制一定优先于放松价格规制。只有有了比较自由的进入基础以后，市场竞争比较充分了，才具备放开价格规制的条件。否则，如果价格先于进入而放开，在进入不充分的条件下，改革后的企业有涨价冲动，公众见到的恐怕是公用事业的价格上涨或价格合谋情形。

　　放松进入规制要求重点改革行政审批制度，包括投资项目审批、许可认可制度、资格制度、标准检查制度等内容。在行政审批制度改革上，首先，要继续减少审批范围，取消不必要的审批；其次，不断提高政府审批的投资项目资金规模起点；最后，逐步改革范围广、程度严的审批制，沿着审批→审核、核准→备案的思路和方向，将"事先审批型模式"逐步过渡到"事后审批型模式"。

　　如果有了较为充分的竞争机制、进入机制和企业硬预算机制，价格就可以完全像竞争性产业领域一样由市场决定，此时取消价格规制也就顺理成章了。对于价格规制逐步放松乃至完全解除后，规制改革的使命已经完成，其后的企业价格行为（诸如价格合谋等）已经属于《反垄断法》等法律所要解决的问题。伴随着价格、进入等规制改革内容的到位，政府有关经济性规制部门也就应该彻底退出了。当然，即使在竞争性产业领域，政府保持对价格的相机抉择的宏观调控权，极端情况下甚至冻结价格［如 2008 年 1 月，中国 31 个省（区、市）均已启动临时价格干预措施］，也是各个国家政府的普遍职能和国际惯例。这种做法和放松价格规制并不矛盾，属于政府对市场机制的偶尔和临时性的矫正。

北京城市公用事业价格形成机制应包括近期和远期目标。近期目标致力于在政府依法监管下，建立基于绩效评价的价格形成机制；远期目标将在市场化完成后，随着竞争的充分引入，建立基于市场竞争的价格形成机制和基于社会公平的消费补贴机制。

参考文献：

［1］戚聿东，柳学信. 深化垄断行业改革的模式与路径：整体渐进改革观［J］. 中国工业经济，2008（8）.

［2］戚聿东，柳学信等. 自然垄断产业改革：国际经验与中国实践［M］. 北京：中国社会科学出版社，2009.

［3］波特. 竞争战略［M］. 北京：华夏出版社，1997.

产业互联网驱动下我国工业企业转型升级策略研究

——黎明重工互联网发展模式案例剖析

赵西三

（河南省社会科学院工业经济研究所，河南郑州　450002）

互联网进入中国以来，逐渐引发了消费领域的革命，电子商务快速普及，依托互联网的商业模式创新层出不穷。艾瑞咨询的统计数据显示，2013 年，中国的电子商务市场交易规模达到 10 万亿元，占我国整体零售市场份额已高达 7.8%，超过美国。麦肯锡全球研究院推出了 iGDP 指数，2013 年中国的 iGDP 指数达到 4.4%，列全球第五位。伴随着物联网、大数据、云计算、移动互联网等技术的日趋成熟，互联网对制造业领域的冲击和改造日益显现，第三次工业革命、德国工业 4.0、美国工业互联网等产业新理念的核心均是依托互联网改造、整合产业价值链，形成新的制造技术、制造模式和制造组织，我国工信部正在编制的《中国制造 2025》也把产业互联网作为推进工业转型升级的重要平台和手段，家电、服装、装备等工业领域内一大批企业加快推进互联网转型。产业互联网到底是什么？对传统的制造型企业会产生什么影响？本文通过对黎明重工这个制造型企业案例进行初步分析，试图回答这些问题。当然，本文的案例比较单一，研究尚不成熟，有待于更进一步深入研究。

一、产业互联网：工业企业转型升级的新驱动力

从消费互联网向产业互联网转变将是今后一段时期我国互联网面临的新革命，从而使得互联网对工业领域的影响更加深刻，成为工业企业转型升级的新驱动力。

（一）从消费互联网到产业互联网

消费互联网主要针对消费者个人体验，而产业互联网渗透领域更加广泛，主要以生产者为用户、以生产活动为应用场景的互联网应用，体现在生产、交易、融资、营销、流通、服务等各个环节的网络渗透，利用互联网对各产业的各个环节的改造，达到提升效率、节约能源等作用（易欢欢，2014）。互联网正在彻底改变制造业，随着互联网和工业的融合，互联网渗入到从产品设计、研发、生产制造到营销、服务等各个环节，彻底改变了工业的生产模式（曹淑敏，2014）。田溯宁、丁健（2014）称之为"产业互联网时代"，用互联网名词来说即"从小 C 时代到大 B 时

[作者简介] 赵西三（1976~），男，河南郸城人，河南社科院工业经济所，副研究员。

代"，产业互联网时代的生产资料就是大数据，新的计算及计算技术与应用正在将过去以"流程"为核心带向以"大数据"为核心，作为最为重要的生产要素，大数据及大数据处理的能力成为每个企业、每个行业的"新大脑"。2014 年 7 月，麦肯锡的一份研究报告《中国的数字化转型：互联网对生产力与增长的影响》，认为中国正从消费者主导型互联网向企业主导型互联网转变，预计从现在到 2025 年，互联网对中国劳动生产力水平提高的贡献份额将达到 22%。

（二）产业互联网的四个环节

产业互联网依托信息技术对工业企业价值链的四大环节进行改造提升，彻底改变了传统工业企业生产经营、管理和组织方式。

（1）营销交付环节。制造业企业可以借助互联网创新营销模式，甚至可以依托第三方电商平台、物流平台，以更快的速度、更低的成本把产品推广到更广的范围，电子商务、跨境电子商务、信息化物流平台等已经可以实现全球推广、交付。借助于云计算和大数据技术，企业可以实时对营销数据进行提炼、分析，对营销方式进行调整，甚至挖掘出对产品设计有用的信息，快速反馈给产品研发设计部门，以便于企业更快地推出更具潜力的新产品，营销环节的互联网化会倒逼企业的研发、生产等环节流程再造。

（2）研发设计环节。产业互联网可以让客户更加深入地参与到产品研发设计中，倒逼企业更加重视用户体验、用户参与，并尊重用户的个性化需求，形成大规模定制能力。如小米模式的成功，主要是通过互联网根据用户需求进行产品研发设计，再整合产业链完成产品生产，最后通过互联网交付到用户手中。目前，许多制造企业均在谋划通过互联网化研发设计产品，推进产品设计的创客化，如海尔推进传统家电制造企业互联网化转型，围绕企业平台化、员工创客化、用户个性化，一批新产品推向市场。红领集团创造的服装大规模定制方式，运用互联网思维，通过大数据分析形成了 C2M 模式（Customer to Manufactory）。

（3）加工制造环节。加工制造环节的互联网化主要体现在德国工业 4.0 和美国的工业互联网上，通过物联网、大数据、云平台等技术把机器、人、数据等要素融为一体，通过工业云平台，把工业设计、供应链、制造、3D 打印、零部件库等融合在一个平台上，打造全新的生产体系，改变传统生产组织模式，缩短产品从设计到交付的时间，提高效率。西门子的德国工业 4.0 工厂已经投入使用，2013 年我国工信部已经就工业云创新展开了试点。

（4）资金融通环节。互联网金融的蓬勃发展为工业企业提供了新的资金融通平台，尤其是众筹模式，创造了新的生产服务方式，使得消费者、创意者与生产者深度融合，改变了以生产者为中心的传统规模化生产方式。未来，互联网金融将会对传统制造业生产组织方式产生更加深远的影响。

二、黎明重工：搭上互联网快车的传统机械制造企业

河南黎明重工科技股份有限公司（以下简称黎明重工）成立于 1987 年，总部坐落于郑州国家高新技术产业开发区，生产基地位于郑州市上街区，是河南省级高新技术企业，郑州市重点支持发展的百强非公有制企业之一。公司始终专注于破碎制粉类机械设备的制造，在行业内占主导地位，多项产品与技术获得国家专利。作为中国破磨装备制造的第一品牌，近几年，公司面临着国际金融危机的巨大冲击，公司营业收入仍保持着较快的增长速度，主要受益于公司通过发展电子商务对传统营销模式的创新与突破。

（二）大力拓展研发与服务两端高附加值环节

工业企业未来发展趋势是向研发与服务"微笑曲线"两端高附加值环节延伸，打造综合解决方案提供商。产业互联网环境下"微笑曲线"更加陡峭。

（1）持续加大研发技术投入。创新是一个民族、一个团队、一个组织发展的不竭动力，要想在较为混乱的矿山破磨行业取得较大的成果，必须注重产品研发创新。在新产品推广、性能质量优越等方面显得格外重要。尤其是近年来，随着中国建筑市场的迅猛发展（如工程项目越来越大、工期越来越短、高度越来越高等），国内市场对工程机械产品要求也越来越高。相对于同质化产品而言，具有个性化能满足特殊要求和作业的产品更加受到市场的青睐。黎明重工未来将加大对研发顶尖人才的培养和引进，开发出更加符合市场趋势的个性化产品，更好地服务市场和满足市场的需要。

（2）提升综合服务能力。伴随着市场需求更加重视服务质量，工程机械企业应将更多注意力放到产品的售后服务，以提高"新市场"对品牌产品的认可度和加强用户对购买新机的信心。近年来，中联重科、徐工、三一重工等中国工程机械的龙头企业，纷纷推出各种高质量的综合服务，把企业打造成综合解决方案提供商。以三一重工为例，近几年通过创新服务举措，在线服务平台持续提升，那些只能在其他行业享受的"终身免费服务"、"保姆式服务"，也能在工程机械行业实现，超出客户预期，三一重工一举占据了服务制高点。未来黎明重工也将围绕打造提升服务平台，提高综合服务能力。

（三）政府要打造产业互联网公共服务平台

产业互联网主要是借助网络技术对产业链价值链进行整合，而网络具有巨大的规模效应，政府应在产业互联网领域打造一批公共服务平台，推进制造业生产、设计、销售、服务等资源的云端化，引导第三方在物流、金融、创新等领域建设云服务平台，为工业企业尤其是中小企业提供服务平台，使得工业企业更便利地利用公共平台实现互联网转型。

参考文献：

[1] 易欢欢. 寻找产业互联网的 BAT [J]. 安源证券研究报告，2014（7）.

[2] 曹淑敏. 互联网正在彻底改变制造业 [J]. 中国电子报，2014，8（29）.

[3] 田溯宁，丁健. 从消费互联网到产业互联网 [J]. 财经，2014（3）.

[4] 龚绍东. 河南工业发展报告（2014）[M]. 北京：社科文献出版社，2014.

[5] 麦肯锡全球研究院. 中国的数字化转型：互联网对生产力与增长的影响 [R]. 2014.

体制转型期我国经济结构转型的驱动力及摩擦力

叶提芳[1]　王军礼[2]

（1. 中南财经政法大学统计与数学学院，湖北武汉　430073；

2. 北京大学光华管理学院博士后流动站，北京　100871）

一、引　言

　　1978~2012 年，中国经历了经济的高速增长，同时，也在经历着双重转型阶段，即从计划经济体制向市场经济体制的体制转型和传统的农业社会向工业社会的发展转型相结合和重叠。这个阶段的中国，一方面，要摆脱计划经济体制的束缚，以市场经济体制代替计划经济体制；另一方面，要从传统的农业社会转向工业社会，使中国成长为一个现代化国家。在这两个转型中，体制转型是重点，体制转型可以带动发展转型，而在体制转型过程中，国有企业的改革是十分重要的。我国在改革开放之初，市场不完善、产权不明晰，厉以宁在《非均衡的中国经济》中便倡导股份制改革，成为我国推进市场建设和国有企业改革的重要理论支撑。随着 1994 年社会主义市场经济体制改革的正式实施，为了应对市场化竞争的需要，解决国有企业冗员过多、效率低下的问题，我国政府对国有企业进行了一系列的改革，其中最主要的是"减员增效"，国有部门的规模迅速下降，而非国有部门（包括私营企业、个体企业，还有逐渐私营化的乡镇企业及集体经济单位等）的规模迅速上升，国有部门的从业人员在总就业人员中的份额从 1978 年的 18.6% 降低至 2012 年的 8.9%，非农业就业份额中国有部门所占份额从 1978 年的 56.4% 降至 2012 年的 12.8%，大量劳动力从国有企业流向非国有企业。在我国体制转型的同时，还发生着经济结构方面的变迁，即发展转型。发展转型是在我国以市场为导向的发展制度下发生的，它是指从传统的农业社会转向工业社会，其中主要的特征是劳动力大量从农业部门流向非农业部门。我国第一产业就业份额从 1978 年的 70.5% 降低至 2012 年的 32%，第二、第三产业分别从 1978 年的 17.3% 和 12.2% 增加至 2012 年的 30.8% 和 37.2%，其中第二、第三产业中非国有经济单位就业份额分别从 8.4% 和 4.5% 增加至 28.7% 和 29.2%。另外，在这几十年间，农业部门的劳动生产率迅速增长，超过第二、第三产业部门。鉴于我们对这些事实的观察，为了探寻这些事实背后的联系，我们试图设置模型研究各产业部门劳动生产率的提高及国有部门规模的减小对经济结构变迁的影响。考虑到经济结构变迁，不免涉及劳动力在各部门之间的再分配。在我国从计划经济体制向市场经济体制转型期间，由于"二元体制"的背景和户籍制度的限制，劳动力在城乡之间流动会有一定的摩擦，因此，本

　　[作者简介]：叶提芳（1982~），女，河南驻马店人，中南财经政法大学统计数学学院博士研究生；王军礼（1979~），男，河南驻马店人，北京大学光华管理学院博士后流动站。

文还会在模型中考虑劳动力流动成本对经济结构变迁的影响。

国内外已有文献分析经济结构变迁的驱动力，大都集中在理论的分析，主要分为两个分支。第一个分支强调价格效应，主要是假设各部门具有不同的技术进步率，从而对于技术进步率高的部门具有较低的价格，技术进步率低的部门价格较高。由于各部门产品的替代弹性不同，导致各部门就业份额发生不同的改变。一般来说，当各部门产品之间的替代弹性大于 1 时（各部门生产的产品是替代品），劳动力会流向技术进步率高的部门，技术进步慢的部门会逐渐消失；当各部门产品之间的替代弹性小于 1 时（各部门生产的产品是互补品），劳动力会流向技术进步慢的部门。这类文献的代表有 Ngai 和 Pissarides（2007）、Rogerson（2008）、Duarte 和 Restuccia（2010）、陈体标（2007，2008）、陈晓光和龚六堂（2005）。第二个分支假设各产业部门具有相同的技术进步率，在消费的效应函数中引入非位似偏好（Non-homothetic Preferences），通过这样的设置，对于农产品消费的收入弹性小于 1，对于非农产品消费的替代弹性大于 1，那么当收入增加时，消费者对于非农产品需求的增加会大于对农产品需求的增加，这样，劳动力会从农业部门流向非农业部门，这方面的代表性文献有 Echevarria（1997），Kongsamut、Rebelo 和 Xie（2001），Foellmi 和 Zweimuller（2008），Dennis 和 Iscan（2009），Boppart（2011）。关于经济结构变迁的影响因素方面的文献还有 Matsuyama（2009）、Yi 和 Zhang（2010）、Betts 等（2011）、Sposi（2011）、Teignier（2012），这类文献主要是在开放框架下考察国际贸易在经济结构变迁中的作用。Kim 和 Topel（1995）、Nickell 等（2002）、Messina（2006）、Hayashi 和 Prescott（2008）在经济结构变迁的框架下考察了劳动力的流动成本，主要讨论劳动力流动成本会对经济结构变迁产生的影响。Ping Wang 和 Danyang Xie（2004）认为影响一国产业经济结构变迁升级的有：高技能劳动力、资金、新科技的不足；资本和劳动力之间合适的匹配；工业协调以克服规模壁垒。Dekle 和 Guillaume（2012）的文章在两部门模型下，通过中国 1978~2003 年的数据，考虑农业部门和非农业部门的 TFP 增长率、国有部门规模的减小及劳动力流动摩擦对经济结构变迁的影响，得到农业部门 TFP 的增长对经济结构变迁起到最大的促进作用。Rogerson（2008）、Duarte 和 Restuccia（2010）设置三部门模型，考察各个国家劳动生产率在该国经济结构变迁中的角色，得到劳动生产率对劳动力长期就业份额所起的决定性作用。

本文主要是以我国改革开放以来由计划体制向市场体制转型为背景，重点考虑的是国有部门规模的减小及户籍制度改革下劳动力流动摩擦的减小，研究我国经济结构发展转型的推动力的相关问题。在中国改革开放 30 多年的数据事实基础之上，首先，设置经济结构变迁模型，假设我国劳动力再分配靠两个机制驱动：由非位似偏好引起的收入效应和由部门之间劳动生产率不同引起的替代效应。因此，本文在设置效用函数时，会考虑由于消费者的非位似偏好引起的收入效应对经济结构变迁的助推作用；在设置生产函数时，考虑部门生产只使用劳动力，以考察劳动生产率对经济结构变迁的助推作用。其次，考虑到自 1978 年以来，我国国有经济部门的大幅减少，我们在设置模型的时候还会引入国有部门规模[①]考察其对经济结构变迁的影响。为什么国有部门规模的减小会影响经济结构变迁呢？我们主要考虑国有部门规模的减小通过以下两个机制来影响部门资源的再配置，进而引起经济结构变迁。第一，国有经济单位相比民营经济单位、个体私营经济单位、联营经济单位及股份合作经济单位是效率低下的，国有部门规模的减小意味着无效率的降低，同时伴随着总体经济生产率的提高和资源配置效率的提高，这在很大程度上会提高居民的收入水平，由于我们在效应函数中设置了消费者的非位似偏好，那么便会导致由收入效应引起的经济结构变迁；第二，在我国，很多国有企业具有一定的行政性，有的国有企业还是由原来的政府

---

① 此处我们用国有经济部门的就业份额来代表国有部门规模。

部门转变而来，政府税收的很大部分都投入到国有企业中，因此国有部门规模的减小从一定层面上反映了税率的降低，[①]这便鼓励了居民物质资本的积累。由于物质资本的积累主要发生在第二、第三产业部门，因此国有部门规模的减小会导致第二、第三产业部门劳动力需求的增加进而出现经济结构变迁。最后，鉴于中国向市场经济体制迈进的这个转型期，由于城乡"二元体制"的背景，劳动力在城乡之间流动存在壁垒的事实，并且借鉴已有学者的研究，本文还会考虑劳动力流动摩擦对经济结构变迁带来的影响。

本文下面的安排，在本文第二部分，我们将对中国 1978~2012 年的相关数据进行总结描述，对国有经济单位和非国有经济单位进行区分，得到国有部门规模的时间序列和三部门就业份额及劳动生产率的时间序列，为下文的参数校准和"反事实实验"（Counterfactual Experiment）做好准备。在本文第三部分，我们将建立理论模型，得出三个产业部门的就业份额随时间的变化路径，进行理论模型上的分析；在本文第四部分，我们将进行参数校准和"反事实实验"，从而得到 1978~2012 年我国经济结构变迁的推动力及其对经济结构变迁的贡献率；在本文第五部分我们给出总结。

二、数据描述

在本节中，我们需要对数据来源及分类做出以下说明：首先需要对行业的分类及经济单位的类型明确以下两点：①本文依据 Rogerson（2008）以及 Duarte 和 Restuccia（2010）对经济体三大产业模型化的做法，假设国家经济由第一、第二、第三产业部门组成，第一产业主要包括农、林、牧、渔业，主要生产农产品；第二产业主要包括采矿业、制造业、建筑业、电力、燃气和水的生产及供应业，主要生产工业品；其他为第三产业，主要生产服务业产品。②由于集体经济单位及乡镇企业从 1990 年开始逐渐私有化，我们借鉴 Brandt 和 Zhu（2010）的做法，集体经济单位、乡镇企业、外商投资企业、个体经济、私营经济及各种类型的股份合作企业和联营企业都看作非国有经济部门，而国有部门仅指国有经济单位，我们下文提到的第二、第三产业部门均属于非国有第二、第三产业部门。本文重点关注的数据还有三个部门的 GDP 及三个产业部门的价格指数，我们的数据来自历年《中国统计年鉴》，已将名义 GDP 转化为实际 GDP，再者本文关注的重点数据还有 1978~2012 年三个部门的就业份额，我们的数据同样来自历年《中国统计年鉴》。由于我们关注的是这 34 年中的长期趋势，因此我们参考 Duarte 和 Restuccia（2010）的做法，首先选用平滑参数 $\lambda = 100$ 的 H-P 滤波对我国劳动力在第一产业、非国有第二、第三产业部门的就业份额进行平滑，如图 1 所示。显然，我们可以看到，随着时间的变迁，我国这 34 年来，劳动力在各个部门经历了重大的再分配过程，即第一产业部门劳动力份额逐渐下降，非国有第二产业部门和第三产业部门劳动力份额逐渐上升。图 1 所示我们可以看到第一产业部门的劳动生产率增长迅速，而第二产业部门和第三产业部门劳动生产率增长较为缓慢。如图 2 所示，这里我们使用国有经济单位的就业份额来度量这个变量，由于集体经济和乡镇企业逐渐私有化，因此，这里的国有经济单位并不包括集体经济单位和乡镇企业经济单位。可以看到，国有部门规模在逐渐下降，这意味着消费者收入中用于赋税的份额降低（在下面模型的建立中我们可以看到对这个结论的解释）。

---

① 由于我们还可以使用政府公共支出与 GDP 的比值衡量国有部门规模的大小，而比例税率只可以这样简单得到，因此我们可以得到这个结论。我们还可以从下面第三节模型的设置中家庭预算约束及政府预算约束中得到这个结论。

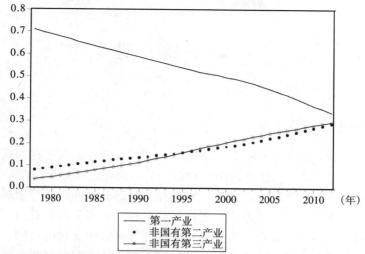

图 1　三部门就业份额变化路径：1978~2012（经过 H-P 滤波平滑）

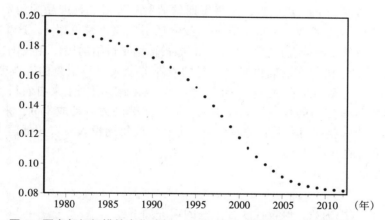

图 2　国有部门规模的变化路径：1978~2012（经过 H-P 滤波平滑）

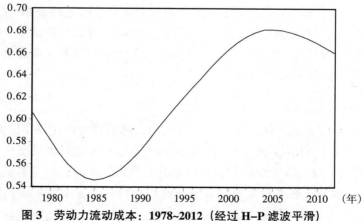

图 3　劳动力流动成本：1978~2012（经过 H-P 滤波平滑）

　　这些对我国的经济结构变迁产生着怎样的影响？在下面的分析中我们将建立我国经济结构变迁的一般均衡模型，并利用我国这 34 年的数据进行校准，然后用校准之后的模型来评估这些经济变量的变化在多大程度上解释了我国经济结构的变迁。

三、模 型

（一）模型运行环境

假设时间是离散的，记为 t = 0，1，2，…，∞，存在一个无限生存的代表性家庭，每期赋予 1 单位的生产时间，这 1 单位的生产时间分为四部分：首先是家庭要给政府部门工作的时间，我们记为 h_{gt}，这部分时间是外生的，不由家庭来选择，这部分时间也相当于居民收入中需要用于赋税的那部分收入所花的工作时间，政府会把这部分工作时间产生的收益以"一揽子"转移支付的形式全部转移给家庭，相当于政府为家庭花费这部分劳动时间支付的报酬，只不过不是市场工资的形式，而是"一揽子"的形式，我们记为 T_t；剩下的 $1 - h_{gt}$ 部分时间最优分配给农业部门、非国有第二、第三产业部门，分别记为 h_{at}、h_{mt}、h_{st}。三个部门的实际工资率分别为 w_{at}、w_{mt}、w_{st}，三个部门产品的价格分别为 P_{at}、P_{mt}、P_{st}，家庭每期的消费分为对三种产品的消费：对农产品的消费 c_{at}、工业品的消费 c_{mt} 及服务业产品的消费 c_{st}，我们还引入收入税税率 τ_t，这里使用比例税率，认为它是外生的，政府的税收收益以"一揽子"的形式转移支付给居民。在我国特有的"二元体制"经济背景下，现行的户籍制度明确将来自农村的农业劳动人口与城镇的工业劳动人口区分开来，这种户籍制度阻碍了劳动力从农村流向城市，这些年户籍制度限制了来自农村的迁徙者的退休金、医疗、卫生、教育等多方面的权益，因此本文还要引入劳动力流动成本 θ_t，来表示每一时期劳动力从农业部门流向非农业部门所受到的摩擦力，那么家庭每期投入在农业部门 1 单位的劳动时间，只能产生 $1 - \theta_t$ 单位的有效时间。

（二）家庭

我们采用 S-G 效用函数，假设代表性家庭的偏好如下：

$$\sum_{t=0}^{\infty} \beta^t \left[\sigma \ln(c_{at} - \bar{c}_a) + (1 - \sigma)\ln c_{nt} \right], \quad \beta \in (0, 1), \quad \sigma \in [0, 1] \qquad (1)$$

式中，β 是消费者的主观贴现因子，σ 表示消费者在 c_{at}、c_{nt} 这两种消费中对农产品消费 c_{at} 所占的长期效用比重，$\bar{c}_a > 0$ 是常数，可以解释为家庭用以维持最低生活水平的农产品消费量，c_{nt} 是消费者每期对非农产品的消费量，为了体现家庭对工业品和服务业产品消费的不同效用，我们使用以下函数给出非农产品的消费量 c_{nt}：

$$c_{nt} = \left[b c_{mt} + (1 - b)(c_{st} + \bar{c}_s) \right]^{\frac{1}{\rho}} \qquad (2)$$

式中，$\bar{c}_s > 0$ 的存在表示函数 c_{nt} 不是一次齐次的，即消费者存在"非位似偏好"，即消费者对服务产品消费偏好的收入弹性是大于 1 的。$\bar{c}_s$ 也相当于家庭用以维持最低生活水平的服务业产品的消费量，只不过这个最低消费量是负值，当家庭的收入很少时，很少的资源配置给第三产业部门。$b \in (0，1)$，表示家庭在消费工业品和服务业产品时对工业品消费的效用权重。$p \in (0，1)$，意味着工业品和服务业产品的价格替代弹性为 $\frac{1}{1 - \rho}$。那么，家庭的问题便是，每期在给定的价格水平 $\{P_{it}\}(i = a，m，s)$ 下，选择对每种产品的消费量 $\{c_{it}\}(i = a，m，s)$，极大化其效用，表示如下：

$$\max_{c_s \geq 0} \sum_{t=0}^{\infty} \beta^t \left\{ \sigma \ln(c_{at} - \bar{c}_a) + (1-\sigma)\ln\left[bc_{mt} + (1-b)(c_{st} + \bar{c}_s) \right]^{\frac{1}{\rho}} \right\} \quad (3)$$

家庭的预算约束为：

$$P_{at}c_{at} + P_{mt}c_{mt} + P_{st}c_{st} = \left[w_{at}h_{at} + (1-\theta_t)w_{mt}h_{mt} + (1-\theta_t)w_{st}h_{st} + T_t \right](1-\tau_t) \quad (4)$$

时间约束满足：

$$h_{at} + h_{mt} + h_{st} + h_{gt} = 1 \quad (5)$$

这里我们需要再一次明晰，家庭选择 h_{at}、h_{mt}、h_{st} 的最优配置在满足预算约束条件下来极大化其终身效用，但是 h_{gt} 却不是一个选择变量，它是家庭分配给政府部门的工作时间，还可以解释为政府对家庭时间的课税。

由于模型中不存在动态资本积累，那么极大化家庭的终身效用相当于极大化当期效用。建立 Langrange 函数如下：

$$L_t = \beta^t \left\{ \sigma \ln(c_{at} - \bar{c}_a) + (1-\sigma)\ln\left[bc_{mt} + (1-b)(c_{st} + \bar{c}_s) \right]^{\frac{1}{\rho}} \right\} + \lambda_t \left\{ \left[w_{at}h_{at} + (1-\theta_t)w_{mt}h_{mt} \right. \right.$$
$$\left. \left. + (1-\theta_t)w_{st}h_{st} + T_t \right](1-\tau_t) - P_{at}c_{at} + P_{mt}c_{mt} + P_{st}c_{st} \right\}$$

那么一阶条件为：

$$\beta^t \frac{\sigma}{c_{at} - \bar{c}_a} = \lambda_t P_{at} \quad (6)$$

$$\beta^t \frac{1-\sigma}{\rho} \frac{b\rho c_{mt}^{\rho-1}}{bc_{mt}^\rho + (1-b)(c_{st} + \bar{c}_s)^\rho} = \lambda_t P_{mt} \quad (7)$$

$$\beta^t \frac{1-\sigma}{\rho} \frac{(1-b)\rho(c_{st} + \bar{c}_s)^{\rho-1}}{bc_{mt}^\rho + (1-b)(c_{st} + \bar{c}_s)^\rho} = \lambda_t P_{st} \quad (8)$$

$$w_{at} - w_{st}(1-\theta_t) = 0 \quad (9)$$

$$w_{mt} = w_{st} \quad (10)$$

（三）厂商

为了分析劳动生产率对经济结构变迁的推动作用，我们假设在各个部门的生产过程中只使用劳动力而不使用资本，因此第一、第二、第三产业部门的生产函数可以写成如下形式：

$$Y_{it} = A_{it}L_{it} \qquad i = a, m, s \quad (11)$$

式中，Y_{it} 是部门 i 每期的产出，L_{it} 是部门 i 的就业份额，A_{it} 是部门 i 的劳动生产率。那么每一时期，代表性厂商的问题便是解决如下极大化问题：

$$\max_{L_a \geq 0} \left\{ P_{it}A_{it}L_{it} - w_{it}L_{it} \right\} \quad (12)$$

由一阶条件很容易得到 $P_{it}A_{it} = w_{it}$，我们将城市工资标准化为 1，则

$$P_{at} = \frac{1-\theta_t}{A_{at}} \qquad P_{it} = \frac{1}{A_{it}}(i = m, s) \quad (13)$$

（四）政府

假设政府部门每期保持预算平衡，政府部门每期的税收收益通过"一揽子"的形式全部转移支付给家庭，那么政府的预算约束方程是：

$$T_t = \left[w_{at}h_{at} + (1-\theta_t)w_{mt}h_{mt} + (1-\theta_t)w_{st}h_{st} + T_t \right](1-\tau_t)$$
$$= \frac{\tau_t}{1-\tau_t} \left[w_{at}h_{at} + (1-\theta_t)w_{mt}h_{mt} + (1-\theta_t)w_{st}h_{st} \right] \quad (14)$$

我们从第一个等式可以看到收入税税率 $\{\tau_t\}$ 可以采用"政府部门的收益与总产出的比值"来衡量，这进一步解释了我们在设定 h_{gt} 时的含义，可以表明政府对家庭工作时间的课税，而这部分收益又以"一揽子"的形式全部转移支付给家庭，相当于家庭的生产时间中用在为政府部门工作而得到的报酬，只不过不是以市场工资 w_t 的形式，而是"一揽子"T_t 的形式。对于第二个等式，我们还可以这样解释：我们用 x_t 表示 t 期初始家庭收入减去政府部门给的转移支付外的收入，即：

$$x_t = w_{at}h_{at} + (1 - \theta_t)w_{mt}h_{mt} + (1 - \theta_t)w_{st}h_{st}$$

由于收入税税率是 τ_t，那么在第 t 期初始产生的转移支付为 $\tilde{T}_{1t} = \tau_t x_t$，当这部分转移支付由政府转移给家庭时，便成为家庭的收入，那么这部分收入便会产生税收，同时税收会以第二次转移支付 $\tilde{T}_{2t}$ 的形式转移支付给家庭，$\tilde{T}_{2t} = \tau_t\tilde{T}_{1t} = \tau_t^2 x_t$，…，那么该期转移之和为：

$$T_t = \sum_{i=1}^{\infty} \tilde{T}_{1t} = \frac{\tau_t}{1 - \tau_t}x_t$$

（五）均衡

在每一期，劳动力市场出清需满足：

$$h_{at} = L_{at}, \quad h_{mt}(1 - \theta_t) = L_{mt}, \quad h_{st}(1 - \theta_t) = L_{at} \tag{15}$$

产品市场出清需满足：

$$c_{at} = Y_{at}, \quad c_{mt} = Y_{mt}, \quad c_{st} = Y_{st} \tag{16}$$

定义 1 给定收入税税率 $\{\tau_t\}$，国有部门规模序列 $\{h_{gt}\}$，劳动力流动成本序列 $\{\theta_t\}$，均衡状态是指价格序列 $\{w_t, P_t\}$，劳动力生产时间配置序列 $\{h_{at}, h_{mt}, h_{st}\}$ 和家庭的消费序列 $\{c_{at}, c_{mt}, c_{st}\}$，满足如下条件：

（1）在给定的价格序列下，家庭消费序列 $\{c_{at}, c_{mt}, c_{st}\}$ 在约束（4）下极大化（1）；

（2）在给定的价格序列下，时间配置序列 $\{h_{at}, h_{mt}, h_{st}\}$ 极大化（12）；

（3）市场出清。

我们由以上均衡条件可以得到：

$$L_{at} = \sigma(1 - h_{gt}) + \frac{(1 - \sigma)}{A_{at}}\bar{c}_a + \frac{\sigma}{(1 - \theta_t)A_{st}}\bar{c}_s \tag{17}$$

$$L_{mt} = \frac{(1 - \theta_t)(1 - h_{gt} - L_{at}) + \frac{\bar{c}_s}{A_{st}}}{1 + x} \tag{18}$$

式中，$x = \left(\frac{b}{1 - b}\right)^{\frac{1}{\rho - 1}}\left(\frac{A_{mt}}{A_{st}}\right)^{\frac{\rho}{\rho - 1}}$

我们通过式（17）、式（18）先从理论式上直接观察三个产业部门劳动生产率 $A_{it}(i = a, m, s)$、国有部门规模 h_{gt} 及劳动力流动成本 θ_t 对劳动力在各个部门间的再分配产生的影响。

首先，看各部门劳动生产率对各部门就业份额的变化产生的影响。先看式（17），当 $\sigma = 0$ 时，家庭每期只消费固定分量的农产品，份额为 $\bar{c}_a$，农业部门的劳动力份额只取决于该部门的劳动生产率，因此，农业部门劳动生产率的增长使该部门的劳动力流向非农业部门。这一假设还暗含着农产品的人均产量及消费总是常数，并不会随时间发生改变，而这与实际情况是相违背的。当 $\sigma > 0$ 时，如果每个部门的劳动生产率增长总是正的，长期来看，农业部门的就业份额将收敛于 $\sigma(1 - h_{gt})$，同时，式（17）还反映了农业部门劳动生产率 A_{at} 和服务业部门劳动生产率 A_{st} 的提高都将会促使劳动力从农业部门流出。再来观察式（18），可以看出有两种机制可以导致劳动力在第二、第三产业之间的再配置。第一个机制：由劳动生产率不同导致的替代效应；第二个机制：

由非位似偏好导致的收入效应。我们先来看替代效应，此时我们先假设家庭无非位似偏好，即 $\bar{c}_s = 0$。由于均衡时 $(1 - \theta_t)(1 - h_{gt} - L_{at}) = L_{mt} + L_{st}$，那么此时式（18）变为 $\dfrac{L_{st}}{L_{mt}} = x = \left(\dfrac{b}{1-b}\right)^{\frac{1}{\rho-1}} \cdot \left(\dfrac{A_{mt}}{A_{st}}\right)^{\frac{\rho}{\rho-1}}$，当 $\rho \neq 0$ 时，第二、第三产业劳动生产率的差异是导致劳动力在第二、第三产业部门之间流动的唯一原因。特别地，当 $\rho < 0$ 时（即此时工业品和服务业品之间的价格替代弹性 $\dfrac{1}{1-\rho} < 1$），这意味着工业品和服务业品之间是互补品，那么由式（18）可以看到当第二产业劳动生产率增长率高于第三产业劳动生产率增长率时，$\dfrac{L_{st}}{L_{mt}}$ 便会增大，即劳动力会由第二产业部门流向第三产业部门。下面再来看收入效应，我们假设 $\bar{c}_s > 0$，并且第二、第三产业部门劳动生产率相等或 $\rho = 0$（这两点意味着不存在替代效应），那么由于非位似项 $\bar{c}_s > 0$，劳动生产率 A_{st} 的增长同样会导致劳动力在第二、第三产业之间再配置，因此，在本文建立的模型中，收入效应和替代效应都可以导致经济结构的变化。

其次，我们从理论上分析国有部门规模 h_{gt} 变化产生的效应。由式（17）可以看到 h_{gt} 的减小会加大农业部门的就业份额，但由于家庭对农产品的效用权重 σ 较小，这个影响会被大大缩小。在本文对国有部门规模的设定中，国有部门规模的变化反映的是国有经济单位就业份额的变化，那么它便隐含了国有部门规模的变化主要引起的是非农业非国有部门就业份额的变化，因此我们此处的分析主要关注的是国有部门规模的变化对非农业部门就业份额变化的影响。再来看式（18），可以得知 h_{gt} 的减小会加大非国有部门第二产业部门的就业份额。因此，国有部门规模的降低对劳动力流向非国有非农业部门起到加速效果。

最后，我们再来观察流动成本 θ_t 的变化对经济结构变化的影响，由于我们在文章第三部分模型的设置中假设劳动力流动成本是存在于农业部门和非农业部门之间的，并未考虑到劳动力在第二、第三产业之间流动时产生的摩擦，那么此时我们只关注由式（17）决定的农业部门的就业份额随流动成本 θ_t 的改变而改变的趋势。由式（17）很显然可以看到 θ_t 的上升会导致农业部门就业份额的增大，即流动成本的增大会降低劳动力在农业部门和非农业部门之间的再分配速度。

四、数量分析

本部分我们将对中国 1978~2012 年的经济结构发生的变化做出数量上的分析。

我们首先明确一下本文主要考察的经济结构变迁的外生驱动力为 $\{A_{at}, A_{mt}, A_{st}, h_{gt}, \theta_t\}$，其次由前文对国有和非国有及三大产业的划分，由历年《中国劳动统计年鉴》得到这几十年间的数据序列 $\{L_{at}, L_{mt}, L_{st}\}$，再次根据已有文献选择合适的参数并对未知的参数由模型所得结论式（17）、式（18）对未知参数进行校准，最后得到由模型决定的三产业部门劳动力份额的时间路径。同时，我们利用"反事实实验"，得到外生驱动力在多大程度上助推了这一期间的经济结构变迁。

（一）参数和模型校准

本小节我们利用中国 1978~2012 年的数据来校准我们的基准模型。我们校准的目标是选择合适的参数使模型在均衡状态时的路径表达式（17）、式（18）能匹配中国这段时间经济结构变迁的实质特征。我们认为模型中的一期代表的是一年，那么我们下面要做的便是校准参数 $\bar{c}_a$、$\bar{c}_s$、σ、ρ、b 的值及 θ_t、劳动生产率 A_{it}，i = a，m，s 的时间序列。

首先我们先看劳动生产率的校准。我们将 1978 年的劳动生产率标准化为 1，$A_{i,1978}$ = 1（i = a，m，s），用 γ_{it}（i = a，m，s）表示部门 i 在第 t 期的劳动生产率增长，那么 $A_{i,t+1}$ = A_{it}（1 + γ_{it}），中国 1978~2012 年的数据来自历年《中国统计年鉴》。

下面我们来看对本文模型的几个参数的校准。这些参数分别是 $\bar{c}_a$、$\bar{c}_s$、σ、ρ、b、θ_t。这里有两个外生设定的参数 σ、θ_t。首先对于参数 σ，该参数表示农产品在总消费中的效用比重，它决定着第一产业的长期就业份额，这里我们参考 Brandt 和 Zhu（2010）年利用中国数据对该参数的估计校准，取 σ = 0.147。为了校准序列 $\{\theta_t\}$，即劳动力从农业部门流向非农业部门的流动成本，我们参照 Lu（2002）、Sarkar 和 Mehta（2010）的做法，采用 1978~2012 年我国城乡人均消费的比率来代表，我们选用平滑参数 λ = 100 的 H-P 滤波对这个序列进行平滑，结果如图 3 所示，总体来看，劳动力在农业部门和非农业部门之间的流动成本在 1978~1984 年呈下降趋势，之后又呈上升趋势，直到 2006 年以后才又下降，这与 Brandt 和 Zhu（2010）的分析及结果一致，反映了我国当前受到户籍制度限制和政府政策的影响，城乡流动壁垒难以消除，并且有上升趋势。我们再来看对 $\bar{c}_a$、$\bar{c}_s$、ρ、b 的校准。根据式（17），选择参数值 $\bar{c}_a$、$\bar{c}_s$ 来拟合中国 1978~2012 年第一产业就业份额的时间路径，我们使用 Matlab 软件进行拟合，得到拟合结果 $\bar{c}_a$ = 0.4856，$\bar{c}_s$ = 0.5769；接着，根据式（18），选择参数 ρ、b 来拟合中国 1978~2012 年第二产业就业份额的时间路径，我们得到 ρ = -0.7843，b = -0.4228，我们将参数校准结果汇总，如表 1 所示。

表 1　各参数值校准结果

偏好参数	σ = 0.147，$\bar{c}_a$ = 0.4856，$\bar{c}_s$ = 0.5769，b = 0.4228，ρ = -0.7843
劳动生产率平均增长率	γ_{at} = 0.078，γ_{mt} = 0.061，γ_{st} = 0.054
国有部门规模	$\{h_{gt}\}$：国有经济单位就业份额
流动成本	$\{\theta_t\}$：城乡消费比值

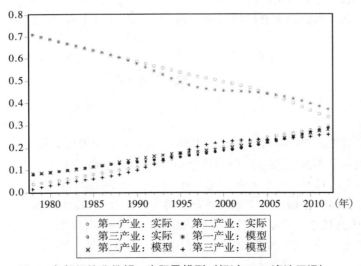

图 4　各部门就业份额：实际及模型（经过 H-P 滤波平滑）

为了比较由我们的模型得到的三部门的就业份额与实际的就业份额之间的差别，我们在图 4 画出了 1978~2012 年中国第一产业部门、非国有第二、第三产业部门的就业份额的实际路径和由本文的模型得到的路径。由图4可以看出，由本文模型所得路径与实际路径虽然有所偏差，原因可能是我们的模型中有未考虑到的经济因素，但总体来说匹配还是较好的，这意味着本文的模型可以反映中国这段时间的经济结构变化。因此，下文我们可以利用本文建立的模型进行"反事实实验"来得出中国这段时间的经济结构变化的推动力。

（二）反事实实验

本部分我们试图利用"反事实实验"的方法，得到外生驱动力 $\{A_{at}, A_{mt}, A_{st}, h_{gt}, \theta_t\}$ 在多大程度上解释了我国1978~2012年的经济结构变化。

1. 劳动生产率对经济结构变化的解释程度

我们先看第一产业部门劳动生产率 A_{at} 对各个产业部门劳动力的再配置的驱动作用，我们的做法是设置 $A_{at} = A_{a,1978}$，即第一产业部门的劳动生产率保持在1978年的水平不发生改变，而其他变量 A_{mt}、A_{st}、h_{gt}、θ_t 使用实际的路径。为了进行直观的比较，我们在图5表示出了控制 A_{at} 不发生改变时三个部门的就业份额与由模型所得三个部门的就业份额路径，并且我们在表2中给出了数量上的分析。可以看到，当第一产业部门劳动生产率保持1978年的常数水平不发生改变时，第一产业部门的份额下降了23.2个百分点，而非国有第二、第三产业部门的就业份额分别上升了16.2个百分点和22.6个百分点，与我们模型中所得结果对比，相应的数据分别为33.6个百分点、19.9个百分点和24.4个百分点，因此，我们得到结论：只就第一产业部门劳动生产率的增长分别解释了三个部门劳动力再分配的（1 – 23.2/33.6 = ）31%，（1 – 16.2/19.9 = ）18.6%，（1 – 22.6/24.4 = ）7.4%。

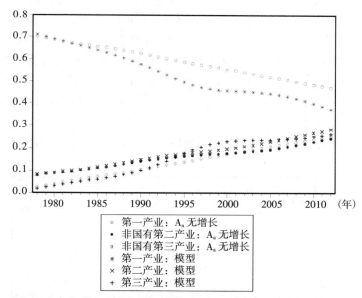

图5　三部门就业份额：模型与控制 A_a 无增长时的反事实实验

下面我们来看非国有第二产业部门劳动生产率 A_{mt} 对各个产业部门劳动力的再配置的驱动作用，我们的做法是设置 $A_{mt} = A_{m,1978}$，即非国有第二产业部门的劳动生产率保持在1978年的水平不发生改变，而其他变量 A_{at}、A_{st}、h_{gt}、θ_t 使用实际的路径。我们由式（17）看到，A_{mt} 并未对第一产业部门的劳动力变化产生影响，因此，我们下面只分析第二、第三产业部门就业份额路径改变。我们在图6表示出了控制 A_{mt} 不发生改变时非国有第二、第三产业部门的就业份额与其模型所得的就业份额路径的对比，表2给出了数量上的分析。当非国有第二产业部门劳动生产率保持1978年的常数水平不发生改变时，非国有第二、第三产业部门的就业份额分别上升了21.0个百分点和23.4

个百分点，和由模型所得结果相比，相应的数据分别为 19.9 个百分点和 24.4 个百分点。这意味着非国有第二产业部门劳动生产率的增长主要在影响着劳动力在第二、第三产业之间的再分配。

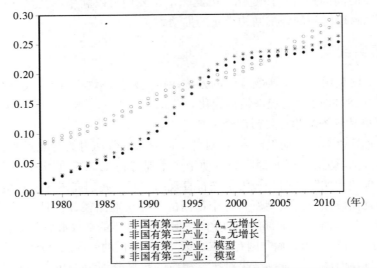

非国有第二产业：A_m 无增长
非国有第三产业：A_m 无增长
非国有第二产业：模型
非国有第三产业：模型

图 6　非国有第二、第三产业部门就业份额：模型与控制 A_m 无增长时的反事实实验

接下来考察非国有第三产业部门劳动生产率 A_{st} 对各个产业部门劳动力的再配置的驱动作用，我们的做法是设置 $A_{st} = A_{s,1978}$，即非国有第三产业部门的劳动生产率保持在 1978 年的水平不发生改变，而其他变量 A_{at}、A_{mt}、h_{gt}、θ_t 使用实际的路径。我们将控制 A_{st} 不变所得三部门就业份额的路径及模型所得的就业份额路径如图 7 所示，表 2 中列出数量上的分析。可以看到，当控制非国有第三产业部门的劳动生产率在 1978 年水平无增长时，所得第一产业部门的就业份额下降了 30.6%，与我们的基准模型 33.6% 的结果相比，可知第三产业部门劳动生产率的进步在一定程度上解释了劳动力从农业部门的流出，解释程度为（1 − 30.6/33.6 =）8.9%；而非国有第二、第三产业部门的就业份额分别上升了 19.4% 和 26.2%，对比基准模型中的结果分别为 19.9% 和 24.4%，可见非国有第三产业部门的劳动生产率的增长在一定程度上影响着第二、第三产业部门之间劳动力的再分配。

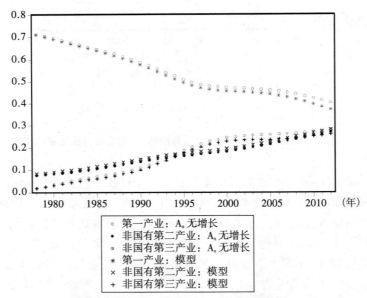

第一产业：A_s 无增长
非国有第二产业：A_s 无增长
非国有第三产业：A_s 无增长
第一产业：模型
非国有第二产业：模型
非国有第三产业：模型

图 7　三部门就业份额：模型与 A_s 无变化的反事实实验

2. 国有部门规模对经济结构变化的解释程度

我们现在考虑国有部门规模对这段时间经济结构变化的影响。为此，我们设定 $h_{gt} = h_{g,1978}$，即维持国有部门规模在 1978 年时的大小，其他变量保持实际路径不改变。这里我们只关注非国有非农业部门反事实实验的结果。作为对比，反事实实验中非国有非农业部门的路径及模型所得路径如图 8 所示，表 2 列出了数量分析。可以看到，当第一产业部门劳动生产率保持 1978 年的常数水平不发生改变时，非国有第二、第三产业部门的就业份额分别上升了 16.9 个百分点和 20.9 个百分点，和模型所得结果对比（19.9 个百分点和 24.4 个百分点），我们得出结论：我国 1978~2012 年国有部门规模的降低、国企的减少对非国有第二、第三产业劳动力增长的贡献率分别为（1 − 16.9/19.9 = ）15.1%，（1 − 20.9/24.4 = ）14.3%。

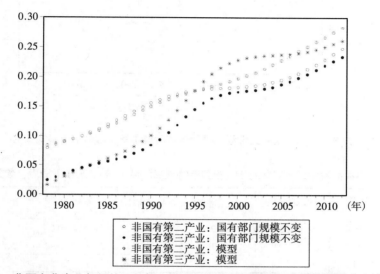

图 8　非国有非农业部门就业份额：模型与国有部门规模无变化的反事实实验

3. 流动成本对经济结构变化的解释程度

由本文对劳动力流动成本的设定及前文的分析和图 3 所示，可以看到 1978~2012 年，劳动力在农业部门和非国有非农业部门流动成本的变化趋势是：在 1978~1984 年，流动成本逐渐下降，然后是一直上升，直到 2006 年以后，才又有所下降，这与 Brandt 和 Zhu（2010）分析的趋势基本是一样的。由于我们模型中设置的流动成本只是指劳动力在农业部门和非农业部门之间，而在第二、第三产业部门之间并无流动成本，因此，我们下面只对农业部门的劳动力变化路径做反事实实验。由于劳动力流动成本在这些年间的变化是不规律的，并且波动较大，我们在这部分的反事实实验中采取和前面不一样的做法，具体如下：找到这些年间流动成本最小的一年，$\theta_{min} = 0.51$，假设 1978~2012 年这 34 年间劳动力的流动成本保持这个最小值不发生改变，其他变量的时间路径取实际路径，此时所得的农业部门的劳动力份额的时间路径如图 9 所示，作为对比，图 9 中同时给出了农业部门的劳动力份额的实际路径，表 2 给出了数量上的分析，可以看到当控制住流动成本为最小值不变时，农业部门的就业份额下降了 34.8 个百分点，而基准模型为 33.6 个百分点，这反映了如果减小劳动力在城乡之间的流动壁垒，将会在一定程度上加速我国经济结构的转型，但是影响力度并不是很大，我们对此解释如下：由模型的设置，观察式（9），可见我们对流动成本的设定与城乡工资对比有密切的关系，流动成本的减小反映了城乡工资差别的缩小，这产生两个方面的效应：一方面，由于城乡工资差别的减小使农村劳动力愿意留在农村从事生产；另一方面，城乡工资差别的减小相当于提高了可利用收入，那么由非位似偏好引起的非农业部门对劳动力的需求便会增加。由于这两方面相反效应的存在，可以看到，流动成本的减小并未对经济结构变迁产生很大的影响。当然，我们也有未考虑到的因素，包括城市就业环境恶化、就业困难，农业生产对高素质劳动力需求增加以及政府政策的改变等多方面的因素。

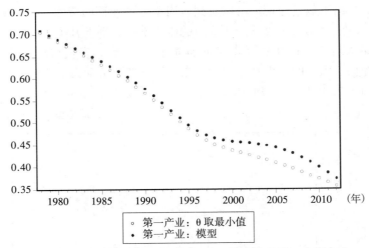

图 9　第一产业就业份额：模型与流动成本取常数时的反事实实验

表 2　反事实实验结果与实际对比（模型所得数据均经过 H-P 滤波平滑后，参数 λ=100）

就业份额变化百分点	实际数据	模型所得结果	A_a 无增长	A_m 无增长	A_s 无增长	h_g 无变化	$\theta = \theta_{min} = 0.51$
第一产业	下降 36.9	下降 33.6	下降 23.2	不变	下降 30.6	下降 32.5	下降 34.8
第二产业	上升 20.3	上升 19.9	上升 16.2	上升 21.0	上升 19.4	上升 16.9	—
第三产业	上升 24.7	上升 24.4	上升 22.6	上升 23.4	上升 26.2	上升 20.9	—

五、结　论

1978~2012 年，中国的劳动生产率快速增长，特别是在农业部门。在本文中，我们试图找出这一系列现象背后的联系。我们建立了一个三部门的经济结构变迁模型，模拟 1978~2012 年中国三部门劳动力的变化路径，结果表明，我们的模型能很好地拟合中国这 34 年间实际变化路径，然后我们利用模型进行了一系列的反事实实验，得出以下结论：

第一，1978~2012 年，中国劳动生产率的增长是促进中国经济结构变迁的主要因素，特别是农业部门劳动生产率的增长是劳动力再分配的主要影响因素，解释了农业部门劳动力流出的 31%，同时解释了非国有第二、第三产业部门劳动力增加的 18.6% 和 7.4%。究其原因，我们认为在我国这样的农业大国，农业是就业份额最高的产业部门，因此，该部门的劳动生产率会极大地影响劳动力的再分配，正如 Young（2003）所说："尽管普遍的观点认为工业的发展及出口在中国经济增长中扮演着最主要的角色，但是如果纵观世界中众多国家的发展史，那些成功快速发展的经验告诉我们，快速增长的经济基础在于三个基础的要素——农业、土地和农民。"非国有第二产业劳动生产率的增长主要影响劳动力在第二、第三产业之间的再分配，具体来说，第二产业劳动生产率增长快于第三产业是劳动力从第二产业流向第三产业的主要原因。第三产业部门劳动生产率的增长对于劳动力的再分配解释程度不像农业部门那么大，对农业部门劳动力的流出解释程度为8.9%。

第二，我们本文所关注的 1978~2012 年经济结构变迁的两个方面——劳动力从农业部门大量流向非农业部门和在非农业部门内部从国有部门流向非国有部门，这两个方面是存在一定联系的。正是由于国有部门规模的减小，导致了生产效率的提高和居民收入的增加，由于消费者非位似偏好的存在从而导致劳动力从农业部门流向非农业部门。同时，本文通过在模型中使用国有经济单位的就业份额来反映国有部门规模，且设置中与国有部门规模紧密相连的是政府的财政税收，国有部门规模的减小从另一个方面反映了对居民课税的减小，而这同样通过非位似效应传导，导致劳动力的再分配，本文用反事实实验验证了两个方面的转型是存在上述联系的。那么这背后的经济含义是：继续推进国有企业体制的改革，对国有部门进行整顿和改造、减员增效，通过国有资本体制的改革，使国有企业成为真正的市场经营主体，能与民营企业处于平等地位，既竞争又合作的"双赢"，这将会极大地促进我国的工业化步伐。

第三，由于我国特殊的二元体制，户籍制度成为劳动力在城乡之间的流动壁垒，也在一定程度上减缓了我国实现工业化的进程。利用本文建立的模型所做的反事实实验，劳动力流动成本取这些年间的最小值，得到结果是劳动力可以由农业部门向非农业部门流动多 1.2 个百分点，因此，建立和完善有利于城乡一体化的体制和机制，深化户籍制度改革，逐步统一城乡劳动力市场，改革不适应市场经济体制要求、不利于城乡经济一体化的各项制度，从根本上消除阻碍城乡一体化的体制和政策障碍，促使城乡经济体制向不断适应和完善社会主义市场经济体制内在要求的方向转变，促使城乡二元经济结构向现代一元经济社会结构顺利转变，是我国快速完成工业化过程的体制保障。

由以上论述可引申出一些对我国有益的政策含义。首先，对于我国这样的农业大国，第一产业部门的劳动生产率在经济发展中具有非常重要的作用，农村劳动力文化教育水平普遍偏低，如果加大农村劳动力文化素养的提高，加大力度提高农业的劳动生产率，将会加速我国的现代化步伐。其次，我国第三产业的劳动生产率相比第一、第二产业较低，究其原因，可能是由于服务业创造了第三产业中最多的就业岗位，但主要是以低效率部门为主，并未带动其劳动效率相应的提高，并且第三产业的就业主要是以劳动密集型部门为主，因此，提高资本密集型和知识密集型部门所占比重，提高第三产业劳动生产率对于劳动力的再分配会起到促进作用。再次，这三十几年间，国有部门规模的减小也极大地促进了我国的经济结构变迁。最后，减小劳动力的流动成本会进一步加快我国工业化的进程。

当然，本文还有一些不足及有待进一步研究的方向，具体如下：首先，本文在设置流动成本时，只考虑了城乡流动的摩擦，并未对劳动力在第二、第三产业部门流动设置流动成本，这和现实有一定出入，下一步有望对此做出更加合理的设置；其次，本文在生产函数的设置上并未考虑资本，因此模型中无资本的动态积累，如果我们考虑生产使用资本，家庭约束中有资本的动态积累，那么我们便可以分享三个部门的全要素增长率对经济结构变迁的影响；最后，考虑到我国近些年对外贸易的迅速发展，有望把本模型推广到两个开放模型中，这样会得出更加合理的结论。

参考文献：

[1] Betts, Caroline M., Rahul Giri, Rubina Verma. Trade, Reform and Structural Transformation in South Korea [D]. Manuscript, University of Southern California, 2011（1）：7-14.

[2] Boppart Timo. Structural Change and the Kaldor Facts in a Growth Model with Relative Price Effects and Non-Gorman Preferences [R]. Working Paper No.1, 2011, University of Zurich.

[3] Brandt, Loren and Zhu, Xiaodong. Accounting for China's Growth [R]. Working Paper No. 102, 2010.2, University of Zurich.

［4］Dekle Robert, Guillaume Vandenbroucke. A Quantitative Analysis of China's Structural Transformation ［J］. Journal of Economic Dynamics and Control, 2012（36）: 119-135.

［5］Dennis, Benjamin N., Talan B. Iscan. Engle Versus Baumol: Accounting for Structural Change Using Two Centuries of U.S. Data ［J］. Explorations in Economics History, 2009（46）: 186-202.

［6］Duarte, Margarida, Restuccia, Diego. The Role of the Structural Transformation in Aggregate Productivity ［J］. Quarterly Journal of Economics, 2010（125）: 129-173.

［7］Echevarria, Cristina. Changes in Sectoral Composition Associated with Economic Growth ［J］. International Economic Review, 1997（38）: 431-452.

［8］Foellmi, Reto, Zweimuller, Josef. Structural Change, Engel's Consumption Cycles, and Kaldor's Facts of Economic Growth ［J］. Journal of Monetary Economics, 2008（55）: 1317-1328.

［9］Kim, John-11, Kim, June-Dong. Liberalization of Trade in Services and Productivity Growth in Korea. In: Ito, Takatoshi, Krueger, Anne O. （Eds.）, Trade in Services in the Asia Pacific Region NBER East Asia Seminar on Economic Growth ［J］. Review of Economic Studies, 2003（68）: 869-882.

［10］Kongsamut Piyabha, Rebelo Sergio, Xie Danyang. Beyond Balanced Growth ［J］. Review of Economic Studies, 2001（68）: 869-882.

［11］Lu Ding. Rural-Urban Income Disparity: Impact of Growth, Allocate Efficiency and Local Growth Welfare ［J］. China Economic Review, 2002, 13（4）: 419-429.

［12］Matsuyama, Kiminori. Structural Change in an Interdependent World: a Global View of Manufacturing Decline ［J］. Journal of the Economic European Association, 2009（7）: 478-486.

［13］Ngai, Rachel L., Pissarides, Christopher A. Structural Change in a Multi-sector Model of Growth ［J］. American Economic Review, 2007（97）: 429-443.

［14］Ping Wang, Danyang Xie. Activation of a Modern Industry ［J］. Journal of Development Economics, 2004（74）: 393-410.

［15］Rogerson, R. Structural Transformation and the Deterioration of European Labor Market Outcomes ［J］. Journal of Political Economy, 2008, 116（2）: 235-259.

［16］Sarkar, S. and Mehta, B.S. Income Inequality in India: Pre-and Post-Reform Periods ［J］. Economic and Political Weekly, 2010, 45（37）: 45-55.

［17］Sposi, Michael. Evolving Comparative Advantage, Structural Change and the Composition of Trade ［D］. University of Iowa（Manuscript）, 2012.

［18］Teignier Bacque, Marc. The Role of Trade in Structural Transformation ［D］. Universidad de Alicante（Manuscript）, 2012.

［19］Young, Alwyn. From Gold to Base Metals: Productivity Growth in the People's Republic of China during the Reform Era ［J］. Journal of Political Economy, 2003, 111（6）: 1120-1161.

［20］陈体标. 经济结构变化和经济增长 ［J］. 经济学（季刊）, 2007（6）.

［21］陈体标. 技术增长率的部门差异和经济增长率的"驼峰形"变化 ［J］. 经济研究, 2008（11）.

［22］陈晓光, 龚六堂. 经济结构变化与经济增长 ［J］. 经济学（季刊）, 2005, 4（3）.

渐进式改革背景下产能过剩及"越管越过剩"的形成机理

范林凯[1] 李晓萍[2] 应珊珊[1]

（1. 上海财经大学国际工商管理学院，上海　200433；

2. 中国社会科学院数量经济与技术经济研究所，北京　100732）

一、引　言

过去的十余年，钢铁、电解铝等传统竞争性行业在需求持续增长的情况下反复出现了较为严重的产能过剩，并呈现出一些有趣又难以理解的"怪相"：一是为什么在长达十余年的时间里，反复出现产能过剩的行业一直是钢铁、电解铝等行业？二是产能过剩意味着低利润率，但在政府文件指出存有严重产能过剩并进行严格产能管控的同时却仍有大量企业违规扩张产能，难道企业愿意冒着不赚钱的风险大规模扩张产能？三是为什么10年前同样存在严重过剩而政府却并不使用产能管制手段调控的纺织行业现在不存在严重的产能过剩，而这十余年国家屡屡"重拳"调控的钢铁、电解铝等行业却反复陷入严重产能过剩的怪圈？[①]

当前已有对于产能过剩成因的研究，大致可以分为四类：第一类理论从产业组织角度，认为低进入壁垒与高退出壁垒的行业结构性特征会造成"过度进入"（曹建海，2001；罗云辉，2004）；第二类理论从转轨经济时期市场体系不完善角度，认为转轨经济中公有制经济的预算"软约束"、地方政府行政干预企业的投资领域等不完善的市场体系造成了产能过剩（张维迎，1999；魏后凯，2001；夏大慰、罗云辉，2001）；第三种理论认为地方政府之间的竞争造成其对当地企业投资的过度补贴，带来企业的过度投资产能，引发产能过剩（江飞涛、曹建海，2009；江飞涛等，2012）；第四种理论是"潮涌"理论（林毅夫，2007；林毅夫等，2010），认为发展中国家出于对发达国家过去成功经验的认知，容易对经济中下一个迅速起飞的行业形成共识，在对新进入企业数目信息不确知的前提下，就很可能会出现产能过剩。

但这四类理论并不能完美解释中国产能过剩中呈现的上述"怪相"。实证检验表明，第一类理论的假设条件在中国并不成立（江飞涛、曹建海，2009）。至于第二类理论，若市场体系不完善主导着中国十余年的产能过剩，那么随着中国市场化体系不断完善，产能过剩应呈现出逐渐减弱的趋势，而在现实情况中，产能过剩却在十余年内反复出现，且有"愈演愈烈"的趋势。第三种"政府补贴论"认为地方政府对投资的竞争性补贴扭曲了企业的投资成本，却忽视了不同行业市场

[作者简介] 范林凯（1990~），男，江西井冈山人，上海财经大学国际工商管理学院博士研究生；李晓萍（1978~），女，河南洛阳人，中国社会科学院数量经济与技术经济研究所博士后；应珊珊（1989~），女，浙江台州人，上海财经大学国际工商管理学院博士研究生。
① 详见全国政协十二届二次会议提案办理协商会。

化程度不同、政府管制程度不同、企业中不同所有制企业结构差异对于产能过剩形成与治理政策效果带来的显著差异。第四种"潮涌"理论从理论基础来看,对钢铁、电解铝等行业的共识并不存在,并且其理论中阐述的产能过剩是不完备信息假设下对均衡状态的偏离,仅为市场的常态(江飞涛,2012)。由上述分析可知,现有理论并不能完美解释长期发生在传统竞争性行业内的产能过剩,因而有必要继续探究其成因。

本文认为,现有理论在解释产能过剩时均忽视了一个重要的体制特征:钢铁、电解铝等传统竞争性重化工行业呈现出了市场化改革滞后的渐进式特征。第一,作为国家支柱产业,政府希望国有经济在这类产业中保持一定的强势控制力,产业政策倾向于支持国有企业(尤其是国有大企业)的发展,并且这类行业中单个国有企业规模大、人员多,预算软约束的问题仍然较为严重,落后国有企业难以退出市场,因而盈利能力较弱的国有企业占比较大;第二,政府对钢铁、电解铝等行业保留了大量管制性、干预性的产业政策,例如准入管理与严格的投资项目审批,对于投资中设备、工艺与产品的目录指导等;第三,改革开放初期,中央政府鼓励非国有企业进入钢铁、电解铝等竞争性行业,但 20 世纪 90 年代末以来,中央政府以治理重复建设与产能过剩为由,对这些行业中的民营企业进行准入以及项目投资审批等方面的管制,并在 2003 年之后进一步强化了管制措施,但是在体制机制方面具有效率优势的民营企业借助地方政府的支持突破政策限制,不断扩张产能并"侵蚀"国有企业市场份额,进而导致国有企业产能利用不足。

需要进一步指出的是,要理解中国长期在钢铁、电解铝行业发生的较为严重的产能过剩,还需考虑用于治理产能过剩的产能管制政策及其影响。产能管制政策,一方面,给企业新扩张产能施加了额外的成本,会在一定程度上遏制行业产能扩张;另一方面,行业一出现产能过剩,就对产能投资进行管制的做法,使国有企业中低效率企业在产能过剩情形下破产退出的压力显著减弱,使得国有企业进一步改革和提升效率的动力减弱,还会导致国有企业在产能投资中更为激进。这种管制政策同时会提升民营企业对于未来市场盈利空间的预期,从而使民营企业扩张产能的意愿不断加大,产能过剩程度也将趋于严重。本文从渐进式改革的静态和动态两个维度,并将中央、地方政府共同施加产能管制过程中存在的利益不一致和信息不对称这一现实制度特征纳入分析框架,论证市场化进程滞后造成的钢铁、电解铝等传统竞争性行业严重产能过剩。本文的核心结论为:市场化进程滞后的竞争性行业将收敛于一个自然产能过剩水平,产能管制政策在短期内降低了产能过剩程度,但并不能改变行业的自然过剩水平,反而让产能过剩行业在出现自然产能过剩水平的同时积累大量潜在产能过剩风险。

本文的贡献主要在于:第一,本文是第一篇从渐进式改革角度探讨产能过剩形成机理的文献,较好地解释了现有理论未能完美解释中国产能过剩所呈现出来的若干特征;同时,本文指出了中国渐进式改革还存在一项产能过剩成本,而这为现有探讨渐进式改革利弊得失的文献所忽视。第二,学界对产能管制政策多有批评,但主要集中在对政府对需求变动的判断失误以及产能管制政策造成的进入不公平等缺陷的批判,本文首次从理论上证明了即使产能管制政策不存在上述缺陷,只要中央、地方两级政府共同执行管制的体制不变,则从长期来看,产能管制无法降低产能过剩水平,反而将使行业积累大量潜在产能过剩风险,这为政策实践提供了依据。

二、理论基础:渐进式改革背景下产能过剩行业的三大现实特征

钢铁、电解铝等长期出现产能过剩的竞争性基础行业的发展呈现出如下特征:一方面,这些

行业保留了较多的政府干预，中央政府通过产业政策进行市场干预时倾向于扶持和保护国有企业，盈利能力较弱的国有企业在行业中仍占据较大比重；另一方面，市场化力量民营企业体制上的效率优势逐渐得以显现。此外，中央、地方两级政府共同施加了有缺陷的产能管制政策。

（一）盈利能力较弱的国有企业仍在行业中占据较大比重

中国从计划经济转向市场经济之后，国有经济在中国国民经济中的比重逐渐降低，而非国有经济则呈现出蓬勃发展的趋势。但在钢铁、电解铝等产能过剩行业，盈利能力较弱的国有企业仍在行业中占据着较大比重。如图1所示，[①]黑色金属以及有色金属冶炼及压延加工业、国有及国有控股企业资产占全行业资产比重一直都超过工业行业国有及国有控股企业资产占全行业资产的比重，特别是黑色金属冶炼及压延加工业，在2000年国有及国有控股企业资产占全行业资产的比重甚至超过了80%，在出现多次严重的产能过剩后，国有及国有控股企业资产占全行业资产比重在2013年仍居50%左右。

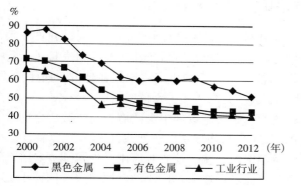 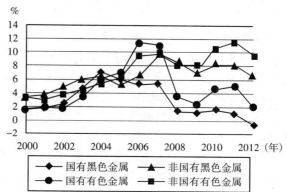

图1 黑色（有色）金属行业国有资产占比（左）及不同所有制企业资产利润率（右）
注：根据中经网统计数据库整理所得。其中，黑色（有色）金属代表黑色（有色）金属冶炼及压延加工业。

从上述分析可知，产能过剩行业中国有企业占比仍较大，但通过考察不同所有制企业的资产利润率可以发现，这些行业中国有企业的盈利能力却要低于非国有企业，且差距呈逐渐拉大的趋势。由图1可知，在2000~2012年的绝大部分年份，黑色金属、有色金属冶炼及压延加工业中非国有企业资产利润率要高于国有及国有控股企业的资产利润率，并且差距不断拉大，特别是2007年之后，非国有企业的盈利能力大大高于国有企业。

（二）民营企业的效率优势逐渐得以显现

随着经济体制市场化进程的不断深入，民营企业的天然效率优势逐渐显现。民营企业在历史包袱、企业体制机制等方面较国有企业具有相对优势，在资金、原材料、技术、规模等方面具有相对劣势，并受到了政策上的歧视性束缚。市场化进程中钢铁、电解铝等行业中，民营企业效率优势逐渐显现主要体现在三个方面：

一是经济体制逐步市场化后对民营经济的歧视性束缚减少。在转轨经济体制下，不同所有制的企业在市场中进行着不公平的竞争（曹建海，2010），民营经济面临着法律制度、市场竞争体制、金融服务体制、社会化服务体制等体制性障碍，但随着市场化改革的深入，民营经济发展的

---

① 限于数据可得性，我们用黑色金属冶炼及压延加工业、有色金属冶炼及压延加工业分别作为钢铁和电解铝行业的近似。

政策环境不断改善。更为重要的是，20 世纪 90 年代以来，地方政府之间围绕经济增长展开的竞争加剧，地方政府对于本地民营企业以及来本地投资民营企业的支持，在一定程度上帮助了民营企业突破经济体制的歧视性束缚。经济体制对民营经济的歧视性束缚呈逐渐减弱的趋势。

二是中小民营企业自身发展壮大过程中逐渐积累起生产规模、资金、技术、人才、经验等要素，从而弱化了国有企业在这些方面的相对优势。如在钢铁行业的发展历程中，政府早期鼓励一批民营企业进入市场，经过多年的发展壮大，涌现了一批诸如江苏沙钢、宁波建龙等优秀大型钢铁企业，这些民营钢铁企业在资金、技术、规模等诸多方面均不逊于国有大型企业，并凭借其灵活的体制优势，取得了较好的绩效。

三是快速投产模式及技术的成熟使民营企业迅速把握商机扩张产能成为可能。如在钢铁行业，随着设备的国产化产能投资成本大幅下降，早在 2003 年前后一个百万吨级别的生产普通钢材的钢铁厂固定资产投资仅需 10 余亿元，且建设周期一年左右即可投产，在当时有些钢铁厂投产一年多便可收回大部分投资，这使得大量民营企业大规模迅速扩张产能成为可能。

（三）中央、地方两级政府共同施加有缺陷的产能管制政策

对钢铁、电解铝等出现产能过剩的行业，中央政府制定了严格产能管制政策，对新建产能项目进行直接行政审批，要求并监督地方政府配合执行。尽管中央政府对新建产能项目直接进行行政审批并对违规项目进行查处，但产能扩张项目是否能落地开工的决定权掌握在地方政府手中，地方政府直接为新建产能项目提供土地并办理环保、工商、税务等相关手续。

然而，在对产能过剩行业进行管制的过程中，同为管制实施者的中央政府和地方政府之间存在利益不一致和信息不对称，这使产能过剩行业中出现了大量违规新建产能项目。[①]

（1）利益不一致。中央政府追求产能不过剩以减少资源浪费，地方政府则为追求地方经济高速增长而有放松产能管制允许企业扩张产能的动力。产能过剩造成了广泛的资源浪费，因而中央政府积极制定各项措施对产能过剩行业进行管制，并要求地方政府进行配合，一同管制。地方政府在受中央政府直接领导的同时，其本身还有追逐地方经济增长和财政收入的强烈动力（周黎安，2007；江飞涛，2012），而在当地新建产能恰是一条拉动地方经济增长的极好方式，从这个角度来看，地方政府希望当地的新建产能越多越好，因而地方政府在施加产能管制时有动力不顾产能过剩而放松管制，允许所辖区域企业扩张产能。

（2）信息不对称。中央和地方两级政府共同管制的另一个特征是管制过程中存在信息不对称，中央政府在管制执行上掌握的信息要明显少于地方政府掌握的信息。除中央直接进行行政审批外，中央政府对产能过剩制定的管制措施基本都需由地方政府配合执行。尽管中央政府上收了产能过剩行业新建产能项目的审批权，但新建产能项目的其他手续均需由地方政府办理（如工商、税务、环保等），新进入的企业也需要与地方政府洽谈相关的落户条件（如土地供应、水电配套基础设施等），地方政府掌握了项目是否能落地的实质权力。因而作为管制实际执行者的地方政府掌握了全部管制执行方面的信息，而作为管制政策制定者的中央政府并没有足够的能力对全国每个地区的管制政策执行情况进行监督，其所掌握的信息弱于地方政府。现实情况中大量未经中央政府审批的新建项目违规开工恰可以说明这点。

（3）中央政府的产能管制政策不合理。采用行政管制手段治理产能过剩，政策部门必须对未来供需形势、未来市场需求规模与需求结构进行准确预测。自 20 世纪 90 年代以来，历次治理政

---

① 《关于钢铁工业控制总量淘汰落后加快结构调整的通知》（发改工业［2006］1084 号）指出："在市场已经过剩的情况下，不少企业仍在违规盲目上新项目，2003 年以后新增的炼钢产能中，经国家发展改革委、环保总局、国土资源部核准的项目产能不足全部新增产能的 20%，绝大部分产能未经核准、环评和科学论证。"其他相关文件也指出了同样的问题。

策文件中对钢铁、电解铝等行业未来市场的预测，均严重低估了市场需求增长的空间（曹建海、江飞涛，2010）。突破前一轮管制政策进行产能投资的企业往往在接下来的市场需求高速增长中获利丰厚，这为地方政府和当地企业合谋突破产能管制政策限制进一步提供了动力。

三、产能过剩形成机理分析

本部分首先建立本文的基准模型，论证渐进式改革的背景下市场化进程滞后的竞争性行业需施加一定强度的产能管制才可以避免出现产能过剩。然后考虑中央、地方两级政府"双头"管制中存在的利益不一致和信息不对称，在基准模型上内生产能管制强度，论证在这种管制体制下行业仍将出现产能过剩。接着进一步内生市场化改革滞后程度，将模型动态化，论证长期而言，市场化改革滞后的竞争性行业总是收敛于一个取决于过剩产能淘汰速度和经济市场化改革速度的自然产能过剩水平，产能管制无法改变这个自然过剩水平。最后对开篇提出的产能过剩三个"怪相"进一步作出了解释。

考虑产能从建设到投产需要一个较长的时期这一现实情况，并且产能建设为专业性投资，因而本文以下所建立的模型认为产能的建设成本具有沉没成本的性质。Spence（1977，1979）和Dixit（1979，1980）引入产能约束，解释了斯坦克伯格两阶段博弈中一家企业会具有先动优势的原因，证明了在生产能力是沉淀的假设下，产能投资具有承诺价值，因而可以在动态博弈中引入简约式利润函数。本文在渐进式改革的背景下，引入市场化改革滞后行业的上述三大特征，考虑国有企业在博弈初期已经具备大量产能这一前提假设下博弈均衡的产生以及产能过剩的形成。

（一）基准模型：渐进式改革与产能过剩

本节将建立一个简单的静态模型，论证中国渐进式改革背景下市场化进程滞后的竞争性行业产能过剩的形成机理，要保持产能不过剩，则须施加一定强度的政府产能管制。

根据第二部分对渐进式改革背景下产能过剩行业前两大特征的描述，假设行业中存在一家国有企业（企业1）和一家新进入的民营企业（企业2），两家企业生产单一、同质产品。企业1的生产单位成本为 c_1，并假定在与企业1相同技术、规模以及其他同等竞争条件下，企业2的单位生产成本为 c_2，$c_2 < c_1$。不完善市场经济体制对民营企业具有歧视性体制束缚，同时民营企业在资金、原材料、技术、规模等方面具有相对劣势，体现为给民营企业单位产能扩张及生产经营额外施加了 s 的成本。企业面临确定的线性市场需求 $p（Q）= a - Q = a - q_1 - q_2$。为刻画市场化改革滞后行业中国有企业占有较大比重产能这一现实特征，假设在位国企拥有一个相对较大的初始产能 K_1。政府管制者对行业中产能扩张施加准入成本 g，意图消除产能过剩。

渐进式改革背景下，某特定行业的市场化改革滞后是指在经济体制市场化进程不断深入的过程中，该特定行业仍存在大量非市场的政府干预行为。在钢铁、电解铝等重化工行业中主要表现为政府为保持国有经济一定的强势控制力而制定的倾向于扶持国有企业投资扩产的产业政策、兼并重组政策，行业中存在的较为严重的国有企业预算软约束问题，以及为遏制产能过剩而施加的产能管制，继而造成行业中国有企业产能保持较大比重。在基准模型中，某一时点上特定行业的市场化改革滞后直接表现为因经济市场化进程而使 s 变小，或是国有企业初始产能 K_1 较大、成本 c_1 较高。

考虑一个两阶段的博弈：第一阶段新进入的企业2观察到企业1的现有产能 K_1，决定投资产能数量；第二阶段企业1、企业2在现有产能约束下同时进行产量竞争。采用逆向归纳法对这一博弈模型进行求解，可以得到这一博弈的纯策略纳什均衡。

在这一博弈假设下，显然企业 2 在第一期建立在第二期不能发挥作用的生产能力是毫无意义的（Dixit，1980），并且由于建立生产能力的成本是沉淀的，企业 2 在第一期选择的产能具有承诺价值。因此，在第二阶段的产量竞争中，企业 2 选择 $q_2^* = K_2$，企业 1 将最大化 $\pi_1 = (a - q_1 - q_2 - c_1)q_1$，企业 2 最大化 $\pi_2 = (a - q_1 - q_2 - c_1 - g - s)q_2$。

可以求得：

$$\begin{cases} q_1^* = \dfrac{a - 2c_1 + c_2 + g + s}{3} \\ q_2^* = \dfrac{a + c_1 - 2c_2 - 2(g + s)}{3} \end{cases} \tag{1}$$

在第一期，企业 1 和企业 2 的产能为：

$$\begin{cases} K_1^* = K_1 \\ K_2^* = q_2^* \end{cases} \tag{2}$$

当 $s + g < 3K_1 - a + 2c_1 - c_2$ 时，产能过剩的程度为：

$$E = (K_1^* - q_1^*) + (K_2^* - q_2^*) = (3K_1 - a + 2c_1 - c_2 - s - g)/3 > 0 \tag{3}$$

很容易得到，$\partial E/\partial s < 0$，$\partial E/\partial K_1 > 0$，$\partial E/\partial c_1 > 0$。

行业总产量为：

$$Y = q_1^* + q_2^* = [2a - c_1 - c_2 - (g + s)]/3 \tag{4}$$

要保证企业 1 的原有产能在第二期的生产阶段不过剩，政府应施加的管制强度为：

$$\bar{g} = 3K_1 - a + 2c_1 - c_2 - s \tag{5}$$

当政府不施加管制，则市场中将出现产能过剩 $E = (3K_1 - a + 2c_1 - c_2 - s)/3$，但产出 $Y|_{g=0} > Y|_{g>0}$，即施加管制时行业总产量小于不施加管制时的行业总产量。

命题 1：在渐进式改革过程中，政府须施加一定的产能规制强度 $\bar{g}$，才能保证市场化改革滞后的竞争性行业不出现产能过剩，但此时市场处于产出不足的状态；若产能规制强度低于 $\bar{g}$，则行业中将出现产能过剩，且出现产能过剩的企业为效率低下的国有企业。

推论 1：当政府管制强度一定时，产能过剩的程度随着行业市场化改革滞后程度加大而趋于严重（$\partial E/\partial s < 0$，$\partial E/\partial K_1 > 0$，$\partial E/\partial c_1 > 0$）。

市场化改革滞后的竞争性行业中，盈利能力较弱的国有企业在行业中存有大量产能，因而盈利能力较强的民营企业有进入市场抢占国有企业市场份额的动力。在不完善市场经济体制对民营经济的歧视性束缚较大时，民营企业受其制约而无法建立产能。但随着中国经济市场化改革进程的深入，不完善市场经济体制对民营经济的歧视性束缚减弱，且民营企业自身经过多年发展逐渐积累起规模、技术、人才、资金等要素弱化了国有企业的相对优势，因而民营企业的效率优势得以显现，从而得以进入市场扩张产能，并凭借其成本优势抢占国有企业的市场份额，这就必然将造成国有企业中效率较低的企业出现产能利用不足的情况。当政府管制强度一定时，随着该行业市场化改革滞后程度加大，民营企业受到的歧视性束缚越弱，或是效率低下的国有企业在政策的支持下存有越多的产能，则效率较高的民营企业越有动力进入市场扩张产能，因而产能过剩的规模也将随着该行业市场化改革滞后程度加大而趋于严重。

为方便下文分析，对政府产能管制造成的潜在产能过剩风险做出定义。

定义 1：本文将潜在产能过剩风险 $\bar{E}$ 定义为完全放松现有产能管制强度将造成的产能过剩程度。

由式（3）可得，对于政府实际施加的产能管制强度 g，$\bar{E} = g$。

（二）拓展一：渐进式改革背景下产能管制的现实制度特征与产能过剩

本节在基准模型上进一步考虑中国对产能过剩行业的现行管制的特征，探讨中央政府和地方政府共同管制体制下市场化改革滞后的行业产能过剩的形成机理及其特征。

在目前已有的关于政府间博弈的文献中，尚没有文献建立中央、地方两级政府共同对产能过剩行业管制的博弈模型，因而本节在参考已有的关于政府间博弈文献（Jun Ma，1995）的基础上，先根据现实情况对中央、地方政府在产能管制行为中的目标函数进行界定，继而根据所做出的界定选择效用函数的具体形式来得出更为简洁的解析结果，同时，本文还用隐函数证明了本节结论。

为方便分析，首先对中央和地方政府的管制行为做出简化：将中央、地方政府共同管制的体制简化为中央政府根据其管制意愿要求并监督地方政府执行管制。下面我们探讨这种简化的合理性。如第二部分所述，从中央政府的管制形式来看，中央政府对过剩行业实施的管制有两种具体形式：一是直接进行行政审批，二是要求并监督地方政府进行管制。第二种管制形式直接体现为中央政府对地方政府提出管制要求，与上述简化相一致。对于第一种管制形式，从现实情况来看，中央政府的行政审批并不能完全杜绝企业的产能扩张行为，大量企业虽未拿到中央政府的审批手续，但仍在地方政府的默许下违规开工，因而中央政府上收行政审批权实质上只是加大了地方政府的违规成本（给处理地方政府违反中央政府管制要求而放松产能管制提供了一个依据，清晰地界定了地方政府的违规行为：地方政府默许未经中央审批的项目开工就是违规），这样第一种管制形式也可以看做是中央要求并监督地方政府执行管制这一简化形式。综上所述，这里对中央、地方政府共同管制体制所作出的简化并不扭曲产能管制的现实特征。

根据上述简化以及本文第二部分对管制现实特征的描述，我们对中央政府和地方政府的目标函数做出如下界定：

（1）中央政府通过制定要求地方实施的管制强度[①]（简称"要求管制强度"）追求产能不过剩，但因地方政府与中央政府之间的利益不一致和信息不对称，中央政府实施该要求管制强度要付出一定的监督成本。令其效用函数为 $U_Z = f_Z[E，C_Z(g_Z)]$，凹函数，其中 E 表示行业总的产能过剩，C_Z 表示中央政府对地方政府管制实施的监督成本，g_Z 表示要求管制强度。产能过剩 E 和监督成本 C_Z 均给中央政府带来负效用，并且中央政府能够容忍很小的产能过剩，[②] 但厌恶大规模的产能过剩，即 $\partial f_Z/\partial E\big|_{E=0} = 0$，$\partial^2 f_Z/\partial E^2 < 0$，$\partial f_Z/\partial C_Z < 0$；其他条件不变的情况下，因中央、地方信息不对称，中央政府要求实施的管制强度 g_Z 越大，则其监督成本相应越大，并且当中央政府对地方政府管制无要求时，监督成本等于 0，即 $\partial C_Z/\partial g_Z\big|_{g_Z=0} = 0$，$\partial^2 C_Z/\partial g_Z^2 > 0$。

（2）地方政府受中央政府领导，其根据中央政府制定的要求管制强度来施加最终的产能管制强度，但其自身还有追求当地经济增长的动力。令其效用函数 $U_L = f_L[Y(g_L)，C_L(g_Z - g_L)]$，凹函数，其中 Y 表示经济总量，$C_L$ 表示地方政府违背中央意愿放松管制的成本，g_L 表示地方政府最终选择实施的管制强度。中央政府的惩罚给地方政府带来负效用，但地方政府能够接受非常小的违规惩罚，即 $\partial f_L/\partial C_L(g_Z - g_L)\big|_{g_L=g_Z} = 0$，$\partial^2 f_L/\partial C_L^2 < 0$；地方政府与中央政府利益不一致，地方政府追求经济增长的意愿十分强烈（周黎安，2007），因而地方经济增长能给地方政府带来较大的正效用，$\partial f_L/\partial Y > 0$。由式（4）可知，某地的最终管制强度 g_L 减小，将为当地带来更多新建产能，[③] 从

[①] 本文中央政府制定的"要求管制强度"不能简单理解为中央政府以文件等形式提出的管制目标，其还应包括中央政府的落实力度，如巡查地方政府违规的频率、惩处违规地方政府的态度等。

[②] 市场自然的运行中优胜劣汰的过程中也会出现轻微的过剩产能，但这是一个正常的结果，显然，中央政府会接受一个十分轻微的过剩。

[③] 尽管将产生部分过剩产能，但过剩的产能并不一定在放松管制强度的地区出现。

而拉动地方经济增长，$\partial Y/\partial g_L < 0$；地方政府违反中央政府管制要求，违规允许当地企业新建产能（即放松管制强度 g_L），将受到中央政府的惩罚，且违规允许新建产能的总规模越大，受到的惩罚也越大，即 $\partial C_L/\partial(g_z - g_L) > 0$，当 $g_L = g_z$ 时，$C_L(0) = 0$。

不失一般性，根据上述对中央和地方政府效用函数的限制，假设 $U_z = -\alpha E^2 - C_z(g_z)$，$C_z(g_z) = \beta g_z^2$，$U_L = \gamma Y(g_L) - C_L(g_z - g_L)$，$C_L(g_z - g_L) = \delta(g_z - g_L)^2$。可以检验，这两个效用函数及成本函数满足上述性质。其中，α 表示中央政府对产能过剩的容忍度，其越大表示中央政府对产能过剩的容忍度越低，$\alpha \geq 0$；β 代表信息不对称的程度，其越大表示信息不对称程度越高，假设 $\beta \geq 0$；γ 表示地方政府管制目标与中央政府管制目标的偏离程度，其越大表示地方政府追求地方经济增长的意愿越强烈，$\gamma \geq 0$；δ 表示当地方政府违规时中央政府施加的惩罚力度，其越大表示地方政府的违规成本越大，δ 也受信息不对称程度的影响，信息不对称程度越高则 δ 越小，$\delta \geq 0$。[①]

联立上述效用函数与式（3）、式（4）、式（5），可得：

$$\begin{cases} U_z = -\alpha\left(\dfrac{\bar{g} - g_L}{3}\right)^2 - \beta g_z^2 \\ U_L = \gamma\left(\dfrac{2a - c_1 - c_2 - g_L - s}{3}\right) - \delta(g_z - g_L)^2 \end{cases} \tag{6}$$

首先，最大化地方政府效用函数，求得实际施加的管制强度为：

$$g_L = g_z - \frac{\gamma}{6\delta} \tag{7}$$

将其代入中央政府的效用函数，并最大化中央政府效用函数，可得：

$$g_z = \left(1 + \frac{9\beta}{\alpha}\right)^{-1}\left(\bar{g} + \frac{\gamma}{6\delta}\right) \tag{8}$$

因而，我们可以得到在中央政府和地方政府博弈均衡下的施加管制强度为：

$$\bar{g}_L = \left(1 + \frac{9\beta}{\alpha}\right)^{-1}\bar{g} - \frac{9\beta}{\alpha}\left(1 + \frac{9\beta}{\alpha}\right)^{-1}\frac{\gamma}{6\delta} \tag{9}$$

很容易得到，$\bar{g}_L < \bar{g}$。

将式（5）代入式（9），再将得到的表达式代入式（3），我们可得内生管制强度情况下产能过剩程度关于行业市场化改革滞后特征的表达式：

$$E = \frac{1}{3}\left[\frac{9\beta}{\alpha}\left(1 + \frac{9\beta}{\alpha}\right)^{-1}(3K_1 - a + 2c_1 - c_2 - s) + \frac{9\beta}{\alpha}\left(1 + \frac{9\beta}{\alpha}\right)^{-1}\frac{\gamma}{6\delta}\right] \tag{10}$$

可以推得，$\partial E/\partial K_1 > 0$，$\partial E/\partial c_1 > 0$，$\partial E/\partial s < 0$。

潜在产能过剩风险为：

$$\bar{E} = \left(1 + \frac{9\beta}{\alpha}\right)^{-1}(3K_1 - a + 2c_1 - c_2 - s) - \frac{9\beta}{\alpha}\left(1 + \frac{9\beta}{\alpha}\right)^{-1}\frac{\gamma}{6\delta} \tag{11}$$

命题 2：考虑管制共同执行者中央政府和地方政府间利益不一致和信息不对称后：①政府最终施加的产能管制强度必然弱于使得行业不出现产能过剩而需要的管制强度；②市场化改革滞后的行业必然会存在产能过剩，并且存在一定产能过剩风险。

推论 2：

①行业市场化改革滞后程度越大，该行业产能过剩越为严重，潜在产能过剩风险也将越大（$\partial E/\partial K_1 > 0$，$\partial E/\partial c_1 > 0$，$\partial E/\partial s < 0$）；

②中央政府和地方政府间的利益不一致和信息不对称程度越深，该行业产能过剩越为严重

---

① 可以证明，满足本文对中央、地方政府效用函数的界定具体函数形式对结果无影响，具体证明过程可向作者索取。

$(\partial E/\partial \gamma > 0,\ \partial E/\partial \beta > 0)$，而潜在产能过剩风险则会减小（$\partial \bar{E}/\partial \gamma < 0,\ \partial \bar{E}/\partial \beta < 0$）。

市场化改革进程滞后的行业需要施加相应强度的产能管制才能维持产能不过剩的状态。但地方政府与中央政府间的利益不一致，地方政府有追求地方经济增长的强烈意愿。违背中央政府"要求管制强度"放松管制强度能够带来地方经济增长，同时也会引发中央政府的惩罚。当地方政府不违背中央政府管制意愿时，地方政府稍微放松中央政府要求实施的管制强度带来的惩罚几乎为零，[①] 却能拉动经济增长，因而其将放松管制。最终，地方政府实施的管制强度将使得继续放松管制带来的经济增长为其带来的边际正效用与继续放松管制带来的惩罚给其造成的边际负效用相等。因此，地方政府实施的最终管制强度必然将小于中央政府要求的管制强度。中央与地方政府之间存在信息不对称，因而中央政府要监督地方政府偷偷放松管制强度的行为就必然需要付出一个监督成本，且监督成本随着中央政府要求的管制强度增大而增大。当中央政府要求实施的产能管制强度十分高，使得即使在地方政府偷偷降低实施的管制强度后行业中仍不存在产能过剩，此时产能过剩给其的边际负效用几乎为零，而其须承担的一个十分大监督成本给其造成的边际负效用十分大，因而中央政府因监督成本高昂而将降低要求实施的管制强度。这就使地方政府实际实施的管制强度必然会小于使得产能不过剩需要的管制强度，因而市场化改革滞后行业必然会出现产能过剩。

地方政府违背中央政府意愿的程度将随着其对当地经济增长的偏好增强而加大，随着信息不对称程度的加深而加大（受到的惩罚力度减小）。信息不对称程度加深使得监督成本提高，中央政府要求地方政府实施的管制强度也将随之而减小。因而，最终地方政府施加的管制强度将随着中央、地方两级政府利益不一致和信息不对称的程度加深而减小，继而行业中的产能过剩程度也将随着实际管制强度的减小而趋于严重。类似可得，若行业市场化改革滞后程度加深，产能过剩也将趋于严重。

命题 1 和命题 2 共同解释了为什么在国家实施严格的产能管制政策背景下，仍有如此多的企业违规扩张产能。命题 1 表明，渐进式改革背景下，市场化改革滞后行业中效率较高的民营企业有强烈的扩张产能的意愿，因而需要一定强度的产能管制遏制其进入。但考虑中央、地方共同施加的产能管制这一现实制度特征后，由命题 2 可知实际管制强度必然小于使产能不过剩的管制强度，地方政府实施的管制强度也必然小于中央政府要求实施的管制强度，因而众多企业在较低的实际管制强度下违背中央政府的意愿扩张产能，此时市场中必然存在过剩产能。

（三）拓展二：产能过剩的动态演进——产能管制政策带来了什么

前文的分析均是假定特定行业市场化改革滞后程度外生的静态分析，而发生在钢铁、电解铝等传统竞争性行业中的产能过剩是一个长期现象，从长期来看，特定行业的市场化改革滞后程度则是一个内生变量，经济市场化进程以及产能管制政策通过影响国有企业过剩产能规模继而影响淘汰过剩的国有企业产能，从而影响该特定行业的市场化改革滞后程度。

本节假设经济市场化进程以一个外生的速度进行，并进一步内生特定行业的市场化改革滞后程度，探讨产能过剩的动态特征。假设前两节建立的博弈持续进行无数次，[②] 并假设：

（1）每一次博弈发生前企业 1 的产能外生给定，为上一期的产能减去上一期产能过剩部分的

---

① 中央政府往往是在地方政府违规的程度过大时突然进行惩罚，同时，轻微的产能过剩是市场的常态，中央政府也愿意接受。

② 此处有两点需要说明：第一，本节的博弈有别于博弈论中的"重复博弈"的概念，"重复博弈"是指每次博弈相同的博弈，而本节的博弈中 s 及 K 等变量会发生变化。第二，本文研究的是钢铁、电解铝等竞争性行业的产能过剩问题，这些行业中有较多竞争者，众多竞争者要达成合谋的可能性较小，并且从现实情况来看也基本不存在合谋（存在严重产能过剩），因而本节不考虑类似"重复博弈"中的触发价格战略，而只考虑每一次博弈中的古诺均衡。

λ 比重，即 $K_{1t} = K_{1t-1} - \lambda E_{1t-1}$，$0 < \lambda < 1$，而企业 2 的产能均为新建产能。[①]

（2）经济市场化改革以一个固定速度进行，每一期博弈 s 较上一期下降 Δs，即 $s_t = s_{t-1} - \Delta s$，$s \gg \Delta s$。

假设（1）中的 λ 可以理解为过剩产能的淘汰速度，[②] λ 越大，则过剩产能的淘汰速度越快。另假定初始状态下，$E_0 = 0$，K_{10}、s 均较大，即假定行业的初始状态为国有企业产能占据绝对优势且市场体系极不完善的产能不过剩状态。

1. 施加政府产能管制时的情形

考虑上述假设，将式（5）、式（9）、式（10）动态化，可得每一期过剩产能规模和实际管制强度

$$E_t = \frac{1}{3}\left[\frac{9\beta}{\alpha}(1 + \frac{9\beta}{\alpha})^{-1}(3K_{1t} - a + 2c_1 - c_2 - s_t) + \frac{9\beta}{\alpha}(1 + \frac{9\beta}{\alpha})^{-1}\frac{\gamma}{6\delta} \right] \qquad (12)$$

$$g_t = (1 + \frac{9\beta}{\alpha})^{-1}(3K_{1t} - a + 2c_1 - c_2 - s_t) - \frac{9\beta}{\alpha}(1 + \frac{9\beta}{\alpha})^{-1}\frac{\gamma}{6\delta} \qquad (13)$$

结合假设 1 和假设 2，可得产能过剩和实际管制强度的动态方程为：

$$E_t = \left[1 - \lambda\frac{9\beta}{\alpha}(1 + \frac{9\beta}{\alpha})^{-1} \right]E_{t-1} + \frac{1}{3}\frac{9\beta}{\alpha}(1 + \frac{9\beta}{\alpha})^{-1}\Delta s \qquad (14)$$

$$g_t = \left[1 - \lambda\frac{9\beta}{\alpha}(1 + \frac{9\beta}{\alpha})^{-1} \right]g_{t-1} + (1 + \frac{9\beta}{\alpha})^{-1}(\Delta s - \lambda\frac{9\beta}{\alpha}\frac{\gamma}{6\delta}) \qquad (15)$$

稳态时，均衡状态下的产能过剩规模和管制强度为：

$$E^* = \frac{1}{3\lambda}\Delta s \qquad (16)$$

$$g^* = \frac{\alpha}{9\beta}\frac{1}{\lambda}\Delta s - \frac{\gamma}{6\delta} \qquad (17)$$

潜在产能过剩风险的动态方程与式（15）一致，稳态时：

$$\overline{E}^* = \frac{\alpha}{9\beta}\frac{1}{\lambda}\Delta s - \frac{\gamma}{6\delta} \qquad (18)$$

中央政府对产能过剩的容忍度越小，地方政府违背中央政府意愿放松管制受到的惩罚越大，则潜在产能过剩风险越小（$\partial\overline{E}^*/\partial\alpha > 0$，$\partial\overline{E}^*/\partial\delta < 0$）。

且当 $\frac{1}{\lambda}(\frac{\alpha}{9\beta} - \frac{1}{3})\Delta s - \frac{\gamma}{6\delta} > 0$ 时，稳态时潜在产能过剩风险大于表现出来的产能过剩规模，$\overline{E}^* > E^*$；反之，则 $\overline{E}^* < E^*$。

由式（14）、式（16）可得行业向均衡点收敛的速度方程为：

$$E_t - E^* = \left[1 - \lambda\frac{9\beta}{\alpha}(1 + \frac{9\beta}{\alpha})^{-1} \right](E_{t-1} - E^*) \qquad (19)$$

即 E 每期向 E^* 移动其与 E^* 距离的 $\lambda\frac{9\beta}{\alpha}(1 + \frac{9\beta}{\alpha})^{-1}$ 比例。

初始状态 $E_0 = 0$，由式（14）、式（15）可知，行业向均衡点收敛的过程表现为产能过剩以及潜在产能过剩风险不断趋于严重的过程。

[①] 一个更符合现实的假设是企业 1、企业 2 每一次博弈的都有一个初始产能，其值等于上一次博弈中非过剩的产能加未淘汰的过剩产能，但这并不改变本文结论：s 下降后只是企业 2 将继续投资产能。在初始产能情况下企业扩张产能的情形可见 Dixit（1980）。

[②] 事实上，λ 还代表着民营企业扩张时主要采用新建产能的方式还是兼并已有产能的方式，λ 则表示"兼并"为民营企业的主要扩张方式。限于篇幅，本文不再讨论。

2. 不施加产能管制的情形

若政府不施加管制，将式（3）动态化并令 g = 0，可得：

$$E'_t = (1 - \lambda)E'_{t-1} + \frac{1}{3}\Delta s \tag{20}$$

稳态时，$E'^* = \frac{1}{3\lambda}\Delta s$，与政府施加管制时的过剩规模相同。我们将这种只取决于行业本身因素和经济市场化速度特征的产能过剩水平称为行业的自然产能过剩水平。

将稳态时的过剩规模代入式（20），可得政府不施加管制时行业向均衡点收敛的速度方程为：

$$E'_t - E'^* (1 - \lambda)(E'_{t-1} + E'^*) \tag{21}$$

即 E 每期向 E^* 移动其与 E^* 距离的 λ 比例。

由 $\lambda \frac{9\beta}{\alpha}(1 + \frac{9\beta}{\alpha})^{-1} < \lambda$ 可知，不施加产能管制比施加产能管制的行业向均衡点收敛的速度快。

初始状态 $E'_t = 0$，由式（20）可知行业向均衡收敛的过程中产能过剩不断趋于严重。

3. 政府不实施产能管制的条件

由式（7）和式（8）可得，$g_L = (1 + \frac{9\beta}{\alpha})^{-1}(g + \frac{\gamma}{6\delta}) - \frac{\gamma}{6\delta}$，因实际管制强度必然大于 0，因而当 $\bar{g} \leqslant \frac{9\beta}{\alpha}\frac{\gamma}{6\delta}$ 时，$g_L = 0$，即此时政府不施加产能扩张管制。考虑行业特征，政府在第 t 次博弈中不施加产能扩张管制的条件为 $3K_{lt} - a + 2c_1 - c_2 - s < \frac{9\beta}{\alpha}\frac{\gamma}{6\delta}$。由上述讨论可知，行业向均衡收敛的过程中产能过剩程度不断趋于严重，均衡时过剩程度最为严重，由式（3）和式（5）可知，$\bar{g}$ 也将在均衡点最大，因而政府始终不实施产能管制的条件为：

$$\frac{1}{\gamma}\Delta s < \frac{9\beta}{\alpha}\frac{\gamma}{6\delta} \tag{22}$$

式（22）说明政府是否对该行业施加产能管制除决定于政府对产能过剩的容忍度外，主要取决于行业自身的一些特征。对于产能淘汰速度大、政府主动进行国有企业改革、预算软约束问题不严重的行业，其自然产能过剩水平较小，因而政府施加产能管制的可能性较小。

4. 产能过剩的动态演进图示

上述两种情形可用图 2 表示：式（14）、式（20）所对应的曲线表示政府施加（不施加）管制时过剩产能的动态曲线，式（15）所代表的虚线表示施加管制时实际管制强度或是潜在产能过剩风险的动态曲线。由图 2 可以看出：第一，式（14）、式（20）对应的曲线与 45°线交于同一点，说明管制与否都不影响稳态时的产能过剩程度；第二，式（14）对应曲线的斜率要大于式（20）对应曲线的斜率，因而产能管制减缓了行业产能过剩向稳态收敛的速度；第三，式（15）所代表的虚线与 45°线的交点表示稳态时施加产能管制使得行业积累的潜在产能过剩风险；[①] 第四，式（14）、式（20）对应的曲线下的箭头表示行业产能过剩由初始条件向稳态水平收敛的方向（潜在产能过剩风险向稳态水平收敛的方向类似，未在图中画出），从这些箭头的方向可以看出，在渐进式改革背景下，无论是否施加产能管制，行业趋于稳态的过程都表现为产能过剩的不断积累，施加产能管制还将使行业不断积累潜在产能过剩风险。

命题 3：（长期均衡的性质）

（1）渐进式改革背景下，市场化改革滞后的竞争性行业将会收敛于一个自然产能过剩水平，

---

① 式（15）所对应的曲线也可能位于式（14）对应的曲线的下方。

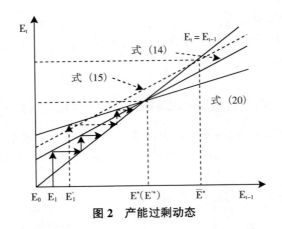

图 2　产能过剩动态

其大小取决于该行业外生的过剩产能淘汰速度和经济市场化改革速度。

（2）产能管制不能改变行业的自然产能过剩水平，反而会使行业在出现自然产能过剩的同时积累一定的潜在产能过剩的风险。

命题 4：（向长期均衡收敛过程的性质）

（1）行业产能过剩程度向稳态收敛的过程，是一个产能过剩程度不断趋于严重的过程。

（2）产能管制能降低当期的产能过剩程度，并使产能过剩以一个较缓的速度向稳态收敛，但其并不能改变向稳态收敛过程中产能过剩趋于严重的趋势，还将使行业逐渐累积潜在产能过剩风险。

为直观理解上述命题，从行业市场化改革滞后程度这一角度再次论述上述命题。首先讨论渐进式改革背景下，为何市场化改革滞后的竞争性行业将会存在一个自然产能过剩水平且产能管制无法改变该水平。均衡时，行业市场化改革滞后程度必然将保持不变，否则，产能过剩程度也将改变［见式（3）、式（10）］。而行业市场化改革滞后程度的变化只受上一期过剩产能淘汰部分以及本期的经济市场化进程影响，当上一期产能过剩程度大到使淘汰的国有企业过剩产能对滞后程度的负作用恰好等于本期经济市场化进程对滞后程度的正作用时，行业产能过剩程度达到均衡。因而均衡时的产能过剩程度只取决于过剩产能的淘汰比率和经济市场化的速度。当期产能管制只能影响下一期的产能过剩程度，不影响上一期过剩产能的淘汰规模，因而即使施加产能管制，要达到均衡时不变的行业市场化改革滞后程度，上一期的产能过剩程度必须严重到能够抵消既定的经济市场化进程对行业市场化改革滞后程度的作用，这与不施加管制需要的产能过剩程度相同，因而产能管制不会影响自然产能过剩水平。

其次讨论行业是否会收敛于该自然产能过剩水平，以及收敛过程中产能过剩程度会如何变化。由假设知经济市场化改革的速度一定，当产能过剩程度较低时，对于行业市场化改革滞后程度而言，淘汰的过剩产能对其的负作用要小于本期经济市场化进程对其的正作用，因此本期行业市场化改革滞后程度加大，这使得本期产能过剩程度加大，淘汰的过剩产能也将加大。这个过程一直要持续到产能过剩程度达到均衡。因而行业产能过剩程度会收敛于该自然产能过剩水平，且在此过程中产能过剩程度逐渐趋于严重。

最后讨论为何产能管制使行业向均衡点收敛的速度将变缓，以及该收敛过程为何会伴随潜在产能过剩风险逐渐积累。施加管制后，每一期既定的经济市场化改革速度使得当期产能过剩程度的增量变小，因而需要更多期的调整才能达到既定的自然过剩水平，即行业产能过剩程度向均衡点的收敛速度变缓。随着行业产能过剩程度向均衡收敛，行业市场化改革滞后程度逐渐加大，管制强度也将逐渐加大［见式（9）］，而潜在产能过剩风险是指一旦完全放开产能管制时会产生的过剩规模（见定义 1），因而潜在产能过剩风险也将在收敛过程中呈现逐渐积累的态势。

命题 3、命题 4 不仅说明了中国的渐进式改革将使某些市场化改革滞后的行业存在一个自然产能过剩水平，还暗示中国长期治理产能过剩所采取的产能管制政策很可能并没有取得化解产能过剩的预期效果，甚至还使产能过剩行业积累大量潜在产能过剩风险。这两个命题还解释了"越管越过剩"（赖明，2014）[①]的现象：首先，产能管制使市场化改革滞后行业在出现自然产能过剩水平的同时积累大量潜在产能过剩风险，因而管制使长期均衡时产能过剩程度显得更为严重。其次，在产能过剩水平向均衡点收敛的过程中，产能过剩和管制强度都表现为逐渐增大；若政府突然对产能过剩行业的容忍度降低，增大管制强度，则产能过剩水平将在突然下降后又开始逐渐趋于严重，直到均衡水平，这也表现为"越管越过剩"。最后，命题3、命题4表明，要从根本上化解钢铁、电解铝这类传统性竞争行业的产能过剩，要从加快该行业市场化改革速度和过剩产能淘汰速度着手。

（四）中国传统竞争性行业产能过剩"怪相"的再思考

为何钢铁、电解铝等传统竞争性行业长期出现严重的产能过剩？

钢铁、电解铝等重化工行业市场化改革呈现出滞后的特征，国有企业在行业中一直占据着较大比重（见图1）。首先，国家希望国有经济在钢铁、电解铝这类支柱产业中保持一定控制力，国家产业政策倾向于支持国有企业的发展；其次，这类行业中国有企业的预算软约束较为明显，单个企业的规模大、人员多、债务复杂，因而国有企业一旦亏损很容易获取追加的投资或贷款，这造成国有企业的过度投资以及难以退出市场。此外，行业存有的大量管制政策倾向于扶持大企业，造成国有企业过度投资产能以期获取政府政策的倾斜。在这些因素的驱动下，国有企业大规模投资产能，并且落后的国有企业难以退出市场，甚至出现亏损的山东钢铁（国有）兼并重组盈利的日照钢铁（民营）的事件，这造成了盈利能力较弱的国有企业仍在行业中占据着较大比重。

但在市场化进程中，钢铁、电解铝这类竞争性行业中民营企业却逐渐显现出其天然效率优势。国家早期允许并鼓励钢铁、电解铝等行业的中小型民营企业参与竞争，激活市场活力。在强劲市场需求的带动以及民营企业体制机制灵活和历史包袱较少的优势下，大量能够与大型国有企业相匹敌的民营企业开始涌现，如钢铁行业中出现了诸如江苏沙钢、宁波建龙等一批优秀大型民营钢铁企业；与此同时，随着市场化进程的不断深入，经济体制对民营经济的歧视性束缚不断减弱，国有企业在资金、规模、技术上的优势逐渐消失。此外，快速建厂并投产模式及技术的成熟，使得民营企业在体制机制及历史包袱方面的天然效率优势能够得以凸显。因而，逐渐显现其天然效率优势的民营企业也开始大规模扩张产能，这势必造成一些企业出现产能过剩。

因此，一边是天然效率优势逐渐显现的民营企业大规模扩张产能，另一边是受政策保护并存在预算软约束的国有企业不愿退出市场甚至也进一步扩张产能，这使行业趋于一个十分大的自然产能过剩水平（过剩产能淘汰速度小将造成自然产能过剩水平高，见命题3）。

产能过剩造成了严重资源浪费，因而政府采用产能管制政策治理产能过剩。从实质上看，产能管制是替代原经济体制给具有天然效率优势民营企业歧视性束缚力的一种形式。在经济体制市场化进程不断深入的背景下，这种形式的束缚使产能过剩行业中市场化改革滞后程度进一步加剧；同时，因地方政府对当地经济增长的追求而将部分放松产能管制强度，默许当地违规产能扩张项目的上马，从而行业将一直处于产能过剩状态。因此，采用产能管制政策治理产能过剩只是暂时降低了行业的产能过剩程度，减缓了行业向自然产能过剩水平收敛的速度，但其并不能减小行业的自然产能过剩水平，反而使得行业逐渐积累起大量潜在产能过剩风险（详见命题3、命题4）。此外，需要注意的是，施加产能管制还将使行业在出现部分企业产能过剩的同时处于总产出不足的状态。

[①] 详见全国政协十二届二次会议提案办理协商会。

因此，在渐进式改革背景下，市场化改革滞后的钢铁、电解铝等竞争性行业逐渐向一个较高的自然产能过剩水平趋近，并在产能管制政策实施的过程中逐渐积累起越来越大的产能过剩风险。政府在不明白产能管制对产能过剩作用的内在机制时，不断提出强化管制，殊不知这改变不了长期的产能过剩水平，只是用长期的潜在产能过剩风险换取短期产能过剩程度的下降，并且延长了市场力量自发调整行业市场化改革滞后程度的时间，使得产能过剩长期存在。

在这些长期产能过剩行业中，尽管行业利润率较低，但具有成本优势的民营企业仍能够从中获取足够的利润率，因而其在地方政府的默许配合下仍有强烈的意愿扩张产能，这解释了为何企业不顾产能过剩仍大规模违规扩张产能（事实上，行业总产出是处于不足的状态，而非过剩，过剩的仅是部分企业的产能）。此外，在钢铁、电解铝等产能过剩行业，政府施加的产能管制政策延缓了该行业市场化改革滞后程度在市场的压力下自发调整的过程，使其积累大量潜在产能过剩风险，因而直到今天仍存有严重的产能过剩。而十多年前不使用产能管制政策治理产能过剩的纺织行业在市场的压力下逐渐自发调整市场化改革滞后程度，因而经过十余年的调整，纺织行业现在不存在较大规模的产能过剩。至此，根据本文理论回答了开篇所提出的三个"怪相"。

四、结论与政策建议

（一）结论

本文在中国渐进式改革的背景下，考虑政府产能管制共同执行者中央、地方两级政府间存在利益不一致和信息不对称的现实制度特征，从静态和动态两个角度，论证了市场化进程中钢铁、电解铝等竞争性行业市场化改革滞后与产能管制将共同造成严重的产能过剩。

本文论证了中国渐进式改革背景下，市场化改革滞后的竞争性行业将收敛于一个自然产能过剩水平，长期用于治理产能过剩的产能管制政策并不能改变该水平，反而让产能过剩行业在出现自然产能过剩水平的同时积累大量潜在产能过剩风险。具体来看，主要有四个结论。从静态角度看：①渐进式改革进程中，市场化改革滞后的竞争性行业需要政府施加一定强度的产能管制才能维持产能不过剩；②考虑中央、地方政府在产能管制过程中的利益不一致和信息不对称，政府产能管制不能完全遏制市场化改革滞后行业的产能过剩，产能管制降低了当期的产能过剩程度，但同时也使行业积累了相应的产能过剩风险。从动态角度看：①在渐进式改革进程中，市场化改革滞后的行业将收敛于一个自然产能过剩水平，其高低取决于经济市场化改革速度以及过剩产能淘汰速度；②施加产能管制不能改变自然产能过剩水平，但能减缓产能过剩水平收敛于该自然产能过剩水平的速度。与此同时，其还将使行业积累大量产能过剩风险。

（二）政策建议

本文的结论具有十分重要的政策内涵。当前，在政府施加了严格的产能管制的情况下，钢铁、电解铝等行业仍存在严重过剩产能，说明这些行业中积累着大量的产能过剩风险，因而目前应采取的政策路径是短期内大致维持现有产能管制的强度，而将重点放在调整倾向于国有企业的产业政策、加快推进过剩行业的国有企业改革以及健全市场化退出机制方面，在产能过剩逐步得到缓解后再相应放松产能管制。具体而言，目前主要应采取如下措施：

（1）短期内应大致维持现有管制强度，并进一步探索产能管制政策的退出路径。对产能过剩行业施加的产能管制是一把"双刃剑"，一方面，避免了产能过剩在短期内大规模爆发；另一方面，产能管制施加的强度越大、实施的时期越长，带来的产能过剩风险越大。在目前产能过剩行业已经实施严格产能管制的现实环境下，实际上许多行业已经积累了大量的产能过剩风险。因而在短期内，可以选择的政策路径只能是继续维持现有管制强度，否则，一旦放松管制，产能过剩将突然间大规模爆发，因为尽管从表象上看产能过剩行业平均利润率已经十分低，但市场中效率低下的国有企业仍占有较大比重，若一旦放松产能管制，效率高的民营企业仍有动力扩张产能抢占国有企业的市场份额，这将造成更为严重的产能过剩。从长期来看，应尽量避免使用产能管制政策治理产能过剩，因而应尽快探索现存严格产能管制政策的退出路径。

（2）调整倾向于国有企业的产业政策，加快推进产能过剩行业的国有企业改革。要根治钢铁、电解铝等竞争性行业中因市场化改革滞后而出现的产能过剩，根本途径在于加快产能过剩行业的市场化改革步伐。应避免产业政策向行业中低效率国有企业倾斜，并放弃"扶大限小"的产业政策模式，避免国有企业在政策的激励下过度投资。同时，要尽快进行能够提高国有企业效率的改革，加快以合资的形式吸收民营资本，提高企业效率，保障国有资本利益。对于可竞争性强并且政府难以控制进入的产能过剩行业，若国有企业效率难以提升，则应选择恰当的时机，尽快出售落后国有企业的股权，避免随着时间的推移在国有企业市场份额基本丧失后再以低价出售，造成国家利益损失。

（3）健全市场化退出机制，规范地方政府补贴当地濒临破产企业。降低自然产能过剩程度的一条途径是加快过剩产能的淘汰速度。目前，一方面，中央政府用行政手段要求地方政府强制淘汰当地"落后产能"；另一方面，地方政府仍在补贴当地濒临破产的企业。政府并不能充分掌握究竟哪部分产能是低效率产能，很可能在政策实施的过程中为保护国有企业的利益而要求非国有企业淘汰部分产能，这并未降低该行业市场化改革滞后程度，因而产能过剩将在短暂平息后趋于严重。因而要以市场化为导向健全退出机制，如可建立以援助失业人员为重点的行业援助退出机制，而不宜采用行政手段强制淘汰"落后产能"。另外，要规范地方政府对当地濒临破产企业进行各项补贴的行为，否则，过剩的落后产能将长期在市场中存活下去。

参考文献：

[1] Spence，A.M. Entry，Capacity，Investment and Oligopolistic Pricing [J]. Bell Journal of Economics，1977（8）：534-544.

[2] Spence，A.M. Investment Strategy and Growth in a New Market [J]. Bell Journal of Economics，1979（10）：1-19.

[3] Dixit，A. A Model of Duopoly Suggesting a Theory of Entry Barriers [J]. Bell Journal of Economics，1979（10）：20-32.

[4] Dixit A. The Role of Investment in Entry-deterrence [J]. The Economic Journal，1980（1）：95-106.

[5] Ma J. Modelling Central-local Fiscal Relations in China [J]. China Economic Review，1995，6（1）：105-136.

[6] 曹建海. 中国产业过度竞争的制度分析 [J]. 学术季刊，2001（1）.

[7] 罗云辉. 过度竞争：经济学分析与治理 [M]. 上海：上海财经大学出版社，2004.

[8] 张维迎，马捷. 恶性竞争的产权基础 [J]. 经济研究，1999（6）.

[9] 魏后凯. 从重复建设走向有序竞争 [M]. 北京：人民出版社，2001.

[10] 夏大慰，罗云辉. 中国经济过度竞争的原因及治理 [J]. 中国工业经济，2001（11）.

[11] 江飞涛，曹建海. 市场失灵还是体制扭曲？——重复建设形成机理研究中的争论、缺陷与新进展 [J]. 中国工业经济，2009（1）.

[12] 江飞涛，耿强，吕大国等. 地区竞争、体制扭曲与产能过剩的形成机理 [J]. 中国工业经济，2012（6）.

[13] 林毅夫."潮涌"现象与发展中国家宏观经济理论的重新构建 [J].经济研究,2007(1).

[14] 林毅夫,巫和懋,邢亦青."潮涌"现象与产能过剩的形成机理 [J].经济研究,2010(10).

[15] 徐寿松.铁本调查:一个民间钢铁王国的死亡报告[M].广州:南方日报出版社,2005.

[16] 曹建海.平等竞争断想 [J].改革,2011(12).

[17] 汪伟,史晋川.进入壁垒与民营企业的成长——吉利集团案例研究 [J].管理世界,2005(4).

[18] 周黎安.中国地方官员的晋升锦标赛模式研究 [J].经济研究,2007(7).

西部大开发对西部地区生产要素效率影响研究

姚瑞卿　姜太碧

（西南民族大学经济学院，四川成都　610041）

一、引　言

新中国成立以来，西部经济发展缓慢一直是我国区域经济发展存在显著差距的主要表现，特别是改革开放后，这种差距呈不断扩大之势。针对这一情况，国家积极调整区域经济发展策略，并从 2000 年开始正式实施西部大开发第一轮战略，2010 年，又继续实施西部大开发第二轮战略，截至 2012 年，西部经济发展在西部大开发政策支持下已取得长足进步，如图 1 所示。

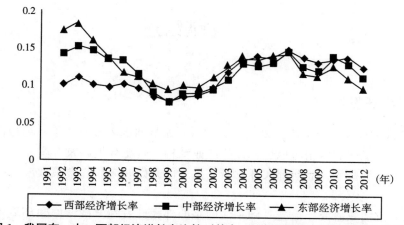

图1　我国东、中、西部经济增长率比较（其中，西部不包括四川和重庆的数据）[①]

[基金项目] 本文为西南民族大学 2014 年研究生"创新型科研项目"：合作博弈框架下西部民族地区经济发展策略研究（项目编号：CX2014SZ37）的阶段性研究成果。

[作者简介] 姚瑞卿（1989~），男，山东德州人，西南民族大学经济学院硕士研究生；姜太碧（1964~），女，重庆铜梁人，西南民族大学经济学院教授，硕士生导师，经济学博士。

① 资料来源：笔者根据 1991~2013 年的《中国统计年鉴》整理得到，并以 1991 年价格作为基期价格计算。西部地区经济增长率计算不包括四川省和重庆市，是出于以下两点考虑：一是因重庆市 1997 年设为直辖市从四川划出后，致使这两省在 1997 年前后的经济增长率计算存在不可比性；二是重庆市设为直辖市后，不仅在政治上对重庆和四川有重要影响，而且对重庆市乃至四川省经济发展都有重大影响，为避免这种影响对分析其他经济发展影响因素的干扰，因此本文在西部地区经济增长率计算时暂不考虑四川省和重庆市。

从图1我们可以初步看到，2000~2012年，西部大开发在2003年首先使西部经济的增长率超过中部；2005年，西部经济增长率已达到东部地区水平，并在此后与东部相比普遍持平或高于东部。可见，西部大开发的确使西部地区经济发展取得了长足发展，也有不少文献对此专门研究过西部大开发政策对西部经济发展的显著影响和作用（魏后凯等，2004；毕涛，2008；刘生龙等，2009；乔宁宁等，2010；刘克非等，2013）。

然而，西部大开发对西部经济发展的影响，仅仅是依靠政策投资、扶持带动形成的粗放型增长，还是对西部生产要素效率的提高起到了一定的促进作用。也就是说，西部大开发政策除了通过投资、政策扶持等手段影响西部经济发展外，是否对西部生产要素效率具有积极影响。从经济学角度分析，如果经济增长仅仅依靠资本、劳动力等生产要素投入量的增加，那么经济增长方式是粗放型的；相反，如果经济增长是依靠生产要素投入质的提高（即利用效率提升）而形成，这种增长方式即为集约型增长。粗放型经济增长方式，经济发展代价较大，且难以持续长久（张雄辉，2010）。因此，在讨论西部大开发政策效果方面，除了分析西部大开发政策是否使生产要素投入增加带来经济增长外，重点应分析西部大开发政策能否提高西部地区生产要素效率，进而促进西部地区经济增长由粗放向集约转变。

为此，本文首先将剔除生产要素投入对经济增长的影响，并从索洛经济增长模型出发，利用索洛余值法估计广义技术进步对经济发展的影响，然后对广义技术进步做回归分析，以验证西部大开发政策是否对西部地区广义技术进步（周方，1994）[1]有显著影响，从而证实西部大开发政策是否对西部地区生产要素效率提高有显著影响。

接下来本文结构如下：第二部分为文献综述；第三部分是西部大开发政策的广义技术进步回归模型；第四部分是西部大开发政策的计量分析模型；第五部分为结语。

二、文献综述

（一）西部大开发绩效

自2000年西部大开发战略实施以来，不少学者开始从西部大开发背景、可行性，到市场、企业、政府在西部大开发中的作用与地位，并从产业结构、资源环境以及金融支持等多方面开展了广泛而深入的研究。近些年，对西部大开发研究重点已开始转向税收政策效应与西部大开发绩效分析等方面。

关于西部大开发绩效研究，最先受到关注的是西部大开发在基础设施和环境建设等方面取得的重大成效（王洛林、魏后凯，2003），此后魏后凯、孙承平（2004）还用定量分析法研究得出西部大开发加快了西部地区经济增长速度的结论。

对西部大开发绩效的定量分析法，最初一般采用最小二乘法等简单计量分析方法。但随着统计学和计量经济学不断发展，部分学者开始使用更加准确的统计模型或计量回归模型分析西部大开发成效。毕涛（2008）通过生产函数分析和应用邹至庄断点检验方法，得出西部大开发对新疆地区经济增长具有显著作用；刘生龙等（2009）通过建立经济增长模型，使用System GMM方法，得出西部大开发对西部经济发展成效显著，并促进中国区域经济从趋异转向趋同的结论；乔宁宁、

---

① 广义技术进步包含了使生产要素效率得以提高的全部因素的进步（马健等，1999），具体包括纯知识进步（即索洛意义上的技术进步）、制度因素进步、其他因素进步。

王新雅（2010）利用系统广义矩估计的动态面板数据模型，分析得出我国的区域经济和西部地区各省经济增长呈现较为明显的发散迹象；刘克非等（2013）利用静态横截面数据模型和动态面板数据模型，分析表明西部大开发部分缓解了区域经济增长发散的大趋势，但西部地区经济增长的发散迹象依然明显。

尽管已有文献研究结果表明，西部大开发的确促进了西部经济发展，并通过计量经济学方法证实了西部大开发战略对西部经济发展的贡献程度，但现有研究大多从整体上研究西部大开发政策效果，忽略了西部大开发对西部经济增长方式的影响研究。西部大开发对西部地区经济发展影响是简单的粗放型增长，还是可通过带动西部地区生产要素效率的提升，进而促进西部地区经济实现集约式增长。基于此，本文将运用索洛余值法探讨广义技术进步对西部大开发的影响，然后运用系统 GMM（System GMM）方法对广义技术进步做回归分析，以期回答西部大开发政策是否对西部地区生产要素效率有显著影响。

（二）索洛余值法与 Symtem GMM 法

M.Abramovitz（1956）发现，在实际的产出增长中仅有一部分是由于劳动和资本的增加，而其中很大一部分来自其他的一些因素，造成产出增长的这些因素被称为"余值"。后来索洛（1957）从总量生产函数出发，用余值法测量技术进步对经济增长的贡献。如今，国内外经济学家普遍采用余值法测量技术进步，并估计技术进步对经济增长的贡献。但许多经济学家认为余值法测量出来的余值不一定仅仅是技术进步，这个"余值"包含一切使生产要素效率得以提高的全部因素，于是这一"余值"便被称作广义技术进步；与此相对应，索洛意义上的技术进步仅仅是其中的知识技术进步，也称为"狭义技术进步"（周方，1994）。马健、邵赟（1999）对广义技术进步做了进一步研究，认为其主要来源于纯知识技术进步、制度因素的进步以及其他未被考虑的次要因素。基于以上学者的研究，我们可以利用索洛余值法研究广义技术进步对西部经济增长的影响。由于广义技术进步受到纯知识进步、制度等因素的影响，因而我们可以对广义技术进步进行回归，以分析西部大开发制度（政策）对广义技术进步的影响。

然而，在对广义技术进步回归过程中，由于技术进步在一定程度上受到技术积累的影响，即前一期技术进步可影响到后一期技术进步，所以回归方程必然存在滞后项，模型内生性不可避免，为了得出参数的一致估计，需要引入工具变量。Arellano 和 Bond（1991）提出了用 First Differenced GMM 的方法来解决这一问题。但 Blundell 和 Bond（1998）指出，First Differenced GMM 方法易受到弱工具变量的影响而得到有偏的估计结果。为了克服弱工具变量的影响，Arellano 和 Bover（1995）以及 Blundell 和 Bond（1998）又提出了 System GMM 的估计方法。实践证明，System GMM 估计相对 First Differenced GMM 估计方法有着更好的有限样本特征，因此其估计结果更加有效（刘生龙等，2009）。所以，在对广义技术进步的回归分析中，本文将应用 System GMM 方法，并用水平变量的滞后项作为差分变量的工具变量，而差分变量的滞后项又是水平变量的工具变量，以有效解决模型的内生性问题。

三、西部大开发政策的广义技术进步回归模型

（一）制度对经济增长的影响

经济增长一直是经济学研究和关注的核心问题。从亚当·斯密到现在，关于经济增长的理论不

断进步和发展。经济学家对经济增长的研究首先集中在劳动方面,威廉·配第、亚当·斯密和大卫·李嘉图为代表的古典经济学家认为,劳动是经济增长的重要因素。然而,伴随 19 世纪 30 年代第一次工业革命完成,资本的积聚达到空前规模,经济学家逐渐意识到资本积累在经济增长中的重要性,哈罗德—多马模型(Harrod,1939;Domar,1946)由此成为这一观点的集中体现,该模型以劳动和资本作为促进增长的两种因素,进而构建出一个经济增长模型。尽管第一次工业革命和第二次工业革命已经向人们展现技术进步可以促进经济增长,然而经济学家把技术进步引入到经济增长模型中却是在第三次产业革命开始之后。1957 年,索洛第一次将技术进步纳入经济增长模型,从理论和经验上论证了技术进步对经济增长的决定性意义,从此技术进步成为研究经济增长理论中不可缺少的因素。后来人们又将技术进步分为广义的和狭义的,其中广义技术进步就包括了制度的作用(North 和 Thowmas,1973;North,1981;Acemoglu 等,2002a,2002b)。正是基于这种分析,本文拟将制度纳入到索洛经济增长分析框架,然后利用索洛余值法估计技术进步对经济增长的贡献。

(二)西部大开发政策的广义技术进步回归模型

首先,我们利用索洛余值法计算估计广义技术进步对经济增长的影响。

假设产出方程为:

$$Y = Af(K, L) \tag{1}$$

式中,Y 表示产出水平;K 表示资本投入量;L 表示劳动投入量;A 表示广义技术水平,它是知识进步和经济制度(政策)的函数。

假设生产函数采用道格拉斯生产函数,则式(1)可以改写为:

$$Y = AK^{\alpha}L^{\beta} \tag{2}$$

式中,α、β 分别为资本、劳动的产出弹性。

对式(1)两边对时间 t 求全倒数,并用 $\dot{X}$ 表示 dX/dt,即 $\dot{X} = dX/dt$ 为变量 X 随时间 t 的变化率:

$$\dot{Y} = \dot{A}f(K, L) + \frac{\partial Y}{\partial K}\dot{K} + \frac{\partial Y}{\partial L}\dot{L} \tag{3}$$

对上式两边同时除以 Y 得:

$$\frac{\dot{Y}}{Y} = \frac{\dot{A}}{A} + \frac{\partial Y}{\partial K}\frac{K}{Y}\frac{\dot{K}}{K} + \frac{\partial Y}{\partial L}\frac{L}{Y}\frac{\dot{L}}{L} \tag{4}$$

因为 α、β 分别为资本、劳动的产出弹性,所以有:

$$\frac{\partial Y}{\partial K}\frac{K}{Y} = \alpha \qquad \frac{\partial Y}{\partial L}\frac{L}{Y} = \beta \tag{5}$$

广义技术增长率 $\dot{A}/A$ 代表广义技术进步,用 a 来表示。

所以式(4)可以写成:

$$\frac{\dot{Y}}{Y} = a + \alpha\frac{\dot{K}}{K} + \beta\frac{\dot{L}}{L} \tag{6}$$

产出水平 Y 使用以 1991 年不变价计算的国内生产总值(GDP);劳动投入量 L 使用各省级数据样本全体从业人员数;关于资本投入量 K 的确定,需要考虑到折旧因素,苗敬毅(2008)认为:

$$K_t = K_{t-1}(1 - \rho) + K_t^* \tag{7}$$

式中,K_t 表示 t 期的资本存量,K_{t-1} 为 t−1 期的资本存量,ρ 为资本折旧率,张军等(2004)

认为，这里的折旧率可以取 9.6%，K_t^* 为当期固定资本形成额。

在确定了 Y、L、K 之后，因为 $\dot{Y}/Y$ 即为 $(Y_{t+1} - Y_t)/Y_t$，$\dot{K}/K$ 即为 $(K_{t+1} - K_t)/K_t$，$\dot{L}/L$ 即为 $(L_{t+1} - L_t)/L_t$，并令 GRY 表示 $\dot{Y}/Y$，GRL 表示 $\dot{L}/L$，GRK 表示 $\dot{K}/K$，则式（6）变为：GRY = a + αGRK + βGRL，利用全国 29 个省市 1991~2012 年省级数据① 对其进行回归，得到如表 1 所示的结果：

表 1　结果

VARIABLES	GRY
GRL	0.162***
	(0.0446)
GRK	0.297***
	(0.0188)
Constant	7.032***
	(0.316)
Observations	609
R-squared	0.308

注：Standard errors in parentheses；*** 表示 p<0.01，** 表示 p<0.05，* p 表示<0.10。

由以上回归结果可以看出，劳动力增长和资本存量增长对西部地区经济增长有显著影响，故可以根据 α = 0.162，β = 0.297，由索洛余值法求得各省市不同年份的广义技术进步水平，其计算公式由式（2）变形得到：

$$A = Y/K^\alpha L^\beta \tag{8}$$

根据各省计算的广义技术水平，由图 2 描绘出东中西部 1991~2012 年的广义技术水平年变化趋势。

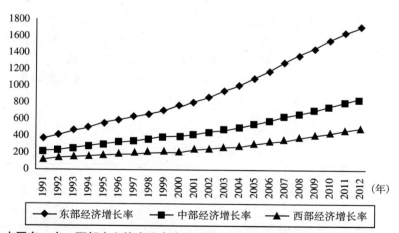

图 2　中国东、中、西部广义技术进步水平比较（其中，西部不包括四川和重庆的数据）

---

① 29 个省、市指我国除去四川省、重庆市和台湾省外的所有省和直辖市，此外本文数据来自 1991~2013 年的《中国统计年鉴》，并以 1991 年价格作为基期价格计算整理得到。

四、西部大开发政策的计量分析模型

在前面的分析过程中，我们把除资本和劳动力对西部经济增长的影响因素归结为广义技术进步对西部经济增长的影响。也就是说，如果西部大开发政策能够对广义技术进步有显著影响，则西部大开发政策可以促进西部生产要素效率的提高，进而对西部经济增长具有显著影响；反之，西部大开发政策对生产要素效率的提高没有显著影响。

广义技术进步包含了使生产要素效率得以提高的全部因素（马健等，1999），具体可以分为：①纯知识进步，即索洛意义上的技术进步，包括纯粹的知识、工艺与技术的进步，它随着时间的推移而产生一定的累积效应；②制度因素的进步，即由于制度或政策的变化而导致生产要素效率的变化；③其他因素。故可假设包含西部大开发政策的广义技术进步回归模型为：

$$A_t = \beta_0 + \beta_1 A_{t-1} + \beta_2 IWD + \beta_3 CWEST + \delta_0 IWD*CWEST + \mu \tag{9}$$

式中，解释变量 A_t 表示 t 时期的技术水平，A_{t-1} 是解释变量的滞后项（在 Stata 回归过程中，习惯用 L.A 来表示 A_{t-1}），表示技术水平受到其自身积累的影响；IWD 表示西部大开发（Western Development）政策的制度（Institutional）虚拟变量，2000 年西部大开发实施后，IWD 赋值为 1，西部大开发政策实施前，IWD 赋值为 0，该虚拟变量属于时间的虚拟变量；CWEST 是地区或地域的虚拟变量，1 表示该省市位于西部地区，0 表示该省市在西部区域范围以外。

本文采用的回归模型包含区域虚拟变量和时间虚拟变量的交叉项 IWD*CWEST，其参数 δ_0 表示西部地区的经济增长速度的变化在西部大开发之后是否明显高于其他地区经济增长的变化，δ_0 的估计值如果显著大于零，说明西部大开发政策能够显著影响西部地区广义技术进步，进而显著地提高西部地区生产要素的效率而促进西部地区经济增长。

注意到本文采用的数据是面板数据，而面板数据最常用的两种方法（固定效应模型和随机效应模型）均不能解决模型内生性问题，即当估计变量存在内生性时，估计参数会出现一定程度的偏误。本文将采用 System GMM 方法解决内生性问题。

其具体做法是将水平回归方程和差分回归方程结合起来进行估计，在这种估计方法中，滞后水平作为一阶差分的工具变量，而一阶差分又作为水平变量的工具变量。

在这一回归模型中，式（9）出现了滞后被解释变量，模型内生性不可避免，因此在这一阶段回归模型中，采用 System GMM 方法来对式（9）回归。

回归结果如表 2 所示。

表 2　回归结果

VARIABLES	System GMM A
L.A	1.043***
	(0.00856)
IWD	0.936
	(0.738)
CWEST	−2.222
	(3.523)
IWD*CWEST	−1.379
	(4.983)
Constant	2.034**
	(0.873)

续表

VARIABLES	System GMM
	A
Observations	609
Number of region	29
Abond test for AR（1）	0.0094
Abond test for AR（2）	0.2641
Sargan test	0.9997

注：Stanard errors in parentheses；*** 表示 $p<0.01$，** 表示 $p<0.05$，* 表示 $p<0.10$。

从回归结果可以看出，西部大开发政策对西部广义技术进步并没有显著影响。由于在前文的分析中，广义技术进步使生产要素效率得以提高（马健等，1999），而回归结果显示，西部大开发政策对西部广义技术进步并没有显著的影响。也就是说，西部大开发政策没有显著改善西部地区生产要素的效率。通过第一步回归，资本和劳动在1%的显著水平上显著影响经济增长，故截至到目前，西部大开发政策没有明显改善西部地区生产要素效率，仅仅通过生产要素投入量的增加而推动西部地区经济粗放型增长。

此外，从回归结果中我们还可以看出，广义技术进步的一阶滞后项对广义技术进步影响显著，说明广义技术进步的积累效果明显，即广义技术进步随时间有积累效应。

五、结　语

通过以上分析可以看出，西部大开发的确带动了西部地区经济增长，但这种经济增长主要是依靠增加生产要素投入的粗放型增长，并没明显提升西部地区生产要素效率而使其实现集约型增长。

为此，本文建议今后西部大开发政策应从注重生产要素投入转移到生产要素投入和生产要素效率提高并重的方向，特别是通过各种途径提升西部地区广义技术进步以促使西部地区经济发展方式由粗放型向集约型转变。

然而提高广义技术进步的基础是教育，通过教育培养人才，才能推动地方科学技术水平升级换代。对此，首先要确保九年免费义务教育顺利贯彻实施；其次应大力发展高等教育和职业技术教育培训，引进中东部地区先进技术理念和模式，促进教育知识向实用技术转化；最后，制定相关人才政策，使西部地区可以留住人才，并能吸引中东部地区高级人才到西部地区来，以提升西部地区人力资本整体水平。

总之，西部大开发近14年来取得的成就虽已惠及西部地区以及全中国，但从本文分析结果看，西部大开发政策对西部经济发展的影响主要集中在生产要素方面，这种方式是不能带动西部地区经济可持续发展的，因此我国的西部大开发战略需要适时调整，从过去主要依靠生产要素量的投入带动西部地区经济"粗放型"增长，转向以提升西部地区生产要素效率实现西部地区经济"集约型"增长。

参考文献：

［1］魏后凯，孙承平. 我国西部大开发战略实施效果评价［J］. 开发研究，2004（3）.

［2］毕涛，吴彦. 西部大开发战略政策实施效果实证研究——以新疆为例［J］. 新疆财经学院学报，2007（4）.

［3］刘生龙，王亚华，胡鞍钢.西部大开发成效与中国区域经济收敛［J］.经济研究，2009（9）.

［4］乔宁宁，王新雅.西部大开发对我国区域经济增长收敛性的影响［J］.西部论坛，2010（6）.

［5］刘克非，李志翠，徐波.西部大开发成效与中国区域经济收敛性［J］.云南财经大学学报，2013（5）.

［6］张雄辉.技术进步对经济增长贡献的研究［D］.济南：山东大学博士学位论文，2010.

［7］周方.广义技术进步与产出增长因素分解［J］.数量经济技术经济研究，1994（8）.

［8］王洛林，魏后凯.我国西部大开发的进展及效果评价［J］.财贸经济，2003（10）.

［9］马健，邵赟.经济增长中的制度因素分析［J］.经济科学，1999（5）.

［10］Arellano, M. and Bond, S. Some Tests of Specification for Panel Data: Monte Carlo Evidence and an Application to Employment Equations［J］. Review of Economic Studies, 1991（58）：277-297.

［11］Blundell, R. and Bond, S. Initial Conditions and Moment Restrictions in Dynamic Panel Data Models［J］. Journal o f Econometrics, 1998（87）：115-143.

［12］Arellano, M. and Bover, O. Another Look at the Instrumental Variables Estimation of Error Component Models［J］. Journal of Econometrics, 1995（68）：29-51.

西部地区承接产业转移缩小了与东部地区的收入差距吗?
——基于城市居民和农村居民的面板模型的研究

齐兰 [1]　李志翠 [1,2]

(1. 中央财经大学经济学院，北京　100081；2. 新疆师范大学商学院，乌鲁木齐　830054)

一、引言与文献综述

改革开放以来，我国选择了走"效率优先，兼顾公平"的非均衡经济发展道路，这种发展方式在为我国取得举世瞩目的经济增长奇迹的同时，也造成了区域发展机会的不均衡和区域差距的扩大。"十二五"时期，是我国区域经济发展进入缩小区域差距和更加注重协调发展的关键时期，产业作为劳动就业的载体，产业发展是区域经济发展的依托，区域收入差距的实质是产业发展差距，所以缩小我国区域收入差距，也应该从产业发展入手。为此，在区域间存在产业发展差距的情况下，推动产业由东部发达地区向西部欠发达地区转移，无疑是化解我国区域收入差距的重要途径。随着我国产业结构调整的加速推进和西部地区产业承接条件的改善，2010 年国务院发布了《关于中西部地区承接产业转移的指导意见》，区域产业转移开始驶入了"快车道"。但由于西部地区的比较优势是自然资源和劳动力，承接的东部地区的产业转移主要集中在资源开采产业和劳动密集型产业，承接此类产业的发展虽然对增加当地就业和促进经济增长产生了显著效果，但也造成西部地区资源环境压力增加、产业结构升级缓慢等不容忽视的问题。与此同时，由于东部地区通过把受到资源环境约束比较大的产业转移到西部地区，为其产业结构顺利升级腾出了空间，使得资本和技术密集型产业更集聚在东部发达地区。换句话说，区域内东西部地区间的产业转移，一方面促进西部地区经济增长的同时，另一方面为东部地区带来更高附加值的增长空间。鉴于此，实践中区域产业转移是否如预期的那样产生缩小区域收入差距的积极效果则需要深入的研究。

从现有文献来看，国外对产业转移的相关研究始于西方古典区位理论，并于 20 世纪下半叶逐渐形成。由于国际产业转移通常以 FDI 的形式出现，所以国外大多都是基于对外直接投资的命题而研究产业转移。相关的研究大致可分为两大类：一类是宏观层面的研究，包括研究产业转移的发生、发展及变化趋势等；另一类是微观层面的研究，包括区位选择、产业转移模式选择等方面的研究。目前，随着全球化进程的不断加快以及国际产业分工的不断复杂化，国际产业转移理论研究越来越多地从产业转移的模式、动因研究向产业转移效应（Maria Savonaetal，2004；

[作者简介] 齐兰，女，中央财经大学教授，博士生导师；李志翠，女，中央财经大学博士生，新疆师范大学商学院副教授。

Kirkegaard，2007)、全球生产网络 (Dieter Ernstetal，1997)、技术创新与竞争优势 (Dieter Ernstetal，2002) 等方面转变，研究方法也从定性分析向统计计量、相关分析等定量方法转变。其中，国外的相关研究中关于产业转移的效应探讨与本文关系比较密切，这方面的代表性研究主要有：Martin (1999) 在经济活动空间分布和经济增长同时内生决定的框架内分别考虑了区内和区际基础设施投资以及对创新活动的补贴对产业分布以及整体经济增长的影响；Forslid (2003) 在三地区模型中重点探讨了资本的地区性转移、基础设施投资和对落后地区新建企业的补贴三种转移支付方式与经济一体化之间的互动；Sheard (2008) 在三地区模型中，通过考虑区域政策对产业活动长期分布的影响，发现如果将转移支付用于鼓励落后地区的产业集群，培育区域性增长中心，将更有助于落后地区的整体发展。

由于实践的落后，国内对产业转移的理论研究起步较晚，20世纪90年代，我国才真正从经济理论的角度研究产业转移问题。目前，国内众多学者针对国内产业转移实践从多方面进行了理论研究。特别是近年来，随着我国经济的迅速发展和产业转移的实质性推进，国内区域产业转移成为备受关注的研究热点，在此过程中，西部地区承接产业转移问题的相关研究越来越丰富。研究者从西部地区承接产业转移的现状、问题、促进因素与制约因素、产业转移产生的效应、应对策略等进行了众多理论与实证研究。较具有代表性的实证研究有：卢阳春 (2011) 从产业发展阶段与产业内部结构等方面考察 1978~2009 年相关数据，并分析西部地区产业结构调整存在问题基础上，结合"十二五"期间发展面临的新形势，分析西部地区承接产业转移的产业结构政策调整方向，最后提出对策建议。郑耀群等 (2012) 以西部陕西省为例，对西部承接东部地区产业转移的实证分析，通过采用区域产业静态和动态集聚指数测算出东部地区五省一市具有转移趋势的产业和陕西省的区位优势产业，并在此基础上确定出陕西省承接东部地区产业转移的对接行业。徐艳飞等 (2012) 采用对比的实证分析方法，对西部地区承接产业转移空间分布进行了研究，通过西部各省的优势比较从总体上确定了西部承接产业的优先承接区、一般承接区和承接障碍区。罗哲等 (2012) 运用主成分分析法对西部地区承接产业转移的能力进行定量测度，并在此基础上，采用 2010 年的横截面数据对西部省区承接产业转移规模的主要影响因素进行实证分析，结果显示：经济发展规模、区位优势、路径效应和基础设施条件对吸引产业转移承接规模有正向影响效应。黄凌云等 (2014) 以重庆市为例，根据成本因素、投资环境因素、市场潜力因素三方面，选择相应的东西部间的相对指标，构建指标体系，并运用 2002~2010 年省际层面的面板数据，通过空间计量模型，研究各影响因素对承接产业转移力度的具体影响。进一步梳理文献发现，与本文研究直接相关的是关于西部地区承接产业转移的经济效应研究，具有代表性的研究主要有：杨扬等 (2009) 通过对广东省 21 个地级市经济差距与产业转移的相关研究，发现广东省城市间的产业空间转移是引起省内人均 GDP 差距缩小的主要原因。万永坤 (2011) 对西部欠发达地区产业转移承接效应进行了实证分析，发现承接产业转移产生了优化产业结构、带动地区经济快速增长的正效应的同时，个别地区也出现了产业结构效益恶化的现象。江静、刘志彪 (2012) 通过模型分析和实证研究均发现，区域内服务产业转移，带动了内陆地区融入全球化，缩小了中国地区东西部间的收入差距。胡黎明等 (2013) 对产业转移的经济效应进行研究，认为产业转移主要通过产生资本效应、技术效应和就业效应，通过这些效应的综合作用对区域经济增长发挥作用。关爱萍、魏立强 (2013) 发现，运用空间计量模型分析区域产业转移效果更好，并进一步实证检验了西部地区承接产业转移对技术创新存在正向空间溢出效应。关爱萍、李娜 (2014) 从西部承接地吸收能力的角度，利用门槛回归模型，测算了地区经济发展水平、人力资本水平、东中西部地区企业技术差距及金融发展程度产正向技术溢出效应的门槛水平。综合以上研究可以发现，随着实践中区域产业转移进入实质性快速发展阶段，相关的研究也越来越丰富、具体和深入。目前现有的关于西部地区承接产业转移效应的研究主要集中在：就业效应、收入效应、技术溢出效应等方面。

由于区域产业转移对区域经济发展的作用是逐步显现的，产业转移所引致的这些积极效应能否最终传递至西部居民并改善其与东部地区的差距还需要具体验证。

二、西部地区承接产业转移影响收入差距的理论机理

产业转移主要通过三条可能的途径影响区际实际收入差距，即降低西部地区相对价格指数、增加就业岗位以及弱化局部性知识溢出，这三方面的作用或是直接增加西部地区的就业岗位和就业工资，或是通过间接价格效应节省了西部地区居民的交易成本支出，提高了其实际收入水平，又或是通过经济增长的收入分配效应，推动全国性创新活动，促使更多的新企业创立并进入市场，从而提高企业间的竞争压力，降低资本的收益水平，从而降低东部地区家庭的相对收入水平，最终缓解区际收入差距。这三种途径中，对收入差距影响最大的是通过产业转移增加就业岗位，概括来讲产业转移对承接地的就业岗位的创造机制主要通过两个途径来实现。①由于劳动力流动存在区域限制，转移的企业除了高层管理人员可能来自转出地，其他岗位的劳动者则主要来自承接地。而且，许多劳动密集型产业的转移正是为了获取承接地的劳动力比较优势而转移的。这样，造成了承接地就业岗位的直接增加。②通过承接产业转移，改变了承接地劳动力市场原有的均衡结构，使劳动力的需求曲线向右上方移动，从而提升了承接地的整体工资水平。工资水平的提升，又会促使劳动力供应的增加，这样，承接地就必须进一步细化分工，以衍生出更多的就业岗位，以便吸纳因工资水平提高而集聚的劳动力。从另一个角度来看，产业转移之所以能够促进承接地产生就业效应，是因为转移的产业一般来说都需要相对高技术能力的劳动力，这促使承接地更加重视教育，大力培养高技能的劳动力。随着高技能劳动力供给量的增加，高技能劳动力密集型工序开始显现出成本优势，进一步促进了相关产业不断向承接地转移，这意味着承接地就业空间得到拓展。所以，短期来看，西部地区通过承接产业转移项目不仅直接为当地居民带来更多的就业机会，而且，由于更多的产品在西部地区实现生产，不仅可以直接丰富西部地区的商品种类，增加产品数量，繁荣当地商贸活动，同时使得西部地区能以更高比重的当地产品替代原来从东部进口的产品，从而节省交易成本，通过降低西部地区相对价格指数，进一步改善了居民的收入。中期来看，转移过来的产业通过发展形成集聚效应，直接提高了原有的工资水平。长期来看，东部产业向西部的转移，通过技术转让和知识溢出，外延式提高西部地区的创新能力；另外，西部通过承接产业转移使得自身产业更容易产生集聚效应，促发新知识和新技术的产生，从而内涵式提高当地的创新能力，缩小了同东部地区的创新差距，弱化了东部知识在当地的溢出效应，促进西部产业结构演变升级，通过产业结构演变引起就业结构的变动，进而进一步缩小了同东部地区的收入差距。

三、西部地区承接产业转移的收入分配效应的度量及演变特征分析

近年来，随着经济结构调整的加速和国家政策的倾斜，无论是从新建企业数目还是所利用的国内省外资金看，西部地区承接的产业转移规模呈现出加速发展趋势。由于区域产业转移出了资源密集型产业，集中在劳动密集型产业，此类型的产业转移对于东西部地区的农民从事非农就业

有重要影响。基于这一认识，如果按照通常的度量方法，仅从东西部地区总的人均收入上研究西部地区承接产业转移的收入效应，可能会掩盖虽然从人均收入差距上来看没有缩小同东部地区的差距，但西部农民与东部农民之间的收入差距却缩小的事实。为此，本文对于地区收入差距的度量，通过区分城乡不同的人群，采用不同的指标，进行更细致的衡量。

（一）西部承接产业转移的度量及演变特征

从现有的文献看，对于西部地区承接产业转移的度量主要从新建企业数目和实际利用的境内省外资金量衡量。考虑到新建企业数目个数不能反映企业规模大小以及资料获得的限制，本文使用"实际利用省外境内资金"这一指标衡量西部地区承接国内其他地区产业转移情况。西部十二省、市、自治区吸引省外境内投资情况的变化趋势如图1所示。从图1中很容易看出，2000~2013年，西部地区吸引省外境内投资的金额呈现不断增长趋势。从资金利用的总规模上看，2000年，西部十二省、市、自治区实际利用省外境内其他地区资金483亿元，而到2013年实际利用省外境内资金达到48591亿元，比2000年增长了近100倍。2008~2013年，甘肃、贵州、新疆、重庆是吸引其他地区投资增长最快的4个省、市、自治区，2013年比2008年分别增长了近14倍、9倍、7倍、6倍。

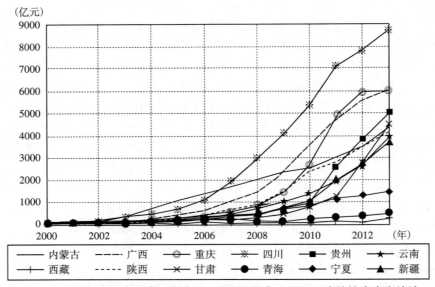

图1 中国西部十二省、市、自治区2000~2013年实际利用省外境内资金统计

（二）东西部收入差距的度量及演变特征

为了更清楚地刻画承接产业转移的经济效应对能否最终传递至西部居民并改善其与东部地区的差距，本文把西部地区居民区分为城市居民和农村居民，通过考察2000~2013年西部各省市农村家庭人均年纯收入与历年东部十一省、市、自治区农村居民家庭人均收入的平均值的比例的变动来衡量东西部农村居民收入差距（如图3所示）；同理用2000~2013年西部各省、市、自治区城市家庭人均年可支配收入与历年东部十一省、市、自治区城市家庭人均年可支配收入的平均值的比例的变动衡量东西部城市居民收入差距（如图4所示）；然后在此基础上根据城乡人口所占比重，进行加权平均得到西部城乡总收入与东部该指标的均值的比重，用该比例的大小反映东西部居民总收入差距的变动（如图2所示）。从图2中大致可以看出，西部十二省、市、自治区基本表现其总收入与东部均值相比，差距随着时间而上升的趋势，这大致说明以城乡居民收入衡量的东

西部总收入差距再扩大，东西部经济发展不均衡状况没有得到改善。从图3中大致可以看出，西部十二省、市、自治区都基本表现出农村居民收入与东部均值相比，差距随着时间而上升的趋势，这大致说明东西部农村差距呈现出更加分化的状态，这可能主要是由于东部农村更容易享受到东部发达的城市经济的辐射，东部省域内城市化进程的加速、产业结构升级极大地促进了东部农村经济的发展，而西部农村在这两方面明显落后，为此使得东西部农村差距表现出明显的扩大化趋势。从图4中大致可以看出，西部十二省、市、自治区都基本表现出其城市居民收入与东部均值相比，差距随着时间而下降的趋势，这大致说明东西部城市差距呈现出逐渐缩小的状态，可能主要是随着区域经济一体化的推进，西部城市和农村相比，具有更好的发展基础和发展资源，使得西部城市化和工业化进入加速发展阶段。同时，具备产业承接配套能力的各大城市也成为东部产业转移的主要首选地，这进一步促进了西部城市经济的发展和现代产业体系的建立，极大提升了城市居民的收入改善能力，缩小了同东部城市居民的收入差距。

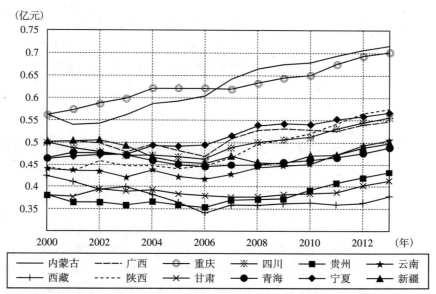

图2　我国西部十二省、市、自治区2000~2013年总收入与东部均值之比统计

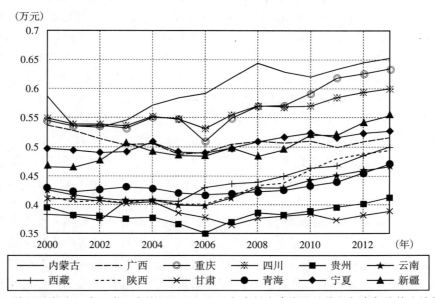

图3　我国西部十二省、市、自治区2000~2013年农村家庭人均纯收入与东部均值之比统计

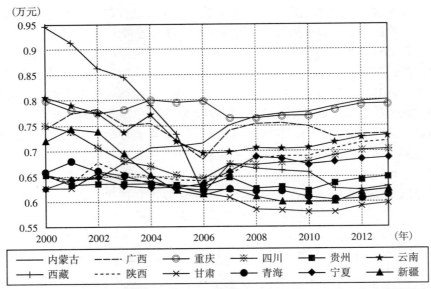

图 4　我国西部十二省、市、自治区 2000~2013 年城市家庭人均可支配收入与东部均值之比统计

四、实证检验：产业转移对于城市和农村居民收入差距的不同作用

　　模型的被解释变量是收入差距，通常衡量收入差距的重要指标是基尼系数，然而目前基尼系数大多衡量的是总体收入差距和城乡内部差距，地区层面的收入差距需要重新构建。根据前面分析，区域内向西部地区的产业转移大多数是资源密集型和劳动密集型产业。这种类型的产业转移，一方面，可能对于西部地区农村剩余劳动力的转移有帮助，有利于缩小同东部农村的收入差距；另一方面，也可能延缓城市产业结构升级的进程，进而可能会扩大同东部城市居民的收入差距。为此，为了更清楚地判断西部地区承接产业转移对于不同人群收入差距的影响，针对城乡居民分开进行研究会更科学。基于此考虑，本文分别选择东西部城市居民人均可支配收入比（Urincomeb）、东西部农村居民人均纯收入比（Ruincomeb）以及按照城乡人口比重加权计算所得到的东西部城乡居民总收入比（Incomeb）。这三个指标的具体计算用西部各地区历年该指标的值与该年东部地区十一省市该指标的平均值的比例来衡量，如新疆 2000 年城市居民人均可支配收入比=新疆 2000 年城市居民人均可支配收入/2000 年东部十一省市城市居民人均可支配收入的均值。按照此方法分别获得西部各省市从 2000~2013 年的这三个指标，每个指标包含 168 个数值的数据。其中，西部十二省、市、自治区具体为内蒙古、广西、重庆、四川、贵州、云南、西藏、陕西、甘肃、青海、宁夏、新疆；东部十一省市具体为北京、天津、河北、辽宁、上海、江苏、浙江、福建、山东、广东、海南。

　　模型最重要的被解释变量是西部地区承接产业转移的规模，该指标用西部十二省、市、自治区"实际利用省外境内资金"的对数值（Lntrans）来表示。同时，根据产业转移的主要动力来自转出地和转入地之间的比较优势或者说是梯度势能，所以，本文与现有的研究相比，除了对被解释变量首次区分为城乡来分开研究外，在控制变量的选择上，选择相对指标也是较具有新意。主要的控制变量有城市化水平比（Urbanb）、产业结构高级化比（Instructureb）、固定资产投资比

（Fcapitalb）、东西部劳动生产率比（Plabourb）、东西部工业集聚度比（Clusterb）、东西部交通网络密度比（Dtrafficb），各相对指标计算方法同被解释变量指标处理中所用的方法。以上各指标数据来源于 2000~2013 年各省历年统计年鉴、各省招商局网站以及各省历年统计公报。

　　为客观评价我国区域产业转移对西部地区与东部地区收入差距的影响，本文根据获得的以上指标的数据，首先通过对数据做散点图分析，发现产业转移和城市收入差距以及农村收入差距之间确实存在大致不同方向的相关趋势。其次分别以城市居民人均可支配收入比（Urincomeb）、东西部农村居民人均纯收入比（Ruincomeb）以及东西部城乡居民总收入比（Incomeb）为被解释变量，分别以产业转移规模（Lntrans），以及控制变量进行计量回归分析，通过计量回归分析发现，产业转移规模以及其他控制变量对以这三个指标衡量的收入差距的具体影响不同。对于模型运用固定效应还是随机效应，Hausman 检验结果表明应该选择固定效应模型。回归结果如表 1 所示。

表 1　西部地区承接产业转移改善收入差距效应检验

指标	模型 1：城市居民人均可支配收入差距比（Urincomeb）	模型 2：农村居民人均纯收入差距比（Ruincomeb）	模型 3：城乡居民总收入差距比（Incomeb）	模型 4：西部城乡之间收入差距比
Lntrans	−0.0252*** (0.0034)	0.0088*** (0.0023)	−0.0059*** (0.0014)	0.0096*** (0.0027)
Urbanb	0.4397*** (0.1232)	−0.1917* (0.0825)	0.4460*** (0.0500)	−0.2102* (0.09683)
Instructureb	−0.6492*** (0.1387)	−0.0010 (0.0929)	−0.1426* (0.0563)	0.0751 (0.1090)
Fcapitalb	0.1773*** (0.04321)	0.0694** (0.0290)	0.1195*** (0.0176)	0.0019 (0.0340)
Plabourb	0.2357*** (0.0350)	0.1060*** (0.0234)	0.1697*** (0.0142)	−0.0458 (0.0275)
Clusterb	−0.2106*** (0.0441)	−0.0815** (0.0295)	−0.1616*** (0.0179)	0.0453 (0.0347)
Dtrafficb	0.0349 (0.0246)	0.0084 (0.0165)	0.1010 (0.0099)	−0.0062 (0.0193)
_cons	1.1722*** (0.1585)	0.5436***	0.3959*** (0.6440)	0.2663* (0.1246)
R^2	0.6546	0.5416	0.8919	0.4171

　　注：括号中数值为标准误差，* 表示 $p<0.05$、** 表示 $p<0.01$、*** 表示 $p<0.001$。

　　从表 1 中可以发现如下重要结论：

　　第一，西部地区承接产业转移对西部地区的城市和农村居民与东部地区的收入差距效应作用相反，同时对城市居民的影响最大。具体来说，西部承接产业转移缩小了西部农村居民与东部农村居民之间的收入差距，扩大了西部城市居民同东部城市居民之间的收入差距。在这两方面的作用下，对西部城乡居民全体与东部城乡居民全体的收入差距的影响是扩大了两者的收入差距，这说明对城市居民收入差距的扩大效应强于对农村居民的收入差距的缩小效应，这可以从回归系数的大小进一步得到印证。从回归系数的绝对值的大小看，说明产业转移资金每提高 1 个百分点，就会使东西部城市居民之间的收入差距扩大 0.0252 个百分点，东西部农村居民之间收入差距缩小 0.0088 个百分点，东西部总收入差距扩大 0.0059 个百分点，西部地区内部城乡之间收入差距缩小 0.0096 个百分点。该研究结果即缩小了西部农村与东部农村之间的收入差距，同时也缩小了西部城乡内部收入差距，而扩大了西部城市同东部城市居民之间的收入差距，进一步印证了西部承接的产业转移主要是劳动密集型产业，当增加了西部低附加值的就业岗位时，有助于西部农村剩余劳动力的转移，但延缓了产业结构升级进程，使西部城市居民不能获得因产业结构升级而带来的更高附加值的就业收入。东部地区由于劳动密集型产业的转出，为产业结构升级获得了空间，进而更快速地实现产业结构升级，使东部城市居民更容易获得因产业结构升级带来的收入改善。

第二，从影响收入差距的主要控制变量上看，结论也符合预期。城市化、产业结构高级化、劳动生产率，工业集聚度以及固定资产投资是影响收入差距的主要变量，而且基本在前三个模型中都通过了检验。这些变量中，其中以城市化、产业结构高级化和劳动生产率为代表的相应指标的影响系数最大，以对城市居民收入差距的影响为例，东西部城市化水平比值每提高 1 个百分点，将使得东西部城市居民间的收入差距缩小 0.4397 个百分点，而产业结构高级化比每提高 1 个百分点，却使得东西部城市居民间的收入差距扩大 0.6492 个百分点。

五、结论与对策建议

本文选取我国 2000~2011 年西部地区十二省、市、自治区的面板数据，采用面板数据模型，实证检验了区际间产业转移对于改善欠发达的西部地区农村居民、城市居民与东部农村居民、城市居民之间收入差距的不同作用。虽然从描述统计上看，东西部城市居民之间的收入差距表现出缩小的趋势，而农村居民间的收入差距表现出扩大的趋势，但通过把与东部的收入差距区分为农村和城市后，我们发现了很有趣的结论：产业转移虽然目前对收入差距的作用效果比较小（回归系数小），但产业转移确实有利于缩小东西部农村之间的收入差距，进而有助于扭转东西部农村差距加速分化的状态，但会扩大东西部城市间的收入差距，同时西部地区承接产业转移也有利于缩小西部地区内部城乡收入差距。总之，通过实证分析进一步说明，当前产业转移的积极效果还没有很好地传导到居民，对居民增收和就业的影响效果还很小，但西部地区承接的产业转移主要是资源和劳动密集型产业，这确实产生了延缓西部地区产业结构高级化进程的消极效果，这一消极效果可以从城市居民收入差距扩大得到部分印证。

为此，在加速我国区域产业转移的过程中，一方面要充分利用西部的劳动力和资源优势；另一方面要避免西部地区产业结构低端化被固化的陷阱，努力引导通过区域产业转移，实现区域经济均衡发展。这就需要在产业转移过程中，做到以下几点。

首先，西部各承接地区要以培育完整产业链为目标，围绕区域特色产业和战略性新兴产业的发展进行产业的对接和转移，提高产业转移的针对性和有效性。西部各承接地区应根据自身的资源禀赋、区位特点、产业基础、市场结构、优势产业发展态势和主体功能区定位以及生态环境保护方面的实际，以培育完整产业链为目标，科学合理地编制地区产业发展规划。产业发展规划中要明确指明，该地区的特色优势产业发展程度如何，围绕优势特色产业具体培育哪几条产业链，形成这几条产业链所需的关键节点是否已经具备，要形成完整产业链，哪些节点是薄弱的或者是欠缺的，限制区域产业链形成的制约因素具体有哪些。各省层面相关的产业转移承接和促进主管机构，首先通过综合分析各承接地区展规划的具体内容，把具有相同或者相近特色优势产业的承接地区进行区域内资源整合，解决一部分产业链培育中的问题，然后把没有解决的共性问题，如产业链培育中欠缺的关键节点或者技术、人才"瓶颈"等，进行有针对性地招商引资活动，争取获得产业链培育中最急需环节的产业对接与承接。

其次，西部承接产业转移时，应注重承接与本地实际水平相适应的产业，同时应以承接劳动生产率较高、能较快提升全要素生产率的行业为主，同时积极建立产学研体系，高校帮助指导企业技术，企业提供人才锻炼基地，从而更好地推动区域经济结构调整，提升区域技术创新能力，打破西部地区一直处于产业链低端的固化状态。

最后，提高产业转移政策的有效性，更好地发挥引导促进产业转移的积极作用。贯彻落实国家对西部地区财政上的支持和税收上的优惠的同时，注意政策支持的"门槛效应"，如对于税收优惠来说，由于区域间运输成本和集聚租金的存在，低于某一门槛值的税收优惠并不能吸引产业转移，为此，必须针对不同的产业转移承接地研究确定不同的税收优惠标准，这样才能更好地发挥通过产业转移带动西部地区经济快速发展的积极作用。

参考文献：

[1] 石奇.集成经济原理与产业转移 [J].中国工业经济，2004（10）.

[2] 谢丽霜.产业阶梯转移滞缓原因及西部对策研究 [J].中央民族大学学报，2005（5）.

[3] 胥留德.后发地区承接产业转移对环境影响的几种类型及其防范 [J].经济问题探索，2010（6）.

[4] 丁建军.产业转移的新经济地理学解释 [J].中南财经政法大学学报，2011（1）.

[5] 刘友金，胡黎明.产品内分工、价值链重组与产业转移——兼论产业转移过程中的大国战 [J].中国软科学，2011（3）.

[6] 罗哲，邓生菊，关兵.西部地区承接产业转移的能力分析与规模测度 [J].甘肃社会科学，2012（6）.

[7] 高新才，张新起.西部地区承接产业转移问题研究框架 [J].甘肃社会科学，2012（4）.

[8] 卢阳春."十二五"时期西部地区承接产业转移的产业结构政策调整实证研究 [J].经济问题探索，2011（10）：30-36.

[9] 郑耀群，胡新，常芸.西部承接东部地区产业转移的实证分析 [J].统计与信息论坛，2012（5）.

[10] 杨扬，徐现祥，舒元.广东省内经济差距缩小与产业转移 [J].经济管理，2009（4）.

[11] 万永坤.西部欠发达地区产业转移承接效应的实证分析 [J].兰州大学学报，2011（5）.

[12] 高江静，刘志彪.服务产业转移缩小了地区收入差距吗 [J].经济理论与经济管理，2012（9）.

[13] 黄凌云，张嫚，黄秀霞，冉茂盛.中国西部地区承接产业转移力度的空间计量研究 [J].重庆大学学报，2014（4）.

[14] 关爱萍，魏立强.区际产业转移对区域经济增长影响的空间计量分析 [J].统计与信息论坛，2013（11）.

[15] 关爱萍，李娜.中国区际产业转移技术溢出及吸收能力门槛效应研究 [J].软科学，2014（2）.

稀土行业产能过剩和政府管控行为

张学东　赵立昌

（中央财经大学，北京）

　　2013 年 10 月公布的《国务院关于化解产能严重过剩矛盾的指导意见》指出，2012 年我国部分产业供过于求矛盾日益凸显，传统制造业产能普遍过剩。适度过剩是市场经济规律，可以发挥社会平均利润率的导向作用，使市场在配置资源过程中发挥决定性作用。但是，产能严重过剩不仅造成社会资源巨大浪费，降低资源配置效率，阻碍产业结构升级，而且导致企业经营困难、金融风险积累。本文在对稀土行业产能过剩情况进行分析的基础上，从委托代理问题视角探讨了政府管控与稀土产能过剩的联系，提出相应的政策建议。

一、稀土行业产能过剩现状及特征

（一）稀土行业概况

　　稀土广泛应用于国民经济的各个领域，特别是新能源、新材料、节能环保、航空航天、电子信息等战略性新兴产业领域，是现代工业中不可缺少的重要元素。根据 2012 年 6 月《中国的稀土状况与政策》，中国是世界上稀土资源较为丰富的国家之一，占世界总储量的 23% 左右。2011 年，中国生产供应了 9.69 万吨稀土冶炼产品，占世界总产量的 90% 以上；生产供应的稀土永磁材料、发光材料、储氢材料和抛光材料等，占世界总产量的 70% 以上。同时，生产供应了部分稀土功能器件以及节能灯、微特电机、镍氢电池等终端产品。中国的稀土产品，特别是初级产品满足了世界各国高技术产业发展的原材料需求，不仅是最大的生产国和应用国，而且是最大的出口国，2013 年，稀土行业实现营业收入 769 亿元，利润 77.4 亿元。中国以 23% 的稀土资源承担了世界90% 以上的初级稀土产品市场供应，不仅使中国稀土资源占世界的比重急剧下降，按人均资源量计算，中国已属稀土资源相对稀缺的国家，而且带来了诸多亟待解决的问题，产能过剩就是其中问题之一。据统计，全国稀土分离产能超过 40 万吨，其中合规产能 20 万吨左右，而稀土分离产品的指令性生产计划 10 万吨左右。经过多年粗放发展以后，分类化解稀土过剩产能、实现稀土产业转型升级已经刻不容缓。

　　[作者简介] 张学东（1970~），男，山东成武人，中央财经大学经济学院博士研究生；赵立昌（1986~），男，山东郓城人，中央财经大学经济学院博士研究生。

（二）我国稀土产能过剩的特征分析

我国稀土产能过剩是世界稀土产业转移的结果；既有行政干预造成的体制性过剩产能，也有应对国际金融危机中投资形成的周期性过剩产能；既有绝对性过剩产能，也有结构性过剩产能。

1. 稀土产能过剩首先体现为体制性产能过剩

与钢铁、水泥、电解铝、平板玻璃、船舶等行业相类似，稀土行业产能过剩，主要体现为体制性产能过剩。早在20年前，原国家计委稀土办主任白洁指出，稀土行业存在总体规模大与单体规模小的矛盾（王武平，2005），目前稀土生产企业众多，缺少具有核心竞争力的大型稀土企业集团，产业集中度低，行业自律性相对较差，因此，稀土产业存在一定程度的恶性竞争。在财政收入、就业等地方利益的推动下，资源所在地政府对稀土产业的重视程度不断提升，纷纷提出稀土产业发展规划，严格控制稀土矿权和矿产品流通，从而带来大量的重复建设，加剧稀土初级产品的产能过剩。历史上形成的江苏、甘肃等地的稀土分离冶炼产能，缺乏稀土原料保障，使稀土产业的整体运行成本增加。工业和信息化部下达淘汰稀土产业落后产能目标任务，但是，地方政府单纯追求GDP增长速度，倚重投资拉动，通过优惠政策招商引资、竞相发展稀土深加工应用产品，对落后产能进行技改、延伸产业链，使稀土分离及深加工领域产能进一步过剩。由于稀土合法原料来源不足，造成稀土原矿供不应求，催生了无证勘查开采稀土、超层越界开采稀土、超量开采稀土等违规违法行为。违规稀土企业不经审批，大干快上，产能快速增长，而且装备水平、劳动生产率等远优于合规的老企业，反而具备了行业竞争优势。与之形成鲜明对比的是，合规稀土企业严格执行稀土政策，未得到及时更新改造和产业升级，失去了公平竞争环境。

2. 稀土产能过剩同时表现出结构性产能过剩

结构性产能过剩一般表现为低附加值的低端产品产能过剩，而高附加值的高端产品产能不足。整体来看，中国稀土产业的市场需求结构与稀土供应之间的结构性矛盾突出，稀土冶炼分离产能严重过剩，附加值较低的产品过剩；终端应用研发技术滞后，高端产品匮乏。与稀土分离产能利用率严重不足形成鲜明对比的是，稀土材料及器件研发滞后，跟踪仿制多、自主创新少，与国际先进水平差距明显，拥有知识产权、专利的稀土生产加工技术较少，受稀土新材料开发创新应用不足影响和稀土终端应用高新技术垄断限制，下游高科技含量、高附加值的新型稀土材料及器件等高端稀土应用产品产能不足，稀土永磁出口至今受到拥有专利的日美企业的高额盘剥。中国一方面出口大量的初级产品，低价恶性竞争，2013年实际出口稀土配额产品实物量2.29万吨，出口金额6.03亿美元；另一方面部分高端稀土产品仍然需要进口，2013年中国进口稀土永磁2485吨，进口金额30886万美元，进口镍氢电池2.22万只，进口金额1.77亿美元。2010年，江西赣州稀土产业136亿元的主营业务收入中，加工到稀土金属为止的初级原料和加工产品占到90%，而高附加值的深度加工产品和应用产品仅占10%。中国是钕铁硼永磁材料的生产大国，但是日本企业日立金属垄断了600多项相关的专利技术，8家被授权企业每年出口2~3万吨钕铁硼永磁材料，需要向日本企业支付专利费购买其专利许可。

从稀土元素类别来看，中国稀土产业中，轻稀土的初级产品供应过剩，多数重稀土的初级产品供不应求，稀土供应的轻重稀土结构性矛盾突出。中国稀土矿资源中，轻稀土元素含量多，重稀土元素含量少，含有多种稀土元素的稀土矿，通过分离冶炼生产出的稀土产品是联产品，轻稀土产品的产量相对比较多，重稀土产品的产量相对比较少。从需求来看，围绕轻稀土元素应用进行的生产研发近年来迅速发展，但是由于稀土矿物中的轻重稀土比例严重不均衡，造成轻重稀土产业的发展速度比例与稀土资源本身的配分不一致，轻稀土下游产品需求和产品生产相对不足。同时，在轻重稀土的各种元素之间，供应需求关系也不均衡。在以轻稀土矿为原料的稀土分离产品中，镧和铈的配分相对较高、供应充分，氧化镧、氧化铈的市场价格低，甚至低于轻稀土精矿的价格。在以中重稀土矿为原料的稀土分离产品中，钇的配分较高、供应充分，氧化钇市场价格低于中重稀土精矿的价格。中国工程院副院长、中国稀土行业协会会长干勇在2014年包头稀土论坛上指出，镧、铈、钇产量约占轻稀土总产量的70%，镧、铈、钇氧化物的价格持续下跌，表明稀土供应仍大于需求，部分产品的产能严重过剩。

未来整体供给过剩，中重稀土更加稀缺。根据各稀土消费领域的消费量、下游行业稀土消费中各元素的占比下游各领域对各元素的需求结构，可以计算得出各稀土元素的消费量。根据澳大利亚IMCOA咨询公司测算2010年稀土整体供给过剩的状态，分元素看：镧、镨、钕、铽供给紧缺，镝供需基本平衡，其他元素处于供给过剩状态。分析结果显示：2010年，重稀土元素普遍处于过剩状态，但由于其储量和产量的稀少，因此使得市场形成了"预期型"紧缺。在下游各领域对稀土元素消费结构的假设前提下，广发证券发展研究中心预测未来镧、铈元素由于海外矿山的开发，未来将面临过剩的威胁，而镨、钕将继续保持短缺，且程度或将有所加大。在中重稀土元素中，未来铽的供给缺口大幅增加，铕和镝将由目前的"预期型短缺"变为"实质性短缺"；钐和钆以目前的需求结构看将出现大幅过剩情况，但考虑到它们在永磁产品中对镨、钕、铽、镝的替代作用，随着性价比的提高，未来应用量有望大幅增长。认为未来轻重稀土供需格局将出现分化，部分轻稀土元素或出现供给过剩，而重稀土元素将更加稀缺。

3. 中国稀土产品既有绝对性过剩，也有周期性产能过剩

目前，中国实际稀土冶炼分离能力估计40万吨左右，2013年稀土氧化物（REO）开采总量控制指标为9.38万吨，冶炼分离产能严重过剩，即使从世界范围来看，全球每年的稀土冶炼分离产品的需求量不超过15万吨，中国稀土产品表现为绝对性过剩。

国家多次提出淘汰稀土落后产能，遏制稀土产能过剩，早在2007年，国家就明确提出了淘汰稀土产业落后产能目标任务。据估计，稀土冶炼分离产能从2007年的20万吨左右增长到2013年的40万吨，这其中就有应对2008年金融危机、发展经济的周期性产能过剩原因。

二、我国稀土行业产能过剩原因与影响分析

（一）我国稀土行业产能过剩原因分析

我国稀土产能过剩突出表现为稀土初级产品的生产能力严重过剩。造成产能过剩的原因主要表现在三方面：

（1）从稀土市场参与的微观主体、稀土供应厂商角度看，部分企业对市场预期过于乐观，盲目投资，加剧了产能扩张；稀土产业的集中度低，科研创新能力不强，稀土企业之间无序竞争，重复建设现象严重。

（2）从市场运行角度来看，资源要素市场化改革滞后，没有在全国范围内真正形成统一开放的稀土产业市场；政策、规划、标准、环保等引导和约束不强，投资体制和管理方式不完善，监督检查和责任追究不到位，导致生产要素价格扭曲，公平竞争的市场环境不健全，市场机制作用未能有效发挥，落后产能退出渠道不畅。

（3）从宏观经济运行、政府调控角度看，在中国现行条块分割的行政管理体制下，一方面，中央政府和各级地方政府是逐级代理关系，中央和地方的利益诉求之间不完全一致，地方单纯追求发展速度，存在不同程度的地方政府保护主义，地方政府打击非法生产稀土的动力不足，甚至官商勾结、利益输送，使国家利益受损，中饱个人私囊。例如，2013年，仅江西赣州因稀土违规

事件就查处机关干部 40 多人。另一方面，中国稀土市场管控的规章条例，出自中央和地方政府的不同部门，各种稀土政策的制定部门、执行部门和监管部门各自为政，缺乏整体合力。例如，国家对稀土项目投资分类管理，2004 年，国务院下发关于投资体制改革的决定，落实企业的投资主体地位，但是，对于稀土矿山开发、冶炼分离和总投资 1 亿元及以上的稀土深加工项目保留由国务院投资主管部门核准，其余稀土深加工项目要求由省级政府投资主管部门核准。但稀土冶炼分离的产能仍以较快速度增长，过剩矛盾不断加剧。

（二）我国稀土行业产能过剩原因分析

稀土属于国家优势战略资源。1991 年，国家将稀土列为国家实行保护性开采的特定矿种。稀土产能过剩所带来的不利影响主要表现在两方面：一方面，带来价格下滑、产品积压、设备闲置、企业利润下滑等问题；另一方面，对环境、资源产生破坏，而且造成新的社会不公。例如，包头地区稀土冶炼分离、加工企业曾经达到 150 多家，产品同质化、附加值低、污染严重、形成了危及人畜生存的稀土湖，甚至出现了因污染造成的癌症村。少数人私自开采稀土、走私稀土，不仅不负担环境治理成本，而且偷逃矿产资源税、增值税和关税，造成环境污染，给当地居民带来经济损失，在合法稀土生产企业经营困难的情况下，非法生产、稀土走私却能够产生巨大利润。稀土盗挖滥采、走私现象屡禁不止，从而拉大贫富差距，形成新的社会不公现象。

三、稀土产能过剩与政府管控行为理论分析

本文从委托代理理论的角度探讨稀土产能过剩和政府管控行为的关系。

（一）委托代理理论

委托代理理论是制度经济学契约理论的主要内容之一。杨瑞龙（1997）认为，广义的代理关系泛指承担风险的委托人授予代理人某些决策权并与之订立或明或暗的合约。狭义的代理关系专指公司的治理结构，即作为委托人的出资人授予代理人（经理人员）在合约（如公司章程）中明确规定的权利（控制权），凡在合约中未经指定的权利（剩余索取权）归属委托人（Grossman 和 Hart，1986）。剩余索取权与控制权分离后，由于委托人与代理人的目标取向不一致以及信息不对称等原因，委托代理关系带来了机会主义问题，包括"逆向选择"和"道德风险"问题，代理人利用自己的信息优势，采取行动谋求自身效用的最大化却可能损害委托人的利益。逆向选择是指如果供需双方对产品质量的信息不对称，市场选择的结果是高质量产品被驱逐，剩下的是低质量产品，从而使平均产品质量下降。道德风险是指代理人的行动不能被委托人观察到的情况，代理人由于拥有较为完全的信息，选择违背委托代理契约，隐藏自己行动和信息而获利。委托代理问题是指委托人设计一种机制，激励那些拥有完全信息的代理人真实披露信息并采取适宜的行动。

（二）中国稀土资源和政府管控的委托代理关系

黄泽勇（2012）认为，加强制度建设，明晰政府委托代理管理机制，才能实现自然资源真正地为国家所有。曹海霞（2013）认为，与大多数矿产资源国有的国家一样，中国的矿产资源开发属于层层委托、层层代理的模式。杨瑞龙（1997）认为，国有产权多级代理下的剩余索取权有扩散化倾向。借鉴上述研究成果，本文认识，稀土资源属于国家所有，并施行有偿使用制度，稀土资源的终极所有权与各级政府部门对稀土资源的管控之间属于多级委托代理关系。

第一、第二、第三层次的委托代理。中国稀土资源的终极所有者属于全体国民，由于共同管理的成本较高，委托给人大代表，全体人员是初始代理人，人大代表又通过全国人大委托给国家。这样，国家成为稀土资源的代理人，中国法律规定，矿产资源属于国家所有；国家行使其对稀土资源的所有权，需要委托给国务院，接受全体国民的监督。

第四、第五、第六层次甚至更多层次的委托代理。国务院代表国家管理稀土资源，需要委托给中央政府各部门以及各级地方政府去代理；而地方政府也需要通过各自的代理人去代理。

最后，各级政府的管理部门不直接经营稀土资源，需要将稀土探矿权、采矿权委托给企业，由企业按照市场规律自主经营，从而实现稀土资源价值的最大化。

在上述代理关系中，除了初始代理人全体国民和最终代理人企业以外，人大代表、国家和各级政府既是代理人，又是委托人。这种复杂的委托代理关系，代理链条冗长，一方面，带来高昂的代理成本，包括监督管理费用、信息成本和激励成本等；另一方面，造成稀土资源的主体虚位，加上委托代理双方的信息不对称，带来机会主义问题，如"官商勾结"进行稀土非法生产的代理人合谋问题、瞒报稀土供应过程中环保事故的"道德风险"问题，从而使代表国家利益的政策执行不力。

中国稀土产业管控与稀土资源管控具有类似的委托代理关系，国务院代表国家对稀土产业进行管控，需要委托给各级政府部门代理，同样存在国家稀土政策执行不力的现象，从而带来一系列的问题，产能过剩问题即是其中之一。

（三）中国稀土管控政策的主管部门

各级政府将稀土资源和稀土产业政策的监管权能分解落实到各个职能部门，由多个部门共同行使，形成"九龙治水"的多部门管理格局，使得稀土资源和稀土产业的管理目标从"国家利益"不断蜕变为"部门利益"，部门之间利益的不一致，造成相互推诿扯皮，监察失职，稀土资源过度开采、污染环境、稀土出口走私等现象屡禁不止，指令性计划政策执行不到位。

近年来，政府为了规范稀土市场秩序、促进稀土产业健康发展，相继出台了一系列管控措施，战略规划类的政策包括《2009~2015 年稀土工业发展规划》、《国务院关于促进稀土行业持续健康发展的若干意见》等，专项性质的稀土政策包括国务院发布政府核准的投资项目目录（2013 年本），其中稀土冶炼分离项目由国务院行业管理部门核准，稀土深加工项目由省级政府核准；国务院关税税则委员会下发关税实施方案，海关总署负责征收稀土产品出口关税；海关总署 2011 年明确关于稀土产品出口申报要求，加强和规范稀土以及稀土相关产品的出口管理；商务部公布出口企业名单、并分批下达出口配额，严格控制稀土初级产品的出口；国土资源部通过停发探矿权证、采矿权证、稀土矿产国家规划矿区、整顿矿山秩序、严格控制总量指标等措施，控制稀土资源的开采；工业和信息化部下达稀土生产指令性计划指标，2012 年制定了稀土行业准入条件和稀土指令性生产计划管理暂行办法；环境保护部发布稀土工业污染物排放标准，自 2011 年 10 月 1 日起实施，组织稀土生产企业的环保核查；2012 年 11 月 21 日，财政部、工业和信息化部联合颁布稀土产业调整升级专项资金管理办法，通过中央财政预算专项资金支持稀土资源开采监管、稀土采选及冶炼环保技术改造等；财政部、国家税务总局下发通知自 2011 年 4 月 1 日起统一调整稀土矿原矿资源税税额标准，由地方税务局具体实施；国家税务总局通知要求 2012 年 6 月 1 日开始启用增值税防伪税控开票系统（稀土企业专用版），由各地国税局具体实施；国家物资储备局负责稀土收储事宜；国家发展改革委和商务部发布《外商投资产业指导目录（2007 年修订）》，稀有矿产由"限制外商开采"改为"禁止外商进入"，《外商投资产业指导目录（2011 年修订）》外商投资稀土冶炼分离项目限于合资合作，禁止外商投资稀土勘查、开采和选矿；《部分工业行业淘汰落后生产工艺装备和产品指导目标（2010 年本）》列示了 9 种需要淘汰的稀土冶炼分离等工艺设施，以促进结构优化升级；《产业结构调整指导目录（2011年本）》将稀土开采、选矿、冶炼、分离项目列为限制类，将落后的8种稀土开采、分离、冶炼工艺列入淘汰类；科技部通过支持"863"计划、"973"计划中稀土新材料等课题项目，支持稀土应用发展；海关等部门打击稀土出口走私和非法生产等执法行动，离不开公安部门的支持。

稀土供应涉及稀土资源开采、稀土冶炼分离、稀土加工应用、稀土产品出口等多个环节，中国稀土产业的持续健康发展，需要政府有关部门密切配合，联查联打、形成监督合力。2011年以来，工业和信息化部、国土资源部、环境保护部和海关总署四部委牵头开展稀土专项整治行动，外交部、发改委、公安部等11个部委参加，对10省（区）进行稀土生产情况的联合检查。2011年和2012年，查处违规勘探和开采稀土案件600多起、稀土走私案件14起，捣毁非法稀土采矿点14个，90多家稀土矿山和稀土冶炼分离企业停产整顿。2013年，查处违法盗采案件46起，查获走私案件9起，吊销161家企业的稀土经营执照，126家企业停产整顿。

（四）委托代理时产生地方保护主义

地方保护主义问题可以用委托代理理论解释。在对稀土资源开采和稀土产业生产流通秩序的管控过程中，中央政府和地方政府具有不同的利益诉求，中央政府着眼于国家整体利益、宏观经济趋势和全体人民生活水平的提高，地方政府更加关注当地的GDP增长、财政收入、就业状况。由于信息不对称，会造成"逆向选择"和"道德风险"问题。

稀土产能过剩但不能淘汰，地方保护主义是重要原因之一。国家多次出台具体稀土产业管控政策，要求严格控制稀土开采总量，淘汰稀土落后产能。但是，稀土产业对资源所在地的经济发展具有重要作用，扩大稀土资源开发规划规模、延伸产业链，不仅是地方政府的主要财政收入来源之一，而且能够带动房地产、商贸、餐饮、物流等相关行业的发展，提供就业机会，拉动地方GDP，提高地方官员的政绩；有时候，真正实施保护性开采、倡导稀土资源可持续利用的地方官员反而会被冷落和淘汰。因此，地方政府具有纵容稀土企业过度开采的内在经济动力，缺乏关掉稀土生产企业过剩产能的积极性，加剧了稀土过剩产能问题，阻碍了市场机制的有效运行。资料显示，2013年，江西省的稀土氧化物（REO）开采总量控制指标9000吨，稀土分离企业产能超过4万吨；2003年江西省稀土产业的主营业务收入只有10亿元左右，2010年达到136亿元，2015年和2017的目标分别为350亿元、500亿元；2013年，福建省的稀土氧化物（REO）开采总量控制指标2000吨，稀土分离企业产能超过5000吨，仅龙岩市2015年规划稀土产业集群产值达100亿元以上，稀土上游限产与下游扩产的矛盾突出。

四、政府管控化解我国稀土行业产能过剩的政策建议

（1）打破行政垄断，建立健全公平规范、有序开放的国内稀土市场。妥善处理局部与整体的关系，促进稀土产业发展与地方经济社会发展的协调统一，使市场在稀土资源配置中发挥基础作用，实现中国稀土产业"合理开发、有序生产、高效利用、技术先进、集约发展"。

（2）转变政府职能，减政放权，提高监管效率。建立长效机制，加强稀土产业的战略规划指导，减少相关的行政审批事项，完善稀土产业政策和相关法律法规，支持跨地区产能实施等量或减量置换，通过产业政策引导落后产能有序退出，有效产能向优势企业和更具比较优势的地区集中。确定科学合理的稀土开采总量和指令性生产计划，避免稀土开采和稀土冶炼分离能力的盲目扩张。结合稀土产业发展实际和环境承载力，严格能源消耗、污染物排放标准，继续加大执法处

罚力度，加快淘汰一批落后稀土产能。

（3）增强稀土政策之间的协同配合，采取联动措施，严格执行政策。严厉打击稀土出口走私，有效遏制出口走私猖獗的状况。严肃查处稀土非法开采和超控制指标开采、稀土违法生产和超计划生产、破坏生态和污染环境等行为，健全稀土废料的回收利用体系，维护稀土资源开发、稀土冶炼分离和市场流通的秩序。通过对稀土开采、稀土生产和稀土产品出口同步管理，避免形成新的社会不公，促进社会公平正义。

（4）开展国际交流与合作，兼顾各类稀土政策要求，一致对外。引导中国稀土企业积极开发国际稀土市场和稀土资源，有序参与国际稀土市场竞争，实现全球稀土资源合理配置。

（5）分类化解稀土过剩产能，高度关注、积极防范风险。化解稀土产能过剩，要积极稳妥加以推进，注重发挥市场在稀土资源配置过程中的决定性作用，防止过度生硬的行政手段。对于稀土产业为支柱产业的地区，要注意防范金融风险、失业风险和产业转移中出现的产业空心化等问题。

参考文献：

［1］张日旭. 重化工业产能过剩的困境摆脱：解析电解铝行业［J］. 改革，2012.

［2］陈文玲. 化解过剩产能需要新思路和新突破［J］. 经济要参，2014（17）.

［3］杨瑞龙. 论国有经济中的多级委托代理关系［J］. 管理世界，1997（1）.

［4］Grossman，S. and O.Hart. The Costs and Benefits of Ownership：A Theory of Vertical Integration［J］. Journal of Political Economy，August，1986（7）：9-16.

［5］黄泽勇. 自然资源所有权问题及其实现研究［J］. 湖北工程学院学报，2012（1）.

［6］曹海霞. 矿产资源的产权残缺与租值耗散问题研究［D］. 山西财经大学博士学位论文，2013.

产能过剩：文献评述与微观形成机制的初步研究

梁爽　郑长德

（西南民族大学经济学院，四川成都　610041）

一、问题的提出

在 2008 年全球金融危机的背景下，我国采取了一系列以大幅增加投资为主的应对措施从而保持了国家经济上的总体稳定增长。但随着投资规模的迅速扩张，部分产业出现了产能过剩的问题。早在 2009 年 9 月，国务院转批国家发改委等部门就明确指出：我国钢铁、水泥、平板玻璃、煤化工、多晶硅、风电设备、电解铝、造船、大豆压榨等行业的产能过剩矛盾十分突出，必须尽快抑制产能过剩和重复建设，以实现产业的良性发展。[①] 在 2013 年 10 月，国务院等部门又明确指出：受国际金融危机的深层次影响，国际市场持续低迷，国内需求增速趋缓，我国部分产业供过于求矛盾日益凸显，高消耗、高排放等行业尤为突出。[②] 由此可见，我国钢铁等行业仍然没有完全解决产能过剩这个老问题，同时部分新兴产业也开始出现产能过剩的迹象。对于重复建设、过度投资等问题，我国长期以包括市场准入、项目审批、供地审批、贷款行政审核、强制性清理等手段进行治理，但是治理效果并不明显。其一是企业仍在扩大其规模，扩充产能；其二是行业的投资效率低下，落后产能不愿退出。

那么导致过度投资、产能过剩等问题长期存在的原因是什么呢？本文通过对国内外现有文献进行梳理，得到当前学术界对该问题的几种解释，然后通过建立一个理论模型，尝试在微观企业层面上分析可能的解释。

二、产能过剩：国外文献的评述

目前，过度投资能够导致产能过剩已经在学术界达成共识。而对于产能过剩，也就是过度投资问题形成原因的研究，学术界一直试图从多个不同方面进行解释。本节首先对国外的相关研究

[作者简介] 郑长德（1962~），男，四川省广元市朝天镇人，经济学博士，西南民族大学经济学院教授、博士生导师。主要研究领域：金融理论、区域经济学。
① 国务院：《关于抑制部门行业产能过剩和重复建设引导产业健康发展的若干意见》（国发〔2009〕38 号）。
② 国务院：《关于化解产能严重过剩矛盾的指导意见》（国发〔2013〕41 号）。

进行简要的论述。

在西方发达国家，企业过度投资行为往往归因于委托代理问题的存在而引发管理者对于资本利益的追求。国外学者对此问题的解释普遍从管理者、股东和债务持有人之间的潜在利益冲突出发。他们之间的利益冲突以及信息不对称和不完全契约问题的存在会影响资本结构、公司治理和投资决策，进而导致管理决策的无效和次优的投资水平，最终引发投资不足或过度投资的问题。

通过对已有文献的梳理，我们发现管理者、股东和债务持有人之间的利益冲突可能会使管理者采取如下行为：

（1）出于自身利益而忽略股东的投资项目偏好，进而选择一些不能够提供足够收益率水平的低风险的次优投资项目。Jensen 和 Meckling（1976）、Galai 和 Masulis（1976）、Jensen（1986）、Stultz（1990）都指出，过度投资问题与管理者滥用决策制定权的行为有关，管理者采用没有利润的或者是高风险的投资项目，可能会损害股东以及债务持有人的利益。

（2）出于股东的利益而制定最大化股权价值而非企业价值的投资决策。一般来说，最大化股权价值的行为与最大化企业价值的行为并不一致，企业资产价值可以分解为股权价值和债务价值，如果保持企业价值不变，减少债务价值而增加股权价值，债务持有人的财富会转移向股东。Grinblatt 和 Titman（2001）指出，一个投资项目的净现值计算可采用两种方式，即实体现金流量法和股东现金流量法。一个项目的净现值以股东现金流量法计算可能为负，而以实体现金流量法计算为可能正。换句话说，管理者可能会出于股东利益的考虑，忽略能为企业创造价值的投资项目，而选择更具风险的可能不会为企业带来价值但只对股东有利的投资项目。

那么，管理者出于不同目的的行为是如何导致企业过度投资行为的发生呢？Maurizio La Rocca、Alfio Cariola 和 Tiziana La Rocca（2005）认为，企业的过度投资行为可以划分为管理者的过度投资和风险项目的过度投资。根据这种划分方式，我们可以将文献梳理如下。

（一）管理者的过度投资问题

管理者的过度投资问题基于一个前提假设，即管理者与股东不同，他们更强调自身的重要性。Jensen 和 Meckling（1976）认为，管理者强调自身重要性的假设导致了管理者和股东之间的利益冲突，这种利益冲突导致了管理者的机会主义行为，进而引起企业整体价值的减少。Zingales（1998）、Jostarndt（2002）提出，管理者考虑的并不是股票价值的最大化，而是企业的经济利润、他们的自身价值。更一般地说，管理者的投资行为其实是提升自己人力资本的手段。由于这些原因，管理者有时会制定一些并非有效率的投资决策，这种决策的目标只是增加他们自己的私人利益，而并不考虑这种决策对股东利益造成损害的可能性。

管理者的过度投资问题有多种形成原因。Jensen（1986）将过度投资行为与管理者如何运用企业资金联系起来。当缺少能够盈利并为企业提供增长潜力的投资机会时，管理者更偏好出于机会主义目的而使用自由现金流，而不是将其以股息形式返给股东。Jensen（1986）、Stulz（1990）指出，超过最优水平的企业规模扩张，并且这种扩张行为直接由管理者控制，会给管理者带来更高的工资水平以及更高的威望和更多的权利（帝国构建现象）。如果企业本身没有什么增长潜力，企业规模的过度增长会与股东的利益形成直接对比。这种帝国构建偏好会刺激管理者将全部可使用的资金进行投资以扩大企业规模，而不是增加企业价值。Murphy（1985）证明了管理者的工资水平与企业规模的增长率有关。Degryse 和 De Long（2001）更进一步指出，只要能够扩大企业规模，管理者甚至会投资净现值为负的项目。

管理者的过度投资问题还有其他方面的原因，比如，Shleifer 和 Vishny（1989）指出，管理者为了提高自身的人力资本，使企业的经营管理与他们自身密不可分，甚至会投资净现值为负的投资项目（壕沟防御）。很多学者将管理者的一系列自我保卫机制，即通过制定企业的发展战略以提高自己的声誉，强调他们自身的能力而不是企业价值，定义为壕沟防御。根据这种方式，一种依赖关系形成，即管理者的重要性仅与其自身能力、自我价值有关，而不是他们是否有能力维持企业的竞争优势。Baker（2000）指出，一般来说，管理者都有维系自己以往进行投资但目前业绩表现较差项目的倾向，因为一旦对该项目进行清算或退出，都表明了管理者之前做出的投资决策的失败。

过度自信也是管理者过度投资问题的一种形成原因。Stein（2001）指出，管理者出于强大的信心和股东利益最大化的目标，可能高估了自己的能力，甚至对于企业的经营管理活动过于乐观，以至于他们所投资的项目并不是真的能够带来正的净现值。Malmendier 和 Tate（2004）将这种行为定义为"心理误差"，即管理者认为他比其他人了解更多的信息，或者是其他人认为管理者拥有更强的获得信息的能力。由于过度自信，管理者真正了解到的风险可能会低于其真实水平，因为他们没能考虑到投资项目的所有不确定性。比如，兼并收购过程中的过高支付可能是由于对未来收益和兼并效果抱持过度乐观态度所导致的。Kaplan（1989）观察到在 20 世纪 80 年代出现的大量兼并收购行为并没有为股东带来价值增加，而只是引发了过度投资问题。

（二）高风险项目的过度投资

Jensen 和 Meckling（1976）指出，高风险项目的过度投资（也叫风险转移或资产替代）产生了股东和债务持有人之间的利益冲突。在债务合同达成后，管理者出于股东利益，新投资的项目风险高于企业投资项目的平均风险，这样会通过杠杆效应将财富从债务持有人转移至股东，这种行为增加了危机及破产的可能性。这一过程具体来说就是，由于股权的有限责任，股东和管理者出于股东的利益，他们更偏好于投资高风险项目，一旦取得资金，管理者可能会使用这些资金从事高风险项目。因为相对于投资的风险水平，企业会以较低的利率水平获得资金，这样企业的总债务成本会降低。另外，在这种情况下，如果债务的价格取决于已经存在的项目的风险水平，高风险项目将会导致债务的贬值，债务持有人收到的是相对于本能获得的收益更低的收益，债务持有人的利益形成损失。最终，债务的市场价值下降，股票的市场价值会增加（只要企业的贝塔值保持不变），财富因此从债务持有人转移至股东。

近年来，国外学者对中国的投资问题也产生了浓厚的研究兴趣。Aziz 和 Dunaway（2007）认为，由于较低的银行贷款利率和大量的留存收益使得投资所需的资金成本低廉，中国企业因此有很强的投资意愿，并且投资回报率也是可观的。Barnett 和 Brooks（2006）证明了中国非国有部门是近年来投资激增的主要贡献者，并且他们的投资资金主要来源于企业利润增长的留存收益。Knight 和 Ding（2010）认为高增长预期和投资信心源于中国的"发展中国家"的现状。Ding、Guariglia 和 Knight（2010）运用 100000 家企业在 2000~2007 年的年度数据研究讨论了一个热点问题：中国企业过度投资了吗？他们首先计算投资效率，发现投资效率与过度投资之间存在反向关系。尽管不同所有制、行业和地区之间有很大的差异，但是他们发现，随着时间的推移，企业投资在中国已经变得越来越有效率。他们同时发现了所有类型的企业都存在过度投资的证据，即使是在最有效率、最具利润的私营部门。对于这种现象，在私营部门中，现金流假说是一个很好的解释，而对于国有部门来说，过度投资主要是由于银行对企业的审查监管不力导致的。

三、产能过剩：国内研究评述

与国外学者不同，国内学者对于产能过剩问题的形成原因更多的是关注宏观层面，而对微观企业层面的关注明显不足，目前主要形成以下几种观点。

（一）"市场失灵"说

"市场失灵"说也就是市场性因素。已有文献关注的市场失灵主要包括市场波动导致的不确定性和行业竞争导致的不确定性。周业樑等（2007）指出，预期是产能过剩形成的原因之一，产能过剩仅仅是一种事后形成的分析方式或方法，其根本原因在于市场需求是不确定的，是会变化的，并且投资和现实产出之间存在时滞。张晓晶（2006）认为，产能过剩从规模经济及需求的不确定性角度说，完全是一种正常的企业行为。李静等（2011）从市场条件的不确定性、企业对于行业内潜在进入者数目的不确定性及沉没成本的存在性三个方面分析了产能过剩形成的原因。

（二）"体制弊端"说

"体制弊端"说也就是体制性因素。即认为我国转轨经济时期的体制扭曲导致企业投资行为的扭曲，并最终导致重复建设和产能过剩。该类观点主要是从中国现行的财税体制、金融体系、产权制度和环境保护制度等各类体制机制存在不同程度缺陷的角度进行思考的。王立国（2010）认为，重复建设是导致产能过剩的直接原因，而体制型重复建设是指，由于中央或地方政府在投资、财税、金融、社保及收入分配等机制并未完善的情况下，引发全国或同一地区内的某个产业或某种产品的生产能力（已经形成或即将形成）之和已经远超过市场需求，而经济主体仍然继续扩大生产能力的现象。江飞涛等（2012）认为，地方政府的不当干预是产能过剩形成的体制基础，这种不当干预主要包括土地的"模糊产权"、国有企业的预算软约束及环境的外部性等。

（三）"投资潮涌"理论

"投资潮涌"理论主要是以林毅夫等为代表的。他们认为，发展中国家具有后发优势并且总是处于跟随和模仿发达国家的地位，所以，每一次产业升级都极易引发重复建设和产能过剩。林毅夫等（2007）将产能过剩归结为发展中国家特有的"市场失灵"现象，并提出"投资潮涌"理论，认为发展中国家对于新产业的发展前景存在准确、良好的社会共识，这种共识会引发投资的"潮涌"现象，并进而导致产能过剩。王立国等（2012）认为，中国在技术创新能力、创新效率以及技术研发投入等方面与发达国家存在较大差距，所以中国在国际产业链内部一直处于跟随和模仿的地位。由此，结合"投资潮涌"理论，中国的产能过剩问题与技术水平落后这一国情存在一定的联系。另外，也有学者否认"潮涌"理论，认为该假说存在的重要缺陷被忽视了。江飞涛等（2012）指出，"潮涌"理论的基本假设不成立，企业对未来有前景行业的市场需求的所谓社会共识并不存在。因为不同预期往往会产生巨大的分歧，并且模型中可能出现的产能过剩是不完备信息假设条件下对均衡状态的偏离，而这种偏离是现实市场的常态。

此外，也有少量文献立足于企业认知偏差、厂商窖藏行为、经济波动等因素对产能过剩现象进行解释。张新海等（2009）认为，作为微观主体的企业，在投资决策过程中并非全知全能、完全理性的，由于存在认知偏差，企业会在经济过热时出现投资冲动而在经济处于低谷时拖延投资，导致产能与市场需求的变化非同步，最终形成产能过剩或产能不足。王立国等（2010）指出，企业从其自身可持续发展的角度考虑，为了应对未来总体经济波动的不确定性，提高企业供给的灵活性，会选择将一部分产能"窖藏"起来，同时这也是"在位企业"阻止潜在进入企业而设置的一种进入壁垒，从而达到在位企业保证获利空间的目的。孙巍等（2008）运用1996~2003年我国省际工业生产数据，以微观计量分析的方法验证了过剩产能与地区工业经济之间的相关性，并得出结论，过剩生产能力和经济波动之间呈现正向相关关系。

四、产能过剩的微观形成机制：最优投资决策与最优薪酬合同的理论模型

（一）模型基本假设

考虑存在一个企业，该企业的股东都是风险中性的。这个企业必须雇用专业的管理者经营管理公司业务，因为外部团体缺少在"真实"投资机会和"虚假"投资机会之间作出判断的能力。假定一个三期模型，$t = 0, 1, 2$，在 $t = 0$ 期，股东雇用管理者。一旦雇用，管理者可以通过付出自身努力 $c(c > 0)$ 来创造新的投资机会，这种努力对于管理者来说具有负效用。一旦投资机会被创造，股东会在 $t = 1$ 期决定是否采用该项目。在这个阶段，管理者相对于股东来说在信息方面更具优势。因此，在这个模型中，管理者的任务主要有两点：一是创造新的投资机会；二是指导股东决策是否采用该投资项目。所有的回报在 $t = 2$ 期实现。

为了实现新的投资项目，企业需要投入一定数量的资本 $k(k > 0)$。如果新的投资项目被采用，它会在 $t = 2$ 期实现零现金流或者是现金流 $x(x > k)$。该投资项目成功的概率依赖于项目的类型 θ，该项目可能是好的项目 $\theta = g$，也可能是不好的项目 $\theta = b$，与它们相对应的成功概率为：$0 \leqslant p_b < p_g \leqslant 1$。定义投资项目类型 θ 的预期回报为：$\mu_\theta = p_\theta \cdot x$，并且假定，只有好的投资项目才会被采用，即 $\mu_b < k < \mu_g$。

假设在 $t = 0$ 期，股东和管理者对于企业的潜在增长有着共同的预期。也就是说，在最初的时候，他们都相信新的投资项目的盈利概率是 $q(0 < q < 1)$。然而股东不能了解到更多关于投资项目的信息，而创造该投资项目的管理者可以观察到额外的信息（即使是噪声）。记该信号 $s \in S = [\underline{s}, \bar{s}]$，我们可以将 s 理解为是要求的回报率。投资项目的信号来自累积分布函数 $F_\theta(s)$，假设其密度函数 $f_\theta(s)$ 严格大于 0，且连续。根据贝叶斯准则，在观察到信号 s 之后，管理者认为投资项目类型为好的概率为：$q(s) = \dfrac{q \cdot f_g(s)}{q \cdot f_g(s) + (1 - q) \cdot f_b(s)}$。根据单调似然率，$q(s)$ 是 s 的严格增函数。我们定义基于观察到的信号 s 的预期回报为：$\mu(s) = q(s) \cdot \mu_g + [1 - q(s)] \cdot \mu_b$。假定对于低信号来说，投资项目的净现值是严格为负的，而对于高信号来说，投资项目的净现值是严格为正的。我们定义存在 $\hat{s}$ 满足：

$$\mu(\hat{s}) = k \tag{1}$$

因此，当且仅当 $s \geqslant \hat{s}(\hat{s} \in [\underline{s}, \bar{s}])$ 时，投资项目才会被采用。

（二）最优薪酬合同的制定

当决定是否投入资本 k 时，股东不能观察到信号 s，只能依赖管理者提供信息。管理者传达给股东的信息依赖于薪酬合同，这增加了信息扭曲的可能性。所以接下来我们先要描述在 $t = 0$ 期股

东对于薪酬合同的制定问题。

在 t = 0 期，股东雇用管理者，他必须至少为管理者提供一些外生的保留效用 R（R > 0）。这很方便解释为，如果没有新的投资项目，企业的回报就等于 R。模型中暗含的一个关键特征是，管理者不是仅仅被雇用来经营企业已经存在的项目，他必须为企业创造新的投资机会，所以要求股东制定的薪酬合同必须能够对管理者具有激励作用，并要求只有创造新的投资机会并且投资项目在采用后被证明是成功的情况下，管理者才能获得薪酬合同中规定的回报。

如果新的投资项目被采用，管理者会收到一个基本工资 α，以及如果项目成功会获得奖金 β。如果最终没有投资项目被采用，管理者会仅收到工资 R。如果回报少于 R，管理者将会离开企业，而如果回报高于 R，将会有一大批经营管理能力不强的管理者被吸引过来，这些管理者不能创造新的投资机会，而只能得到固定的报酬。

在建立最优薪酬合同之前需要介绍一些额外的概念。定义投资项目成功的概率为：$p(s) = q(s) \cdot p_g + [1 - q(s)] \cdot p_b$。管理者的预期工资为：$w(s) = α + β \cdot p(s)$。给定投资项目类型 θ，管理者观察到的信号 s 来自累积分布函数 $F_θ(s)$。我们认为存在一个事前的累积分布函数 G(s)，它的密度函数表示为：$g(s) = q \cdot f_g(s) + (1 - q) \cdot f_b(s)$。因此，在 t = 1 期，薪酬合同签订时，股东和管理者都相信，管理者在随后会观察到一个基于累积分布函数 G(s) 的信号 s，然后付出努力。

显然，我们会排除奖金 β < 0 的情况。假如 β = 0，那么即使管理者创造了新的投资机会，也只会获得固定的工资 α。如果 β = 0 且 α ≤ R，那么管理者没有主动性去创造新的投资机会，因为他意识到，与没有实现企业增长相比，创造新的投资机会并没有使他获得更多的收益。如果 β = 0 且 α > R，那么创造了新的投资机会的管理者将总是严格偏好于该投资项目被采用。所以在激励条件下必有 β > 0。如果在激励条件下，股东制定的基本工资为保留价值 R，那么对所有的 s ∈ S，必有 w(s) > R，因此，管理者将不会有揭露低信号的动机。所以在薪酬合同中，基本工资应该严格小于保留价值，即 α < R。换句话说，如果管理者选择的投资项目最终被确认是一个失败时，管理者应该受到惩罚。通过以上讨论，我们发现薪酬合同需要 β > 0，α < R，w(s) 是关于 s 的严格增函数。如果管理者认为在信号 s = s′ < $\bar{s}$ 时，投资与不投资的效果一样好，那么管理者会偏好所有 s > s′ 的投资项目。我们定义存在 s^* 满足：

$$w(s^*) = R \tag{2}$$

由于激励机制的影响，管理者让股东了解到，对于所有 s ≥ s^* 的投资项目都应该被采用，而对于所有 s < s^* 的情况，投资项目都应该被拒绝。这个模型里存在的一个假设条件是，股东总是希望能够利用管理者观察到更好的信息，他们希望能够确定自己对投资项目并不总是采用的，即有：$s^* ≤ \hat{s}$。

以式（2）为特征的投资决策约束建立之后，我们可以构建股东决策计划。股东目的是最大化企业的预期价值，企业的预期价值也就是股东的目标函数可以表示为：

$$\int_{s^*}^{\bar{s}} [R + μ(s) - k - w(s)] \cdot g(s) ds \tag{3}$$

在 t = 0 期如果管理者没有付出努力，那么他保留了个人的努力成本 c 但是只实现了保留价值 R。如果他选择付出努力为企业创造一个新的投资项目，他的预期工资就是 w(s)。比较这两种预期回报，可以得到管理者在满足如下条件时选择付出努力，即管理者的激励约束为：

$$\int_{s^*}^{\bar{s}} [w(s) - R] \cdot g(s) ≥ c \tag{4}$$

最后我们假定基本工资 α 不能低于临界值 $\underline{α}$，且 $0 ≤ \underline{α} < R$。

将管理者的激励约束代入股东的目标函数可以得到：

$$\int_{s_*}^{\bar{s}} [\mu(s) - k] \cdot g(s) ds - c \tag{5}$$

式（5）再次表明股东最终所得为预期净利润扣除管理者努力成本。

股东的最终目标是确定 α、β 的取值以确保制定的投资决策是有效率的。如果最优投资决策 $s^* = \hat{s}$ 能够实现，那么我们得到的在最优薪酬合同条件下的基本工资及奖金为：

$$\alpha = R - \beta \frac{k}{x} \tag{6}$$

$$\beta = \frac{c}{\int_{\hat{s}}^{\bar{s}} [p(s) - \frac{k}{x}] \cdot g(s) ds} \tag{7}$$

这里，我们做一些额外的讨论，首先，忽略最优投资决策这个条件，我们从式（2）和式（4）中可以解得薪酬合同中的 α、β 为：

$$\beta = \frac{c}{\int_{s^*}^{\bar{s}} [p(s) - p(s^*)] \cdot g(s) ds} \tag{8}$$

$$\alpha = R - \beta \cdot p(s^*) \tag{9}$$

从式（8）中可以看出如果保持努力成本 c 不变，s^* 增加，分母值会变小，β 值增大，α 值减小。

（三）过度投资的影响因素分析

1. 管理者努力成本增加，投资倾向增大

如果努力成本 c 增加，根据式（4）可知管理者要求的回报会增加，这样会使他更加倾向于创造的投资项目被采用，即使他已经观察到一个低信号。为了抵消管理者的这种选择偏差，股东会倾向于增加激励效果，也就是减少 α 而增加 β。这种行为仍然要满足最优投资决策直到 $\alpha \geq \underline{\alpha}$ 不再满足。另外，从式（6）、式（7）中也可以看出 $\frac{d\beta}{dc} > 0$，$\frac{d\alpha}{dc} < 0$。所以，努力成本 c 增加会增大管理者的投资倾向。

2. 资本投入增加，管理者投资倾向增大

首先考虑资本 k 发生外生性变化，在改变 k 的时候，所有其他参数保持不变。因此，随着 k 的增加，投资项目的净现值会减少，这提高了式（1）中要求 $\hat{s}$ 的水平，此时最优投资决策条件不再满足，但是管理者的偏好并没有发生变化，他不会将股东支出的更高资本水平 k 考虑进去。换句话说，除非股东调整了对管理者的补偿机制，否则他个人的投资决策点 s^* 将保持不变。所以为了使管理者考虑到已经发生的变化，股东必须通过增加薪酬合同中的激励效果来提高他的私人门槛 s^*。在这个过程中，只要基本工资水平 α 不低于临界值 $\underline{\alpha}$，股东就可以通过增加管理者预期回报中奖金所占部分来达到增加激励效果的目的。

讨论上述过程的另一种理解方式。首先假设最优投资决策条件 $s^* = \hat{s}$ 仍然满足。从 $p(\hat{s}) = \frac{k}{x}$ 中可以得到 $\frac{d\hat{s}}{dk} = \frac{1}{p'(\hat{s}) \cdot x} > 0$，从式（7）中可以得到 $\frac{d\beta}{dk} = \frac{c \int_{\hat{s}}^{\bar{s}} \frac{1}{x} \cdot g(s) ds}{\{\int_{\hat{s}}^{\bar{s}} [p(s) - \frac{k}{x}] \cdot g(s) ds\}^2} > 0$，

$\frac{d\alpha}{dk} < 0$。所以，增加资本投入 k 会增大投资倾向。

3. 投资项目预期回报降低，管理者投资倾向增大

考虑仍然保持其他参数不变，而投资项目预期回报发生变化的情况。一般来说，如果投资项目成功的概率增加，或者一旦成功，该项目能带来更多的现金流，那么就认为该投资项目更具吸引力。

首先考虑现金流 x 外生性减少的情况，该过程类似于资本投入 k 增加的情况。现金流 x 的减少需要使 $\hat{s}$ 的水平提高以保证式（1）可以继续得到满足，而部门管理者的偏好并没有受到影响，所以 s^* 没有发生变化。这要求股东改变薪酬合同，扩大管理者回报中奖金所占部分来提高 s^*。

接下来，假设现金流 x 没有发生改变，而投资项目成功概率 p_θ 减少。与资本投入 k 和现金流 x 发生外生性变化不同，p_θ 的减少会直接影响管理者的决策行为，因为式（2）中规定的 s^* 值发生了改变。p_θ 减少，薪酬合同中奖金部分 $\beta \cdot p(s)$ 对管理者回报的影响程度变小，之前的最优薪酬合同可能不再满足部门管理者的激励约束条件。为了使管理者的激励约束条件能够得到满足，这就需要股东通过减少 α 增加 β 来使 s^* 增加。

综上，投资项目的预期回报降低会使管理者的投资倾向增大。

4. 投资项目风险性增加，管理者投资倾向增大

一般认为，投资项目的风险越大，那么一旦成功所带来的现金流也越多。保持投资项目类型 θ 的预期回报 μ_θ 不变，那么与之对应的成功概率 p_θ 就会降低。也就是说，现金流 x 增加为 $x' = x + \Delta x$，$\Delta x > 0$，而投资项目类型 θ 的成功概率会调整为 $p'_\theta = p_\theta - \Delta p$，并且满足 $x \cdot p_\theta = x' \cdot p'_\theta$。我们认为，企业的经营业务越不稳定，就需要越多的奖金来补偿管理者以保证他们付出与之前相同的努力。这种直觉可以理解为，风险性越高，越需要高能激励。

讨论上述过程的另一种理解方式。首先假定最优投资决策条件依然满足，在最优投资决策条件下，预期回报 $p(s) \cdot x$ 保持不变，那么有 $\frac{d}{dx}[p(x) \cdot x] = 0$，因此得到：

$$\frac{d}{dx}[p(s)] = -\frac{p(s)}{x} \tag{10}$$

从式（6）中可以得到：

$$\frac{d\alpha}{dx} = -c \cdot \frac{-\frac{k}{x^2}\int_{\hat{s}}^{\bar{s}}\left[p(s) - \frac{k}{x}\right] \cdot g(s)ds - \frac{k}{x}\int_{\hat{s}}^{\bar{s}}\left[\frac{d}{dx}[p(s)] + \frac{k}{x^2}\right] \cdot g(s)ds}{\{\int_{\hat{s}}^{\bar{s}}\left[p(s) - \frac{k}{x}\right] \cdot g(s)ds\}^2} \tag{11}$$

将式（10）代入式（11）中可以得到 $\frac{d\alpha}{dx} = 0$。

将式（2）变形为 $R - \alpha = \beta \cdot p(\hat{s})$，等式两边对 x 求偏微分得到：

$$0 = \frac{d\beta}{dx}p(\hat{s}) + \beta\frac{d}{dx}[p(\hat{s})] \tag{12}$$

根据式（10）和式（12）可以得到 $\frac{d\beta}{dx} = \frac{\beta}{x} > 0$。所以，薪酬合同中的奖金部分会根据投资项目的现金流的改变做出调整。

综上，投资项目的风险增加，管理者的投资倾向会增大。

五、结论性评论

综观我国关于产能过剩问题的现有研究发现，现有的学术讨论可以说是已经囊括了目前我国产能过剩形成的各种宏微观因素。然而我们也应该看到，已有的研究主要是从供需、市场条件、政策制度等方面来进行研究，更多地关注中国现行体制下的具体和短期问题，大多偏重于理论上的定性逻辑推理，较少涉及量化和检验分析。由于缺乏系统的理论框架和方法体系的支撑，以及缺乏有效的数据支持，形成的结论和成果也往往难以贴近现实。这在根本上忽略了对组成市场的微观主体——企业及企业内部股东和管理者的行为来进行研究。实际上，我们不可否认，行业或地区的投资是由微观企业汇总而成的，因此，从企业层面探讨产能过剩问题变得很有必要。本文通过模型讨论了引起管理者过度投资倾向的可能因素，从投资决策和报酬激励视角希望对过度投资、产能过剩问题的研究有所帮助。

参考文献：

［1］Jensen M., Meckling W. Theory of the Firm：Managerial Behavior，Agency Costs and Ownership Structure［J］. Journal of Financial Economics，1976，73（3）：305-360.

［2］Galai D., Masulis R. The Option Pricing Model and the Risk Factor of Common Stock ［J］. Journal of Financial Economics，1976（3）：7-14.

［3］Jensen M. Agency Costs of Free Cash Flow，Corporate Finance and Takeovers ［J］. American Economic Review，1986，76（4）：323-329.

［4］Stulz R. Managerial Discretion and Optimal Financing Policies ［J］. Journal of Financial Economics，1990，26（1）：3-27.

［5］Grinblatt M., Titman S. Financial Markets and Corporate Strategy ［M］. McGraw-Hill，2001.

［6］Maurizio La Rocca，Cariola A.，Tiziana La Rocca. Overinvestment and Underinvestment Problems：Determining Factors，Consequences and Solutions ［D］. Working Papers Series，2005.

［7］Zingales L. Corporate Governance. The New Palgrave Dictionary of Economics and the Law ［M］. London，MacMillan，1998.

［8］Jostarndt P. Financing Growth in Innovative Industries：Agency Conflicts and the Role of Hybrid Securities-Empirical Evidence from NASDAQ Convertible Debt Offerings ［D］. Working Paper，Fisher Center for the Strategic Use of Information Technology，Haas School of Business，2002.

［9］Murphy K. Corporate Performance and Managerial Remuneration：an Empirical Analysis ［J］. Journal of Accounting and Economics，1985（7）：7-14.

［10］Degryse H., De Long A. Investment Spending in the Netherlands：Asymmetric Information or Managerial Discretion? ［D］. Working Paper，Erasmus University Rotterdam，2001.

［11］Shleifer R., Vishny S. Management Entrenchment：The Case of Managerial Specific Investments ［J］. Journal of Financial Economics，1989，25（7）：123-139.

［12］Baker J. Career Concerns and Staged Investment：Evidence from the Venture Capital Industry ［D］. Working Paper，Boston：Harvard University，2000.

［13］Stein K. Agency，Information and Corporate Investment ［J］. Economics of Finance，2006，20（9）：13-40.

［14］Malmendier U., Tate G. CEO Overconfidence and Corporate Investment ［N］. NBER Working Paper No. W10807，2004.

［15］Kaplan S. The Effects of Management Buyouts on Operating Performance and Value？［J］. Journal of Financial Economics，1989（24）：217-254.

［16］Aziz J.，Dunaway S. China's Rebalancing Act［J］. Finance and Development，2007，44（3）：27-31.

［17］Barnett S.，Brooks R. What's Driving Investment in China？［N］. IMF Working Paper，No. 06/265.

［18］John K.，Ding S. Why Does China Invest So Much？［N］. Asian Economic Papers，2010，9（3）：87-117.

［19］Ding S.，Alessandra G.，John K. Does China Overinvest？ Evidence from A Panel of Chinese Firms［D］. Working Papers，Business School-Economics，University of Glasgow，2010.

［20］周业樑，盛文军. 转轨时期我国产能过剩的成因解析及政策选择［J］. 金融研究，2007（2）.

［21］张晓晶. 产能过剩并非"洪水猛兽"——兼论当前讨论中存在的误区［N］. 学习时报，2006-04-10（4）.

［22］李静，杨海生. 产能过剩的微观形成机制及其治理［J］. 中山大学学报（社会科学版），2011（2）.

［23］王立国. 重复建设与产能过剩的双向交互机制研究［J］. 企业经济，2010（6）.

［24］江飞涛，耿强，吕大国，李晓萍. 地区竞争、体制扭曲与产能过剩的形成机理［J］. 中国工业经济，2012（6）.

［25］林毅夫. 潮涌现象与发展中国家宏观经济理论的重新构建［J］. 经济研究，2007（1）.

［26］王立国，高越青. 基于技术进步视角的产能过剩问题研究［J］. 财经问题研究，2012（2）.

［27］张新海，王楠. 企业认知偏差与产能过剩［J］. 科研管理，2009（9）.

［28］王立国，张日旭. 财政分权背景下的产能过剩问题研究［J］. 财经问题研究，2010（12）.

［29］孙巍，尚阳，刘林. 工业过剩生产能力与经济波动之间相关性研究［J］. 工业技术经济，2008（6）.

百度案的相关市场界定：单边还是双边

许晓丽　黄坤

（北方工业大学经济管理学院，北京　100144）

一、问题提出

2009年4月22日北京市第一中级人民法院（以下简称北京中院）开庭审理了唐山人人信息服务有限公司（以下简称唐山人人公司）上诉北京百度网讯科技有限公司（简称北京百度公司）滥用市场支配地位案，并以电视和网络直播的方式实时发布了案件审理情况。该案件是我国自2008年8月1日《反垄断法》实施以来一起影响巨大的反垄断案件，许多学者将其定义为我国第一起反垄断案件。本案中的法律观点较其他竞争法案件的观点也更加详细，同时法院还强调了在审判这类案件中经济原因和经济证据的重要性（McEwin和Chew，2010）。在案件审理过程中，原被告以及法院关于本案相关市场、市场支配力的观点相差悬殊，学术界和现实经济中的知名人士对其看法也各有不同。该案件相关市场究竟是单纯以百度的竞价排名服务作为单边市场分析还是以百度这一搜索平台这一双边市场分析？案件涉及的相关市场到底是单边市场还是双边市场？若是双边市场，那SSNIP测试是否同样适用？另外，是不是如被告观点，本案其实并不存在反垄断意义上的相关市场。这些问题至今没有一致的观点和答案。

所以，该案件的判决不仅对未来反垄断案件的审判具有重要意义，而且也会对未来互联网产业乃至各个产业的滥用市场支配力行为产生深远影响。案件审理过程中"相关市场界定"、"是否具有市场支配地位"、"是否滥用市场支配地位"等一系列焦点问题的经济学解决办法对于反对垄断，促进有效竞争，维护我国经济环境稳定有重大影响。因此，本案受到法律界、经济界及各行业从业人员的广泛关注，研究反垄断案件中的相关市场是必要的也是有着重要意义的。

虽然法院判定本案的相关市场为中国搜索引擎服务市场，然而无论是法律界还是经济学界学者都对该问题持有异议。McEwin和Chew（2010）认为，相关市场的界定必须考虑唐山人人公司控诉的具体产品和服务，而本案中百度与唐山人人之间的商业关系是提供与购买广告位，所以本案相关市场应该界定为某种互联网广告市场。Thépot（2013）从用户的角度分析了一般搜索引擎与垂直搜索引擎的区别，将其确定为不同的相关市场，一般搜索引擎Google与其替代品Bing、Yahoo、Baidu、Ask等在同一个相关市场，但是从搜索平台另一边及双边之间的关系研究，相关市场则将界定为广告市场。李剑（2009）认为，作为注意力经济的组成部分，搜索引擎服务仅仅是互联网应用的一部分，而竞价排名的实质即是广告，所以本案的相关市场应该为商业广告市场。若单纯考虑广告市场或者互联网广告市场，无论何种广告，其核心都是广告市场。若就广告市场而言，该案件的相关市场应该以单边市场的特点来分析界定。

本案是被告百度公司作为一个平台企业，明显具有双边市场的特征，其提供的竞价排名服务也有别于传统单边市场的服务。于馨淼（2012）认为本案中，法院根据功能可替代性明确认定搜索引擎市场的单独存在并无不妥，反垄断意义上搜索引擎市场是真实存在的，它提供了包括相似搜索服务的所有搜索引擎。在线广告对互联网产业影响巨大，大部分的网络平台依靠在线广告盈利，搜索引擎作为一种特殊的互联网广告提供平台，它与其他互联网广告存在竞争，并且某种程度上它与线下广告也存在竞争（Evans，2009）。作为平台企业，一边提供免费服务，一边提供增值服务，或者交叉混合，无论以何种方式营利，以双边市场特征分析其在反垄断案件中的相关市场界定是有理论依据的。

相似的案件发生于美国的谷歌公司，Lianos 和 Motchenkova（2013）并没有就相关市场是否为搜索引擎市场分析，而是直接分析案件中搜索引擎市场的双边特点，对案件的法律和经济观点进行论述，分析得到主导垄断平台定价会高于社会最优价，并且丧失创新的动力，无论是对广告商还是搜索用户都是不利的。Etro（2012）建立搜索广告领导者双边竞争模型，并分析了搜索平台的网络效应与广告商的多属行为和进入壁垒。Tarantino（2012）建立了简单的消费者搜索模型，分析垄断搜索引擎操纵搜索结果的诱因。在有机搜索案例中，这种操纵倾向更加强烈。Armstrong（2006）在分析双边市场的竞争时，认为搜索引擎是典型的双边市场，并且给出了不同情况的平台竞争模型。可见，大多数学者对案件所在市场的单边和多边性并没有作出相关解释，本文对他们缺失的该环节分析做出了详细的分析和说明。

总的来说，各个学者对搜索引擎的讨论都集中于它作为双边市场的特征及该特征导致的价格、福利、竞争的变化。没有学者分析就搜索引擎广告而言，它是否等同于搜索引擎？搜索引擎市场与搜索引擎广告市场是否是同一个市场？而它们是不是都具有双边市场的特点？如果它们是双边市场，其相关市场界定又该如何定性和定量分析？这一系列的问题学术界还没有定论。所以本案中关于"中国搜索引擎服务市场"的判定仍然存在很大的争议。本文就百度案件涉及的相关市场界定问题，区分了搜索引擎市场与搜索引擎广告市场，并就其单边还是双边给出分析解释，定量与定性结合给出本案相关市场界定的科学方法。

二、案件简介

唐山人人公司是一家从事医药信息咨询服务的公司，从 2008 年 3 月起，开始对北京百度公司经营的百度搜索进行竞价排名投入。2008 年 5 月，由于唐山人人公司自身经营需要开始减少投入额，到 2008 年 7 月 10 日，发现自己经营的全民医药网日访问量骤减。以该日为分界点的前后两个月的访问量也出现大幅降低。唐山人人公司就此于 2008 年 10 月委托律师向国家工商总局递交了反垄断调查申请书，指责北京百度公司人为干预搜索结果，滥用市场支配地位强迫唐山人人参与竞价排名交易。2008 年 12 月，基于同样理由，唐山人人公司向北京中院对北京百度公司提起诉讼。

2009 年 4 月 22 日，此案在北京中院开庭审理，控辩双方就"百度搜索引擎所涉及的相关市场界定"、"百度是否具有支配地位"、"百度是否滥用支配地位"等问题展开激烈争论。关于相关市场的界定以及百度是否具有支配地位，原告认为，相关市场是"中国搜索引擎服务市场"，并呈交正望咨询有限公司一篇题为《百度坐拥中国搜索引擎市场近 2/3 份额》和百度新闻栏目下一篇题为《百度 3Q 客户数欲破 20 万大关付费搜索增长稳健》两篇文章证明百度具有市场支配力。被告认为，搜索引擎服务相对于广大网络用户而言是免费的，免费服务不是《反垄断法》约束的领域，因此，本案并不存在《反垄断法》意义上的相关市场，而具有支配地位也就无从谈起。

经审理，北京中院认为，搜索引擎服务市场应单独为一个相关市场，相关地域市场为中国。

另外，原告所呈交的两篇文章虽然提及市场份额，但是这两篇文章中所提到的"市场份额"所依据的相关市场范围与本案中所定义的相关市场范围是否一致无法确认，所以法院不能确定上述两文的市场份额计算是以范围相同的相关市场为依据。

关于被告是否具有《反垄断法》所称的"滥用市场支配地位"的行为，被告承认对原告所拥有的全民医药网的自然排名实施了减少收录数量的技术措施，但其抗辩称自己具有正当理由，即该行为是对全民医药网存在"垃圾外链"行为进行的处罚。

法院认为，首先，被告百度在其网站的相关页面上所登载的《百度搜索帮助——站长FAQ》，已经向社会公众公布了百度搜索引擎的算法规则及针对作弊行为的处罚方式，原告完全有途径了解百度搜索反对网站设置"垃圾外链"的行为，并会对这种行为实施处罚。这一处罚是针对所有设置了"垃圾外链"的被搜索网站而非单独指向全民医药网。其次，原告经营的全民医药网确实存在"垃圾外链"。故被告基于以上原因对原告经营的全民医药网实施了减少自然排名部分收录数量的技术措施是正当的。此外，原告并没有举证证明被告是因为原告降低了对竞价排名部分的投入而减少了对全民医药网自然排名部分的收录数量。因此，原告以其减少竞价排名投入而推定自然排名的结果也受到了影响的主张并无事实依据，法院不予支持。

2009年12月28日，北京中院宣布判决结果：①驳回原告唐山人人公司的全部诉讼请求；②唐山人人公司支付本案全部诉讼费用14754元。唐山人人公司不服上述判决，向北京市高级人民法院（以下简称北京高院）提出上述。北京高院于2010年4月14日公开审理了此案。北京高院对唐山人人公司关于相关市场的主张予以支持。2010年7月9日，北京高院宣判：①驳回上诉，维持原判；②一审、二审案件受理费各14754元，均由唐山人人信息服务有限公司负担。

三、相关市场界定

《反垄断法》第十二条第二款规定，相关市场是指经营者在一定时期内就特定商品或者服务进行竞争的商品或者服务范围和地域范围。本案中，北京百度公司对搜索用户提供搜索服务，对广告商提供广告服务，搜索引擎提供商作为一个平台企业具有双边市场的特征。然而，本案原告控诉的焦点产品是竞价排名服务，若只考虑控诉产品，其市场并不是双边市场，而是搜索引擎广告市场这一单边市场，市场参与者为广告商和搜索引擎广告提供商。根据中国互联网络信息中心2009年7月公布的《中国互联网发展状况统计报告》指出：截至2008年底，我国拥有网民2.98亿人，他们主要集中于学生、公司一般职员、党政机关事业单位工作者，年龄集中于10~39岁，网络应用排名前五位的为网络音乐、网络新闻、即时通信、搜索引擎和网络视频。由此可见，我国网民主要集中于空闲时间较多的年轻人，他们涉及的网络应用也比较广泛。对于广告商而言，他们并非只有单一的搜索引擎广告这一选择，品牌广告（除搜索引擎外的在线广告）与搜索引擎广告具有很大的替代性，所以在线广告是包括搜索引擎广告在内的更大备选市场。另外，就广告而言，线下广告与在线广告是否也存在一定的竞争而成为本案的备选市场，也是本文需要研究的内容。

（一）相关产品市场

在本案中，原告并没有详细说明相关地域市场和相关产品市场，只是整体地界定了相关市场为"中国搜索引擎服务市场"。北京中院对原告相关市场界定予以支持，认为虽然即时通信服务、电子邮件服务等互联网应用技术使用率普遍较高，但是搜索引擎所具有的快速查找、定位并在短时间内使网络用户获取海量信息的服务特点，是其他类型的互联网应用服务所无法取代的，所以本案的相关市场是"中国搜索引擎服务市场"。本文认为法院上述论述存在错误。搜索引擎面对的消费者不仅仅是需要获取信息的广大搜索用户，还包括在搜索引擎上投放广告的广告商，若本案考虑的是百度这一搜索平台，那么它是典型的双边市场。法院单独考虑搜索用户，即将本案市场作为单边市场考虑是错误的。另外，若以本案的焦点产品北京百度公司的竞价排名服务为分析起点与核心，那么搜索引擎广告市场是单边市场。为了分析该案件的相关市场，应该从广告商这一市场边分析，而非搜索用户方。所以，从该角度法院关于本案相关市场的界定同样存在错误。

被告认为搜索引擎服务对于广大用户是免费的，免费服务不是《反垄断法》约束的领域，因此本案不存在《反垄断法》意义上的相关市场。被告作为一个平台企业，对于广大搜索用户是免费的，然而在双边市场中的免费并非传统意义上的免费。搜索引擎连接着搜索用户和广告商双边群体，广告商是付费的，并且其付费程度依赖于搜索用户方，就整个搜索平台提供服务而言，并不是免费的。另外，单就搜索用户而言，他们享受免费搜索服务的同时往往受到各类广告的影响，导致消费者的效用降低，免费和收费最终都会传导到消费者效用这个分析终点，消费者受各类广告影响降低的效用值即为其支付给百度搜索平台的费用，从这一角度分析，被告提供的服务也不是免费的。所以，被告的"免费服务不是《反垄断法》约束的范围"这一论述缺乏经济学依据。

本文认为如果以百度搜索平台这一双边市场为本案相关市场分析的核心，那么针对双边市场的特征，转换一下思路，以其免费服务作为平台投资，那么双边市场可以看作普通的单边收费市场，这样 SSNIP 测试便可以应用于双边平台的相关市场界定（黄坤，2014）。若本案以搜索引擎广告市场为分析核心与起点，那本案市场本身就是单边市场，这样 SSNIP 测试也是适用的。无论以哪种角度，本案中 SSNIP 测试都是适用的。SSNIP 测试的核心思想是假设两家或者多家企业并购后成为某个市场的垄断者，在其他条件不变的情况下，考察该（追求利润最大化的）垄断者是否可以或者将会以小幅的、显著的、非暂时的方式提高价格。如果答案是肯定的，假定垄断者所处的市场将构成相关市场；否则，拓展假定垄断者所控制的产品或者地域范围，直至答案为肯定为止。SSNIP 测试中，首先要选择一个恰当的分析起点。理论上，应该将涉案企业的每一种产品为起点进行分析。然而在现实具体案件中，为了节约成本和提高执法效率，执法机构通常围绕案件的焦点产品进行相关市场界定。本案中，百度公司的焦点产品是搜索引擎服务。本文以搜索引擎为起点，运用 SSNIP 测试界定本案的相关市场。本案发生在 2008 年，故以 2008 年我国搜索引擎环境作为假定垄断者的测试背景。2008 年我国搜索引擎广告主选择搜索引擎的品牌比例如图 1 所示。

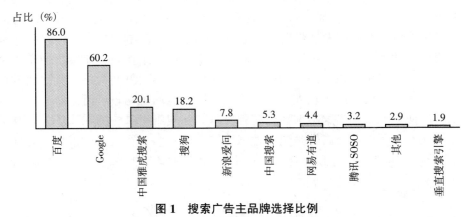

图 1　搜索广告主品牌选择比例

资料来源：中国互联网络信息中心《2008 年中国搜索引擎市场广告主研究报告》。

由图 1 可以看出，在搜索引擎广告主选择搜索引擎品牌投放广告中，百度占比 86%居于首位，Google 以 60.2%次之，中国雅虎以 20.1%位于第三位。本文选择百度、Google 和中国雅虎搜索三家公司毛利润数据估算搜索引擎市场的假定垄断者的毛利润率。由于唐山人人 2008 年 3 月开始在百度参与竞价排名服务，直至 2008 年 12 月向北京中院上诉，所以选取三家公司数据时间区间为 2007~2010 年。

表 1　2007~2010 年三家公司毛利率

单位：%

年份	2007	2008	2009	2010
百度	63.00	63.87	63.66	72.85
Google	59.93	60.44	62.60	64.47
中国雅虎搜索	59.27	58.06	55.55	57.59

资料来源：汤森路透数据库。

在反垄断审查中，一般采用案件发生当年或者前一年的数据进行经济学分析。如果案件所处的行业是高度动态性的，通常会考虑行业的发展趋势。本文将案件发生的前一年与后一年均考虑在内，计算假定垄断者的毛利润率。根据表 1 可以看出百度、Google 与中国雅虎搜索的毛利润率均无明显波动。其中，Google 的毛利润率是 Google 公司总的毛利润率，并非只有中国市场，但其毛利润率与百度和中国雅虎相差不大，这进一步说明搜索引擎市场普遍的毛利润率稳定。故以三家公司 2000~2009 年平均毛利润率 60.71% 为搜索引擎服务市场假定垄断者的毛利润率基准。表 1 中，北京百度公司 2010 年毛利润率有明显的增长，比前三年增长了将近 25%，绝大部分原因是 2010 年 3 月 Google 宣布退出中国市场，百度吸收了 Google 中国部分利润，这属于重大事件影响，事先无法预料。为了更好地反映市场变化以及重大事件对该市场毛利润率的影响，在假定垄断者毛利润率基准的基础上上下浮动 25%，价格增长率取 5% 和 10% 两种常用情形。根据以下公式计算临界损失 CL：

$$CL = \frac{X}{X + M} \tag{1}$$

式中，$M = (P - c)/P$ 为毛利润率，c 为边际成本，$X = \Delta P/P$ 为价格增长率。在执法实践中，假定垄断者的边际成本是难以获得的，因此在计算毛利润率的时候通常采用 $M = (PQ - cQ)/PQ = (R - C)/R$ 来近似计算，其中 R、C 分别为销售收入和成本。

计算各种情形下的临界损失如表 2 所示。

表 2　搜索引擎广告市场不同情景下的临界损失（CL）

	毛利润率（M）	X=5%	X=10%
下浮 25%	45.53%	9.89%	18.01%
基准情景	60.71%	7.61%	14.14%
上浮 25%	75.89%	6.18%	11.64%

注：百度 2010 年毛利润率上升将近 25%，故选择上下浮动 25% 情景。
资料来源：笔者计算所得。

SNNIP 测试中，实际损失的计算公式如下：

$$AL = X\eta \tag{2}$$

η 为需求价格弹性。若相关产品市场是搜索引擎服务市场，那么根据 SSNIP 测试应满足条件 $CL > AL$，根据该条件计算得到搜索引擎广告市场的需求价格弹性满足的条件为 $\eta \leqslant CL/X$，η 的可能性区间计算结果如表 3 所示。

表 3　搜索引擎广告市场需求价格弹性条件

	X = 5%	X = 10%
下浮 25%	(0, 1.98)	(0, 1.80)
基准情景	(0, 1.52)	(0, 1.41)
上浮 25%	(0, 1.24)	(0, 1.16)

资料来源：笔者计算而得。

根据表 3 的需求价格弹性区间，分析搜索引擎广告市场的需求价格弹性，如果其值小于 1.14，那么搜索引擎广告市场构成本案的相关市场。如果需求价格弹性大于最大弹性临界值 1.94，那么搜索引擎广告市场不是本案的相关市场，拓展备选市场为在线广告市场继续 SSNIP 测试。若搜索引擎广告市场的需求价格弹性介于 1.14~1.94 之间，则进一步弹性的具体情况。

截至 2008 年底，我国拥有网民 2.98 亿人，他们主要集中于学生、公司一般职员、党政机关事业单位工作者，年龄集中于 10~39 岁，2008~2010 年互联网用户的网络应用用户规模及使用率如表 4 所示。

表 4　网络应用使用率和用户规模

用户规模单位：万人

年份	2008		2009		2010	
网络应用	比例（%）	用户规模	比例（%）	用户规模	比例（%）	用户规模
搜索引擎	68.0	20300	73.3	28134	81.9	37453
电子邮件	56.8	16900	56.8	21797	54.6	24969
即时通信	75.3	22400	70.9	27223	77.1	35258
网络新闻	78.5	23400	80.1	30769	77.2	35304
博客/空间	54.3	16200	57.7	22140	64.4	29450
网络游戏	62.8	18700	68.9	26454	66.5	30410
网络音乐	83.7	24900	83.5	32074	79.2	36218
网络视频	67.7	20200	62.6	24044	62.1	28398
网络购物	24.8	7400	28.1	10800	35.1	16051
论坛/BBS	30.7	9100	30.5	11701	32.4	14817

资料来源：中国互联网络信息中心《第 24 次中国互联网络发展状况统计报告》、《第 27 次中国互联网络发展状况统计报告》整理。

由表 4 可知，我国互联网应用使用率排名前五位的是网络音乐、网络新闻、即时通信、搜索引擎和网络视频。就广告商希望接触到的消费者来说，网络应用就消费者用户而言具有重叠性。故广告商想要接触到潜在消费者，其在线广告选择并不单一。以制造业投放广告为例，某广告商可以在搜索引擎投放关键词广告，亦可在慧聪网、搜狐、新浪专业板块投放广告。它们带来的广告效应是相同的。因为面对需求群体相同，其网站访问具有重叠性及相通性。因此，对于大部分企业而言，搜索引擎广告与在线广告殊途同归，并无差异。就搜索引擎广告而言，其弹性较大，提价会带来大量客户转移至在线广告。

搜索引擎市场广告规模占在线广告市场规模比重如图 2 所示。

由图 2 可知，2008 年搜索引擎广告市场占网络广告市场规模的 29.6%，2013 年也只占 31.7%，所以大部分的广告商还是会选择品牌广告进行互联网营销宣传。因此，品牌广告在互联网营销中具有绝对的优势。

根据中国互联网络信息中心公布的《2008 年中国搜索引擎市场广告主研究报告》表明：在使用

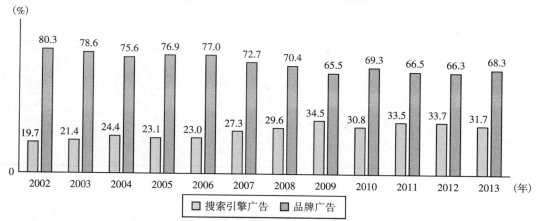

图 2　2002~2013 年中国搜索引擎市场规模占网络广告市场总规模比重增长情况

注：网络广告市场规模=搜索引擎市场规模+品牌广告市场规模，品牌广告则包括图形展示广告、富媒体广告、电子邮件广告、分类广告和固定文字链广告等。

资料来源：艾瑞咨询。

搜索引擎或者电子商务网站进行营销推广的企业中，有 37.2% 的企业同时使用搜索引擎和品牌广告；有 11.3% 的广告主只使用搜索引擎进行营销推广；51.5% 的广告主选择使用品牌广告进行推广。结合以上分析，假定搜索引擎提价 5%~10%，同时使用搜索引擎和品牌广告进行营销推广的广告主很可能转移到品牌广告，可见搜索引擎广告市场的弹性大于 2。对比表 3 搜索引擎广告市场需求价格弹性的条件可知，弹性大于 2，不在表 3 范围内，所以本案的相关市场并非搜索引擎广告市场，需要扩大备选市场为在线广告市场进行 SSNIP 测试。

以下对备选市场网络广告市场进行假定垄断者测试，界定本案的相关市场。2007 年与 2008 年网络广告核心媒体市场结构如图 3 和图 4 所示。

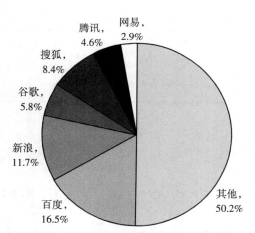

图 3　2007 年网络广告核心媒体市场结构

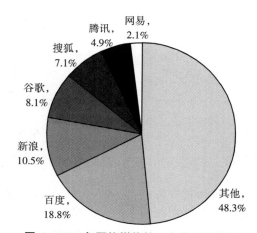

图 4　2008 年网络媒体核心广告市场结构

互联网企业数目庞大难以估计，且大部分依靠广告盈利。在 2007 年和 2008 年，本文案件发生期间，百度、新浪、谷歌、搜狐、腾讯、网易六家企业在网络广告中的市场规模已经接近或者超过 50%，而剩下的成千上万的以网络广告盈利的小企业或者个人总的市场规模只相当于以上六家企业。可见，百度、新浪、谷歌、搜狐、腾讯、网易六家公司在网络广告市场具有代表性。

假定垄断者测试以这六家企业的毛利润率为基础进行相关市场界定。2008~2010 年百度、新浪、谷歌、搜狐、腾讯、网易六家公司毛利润率如表 5 所示。

表5　2007~2010 年六家公司毛利润率

单位：%

年份	2007	2008	2009	2010
百度	63.00	63.87	63.66	72.85
Google	59.93	60.44	62.60	64.47
新浪	61.52	59.32	55.85	58.17
搜狐	65.72	74.85	75.58	73.16
网易	80.65	81.24	74.12	67.34
腾讯	70.75	69.66	68.73	67.83

资料来源：汤森路透数据库，香港交易所。

在网络广告市场上，以该市场上述六家公司毛利润率的均值 67.43% 为假定垄断者的毛利润率基准情形，在此基础上上下浮动 25%，价格增长率取 5% 和 10% 两种情况。根据临界损失的式（1）计算各种情形下临界损失如表6所示。

表6　网络广告市场不同情形下的临界损失（CL）

	毛利润率（M）	X=5%	X=10%
下浮 25%	50.48%	9.01%	16.53%
基准情景	67.31%	6.15%	12.94%
上浮 25%	84.13%	5.61%	10.62%

资料来源：笔者计算而得。

若本案的相关市场为在线广告市场，那么根据 SSNIP 测试需要满足的条件：临界损失 CL ≥ 实际损失 AL(AL = Xη)，变换可知网络广告市场的需求价格弹性满足表7。

表7　网络广告市场需求价格弹性满足条件

	X=5%	X=10%
下浮 25%	(0，1.80)	(0，1.65)
基准情景	(0，1.38)	(0，1.29)
上浮 25%	(0，1.12)	(0，1.06)

如果网络广告市场的需求价格弹性小于 1.06，那么本案的相关市场应为网络广告市场；如果弹性大于 1.8，那么需要拓展备选市场为商业广告市场继续进行 SSNIP 测试；若介于两者之间，则进一步讨论。

网络媒体具有传统媒体的特点，并且具有传统广告不可比拟的优势。故本文认为，网络广告市场的需求价格弹性小于 1.06，即本案的相关市场为网络广告市场。

（1）网络广告市场与传统广告市场受众群区别很大。网络广告的受众主要是 10~39 岁的学生、一般公司职员和党政机关事业单位的工作者，他们平均每周上网时长 16.6 小时。而传统广告市场的受众群主要集中于老年人以及边缘山区没条件上网人群。截至 2008 年底，我国人口已达 13.28 亿人，其中网民 2.98 亿人，占总人口的 22.44%，并且这一比例在不断增大，截至 2013 年底该比例已达到 31.94%，同比增长了 9.5%。可见，在线广告可以接触到的受众群会越来越大，故相较于传统广告而言，在线广告会越来越受到广告商的欢迎。由于受众群的约束，使得广告商难以离开网络广告市场而转向传统广告，反而广告商却有可能投放传统广告的同时投放在线广告，甚至完全转移至在线广告。

（2）网络广告曝光时间长、地域广。与报纸、杂志、电视、广播等传统广告不同，只要广告商购买了某网站广告位，无论何时、何地，只要有网络存在的地方，广告都有可能被受众群接触，这是其他传统广告所无法比拟的，报纸、杂志会受到地域的限制，而电视、广播却会受到时间的限制。网络广告突破了这些限制，使得广告商不可能从在线广告转移到传统广告。

（3）网络广告制作周期短、传播速度快。网络广告的形式多种多样，主要有以下几种：①网幅广告，以 GIF、JPG 等格式建立的图像文件，定位在网页中；②链接广告，是以文字链接的广告，即在热门站点的 Web 页上放置可以直接访问的其他站点的链接，通过热门站点的访问，吸引一部分流量点击链接的站点；③邮件广告，是通过互联网将广告发到用户电子邮箱的网络广告形式，它的针对性强，传播面广，信息量大；④漂浮广告，指漂浮在网站首页或各个板块、帖子等页面的漂移形式的广告；⑤特殊广告，指视频广告、直接 EDM（许可邮件营销，商业信函的网络延伸版）、定向广告、富媒体广告等。无论何种网络广告形式，其发布过程相较于传统广告时间大大缩短，同时其传播速度也是传统广告无法达到的，广告一经发布，任何有网络的地方都可以看到，而传统的报纸必须经过销售，电视、广播必须到固定时间才可以达到营销目的。另外，这些都为广告商节约了大量的时间，在信息化时代，一分钟的时间差都可能从胜利者变成失败者，所以网络广告商不会转移至传统广告。

（4）网络广告可以追踪广告效益。网络广告一般采取以下方式付费：①每次点击付费，即根据广告被点击的次数付费；②每次行动付费，即根据每个访问者对网络广告所采取的行动收费，此处的行动包括一次交易、获得一个注册用户或者对网络广告的点击等；③每千次印象费，即广告每显示一千次的费用；④以实际销售产品数量来换算广告金额，一些电子商务网站采用这种方式。无论何种方式，广告商都清楚地知道最终的购买、注册、点击等行为是其投放广告直接带来的效应，广告与购买同时完成，降低运营成本。然而，传统广告在信息传送过程是单向的，与受众的反馈是隔离的，不具有双向沟通的功能，不是"交互的媒体"。另外，传统广告具有一定的强势性，用户只能被动地接受。这种种特点使得谨慎的广告商不会放弃网络广告而选择传统广告。

（5）技术角度考虑，无论是时间还是空间，网络广告都有着自己独特的优势。时间上传统媒体制作周期长，发布时间限制比较大，而网络广告制作周期很短，24 小时不间断，突破了时间的限制。空间上，传统广告的版面限制较大，而网络广告却突破了这一限制。

（6）在线广告弹性一般不高（除特殊情况）。美国学者克拉克曾经以 10 年为期，研究价格变动对报纸的流通效果的影响，发现报纸价格不具有弹性，甚至出现订阅费和零售价上涨情况下，报纸发行量仍然增加。同时在 1982~1991 年的 10 年间，英国全国性的大报采取了持续涨价的手段，但发行量仍然上升了 14%。美国曾给出杂志的长期价格弹性为 0.52。考虑本文网络广告市场，虽然网络广告可以提供视频、图片、文字等一系列线下广告的形式，它的弹性亦不会超过杂志长期价格弹性的两倍 1.04（<1.06）。

根据以上分析可知网络广告的弹性小于 1.06，所以，根据表 7 网络广告市场作为相关市场满足的条件可知，本案的相关市场为网络广告市场。

（二）相关地域市场

理论上，相关产品市场与相关地域市场是一个整体，应该同时界定。但是，实践中为了方便，常常先界定相关产品市场，然后再界定相关地域市场。

本文认为，本案的相关地域市场是中国内地，理由如下：

（1）语言和文化习惯是长时间形成的，是一种天然的障碍。被告的搜索用户主要居住在内地，他们大多以简体中文进行检索，广告商为了最大可能地接触潜在用户，不会去国外投放广告。另外，广告商大部分是国内企业，所以网站也是简体中文版，即使是外企，其国内公司也会设置中文版，为使得投放广告效果更好，他们首选中文搜索引擎。如果国内某一假定垄断者采取某种行为，无论是搜索用户还是广告商都不会因为该行为而移居国外，或者选择其他语言搜索引擎。

（2）一定的锁定效应。广告商在某一搜索引擎投放广告，若放弃该广告市场，也就意味着放弃了已经接触到的该市场面对的潜在消费者。另外，由于信息的不对称性，搜索引擎提供商可能采取某种措施限制广告商离开搜索平台，这些构成了广告商的转换成本。高的转换成本使得广告商不会转移到非中文搜索引擎，也不会转移到国外。

四、结　语

本文就百度案件的相关市场界定过程中，原被告及法院观点给出详细的分析，指出被告百度公司以其提供服务为免费产品，不存在反垄断意义上的相关市场这一观点存在严重错误，理由有两点：①考虑百度搜索平台，它以牺牲一边搜索用户的效用为代价，吸引竞价排名广告商来获取收益，这一商业行为并不是它所说的免费；②考虑竞价排名服务，它对广告商提供的服务同样不符合其观点免费产品。随着互联网企业以及平台企业的发展，百度所说的"免费产品"层出不穷，百度案为以后的反垄断案件设立了标准，阻止某些企业希望借助于"免费产品"来避免《反垄断法》的约束行为。

本文解释了该案件搜索引擎作为一个平台企业，是双边市场，这一点是学术界公认的，然而其服务搜索引擎广告市场却是一个简单的单边市场，在案件审理中必须清楚其市场类型。另外，若以搜索引擎市场这一双边市场分析，本文巧妙转化思路，将其免费服务边作为平台企业的投资，将双边市场转化为单边市场使得分析简化，方法运用也更加合理。故所有的反垄断案件不能将所有关注点集中于控辩双方企业，同时考虑产品市场的单双边属性，对于相关市场的界定，才会更加科学和合理。

本文科学地运用SSNIP测试理论，以定量与定性相结合的方法界定了百度案件中的相关市场。最终得到结论：本案的相关市场并非原告与法院界定的"中国搜索引擎服务市场"，也不是被告所说的不存在相关市场，而是网络广告（在线广告）市场。SSNIP测试对于反垄断案件中相关市场的界定具有重要意义，虽然它是针对企业并购案中的单边市场的相关市场界定提出来的，但是找到合适的突破口转化，它的应用远不止于此，将其拓展到反垄断案件中所有市场的相关市场界定是未来发展的一个方向。

参考文献：

[1] R. Ian McEwin, Corinne Chew. Notable Antitrust Cases: China—The Baidu Decision [J]. Competition Policy International, 2010 (6): 1-7.

[2] Florence Thepot. Market Power in Online Search and Social Networking: a Matter of Two-Sided Markets [J]. World Competition, Kluwer Law International, 2013 (2): 36-57.

[3] James D. Ratliff, Daniel L. Rubinfeld. Online Advertising: Defining Relevant Markets [J]. Journal of Competition Law & Economics, 2011 (7): 241-264.

[4] Ioannis lianos, Evgenia Motchenkova. Market Dominance and Search Quality in the Search Engine Market [J]. Journal of Competition Law and Economics, 2013, 9 (2): 419-455.

[5] Angela Huyue Zhang. Using a Sledgehammer to Crack a Nut: Why China's Anti-Monopoly Law was Inappropriate for Renren v. Baidu [J]. Competition Policy International, 2011 (7): 1-18.

[6] Federico Etro. Advertising and Search Engines. A Model of Leadership in Search Advertising [J]. Research

in Economics, 2013（67）：25-38.

［7］Emanuele Tarantino.A Simple model of Vertical Search Engines foreclosure［J］.Telecommunications Policy, 2013（37）：1-12.

［8］Mark Armstrong. Competition in Two-sided Markets［J］. Rand Journal of Economics, 2006（37）：668-691.

［9］李剑.百度"竞价排名"非滥用市场支配地位行为［J］.法学，2009（3）.

［10］于馨淼.搜索引擎与滥用市场支配地位［J］.中国法学，2012（3）.

［11］黄坤，陈剑，张昕竹.反垄断审查中的相关市场界定方法研究［J］.当代财经，2013（6）.

［12］黄坤，张昕竹.盲人摸象与相关市场界定——假定垄断者测试及其执行方法的一个框架［J］.财经问题研究，2013（7）.

［13］黄坤.反垄断审查中的经济分析——以3Q反垄断案为例［J］.经济与管理研究，2014（11）.

［14］黄坤.互联网产品和SSNIP测试的适用性——3Q案的相关市场界定问题研究［J］.财经问题研究，2014（10）.

［15］佟姝.唐山市人人信息服务有限公司与北京百度网讯科技有限公司垄断纠纷［J］.财经研究，2010（1）.

［16］北京市高级人民法院.高民终字第489号.唐山市人人信息服务有限公司与北京百度网讯科技有限公司垄断纠纷，2010.

［17］Dannis W.Carlton，Jeffrey M.Perloff.现代产业组织［M］.胡汉辉，顾城彦，沈华译.北京：中国人民大学出版社，2009.

［18］国家统计局.中国统计年鉴2009.

地区竞争视角下的产能过剩形成与治理研究

郭南芸

（广西大学商学院，广西南宁　530004）

一、引　言

改革开放以来，我国在各领域的高投资使各行业生产能力得到极大提升，国民经济取得快速发展。与此同时，一些行业投资速度过高，产能扩张过快也使产能过剩问题逐渐显现。2008 年全球金融危机导致国内外市场需求萎缩，至今仍未能完全恢复，使我国部分行业产能过剩问题变得日益严重。据 2013 年 7 月财政部数据显示，我国钢铁产能利用率为 67%，水泥和平板玻璃产能利用率低于 75%，船舶产能利用率仅为 50%左右（于立、张杰，2014）。低的产能利用率导致资源浪费，企业开工不足，利润低下，引发劳动者失业，国民经济增长动力不足，给我国经济、社会发展带了诸多负面影响。为化解产能过剩矛盾，近年来，中央政府不断出台各项治理措施，但产能过剩现象依旧严重，并已从传统制造业向新兴产业蔓延，在太阳能、光伏等战略性新兴产业领域也出现了产能过剩现象，产能过剩呈现出长期性的特点。

2014 年 7 月，中央出台了一项新措施，即《部分产能严重过剩行业产能置换实施办法》（工信部产业〔2014〕296 号），以进一步通过实施产能置换、控制产能总量而逐步化解产能过剩矛盾。从《办法》的相关内容看，此项措施是以暂时性的产能控制达到化解产能过剩的矛盾，属于暂时性的治标之策，若一旦放开控制，很可能又会引来产能过剩的反弹。那么，我国的产能过剩究竟是怎么形成的？是周期性过剩还是制度性过剩？为何难以治理？本文认为有必要深入分析产能过剩的形成根源，方可从根本上治理，从而使我国经济和社会实现良性发展。

二、文献综述

关于产能过剩的成因，现有文献主要从四个方面解释。①从产业组织角度，认为厂商进行过剩生产能力投资是一种策略性行为，目的是阻碍潜在厂商的进入。这显然不是导致当前我国产能过剩的主要原因。②从市场失灵的角度解释，林毅夫等（2007，2010）的潮涌观点认为由于市场存在信息不完全，企业在信息不完全下的投资会带来"潮涌"现象，从而导致产能过剩。这种观

［基金项目］国家自然科学基金项目"基于要素市场扭曲的区域创新效率研究"（批准号 71363007）。
［作者简介］郭南芸（1977~），女，江西信丰人，广西大学商学院副教授。

点解释了产能过剩源于企业的投资，但对于企业为什么会出现"潮涌"式的投资，只从市场失灵角度解释，还不能完全反映出中国的产能过剩问题。③从经济周期的角度解释，认为产能过剩受经济周期波动引起，但这不能解释为什么部分行业，如钢铁、水泥、汽车等在经济繁荣时期也存在过剩现象。④从体制失灵的角度解释，产能过剩源于体制扭曲带来的投资诱导，从而导致产能过剩，此观点被大多数学者认同。杨振（2013）认为，政府对经济活动的干预，以及一些促进特定产业发展的产业政策，扭曲了企业的投资和退出决策，使得企业受到不合意的激励，是产能过剩出现的重要原因。李静、杨海生（2011）认为，产能调整政策会刺激企业盲目过度进入同一市场，我国低水平重复建设的主要根源是企业在 R&D 过程中陷入了囚徒困境。于立、张杰（2014）发现当前产能过剩严重的都是竞争性行业，产能过剩与经济增长之间关系存在"剪刀差"现象，并且产能过剩呈现出长期性、整体的综合性过剩特点。根本原因是市场化进程相对缓慢，政策失灵所导致，目前一些产业政策的效果与初衷背离，存在越审批产能越过剩的情况。何记东、史忠良（2012）研究认为市场需求的长期性和产业政策的逆向激励是当前中国钢铁产业产能过剩情况下企业仍然继续扩张的两个主要原因。冯俏彬、贾康（2014）认为，政府通过财政补贴、银行信贷、低廉的土地价格、低廉的资源价格、低电价低水价补贴、税收优惠、容许企业将应承担的社会成本外部化等手段，降低了企业投资成本和运行成本，催生了企业过度投资。江飞涛、耿强等（2012）研究认为在地方政府低价供地以及协调配套贷款等行为的影响下，企业自有投资过低，导致风险外部化，引发企业过度的产能投资和行业产能过剩。王立国、鞠蕾（2012）则以中国制造业26个行业上市公司数据为样本，实证检验了地方政府不当干预引发企业过度投资，进而造成产能过剩的关系机理。

大量文献表明，政府干预是导致我国部分行业产能过剩的主要根源。政府之所以通过产业政策、实施补贴、控制要素价格等手段干预经济活动，除了弥补一部分市场失灵外，更多的是由于现行体制下地方政府间的经济和政治绩效竞争所致。长期以来，地方政府官员的工作激励来源于两部分：一是能有更多的财力发展本地经济与社会事业，并获得好的声誉；二是地方官员良好政绩下的职务晋升。前者给予地方政府扩大财政收入的激励，后者则使地方官员更加追求经济增长、招商引资、对外开放、充分就业等综合指标。围绕着上述激励，各地方政府展开了激励竞争，谁都不想落后，由此产生了地方保护、市场分割现象。由于产业发展是经济增长的重要基础，地区竞争进一步表现为产业竞争，引发产能不断扩张以及地区产业同质化，从而加重产能过剩问题。现有文献虽然对政府干预展开了诸多分析，但较少从地区竞争角度探讨。基于此，本文主要立足于探讨地区竞争对产能过剩的影响，指出财政分权强化了地区间策略竞争，强化了地方政府为提高本地财政收入而实施各种干预经济活动的手段，使得地区产业发展陷入同质化与低效率，进而加重产能过剩。要化解产能过剩，除了现有直接作用于产业及企业的控制、淘汰落后产能、兼并重组等政策手段外，改革当前中国式分权下的激励机制非常关键。

三、地区竞争引发产能过剩的主要表现

1994 年开始的分税制改革，对地方政府带来双重影响：一是拥有一定财权，同时事权下放，地方政府可发展地方事业的自主权增加；二是税收分成使地方政府掌握的财政资源减少，事权下放又使地方政府财政支出比重高于中央政府，出现财政收支不平衡。地方政府为了弥补财政收支不平衡，实现本地经济社会各项事业发展，有强烈的动机推动投资。与此同时，在现行地方政府政绩考核体制与官员晋升制度下，处于政治晋升博弈中的地方政府不愿意进行区域合作与分工，而是有充分激励去招商引资并支持本地企业。相对来看，经济欠发达地区的地方官员更希望通过与发达地区合作的辐射效应提升本地经济，但发达地区与欠发达地区的合作激励则相对不足。在这种政治晋升博弈与本地发展的需求下，地区之间展开以邻为壑的激烈竞争。此外，由于当前我国地方经济发展的途径比较单一，在自主创新难有跨越式突破的情况下，通过招商引资，依赖高投资促进地方经济发展依然是各地政府的重要手段，由此导致我国部分行业产能过剩日益严重。

（一）地区竞争抑制技术进步，引致制造业低端过剩

受地区经济竞争与官员晋升博弈的需要，地方政府官员非常关注任期内的经济总量增长。一些能令 GDP 增长显著的行业成为投资重点，而对于这些行业在投资中是否伴随技术创新常常被忽视。部分地方政府在招商引资时也不太注重技术进步指标，过于强调投资规模，由此导致企业在投资和生产过程中缺乏技术进步的动力，使得我国制造业整体技术水平落后。再者，地区竞争导致的市场分割，使企业无法利用国内统一的市场需求空间实现创新活动，限制了企业创新投入的利益回报空间，进而削弱了企业的自主创新动力。余东华、王青（2009），张杰、周晓艳（2011a）的实证结论也均显示地方保护和市场分割制约了制造业或企业的技术创新。此外，地方政府在竞争过程中，常常通过压低劳动力、土地、资本、能源等要素价格吸引投资，这种政策倾向使得企业不去主动创新，而是努力想办法获得低廉的要素资源。张杰、周晓艳等（2011b）的研究显示地方政府对要素市场的管制或控制，虽然在短期内可能有助于地方政府调动资源促进经济增长，但会抑制企业的 R&D 投入。我们进一步可发现，这种短期内的经济增长，实际上是基于那些低端产品生产产能投资的扩大所带来的。在落后的技术条件下，企业不注重技术引进后的消化、吸收、再创新，继而引发企业二次创新障碍，使我国部分制造业的技术发展陷入"技术引进—技术落后—再引进—再落后"的恶性循环。在国内外市场需求旺盛时期，这一问题常被掩盖，而在需求萎缩的情况下，这些低端产品的产能会显得过多，这也是目前我国产能过剩的一个明显特征，即制造业低端产能过剩严重。

（二）地区竞争扭曲环境成本，引致能耗污染型产业产能过剩

目前产能过剩严重的钢铁、水泥、平板玻璃、电解铝等均属于能耗高、污染型产业。这与地区竞争下忽视环境保护，扭曲环境成本密切相关。尽管近年来中央政府加大了对环境监督的力度，各地方环保部门也加强了对企业排污的执法检查和新建项目的环评，但仍有不少地区在经济增长与环境保护之间有选择性地忽视后者。一方面，以 GDP 增长为主要目标的考核体系未能完全改变，在地区竞争之下，许多投资回报率高、能耗高、污染型的资本密集型产业成为各地青睐的投资重点，地方政府的环境保护政策也是以吸引资本作为首要目标，尤其是在一些资本密度比较低的落后地区，往往以非常宽松的、牺牲环境为代价来竞争资本和产业转移（杨海生等，2008；江飞涛、耿强等，2012）；另一方面，环保部门存在监督不独立下的执法困境。我国地方环保机构不是独立的监管机构，其监督权的行使受制于地方政府，地方政府为了短期经济利益会利用其行政权力干预、限制环境机构的执法（王立国、周雨，2013）。有很多地方政府对企业污染采取"睁一只眼闭一只眼"态度，许多环境问题都是在被媒体曝光后、上级追究时才匆忙进行治理整顿，待媒体监督转移后，又恢复往常。因此，在这种发展路径下，环境成本被严重扭曲，导致本应由企业承担的内部成本外部化，增加社会总成本，带来能耗、污染型产业过度投资，引致此类产业产能过剩。

（三）地区竞争导致重复建设

一是对国家规划的简单跟进及竞相建设。对于各地区来说，发展符合国家政策鼓励范围的产业，是低风险且易于得到各项支持的，否则很可能失去发展先机。因此国家的产业政策诱发了各

地区竞相上马同类型项目，进而导致重复建设。例如，2010年国务院下发《关于加快培育和发展战略性新兴产业的决定》（国发〔2010〕32号），提出了七类鼓励发展的战略性新兴产业及相关配置措施，随后各地区纷纷出台本地战略性新兴产业发展文件，在各省"十二五"规划中，有26个省提出发展新一代信息技术产业，27个省提出发展节能环保产业，29个省提出发展新能源产业（其中，曾有17个省把光伏产业作为战略性新兴产业发展），30个省提出发展新材料产业，28个省提出发展高端装备制造业，28个省提出发展生物产业，15个省提出发展新能源汽车产业（李琪，2013）。产业领域、方向、项目选择过度趋同，极易造成重复建设、资源浪费和产能过剩。

二是财政激励使地方政府倾向于投资资本密集型等产出效率高的产业。钢铁、有色金属、水泥、造船、建材、化工、电解铝等资本密集型产业的显著特征是投资大、规模效应显著，相对于劳动密集型产业，具有更高产出效率和增长效应，既能促进地区经济增长，增加政府财政收入，又能解决当地就业问题。因此，地方政府在选择产业时，会更多地将资源向资本密集型产业倾斜（唐志军，2010），从而导致重复建设和产能过剩。

三是我国各地区间技术水平差距并不太大，且整体技术水平相对落后，地方政府之间难以通过完全分工实现差异性发展以获得各地及全国整体的更大利益，只能在技术壁垒较低的行业进行投资竞争，从而出现重复建设。

（四）地区竞争引发地方政府不适当的产业选择

根据产业结构演进一般规律，在实现地区经济发展过程中，必然要经历工业化的发展阶段。而在工业化进程中，重工业由于具有强大的关联效应和扩展效应，可以带动其他产业发展，成为地区经济发展中的必然选择。新中国成立之后就实施了以重工业优先发展政策，结果带来轻重工业严重失衡，随后中央政府进行了政策调整，逐渐解决了轻重工业失衡问题。在解决上述问题之后，重工业依旧是各地区产业选择的重点，并在地区发展规划中被赋予主导产业和支柱产业之地位。在地区竞争激励下，各地所有投资投向相同的热门产业，并追求自成一体的不依赖于别人的工业体系（刘志彪、王建优，2000），形成地区分割，由此带来重复建设和产能过剩。

此外，中央及地方政府产业政策的"扶大限小"倾向，虽然是为了限制、淘汰小规模、低产出效率企业，促使企业通过兼并重组等方式实现规模经济，但这会强化企业规模扩张冲动，也是导致产能过剩的重要原因之一。

（五）地区竞争推动地方政府干预资源配置

地方政府在运用产业政策引导企业投资同时，还通过其对要素资源的控制，扭曲资源配置，诱导企业过度进入，形成过多产能。尽管近年来要素市场改革不断加快，中共十八届三中全会也确立了市场在资源配置中的决定性作用，但我国要素市场改革一直滞后于产品市场，政府对要素仍拥有较强控制力，并通过补贴等手段扭曲要素价格，影响企业投资行为，造成过剩产能。

一是政府直接干预要素资源定价。在土地价格方面，地方政府常常以低于实际土地价值的价格甚至零地价向企业供地（冯俏彬、贾康，2014），在我国，工业地价远低于商业和住宅地价，2014年上半年全国105个主要监测城市商业、住宅、工业地价分别为6475元/平方米、5214元/平方米和722元/平方米，[①]工业用地价格仅为商业地价和住宅地价的11%和14%。低工业地价，成为地方政府影响投资的重要工具。在资本价格方面，地方政府通过贷款贴息、准许发行企业债券等方式降低企业资本成本。在水电等资源价格方面，地方政府通过电价、水价补贴降低企业生产

---

① 数据来源于国土资源部网站：http://www.mlr.gov.cn/zwgk/qwsj/201408/t20140801_1325621.htm。

成本。

二是通过政府补贴，吸引并诱导企业投资扩张。地方政府通过设立专项基金、税收减免、帮助企业获取金融资源等补贴措施，使企业投资行为被扭曲，进行过度投资，导致行业内产能过多。此外，地方政府的招商引资竞争带来各地区补贴水平提高，诱发企业套利动机，部分企业在新开工厂、拿到补贴后，却并未正常生产，形成大量过剩产能（杨振，2013）。

（六）地区竞争导致企业退出困难

地区竞争衍生出的负作用之一是地方保护主义。当前各地区经济实为诸侯经济，地方保护主义在保护本地利益的同时，也保护了落后与低效率地区。地方政府通过补贴为低效率企业的生存与发展提供空间，市场优胜劣汰的竞争机制难以充分发挥，导致产业配置效率低下。另外，地区补贴还会诱发"寻租"行为，令企业将投入放在寻求地方政府补贴和优惠上，而非进行技改、研发，从而进一步降低资源配置效率。在地方保护之下，低效率企业无法退出市场，落后产能难以淘汰，加剧产能过剩问题。

（七）地区竞争引发地方政府对政策壁垒的突破

中央政府从统筹全局角度出发，相继出台了若干政策治理产能过剩，如提高行业准入门槛、鼓励企业兼并重组、淘汰落后产能、限制产能扩张等。但对于地方政府来说，在技术水平相对落后，难以通过科技创新实现产业升级、促进经济增长的情况下，提高行业准入门槛无异于削弱了地方经济增长来源。部分地方政府为了保持经济增长和稳定就业，会突破政策壁垒限制，容忍或许可不符合条件的企业留存或进入。此外，我国现有产能过剩治理政策多属于阶段性政策，虽然短期内通过强制性"关停并转"可以暂时缓解产能过剩问题，然而政策一旦松动，又会引发投资的反弹，从而出现长期性产能过剩。例如，我国钢铁、水泥、电解铝等行业的产能过剩就表现出明显的长期性。

四、治理产能过剩的政策思路

通过上文分析可见，现行地方政府官员考核与晋升激励驱使下的地区竞争，引发了投资规模扩张，其结果必然会导致产能过剩。因此，治理产能过剩，应从规范现有地方政府竞争行为出发，合理进行制度设计，约束地方政府不当干预行为，充分发挥市场机制配置资源的作用。

（一）规范地方政府竞争行为

一是调整财税体制，理顺中央与地方之间的利益分配机制。首先要界定清楚全国性公共物品和地方性公共物品，厘清中央与地方的权责边界。其次要优化财权与事权的匹配关系，在事权下放的同时，给予更多的财权，避免地方政府由于财政收支不平衡带来的盲目引资；或者将事权在中央与地方之间进行平衡，如涉及全国性公共物品由中央政府多承担，地方性公共物品则由地方政府多承担。目前有一些中央的大型投资项目，尽管在地方上进行，但地方没有话语权，留在当地税收比重少，却承担了征地、拆迁、安置等工作，让地方政府的积极性受损。

二是抓紧完善地方政府绩效考核制度，消除地方政府不当干预企业投资的强烈动机。①进一步完善考核指标体系。一方面，建立以经济指标（如 GDP、税收收入、招商引资额等）、社会指标（环境改善、居民幸福指数、就业水平等）为主的考核指标体系；另一方面，在实际考核时，不应过于强调量的增长，而应注重质的提升。例如对招商引资，应重点考核引资的质（包括所引项目的技术水平、对环境的影响、对本地产业的支持等），从而避免地方政府盲目引资，推动本地技术进步。②构建多层考核主体参与的考核方式，第一层考核主体是中央政府，结合考核指标体系及其他层次考核主体的评价意见，对地方政府绩效作出综合评价；第二层主体是地方政府，进行自我评价；第三层主体是社会民众，建立地方官员执政满意度民调体系，定期调查官员执政支持率，以此改变地方政府官员只唯上的执政思维。

（二）完善地方政府间协调机制

完善地方政府间协调机制是促进地区合作、规范区域竞争的重要手段。2014 年 7 月，工信部印发的关于《部分产能严重过剩行业产能置换实施办法》（工信部产业〔2014〕296 号），提出了在产能严重过剩行业新（改、扩）建项目，实施等量或减量置换落后或过剩产能的办法，以遏制产能严重过剩行业盲目扩张。《办法》还支持跨地区产能置换，也即某省想发展某一项目但没有过剩产能可淘汰，而别的省有过剩产能可淘汰，那么两省间可以进行产能置换指标交易。这一思路从全局看是治理产能过剩的好办法，但对于各个省，若从地区竞争的角度来看，则未必愿意牺牲本省的利益将置换指标卖给他省，因为这不仅面临着失去一部分财政收入，同时还将面临产能淘汰后的劳动力安置、资产处置、产业转型等复杂工作。因此，要想使用好这一政策，需要地方政府间建立起完善的协调机制，就交易价格、劳动力安置或转移、产业转型等问题进行协商，实现双方互利共赢。

（三）改革要素市场，约束地方政府权力

一是改革现有土地管理制度，明晰并依法保护土地产权，严格土地征用，推进土地市场化改革，理顺土地市场的价格形成机制，从根本上杜绝地方政府以低价甚至零价供地为企业提供补贴。

二是进一步改革金融体制，理顺地方政府与银行的关系，削弱地方政府对地方性商业银行的信贷影响和干预，减少地方政府对企业信贷获取的不当扶持，通过市场手段提高企业投资中自有资金的比例，降低企业对外转嫁风险的机会（江飞涛、耿强等，2012）。

（四）以环境规制推动地方政府和企业竞争方式

一是对地方政府竞争方式的改变。中央政府通过将环境规制带来的环境改善纳入地方政府政绩考核范围，将使地方政府的竞争从追求财政收入增长、投资扩张等纯经济目标，转向追求经济与社会目标并重。以往地方政府对经济结构的调整是在环境、社会矛盾的倒逼下被动进行的，积极性不高，常常处于应付突发事件的阶段。在此考核激励下，政府部门会更积极地主动调整产业结构，一方面地方政府将会积极对现有企业进行环境治理，另一方面对新的招商引资项目，也会提高引进资本的环境标准。在规划本地产业时，提高污染型、能耗型产业进入门槛，减少此类产业的补贴或反而征收相应污染费（环境治理费），避免本地成为投资的"污染避难所"，由此提高此类企业投资成本，从而迫使企业改变投资方向，或改变生产工艺、调整产品结构，进而抑制现有能耗、污染型产业的产能扩张，使此类产业产能过剩问题得到部分化解。

二是对企业竞争方式的改变。主要体现为改变企业投资需求，推动技术创新的竞争。①从需求方面，通过影响生产者投资需求，对产业结构变化产生影响而化解产能过剩。一方面，环境规制使企业生产资源的使用范围受限；另一方面，环境规制使环境消耗型企业获取税收、水电、土地、信贷等政府补贴或优惠的可能性也降低。通过减少要素资源供给，提高生产成本，将缩减企业投资规模，进一步通过投资乘数引起相关产业份额的下降，导致产业结构变动，使相关过剩产业的产能得到抑制。②从技术创新方面，环境规制将企业污染的外部成本内部化，会促使企业进

行技术革新以降低污染排放。当然，企业会在权衡污染内部化的成本和技术创新收益之后决定是否进行创新，如果创新的收益大于成本，则企业会选择技术创新（肖兴志、李少林，2013）。技术创新使企业竞争方式发生改变，使生产技术、工艺、设备及产品升级，从而淘汰落后产能，有效治理产能过剩。

参考文献：

[1] 于立，张杰. 中国产能过剩的根本成因与出路：非市场因素及其三步走战略 [J]. 改革，2014（2）：40-51.

[2] 林毅夫，巫和懋，邢亦青. "潮涌现象"与产能过剩的形成机制 [J]. 经济研究，2010（10）：4-19.

[3] 杨振. 激励扭曲视角下的产能过剩形成机制及其治理研究 [J]. 经济学家，2013（10）：48-54.

[4] 李静，杨海生. 产能过剩的微观形成机制及其治理 [J]. 中山大学学报（社会科学版），2011（2）：192-200.

[5] 何记东，史忠良. 产能过剩条件下的企业扩张行为分析——以我国钢铁产业为例 [J]. 江西社会科学，2012（3）：182-185.

[6] 冯俏彬，贾康. 投资决策、价格信号与制度供给：观察体制性产能过剩 [J]. 改革，2014（1）：17-24.

[7] 江飞涛，耿强，吕大国，李晓萍. 地区竞争、体制扭曲与产能过剩的形成机理 [J]. 中国工业经济，2012（6）：44-56.

[8] 王立国，鞠蕾. 地方政府干预、企业过度投资与产能过剩：26个行业样本 [J]. 改革，2012（12）：52-62.

[9] 王立国，张日旭. 财政分权背景下的产能过剩问题研究——基于钢铁行业的实证分析 [J]. 财经问题研究，2010（12）：30-35.

[10] 张杰，周晓艳. 中国本土企业为何不创新——基于市场分割视角的一个解读 [J]. 山西财经大学学报，2011（6）：82-93.

[11] 余东华，王青. 地方保护、区域市场分割与产业技术创新能力——基于2000~2005年中国制造业数据的实证分析 [J]. 中国地质大学学报（社会科学版），2009（3）：73-78.

[12] 张杰，周晓艳，李勇. 要素市场扭曲抑制了中国企业R&D [J]. 经济研究，2011（8）：78-91.

[13] 王立国，高越青. 基于技术进步视角的产能过剩问题研究 [J]. 财经问题研究，2012（2）：26-32.

[14] 杨海生，陈少凌，周永章. 地方政府竞争与环境政策——来自中国省份数据的证据 [J]. 南方经济，2008（6）：15-30.

[15] 王立国，周雨. 体制性产能过剩：内部成本外部化视角下的解析 [J]. 财经问题研究，2013（3）：27-35.

[16] 邹艳芬，陆宇海. 战略性新兴产业的同构隐患、内因探究及其政府规制行为 [J]. 改革，2013（5）：42-50.

[17] 李琪. 当前我国战略性新兴产业低端产能过剩问题研究 [J]. 内蒙古社会科学，2013（6）：104-107.

[18] 唐志军. 地方政府竞争下中国之"谜"的若干问题研究 [D]. 东北财经大学，2010.

[19] 刘志彪，王建优. 制造业的产能过剩与产业升级战略 [J]. 经济学家，2000（1）：64-69.

[20] 中国社会科学院工业经济研究所课题组. 治理产能过剩的关键在于完善市场体制、理顺市场与政府关系 [N]. 经济日报，2013-8-1.

[21] 肖兴志，李少林. 环境规制对产业升级路径的动态影响研究 [J]. 经济理论与经济管理，2013（6）：104-114.

能源价格扭曲、能源税与中国能源效率

王俊杰 [1,2]　　史丹 [1]

(1. 江西财经大学，南昌　330013；2. 中国社会科学院工业经济研究所，北京　10038)

一、引　言

中国能源效率偏低已是不争的事实——无论是用单位 GDP 能耗核算，还是用全要素能源效率核算。魏楚和沈满红 (2009) 的测算表明，中国的全要素能源效率只比 35 个样本国中的印度尼西亚、罗马尼亚、南非和巴西略高，是欧美国家的一半左右，甚至只相当于邻国印度的 75%。金培振等 (2011) 的测算表明，从单位 GDP 能耗看，2007 年中国是美国的 3 倍多，日本的 5 倍，英国的 7 倍多，甚至是同为发展中国家墨西哥的 3.5 倍。

目前对中国能源效率的研究大都是通过 DEA 方式将能源效率分解为规模效率和经济效率，并用这两种因素的变化解释中国能源效率偏低的原因 (魏楚和沈满红，2009)。但这种分解实际上仍然没有解释中国能源效率为什么偏低。根据许多文献的测算，中国的能源效率虽然在持续改进中，但远低于发达国家，也低于邻国印度。如王俊杰 (2013) 的测算表明，2009 年中国全要素能源效率分别只有美国和英国的 44%，印度的 75%。那么，为什么实际上中国能源效率相对发达国家如此之低呢？这是一个值得探讨的问题。

史丹等 (2008) 的研究为我们提供了有益的启发。他们将能源效率的差异分解为全要素生产率的差异、资本—能源比的差异和劳动—能源比的差异，发现这三者分别可以解释中国省际能源效率差异的 36.5%、45.7% 和 17.8%。这种分析考虑到了能源、资本和劳动的相互替代效应，试图从各要素的相对数量来解释能源效率的差异。不过，文章并没有探讨微观主体选择各种生产要素数量的动机，即什么因素影响微观主体对要素数量的选择？

根据生产者理论，生产者对生产要素的选择取决于生产函数 (等产量曲线) 和要素价格，特别地，生产者倾向于用价格便宜的生产要素取代昂贵的生产要素。这意味着能源的使用量应该与其价格成反比，于是能源效率应该与能源价格正相关。于是，本文将着重考察价格对中国能源效率的影响。如图 1 所示，1995~2012 年，只有中国的能源相对价格出现明显下降，其他国家的能源相对价格都是上升的 (印度在 2006~2009 年出现短暂下降)。中国能源效率较低可能与此有关。

近年来，一个越来越引起关注的事实是煤炭行业亏损严重。根据中国煤炭工业协会的统计，2014 年第一季度，大型煤炭企业亏损面已扩大到 44.4%。煤炭企业大幅亏损很大原因在于煤炭出厂价格大幅下跌。一些地方政府采取了减税措施挽救煤炭企业。然而，减税并不是长久之计，只

[作者简介] 王俊杰，经济学博士，江西财经大学讲师，当代财经杂志社编辑，中国社会科学院工业经济研究所博士后；史丹，中国社会科学院工业经济研究所研究员，博士生导师。

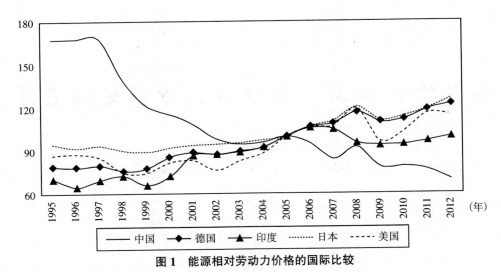

图 1 能源相对劳动力价格的国际比较

注：将各国 2005 年能源相对劳动的价格都设定为 100。
资料来源：国际劳工组织（ILO）、OECD 数据库等，下文有详细说明。

有让价格发挥其应有的作用，才是煤炭行业持续发展的保障。而且，减税只会使低价持续时间更久，这会刺激煤炭的需求，势必对节能减排不利。那么，一方面，对煤炭企业减税倾向于降低能源价格，这将不利于能源效率提高和节能减排；另一方面，价格偏低又会使煤炭企业出现亏损，政策该如何抉择呢？

因此，本文试图分析如何在提高能源效率的同时维持煤炭等能源行业的可持续发展。本文剩余部分结构如下：第二部分为文献综述；第三部分为基本模型和数据说明；第四部分为能源价格与能源效率关系的实证分析；第五部分分析中国能源价格与能源税改革；第六部分为结语。

二、文献综述

测度能源效率的方法主要有两种，即单位能耗的 GDP 产出和全要素能源效率。单位能耗的 GDP 产出即单位 GDP 能耗的倒数，是一种简单直观的测度方式，缺点是它没有直接反映不同生产要素间的替代作用（史丹等，2008）。全要素能源效率将劳动和资本等生产要素同时纳入到效率分析之中，考虑了能源与其他生产要素之间的替代效应。测度全要素能源效率通常需要随机前沿分析法（SFA）构造一个随机前沿面，然后通过计算某个个体与前沿面的距离来测度该个体与前沿面的效率差异（前沿面的效率设定为 1）（林伯强和杜克锐，2013；Lin 和 Yang，2013）。

经济学的一个基本信条是价格能源调节资源的优化配置，也即如果价格能自由浮动，那么资源的利用将是有效率的。如果能源相对其他要素价格上升，将使得市场主体用其他要素替代能源，减少对能源的使用，将使得能源效率上升。那么，从另一个思路讲，如果能源价格被人为扭曲，比如价格管制使得能源价格低于市场价格，将导致能源的非效率使用。我们还可以推断，如果两个相似的国家 A 和 B，如果 A 国存在价格管制而 B 国不存在，使得其能源相对价格低于 B 国，那么 A 国的能源效率也将低于 B 国。

于是，我们猜想，中国能源效率偏低或许与中国能源价格偏低相关。实际上，一些文献确实证实提高能源价格能够提升能源的利用效率（吴利学，2009；杨继生，2009；史丹，2013a，2013b）。吴利学（2009）研究发现，提高能源价格能大幅提高短期能源效率且对产出的影响相对较小。杨继生（2009）的研究表明，中国能源价格对能源效率具有显著的非线性影响，且认为政府通过补贴能源企业稳定能源价格的做法不利于能源效率的提高。史丹（2013a，2013b）指出，能源资源价格不合理已成为影响我国节能减排、产业结构升级的重要障碍，我国的能源价格偏低，应该通过税收和市场手段，使能源开发和使用的外部成本内部化。林伯强和杜克锐（2013）研究发现，要素市场扭曲对我国能源效率的提升有显著的负面影响，消除要素市场的扭曲年均可以提高10%的能源效率和减少1.45亿吨标准煤消耗。不过，他们也承认，由于缺少历年的产品价格和要素投入量，很难直接测度要素的扭曲程度，只能用樊纲等发布的中国市场化指数替代。

当然，一个很大的疑问是，中国的能源供给存在较强的垄断性，垄断性市场怎么可能导致能源价格偏低呢？原因可能在于能源价格的扭曲。在我国的生产要素领域，政府仍然主导着要素资源的初始配置及要素价格的制定，包括煤炭、天然气、电力等资源价格的制定仍然受到政府的管制，价格长期以来处于低谷状态（张杰等，2011）。张杰等（2011）的研究认为，要素市场的扭曲增加了企业的"寻租"行为（如通过行贿获取低价能源），抑制了企业的研发（如高效能源利用技术）。张曙光和程炼（2011）认为，我国对要素市场进行管制很大程度上是出于保增长和稳物价两大经济政策的考虑。Hsieh 和 Klenow（2009）研究认为，与美国相比，中国的要素市场存在较大的扭曲，若消除扭曲，将使中国制造业的全要素生产率提高30%~50%。

如果中国能源消费税比其他国家更低，就有可能使中国能源相对价格偏低。牛晨（2009）指出，中国目前的能源税收体系确实存在一些问题，导致价格不能反映供需状况。史丹（2013b）也指出，我国能源价格偏低，主要原因是成本计算不完全，资源开采和利用所造成的资源匮乏及环境破坏成本没有得到充分补偿，因此应该提高能源税。

此外，还有一个疑问，即以名义汇率计算，中国能源的价格也许比国外更高。但绝对价格并不重要，重要的是相对价格，即能源相对其他要素（比如劳动力）的价格，甚至相对价格也不是最重要的，最重要的是相对价格的变化率。我们查阅了相关数据，对比发现，1995~2009年，美、英、德、法、西、澳、韩、日这些国家的能源相对劳动力的价格都有较大提高，唯独中国的能源相对价格下降（如图1所示）。因此，我们推断，中国能源效率偏低的原因很可能在于能源消费税偏低导致能源相对价格偏低。

于是，本文拟建立模型，搜集数据，证实我们的推断。研究能源价格与能源效率之间的关系，有助于我国节能减排和能源行业的健康发展。因此，本文具有重要的现实意义。

三、基本模型和数据说明

（一）模型设定

假设企业是同质的，使用劳动、资本和能源三种生产要素，生产函数为 C–D 形式，为简化起见，假设生产函数是规模报酬不变的。每个企业的生产函数是：

$$Y = F(E, L, K) = AE^{\alpha}L^{\beta}K^{(1-\alpha-\beta)} \tag{1}$$

式中，Y 为产出，A 为技术的生产率，E、L、K 分别为能源、劳动和资本投入量。

假设产出的价格水平为 P，能源、劳动和资本的价格分别为 pe、w 和 r。则在既定产出 Y 下，企业选择各要素数量的均衡条件为：

$$P \cdot (dY/dE) = pe \tag{2}$$

$$P \cdot (dY/dL) = w \tag{3}$$

$$P \cdot (dY/dK) = r \quad (4)$$

不难得到：

$$E^* = \alpha P \cdot Y / pe \quad (5)$$

由此可知，能源的投入量与能源价格成反比。对于既定产出 Y，能源 E 的投入量越多，则能源效率越低。因此，可以推断，能源效率与能源价格成正比，或者说单位 GDP 能耗与能源价格成反比。

此外，我们不难得到，企业选择各种要素的投入量满足以下等式：

$$MPE/pe = MPL/w = MPK/r \quad (6)$$

式中，MPE、MPL 和 MPK 分别表示能源、劳动力和资本的边际产出。因此，当劳动和资本价格上升时，企业会选择用能源替代资本和劳动。因此，可以推断，能源效率将与资本和劳动的价格负相关，或者说单位 GDP 能耗与之正相关。

此外，根据式（1），还可以知道，对于既定产出 Y，A 越大，则能源投入量 E 越少。因此，能源效率与技术的生产率 A 正相关，单位 GDP 能耗与 A 负相关。

于是，我们可以建立如下的关于能源效率的动态模型：

$$\ln EE_{it} = \alpha_0 + \alpha_1 \ln EE_{it-1} + \alpha_2 \ln A_{it} + \alpha_3 \ln pe_{it} + \alpha_4 \ln w_{it} + \alpha_5 Z_{it} + u_i + \phi_{it} \quad (7)$$

式中，EE 表示能源效率，这里可以用单位 GDP 能耗的倒数表示，也即单位能耗的 GDP 产出，记为 eea，也可以用全要素能源效率表示，记为 eeb；Z 为控制变量；i 表示国别，t 表示年份；加入了被解释变量的一阶滞后性是因为技术不会退步，因而能源效率总是与过去相关；u_i 表示不可观测的国别差异，ϕ_{it} 表示随机干扰项。为了尽量避免动态模型的内生性问题，方程（7）需要用广义矩方法（GMM）进行估计。若去掉方程右边的第二项，则是一个静态的模型，可直接用普通最小二乘法（OLS）进行估计。

模型中，我们加入了劳动力的价格，但是没有加入资本的价格。这是因为在中国存在明显的资本价格管制和扭曲，因而能源与资本的相对价格并不能反映出它们的相对稀缺程度。劳动力市场的供给者是无数个基本不受约束的个人，因而劳动力市场更可以被认为是接近竞争性的市场，其价格受到扭曲的可能性更小。因此，能源和劳动力的相对价格更可能反映出能源价格的扭曲。

在实证分析中，式（7）中的 A 我们可以用人均 GDP 表示，记为 gdp。这是因为，技术水平应该与人均 GDP 正相关，因而人均 GDP 可以当做 A 的一个代理变量。控制变量我们选取产业结构。产业结构被认为是影响能源效率的重要因素，因而通常被加入到分析能源效率的模型中当做控制变量，如林伯强和杜克锐（2013）等。这里我们用第三产业比重表示产业结构变量。第三产业的能源消耗较低，因此第三产业比重越高，能源效率也会越高。

根据以上理论，我们预期 $a_1 > 0$，$a_2 > 0$，$a_3 > 0$，$a_4 < 0$，$a_5 > 0$。

对于全要素能源效率 EE，我们采用 DEA 方法测算。具体地，选择取资本、劳动、能源作为要素投入，GDP 是这些要素投入的引致产出。全要素能源效率就是某个产量时的最优能源投入量与实际投入量的比值，这个比值越大，表明实际投入越接近最优投入，节能潜力越小，效率越高；反之，则表明实际投入与最优投入相差越大，节能潜力越大，效率越低。效率值的取值范围是 $(0，1]$。

（二）数据说明

本文样本中除了包含中国外，还包括加拿大、法国、德国、日本、韩国、墨西哥、西班牙、英国、美国和印度。这些国家都是大国，全部 12 个国家的 GDP 总量都排在世界的前 15 位以内（2013 年世界银行数据），有发展中国家，也有发达国家，还有新兴市场国家。不选择其他小国，是因为小国与大国之间可比性差。选择的样本期为 1995~2012 年。

GDP 和人均 GDP 数据来自世界银行 WDI 和 GDF 数据库，所有 GDP 和人均 GDP 数据单位都是 2005 年的国际美元。

工资数据来自国际劳工组织（ILO）、美国劳工部、OECD 数据库、中华人民共和国统计局和印度各年的 Economic Survey。由于数据库中统计的有的是小时工工资，有的是平均月工资，不太统一，所以我们把各国工资都调整为以 2005 年=100 的工资指数。因为影响能源效率的是工资的相对量而不是绝对量，所以指数化工资并不影响分析结果。

中国的能源价格指数来自中国人民银行编制的企业商品价格指数中的煤油电价格指数；印度的能源价格指数来源于印度各年的 Economic Survey；其他各国的能源价格数据来自于 OECD 数据库中的 CPI 能源指数。类似工资指数，我们将各国 2005 年的能源价格指数也都设定为 100。

资本存量，根据永续盘存法估算。计算过程中，产出、投资量也都以购买力评价计算的 2005 年国际美元计量，因而保证了与 GDP 单位的一致性。估算资本存量时的基期选择为 1980 年。估算方法参考魏楚和沈满红（2009）。

劳动力数量数据来自世界银行 WDI 和 GDF 数据库中各国的登记就业人数。能源使用量选择世界银行 WDI 和 GDF 数据库中各国一次能源消费总量，单位是吨标准油。

四、能源价格与能源效率关系的实证分析

（一）能源效率测度

我们用单位 GDP 能耗的倒数表示能源效率。GDP 的单位是 2005 年的国际美元，因此表 1 中的结果与我们常见的有所不同。

表 1 部分年份的能源效率值

单位：万美元/吨标准油

年份 国家	1995	1997	1999	2001	2003	2005	2007	2009	2011	2012
中国	0.090	0.105	0.119	0.129	0.129	0.127	0.142	0.152	0.154	0.160
印度	0.117	0.122	0.129	0.136	0.144	0.155	0.166	0.162	0.177	0.179
韩国	0.378	0.358	0.362	0.369	0.383	0.402	0.420	0.418	0.406	0.410
加拿大	0.354	0.362	0.389	0.411	0.407	0.417	0.438	0.464	0.490	0.497
墨西哥	0.482	0.517	0.518	0.545	0.527	0.511	0.533	0.518	0.534	0.538
澳大利亚	0.519	0.512	0.536	0.569	0.582	0.611	0.625	0.641	0.666	0.633
美国	0.452	0.475	0.502	0.523	0.540	0.565	0.586	0.613	0.632	0.667
法国	0.728	0.734	0.763	0.771	0.770	0.789	0.850	0.855	0.890	0.894
西班牙	0.781	0.794	0.789	0.799	0.794	0.797	0.847	0.925	0.940	0.931
德国	0.728	0.728	0.778	0.786	0.803	0.825	0.896	0.907	0.979	1.000
日本	0.833	0.841	0.822	0.846	0.871	0.878	0.922	0.941	1.002	1.044
英国	0.772	0.822	0.866	0.916	0.981	1.043	1.169	1.182	1.269	1.244

若使用全要素生产率，则首先需要利用永续盘存法计算各国资本存量，然后用计算出来的资本存量、能源投入、劳动力作为三种投入要素，用 GDP 作为产出，再使用 DEA 方法进行计算各国的能源效率。由于数据集包含 12 个国家 15 年的数据，因此相当于包含 180 个样本。利用 DEAP

软件计算各国各年的最优能源使用量，这个最优的能源使用量除以对应年份的实际能源使用量，就是那一年的全要素能源效率。各国的全要素能源效率值的变化趋势基本与以单位能耗的 GDP 衡量的能源效率值的变化一致，故不再给出具体数值。

由表 1 可见，其他 11 个国家的能源效率值均高于中国，包括印度。与此同时，11 国之中，除了法国之外，其他 10 个国家的收入水平均大大高于中国。如表 2 所示。

表 2　12 国人均 GDP 对比

单位：2005 年国际美元

	1995 年	2003 年	2012 年
印度	469	647	1123
中国	778	1429	3348
墨西哥	6561	7494	8545
韩国	12142	16231	21562
西班牙	19991	25060	24817
加拿大	27821	33692	36123
日本	32942	34521	36942
澳大利亚	26566	32443	37242
英国	28772	36545	37609
德国	29980	32906	38220
美国	35112	42078	45336

能源效率与收入水平密切相关，因为收入水平更高的国家通常技术水平也更高，第三产业比重也更高。对比表 1 和表 2，总体而言，高收入的国家能源效率更高。但是，两个问题值得注意：

第一，印度收入水平远低于中国，但能源效率明显高于中国；其他国家的收入水平和能源效率也并不完全对应。

第二，中国收入水平在 1995~2012 年大幅提高，人均 GDP 翻了两番多，但相对而言能源效率改进幅度并不大，不仅相对印度如此，相对英国和美国更是如此。比如英国，其人均 GDP 增长幅度并不高，然而能源效率几乎翻了一番，能源效率改进幅度堪比中国。

因此，需要对能源效率做进一步分析。根据上文相关理论，我们分析能源相对价格对能源效率的影响。

（二）能源相对价格对能源效率的影响

本文使用 GMM 方法对动态面板数据模型（7）进行估计。我们使用两种表示能源效率的方法分别进行分析，一种是单位能耗的 GDP 产出，另一种是全要素能源效率。此外，我们也给出了静态面板数据模型的 OLS 估计结果作为对比。结果分别见表 3 和表 4。

表 3　OLS 估计结果

	被解释变量为单位能耗的 GDP 产出		被解释变量为全要素能源效率	
	模型 1	模型 2	模型 3	模型 4
c	-3.11*** (0.00)	-10.06*** (0.00)	-6.83*** (0.00)	-12.32*** (0.00)
$\ln(pe)$	0.08** (0.01)	0.26*** (0.00)	0.12*** (0.00)	0.105*** (0.00)
$\ln(w)$	-0.12 (0.15)	-0.26 (0.03) **	-0.08 (0.34)	-0.30*** (0.00)

续表

	被解释变量为单位能耗的 GDP 产出		被解释变量为全要素能源效率	
	模型 1	模型 2	模型 3	模型 4
ln(gdp)	0.20*** (0.10)	0.23*** (0.00)	0.78*** (0.00)	0.81*** (0.00)
ln(ser)		1.17*** (0.00)		1.46*** (0.00)
个体固定效应	是	是	是	是
Adj.R²	0.78	0.84	0.86	0.88

注：括号内是 p 值；*** 和 ** 分别表示在 1% 和 10% 的水平下显著。表 4 同。

表 4　GMM 估计结果

	被解释变量为单位能耗的 GDP 产出		被解释变量为全要素能源效率	
	模型 5	模型 6	模型 7	模型 8
ln(ee)(−1)	0.69*** (0.00)	0.79*** (0.00)	0.73*** (0.00)	0.67*** (0.00)
ln(pe)	0.102*** (0.00)	0.147*** (0.00)	0.05*** (0.00)	0.046** (0.05)
ln(w)	−0.062 (0.42)	−0.19 (0.26)	−0.01 (0.94)	−0.08 (0.80)
ln(gdp)	0.068 (0.63)	0.04 (0.86)	0.11 (0.20)	0.16 (0.50)
ln(ser)		0.31 (0.19)		0.45 (0.31)
J 统计量	9.80	8.34	6.20	5.40

模型 1 和模型 3 是两个 OLS 模型，没有加控制变量。两个模型中，除了工资 ln(w) 以外，各个系数均显著，且符号与理论预期一致。模型 2 和模型 4 加入了产业结构这一控制变量，可以看到，包括控制变量，所有变量也均显著，且符号与理论预期一致。特别地，能源价格 lnpe 的系数在 1% 的显著性水平下显著为正，说明能源价格与能源效率正相关；工资的系数为负，尽管在模型 1 和模型 3 中不显著，但在加入控制变量后也显著，且符号在四个模型中均为负，说明工资的上涨与能源效率负相关；人均 GDP 的系数在四个模型中均显著为正，说明收入水平与能源效率正相关；第三产业比重系数显著为正，说明第三产业比重上升有利于提高能源效率。这些都初步验证了我们的判断。

不过，由于技术是具有连续性和惯性的，一般不会出现技术倒退，因此，能源效率的变化是一个动态过程，静态面板数据可能高估了其他因素对能源效率的影响。因此，我们使用动态面板数据做进一步的分析，即表 4 中的模型 5、模型 6、模型 7、模型 8。如表 4 所示，使用动态面板模型后，工资、人均 GDP、产业结构的系数均不再显著，但是能源价格的系数仍然显著为正。这进一步验证了我们的结论。具体地，根据表 4 中的模型 5 和模型 6 可知，能源价格提高 1%，将促进单位能耗的 GDP 产出提高 0.1%，或者说单位 GDP 能耗下降 0.1%。这意味着，如果能源价格提高 10%，将使得能源消耗下降超过 1%。

我们还可以通过中国、印度和美国的对比，更清楚地说明价格对能源效率的影响。图 2、图 3 和图 4 是 3 个国家能源效率、能源相对价格和人均 GDP 的示意图。为了便于比较，将三个变量的单位都调整为 2005 年 =1，其中，能源的相对价格用能源相对劳动力的价格表示，比如，2012 年，中国能源的相对价格是 0.69，表明 2012 年能源相对劳动力的价格比 2005 年降低了 31%。

如图 2 所示，在 2005 年以前，美国能源效率的改善趋势与人均 GDP 的增加趋势非常一致。

图 3 显示，印度的情形也非常类似。不过，图 4 显示，中国的情形非常不同，能源效率的提升速度明显小于 GDP 的增加速度。整个 1995~2012 年间，中国人均 GDP 增长了 328%，而能源效率仅提升了 77%。相比而言，美国人均 GDP 增长了 62%，能源效率提升了 55%；印度人均 GDP 提升了 141%，能源效率提升了 53%。因此，中国收入的增长（一定程度上可以表示技术的进步）并没有带来相应的能源效率提升。

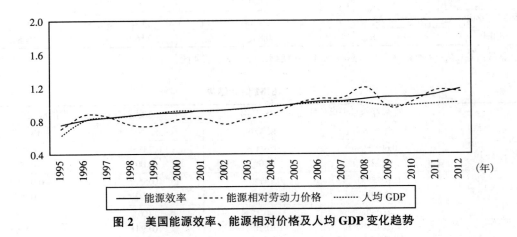

图 2　美国能源效率、能源相对价格及人均 GDP 变化趋势

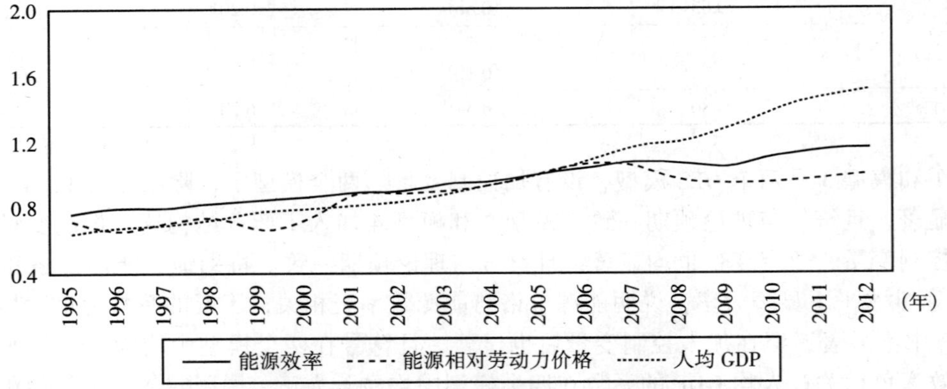

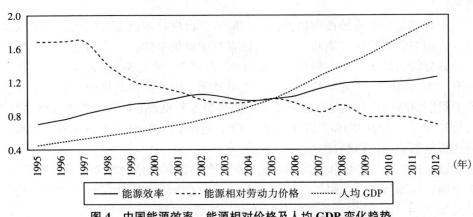

图 3　印度能源效率、能源相对价格及人均 GDP 变化趋势

图 4　中国能源效率、能源相对价格及人均 GDP 变化趋势

三图还显示，中国是唯一一个能源相对价格下降的国家。实际上，在全部 12 个样本国家中，也仅有中国的能源相对价格是下降的。图 4 显示，1995~2012 年，中国能源的相对价格下降了 59%。在能源变得越来越便宜的情况下，企业显然没有多少激励以改进能源利用效率。

　　以上分析表明，能源相对价格的提升有助于能源效率的提高，因为能源价格提升将激励企业用其他生产要素替代能源，或者选择更节能的生产方式。1995~2012 年，中国能源的相对价格偏低且持续下降，这阻碍了中国能源效率的提升。这就是说，中国要素市场的相对价格被扭曲了。这与林伯强和王锋（2009）、袁鹏和杨洋（2013）的结论一致。

　　但是，中国能源价格偏低的论点与人们的直觉不符，毕竟大部分民众抱怨能源价格偏高。不过，有多少人真的因为汽油价格偏高而放弃使用汽车呢？此外，能源价格偏低似乎也与中国石油市场寡头垄断的格局不吻合。不过，中国主要的能源仍然是煤炭，而煤炭市场更接近于竞争市场。2012 年，全国煤炭产量超过 1000 万吨的煤炭企业超过 50 家，前 100 强企业的产量占全国总产量的比重也仅有 78%；全国规模以上煤炭企业数量仍有 6200 家（中煤协会综合［2013］130 号文件）。可见，中国煤炭市场基本上处于完全竞争的状态。由于煤炭是初级原材料，各企业的产品差别很小，导致企业之间价格竞争非常激烈，恶性竞争现象时有发生。[①] 这很可能导致煤炭的价格偏低。因此，无论是处于煤炭行业健康发展的考虑，还是处于提高能源价格的考虑，都有必要进一步整合煤炭市场，减少企业间的恶性竞争现象。

　　尽管石油产品市场呈现寡头垄断的格局，但这并不意味着石油产品价格就会偏高。实际上，由于历史的原因，我国能源价格长期实行政府成本加成定价，公众习惯于相对低廉的能源价格，由于公众对能源企业生产成本不了解，因此对能源价格上涨十分敏感（林伯强，2014）。

　　那么，我国能源价格是否真的偏低呢？哪些因素导致中国能源价格偏低以及如何提高能源的相对价格呢？这正是本文下一部分将讨论的内容。

五、中国能源价格与能源税改革

　　图 5 给出了各国最常用汽油零售价格的对比。中国汽油价格几乎低于所有 11 个国家（上文选取的 11 个对比国），除了美国和墨西哥，且只在 2006 年之后，中国汽油价格才高于美国。2000 年，中国汽油价格仅仅是英国、日本和法国的 1/4。尽管最近十几年中国汽油价格上涨幅度更高，但目前仍然大大低于欧洲国家和日本等国。如 2012 年，中国汽油价格仍然比英国低 37%，比日本低 32%。与世界所有国家对比来看，中国的油价也是偏低的。根据世界银行的统计数据，2002 年，中国汽油价格在 156 个统计国家中排 119 位，汽油价格低于中国的全部是发展中国家和小国。2012 年，中国汽油价格在 166 个统计国家中排名第 90 位，低于除美国外的所有发达国家。即使与另一个发展中大国印度相比，在 2012 年以前，中国汽油价格也一直低于印度。美国油价虽然低于中国，但也几乎低于所有欧洲国家。这与上文中我们计算得出的美国能源效率低于欧洲具有内在的关联。其他成品油的价格差异也非常相似。

　　表 5 给出了居民用电价格的对比。从中可见，以购买力平价计算，中国居民用电的价格明显低于大多数发达国家，仅高于美国。若以官方名义汇率计算，中国居民电价将更加低于这些发达国家，而且将低于美国。2012 年阶梯电价制度实施以来，中国各地第一档平均电价是 0.553 元/

---

①《恶性竞争加剧过剩比例，煤炭业陷入"去产能"窘境》，《中国经济时报》，2014 年 4 月 25 日；《神华疯狂降价缺乏企业社会责任》，中国煤炭市场网，http://www.jcoal.com/news/html/1407/20140724_286493.html，2014-07-24。

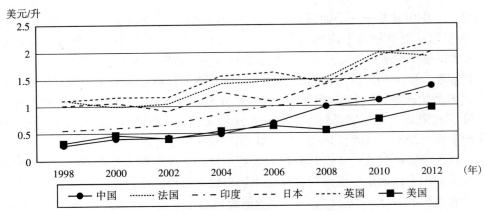

图 5　1998~2012 年 6 国汽油价格对比

资料来源：世界银行。

度，以名义汇率计算将是 87.6 美元/千度，大大低于美国。可见，中国电价并不像一些民众抱怨的那样偏高，反而有些偏低。

表 5　居民用电价格对比

单位：美元/千度，购买力平价计算

	2009 年	2011 年	2012 年
德国	281.2	314.9	329.7
法国	132.4	155.3	158.6
英国	185.9	194.2	204.7
日本	184.8	195.1	212.6
欧洲平均	206.3	227.7	236.6
OECD 平均	150.4	163.2	164.6
美国（不含税）	115.1	117.8	118.5
中国			154.8

注：除中国外，其他各国数据均来自 IEA Statistics of Energy Prices and Taxes，其中，除美国外，都是含税价格。中国的电价数据是 2012 年全国实施阶梯电价后，8 个城市的第一档电价的平均值，8 个城市分别是北京、上海、广州、武汉、成都、沈阳、郑州和呼和浩特，80%的居民支付第一档电价。所有的电价数据均是基于购买力平价（PPP）计算的价格。

　　对比上文的实证分析，我们可以推断，我国能源价格是偏低的。能源价格偏低是我国能源效率偏低的重要原因，也是我国能源效率提升缓慢的重要原因。

　　汽油价格中很大一部分是原油价格。以 2014 年 6 月美国汽油零售价格构成为例，其中 67%为原油价格，14%为冶炼成本，8%为销售成本，12%为税收。在原油价格世界同步的情况下，汽油价格何以差别这么大呢？税收应该是一个重要原因。如表 6 所示，在中国汽油的价格构成中，各种税共占约 30.5%，大大低于欧盟各国，但高于美国。可见，各国汽油价格的差异主要在于税收的差异。要提高我国成品油的价格，可能需要提高成品油的消费税。

表 6　能源价格中税金所占比例：以 95 号汽油为例

单位：%

	2009 年	2011 年	2013 年
德国	66.6	57.9	57.1
法国	69.6	57.1	55.5
英国	67.8	60.3	59.7

续表

	2009 年	2011 年	2013 年
日本	51.2	43.1	42.9
韩国	52.9	45.7	44.1
美国	19.4	13.8	14.0
墨西哥	68.7	60.1	59.0
中国			30.5

注：除中国外，其他各国的数据均来自 IEA Statistics of Energy Prices and Taxes，其中日本使用的 91 号汽油的数据。中国的数据来自《北京青年报时报》2013 年 6 月 16 日的计算，30.0%包含了消费税、增值税、城建税、教育附加税和营业税。

能源价格偏低是一种市场失灵，它使能源的价格不能反映其（对社会而言）真正的边际成本。能源价格不能反映真实边际成本的原因包括能源生产和消费的负外部性、政府的平均成本定价方式等。能源在生产和消费的过程中会产生温室气体等有害物，这对社会而言是一种成本，但通常并没有计入到生产者和消费者的边际成本中。以我国的主要能源煤炭为例，2002 年以前，煤炭价格几乎是完全管制的。直到 2013 年，取消电煤价格双轨制，煤炭价格才实现市场化。但是价格形成机制仍然不尽合理，表现为价格还不能完全反映煤炭资源稀缺程度、对环境的影响程度和市场供需关系（陈柳钦，2014）。所以，随着我国对能源价格管制的放松，能源税收体系改革完善将成为促进能源合理价格形成的关键。因此，2013 年十八届三中全会文件中，提到调整消费税征收范围、环节、税率，把高耗能、高污染产品及部分高档消费品纳入征收范围。成品油消费税已经征收了 20 多年，在实施过程中，征收标准也逐渐提高，甚至针对个人的成品油消费税征收方案也已提上日程。但是，通过上文的国际对比可知，我国的成品油价格仍然偏低，成品油的消费税也仍然偏低。此外，针对煤炭的消费税还没有开始征收。因此，有必要通过征收煤炭消费税和提高成品油消费税来提高煤炭和成品油的价格。

诚然，提高能源价格会遭到许多消费者的反对，但为了节能减排的需要，这是一个非常有效的方法。根据上文的计算，能源价格提高 10%，将可以将能源消耗降低 1%。2013 年，我国能源消耗总量为 37.5 亿吨标准煤，这意味能源价格提高 10%就能为我国节约 3750 万吨标准煤。

而且，政府可以对节约能源的措施和设备给予补贴和税收减免，以减少能源价格上涨造成的不利影响和直接激励各消费主体注重能源利用效率、节约能源。上文我们给出的数据表明，美国的汽油价格偏低，这不利于激励节约能源。但美国政府采取了许多补贴和税收减免措施，鼓励节约能源。1978 年《能源税法案》(The Energy Tax Act of 1978) 对居民和企业购买的节能设备分别给予 15%和 10%的税收减免。2005 年的能源税收法案出台了新的鼓励节约能源措施，不过这一法案更注重对先进节能技术的激励，其中最著名的是家电税收激励和新房税收激励。为了激励制造商生产最节能的家电设备，政府给予每个制造商最多 7500 万美元的补贴。新房税收减免计划给予能够在制冷和取暖时节能 50%的房屋建造商 2000 美元的税收减免。在这些措施的激励下，美国联邦政府的冰箱能耗合格标准降低了超过 20%，新建住房中符合补贴标准的节能型住房占比由 2006 年 0.7%上升到 2011 年的 11%（Nadel 和 Farley，2013）。根据麦肯锡公司 2009 年的估计，美国采取的这些提高能源效率措施将使得 2020 年的能源需求减少 23%。

此外，Nadel 和 Farley（2013）的计算表明，所有这些激励措施都非常划算。每节约 100 万 BTU[①] 的能源，联邦政府的成本在 0.02~2.23 美元，而目前美国人对每 100 万 BTU 能源所支付的价格大约是 10 美元。他们还建议注重对以下设备的税收激励：商业新建筑、新住房、商业建筑改

---

① BTU，即英国热量单位（British Thermal Unit），1BTU=1.055 千焦≈0.0003 千瓦时。因此，100 万 BTU≈300°电。

造、火炉、空调、取暖器、热水器、冰箱等家用电器。

因此，为了在提高能源效率的同时，尽量减轻消费者的负担，政府可以一方面通过提高消费税提高能源价格，另一方面对节约能源的措施和设备给予补贴。

六、结　语

本文从理论和实证的角度分析了能源价格与能源效率之间的关系。理论上，能源价格的上涨将激励能源使用者用其他生产要素替代能源或改进能源利用技术，这将促进能源效率的提高。本文选取 12 个经济大国作为研究样本，计量分析表明，能源价格提高 10%，将导致能源效率提高 1%。这意味着，提高能源价格能够明显地减少能源消耗。以汽油为例，与其他大国对比分析发现，我国能源价格明显偏低，长期以来一直低于欧洲各国、日本、韩国、印度等国。这是我国能源效率低于许多其他国家（如印度）的重要原因，也是我国能源效率提升缓慢的重要原因。进一步分析表明，我国能源价格偏低的一个重要原因在于税收偏低。相对欧洲、韩国、日本等国，中国的能源税明显更低。因此，政府可以通过提高能源消费税的方式提高能源价格。

针对以上结论，我们提出以下对策建议：

第一，通过各种措施提高能源的总体税率。例如，提高成品油和电能的消费税，将煤炭资源税由"从量计征"改为"从价计征"。

第二，简化能源税收体系。以成品油相关税为例，它包含了消费税、增值税、城建税、教育费附加税（中央和地方）和营业税，过于烦琐，有必要在提高消费税的同时，取消对能源的城建税、教育附加税。

第三，为了降低能源价格上涨对居民和企业造成的负担，可以对节能措施和设备给予更大的补贴。

第四，进一步整合煤炭企业，减少煤炭企业的数量，从而减少煤炭企业之间的恶性竞争。

参考文献：

[1] Hsieh Chang-Tai, Peter J. Klenow. Misallocation and Manufacturing TFP in China and India [J]. Quarterly Journal of Economics, 2009, 124 (4): 1403-1448.

[2] Lin Boqiang, Yang Lisha. The Potential Estimation and Factor Analysis of China's Energy Conservation on Terminal Power Industry [J]. Energy Policy, 2013 (1): 7-14.

[3] McKinsey & Company. Unlocking Energy Efficiency in the U.S. Economy [R]. McKinsey & Company, 2009.

[4] Nadel, Steven, Kate Farley. Tax Reforms to Advance Energy Efficiency [R]. ACEEE Research Report E132, February 6, 2013, http://aceee.org/research-report/e132.

[5] 陈柳钦. 煤炭价格改革何去何从 [J]. 价格与市场, 2014 (1).

[6] 金培振, 张亚斌, 李激扬. 能源效率与节能潜力的国际比较——以中国与 OECD 国家为例 [J]. 世界经济研究, 2011 (1).

[7] 林伯强, 杜克锐. 要素市场扭曲对能源效率的影响 [J]. 经济研究, 2013 (9).

[8] 林伯强, 王锋. 能源价格上涨对中国一般价格水平的影响 [J]. 经济研究, 2009 (12).

[9] 林伯强. 能源价格改革的公平和效率 [J]. 上海证券报, 2014-07-17, 第 A01 版.

[10] 牛晨. 能源价格和税收改革面临的问题及对策研究 [J]. 中国经贸导刊, 2009 (2).

[11] 史丹. 能源资源改革要做好三篇文章 [J]. 中国国力国情, 2013 (12).

［12］史丹. 当前能源价格改革的特点、难点与重点［J］. 价格理论与实践，2013（1）.

［13］史丹，吴利学，傅晓霞，吴滨. 中国能源效率地区差异及其成因研究——基于随机前沿生产函数的方差分解［J］. 管理世界，2008（2）.

［14］王俊杰. 中印全要素能源效率比较研究［J］. 中国人口资源与环境，2013（5）.

［15］魏楚，沈满红. 规模效率与配置效率：一个对中国能源低效的解释［J］. 世界经济，2009（4）.

［16］吴利学. 中国能源效率波动：理论解释、数值模拟及政策含义［J］. 经济研究，2009（5）.

［17］杨继生. 国内外能源相对价格与中国的能源效率［J］. 经济学家，2009（4）.

［18］袁鹏，杨洋. 要是市场扭曲与中国经济效率［J］. 经济评论，2014（2）.

［19］张杰，周晓艳，李勇. 要素市场扭曲抑制了中国企业 R&D？［J］. 经济研究，2011（8）.

［20］张曙光，程炼. 中国经济转型过程中的要素价格扭曲与财富转移［J］. 世界经济，2010（10）.

地方政府与光伏产能过剩的因由及化解之道

姚晓勇

（江苏省无锡市宜兴行政学校，江苏无锡　214200）

中共十八届三中全会决定要使市场在资源配置中起决定性作用，表明我国将会更好地处理好在市场经济体制不断完善的进程中政府和市场之间的关系，要使市场能够发挥作用，同时也要更好地发挥政府作用，两者不能偏废。对于任何一个新兴产业，政府那双手都具有举足轻重的作用，而中国光伏产业的发展，却留下了太多地方政府的烙印，地方政府在 GDP 驱动下的投资冲动是光伏产能过剩的根本原因。2013 年，曾经的中国首富，最大的光伏企业无锡尚德破产重整，让人们发觉即使是新兴产业的光伏，在地方政府看得见的手的助推下也会很快出现传统产业存在的盲目扩张导致的产能过剩。

一、地方政府大力扶持光伏产业的原因

（一）光伏产业发展前景广阔

随着全球能源短缺和环境污染等问题的日益突出的今天，人们不得不越来越依赖新能源，太阳能光伏发电是最具发展前景的新能源发电技术，今后会不断地发展壮大，并最终成为人类能源的主体。太阳能光伏发电具有十分明显的优势，首先是资源丰富，且不会枯竭，是可再生清洁能源，特别是光伏发电过程不耗水，光伏电站建设不受水资源制约，可以在任何空闲土地上，特别是可以在沙漠土地上建设光伏电站。其次是光伏电池安装建设简单，装机规模灵活，运行管理方便，既可以利用空旷场地进行建设，也可以与建筑物结合建设，几乎不需要进行运行维护，开发利用的潜力很大。最后是光伏发电的出力特性与用电负荷特性基本吻合，一般来讲，光伏发电在太阳光照最强的中午时段出力最大，而此时也正是用电的高峰时段，这可以有效减轻电力系统的调峰压力，有利于优化电力系统运行，节约能源资源，实现节能减排目标。因此，从长远发展的角度看，光伏产业是 21 世纪的朝阳产业，且前景广阔。

（二）地方政府 GDP 的需求驱动

在我国现行体制下，地方政府在地区经济发展中起着举足轻重的作用，各级政府对企业的投资方向、投资重点会产生重要影响，进而决定了地区的产业格局。国际金融危机后，在中央明确

[作者简介] 姚晓勇（1975~），男，陕西汉中人，江苏省无锡市宜兴行政学校，高级讲师。

不断加大对光伏产业发展的扶持力度后，地方政府对发展光伏产业的热情很高，全国超过一半的省份在打造光伏基地，或把光伏作为支柱产业发展，上百个城市在做光伏发展规划。这其中，有个别城市确实既有资源优势又有先行优势，甚至早已拥有一定规模的光伏企业，但更多的城市并无明显优势，或现有的技术水平和发展能力远达不到计划的目标。地方政府对光伏产业趋之若鹜的最根本原因还是在现行体制下，考核地方政府政绩的主要标准仍是 GDP，为了在任期内创造出更多的产值，地方政府的行为往往具有短期性，热衷于见效快的政绩工程、面子工程。作为一种绿色环保的新能源产业，光伏产业投入大对 GDP 的拉动快，对上下游产业带动大，用工多且增长迅速，既能创造 GDP，又能带动就业，因而自然成为地方政府的首选。对有发展潜力的地区来说，发展光伏产业能极大地促进本地区的经济发展，对没有发展潜力的地区来说，短期内也能靠投资增量带动 GDP 增长和就业增加，对现任政府来说，无疑是一项很切合地方政府所期望的结构性转型优化的"面子工程"。

二、地方政府过度介入致光伏产能过剩

（一）政府有形之手助推

光伏行业绝对是过去十年的明星产业，其光环可以与互联网相媲美，受政府追逐的热情也可同地产比肩。在各地的招商中，光伏产业备受青睐，其中一个重要原因就在于硅片、电池片看似高科技产品，但其生产技术高度融合于设备中，有钱就能建起生产线，尤其是组件，属于用工密集型的简单劳动，进入门槛很低。由于与高新技术、清洁能源等概念紧密相关，符合经济发展方式转型的政策要求，在现实利益和概念的吸引下，许多地方政府一哄而上，纷纷将光伏作为重点产业来发展，"越位"为光伏企业提供包括土地、贷款、融资等在内的优惠政策。全国几乎每个开发区都有自己的新能源基地，都在引资建设光伏企业。因为非常重视，导致地方政府发展光伏产业的竞争愈演愈烈。2001 年中国生产的产品仅占世界产量的 1%，到 2010 年则接近 50%，前五大光伏电池生产商中有 4 家中国企业，前五大光伏组件生产商中有 3 家中国企业，全世界其他国家总共只有 7~8 家多晶硅制造商，中国有 40~50 家，其他国家总共有 7~8 家太阳能电池的制造商，中国有 200~300 家。因此，自 2005 年以来，中国光伏电池量已连续 5 年超过或接近 100%的增长率，2007 年至今，中国成为世界光伏生产第一大国。据统计，2012 年，中国从事光伏产业的规模以上（年收入超 500 万元）企业数量近 600 家，诞生了无锡尚德、江阴海润、保定英利、晶澳、常州天合等知名企业，行业年产值超过 3000 亿元，直接从业人数超过 30 万人。

尚德电力的发迹、成长、上市，是由无锡市政府一手扶持的，2000 年带着 40 万美元回国创业，施正荣以 40 万美元现金和 160 万美元的技术入股，无锡市政府动用行政压力让无锡小天鹅等 8 家知名国有企业融资了 600 万美元，总股本 800 万美元。2001 年，尚德电力正式成立。2005 年 3 月，尚德电力筹备上市，必须进行资本整合，无锡市政府再次出手，在强有力的动员下，原国有股东主动退出尚德，分别取得了 10~23 倍的投资收益，帮助施正荣完成无锡尚德的私有化，使高盛、英联等多家海外资本顺利入股。2005 年 12 月 14 日，尚德成功登陆美国纽交所，2006 年底，施正荣以 23 亿美元身家登上"中国首富"宝座，尚德也成为中国最大的光伏企业，并跻身全球四大光伏企业之列，一时间，无锡尚德如日中天，被称作"无锡名片"，"无锡模式"名噪一时。

（二）影响银行大量放贷

作为政府热衷扶持的对象，光伏产业在贷款方面得以大开"绿灯"畅通无阻。2012 年统计的数据显示，地方政府或者国家担保机构一直通过提供贷款支持太阳能企业的发展，尚德电力、赛维 LDK、天合光能、英利绿色能源控股、韩华第一太阳能和晶科能源控股等 12 家行业公司，共计获得了超过 432 亿美元的国家开发银行（国开行）贷款承诺。2010 年，国开行和中国银行（中行）在光伏产业的授信放贷进入高峰，这一年，国开行分别宣布了尚德 5 年 500 亿元贷款承诺、天合光能 300 亿元贷款承诺、晶澳太阳能 300 亿元贷款承诺、英利 360 亿元贷款承诺、赛维 LDK600 亿元战略合作授信。就尚德而言，借助政府的力量，所有银行都给尚德大额授信，在银行的鼓励下，尚德的负债迅速提高，2005 年末，仅为 0.56 亿美元，到 2012 年，已攀升至 37 亿美元，截至 2013 年 2 月底，尚德拖欠 9 家债权银行 71 亿元。大笔资金都用在哪儿？扩大规模，资金都投到了生产线的扩容再建，中国光伏产业也因此进入爆炸式发展时期。2011 年，美国反倾销反补贴立案，为维护企业形象，施正荣仍坚持增加产品出货量，结果是尚德电力资金链及利润都无法得到保障。尚德不得不在年报中承认，根本无法按时还清这么多贷款，而且已经有两笔贷款出现了逾期，但这一年，国开行和中行仍然为其提供了新的贷款额度。一当地银行表示，尚德大部分贷款为短期贸易项下的贷款，几乎都是信用贷款，所以银行很难根据其违约而采取强制措施。当时部分银行已经收紧清理光伏行业贷款，但是无锡市政府明确要求银行不得抽贷。2012 年底时，当尚德要求破产时，无锡市政府同样成立了稳定尚德发展领导小组和协调服务小组，要求当地银行，包括中行、工行、农行、建行、国开行对尚德提供支持，根据当时的媒体报道，在当地政府强压下，国开行、工行、上海银行、中行都为尚德提供了新的授信和贷款，缓解其流动资金压力。而当地业界流传的说法是，银团对这家濒临破产的企业提出了 30 亿元的新授信计划，仅仅半年之后，同样的一批银行向法院提出要求尚德破产重组的申请。

（三）致企业家过度膨胀

政府对企业过猛的助推导致企业家好大喜功，甚至有地方政府希望企业快速做大，给出具体的扩张要求，催肥了企业和企业家。2001 年无锡尚德成立，在无锡政府和国有企业的大力支持下，先后引进了三条生产线，实现了我国光伏产业的多项突破。2002 年尚德亏损 89.7 万美元，2003 年，在尚德几乎坚持不住之时，恰逢德国"屋顶计划"面向全球采购，由于尚德大胆扩张产能，在多数同行还没有胃口吞下这块蛋糕时，尚德就进入了丰收的季节，并在 2005 年成功登陆纽交所，戴上了首富的光环，施正荣在海外获得了"太阳神"称号。这一消息传到国内后引发新一轮追捧，在这个造富榜样的带动下，一批光伏企业应运而生，走向水草丰美的欧洲市场。当年投资光伏门槛很低，几乎有钱就能插一脚，2005~2007 年，国内光伏行业迎来第一波爆炸式增长，2008 年全球金融危机时曾有过低潮，但在 2009 年第二季度后回暖，让投资光伏在 2010 年迎来第二波高潮。随着产能的扩张，无锡尚德实现了超常规的发展，2004 年无锡尚德进入全球前十位太阳电池制造商，2005 年，无锡尚德的太阳能电池产能就位居全球第五，2010 年，无锡尚德的光伏组件出货量已经超过美国同行（First Solar），排名全球第一。

越是在赞扬声中，人越容易丧失自制力。尚德成功在纽约上市以来，重大项目纷纷上马，各项建设相继开工，面对欣欣向荣的景象，施正荣大张旗鼓盲目扩张企业规模的步伐越来越疯狂，从 2005 年底到 2008 年短短 3 年内，尚德产能从 100 多兆瓦一路攀升至 1000 兆瓦，2012 年又达到 2500 兆瓦。而在此期间，施正荣出现了几次重大投资失误：先是在成都启动的碲化镉薄膜电池项目半途而废，后又在上海投入 3 亿美元建造 50 兆瓦非晶硅薄膜电池工厂打了水漂，再后来与美国 MEMC 公司的长期合同违约损失 2.12 亿美元，而耗资 1.07 亿美元收购日本 MSK 公司股权后并未赚到钱，急于求成的施正荣没能压得住企业的脚步，尚德就像一匹脱缰的野马，一路狂奔，最终栽倒在市场陷阱中。盲目扩张带来的直接后果是恶性价格战，整个行业进入恶性循环，由于日益激烈的竞争，光伏产品的平均售价大幅下降，尚德的主要产品光伏组件，平均售价由 2008 年的 3.89 美元每瓦特下降到 2011 年的每瓦 1.4 美元，进而跌至 0.7 美元。

然而施正荣却表示：我并不认为中国光伏产能已经过剩，光伏产业是一个能源行业，能源行业是无限大的行业，我看不出来目前产能哪里过剩。市场真的无限大吗？实际上，光伏产业已经面临产能过剩的问题，整个行业陷入低潮。后金融危机时代，欧债危机持续发酵，发达经济体增速明显放缓，世界经济艰难复苏，全球光伏市场迅速降温。欧美等主要光伏消费市场需求增长放缓，各国政府由于债务危机采取紧缩财政政策。为了保护其国内企业，美国和欧盟开始对我国的光伏产品实施"双反"调查。美国时间 2012 年 11 月 7 日，美国国际贸易委员会（ITC）认定从中国进口的晶体硅光伏电池及组件产品，实质性损害了美国相关产业，美国将对此类产品征收反倾销和反补贴关税，其中反倾销税率 18.32%~249.96%，反补贴税率 14.78%~15.97%。继美国之后，欧盟也立即跟进，2012 年 11 月 8 日，欧盟也开始对中国光伏产品进行"双反"调查。这让原料、技术、市场等"三头在外"高度依赖海外市场的中国光伏产业陷入了寒冬，据光伏行业协会统计，截至 2012 年底，中国已有的 60 多家多晶硅企业中，只有 4~5 家在进行少量生产，90% 以上的企业已经处于停产状态，2012 年 7 月，专门生产多晶的中国大型太阳能企业赛维 LDK，从其总部所在地江西省新余市获得 8000 万美元的救助。2013 年 3 月，因无力偿还 71 亿元巨债，全国最大的光伏企业无锡尚德太阳能公司正式宣告破产重组。

中国光伏产业如此之快便盛极而衰，地方政府的溺爱恐难辞其咎，急于追求经济成长的地方政府，对于那些纳税大户、那些能在脸上贴金的企业总是呵护有加，过度宠爱，这不仅掩盖了企业的缺点，也滋长了企业的矫情。尚德就经常在地方政府面前撒娇，最为贴切的一个描述就是"施正荣一有问题就给'大领导'发短信，领导被他搞得很烦。"如果政府的"手"不加节制，不彻底改变以 GDP 为纲的发展思路，不尊重产业发展的市场规律，不以壮士断腕的决心推进体制改革，而总是由政府指手画脚干预企业发展，尚德就不会是个案。

三、政府用有形之手化解光伏产能过剩

我国光伏产业当前遇到的困难，既是严峻挑战，也是促进产业调整升级的契机，因为我国国内的市场潜力是巨大的，当前的产能过剩是相对的，只要政府做出正确的应对政策和措施对光伏产业施以"援手"，从长远发展来看中国光伏产业的前景广阔。

（一）加速启动国内市场

随着 2014 年 1 月 23 美国第二次对中国光伏产品发起"双反"调查，意味着今后相当长时间，我国光伏产业主要依赖国际光伏市场的状况将难以持续，政府必须着力扩大我国国内光伏发电市场，为我国光伏产业发展提供基本的支撑。我国是能源消费大国，煤炭占能源消费结构的 70% 左右，面临的资源和环境压力巨大，发展光伏发电势在必行，国内需求是新兴产业发展的动力。2011 年我国新增太阳能发电装机容量约 220×10^4 千瓦，仅为欧盟新增容量的 1/10，与发达国家相比，我国太阳能发电上网发电的比例较低，除了技术水平因素外，太阳能发电并网消纳不足更多是体制原因，是体制性过剩。在新能源领域，中国无疑具有优势，最大的优势在于广阔的市场，我国正处于工业化、城市化进程中，能源需求增量大，而新能源在能源结构中比例微小。因此，只要有一个良好的环境，市场潜力将为企业投资提供足够的激励，广阔的市场还会鼓励在新能源技术方面的投资和创新，过剩的产能很快将会得到消化。

启动国内太阳能光伏市场，思路要创新要有别于风电建设的思路，我国风电建设的一大特点就是采取集约发展的思路，这一思路的好处是发展速度快，但问题是上网难、调峰难。由于这些问题，甚至出现一些风电场由于无法上网，而不得不"弃风"，如果光伏发电建设仍然采取集约式发展的单一思路，就很有可能重蹈风电的弯路。因此，光伏发电建设一定要并网和离网两条腿走路，这其中应重点支持建设分布式光伏系统。

首先是分布式光伏系统符合光伏发电特性和目前的技术水平。太阳能资源的主要特点是分布广泛，有太阳照耀的地方就有太阳能资源，因此太阳能光伏发电的优势是分布式应用，应该采取与用户用电相结合的方式安装光伏系统，低电压接入配电网，实现就近开发就近利用，不应该集中建设大型光伏发电，以远距离高压输电方式利用，或者说至少在近期不应该以这种方式大规模建设光伏电站。

其次是分布式光伏系统可以培育和鼓励光伏发电市场。美国经济学家夫金认为，互联网技术与可再生能源的结合，将会引发第三次工业革命，分布式光伏系统是第三次工业革命的重要标志，分布式光伏发电可利用建筑物屋顶或附近空闲土地安装小型光伏系统，所发电量主要满足用户自身的用电需要，多余电量上网，并与电网进行电力交换，由电网提供备用服务，最终形成社会用电量增加，而由电网提供电量减少的情形。

最后是在分布式离网发展上，光电建筑一体化思路前景可观。光电建筑一体化是指利用目前的建筑屋顶和可以采光的墙体，通过安装薄膜电池发电，这样既不占用土地资源，而且可以改变目前许多建筑的玻璃幕墙的纯装饰性，一举多得，既节约了建设成本，还能提供清洁能源，据测算到 2020 年全国现有及新增新能源建筑一体化潜在的市场装机容量约 10×10^8 千瓦，可见这个市场非常大。

（二）推进行业兼并整合

解决光伏产业产能过剩必须经历行业整合，这是一个残酷的过程，也是一个重生的过程，政府应该拯救光伏行业，施以必要"援手"维持中国光伏产业的国际地位，不能由于一些国家和地区的贸易保护使其受挫。我国太阳能产业在国际上已经占有一席之地，维持领先地位是使我国在新能源革命中立于不败之地的重要保障。同时一些龙头光伏企业已经存在"大而不倒"的问题，光伏产业的兴衰已经影响到银行贷款、当地就业、地方税收等方方面面，如果出现大规模的倒闭潮，必将引发关联企业破产、银行受损、失业增加等一系列严重问题。不过，"救市"不是救企业，而是救行业，政府应该在光伏企业整合过程中，尽量把手从企业当中抽出来，将企业的优胜劣汰交给市场决定，只要加强行业指导即可。工信部于 2012 年初发布的《太阳能光伏产业"十二五"发展规划》就指出"十二五"期间，要形成 1 家年销售收入过千亿元的光伏企业，3~5 家年销售收入过 500 亿元的光伏企业，3~4 家年销售收入过 10 亿元的光伏专用设备企业，明确了将集中力量支持优势企业做优做强，鼓励重点光伏企业推进资源整合和兼并重组。

（三）提高技术创新能力

危机本身也是机遇，面对当前我国光伏产业的困境，光伏行业应该加强技术创新、降低成本、提高转换效率，通过技术取暖来度过寒冬。光伏发电技术包括光伏电池材料、光电转化效率、光伏电池生产装备、光伏系统集成和建设，以及以光伏发电系统为主的电力系统的运行管理等，目前这些技术仍然处于发展初期，全球的差距并不很大。但我国光伏发电技术及其应用水平相对落后，缺乏自主创新和发展能力，要使我国光伏产业在未来的发展中立于不败之地，必须把光伏发电技术的研发放在更加突出的位置，这就要加大光伏产业技术创新力度。一方面建立国家级技术创新和研发中心，解决产业发展的关键和共性技术问题，促进科技成果转化，解决光伏产业从材料到系统全产业链的技术提升和创新，实现高端制造设备的国产化以及应用技术的突破；另一方面地方政府的扶持重心应该向重视培育产业的核心竞争力转变，而不是对产品的支持，企业具有较强竞争力就不需要政府在产品终端补贴扶持。这需要加强光伏企业的技术创新能力，重点推动高端装备制造、关键零部件、主要辅助材料领域的技术引进、吸收和消化能力，巩固和发展核心竞争力。

（四）转变政府补贴方式

光伏发电与常规电力相比经济性较差，目前尚缺乏市场竞争力，要通过优化资金使用，以有限的补贴带动尽可能多的光伏发电，通过合理的制度安排和竞争机制，促进光伏发电成本不断下降，最终达到可以与常规电力相竞争的水平。近年来，推动的"金太阳工程"就是以投资补贴的方式支持用户端分布式光伏发电系统的应用，但实施的效果并不理想，应尽快调整新能源产业政策，把政策重点由过去的扶持产业转到培育与扩大国内新能源市场方面，促进新能源产业从生产到消费的均衡发展。

首先要改变补贴方式放大带动效应。将光伏发电补贴方式从补贴装机改为补贴发电量，从补贴发电端改为补贴用户端，补贴发电量可避免虚报装机、以次充好，补贴用户端相当于降低了部分销售电价水平，可比补贴发电端效率提高数倍。

其次要统筹集中使用光伏补贴资金。统一使用可再生能源电价附加资金中的光伏补贴、财政资金中用于"金太阳工程"和"屋顶光伏计划"的资金，一年可以达到近 300 亿元，这些资金如完全用于售电端补贴，按 0.2~0.3 元/千瓦时补贴计算，每年可补贴光伏发电量 1200×10^8 千瓦时，相应装机 1.2×10^8 千瓦，是现有光伏装机的 40 倍，可有效释放现有光伏产能。

最后要通过招标竞争降低光伏补贴成本。光伏补贴是公共财政资金，为达到补贴效益最大化，可以在全国范围内对光伏发电企业进行补贴招标，选择最低补贴的企业中标，这有利于通过竞争淘汰光伏产业中的落后产能。同时，西部地区由于单位电量补贴较高将难以中标，可以鼓励距离电力负荷较近的地区发展光伏发电。

（五）加快制度保障建设

解决光伏产业产能过剩，仅仅通过加速退出和限制进入模式并不能实现行业的优胜劣汰，在优化光伏产业自身市场结构的同时，要注意消除光伏产业与发电和电网的体制性冲突，解决中央与地方之间由宏观调控和追求地方经济发展所产生的不协调问题，才能真正解决光伏产业的"散、乱、低"问题。这需要各管理部门、各级政府之间要形成促进我国光伏产业规范、创新发展的合力，同时从有利于企业形成长期稳定的政策预期出发，明确哪些环节要补贴和扶持，哪些环节要调节和控制。

要加快建设完善我国光伏发电系统的技术标准和监管体系，将相对成熟的企业标准转化为国家和行业强制性标准，尽快实施光伏产品和装备的质量认证制度，优先支持那些符合标准的产品和企业，加快淘汰不符合标准的产能和企业，通过加强标准管理，强化市场优胜劣汰的功能和作用。加强对行业产销形势的监测、分析和国内外市场需求信息发布，发挥市场配置资源的基础性作用，坚持深化改革，标本兼治，综合运用法律、经济、技术、标准以及必要的行政手段，协调产业、环保、土地和金融政策，形成抑制产能过剩、引导光伏产业健康发展的合力，通过体制机制创新解决光伏产业重复建设的深层次矛盾。

参考文献：

[1] 肖潇. 对化解新兴产业产能过剩的思考 [J]. 中国物价，2014（8）.

[2] 肖兴志，李少林. 光伏发电产业的激励方式、他国观照与机制重构 [J]. 改革，2014（7）.

[3] 邵汉桥，张籍，张维. 分布式光伏发电经济性及政策分析 [J]. 电力建设，2014（7）.

[4] 孙轶东. 光伏行业信贷风险及对策研究 [J]. 西南金融，2014（6）.

[5] 红炜. 地方政府该如何干预光伏产业？[J]. 能源，2014（6）.

[6] 高圣华. 从尚德破产重组看光伏产能过剩的治理之道 [J]. 江南论坛，2014（5）.

[7] 魏政，于冰清. 我国光伏产业发展现状与对策探讨 [J]. 中外能源，2013（6）.

[8] 江华. 欧美光伏"双反"调查的反思 [J]. 太阳能，2013（2）.

[9] 邓洲. 国内光伏应用市场存在的问题、障碍和发展前景 [J]. 中国能源，2013（1）.

[10] 徐山瀑，金世斌，古晶. 江苏光伏产业发展面临的困境及出路 [J]. 唯实，2013（4）.

[11] 张兴科. 太阳能建筑一体化技术及产业的最新发展 [J]. 中国高新技术企业，2013（9）.

[12] 程宗良，王成刚. "补贴"能救光伏业多久？[J]. 新产经，2013（6）.

[13] 范必，高虎. 启动国内市场促使光伏产业摆脱困境 [J]. 中国能源，2012（10）.

[14] 史丹. 我国新能源产能"过剩"的原因与解决途径 [J]. 中国能源，2012（9）.

[15] 蒙丹. 我国新能源产业链的低端产能过剩问题研究 [J]. 经济纵横，2010（5）.

产能过剩、技术创新与众筹推进

黄玲[1,2]　周勤[1]

（1. 东南大学经济管理学院，江苏南京　211189；

2. 重庆三峡学院财经学院，重庆万州　404100）

一、引　言

　　"产能过剩"一词最早出现在张伯伦所著的《垄断竞争理论》中。他从微观经济学视角出发，提出垄断竞争致使平均成本高于边际成本，从而出现持续的产能过剩。随后，研究人员从多个视角对产能过剩的含义进行了探讨，虽然这些研究中有关基本内涵的差异并不明显，但国内外的研究视角集中点却呈现出差异。国外更注重从微观层面解释，而中国则更倾向于宏观、中观层面的分析。产能过剩是一个全球性的问题，在中国，产能过剩已经成为经济结构调整中的一个长期性、系统性问题。产能过剩造成资源的闲置和浪费，亏损企业的增加还可能导致总体物价水平的下降，诱发通货紧缩，增大金融风险等。因此，有效治理产能过剩势在必行。然而，近年来中国采取的一系列有针对性的解决措施似乎并没有达到应有效果，本文认为通过技术创新有可能为该问题的解决提供一条有效途径。国内外的经济发展为中国的技术创新提供难得机遇的同时，也提出了巨大的挑战。数据显示，中国并不缺乏创新，但却缺乏创新投入的融资以及创新产品的展示推广，众筹平台的发展为技术创新的研发资金融得、市场的验证推广提供了有效的支持，本文将以我国最大的众筹平台——点名时间的相关交易数据为例加以说明。

　　文章后续结构如下：第二部分是理论分析。第三部分分析中国产能过剩的基本现状及技术原因；第四部分阐释了中国企业技术创新的机遇和挑战；第五部分利用点名时间平台的数据，说明众筹发展有助于企业技术创新产业化的实现；第六部分是全文的结论及建议。

　　[基金项目]"十二五"国家科技支撑计划子课题"织锦文化旅游服务全产业链构建与商业模式开发应用"（批准号2012BAH69F03）；教育部人文社会科学重点研究基地重大项目"长三角从制造中心转向创新中心的金融支持研究"（批准号12JJD790047）；重庆市教育委员会人文社会科学项目"基于网络金融的重庆市小微企业成长的融资模式创新研究"（批准号14SKL03）。

　　[作者简介]黄玲（1980~），女，重庆合川人，东南大学经济管理学院博士生，重庆三峡学院财经学院副教授；周勤（1963~），男，浙江安吉人，东南大学经济管理学院副院长，教授，博士生导师。

二、理论分析

（一）微笑理论与产能过剩

最先提出"微笑曲线"（Smiling Curve）[1]概念的是台湾宏基公司总裁施振荣先生，他根据多年从事 IT 产业的经验，用一个开口向上的抛物线描述个人电脑制造流程中各个环节的附加值，由于曲线类似微笑的嘴形，所以被形象地称为"微笑曲线"。"微笑曲线"左边（价值链上游）是研发，属于全球性的竞争，随着技术研发的投入，产品附加值逐渐上升；右边（价值链下游）是销售，属于当地性的竞争，随着品牌运作、销售渠道的建立，附加值逐渐上升；作为劳动密集型的中间制造、装配环节不但技术含量低、利润空间小，而且市场竞争激烈，因而成为整个价值链中最不赚钱的部分。该理论得出两个结论：一是企业的产品与服务要有持续性的附加价值（盈余）才能够生存下去；二是生产高附加价值的产品与服务才能有高获利的潜力，才能确保企业的持续经营。

事实上，产能过剩可以用该理论加以解释。发展中国家的企业由于缺少核心技术，主要从事制造加工环节的生产。然而，无论加工贸易还是贴牌生产，制造加工环节付出的只是土地、厂房、设备、水、电等物化要素成本和简单活劳动成本，虽然投入也很大，但在不同国家间具有可替代性，企业为争取订单，常常被压低价格。而跨国公司掌握的研发环节和流通环节，其所投入的信息、技术、品牌、管理、人才等属知识密集要素，比制造加工环节更复杂，具有不可替代性。同时，面对复杂多变的国际市场，研发和流通环节要承担更大的市场风险，按照合同完成订单生产即可分享利润的制造加工环节并不负责产品销售，市场风险极低。按照成本与收益、风险与收益正比匹配原则，跨国公司作为生产过程的最大投资者和最终产品销售的风险承担者，自然成为最大的收益者。[2]中国大多数企业处于"微笑曲线"的中间环节，技术含量低，靠规模取胜，造成低质低价恶性竞争，从而容易产生产能过剩。

（二）索洛模型与技术创新

1956 年，索洛和斯旺等经济学家建立了新古典经济增长模型，引入了要素间可以相互替代的假设，通过对假设前提的修正与对技术进步因素的重视得出了比哈罗德模型要更加乐观的结论，认为充分就业的稳定均衡增长是可以实现的。同时，索洛模型强调经济增长中技术进步的作用凸显。

$$g = \alpha g_l + \beta g_k + g_a$$

上述是索洛模型考虑技术进步因素后的公式，式中，$g_l = \frac{\Delta l}{l}$，为劳动增长率；$g_k = \frac{\Delta k}{k}$，为资本增长率。α、β 分别代表劳动和资本在经济增长中的贡献比例，g_a 代表技术进步率。

该模型表明，资本—产出比率是可以通过市场上的价格调节而改变的。当资本相对丰富而劳动稀缺时，劳动的价格就会相对于资本的价格而上升，从而增加资本的使用，减少劳动的使用，提高资本—劳动比率，通过资本密集型技术来发展经济。反之，当资本相对稀缺而劳动丰富时，则可以通过劳动密集型技术来发展经济。由于价格自发调节资本—劳动比率，改变资本—产出比率，经济长期稳定增长是能够实现的。短期内，技术进步率、资本增长率和人口增长率是决定总

---

① http://wiki.mbalib.com/wiki/微笑曲线理论。
② http://baike.so.com/doc/5568936.html.

产量增长率的三个因素。但是，对于理解长期增长和人均产量来说，资本增长率和人口增长率作用不大，促进技术进步是经济增长的关键。贾根良的研究表明，从现代角度来看，生产率的提高绝大部分是科技进步的结果。

中国经历了"人口红利"的阶段，在很长一段时间里利用廉价的劳动力替代资本从而形成价格优势，为经济增长作出了突出贡献。然而，目前劳动力成本优势已逐步消失，企业经营成本不断攀升，而资本利用效率仍然不高。要解决产能过剩问题，实现企业的长足发展，促进经济的健康增长，必须依靠技术创新。

三、中国产能过剩的基本现状及技术原因

（一）中国产能过剩的基本现状

产能过剩不同于产品过剩，后者更容易判断，如库存的增加和产品的大量积压等。但产品过剩并非必然导致产能过剩，还需考虑产能是否出现非正常的闲置。如果二者同时存在，就可以判断为产能过剩。而于立和张杰研究指出，对中国产能过剩容易导致的误判往往发生在产品不过剩但产能过剩的态势下，即市场上并无严重的产品过剩，但产能却存在过度的闲置。对于产能过剩的判断标准，国际上多采用产能利用率指标加以衡量。一般认为，产能利用率在80%及以上为正常情况，不存在产能过剩问题，产能利用率在75%~80%之间则表示存在轻度的产能过剩，而产能利用率低于75%则意味着存在较为严重的产能过剩。

据工业和信息化部发布的《2013年工业通信业运行报告》显示，国家统计局统计的6万余家大中型企业产能综合利用率基本低于80%，产能过剩从钢铁、有色金属、建材、化工、造船等传统行业向风电、光伏、碳纤维等新兴产业扩展，部分行业产能利用率不到75%，其中，钢铁产能利用率在70%~75%，[①] 电解铝产能利用率在72%~75%，[②] 光伏产能利用率不足60%，[③] 稀土的产能利用率不足40%，而工业硅产能利用率甚至不足30%。[④] 但一些过剩行业投资增长仍然较快，新的中低端产能继续积累，进一步加剧了产能过剩矛盾。

由此可见，中国产能过剩严重，且并非短期存在，因此解决这一问题的任务更显紧迫。为了对症下药，有必要对其产生的原因进行分析。

（二）中国产能过剩的技术原因分析

产能过剩成因的讨论一直是学界的焦点之一。国外学者更多偏向于微观层面的原因分析，如Dixit和Stiglitz利用博弈论方法阐释了寡头市场结构下企业过度进入，使得市场企业数量多于社会最优数量，从而导致产能过剩。国内的相关讨论更偏于宏观、中观层面，其中从政府行政干预角度进行的讨论较多，认为不合理的财税制度和政绩考核机制导致经济重复建设和产业过度投资，并忽视整个整体协调和管理，甚至用行政命令等非市场化手段阻碍企业的正常退出。部分学者从产业特性角度来分析产能过剩的原因。如张红松认为产能过剩主要发生在经济体的新升级的产业

① http://finance.ifeng.com/a/20140524/12402580_0.shtml.
② http://www.f139.com/lv/detail/1536501.html.
③ http://www.chinairn.com/print/3248204.html.
④ http://www.qianzhan.com/industry/detail/175/130407-b37d2e0d.html.

中，且比传统产业更为严重，高熠的研究也得到了类似的结论。杨培鸿则从信息不对称视角进行了探讨。但从技术视角进行分析的文献却并不多见，然而，这一因素却不容忽略。

1978 年 3 月，邓小平在全国科学大会开幕式上提出，要实现"四个现代化"关键要实现科学技术现代化，并强调"科学技术是第一生产力"。此后，科技带动中国经济取得了一定程度的增长，但多限于国外技术的引进。此后，随着经济的进一步发展，科技创新环境的进一步改善，科技发展经历了从快速发展到全面升级的时期。然而，相较于发达国家而言，中国企业的科学技术水平较低，还处于跟随和模仿国际先进科技水平的阶段，这不仅易于催生产能过剩的形成，也不利于已有产能过剩问题的解决。

由于我国技术水平偏低，因此行业的进入门槛低，加之资本密集型行业的规模经济效应，显得投资效应立竿见影，这促使资金集中性加强，造成部分行业重复投资，从而导致产能过剩。那么是否应该进行技术引进从而避免重复投资而造成的产能过剩呢？事实上，包括中国在内的很多发展中国家都进行了不同程度的技术引进，希望通过"引进—吸收—自主创新"模式实现"后发优势"。遵循这一逻辑并予以实践的国家中，韩国和日本是比较成功的案例。日本学者斋藤优将这种"选择—获取—吸收—技术改进"的思路概括为从技术移植走向技术开发的过程。然而，中国的实践并没有实现如韩国和日本的技术融合，反而因重复引进造成重复建设进而引发产能过剩。不仅如此，由于缺乏合理的引导和有效的监管，中国引入的技术不仅很多来自发达国家的落后技术，还因为缺乏核心技术的掌握而使得对外技术依存度提高，无法掌握定价话语权，产品质量和售后无法与国外类似产品相匹敌，只能以低成本为优势，但这很容易被进口国设置贸易壁垒，使得出口受限，不利于过剩产能问题的解决。

以光伏产业为例，多晶硅厂商曾经常用的宣传语如下：[①] 硅料提纯用的是德国改良西门子法；硅片生产多晶炉是美国设备；生产硅片电池的七道工艺，有五道需要进口设备等。然而，多晶硅的核心技术仍由美国、德国和日本掌握，国内越是依赖进口设备和技术，就越没有定价权。事实上，国内很多多晶硅企业技术简单，提纯度不高，耗费大量的资源却只能以较低的价格出售给国外企业作为工业原料进行再提纯后高价回购。中国光伏企业成为发达国家的"代工车间"的同时，还给国内埋下了巨大的污染隐患。不仅如此，由于技术落后，国内的光伏企业只能以规模取胜，大打价格战，无暇顾及推广与质保，从而形成"低质、低价、无质保"的"中国制造"标签，产业前景堪忧。

虽然技术水平只是形成中国产能过剩的原因之一，但技术水平的落后，核心技术的缺失不仅容易催生产能过剩，还不利于解决现已存在的产能过剩问题。为了摆脱对发达国家先进技术的依赖，提升中国企业的国际竞争力，必须进行技术创新，这也是解决产能过剩的一条有效途径。随着科技对经济、社会的影响逐步加强，依托企业技术创新从而推动产业升级，对于解决产能过剩更为关键。

四、中国企业技术创新的机遇和挑战

经济学家熊彼特在《经济发展理论》中明确阐述道："创新是把一种从来没有过的关于生产要素的'新组合'引入生产体系。这种新的组合包括引进新产品、新技术、开辟新的市场、控制原

---

① http://shznhg.cn.gongchang.com/news/493552.html.

材料新的来源等。"创新的主体是企业，中国要实现技术创新，必须依靠企业。但从目前中国企业的技术创新环境和过程来看，机遇与挑战并存。

（一）中国企业技术创新的机遇

从国际环境来看，中国的国力提升和国际影响力的增强为中国企业承接国际产业转移提供了难得的机遇。特别是金融危机后，世界各国积极调整本国的经济结构，调整的方向多以新能源、信息、生物、医疗、环保、海洋和空间等新兴产业为战略重心。越来越多的跨国公司选择中国的中西部作为新一轮产业转移的目的地，为中国企业特别是中西部的企业提供了难得的技术创新和产业升级的机遇。

从国内环境来看，政府对培育战略性新兴产业，推进技术改造和自主创新重视程度逐年增加，企业技术创新的环境不断得到优化。党的十八大报告明确提出，"要加快建设国家创新体系，着力构建以企业为主体、市场为导向、产学研相结合的技术创新体系"，各级政府和相关职能部门也出台了一系列有利于技术创新的政策和措施，如国务院《关于实施科技规划纲要增强自主创新能力的决定》，国家发展和改革委员会等部门联合制定的《关于促进自主创新成果产业化的若干政策》，国家发展和改革委员会、教育部、科技部、财政部等联合发布的《关于支持中小企业技术创新的若干政策》，国务院《关于加强技术创新、发展高科技、实现产业化的决定》等。这些政策的制定和实施虽然还不能完全达到预期效果，但至少为国内技术创新环境提供了正面的影响，为企业加快技术研发、转型升级提供了机遇。

（二）中国企业技术创新的挑战

从国际方面来看，首先是绿色经济发展模式带给国内企业技术创新的压力增大。由于国际组织对节能减排设定了一系列强制性或非强制性的标准或限制，不少发达国家对不符合环保立法标准国家的进口产品进行限定并征收高额碳关税，这给国内碳强度和能源强度高的企业和行业带来挑战。其次是国际贸易摩擦增加对中国企业创新的挑战。据中国国家商务部数据显示，[①] 截至 2013 年 12 月底，共有 19 个国家（地区）对中国发起贸易救济调查案件 89 起，涉案金额 36.19 亿美元，比 2012 年增长了 17.9%。而 2014 年国外特别是新兴市场对"中国制造"的反倾销等更是严重。仅在新年的 10 日内，国家商务部已连发了 14 次预警提醒，涉及多个国家对中国产品的反倾销、反补贴调查。贸易摩擦不断增加，并由传统劳动密集型产品向高科技产品扩展，为国内企业通过技术创新实现产业升级提出了更大的挑战。

从国内来看，首先是科研经费投入还不足。我们采用 R&D 支出占 GDP 的比例指标来反映一国对科研进行的投入情况。图 1 显示了中国和核心技术集中度较高的美国、日本、德国近 10 年 R&D 的支出占 GDP 的比例差异。从图 1 中可以看出，虽然中国的科研投入呈逐年增长态势，但从 R&D 的支出占 GDP 的比例来看，依然处于低位，并未达到 2%，与其他三个核心技术掌握国家长期维持在 2.5%~3.5% 之间相比，还存在较大的差距。

与此同时，我们用每百万人当中参与新知识、新产品、新流程、新方法或新系统的概念成形或创造，以及相关项目管理的专业人员人数（R&D 研究人员）做对照（详见图 2），日本每百万人中的 R&D 研究人员均在 5000 人以上，美国和德国处于 3000~4000 人之间并有增加的趋势，而中国同期相比差距明显，基本都维持在 1000 人以下。这与 R&D 的支出占 GDP 的比例所呈现的趋势高度吻合。

---

① http://news.xinhuanet.com/fortune/2014-01/14/c_126003752.htm.

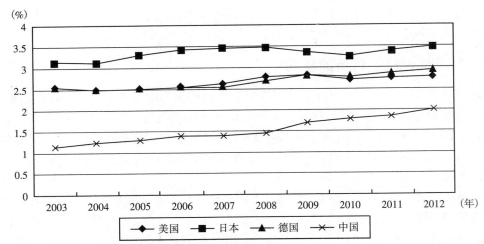

图 1　美国、日本、德国和中国 R&D 的支出占 GDP 的比例（2003~2012 年）
资料来源：通过世界银行网站相关数据整理得出。

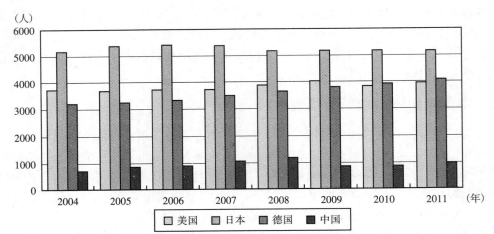

图 2　美国、日本、德国和中国每百万人中 R&D 研究人员人数（2004~2011 年）
资料来源：通过世界银行网站相关数据整理得出。

　　可见，中国研发投入方面，不仅投入较低，相关研究人员数量也较少。同时，国内这两项指标还大多集中在高校和科研机构，企业所占比例较小，严重阻碍了企业的科技创新能力。

　　其次，科研成果的转化率较低，且缺少完善的知识产权保护环境。一方面是研发人员的稀缺和经费投入的不足，另一方面却是研究成果难以转化。以国际通行的反映拥有自主知识产权技术的核心指标——发明专利申请受理和授权数据中可以得到一些证据。如图 3 所示，1995~2012 年，中国的发明专利申请受理和授权数呈逐年递增态势，反映了科技创新积极的一面，但同时，发明专利授权数占申请受理的比率却依然偏低。这说明，我国发明专利的质量还有待提高。有的企业甚至出现投入巨额人力、物力、财力，好不容易有了成果，当申请专利的时候却发现已经被别的企业抢先申请了，技术创新受到极大的挫败。

　　与此同时，中国的知识产权保护环境不够完善，企业前期研发费用高，产品一面市就可能遭到其他企业的模仿，企业蒙受巨大损失却遭遇维权障碍，很难依靠相应法律及执行而得到应有的补偿，在此情况下，科技创新积极性难以为继。

　　由上述可知，中国技术创新虽迎来了前所未有的政策和产业环境，但面临的挑战也不容忽视。无论是国外的竞争压力还是国内企业自身的问题，依靠技术创新解决产能过剩、推进产业升级的

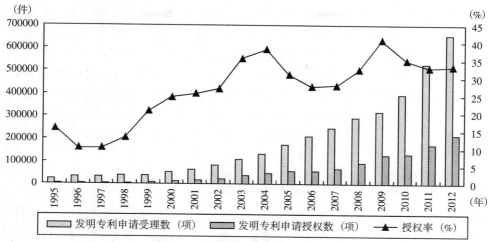

图3 1995~2012年中国发明专利申请受理和授权数

资料来源：通过中国统计局网站相关数据整理得出。

道路并不平坦。即使在技术创新方面获得了突破，要最终实现产业化并非一蹴而就，还需后续资金的保障和市场的有效推广等。

五、众筹发展有助于企业技术创新产业化的实现

（一）众筹平台有利于研发费用的筹措

众筹是互联网思维下一种全新的融资模式，即通过公开征集方式，面向众多个体而不是少数的专业投资人，借助网络平台汇集他们的资金以支持其认可的各种活动。项目发起人不需要提供任何担保或抵押，只需按众筹平台规范提交项目申请，经平台在线审核后（点名时间的审核期一般为3个工作日），公开上线接受投资人的资金认投。融资期限由项目发起人自己设定，具有很强的灵活性。同时，由于互联网的开放性和共享性，使项目得以向更多人展示，从而提高了优秀项目的市场竞争力。据点名时间平台项目数据显示，项目最终融资金额与原预设融资金额之比平均为233%，单个项目最高融资比达到了14640%。

众筹可分为捐赠型、回报型、债权型和股权型四种。其中，捐赠型不涉及回报，不在本文讨论范围之内；债权型众筹即是通常所说的P2P模式，因借款列表中显示的内容太过简单，不利于判断企业或项目类别，因此不用于论证说明；股权型众筹的发展还在试探期，模式并不明朗，且容易遭致非法融资的法律风险，加之股权众筹的数据不易获取，因此本文以回报型众筹平台——点名时间中科技类项目数据加以论证。回报型众筹模式是个人将其资金投入项目或企业以换取某种类型的回报。回报可以是一封感谢邮件，也可以是项目的一个部分，或者是一份全新的产品等，但不涉及债权、股权的交易，该类型目前最为普遍。美国Kickstarter平台至今已发布了6万多个融资项目，接近半数的项目成功融得超过10亿美元的资金支持。作为直接融资的延伸，众筹平台已在一定程度上为初创企业开辟了一条融资渠道，也为更多企业的科技创新研发费用筹措提供了可能。

我们以点名时间平台上线的时尚科技类项目为例。该类项目与科技创新相关，或是新产品、或是新的工艺、或是新的设备，领域涉及智能家居、可穿戴设备、3D打印技术、健康监测设备等

多方面，符合未来科技创新趋势。由于大多产品处于研发或测试阶段，创业团队在没有专利或任何抵押的情况下，将自己的创意通过平台向大众展示，却可以得到支持梦想或是酷爱该产品的投资者的认可，从而乐意投入资金支持产品的研发。截至 2014 年 8 月 31 日，点名时间平台上线 331 个科技项目，其中有 263 项成功融得资金超过 2000 万元。众筹模式为从事技术创新的企业，特别是初创企业的研发费用的筹措提供了不同于传统融资渠道的途径，有利于缓解研发投入不足的困境。当然，与此相反的是，如果项目在平台上反应冷淡，获得支持资金较少，说明该技术创新有可能并非市场所需，那么创业团队就需要考虑是否继续投入资金研发，这在一定程度上避免了研发投入的浪费。

（二）众筹平台有利于科技创新项目的推广

众筹平台的积极作用是为科技创新项目进行有效的市场验证和推广。虽然有些项目质量很高，但创业团队专注于研发，缺乏与投资人打交道的经验，或者缺乏好的运营、营销团队，很难进行自我推广，因而在营销和销售上有强烈的需求。平台除了在融资方面对项目提供支持外，还可以协助他们认识资本市场、完善团队、对接有效资源。如从事智能家居的创业公司 Broad Link，在 2013 年 2 月登陆点名时间后，发展至今，已经获得千万美元级投资。

依托建立的众筹社区，创意项目融资方可以借此获取产品设计改良、问题的解决方案等信息。这些信息属于激励相容需求信号，可以大幅提高信号质量，减少全新产品推出前与需求估计相关的干扰，提高推出产品的成功率，企业也因为培养部分新产品的个人推广者而受益，从而促进产品生产的早期生态系统的发展。众筹社区的反馈机制有利于投资人之间或与其他潜在投资人进行交流，分享众筹的体验和感受。经由网络传播很容易产生口碑效应，进而为优质的科技创新项目起到良好的推广效果。以点名时间上的 Candy 定位糖和小 K 二代智能插座为例，项目所属团队和在深圳硬件圈有着多年的经验的大多硬件团队一样，只知道生产，却向来不会包装品牌、推广与营销。登陆点名时间前，Candy 定位糖（家用定位器）和小 K 二代智能插座的产品毫不起眼，后期从产品重新命名、拍摄产品页面都来自于点名时间团队的运作。点名时间在 Candy 和小 K 二代智能插座两个产品预售前，完成从产品包装、品牌名称、推广到预售的一系列市场运作，最后这两个产品大获成功，其中 Candy 定位糖项目共获得资金 354370 元，而小 K 二代智能插座项目获得来自 15142 名支持者的 5397294 元的资金支持。

可见，众筹不仅是个筹资平台，还是一个孵化平台和推广平台，它的良性发展有利于帮助企业实现技术创新的产业化，助推产业的转型升级。

六、结论及建议

（一）结论

无论学界关于产能过剩的争论焦点如何变化，中国存在产能过剩并给中国经济带来了很多负面影响是不争的事实。这些负面影响在新型产业领域更为严重，阻碍了中国产业转型升级的顺畅进行。本文从技术创新角度出发，认为技术水平低是引起产能过剩的重要原因之一。结合国内外现状分析了中国技术创新存在的机遇和挑战，并利用点名时间平台的众筹数据说明众筹模式可以助力"微笑曲线"两端资金的获取和市场的推广。

（二）建议

首先，应重视形成产能过剩的技术原因。借鉴美国等发达国家的经验，重视通过创新驱动夯实中国产业发展的基础与环境，营造有利于创新创业的氛围。及时修正中国在技术引进方面存在的重引进、轻消化，以及技术引进结构不合理等问题，并选取清洁能源和先进制造技术等领域重点进行再工业化突破，促进中国形成一批具有战略优势的新兴产业，缓解产能过剩压力。

其次，应致力于提高自主创新能力。产业的技术水平是一个国家经济发展及科技水平的集中体现。中国若想成为真正的世界强国，不能照搬发达国家的发展模式，要依靠自主创新解决产业发展中的诸多难题，依靠自主创新积累起适合中国国情需要的知识产权、技术、产品及品牌等，从而提高我国产业的国际竞争力和影响力。当然，这不仅需要企业围绕市场需求和长远发展建立研发机构，健全组织技术研发、产品创新、科技成果转化的机制，还需要政府在制度建设、环境培育和人才培养方面发挥更积极的作用。

最后，合理指导众筹，促进产业转型升级。众筹的主要目的在于企业资金的融通，可以为初创企业提供最初的研发资金投入，特别是针对小微企业的技术创新有积极作用。同时，通过平台展示可以进行信息反馈、市场验证和推广，不仅能为专注于研发的团队提供宝贵的意见和建议，还能通过更有效率的推广为技术创新的产业化提供市场资源，帮助更多的创新型企业成长，从而助推中国产业转型升级。然而，目前国内的众筹还刚起步，模式还未清晰，监管还未明朗，急需要合理的指导，从而促进其健康发展。

参考文献：

［1］Agrawal，A.，C. Catalini and A. Goldfarb. Some Simple Economics of Crowdfunding ［R］. NBER Working Paper，2013.

［2］Ding，M. An Incentive–aligned Mechanism for Conjoint Analysis ［J］. Journal of Marketing Research，2007，44（2）：214–223.

［3］Dixit A. K.，J. E. Stiglitz. Monopolistic Competition and Optimum Product Diversity ［J］. The American Economic Review，1977，67（3）：297–308.

［4］Lauga，D.O. and E. Ofek. Market Research and Innovation Strategy in A Duopoly ［J］. Marketing Science，2009，28（2）：373–396.

［5］Miller，K.D.，F. Fabian and S. Lin. Strategies For Online Communities ［J］. Strategic Management Journal，2009，30（3）：305–322.

［6］［美］爱德华·哈斯丁·张伯伦. 垄断竞争理论 ［M］. 周文译. 北京：华夏出版社，1999.

［7］董正平. 西方经济增长理论的演变及其借鉴意义 ［J］. 北京社会科学，1998（3）.

［8］付保宗. 关于产能过剩问题研究综述 ［J］. 经济学动态，2011（5）.

［9］高鸿业. 西方经济学（第二版）［M］. 北京：中国人民大学出版社，2000.

［10］高熠. 产业升级. 信息成本和产能过剩 ［D］. 复旦大学，2011.

［11］贾根良. 美国学派推进美国经济崛起的国民经济学说 ［J］. 中国社会科学，2011（4）.

［12］李锐. 我国民营企业转型升级研究 ［D］. 福建师范大学，2013.

［13］王立国，高越青. 基于技术进步视角的产能过剩问题研究 ［J］. 财经问题研究，2012（2）.

［14］杨培鸿. 重复建设的政治经济学分析：一个基于委托代理框架的模型 ［J］. 经济学（季刊），2006（2）.

［15］于立，张杰. 中国产能过剩的根本成因与出路：非市场因素及其三步走战略 ［J］. 改革，2014（2）.

［16］［美］约瑟夫·熊彼特. 经济发展理论 ［M］. 叶华译. 北京：中国社会科学出版社，2009.

［17］张红松. 产业升级、不完全信息和产能过剩 ［M］. 北京：北京大学出版社，2008.

［18］周劲，付保宗. 工业领域产能过剩形成机制及对策建议 ［J］. 宏观经济管理，2011（10）.

产能过剩与产业结构调整

——以江苏光伏产业为例

方 芳

（湖南科技学院经济与管理系，湖南永州　425199）

产能过剩既是长期困扰中国经济健康发展的一大难题，也是当前产业结构调整中亟待解决的突出问题。产能过剩通常存在于诸如钢铁、水泥等传统产业，但近年来一些新兴领域也出现了产能过剩的情况，光伏产业是出现产能过剩问题的新兴产业之一。为了解决经济快速发展所带来的能源需求和环境保护问题，我国在经济转型时期，光伏产业被作为新能源产业之一列入七大重点发展的战略性新兴产业。在国家政策的引导下，全国 31 个省份都有发展光伏产业，光伏产品的生产规模迅速扩张，出现了重复建设和产能过剩的风险。其中，江苏是我国光伏产业第一大省，就太阳能电池产量而言已占到全国产量的 65%，全球产量的 25%，光伏企业 600 多家，8 家企业在海外上市。2009 年 9 月，在国务院批转国家发改委、工信部等部门的《关于抑制部分行业产能过剩和重复建设引导产业健康发展若干意见的通知》中着重指出特别需要关注多晶硅等新兴行业出现了重复建设的倾向。2013 年 3 月 20 日，无锡尚德破产重组，标志着中国特别是江苏光伏产业在产能过剩中陷于困境。为此，2013 年 10 月，国务院专门制定了《关于化解产能严重过剩矛盾的指导意见》，以指导这些行业及其他产能过剩行业的产业结构调整工作。因此，对光伏产业产能过剩问题进行研究具有非常重要的现实意义。

一、产能过剩与光伏产业概念的界定

（一）产能过剩

产能过剩的概念是张伯伦于 1933 年提出来的。在《垄断的竞争理论》一书中，张伯伦从微观经济学的角度给出了产能过剩的定义，即垄断竞争导致平均成本线高于边际成本线，从而出现了持续的产能过剩现象。从经济学理论角度看，产能过剩是一个中观或微观的概念。国外学者最初是从企业的生产经营决策角度对产能过剩进行阐述的。Abel（1983）和 Fair（1985）发现厂商为了应对宏观经济的波动，一般会选择保有过量的生产能力，如果市场景气，厂商能够提供足够的满足市场需求的产品，从而获取更多的利润；但若经济暂时不景气，厂商可能由于较高的退出壁垒而不能及时减少生产要素的配置，从而产生产能过剩的风险。Spence（1977）则认为企业主要

[作者简介] 方芳（1981~），女，湖南岳阳人，湖南科技学院经济与管理系副教授。

是为了设置较高的进入壁垒，有效阻止潜在竞争者的进入，从而选择保有过量的生产能力。

国内学者对产能过剩的研究大多是从我国产能过剩行业的实证分析着手的，认为产能过剩表现为总体生产能力超过适度竞争的合理界限。由于产能过剩与重复建设、投资过度、恶性竞争、过度竞争、生产过剩等概念有一定的相似性，很多学者从对它们的相似性和区别性研究中界定了产能过剩的概念。曹建海、江飞涛（2010）认为产能过剩与重复建设、过度投资、恶性竞争指的是同一现象，定义为企业提供的生产能力和服务能力超过了均衡价格下的市场需求。赵健（2008）将产能过剩定义为"能够提供超过人们正常的使用能力或者正常购买能力的产品和服务的生产能力"。[①] 李江涛（2006）把产能过剩界定为"在经济的周期性波动过程中，所出现的市场上产品实际生产能力大大超过了有效需求能力的状态"。[②] 卢峰（2010）把产能过剩定义为："主要发生在工业部门的闲置富余产能超过某种合理界限时的现象，并且产能过剩通常伴随价格下降和利润减少以至持续亏损"。[③]

以上阐述的国内外学者关于产能过剩的观点对当前的光伏产业仍然是适用的，国际上通常以产能利用率指标加以衡量，如美、日都将产能利用率较长时间低于78%界定为产能过剩。2011年我国光伏产能为35~40GW，全世界才安装28GW。[④] 2012年我国新增太阳能装机300万千瓦，国内消费仅为全部产能1/10，[⑤] 2012年，我国光伏产业产能利用率64%，明显产能过剩。

（二）光伏产业

光伏产业指以硅材料的开发应用为核心所形成的产业链，包括晶硅原材料的生产、硅片硅锭制造、太阳能电池生产、电池组件封装和光伏发电系统应用五大环节。

光伏产业链的五个环节在资金投入、技术要求和利润回报等方面存在较大差距。总体而言，资金投入和技术要求越高，即进入壁垒越高的环节包含的价值量越大，位于光伏产业链中上游的晶体硅生产环节以及下游的光伏发电系统环节对技术水平和资金投入的要求最高，相应产生的利润回报率也最大，尤其是硅材料的生产环节，其利润可达到整个产业链利润的40%左右。而中游的太阳能电池和组件制造环节技术门槛较低，因此市场中企业数量较多，竞争相当激烈，从而产生的利润回报率较低，其中电池组件封装环节的利润仅占光伏产业链利润的3%左右。各环节价值量图呈"微笑曲线"。

二、江苏省光伏产业发展现状

江苏省经济发达，但能源比较匮乏，太阳能光伏产业在江苏起步比较晚。中国在19世纪50年代开始探索太阳能利用，江苏在1984年开始涉猎太阳能光伏产业的发展，之后便开始进入快速的发展，在2010年实现产值1988亿元，接近全国光伏总产值的2/3，从业人员12万多，直至今天被称为"中国太阳能光伏第一省"，有"世界光伏看中国，中国光伏看江苏"的地位。

从产业环境来看，整体的产业发展环境良好。江苏的光伏产业在国内处于前列，政府出台多

① 赵健. 关于我国产能过剩问题的研究 [J]. 经济经纬，2008（4）.
② 李江涛. 产能过剩问题、理论及治理机制 [M]. 北京：中国财政经济出版社，2006.
③ 汪涛. 我国产能过剩的影响因素分析 [J]. 投资研究，2010（6）.
④ 马芸非. "把脉"尚德：多方不理智投下光伏泡影 [N]. 中国经济导报，2013-03-23.
⑤ 张翼. 中国光伏产业何去何从 [N]. 光明日报，2013-6-6.

个扶持光伏产业发展的政策措施，并在江苏省"十二五"新能源发展规划中将光伏太阳能产业列为重点发展对象，鼓励光伏企业的发展；出台财税、金融政策，尽量放宽光伏企业融资限制；产业链条也较为完备，从上游的硅棒、单晶切片到中游的电池组件再到下游的系统集成、设备制造均有发展，其中以电池及其组件产品发展更为突出。

从企业来看，有大小光伏产业相关企业 1100 多家，8 家在海外上市，包括无锡尚德、常州天合、中电电气、江苏林洋、江苏中能、江阴浚鑫、南京中电和苏州阿斯特等一批知名品牌企业；年产值超 10 亿元的近 20 家，电池生产企业中江苏占据 7 席，拥有光伏产业相关知识产权 80 多项，截至 2010 年 10 月，江苏省在太阳能电池方面获得的中国专利近 547 项，约占全国的 13%。技术得到进步，并且获得了很多专利，还原炉、电池和组件等生产核心技术已接近世界先进水平；系统优化设计和跟踪系统技术等有所突破。

从产业发展来看，根据北极星太阳能光伏网站数据统计得到，江苏在建或已建成光伏发电利用项目达 50 多个，其中 2013 年 3 月 29 日落户海安的 150MW 太阳能光伏电站是目前江苏投资规模最大、发电功率最大的项目。从产品来说，其中以太阳能电池与多晶硅生产尤为突出，2011 年与 2012 年太阳能电池产量分别为 3374679kW、4714067.1kW，占全国产量的 1/4 以上，其中九成左右产量出口国外。2011 年多晶硅产量 45107613 吨，占全国 38.2%，但江苏省仍需大量进口多晶硅弥补短缺。

三、江苏省光伏产业产能过剩的判定及成因

（一）江苏光伏产业产能过剩的判定

我国目前还没有建立一套完整的指标体系来对产能过剩进行定性和定量的科学分析，最常使用的指标是产能利用率或设备利用率。有关学者也提出通过产品价格的走势、行业利润增长率的变动及行业内出现大面积的企业亏损甚至破产等现象来辅助证明产能过剩问题的严重性。

产能利用率（Capacity Utilization）是表示生产能力利用程度的指标，能够直接地反映产能利用情况，是可以判断产能过剩的最基本的指标。美国和日本等国家已经将产能利用率指标列入了分析和预测经济走势的统计体系，用以洞察各产业的发展动态。在实际生产中，基本没有产能利用率达到 100% 的情况，充分利用生产能力是指产能利用率在一个合理的范围内，一般认定为 79%~83%，这个数值范围也会因行业技术特点的不同而不同。一般情况下，如果一个产业的产能利用率能够达到 85%，则说明该产业实现了产能的充分利用；若持续超过 90% 可以认为其产能储备不足，可能会引起通货膨胀；若在较长时间内产能利用率低于 75%，则认为出现了产能闲置的现象；若长时间内维持 70% 以下的水平，则表明该行业存在产能过剩的状况。[①] 汪雅琪（2013）从我国主要光伏产品的产能和产量数据计算出我国光伏产业近几年各主要环节的产能利用率产都明显低于 70%。另外，还从光伏产品价格走向和光伏企业盈利能力两方面分析得出我国光伏产业已经出现了产能过剩的状况。江苏光伏产业产值占到全国的 2/3，特别是 2013 年 3 月的无锡尚德破产重组，可以判断江苏光伏产业已经产能过剩。

---

① 沈婷婷. 钢铁行业产能过剩治理——基于固定资产投资的研究 [D]. 华中科技大学硕士学位论文，2010.

（二）江苏光伏产业产能过剩的成因

综合已有的产能过剩文献研究，发现造成产能过剩的因素有市场因素、体制因素、经济周期因素等，本文主要从市场角度探讨江苏光伏产业产能过剩的成因。

1. 技术"瓶颈"始终未能突破

经过近 30 年的发展，江苏光伏产业对已经掌握的技术已发展成熟，但高端的、关键的技术"瓶颈"仍旧未突破。太阳能电池分为三代，第一代晶圆技术太阳能电池，分为单晶硅、多晶硅，我国大部分的太阳能电池产品是采用第一代生产技术，日本夏普晶硅太阳能电池科研转化率已达到 37.9%，而拥有国内最高转换率的尚德电力只有 20.3%，技术差距相当明显；第二代薄膜太阳能电池，分为 a-Si、CIGS、CdTe、球形电池，多晶硅薄膜、Grätzel、有机电站，这部分技术我国有涉足，但处于一个开发发展阶段；第三代为新型概念电站，包括量子点、量子阱电池、迭层电池、中间带电池、杂质带电池、上下转换电池、a-Si/C-Si 异质结（增加红外吸收）、偶极子天线电池、热载流子电池。从世界范围看，第三代电池还处于"概念和实验室验证阶段"，离工业生产还有相当的距离，第三代太阳能电池的光电转换率理论极限值可高达 86.8%。晶硅电池的技术发展趋势是高效低成本，而采用薄膜技术生产电池转换率、成本低、性能优良，是今后发展的主要手段。

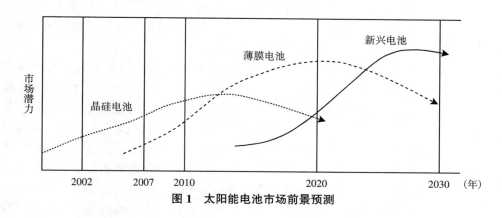

图 1　太阳能电池市场前景预测

从图 1 可以看出，晶硅电池仍旧处于一个市场的主要地位，现在占据了 80% 的市场份额；到 2015 年左右，薄膜电池发展将越来越成熟，市场份额组件扩大，到 2020 年，薄膜电池将取代晶硅电池成为太阳能电池市场的主导产品；到 2025 年左右，经过大概 10 年的孕育期，新兴电池将成为市场的主流。薄膜电池和新兴电池将是太阳能电池市场未来的发展方向。

表 1　世界各类太阳能电池实验室最高效率

电池种类	转换率（%）	研制单位
单晶硅太阳电池	25	澳大利亚新南威尔士大学
背接触聚光单晶硅电池	26.8±0.8	美国 SunPower 公司
GrAs 多结电池	40.7±1.7	Spectrolab
多晶硅太阳电池	20.3±0.5	德国弗朗霍夫研究所
InGaP/GaAs	30.28±1.2	日本能源公司
非晶硅太阳电池	14.5（初始）±0.7	美国 USSC 公司
	12.8（稳定）±0.7	
CIGS	19.5±0.6	美国国家可再生能源实验室
CdTe	16.5±0.5	美国国家可再生能源实验室
多晶硅薄膜电池	16.6±0.4	德国斯图加特大学

电池种类	转换率（%）	研制单位
纳米硅太阳电池	10.1±0.2	日本钟渊公司
染料敏化电池	11.0±0.5	EHL
HIT	22.3	日本三洋公司

从三方面分析表 1。首先，表 1 说明了晶硅电池的光电转换率要高于现有技术的非晶硅电池，但晶硅电池的显著优势是生产成本低，弱光转换效果好。通过进一步的研发和改造，薄膜电池的光电转换率是有很大的上升空间的。其次，从表 1 中可以看出，各类太阳能电池的实验室最好成绩均为美国、德国、日本等国掌握，中国未能在太阳能电池的研发中走在世界前列。最后，对太阳能电池的研究，既有大学、研究所，也有实验室和企业。

在面临太阳能电池市场更新换代的时候，国际竞争压力不断升级，中国在薄膜电池领域的技术还落后于国际市场，多晶硅关键技术仍落后于国际先进水平，晶硅电池生产用高档设备仍需进口，薄膜电池工艺及装备水平明显落后。

2. 产品附加值低

江苏光伏整个产业链相对完整，但价值体系很不完善，由于光伏组件投资少、建设周期短、技术门槛低，大量光伏企业只产或者主产太阳能电池组件，产品附加值与利润率低，使江苏在一定程度上将光伏产业这一高新技术产业做成补偿加工贸易。

由于技术水平低下，除少数企业外，需大量进口高纯度晶硅原材料，大多数企业只能生产 98%~99% 的工业粗硅，粗硅提炼过程存在严重的能源消耗，高污染，排放大量的四氯化硅。这些企业将粗硅出口到国外，然后回购经国外提纯的高纯度多晶硅进行电池生产，这使得太阳能电池板生产成本大大提高的同时，留下了一系列环境问题。经南京海关统计，在下降 8.7% 的情况下，2012 年仅江苏口岸累计进口多晶硅高达 1.9 万吨，高精材料需要进口，在生产环节做得多赚得少。

国内光伏设备与进口设备相比，单项技术参数接近，但自动化程度弱，设备的生产还不够完善，缺乏自己的核心技术。而设备又是光伏产业发展的重要条件，虽然许多公司涉足光伏发电设备的生产，从总体来看，设备生产仍处于粗放阶段，光伏设备市场面临的境地就是话语权被外资企业或者国外企业掌握，创新能力的缺乏是光伏设备技术取得进步的障碍。另外，由于国外企业的技术封锁，光伏设备生产公司只能以廉价的劳动力为筹码，为国外企业做代工，利润微薄。江苏光伏企业在光伏产业链中主要赚取的是中游太阳能电池的组装、代工费以及后期简单的光伏系统安装的人工费。企业关键技术、精良设备等因素的缺失，无法提高产品的附加值，只能单纯地靠降低价格、压缩利润率来获得市场。

3. 光伏产品结构比较单一

在江苏光伏产业发展初期，由于政府过度支持，群体资本的非理性投入，光伏电池与组件生产进入门槛低，大多数中小企业从事光伏电池与组件的生产，造成整个光伏产业的商品结构比较单一。出现这一现象的原因，一方面，由于大多数企业在发展过程中只顾及眼前利益，盲目地关注订单；另一方面，光伏发电成本太高，举例来说，在东莞万科建设研究中心有上万平方米的太阳能光伏板铺设，由于蓄电池成本太高，发电量只能日产日用，由此看出一般的中小投资者不敢集中建设太阳能发电站，投资回本周期太长。在国内市场未完全打开的情况下，单一的商品结构导致整个产业的外贸依存度过高，依赖国外市场。据相关统计，江苏全省九成以上的太阳能光伏产品出口，出口依赖过高。就南京而言，目前有 50 多家光伏企业，2010 年南京光伏产品 98% 用于出口，受国际市场缩水、欧美光伏双反的影响，2011 年的比例下降为 90%，到 2012 年大幅下降为 70%。由于出口锐减，50 多家光伏企业可谓举步维艰，2012 年仅少数几家企业微薄盈利。单一的产品结构使得整个产业抵御风险的能力不足。

4. 企业数量多导致同业竞争内耗严重

江苏是一个光伏大省，经过了从无到有、从有到盛的过程，江苏省在 2006 年只有不到 100 家的光伏企业，到 2011 年底，数字激增到 1100 家。庞大企业群体认同光伏产业的同时，带来了剧烈的竞争。各企业之间忙于内战，无暇也无意识顾及国际市场的发展，在其他国家已经行动如何研发最新技术的时候，很多企业还在想着如何从别的企业挖掌握即将过时技术的技术员。供过于求与同质化竞争的双重压力导致了光伏企业之间的恶性竞争，内耗浪费严重。

江苏光伏产业的快速发展说明光伏产业得到了产业资本的认同。光伏产业本身是一个绿色环保型朝阳产业，带来了巨大的市场需求和良好的经济效应。但是，江苏光伏产业的迅速膨胀，同时也折射了群体的非理性投资。这种资金一拥而上导致的直接后果就是产能过剩，2011 年，全球光伏装机需求量约为 27GW，光伏产能却超过了 50GW，其中，中国就已拥有 30GW 以上的产能，供给远远大于市场需求。

产能过剩背后隐藏的就是企业之间的内耗，江苏光伏投资主要集中在太阳能电池的生产，大量的太阳能电池销往国外，质量处于同等水平，大部分企业资金短缺或者规模过小，没有能力提高技术水平，因此更多的企业只能通过降低价格赢得订单，降价导致利润下降，而在号称"光伏第一大省"的江苏光伏企业中，真正拥有研发团队的仅占 2%~3%，大部分企业根本没有能力变革技术，提高产品的附加值，于是这部分企业只有通过降低产品价格来节约成本从而提高利润率，这便形成了价格—质量螺旋形下降的恶性循环。同时，有些企业通过提高酬劳，向大企业挖人，据尚德 CEO 透露，有光伏生产企业用 3~4 倍的年薪向大企业挖走掌握成熟技术的技术员。这不仅导致大企业的人才流失，造成成熟企业的损失，更会由于人才分散，减少了人才之间技术的交流与相互促进而使技术得不到提高，使大企业遭受人才流失的同时削减了行业的整体技术水平。众多企业的内耗式竞争导致产品质量下降，技术得不到提高。

5. 遭遇欧美双反调查

历经金融危机、欧债危机所导致的外部市场缩水后，2012 年江苏中国光伏产业又先后遭遇美国、欧盟和印度的轮番双反调查。作为光伏产品生产重地的江苏遭遇重创，以江苏几家海外上市光伏企业为例来说，直接的损失表现为：美国商务部做出终裁，处以无锡尚德、常州天合、阿斯特、南京中电等 21.49%、7.78%、15.42%、15.42% 的反倾销税率，14.78%、15.97%、15.24%、15.24% 的反补贴税率，并追溯 90 天执行。这一终裁结果导致的直接后果就是被双反调查的企业从终裁之日起出口到美国的光伏产品要交高额的税款，追溯执行的结果是被双反调查的企业要向美国补交在终裁之日前一个季度的税款。直接导致高额的经济损失，并且失去了光伏产品在美国的价格优势。

据江苏省能源局统计数据显示，2012 年前 10 个月，江苏光伏产业实现总产值 1800 亿元，同比下降 28%；2012 年前 10 个月江苏的光伏产业出口总值达到 68.9 亿美元，同比下降 38%。目前江苏半数以上的光伏企业经营困难，负债率普遍偏高，甚至在近千家光伏制造企业中已有半数以上企业处于停产状态，企业开工率也严重不足。江苏光伏下滑的态势，从几家上市公司的负债就可以看出：据公开信息显示，无锡尚德在 2012 年公布的三季报表显示，前三季度净亏损 1.164 亿美元，总负债超过 35 亿美元，负债率高达 85%。海润光伏三季报显示，前三季度亏损 1.99 亿元，1~9 月，营业收入 36.55 亿元，同比下降 31.74%。江苏光伏企业遭受巨额经济损失、高份额的市场流失，很多中小企业面临或者已经遭遇淘汰的结局。江苏光伏产品的主销地是欧美地区，而新兴市场尚需进一步开拓，出口依赖又过高，应对贸易保护主义时却惊慌失措。

四、江苏省光伏产业化解产能过剩和产业结构调整的对策

从国外经验看，化解产能过剩和产业结构调整有许多策略手段，如扩大内需、增加出口、对外输出等。但我国产能过剩的顽疾是 GDP 增长激励下的政府有形之手推动和保护、银行信贷支持、企业投资冲动的结果。因此，要在政府职能转变和优化宏观调节的大前提下，更多地发挥市场机制的调节作用，让企业在市场竞争中决定产能、创新和结构调整。张超（2014）认为，当前有三个方面的调节手段有待加强，以作为已经受到重视的策略手段的重要补充，即行业产能和市场情况的监测；货币价格杠杆的调节；资本市场的处置。另外，从企业层面来讲，化解产能过剩和产业结构调整的建议有以下几个方向：

（一）参考德国的双元制教育模式培养专业技术人才

通过政府、能源部门、学校与生产企业的四方合作，培养相关的专业技术人才，支撑关键性技术研发，全面提升光伏产业技术专业与专有化水平，提升生产工艺水平，是行之有效的方式。技术人才的培养可参照德国的双元制教育模式，指由政府对职业教育进行宏观管理，学校、行业主管部门和生产单位组织实施的三重负责制的教育模式，教育经费由联邦、州政府及企业共同承担。其中，以德国曼海姆双元制大学为典型，其合作企业有 IBM、奔驰、德意志银行、西门子等一大批世界顶尖级企业，根据企业需要，结合办学实际情况，设置技术、经济、社会等不同的专业方向，每个学期开设理论学习、企业实践与跨企业的集中培训，理论与实践相结合的教育方式，培养了一大批专业精细的人才。

参照德国的双元制教育模式，可以由江苏光伏产业协会牵头，组织有实力的上市光伏企业，取得政府及能源部门支持，通过多方出资的方式筹措教育经费，以减免学费、生活补助等优惠措施获得生源，与南京大学等高校合作，培养专门的光伏产业技术研究人员，与职业技术学校合作，设置专门的光伏产业精工专业，精化光伏产品生产过程。培养过程用德国式的理论学习与企业实践相结合，培养光伏产业专业技术人才。

（二）培育完整的产业价值链

每个行业都有自己的产业链条，产业链条决定着每个行业的生存运行。链条间的环节如何从简单链接到整合升级，实现供应的复合升级及产品附加值的增长，决定着一个行业未来的发展。光伏产业链的现状是原料、技术设备、市场三头在外的发展模式，江苏光伏同样如此，呈现买原料—借技术—组装—卖产品的产业现状。从全球范围来看，处于一个低价值链的位置，要实现光伏产业由生产到最终产品的销售再到再生产，在光伏产业中长足健康发展，就必须建设完整的产业链。对于光伏产业而言，需要原料链、辅导链、装备链、服务链相互支持、相互渗透的体系。光伏产业作为一个朝阳产业而言，具有其后发优势，可以在完善产业链的同时复合升级，建设完备的价值链。产业价值链是产业链背后所蕴藏的价值组织及创造的结构形式，代表了产业链的价值属性，反映了产业链更深层的价值含义，决定着价值链的经营战略和竞争优势，其包括内部后勤、生产作业、外部后勤、市场和销售、服务、采购、技术开发、人力资源管理和企业基础设施建设等。产业价值链的形成能有效地实现整个产业的价值，提高抵御风险的能力。

（三）充分挖掘光伏产品潜在市场

解决依赖国外市场的问题，可以参照德美的做法。德国政府通过太阳能屋顶计划（HDTP）向德国太阳能光伏制造商提供了 5.1 亿欧元补助，这使德国迅速成为全球太阳能利用的领先者。同样，美国每年对可再生能源支持 160 亿美元，参照德美扶持光伏产业发展的经验，政府可以出台与完善上网电价法，规定较为合理的上网电价，同时让光伏电站投资者有一定的投资收益，从而可以调动社会资金投资光伏产业的积极性。还可以设立相应的电价补贴基金，国家统一每年在电价中提纯 0.005 元，允许各地政府再提纯 0.005 元，用于光伏并网发电的电价补贴。按照江苏省 2008 年全社会用电量为 3118.32 亿千瓦时计算，可以获取 31 亿元的基金，按照 2009 年江苏省提出的目标上网电价，这笔钱，可以补贴约 8.4 亿千瓦时，如果按照分十年进行补贴的模式，这笔钱每年可以补贴 0.84 亿千瓦时，按照江苏地区平均有效日照 1100 小时计算，每年可以装机约 76MW，即江苏地区光伏电池的每年产量的 5% 左右在本土，而不必外销，扩大了光伏电池及组件的国内市场。

另外，还可以通过扩大光伏产品的应用范围分散风险。光伏企业专注于光伏太阳能发电，国内市场又没完全打开，一旦遭遇外部排挤，企业生存境遇就会出现危机，这样风险太大。光伏产品的应用不仅局限于光伏太阳能发电，还可以应用于光伏水泵、太阳能广告灯箱、太阳能汽车，或者电信与工业应用。举例来说，中国已签署废除白炽灯使用协议，节能灯也将渐渐淡出市场，LED 灯将成为替代产品。在这样一种政策背景与经济形势下，光伏企业完全可以通过转型，向太阳能 LED 灯生产方向转变，或者通过与 LED 灯企业合作以及其他光伏发电相关产品的转变，渡过危机，走出困境。

（四）推进光伏产业向产业集群发展

光伏产业是一个环保、绿色的朝阳产业，引来各方投资，过多的个体理性投资引起群体的不理性行为。江苏全省的光伏相关企业从 2006 年的不到 100 家激增到 2011 年底的 1100 家，出现这一现象的重要原因是光伏产业的初始投资小、产品销售额高，使得光伏产业成为各地政府的重点招商对象。但是，更多涌进光伏产业的企业是以低技术门槛的太阳能电池生产为主，导致的结果是对价格的打压，形成了"价格—质量"的恶性循环。这引起江苏光伏产业呈现同质化竞争。从全局来看，这样一个恶性循环的结果导致技术停滞不前，行业乱象发展。

要解决这样的乱象发展局面，就要实现光伏产业的细化分工。我国光伏产业区域集群化发展态势初步显现，已初步形成了江苏等区域产业中心。产业集群是指在特定区域中，具有竞争与合作关系，由交互关联性的企业、专业化供应商、服务供应商、金融机构、相关产业的厂商及其他相关机构等组成的群体。如浙江诸暨大唐镇的袜业产业集群，一只袜子的生产要经过织造、缝头、印染等工序，生产过程被细分成 10 个环节，不同的环节由不同的企业来完成。太阳能产业包括石英原料开采、工业硅初级提炼、高纯度多晶硅提炼、多晶硅铸锭或单晶硅拉棒、切片、电池片、组件封装、系统集成和设备制造，投资者可以分散资金，专注于产业中某一个擅长的环节的生产，而不是一哄而上的生产太阳能电池。并且，这样一个产业的众多环节的企业在地理上的集中，可以为企业之间原料采购以及产品销售节约运输成本及营销费用，从而提高企业的利润。产业集群当然不免有不同企业生产同种产品，比如太阳能电池的生产，有效避免同种产品恶性竞争就是同种产品的异质化生产。据调查，消费者对瓷砖的评价中，美感占 25%，造型技术占 24%，价格占 21%，品牌占 16%，设计师占 14%，对于光伏产业而言，不同的企业可以承担产业内不同的分工环节，同一环节的生产企业生产异质化的产品，这样不仅避免了同业恶性价格竞争的陷阱，更有利于产业的健康持续发展。

（五）提高应对"双反"调查的能力

"双反"调查是一种隐蔽的非关税贸易壁垒，要在这场永不停歇的贸易保护战中坚韧地活着，就要提高应对能力。

从宏观来说，要应对在贸易保护方面"老谋深算"的欧美国家，就要知己知彼，以其人之道还治其人之身。举例来说，美国是全球最大的大豆出口国，而中国是美国大豆出口最大的市场，2002 年中国从美国进口大豆为 462 万吨，2012 年数量攀升至 2597.1 万吨，增幅为 462.14%，中国大豆进口数量远高于国内产量，一个重要的原因就是进口大豆价格低于国产大豆，美国对大豆的补贴政策给中国大豆种植业造成了实质性的伤害甚至威胁。所以，国家在支持光伏企业向欧美发起多晶硅"双反"调查的同时，可以支持其他产业向对本国经济构成威胁进口产品发起反补贴调查，围魏救赵，赢得在贸易战中的筹码。

从微观来说，光伏企业尽量做到不留下能被作为反倾销调查的把柄。一方面要提高产品的附加值，增强品牌意识，使产品多元化、异质化，避免出现产业内与企业间过度竞争，压低价格，给别有用心的国家留下反倾销调查的证据；另一方面，光伏企业在被双反调查中交了高昂的学费，江苏省光伏产业协会应该积极组织人员参与国外双反调查程序，包括立案前、立案后和定案中的交涉，关注相关信息与市场变动态势，熟悉他们的调查制度与相关规范的细节，了解相关的指标与评定规则，然后制定相应的预案以及预警机制，提高应对"双反"调查的能力，不至于在被调查时完全处于被动的局面。

参考文献：

［1］北极星太阳能光伏网. http：//guangfu.bjx.com.cn/. ［EB/OL］.

［2］唐宝莲. 江苏省光伏产业发展现状及对策［J］. 江苏科技信息，2009（1）.

［3］江苏光伏产业发展状况探析［Z］. 中国会议，2012.

［4］王有志，皮宗平，梅伟. 江苏光伏产业再发展机遇与对策［J］. 特区经济，2011（4）.

［5］易芳. 产业链条整合　产品价值升级［J］. 产业关注，2012（7）.

［6］韩子睿. 江苏光伏产业发展战略研究［J］. 管理科学，2011（4）.

［7］陈静，李昕. 德国双元制教育特点及启示［J］. 鄂州大学学报，2011，18（6）.

［8］王飞. 经济发达地区光伏产业创新发展路径探析——以江苏省为例［J］. 产业观察，2010（12）.

［9］陈柳钦. 论产业价值链［J］. 兰州商学院学报，2007，23（4）.

［10］太阳能光伏产业"十二五"发展规划［Z］. 中华人民共和国工业与信息部，2012-02-14.

［11］迈克尔·波特. 国家竞争优势理论［M］. 南京：华夏出版社，1990.

［12］刘志高，尹翊梅，孙静. 产业集群形成的演化经济地理学研究评述［J］. 地理科学进展，2011，30（6）.

［13］陈波，陈靓. 美国新能源政策及对中国新能源产业的影响［J］. 国际展望，2012（1）.

［14］吴茜薇，王振波. 金融危机背景下中国光伏产业发展现状与对策［J］. 首都师范大学学报，2012，33（1）.

［15］苏振东，严敏. 美国对华反倾销反补贴并用影响因素研究［J］. 世界经济研究，2012（8）.

［16］蔡璐. 德国太阳能发电产业的发展经验及对我国的启示［D］. 吉林大学硕士学位论文，2010.

对外投资、转移产能过剩与结构升级

陈岩　翟瑞瑞　韩朝晖

（北京邮电大学经济管理学院，北京　100876）

一、引　言

如何提升产业结构与转移产业产能过剩是中国政府需要解决的重要问题。而中国政府一直以来试图通过外资政策的优化，以配合产业结构调整的政策目标。对外直接投资的产业结构调整效应便凸显出来，成为学者们关注的热点。然而长期以来，对于这方面的研究大多集中在对外直接投资究竟促进还是阻碍了国内产业结构的发展方面，忽略了研究为什么有的国家能促进产业结构调整与转移产能过剩而有的国家不可以。本文试图以灰色关联模型结合中国细分行业下的对外直接投资的数据，探讨对外直接投资的产业结构调整效应，并研究中国的对外直接投资是否转移了国内的过剩产能，为解决国内过剩产能和产业结构调整提供具有针对性的建议。

二、文献回顾

在对外直接投资对母国国内产业结构调整效应的研究方面，多数学者在理论与实证方面都倾向于对外直接投资会促进母国产业结构升级。在理论上对发达国家的研究比较有代表性的如Dunning（1958）和Vernon（1966），他们在对美国等发达国家对外直接投资产业进行研究时发现，在对外直接投资初期投资的产业大多为劳动密集型制造业，进而间接地促进了国内资本与技术密集型产业的发展。Chenery和Strout（1966）的"双缺口模型"认为，随着一国经济的高速发展，可能会出现外汇短缺的情况，通过对外直接投资可以有效地弥补这一缺口，从而推动产业结构升级。小岛清（1987）根据本国的具体情况，提出了边际产业扩张理论。他认为，对外直接投资应从本国已经处于或即将处于比较劣势的产业开始，这样可以使国内的产业结构更加合理，而且还有利于东道国产业的调整。日本经济学家赤松要提出"雁行产业发展形态论"，其后的学者根据这一理论发展为由日本将已经发展成熟或具有比较劣势的产业向"亚洲四小龙"，进而向东盟诸国、再向中国东部沿海转移的过程。在它们之间便形成了技术密集型—资金密集型—劳动密集型产业的阶梯式产业分工体系，从而使对外直接投资国国内产业不断朝高级化发展。Ozawa（1992）在邓

[作者简介] 陈岩（1970~），男，山东曲阜人，北京邮电大学研究生院副院长，经济管理学院教授，博士生导师；翟瑞瑞（1987~），女，山东菏泽人，北京邮电大学经济管理学院博士生。

宁国际直接投资发展阶段论的基础上提出的国际直接投资模式理论认为，一国的产业结构升级的过程是利用外资与对外直接投资经验积累的过程，也就是说对外直接投资是一国产业结构升级的充分条件。Blomstrom（2000）提出日本的对外直接投资促使其国内的产业结构升级。Fung 和 Tuan（1997）在研究中国香港对内地的直接投资时发现，内地的工厂慢慢成为香港制造业厂商生产间产品以及劳动密集型产品的基地，从而间接地影响了香港制造业的产业结构，使其向高级化发展。肖卫国（2002）通过对 20 世纪 80 年代德国对外直接投资的研究发现，当时的德国在尖端技术方面落后于美国、日本等国。因此政府出面，大力扶持向海外进行尖端技术方面的直接投资，使德国尖端技术产业迅速发展，并提升国内产业结构。

对发展中国家和地区学术界在理论方面也存在类似的研究。Cantwell 和 Tolentino（1990）认为，发展中国家和地区企业技术能力的不断积累，导致发展中国家和地区的产业结构升级，而对外直接投资是提高技术能力的重要因素。理论表明，通过技术因素的调节，发展中国家和地区的产业结构升级与其对外直接投资的增长直接相关。Advincula（2000）通过对韩国的研究发现，韩国的对外直接投资使得国内低端生产转移至海外，从而提高了国内生产的技术密集度，使国内产业结构升级。Svetlii（2000）在对斯洛文尼亚进行研究时发现，通过对外直接投资学习外国的先进经验增强企业竞争力可以使国内传统产业升级。国内学者曹秋菊（2007），认为发展中国家对外直接投资可以利用外国的资金以及科技资源，从而优化产业结构。在对外直接投资的过程中，利用外国的先进技术、雇用高水平人才、借鉴高级的管理技术，进而使国内的母公司在一个更高的起点上进行创新，提高产品的技术含量，促进产业结构不断优化。

实证研究方面，一些发达国家和发展中国家的对外直接投资确实会起到促进母国产业结构升级的作用。黄琨和张坚（2000）通过对日本的产业数据研究发现，第二次世界大战后日本对外直接投资产业选择呈现两个特征：一是由第一产业为主向以第二、第三产业为主发展；二是各产业内部向高级要素密集型和高附加值产业发展。使得国内劣势产业规模缩小，利用剩余资源使产业结构向高级化发展。Barrios（2005）对爱尔兰的数据进行研究时发现，由于跨国公司从母国反向进口其生产环节所需的中间产品，使得国内相关企业生产能力提高，进而促进国内产业结构升级。戴翔（2006）在以新加坡为例实证研究对外直接投资对国内就业影响时发现，新加坡对外直接投资会促进国内劳动力向着高技术、高资金密集型产业发展。这不但证明了对外直接投资促进国内就业，同时由于劳动力比重是衡量一个国家产业结构的重要标准，也潜在地证明了新加坡的对外直接投资会促进产业结构的发展。石鲜柱等（1999）和崔岩等（2006）在对美、日、韩三国对外直接投资与国内产业结构之间的关系进行研究时发现，日、韩在国内制造业优势衰退转而发展第三产业的同时，将制造业过剩产能转移至海外，并以促进国内第三产业发展为目的进行第三产业对外直接投资，其实证研究的结果也证实了第三产业的对外直接投资的确对国内产业结构产生正向影响。汪琦（2004）认为，对外直接投资通过资源补缺、传统产业转移、新兴产业促长、产业关联以及投资收益等对产业结构有正向效应，但也会由于失业效应、重合产业国际竞争效应、国际收支平衡效应而对投资国产业结构产生不利影响。

不同于以往的学者只研究对外直接投资与三次产业的关联程度，本文在研究对外直接投资各行业与国内产业结构关联程度时选取了二者之间相互对应的 15 个行业作为研究对象，研究结果更清晰地显示了不同行业对外直接投资与国内相应行业关联程度是否发生错位，更加细致地分析对外直接投资与国内相对应的各个行业间关联程度究竟如何。同时，将工业部门按要素密集度划分后，研究对外直接投资与之的关联程度，可以更明确地观察到哪些行业的对外直接投资对国内资本和技术密集型产业发展的促进作用较强，哪些行的对外直接投资还存在进一步合理化的空间。

三、研究方法与数据

（一）研究方法

本文选用灰色关联度（包括灰色绝对关联度、灰色相对关联度、灰色综合关联度）模型原因主要是由于目前的数据结构，当前《中国对外直接投资报告》中有关行业的数据由 2003 年开始有统计，因此只能用灰色关联度模型对总量小、信息匮乏的数据进行处理。灰色关联分析根据不同序列曲线形状的相似度判断两个序列之间的联系程度。曲线形状越接近，关联度越大。本文所采用的广义灰色关联度模型通过以下方式计算。

1. 数据整理

首先需要确定反映抽象系统行为特征的时间序列映射数据：$X_0 = [x_0(1), x_0(2), \cdots, x_0(n)]$，若研究起始年份为 2003 年，末尾年份为 2009 年，则式中 $n = 7$。接下来再找到相关因素，用 $X_0 = [x_i(1), x_i(2), \cdots, x_i(n)]$ 表示。

2. 测算各类关联度

（1）绝对关联度：

$$X_0^0 = X_0 - x_0(1) = [x_0(1) - x_0(1), x_0(2) - x_0(1), \cdots, x_0(n) - x_0(1)]$$

为系统行为的初始零化像，则相应地有相关因素的初始零化像：

$$X_i^0 = X_i - x_i(1) = [x_i(1) - x_i(1), x_i(2) - x_i(1), \cdots, x_i(n) - x_i(1)]$$

如果 X_0 与 X_i 中相邻的观察数据间时间间隔一致，并且两个序列时间总长度一致，可进一步有：

$$|S_0| = \left| \sum_{k=2}^{n-1} x_0^0(k) + \frac{1}{2} x_0^0(n) \right|$$

$$|S_i| = \left| \sum_{k=2}^{n-1} x_i^0(k) + \frac{1}{2} x_i^0(n) \right|$$

$$|S_i - S_0| = \left| \sum_{k=2}^{n-1} [x_i^0(k) - x_0^0(k)] + \frac{1}{2} [x_i^0(n) - x_0^0(n)] \right|$$

那么绝对关联度公式为：

$$\varepsilon_{0i} = \frac{1 + |S_0| + |S_i|}{1 + |S_0| + |S_i| + |S_i - S_0|}$$

（2）相对关联度：

$$X_0' = \frac{X_0}{x_0(1)} = \left(\frac{x_0(1)}{x_0(1)}, \frac{x_0(2)}{x_0(1)}, \cdots, \frac{x_0(n)}{x_0(1)} \right)$$

为系统行为的初始像，其中，$x_0'(n) = \frac{x_0(n)}{x_0(1)}$。则相应地有相关因素初始像：

$$X_i' = \frac{X_i}{x_i(1)} = \left(\frac{x_i(1)}{x_i(1)}, \frac{x_i(2)}{x_i(1)}, \cdots, \frac{x_i(n)}{x_i(1)} \right)$$

式中，$x_0'(n) = \frac{x_0(n)}{x_0(1)}$。

如果 X_0 与 x_i 中相邻的观察数据间时间间隔一致，并且两个序列时间总长度一致，可进一步有：

$$|S_0'| = \left| \sum_{k=2}^{n-1} x_0'(k) + \frac{1}{2} x_0'(n) \right|$$

$$|S_i'| = \left| \sum_{k=2}^{n-1} x_i'(k) + \frac{1}{2} x_i'(n) \right|$$

$$|S_i' - S_0'| = \left| \sum_{k=2}^{n-1} (x_i'(k) - x_0'(k)) + \frac{1}{2} (x_i'(n) - x_0'(n)) \right|$$

那么相对关联度的公式为：

$$\gamma_{0i} = \frac{1 + |S_0'| + |S_i'|}{1 + |S_0'| + |S_i'| + |S_i' - S_0'|}$$

（3）综合关联度：

灰色综合关联度将灰色绝对关联度与灰色相对关联度有效地结合起来，综合反映 X_0 与 X_i 之间、X_0 与 X_i 初始像之间的关联度。为公平地衡量绝对、相对关联度的情况，将二者的权重都选为 0.5，由公式：

$$\rho_{0i} = \theta \varepsilon_{0i} + (1 - \theta) \gamma_{0i}, \quad i = 1, 2, \cdots, n$$

及 $\theta = 0.5$，有：

$$\rho_{0i} = 0.5 \varepsilon_{0i} + 0.5 \gamma_{0i}, \quad i = 1, 2, \cdots, n$$

（二）数据

研究所选用数据：一是 2004~2007 年中国 15 个行业产值比重作为系统特征变量，此时的相关因素变量选用 2004~2007 年中国 15 个行业对外直接投资比重；二是 2004~2008 年中国工业内部劳动密集型、资本密集型和技术密集型产业产值比重作为系统特征变量，此时选用 2004~2008 年中国 15 个行业对外直接投资比重作为相关因素变量。2004~2008 年中国 15 个行业对外直接投资比重的数据根据 2009 年《中国对外直接投资报告》计算得到。本文 2004~2007 年中国 15 个行业产值比重根据 2005~2009 年《中国统计年鉴》计算得到。文章中，2004~2008 年中国工业内部劳动密集型、资本密集型和技术密集型产业产值比重变量也来源于《中国统计年鉴》。要素密集型产业的划分是根据王岳平（2004）的研究，将工业内部 39 个行业划分为劳动密集型行业、资本密集型行业和技术密集型行业。

四、关联结果与讨论

（一）计量结果

1. 对外直接投资行业结构与国内行业结构关联度

本部分研究确定系统特征变量为国内 15 类行业的产值比重，相关因素为对外直接投资相应的 15 个行业存量比重。数据的时间间距均为 1 年，时间总跨度为 2004~2007 的 4 年。

根据灰色关联度模型计算得到如下结果。[①]

---

① 省略计算过程，如需计算过程，请与作者联系。

表1 2004~2007年国内各行业产值比重及中国对外直接投资各行业存量比重

单位：%

行业	国内各行业产值比重				对外直接投资各行业产值比重			
	2004年	2005年	2006年	2007年	2004年	2005年	2006年	2007年
农、林、牧、渔业	0.1386	0.1267	0.1182	0.1173	0.0186	0.0089	0.0109	0.0119
采矿业	0.0494	0.0583	0.0594	0.0552	0.1329	0.1512	0.2386	0.1484
制造业	0.3350	0.3398	0.3501	0.3585	0.1013	0.1009	0.1004	0.0943
电力燃气及水的生产和供应	0.0378	0.0384	0.0394	0.0394	0.0049	0.0050	0.0059	0.0059
建筑业	0.0563	0.0573	0.0583	0.0585	0.0183	0.0210	0.0209	0.0162
交通运输、仓储和邮政业	0.0602	0.0612	0.0614	0.0607	0.1023	0.1238	0.1009	0.1192
信息传输、计算机服务和软件	0.0274	0.0270	0.0262	0.0246	0.0266	0.0231	0.0193	0.0188
批发和零售业	0.0806	0.0765	0.0761	0.0773	0.1752	0.1996	0.1727	0.1999
住宿和餐饮业	0.0237	0.0237	0.0236	0.0227	0.0005	0.0008	0.0008	0.0012
房地产业	0.0464	0.0466	0.0475	0.0503	0.0045	0.0261	0.0269	0.0446
租赁和商务服务业	0.0170	0.0165	0.0161	0.0155	0.3669	0.2894	0.2594	0.3016
技术服务和地质勘查业	0.0114	0.0116	0.0118	0.0120	0.0028	0.0106	0.0149	0.0150
水利、环境和公共设施管理业	0.0050	0.0048	0.0046	0.0045	0.0203	0.0159	0.0122	0.0091
居民服务和其他服务业	0.0161	0.0177	0.0174	0.0164	0.0244	0.0231	0.0157	0.0128
其他行业	0.0951	0.0939	0.0900	0.0871	0.0005	0.0004	0.0004	0.0011

资料来源：根据2005~2008年《中国统计年鉴》以及2009年《中国对外直接投资报告》计算得到。

表2 中国对外直接投资各行业与国内各行业关联度

对外直接投资	产业结构	农、林、牧、渔业	采矿业	制造业	电力燃气及水的生产和供应	建筑业	交通运输、仓储和邮政业	信息传输、计算机服务和软件
租赁和商务服务业	绝对关联度	0.8783	0.8381	0.8336	0.8469	0.8464	0.8472	0.8505
	相对关联度	0.9616	0.8834	0.9160	0.9173	0.9183	0.9217	0.9383
	综合关联度	0.9199	0.8607	0.8748	0.8821	0.8823	0.8845	0.8944
批发零售业	绝对关联度	0.9331	0.9883	0.9975	0.9708	0.9717	0.9701	0.9652
	相对关联度	0.9397	0.9722	0.9879	0.9864	0.9853	0.9813	0.9631
	综合关联度	0.9364	0.9803	0.9927	0.9786	0.9785	0.9757	0.9641
采矿业	绝对关联度	0.8705	0.9130	0.9208	0.8982	0.8989	0.8976	0.8938
	相对关联度	0.8697	0.9450	0.9102	0.9089	0.9079	0.9046	0.8893
	综合关联度	0.8701	0.9290	0.9155	0.9036	0.9034	0.9011	0.8916
交通运输、仓储和邮政业	绝对关联度	0.9375	0.9937	0.9970	0.9759	0.9769	0.9753	0.9702
	相对关联度	0.9312	0.9816	0.9785	0.9770	0.9759	0.9720	0.9541
	综合关联度	0.9343	0.9876	0.9877	0.9765	0.9764	0.9736	0.9622
制造业	绝对关联度	0.9650	0.9745	0.9658	0.9920	0.9911	0.9928	0.9982
	相对关联度	0.9670	0.9446	0.9824	0.9839	0.9851	0.9890	0.9919
	综合关联度	0.9660	0.9596	0.9741	0.9880	0.9881	0.9909	0.9950
房地产业	绝对关联度	0.9119	0.9626	0.9713	0.9460	0.9468	0.9453	0.9408
	相对关联度	0.6016	0.6223	0.6127	0.6124	0.6121	0.6112	0.6070
	综合关联度	0.7567	0.7925	0.7920	0.7792	0.7795	0.7783	0.7739
建筑业	绝对关联度	0.9567	0.9833	0.9743	0.9987	0.9997	0.9980	0.9926
	相对关联度	0.9350	0.9774	0.9827	0.9812	0.9800	0.9762	0.9581
	综合关联度	0.9459	0.9803	0.9785	0.9900	0.9899	0.9871	0.9754

续表

对外直接投资	产业结构	农、林、牧、渔业	采矿业	制造业	电力燃气及水的生产和供应	建筑业	交通运输、仓储和邮政业	信息传输、计算机服务和软件
技术服务和地质勘查业	绝对关联度	0.9393	0.9960	0.9947	0.9781	0.9791	0.9774	0.9724
	相对关联度	0.6374	0.6654	0.6525	0.6520	0.6516	0.6504	0.6447
	综合关联度	0.7884	0.8307	0.8236	0.8151	0.8154	0.8139	0.8086
电力、煤气及水的生产供应业	绝对关联度	0.9591	0.9806	0.9717	0.9985	0.9976	0.9993	0.9953
	相对关联度	0.9257	0.9878	0.9724	0.9709	0.9698	0.9660	0.9484
	综合关联度	0.9424	0.9842	0.9721	0.9847	0.9837	0.9826	0.9718
信息传输、计算机服务软件业	绝对关联度	0.9740	0.9659	0.9575	0.9828	0.9819	0.9835	0.9887
	相对关联度	0.9671	0.8880	0.9210	0.9222	0.9233	0.9267	0.9435
	综合关联度	0.9705	0.9269	0.9392	0.9525	0.9526	0.9551	0.9661
农、林、牧、渔业	绝对关联度	0.9796	0.9607	0.9525	0.9772	0.9763	0.9779	0.9830
	相对关联度	0.8908	0.8246	0.8522	0.8533	0.8541	0.8570	0.8711
	综合关联度	0.9352	0.8927	0.9023	0.9152	0.9152	0.9174	0.9270
水利、环境和公共设施管理业	绝对关联度	0.9772	0.9629	0.9547	0.9796	0.9787	0.9803	0.9855
	相对关联度	0.9210	0.8497	0.8794	0.8806	0.8815	0.8846	0.8997
	综合关联度	0.9491	0.9063	0.9170	0.9301	0.9301	0.9324	0.9426
居民服务和其他服务业	绝对关联度	0.9750	0.9650	0.9566	0.9818	0.9809	0.9824	0.9877
	相对关联度	0.9541	0.8772	0.9093	0.9105	0.9115	0.9149	0.9312
	综合关联度	0.9646	0.9211	0.9329	0.9461	0.9462	0.9486	0.9594
住宿和餐饮业	绝对关联度	0.9596	0.9801	0.9712	0.9980	0.9970	0.9987	0.9959
	相对关联度	0.7937	0.8536	0.8259	0.8249	0.8241	0.8215	0.8093
	综合关联度	0.8766	0.9168	0.8985	0.9114	0.9105	0.9101	0.9026
其他行业	绝对关联度	0.9602	0.9793	0.9704	0.9972	0.9962	0.9979	0.9967
	相对关联度	0.9070	0.9900	0.9517	0.9503	0.9492	0.9456	0.9287
	综合关联度	0.9336	0.9847	0.9610	0.9737	0.9727	0.9717	0.9627

对外直接投资	产业结构	批发和零售业	住宿和餐饮业	房地产业	租赁和商务服务业	科学研究、技术服务和地质勘查业	水利、环境和公共设施管理业	居民服务和其他服务业
租赁和商务服务业	绝对关联度	0.8556	0.8488	0.8468	0.8499	0.8479	0.8489	0.8468
	相对关联度	0.9399	0.9289	0.9187	0.9401	0.9171	0.9420	0.9060
	综合关联度	0.8977	0.8889	0.8828	0.8950	0.8825	0.8954	0.8764
批发零售业	绝对关联度	0.9590	0.9673	0.9708	0.9659	0.9688	0.9672	0.9708
	相对关联度	0.9614	0.9732	0.9848	0.9612	0.9867	0.9592	0.9999
	综合关联度	0.9602	0.9703	0.9778	0.9636	0.9777	0.9632	0.9853
采矿业	绝对关联度	0.8894	0.8953	0.8982	0.8943	0.8965	0.8953	0.8982
	相对关联度	0.8879	0.8978	0.9075	0.8877	0.9091	0.8861	0.9202
	综合关联度	0.8886	0.8966	0.9029	0.8910	0.9028	0.8907	0.9092
交通运输、仓储和邮政业	绝对关联度	0.9639	0.9724	0.9760	0.9710	0.9739	0.9724	0.9760
	相对关联度	0.9524	0.9641	0.9754	0.9523	0.9772	0.9503	0.9902
	综合关联度	0.9582	0.9682	0.9757	0.9616	0.9756	0.9613	0.9831
制造业	绝对关联度	0.9948	0.9957	0.9920	0.9973	0.9941	0.9958	0.9920
	相对关联度	0.9900	0.9974	0.9856	0.9898	0.9837	0.9877	0.9709
	综合关联度	0.9924	0.9966	0.9888	0.9935	0.9889	0.9918	0.9815
房地产业	绝对关联度	0.9353	0.9427	0.9460	0.9415	0.9441	0.9427	0.9460
	相对关联度	0.6066	0.6093	0.6120	0.6066	0.6124	0.6061	0.6155
	综合关联度	0.7709	0.7760	0.7790	0.7740	0.7783	0.7744	0.7808

续表

对外直接投资	产业结构	批发和零售业	住宿和餐饮业	房地产业	租赁和商务服务业	科学研究、技术服务和地质勘查业	水利、环境和公共设施管理业	居民服务和其他服务业
建筑业	绝对关联度	0.9857	0.9950	0.9988	0.9935	0.9966	0.9949	0.9987
	相对关联度	0.9564	0.9681	0.9796	0.9562	0.9814	0.9543	0.9945
	综合关联度	0.9711	0.9816	0.9892	0.9749	0.9890	0.9746	0.9966
技术服务和地质勘查业	绝对关联度	0.9661	0.9746	0.9782	0.9732	0.9761	0.9745	0.9782
	相对关联度	0.6442	0.6479	0.6515	0.6441	0.6521	0.6435	0.6562
	综合关联度	0.8051	0.8112	0.8148	0.8087	0.8141	0.8090	0.8172
电力、煤气及水的生产供应业	绝对关联度	0.9883	0.9977	0.9985	0.9962	0.9993	0.9976	0.9985
	相对关联度	0.9467	0.9582	0.9693	0.9465	0.9712	0.9446	0.9840
	综合关联度	0.9675	0.9779	0.9839	0.9714	0.9852	0.9711	0.9912
信息传输、计算机服务软件业	绝对关联度	0.9957	0.9864	0.9827	0.9878	0.9848	0.9864	0.9828
	相对关联度	0.9452	0.9340	0.9237	0.9453	0.9220	0.9472	0.9109
	综合关联度	0.9704	0.9602	0.9532	0.9666	0.9534	0.9668	0.9468
农、林、牧、渔业	绝对关联度	0.9899	0.9807	0.9771	0.9822	0.9792	0.9807	0.9772
	相对关联度	0.8724	0.8631	0.8545	0.8726	0.8531	0.8742	0.8438
	综合关联度	0.9312	0.9219	0.9158	0.9274	0.9161	0.9275	0.9105
水利、环境和公共设施管理业	绝对关联度	0.9924	0.9831	0.9795	0.9846	0.9816	0.9832	0.9796
	相对关联度	0.9012	0.8912	0.8819	0.9014	0.8804	0.9031	0.8703
	综合关联度	0.9468	0.9372	0.9307	0.9430	0.9310	0.9431	0.9249
居民服务和其他服务业	绝对关联度	0.9947	0.9853	0.9817	0.9868	0.9838	0.9854	0.9817
	相对关联度	0.9328	0.9220	0.9119	0.9330	0.9103	0.9348	0.8995
	综合关联度	0.9637	0.9536	0.9468	0.9599	0.9470	0.9601	0.9406
住宿和餐饮业	绝对关联度	0.9889	0.9983	0.9979	0.9968	0.9999	0.9982	0.9979
	相对关联度	0.8081	0.8160	0.8238	0.8080	0.8250	0.8067	0.8339
	综合关联度	0.8985	0.9072	0.9108	0.9024	0.9125	0.9025	0.9159
其他行业	绝对关联度	0.9897	0.9991	0.9971	0.9976	0.9993	0.9990	0.9971
	相对关联度	0.9271	0.9381	0.9487	0.9269	0.9505	0.9251	0.9627
	综合关联度	0.9584	0.9686	0.9729	0.9622	0.9749	0.9621	0.9799

2. 中国对外直接投资与工业内部各要素密集型产业关联度

此部分研究选取系统特征变量为工业内部劳动密集型、资本密集型和技术密集型行业产值比重，相关因素为对外直接投资 15 个行业存量比重。数据的时间间距均为 1 年，时间总跨度为 2004~2008 的 5 年。

表 3　2004~2008 年工业内部按要素密集度分三类行业产值比重

	2004 年	2005 年	2006 年	2007 年	2008 年
劳动密集型行业	0.2821	0.2761	0.2746	0.2778	0.2893
资本密集型行业	0.1764	0.2037	0.2107	0.2071	0.1981
技术密集型行业	0.5415	0.5202	0.5147	0.5151	0.5125

资料来源：根据王岳平（2004）工业内各行业部按要素密集度划分的结果，由 2005~2009 年《中国统计年鉴》数据计算得到。

根据灰色关联度模型计算得到如下结果。

表 4　中国对外直接投资各行业与国内要素密集型行业关联度

产业结构	对外直接投资	农、林、牧、渔业	采矿业	制造业	电力燃气及水的生产和供应	建筑业	交通运输仓储和邮政业	信息传输计算机服务和软件
劳动密集型	绝对关联度	0.9998	0.8666	0.9978	0.9672	0.9695	0.9427	0.9977
	相对关联度	0.8499	0.8996	0.9787	0.8946	0.9729	0.9587	0.9049
	综合关联度	0.9249	0.8831	0.9882	0.9309	0.9712	0.9507	0.9513
资本密集型	绝对关联度	0.8958	0.9305	0.8971	0.9194	0.9172	0.9436	0.8972
	相对关联度	0.8059	0.9325	0.9224	0.9270	0.9631	0.9964	0.8556
	综合关联度	0.8509	0.9315	0.9098	0.9232	0.9401	0.9700	0.8764
技术密集型	绝对关联度	0.9486	0.8738	0.9982	0.9696	0.9718	0.9465	0.9981
	相对关联度	0.8605	0.9031	0.9902	0.8981	0.9771	0.9628	0.9158
	综合关联度	0.9046	0.8885	0.9942	0.9338	0.9744	0.9546	0.9570

产业结构	对外直接投资	批发和零售业	住宿和餐饮业	房地产业	租赁和商务服务业	科学研究、技术服务和地质勘查业	水利、环境和公共设施管理业	居民服务和其他服务业
劳动密集型	绝对关联度	0.9234	0.9710	0.8992	0.8435	0.9408	0.9847	0.9838
	相对关联度	0.9585	0.7862	0.5937	0.9364	0.6320	0.8537	0.8745
	综合关联度	0.9409	0.8786	0.7464	0.8899	0.7864	0.9192	0.9292
资本密集型	绝对关联度	0.9970	0.9159	0.9688	0.7936	0.9456	0.8946	0.8940
	相对关联度	0.9962	0.8097	0.6014	0.8841	0.6428	0.8093	0.8282
	综合关联度	0.9966	0.8628	0.7851	0.8388	0.7942	0.8520	0.8611
技术密集型	绝对关联度	0.9282	0.9732	0.9051	0.8935	0.9447	0.9502	0.9511
	相对关联度	0.9626	0.7887	0.5945	0.9476	0.6331	0.8643	0.8853
	综合关联度	0.9454	0.8809	0.7498	0.9205	0.7889	0.9072	0.9182

（二）讨论

观察实证分析的结果，总体来讲，各行业的对外直接投资与国内产业相关程度都较高（综合关联度都在 0.7 以上，并且以在 0.9 以上为主），说明企业的对外直接投资大体方向是与国家经济利益相一致的。但关联度之间的差异表明某类行业中的企业对外直接投资行为与国家利益存在一定偏差。

从总体来看，制造业、建筑业对外直接投资与国内各产业关联度较大。而近几年对外直接投资量前几位的商务服务业、批发零售业与国内产业结构关联度较低。除制造业、建筑业外，电力、煤气及水的生产供应业，批发零售业、交通运输业对各行业也有一定的综合影响力。而与发展低碳经济密切相关的水利、环境和公共设施管理业，与获取资源有关的采矿业对外直接投资与国内产业结构关联度较小。

从非金融类对外直接投资行业分布上来看，以 2009 年数据为准，商务服务业（36.5%）、批发零售业（17.9）、采矿业（20.3%）、交通运输业（8.3%）以及制造业（6.8%）占到当年对外直接投资非金融类投资存量的 90% 左右。但投资存量前 50 位的企业中，能源、资源类企业占到 20 家左右，基本没有涉及商务服务业和批发零售业企业，说明中国目前对外直接投资占比前两位的行业中投资主体公司规模小，并且大多数投资到香港等地，并且技术含量低，对中国国内产业结构的影响力较小。

中国对外直接投资行业结构与国内行业发展要求存在一定偏差。企业对外直接投资的最终目的是追逐利润，这使得企业在同行业中抢先占领市场、获得外溢技术来创新产品等。显然，从国家层面上来讲，不会将注意力过多地放在企业的经济利益上，而是从全局出发，转移国内的过剩产能、大力发展低碳经济的同时将高污染企业转移出去、促进国内产业结构升级。因此便出现了国家在确保人民正常生产生活所需的生产资料及各方面资源充足的前提下，大力发展资本特别是技术密集型产业的情况。如国家近几十年将交通运输业作为支柱产业而大力发展，这很好地体现在技术密集型行业——交通运输设备制造业的产值比重及发展趋势上。而实际的企业对外直接投资行为则主要集中于租赁和商务服务业、批发零售业和采矿业。这使得交通运输业对外直接投资与国内相应交通运输业的关联度并未达到最高，而在 15 个对外直接投资行业中排名第五，为 0.9736。

租赁与商务服务业、批发和零售业都属于第三产业，是产业结构高级化发展阶段主要关注的行业，也是接下来很长一段时间内国内大力发展的行业。而现阶段中国对外直接投资中，这两个行业比重最大，相反国内发展相对滞后，租赁与商务服务业、批发和零售业对外直接投资与国内对应行业的关联度分别为 0.8950、0.9602，在 15 个对外直接投资行业中排名分别是第十二和第六，可见这两个行业尽管对外直接投资绝对量较大，但对国内产业结构升级的作用却并不明显。观察这两个行业对外直接投资流向可以发现，投资地主要集中在中国香港，投资目的为了占领市场、获取利润，是国内市场的外延，同时投资仍以传统业务为主，使这一部分对外直接投资的产业结构调整效应不够理想。

中国对外直接投资在很大程度上达到了转移国内过剩产能的目的。根据第三次工业普查对 94 种工业生产能力利用情况来看，产能利用较充分的 33 种、产能闲置 20%~35% 的 26 种、产能闲置一半的 17 种、产能利用率不足一半的 18 种。产能闲置一半以上的有汽车、家电、微电子计算机、纺织品及一些药品，而产能利用较充分的为能源、化工、冶金及一些轻工产品。观察国内产能过剩较严重的制造业与电力、煤气和水的生产供应业的对外直接投资与国内相对应行业的关联度发现，制造业对外直接投资与国内制造业关联度（0.9741）并不是最高的，关联度在 15 个行业中排名第三，说明制造业对外直接投资虽然在一定程度上转移国内部分过剩产能，但还没达到最佳状态；而电力、煤气和水的生产供应业的对外直接投资能够很好地转移国内相应的过剩产能（综合关联度为 0.9847）。

电力行业对外直接投资有效地促进国内相关产业结构升级。进入 21 世纪后，中国的电力企业开始进行对外直接投资活动。2003 年、2005 年、2008 年华能集团频频出手收购了多家煤炭、发电企业，并得到丰厚的利润回报。2007 年、2009 年国家电网公司及其子公司也分别收购了菲律宾以及巴西多家能源企业，获得了可观的资金回报。中国电力企业通过一系列对外直接投资行为获得了外国电、煤等资源的同时，占领了外国市场并取得大量投资回报，还进一步得到了先进的管理、技术经验。这在本文的实证研究中也得到了很好的体现，电力、煤气及水的生产供应业对外直接投资与国内各行业关联度平均值达到 0.9759，说明目的性明确的电力、煤气及水的生产供应业对外直接投资对国内产业结构升级起到了很好的推进作用，值得其他行业借鉴。

中国对外直接投资在一定程度上达到了通过带动产业内贸易提升产业结构的效果。衡量一国对外直接投资对国内产业辐射效应的指标之一是产业内垂直贸易量的大小，通过对外直接投资对国内产业的辐射效应，促进国内产业结构升级。从上述实证结果来看，各行业对外直接投资与国内对应行业关联度最大的只有建筑业，而建筑业对外直接投资与国内同一产业链中的房地产业关联程度最高，同样地有制造业对外直接投资与国内同一产业链中的批发零售业关联度最高。说明上述几种行业的对外直接投资起到了促进国内与其处于同一产业链中的其他行业结构升级的目的。但对外直接投资的其他行业在这一方面表现得并不明显，如对外直接投资量相对较小的住宿餐饮业、房地产业、技术服务和地质勘查业等与国内相对应的行业关联度较小。特别地，对外直接投资量较大的租赁与商务服务业对外直接投资与国内对应行业关联度较小，说明中国对外直接投资产业内辐射效应不够理想。

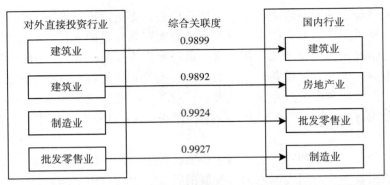

图 1　建筑业等行业对外直接投资与相关产业链内行业综合关联度

考察中国各行业对外直接投资与国内三类要素密集型行业间的关联程度发现，除"其他行业"之外的对外直接投资 14 个行业中，与国内劳动密集型和技术密集型行业关联度最高的是制造业，与国内资本密集型行业关联度最高的是批发零售业。从另一个角度来看，14 个对外直接投资行业中的 7 个（制造业、电力燃气与水的生产供应业、建筑业、交通运输仓储和邮政业、信息传输计算机服务和软件业、住宿和餐饮业、租赁和商务服务业）与国内三类要素密集型行业关联度比较时，与技术密集型行业的关联度最大，有 4 个行业（采矿业、批发和零售业、房地产业、技术服务和地质勘查业）与国内资本密集型行业关联度最大。说明中国通过对外直接投资吸收外国先进技术效果较为明显。

五、政策建议

（一）中国 OFDI 应具备转移过剩产能、学习先进经验的作用

美日等发达国家都是通过向外转移劣势产业实现产业结构升级的（冯志坚、谭忠真，2008）。而中国在纺织业、食品加工业、轻工业等行业生产能力过剩，应将这些产业转移至国际分工体系中更低阶的国家。

近些年，由于中国国内固定资产投资的高速发展积累了巨大的产能，这些产能如果不能充分地利用则容易造成产能过剩，这种过剩不仅是由大量的固定资产投资所引起的，固定资产投资结构的不合理同样会导致这个结果。截至 2005 年底，在全国产能过剩的 11 个行业中，重工业占据了大部分比例，这与国家宏观政策和地方政府的政策力度是分不开的。目前将生产能力超出需求能力 25% 的行业定义为产能过剩行业，现阶段如钢铁行业、铁合金行业、焦炭行业、电石行业、汽车业、水泥行业等这一数字均超过 25%，是产能过剩行业。与中国对外直接投资存量对比后发现，这些行业对外直接投资比重明显偏小。

（二）中国 OFDI 应达到调整中国在国际分工中的地位的目的

改革开放以来，中国在国际分工体系中一直处于相对较低阶的地位，主要以劳动力成本为优势进行生产活动，却伴随着对国内的资源消耗与环境污染。中国经济的调整发展要求我们必须转变以数量增加为主要经济增长方式的态势，并在全世界提倡低碳经济的今天，中国更应将高消耗、高污染、低效率的产业转移出去，利用国内自主研发与对外直接投资的各项反向溢出效应，快速

使国内经济增长方式向低污染、低能耗、高效率、高质量转变，进而参与到更高阶地国际产业分工体系当中。

（三）中国 OFDI 应扩大产业内贸易量

对外直接投资对国内产业结构产业影响的方式之一是对相关产业的辐射作用。"一般而言，产业内垂直贸易量与产业关联的深度和广度呈正相关关系"。因此在对外直接投资产业选择上，国家应优先考虑与经济发展相适应的产业链较长并与国内产业内贸易量较大的产业。

参考文献：

［1］Advincula R. Foreign Direct Investments，Competitivemess，and Industrial Upgrading：The Case of the Republic of Korea［J］. KDL，2000（1）：10-15.

［2］Barrios S.，Gorg H.，Strob E. Foreign Direct Investment，Competition and Industrial Development in the host Country［J］. European Economic Review，2005（4）：8-16.

［3］Blomstrom，Konan D.，Lipsey R. FDI in the Restructuring of the Japanese Economy［N］. NBER Working Paper，2000.

［4］Cantwell J.，Tolentino P. E. E. Technological Accumulation and Third World Multinationals［J］. University of Reading Discussion Paper in International Investment and Business Studies. 1990（1）：7-14.

［5］Dunning，J. H. American investment in British Manufacturing Industry［M］. London：George Allen and Unwin.（New，Revised and Updated Edition，London：Routledge，1998）.

［6］Fung L.，Tuan C. Evolving out Ward Investment，Industrial Concentration and Technology Change：Implications for Post-1997 Hong Kong［J］. Journal of Asian Economics，1997（1）：7-14.

［7］Ozawa Terutomo. Multinationalism，Japanese Style：The Political Economy of Outward Dependency［M］. Princeton University Press，1979.

［8］Strout A.M. Foreign Assistance and Economic Development［J］. The American Economic Review，1966，56（4）：679-733.

［9］Svetlii M.，Rojec M.，Trtnik A. The Restructuring Role of Outward Foreign Direct Investment by Central European Firms：Slovenia［J］. Advances in International Marketing，2000（1）：7-14.

［10］Vernon R. International Investment and International Trade in the Product Cycle［J］. The Quarterly Journal of Economics，1966，80（2）：190-207.

［11］白远，刘雯. 服务业对外直接投资：中国与印度的比较［J］. 国际经济合作，2006（6）.

［12］曹秋菊. 对外直接投资对母国经济增长的作用研究［J］. 江苏商论，2007（1）.

［13］崔岩，臧新. 日本服务业与制造业 FDI 状况及其影响因素的实证比较［J］. 国际贸易问题，2008（4）.

［14］戴翔. 对外直接投资对国内就业影响的实证分析——以新加坡为例［J］. 世界经济研究，2006（4）.

［15］冯志坚，谭忠真. 对外直接投资与母国产业升级的理论分析［J］. 沈阳教育学院学报，2008，10（1）.

［16］黄琨，张坚. 日本对外直接投资的产业结构效应及其启示［J］. 江汉石油学院学报，2000，2（4）.

［17］江小娟. "十五"我国对外投资的规模与重点选择［J］. 中国经贸导刊，2003（2）.

［18］李国平，田边裕. 日本的对外直接投资动机及其变化研究［J］. 北京大学学报，2003，40（2）.

［19］刘洁，余嘉明. 中国电企：走出国门天地宽［J］. 中国经贸，2010（10）.

［20］石鲜柱，吕有晨. 论企业对外直接投资对韩国产业结构的影响［J］. 世界经济，1999（10）.

［21］宋维佳. 基于产业结构调整视角的我国对外直接投资研究［J］. 社会科学辑刊，2008（2）.

［22］汪琦. 对外直接投资对投资国的产业结构调整效应及其传导机制［J］. 世界经济与政治论坛，2004（1）.

［23］王岳平. 开放条件下的工业结构升级［M］. 北京：经济管理出版社，2004.

[24] 小岛清. 对外贸易论 [M]. 天津：南开大学出版社，1987.

[25] 肖卫国. 跨国公司海外投资研究 [M]. 武汉：武汉大学出版社，2002.

[26] 杨建清. 对外直接投资对母国就业的影响 [J]. 商业时代，2004（35）.

[27] 赵岷山. 我国工业生产能力利用严重不足 [J]. 中国国情国力，1997（1）.

科学治理产能过剩的思考与建议

李角奇

（辽宁省委党校，沈阳　110004）

　　2012 年，我国钢铁、水泥、电解铝、平板玻璃和船舶产能利用率分别仅为 72%、71.9%、73.1%、75% 和 75%，明显低于国际通常水平。[①] 这意味着我国诸多行业产能严重过剩问题再度出现。为积极有效地化解上述行业产能严重过剩矛盾，同时指导其他行业产能过剩化解工作，2013 年 10 月 6 日国务院颁布了《关于化解产能严重过剩矛盾的指导意见》（以下简称《意见》），提出了当前和今后一个时期化解产能严重过剩矛盾的总体要求、基本原则和主要目标，主要任务、分业施策、政策措施和实施保障，并强调化解产能严重过剩矛盾是当前和今后一个时期推进产业结构的调整的工作重点。为贯彻落实《意见》要求，山西、江苏、安徽、江西、四川、山东、河北、陕西、甘肃、新疆、湖北、湖南、天津等省（市）、自治区，已先后出台本地区化解产能过剩矛盾的实施意见或方案，具体制定了本地区化解产能治理过剩的原则、目标、任务与措施。这标志着我国新一轮产能过剩治理工作已然开始。问题是，如何理解产能过剩的科学内涵与根源？如何按照《意见》要求，建立健全本地区防范和化解产能严重过剩矛盾的长效机制，走出产业发展刺激与产能过剩治理交替进行的怪圈？这在理论上和实践中还有不同的看法，需要进一步的研究和探索。对此，本文从产能过剩的内涵、根源与治理三个方面进行学理性和实践性分析，为科学治理产能过剩提供参考。

一、产能过剩的科学内涵

　　什么是产能过剩？这似乎是一个无须讨论与回答的问题，但实际上却不然。反观我国产能过剩的治理实践不难发现，一些地区或部门对产能过剩的理解尚有片面或不当之处。例如，在近期各省（市）、自治区陆续颁布的化解产能过剩矛盾的实施意见或方案中，有把产能过剩作为本地区市场供求矛盾来对待的情况，缺乏全国整体市场乃至国际市场概念；还有把本地区产能利用率在 80% 甚至在 95% 以上的有关行业列为产能过剩治理对象的情况，这显然是形而上学地理解和落实《意见》要求，缺乏对产能过剩科学内涵的把握。类似问题的存在，影响到产能过剩治理的科学性与合理性。因此，伴随新一轮产能过剩治理工作的展开，有必要对产能过剩的科学内涵进行深刻

　　[基金项目] 本文是辽宁省社会科学规划基金项目"辽宁转变经济发展方式的困境、战略与路径选择"（项目批准号：L12AJL012）的成果。
　　[作者简介] 李角奇，女，1962 年生，管理学博士，辽宁省委党校工商管理教研部教授，近年来主要研究方向：国企改革、公司治理、产业经济。
　　① 《国务院关于化解产能严重过剩矛盾的指导意见》，国发〔2013〕41 号。

分析，以为科学治理产能过剩提供依据。

（一）产能过剩的一般解释与双重作用

一般而言，产能过剩是指某一或某些行业生产能力超过市场需求能力而形成的行业生产能力过剩。基于价值规律作用，不同程度的产能过剩对经济运行与发展具有不同的影响。适度的产能过剩，有利于促进市场竞争，会增加行业内部市场竞争压力，迫使企业加快技术进步、提高产业素质和产品质量、改进产品结构、转变发展方式等，这对经济社会发展具有积极促进作用。而严重的产能过剩，则会引发或加剧市场恶性竞争，导致行业产品价格下降、利润下滑、亏损面扩大、失业压力增大、不良信贷资产增加、经济资源浪费等，甚至会使行业内企业结构与生产按照相反的方向转化，造成社会福利降低、经济发展水平倒退、社会矛盾激增等严重后果。这对经济社会发展具有消极的乃至破坏性作用，但同时也会促进企业并购重组，改善产业组织结构，提高产业集中度，优化产业结构等，这需要一段时间和过程。

基于产能过剩的双重作用，对产能过剩内涵的理解和认识，不能仅仅停留在上述一般解释上，而是要从逐利驱弊的角度，对不同程度的产能过剩区别对待。此外，当今的市场竞争，不单是某一地方的市场竞争，而是全国乃至全球的市场竞争；竞争对手不仅来自于行业内部现有的市场主体，更有潜在的、可能进入的市场主体；供求关系不是一成不变，也不是按照某一既定方向变化，而是在市场机制和政府调节机制作用下，周而复始地从供求平衡到不平衡、再到平衡变化；同一行业的产品需求与供给复杂多样，结构性矛盾与总量矛盾不尽一致。因此，对产能过剩的理解和认识还应有更大的时空范畴、结构性与动态性特征。否则，会导致对产能过剩的错误判断和治理等。

（二）对产能过剩内涵的科学解释与界定

治理产能过剩的本质要求是：弥补市场失灵，遏制与化解重点行业、关键领域的产能严重过剩矛盾，减少这些行业产能严重过剩带来的负面作用。按照这一要求，对产能过剩内涵的理解和认识至少应该包括以下五个维度。

一是空间维度。要从全国市场乃至全球市场的角度，考虑国内或国际市场需求增长潜力与可能，考虑本地或本国企业进入国内乃至国际市场的需要与能力，以考察和判断某一行业产能是否过剩。否则，仅仅考虑本地或本国市场，不仅有判断失误的可能，而且还会限制现有产能的输出和利用，制约本地或本国企业竞争能力的提升。如日本的汽车、家电等制造业，如果仅从本土市场来看，其产能早已过剩，但从全球的视角来看，这些行业具有很大的市场空间，通过商品、技术和资本输出，不仅消化了国内产能，锻造出了具有国际竞争力的跨国企业。因此，考察和判断某一行业产能是否过剩，必须站在全国乃至全球市场的角度。

二是时间维度。要考察某一行业产能，包括现有的生产能力、在建生产能力和拟建生产能力，对照现实需求和潜在需求的总和，在一个较长的历史和未来时间阶段内是否持续过剩或有过剩增长趋势。否则，仅仅考察目前市场供求平衡问题，忽略潜在或预增（减）的生产能力与消费能力，难免会得出错误的结论，导致政府或企业盲目限产或扩产，这不仅会违背产需平衡要求与规律，甚至会加重某些行业产能过剩与不足的周期性。

三是总量与结构维度。同一行业内，同样的产能，质量与档次对应的需求及其满足程度不同，对经济、社会与环境的影响也不同。判断某一行业是否产能过剩，要同时看其总量对比关系和结构对比关系，确定生产能力超过需求能力的领域和范围。例如，2012 年我国自主品牌汽车生产企

① 黄少华. 产能过剩隐忧：弱市难挡车企扩产潮 ［N］. 中国青年报，2013-5-30.

业的产能利用率大幅下滑，平均产能利用率仅为58%，[①]远低于"安全水平"。但上海通用、一汽大众和上海大众三家合资企业却不然，2012年其汽车销量增幅都远高于行业平均水平，因此他们已开始或已决定扩建工厂、扩大产能。[①]这说明，中国汽车产业产能不是总量过剩，而是结构性过剩，是自主品牌的产能过剩。对结构性产能过剩，不能从总量上进行产能控制，而是要从结构平衡的角度，考虑产业安全和产业升级等要求，考虑现有条件与可能等因素，实行差异化的政策手段，调整和优化产能结构，实现结构平衡与总量平衡。

四是过剩程度与影响维度。不能将任何程度的产需失衡都视为产能过剩加以治理，而是要权衡利弊，合理确定产能过剩的治理边界。因为产能利用率过高，会有超设备能力发挥现象，可能会违背安全生产、设备维修、产能储备、综合平衡等客观要求；过低才会浪费资源，造成不良的经济后果，甚至产生严重的经济危机，需要政府注意或干预。如按照欧美等发达国家的判断标准，钢铁行业产能利用率明显低于79%~83%才认为是产能过剩，[②]否则认为是正常或不足。这是一种非常值得学习和借鉴的科学态度与做法。当然，不同的分行业，需要制定不同的判断标准。

五是行业特征维度。要重点监测固定资产、技术研发和人力资本投资较大、产能形成与投资回收期较长、产业退出障碍与成本较高、时间较长、吸纳就业人数较多、对国民经济增长贡献较大的"生产性产业"，防止这些行业因产能过剩而对经济发展造成不利影响。对其他行业不该轻言产能过剩而加以治理。否则，会影响这些行业产能自我调整的要求与能力，影响市场机制的有效作用。

二、产能过剩周期性出现的根源

产能过剩作为现代市场经济中周期性出现的常态现象，其根源包括两大方面：一是市场经济中共有的一般因素；二是不同国家在不同时期所具有的特定因素。

（一）产能过剩周期性出现的一般根源

一是分散决策。市场经济中，投资决策和消费决策主体都是分散的。基于各自的利益要求、条件和能力，微观主体会做出满足自身利益最大化要求的投资与消费决策，形成规模不同、质量不等、变化方向不一的行业生产能力和消费能力，这很难保证生产与消费按比例进行，产需失衡问题必然会周期性出现。

二是行业信息不完备。受条件与能力限制，加之各种因素的干扰，微观主体不可能掌握完备的行业产能与需求变化信息。而且，在投资存在时滞效应等因素作用下，短期内市场价格有时会严重偏离供求均衡价格。这样，分散的投资决策主体，在以不完备的产能与需求变化信息和现实的市场价格作为决策依据时，其投资决策结果难免会与社会生产需要按比例进行的内在要求发生矛盾。

三是行业进入与退出存在技术、资本与政策等多方面壁垒。现实中，任何行业的进入与退出，都存在不同程度的资金、技术、政策壁垒。进入壁垒过大，会阻碍新增产能的顺利进入，造成行业市场竞争不充分，优胜劣汰机制与作用难以形成；进入壁垒过小，新增产能就会较容易地进入，在市场高涨时期，甚至会大量高成本地进入，从而带来产能过剩问题，并且造成经济资源的极大

① 黄少华. 产能过剩隐忧：弱市难挡车企扩产潮 [N]. 中国青年报，2013-5-30.
② 李晓华，吕铁，江飞涛. 正确判断我国钢铁行业产能过剩问题 [N]. 中国经济时报，2009-10-27.

浪费。退出壁垒作用相反。退出壁垒过大，会阻碍现有产能的顺利退出，造成行业市场竞争恶化，产能过剩压力增大；退出壁垒过小，现有产能才能顺利退出，尤其是在市场低迷时期，才能大量低成本地退出，从而"自动"消化产能过剩问题。

四是产能形成的时滞性和市场需求的不确定性。当前的投资决策决定着未来的产能，而且它是基于对未来的市场需求判断而进行的。这样，一旦市场预测出现偏差，或者出现难以预料的市场变化，当前决策所形成的未来产能就可能过剩或不足。然而，在开放的市场经济条件下，市场需求具有很大的不确定性，这是一种客观存在，通过分散投资、提高预测与决策水平，可防范与控制，但不能完全消除。

(二) 中国转型时期产能过剩周期性出现的特殊根源

一是对 GDP 增长的过度偏好，全国各地共上"大项目"。"保增长"是我国近 20 年来宏观经济调整的重要目标之一。上项目、启动大规模投资，则是实现 GDP 增长的重要手段，尤其是在经济危机时期，其效果更为显著。因此，在"保增长"的目标导向与要求下，各地政府包括大中型国有企业普遍存在上项目、启动大规模投资的动机和要求，导致投资过度、产能过剩问题不断出现。同时，淘汰传统行业落后产能的目标要求难以落实，它面临着财税减少、职工安置、企业转产、债务化解等多种问题，"上大易，关小难"的现实情况难以改变，过剩或落后的产能难以消化。

二是产需结构不对称，结构性产能过剩矛盾突出。我国经济发展尚处于初级阶段，受技术相对落后、长期资金来源不足、功利主义和短期行为较为严重，"重增长，轻发展"的粗放式经济发展模式已然形成等因素影响，在低端市场需求一度旺盛的背景下，低端的原材料、钢铁、汽车等行业的产能快速增长，超过了低端市场需求，导致低端的原材料、钢铁、汽车等行业产能普遍过剩。因出口受阻而闲置的产能在一般消费品行业也大幅增加，导致低端消费品行业产能也严重过剩。相比之下，高端制造业和高端消费品行业生产增长低于其市场增长，导致高端制造业和高端消费品行业产能相对不足。此外，长期依赖"出口退税"等优惠政策而习惯外销部分外向型企业，在产品转内销时也往往无所适从，与国内需求无法对接。因此，结构性产能过剩问题一直是我国产能过剩的重要特征。

三是行政性垄断产业过多、过大，国有企业在诸多行业居于垄断地位。行政性垄断的主要特征是政府垄断权力与资源，大量财政投资和银行贷款流向少数垄断产业，尤其是流向垄断行业中的国有企业。这样，在市场竞争机制缺失、国有企业产权不独立、风险责任约束机制不健全的情况下，不仅助推了少数垄断行业和大型国有企业越做越大，也使这些行业企业产能过度扩张。我国钢铁、水泥、电解铝、平板玻璃、船舶等行业的产能过剩，无不与行政性垄断和国有企业盲目扩张有关。

四是投资与消费能力失衡。根据《2013 年中国统计年鉴》，2012 年我国投资率为 62.4%，比 2000 年增加 27.1%；最终消费率为 40.5%，比 2000 年下降 22%。这说明，我国产能增长远远超过需求增长，这必然带来社会剩余产品的大量增加。另外，自 2008 年金融危机后，欧美国家消费信心与能力大幅下降，中国制造业的出口订单急剧减少，导致一些制造企业不得已将本来用于出口的商品转为内销，使产能过剩问题更加突出。

五是受资源禀赋条件各异、地方保护主义普遍存在、社会责任刚性要求全面落实等因素的影响，部分企业实际经营成本往往会低于社会平均成本。如先天资源禀赋条件较好的煤炭、钢铁等资源类企业，个体生产成本往往低于同业其他企业成本；受地方政策保护，对安全装置、环保设备等投资不足的企业，其实际经营成本往往也低于社会成本。这样，基于地方与个体利益最大化要求，这些企业过度开采或生产的动力必然较高，即使面临行业产能过剩问题，也不愿自动退出，甚至继续扩张产能，使产能过剩问题难以自我消化，并给社会造成了损失。

三、科学治理产能过剩的对策措施

基于对产能过剩内涵与根源的理解，对产能过剩治理要求的认识，认为科学治理产能过剩的根本措施有以下三个。

（一）建立科学的产能过剩评价体系，合理界定产能过剩治理的边界

我国对产能过剩的判断，通常是立足国内市场，依据某一行业的产销总量平衡、行业效益和行业失业率等指标的变化方向与程度而进行的。这种做法，有其现实合理的一面，但也存在以下弊端：①缺乏对全球市场和行业产能结构的分析，这不利于迫使产能输出和产业结构升级。②缺乏科学的定量标准，导致对产能过剩的判断和治理，难免存在轻重不分、过度治理、"一刀切"等问题。③对产能过剩的判断依据不充分，仅仅依据产销平衡、经济效益和失业率等指标的变化方向与程度来判断产能过剩与否，可能得出错误的结论。因为，持续的产能过剩会导致行业性滞销、经济效益下滑、失业增加等后果，但不等于这些后果都是由产能过剩带来的。价格竞争、原材料价格及工资水平上涨会造成行业利润下降，而且比产能过剩对利润下降的影响更直接、更迅速。克服体制障碍、支付改革成本等也会使某些行业利润暂时下降。此外，行业供给超过需求，有时是企业适应竞争的需要，在市场增长率回落的时候，企业会进行产能储备，以应对市场可能再次出现的"井喷"。这是一种积极的、无须治理的产能过剩。

针对上述弊端，要准确地判断产能过剩与否及其过剩程度，不能再简单地使用以上做法，而是要建立科学的产能过剩评价体系。其主要内容与要求包括：

一是针对不同的行业，确定不同的市场考察空间。对国际市场需求较大、国际贸易壁垒不高、本国企业有能力或者应该进入的行业，要以国际市场为考察空间，以产能输出为目标，根据国际市场产需平衡情况判断这些行业的产能是否过剩或不足，但要考虑国际市场变化与壁垒风险。对于生产与消费只能本土化的行业，要以国内市场作为考察空间，但要考虑外资进入和替代品发展情况。

二是建立科学的总量平衡与结构平衡定量评价指标体系。以质量、技术、使用价值和价格等为标志，将各行业产能细分，建立全行业和行业细分产能的现有生产能力利用率或设备利用率或生产能力总和的利用率或设备利用率、产销率、库存量、经济效益、失业率等指标体系，作为判断各行业产能总量平衡与结构平衡的依据。对设备利用率的合理值范围，可以借鉴西方国家的一般经验，结合中国国情和各行业特点，适当确定在80%~90%之间，低于区间下限为过剩，超过区间上限为不足。

三是建立健全数据采集、整理分析、指标计算与发布系统，保证产能过剩评价指标计算分析的准确性、可靠性和有用性。对此，应以现有的统计调查与报告制度为基础，整合有关统计调查信息资源，建立以政府统计为主、协会和其他有关中介机构统计调查为辅、资源共享的数据采集组织体系、制度体系和方法体系。

（二）加强市场体系和市场主体建设，完善市场竞争机制

加强市场体系和市场主体建设，扩大市场竞争领域，完善市场竞争机制，形成产能自我调节、自我修正的内在机制，是防止和消化产能严重过剩的根本手段。主要措施包括：

一是加快推进企业制度改革和市场体系建设，切实建立和完善自主经营、自负盈亏、自我约束、自我发展的企业经营机制和公平有序、优胜劣汰的市场竞争机制，迫使投资主体不断增强投资风险意识，不断提高投资理性、投资决策能力与水平。这是减小但不能消除分散的投资决策与社会生产要按比例进行的客观要求之间所存在的矛盾的根本措施。当然，投资主体的风险意识、投资理性、投资决策能力与水平，都需在市场经济发展中不断地锤炼。

二是打破行政性行业垄断，扩大市场竞争领域，这是整治垄断行业产能过剩、效率低下的法宝。对此，要消除行政性产业进入与退出壁垒，取消对垄断行业的过度保护，促进市场公平竞争，使市场机制在引导产能进入、迫使产能退出上发挥主要作用。

三是深化投资管理体制改革，消除影响产业资本合理流动的体制障碍。对此，要尊重市场规律，减少对投资的数量限制和审批干预，使投资主体能够基于自身发展需要与可能，合理确定投资数量和结构等；要执行国家产业政策，利用产业资本进入与退出标准，合理限制某些行业尤其是"三高一低"行业产能盲目扩张，依法要求过剩产能有序退出。

四是改善资金、技术、能耗、环保等方面的进入与退出壁垒，促进新增产能适时适量进入，过剩产能"自动"退出。一般而言，进入壁垒过大，会阻碍新增产能的顺利进入，造成行业市场竞争不充分，优胜劣汰机制与作用难以形成；进入壁垒过小，新增产能则较容易地进入，在市场高涨时期，甚至会大量高成本地进入，从而带来产能过剩问题，并且造成经济资源的极大浪费。而退出壁垒过大，会阻碍现有产能的顺利退出，造成行业市场竞争恶化，产能过剩压力增大；退出壁垒过小，现有产能会低成本顺利退出，有利用于"自动"消化产能过剩问题。因此，要防止产能过剩或不足，就必须合理设置、及时调整资金、技术、能耗、环保等方面的进入与退出壁垒，防止因进入与退出壁垒过大或过小而造成产能过剩或不足。

（三）创新政府管理，形成市场调解与政府调控有机结合的长效机制

一是建立和完善科学的政绩考核机制，切实转变"唯 GDP"论的政绩观，防止地方政府和国有企业盲目扩大新增产能。对此，要增加产业技术进步、产业结构升级、节能减排、环境保护与治理、民生改善等指标及其权重，消除"GDP 增长至上"思想与行为。

二是建立和完善有关行业产能利用情况统计调查和信息发布制度，降低市场信息不对称程度，加强对产能严重过剩行业的动态监测分析和预警，由此引导市场投资预期，并为企业投资决策提供科学依据。但是，面对复杂多变的产需情况、信息需求各异的众多投资主体，仅仅依靠政府信息发布制度是不够的。与此同时，必须鼓励和支持有关中介机构，大力开展某些行业产能利用与市场需求变化信息调查及咨询服务业务，提高信息咨询服务水平，与政府信息发布制度形成合力。

三是改进政府对产能进退的干预。主要包括加强和改进产业、土地、环保、节能、金融、质量、安全、进出口等部门的协调配合工作，形成法律法规约束下责任清晰的多方市场监管机制；减少对企业投资的数量限制和审批干预，有效利用产业政策，竞争政策，技术、能耗与环保标准等，对新增投资和现有产能进行必要的干预和调控，引导增量资金投入到发展不足、产能薄弱、亟待发展的产业部门，迫使存量资金有序退出产能过剩领域。

四是反思和改变产业结构调整中"上大关小"的原则和做法，树立"无论大小，重在节能、环保、技术进步"的理念，形成有利于促进大小企业协作配套、互动发展的政策环境；控制和降低地方政府包括国有企业上项目、启动大规模投资的冲动和要求，防止产能过度扩张；建立有利于技术进步的社会机制，切实转变以投资拉动为主的经济增长方式，迫使企业加快技术进步，提高产业素质，促进产业升级，化解各类产业结构性产能过剩矛盾。

五是深化金融体制改革，促进金融资本合理流动。一要推进商业银行股权多元化的公司制改革，提高商业银行市场化运作水平、能力和行为理性，从根本上消除商业银行可能错放或乱放信

贷资金的制度缺陷。二要改革和完善商业银行信贷资金管理体制，利用信贷政策杠杆，严格控制商业银行对产能过剩行业的新增贷款，迫使商业银行坚决退出产能过剩行业的信贷市场，尤其是要退出那些"三高一低"企业，以防止产能过剩和重复建设问题的恶化。三要支持和引导商业银行充分利用自身的网络和信息资源，通过贷款、融资安排和金融服务等手段，为我国企业国外市场转移产能搭建桥梁，使国内相对过剩的产能转变为支持国内经济复苏和增长的积极力量。四要大力发展和完善直接融资市场，依法控制股权融资和债券融资规模及其使用方向，防止直接融资过度或滥用。

六是扩大对外交流，促进国内产能对外输出。对于国内相对过剩或有过剩趋势的产能，除了通过出口退税、改进出口产品结构、提高产品质量及其国际竞争力、开拓新市场等方式，促进出口增长以外，志在长远的措施应是利用全球化发展机会，大力实施"产能输出"战略，通过扩大对外交流，建立广泛的国际经济合作关系，通过改善国际经济地位，争取更多的普惠制政策与待遇，支持和促进内资企业走出国门，通过在境外新设企业或建立分支机构等方式，输出产能，通过参与国际竞争，逐渐成长具有国际竞争力的跨国企业。

参考文献：

［1］国务院关于化解产能严重过剩矛盾的指导意见［Z］. 国发［2013］41号.

［2］黄少华. 产能过剩隐忧：弱市难挡车企扩产潮［N］. 中国青年报，2013-05-30.

［3］李晓华等. 正确判断我国钢铁行业产能过剩问题［N］. 中国经济时报，2009-10-27.

［4］周业樑，盛文军. 转轨时期我国产能过剩的成因解析及政策选择［J］. 金融研究，2007（2）.

［5］李静，杨海生. 产能过剩的微观形成机制及其治理［J］. 中山大学学报（社会科学版），2011（2）.

［6］乔为国，周娟. 政策诱导性产能过剩成因与对策研究［J］. 未来与发展，2012（9）.

我国产能过剩对市场供求关系的影响及对策研究

袁 博

（河南省社会科学院工业经济研究所，河南郑州 450000）

一、我国目前产能过剩问题的现状分析

2008 年全球金融危机爆发后，为抵御经济危机给我国带来的不利影响，国务院以"保增长"为目标，推出并实施了"四万亿元经济刺激计划"，分别包括铁路、公路、机场及城乡电网 18000 亿元，灾后重建 10000 亿元，农村民生工程和农村基础设施 3700 亿元，生态环境 3500 亿元，保障性安全工程 2800 亿元，自主创新结构调整 1600 亿元以及医疗卫生、文化教育事业 400 亿元。该"计划"于 2010 年底结束。

一方面，得益于此，"保增长"的目标基本实现；另一方面，过度投资导致部分行业产能过剩的现象。据国家发改委消息显示，2013 年上半年，我国工业产能利用率为 78%，是 2009 年第四季度以来的最低点。在 39 个产品中，有 21 个产能利用率低于 75%，其中光伏、电石等产品甚至不足 60%。目前看来，产能过剩已愈发成为我国在对待经济增长的问题上不得不关注的焦点和亟待解决的问题。

针对这种情况，国家有关部门一直在寻找和制定相关措施来遏制当前产能过剩问题的进一步恶化，但一直没有找到切实有效的办法，究其根本原因，是因为本次产能过剩的情况具有以下几个不同于以往的特点：

（1）行业集中：在全部 44 个工业部门分类中，有 23 个部门存在严重的产能过剩问题，其中，冶金、燃料、建筑材料三大门类最为集中，而这三类主要是高能耗、高污染和劳动密集型的传统工业，本身技术含量较低。

（2）成因复杂：以往的产能过剩问题的产生一般是由于技术进步所导致的绝对过剩，而本轮产能过剩的成因众多，除了技术进步因素外，还有市场供求关系的变化、政府的宏观调控等多种因素。

（3）时期特殊：产能过剩问题最早发生在国家"四万亿投资"之后，持续至国家执行"十二五"规划的头一年，这一时期是我国经济转型的关键时期，是调整经济结构的攻坚阶段，在这一时期发生的产能过剩问题对于研究这一时期的经济发展特性具有重要意义。

[作者简介] 袁博（1985~），男，河南郑州人，西安交通大学管理学院工商管理硕士，河南省社会科学院工业经济研究所研究实习员。

二、产能过剩问题对市场供求关系的影响

产能过剩（Excess Capacity）即生产能力的总和大于消费能力的总和。产能就是生产能力，是指在计划期内，企业参与生产的全部设备、劳动力、资产，在既定的组织技术条件下，所能生产的产品数量。产能过剩是一个相对概念，即从总供给本身不能判断产能过剩，需要根据总需求来认定是否为产能过剩。一般来说，供给略大于需求的情况是为了必要的库存和防止不测事故的需要，对企业发展是有益的，不被认为是产能过剩；供给大于需求15%以上被认为是产能过剩，开始出现严重的库存积压，造成大量的资源浪费，对企业发展是不利的。

作为市场当中最有效和重要的调节方式，供求关系一直充当着"看不见的手"，使市场各方的权益自发趋于平衡，秩序自发趋于稳定，而此次产能过剩问题的大规模爆发，对市场供求关系的影响巨大。而产能过剩一般分为绝对过剩和相对过剩两种情况，本节将从众多行业中选取两种类型的代表性产业分别分析产能过剩对市场供求关系的影响。

（一）生产绝对过剩对市场供求关系的影响

生产绝对过剩是指毫无需求或者需求极少的生产，它形成的原因是科技进步带来的生产力不断提高，而人们在一定时期对特定商品的需求是有限的。生产绝对过剩一直伴随着人类社会经济发展的全过程，历史上两次工业革命产生了大量的生产绝对过剩的问题，而在现今科技快速发展的今天，生产绝对过剩更是经常发生。我国的光伏产业由于是高科技产业，市场需求远未形成规模，目前产能过剩超过40%，已经处于十分严重的程度，是典型的生产绝对过剩的产业。下面以光伏产业为例分析生产绝对过剩对市场供求关系的影响。

如图1所示，Y轴代表价格P，X轴代表产量Q，需求曲线D和供给曲线S分别代表了某一光伏生产企业的生产能力和客户消费能力。由于光伏产品属于一般类消费产品，在日常生活中并不是生活必需品，所以，消费者的需求对于价格变动的反应是比较敏感的，需求曲线的价格弹性：

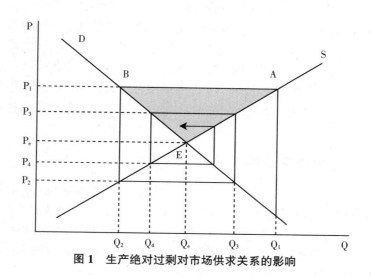

图1 生产绝对过剩对市场供求关系的影响

$$e_d = -\frac{\frac{\Delta Q}{Q}}{\frac{\Delta P}{P}} = -\frac{\Delta Q}{\Delta P} \cdot \frac{P}{Q} > 1$$

价格弹性大于 1 说明需求曲线富有弹性。同理，由于是投入较大的高新技术产业，厂商的产量对于产品的价格同样比较敏感，供给曲线的价格弹性：

$$e_s = -\frac{\frac{\Delta Q}{Q}}{\frac{\Delta P}{P}} = -\frac{\Delta Q}{\Delta P} \cdot \frac{P}{Q} > 1$$

价格弹性大于 1 说明供给曲线同样富有弹性，由于厂商对于产品的价格变动反应比消费者更加快速和敏感，所以，供给曲线斜率略大于需求曲线的斜率，供给曲线的价格弹性略大于需求曲线的价格弹性。

第一阶段，由于是首次生产，之前没有市场形态作为参考，厂商错误地估计了消费者的购买力，将计划产量定在 Q_1，对应的产品定价为 P_1，而消费者能够接收价格 P_1 的实际数量只有 Q_2，此时，供给量远大于需求量，市场首次出现了严重的产能过剩，厂商的产品大量积压，造成了极大的库存浪费，图 1 中 ABE 三点围成的阴影面积为厂商由于产能过剩偏离均衡状态所造成的无谓损失（Deadweight Loss）。

第二阶段，由于厂商对产品价格的反应更敏感，于是迅速减少产量到 Q_2，以迎合消费者的需求，由于供给量减少，厂商为了尽快清仓出售全部商品，将供给价格降低到 P_2，而此时，消费者能够接收价格 P_2 的实际数量为 Q_3，供给远远满足不了需求，产品销售一空，市场上又出现了严重的供不应求。

第三阶段，厂商为了追求最大利益，又将产量增加到了 Q_3，同时提高价格到 P_3，但因为厂商经过前两阶段，已经掌握了市场的走向，减少了产量并降低了价格，产能过剩现象有所缓解，无谓损失比之前大幅度减少，而此时，在 Q_3 对应的供给价格的实际需求量为 Q_4，于是厂商又将产量减少到了 Q_4。

如此循环，实际产量和实际价格的波动幅度越来越小，最后会达到最终的供需均衡点 E，对应的价格和产量分别是 P_e 和 Q_e，产能过剩的问题最终会消失，得到彻底解决。产量和价格变化的路径形成了一个蜘蛛网似的图形，这种形态的均衡称为"收敛型蜘蛛网"。

生产绝对过剩是客观存在的，而它在初期会使生产者不能以既定产量出售产品，使消费者不能以理想价格购买产品，双方都造成了无谓损失。但是随着生产成本的快速降低和消费者对新技术的逐渐接受，加之于供求双方都对价格反应敏感，可以对市场的不均衡状态迅速作出调整，最终还是会回归到均衡状态，无谓损失起初很大，但最终会消失，是可控和有限的，生产者剩余和消费者剩余均达到最大化，供求双方最终都从中收益。总体来说，生产绝对过剩对社会经济发展和科技发展是有益的。

（二）生产相对过剩对市场供求关系的影响

生产相对过剩是指厂商生产的产品并没有真正过剩，但由于普通消费者有限的购买力而没有产生真正的消费而显得过剩。生产相对过剩生产最早是由马克思在《资本论》中提出，他认为生产相对过剩是资本主义经济危机的本质特征。生产相对过剩多发生在生活必需品行业，如住房、食品等，由于厂商控制着产品的生产和价格的制定，造成可以随时抬高价格和控制产量的情况，相对于生产绝对过剩，生产相对过剩是一种人为的行为。

我国房地产市场目前的刚性需求仅为 24.6%，而其中可以实现的刚性住房需求只有 3.1%，商品房的空置率高达 26.3%，房地产市场的生产相对过剩问题已经到了十分严重的程度，而房地产的开放需要大量的建筑材料，与水泥、玻璃、石材等建筑材料工业的发展密切相关，房地产行业的剧烈波动也会对建筑材料工业产业巨大的影响，下面就以房地产行业为例分析生产相对过剩对市场供求关系的影响。

如图 2 所示，由于房地产市场的刚性需求，房地产开发商对价格的反应不敏感，而供给量受价格的影响很小，供给曲线较为陡峭，斜率远小于需求曲线的斜率：

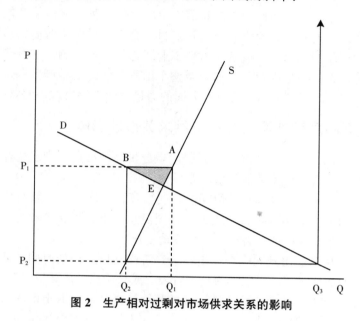

图 2 生产相对过剩对市场供求关系的影响

$$e_s = -\frac{\frac{\Delta Q}{Q}}{\frac{\Delta P}{P}} = -\frac{\Delta Q}{\Delta P} \cdot \frac{P}{Q} < 0.5$$

价格弹性小于 0.5 说明供给曲线是十分缺乏弹性的，而由于房屋价格较高，消费者对商品的反应十分敏感，需求曲线价格弹性：

$$e_d = -\frac{\frac{\Delta Q}{Q}}{\frac{\Delta P}{P}} = -\frac{\Delta Q}{\Delta P} \cdot \frac{P}{Q} > 2$$

价格弹性大于 2 说明需求曲线是十分富有弹性的。

第一阶段，由于房地产供给曲线缺乏弹性，厂商掌握了大量的商品资源和信息资源，可以提前预判出市场的走向，所以，制定的供给量 Q_1 略大于需求量，产能过剩的问题并不明显，图 2 中三角形 ABE 的面积比图 1 的面积小得多，说明房地产厂商可以将无谓损失减少到很小。但因为要追逐利益最大化，占有全部的生产者剩余，厂商仍然将产量减少到 Q_2。

第二阶段，由于供给量对价格十分不敏感，产量只是稍微减少到 Q_2 后，价格却迅速从 P_1 下降到 P_2，而对于对价格十分敏感的消费者来说，较低的价格极大地刺激了他们的购买热情，于是需求量猛增到 Q_3，此时，实际需求远大于供给量，于是厂商再次决定将供给量增加到 Q_3，以迎合消费者。

第三阶段，由于供给曲线缺乏弹性，对价格的反应十分迟钝，供给量还未达到 Q_3 时，价格已经远高于大众的接受价位（由于 Q_3 供给量对应的点太高，故图 2 无法显示），此时，产量和价格变化的路径形成了一个与生产绝对过剩走向相反的蜘蛛图形，产量和价格偏离均衡点越来越远，这种形态称为"分散型蜘蛛网"。厂商和消费者双方无谓损失起初很小，但到后来会无限扩大，生产者剩余和消费者剩余都达到最低，需求变得不再刚性，直至一方承受不起退出市场而告终。

生产相对过剩是一种非正常的生产状态，对社会经济发展的危害是巨大的。以房地产行业为例，从本行业来看，造成厂商房屋大量积压，而消费者又无力以可接受的价格买到理想的房屋，最终有可能导致房地产企业的破产、土地的大量闲置以及各种社会问题的出现。它会严重扰乱正常的供求关系和经济秩序，一方面使社会的总需求急剧下降，另一方面使产能持续过剩，最终造成行业发展的严重倒退。同时，房地产企业是建筑材料企业的最大采购商，房屋的积压致使房地产企业大量减少建材产品的需求，造成建筑材料工业严重的产能过剩，这种跨行业的连锁影响波及范围更广、危害更大，对房地产业、工业乃至整个国民经济的发展产生深远的影响。生产相对过剩是可以避免的，需要政府、厂商、市场三方面的力量共同来解决这一问题。

（三）产能过剩的周期性波动对市场供求关系的影响

产能过剩存在周期性，而且产能过剩的周期性本身受经济周期、产业生命周期和产品生命周期这三种周期的影响，进而对市场供求关系产生影响。

经济周期（Business Cycle）也称商业周期、景气循环，经济周期一般是指经济活动沿着经济发展的总体趋势所经历的有规律的扩张和收缩，是国民总产出、总收入和总就业的波动，是国民收入或总体经济活动扩张与紧缩的交替或周期性波动变化。

产业生命周期是指从产业出现到完全退出社会经济活动所经历的时间，是每个产业都要经历的一个由成长到衰退的演变过程。一般分为初创阶段、成长阶段、成熟阶段和衰退阶段四个阶段。

产品生命周期简称PLC，是指产品从进入市场开始，直到最终退出市场为止所经历的市场生命循环过程。产品只有经过研究开发、试销，然后进入市场，它的市场生命周期才算开始。产品退出市场，则标志着生命周期的结束。产品生命周期理论最早是由美国哈佛大学教授雷蒙德·费农1966年在《产品周期中的国际投资与国际贸易》一文中提出的。

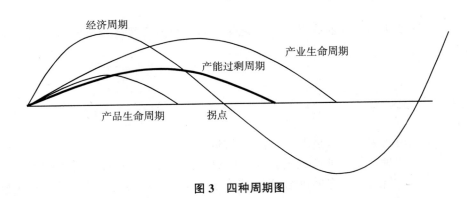

图3 四种周期图

从图3中可以看到，加粗线为产能过剩周期线，它的周期长度在产业生命周期和产品生命周期之间，而且会横跨经济周期波动的拐点，这是因为产能过剩周期与产业生命周期一样，不完全受整体经济周期的影响，而是受本身行业特性的影响，但由于产能过剩是在行业发展的过程中产生并最终消亡的，产能过剩的周期比产业生命周期短。产能过剩是整个产业存在的问题，而某些产品在整个生命周期过程中都不会经历产能过剩阶段，所以，产能过剩周期比产品生命周期长。

产能过剩周期一般经历三个阶段，产生期、发展期和消亡期，而产能过剩的周期性起伏对市场供求关系的影响表现在以下两个方面：

（1）使市场供求关系产生周期性波动：由于市场供求关系受产能过剩的影响较大，并且对产能过剩反应敏感，当出现产能过剩问题后，市场供求双方会迅速做出反应，形成正反向蜘蛛网走向，产生周期性波动。

（2）使市场供求关系走向均衡状态：在生产绝对过剩的影响下，市场供求关系最终会达到长期均衡，厂商和消费者的各自利益最大化，促进产业发展；在生产相对过剩的影响下，市场供求双方的一方会主动退出市场，造成畸形发展的市场的最终消亡，客观上对市场进行了重新洗牌，优化了产业结构，最终达到整体市场的均衡状态。

三、当前解决产能过剩问题的建议与对策

当前的产能过剩问题已经严重影响了正常的市场供求关系和社会经济秩序，特别是以房地产行业为首的人为因素造成的生产相对过剩，其对社会的总体经济发展的危害是巨大的，如何解决和避免产能过剩现象的发生成为目前的当务之急。作为市场的主要参与者，政府、企业、消费者都有责任和义务共同来面对和解决这一问题，以下基于市场供求关系的角度分别提出四个方面的对策与建议：

（一）鼓励企业使用柔性生产方式，源头上杜绝产能过剩

柔性生产是指主要依靠有高度柔性的以计算机数控机床为主的制造设备来实现多品种、小批量的生产方式。柔性的概念最早诞生于经济学领域，Hart（1937）认为，柔性是企业对不确定性的反应，特别是对需求的波动性和市场的不完善性所做出的反应。Stigler（1939）把柔性定义为"能够支撑较大的产出变动的生产技术特性"，并从企业成本曲线的角度来研究柔性。20世纪80年代以后，Hayes 和 Wheelwright（1984）提出了柔性制造的概念，从此柔性制造的研究得到了迅速的发展。

相对于传统粗放的大批量生产方式，柔性生产具有几下两个特点：

（1）生产线可以根据市场供求关系的变化实时做出针对性的调整，实现小批量精准生产，为企业获得最大收益。

（2）可以实现"供—产—销"一条龙的高效流畅的供应链体系，达到全产业链的高效运行。

柔性生产的产能利用率一般在90%以上，而且十分稳定，是一种先进的生产方式，是目前解决产能过剩的最有效方法，在欧美日等地区和国家已经广泛使用，主要集中在消费类产品领域。而能源、冶金、建材等行业由于单一种类产品需求量大、替代设备成本较高，目前没有大规模地采用柔性生产方式。我国消费类行业企业应该积极采用柔性生产方式，以市场为导向来研发和制造适合消费者的产品，而政府也要从相应政策上予以支持，从根本上杜绝产能过剩。

（二）建议企业使用价格调节手段调控市场

企业即使使用柔性生产，由于无法精准预测到市场的实际需求，有时不可避免地出现生产过量情况，导致市场上供大于求，这时需要使用一些价格调节的手段消化过剩产能，这其中，价格歧视被认为是最有效的价格调价方式。

价格歧视（Price Discrimination，PD）实质上是一种定价差异，通常是指产品或服务的提供者在向不同的消费者提供相同级别、相同质量的产品或服务时，在所有接受者之间实行不同的销售价格和收费标准。经营者在没有正当理由的情况下，就同样的产品或服务，对所有买主实行不同

的价格，构成了价格歧视行为。因此，价格歧视是一种非常重要的垄断市场定价行为，它是垄断企业通过价格差别来获取市场超额利润的有效的定价策略。

价格歧视分为三个等级：

（1）一级价格歧视，又称完全价格歧视，即每一单位产品都有不同的市场价格。

（2）二级价格歧视，即垄断厂商掌握消费者的需求曲线，并将此需求曲线分为若干段，根据不同购买数量，确定不同价格。

（3）三级价格歧视，垄断厂商对同一种商品在不同的市场上或不同的消费群收取不同的价格，以此在实行高价的市场上获取超额利润。

由于一级价格歧视需要知道每一位消费者在任意商品数量上愿意支付的最大货币量，二级价格歧视需要知道每一位消费者愿意购买的数量，这两种价格歧视要调查的消费者群体的购买意愿过细，导致操作难度极大，成本较高，所以，当今大部分垄断厂商普遍采用的是易操作的三级价格歧视。下面以三级价格歧视为例分析厂商如何通过价格调控市场。

假定有两个市场，MR_1 和 MR_2 分别表示市场 1 和市场 2 的边际收益，厂商根据 $MR_1 = MR_2 = MC$（产品的边际成本）的原则确定产量和价格，这是因为：①就不同的市场而言，厂商应该使各个市场的边际收益相等。只要各市场之间的边际收益不相等，厂商就可以通过不同市场之间的销售量的调整来获得更大的收益。例如，当 $MR_1 > MR_2$ 时，厂商自然会减少市场 2 的销量增加市场 1 的销售量，以获得更大的收益。这种调整一直持续到 $MR_1 = MR_2$ 为止。②厂商应该使生产的边际成本 MC 等于各市场相等的边际收益。只要两者不等，厂商就可以通过增加或减少产量来获得更大的收益，直至实现 $MR_1 = MR_2 = MC$ 的条件。根据本文第二部分的价格弹性计算公式，得出：

市场 1 有 $MR_1 = \dfrac{dTR_1(Q)}{dQ} = P + Q \cdot \dfrac{dP}{dQ} = P\left(1 + \dfrac{dP}{dQ} \cdot \dfrac{Q}{P}\right) = P_1\left(1 - \dfrac{1}{ed_1}\right)$

市场 2 有 $MR_2 = \dfrac{dTR_2(Q)}{dQ} = P + Q \cdot \dfrac{dP}{dQ} = P\left(1 + \dfrac{dP}{dQ} \cdot \dfrac{Q}{P}\right) = P_2\left(1 - \dfrac{1}{ed_2}\right)$

根据 $MR_1 = MR_2$ 得 $P_1\left(1 - \dfrac{1}{ed_1}\right) = P_2\left(1 - \dfrac{1}{ed_2}\right)$，整理得 $\dfrac{P_1}{P_2} = \dfrac{1 - \dfrac{1}{ed_2}}{1 - \dfrac{1}{ed_1}}$

由此可知，三级价格歧视要求厂商在需求价格弹性小的市场上制定较高的产品价格，在需求价格弹性大的市场上制定较低的产品价格，通过市场价格的调节把过剩的产量消化掉，从而达到解决产能过剩问题的目的。

（三）政府应制定相应政策来遏制产能过剩的发生和扩大

政府虽然不是市场的直接参与者，但作为厂商和消费者的支撑和保障，在社会经济活动当中同样发挥着不可或缺的作用，而在经济活动出现问题时，政府可以在发生之前采取预防措施，发生之后采取补救措施，最大限度地维护市场秩序稳定，保证市场正常运行。

例如，政府可以建立监控体系，监测企业的生产情况，在预判到要出现产能过剩的问题之前告知企业，并可以使用行政手段要求企业调整产量和价格，避免发生产能过剩的现象；在产能过剩问题出现之后，政府可以通过最高限价和最低限价以及设立专门款项收购过剩的产量等方法将由于产能过剩造成的损失降到最低，最终保障厂商的利益，使其恢复正常的生产秩序。

（四）市场管理者应引导消费者，保障消费者权益

作为产品的使用者，消费者是市场运行的最终环节，消费者的购买力和购买意愿决定了商品

的最终销量，是供求关系中重要的力量，而很多不正确的消费观导致消费者没有得到理想的产品，同时由于信息不对等、单个购买力较低以及厂商垄断等因素的影响，导致消费者往往得不到真实信息，只能受制于厂商的产品和价格，加之个别厂商的虚假宣传，利益时常受损，成了市场当中的受害者。作为市场的管理者，应该引导消费者树立科学的消费观，不要跟风盲从或消极对待，应按需购买，将商品的效用发挥到最大，同时健全相关法律法规制度，建立和谐有序的市场环境，保障消费者的权益不受损害。

参考文献：

[1] 刘立风. 4 万亿投资计划回顾与评价 [EB/OL]. http：//finance.sina.com.cn/roll/2012207/140913933854.shtml.

[2] 全国工业产能利用率创近四年新低 [EB/OL]. http：//www.bjnews.com.cn/finance/2013/11/21/293792.html/2013-11-21.

[3] 杨万东. 我国产能过剩问题讨论综述 [J]. 经济理论与经济管理，2006（10）.

[4] [英] 亚当·斯密. 国富论（下）[M]. 郭大力，王亚南译. 上海：上海三联书店，2009.

[5] 高鸿业. 西方经济学 [M]. 第三版. 北京：中国人民大学出版社，2004.

[6] [德] 卡尔·马克思. 资本论（第一卷）[M]. 北京：北京理工大学出版社，2011.

[7] 我国房地产行业存在过剩现象刚性需求不到 25% [EB/OL]. http：//news.dichan.sina.com.cn/2014/06/11/1128170.html/2014-6-11.

[8] 高鸿业. 西方经济学 [M]. 第三版. 北京：中国人民大学出版社，2004.

[9] R. Vernon. International Investment and Internat Ional Trade in The Produt Cycle [J]. Quart Erly Journal of Economics，May，1966（5）：7-14.

[10] 王永贵. 战略柔性与企业高成长 [M]. 天津：南开大学出版社，2003.

[11] 高鸿业. 西方经济学 [M]. 第三版. 北京：中国人民大学出版社，2004.

报废汽车回收行业节能减排支持政策研究

蔡德发[1]　蔡静[2]　李慧琦[1]

（1. 黑龙江省财税研究基地　哈尔滨商业大学财政与公共管理学院，黑龙江哈尔滨　150028；

2. 大连海洋大学马克思主义学院，大连　116023）

一、引　言

目前，我国回收报废汽车处于发展初期，极具发展潜力，同时也是可利用的再生资源。根据我国汽车工业协会的研究指出，按照重量进行计量，每辆报废汽车上至少 75% 的材料能够再生，而汽车上的一些材料和钢铁材质等零部件的回收率超过 90%，像塑料、玻璃等材料的回收利用率也超过了 50%。通过科学、合理的工业化手段处理报废汽车，可以充分利用能够回收的资源物质。对车辆及时更新，有利于推动汽车工业发展和技术进步以及交通运输发展，同时也有利于节约能源、降低污染，对提高社会整体经济效益起到积极的促进作用。

尽管我国在回收利用报废汽车方面具有较大的效益空间，但是与国外的先进技术相比，我国的汽车报废技术还不高。有资料显示，发达国家报废一辆汽车能够收回 80% 以上的材料，而我国这一比率明显较低。[①] 发达国家在预测当年应报废的汽车数量时都是用汽车保有量乘以 7%，而我国的这一比率为 6%，略低于发达国家。依其计算分析可知，2010 年我国汽车保有量的数额为3000 万辆，如果按照上面的比率进行计算，2010 年至少有 180 万辆汽车需要报废。据了解，到目前为止，我国已经有 1000 多家报废汽车回收拆解企业，假如一家企业每年可以拆解 6000 辆车，那么每年最多能够拆解 60 万辆汽车，而这些企业的实际拆解数肯定小于这一数值。我国《汽车行业节能减排分析报告》指出，目前北京拥有 13 家正规的汽车拆解企业，其中最大的一家每年只能拆解 5000 辆车，但是目前每年的实际拆解数不足 3000 辆。另据新华网报道，河南省 2012 年收回了 1.3 万多辆报废车，不足当年应报废车辆的 1/4，其他应报废车辆则通过各种渠道仍在市场上流通。这在我国并不是个例，我国半数以上的报废车辆仍不受政府监管，游离于市场之外，亟待进一步完善报废汽车回收行业节能减排政策。

[基金项目] 黑龙江省财税研究基地重点项目（13H022）阶段性研究成果。

[作者简介] 蔡德发（1966~），男，基地主任、财政学教授、经济学博士，主要从事财税理论与规制设计研究；李慧琦（1989~），女，哈尔滨商业大学财政与公共管理学院 2011 级行政管理专业研究生；蔡静（1972~），女，大连海洋大学马克思主义学院副教授、博士，主要从事社会学研究。

① 蔡勇. 我国报废汽车回收利用现状及对策建议 [J]. 中国资源综合利用，2009（2）.

二、报废汽车回收行业节能减排政策与症结

（一）报废汽车回收行业节能减排情况与相关政策

报废汽车节能减排层次分为报废汽车资源回收再利用、报废汽车拆解两类。

（1）报废汽车资源回收再利用。根据商务部市场体系建设司、中国物资再生协会的统计年鉴显示，2012年全国回收报废机动车共计114.78万辆，同比增长0.5%。其中，回收报废汽车60.04万辆，同比增长6.1%；报废摩托车54.74万辆，同比下降5%。回收的报废汽车中，轿车19.67万辆，同比增长2.8%；客车20.03万辆，同比增长13.8%；载货车16.35万辆，同比增长6.4%；专项作业车1.56万辆，同比增长13.9%；三轮汽车和低速货车2.44万辆，同比下降22.5%。除三轮低速货车和摩托车回收量减少外，其他车型车辆的回收量都有不同程度增长。如图1所示。

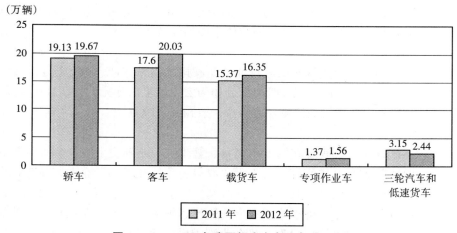

图1 2011~2012年我国报废汽车分车型回收量

资料来源：中国物资再生协会统计年鉴（2012）。

汽车上普遍使用的轻质材料主要有超轻高强度钢板、铝、镁、塑料等。在报废汽车中尽管有色金属所占比例不大，但利用价值却很高。2012年，我国报废汽车回收为社会提供废钢铁、废有色金属、废塑料、废橡胶等再生资源约200万吨，对推动老旧汽车报废更新，促进节能减排和循环经济发展，带动就业等方面发挥了积极作用。

（2）报废汽车拆解。2012年，我国报废汽车回收拆解企业资产总额达到102.65亿元，同比增长15.8%。此外，2009年以来约有40%的回收拆解企业已经完成或正在进行以清洁环境、安全生产、节约资源、推动技术进步和现代化管理为重点的技术改造，行业固定资产投资有所增加。如图2所示。

（二）现行报废汽车回收行业节能减排政策存在的问题

1. 相关政策执行效果不佳

对于回收领域，我国以国家发改委、科技部和环保总局作为主要主体制定实施的《汽车产品回收利用技术政策》（国经贸〔2010〕338号）是最为重要的政策文件，但是里面给出的只是原则层

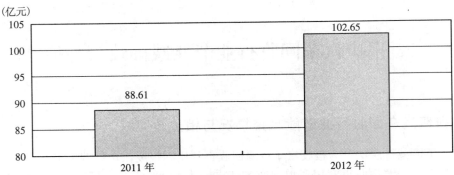

图 2　2011~2012 年我国报废汽车回收拆解企业资产总额

资料来源：中国物资再生协会统计年鉴（2012）。

面上的界定，实际可操作性差，且其中确定的阶段性目标相较于汽车工作发达国家的标准有着非常明显的差距。在实施过程中，我国也存在不足。现行法律规定的不遵守报废汽车回收规定的非法经营行为受到的处罚过轻，不具有良好的惩戒作用。可以说，当前我国在回收领域相关法规确定的相关违法成本上过小，造成回收领域的生产经营违法行为面临的风险要大大低于预期的收益水平，从而导致我国的报废汽车的相关市场行为的依法合规难以实现，非常多的报废车还难以按照合理的渠道进入报废回收循环里，降低了回收体系的整体效率。

2. 现行政策面临新的挑战

宏观政策是最基本的关于报废汽车回收行业节能减排的指导方针，可是过于笼统。面对这种新形势的挑战，政府部门应该利用微观政策的配套作为宏观政策的补充。如新技术需要政策支持，包括技术研发和拆解技术；政策更加注重环境因素，兼顾经济效益。

3. 管理规制设计不够科学

管理规制设计不够科学主要表现在制度不完备、管理部门不够专业、税制设计欠科学等。如我国对回收拆解企业征收 17% 的增值税，由于无法取得进项抵扣发票，企业需按销售金额缴纳增值税，负担过重。因此，税收优惠的对象除了回收利用企业之外，还可以是回收报废的汽车生产商和车主个人，比如对于汽车车主可以给予报废一辆已达报废标准的汽车减免新车使用税和购置税的优惠，而对资质符合一定要求的回收拆解企业给予税收优惠，并减免实现报废汽车回收量目标的汽车生产企业的税费。

（三）报废汽车回收行业节能减排政策存在问题的成因

报废汽车回收再利用属于公共品属性，需要政府相关主管部门设计激励机制，使该类企业能够得到足够的激励。

1. 汽车回收活动有更加主动的参与性

成本利率低是造成我国报废汽车回收率水平不高的主要影响因素，非法报废汽车拆解市场的继续存在为报废汽车提供了作为二手车出售的场所，这为废旧汽车在我国非正常拆解市场上获取较大的收益提供了可能。此外，报废汽车的区域流动性造成了相关治理的难题，相关规定也不尽合理。

2. 报废汽车回收再利用信息系统不完善

构建和应用系统完善回收利用网络平台，能够服务于正规的回收渠道，使报废汽车回收率有效提升。当前，我国还没有出台形成覆盖全国的该类网络平台政策，现有的初级相关网络主要是一些分散的、区域性的网站。这种网络状况首先表现为"网点少，交车难"，造成了报废车主依法交车不能得到便利，从而削弱了依法交车的积极性。与此同时，这类网络应有的作用难以发挥，也造成了正规的回收拆解和再制造企业等社会组织难以获取稳定的废旧物资供应资源，无法充分发挥自身的生产能力，相关的回收企业难以达到良好的规模生产，造成报废车车主依法交车的利益被降低，削弱该类行为的积极性，反过来进一步造成回收企业供应不足的问题更加明显。

3. 报废汽车回收行业的市场化机制欠缺

为了更好地体现市场化机制的调节作用，如果只是运用了马克思所提出的价格、竞争以及优胜劣汰等价值规律则具有一定的片面性，还必须紧密结合报废汽车回收产业的客观实际和具体宏观环境。当前这一回收行业的市场化机制在市场环境、竞争机制和社会宣传三个方面所做的工作还不够充分。

三、国外报废汽车回收业节能减排政策与经验借鉴

（一）国外报废汽车回收行业发展状况

1. 美国政府践行报废汽车回收利用工程并制定诸多规制

美国作为全球范围内汽车生产和消费占据首位的国家，年报废规模为 1000 万辆以上。20 世纪最后一段时期，美国非法丢弃报废车的问题日益严重，带来了非常明显的环境破坏。这种环境问题的日益突出，推动美国政府开始注重并积极践行报废汽车回收利用工程，并为这一领域的发展制定实施了众多的法律法规。

美国没有形成专门针对报废汽车回收利用的国家层面的法律成果，不过该国的环境法规和产品连带责任等法规里却较好地实现了对这种回收利用的规定。在该类法规明确的约束下，美国的报废汽车如果不按正常渠道处理就会违法，所以车主通常会主动将报废汽车通过法律规定的方式完成拆解等处理。尤其是产品连带责任的相关法律约束，更进一步将汽车产品的整个供应链带进了回收利用的环节，成功地促使报废汽车在美国变为具有丰富残值的材料资源，并且使市场化调节机制成为该类产业的重要发展机制。

在国家法律法规的基础上，该类回收活动的其他法律依据还体现为政府部门层面制定的相关法规：交通部的《车辆召回法》、商业部的《汽车保护法》、能源部的《平均油耗法》、环保局的《尾气排放法》等。此外，州政府层面的可行性更强的一些法律细则也成为良好的法律依据，都为报废汽车的回收利用提供了安全和环保方面的法律约束和保障。以美国加州相关条例为例，要求新车在正式使用两年的情况下必须每年年检一次，在满足了安全和尾气排放等检验的情况下，才可以被允许继续使用。同时，还更为全面地要求检测应当达到的标准和年保险费用等都会因为车辆使用时间的增加而相应更加严格。汽车在丧失了使用价值的情况下，一定要根据环保相关规定完成报废处理，如果导致环境破坏的后果，就要接受相应的处罚。此外，一些州政府尤其针对含汞车灯等零部件给予了相关规定，为此制定实行了严格的技术法规，并且规定汽车企业应当在这类产品上明确用标签标识达到标准，并且对于报废汽车，也要求进行处理之前就应当首先拆除该类零部件，从而对可能出现的二次污染给予积极应对。

美国上述相关法律建设形成的较为系统的法律规定，保证了汽车生产企业更加积极地成为报废汽车回收利用的创新发展主体，最大限度地减少可能出现的环境破坏的同时，较好地在该回收利用领域实现了市场化机制。

2. 欧盟针对"汽车社会"规定报废汽车实行分拆处理

欧盟的大部分国家都具备了"汽车社会"的基本特点，仅 2002 年的报废汽车规模大概已经达到了 900 万辆的水平，而德国占据了其中的 260 万辆左右，法国则大约为 200 万辆。因此，给予

该类车辆处理足够的重视，降低不当处理带来的环境破坏性，实现良好的回收再利用价值，都成为欧盟大多政府必须应对的发展问题。

欧盟等国对于报废车辆的规定主要在于，要求相关企业第一步必须将该类车辆上存在的易导致二次污染的部分受限给予拆除后采取特殊的方式予以单独处理。举例来说，要求将剩余的燃油通过吸取出来后进行回收利用，以及将蓄电池、冷媒和气囊等都纳入了特殊处理的范围。该类企业将汽车上具备可利用价值按照相关规定程序逐一处理后参与市场流动，而车完成了压扁处理的情况下，被运送到指定的破碎厂完成破碎处理，实现了零部件拆解和破碎处理两者各自的独立实施。同时还更为细致地要求车体破碎处理之前，一定要按照规定全面完成轮胎、玻璃、润滑残油等回收和清洁等处理活动。此外，在破碎处理过程中配备了大型的自动工具。借助于先进技术，使报废车辆的回收利用具有了良好的绿色环保性，不但体现了良好的节能性，而且使该类车辆的回收再利用效率得到了明显提升。

3. 日本政府注重运用法律规范报废汽车回收业

日本在现代世界经济中一直占据领先地位，在汽车生产和消费方面也位居世界前列，年报废车辆达到了 500 万辆的水平，大约 100 万辆以二手车的形式成为国外市场上的商品，另外剩余的车辆都是在该国境内完成处理。因为日本国土面积非常有限，土地资源无法支撑这项非常庞大的处理任务，因此，该国积极寻找良好的回收利用途径。

2009 年日本针对原有的《车辆注销登记法》进行了充分的修订，在登记到注销的全过程中，全面融入了检查汽车回收处理流向的信息管理元素，较好地提升了这一领域的回收利用效率。

2010 年 7 月出台的《报废汽车回收利用法》（又称《关于报废汽车再资源化的法律》或《汽车回收利用法》或《汽车循环法案》）通过了日本国会的正式批准，并决定 2005 年 1 月 1 日作为开始实施的日期。早在 2005 年 10 月 21 日，该法已经完成了全部的修订工作，并配套形成了"实施令"和"细则"。在这一重要法律规定中，明确了包括汽车生产企业在内的各种相关主体各自的责任和义务，同时详细地对各种类型的责任都分别予以了具体而详细的界定和描述。

2012 年，该国政府制定实行了《废旧汽车再生利用规范》，以期降低废车回收处理可能产生的有害物质的规模，从而在有效地提升可再利用效率的基础上，还能够达到以下效果：较好地提升以往采用的处理渠道的处理效果，形成了保证前后工序高效衔接的票据制度，同时也增强了对该类违法行为的处罚力度，促进了相关部门的信息共享和联通，推动了整体管理效率的增加，并且将相关主体各自的职责都给予了明确和规定。

在上述法律基础上，日本较为全面地形成了应用经济规律的回收利用机制，为已经形成的回收利用方式增添了新的生命力，使报废汽车较好地转换为新的有价资源，并且在这一回收利用过程中很好地遵循了经济原则，较好地保证了参与该领域的社会各方力量都获取了各自的利益，从而使这项工作得以快速健康的发展。

（二）国外报废汽车回收业节能减排政策的启示

1. 有系统完善的法律规制作保障

我国对报废汽车回收行业产生的二次污染问题目前仍处于研究初级阶段，并没有成型的研究成果可以利用。根据报废汽车回收行业存在的不足，参考其他国家的先进理论和经验教训，并结合我国现状，应健全相关的法律政策规范我国报废汽车回收导致的二次污染问题，努力减少污染，从而达到节能减排的最佳效果，推动报废汽车回收行业在我国稳定发展。

第一，政府应该通过立法强化管理废旧汽车的回收，并严格避免回收过程发生二次污染。通过政府立法规范废旧汽车的维修和拆解，强化政府监督。既可以保证政策执行，又能够保证处理废旧汽车的过程符合环境保护，避免二次污染。举例来说，拆解维修责任制的实行，使得各企业明确了自己的责任和义务。

第二，政府在规范废旧汽车回收行业时应遵照一个原则，即"谁生产，谁负责"，尽快健全有关方面的法律法规，主要追究汽车进口商和生产商的责任，加大调控力度，同时建立体系完整的监督机制，使企业、政府各司其职、各尽其责，形成一个报废、拆解和回收的循环机制。

第三，由环境保护总局制定报废汽车回收利用的有关法规。各省市地区环境保护局有责任监督和管理汽车回收利用。环保局按照环境保护要求和科学布局严格审批拆车企业资质，控制拆车企业的总体数量，防止浪费经济资源。各省市的有关行业协会有责任对报废汽车的回收价格进行指导，制定价格标准，防止行业内出现恶性竞争，严格监督和管理报废汽车的回收和利用过程，如果发现违规或者是违法行为予以重罚。除此之外，省市环保局中的法规执行部门能够辅助当地政府科学规划，对工业用地、企业规模和数量进行合理布局，为企业发展提供帮助，为我国回收利用报废汽车进行规划，为这一行业的发展做出了不懈努力。

2. 政策的目标要清晰且易实现

（1）明确建立供应链体系政策的目标。汽车制造企业作为汽车生产、销售的主体，应承担着更为广泛的社会责任，不仅要对自身生产过程中的资源、环境责任进行强有力的管理，同时根据《汽车产品回收利用技术政策》的内容回收处理报废汽车。基于此，作为占有主导地位的汽车制造企业，完全有必要借助供应链管理思想，将回收商作为供应链上的联盟成员。从系统分析的角度，可以将闭环供应链进一步分解为制造管理子系统、销售管理子系统、回收处理管理子系统和信息管理子系统，子系统贯穿整个汽车生命周期，相互之间以信息系统为纽带，最终构成一个由供应商、制造商、销售商、回收商构成的闭环供应链，有利于汽车回收过程中的组织和实施。

（2）建立有效的车辆信息化管理系统政策。目前，我国报废汽车回收拆卸企业还处于一个不完全规范状态，不仅企业规模小，大多数企业还在处于靠手工拆卸的方式进行，工作效率低下，给行业的管理带来较大困难。诸如对汽车回收数量、拆卸数量以及拆卸后的再利用情况等数据的统计难以进行，也影响了整个行业的发展规划，同时对政府部门的管理工作也带来不便。由于缺乏回收利用的准确数据，汽车制造企业很难从报废汽车回收中得到有利于产品质量改进的相关信息，这对汽车产业的发展是一个不利因素。为此，在当今信息技术迅速发展的情况下，为了使整个汽车产业得到健康持续的发展，必须在车辆管理方面引入电子信息技术，建立有效的车辆信息化管理系统。

3. 加强政策规制的法制化建设

报废汽车回收业的发展离不开政府的合理政策。发达国家的报废汽车回收之所以如此完善，与各国完善的法律法规、公民较强的法律意识是分不开的。我国报废汽车回收业要想向制度化发展，政府相应的法律政策必须实现完善化。

（1）完善相关联的法律法规。我国可以借鉴发达国家经验，通过环境立法明确报废汽车回收业各主体的责任义务，使各主体各尽其责，形成报废汽车回收、拆解的良性循环。我国必须建立相应的法律法规，如汽车报废法规、报废汽车回收法规和处理法规等完善和规范市场。统一规范拆车厂设计、拆车技术，建立报废汽车回收的试验研究中心，规范化报废汽车零部件的回收使用检测手续，确立全行业统一的报废汽车检测规范。

（2）通过政策激励和引导报废汽车回收商的行为。政府立法严格控制废旧机动车回收产生的二次污染，加强报废汽车的回收管理。通过政府立法来完善废旧汽车拆解回收与维修的政策法规，加强政府监管力度。一方面，保证车辆报废制度的执行；另一方面，确保废旧汽车严格按环境保护的要求处理，不造成二次污染。比如，实行拆解维修企业责任制，明确各企业应当承担的义务，促进其经营活动规范化。

（3）通过建立补贴政策对报废汽车回收商予以一定的补偿。补贴的方式可以包括物价补贴、企业亏损补贴、财政贴息、对无污染或减少污染的设备实行加速折旧等。补贴的存在，实际上能够降低报废汽车回收商的回收成本，变相地鼓励和刺激回收商的回收行为。另外，还可以通过税收优惠减轻报废汽车回收商的负担，如给予报废汽车回收商免征增值税等政策。

4. 运用政策激励行业技术创新

（1）给予引进先进技术和科研力度的政策支持。我国报废汽车自身的回收技术有限，应学习国外的先进技术。我国有很多中外合资的汽车制造企业，这对于学习先进报废汽车回收技术更有优势。发达国家在报废汽车回收利用的技术、管理法规以及管理机构上，都具有较高水平。通过与他们的交流、合作，可以在其基础上加强自主研发，发展适合中国国情的先进回收技术。政府还应该通过设立专项基金等方式重点扶持具有代表性和关键性的报废汽车回收利用技术项目的开发。由于这些项目的研发和推广更有利于促进报废汽车回收业的技术水平，促进结构调整。此外，还可以开展跨国间的报废汽车业经济业务往来，形成全球报废汽车资源大循环，从国际市场上进口我国短缺资源，进行加工，既能促进资源优化配置，又能促进循环经济发展。

（2）通过政策的制定来规范报废汽车回收的技术标准。我国报废汽车回收业应制定切实可行的各类技术标准，对我国现有的报废汽车分类技术标准进行修订，并加以广泛推广。回收技术标准的推广，可以有效地促进报废汽车的回收处理，规范行业回收行为，推动报废汽车回收利用的技术进步和回收产品质量的提高，促进报废汽车行业的正确发展。

（3）出台相应政策对开发新材料和新工艺、成立废旧汽车再生利用支援中心、提高产品的回收利用率等给予支持。具体包括：一是政府应出台鼓励政策支持新工艺和新材料的开发，最大限度地循环利用车辆中零部件。研究开发新工艺和新材料，其目的是降低污染、保护环境，循环使用车辆中的零部件。二是建立报废汽车针对再生利用的支援中心政策。这需要和有关部门进行合作，在交流信息的同时共同开发提高再生利用率的新技术；同时在设计新车时除了考虑到材料和结构的容易被分解和被再生利用之外，也需要改进塑料材质，解决目前废塑料在粉碎容积中占比过高的问题。三是完善回收利用率政策。报废汽车的回收、拆解和再利用实际上是"产品设计—生产—消费—回收—再利用"的整个生命周期上的重要一环。要提高产品的回收利用率，要科学地采用技术手段规范回收拆解工艺，又要从源头抓起，设计出更多无污染、可再利用的绿色汽车产品，在满足需要的同时节约资源和保护环境。

四、完善我国报废汽车回收行业节能减排的政策建议

（一）完善政府引导企业回收报废汽车的相关政策

1. 建立完善的报废汽车回收政策

完善我国报废汽车回收管理政策，形成对回收、拆解全过程的监管机制，政府制定连贯的政策，纠正目前一些地方对报废汽车回收行业的管理混乱。调整税收及财政补贴政策，使报废汽车回收行业能更有利于节能减排工作。

（1）明确管理机构。2010 年 7 月，我国的《报废汽车回收拆解管理条例（征求意见稿）》已经由国务院法制办公室发布出来，至今仍然处在襁褓之中，长期难产。而"307 号令"已经不适应当前报废汽车产业迅速壮大的实际，不利于产业的规范化发展。应借鉴国际经验，尽快出台指导和管理报废汽车行业健康发展的纲领性政策。同时，改变商务部、工信部、公安部、环保部等多部门和地方政府对报废汽车多头管理的现状，政策应明确主管机关、审批机关和监督管理机关各

自的职能、责任和流程。

（2）加强政策的监督属性。政策应该更侧重于从报废汽车的注册登记、回收拆解、拆解市场整治、路面巡查等环节，强化对报废汽车的监督管理，切实杜绝报废车、拼装车辆上路行驶。充分借鉴国外的成功经验，研究建立报废汽车回收管理网络，形成报废汽车回收主管部门、报废汽车回收企业以及公安交通管理部门共享的信息网络，利用现代信息技术努力实现报废汽车回收拆解过程的全程监控，强化监督管理和执行报废汽车的拆解回收。

（3）完善税收优惠政策。税收对经济的调控作用主要体现为鼓励和制约两种方式。在报废汽车回收行业中，根据"谁生产，谁负责"和"谁污染，谁治理"的原则，并对生产者的责任进行延伸，通过税收政策倾斜扶植设立汽车报废回收的企业，可以减免增值税和营业税或是进行税率返点，促使汽车生产商自觉承担消费后所产生的终结问题。如果汽车生产商和经销商或是非法废旧汽车拆解回收商不具备后期服务意识，则对其进行税收惩罚。与此同时，如果在报废汽车的过程中出现不合理操作，并因此引发了安全、质量问题，则立即终止给予该企业或行业的财政税收方面的扶植政策，并给予严厉处罚。参考银行业已有的信用制度，如果一个企业存在信用缺失的前科，在此后的政策扶持中也不再考虑。

（4）完善财政补贴政策，主要有两个方面：一是财政贷款贴息。众所周知，报废汽车回收技术创新是具有高投入、高风险性的经济活动，企业内部用于技术创新的资金是有限的，而商业银行考虑其风险性一般也不愿提供相应的资金支持，资金问题阻碍技术发展。为解决企业技术活动融资困难，政府应该对汽车回收行业传统技术改造项目予以银行贷款支持和财政拨款。提高政策性银行、国有商业银行提供贷款和贷款担保，政府还应提供贷款年利息的货款补贴。二是拓宽补贴范围。当前可享受报废更新补贴的车辆范围比较窄，局限于大型汽车、城市公共交通用车、农村运输车。无法享受该补贴的车主，会直接将报废车卖到二手车市场，这带来交通安全隐患的同时排放量较大的汽车再次使用也不利于节能减排的实现。因此，拓宽补贴范围，将对报废汽车回收行业节能减排工作起到积极的作用。

2. 强化报废汽车回收行业节能减排的执行力度

（1）制定再使用和再制造废旧零件的政策。通过再次使用废旧汽车上的零部件，能够延长零部件的使用年限，进而达到节约能源的目的。汽车的所有零部件产品不可能具有相同使用寿命，所以在汽车报废时总会有一些性能完好的零部件。检测合格后又可以将这些零部件投入使用，可以直接使用、翻新使用和修复使用。再使用是对零部件的一个重新利用，既不会消耗能源也不会再次产生污染，也是回收利用的最理想目标。因此，政府应该以产品寿命周期为出发点，以节能减排、提升品质、提高效率为最终目标，制定有利于废旧零件在制造的政策，鼓励企业发展产业化生产和先进技术，对废旧产品进行修复和改造。通过使用科学先进的新工艺、新技术，再次加工废旧汽车上的零部件产品，在尽可能不改变零部件原有的材质和外形的情况下充分挖掘出该零部件包含的各种附加值，最终产出的再制造产品具有同等或者是高于原产品的性能，有利于节能减排。汽车零部件再制造发展具有经济合理、技术成熟和产业规模的三大优势。①

（2）通过制定构建废旧材料循环利用体系的政策实现能量的重复利用。因为技术缺陷或经济效益无法使用、制造的废旧零件，政府可以制定政策鼓励企业通过回炉等方式对材料进行再利用。材料回炉及后期的加工过程会消耗一定量的能源，使得零件制造时的附加值如能源价值和劳动价值不复存在，但是与使用原生材料相比较，节约了大量的能源且生产废弃物大大减少。通过回收

---

① 比如，汽车发动机的再制造和生产一台新的发动机相比，降低了 50%的成本，并且能源和原材料的节约比例分别为 60%和 70%。美国 Argonne 国家实验室的研究数据表明：和再制造汽车相比，新生产一台汽车多耗能 5 倍，新生产一台发动机多耗能 6 倍。

利用废旧汽车零部件，可以减少污染物的排放，实现资源的重复利用，变相保护了原生自然资源，实现了节能减排和对环境的保护。为保证废旧汽车材料的回收利用，必须明确汽车在设计中可回收利用率的目标和时间表。通过对汽车的可回收利用率进行强制性的规定，约束企业在汽车设计过程中必须体现可回收利用的设计思路和目标，才能使所有汽车企业承担的回收利用率设计责任均等，保证不同的汽车回收利用率的一致性，避免产品在市场竞争过程中的不公平现象。

（3）出台加强汽车废液管理的政策。具体包括三项内容：一是机油。应选择远离排水系统的工作区域，废油的重复利用主要方式是由石油公司进行回收和再生，再次以燃烧释放的能量形式回收。二是制动液。必须用专用密封容器回收使用过的制动液，并进行标记；制动液严禁直接排放到下水道、腐化池、枯井、污水管道系统或者土壤里。三是防冻剂。应明确严禁将防冻剂废液与其他废弃物混杂放置，更不允许将防冻剂直排进入下水道、农田、枯井、排污系统以及土壤。

3. 积极主动迎接政策面临的新挑战

（1）在技术研发上给予政策支持。主要包括两个方面：一方面，给予新技术政策支持，形成自主研发的团队有利于报废汽车回收行业达到节能减排目的，如可以划拨研究经费建立研发中心，定期召开学术论坛会交流技术成果；另一方面，政策在经济利益和节能减排问题上更加倾向于后者，增强报废汽车回收商环保意识，如加强环保宣传和完善法律规章制度，使报废汽车回收工作有法可依。

（2）调整汽车以旧换新政策。有两个方面可供参考：①可根据购车年限、行驶里程分档来规范相应补贴金额，特别应该提高轿车补贴标准。考虑到二手车交易市场价格评估影响因素杂乱，方法各异，因此不能据此确定以旧换新的旧车补贴金额。从出台以旧换新政策的初衷出发，充分借鉴参考国外经验，在调研我国实际情况的基础上，确定科学合理的补贴金额应在 10000~20000 元间。事实上，在 2009 年 12 月 9 日温家宝总理主持召开的国务院常务会议上，确定了完善促进消费的若干政策措施，其中规定将汽车以旧换新的单车补贴金额标准提高到 5000~18000 元。而且为进一步鼓励车主以旧换新，废除《办法》第 8 条规定，允许车主叠加享受减半征收车辆购置税政策与以旧换新补贴政策。②更新汽车以旧换新的程序，加强与汽车企业的协作配合。但在实施过程中，设立以旧换新联合服务窗口不仅未达到预期效果而且提高了政府的运行成本，应该允许多元化的补贴换领方式。作为补贴主体，车主应具有自主选择的权利，既可以直接领取补贴，也允许由企业先行补贴车主，然后企业集中换领。即车主在购置汽车时可以先将以旧换新补贴在购车款里抵扣，后由汽车经销商汇总车主材料到政府部门集中办理补贴手续。这既方便了车主，又有利于汽车经销商将以旧换新补贴作为一种促销手段，以提高汽车销量。

（3）政策更能兼顾经济效益。在报废汽车回收政策制定过程中，若要获得经济与环境、社会等方面的"双赢"，必须依托于科技，强调政策扶持，加大科技投入，以此推动节能减排业发展。政策应该更倾向于通过各种渠道，增加对报废汽车回收利用科技开发的投入，关注那些影响大、有带动作用的优良项目，对经济效益低但社会环境效益明显、量大面广的报废回收项目，应给予长期科研项目经费支持。包括支持一些经营好、符合上市条件的报废汽车回收企业上市，为企业直接融资创造政策条件；对报废汽车回收加工处理中心、报废汽车资源信息网络等方面的示范项目，优先安排技改投资并给予财政贴息，使一批报废汽车加工利用企业健康长久地发展下去。

（二）强调政策更倾向市场化运作模式

1. 政府运用激励与约束机制调动企业参与的积极性

（1）税收调控与财政补贴。税收调控主要是通过征、免企业环境污染税，奖优罚劣，鼓励汽车生产厂商自觉开展废旧汽车回收业务。对于未进行废旧汽车回收的生产企业加征环境污染税，增加其运行成本，约束其尽快开展此类业务；对于已开展废旧汽车回收业务的企业或物流公司，给予适当税收优惠政策，减免营收税额，提高其积极性。财政补贴手段即对于开展废旧汽车回收业务的企业，政府给予适当的财政资金支持。目前，我国的财政补贴主要方式有节能补贴、环保补贴、政府担保贷款并予以利率优惠等。

（2）使许可权交易合法化。许可证交易指通过积极稳健的推行废旧汽车许可权制度，把回收许可权授予汽车企业，并允许获得汽车回收权的企业之间交易的行为合法化。通过采取这种措施不仅可以救活中小企业，因为他们可以不必为不能对废旧汽车进行利用而发愁，而且可以促进规模较大的汽车企业获得更进一步的发展。如果有的汽车企业由于各种原因不进行汽车回收业务时，他可以通过某种方式与其他汽车企业进行许可权交易。这样就会鼓励汽车企业或专门回收汽车的企业进行汽车回收并对回收的汽车进行再生产，从而通过回收汽车许可权的制度获得更高的经济效益。不仅如此，这样做还能减轻政府管理负担有利于汽车行业的发展和壮大。

2. 建立政策完善报废汽车回收再利用信息系统

（1）通过汽车生产企业推动建立回收系统。可以借鉴西方国家的有益经验，报废汽车回收系统的最有效办法是实行生产者责任制，因为只有汽车生产企业的积极参与才能建成完善的汽车回收体系，所以在制定相关政策时应鼓励汽车产品回收利用的技术研发，对汽车生产企业加强管理，并在回收系统的各个环节加以监督。

（2）以报废汽车回收利用企业和专业处理中心为主体。出台政策将回收利用企业和专业处理中心置于整个回收利用中的主体地位、承担一定的责任。由于逆向物流本身所具有的不确定性、复杂性以及分散性的特点，决定了要在汽车回收利用网络上建立数目巨大的回收利用机构，加之我国汽车生产、使用以及报废的实际情况的多样性，更需要建立众多的回收利用机构。就我国目前情况而言，能够完成汽车的回收、拆解的回收利用机构数量已在 1000 家以上，半数以上具有较大规模。为了减少总体社会成本，回收系统应将回收利用企业和专业处理中心纳入到回收系统中。这些回收机构不能平均分布和发展，要根据地域的差异性，合理确定各地区回收机构的数量和规模。虽然现有的汽车回收利用网络初具规模，但是网络中大部分节点在回收利用时不够专业。并且，单纯依靠现有的汽车回收企业，不能完全回收我国快速发展的汽车行业所报废的汽车。通过建立专门化回收处理机构可以使回收利用行业得到更进一步的发展，有利于快速建立和完善报废汽车回收系统。

3. 构建报废汽车回收行业的市场化运作机制

（1）制定强化市场与竞争的政策。如在一定区域内建立具有规模的回收利用企业，促进该地区汽车回收业的发展和壮大，也可以建立专门报废汽车回收处理中心，引进世界先进的技术和高精尖的设备，建立流水化的报废汽车回收利用产业体系，加快汽车回收利用业的发展。同时，政府需要建立合理、有效的利益分配竞争政策，通过利益捆绑和按劳分配的社会主义利益分配原则，吸引汽车生产企业、汽车经销商、回收处理企业积极参与，让各方都获得相应的利益或者促使汽车生产企业内部成立专门的回收部门，可以利用企业掌握的汽车的详细信息提高回收的报废汽车零件的利用率，或者直接寻求外包服务，由专业的大规模回收企业进行汽车拆解回收利用。

（2）松绑报废汽车回收拆解企业总量控制政策。政府应该对现行的报废汽车回收管理办法做出修改。放宽对报废汽车回收拆解企业的总量控制，企业要取得资质就要符合各省的规划，各省要根据当地的汽车保有量、人口密度具体设立。如一个城市达到 30 万辆汽车后，成立一家，超过这个数量了，再新成立一家。① 松绑报废汽车回收拆解企业总量控制政策，对于完善报废汽车的市场化机制具有重要意义，真正让市场成为行业发展的主导。

---

① 截至 2012 年底，国内拥有报废汽车回收拆解资质的企业有 522 家，和全国 337 个地级以上城市和 2000 多个县级城市相比并不多。

五、基本结论

随着我国汽车工业的快速发展，汽车保有量急剧上升，报废汽车的数量也随之不断攀升，导致大量资源、能源的浪费和环境的破坏，与现行节能减排政策相悖，严重阻碍了汽车工业乃至整个社会的可持续发展。

第一，我国应构建"税收调控—财政补贴—许可权交易"闭环式报废汽车回收政策体系。报废汽车的回收的研究时间不长，仍处于刚起步的阶段，虽然西方市场经济国家已有现成可借鉴经验，但由于国家与国家间存在明显的差异性，在进行借鉴时一定要结合我国国情，从而制定相关的政策法规。因此，应该继续构建从"税收调控—财政补贴—许可权交易"的闭环式报废汽车回收政策体系，并将之运用到我国报废汽车回收业中，从经济性、环境性和可回收性等方面监督政策的有效实施。

第二，出台有针对性的财税支持政策。将报废汽车回收行业发展和节能减排政策的研究相结合，提出汽车生产企业是废旧汽车回收的主要参与者，通过财政税收政策上补贴吸引企业，通过政策上的宣传呼唤报废汽车回收企业的节能减排意识。

第三，构建报废汽车回收体系。借鉴国外汽车"全生命周期管理"经验，即从汽车设计生产之初就由企业考虑好回收问题并负责具体回收。我国现阶段的报废汽车回收行业系统衔接不够完善，有些环节出现空位。政府通过政策完善对整个报废汽车回收体系的建立，有利于节能减排政策的实施。

第四，实行差额计税。税收对于报废汽车回收企业来说是一项重要的支出，报废汽车回收企业纳税基础采取差额计税的原则有利于企业减轻税收负担、更积极的致力于报废汽车回收行业的节能减排工作。

参考文献：

[1] 李名林. 美国报废汽车回收利用体系探索 [J]. 汽车工业研究，2007（2）.

[2] 刘笑萍，谢家平，尹君. 用户主动返回废旧汽车回收的激励因素实证分析 [J]. 当代经济管理，2007（3）.

[3] 代应，王旭，邢乐斌. 基于全生命周期的汽车绿色回收体系研究 [J]. 西南大学学报（自然科学版），2007（11）.

[4] 宣向阳，葛金喜，程滢，孙利峰. 中国汽车资源回收利用运行模式的探讨[J]. 上海汽车，2008（9）.

[5] 崔选盟. 日本汽车回收再利用制度对中国的借鉴意义 [J]. 环境污染与防治，2008（10）.

[6] 方海峰，黄永和. 汽车回收利用是节能减排的重要途径 [J]. 汽车工业研究，2008（11）.

[7] 潘增友. 汽车报废带来的问题及解决方案研究 [J]. 汽车工业研究，2009（2）.

[8] 肖俊涛. 论我国汽车以旧换新政策的完善 [J]. 湖北社会科学，2010（6）.

[9] 赵莲芳. 废旧汽车回收的激励与约束机制研究 [J]. 现代商业，2010（7）.

[10] 吴小虎. 报废汽车逆向物流的网络设计研究 [D]. 东华大学硕士学位论文，2011.

[11] 李红霞. 上海报废汽车回收体系研究 [D]. 复旦大学硕士学位论文，2011.

[12] 马晓梅. 循环经济理论与报废汽车回收再利用发展探究 [D]. 南京林业大学硕士学位论文，2012.

[13] 再协. 我国报废汽车回收迎来快速发展期 [J]. 中国资源综合利用，2013（11）.

[14] 中国汽车工业协会. 全球报废汽车回收拆解行业潜力无限 [J]. 再生资源与循环经济，2014（6）.

中国各省域产业结构生态效率的实证比较
——基于省域面板数据的考察

吕明元　　陈维宣

一、导　言

　　"产业结构调整"与"生态文明建设"是中国经济发展过程中的重要内容，在理论上也逐渐出现两者相互融合的现象。经验研究表明，产业结构调整对生态效率改善具有积极影响。陈傲（2008）、陈武新与吕秀娟（2009）分别采用因子赋权法和因子—聚类分析法评价与测度中国区域生态效率，建立线性回归模型证明了产业结构与生态效率之间存在正相关关系。季丹（2013）、潘兴侠等（2013）分别从生态足迹与空间计量经济学角度进行了分析，其结论也一致表明产业结构对生态效率产生显著的正向影响。

　　部分学者将生态效率分解为能源效率与环境效率（毛建素等，2010；潘兴侠等，2013）。在能源效率方面，丁建勋与罗润东（2009）指出产业结构与能源效率之间存在长期均衡关系，降低第二产业或第三产业比重将会提高能源效率。Liu Jiajun等（2012）则认为，产业结构合理或产业结构调整初期的地区，产业结构调整对区域能源效率提高的贡献明显，而产业结构合理低端的地区，产业结构变动对能源效率提高的贡献则不明显。在环境效率方面，王俊能等（2010）、汪东与朱坦（2011）利用 DEA-Tobit 模型分别指出产业结构中第三产业比重与环境效率呈显著正相关，而工业结构中重工业比重与工业生态效率呈不显著负相关。

　　学者们进一步指出，产业结构生态化是产业结构调整与演变的必然趋势。其中，高全成与宁园园（2011）构建了企业结构生态化的评价指标体系，以此作为产业结构生态化的微观基础。嘉蓉梅（2012）论述了产业结构生态化的概念，并通过构建博弈模型分析了建立长期稳定的生态产业链的影响因素。宋海洋（2012）以吉林省为例，综合分析了吉林省产业结构生态化调整的制约因素、内在优势与对策选择。

　　通过对文献的梳理可以发现，大量学者的研究一致表明：产业结构变迁与生态效率之间存在长期稳定的关系，产业结构生态化是产业结构调整与优化的长期目标与趋势。但是，现有研究文

　　[基金项目] 国家社会科学基金一般项目"生态型产业结构评价体系构建与测度：对我国典型区域的实证分析"（批准号 13BJY007）。

　　[作者简介] 吕明元（1966~），男，山东胶南人，天津商业大学经济学院教授，产业经济研究所所长，硕士生导师，研究方向为产业经济理论；陈维宣（1990~），男，山东沂南人，天津商业大学经济学院硕士研究生，研究方向为产业发展与资源、环境协调。

献也存在一定的不足。首先，忽视了对特定的产业结构所具有的生态效率的研究；其次，缺乏对产业结构生态化进行研究与测度的评价指标体系。因此，为了弥补现有研究文献中的不足，本文将在以下三个方面做出努力：第一，提出产业结构生态效率的概念，并对其进行理论解释；第二，构建产业结构生态效率的评价指标体系，对中国各省域历年的产业结构生态效率进行评价；第三，实证分析产业结构生态效率的主要影响因素与演进特征，并对研究结果进行稳健性检验，提高本文研究的精确度与可信度。

本文的结构安排如下：第二部分提出产业结构生态效率的概念，对其进行理论解释，并构建产业结构生态效率的评价指标体系；第三部分对中国各省域历年的产业结构生态效率进行评价；第四部分实证分析产业结构生态效率的主要影响因素与演进特征，并对研究结果进行稳健性检验；第五部分得出结论。

二、产业结构生态效率的概念界定与指标构建

虽然产业结构与生态效率之间存在较为稳定的长期均衡关系，但是，正如上文所指出的，仅仅证明产业结构与生态效率之间的协整关系，并不能对产业结构生态化的研究进行较好的衡量与测度。因此，需要提出新的衡量与测度指标，并构建其评价体系，即产业结构生态效率概念的提出与界定，及其指标体系的构建。

（一）产业结构生态效率的概念界定

生态效率的观点最初由德国学者 Schaltegger 与 Sturm（1990）提出，并由世界可持续发展工商业委员会（WBCSD，1992）加以商业性质的阐述，世界经济合作与发展组织（OECD，1998）将生态效率的概念扩大到包括政府、工业企业与其他组织在内的整个经济体。OECD 认为"生态效率是指生态资源满足人类需要的效率，它可看作是一种产出与投入的比值，其中产出是指一个企业、行业或整个经济体提供的产品与服务的价值，投入是指由企业、行业或经济体造成的环境压力"。因此，生态效率的概念也就意味着"用更少的自然界投入创造更大的经济价值与社会福利（欧洲环境署，1999）"，或"用更少的能源和自然资源提供更多的产品和服务（澳大利亚环境与遗产部）"，是经济学中典型的"使成本最小化与收益最大化方法（加拿大工业部，2002）"下经济效率的体现。生态效率的概念为本文的研究奠定了理论基础。

产业结构生态效率是指通过产业结构、产业部门的资源利用与消费结构、产业部门的污染物排放结构等调整，以实现生态—经济系统的综合效益最大化。产业结构生态效率衡量的是特定的产业结构所具有的生态效率，产业结构生态效率越高，说明该产业结构的生态水平越高。需要注意的是，产业结构生态效率这一概念并不是指既定的产业结构所对应的生态效率。因为按照这种定义方式，将把产业结构和生态效率分别作为两个变量对待，考察的是两者之间的因果关系与协整关系，而不是对产业结构自身所具有的生态效率与生态水平的考察。

产业结构生态效率衡量的是产业结构调整与生态文明建设的速度及质量。通过对某一地区的产业结构生态效率进行时间序列上的比较，计算产业结构生态效率的增长率，如果增长率较大，说明该地区在产业结构调整与生态文明建设方面的速度较快、质量较高，如果增长率较低，则意味着该地区没有成功的实现产业结构调整与生态文明建设，存在相应的制约因素，需要加以进一步的研究，以发现问题并解决问题。产业结构生态效率这一概念可以有效地将产业结构与生态效率结合起来进行考察。

（二）产业结构生态效率的指标构建

根据上述对产业结构生态效率概念的界定与解释，在构建其评价指标体系时，需要综合考虑产业结构与生态效率两个方面。部分学者在研究生态效率时，都将生态效率分解为能源效率与环境效率（毛建素等，2010；潘兴侠等，2013），本文也借鉴这种分解方法，将产业结构生态效率分解为产业结构能源效率与产业结构环境效率两部分。因此，构建产业结构生态效率指标如下：

$$ISEE = \sqrt{ISEE_n \times ISEE_v}$$

式中，ISEE 表示产业结构生态效率（Industrial Structural Ecological Efficiency），$ISEE_n$ 和 $ISEE_v$ 分别表示以产业结构为权重衡量的能源效率与环境效率。具体地，将产业结构能源效率和环境效率分别表示为：

$$ISEE_n = \sum_{i=1}^{n} \omega_i \cdot \frac{Y_i}{E_i}$$

$$ISEE_v = \left[\prod_{j=W,G,S} \left(\sum_{k=1}^{m} \varphi_k \cdot \frac{Y_k}{P_{j,k}} \right) \right]^{(1/3)}$$

式中，i = 1，2，3 表示按照三次产业标准划分的产业部门，Y_i 和 E_i 分别表示第 i 产业的产值与能源消费量，ω_i 表示第 i 产业的产值在经济总体中所占的比重，P 表示产业部门的污染排放量，j = W，G，S 分别表示废水排放量、废气排放量、固体废弃物产生量，k = 1，2 分别表示按照工业与非工业标准划分的产业部门（k = 1 表示工业部门，k = 2 则表示非工业部门），Y_k 表示第 k 产业部门的产值，$P_{j,k}$ 表示第 k 部门的第 j 中污染排放量，φ_k 表示第 k 部门的产值在经济总体中所占的比重。

特别地，由于废气排放中同时包括二氧化硫（SO_2）与烟粉尘（Smoke and Dust），因此，在计算产业结构环境效率之前先对废气的环境效率进行处理：

$$E_G = \sqrt{\prod_{G=SO_2,SD} \left(\sum_{k=1}^{m} \varphi_k \cdot \frac{Y_k}{P_{G,k}} \right)}$$

式中，E_G 表示废气的环境效率，SO_2 和 SD 分别表示二氧化硫和烟粉尘排放量，通过对加权平均值的乘积进行开方的方式计算废气的环境效率。而固体废弃物产生量中只有工业部门的统计数据，缺乏其他非工业部门和经济总体的数据，因此，固体废弃物的环境效率实际上只是对工业部门固体废弃物环境效率的加权平均：

$$E_S = \varphi_1 \cdot \frac{Y_1}{P_{1,S}}$$

式中，E_S 表示工业固体废弃物的环境效率，Y_1 表示工业部门的产值，φ_1 表示其占经济总产值的比重，$P_{1,S}$ 表示工业部门固体废弃物产生量。因此，可以将产业结构环境效率简单表示为：

$$ISEE_v = \left(\prod_{j=W,G,S} E_j \right)^{(1/3)}$$

在本文中，m、n 的取值分别为 m = 2、n = 3；实际上，m 和 n 是一个开放的集合，可以根据研究对象种类与范围的不同与产业门类的无限细分，m 和 n 的取值不断增大。

三、中国省域产业结构生态效率评价

在构建产业结构生态效率的评价指标体系后，就可以通过获取相应的数据，对中国的产业结构生态效率进行评价。由于不同的省份在经济发展、技术水平、产业结构、能源消费与污染物排放之间存在较大的差异，因此，本文将采用面板数据对中国 30 个省、直辖市、自治区在 1985~2012 年的产业结构生态效率进行评价。[①]

（一）数据说明

根据产业结构生态效率评价指标体系，其所需要的数据类型主要包括经济产出、能源消费量、废水排放量、SO_2 排放量、烟粉尘排放量、工业固体废弃物产生量等数据。具体地，经济产出以国内生产总值衡量，并经过以 2000 年为基期的价格指数平减，以消除价格效应，相关数据均来自各省历年统计年鉴，单位为亿元。能源消费量以万吨标准煤的数据衡量，相关数据来自各省历年统计年鉴以及《中国能源统计年鉴》（1985~2013）；部分省份在某些年份缺少以万吨标准煤表示的能源消费标准量数据，但是在其能源平衡表中详细列出了三次产业的能源消费实物量，从而可以根据国家统计局公布的万吨标准煤折算系数进行实物量与标准量之间的折算；废水、SO_2、烟粉尘排放量和工业固体废弃物产生量的数据均来自各省历年统计年鉴、《中国环境年鉴》（1989~2012）、《中国环境统计年鉴》（2005~2013），其中废水排放量单位为亿吨，SO_2、烟粉尘和工业固体废弃物的单位为万吨。部分省份某些年份中的缺失数据采用 Tramo/Seats 方法补齐。

（二）评价结果

利用获得的数据，根据产业结构生态效率评价指标体系，可以计算出各省份历年的产业结构生态效率评价值，其结果在表 1 中列出。[②]

表 1　各省份特殊年份产业结构生态效率评价值

地区	产业结构生态效率评价值						
	1985 年	1990 年	1995 年	2000 年	2005 年	2010 年	2012 年
北京	2.0525	2.9800	3.9851	6.5932	9.1557	13.3440	15.4588
天津	2.1299	2.3858	3.1427	5.0806	8.1738	13.7387	16.9019
河北	2.3091	2.5521	3.3043	4.3918	4.7124	5.7728	6.2271
山西	1.4056	1.5010	1.9220	2.4662	3.2479	3.8921	3.9838
内蒙古	1.8435	2.5097	2.5396	3.8725	3.3096	3.8243	4.4889
辽宁	1.2924	1.9511	3.2553	4.4262	5.5116	7.5773	8.5456
吉林	1.0097	1.2702	1.5353	1.8059	1.3963	2.1742	2.2969
黑龙江	1.6818	2.1148	3.2589	5.0719	6.1616	9.0505	8.1978
上海	2.9751	3.4214	4.8660	7.0068	8.7886	12.2912	16.1867

---

① 限于数据可得性，本文样本区域的选择包括除了香港、澳门特别行政区，台湾地区和西藏自治区的 30 个省、直辖市、自治区，仅用作理论研究，不涉及任何政治倾向。

② 限于篇幅，我们在文中仅列出若干具有代表性年份的数据，读者如有需要，可以向作者索要 1985~2012 年全部年份的评价结果。

续表

地区	产业结构生态效率评价值						
	1985 年	1990 年	1995 年	2000 年	2005 年	2010 年	2012 年
江苏	4.3834	4.3248	7.1496	11.5080	10.8415	14.4823	15.9541
浙江	6.0658	5.8665	7.0567	10.7749	11.8986	14.8233	13.5470
安徽	2.3500	3.1283	3.9782	6.3766	6.4407	8.1174	8.6581
福建	5.5129	5.7294	9.0367	11.8837	10.3534	12.0056	14.1427
江西	2.6091	3.3089	3.8803	6.5447	5.7024	7.6018	8.8659
山东	2.7619	2.4473	4.4298	6.4264	6.6464	9.3324	10.1927
河南	3.5538	3.8726	4.7405	6.2480	6.7421	7.7835	7.9944
湖北	2.9741	2.6159	4.2107	6.5025	5.4854	7.0139	8.3523
湖南	2.9017	4.8788	8.2897	5.9291	6.6641	10.3011	13.7439
广东	4.5414	5.9778	9.0838	12.9931	14.8442	15.1994	18.1952
广西	3.1210	4.3278	6.3239	7.5326	7.1821	7.9795	8.6521
海南	4.3691	4.4088	6.2610	9.9569	13.0221	14.5620	11.0298
重庆	2.7589	3.6434	5.2133	5.4568	5.6978	7.6041	9.8176
四川	4.3081	3.0812	4.1212	5.0796	5.7287	7.5769	8.2772
贵州	1.5589	1.9311	2.0447	1.8281	2.3186	2.6692	3.6217
云南	3.7298	4.1023	4.3386	6.1540	4.8491	6.2530	5.9338
陕西	1.9584	2.3987	2.5255	6.0544	4.0544	6.1003	6.6586
甘肃	1.8987	2.0766	2.5583	3.2046	4.5384	5.2359	5.4961
青海	2.7982	2.8277	3.0922	3.7178	3.7592	3.9993	4.5132
宁夏	2.1659	1.4925	2.5266	3.7460	2.9910	2.7818	3.2334
新疆	2.0806	2.9580	2.7080	3.4564	3.7511	4.4546	4.4942

资料来源:《中国统计年鉴》(1986~2013)、《中国环境年鉴》(1989~2013)、《中国环境统计年鉴》(1989~2013)、《中国能源统计年鉴》(1985~2013),以及各省统计年鉴(1986~2013)。

通过观察产业结构生态效率评价结果,可以发现:

(1)中国大部分省份的产业结构生态效率呈现出稳定上升的趋势。从产业结构生态效率评价结果中可以看到,除云南、陕西、宁夏等个别省份表现为波动上升外,其他省份均表现出稳定上升的趋势。其中,平均上升幅度最大、速度最快的省份是天津和北京,幅度最小的是吉林和宁夏,速度最慢的则是云南和宁夏。由此可以看出,虽然中国各省份之间的产业结构生态效率存在较大差异,但整体上看,中国的产业结构生态效率得到明显改善,产业结构逐渐得到优化与升级,生态要素在各产业间的配置结构渐趋合理,生态要素的利用效率逐渐得到改善与提高。

(2)从区域角度看,中国的产业结构生态效率同时呈现出空间集聚和梯度递减的特征。根据中国三大经济地带的划分,可以发现,产业结构生态效率值最高的省份大都集中在东部地区,而评价值最低的省份中的大多数属于西部地区,表现为明显的空间集聚特征;对三大地区各省份的产业结构生态效率取平均值后可以发现,东部地区最高、中部次之、西部最低,说明产业结构生态效率表现出从东向西梯度递减的特征。[1]

(3)各省份之间的产业结构生态效率差距不断增大。1985年,差距最大的省份为浙江和吉林,其评价值之差为3.5318;到2012年时,差距最大的省份为广东和吉林,其评价值之差已经达到

---

[1] 根据《中共中央关于制定国民经济和社会发展第七个五年计划的建议》中对中国三大经济地带的划分,其中东部地区包括北京、天津、河北、辽宁、江苏、浙江、上海、福建、山东、广东、广西和海南12个省份,中部地区包括黑龙江、吉林、内蒙古、山西、河南、湖北、湖南、江西和安徽9个省份,西部地区则包括四川、重庆、云南、贵州、陕西、甘肃、青海、宁夏、新疆和西藏(西藏不包括在本文样本中)10个省份。

15.8983。这意味着不同省份之间的产业结构生产率的增长率存在明显的差异。从三大经济地带的划分情况来看也是如此，三大地区间的产业结构生态效率差距也在不断增大。1985 年，平均值最高的东部地区与平均值最低的中部地区之间的差距为 1.2008；2012 年，平均值最高的东部地区与平均值最低的西部地区之间的差距为 7.1366，而中部地区也平均高出西部地区 1.6151。两种比较方式都说明，各省份之间的产业结构生态效率差距不断增大，东部地区各省份的产业结构生态效率的增长率较高，而中部地区与西部地区则较低。

四、产业结构生态效率演进的实证分析

上述评价结果同时也表明，产业结构生态效率具有自身的演进趋势，因此，有必要探明产业结构生态效率的发展趋势及其主要影响因素。

（一）模型设定和变量选取

在 H.钱纳里与 M.塞尔奎因（1975）对产业结构演变过程的研究中，"为了用统计方式解决各过程之间的相依性，我们首先只把收入水平和国家人口作为外生变量，因为它们实质上影响所有过程"。G.M.格罗斯曼与 A.B.克鲁格（1991、1995）对环境库兹涅茨曲线的开创性研究中，则认为经济增长通过规模效应、技术效应与结构效应三种途径对环境质量产生影响。因此，本文在分析产业结构生态效率的演进特征时，将综合考虑经济发展程度与人口规模变化对产业结构生态效率的影响。这是因为，从理论方面而言，经济发展与人口增长是社会发展的重要内容，在经济发展与人口规模的不同阶段，对生态环境有着不同的影响；从实践而言，中国自改革开放以来 30 多年的发展过程中，经济增长方式的"粗放型"特征显著，对生态环境造成了极大的压力，与此同时，则伴随着经济发展程度的快速提高与人口规模的迅速扩大。

本文旨在分析产业结构生态效率在经济发展与人口增长过程中的不同阶段的演进趋势，因此，在模型中加入经济发展与人口增长的二次项两个解释变量，建立中国 30 个省份 1985~2012 年的面板数据模型：

$$LnISEE = \beta_0 + \beta_1 Lny + \beta_2 (Lny)^2 + \beta_3 LnN + \beta_4 (LnN)^2 + \mu$$

式中，ISEE 表示产业结构生态效率，y 表示人均国内生产总值，N 表示人口总量，β_0 表示截距项，β_i（i = 1，2，3，4）为分别与各解释变量相对应的系数参数，μ 为随机扰动项。面板数据分析扩大了样本容量，增加了模型的自由度，同时，较好地控制了不可观测效应，并有助于缓解模型中的共线性问题，能够得出更为准确的回归结果。

（二）估计方法和数据说明

对面板数据模型进行参数估计时，首先需要根据 Hausman 检验结果来确定模型对固定效应与随机效应两种类型的选择。检验结果表明，伴随概率值为 0.0095，在 5% 显著性水平上拒绝选择随机效应的原假设，即认为模型选择固定效应是合理的，因此，本文采用固定效应面板模型。

各省份历年的产业结构生态效率评价值由上文的计算给出；经济发展程度以人均国内生产总值衡量，单位为亿元，并经过以 2000 年为基期的价格指数调整，数据均来自各省份历年的统计年鉴；人口规模以各省份历年的常住人口数量表示，其中部分省份没有提供相应的常住人口数量，则选取该地区的人口总量作为衡量指标，数据均来自各省份历年统计年鉴。

（三）估计结果

应用计量经济软件 Eviews6.0 对模型参数进行估计，具体地，在估计过程中选择双向固定效应模型，估计结果如下，表2和表3分别列出了在截面和时期两个方向上对截距项的偏离。

$$LnISEE = 13.879 - 2.014Lny + 0.117(Lny)^2 - 1.008LnN + 0.066(LnN)^2$$
$$t = (5.161***)(-11.967***)(14.267***)(-1.754*)(1.709*)$$
$$R^2 = 0.937 \qquad F = 193.593$$

表2 截面方向上对截距项的偏离

地区	截距差	地区	截距差	地区	截距差	地区	截距差	地区	截距差
安徽	0.070	贵州	-0.750	湖南	0.344	宁夏	-0.584	四川	0.037
北京	0.135	海南	0.595	吉林	-1.029	青海	-0.311	天津	-0.025
福建	0.699	河北	-2.010	江苏	0.497	山东	0.010	新疆	-0.224
甘肃	-0.268	河南	0.086	江西	0.095	山西	-0.601	云南	0.152
广东	0.709	黑龙江	-0.069	辽宁	-0.198	陕西	-0.141	浙江	0.632
广西	0.360	湖北	0.042	内蒙古	-0.378	上海	0.115	重庆	0.200

注：本表结果由 Eviews6.0 给出。

表3 时期方向上对截距项的偏离

年份	截距差	年份	截距差	年份	截距差	年份	截距差	年份	截距差
1985	-0.584	1991	-0.345	1997	0.042	2003	0.297	2009	0.297
1986	-0.560	1992	-0.267	1998	0.101	2004	0.293	2010	0.303
1987	-0.514	1993	-0.160	1999	0.156	2005	0.212	2011	0.334
1988	-0.461	1994	-0.059	2000	0.230	2006	0.231	2012	0.333
1989	-0.464	1995	-0.075	2001	0.248	2007	0.260		
1990	-0.400	1996	-0.007	2002	0.278	2008	0.280		

注：本表结果由 Eviews6.0 给出。

由估计结果可知，模型的决定系数为 0.937，表明模型的拟合效果较好；t 统计量表明，截距项与收入及其平方项在 1% 临界水平上显著，人口及其平方项在 10% 临界水平上显著。

根据模型回归结果，一次项系数为负，二次项的系数为正，说明中国产业结构生态效率的演进趋势呈现出"U"型特征，即随着经济发展与人口增长呈现出先下降、后上升的趋势。这些特征说明，首先，在产业结构生态效率演进的早期阶段，经济发展与人口增长抑制了产业结构生态效率的提高，对其产生副作用。因为在早期阶段，中国政府以及市场参与者均以经济增长和利润增加为主要目标，忽视了对生态环境的保护。其次，第二产业部门在经济总体中所占的比重迅速上升，即工业化与重工业化的进程加快，直接导致对能源需求的增加以及污染物排放的增多。最后，人口的迅速增加也扩大了对商品的需求，从而间接导致对生态环境的破坏。但是，在经过一段时间的发展后，中国政府逐渐意识到"粗放型"经济增长方式的弊端。首先，强调走可持续的科学发展道路。其次，技术进步提高了对能源的利用效率以及处理污染物的能力，节能减排的能力不断增强。最后，计划生育政策逐渐降低了中国的人口增长率，同时，教育的普及、生产与消费观念的改变以及劳动生产率的提高，也对生态环境的改善起到了积极的作用。

（四）模型检验

面板数据模型与单方程时间序列数据模型一样，也存在由于非平稳序列导致的"伪回归"问题，因此，需要对模型进行平稳性检验。如果检验结果表明所有序列是平稳序列，则不存在"伪回归"问题；若存在非平稳序列，则需要进一步对模型进行协整检验，只有通过协整检验的模型，其回归结果才是可靠的。

1. 面板数据的单位根检验

不同于成熟的单方程时间序列数据模型的单位根检验方法，面板数据的单位根检验还很不成熟，需要采用多种方法相互验证。常用的面板数据单位根检验方法有 Levin、Lin、Chu 方法（LLC），Breitung 方法，Im、Pesaaran、Shin 方法（IPS），Fisher-ADF 方法（ADF），Fisher-PP 方法（PP）和 Hadri 方法等，本文采用这些方法对面板数据进行单位根检验，从而确定变量的平稳性。具体检验结果如表4所示。

表4　面板数据的单位根检验结果

方法 变量	LLC	Breitung	IPS	ADF	PP	Hadri	结论
LnISEE	I(1)	I(1)	I(1)	I(1)	I(1)	I(0)	I(1)
LnY	I(1)	I(1)	I(1)	I(1)	I(1)	I(0)	I(1)
$(LnY)^2$	I(1)	I(1)	I(1)	I(1)	I(1)	I(0)	I(1)
LnN	I(0)	I(1)	I(1)	I(1)	I(1)	I(0)	I(1)
$(LnN)^2$	I(0)	I(1)	I(1)	I(1)	I(1)	I(0)	I(1)

注：本表结果由 Eviews6.0 给出。

检验结果表明，在 Hadri 方法下，所有变量的原序列都是平稳的；在 LLC 方法下 LnN 与 $(LnN)^2$ 的原序列为平稳序列。但是其他大部分方法下的单位根检验结果表明，全部变量都具有一阶单整的性质，因此，可以认为变量序列是一阶单整的，即变量经过一阶差分后变为平稳序列。

2. 面板数据的协整检验

由上述单位根检验结果可知，所有变量均为一阶单整序列，因此需要进一步检验模型中各变量之间是否具有协整关系，只有具有协整关系的模型的回归估计才是有意义的。面板数据的协整检验方法通常有 Pedroni 方法、Kao 方法和 Fisher 方法。检验结果表明，Pedroni 方法中的面板 v 统计量和面板 rho 统计量拒绝存在协整关系的原假设；但是该方法下的 PP 统计量和 ADF 统计量则表明变量之间存在协整关系。同时，Kao 方法和 Fisher 方法的检验结果也表明变量之间至少存在一个协整关系。因此，综合三种方法的检验结果，可以认为变量之间具有协整关系，对模型的回归估计是有意义的。

（五）稳健性检验

通过对产业结构生态效率演进趋势及其主要影响因素的实证分析，可以得出一些重要结论，但是，为了验证这些结论的可靠性与稳定性，还需要进一步对模型进行稳健性检验，以提高模型估计结果的准确度。

本文对模型稳健性的讨论主要从模型的估计方法上展开。上述对模型的参数估计方法采用的是最小二乘法，虽然该方法能够对模型进行较为细致的分析，但它要求数据符合一定的假设条件，如不存在异方差性与序列相关性等，而广义矩估计方法（Generalized Method of Moments，GMM）则不要求扰动项的准确分布信息，允许随机误差项存在异方差性与自相关性等。因此，本文采用 GMM 方法对模型进行稳健性检验，在不要求截距项的准确分布条件下，估计结果如下：

$$LnISEE = 39.070 - 3.654Lny + 0.171(Lny)^2 - 4.571LnN + 0.275(LnN)^2$$

$$t = (5.505^{***})(-9.373^{***})(11.555^{***})(-3.681^{***})(3.620^{***})$$

$R^2 = 0.924$ $J = 0.04E-13$

在估计过程中，以截距项和非对数形式的自变量序列作为工具变量。从回归结果中可以看出，GMM 方法下模型的拟合优度值与最小二乘法下的结果相近；J 统计量趋近于零，表明模型中不存在过度识别问题。比较两种方法下的估计结果，虽然参数估计值在绝对值和显著性水平上略有差异，但参数估计值之间的符号并没有改变，说明产业结构生态效率随着经济发展与人口增长的演进趋势是一致的。因此，可以认为上文对产业结构生态效率演进趋势的分析具有较强的稳健性，据此所得出的结论是可靠的。

五、结论与政策建议

本文提出产业结构生态效率概念作为产业结构生态化的衡量指标，构建其评价指标体系，对中国 1985~2012 年 30 个省份的产业结构生态效率进行评价，并建立面板数据模型分析产业结构生态效率在经济发展与人口增长过程中的演进趋势。通过对问题的深入分析，可以形成一些主要结论及政策建议，现将其总结如下。

（一）主要结论

（1）中国各省份产业结构生态效率呈现稳定上升趋势的同时表现出"U"型特征。对中国 30 个省份 1985~2012 年的产业结构生态效率评价结果表明，除宁夏等部分省份表现为波动上升外，其他省份均表现出稳定的上升趋势。但是实证分析结果表明，随着经济发展程度的提高与人口规模的扩大，产业结构生态效率具有先下降后上升的"U"型特征，即在产业结构生态效率演进过程中存在一个拐点，当经济发展程度与人口规模较低，低于达到拐点需要的水平时，人均国内生产总值与常住人口数量的增加会对产业结构生态效率的改善与提高起到抑制作用；而当经济发展程度与人口规模较大，越过拐点值时，人均国内生产总值与常住人口数量的增加则会对产业结构生态效率的改善与提高起到促进作用。

（2）中国各省份产业结构生态效率同时呈现出空间集聚与梯度递减的特征。空间集聚特征指产业结构生态效率较高的省份相互邻近，聚集在一起，主要集中在东部地区；产业结构生态效率较低的省份相互邻近，主要集中在中部地区与西部地区。但是也存在产业结构生态效率高（低）的省份被产业结构生态效率低（高）的省份包围的特殊现象，如北京和天津被河北包围等。从三大经济地带划分角度，在整体水平上，东部地区的产业结构生态效率高于中部地区，中部地区又高于西部地区，呈现出东高西低的梯度递减分布格局，具有明显的"俱乐部收敛"现象。

（3）中国各省份间的产业结构生态效率差异呈现出逐渐增大的趋势。各年份中产业结构生态效率最高的省份与最低的省份之间的差额越来越大，从 1985 年的 3.5318 扩大到 2012 年的 15.8983。说明各省份的产业结构调整速度与绩效之间存在较大的差异，部分省份迅速实现了产业结构优化与升级，如北京、上海、天津和广东等经济发达地区；而部分省份则存在产业结构调整与转型的困难和"瓶颈"，无法实现迅速有效的产业结构调整，如宁夏、新疆、云南和吉林等。其中差别最为明显的是东北地区的黑龙江、吉林和辽宁。这 3 个省份在地理空间中相互邻近，均为曾经的东北老工业基地省份，在 1985 年时，其经济基础与产业结构也十分相似，因此，产业结构生态效率评价值相互接近，同时位列当年全国 30 个省份中的最后五位。2012 年，3 个省份之间产业结构生态效率评价值的差异已经十分明显，吉林依然处于最后的位置，但黑龙江与辽宁则取得了明显进步，位于 30 个省份的中间水平。说明了在样本期的 28 年间，黑龙江与辽宁成功实现了产业结构转型与升级，逐渐走上产业结构生态化的道路，而吉林则依然面临严峻的产业结构转型困难。

（二）政策建议

根据中国各省份产业结构生态效率的评价结果及其演进趋势，可以得出具有针对性的提高产业结构生态效率的政策建议。

（1）加快产业结构与能源结构调整速度。在产业结构调整方面，需要迅速扩大第二产业与第三产业的经济规模，尤其是提高第三产业在经济总体中所占的比重；在能源结构方面，需要适当降低煤炭消费比重，鼓励新能源的开发与利用，扩大清洁能源与可再生能源在能源消费中的比重。

（2）适当调整产业部门间的能源消费结构。在三次产业中，第二产业的能源消费量最大，在能源消费总量中占有绝对的比重，但其产值比重则逐渐降低，第二产业的能源效率最低。因此，应当合理地引导能源消费向第一产业与第三产业转移，适当降低第二产业在能源消费中的比重，提高其能源效率。

（3）努力提高劳动力素质与劳动生产率。实证研究表明，在越过拐点后，人口的增加会对产业结构生态效率的提高与改善起到促进作用，但这是基于劳动力素质与劳动生产率的提高为前提的。发达国家的经验表明，在工业化后期，人口增加的同时努力提高劳动力素质与劳动生产率，将会改善地区与国家的生态环境。

（4）在节能减排与环境保护方面加强区域间合作。这要求各省份之间应当建立合理的节能减排与环境保护合作机制，尤其是要充分发挥产业结构生态效率较高的省份的技术溢出等作用，带动产业结构生态效率较低省份的发展；同时也应当注意在区域间产业转移的过程中，避免发生将高污染、高能耗、低产出的产业向邻近省份转移的现象发生。

参考文献：

[1] 陈傲. 中国区域生态效率评价及影响因素实证分析——以 2000~2006 年省际数据为例 [J]. 中国管理科学，2008，16（10）.

[2] 陈武新，吕秀娟. 中国区域生态效率差异的实证分析 [J]. 统计与决策，2009（7）.

[3] 季丹. 中国区域生态效率评价——基于生态足迹方法 [J]. 当代经济管理，2013，35（2）.

[4] 毛建素，曾润，杜艳春等. 中国工业行业的生态效率 [J]. 环境科学，2010，31（11）.

[5] 潘兴侠，何宜庆，胡晓峰. 区域生态效率评价及其空间计量分析 [J]. 长江流域资源与环境，2013，22（5）.

[6] 丁建勋，罗润东. 技术进步和产业结构对能源利用效率的影响 [J]. 山西财经大学学报，2009，31（5）.

[7] Liu Jiajun，Dong Suocheng，Li Yu，et al. Spatial Analysis on the Contribution of Industrial Structural Adjustment to Regional Energy Efficiency：A Case Study of 31 Provinces across China [J]. Journal of Recourses and Ecology，2012，3（2）.

[8] 王俊能，许振成，胡习邦. 基于 DEA 理论的中国区域环境效率分析 [J]. 中国环境科学，2010，30(4).

[9] 汪东，朱坦. 基于数据包络分析理论的中国区域工业生态效率研究 [J]. 生态经济，2011（4）.

[10] 高全成，宁园园. 企业结构生态化水平评价研究 [J]. 西安财经学院学报，2011，24（6）.

[11] 嘉蓉梅. 产业结构生态化的有效实现途径——基于几个博弈模型[J]. 生态经济（学术版），2012(1).

[12] 宋海洋. 吉林省产业结构生态化调整的对策选择 [J]. 长白学刊，2012（3）.

[13] Schaltegger S.，Sturm A. Kologische Rationalitat [M]. Die Unternehmung Nr4，1990.

[14] Stigson B. Eco-efficiency：Creating More Value with Less Impact [R]. WBCSD，2000.

[15] Organization for Economic Co-operation and Development. Eco-efficiency [R]. OECD，1998.

[16] European Environment Agency，Making Sustainability Accountable：Eco-efficiency，Resource Productivity

and Innovation [M]. Copenhagen: EEA, 1999.

[17] Australian Government: Department of the Environment and Heritage [EB/OL]. http://www.deh.gov.au/.

[18] Industry Canada. Eco-efficiency: Good Business Sense [EB/OL]. http://strategis.ic.gc.ca/epic/internet/inee-ee.nsf/2002.

[19] H.钱纳里, M.塞尔奎因. 发展的型式: 1950~1970 [M]. 李新华等译. 北京: 经济科学出版社, 1988.

[20] G. M. Grossman, A.B. Krueger. Environmental Impacts of a North American Free Trade Agreement [N]. NBER Working Paper, 1991, No. 3914.

[21] G. M. Grossman, A.B. Krueger. Economic Growth and the Environment [J]. Quarterly Journal of Economics, 1995, 110 (2): 7-14.

中长期我国产业结构演变与节能减排研究

蔡圣华[1]　牟敦国[2]

（1. 中国科学院政策科学与管理科学研究所，北京　100190；

2. 厦门大学经济学院，广东厦门　361005）

一、问题的提出

近年来，随着社会经济的不断发展，我国面临温室气体减排压力越来越大。另外，自 2005 年以来不断上涨的化石能源价格对我国经济的平稳运行造成较大的冲击，人们对能源安定供给和经济可持续发展动力问题的担忧也日益增强。以上两方面的事实将政府决策者和研究者的注意力集中到我国的经济增长模式和产业结构优化等课题上。

新古典经济学理论认为，国民生产总值增长是资本积累、劳动力增加和技术进步长期作用的结果。一方面，劳动和资本从生产率较低的部门向生产率较高的部门转移，能够促进经济增长；另一方面，生产结构的变化应适应需求的变化。Lewis（1954）提出了结构改革是经济增长重要源泉的假说，这对于二元制经济尤其重要。Calderon 等（2007）研究发现，结构改革和要素重置对增长有显著的影响。张军等（2009）对中国产业结构与工业增长的问题进行了深入的研究，指出中国与已工业化国家间"驼峰"形工业就业占比的经验不同，说明中国的工业化仍处于初级阶段，而且要素在产业间的流动对于工业生产率的提高乃至工业增长具有实际的推动作用，肯定了产业结构优化对我国经济长远发展的重要作用。林毅夫（2012）的新结构经济学认为，国家经济结构是由其在那个时点上的要素禀赋及其结构所决定的。

要实现产业结构的优化，必须依靠市场的主调功能，政府介入只能起到微调作用。由于我国的市场化不够完善，长期以来，产业结构优化基本是通过中央政府控制产业固定资产投资和产能投资实现的。但是，我国产业结构优化问题却一直未得到解决，表现为一些行业的产能和社会总需求严重脱节，产业重复建设现象严重，产业内供需结构不匹配的现象普遍存在。

从表面看来，我国产业结构的变化已成为地方政府、企业的投资冲动与国家审批部门"掣肘"之间平衡的结果，而不是市场的供给和需求及基于市场供给和需求预测而产生的投资决策的结果。张军等（2009）指出学者们对我国产业结构变化方面进行的定量分析非常少，他们对工业结构的要素流动进行了定量分析，但要素的流动是在市场的大环境下进行的；而且，进一步对优化的产

[基金项目] 国家自然科学基金委基金项目研究成果（71173205）；"十二五"国家科技支撑计划"气候变化国际谈判与国内减排关键支撑技术研究与应用"项目研究成果（2012BAC20B00）。

[作者简介] 蔡圣华，中国科学院政策科学与管理科学研究所，副研究员、京都大学博士，研究方向为产业组织与产业政策、能源经济学；牟敦国，厦门大学经济学院，经济学博士、副教授。

业结构进行定量分析的研究更少，大多数都是从定性的角度进行相关探讨。刘伟和张辉（2008）将技术进步和产业结构变迁从要素生产率中分解出来，实证度量了产业结构变迁对中国经济增长的贡献，并将其与技术进步的贡献相比较。其研究表明，在改革开放以来的 30 多年中，虽然产业结构变迁对中国经济增长的贡献一度十分显著，但随着市场化程度的提高，产业结构变迁对经济增长的贡献呈现不断降低的趋势，逐渐让位于技术进步，即产业结构变迁所体现的市场化的力量将逐步让位于技术进步的力量。

产业结构一直不能优化的根本原因是经济增长方式不合理，主要表现在四个方面：首先，表现在地方政府干预投资和经济增长的能力过强，地方间形成恶性投资竞争，使产能扩张难以抑制，投资过度问题便难以避免；其次，体现在许多产业的技术水平低、企业自主创新能力弱，企业的竞争主要体现在资源投入和产出的数量扩张以及价格的竞争，而不是自主创新能力提高和质量的改善；再次，产业集中度不高，特别是许多行业由于体制方面的原因，在长期的市场竞争中仍无法实现资本和品牌的有效集中，一些技术和资本密集型产业难以形成垄断竞争的市场结构，行业投资增长过度难以得到市场机制的自我校正；最后，行政垄断与自然垄断结合或其他因素形成的"暴利效应"使一些行业投资增长不断强化，最终使这些行业产能过度扩张。

应该承认，在目前我国政策体制下，地方政府干预投资和追求经济增长的现象在短期内不可能改变，而且社会主义市场经济的制度特点决定了我国经济发展不可能走西方完全市场化的道路，地方政府的介入和中央政府的调控是我国产业投资发展必须依赖的途径。我们只能"摸着石头过河"，试探着寻找较优的产业结构，而不可能"变轨"去试验。并且行业投资增长调节依赖市场的自我校正，这将付出较高的社会成本。所以，对我国产业结构调整的问题不可能脱离现实而寻找另外一套制度。对于重大投资项目，我们依然要走"地方政府和企业申请，政府部门审批调控"的路线。既然如此，我们至少应该能够对未来我国各产业的产品需求做个最好的估计（Best - guess）。

于是，问题的核心就回到对我国各产业的产品（和服务）需求量的预测上。如果不能做到对所有产业的需求预测，那么，优化产业结构依然是一种"理想"：如果社会对高耗能产品需求很大，人为地限制高耗能产业发展将产生短缺；过度发展的低耗能产品可能会导致过剩。正是基于这一点，本文做了点开创性的研究，从决定产业结构的根本要素出发，分析这些根本要素的发展变化规律，进一步对我国随着收入水平的提高，各产业最终产品的需求量进行趋势分析，以及对我国产业的内生结构及其演化进行预测，因而为政府部门的宏观产业政策提供决策参考。

二、研究方法与数据

本研究以人均 GDP 为线索，研究消费结构和投资结构随人均 GDP 的变化规律，继而以投入产出方法为桥梁，研究在不同的消费结构和投资结构下其对我国产业结构的影响。

（一）研究方法

当前综合地研究投入、产出、消费、投资之间关系的方法有两种：投入产出（IO）分析和可计算一般均衡（CGE）分析。本文采用 IO 分析方法。

在投入产出分析中，假定 $A = \begin{bmatrix} a_{11} & \cdots & a_{1n} \\ \vdots & \ddots & \vdots \\ a_{n1} & \cdots & a_{nn} \end{bmatrix}$ 为中间投入系数矩阵，$Y = (y_1, \cdots, y_n)'$ 为 n 个

产业部门的总产出（注：统计年鉴中的工业总产值），A×Y 则为产业部门之间的中间投入需求，如果 F =（f_1，…，f_n）′为对各产业部门产出的最终需求，当各产业都实现供求平衡时：

$$Y = A \times Y + F \tag{1}$$

进一步变换可得：

$$Y = (I - A)^{-1} \times F \tag{2}$$

式中，I 为单位矩阵，$(I - A)^{-1}$ 为投入产出乘数。$(I - A)^{-1} \times F$ 表明，在最终需求环节上，即使只对其中第 m［m∈（1，…，n）］部门的产品有需求 f_m，也会由于产业间相互的投入产出关系而拉动各部门的产出，但拉动的幅度取决于投入产出乘数。进一步看，当终端需求的结构发生变化时，会导致部门间的产出结构发生变化，即产生产业结构的调整。

在传统的产业结构分析中，人们是以各产业对 GDP 贡献来分析产业结构的。在投入产表中 GDP 体现为表下半部分的劳动、资本、利润和税收。为体现以 GDP 表现的产业结构，需要对投入产出表中的总产出进行转换。假定 U =（1，…，1）为 1×n 的向量，（U×A）′为各产业中间投入占工业总产值的比例，于是［U×（I - A）］′为各产业增加值占工业总产值的比例。既可得产业 GDP 结构又可得总 GDP：

$$GDP = U \times (I - A) \times Y \tag{3}$$

如果将式（2）代入式（3）可得：

$$GDP = U \cdot F \tag{4}$$

由式（4）可知，对于任何经济体系而言，其终端消费或者投资任何一元的总的支出都会相应拉动一元的 GDP 收入，即两者是一一对应的。因此，对于确定的生产力水平所决定的投入产出结构，直接运用终端消费结构分析对产业结构的影响就变得非常直接。

对于不同的人均 GDP 水平，根据经验数据外生地确定终端需求的结构。终端需求包括三部分：终端消费需求、终端投资需求和净出口。净出口取决于国外的经济发展状况，假定为外生的，因此我们重点分析国内消费结构和投资结构的变化。

（二）数据

我们研究的数据主要取自投入产出表，这些投入产出表既包括发达国家的，也包括新兴市场国家和中国的。包括澳大利亚（2000、2003）、奥地利（1995、2000、2005）、日本（1995、2000）、韩国（1970、1975、1980、1985、1990、1995、2000、2003、2005）、瑞士（2001、2005）、美国（2002）、中国内地（1995、1997、2000、2002、2005）、中国台湾地区（1981、1984、1986、1989、1991、1994、1996、2001、2004）共 33 张投入产出表。对国外的投入产出表根据《中国统计年鉴》中投入产出表的部门划分进行部门合并，使全国的投入产出表具有可比性。对这些投入产出表，以中国 2005 年 17 部门的为标准，在尽可能保持多的部门和国内外统计口径一致的前提下进行合并，得到 15 个部门。

人均 GDP 的数据采用两种购买力平价（PPP）法（市场汇率的衡量标准经检验不如购买力价方法）。购买力平价采用 Geary Khamis 法换算的人均 GDP 数据来源于 Groningen Growth and Development Centre（http：//www.ggdc.net）。

三、消费、投资结构变化规律分析

（一）产业结构与经济均衡

产品的供需关系表明，如果一种商品的供给大于需求，那么商品的价格将会下降，导致利润在更大程度上下调；如果一种商品的需求大于供给，那么价格将会上升，从而利润更大幅度的上升。更高或更低的利润会促使经济主体调整对该部门产能的投资决策，使部门间商品的价格关系恢复一定的均衡，Casassus 等（2009）证明了商品间均衡（Inter-Commodity Equilibrium）关系的存在。

表 1 描述了我国 5 个投入产出表中各部门的增加值占工业总产值的比重。可以看出，各部门增加值比重基本保持稳定，特别是农业部门，显得高度一致。从增加值比重的标准差看，电、热、水、气部门的变动最大，公共、居民服务部门其次，这与两部门的定价不灵活有关。就市场化程度比较深的部门来看，以标准差与平均值的比例看，竞争激烈的纺、缝、皮业和其他制造业的变动最大，但也只有 0.14。这表明我国的经济体系基本还处于均衡发展状态，产业结构的调整与终端需求保持一致。这为从终端需求角度研究经济结构发展提供了可靠的佐证。

表 1　我国不同年度投入产出表中部门增加值占比情况

单位：%

部门 年份	农业	采掘业	食品饮料业	纺、缝、皮业	其他制造业	电、热、水、气部门	焦、气、煤、油	化学工业	建材、非金属业	金属制造业	机械制造业	建筑业	运输邮电业	商业饮食	公共、居民服务部门	金融保险业	其他服务业
1995	59.77	50.21	34.26	20.05	25.34	48.45	25.95	25.71	32.96	25.85	26.36	29.05	58.29	53.98	59.25	61.74	50.37
1997	59.74	52.26	27.74	29.37	35.20	43.19	22.25	26.86	31.59	21.53	28.19	28.75	55.85	48.40	48.68	61.04	46.72
2000	57.83	57.89	31.47	26.30	33.57	40.61	24.90	24.18	29.57	19.96	23.97	26.82	51.52	43.42	45.83	74.40	47.81
2002	58.19	57.83	31.06	24.69	35.05	50.08	17.38	26.93	32.88	24.19	24.89	23.44	48.10	50.12	58.94	63.94	52.15
2005	58.65	46.60	28.46	22.97	29.27	34.98	19.48	22.26	27.97	21.17	20.68	25.57	44.69	49.24	54.39	61.53	46.94

（二）终端需求变化规律和产业结构预测

以人均 GDP 为参数指标，用来衡量消费结构与人均 GDP 的关系是可行的。使用 Cahlik 等（2005）研究了欧盟国家消费结构趋同问题的方法，分析各产业产品（服务）占总消费的比重变化规律。

图 1 描述了不同产品消费在总消费支出中的比重与人均 GDP 的关系。如图 1 所示，有些产业的产品在总消费中的比重呈下降的趋势，这在食品饮料、服装两个行业中表现尤其明显，特别是食品饮料业，消费占比随着人均 GDP 的上升而下降的趋势调度统一；有些产业呈上升趋势，如批、零、住、餐行业和其他服务业，这也与随着收入的提高人们对服务需求上升的现象是吻合的；而有些产业在总消费中的占比则基本稳定，且有趋同的趋势，如电、热、水、气和交、运、邮、信两大产业，这说明这两个行业的消费与居民的效用是线性的关系。进一步可以发现在固定资产投资领域的一些部门也存在相类似的现象，即随着收入水平的提高，不同行业的产出在总投资中的占比出现趋势性的变动，这与固定资产投资中信息化、高科技化的趋势有关。

假设我们不考虑其他因素，以人均 GDP 为唯一自变量，以不同产业产品占总消费的比例、占总固定资产投资的比例为因变量，考察两者之间的关系。由于产业产品占消费和固定资产投资的比重与人均 GDP 的关系不是线性的，因此在回归过程中运用剔除法，对于系数不显著的项目给予剔除。从回归的解释程度和经调整的来看，大多数产业占比的解释程度是比较高的，虽然有些产业比较低，但系数都在 5%的水平上显著。可以确信产业占比与人均 GDP 水平的关系是存在的。

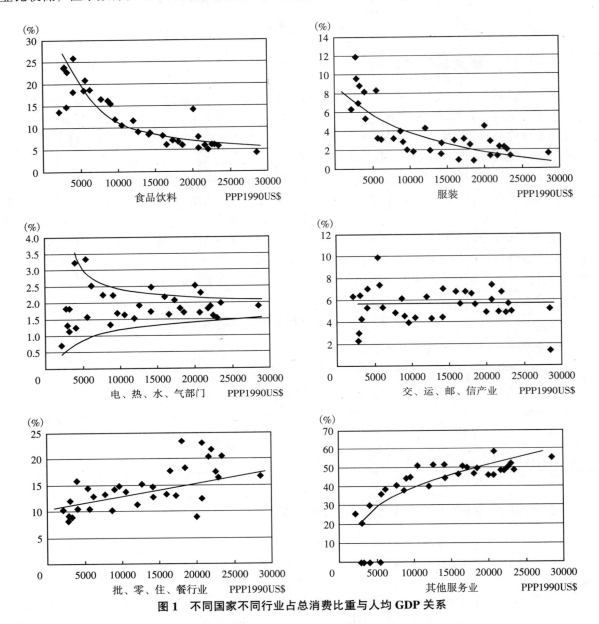

图 1　不同国家不同行业占总消费比重与人均 GDP 关系

　　本文预测了各产业所占比重随人均 GDP 增长的发展变化情况。按 1990 年不变价格的购买力平价（PPP1990US$）计算的 2005 年人均 GDP 为 5519 美元，以此为出发点，从 6000 美元开始，每隔 1000 美元为一个单位，一直预测到 20000 万美元的人均收入水平。分别分析消费结构、固定资产投资结构的变化。

　　首先，运用最终需求结构计算产业总产值结构。由于在投入产出表分析框架下，对于确定的投入产出表，终端消费对各产业的总产出都会产生拉动效应，即投入产出的乘数，得到不同人均 GDP 的收入水平上因消费结构和投资结构的变动每 100 元总消费和 100 元总投资对各产业总产出的影响［式（2）中的 Y］。

其次，运用工业总产值，在国民经济部门间均衡的情况下，各部门的工业增加值占比基本保持稳定，运用2005年各部门增加值占比（见表2），计算不同收入水平上消费结构和投资结构的调整而拉动GDP结构。在模型分析中，式（4）表明，1元终端消费恰好拉动1元的GDP产出，同样1元的终端投资也恰好拉动1元的GDP产出，只是在消费与投资结构不同时对各产业的结构影响不一致。从最终结果来看，产业结构的变动影响就消费与投资拉动的GDP的加权平均。因此，首先考察消费变动和投资变动拉动的GDP的产业结构是合理的。

表2 不同产业增加值占总产值比重

单位：%

农业	采掘业	食品饮料	纺、缝、皮业	其他制造业	电、热、水、气部门	石、化部门	非金制品业	金属制造业	机械制造业	建筑业	交、运、邮、信行业	批、零、住、餐行业	金融保险业	其他服务业
0.587	0.466	0.285	0.23	0.293	0.35	0.216	0.28	0.212	0.207	0.256	0.447	0.512	0.615	0.469

我国产业结构将随着收入水平的发展而发展。要预测我国的产业结构，必须首先分析我国的经济增长速度。参考国务院发展研究中心发布的《21世纪上半叶中国经济长期预测》等相关研究，假设到2032年，我国人均GDP将达到PPP1990US$ 28000，即我们研究的收入样本的上限。

在这些假定条件下，我们对每百元消费和每百元投资拉动的产业结构分别进行对比，研究得出：随着消费结构升级，消费拉动的第三产业的GDP占比将在2014年与第二产业持平，并在此后超过第二产业；而投资拉动的GDP结构基本保持不变，这与固定资产投资以建筑业为主的情况相一致。

在消费和投资对产业结构的影响不同的情况下，转变经济增长的拉动模式显得非常重要。然而样本所显示的各国消费占总内需（国内消费+国内投资）的比重与人均GDP的关系为：

$$RAT = 62.91475293 + 0.000682933376 \times INC \tag{5}$$

式中，RAT为消费占总内需的比例，INC为人均GDP水平（单位为PPP1990US$）。鉴于我国消费占内需的比重较低是一个深层次的问题，既有制度上的原因，又有我国居民储蓄习惯方面的原因。这是一个难以衡量的问题。我们采用两种方法：情景1，假定在以后的收入水平上国内消费占总内需的比重与预测比重的比例相同（以2005年为基期）；情景2，假定随着我国制度的完善和居民收入水平的提高而逐渐提高，消费占总内需的比重在按购PPP1990US$计算的人均GDP达到20000美元时达到国外水平，在此后的比重差额按相同的速度缩小（以2005年差额为基准），见图2。

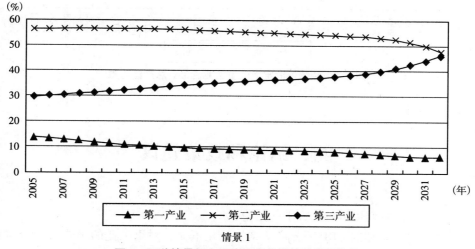

情景1

图2 两种情景假定下我国产业结构的发展变化

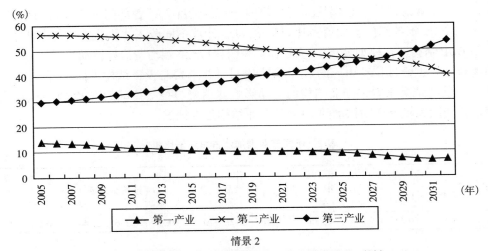

情景2

图2 两种情景假定下我国产业结构的发展变化（续）

在两种情景假定条件下，我国三个产业占 GDP 的比重分别如图2所示。图2中表明，如果我国的经济发展主要依赖投资拉动，那么我国的产业将持续走重工业发展的道路，直到 2032 年第三产业的比重才会超过第二产业；而如果我国的经济发展模式迅速由投资拉动型向消费拉动型转变，那么我国第三产业比重超过第二产业的时间将更早来临，重工业比例也将降低。图3描述了两种情景下以工业总产值比例衡量的重工业占比。可以看出，情景2要比情景1的重工业比低5个百分点。

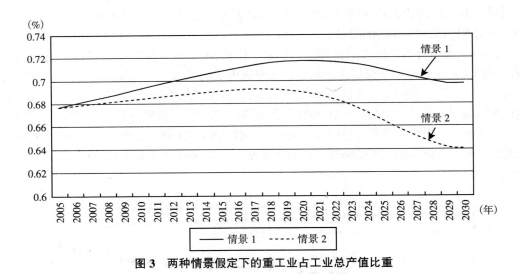

图3 两种情景假定下的重工业占工业总产值比重

四、结论和政策建议

从以上的分析结果我们也可得出如下的结论：

（1）固定资产投资拉动的 GDP 部分产业结构变化不大，对重工业的影响较大（如金属制造、机械制造、建筑业）。这与固定资产投资以建筑业为主，需要大量的高耗能产品有关。即使随着人均收入水平的变化而出现固定资产投资结构的调整，但总体来看，其变动幅度并不会很大。

（2）居民消费拉动的 GDP 部分随着收入水平的提高其结构出现较大的变化。随着居民收入水平的提高，对第三产业的服务需求增加，从而促进了产业结构升级。

（3）无论是由于消费拉动还是投资拉动的原因，我国的产业结构将在较长一段时间内保持工业化发展的趋势。虽然出口在我国经济体系中占有重要的位置，但总体来看，净出口对我国经济的发展有助于促进产业结构的升级。

了解我国产业结构变动的终极动力，对于安排我国当前的产业结构调整具有重要的参考意义，对我国产业结构的优化调控需要注意如下两个方面：

（1）要实现增长方式的转变，需要提高居民的收入水平，提高 GDP 分配中居民收入比重，因为居民消费对产业结构的调整不但具有量上的拉动作用，还有质上的结构调整；而与之相比较，投资拉动经济发展则仅仅体现在量的方面，结构调整的作用并不突出。

（2）对于能源、资源和一些上游原材料的开采、生产部门的产能要保持一定的合理剩余，因为这些产品同质性高，是下游各产业共同的投入，其价格的波动会对整个经济体系造成严重的冲击；对铁路、电网等行业的运输能力保持足够的剩余，以满足经济快速发展过程中对运力需求的快速增长，解决经济发展中的"瓶颈"约束。

在产业需求结构受制于终端需求而存在高度的内生性特征，经济发展的能源和环境约束又日益紧迫的情况下，实现节能减排目标需要加速提高节能技术应用，提高能源效率，开发推广新能源。由于当前产业结构难以迅速调整，第二产业特别是重工业占比将持续保持上升态势的情况下，节能减排将完全依赖于技术进步和新能源的开发利用。第一，技术水平的提高和新能源的开发需要大量的投资，成为拉动经济增长的新热点；第二，新能源的开发和推广使用可以替代传统化石能源，对我国的能源战略具有重要意义；第三，更为重要的是，节能技术的推广使用可以直接降低单位 GDP 的能耗，对降低能源强度具有更深远的意义。因为从结构角度看，投资拉动和消费拉动两者能源强度的差别在 10%~16%，而我国当前许多工业单位产品的耗能比国外发达国家高出 20%~44%，对能源强度的影响巨大，效率挖掘空间广阔。

参考文献：

［1］Cahlik，Tomas，Tomas Honzak，Jana Honzakova，Marcel Jirina and Natalie Reichlova. Convergence of Consumption Structure［N］. UK FSV-IES Working Paper，2005，No. 99.

［2］Calderon Cesar，Alberto Chong and Gianmarco Leon. Institutional Enforcement，Labor-market Rigidities，and Economic Performance［J］. Emerging Markets Review，2007，8（1）：38-49.

［3］Casassus，Jaime，Peng Liu and Ke Tang. Commodity Prices in the Presence of Inter-commodity Equilibrium Relationships［N］. SSRN Working Paper，2009，1290006.

［4］Lewis W.A. Economic Development with Unlimited Supplies of Labor［J］. Manchester School of Economics and Social Studies，1954（22）：139-191.

［5］林毅夫. 新结构经济学：反思经济发展与政策的理论框架［M］. 北京：北京大学出版社，2012.

［6］刘伟，张辉. 中国经济增长中的产业结构变迁和技术进步［J］. 经济研究，2008（11）.

［7］石奇，尹敬东，吕磷. 消费升级对中国产业结构的影响［J］. 产业经济研究，2009（6）.

［8］王岳平. "十二五"时期我国产业结构调整战略与政策研究［J］. 宏观经济研究，2009（11）.

［9］张军，陈诗一，Gary H. Jefferson. 结构改革与中国工业增长［J］. 经济研究，2009（7）.

薪酬管制与上市公司高管腐败研究

范合君　吕雨露

（首都经济贸易大学工商管理学院，北京　100070）

一、提出问题

英国广播公司报道，国际反腐组织"透明国际"调查统计了 2013 年全球腐败指数，表示自 2008 年金融危机以来，全球腐败问题日益恶化。腐败最早是用于官僚体系，是指运用公共权力谋取私人利益。国外学者 Shleifer 和 Vishny（1993）、Adit（2009）定义腐败：腐败主要被认为是一个政治学概念，一般被解释为"公务员不正当地利用公权力为自己谋取私利的行为"。然而，腐败已经从传统的官僚体系延伸到经济体系。近年来，企业高管因为利用自己的权利和自己掌控的企业资源为自己谋取利益的事例并不少见。因此，高管腐败成为市场经济中的高频词。国际反腐组织"透明国际"2008 年为高管腐败定义：高管腐败是企业高管滥用权力获取控制权私利的现象，包括收受贿赂、接受回扣、挪用资金或转移资产等。

近几年在中国，通过媒体的报道，高管腐败事件的曝光逐步增多。网易财经报告：2012 年企业家犯罪暴增 50%；人民网报道：深圳南山检察院 3 年查办职务犯罪案件 41 件，高管是犯罪主体；《中国青年报》报道：贪污受贿稳居国企高管"落马"首因，最高占八成。上市公司中，高管腐败的现象逐步被关注。仅 2013 年，就有 20 多位上市公司高管被报道参与腐败。锡业股份董事长雷毅，受贿 1500 万元，85 万港币；金螳螂董事朱兴良政商勾结；中国移动、中石油、中石化都被爆出高管人员参与腐败。高管腐败的现象日益严重，不得不引起深思。

改革开放以来，中国的企业得到迅猛的发展，特别是国有企业发展更为迅速，掌握了我国经济动脉，而高管薪酬也随之水涨船高。但是，2002 年，政府提出薪酬管制制度，要求国有企业高管薪酬不得超过行业平均水平 12 倍。李延青（2013）提道："薪酬管制"是与完全劳动力市场的自发裁定薪酬相对应的，其实是指国家政府依靠其政治权利对国有企业高层管理人员的薪酬实施的直接干预。而现代公司治理理论提出薪酬激励制度，认为薪酬等奖励是高管人员努力工作的动因。在薪酬管制与薪酬激励的双重作用下，国有企业高管的薪酬成为尴尬的存在。刘银国、张劲松、朱龙（2009）指出，由于薪酬管制的存在，导致在职消费和腐败现象的滋生，企业代理成本的增加最终影响到企业的绩效。那么，薪酬管制制度是否与高管腐败具有相关性。为此，本文将利用上市公司的数据，研究上市公司的高管腐败与薪酬之间的联系。提出两个问题：

问题 1：薪酬管制对上市公司高管腐败是否有影响，是抑制作用还是推动作用？

[作者简介] 范合君（1978~），男，山东省泰安市人，首都经济贸易大学工商管理学院副教授，经济学博士，院长助理；吕雨露（1991~），女，湖南省怀化市人，首都经济贸易大学工商管理学院硕士研究生。

问题 2：薪酬管制下，还有哪些因素对高管腐败产生影响？

二、文献综述

（一）薪酬管制的存在研究

薪酬管制是一个抽象的制度，中国政府有明确的规定和条文，2000 年中国劳动和社会保障部规定，国有上市公司的薪酬安排要满足两个条件，即"工资总额增长幅度低于本企业经济效益增长幅度，职工实际平均工资增长幅度低于本企业劳动生产率增长幅度"。这一规定直接表现为政府对国有上市公司高管的薪酬进行管制。很多学者也从具体的数据和案例对此进行了实证。例如：陈信元、陈冬华、万华林、梁上坤（2009）在研究薪酬管制与高管腐败时，用描述性的方法对数据进行分析，得出了薪酬管制存在的证据。他们提出，在通过对比国有企业高管薪酬和员工薪酬后得出相对薪酬，与非国有企业的相对薪酬比较，国有企业的相对薪酬明显要低于非国有企业，以此，国有企业中薪酬管制是存在的。并且，通过考察国有企业高管薪酬的变异度，他们发现国有企业高管的薪酬变化不大，也得出国有企业高管薪酬受到管制的结论。刘银国、张劲松、朱龙（2009）在研究薪酬管制的有效性研究中，利用实证研究的方法，证明了政府对于国有企业高管的薪酬管制正在加强。从以上可以看出，相对于民营企业而言，国有企业高管中确实存在薪酬管制的现象。

很多学者从不同的角度，利用不同的方法对国有企业高管的薪酬管制现象进行论证。本文在采纳他们观点的同时，在下文中提出了自己的描述性证据，证明国有企业高管薪酬管制的存在。

（二）薪酬管制与高管腐败之间的相关性

改革开放以来，经济繁荣发展后，面对国有企业高管人员的薪酬诉求，中国国有企业出现了天价薪酬，但是天价薪酬并没有带来优异的企业绩效。面对舆论的压力，政府对国有企业高管进行薪酬管制。在没有平衡好国有企业高管与社会舆论时，把薪酬管制定义在何种水平，国有企业的高管们就会转向隐性薪酬，甚至参与腐败。

从开始关注高管腐败以来，薪酬管制与高管腐败之间的相关性有了各个方面的研究。

最初，很多学者观察到高薪的现象，把高薪作为一种激励手段研究，并且做了很多关于高薪激励方面的实证研究。辛清泉、林斌、王彦超（2007）实证研究得出结论：有时候薪酬契约无法对经理的工作努力和经营才能作出补偿和激励，地方政府控制的上市公司会因薪酬契约失效而导致的过度投资。随后有学者发现，高薪并不能给高管带来激励效果，导致企业的绩效并不能上升，所以转而研究高薪与企业绩效的相关性。刘银国、张劲松、朱龙（2009）用数据分析了高管薪酬与企业绩效的相关性，结果证明高管薪酬与企业绩效之间呈现不相关或弱相关关系。高薪与企业绩效之间的相关关系，并不能靠简单的回归分析研究或者是相关关系研究就得出，这其中包含了很多的中间变量，有很多的控制因素和调节因素，并且随着时代和经济的发展变化，数据产生的背景也有了变化。基于这些，近几年来，很多学者开始研究薪酬直接导致的经济后果，就是天价薪酬。天价薪酬并不能带来对应的激励效果。王克敏、王志超（2007）指出高管更倾向于选择高薪酬，而不是选择与未来业绩相关的盈余管理。由于社会大众认为企业高管不干活就可以得到天价薪酬是不公平的，社会反响强烈。因此，对于国有企业上市公司高管，政府采取了薪酬管制，如前所述。同时，在薪酬管制的背后，在职消费和腐败相应而生。

在研究薪酬管制与高管腐败的相关关系时，很多学者从不同的角度出发研究这个问题。赵璨、朱锦余、曹伟（2013）以产权性质为视角，研究了国有企业高管和非国有企业高管的薪酬对于腐败现象的表现。结论得出，在非国有企业中，薪酬对高管腐败是负相关，有较好的抑制作用，而在国有企业中，抑制作用明显要低于非国有企业；并且，在国有企业中，薪酬与高管腐败的隐性腐败具有更加显著的相关关系。陈信元、陈冬华、万华林、梁上坤（2009）以地区差异为视角，研究国有企业薪酬管制与高管腐败，通过对数据的分析，验证了薪酬管制受到地区差异的影响，验证了薪酬管制确实会诱发高管腐败，并通过回归分析，证实薪酬管制的存在与高管腐败发生的概率正相关。徐细雄、刘星（2013）从权力寻租的视角，研究了薪酬管制与高管腐败，验证了 CEO 的权利强度越大，越容易发生腐败，高管越有可能产生腐败行为；政府的薪酬管制恶化了国有企业高管腐败，并且发现企业高管腐败对企业业绩产生了消极影响。

以上是学者对薪酬管制和高管腐败的相关性研究分析，大多数利用上市公司为数据，根据理论提出自己的假设，然后利用实证分析验证假设。在分析和验证的过程中，都是以薪酬管制为制度背景，以不同的方面为视角研究高管腐败。本文则直接以薪酬管制为视角，研究薪酬管制与高管腐败之间的关系。希望通过有效的数据分析和计量模型，得出可靠的结论，给相关部门提供建议。

三、理论假设

（一）薪酬管制对高管腐败的假设

薪酬作为一个激励方式存在于国有企业高管中，但薪酬管制也同样存在于国有企业中。刘银国等（2009）在国有企业高管薪酬管制有效性的研究中提到，薪酬管制导致在职消费和腐败现象滋生。根据薪酬激励理论，薪酬可以促进高管努力工作，创造公司业绩。而薪酬管制则抑制薪酬，那么就可以假设薪酬没有达到想要的激励效果。作为国有企业高管，实际薪酬与理想薪酬之间存在一定的落差，需要通过其他的方式和路径弥补这个落差，可能就会参与腐败。由此，本文提出假设 1：

假设 1：薪酬管制是高管腐败的重要诱因。薪酬管制的强度越大，高管腐败越严重。

（二）执行董事和高管兼职对高管腐败的假设

薪酬管制是中国政府对国有企业高管的制度性要求，李维安、邱艾超、古志辉（2010）曾经提出过政府联系下企业公司治理带来的公司绩效。执行董事和高管兼职在国有企业中的作用都是为了创造公司绩效。因此，国有企业中由政府引导的执行董事和高管兼职也必须在薪酬管制的制度下存在。方军雄（2009）提出，在薪酬管制存在的条件下，中国上市公司的高管薪酬是与业绩挂钩的，而且特征也越来越明显。执行董事和高管兼职都会为企业带来业绩，因此，执行董事和高管兼职会有更多的薪酬来源。在薪酬管制时，作为执行董事的高管和兼职的高管相对于其他的高管在薪酬方面灵活性高很多，会得到更多的弥补。基于以上分析，提出假设：

假设 2：作为执行董事的高管要比非执行董事的高管更不容易腐败，非执行董事的高管更容易发生腐败行为。

假设 3：在其他公司兼职的高管比没有兼职的高管更不容易腐败，不兼职的高管发生腐败行为的可能性更大。

四、变量定义

（一）样本描述

本文选取 2008~2013 年的样本。选取样本步骤如下：①利用国泰安数据库搜索上市公司资料，找到 2008~2011 年的高管个人违规信息样本；利用百度搜索"高管腐败"、"上市公司腐败"、"高管犯罪"、"高管贪污"等高频词，查找 2012~2013 年高管违规样本。②利用国泰安数据对以上样本进行完善，去掉不合理和不完善信息的样本。③对剩下信息完善的样本，进行匹配。在上市公司中找到没有发生腐败的高管信息进行对比。④对样本进行最后的整理，进行变量定义。

挑选这 5 年作为样本有如下原因：①2008 年全球经济转折较大，并且之后经济处于一个时期。②中国的股市在 2008 年后开始下滑，且后来一直处于低谷波动的状态。③之前的研究选取的数据都是较早的数据，这 5 年属于近期具有研究价值。

样本总共有 320 个，其中腐败样本 181 个，腐败的界定主要是通过国泰安数据库中上市公司高管违规个人信息，其中，凡是引起罚款、市场禁入的都界定为腐败，而其他数据则通过百度表示高管被调查、双规、罢免等界定为腐败。不腐败的数据是根据腐败公司的证券代码，找到与之行业相同且证券代码相近的公司，选取这些公司的高管作为不腐败的数据。最后对数据进行完善和整理。数据主要来自国泰安数据库和新浪财经公司高管数据，涉及的公司有 200 多家，行业有 30 多个。所有数据经过筛选，整个过程由手工整理、记录。

（二）变量选取及定义

根据研究假设，薪酬、执行董事、职务兼任等因素对高管腐败具有相关性研究。同时，通过多位学者的研究，认为年龄、学历、在职年限等这些因素对高管腐败行为都会有所影响。所以设置为自变量。

本文参考徐细雄、刘星（2013）提出的计量模型作为参考，设置腐败为二元哑变量，通过多元回归模型，对其进行实证研究。

在变量中，高管腐败行为发生赋值为 1，高管没有发生腐败行为赋值为 0。

本文将独立董事比例、财务杠杆系数、营业收入、净利润、资产负债率设置为控制变量。具体如表 1 所示。

表 1 相关变量的界定与测度

	变量	含义	赋值
因变量	腐败（Corruption）	上市公司高管发生腐败行为，如获得罚款、市场禁入、罢免、双规等刑罚的活动	腐败发生为 1，没有发生腐败为 0
自变量	薪酬（Salary）	高管领取的最终薪酬	数值
	年龄（Age）	高管的犯罪当年年龄	数值
	学历（Degree）	高管犯罪时的学历	1 为中专，2 为大专，3 为本科，4 为研究生，5 为博士
	在职年限（Tenure）	高管在该公司任职时间	数值
	兼职（Concurrence）	高管在其他公司的有任职	1 为兼职，2 为没有兼职
	执行董事（Execution）	高管在该公司管理层中，也在该公司董事会中	1 为执行董事，2 不是执行董事

	变量	含义	赋值
控制变量	独立董事比例	董事会中独立董事的比例	数值
	财务杠杆	公司的财务杠杆系数	数值
	营业收入	以当年公司的注册资本作为代表	数值
	净利润	公司当年的调整前净利润	数值
	资产负债率	公司当年的资产负债率	数值

（三）计量模型的构建

为了研究以上假设，根据徐细雄、刘星（2013）的方法参考，建立 Logistic 计量模型：

$$\log[Corruption/1 - Corruption] = \beta + \beta_1 Salary + \beta_2 Age + \beta_3 Degree + \beta_4 Execution + \beta_5 Concurrence + \beta_6 Tenure + Contorlvaluables + \varepsilon \qquad (1)$$

式中，Corruption 为因变量，指高官腐败，发生腐败定义为 1，没有发生腐败定义为 0，为二元哑变量。解释变量为：Salary 薪酬，根据假设，薪酬的系数预测为负数；Execution 指是否担任执行董事，变量定义为 1 是执行董事的高管，2 为只是董事或者只是管理层的高管，根据假设，是否担任执行董事的系数预测为正数；Concurrence 为是否在另一公司拥有兼职，变量定义为 1，是为有兼职工作，2 为没有兼职工作，根据假设预测系数为正数。以上就是因变量和解释变量的定义。

Contorlvaluables 变量为计量模型中的控制变量，包括营业收入、独立董事数量、财务杠杆系数、资产负债率、净利润。

五、实证分析与机理分析

（一）实证分析

通过上述实验设计，得出相关数据，进行实证研究，得出研究结果。通过 SPSS 对所有有效样本进行 Logistic 回归分析。

表 2 Logistic 回归分析

变量	Model 1	Model 2	Model 3	Model 4	Model 5
Salary	−1.25E−06***	−1.11E−06***	−1.13E−06***	−7.88E−07***	−7.69E−07***
Degree		−0.392	−0.454	−0.463**	−0.441***
Age		0.024*	0.002	0	0.008
Tenure			0.286***	0.322***	0.329***
Concurrence					0.547**
Execution				1.357***	1.39***
常量	−1.65*	−1.851	−1.324	−4.194***	−5.587***
独立董事比例	5.663*	6.092	5.934	7.214	7.208
财务杠杆系数	−0.051	−0.035	−0.063	−0.097	−0.098
营业收入	0	0	0	0	0
净利润	0	0	0	0	0
资产负债率	−1.65	1.13	1.157	1.21	1.284

注：***、**、*代表的显著性水平分别为 0.01、0.05、0.1。

1. 薪酬管制与高管腐败负相关

从表 2 中可以看到，薪酬与腐败的相关性一直在 0.01 的显著性水平内，系数符号为负，系数为 $-7.69E-07$。也就是说，高管薪酬与高管腐败具有相关关系，且呈现负相关，即薪酬越高，发生腐败的可能性越小，而薪酬越低则发生腐败的可能性越大。也就是说，在存在薪酬管制的情况下，是容易发生腐败的。所以，薪酬管制与高管腐败呈正相关关系。基于此，假设 1 得到验证。从理论上来说，当高管面临低的薪酬的时候，很容易采取其他的方式以得到更多的报酬，所以在职消费可以使高管光明正大的获取很多的利益，如果在职消费受到限制或者是弥补不了高管所认为的自己应该得到的利益，那就会出现贪污等腐败行为。

由于上市公司高的透明度，政府鉴于舆论压力，不会给予国有上市公司高管高的薪酬。薪酬管制的实行，促进了高管腐败的发生。

2. 执行董事可以抑制高管腐败

从表 2 中可以看到，执行董事与高管腐败为显著相关，显著性水平为 0.01，系数符号为正，系数为 1.39。根据变量定义，执行董事与腐败呈显著的相关关系，且为正相关，即高管既在董事会又在管理层发生腐败的可能性要小于高管只是董事会成员或者只是管理层人员的腐败的可能性。

在公司治理结构中，董事会是对公司的战略、章程、重大事项进行讨论、决策，董事会只对股东会负责，管理层只对董事会负责。在中国的上市公司中，股东大会、董事会和管理层有可能是多人同时担任。这种行为让代理成本更少和代理信用更高，管理层人员会为了自己所在的董事会和股东会更加尽职尽责；而单独任职的高管则会有更多的委托—代理关系，也会产生更多的委托—代理问题。袁春生、祝建军（2007）也指出，经理人在选取不当的情况下，公司会发生财务腐败现象。因此，高管是执行董事的腐败的概率会比不是执行董事的高管的腐败概率小。

从员工满意度和企业忠诚度来说，执行董事的高管相对比不是执行董事的高管有更高的满意度，也对企业有更高的企业忠诚度，会对企业拥有更多的归属感。

在薪酬管制的情况下，基于以上原因，同等情况下，虽然面对着低价的薪酬，但是执行董事得到了职务方面的激励，所以腐败的概率小。

基于以上分析，假设 2 得以验证。

3. 兼职可以抑制高管腐败

从表 2 中可以看到，高管兼职与高管腐败显著相关，显著性水平为 0.05，系数符号为正，系数为 0.547，即没有在其他公司兼职的高管比在其他公司兼职的高管更容易腐败。首先，兼职就意味着有更高的薪酬。在面对薪酬管制的情况下，兼职的高管明显因为有更多的薪酬而减少发生腐败的可能性。其次，无法兼职的高管处于公司高管层的权利集中层和公司的管理层，由于职位的特殊而不允许兼职。一般地，在衡量机会成本下，公司对于这些无法兼职的高管会给予薪酬补偿，但是，由于薪酬管制的存在，无法兼职的高管会考虑从别的渠道获取更高的薪酬补偿，所以就很容易发生腐败行为。

基于以上分析，假设 3 得以验证。

（二）机理分析

通过以上实证分析证实，薪酬管制对于高管腐败具有推动的作用，有兼职的高管比没有兼职的高管发生腐败的可能性更小，而担任执行董事的高管比非执行董事的董事或者管理层高管更不容易腐败。这与很多学者的研究相符。

根据公司治理理论，高管个人腐败不仅仅是个人的原因，也有制度和监督的因素。高管作为公司治理的主要决策人员，是以利益相关者的利益最大化为目标，但是中国国有企业高管的多元目标削减了公司治理的结构带来的作用。

只有对以上因素结合理论，进行机理分析后，才能更好地进行有效的监督，以防止腐败。吴春雷、马林梅（2011）得出结论：薪酬管制与高管腐败的关系，是由于监督机制确定的，只有在监督机制发挥作用的情况下，薪酬管制才有效，若失去作用，薪酬管制就会诱发高管腐败。

高管随着个人背景的不同会对高管腐败行为有不同的动机和影响。如图 1 所示。

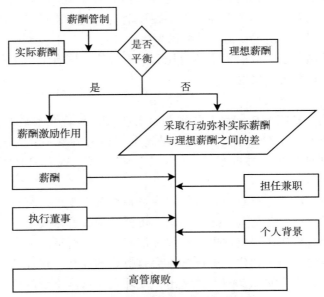

图 1 薪酬管制对高管腐败的影响机理

六、研究结论与政策建议

（一）研究结论

本文以公司治理理论为基础、以薪酬管制为视角，参考了国内外文献，通过搜集数据进行实证分析，得出结论：薪酬管制对上市公司高管腐败具有推动作用；在薪酬管制下，企业高管兼职和担任执行董事的高管可以抑制高管腐败的发生。根据分析并且发现，高管任职年限与高管腐败也显著相关。

（二）政策建议

根据以上研究，本文提出了以下政策建议：

（1）采取福利补助方式缓解薪酬管制导致的高管薪酬差。在薪酬管制的国企应该采取合适的对策来缓解薪酬管制给高管们带来的负面效果，满足高管的薪酬诉求。有学者研究发现，相对于其他福利补贴，高管更倾向于现金或者实物，所以，在面对现金或者实物诱惑时，没有足够的薪酬来约束高管，就容易发生腐败行为。所以，薪酬管制应该确定一个具体的度，不仅仅是要针对行业进行管制，而应该针对于企业和高管个人，争取让薪酬与高管的业绩绩效对应。

（2）允许高管兼职，抑制高管腐败行为的发生。尽可能多地允许高管兼职，除了特殊职位意外，通过兼职来缓解高管腐败行为的发生。允许高管兼职不仅仅是在薪酬管制上对高管的薪酬进行补贴，同时也是为高管的职业发展提供了更多的选择空间，从正面提高高管发生腐败的腐败成本，以达到减少高管腐败行为的效果。

（3）给予补助以提高特殊高管的忠诚度。对于只担任董事或者管理层人员的高管，给予适当的补助，以提高他们的忠诚度，减少他们发生腐败的可能性。在一个公司只担任董事或者管理层人员的高管，薪酬管制是一个推动因素，所以要给予适当的补给，减少他们对职位或者企业的抱怨。同时，对于管理财务的高管人员多采用内部人员，降低财务造假的可能性。

（4）实行轮岗制，减少高管分派抱团的行为。对于高管们实行轮岗制，减少高管们分派抱团的行为。在企业中，由于股权关系，企业有时候的决策会损害到一部分人的利益，所以，企业中的高管们很容易发生抱团的行为。抱团的行为降低了企业决策的有效性，降低了董事会决策的有效性和可靠性。同时，高管的分派抱团行为容易导致腐败，而且是一群人腐败，对企业的危害更大。所以，高管们应该实行轮岗制，减少高管发生抱团行为的可能性，从而提高决策的有效性和可靠性，降低腐败发生的可能性。

（三）研究展望

由于时间有限，本文的研究存在不足和局限。首先，样本存在不足，通过百度统计 2012 年样本是主要统计报道的样本，所以没有报道的或者报道影响力不够大的，无法通过百度高频词搜索。其次，由于上市公司信息披露不完全，所以无法搜集所有腐败信息。最后，本文的控制变量只挑选了 5 个，没有考虑到企业的声望、名誉等无形信息。

以上不足和局限，本文作者将会通过以后的学习和研究努力改进，致力于追求更好的学术创作。

参考文献：

［1］刘银国，张劲松，朱龙. 国有企业高管薪酬管制有效性研究［J］. 经济管理，2009（10）.

［2］权小锋，吴世农，文芳. 管理层权利、私有收益与薪酬操纵［J］. 经济研究，2010（11）.

［3］李延青. 薪酬管制下国有上市公司的高管薪酬粘性研究［D］. 济南大学硕士毕业论文，2015.

［4］辛清泉，林斌，王彦超. 政府控制、经理薪酬与资本投资［J］. 经济研究，2007（8）.

［5］徐细雄，刘星. 放权改革、薪酬管制与企业高管腐败［J］. 管理世界，2013（3）.

［6］陈信元，陈冬华，万华林，梁上坤. 地区差异、薪酬管制与高管腐败［J］. 管理世界，2009（11）.

［7］王克敏，王志超. 高管控制权、报酬与盈余管理［J］. 管理世界，2007（7）.

［8］赵璨，朱锦余，曹伟. 产权性质、高管薪酬与高管腐败［J］. 会计与经济研究，2013（5）.

［9］Aidt T. Corruption，Institutions and Economic Development［J］. Oxford Review of Economic Policy，2009（25）：271-291.

［10］Jain A.K. Corruption：A Review［J］. Journal of Economic Surveys，2001（15）：71-121.

［11］Shleifer，A. and Vishny，R. Corruption［J］. Quarterly Journal of Economics，1993（108）：559-617.

［12］袁春生，祝建军. 经理人市场竞争、经理人竞争与上市公司财务舞弊的关系［J］. 财会月刊，2007（7）.

［13］吴春雷，马林梅. 国企高管薪酬管制的有效性：一个理论分析［J］. 经济问题探索，2011（7）.

［14］李维安，邱艾超，古志辉. 双重公司治理环境、政治联系偏好与公司绩效［J］. 中国工业经济，2010（6）.

［15］张维迎. 产权·激励与公司治理［M］. 北京：经济科学出版社，2005.

［16］张维迎. 什么改变中国——中国改革的全景和路径［M］. 北京：中信出版社，2012.

［17］方军雄. 我国上市公司高管的薪酬存在黏性吗［J］. 经济研究，2009（3）.

［18］徐细雄. 企业高管腐败案例前沿探析［J］. 外国经济与管理，2012（4）.

The Assumed Characteristics of Inefficiency in Stochastic Frontier Models: An Application to Japanese Electricity Distribution Sector

Hongzhou Li[1] Huixian Wang[2]

(1. Center for Industrian and Business Organization, Dongbei University of
Finance and Economics, Dalian, China;

2. School of Japanese Studies, Dalian University of Foreign Language, Dalian, China)

1   Introduction

Efficiency, as well as productivity is an index that is often employed to measure the performance of a company, a region, an industry or even a country which is usually referred to as decision-making units (hereinafter DMU) in literatures. Economic efficiency or X-efficiency is the product of technical efficiency and allocative efficiency, with the former referring to the ability to produce as much output as technology and input usage allow or to use as little input as required by technology and output production, and the latter referring to the extent to which a firm uses the inputs in the best proportions, given their prices Particularly, with respect to frequently used technical efficiency, Koopmans (1951) defined it as the status in which an increase in any output of a DUM requires a reduction in at least one other output or an increase in at least one input, and if a reduction in any input requires an increase in at least one other input or a reduction in at least one output. Consequently, a technically inefficient DMU could produce the same outputs with less of at least one input that is really used, or could use the really employed inputs to produce more of at least one output if this DUM had operated as efficient as technically efficient DUM (s).

The theoretical calculation of efficiency measures begins with Debreu (1951) and Farrell (1957), who defined input-oriented technical efficiency as the ratio between observed inputs and optimal inputs, given technology and outputs. Accordingly, output-oriented technical efficiency could be calculated as the comparison of actual outputs with idealized maximum outputs. While in both orientations a value of unity for technical efficiency indicates a DMU is technically efficient because no radial adjustment is feasible, and a value below unity indicates the existence of technical inefficiency. Efficiency measurement can also be combined with the behavior goal of a DMU, in this case efficiency is measured by the ratio between observed cost, profit or revenue and according optimal one, subject to any appropriate constraints on quantities and prices (e.g. cost efficiency can be derived from cost function which assumes the output quantities, input prices and production technology are given).

During the past several decades, we have witnessed a growing number of theoretical developments as well as empirical researches on efficiency measurements. Fried, Lovell and Schmidt (2006) gave following reasons for increasing interests in it, viz. efficiency measures can (1) provide stakeholders with information concerning evaluating and predicting the performance of a DMU, especially non-profiting organizations like public utilities; (2) provide industrial leaders and policy makers with information concerning the source of inefficiency, which may result in the formulation of catch-up, innovation or any other targeted plans. While in practice, Debreu-Farrell style measures of efficiency are confronted with at least three difficulties, namely the selection of appropriate indexes for inputs and outputs; the decision on the weight of multiple inputs and multiple outputs, and the optimal (maximum or minimum) outputs, inputs or any other selected indexes. Without any attempts to deny the importance of the first two difficulties, the paper is designed to give more weight to the third one.

In the real world, we can never know the true optimal outputs, or any other indexes such as minimum inputs or minimum costs. But we do have chances to observe the best practices, the change of best practices, the variation in performance among DMUs operating below the best practice and their changes in performance over time (Fried, Lovell and Schmidt, 2006). So it is natural to think of the best practice as optimal status and the DMU with best practice as the efficient DUM against with other DUMs' performance can be benchmarked. The subsequent research then is to findthe best way to identify the best practice or the frontier under the theoretical underpinning that any DMUs can only lie on or below the identified frontier. Two methodologies are now available: parametric methods which are based on the econometric estimation of the frontier and non-parametric methods which do not require a functional form for the technology and are based on linear programming techniques such as Data Envelopment Analysis.

Parametric methods which starts with deterministic frontier under the cross sectional context proposed by Aigner and Chu (1968), Afriat (1972) and Richmond (1974) by using COLS or MOLS estimating technique, are extended to stochastic frontier and panel data background by Aigner, Lovell and Schmidt (1977), Meeusen and Broeck (1977), Pitt and Lee (1981) and Schmidt and Sickles (1984) by using ML, GLS or OLS estimating technique.

In the case of cross sectional setting, inefficiency of individual DMU is destined to be time invariant and leaves little room for further discussion, considerations on characteristics of inefficiency are mainly given to frequently used stochastic frontier panel data models which are firstly developed by Pitt and Lee (1981) and followed by many other researchers that will be mentioned in more depth below.

In Pitt and Lee (1981), they estimated technical efficiency through a production function, viz. $y_{it} = a_0 + x_{it}\beta - u_i + v_{it}$, $u_i \sim iddN^+(0, \sigma_u^2)$, $v_{it} \sim iddN(0, \sigma_v^2)$ where unit-specific effects u_i is treated as random term and interpreted as inefficiency. Model proposed by Pitt and Lee (1981) assumes unit-specific effects u_i is unrelated to regressors and can be estimated through Maximum Likelihood method, whereas Schmidt and Sickles (1984) proposed two models which relax to some extent those strong assumptions. For the one termed as fixed effects model, there is no need to assume the unrelatedness between u_i and regressors, and no need to assume the distributional form on u_i, the model is estimated by Ordinary Least Squares method. For the other one termed as random effects model, Schmidt and Sickles (1984) relaxed the assumption imposed on u_i of distributional form and estimated the model through Feasible Generalized Least Squares. In works of Battese and Coelli (1988) the random unit-specific effects which is also thought of as inefficiency is assumed to have a truncated normal distribution.

While all of the models proposed by three papers treat inefficiency as staying with DUMs over time, which may be undesirable and untenable assumption in some cases, especially when the time dimension becomes longer, it seems more reasonable and practical to allow inefficiency to vary over time (Schmidt, 1985). Several approaches have been suggested to solve this problem either in terms of treatment with unit-specific effects or distributional assumption on inefficiency.

Cornwell, Schmidt and Sickles (CSS model) (1990) proposed firstly a time-varying technical inefficiency panel model where unit-specific temporal changes are allowed and regarded as changes in inefficiency. More specifically, they replace a_i in Schmidt and Sickles (1984) by a_{it} and $a_{it} = \theta_{i1} + \theta_{i2} t + \theta_{i3} t^2$, where θs are the parameters to be estimated and inefficiencies are calculated through $\hat{u}_{it} = \max_j (\hat{a}_{jt}) - \hat{a}_{it}$ for either fixed effects or random effects. Lee and Schmidt (1993) proposed a different model where technical inefficiency is defined by the product of individual firms' effects and time effects, namely $u_{it} = \theta_t u_i$, where $\theta_t = \sum_t \delta_t$ with δ_t being a dummy variable for each period t. In this model, u_i is stochastic and time-invariant while θ_t is time-varying and assumed to be common across firms.

When comparing CSS (1990) with Lee and Schmidt (1993) in terms of their treatment with inefficiency, they share some common characteristics: firstly, both models make no difference between unit-specific effects and inefficiency, thinking of them as the same. Secondly, both models make no special assumptions on the distribution form of inefficiency. Thirdly, both models estimate the evolution of inefficiency over time by using a set of time dummies or a time trend which makes impossible for us to control for the possibility of technical change (being one component of efficiency and the result of innovation, indicating the shift in frontier), implicitly assuming no technical change exists during sample period which can be unreasonable if the panel is quite long. Fourthly, as pointed out by Vania Sena (2003), both models are suffering from over-parameterization problem and are difficult to calculate if the panel is particularly long. While in view of changing patterns of inefficiency over time, the above-mentioned models are different sharply: by the inclusion of $a_{it} = \theta_{i1} + \theta_{i2} t + \theta_{i3} t^2$, inefficiency scores estimated from CSS (1990) are assumed not only to be time varying but also to change in a different manner for each DMU, whereas inefficiency values estimated from Lee and Schmidt (1993) are assumed tobe time varying but change in the same patter across DMUs over time since θ_t in $u_{it} = \theta_t u_t$ is the same for all the DMUs. Based on intuitions, inefficiency scores with different changing pattern across DMU seems more practical.

As mentioned above, in addition to modeling inefficiency as time variant through making unit-specific effects changeable, investigators also do that through imposing special distribution form on inefficiency. Kumbhakar (1990) proposed a panel data model, namely $y_{it} = X_{it}\beta + v_{it} - u_{it}$, where $u_{it} = G(t)u_i$ and $u_i \sim N^+(\mu_i, \sigma_i^2)$. In this model, time varying inefficiency is expressed as the product of a deterministic function of time $\{G(t) = [1 + \exp(b_1 t + b_2 t^2)]^{-1}\}$ and a non-negative time-invariant unit effects u_i with special distribution form assumption. By defining $G(t)$ as a quadratic function form, the value of inefficiency could be eithermonotonic decreasing (or increasing) or convex (or concave) depending on the values of the parameters, and b_1 and b_2. Battese and Coelli (1992)'s model is much like Kumbhakar (1990)'s one in terms of function form of and estimating technique for inefficiency, except that deterministic function of time is expressed as $G(t) = \exp[-\eta(t - T)]$, being simpler than

Kumbhakar (1990), which means the inefficiency can only be monotonic decreasing, monotonic increasing or remain constant, being a little rigid assumption.

In addition, as $\frac{u_{mt}}{u_{nt}} = \frac{u_m\left[1 + \exp(b_1t + b_2t^2)\right]^{-1}}{u_n\left[1 + \exp(b_1t + b_2t^2)\right]^{-1}} = \frac{u_m}{u_n}$ shows, Kumbhakar (1990)'s specification implicitly assumes at any time point t the ratio of inefficiencies of any two different DMUs (supposing DMU_n and DMU_m) is constant and equals to $\frac{u_m}{u_n}$. Furthermore, as $\frac{u_{it}}{u_{i(t-1)}} = \frac{u_i \exp\left[-\eta(t - T)\right]}{u_i \exp\left[-\eta(t - 1 - T)\right]} = $ exp $(-\eta)$ and $\frac{u_{mt}}{u_{nt}} = \frac{u_m \exp\left[-\eta(t - T)\right]}{u_n \exp\left[-\eta(t - T)\right]} = \frac{u_m}{u_n}$ shows, Battese and Coelli (1992) implicitly assumes the inefficiency changing speed over two continuous time period for the same DUM is the same [equaling to $\exp(-\eta)$], and ratio of inefficiencies of any two different DMUs is also constant (equaling to $\frac{u_m}{u_n}$).

Feng and Serletis (2009) proposed another Kumbhakar (1990) style inefficiency function form which is $G(t) = \exp\left[-\eta_1(t - T) - \eta_2(t - T)^2\right]$, this expression is superior to Kumbhakar (1990) and Battese and Coelli (1992) in the sense that it has the flexibility of quadratic function and is easier to be calculated in practice. Further, taking natural logarithm to and derivatives of u_{it} with respect to t, then $\frac{\partial \ln(u_{it})}{\partial t} = \frac{-\eta_1(t - T) - \eta(t - T)^2}{\partial t}$ can be derived, which means the changing patter of inefficiency across different DUMs is the same, while the changing speed for the same DMU may be different over time. Another model that is worth noting and often employed in empirical research is one proposed by Battese and Coelli (1995) who expressed inefficiency as the function form like $u_{it} = z_{it}\delta + w_{it}$ ($u_{it} \sim$ iddN$^+(\mu, \sigma_u^2)$), which can be used to find determinants of inefficiency.

All the models presented so far, however, share a common characteristic: they either make no difference between inefficiency and unit-specific effects or assume no existence of unit-specific effects, which means this kind of models suppose all the deviation between observed outputs (or costs) and optimal ones can be fully explained by error term and inefficiency. On the other hand, pioneered by Kumbhakar and Heshmati (1995), followed by Kumbhakar and Wang (2005), Greene (2005a, b), Wang and Ho (2010) and Kumbhakar, Lien and Hardaker (2014), the other branch that makes a distinction between unit-specific effects and inefficiency is also developed, with the typical function form being expressed as $y_{it} = a_i + X'_{it}\beta + v_{it} \pm u_{it}$, except Kumbhakar, Lien and Hardaker (2014) which will be analyzed in more detail below.

In Kumbhakar and Heshmati (1995), unit-specific effects a_i is assumed to be existent and separated from residual term ε_{it}, then time-varying inefficiency u_{it} is further isolated from ε_{it}. As to the interpretation of a_i, they followed Pitt and Lee (1981)'s style and treated a_i as persistent inefficiency. They argued that the decomposition of inefficiency into persistent component ($\hat{u}_i = \max(\hat{a}_i) - \hat{a}_i$) and time varying component (u_{it}) is desirable from a policy point of view, since persistent components is unlikely to change over time without any change in ownership, governance structure, government policy or other important issues, whereas the time-varying component could change both across DMUs and over time randomly. However, Greene (2005a, b) also assume firm-specific effects a_i is existent and should be separated from residual term ε_{it}, what differs Greene (2005a, b) from Kumbhakar and Heshmati (1995) is the former regards unit-specific effects (either fixed effects or random effects) as unobserved heterogeneity which can affect DMUs' production or cost but is beyond DMUs' control and consequently has nothing to do with inefficiency, instead of being interpreted as persistent inefficiency. Whether unit specific effects (or heterogeneity) are parts of inefficiency or not dependson how these effects are interpreted, Hardly any economic rationale is provided either in favor of or against treating firm effects as inefficiency (Kumbhakar, Lien and Hardaker, 2014). However, in empirical researches, most of investigators treat unit effects as unobserved heterogeneity rather than one component of inefficiency. Kumbhakar and Wang (2005) and Wang and Ho (2010) are in line with Greene (2005a, b) in this respect but different in the way of how inefficiency is to be estimated. For the latter, time varying inefficiency is assumed to be $u_{it} \sim iddN^{+}(0, \sigma_{u}^{2})$, which means inefficiency changes randomly (of course subject to half normal distribution form) both across DMUs and over time, or put it more straight, inefficiency changes for any individual DMU is random over time and the value of u_{it} has nothing to do with the value of $u_{i(t-1)}$. On the contrast, Wang (2005) and Wang and Ho (2010) treated the changing pattern of inefficiency in a different way. In the model proposed by the former, inefficiency u_{it} is specified as the product of $G(t)(G(t) = \exp[\gamma(t - t_{0})])$ and $u_{i}[u_{i} \sim N^{+}(\mu_{i}, \sigma_{i}^{2})]$, namely inefficiency u_{it} is assumed to be a truncated normal variable the mean and variance of which depend on the vector of DMU-specific time invariant variables u_{i}, by specifying $u_{it} = \exp[\gamma(t - t_{0})]u_{i}$, it means for any individual DMU, its value of inefficiency in time t has a relationship with that in time t − 1, as can be shown from the equation of $\frac{u_{it}}{u_{i(t-1)}} = \frac{\exp[\gamma(t-t_{0})]u_{i}}{\exp[\gamma(t-1-t_{0})]u_{i}} = \exp(\gamma)$, being constant over time. Interestingly, Wang and Ho (2010) further developed the model by assuming the ratio of $u_{it}/u_{i(t-1)}$ is DMU-relevant but not constant, their function form for inefficiency is specified as $u_{it} = f(z_{it}\delta)u_{i}$, $[u_{i} \sim N^{+}(\mu_{i}, \sigma_{i}^{2})]$, whereis z_{it} a vector of variables explaining the inefficiency.

In concluding, as far as the changing pattern of inefficiency of the same DMU is concerned, $G(t)u_{i}$ style specification implicitly assumes the value of u_{it} have something to do with $u_{i(t-1)}[\frac{u_{it}}{u_{i(t-1)}} = \frac{G(t)u_{i}}{G(t-1)u_{i}} = \frac{G(t)}{G(t-1)}]$, whereas $u_{it} \sim N^{+}(\mu, \sigma_{i}^{2})$ style distribution form implicitly assumes the value of u_{it} have nothing to do with $u_{i(t-1)}$. Furthermore, with respect to the changing pattern of inefficiency of different DMU, as the equation of $\frac{u_{nt}}{u_{mt}} = \frac{G(t)u_{n}}{G(t)u_{m}} = \frac{u_{n}}{u_{m}}$ shows, the changing pattern of inefficiencies across DMUs is the same (however, as can be seen from $\frac{u_{nt}}{u_{mt}} = \frac{f(z_{nt}\delta)u_{n}}{f(z_{mt}\delta)u_{m}} = \frac{u_{n}}{u_{m}}$, Wang and Ho (2010) do not hold this feature) whereas $u_{it} \sim N^{+}(\mu_{i}, \sigma_{i}^{2})$ style distribution form does not exhibit that changing patter across DMUs. Again, like the treatment with unit-specific effects, hardly any economic rationale is provided either in favor of or against neither of above-mentioned assumptions imposed on the changing pattern of inefficiency. As for the last but the most important model which isdeveloped by Kumbhakar, Lien and Hardaker (2014), we discuss it in more detail in section 2.

It is obvious from the preceding discussion that to obtain meaningful inefficiency scores from stochastic frontier panel data models one should consider assumptions imposed on model specification and its implications for inefficiency carefully. The results obtained depend on the model specification and on the way of how the inefficiency is interpreted. Applying several different models to the same data set to expose differences in results, as many other investigators including Kumbhakar, Lien and Hardaker (2014) do, has the virtues of providing insightful thoughts on the implication of choosing different models.

The remainder of the paper is organized as follows. Section 2 descripts the panel data models employed in the following empirical applications. Section 3 discusses Japanese electricity distribution sector inefficiency. When compared with other models presented thus far, this model is characterized by the following features. First, it takes both time varying and persistent inefficiency into consideration simultaneously which makes it superior in theory as well as in practice to models that only specify one of them. Second, by separating firm effects into persistent inefficiency components and unobserved heterogeneity components that are not related to inefficiency, KLH (2014) gives full consideration to the existence of unobservable factors that may influence production (or cost) but are out of DMU's control, usually referred to as environmental heterogeneity across DMUs. Third, assuming u_{it} to follow non-negative half normal distribution means a DMU's inefficiency at time t is independent ofits previous inefficiency level. Finally, if empirical analysis shows that a DMU's time invariant inefficiency is relative high for a long period, some measures that can change ownership, corporate governance structure, and government policy may be needed to take to improve efficiency. As to estimation method, Kumbhakar, Lien and Hardaker (2014) provided detailed procedures.

2.2 Distance function approach

As suggested by Coelli et al. (2005), a profit maximization or cost minimization behavior assumption may be not appropriate to regulated industries and consequently distance function is more suitable to model the underlying technology of different firms, furthermore, when compared with outputs, DMUs hold more choice in deciding inputs, an input oriented distance function is superior to output one. Following those theoretical suggestions as well as empirical works conducted by Hattori, Jamasb and Pollitt (2005) who made a comparative efficiency analysis in distribution sector of Japan and the UK using a panel data set spanning from 1985 to 1998, our study also selected input oriented distance function as the favored one to describe production technology. In comparison with the Cobb–Douglas function form, translog function form has the virtue of flexibility for econometric estimation and avoidance of arbitrary assumptions concerning a constant elasticity of substitution and constants cale properties, while suffering from high possibility of multicollinearity due to a relative large number of coefficients to be estimated. Given that the purpose of this study is to show the impacts on inefficiency estimation of different model specifications and not to deal with issues on scale economies, we prefer to select the Cobb–Douglas function form due to its simplicity.

For the case of M outputs and N inputs the natural logarithm form of Cobb–Douglas input distance function for the i-th firm in the t-th time period is specified as

$$\ln d_{it} = a_0 + \sum_{m=1}^{M} \gamma_{mt} \ln y_{mt} + \sum_{n=1}^{N} \beta_{nt} \ln x_{nt} + v_{it} \tag{7}$$

The restriction required for homogeneity of degree+1 in inputs is $\sum_{n=1}^{N} \beta_{nt} = 1$, which implies that for any $w > 0$, $d_{it}(wx, y) = wd_{it}(x, y)$. Therefore setting $w = 1/x_n$ yields $d_{it}(x/x_n, y) = d_{it}(x, y)/x_n$ (Coelli and Perelman, 2000). As a result, the natural logarithm form of Cobb–Douglas input distance function that coheres with homogeneity restrictions in inputs becomes

$$-\ln x_{Nt} = a_0 + \sum_{m=1}^{M} \gamma_{mt} \ln y_{mt} + \sum_{n=1}^{N} \beta_{nt} \ln \frac{x_{nt}}{x_{Nt}} + v_{it} - \ln d_{it} \tag{8}$$

Where $\ln d_{it}$ is a non-negative variable which stands for technical inefficiency u_{it} and v_{it} denotes error term.For electricity distribution sector, labor and network length is mostly used input variables (Cullmann, 2012; Hess and Cullmann, 2007; Goto and Tsutsui, 2008), while due to thepractice that distribution

产业转型升级与产能过剩治理——中国工业经济学会2014年论文集

companies more and more outsource part of their business to outside service providers, a number of studies prefer to use total costs than to use labor plus line length as inputs variables with an aim to improve the accuracy of estimation (Growitsch, Jamasb, and Wetzel, 2012; Hattori, Jamasb and Pollitt, 2005; Kuosmanen, Saastamoinen, and Sipiläinen, 2013), as far as this study is concerned, during the first half part of the sample period, distribution companies in Japan did their work mostly through their own employees. However, with the collapse of bubble economy in the middle of 1990s and the consequent prolonged economic slump, outsourcing has become a popular measure to reduce costs in Japan, including distribution companies. Taking this situation into consideration, labor is not a suitable input variable anymore because of incomparability of the number before and after 1995.

With respect to output variables, number of customers and electricity delivered are mostly employed. However a preliminary study showed that the sign of coefficient for number of customers is unreasonable, further investigation showed the correlation coefficient for number of customers and electricity delivered is as high as 0.9853 consequently we can only choose one of them as output variable, following Filippinia, Hrovatin, and Zoric, 2004; Farsi, Filippini and Greene, 2005; Fetz and Filippini, 2010; Agrell, Farsi, Filippini and Koller, 2013, we selected electricity delivered to final users rather than the number of customers as output variables.

Furthermore, Japan is a mountainous country with uneven population distribution, universal service obligation imposed on local electric monopolist ensures family located in even most remote areas has the rights to access to electricity service with a reasonable and affordable price. Geographical feature as well as universal service obligation in Japan means ten EPDCs are facing quite different environment factors which may affect their costs but be out of their control. To deal with heterogeneities in uncontrollable exogenous environment, we use the share of underground line length in total line length, customerdensity (the ratio of customers to line length), energy consumption density (the ratio of electricity delivered to customers) as covariant. Finally, we also want to know time trends in production technology during the sample period and the preliminary study showed a quadratic equation is more suitable than a linear one. Consequently, our input distance function excluding model 3is specified as

$$-\ln x_{it,tc} = a_0 + \gamma_{pow} \ln y_{it,pow} + d_1 \, year + d_2 \, year^2 + \delta_1 \, share_{it} + \delta_2 \, ed_{it} + \delta_3 \, cd_{it} + \varepsilon_{it}$$

Where ε_{it} is a composite error term and holds different components according to various model specifications, ed_{it} and cd_{it} stand for energy consumption density and customerdensity, respectively.For model 3, we specified the function form as

$$-\ln x_{it,tc} = \gamma_{pow} \ln y_{it,pow} + d_1 \, year + d_2 \, year^2 + \delta_1 \, share_{it} + v_{it} - u_{it}, \quad u_{it} = (\delta_1 \, ed_{it} + \delta_2 \, cd_{it})u_i$$

3　Data Collection and Description

We use Japanese electricity distribution sector as an example to illustrate the impacts of different model specifications on the estimation of inefficient score. With the enforcement of order on Electric Utilities Industry restructure of 1951 and order on public utilities of 1951, nine investor-owned regional vertically integrated utilities (Hokkaido, Tohoku, Tokyo, Chubu, Hokuriku, Kansai, Chugoku, Shikoku, Kyushu Electric Power Companies) were set up tobe responsible for regional generation, transmission, distribution and retail supply. While not monopolies in law, no new general electric utilities have been created since 1951 (Okinawa Electric Power Development Corporation merged other five distribution companies within its territory in 1976 and emerged as the tenth vertically integrated power company). The sector is regulated by the Ministry of International Trade and Industry (MITI), MITI grants licenses to the utilities, regulates standard electricity rates and approves plans for expansion. MITI is also responsible for a large number of technical and safety regulations (OECD, 1998).

With an aim to lower its highest electricity prices in OECD member countries and inspired by deregulation experiences in other developed counties, Japanese government has amended three times *Electric Utilities Industry Law of 1954* to introduce market mechanisms into electricity industry since 1995. The first liberation reform was put in place in 1995 with the openness of generation sector to new qualified entrants who are named as independent power producer by law, the second amendment to Electric Utilities Industry Law of 1954 happen in 2000, leading to the introduce of competition mechanism in retail sector, namely, biglarge-scale high voltage consumers can choose their electricity provider either from ten incumbents (Electric Power Development Corporation=EPDC) or from new entrant (Power Producer and Supplier=PPS), instead of only from EPDC that locates within the same territory. Accompanying with partial liberation in retail sector, accounting separation between line business (including distribution and transmission sector) and other sectors in vertically integrated EPDCs, code of conduct imposed on line business sector, guidance on access charges are also carried out. The third deregulation reform followed theamendment of 2003 to the law, resulting in the expansion of retail liberalization scope to all users except households, the establishment of both a nationwide wholesale power exchange (Japan Electric Power Exchange: JEPX) in 2003 and anindependent Electric Power System Council of Japan (ESCJ) in 2004, which is responsible for inter-regional transmission arrangements.

However, all these efforts did not result in a comprehensive overhaul because of strong opposition and political pressure from the regional power companies. As a result, the current Japanese electricity industry is "partially" deregulated in the sense that its line business is not completely separated from generation and retail sector, and power retail to residential users is still under strict regulation in term of both prices and providers. Further, according to the rate of return scheme imposed on access charges, line business sectors of vertical integrated EPDCs can easily pass on their costs to end users through power retailers. So both transmission sector and distribution sector of Japan remains a rich field in terms of efficiency study.

The data source of this study is mainly from *Electricity Statistics Database* which is collected by The Federation of Electric Power Companies of Japan, the data set used in this analysis is an unbalanced panel with 301 observations on all ten distribution sectors of EPDCs of which Okinawa EPDC spans from 1989 to 2010 and the remainders span from 1980 to 2010. All the monetary value variables are converted to 1980 value using Japanese GDP deflator which can be found from Japanese Statistics Bureau. Table 1 provides a descriptive summary of the unbalanced panel data set for the variables included in the models.

Table 1　Descriptive Summary 1980–2010

Variable description	mean	SD	Min	p25	Modian	p75	Max
Total cost, (Million 1980 JPY)	94113.4	96003.6	4651.0	30653.1	66324.6	119818.1	514312.5
Power distributed (MWh)	73245166	68670586	4445090	24623602	50849663	99910099	2.98E+08
Number of customers	7450669	6666907	594459	2803941	5785821	9443109	28713264
Line lngth (km)	372685.6	253408.5	25546	162221	339812	517776	1038950

Continued

Variable description	mean	SD	Min	p25	Modian	p75	Max
Underground Line Length（km）	4833.5	7116.6	191	875	1788	4629	32402
Share of underground（%）	1.02E–02	7.9E–03	1.6E–03	4.8E–03	7.3E–03	1.2E–02	3.1E–02
Emergy consumption density（power/customers）	9.6	1.6	5.8	8.2	9.5	10.9	14.2
Customer density（customers/length）	19.0	5.3	12.7	15.1	17.1	23.0	32.2

$t = 31$（panel of years 1980–2010）, $i = 10$, $N = 301$（unbalanced panel data）

As can be seen from table 1, for all variables but energy consumption density and customer density, the maximum value is over twenty times larger than the minimum value, for example, the ratio of the two ends' extremes for total cost is about 111, for underground line length is nearly 170, those broad spans between the two extreme values mean the difference in scale of ten EPDCs is really large. As for three covariates, the ratio of maximum value to minimum value ranges from 2.4 to 20, showing the necessary to control for those exogenous environmental heterogeneities.

4　Results and Interpretations

4.1　Technical efficiency

In light of the purpose of this study, we firstly show and analyze technical efficiency estimates obtained from different models. Figure 1 presents Kernel density estimates of technical efficiency scores for Models I–VI（overall technical efficiency for Model V and model VI）. Table 2 gives the statistical descriptions of scores for the six models. Although the empirical distribution shapes varies with model specification, the descriptive statistics of scores from different models are not sharply different, especially for results from RE 81 model, BC88 model, TRE model and KLH2014b model. As table 2 shows, efficiency scores range from 0.457（G（t）u_i model）to 0.989（BC88 model）and the means from 0.814 （G（t）u_i model）to 0.972（BC88 model）, quite similar with the range of medians which are from 0.810 to 0.979. Another noteworthy feature is the small size of standard deviations of various models ranging from 0.04 to 0.116, which means most of the estimated technical efficiency scores focus respectively on the neighborhood of their mean values for six models, in other words, the technical efficiency of Japanese distributional sector have not changed so much during the past thirty years and been maintained in a relatively high level.

Compared with other models, distributional shapes of RE 81 and BC88 are most alike, which means difference in assumption on distributional form of inefficiency term u_i does not change results sharply in our study. For G（t）u_i model, we supposed $u_{it} = g(\omega_1 d_{it,e}, \omega_2 d_{it,c})u_i$, the obvious feature is its widest spread between the minimum and the maximum values.

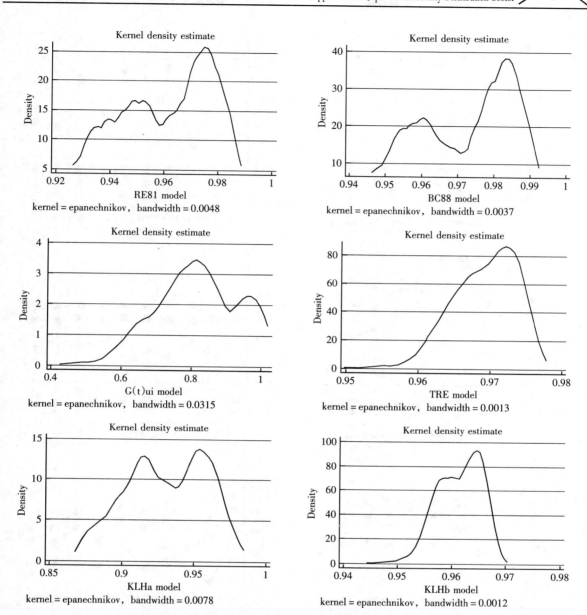

Figure 1   Distributions of technical efficiency for Models 1–6

Table 2   Statistical descriptions of technical efficiency scores

Variable	Obs	Median	Mean	Std. Dev.	Min	Max
PL81	301	0.968	0.961	0.017	0.932	0.984
BC88	301	0.979	0.972	0.013	0.950	0.989
G(t)u_i	301	0.810	0.814	0.116	0.457	0.988
TRE	301	0.970	0.969	0.004	0.951	0.976
KLH2014a	301	0.927	0.931	0.027	0.875	0.977
KLH2014b	301	0.962	0.961	0.004	0.946	0.969
KLH2014a–P	301	0.951	0.959	0.028	0.909	1.000
KLH2014a–R	301	0.970	0.969	0.004	0.952	0.976
KLH2014b–P	301	0.992	0.993	0.002	0.988	0.995
KLH2014b–R	301	0.970	0.969	0.004	0.952	0.976

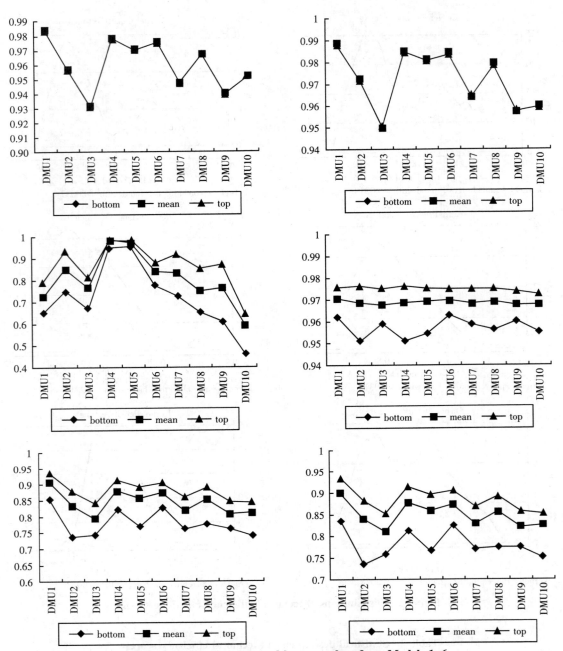

Figure 2   The top, mean and bottom values from Models 1–6

Figure 2 gives the maximum, the mean and the minimum technical efficiency scores estimated from different models for the ten DMUs. To our surprise, all models but $G(t)u_i$ demonstrate that DMU 1 is the most efficient one during the sample period, furthermore, from the viewpoint of mean technical efficiency value, all models but $G(t)u_i$ show that DMU 3 is the most inefficient one. In addition, when technical inefficiency is decomposed into persistent component and time varying (residual) component (KLH2014a model and KLH2014b model), for the same DMU, the overall technical efficiency level is usually lower than that from other models which treat inefficiency either as time invariant (PL81 model and BC88 model) or as time varying (TRE model, except BC 92 model).

Table 2 and figure 3 also give some information concerning persistent and residual technical efficiencies for Model 5 and Model 6. Clearly, there is no obviously low efficiency for both components during the sample period.

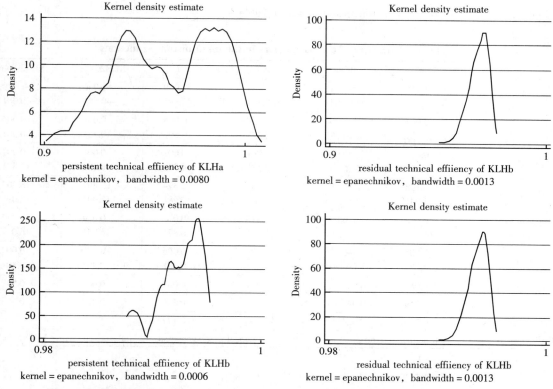

Figure 3　Distributions of persistent and residual technical efficiency for Models 5 and 6

In concluding, all information released from those figures thus far is that efficiency scores are, as expected, different from model to model, but the differences among models, except $G(t)u_i$ model, are surprisingly small. How then are the technical efficiency ranking of DMUs affected by models employed? Table 3 is the pair−wise rank order correlation for Model 1−6. As can be seen, results between PL81 and BC88 and results between TRE and KLH2014b are highly positively related, while results between PL81and KLH2014a and results between BC88 and KLH2014a are highly negatively related.

Table 3　Spearman ranking correlation coefficients

	PL81	BC88	$G(t)u_i$	TRE	KLH2014a
BC88	0.9920				
$G(t)u_i$	0.2884	0.3351			
TRE	0.2130	0.2142	0.0740		
KLH2014a	−0.9733	−0.9783	−0.2846	−0.0355	
KLH2014b	−0.0918	−0.0918	0.0642	0.9316	0.2721

4.2　Coefficients of parameters from different models

Recall that our function form is input oriented distance function, independent variable is negative total cost (in the form of nature logarithm) dependent variables include power delivered and some environment-adjusting factors. Especially for $G(t)u_i$ model, we supposed inefficiency is determined by the function of $u_{it} = (\delta_1 ed_{it} + \delta_2 cd_{it})u_i$. For the first four models, the parameters are estimated by maximum likelihood technique, the last two is by Feasible Generalized Least Squares method, the assumed distributional forms for are given in the last column of Table 4.

Table 4   Estimates of the parameters in the input distance functions

	PL81	BC88	$G(t)u_i$	TRE	KLH2014a	KLH2014b
ln (power delivered)	−1.048 (−45.95)	−1.048 (−47.64)	−1.124 (−8.39)	−1.049 (−45.89)	−1.050 (−40.08)	−1.050 (−40.08)
Year	0.004 (0.66)	0.004 (0.67)	0.008 (0.37)	0.004 (0.59)	0.004 (0.58)	0.004 (0.58)
year*year	0.001 (6.88)	0.001 (6.88)	0.001 (2.13)	0.001 (6.77)	0.001 (6.83)	0.001 (6.83)
Share of underground	12.198 (1.94)	11.68 (1.82)	17.865 (1.14)	12.374 (1.98)	13.264 (2.09)	13.264 (2.09)
energy consumption density	0.073 (6.94)	0.073 (7.09)	−0.318 (−0.98)	0.074 (6.87)	0.074 (6.05)	0.074 (6.05)
customer density	−0.005 (−0.68)	−0.005 (−0.61)	0.092 (0.43)	−0.006 (−0.73)	−0.007 (−0.80)	−0.007 (−0.80)
σ_u	0.051	0.023(σ_u^2)	0.721	0.032	0.042	0.042
σ_v	0.219	0.048(σ_v^2)		0.216	0.203	0.203
λ	0.235	0.324(λ)	3.336(λ)	0.147		
u distribution assumed	half normal	truncated normal	truncated normal	exponential		half normal**

* Inside parenthesisi is z-value.
** The distributional assumption is no need in parameter estimation stage.

As can be seen, the coefficients for all models but $G(t)u_i$ are much similar both in size and in sign, which means differences in parameter-estimating method and assumed distributional form of inefficiency term a do not impact in larger the coefficients. According to table 4, 1 percent increase in power delivered will lead to an growth of about 1.048 to 10.50 percent in total cost and if energy consumed per customer increases 1million Wh, the total cost will decrease by 0.073 percent, both of the two coefficients are different from zero at 1% significance level. As for the relationship between total cost and share of underground line length, our models show 1 percent increase in share will result in 13 percent decrease in total cost, which means in Japan the cost of putting a cable underground is much lower than putting a cable overhead, the coefficient of this parameter is different from zero at about 5% significance level for all the five models.

Now we turn to have a look at the impact of exogenous technical change on total cost, or time trend of technical change, which will shift the frontier of production possibility and often is the results of technical innovation.Clearly, there does exist technical changes in the sample period for Japan distribution sector, however the relationship between total cost and time is not linear, instead it is exponential. Although it is a bit difficult to quantify that impact at first glance the z-values show that the coefficients are different from zero at 1% significance level ($G(t)u_i$ model is at about 5% significance level). Finally with respect to customer density, it is not statistical significance for all 6 preferred models.

5　Concluding remarks

As the introduction of incentive−based regulations by an increasing number of countries into public utilities most of which are monopolists, efficiency estimation has become an integral and practical technique in the enforcement of price capping scheme. Especially with the possibility of accessing to panel data, stochastic frontier models based on panel data became predominant over cross sectional models in both academic and practical worlds. However, as pointed out by Kumbhakar et al. (2014), efficiency measures may be distorted by specification error. Although it is almost impossible to give some criterion of suitability of statistical reliability to rank different models that are appropriate for all cases, a deeper understanding on various models in terms of their treatment with estimation methods for parameter and inefficiency term, particularly the relationship between inefficiency and DMU's specific effects, the components of inefficiency, the temporal assumption on inefficiency and the distributional assumption on inefficiency.

From the viewpoint of calculation procedure, in the case of parametric method, a DMU's technical efficiency score could usually be attained by four steps (excluding CSS, 1990). First, the coefficients of preferred stochastic frontier function are estimated either by Generalized Least squares or by maximum likelihood function, or by other techniques. Second, the residual ε_{it} is calculated through $\varepsilon_{it} = y_{it} - x_{it}\beta$. Third, inefficiency score u_{it} (or u_i) is separated from ε_{it} according to distributional assumptions imposed on u_{it} (or u_i) or is gotten by $\max(u_i)-u_i$ or other forms alike in the case of no distributional assumptions. Finally, the technical efficiency value is figured out by $\exp(-u_{it})$ or $\exp(-u_i)$. Due to differences of various models in the procedure 2 and 3, theoretically speaking, it is hard to form firm conclusions about the relationship in the size of technical efficiency values estimated from different models, for instance, when comparing time−invariant technical efficiency values estimated from fixed (or random) effects model with that from true fixed (or random) effects model for the same panel data set, we cannot forecast with confidence which group of values from two kinds of models will be bigger ex ante only by theoretical inference. In empirical studies, however, some investigators found results from true fixed (or random) effects model are usually bigger than those from other models when other things being equal (Greene, 2005a, b; Kumbhakar et al. 2014).

Further, with respect to time varying inefficiency models, different assumptions on its specification meanimplicitly different relationship in terms of u_{it} and $u_{i(t-1)}$, u_{mt} and u_{nt}. For $u_{it} = G(t)u_i$ style inefficiency expressions, the ratio of any two different DMU's inefficiency at time point t is constant $(\frac{u_m}{u_n})$, in the case of BC 92 model, the ratio of any DMU's inefficiency over two continuous time period is also constant $(\frac{u_{it}}{u_{i(t-1)}} = \frac{u_i\exp[-\eta(t-T)]}{u_i\exp[-\eta(t-1-T)]} = \exp(-\eta))$, whereas for $u_{it} \sim iddN^+(\mu, \sigma_u^2)$ style inefficiency expressions, we cannot find any firm relationship among u_{it}, they are assumed to distribute randomly, however, for $u_{it} = h(z_{it}\delta)u_i$ style expressions, inefficiency is assumed to be determined by both unit−specific time invariant term u_i and unit−specific time varying covariates z_{it}, the relationship among u_{it} is neither random nor predictable. We do not know which of the three types of treatments is more consistent with real word and consequently predominant over the remainders.

Finally, as far as Japanese distribution sector is concerned, all model specifications but $G(t)u_i$ gave quite similar estimated results both in coefficients and in efficiency levels. Although this kind of results make possible for us to draw some conclusions with confidence, it may not occuroftenin real world.This gives rise to the need to further consider the efficiency of Japanese distribution sector. Firstly, if our estimation in this study is reliable, then what is the reasons that has made Japanese distribution sector so efficient as a whole, instead of price capping regulation, Japanese government has been imposed rate of return scheme which is thought of as a less strong method to force DMUs to improve efficiency. Secondly, when compared with internal frontier, all ten Japanese electricity distribution sectors are relative efficient, then how about the results if we compares them internationally, especially with line companies in countries that have implemented price capping schemes.

References (listed in sequential order)

[1] Guohua Feng and Apostolos Serletis, Efficiency and Productivity of the us Banking Industry, 1998–2005: Evidence from the Fourier Cost Function Satisfying Global Regularity Conditions [J]. Appl Econ, 2009 (24): 105–138.

[2] Koopmans, T. C. An Analysis of Production as an Efficient Combination of Activities [M]. in T. C. Koopmans, ed., Activity Analysis of Production and Allocation. Cowles Commission for Research in Economics Monograph No. 13. New York: John Wiley & Sons, 1951.

[3] Debreu, G. The Coefficient of Resource Utilization [J]. Econometrica, 1951, 19 (3): 273–292.

[4] Farrell, M. J. The Measurement of Productive Efficiency [J]. Journal of the Royal Statistical Society, 1957, 120 (3): 253–281.

[5] AIgner, D.J. and Chu, S.F. On Estimating the Industry Production Function [J]. American Economic Review, 1968 (58): 826–839.

[6] Afriat, S.N. Efficiency Estimation of Production Functions [J]. International Economic. Review, 1972, 13 (3): 568–98.

[7] Richmond, J. Estimating the Efficiency of Production [J]. International Economic Review, 1974 (15): 515–521.

[8] Aigner, D.J., Lovell, C.A.K. and Schmidt, P. Formulation and Estimation of Stochastic Frontier Production Function Models [J]. Journal of Econometrics, 1977 (6): 21–37.

[9] Meeusen, W. and Broeck, J. van den. Efficiency Estimation from Cobb–Douglas Production Functions With Composed Error [J]. International Economic Review, 1977 (18): 435–444.

[10] Pitt, M., and Lee, L.F. The Measurement and Sources of Technical Inefficiency in the Indonesian Weaving Industry [J]. Journal of Development Economics, 1981 (9): 43–64.

[11] Schmidt, P., and Sickles, R. Production Frontiers and Panel Data [J]. Journal of Business and Economic Statistics, 1984 (10): 367–374.

[12] Battese, G., and T. Coelli. Prediction of Firm–level Technical Efficiencies with a Generalized Frontier Production Function and Panel Data [J]. Journal of Econometrics, 1988 (38): 387–399.

[13] Schmidt, P. Frontier Production Functions [J]. Econometric Reviews, 1985 (4): 289–328.

[14] Cornwell, C., P. Schmidt, and R. Sickles. Production Frontiers with Cross–sectional and Time–series Variation in Efficiency Levels [J]. Journal of Econometrics, 1990 (46): 185–200.

[15] Lee, Y., and P. Schmidt. The Measurement of Productive Efficiency: Techniques and Applications, Chap. A Production Frontier Model with Flexible Temporal Variation in Technical Inefficiency [M]. Oxford University Press, 1993.

[16] Kumbhakar, S.C. Production Frontiers, Panel Data and Time–Varying Technical Inefficiency [J]. Journal

of Econometrics, 1990 (46): 201–211.

[17] Battese and Coelli. Frontier Production Functions, Technical Efficiency and Panel Data: With Application to Paddy Farmers in India [J]. Journal of Productivity Analysis, 1992, 3 (1/2): 153–169.

[18] Feng, G., Serletis, A. Efficiency and Productivity of the US Banking Industry, 1998–2005: Evidence from Fourier Cost Functions Satisfying Global Regularity Conditions [J]. J Appl Econ, 2009 (24): 105–138.

[19] Battese and Coelli. A Model for Technical Inefficiency Effects in a Stochastic Frontier Production Function for Panel Data [J]. Empirical Economics, 1995 (20): 325–332.

[20] Kumbhakar, S.C., Heshmati, A. Efficiency Measurement in Swedish Dairy Farms: An Application of rotating Panel Data, 1976–1988 [J]. AM J Agric Econ, 1995 (77): 660–674.

[21] Kumbhakar, S.C., Wang, H-J. Estimation of Growth Convergence Using a Stochastic Production Function Approach [J]. Econ Lett, 2005 (88): 300–305.

[22] Greene, W. Fixed and Random Effects in Stochastic Frontier Models [J]. Prod Anal, 2005 (23): 7–32.

[23] Greene, W. Reconsidering Heterogeneity in Panel Data Estimators of the Stochastic Frontier Model [J]. Econ, 2005 (126): 269–303.

[24] Wang, H-J, Ho, C-W. Estimating Fixed-effect Panel Data Stochastic Frontier Models by Model Transformation [J]. Econ, 2010 (157): 286–296.

[25] Kumbhakar, S.C., Lien, G., Hardaker, J. B. Technical Efficiency in Competing Panel Data Models: a Study of Norwegian Grain Farming [J]. Journal of Productivity Analysis April 2014, 41 (2): 321–337.

[26] Battese and Coelli. Prediction of Firm-Level Technical Efficiencies With a Generalized Frontier Production Function and Panel Data [J]. Journal of Econometrics, 1988 (38): 387–399.

[27] Coelli et al. An Introduction to Efficiency and Productivity Analysis [R]. 2005.

[28] Hattori, Jamasb and Pollitt. Electricity Distribution in the UK and Japan: A Comparative Efficiency analysis 1985~1998 [J]. Energy Economics, 2005, 30 (4): 1536–1567.

[29] Coelli and Perelman. Technical Efficiency of European Railways: A Distance Function Approach [J]. Applied Economics, 2000 (32): 15, 1967–1976.

[30] Astrid Cullmann. Benchmarking and Firm Heterogeneity: A Latent Class Analysis for German Electricity Distribution Companies [J]. Empir Econ, 2010 (42): 147–169.

[31] Borge Hess and Astrid Cullmann. Efficiency Analysis of East and West German Electricity Distribution Companiese-Do the "Ossis" Really Beat the "Wessis"? [J]. Utilities Policy, 2007 (15): 206–214.

[32] Mika Goto and Miki Tsutsui. Technical Efficiency and Impacts of Deregulation: An Analysis of Three Functions in U.S. Electric Power Utilities During the Period from 1992 Through 2000 [J]. Energy Economics, 2008 (30): 15–38.

[33] Christian Growitsch, Tooraj Jamasb, Heike Wetzel. Efficiency Effects of Observed and Unobserved Heterogeneity: Evidence from Norwegian Electricity Distribution Networks [J]. Energy Economics, 2012 (34): 542–548.

[34] Timo Kuosmanen, Antti Saastamoinen, Timo Sipiläinen. What is the Best Practice for Benchmark Regulation of Electricity Distribution? Comparison of DEA, SFA and StoNED Methods [R]. 2013.

[35] Massimo Filippinia, Nevenka Hrovatin, Jelena Zoric. Efficiency and regulation of the Slovenian electricity distribution companies [J]. Energy Policy, 2004 (32): 335–344.

[36] Mehdi Farsi, Massimo Filippini, William Greene. Application of Panel Data Models in Benchmarking Analysis of the Electricity Distribution Sector [N]. CEPE Working Paper, 2005, No. 39.

[37] Aurelio Fetz, Massimo Filippini. Economies of vertical integration in the Swiss Electricity Sector [J]. Energy Economics, 2010 (32): 1325–1330.

[38] Agrell, P. J., Farsi, M., Filippini, M. and Koller, M. Unobserved Heterogeneous Effects in the Cost Efficiency Analysis of Electricity Distribution Systems [N]. Working Paper, 2013, No.13.

[39] OECD. Regulatory Reform in Japan [C]. Paris, 1998.

我国产能过剩的测算及成因研究

杨波　张佳琦

（中南财经政法大学经济学院，湖北武汉　430073）

一、引　言

产能过剩的形成是市场经济发展的必然结果，在市场经济条件下，产能过剩已经成为一种普遍的经济现象。在供过于求是市场经济常态的情况下，适度的产能过剩可以加强市场的竞争，有利于企业的优胜劣汰，使资源趋于合理化配置，促进国民经济的健康持续发展。然而，改革开放30多年来，我国的产能过剩问题不仅没有控制住，反而愈加严重，已逐渐成为顽疾。大范围、多行业的产能过剩造成了我国资源和能源的大量浪费及配置的极度不合理，产品的供过于求也造成企业间的恶性竞争，导致市场经济秩序混乱，经济效益难以提高。过度的产能过剩已经给我国的社会经济生活带来了许多负面影响，成为我国经济运行中诸多问题和矛盾的根源。

因此，在这样的背景下探讨我国当前的产能过剩问题，测算我国各行业是否存在产能过剩以及产能过剩的程度等显得很有必要。

二、文献综述

国内外文献中关于产能过剩及其程度的测算并没有统一的直接的衡量方法，通常用产能利用率这个指标来代替，产能过剩 = 1 - 产能利用率，当产能利用率低于合理区间的下限时，即可认为是产能过剩。

目前，学者对于产能利用率的定量测算主要有峰值分析法、生产函数法、生产要素拥挤度法、最小成本分析法、数据包络分析法（DEA）。Ballard（1977）、Roberts（1977）、Hsu（2003）等利用峰值法测算了美国捕鱼业的产能利用水平。Squires（2002）通过推导证明了当获取足够多的数据难度较大时，可以使用峰值分析法测量产能过剩。James Kirkley 和 Dale Squires（2002）运用数据包络法分析了美国多品种渔业产权制度的变化如何影响多产品行业和具体产品的产能利用率。我国学者王磊（2012）在对我国 29 个省、自治区和直辖市 1998~2010 年的产能利用率进行测算时采用了数据包络分析法。James 等（2002）运用生产要素拥挤度方法证明了可变要素的过度投资造成

[作者简介] 杨波（1970~），男，湖北武汉人，经济学博士，中南财经政法大学经济学院教授，研究方向：世界经济、国际商务；张佳琦（1992~），女，江苏宜兴人，中南财经政法大学世界经济专业硕士研究生。

了资源浪费和分配无效率。孙巍（2005）也对生产要素拥挤度进行了深入研究，在数据包络分析法的基础上提出利用要素可处置度来度量产能过剩，要素可处置度越大说明产能利用水平越高。Cassels（1937）最早提出利用成本函数法测算产能利用率，Berndt 和 Morrison（1981）认为产能产出是使资本存量最优的产出水平，可以利用短期成本函数法对产能利用率进行估计。孙巍（2009）使用成本函数法测度了 1997~2006 年我国工业制造业 28 个行业的产能利用率。韩国高等（2011）也利用成本函数法对我国 1999~2008 年重工业和轻工业中的 28 个产业的产能利用水平进行了测算。基于生产函数而进行的产能过剩的测算的研究比较广泛，赵颖（2011）利用生产函数模型中的边界上生产函数对我国 2000~2009 年 28 个省市地区的产能利用水平进行了测算。

对于产能过剩的形成机制，国内外学者众说纷纭。微观层面的相关研究主要有两种机理：要素窖藏行为和潮涌现象。韩国高（2012）认为，在需求波动周期的低谷，厂商为避免调整生产要素所带来的成本，宁愿选择储存生产要素也不会调整生产规模，即要素窖藏，最终形成产能过剩。林毅夫（2010）提出"潮涌现象"，在发展中国家，由于全社会对良好行业的前景存在共识，大量投资涌入该行业导致产能过剩。从政府角度出发，Blonige（2010）在分析了出口环节中产能过剩与政府补贴之间的关系后，将产能过剩归结为由出口产业的过度补贴造成。Bossche（2010）将导致产能过剩的原因归结为政府部门对经济的过度介入。Jaehong Kim（1997）认为，政府的规制行为会阻止新企业进入，而原有企业会维持较多的剩余产能而迫使政府设立更为严格的准入限制。我国学者郭庆旺、贾俊雪（2006）认为，产能过剩是由于地方政府为进行招商引资而出台违规优惠政策，引发了企业过度投资，造成严重的重复建设现象。丁春香、王昕（2009）提出，我国出现产能过剩的根本原因在于我国的社会主义市场经济体制不完善，地方为增加财政收入而进行盲目的低水平、重复建设，地方政府的保护主义也阻碍了商品流通，导致部分产能过剩产品不能及时进入合适的消费市场。陈明森持有类似的观点，政府机制中对经济的增长速度和职位升迁的双重激励引发了地方与中央政府之间的投资竞争博弈，从而导致产能过剩。

虽然我国学者对产能过剩的研究起步较晚，但提出的产能过剩的成因符合我国实际国情，具有很大的参考价值。但这些研究多数只局限在理论分析上，尤其是集中在形成机制的理论阐述上，建立模型引入自变量具体验证分析影响产能过剩的因素的实证检验还比较缺乏。同时，对于产能过剩的度量绝大多数只是限于定性描述上，科学的、更为精确的定量测度的研究虽然有但数量更少，且各有其缺陷。本文将运用科学的方法测算我国行业的产能利用率，并实证检验影响我国产能利用率的重要因素。

三、本文的研究思路

本文将基于李晓华（2013）等提出的产能过剩的定义，使用产能利用率来间接测算产能过剩的程度。首先运用 Output-DEA 模型测算我国 2000~2011 年 36 个规模以上行业的产能利用率，分析我国产能过剩的行业分布情况；其次选取产能过剩严重的几个行业的产能利用率进行技术效率分析，探讨产能利用率不高是由于纯技术效率无效还是规模无效所致，并在此基础上运用超效率 Output-DEA 模型对 2011 年效率值为 1 的行业进行进一步排序，得出在保持产能有效的同时还能提高的潜在产出；最后利用测算出的行业产能利用率，建立面板数据模型实证检验宏观经济波动、固定资产投资水平及政府的产业政策这几个重要因素对产能利用率的影响。

四、我国产能过剩的测算

（一）产能过剩的测算方法

一般认为，利用产能利用率这个指标代替产能过剩的测算，能间接得到产能过剩程度，而产能利用率的定量测算主要有峰值分析法、生产函数法、最小成本分析法、数据包络分析法（DEA）等。由于前三种方法在我国学者测算产能过剩的研究中已被运用得较为广泛，且峰值法的误差很大，主要适用于早期统计水平低、数据难获得的情况，而生产函数法、成本分析法是通过建立具体的柯布—道格拉斯生产函数运用线性回归方法进行产值的预测，首先需要估计出参数值，并且假设了所有的生产单位不存在效率损失，都能在生产函数上进行生产，这些因素都较大影响着预测的准确性。

本文将基于 Output-DEA 模型来测算我国的产能利用率。非参数—数据包络法（DEA）经过数十年的发展已被广泛用于诸多领域，尤其在计算生产部门的相对生产效率方面有着优越性，且操作简单。同时也规避了参数法中的一系列问题，如需事先设定函数形式、检验参数估计的有效性等，也不会受到投入和产出的计量单位的影响，具有较强的客观性。虽然多数学者认为 DEA 中规模报酬不变的 CCR 模型，基于投入和基于产出测量出的技术效率相同，但导向不同在解释具体的经济学意义时存在差异，且规模报酬可变更符合实际生产情况。由于本文研究的是行业的产能利用率，产能利用率（CU）为工业生产过程中的实际产出值与当所有投入要素得到最有效利用时的潜在产出值之比，因此比较适合运用假设规模报酬可变的 Output-DEA 模型，即在投入不变的情况下如何实现产出的最大化。

但是数据包络法（DEA）也存在一定的弊端：一是没有考虑到随机误差；二是测算结果中当决策单元的效率值为 1 时，DEA 模型也无法进一步对处于生产有效的决策单元间的效率高低进行排序。因此，本文在用 Output-DEA 测算产能利用率的基础上，还将运用超效率 DEA 模型对我国 2011 年各个行业的生产效率值进行进一步排序，比较 Output-DEA 和超效率 Output-DEA，分析已处于生产有效的行业还能提高产出的潜能。

（二）Output-DEA 基本模型

数据包络分析法（Data Envelopment Analysis，DEA）是由著名运筹学家 Charnes、Cooper 和 Rhodes 于 1978 年提出的用来解决多输入和多输出的多目标决策问题，根据一组输入—输出的观察值来估计有效生产前沿面及评估决策单元（DMU）的相对有效性。

假设某系统中有 n 个决策单元 $DMU_j (j = 1, 2, \cdots, n)$，每个决策单元都有 m 种输入和 s 种输出。决策单元 j 的输入向量为 $X_j = (x_{j1}, \cdots, x_{ji}, \cdots, x_{jm})^T$，其中 $x_{ji} (i = 1, 2, \cdots, n)$ 表示决策单元 j 的第 i 种输入变量，决策单元 j 的输出变量为 $Y_j = (y_{j1}, \cdots, y_{jr}, \cdots, y_{js})^T$，其中 $y_{jr} (r = 1, 2, \cdots, s)$ 表示第 j 个决策单元的第 r 种输出变量，s^- 表示松弛变量，s^+ 表示剩余变量。那么，基于产出导向即投入不变使产出最大的 Output-DEA 模型可表示为如式（1）所示：

$$\begin{cases} \max\theta \\ s.t. \\ \sum_{j=1}^{n} xj\lambda j + S^- = X_k \\ \sum_{j=1}^{n} Yj\lambda j - S^+ = \theta Y_k \\ \lambda j \geqslant 0, \quad j = 1, \cdots, n, \\ S^- \geqslant 0, \quad S^+ \geqslant 0 \end{cases} \tag{1}$$

式（1）中，$1 \leqslant \theta \leqslant \infty$，表示由所有 n 个决策单元投入的线性组合替代某一决策单元的投入向量 X 时，其产出 Y 的可扩大程度最大为 $\theta - 1$。由于 $1/\theta$ 指的是 Output–DEA 模型中的效率值，当 $1/\theta = 1$ 时，表示该决策单元处在生产前沿面上，是生产有效的。

经过改进后的超效率 Output–DEA 模型与传统模型基本相似，如式（2）所示：

$$\begin{cases} \max\theta \\ s.t. \\ \sum_{j=1, j \neq k}^{n} xj\lambda j + S^- = X_k \\ \sum_{j=1, j \neq k}^{n} Yj\lambda j - S^+ = \theta Y_k \\ \lambda j \geqslant 0, \quad j = 1, \cdots, n, \\ S^- \geqslant 0, \quad S^+ \geqslant 0 \end{cases} \tag{2}$$

超效率 Output–DEA 模型在进行第 j 个决策单元效率评价时，将第 j 个决策单元本身排除在外，由其他决策单元的投入和产出的线性组合替代其投入和产出，这一点与传统的 Output–DEA 模型不同。[1]

通过图 1 来比较 DEA 基本模型和超效率 DEA 模型。

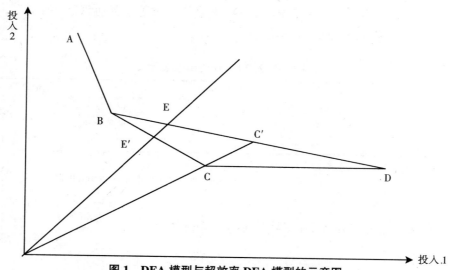

图 1　DEA 模型与超效率 DEA 模型的示意图

以决策单元 DMU_C、DMU_E 为例，点 C 处于有效生产前沿面 ABCD 上，E 为无效率的单元，被生产前沿面所包络，假设 OE 与生产前沿面 ABCD 相交于点 E'。在 DEA 模型中，E 的效率值 TEE =

---

① DEA 与超效率 DEA 模型的定义引自：刘宁. 基于超效率 Output–DEA 模型的主产区粮食生产能力评价 [J]. 软科学，2011，25（3）.

OE′/OE < 1，C 的效率值 TEC = OC/OC = 1。在超效率 DEA 模型中，考虑 C 点的效率值时将点 C 排除在外，即生产前沿面变成 ABD，E 的效率值 TEE = OE′/OE < 1，C 的效率值 TEC = OC′/OC >1。与 DEA 模型相比，E 的效率没有发生变化仍无效，而 C 的效率值大于 1，表明 C 在决策单元中保持相对有效的同时，在既定效率情况下投入可以增加的比例（OC′/OC − 1）。

总之，与 DEA 基本模型相比，超效率 DEA 能对有效决策单元的超效率值进一步加以比较和区分，在超效率 Output-DEA 模型中，在不影响效率的前提下，对于生产有效的决策单元仍可以提高的产出为（1 − θ)%。

（三）指标与数据的选取

如前文所述，产能利用率（CU）为工业生产过程中的实际产出值与当所有投入要素得到最有效利用时的潜在产出值之比。本文将评价指标分为投入指标和产出指标两大类。其中，投入指标包括资本投入和劳动力投入，产出指标为总产值。

1. Y 产出指标

根据我国的统计数据，各行业的工业产出相关的统计量是以当年价格计算的工业总产值。本文运用分行业的工业品出厂价格指数对 2000~2011 年按行业分组的规模以上工业企业中对应行业的工业总产值进行计算，将数据转化为以 2000 年为基期不变价格计算的工业总产值。

2. K 资本投入指标

由于目前对我国工业各行业的资本存量没有统一的核算标准，本文参考其他学者对该指标的处理办法，用规模以上行业的固定资产净值代替资本投入（刘培林，2005；吴延兵，2007）。固定资产净值是指从固定资产原价中减去历年已提折旧额后的净额得到。

3. L 劳动投入指标

由于各行业的劳动时间数据无法获取，一般选用劳动力人数代替。考虑到从业人员数能够反映一定时期内全部劳动力资源的利用情况，故假定从业人员数等于劳动总量（孙巍等，2009）。本文用规模以上行业的年平均就业人数表示。

表 1　投入产出指标的定义说明

	变量名称	变量定义
输入变量	固定资产净值（亿元）	资本投入
	工业从业人数年平均数（万人）	劳动力投入
输出变量	工业总产值（亿元）	产出水平

注：①投入产出指标的定义说明参考王磊（2012）；
　　②所有数据均来自《中国统计年鉴》（2001~2012）、《中国工业经济统计年鉴》（2001~2012）。

（四）基于 Output-DEA 测算我国的产能利用率

1. 测算结果分析

根据行业分类法，将 36 个行业分为采矿业、制造业、电气燃气及水的生产和供应业。其中，煤炭开采和洗选业、石头和天然气开采业、黑色金属矿采选业、有色金属矿采选业、非金属矿采选业隶属于采矿业；电力热力生产和供应业、燃气生产和供应业、水生产和供应业属于电气燃气及水的生产和供应业；其他剩余行业为制造业，制造业又能分为两类，即轻工业（13 个行业）和重工业（15 个行业）。

运用 DEA2.1 软件计算我国 2000~2011 年 36 个行业的产能利用率，并将其按行业分类，结果如表 2、表 3、表 4 所示。

表2 基于Output-DEA模型的我国2000~2011年采矿业的产能利用率

采矿业	2000年	2001年	2002年	2003年	2004年	2005年	2006年	2007年	2008年	2009年	2010年	2011年
煤炭开采和洗选业	0.126	0.119	0.114	0.114	1.000	0.129	0.110	1.000	0.118	0.114	0.125	0.110
石油和天然气开采业	0.404	0.280	0.246	0.422	0.430	0.342	0.271	0.223	0.134	0.204	0.168	0.136
黑色金属矿采选业	0.306	0.318	0.302	0.336	0.164	0.314	0.319	0.147	0.297	0.406	0.346	0.310
有色金属矿采选业	0.327	0.301	0.314	0.328	0.173	0.351	0.296	0.121	0.234	0.263	0.234	0.219
非金属矿采选业	0.221	0.214	0.218	0.228	0.123	0.298	0.278	0.143	0.346	0.343	0.403	0.341

表3 基于Output-DEA模型的我国2000~2011年制造业的产能利用率

轻工业	2000年	2001年	2002年	2003年	2004年	2005年	2006年	2007年	2008年	2009年	2010年	2011年
农副食品加工业	0.131	0.118	0.109	0.674	0.364	0.682	0.656	0.278	0.609	0.615	0.640	0.560
食品制造业	0.665	0.694	0.681	0.442	0.239	0.425	0.426	0.196	0.492	0.472	0.504	0.445
饮料制造业	0.435	0.447	0.434	0.352	0.257	0.382	0.406	0.223	0.443	0.439	0.459	0.436
烟草制品业	0.504	0.438	0.405	1.000	1.000	1.000	1.000	0.906	1.000	1.000	1.000	1.000
纺织业	0.469	0.507	0.593	0.432	0.214	0.461	0.453	0.211	0.523	0.510	0.569	0.425
纺织服装、鞋、帽制造业	0.475	0.470	0.451	0.835	0.396	0.803	0.788	0.349	0.870	0.840	0.894	0.730
皮革、毛皮、羽毛（绒）及其制品业	0.922	0.870	0.843	1.000	0.471	0.921	0.917	0.415	0.957	0.934	1.000	0.776
木材加工及木、竹、藤、棕、草制品业	1.000	1.000	1.000	0.421	0.219	0.469	0.496	0.245	0.613	0.597	0.659	0.563
家具制造业	0.455	0.440	0.427	0.619	0.309	0.630	0.586	0.255	0.702	0.670	0.754	0.590
造纸及纸制品业	0.610	0.612	0.608	0.330	0.259	0.366	0.364	0.223	0.368	0.388	0.411	0.383
印刷业和记录媒介的复制	0.323	0.322	0.317	0.322	0.196	0.314	0.324	0.153	0.410	0.397	0.454	0.443
文教体育用品制造业	0.315	0.308	0.309	0.764	0.366	0.725	0.727	0.319	0.742	0.707	0.794	0.638
化学纤维制造业	0.525	0.524	0.468	0.479	0.439	0.421	0.496	0.390	0.439	0.488	0.496	0.452
重工业												
石油加工、炼焦及核燃料加工业	0.794	0.764	0.734	0.921	0.948	0.824	0.732	0.593	0.511	0.569	0.540	0.463
化学原料及化学制品制造业	0.428	0.408	0.399	0.419	0.346	0.466	0.446	0.292	0.376	0.433	0.418	0.398
医药制造业	0.430	0.376	0.350	0.401	0.267	0.398	0.396	0.213	0.461	0.464	0.503	0.483
橡胶制品业	0.303	0.280	0.276	0.425	0.224	0.399	0.371	0.164	0.407	0.396	0.441	0.377
塑料制品业	0.413	0.390	0.415	0.479	0.228	0.423	0.444	0.217	0.525	0.525	0.606	0.479
非金属矿物制品业	0.488	0.459	0.461	0.287	0.172	0.299	0.322	0.165	0.391	0.385	0.409	0.372
黑色金属冶炼及压延加工业	0.279	0.301	0.298	0.454	0.433	0.547	0.488	0.417	0.373	0.455	0.429	0.400
有色金属冶炼及压延加工业	0.334	0.316	0.311	0.441	0.370	0.484	0.502	0.302	0.349	0.425	0.379	0.358
金属制品业	0.372	0.359	0.335	0.626	0.268	0.540	0.548	0.250	0.502	0.501	0.563	0.459
通用设备制造业	0.605	0.586	0.639	0.585	0.318	0.688	0.690	0.320	0.687	0.669	0.719	0.673
专用设备制造业	0.437	0.480	0.524	0.525	0.273	0.581	0.579	0.273	0.643	0.621	0.702	0.629
交通运输设备制造业	0.472	0.465	0.519	0.655	0.424	0.667	0.696	0.368	0.796	0.787	0.887	0.769
电气机械及器材制造业	0.538	0.537	0.598	0.817	0.423	0.876	0.853	0.394	0.834	0.854	0.923	0.726
通信设备、计算机及其他电子设备制造业	0.708	0.725	0.724	1.000	0.629	1.000	1.000	0.436	1.000	1.000	1.000	1.000
仪器仪表及文化、办公用机械制造业	1.000	1.000	1.000	0.772	0.395	0.849	0.868	0.403	0.870	0.841	0.918	0.798

表4 基于Output-DEA模型电气燃气及水的生产和供应业产能利用率

电气燃气及水的生产和供应业	2000年	2001年	2002年	2003年	2004年	2005年	2006年	2007年	2008年	2009年	2010年	2011年
电力、热力的生产和供应业	0.147	0.129	0.116	0.266	0.409	0.478	0.471	0.433	0.455	0.447	0.478	0.487
燃气生产和供应业	0.117	0.119	0.114	0.174	0.218	0.233	0.272	0.243	0.337	0.338	0.360	0.337
水的生产和供应业	0.079	0.073	0.062	0.091	0.088	0.084	0.084	0.075	0.076	0.127	0.071	0.073

由于DEA法的特性所致，以上的数据只是反映了各行业产能利用率的相对变化情况，而不是真实的绝对产能利用率。产能利用率为1，代表该行业处于生产有效状态，在效率前沿面上；产能利用率低于1，表示该行业离前沿面还有一定的距离。由于采用的是Output-DEA模型，当产能利用率小于1时，用1减去该行业的产能利用率就表示当投入不变时，该行业还能提高的产出比例，或者说是过剩的生产能力的比例，即产能过剩程度。

按照DEA测算的产能效率的分类方法将产能利用率分为三类（王磊，2012）：

第一类是产能利用率为1，代表该行业处于生产前沿面上，处于有效状态，不存在产能过剩的情况；第二类是CU介于0.5~1，表示该行业离生产前沿面较近，处在相对有效状态，产能过剩程度不严重；第三类是CU低于0.5的，表示该行业生产离前沿面较远，处于相对无效状态，说明存在较为严重的产能过剩现象。

分析表2、表3、表4可以得出以下结论：

（1）除去个别年份因数据统计误差等因素，我国采矿业、电气燃气及水的生产和供应业在2000~2011年的产能利用率都低于0.5，说明我国的这两大类工业产能过剩现象严重。

（2）制造业中，烟草制品业在2003~2006年、2008~2011年处于生产有效状态，产能利用率为1，通信设备、计算机及其他电子设备制造业在2003年、2005年、2006年、2008~2011年的效率值为1，表明这几年处于生产前沿面上，不存在产能过剩。除此之外，皮革制品业、仪器仪表机械制造业等行业的产能利用率也较高，基本不存在产能过剩。

（3）制造业中产能过剩严重的行业大多集中在重工业领域中。总体上轻工业的产能利用率明显高于重工业，出现产能过剩现象的行业个数也少于重工业。

（4）从发展趋势上来看，几乎所有的行业2011年比2010年的产能利用水平更低了。通过比较产能过剩严重行业的分布也能看出，我国的产能过剩行业的分布范围有扩大的趋势，结果如表5所示。

表5 2010年、2011年我国产能过剩程度较严重的行业分布比较

2010年		2011年	
产能过剩行业	产能利用率（CU < 0.5）	产能过剩行业	产能利用率（CU < 0.5）
采矿业：煤炭开采和洗选业	0.125	采矿业：煤炭开采和洗选业	0.110
石油和天然气开采业	0.168	石油和天然气开采业	0.136
黑色金属矿采选业	0.346	黑色金属矿采选业	0.310
有色金属矿采选业	0.234	有色金属矿采选业	0.219
非金属矿采选业	0.403	非金属矿采选业	0.341
轻工业：饮料制造业	0.459	轻工业：食品制造业	0.445
造纸及纸制品业	0.411	饮料制造业	0.436
印刷业和记录媒介的复制	0.454	纺织业	0.425
化学纤维制造业	0.496	造纸及纸制品业	0.383
		印刷业和记录媒介的复制	0.443

续表

2010 年		2011 年	
产能过剩行业	产能利用率 (CU < 0.5)	产能过剩行业	产能利用率 (CU < 0.5)
		化学纤维制造业	0.452
重工业：化学原料及化学制品制造业	0.418	重工业：石油加工、炼焦及核燃料加工业	0.463
橡胶制品业	0.441	化学原料及化学制品制造业	0.398
非金属矿物制品业	0.409	医药制造业	0.483
黑色金属冶炼及压延加工业	0.429	橡胶制品业	0.377
有色金属冶炼及压延加工业	0.379	塑料制品业	0.479
		非金属矿物制品业	0.372
		黑色金属冶炼及压延加工业	0.400
		有色金属冶炼及压延加工业	0.358
		金属制品业	0.459
电气燃气及水的生产和供应业：电力、热力的生产和供应业	0.478	电气燃气及水的生产和供应业：电力、热力的生产和供应业	0.487
燃气生产和供应业	0.360	燃气生产和供应业	0.337
水的生产和供应业	0.071	水的生产和供应业	0.073

2. 技术效率分析

为了探讨产能利用率的无效究竟是由于纯技术无效还是由于规模效率无效造成，现在以制造业重工业中产能过剩较为严重的化学原料及化学制品制造业、橡胶制品业、非金属矿物制品业、黑色金属冶炼及压延加工业、有色金属冶炼及压延加工业 5 个行业为研究对象，运用 DEA2.1 软件得到规模报酬可变（BCC）的情况下 5 个行业 2000~2011 年的技术效率 TE_{CCR}、纯技术效率 TE_{BCC}、规模效率值 SE。其中，$TE_{CCR} = TE_{BCC} \times SE$，说明技术效率是由纯的技术效率和规模效率共同决定的。

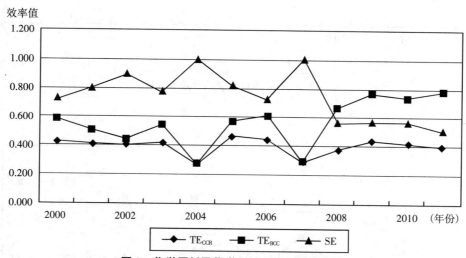

图 2 化学原料及化学制品制造业效率分析

从图 2、图 3、图 4、图 5、图 6 可以看出，5 个行业的技术效率 TE_{CCR} 与纯技术效率 TE_{BCC} 的变化趋势基本相同，验证了一个行业的纯技术效率决定着该行业的技术效率，即在本文中指产能利用率。同时，当行业的规模效率 SE 低下时也拉低了产能利用率，说明规模效率影响着该行业的技术效率。

化学原料及化学制品制造业在 2000~2008 年的规模效率都很高，但其纯技术效率低下造成产

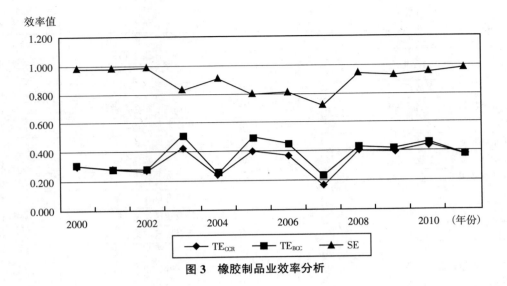

图 3　橡胶制品业效率分析

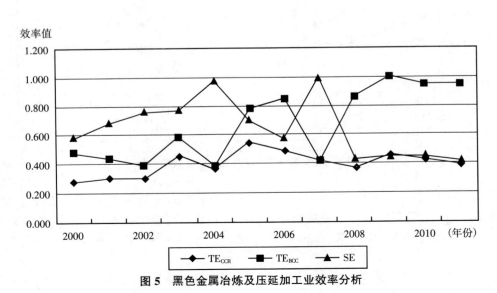

图 4　非金属矿物制品业效率分析

图 5　黑色金属冶炼及压延加工业效率分析

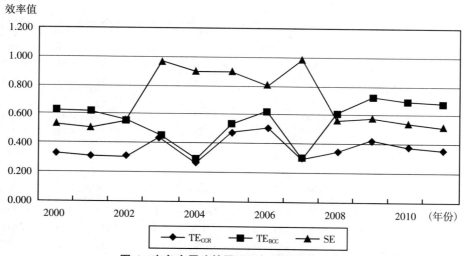

图 6 有色金属冶炼及压延加工业效率分析

能利用率低下，2009~2011 年其纯技术效率提高的同时却并没有拉升产能利用率，主要因为其规模效率降低了。橡胶制品业、非金属矿物制品业在这 12 年中规模效率 SE 一直处于较高的水平，而其技术效率 TE_{CCR} 完全跟随着纯技术效率 TE_{BCC} 的变化而变化，纯技术效率低是这两个行业产能利用水平不高的主要原因。黑色金属冶炼及压延加工业、有色金属冶炼及压延加工业的纯技术效率和规模效率都经历了一个动荡起伏不定的过程。黑色金属冶炼及压延加工业在 2004 年以前及 2007 年的低产能利用效率是由纯技术效率低下引起的，2005~2006 年该行业的规模效率处于无效率状态，而 2008~2011 年规模效率下降得更明显，直接引起产能利用的无效率。有色金属冶炼及压延加工业的产能利用率大致经历了三个过程：2000~2002 年纯技术效率和规模效率的无效率共同导致了该行业的产能利用无效率；2003~2008 年规模效率较高的情况下，纯技术效率无效拉低了产能利用率；2009~2011 年纯技术效率有了明显提升，但其规模无效率最终使得产能利用无效率。

3. 超效率 Output-DEA 测算结果分析

从表 3 可以看出，烟草制品业等行业在某些年份的产能利用率为 1，这与实际明显不符。因为 DEA 测算的是相对效率值，反映的是相对变化，只能说明该行业处于生产前沿面上，生产有效。事实上这些行业还有提高产出的潜能，为了进一步分析比较行业间尤其是已处于相对有效（CU 为 1）的行业的产能利用效率大小，为已经是生产有效的行业提供还能提高产出的潜能的参考，故引入超效率 DEA 模型。在产出导向的超效率 Output-DEA 模型中，可以根据获得的参数 θ 来判断产能利用率的提高潜力，对于无效率的行业，其最大可以提高 $(\theta-1)\%$ 的产出才能达到产能利用有效状态，处于有效率的行业，在不影响产能利用率的情况下，仍能提高 $(1-\theta)\%$ 的产出。

现选取 2011 年我国 36 个行业的截面数据，运用 DEA2.1 软件计算出 DEA 技术效率 TE_{CCR}、纯技术效率 TE_{BCC}、规模效率值 SE，再运用 Lindo6.1 软件计算超效率 Output-DEA 进行比较，并进一步对在 DEA 中效率为 1 的行业进行排序。结果如表 6 所示。

表 6 2011 年基于超效率 DEA、DEA 基本模型的我国 36 个行业产能利用率

行业	TE_{CCR}	TE_{BCC}	SE	规模报酬	θ	$1-\theta$	TE_{SUP}	产能过剩	效率排名
煤炭开采和洗选业	0.110	0.145	0.756	drs（递减）	9.091	8.091	0.110	0.89	36
石油和天然气开采业	0.136	0.264	0.516	drs（递减）	7.353	6.353	0.136	0.864	35
黑色金属矿采选业	0.310	0.376	0.824	drs（递减）	3.226	2.226	0.310	0.69	33
有色金属矿采选业	0.219	0.226	0.969	irs（递增）	4.566	3.566	0.219	0.781	34
非金属矿采选业	0.341	1.000	0.341	irs（递增）	2.933	1.933	0.341	0.659	31

续表

行业	TE$_{CCR}$	TE$_{BCC}$	SE	规模报酬	θ	1−θ	TE$_{SUP}$	产能过剩	效率排名
农副食品加工业	0.560	0.648	0.864	drs（递减）	1.786	0.786	0.560	0.44	14
食品制造业	0.445	0.463	0.961	drs（递减）	2.247	1.247	0.445	0.555	21
饮料制造业	0.436	0.504	0.864	drs（递减）	2.294	1.294	0.436	0.564	23
烟草制品业	1.000	1.000	1.000	—（不变）	0.762	−0.238	1.312	0	2
纺织业	0.425	0.430	0.990	irs（递增）	2.353	1.353	0.425	0.575	24
纺织服装、鞋、帽制造业	0.730	0.797	0.916	irs（递增）	1.370	0.370	0.730	0.27	6
皮革、毛皮、羽毛（绒）及其制品业	0.776	0.923	0.841	irs（递增）	1.289	0.289	0.776	0.224	4
木材加工及木、竹、藤、棕、草制品业	0.563	0.661	0.851	irs（递增）	1.776	0.776	0.563	0.437	13
家具制造业	0.590	0.784	0.753	irs（递增）	1.695	0.695	0.590	0.41	12
造纸及纸制品业	0.383	0.546	0.701	drs（递减）	2.611	1.611	0.383	0.617	27
印刷业和记录媒介的复制	0.443	0.529	0.838	irs（递增）	2.257	1.257	0.443	0.557	22
文教体育用品制造业	0.638	1.000	0.638	irs（递增）	1.567	0.567	0.638	0.362	10
石油加工、炼焦及核燃料加工业	0.463	0.889	0.520	drs（递减）	2.160	1.160	0.463	0.537	18
化学原料及化学制品制造业	0.398	0.784	0.507	drs（递减）	2.513	1.513	0.398	0.602	26
医药制造业	0.483	0.547	0.882	drs（递减）	2.070	1.070	0.483	0.517	16
化学纤维制造业	0.452	0.556	0.813	drs（递减）	2.212	1.212	0.452	0.548	20
橡胶制品业	0.377	0.383	0.986	drs（递减）	2.653	1.653	0.377	0.623	28
塑料制品业	0.479	0.509	0.941	irs（递增）	2.088	1.088	0.479	0.521	17
非金属矿物制品业	0.372	0.524	0.709	drs（递减）	2.688	1.688	0.372	0.628	29
黑色金属冶炼及压延加工业	0.400	0.947	0.422	drs（递减）	2.500	1.500	0.400	0.6	25
有色金属冶炼及压延加工业	0.358	0.685	0.522	drs（递减）	2.793	1.793	0.358	0.642	30
金属制品业	0.459	0.462	0.994	drs（递减）	2.179	1.179	0.459	0.541	19
通用设备制造业	0.673	0.741	0.908	drs（递减）	1.486	0.486	0.673	0.327	9
专用设备制造业	0.629	0.689	0.914	drs（递减）	1.590	0.590	0.629	0.371	11
交通运输设备制造业	0.769	1.000	0.769	drs（递减）	1.300	0.300	0.769	0.231	5
电气机械及器材制造业	0.726	0.745	0.974	drs（递减）	1.377	0.377	0.726	0.274	7
通信设备、计算机及其他电子设备制造业	1.000	1.000	1.000	—（不变）	0.749	−0.251	1.335	0	1
仪器仪表及文化、办公用机械制造业	0.798	0.965	0.827	irs（递增）	1.253	0.253	0.798	0.202	3
电力、热力的生产和供应业	0.487	1.000	0.487	drs（递减）	2.053	1.053	0.487	0.513	15
燃气生产和供应业	0.337	1.000	0.337	irs（递增）	2.967	1.967	0.337	0.663	32
水的生产和供应业	0.073	0.100	0.729	drs（递减）	13.699	12.699	0.073	0.927	37

注：①资料来源于《2012 中国统计年鉴》、《2012 中国工业经济统计年鉴》计算所得。
②其中产能过剩 = 1 − TE$_{SUP}$。

从表 6 可以看出，2011 年我国行业产能利用无效率的行业中，除非金属矿采选业、文体用品制造业、交通运输设备制造业、电热生产和供应业、燃气生产和供应业个行业纯技术效率有效，是由于规模效率无效造成产能过剩的情况外，其他所有存在产能过剩的行业都是由纯技术效率无效和规模效率无效共同造成的，并且提高产能利用率的潜力和空间很大。比如对于产能过剩达到 64.2% 的有色金属冶炼及压延加工业最大能提高 179.3% 的产出才会到达产能利用有效状态，并且该行业属于规模经济递减行业，为达到生产有效，可以缩减生产规模。

对于 Output-DEA 模型中处于生产前沿面上、生产有效的两个行业，烟草制品业，通信设备、计算机及其他电子设备制造业的产能利用水平更高，同时也看出对于这两个有效率的行业，在不影响当前有效生产的前提下，还能分别提高 25.1%、23.8% 的产出。

五、我国产能过剩的成因分析

（一）我国产能过剩成因的一般理论猜想

通过对我国 36 个行业产能利用率的测算结果分析可知，出现严重产能过剩的行业与国家发改委等部门公布的黑色金属、有色金属、化学纤维、石化炼焦等几大产能过剩的行业基本一致，且这两年产能过剩有蔓延到其他行业、程度不断加深的趋势。上文运用技术效率，从理论角度分析了我国行业产能利用无效的原因，证明了不同行业由于纯技术效率无效、规模效率无效都能造成该行业的产能过剩。事实上，多种因素影响着一个行业的纯技术效率和规模效率，因此，造成我国产能过剩的具体原因有很多。

学界对我国产能过剩的形成机理主要有三种不同的猜想：一是"周期波动"假说；二是"市场失灵"假说；三是"政府失灵"假说。"周期波动"假说阐述了市场经济呈现周期性波动，经济复苏和繁荣阶段厂商会争先扩充生产增加产能，造成产能过剩；经济衰退和萧条阶段，社会需求不足后，厂商纷纷缩减生产减少产能。以"市场失灵"解释，主要是认为发展中国家对于新产业良好发展前景存在社会共识，这种共识会引起投资的"潮涌"现象，造成过度投资进而导致产能过剩。"政府失灵"假说认为，在转轨经济中，政府体制缺陷扭曲了经济主体的行为，地方保护主义、为追求绩效吸引企业投资的补贴性竞争引发重复建设，政府干预阻碍了市场资源配置的功能，尤其是旨在促进特定产业发展的产业政策扭曲了企业的投资和退出决策。

针对上述三种解释，本文分别用宏观经济波动、固定资产投资、产业政策三个变量对应表示三种假说中所认为的影响产能过剩的因素，并进行计量检验，分析过剩产能与这三个因素之间的关系，检验上述假说的合理性。

（二）产能利用率影响因素的面板数据模型的实证研究

1. 模型假定、指标选取和数据处理

考虑到 2004 年前统计口径的变化，本文只选取 2004~2011 年 36 个行业的相关数据作为研究对象，以产能过剩为因变量，以宏观经济波动、固定资产投资、产业政策为自变量，由于产业政策无法用特定的指标来衡量，又影响着固定资产投资，本文引入虚拟变量乘项模型，建立如下面板数据模型：

$$EC_{it} = B_0 + B_1 G_{it} + B_2 IP_{it} + B_3 (D_{it} IP_{it}) + u_{it}, \quad i = 1, 2, \cdots, 36 \tag{3}$$

式中，EC_{it} 表示第 i 个地区第 t 年的产能过剩指标。$EC_{it} = 1 - CU$，CU 来自上文测算的 36 个行业的产能利用率。

G_{it} 表示第 i 个地区第 t 年的宏观经济波动指标，计算公式如下：

$$G_{it} = \frac{当期工业生产总值 - 前期工业生产总值}{前期工业生产总产值} \tag{4}$$

工业生产总产值来自《中国统计年鉴》（2004~2011），考虑各行业产品出厂价格指数后以2000年为基期不变价格计算而得。

IP_{it} 表示第 i 个地区第 t 年的固定资产投资水平，计算公式如下：

$$IP_{it} = \frac{当期固定资产投资 - 前期固定资产投资}{前期固定资产投资} \qquad (5)$$

固定资产投资来自《中国统计年鉴》，由于没有按行业分的固定资产投资额的价格指数，考虑各行业产品出厂价格指数后以 2000 年为基期不变价格计算而得。

D_{it} 表示虚拟变量第 i 个行业第 t 年的产业政策。

$$D_{it} = \begin{cases} 0 & 无过度的产业政策干扰 IP_{it} \\ 1 & 过度的产业政策干扰了 IP_{it} \end{cases}$$

由于产业政策无法用特定的指标来衡量，假设第 t 年该行业国有控股投资额占固定资产投资额比重超过 2004~2011 年的平均值时，视为使用了产业政策，引入虚值 1；反之，引入虚值 0。国有控股投资额来自《中国统计年鉴》，折算成以 2000 年为基期不变价格计算。

2. 平稳性检验

面板数据易出现非平稳现象，为了避免回归，确保估计结果的有效性，利用单位根检验判断面板数据的平稳性。本文用 Levin、Lin 和 Chu t*，IPS，ADF-Fisher 和 PP-Fisher Chi-square 来检验变量的平稳性，借助 Eviews6.0 软件分别对 EC_{it}、G_{it}、IP_{it}、$D_{it}IP_{it}$ 进行水平值的检验。

表 7 各变量单位根检验结果

变量	LLC	IPS	ADF- Fisher	PP-Fisher
EC_{it}	−29.7312 (0.0000)	−9.76686 (0.0000)	224.490 (0.0000)	268.200 (0.0000)
G_{it}	−15.5576 (0.0000)	−5.37943 (0.0000)	167.785 (0.0000)	221.523 (0.0000)
IP_{it}	−108.040 (0.0000)	−54.5657 (0.0000)	513.742 (0.0000)	669.721 (0.0000)
$D_{it}IP_{it}$	−96.9655 (0.0000)	−57.3569 (0.0000)	524.253 (0.0000)	668.497 (0.0000)

注：①LLC 统计量、IPS 统计量的原假设 H0 为存在同质单位根；ADF 卡方统计量、PP 卡方统计量的原假设 H0 为存在异质单位根。② (0.0000) 为可能性 p 值大小。

上述检验结果表明，各个变量在各种方法 5% 的显著水平下均能拒绝原假设，说明变量是平稳的，不存在单位根，且都为零阶单整。

3. 协整检验

上述单位根检验的结果表明变量之间是同阶单整的，可以直接进行协整检验，分析产能利用率和宏观经济波动、固定资产投资额、产业政策之间是否存在长期均衡关系。这里借助 Eviews6.0 软件对面板数据采用 Kao-格兰杰因果关系检验，结果如表 8 所示，p 值小于 5%，在 5% 的显著水平下能够拒绝原假设，表明了该面板模型中的变量之间存在长期的协整关系。

表 8 Kao-格兰杰因果关系检验结果

检验方法	t 统计值	p 值
ADF	−6.875036	0.0000

4. 模型检验

为了更准确地估计参数，对模型进行假设检验，检验模型的参数在不同的横截面上是否相同。首先检验变系数还是变截距，即进行 F 检验，确定是混合估计模型还是固定效应模型。假设：

H0：对于不同的横截面模型的截距项相同（混合估计模型）。

H1：对于不同的横截面模型的截距项不同（个体效应模型）。

F 统计量定义为：

$$F = [(S1 - S2)/(T + k - 2)]/[S2/(NT - T - k)] \tag{6}$$

式中，S1、S2 分别表示混合估计模型和个体固定效应模型的残差平方和。T 表示时间长度，k 为解释变量个数，NT 为面板中观察对象的个数。

利用 Eviews6.0 得到混合效应模型的残差平方和 S1 = 31.51873，个体固定效应的残差平方和 S2 = 5.350022，通过计算 F，得到 F = 135.000614 > $F_{0.05}$（T − 1，NT − T − k）= 2.01，拒绝原假设，即面板数据为个体固定效应模型。

同时，为了检验是否存在随机效应，进行 Hausman 检验，假设：

H0：个体效应与回归向量无关（随机效应模型）。

H1：个体效应与回归向量有关（固定效应模型）。

利用 Eviews6.0 得到如下结果：

表 9　Hausman 检验结果

	检验统计值	自由度	p 值
随机效应检验	11.135960	3	0.0110

从表 9 可以看出其概率值等于 0.0110，可以拒绝 5% 显著水平下的原假设，认为固定效应模型的估计要优于随机效应，应选择固定效应模型。综上所述，本文选择可变截距的固定效应面板数据模型检验产能过剩与上述三个因素之间的关系，面板数据模型如下：

$$EC_{it} = B_0 + B_1 g_{it} + B_2 IP_{it} + B_3(D_{it} IP_{it}) + u_{it}, \quad i = 1, 2, \cdots, 36 \tag{7}$$

5. 实证检验结果分析

表 10　变截距固定效应模型估计结果

变量	相关系数	标准差	t 统计值	p 值
c	0.480184	0.011234	42.74361	0.0000
G_{it}	0.121272	0.046313	2.618548	0.0094
IP_{it}	0.022520	0.025870	1.253717	0.1497
$D_{it} IP_{it}$	0.066073	0.025186	2.623361	0.0092
可决系数 R^2	0.868161	被解释变量均值		0.930922
调整后的可决系数 R^2	0.848041	被解释变量标准差		1.010259
回归方程标准差	0.146581	残差平方和		5.350022
F 统计量	43.14924	D−W 值		2.237223
F 统计量概率	0.0000			

在加权条件下回归的模型检验结果显示：可决系数 R^2 为 0.868161，调整后的可决系数 R^2 为 0.848041，说明方程拟合程度很好，回归方程中可以解释的部分较多；F 统计量为 43.14924，大于 5% 显著水平下的临界值，F 统计量概率为 0，说明本模型方程显著，具有很好的回归效果。变量 G_{it}、$D_{it} IP_{it}$ 的 t 值分别为 2.618548、2.623361，绝对值均大于 5% 的显著水平下的临界值，拒绝原假设，说明宏观经济波动、产业政策对我国产能过剩具有显著影响。IP_{it} 的 p 值为 0.1497，勉强通过 15% 显著水平的检验，说明固定资产投资额对产能过剩有影响，但不显著，这也可能与本文收集的固定资产项的数据存在统计误差有关。G_{it}、IP_{it}、$D_{it} IP_{it}$ 的相关系数皆为正，表明宏观经济波动、固定资产投资额、产业政策对产能过剩都有正向作用，即宏观经济波动越大、固定资产投资额越多，产业政策使用过度都能引起产能过剩，导致产能利用水平低。通过计量的实证检验，验证了上述产能过剩的三大理论假说。

六、结论与政策建议

（一）结论

本文基于 Output-DEA 模型对我国 36 个行业 2000~2011 年的产能利用率进行了测算分析，并构建了面板数据模型来检验产能过剩与宏观经济波动、固定资产投资、产业政策使用度之间的关系，主要得出以下结论：

第一，从测算的 2000~2011 年行业产能利用率来看，多数行业产能利用水平处于逐年下降的状态，即产能过剩有加重的趋势。

第二，从大行业分类来说，我国采矿业，电气、燃气、水的生产供应业全面出现产能过剩现象，28 个制造业中产能过剩的行业超过 10 个，且多数集中在重工业。

第三，产能过剩有从局部行业过剩转为全部行业过剩的趋势。我国的黑色金属、有色金属、化学纤维、石化炼焦等几大传统产能过剩行业产能过剩现象依旧严重，食品制造业、纺织业等轻工业也开始出现产能过剩。

第四，通过面板数据模型进行的实证分析表明，宏观经济波动、固定资产投资、过度产业政策对产能过剩都有正向作用，即宏观经济波动越大，固定资产投资额越多，产业政策使用过度都能引起产能过剩，基本验证了国内关于产能过剩成因的三大理论解释："周期波动"假说、"市场失灵"假说、"政府失灵"假说。经济周期的波动，一方面会使厂商考虑到未来经济波动的不可预测性，造成厂商的要素窖藏行为引发产能过剩；另一方面当经济增长时消费需求增加，厂商过度增加生产要素投入量，从而导致产能过剩，经济衰退时需求减少厂商会相应减少产能以降低损失，减缓了产能过剩。对发展前景良好的行业存在的社会共识会引发企业投资的"潮涌"，市场失灵，资源过度集中，产能过剩；政府体制缺陷、政府的过度干预，尤其是旨在促进特定产业发展的产业政策扭曲了企业的投资和退出决策，引发产能过剩。

（二）政策建议

我国的产能过剩已出现由局部行业过剩转为全面行业过剩且过剩程度逐年加深的趋势，成为了现阶段我国经济健康发展的最大阻碍之一，因此解决产能过剩问题迫在眉睫。基于上文对产能过剩成因的实证分析，对解决我国的产能过剩问题提出以下政策建议：

（1）稳定经济增长速度，尽快实现经济的软着陆。宏观经济波动程度越大，产能利用水平越低，产能过剩的可能性越大。因此，政府在强调经济建设的同时不能盲目追求 GDP 及经济增长的速度，必须发挥好宏观调控的作用，保证经济稳定持续健康增长，以防出现经济过热或极度萎缩，这不仅影响行业的产能利用水平，更影响着整个国民经济的健康发展。

（2）发挥宏观调控作用，控制企业固定资产投资规模。固定资产投资作为影响产能利用水平的一个重要因素，很大方面是由市场失灵引起的。由于企业对产业良好发展前景的共识，引发"潮涌"现象，投资过度集中在某一产业。这时需要政府充分发挥"看不见的手"的宏观调控作用，抑制市场失灵。同时，为了防止政府为追求绩效出台不合理优惠政策，引发过度投资和重复建设，要抑制产能过剩，必须控制投资规模，从转变政府职能开始，深化行政体制改革，完善政府官员的晋升机制，严格控制信贷，从源头上控制企业的固定资产投资。

（3）谨慎使用产业政策，减少政府的过度干预，让市场在资源配置中起决定性作用。产业政策的过度使用反而会对企业产生激励扭曲，持有更多的过剩产能。因此，使用产业政策时需谨慎，使之与行业的市场竞争力相协调，政策性补贴也应由"输血"向"造血"转变，减少政府的直接干预，坚持市场的主体地位，让市场在资源配置中由起基础性作用向起决定性作用转变。

（4）努力提高技术创新，淘汰落后企业落后产能。我国的产能过剩与粗放型的经济增长方式有着很大关系，产业结构不合理，生产多为高消耗、高污染，因此必须努力提升科研创新的能力，加大科研投入，鼓励各企业与科研单位、院校合作，将科研成果运用于实践生产中，降低资源的消耗，提高行业企业的市场竞争力，加快企业兼并重组，尽快淘汰落后产能，促进产业结构的升级。

（5）转变经济增长方式，促进内需消化产能过剩。产能过剩是由于内需不足引起的，多年来我国的经济增长主要依靠出口和投资来拉动，金融危机对我国的出口行业造成了重创，抑制了出口需求。在这种情况下，我国更应该促进经济结构调整，加快转变经济增长方式，促进消费，扩大国内的有效需求，内部消化我国过剩的产能。

参考文献：

［1］Ballard K., Roberts J. Empirical Estimation of the Capacity Utilization Rates of Fishing Vessels in 10 Major Pacific Coast Fisheries ［J］. National Marine Fisheries Service，Washington DC，1977（1）：7-14.

［2］Hsu T. Simple Capacity Indicators for Peak to Peak and Data Envelopment Analyses of Fishing Capacity ［J］. FAO Technical Consultation on the Management of Fishing Capacity，Mexico City，Mexico，1999（29）：7-14.

［3］Dupont D. P., Grafton R. Q., Kirkley J., et al. Capacity Utilization Measures and Excess Capacity in Multi-product Privatized Fisheries ［J］. Resource and Energy Economics，2002，24（3）：193-210.

［4］Cassels J M. Excess Capacity And Monopolistic Competition ［J］. The Quarterly Journal of Economics，1937，51（3）：426-443.

［5］Berndt E. R., Morrison C. J. Capacity Utilization Measures：Underlying Economic Theory and an Alternative Approach ［J］. The American Economic Review，1981：48-52.

［6］Blonigen Bruce A., Wesley W. Wilson. Foreign Subsidization and Excess Capacity ［J］. Journal of International Economics，2010，80（2）：200-211.

［7］VandenBossche M., Gujar G. Competition，Excess Capacity and Pricing of Dry Ports In India：Some Policy Implications ［J］. International Journal of Shipping and Transport Logistics，2010，2（2）：151-167.

［8］Kim J. Inefficiency of Subgame Optimal Entry Regulation ［J］. The RAND Journal of Economics，1997（4）：25-36.

［9］王磊. 我国工业产能过剩的测度及其与宏观经济波动关系的实证研究 ［D］. 西南财经大学硕士学位论文，2012.

［10］孙巍，尚阳，何彬. 生产要素拥挤的理论内涵 ［J］. 学习与探索，2006（6）.

［11］孙巍，李何，王文成. 产能利用与固定资产投资关系的面板数据协整研究 ［J］. 经济管理，2009，（3）：3842.

［12］韩国高，高铁梅，王立国等. 中国制造业产能过剩的测度，波动及成因研究 ［J］. 经济研究，2011（12）：18-31.

［13］赵颖. 产能过剩的定量测算及其与宏观经济的相关性研究 ［D］. 安徽大学经济学院硕士学位论文，2011.

［14］韩国高. 我国工业产能过剩的测度，预警及对经济影响的实证研究 ［D］. 东北财经大学硕士学位论文，2012.

［15］林毅夫，巫和懋，邢亦青. "潮涌现象"与产能过剩的形成机制 ［J］. 2010（1）.

［16］郭庆旺，贾俊雪. 地方政府行为，投资冲动与宏观经济稳定 ［J］. 管理世界，2006（5）.

［17］丁春香，王昕. 我国产能过剩问题的原因与缓解策略 ［J］. 化工管理，2009（12）.

[18] 陈明森. 产能过剩与地方政府进入冲动 [J]. 天津社会科学，2006（5）.

[19] 李晓华. 后危机时代我国产能过剩研究 [J]. 财经问题研究，2013（6）.

[20] 张新海. 产能过剩的定量测度与分类治理 [J]. 宏观经济管理，2010（1）.

[21] 周劲. 产能过剩的概念、判断指标及其在部分行业测算中的应用 [J]. 宏观经济研究，2007（9）.

[22] 梁金修. 我国产能过剩的原因及对策 [J]. 经济纵横，2006（7）.

[23] 王立国，高越青. 基于技术进步视角的产能过剩问题研究 [J]. 财经问题研究，2012（2）.

[24] 汪旭晖，徐健. 基于超效率 CCR-DEA 模型的我国物流上市公司效率评价 [J]. 财贸研究，2009（6）.

[25] 刘培林. 地方保护和市场分割的损失 [J]. 中国工业经济，2005（4）.

[26] 吴延兵. R&D 与生产率——基于中国制造业的实证研究 [J]. 经济研究，2007，41（11）.

[27] 刘宁. 基于超效率 Output-DEA 模型的主产区粮食生产能力评价 [J]. 软科学，2011，25（3）.

[28] 杨振. 激励扭曲视角下的产能过剩形成机制及其治理研究 [J]. 经济学家，2013（10）.

[29] 祝宝良. 产能过剩的成因与化解 [J]. 中国金融，2013（13）.

[30] 江飞涛，耿强，吕大国等. 地区竞争，体制扭曲与产能过剩的形成机理 [J]. 中国工业经济，2012（6）.

[31] 孙巍，尚阳，刘林. 工业过剩生产能力与经济波动之间的相关性研究 [J]. 工业技术经济，2008，（6）.

[32] 沈坤荣，钦晓双，孙成浩. 中国产能过剩的成因与测度 [J]. 产业经济评论，2012（4）.

[33] 谢乐乐. 浙江制造业产能过剩的测度，成因及对策 [D]. 浙江工商大学硕士学位论文，2012.

[34] 耿强，江飞涛，傅坦. 政策性补贴，产能过剩与中国的经济波动——引入产能利用率 RBC 模型的实证检验 [J]. 中国工业经济，2011（5）.

[35] 袁捷敏. 解读我国产能过剩的现实性，必然性与持久性 [J]. 当代经济管理，2012，34（8）.

[36] 王晓姝，孙爽. 创新政府干预方式治愈产能过剩痼疾 [J]. 宏观经济研究，2013（6）.

[37] 周劲，付保宗. 产能过剩的内涵，评价体系及在我国工业领域的表现特征 [J]. 经济学动态，2011（10）.

[38] 冯梅，孔垂颖. 国内外产能过剩问题研究综述 [J]. 经济纵横，2013（10）.

转变经济发展方式与人才

高安宁

（中共陕西省委党校图书馆，陕西西安　710061）

中国经济经过几十年快速发展，已显示了发展的活力，然而经济发展要走科学发展之路，旧的落后的发展模式，随着社会的进步和发展是要被淘汰的，应以新的发展模式，更快、更科学地推动经济社会发展。

（1）经济发展的关键是人才，转变经济发展方式的关键在人才。社会经济飞速发展，人们已经明确地认识到过去靠资金、资源而发展经济的时代已经过去，现在经济发展的动力是靠人才，依靠人才的科学创新。旧的经济发展模式在社会发展以后会逐渐被淘汰，而适应一种新的、创新的经济发展形式。以农业耕作技术来说，过去是牛拉犁耕地，这种耕作方式，曾经在历史上推动了农业经济的发展。但随着社会的进步，被人才发明创造的机械耕作所代替，这种取代，这种新模式代替旧模式是在人才的创新下完成的，没有人才的科技成果拖拉机，则经济发展方式"牛耕地"还是不会转变的。因此，从总体社会的整个经济发展的转变上看，社会每前进一步，经济发展方式就要转变，更要实现飞跃，还得依靠人才科技创新和创造。只有人才的科学技术创新和创造走在前列，转变经济发展方式才可能发生。因此，转变经济发展方式的关键是人才。要大力发展各行各业的优秀人才，用人才的科研成果、科学智慧去完成经济发展方式的转变，促进社会生产力的巨大发展。

（2）转变经济发展方式，要以发展民族企业独立创新为主，而民族企业的发展需要一大批民营企业家人才。改革开放以后，我国大力开展对外开放，外资企业在中国的经济发展中占据了一定的地位和实力，像超市中的饮料可口可乐几乎全部被外资企业所占有，外资企业已向国家经济发展的许多部门冲击、兼并，外资虽然对中国的经济发展有一定的促进作用，但外资占据份额太大，会严重地冲击民族企业的发展。中国目前许多民族企业都已被冲垮，在这种情况下，转变经济发展方式，改变经济发展环境，就要改变中国民族企业的生存空间。社会经济要发展，最终还是要发展民族企业，尤其是发展民族制造业等相关企业，以带动全社会经济发展。民族企业发展了，我们才会站立在世界发达国家之列。民族企业要发展就需要一大批优秀的民族企业人才，民族企业人才具备了，才能发展民族经济，创新技术。用新技术、新产品去占领世界市场，在世界竞争中立于不败之地。关键是要有人才、要有创新思想。

（3）转变经济发展方式，不论是国企还是民企都要搞活，搞活的关键是高技术人才。国企独占市场不可能，民营私营企业独占市场也不可能，不适合中国国情。但是无论怎样发展，转变经济发展方式重要的是要有企业发展人才。国有大型企业要有会经营、善于管理的高级人才，民营

　　[作者简介] 高安宁，男，1968 年生于陕西长武，研究生。现任中共陕西省委党校图书馆副研究馆员，并兼任中国管理科学研究院特邀研究员。现已在《理论前沿》《科学新闻》《社科纵横》《中国人才》《中国科学报》《重庆日报》《中国组织人事报》《社会科学报》《湖南第一师范学院学报》等报刊发表论文 70 余篇。获国家级学会奖 10 余项。研究方向为人才学、经济学。

企业，要培养民族企业家。从国家总体发展布局上，要大力发展培养企业家人才，会管理且善于经营的人才，会有创新意识，创造精神的人才。这样我国的企业发展才有后劲、才有希望。这些人才会根据社会发展的需求和变化情况，适时调整和选择不同发展形式，合理调整国企和私营企业的比重，科学发展、合理发展。只要有企业发展人才，就会科学合理地调整及选择国有及民营企业发展的比例，有利于社会经济的迅速发展。

（4）转变经济发展方式，要全面发展教育科技等基础事业。从社会和经济发展的关键点可以看出，只有人才发展了，整个社会的各方面才能发展，才能科学合理地分配资源，才能消除分配不公和收入差距两极分化的现象。只要中国普遍地提高了人口的素质，大量培养优秀人才，国民素质提高了，他们每个人获取经济的能力都普遍提高了，就不可能出现收入分配两极分化的现象。有的人会说，这是幻想，每个人都不可能提高，但我们从古代孟子的思想中会看出这是可能的。孟子说人人皆可成尧舜，说明每个人经过发展都能成才。再从西方发达资本主义国家人口素质普遍提高来看，提高全民族的素质是可行的，是行得通的。因此，转变经济发展方式，应把一些教育基础产业办好，把这些投资收益见效期长的产业搞好，大力培养人才，整个国家社会才能优化，才能发展，才能自动消除各种弊端，才能防止因发展而出现的面子工程、污染环境现象，才能发展绿色环保有利于人类不断创新发展的企业和经济。

（5）发展新兴产业，清洁能源产业，关键在于人才。未来社会经济发展在于新兴产业的发展。奥巴马总统说，谁先占领了清洁能源，谁就能在未来世界先发展。无论是新兴产业，还是清洁能源的发展，都是一种创新，这种创新不是一般国家、一般人才能完成的，是由高级人才、高科技人才完成的。过去我国在发展经济时，利用的是高污染、高能耗、粗放式发展经济的方式，这种发展方式。技术含量低，耗能高，对社会危害大，关键是我们没有高技术，我们没有发展高技术的人才。节约型、环保型、高技术产业，被西方发达国家独占垄断，而且实行技术封锁。因此，未来要在新兴产业，清洁能源方面不断创新发展。中国只要有一批高水平技术人才，在技术创新上不断领先、不断创造，才能转变经济发展方式，才能从制造大国转向创造大国，才能促使经济进一步发展。这需要我们国家在高技术人才的培养开发和管理上实行优惠政策，不但要培养人才，还要会管理，使用人才，使人才不被外国企业挖走，确保我国在高技术人才方面的优势，才能彻底转变经济发展方式，为经济快速发展服务。

（6）转变经济发展方式，主要是创新，而创新的关键是人才。"十二五"规划中指出："要把科技进步和创新作为加快转变经济方式的重要支撑。"中央明确地提出转变经济方式要依靠科技和创新，而创新是由人才来完成的。有了一批优秀人才集团，创新才能完成，才能在真正意义上解决转变经济发展方式的问题。过去我们搞经济建设，对资源和环境问题不太注意，引起了巨大的负面作用。这些问题的出现，说明我国的发展技术落后，创新能力低下。因此发展低碳经济、绿色环保经济，要用科技创新能力和手段促使转变经济方式。为此，国家要不惜代价，大力培养优秀人才，通过国内高等院校研究所努力培养自己人才，还可以派人才到国外留学深造。现在我国去国外留学深造的人才很多，但回国的高级人才却很少。我们要加强政治体制改革，要用良好的政治、政策环境，鼓励优秀人才回国创业，支持扶持优秀人才创业，要大力支持人才，使用重用优秀人才，使人才感到中国有一个良好的发展前途和环境，人才才能回国。这样我们转变经济发展方式才能有基础、才能完成转变，实现较快发展，走在世界前列。

经济发展方式转变，高排放、高污染、低效能的改变，环境改变，效率提高，就要大力培养人才。提高劳动者的文化科技水平，要从技术和管理两个层次上加强创新。劳动者素质提高了，管理能力和技术水平才能提高，转变经济发展方式就是容易的事。劳动者素质提高了，人才增加了，才能实现劳动密集型向技术密集型转变，实现低投入、低能耗、高产出产业转变。

（7）加快经济方式转变，还要加强信息和科技发展。现代社会是一个信息社会，每天都需要大量信息，国家应加大对信息产业的投入，加快信息产业的发展。信息是现代化发展的结果、是高技术发展的结果，信息化发展离不开高技术的发展。就拿农业来说，信息化发展了，农民就可以更加科学地利用市场作用，选择调节经济发展方向。我国目前由于实行市场经济，信息产业还不太发展，许多农村地区没有电脑，农民没有电脑，发展产业仅凭市场供求决定，这样容易滞后，产生不良反应，如出现菜价忽高忽低，肉价忽高忽低，影响市场作用。只有发展了信息产业，才能转变旧有的经营方式，促进产业发展。这些信息产业发展，更多地要求高科技发展，用高科技带动经济社会全面发展。高科技发展要有人才，要加强人才的教育培养，努力培养出一大批开发高技术信息产业人才，促使产业转变，带动经济发展。

（8）转型的目的是为改善民生服务，为改变生活环境服务。中国几十年改革开放，经济总量现居世界第二位，经济发展了，人民生活水平提高了，但有不少问题仍然存在。如城市居民的住房问题，中国人的受教育问题（城市的中小学择校、高校收费问题），居民的看病问题。有的人称这三个问题是压在中国人民头上的新的"三座大山"。因此，这是中国改革开放发展后出现的问题，我们在转变经济发展方式时，就要着手解决这些问题。解决好了，群众得到收益，社会稳定，经济会更好更快发展；反之，解决不好，社会两极分化进一步严重，贫富差距更加悬殊，就可能会像苏联、东欧经济转型中遇到的问题一样，也有可能出现社会动荡不安。因此，转型更要关注民生，解决社会存在问题，而且要从根本上彻底解决。实际上，不论社会发展中出现什么样问题，只要有人才，钻研研究，调查分析，提出科学解决办法，就会解决好的。因此对问题要有明确的态度，不能置之不理，时间长了，就会对社会有影响。因此，经济转型好坏不仅是一个社会经济发展的问题，而且是一个社会安定的问题，应该培养出一批人才，研究解决。

（9）经济发展形式转变，相应社会政治体治也应适当调整。社会发展是一个完整的肌体，每一部分的发展都是相互联系的、共同作用的。我们提倡综合实力的发展。经济转型，不能只搞经济转变，相应社会政治形态也应配合转变，而提高政府工作效能，提高为民服务的能力，提高办事效率。整个社会要形成一种科学管理的社会氛围。在经济、政治、文化、军事等诸多方面都要形成一种良性发展趋势。在改革开放初期，我国经过从农村到城市经济发展逐步改变的转型，从计划经济向市场经济发展的转变，是逐步的，当初我们缺少这些方面的人才，经过几十年发展，通过自我培养和国外留学、培训，我们有一大批社会管理方面的人才。我们应该重用这些人才，参与社会全面管理，实现对经济、政治、文化、军事等的协调转型发展，为社会更加繁荣稳定，更加富强而努力。

地区主导产业核心竞争力培育研究

王可侠[1]　　杨学峰[2]

（1. 安徽省社会科学院经济研究所，安徽合肥　230051；

2. 安徽大学经济学院，安徽合肥　230601）

近年来，许多地方政府把确立主导产业发展，提升主导产业核心竞争力作为地区经济创新发展的主要路径。这种依靠主导产业为经济发展提供主导力量和主导方向的发展战略，在仍以工业规模扩张为发展主旋律的经济欠发达地区，是加快经济发展的有效路径，同时有利于产业结构调整和产业水平提升。问题是主导产业确定的依据是否科学，基础是否扎实，产业关联是否合理，这些都直接影响着产业核心竞争力能否形成及其作用程度。本文主要从工业经济角度，通过安徽及其与长三角地区主导产业的比较分析，探讨经济欠发达地区的主导产业核心竞争力的形成及作用。

一、主导产业核心竞争力形成要素

在什么是主导产业核心竞争力，以及如何形成产业核心竞争力的问题上，我们通过国内外的理论和实例分析，在众多影响因素中选取四个关键要素，构建产业核心竞争力的框架主体。

（一）较强的产业主导力

产业主导力首先来源于产业的竞争优势。20 世纪 90 年代初，美国哈佛大学教授迈克尔·波特在《国家竞争优势》书中提出了著名的国家竞争优势理论。国家竞争优势是指一个国家，使其公司或产业在一定领域内创造和保持竞争优势的能力。产业竞争力，亦称为产业国际竞争力，是指某国或某一地区的某个特定产业，相对于他国或地区同一产业在生产效率、满足市场需求、持续获利等方面所体现的竞争力。

波特认为，首先，国家是企业最基本的竞争优势，因为它能创造并保持企业的竞争条件。同样，一个国家的产业能否在国际上具有竞争力，与该国的国家竞争优势息息相关，而国家竞争优势主要是由生产要素，需求条件，相关与支撑性产业和企业战略、企业结构、同业竞争以及两种附加要素——产业发展机遇和政府所决定的。优势是比较而言的。地区产业的竞争优势是产生这种优势的各种要素比较的结果，如发展机遇的培育和捕捉，政府的管理能力、政策优劣及实施效果等。

[作者简介]　王可侠（1954~），女，安徽合肥人，安徽省社会科学院经济研究所所长，研究员，硕士生导师；杨学峰（1989~），女，安徽合肥人，安徽大学经济学院硕士研究生。

其次，产业主导力来自产业的规模化发展。在仍依靠工业化带动社会经济发展的我国广大中西部地区，产业规模的大小一定程度上决定了其主导力量的强弱。只有规模化发展到一定程度，才有可能实现产业内部分工的细化，并促使产业水平升级。Gustavsson 等（1997）对 1989~1991 年 OECD 中 12 个国家的技术、资源禀赋、要素价格和规模经济四要素与产业国际竞争力关系进行了实证研究，结果表明技术、资源禀赋、要素价格和规模经济会对产业的国际竞争力产生重要影响。产业竞争力不仅取决于代表公司的研发水平，还受到国内产业总体研发水平的影响。因此，规模经济在增强企业内部 R&D 研发水平，提高企业对外开放，有效利用全球溢出效应和投资引进先进技术能力方面发挥重要作用。以合肥家电产业为例，2006 年底，合肥家电产业增加值增长速度开始超过全市平均增长速度，并一直保持在高位增长状态（见图1）。截至 2009 年上半年，合肥市规模以上家电企业总产值超过汽车，跃居"第一产业"。这种产业高增长下的规模化发展使安徽一跃成为全国家电生产的重要基地，并吸引大批研发中心和高科技企业的进驻。

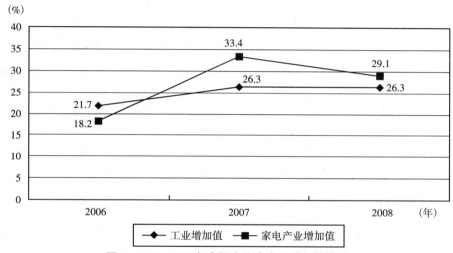

图1 2006~2008 年合肥市家电产业增加值增速

资料来源：合肥市统计局网站。

最后，产业主导力来自产业的集中度和配套生产能力建设。规模化发展促使产业空间集聚，配套生产能力不断完善。这个过程也使产业中的人才和技术不断积累，助推了产业水平升级。

（二）较强的产业带动力

主导产业的带动力主要表现在以下方面：

一是对新经济增长点的带动力。具有生产链条无限延伸和技术无限扩散特点的产业，更能促使新兴产业生长。仍以家电产业为例。2010 年以前，安徽合肥、芜湖和滁州三市依靠家电产业转移风潮，形成"三足鼎立"的全国第三大家电生产基地。随着家电产业链不断延伸，产业基础逐步扎实和城市服务功能日趋完善，因此在 2010 年后，伴随着皖江示范区成立形成的招商引资动力，新一轮家电产业转移大潮再起。但是，此番由沿海向皖江地区的家电产业转移不再仅仅局限于生产中心的转移，而更多转移的是企业的研发中心和实验中心。同时，与该产业升级相关的新型配套产业也紧随而来，由此崛起一个更新且更有前景的产业——电子信息产业。2013 年，安徽电子信息产业增加值增速高于全部规模以上工业 12.5 个百分点。在该产业增加值中，合肥、芜湖和滁州三大家电生产基地占了六成；特别是合肥市，电子信息产业的产值规模达到 826.6 亿元，同比增长 34.8%（胡旭，2014）。

二是对产业规模化发展的带动力。产业的成长性如何，决定了它对自身及相关产业规模化发展的带动力及其能否形成核心竞争力。如表 1 所示，增速快、初具规模是安徽主导产业形成的重要特点，它代表着产业良好的成长性。相反，即使已经具备规模的产业，一旦失去成长性就失去规模发展的带动力而走向反面。一些传统产业的萎缩（如煤炭等）正说明了这一点。

表 1 "十一五"以来安徽主导产业工业总产值对比

单位：亿元

行业名称	2005 年	2010 年	"十一五"年均增长（%）	2011 年	比上年增长（%）
电子信息产业	100.6	356.2	28.8	693.4	94.7
汽车及装备制造产业	1085.7	5494.7	38.3	7339.3	33.6
食品药品产业	421.3	2198.6	39.2	2985.3	35.8
材料与新材料产业	1298.4	4377.6	27.5	5928.4	35.4
纺织服装产业	215.4	841	31.3	1177.8	40
新能源产业	5.7	107.9	80.1	271	151.2
六大产业合计	3217.1	13376	33.7	18395.2	37.5

注：2011 年、2012 年及 2013 年主导产业六大行业口径不一致；2011 年与 2012 年工业行业口径有所变化。故本文在引用数据时只能分开比较。

资料来源：安徽省统计局。

三是对配套型中小企业的带动力。市场细化是促进产业技术创新和提高劳动生产率的重要途径，因此也是提升产业核心竞争力的重要内容。专业化生产不仅促使中小企业生长，增强它们的竞争力，同时能培育相关产业的竞争能力。在这方面，汽车产业发展带动大批配套企业生长，并带动电子产业、机械产业分工细化和水平升级就是最好的例证。

（三）较强的产业创新驱动力

创新驱动首先来自创新所必需的知识积累。英国著名管理学者 Prahalad 和 Hamel（1990）最早提出，核心竞争力是组织中积累的学习能力，特别是关于如何协调不同的生产技能和有机地结合多种技术流派的能力。从公司层面来说，核心竞争力是一种能使公司为客户带来特殊利益的独有技能或技术。正是这种核心竞争力，使一个企业具有价值而其他企业难以模仿的优势竞争能力。其后，巴顿（Barton，1992）从知识观的角度出发考察企业核心竞争力的内涵，他认为核心竞争力是使某个企业独具特色并为这个企业带来竞争优势且不易被模仿的知识体系。学习是提高企业核心竞争力的重要途径，核心竞争力作为企业所拥有的独一无二、能提供竞争优势的知识体系，包括组织成员所掌握的技能及知识基础、组织的技术系统、管理系统和价值观系统四个维度。

另外，同业之间竞争的激烈程度也决定着创新驱动力强弱。Agha Sabah 等（2012）认为核心竞争力是一种能区分一个公司，并提供竞争优势的知识集合。他通过对阿联酋涂料行业的调查研究，发现核心竞争力对竞争优势和组织绩效具有重要的积极影响。即使生产的产品再小，企业为获取超额利润和击败对手所产生的创新驱动力，也可以使整个产业保持旺盛的生命力和成长活力。如 21 世纪初温州的打火机产业，发展最快的时期平均每天的技术创新成果可达 500 多项，因此能把小小打火机做成大产业。与此相反，起点再高发展再快的产业，没有竞争驱动的创新则很难走向产业的前沿阵地。中国的太阳能产业海外发展受挫和产能过剩问题就说明了这一点。

培育产业的创新驱动力就是培育其核心竞争力。从安徽各主导产业发展看，凡是高技术产业增加值份额大、增长快的产业，其核心竞争力明显高于与之相反的产业。因数据有限，图 2 仅反映了 5 大主导产业高技术增加值的增长，但是与表 1 的产业规模增长数据比较可见，增长速度较快的高技术产业，因市场占有率高，产业规模化程度高，也是更具核心竞争力的主导产业，如电子信息和家用电器、汽车和装备制造等产业。

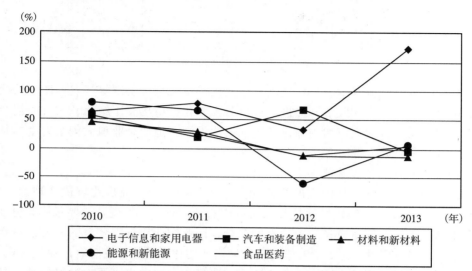

图2　2010~2013年安徽省五大产业中高新技术产业增加值增长趋势图
资料来源：根据安徽省科技厅提供的数据计算整理。

（四）较好的产业绿色性

　　绿色产业体现其全部产业链不仅节能、环保，且具有可持续性。绿色产业的核心竞争力首先来自生产与环境、与人的和谐，因此有社会和文化氛围支持；其次来自产品原材料的丰富、易获得性和可再生利用性，因此有自然和生态支持；最后来自产业政策的主导性，因此有各方资金支持。

二、地区产业核心竞争力的形成路径和特点

　　地区的主导产业如何尽快形成其核心竞争力，从而带动本地区工业快速发展和经济迅速崛起？从上述产业核心竞争力必备的四要素出发，我们从主导产业发展过程和特点探讨核心竞争力的形成。

（一）地区主导产业形成核心竞争力的过程分析

　　具备一定市场竞争力的产业才能发展为地区主导产业。在经济欠发达地区，主导产业要形成自身的核心竞争力可能有很长的路要走。从西方国家和发达地区的发展经历看，产业核心竞争力的形成主要有以下几种路径。
　　1. 以产业集聚为起点的发展过程
　　以产业集聚为起点的产业核心竞争力，实现路径如图3所示。
　　马歇尔（1964）最早发现外部规模经济与产业集群之间的密切关系，他运用产业规模扩大而引起只是量的增加和技术信息的传播来说明产业集群现象。其后，从外部经济对产业集群竞争优势的影响分析出发，克鲁格曼（2000）把劳动市场共享、专业性附属行业的创造和技术外溢（Technology Spillover）解释为马歇尔关于产业集群理论的3个关键因素。产业集群所具有的企业近

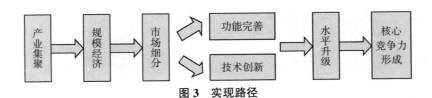

图 3　实现路径

距离频繁交易带来的低物流成本、交易规则默认及机会主义难以实现等特点，使规模化生产概念完全与"大而全"的企业模式脱节，促进了市场分工细化。市场分工细化，一方面使产业配套生产能力不断完善；另一方面竞争加剧强化了优胜劣汰机制，迫使企业加大创新力度。其结果是促进产业水平提升，核心竞争力增强。

2. 以比较优势为起点的发展过程

19 世纪初，大卫·李嘉图从国家的资源配置效率分析入手，提出比较优势理论。William C. Bogner 和 Howard Thomas（1992）则通过对制药行业的分析研究，发现企业要保持竞争优势必须以核心竞争力为基础；核心竞争力是一个动态的概念，因此企业应根据环境的需要，不断提升核心产品的技术水平和服务质量。国内也有学者从区域产业的比较优势出发考察产业核心竞争力形成，认为产业从具备比较优势到最终形成核心竞争力，要经历一个向更高层次发展的动态过程。这个过程主要包括创新能力培养和产业整体支撑体系构建（范太胜，2006）。按照这一思路，我们把产业从比较优势到核心竞争力的形成过程划分为以下几个阶段。

（1）比较优势形成阶段。比较优势来源于两个重要渠道：一是产业在人才、技术和市场长期积累中形成的；二是外部环境赋予的，包括自然资源、生态和政策环境等。不论何种原因形成比较优势的产业，都能获得超额利润，它可为产业加快发展提供资金支持。

（2）创新能力增强阶段。靠人才、技术和市场积累形成的产业比较优势，通常起点较高（如地区以汽车为主导的产业），因此能在一个较高的层次上进一步聚集人才和技术，增强自身的创新能力。而靠外部环境赋予比较优势的产业通常起点较低（如一些资源深加工项目）。由于人才、技术集聚和创新能力培育过程缓慢及艰难，许多产业难以走向更高阶段。

（3）产业规模扩大阶段。产业的各种优势最终表现在规模扩大和市场占有程度上。创新实力带来的产业规模扩大是产业核心竞争力形成的基础；停留在原有水平和层次上的产业规模扩张，可能因产能过剩而使比较优势不再。

（4）产业体系完善阶段。产业的良性发展，有利于在内部构筑完整的运转体系，在外部树立良好的市场影响力。首先是专业化生产体系加强，产业链条更加完整；其次是产品的品牌效应逐步体现，增强了产业的竞争优势；最后是地区产业的整体形象被市场广为接受，消费者把产品与地区紧密相连，产业的核心竞争力也不言而喻了。

3. 以新经济增长点为起点的发展过程

由新经济增长点发展起来的产业有一定的偶然性，但它又是某种优势产业或优质产品发展到一定程度蜕变而来的，因此有一定的市场必然性。如发展较快地区的电子信息产业，许多是由当地家电、电子元件、电机等已有的优势产业发展而来。因此，这类产业一般具有天生的比较优势。从比较优势到产业核心竞争力形成，其过程如上所述。

（二）地区主导产业特点及其对核心竞争力影响

地区主导产业的特点由本地区影响产业发展的多种因素集合而成，其中地区的资源禀赋和经济发展水平有决定作用。

资源禀赋，是地区社会、经济和生态长期发展的积累回馈。不同的资源积累，回馈在主导产业发展上表现为不同特点。在沿海发达地区，产业的核心竞争力已经或正在转向依靠人力资源为主的发展战略。从服务业发展看，2013 年与 2012 年相比，上海第三产业比重增加 2.2 个百分点，为 62.2%；浙江增加 1 个百分点，为 46.1%；江苏增加 1.2 个百分点，为 44.7%；安徽仅增加 0.4 个百分点，为 33.1%。进一步比较软件服务业数据（见图 4）可见，越是依赖人力资源发展的产业，在资源禀赋不同的地区发展差距越明显。在经济欠发达地区，矿产等自然资源在主导产业中仍占有较大比重。并且，越不发达地区，其主导产业中的自然资源分量越重。

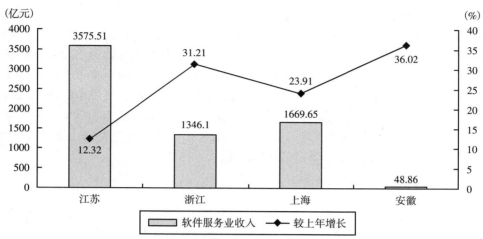

图 4　2013 年江浙沪皖软件服务业收入及增长情况

注：软件服务业收入根据信息系统集成服务收入、信息技术咨询服务收入、数据处理和存储服务收入、嵌入式系统软件收入和集成电路设计收入加总所得。

资料来源：中国工业和信息化部网站，http://www.miit.gov.cn/n11293472/n11293832/n11294132/n12858477/15974924.html。

经济水平，通常是地区产业结构调整和水平升级的基础和结果。它对主导产业确立和划分的影响，一是表现在产业层次上，即产业结构优化和水平升级的程度越高，主导产业的层次越高。二是表现在行业细化程度上。经济水平低的地区由于产业规模小、总量低，在主导产业选择上行业划分范围较大，往往会把相关产业统统归为一个主导产业。如电子信息产业在我国中西部一些地区，可能是已经细分且层次较高的主导产业；而在沿海一些地区，电子与信息可能是两个完全独立的主导产业。市场进一步细分还会使电子产业进一步分化为集成电子、机械电子、汽车电子等独立产业；信息产业也会分化为移动互联网、物联网、电子商务、云计算等多个独立产业。市场细分的结果，将使生产性服务业从制造领域分离出来，进入现代服务领域。

主导产业的不同特点对产业核心竞争力的影响是多方面的。不同的资源禀赋可能会带来不同的产业层次；不同层次的产业也可能以同样的成本竞争优势，有效地占领不同市场。同样，主导产业的行业划分范围较宽，虽然不利于产业向高端发展，难以走向市场前沿，却有利于吸收各种投资扩大规模，也可以成为产业快速占领市场的有效途径。

三、地区主导产业的核心竞争力比较

同样的主导产业，在经济水平不同地区的竞争力强弱和市场作用范围有所不同。我们以长三角地区数据为样本，通过以下几组有代表性的主导产业数据比较，说明不同地区产业竞争的优劣势，同时探讨经济欠发达地区主导产业核心竞争力的差距所在。

（一）电子信息产业核心竞争力比较

随着信息时代的来临，许多地区将电子信息产业作为主导产业，以期通过大力发展该产业引领地区产业水平升级，实现制造业与服务业的快速融合。但是，如果把电子信息分为制造和服务两个不同层次，从安徽与长三角沿海省市比较看，不同经济发展水平的地区，在不同层次的表现截然不同。

1. 在电子信息制造领域，欠发达地区呈发展上升态势

电子信息和家用电器是安徽排在第一位的主导产业。"十二五"以来，安徽家电产业受市场空间和利润空间的双重挤压，发展速度放缓。但是，在省内家电产业基地的辐射影响带动下，通过芯片、显示屏、电机等配套产业集聚和对沿海电子制造业产业转移的承接，为电子信息产业的快速成长发展打下了良好基础。尤其是电子信息制造业发展速度很快，且受市场低迷影响不大（见图 5）。整个"十一五"期间，全省电子信息产业工业总产值年均增长为 28.8%，2011 年的增长竟达到 94.7%。2013 年，安徽家电产业增长较快的家用电冰箱和家用洗衣机，分别增长为 14.8% 和 13.2%；计算机、通信和其他电子设备制造业增长则高达 38.92%。

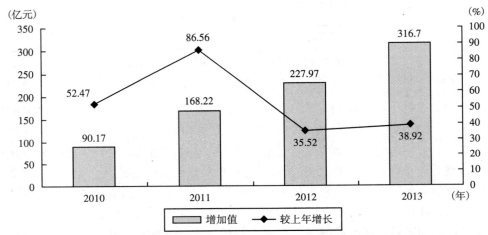

图 5　安徽通信设备、计算机及其他电子设备制造业增加值及增长速度

资料来源：2011~2013 年《安徽统计年鉴》，安徽省统计局提供数据。

发展质量如表 2 所示，安徽电子信息和家用电器产业的高技术产业增加值及增长，由 2009 年的 66.5 亿多元猛增到 2013 年的 693.1 亿多元，说明产业的创新能力和科技引领作用在相应增强。从表 3 可见，尽管安徽软件企业数量远远低于江浙沪地区，但是前者惊人的速度，有望在短时间内缩小与后者的产业发展差距。

表 2　安徽电子信息和家用电器产业高技术产业增加值及增长

年份	2009	2010	2011	2012	2013
增加值（亿元）	66.5	107.4	191.4	253.6	693.1
较上年增长（%）			75.8	38.7	21

注：因为统计数据限制，这里采用数字包括家用电器。这几年，安徽家用电器走势实际下滑较重，因此表中数字更能反映电子信息高技术产业快速发展态势。

资料来源：安徽省科技厅。

表3　2013年安徽软件企业相关情况

单位名称	企业个数（个）	软件产品收入（亿元）	较上年增长（%）
全国	33335	9876.84	22.07
江苏	4540	1601.76	42.74
浙江	1768	552.74	43.51
上海	2498	869.34	17.64
安徽	337	50.71	75.15

资料来源：中国工业和信息化部网站，http://www.miit.gov.cn/n11293472/n11293832/n11294132/n12858477/15974924.html。

与安徽相比，2013年，江浙沪在电子信息制造业增速明显放缓。同样是计算机、通信和其他电子设备制造业，上海同比增长-3.6%，比规模以上工业低7.7个百分点；江苏增长5.1%。浙江在集成电路、电子元件和微型电子计算机领域平均增长为-11.8%。①从电子信息产品的出口增速看，上海为-1.7%，江苏为-0.5%，浙江为4.5%，而安徽则高达53.1%。发达地区在电子信息制造领域的发展放缓，为欠发达地区在这一领域发展提供了机遇，使后者可以在此市场逐步凝聚核心竞争力。

2. 在电子信息服务领域，欠发达地区呈明显落后态势

电子信息服务业主要包括电子商务、互联网、物联网、云计算等产业。目前在沿海发达地区，这些产业已经或正在形成有一定竞争优势的独立产业。如上海，作为国内电子信息服务业发展最快的地区，近几年电子信息服务业连年实现近20%的增长，已呈现出多个竞争力较强的独立产业。2013年，上海电子商务交易额达1万多亿元，同比增长35.1%，物联网产值达千亿元，成立了移动互联网产业联盟，正在打造"亚太云计算中心"。浙江和江苏的发展也很快，2013年的电子商务交易额分别达到万亿元级和千亿元级。同时在移动互联网、物联网和云计算领域，两地也正在形成快速集聚发展的态势（王振，2014）。

而在经济欠发达地区，如安徽，虽然在某些领域有发展雏形呈现，但在电子信息服务业的任何领域，还没有一个独立的产业出现，因此也难具备与发达地区可比的数据和发展内容。

（二）汽车制造业核心竞争力比较

汽车制造是长三角地区的重要产业。由于产业发展的起点和市场环境大体相同，因此总体上看，各地的产业竞争力差距不大。但是，从图6的出口指标可以看出，2012年后，随着全球制造业走势继续下滑，一贯强势的安徽汽车产业开始走弱。从安徽汽车产业的累计增长看，2012年为-1.4%，2013年为9.4%，而全国同期平均增长为8.4%和14.9%。同时，该主导产业占全省规模以上工业增加值比重呈逐年下降态势。从规模以上工业增加值占全省的比重看，2013年比2012年下降近5个百分点。而与此同时，长三角其他省市的汽车产业仍保持平稳增长（见表4）。这种表现差异是否与地区的经济水平和基础有关？回答是肯定的。

首先，从产业基础比较看，上海自新中国成立后一直是我国重工业生产基地，汽车产业发展较早，基础雄厚。尽管汽车企业数量最少，但由于经济外向度高和区域协作能力强，当地大企业可以充分利用国内外科技创新成果，以及江浙地区的产业配套资源，因此企业的龙头作用能得到较好发挥，产业竞争优势明显。

其次，从产业分工比较看，地区之间市场化水平的差异，必然会反映在地区的产业配套基础和功能完善上。在汽车制造业上，安徽与江浙的产业基础基本相同，但从表4可见，生产相同数

---

① 根据2012年、2013年浙江省国民经济和社会发展统计公报相关数据绝对值加总计算。

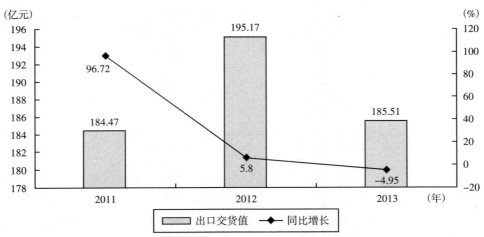

图 6　2011~2013 年安徽汽车制造业出口交货值及增长速度

资料来源：根据中国行业研究网数据整理，http：//www.chinairn.com/news/20140222/120010824.html。

表 4　2013 年长三角地区汽车制造业数据比较

地区	企业数（个）	完成汽车产量		出口交货值	
		规模（万辆）	增长（%）	规模（亿元）	增长（%）
安徽	705	103.1	−5.0	185.5	−4.9
上海	554	226.9	15.5	221.4	5.7
江苏	1305	107.2	6.5	345.1	8.3
浙江	1453	37.3	−0.1	553.8	5.1

资料来源：根据中国行业研究网数据整理，http：//www.chinairn.com/news/20140222/120010824.html；2013 年江浙沪皖国民经济和社会发展统计公报。

量甚至更少数量汽车的江浙，企业个数却大大多于安徽，说明前者的市场细化程度高于后者（实际情况也是如此）。而专业化生产水平所带来的技术创新驱动和劳动生产率提高，是产业核心竞争力形成的重要内容。另外，市场化水平较高地区在基础设施配套、产业功能完善和人才、技术的可获得等各方面，都能为产业发展提供条件，培育竞争优势。

综上，在社会化协作程度较高的现代产业体系中，地区经济开放度所带来的市场化水平极大地影响了产业核心竞争力的形成。在市场繁荣条件下，这种影响还不明显；而在市场不景气条件下，欠发达地区产业整体实力不强的表现，有可能进一步加大地区发展的差距。

（三）现代服务业核心竞争力比较

以大力发展现代服务业作为地区加快产业结构调整和水平升级的重要路径，已经成为各地政府共识，但是，经济水平不同的地区现代服务业发展差距也很大。进入工业化社会后的第三产业比重变化，大致经历三个时期：首先，因第二产业规模化发展的挤占，第三产业比重下降；其次，第二产业发展放缓，第三产业恢复性上涨；最后，在现代服务业发展加速的带动下，第三产业比重大幅提升。目前，我国经济欠发达地区的第三产业比重大多处在第二阶段，即恢复期和稳定期。以安徽为例，"十二五"以来，安徽第三产业比重经小幅回升后一直处在较稳定状态，说明地区工业规模扩张的速度已经放缓，加上作为农业大省，第一产业比重仍有一定的释放空间；另外，现代服务业还没有真正得到发展，不足以带动地区的第三产业比重走高。与此同时，沿海发达地区的第三产业在现代服务业发展带动下，各项指标提升明显。

表 5　长三角地区服务业发展数据比较

地区	三次产业结构		服务业贡献率（%）		服务业投资增速（%）	
	2012 年	2013 年	2012 年	2013 年	2012 年	2013 年
安徽	12.7：54.6：32.7	12.3：54.6：33.1	36.44	35.99	32.5	23.0
上海	0.6：39.4：60.0	0.6：37.2：62.2	104.87	92.24	5.1	11.1
江苏	6.3：50.2：43.5	6.1：49.2：44.7	55.05	56.90	21.5	22.3
浙江	4.8：50.0：45.2	4.8：49.1：46.1	61.74	57.83	24.1	19.2

　　资料来源：2012 年、2013 年江浙沪皖国民经济和社会发展统计公报。

　　比较表 5 数据可见，不同经济水平地区，发展的阶段性特征十分明显。正如我们在过去研究中所得出的结论，我国欠发达地区仍处在工业化规模扩张阶段，因此第二产业比重难以下降；而发达地区已经进入工业化与城市化互为带动的发展阶段，地区的第二产业比重呈明显下降走势（王可侠、杨学峰，2014）。工业的规模化发展对第三产业发展的影响，一方面，从挤占发展空间上影响第三产业规模；另一方面，对发展规模的追求在一定程度上限制了专业化分工，使生产性服务业不能从制造业中分离，难以形成现代服务业发展所必需的基础。

　　考察发达国家或地区的现代服务业发展路径可见，它既不是从传统服务业升级而来，也不是单纯依靠投资发展而来。改革开放后，我国经济的高速发展都是以工业化为基础和带动的。工业化水平对现代服务业发展的影响，首先，市场分工逐步细化，交易成本不断下降，使大批生产性服务业可以从制造业独立分化出来，由此形成现代服务业发展的重要基础；其次，产业水平升级所驱动的技术创新能量，构建了大批产、学、研服务平台，催生了科技服务业发展；最后，高端工业化成果的应用，使高水平、个性化、远距离等符合现代特点的服务需求和供给成为可能。因此，没有一定工业化水平为基础，或不以加快生产和科技类服务业独立分化为重要路径的现代服务业，即便有某种形态存在，也是毫无产业竞争力的。

　　安徽近两年在服务业上的投资增速不可谓不快，但第三产业比重依然没有改观，服务业的贡献率也依然不高。问题的来源，一是长期以来依靠投资拉动经济的思维模式不变；二是因服务业的结构变化不大，投资更容易流入传统服务业领域；三是区域内发展极不平衡，除合肥、芜湖等极少数城市有现代服务业雏形，其他城市传统服务业的第三产业主导地位毫无改变；四是刻意投资建设的一些电子商务基地、云计算中心等，因各方面配套欠缺及网络综合效果差，作用难以显现。

四、结论与建议

　　归结上述论点，首先，仍处在转型期内的我国市场，呈多层级和多元化特征。不同经济水平的地区，可以在不同层级的市场取向上构建自身的竞争优势，并形成产业核心竞争力。其次，不论产业的起点和内容如何，都不可能绕过发展规模和发展速度带来的市场占有水平，而直接拥有产业核心竞争力。最后，欠发达地区要按照产业循序渐进发展规律的要求，适时调整产业结构，才能在产业不断升级过程中赢得产业核心竞争力。

　　为此，欠发达地区的产业政策要从本地实际出发，一是要以规模化发展为基础提升产业水平。只有产业达到一定规模，才能建立较完善的配套体系，才有条件提升产业水平。因此如何扩大规模，仍是此类地区多数主导产业发展的首要问题，而实现途径更多要依靠承接产业转移。二是在产业发展上要防止盲目追高追新。没有产业低水平发展奠定基础，是不可能直接进入产业高端的。因此要将政策和资金更多用于产业由低端向高端进发的关键环节或"瓶颈"，才能取得事半功倍的

— 247 —

效果。三是工业园区要定位明确，走特色化发展道路。为此，各级政府要不断细化产业引导和扶持政策，通过加强政策扶持和考核的针对性，促使园区发展走上特色化道路。四是集中力量解决主导产业链的关键环节。在新能源、新材料，甚至一些农副产品加工领域，往往因为某一技术难题缺乏解决能力，而使一个新兴产业或好产品夭折。为此，要加强调研，摸排产业链关键环节的"掉链"问题；在产学研平台建设中，侧重重点项目的帮扶力度；加强对攻关项目的阶段目标考核，并建立项目资金使用效果的责任考核和追究制度。

参考文献：

[1] [美] 迈克尔·波特. 国家竞争优势 [M]. 李明轩，邱如美译. 北京：华夏出版社，2002.

[2] Patrik Gustavsson, Pär Hansson and Lars Lundberg. Technology, Resource Endowments and International Competitiveness [J]. European Economic Review, 1999 (143): 1501-1530.

[3] 胡旭. 2013年安徽省规模以上工业增加值增速居全国首位 [N]. 安徽日报，2014-1-21.

[4] Prahalad, C. K., Hamel, G. The Core Competence of the Corporation [J]. Harvard Business Review. 1990, 68 (3): 91-99.

[5] Dorothy Leonard-Barton. Core Capabilities and Core Rigidities: A Paradox in Managing New Product Development [J]. Strategic Management Journal, 1992 (13): 111-125.

[6] Agha Sabah, Alrubaiee Laith, Jamhour Manar. Effect of Core Competence on Competitive Advantage and Organizational Performance [J]. International Journal of Business & Management, 2012 (7): 192-204.

[7] [英] 马歇尔. 经济学原理 (上) [M]. 朱志泰译. 北京：商务印书馆，1964 (2005重印).

[8] [美] 保罗·克鲁格曼. 地理和贸易 [M]. 张兆杰译. 北京：北京大学出版社，中国人民大学出版社，2000.

[9] [英] 李嘉图. 政治经济学及赋税原理 [M]. 周洁译. 北京：华夏出版社，2005.

[10] William C. Bogner, Howard Thomas. Core Competence and Competitive Advantage: A Model and Illustrative Evidence from the Pharmaceutical Industry [N]. BEBR Faculty Working Paper. 1992.

[11] 范太胜. 区域产业核心竞争力研究：持续竞争优势的来源 [J]. 科技和产业，2006 (6).

[12] 王振. 2014长三角地区经济发展报告 [M]. 上海：上海社会科学出版社，2014.

[13] 王可侠，杨学峰. 我国经济次发达地区的工业化与新型城镇化 [J]. 学术界，2014 (3).

河南电解铝行业产能过剩的现状、成因及化解对策研究

寇 伟

（河南省社会科学院，河南郑州 450002）

在近几年国际铝价一路下滑和生产成本不断上涨的背景下，电解铝行业产能过剩带来的最直接后果便是恶性竞争加剧，行业全面亏损。我国电解铝过去 5 年产能年均增长 9.5%，目前行业亏损面达 93%，仍有约 800 万吨在建产能，现有产能近 30% 处于过剩，产能过剩呈现扩大趋势。电解铝产能过度扩张不仅威胁企业的生存，还拉动了上游氧化铝的产能膨胀，进而又拉动了对铝土矿的巨大需求，造成铝土矿对外依存度不断提高，威胁着整个中国铝工业。

国际金融危机爆发以来，曾经是河南支柱的电解铝行业经营状况逐年恶化，骨干企业纷纷陷入困境，产业整体已连续多年亏损。本轮河南电解铝行业陷入困境的主要原因来自外部，而非河南电解铝技术、装备、能耗等内部因素，因此需要采取积极主动的应对措施，确保河南电解铝产业有效化解产能过剩危机，加快度过本轮无序竞争，进入平稳增长新周期，实现由铝工业大省向铝工业强省的转变。

一、河南电解铝行业产能过剩的现状分析

河南是全国铝工业大省，2013 年氧化铝、电解铝和铝材产量分别是 1213 万吨、332 万吨和 776 万吨，分列全国第一位、第一位和第二位，拥有完整的铝产业链，电解铝技术、装备和环保水平已经达到国际一流、全国领先水平，但是近几年电解铝企业一直在困境中煎熬，产业整体处于连年亏损状态。

（一）价格持续倒挂导致河南电解铝行业整体亏损

虽然中国是全球第一铝产销大国，我国铝价也全面与国际接轨，但在国际铝价市场上没有话语权，伦敦金属交易所是全球原铝定价中心，上海商品交易所原铝期货在交易量和影响力上均不能与之相比，目前我国电解铝仍处在价格倒挂状态。伴随着铝价持续下行，河南电解铝步入亏损状态，2011 年 10 月以来，吨铝亏损额持续扩大，2013 年河南电解铝企业共生产了 332 万吨铝，其中 5 家骨干电解铝企业亏损额高达 20 亿元，可以说河南电解铝产业处在"极寒"状态。

[作者简介] 寇伟，男，副研究员，河南省社会科学院工业经济研究所，主要研究方向为产业经济、企业管理。

产业转型升级与产能过剩治理——中国工业经济学会 2014 年论文集

（二）区域电价偏高严重侵蚀河南电解铝企业利润

与国内其他地区相比，河南电解铝总体生产成本更高，主要在于我国区域电价不平衡。从电解铝成本结构看，电力成本一般会占到 40% 以上，可以说决定着电解铝企业的生死存亡。与新疆、宁夏、山东等地区相比，河南电解铝电价劣势明显。河南 5 家骨干电解铝企业近几年加快自备电厂建设，自备电比例已经从 2011 年的 40% 上升到 80% 以上。就当前全国在产产能看，河南电解铝电价仍然处于较高水平，2013 年 5 家电解铝亏损 20 亿元，但企业自备电厂虚拟过网费就高达 40 亿元，严重侵蚀了企业利润。

（三）全国产能过剩倒逼河南电解铝产量压缩

我国电解铝产能从 2005 年的 1000 万吨快速增加到 2013 年的 3200 万吨，产能过剩加剧。国际金融危机爆发以来，产能利用率一直处在 80% 以下，新增产能依然强劲，尤其是 2010 年以来，在经济下滑明显、电解铝全行业亏损的情况下，产能逆势增长了 40% 以上，产能扩张遭遇铝消费需求增速放缓，倒逼企业减产停产。据国家发改委网站的消息，截至 2014 年 5 月底，全国减产、停产的电解铝产能约 300 万吨，占总产能的 10%，但与国内电解铝产量相比，实际减产的量相当有限。在这种形势下，河南电解铝企业陆续关停，目前全省电解铝企业已经由 23 家减少至 8 家。伴随着山东、新疆其他省份电解铝产能释放，河南电解铝在全国产业格局中地位下滑，连续十年位居全国第一的位置在 2012 年被山东超越，2013 年新疆、山东占全国电解铝产能比重分别上升 5 个和 2 个百分点，河南则下降了 4 个百分点。与产能占比下滑相对应的是，近几年河南电解铝产量有所压缩，2013 年电解铝 332 万吨，2012 年 369 万吨，同比减少 5.24%。由于电解铝属于资本密集型产业，设备等固定资产投资大，而且重启成本高，减产停产造成大量的投资浪费，增添了企业负担，加剧了企业经营状况恶化。

（四）融资困难加剧推高河南电解铝企业财务风险

近几年，受经济增速放缓影响，各类企业普遍面临融资难、融资成本高等问题，而电解铝是国家历次化解过剩产能的重点行业，亏损面也较大，融资渠道受到极大限制，电解铝发债企业资质受限较为明显。近几年，河南电解铝企业资产负债率一直居高不下。以神火股份和中孚实业为例，2008 年以来两家公司资产负债率均在 75% 以上。2013 年底第一创业的研究报告《电解铝行业发债主体信用专题研究》表明，评级机构对电解铝行业的负面评级行动明显增加。招商证券 2014 年 3 月的研究报告指出，未来两年我国电解铝企业资金压力非常大，随时可能出现资金链断裂的情况。河南多家电解铝企业遭到评级下调，2013 年 9 月，河南万基铝业股份有限公司的主体评级由 AA 下调到 AA-，万基铝业有着行业内发债企业最高的负债率 86.26%，带息债务占总负债的比率也达到 98%，偿债压力非常大，同时，短期偿债能力偏弱，经营现金流和货币资金对短期刚性债务的覆盖比率分别为 5.5% 和 38.65%，保障程度较低。2014 年 2 月，债券评级机构联合信用评级有限公司决定将中孚实业及"11 中孚债"和"12 中孚债"列入信用评级观察名单。评级下调无疑将进一步削弱企业的资金筹措能力，增加财务负担。

二、河南电解铝产业陷入产能过剩困境的深层原因

河南电解铝产业陷入困境的原因主要来自外部因素，经济增速放缓拖累铝消费疲软，铝供需

形势持续恶化，而区域电价不平衡格局下地方政府助推产能逆势扩张，河南电解铝由于电力成本偏高削弱了竞争力。当然，近几年河南煤—电—铝—深加工一体化发展缓慢，也是导致省内电解铝企业盈利能力弱化的一个内部因素。

（一）产能过剩治理不力

为了化解电解铝产能过剩矛盾，国家从 2003 年以来，逐步加大调控力度。2003 年 12 月，国务院办公厅下发《关于制止钢铁、电解铝、水泥等行业盲目投资若干规定的通知》，钢铁、电解铝、水泥三个行业被列入产能过剩名单。2009 年 10 月，国务院批转发改委等部门《关于抑制部分行业产能过剩和重复建设引导产业健康发展若干意见的通知》，再次强调严禁地方各级政府违规审批。2011 年，国家发展改革委、工业和信息化部等 9 部门发出遏制电解铝产能过剩的紧急通知，并叫停了全国总规模 774 万吨、总投资 770 亿元的拟建电解铝项目。然而，频频出台的禁令，并没有遏制电解铝行业"大跃进"式的产能扩张，反而出现了越调控投资越猛、越调控产能越大的局面，我国电解铝产能从 2005 年的 1000 万吨快速增加到 2013 年的 3200 万吨，产能过剩状况不断加剧。同时，电解铝产能过剩的形成也是产能转移不当的结果，由于西部地区电价较低，具有成本优势，近几年投资大量流向西部地区电解铝行业。西部地区的产能形成了，而东部地区的产能却没有适时退出，造成出现了"边严格调控、边新增产能"的现象。

（二）地方政府行为助推

电解铝投资体量大，投资门槛低，带动就业能力强，也容易形成产业集群，因此有些地方政府不考虑资源和能源条件，都把电解铝当作支柱产业来发展。统计显示，2003 年以来全国新增电解铝产能 2100 万吨，大多数是未按国家固定资产投资管理有关规定核准的。地方政府在电价、税率、土地价格、资源配置等方面给予电解铝项目优惠。为了规避调控，不少电解铝项目甚至以"节能环保项目"、"资源综合利用项目"立项建设。因此，在投资拉动经济增长的传统思维和 GDP 政绩考核约束下，各级地方政府通过各种优惠条件吸引、鼓励电解铝企业投资，导致产能盲目扩张。同时，当电解铝企业面临亏损时，地方政府为了防止企业停产或者外迁，对电解铝企业实行补贴，如采取电价补贴、大用户直供电等手段，使不少铝厂得以维持运营，阻碍了电解铝企业的退出，加重了行业供需失衡。

（三）经济增速放缓拖累

国际金融危机爆发以来，世界经济增速明显放缓且复苏乏力，近几年世界银行、国际货币基金组织连续下调全球经济增速，房地产、汽车、家电、机械等产业增长缓慢，拖累铝消费持续疲软，难以再现之前的高速增长。2010 年以来，铝消费量增速下滑明显，2013 年同比增速下降到1.9%，铝消费总量为 4600 万吨。把中国放在全球格局中衡量，中国当前铝生产与消费均占全球40% 左右，成为最大的铝生产与消费国。由于中国经济增长进入中高速新常态，在经济减速和产能过剩背景下，我国电解铝供需形势也不容乐观，房地产、汽车、家电等用铝量较大的产业增长乏力。2014 年 5 月，中经有色金属产业月度景气指数报告显示，2014 年汽车产量、商品房销售面积、家电产量等均进入偏冷、过冷区间，国内供需形势将持续恶化，受城市化水平、产品结构、成本、产品技术含量、消费理念等的影响，靠扩大铝消费来化解产能过剩仍是一个长期过程。

（四）区域电价不平衡

由于国内电解铝用电价格区域之间存在巨大差异，区域 GDP 竞赛下的地方政府对投资大、见效快的电解铝项目非常青睐，近几年国内电解铝产能在总体过剩情况下仍然逆势扩张。2010 年以来，国内电解铝产能增量的 90%以上投向了青海、新疆、内蒙古、甘肃等电价便宜地区，成为电解铝产量增长的主要动力。2013 年我国新增电解铝产能 420 万吨，直接抵消停产与淘汰产能影响，估计 2014 年有 500 万吨新增产能，大部分位于西部地区。目前，占据电价优势的西部电解铝在建、拟建产能依然巨大，未来河南电解铝成本将更加没有竞争力。

（五）煤电铝一体化进程缓慢

从铝工业全产业链看，铝工业整体是盈利的，从全国看，2014 年第一季度，铝冶炼亏损 53 亿元，铝压延加工实现利润 93 亿元，同比增长 10.2%。河南也是如此，2013 年铝冶炼行业亏损 15.7 亿元，铝加工和铝土矿开采盈利 68 亿元，整体盈利 53 亿元，比 2012 年整体盈利 26 亿元有较大提升。河南拥有铝土矿、煤炭、电力、氧化铝、电解铝、铝深加工完整的产业链，但是近几年河南铝企业没有发挥出"煤—电—铝—铝加工"一体化的整体优势，在下游高端铝产品开发上多数企业投入少，没有重大突破，对电解铝环节过度依赖，削弱了铝产业链整体竞争力。

三、化解电解铝产能过剩矛盾的对策

国际金融危机爆发以来，全球经济的供需结构发生根本性变化，每一个产业都面临着剧烈调整和深度转型的战略转折点，作为中国高速工业化进程中的典型行业，电解铝行业更是如此。伴随着经济增长进入新常态，电解铝行业结束 21 世纪以来"黄金十年"高速发展期，正站在由高速增长向平稳增长、由规模扩张向结构优化的转折点上。从根本上解决电解铝行业产能过剩问题，一定要从地方政府、行业和企业三个层面多管齐下，推动铝工业实现可持续发展，实现由铝工业大省向铝工业强省的转变。

（一）实施合理的总量控制政策，有效遏制地方新增产能投资倾向

化解电解铝行业的产能过剩问题，要控制总量，按照铝消费增长速度引导产业发展，使产能增加与实际消费相匹配。严格执行国家投资管理规定和产业政策，加强电解铝行业项目管理，各地、各部门不得以任何名义、任何方式核准、备案电解铝行业新增产能项目，各相关部门和机构不得办理土地供应、能评、环评审批和新增授信支持等相关业务。对未按土地、环保和投资管理等法律法规履行相关手续或手续不符合规定的违规项目，地方政府要按照要求进行全面清理。凡是未开工的违规项目，一律不得开工建设；凡是不符合产业政策、准入标准、环保要求的违规项目一律停建；对确有必要建设的项目，在符合布局规划和环境承载力要求，依法从严审批。加强规范管理，对建成违规项目进行全面清理，对工艺装备落后、产品质量不合格、能耗及排放不达标的电解铝项目，列入淘汰落后年度任务加快淘汰。加强对地方政府的约束，遏制上马电解铝项目的投资冲动，确保土地、金融、环保三道闸门真正发挥作用，对违规上马的项目要加强问责。落实差别电价，调节产能，对符合行业准入的电解铝项目可给予合理电价，对不符合条件的企业实行惩罚性电价，严禁各地自行出台优惠电价措施，采取综合措施推动缺乏电价优势的电解铝企业逐步退出。

（二）充分发挥市场功能，建立化解产能过剩的长效机制

切实发挥市场配置资源的决定性作用，理顺资源、要素价格的市场形成机制，完善差别化价格政策，提高电解铝产业准入的能耗、物耗和生态环保标准，以资源环境承载力为上限，倒逼超

◢

标产能退出、节能减排达标和自然环境改善。通过建立专项基金等方式给予产能退出区域以一定支持和补偿，仿照淘汰落后产能的方式，对退出市场的电解铝企业给予政策支持。加强产业、土地、环保、节能、金融、质量、安全、进出口等部门协调配合，强化用地审查，严格环保和质量监督管理，坚持银行独立审贷，形成法律法规约束下责任清晰的市场监管机制。加强对电解铝行业动态监测分析，建立产能过剩信息预警机制。保障各种市场主体依法平等使用生产要素、公平参与市场竞争，切实减少对企业生产经营活动的行政干预，坚决清理废除地方政府在招商引资中采取土地、资源、税收、电价等损害公平竞争的优惠政策，以及地方保护、市场分割的限制措施。

（三）推进行业兼并重组，优化产业空间布局

加强在金融、税费等方面的支持力度，鼓励电解铝企业进行资源整合和行业重组，提高产业集中度，从而优化产业整体布局。完善和落实促进电解铝企业兼并重组的财税、金融、土地等政策措施，协调解决企业跨地区兼并重组重大问题，理顺地区间分配关系，促进电解铝行业内优势企业跨地区整合过剩产能；鼓励和引导非公有制企业通过参股、控股、资产收购等多种方式参与企业兼并重组，支持兼并重组企业整合内部资源，通过优化技术、产品结构等化解过剩产能；支持电解铝优强企业引领行业发展，支持和培育优强企业发展壮大，提高产业集中度。在坚决遏制产能盲目扩张和严控总量的前提下，按照区域发展总体战略要求，适应河南城镇化发展需要，结合河南环境承载力、资源能源禀赋、产业基础、市场空间、物流运输等条件，有序推进产业布局调整和优化，防止落后产能盲目转移。

（四）倒逼企业增强创新能力，延伸电解铝产业链

电解铝企业可向上游能源生产延伸，实现"煤—电—铝—铝加工"一体化发展的产业链组合，有效降低电解铝生产成本；另外，电解铝企业需加快向下游延伸，延长到高精尖、高附加值的深加工领域，提高产品附加值，推动产业升级。利用市场机制和经济杠杆倒逼企业增强技术创新的内在动力，推动电解铝企业转型和产业升级，提升以产品质量、标准、技术为核心要素的市场竞争力。着力构建以企业为主体、市场为导向、产学研相结合的技术创新体系，集中精力突破、掌握一批铝工业关键共性技术。鼓励企业实施技术改造，推广应用更加节能、安全、环保、高效的电解铝工艺技术。鼓励电解铝企业强化战略管理、培育知名品牌，加强产品创新、组织创新、商业模式创新，提升有效供给，创造有效需求。

参考文献：

[1] 蔡松锋，张鹏. 化解电解铝产能过剩的思考 [J]. 宏观经济管理，2014（4）.

[2] 张前荣. 我国产能过剩的现状及对策 [J]. 宏观经济管理，2013（10）.

[3] 谢玮. 电解铝等行业产能过剩严重 化解可从五方面突破 [N]. 中国经济周刊，2013-12-24.

[4] 何立胜. 目前结构性产能过剩背景下的产业结构调整研究[J]. 中国浦东干部学院学报，2013（2）.

[5] 赵西三. 河南电解铝产业解困问题研究 [R]. 河南省社会科学院 2014 年院重点课题研究报告，2014，7.

[6] 文献军. 电解铝行业产能过剩的判断与建议 [J]. 中国市场，2014（3）.

"二元性"特征与反行政垄断的现实困境

陈林 [1,2]

（1. 暨南大学产业经济研究院，广东广州　510632；

2. 中国社会科学院经济研究所，北京　100836）

一、引　言

反行政垄断是当前反垄断工作中不可或缺的一环。作为"经济宪法"，[①]《中华人民共和国反垄断法》（以下简称《反垄断法》）以整个第五章对行政垄断进行规制，可见反行政垄断是我国经济制度中的关键环节，对经济社会发展具有重要意义。甚至有学者（王晓晔，2009；Chan，2009）认为：反行政垄断是整部《反垄断法》的重中之重，没有反行政垄断的条款，反垄断法就会变成"无牙老虎"。

然而《反垄断法》于 2008 年生效至今，反行政垄断工作开展得甚为缓慢，行政垄断案件数量寥寥无几，甚至找不到原告胜诉的案例。较典型的案例是，北京兆信公司等四家防伪标识企业于《反垄断法》生效当天 [②] 起诉国家质检总局。原告提出，国家质检总局颁布的部门规章违反了《反垄断法》的反行政垄断条款，损害了原告的法人权利和经济利益。但北京市中级人民法院却依据《行政诉讼法》规定的 3 个月行政诉讼期限，以"超过法定起诉期限"为由，驳回原告的起诉申请，不予受理该案。司法机关并没有援引《反垄断法》的法律条文，而是沿用行政法条文驳回原告的起诉。在这一宗涉及经济纠纷的案件中，司法机关却依据行政法进行判决，而非已然生效的"经济宪法"《反垄断法》。不难看出，反行政垄断的推进举步维艰。

国家为何"坚决反对"[③] 行政垄断，却又会在反行政垄断的实际推进中遇到困境？是我国推进反垄断工作与垄断性行业体制改革，乃至完善社会主义市场经济体制过程中的重大现实问题。

本文认为，反行政垄断出现困境的根本原因是：行政垄断的两个"二元性"特征。其一，行

[基金项目] 2012 年度国家自然科学基金青年项目"行政垄断产业的政府管制体系研究"（71203078）；2013 年度中国博士后科学基金第 53 批面上项目"自然垄断与行政垄断的产业规制研究"（2013M530812）；2011 年度国家自然科学基金面上项目"寻找企业边界的均衡点：规模与效率"（71172225）；2013 年度国家自然科学基金重点项目（71333007）；广东省普通高校人文社科重点研究基地项目（52702497）；暨南大学中央高校基本科研业务费专项资金资助（12JNKY005）。

[作者简介] 陈林（1981~），男，广东河源人，暨南大学产业经济研究院副教授、硕士生导师，中国社会科学院经济研究所博士后。感谢暨南大学法学院刘文静教授与中国社会科学院经济研究所刘小玄研究员的宝贵意见，当然文责自负。

① "经济宪法"之称谓来自时任国务院法制办公室主任的曹康泰在 2006 年 6 月 24 日第十届全国人民代表大会常务委员会第二十二次会议上所作的《关于〈中华人民共和国反垄断法（草案）〉的说明》报告。

② 浙江省名邦税务师事务所也于 2008 年 8 月 1 日起诉余姚市政府违反《反垄断法》，该案最后以原告撤诉告终。

③ 但是，从我国实际出发，在反垄断法这一保护竞争的专门性、基础性法律中对禁止行政性限制竞争作出明确、具体的规定，既表明国家对行政性限制竞争的重视和坚决反对的态度（安建，2007，第 147 页）。

政垄断与市场经济之间的矛盾既有统一性，也有对立性，即行政垄断的市场经济"二元性"；其二，行政垄断同时受行政法和经济法规制，这些法律之间的矛盾既有统一性，也有对立性，即行政垄断的法律制度"二元性"。在王俊豪和王建明（2007）提出的垄断性行业的垄断"二元性"基础上，本文将上述两个特征归纳为行政垄断的"二元性"。

为此，本文从经济学的角度出发，通过剖析行政垄断与市场经济之间的对立统一性，厘清《反垄断法》、《行政许可法》等法律法规与行政垄断权力之间的法律关系及监督机制，分析这些法律法规之间的对立统一性，从而揭示反行政垄断工作遇到困难的根本原因，为我国的反垄断法制建设与垄断性行业改革提供理论支撑。只有彻底解决这个困难，《反垄断法》才能对涉嫌违法的行政垄断行为进行强有力的实质性制衡，从而保护企业的合法权利与市场机制的有效运行，进而实现社会主义市场经济的完善。

二、行政垄断的市场经济"二元性"

王俊豪和王建明（2007）提出垄断性行业的垄断"二元性"，得到了国内产业经济学界的广泛好评。所谓垄断的"二元性"，即我国垄断性行业普遍出现了自然垄断与行政垄断共存的现象。该文据此提出：破除行政垄断就必须根据垄断性行业的垄断"二元性"的特征，有针对性地制定的分类规制手段。

行政垄断指的是，行政机关使用行政权力限制竞争（张维迎和盛洪，2001；胡鞍钢，2001）。而竞争和交易正是市场经济的两大基本特征，如《易经》解释汉字"市"的说辞"致天下之民，聚天下之货，交易而退，各得其所"。行政垄断通过限制竞争，阻碍资源遵从市场规律而流动，从而干扰市场经济在资源配置中的基础性作用。因此，行政垄断与市场经济存在一定程度的对立性。但由于渐进转轨的国情约束和国有经济主体地位的历史任务，社会主义市场经济容许行政垄断的长期存在，二者存在统一性。

沿着王俊豪和王建明（2007）的思路，本文将行政垄断与市场经济之间对立性和统一性并存的现象称为行政垄断的市场经济"二元性"。

行政垄断的"二元性"将长期影响反垄断法制建设，同时对垄断性行业的体制改革产生深远影响。而且，行政垄断市场经济的"二元性"往往更多地表现在理论层面，时刻影响着政府、企业和个人对行政垄断的思维与行为模式，对反行政垄断工作的开展产生了不可估量的潜在作用。

（一）行政垄断与市场经济的统一性

行政垄断限制了竞争，它似乎走到市场竞争的对立面。没有竞争，市场不能把资源配置到最高效率的企业和最需要这种产品的消费者手上，社会的资源配置效率自然受到损害；没有竞争，市场也不能促使企业采用最有效的生产技术，并保持最低的成本和价格水平。

行政垄断确实损害了市场的竞争活力，但在社会主义市场经济中，合法的行政垄断①却是政府干预市场的重要手段，也是我国市场经济区别于资本主义市场经济的重要特征。因为，我国的市场是建立在"以公有制为主体、多种所有制经济共同发展的基本经济制度"（中共十八大报告）

---

① 滥用行政权力的行政垄断行为当然不合法，但合理使用行政权力的行政垄断行为便为合法。正如王俊豪和王建明（2007）的观点："行政垄断既可能合法，也可能披着合法的外衣（如出于部门利益的立法）实际上并不完全合法，或者虽然合法但不合理"；"行政垄断又可分为合理行政垄断和不合理行政垄断，这是行政垄断的两重性"。

之上，可以保证国有经济主体地位的行政垄断自然与社会主义市场经济并行不悖。

行政垄断与市场经济的统一性不止于此。从历史经验来看，激进转轨国家在改革之初就通过立法、司法彻底消灭行政垄断，反行政垄断是国有经济改革的孪生子；渐进转轨则不然，它允许行政垄断的长期存在。根据陈林和朱卫平（2012）的经济史研究，我国的行政垄断制度演化与国有经济发展史基本同步，行政垄断在新中国成立之初便与国有经济共生共存。改革开放以来，行政垄断制度并没有随国有经济改革和私营经济发展而消失，反而日渐成熟。可以说，当前中国行政垄断制度是行政机关、企业家、政协、人大乃至整个社会共同参与协商的公共选择结果。

转轨时期的行政垄断制度是国家"以公有制为主体、多种所有制经济共同发展的基本经济制度"的重要组成部分，将在很长的一段时期内保持不变，与国有经济的主体地位相辅相成。这是今后我国反垄断法制建设与垄断性行业改革中的主要路径依赖。

总之，行政垄断与市场经济长期共存，二者之间的矛盾存在统一性。

（二）行政垄断与市场竞争的对立性

一面是限制竞争，另一面是社会合意，行政垄断与市场经济的矛盾是对立统一的——损害市场竞争活力的行政垄断却有益于社会主义市场经济。在如此独特的逻辑下，我们到底该如何看待行政垄断规制下的市场竞争？本文对此的基本判断是，行政垄断下的市场并非市场的常态，尽管社会主义市场经济容许行政垄断的存在，其理由如下。

行政垄断离不开行政权力，它是一种基于行政权力的政府干预。政府干预在亚当·斯密刚发现市场这只"看不见的手"的年代几乎不存在。当时的人们一直认为市场运行得那么完美，企业、消费者之间的自由竞争与交易使个人利益和社会福利达到高度统一。到了 19 世纪中叶，随着一些人们当时难以理解，更无法解决的市场问题的出现，社会对市场的赞美与信仰一下子变为抱怨与害怕。人们奔走相告：市场失灵（Market Failure）了。现代西方经济学经过多年研究的确发现：不完全信息、外部性和公共物品等客观存在且难以克服的经济现象既是市场失灵的具体表现，也是市场失灵的主要原因。市场似乎不再完美。自 19 世纪下半叶开始，支持政府干预市场以克服市场失灵的思潮不断涌现，政府干预正式步入历史和经济学史的大舞台。

关于"市场失灵"的定义和衡量标准，西方经济学已达成基本共识。厉以宁（2000）认为，对于市场机制在某些领域不能起作用或不能起有效作用的情况即市场失灵。一些经济学教科书对市场失灵作出更为明确（从数学上）的界定——对资源配置不能最大限度地满足社会的需求，价格 P 大于边际成本 MC 的市场（麦克康耐尔，2000）；损害经济效率的市场（曼昆，2009；斯蒂格利茨，2006）；阻碍资源有效配置的市场（萨缪尔森和诺德豪斯，2008）。从国内外常用的经济学教科书中，我们不难归纳出市场失灵的确切定义——当一个市场实现不了完全竞争状态下的 P=MC，该市场产生的社会总福利（消费者剩余加企业利润）必然小于完全竞争市场，市场的经济效率受到损害；完全竞争市场所能实现的社会总福利在我们已知的所有市场形态中最大，一旦偏离这样的最优状态，市场便失灵了。

完全竞争市场不仅需要完全信息和零外部性，它更需要很多企业参与竞争。曼昆（2009）指出，完全竞争市场上必须有许多买者和卖者，以至于每个市场参与者对价格的影响微乎其微。企业数量无限多，价格 P 才会接近边际成本 MC，社会总福利才得以最大化。然而，各行各业都在不断发展与创新，它们往往未能等到足够多的企业进入这个市场，就已经步入衰退期，完全竞争直至产业消亡还未能出现。完全竞争跟绝对垄断（一家企业、没有竞争）一样，都是市场极其罕见的极端情况，绝大多数市场都以某种程度的但却不完全的竞争为特征（斯蒂格利茨，2006）。甚至可以说，完全竞争只是市场本身永远实现不了的理想状态，现实中的市场一定是不完全竞争市场。

不完全竞争损害了社会总福利，不具有完全竞争市场所具备的全部社会合意性。但这种无效率是模糊且难以衡量的，也难以解决——政府干预不可能改善这种市场结果（曼昆，2009）。对于市场竞争，我们关注的不应该是它能否把社会福利和总产量提升到极致，而是如何在市场"天生"失灵和竞争"天生"不完全的情况下，使社会资源实现最优配置。有限家企业参与竞争并获取一定经济利润（P>MC）的不完全竞争是市场的常态。

或许会有人据此推断：既然有限家企业参与竞争的市场是合理的，那么以控制在位企业数量、限制市场竞争为目标的行政垄断自然也是一种合情合理的产业规制手段。本文对此不以为然。

诚然，市场做不到出现无限多竞争企业的完全竞争状态，但市场本身是"天生"地往"好"的方向发展。只要存在超额经济利润（价格 P 大于在位企业的边际成本 MC），市场上就必然会有趋利的企业家、投资者创办企业，进入这个有利可图的市场。在位企业不断增多，市场竞争愈加激烈，市场价格不断降低，单个企业的经济利润日益减少。社会总福利从绝对垄断的最小值逐渐向完全竞争的最大值靠拢。自由进入或者说自由竞争，是市场"天生"具备的竞争活力——经济利润导致新企业进入市场，竞争加剧反过来减少企业利润，趋利的市场进入行为成为经济利润的自动调节器和社会总福利最大化的催化剂。

一旦出现限制竞争的行政垄断干预，市场发展的必由之路就被外生打断。在行政垄断保护下，无论市场价格多高，不管在位企业攫取了多少经济利润，甚至只有一家国有企业专营专卖，潜在进入企业也只能眼睁睁地看着唾手可得的大量利润擦肩而过。缺乏选择余地的消费者同时只能接受高价格。新企业不能加入市场，市场因而缺乏竞争活力。这一切并非因为那只"看不见的手"出现失灵，而应该归责于另一只"看得见的手"限制了市场竞争。

政府控制了在位企业数量和市场竞争的激烈度，使竞争本来就不完全的市场更加缺乏竞争，市场竞争活力受到了进一步的损害。这意味着：行政垄断只会加剧市场失灵，而非克服市场失灵。如果把企业可以自由进入的不完全竞争市场比作一个考试总不能拿到满分的学生，那么行政垄断下的市场则是一个被强迫交出一份 60 分甚至不及格答卷的学生。竞争市场尽管不能实现完全竞争这一"满分"的理想状态，但新企业不停地加入竞争行列，致使市场带来的社会总福利不断提升。竞争市场总是向着人类社会的理想状态（社会福利最大化的完全竞争状态）发展。行政垄断却杜绝了市场往如此"好"的方向发展的可能性，使坏的更坏，使本来可以更好的好不了。既然不完全竞争是市场的常态，常态下的市场又"天生"失灵，我们这个社会怎么能够因为市场实现不了一个不可能实现的理想状态而反对它，怎么能够因为市场拿不出满分答卷而消灭它？更不幸的是，以行政垄断限制竞争只会使市场竞争更加不完全，行政垄断只会在后天进一步加剧市场失灵。

总之，行政垄断损害了市场的竞争活力，它与市场经济存在一定的对立性。

（三）行政垄断与社会公平的对立性

"效率优先、兼顾公平"是社会主义市场经济的基本原则。行政垄断却与市场经济的公平原则产生了冲突，甚至直接损害了社会公平。

一个社会必须关注公平，但却不代表实施行政垄断就可以得到公平。反倒是市场经济本身有能力给人类社会带来公平。自古以来，人们在市场中自由地选择职业和社会分工，你情我愿地进行交易，在同一市场规则下参与公平竞争。市场从来不会强迫某人必须从事指定职业，更不会禁止人们生产某种产品。因为只要生产者提供的产品或服务足够价廉物美，就一定可以找得到属于自己的交易对象。市场本身永远不会限制竞争。市场竞争因而会给社会带来公平——每个人都在竞争市场中体现自我价值，在同一游戏（博弈）规则下平等地争取利益最大化。

为保护市场的竞争活力和公平竞争，世界各国的反垄断法都致力于消除经济性进入壁垒、限制兼并、分拆寡头企业。促进竞争、维护公平竞争是俗称"经济宪法"的反垄断法所必须具备的本分职责。即使是转轨国家，其反行政垄断的力度也不容小视。如乌克兰反垄断委员会仅在 1994 年就依据《禁止垄断和企业活动中不正当竞争行为法》查处了 22 起行政垄断案件，其中包括国家铁路管理局限制私营企业进入货物运输市场的行政垄断案件（王晓晔，1998）。而俄罗斯联邦反垄断局则依据《竞争法和限制商品市场的垄断活动法》，分别在 1994 年、1997 年和 1998 年查处了 881 件、1400 件、1737 件行政垄断案件，大概占到全部垄断案件的 1/4（郭连成和刁秀华，2007）。

正因市场经济的竞争性与反垄断法的公平性，我国才会出台旨在"保护市场公平竞争"的《反垄断法》。反观限制竞争的行政垄断，它不可能创造公平，反而只会损害公平。过高的市场价格和额外的经济利润只造福少数受行政垄断权力保护的在位企业，伤害的却是全体消费者与没有特权的企业及其职工。根据吴敬琏提供的数据，2008 年我国垄断性行业员工占全国就业人群的 8%，而工资却占全国工资总额的 50%，最高行业平均收入与最低行业平均收入的差距的高达 15 倍。关于行政垄断对社会公平的危害，主要研究包括刘小玄（2007）、姜付秀和余晖（2007）、张原（2009）等，本文在此不作赘述。

总之，行政垄断损害了社会公平，与以公平为原则的社会主义市场经济存在一定的对立性。

三、行政垄断的法律制度"二元性"

在现行法制体系中，行政垄断同时受行政法（如《行政许可法》、《行政诉讼法》及《行政复议法》等）与经济法（主要为《反垄断法》）的规制。这两个法律体系的具有目标一致性——规范行政行为，限制行政权力的滥用。[1] 但实际上，两个法律体系在具体司法操作中，却出现了很多矛盾与冲突。尤其是，《反垄断法》的法律效力受到一系列行政法的干扰，导致其法律位阶低于行政法，是近年来行政垄断案件几近于无、反行政垄断工作停滞不前的根本原因。

对于行政垄断，行政法与《反垄断法》之间的矛盾同时存在统一性和对立性，本文将之归纳为行政垄断的法律制度"二元性"。

（一）赋予行政垄断合法性的行政法体系

2004 年前后，我国行政法体系随陆续出台的《行政诉讼法》、《国家赔偿法》、《行政处罚法》、《行政监察法》、《行政复议法》等而日渐成熟，行政权力的使用逐渐从"无法可依"到"有法可依"。尤其是 2004 年 7 月，由全国人大制定的《行政许可法》正式生效。

对于行政垄断，这种冲击或者说变化尤为明显——行政垄断开始受到法律保护。《行政许可法》从法律的高度给行政垄断赋予合法性。该法第十二条规定："涉及国家安全、公共安全、经济宏观调控、生态环境保护以及直接关系人身健康、生命财产安全等特定活动"、"有限自然资源开发利用、公共资源配置以及直接关系公共利益的特定行业的市场准入"、"企业或者其他组织的设立"等事项，行政机关可以设定"行政许可"。

几乎在《行政许可法》生效的同一时间（2004 年 7 月），国务院出台了行政规范性文件《国务院关于投资体制改革的决定》。该政策及其附件《政府核准的投资项目目录（2004 年本）》规定了

---

① 如《行政许可法》第一条："为了规范行政许可的设定和实施，保护公民、法人和其他组织的合法权益，维护公共利益和社会秩序，保障和监督行政机关有效实施行政管理，根据宪法，制定本法。"其他行政法与《反垄断法》亦提出了"行政机关和法律、法规授权的具有管理公共事务职能的组织不得滥用行政权力，排除、限制竞争"（第八条）。

我国哪些产业、项目属于"重大和限制类固定资产投资项目",其市场准入必须进行行政审批。2004年9月,国家发改委"依据《行政许可法》和《国务院关于投资体制改革的决定》",制定了部门规章《企业投资项目核准暂行办法》,制定了详细的行政审批制度。

公民或法人若要在《政府核准的投资项目目录》指明实行核准制的产业投资项目或进入市场,必须按《国务院关于投资体制改革的决定》的规定,"向政府提交项目申请报告"。国务院投资主管部门(国家发改委)和地方政府投资主管部门(地方发改委)依据部门规章《企业投资项目核准暂行办法》,进行行政审批。企业如果要进入《政府核准的投资项目目录》以外的产业,也必须向地方政府发改委申请"备案",而"备案制的具体实施办法由省级人民政府自行制定"。而外资企业的市场准入同样必须严格遵守《指导外商投资方向规定》等法规,由投资主管部门进行审批。

此外,《国务院关于投资体制改革的决定》规定:"国家法律法规和国务院有专门规定的项目的审批或核准,按有关规定执行",即所有法律法规都可以设置行政垄断。

综上所述,在《行政许可法》的基础上,国务院先后颁布了《国务院关于投资体制改革的决定》及其附件《政府核准的投资项目目录》和行政法规《指导外商投资方向规定》,国家发改委也相应地制定出部门规章《企业投资项目核准暂行办法》、《外商投资项目核准暂行管理办法》以及《外商投资产业指导目录》,对行政审批制度进行配套完善。

依据上述行政法规和部门规章,对企业进入特定产业参与竞争进行行政审批,是各级"投资主管部门"合法实施行政垄断的行政权力。

(二)行政法与《反垄断法》的矛盾冲突

2008年《反垄断法》生效后,《反垄断法》本应成为监督和制衡行政垄断权力的一部关键性法律。但《反垄断法》第51条"行政性限制竞争行为的法律责任"规定:"法律、行政法规对行政机关和法律、法规授权的具有管理公共事务职能的组织滥用行政权力实施排除、限制竞争行为的处理另有规定的,依照其规定。"即《反垄断法》规定:在行政垄断案件中,其他法律和行政法规适用优先。如果单纯从行政垄断的角度上看,《行政诉讼法》、《行政复议法》、《行政许可法》等行政法与《指导外商投资方向规定》等行政法规都成为《反垄断法》的"上位法"。从某种意义上来讲,这似乎是我国法制体系中行政法与《反垄断法》之间的效力位阶关系——《反垄断法》的法律效力低于行政法。

在中国反行政垄断第一案"北京四企业起诉国家质检总局"中,由于《行政复议法》规定"对国务院部门或者省、自治区、直辖市人民政府的具体行政行为不服的,向作出该具体行政行为的国务院部门或者省、自治区、直辖市人民政府申请行政复议。对行政复议决定不服的,可以向人民法院提起行政诉讼;也可以向国务院申请裁决,国务院依照本法的规定作出最终裁决",因此法人或个人对国务院各部委的行政垄断行为提起诉讼前,应该先经过行政复议。北京兆信等四家企业对行政垄断行为的不服没有经过行政复议程序,因而没有进入行政诉讼程序的资格。

但问题是,北京兆信等四家企业是依据经济法《反垄断法》提起的诉讼,有没有提起行政诉讼的资格应该不影响这起经济纠纷案件的法律程序。最后北京市中级人民法院还是依据《行政诉讼法》规定的3个月行政诉讼期限,以"超过法定起诉期限"为由,驳回原告的起诉申请,不予受理该案。我们尽管没有看到该案的卷宗以及司法机关的相关解释,但根据《反垄断法》第51条,司法机关援引《反垄断法》的"上位法"《行政诉讼法》驳回原告的起诉,该判决的合法性是理所当然的。

在行政垄断权力与当前法制体系下,公民在特定产业中创设企业和企业(法人)进入市场参与竞争的权利被严格限制,在"禁止投资产业"甚至被完全剥夺。被行政行为约束的公民(企业家)和法人代表(企业或其他组织)即为行政相对人,掌握行政权力的行政机关则是行政主体。

假如我们能够保证行政机关对行政权力的使用绝对适当，行政行为就必定合情合理更合法。对于这样的行政权力，那些即将进入"核准"程序的企业自然无须担心会否受到不公正待遇，那些审批不过关的企业也没必要抱怨自己的合法权利受到侵害。但是，由于行政权力的管理领域广、自由裁量度大以及强制性特点，决定了它是最容易违法或被滥用的一项国家权力（孙广厦，2007）。现实中的行政权力完全有可能被滥用或使用不当。

为此，"经济宪法"《反垄断法》才会用整个第五章专门规制行政机关"滥用行政权力排除、限制竞争"。由此可见，我国并不否认行政权力被滥用的可能性，尤其是用于限制竞争并涉及部门、地方及企业的经济利益的行政垄断权力。然而，行政法与《反垄断法》之间的矛盾对立性，对反行政垄断的司法工作产生严重的影响，以致行政垄断案件基本上无法立案。《反垄断法》的法律效力受到损害，其反行政垄断功能当然也被束之高阁。

总之，现行的行政法体系与"经济宪法"《反垄断法》存在很多立法冲突，反行政垄断自然举步维艰，困境重重。本文认为，由于行政法与《反垄断法》的对立性，行政垄断与法律制度产生了"二元性"特征，这将成为今后推进反行政垄断工作的根本性制约。

（三）缓和行政法与《反垄断法》对立性的有效途径

无论是在经济学理论中，还是在现实的经济运行中，竞争是市场最关键的要素之一。"为了预防和制止垄断行为，保护市场公平竞争（《反垄断法》第一条）"也正是我国出台《反垄断法》的根本原因。但《反垄断法》正式施行至今已将近 3 年，它对行政垄断权力的制衡作用和对市场竞争的保护作用似乎还不够明显。在现行行政法体系、行政立法权、行政司法权的制约下，《反垄断法》能在反行政垄断中发挥的积极作用较为有限。

其实，关于我国的反垄断法应否规制行政垄断的争论在法学界由来已久，部分学者认为反行政垄断是宪法、宪政和政治体制的问题（陈秀山，1995；史际春，2001；沈敏荣，2001；温观音，2006）。诚然，以上途径固然可以彻底解决行政垄断问题，但所需的时日可能很漫长（王晓晔，2009）。本文认为，法制建设的当务之急是如何利用好已经完成立法的"经济宪法"《反垄断法》，去保护公民从事经济活动和企业参与竞争的合法权利，并保证公民和法人免遭不合理、不公正的行政垄断权力之侵害。

一直以来，我国的司法机关一直缺乏对行政行为的公诉权。[①] 为此本文建议，国务院反垄断委员会既然作为《反垄断法》的执法机构之一，理应获得对国务院各部委及地方政府的违法行政垄断行为的公诉权。例如，乌克兰中央政府的"反垄断委员会"依据《反垄断委员会法》的授权，具有高于其他行政机关的权力。该委员会在 1994 年就曾查处国家铁路管理局的行政垄断行为（王晓晔，1998）。当然，如果检察机关可以在《宪法》赋权下，获得对所有行政机关的公诉权，司法体系就会出现针对行政垄断的"双重"司法监督。

本文同时认为：《反垄断法》第 51 条必须予以修正，行政法和由行政机关自己立法的行政法规不应该作为《反垄断法》裁决行政垄断案件时的"上位法"。行政垄断是现阶段垄断的最主要表现形式，只有修改《反垄断法》第 51 条，才能让《反垄断法》真正发挥出"经济宪法"的重要作用。也只有让《反垄断法》的执法机构国务院反垄断委员会和传统意义上的司法机关检察院参与行政垄断案件，我国才会出现更多敢于维权的法人和公民，这种"扭曲竞争机制，损害经营者和消费者

---

① 如 1954 年版《宪法》只赋予检察院以"检察权"而非"公诉权"——"中华人民共和国最高人民检察院对于国务院所属各部门、地方各级国家机关、国家机关工作人员和公民是否遵守法律，行使检察权（1954 年版《宪法》第八十一条）"，"对于地方国家机关的决议、命令和措施是否合法，国家机关工作人员和公民是否遵守法律，实行监督（1954 年版《人民检察院组织法》第四条）"。而现行的《行政诉讼法》与《宪法》也未赋予检察机关以"行政公诉权"。

合法权益（安建，2007）"的行政垄断行为才能得到有效的遏制，反行政垄断的法制工作才会稳步推进。

四、结　语

行政垄断同时与社会主义市场经济、当前法律制度存在对立统一的矛盾，这是我国反行政垄断遇到实际操作困境的根本原因。其中，前一个矛盾的理论性更强，亦更为复杂，并具有一定的长期性。因此，我国难以在短期内消弭行政垄断与市场经济之间的对立性。对于今后的经济学研究，如何在"以公有制为主体、多种所有制经济共同发展的基本经济制度"上，科学有序推进反行政垄断工作，是值得经济学界探讨的重大理论问题。

行政垄断与法律制度的矛盾，则更多地表现为关乎今后反垄断法制建设与经济体制改革成败的重大现实问题。这意味着，在试图解决行政垄断的这两个"二元性"矛盾时，轻重缓急显而易见——完善反行政垄断的法制体系，减轻行政法与《反垄断法》之间的对立性，提高《反垄断法》的法律效力与司法效率是当务之急。正如张曙光和张弛（2007）所言——"通过反对行政垄断来推进改革"，反行政垄断法制体系的完善必将推动垄断性行业的体制改革进程。

当然，本文只涉及反行政垄断的经济学层面，仅为管中窥豹。行政垄断理论其实具有多种社会科学属性，如法学、经济学及行政学等。张曙光和张弛（2007）曾从行政学角度为反行政垄断提出建议——要设置一个合理的反垄断机构，"一个可行的办法是，把现行的国家发展改革委员会（即现阶段主管并执行《政府核准的投资项目目录》、《指导外商投资方向规定》、《企业投资项目核准暂行办法》、《外商投资项目核准暂行管理办法》等行政垄断法规的投资主管部门）改造成国家反垄断委员会"。如此提法不无道理，国家发改委正是当今国务院反垄断委员会的主要成员单位，其主任一般兼任反垄断委员会副主任。

行政垄断理论与反行政垄断工作在中国才刚刚起步，各界学者都应在其中"百花齐放、百家争鸣"。本文仅为引玉之砖，对这一交叉学科的进一步探讨有待学界共勉。

参考文献：

[1] 安建，黄建初. 中华人民共和国反垄断法释义 [M]. 北京：法律出版社，2007.

[2] 陈林，朱卫平. 经济国有化与行政垄断制度的发展——基于制度变迁理论的经济史研究 [J]. 财经研究，2012（3）.

[3] 陈秀山. 我国竞争制度与竞争政策目标模式的选择 [J]. 中国社会科学，1995（3）.

[4] 郭连成，刁秀华. 转轨国家的竞争政策与立法研究——以俄罗斯为例 [J]. 财经问题研究，2007（4）.

[5] 胡鞍钢. 在社会主义市场经济体制下反行政垄断也是反腐败 [N]. 经济参考报，2001-07-11.

[6] 姜付秀，余晖. 我国行政性垄断的危害——市场势力效应和收入分配效应的实证研究 [J]. 中国工业经济，2007（10）.

[7] 厉以宁. 西方经济学 [M]. 北京：高等教育出版社，2000.

[8] 刘小玄. 收入不平等的政府根源 [J]. 中国改革，2007（11）.

[9] 麦克康耐尔，布鲁伊. 经济学 [M]. 李绍荣等译. 北京：中国人民大学出版社，2008.

[10] 曼昆. 经济学原理 [M]. 梁小民等译. 北京：北京大学出版社，2009.

[11] 沈敏荣. 法律的不确定性——反垄断法规则分析 [M]. 北京：法律出版社，2001.

[12] 史际春. 关于中国反垄断法概念和对象的两个基本问题 [M]. 北京：人民法院出版社，2001.

[13] 孙广厦. 宪政视野下中国行政权力的制约与监督 [J]. 甘肃行政学院学报，2007（2）.

[14] 王俊豪, 王建明. 中国垄断性产业的行政垄断及其管制政策 [J]. 中国工业经济, 2007 (2).

[15] 王晓晔. 依法规范行政性限制竞争行为 [J]. 法学研究, 1998 (3).

[16] 王晓晔. 经济体制改革与我国反垄断法 [J]. 东方法学, 2009 (3).

[17] 温观音. 产权与竞争：关于行政垄断的研究 [J]. 现代法学, 2006 (6).

[18] 萨缪尔森, 诺德豪斯. 经济学 [M]. 萧琛译. 北京：人民邮电出版社, 2008.

[19] 斯蒂格利茨. 经济学 [M]. 黄险峰等译. 北京：人民大学出版社, 2008.

[20] 谢琳, 李孔岳, 周影辉. 政治资本、人力资本与行政垄断行业进入——基于中国私营企业调查的实证研究 [J]. 中国工业经济, 2012 (9).

[21] 张曙光, 张弛. 扩大开放与反行政垄断并重 [J]. 决策与信息, 2007 (4).

[22] 张维迎, 盛洪. 从电信业看中国的反垄断问题 [M]//季晓南. 中国反垄断法研究——反垄断法研究系列丛书. 北京：人民法院出版社, 2001.

[23] 张原. 行政垄断的收入分配效应：理论及中国的经验研究 [D]. 浙江大学博士学位论文, 2009.

本土企业特质对 FDI 双重溢出效应的影响
——基于我国工业企业的实证研究

张亚军

（上海财经大学国际工商管理学院，上海　200433）

一、引　言

近年来，外商直接投资在我国逐渐呈现出向专用设备制造业，通信设备、计算机及其他电子设备制造业，交通运输业，化学原料及化学制品制造业等技术密集型行业转移的趋势。同时，我国业已成为众多跨国公司在海外市场开展研发活动的首选地，这为外资企业先进技术向我国本土企业溢出创造了有利条件。那么，从本土企业视角来看哪些因素影响了其对 FDI 技术溢出效应的吸收，这些微观企业因素对于不同渠道溢出效应的吸收又有何差异，我国应该采取哪些政策措施保障本土企业有效地消化吸收 FDI 溢出，成为现阶段经济发展亟待考虑的问题。

现有关于 FDI 技术溢出效应的研究日益丰富，但仍存在两大不足：一是国内大多数实证研究并未将产业内和产业间溢出进行区分。关于产业间溢出的研究也是近些年才逐步展开的，尽管已经有了一定的成果，但是无论从所选数据类型还是计量方法的应用都与国外研究相比有些落后。由于数据来源的限制，国内学者大多采用行业数据，尽管也有对于微观数据的应用，但多数是企业横截面数据（周燕、齐中英，2005；平新乔，2007），只有少数学者采用企业面板数据（杨亚平、干春晖，2011）。二是对于 FDI 技术溢出效应的影响因素分析，国内文献多数从国家和行业层面展开理论和案例分析，企业层面因素也有所涉及，但是对于本土企业视角微观层面的探讨还不够深入，主要体现在企业所有制、企业规模和企业技术能力三方面。目前对于企业所有制形式影响 FDI 溢出效应的文献，主要都是对 FDI 溢出效应整体影响的分析，对于不同溢出渠道的细化研究分析并不多。而且采用的也多是行业面板数据或者省级面板数据，并没有太多对于企业微观层面的研究和验证，特别是对于 FDI 技术溢出效应机制的渠道差别分析有所欠缺。企业规模作为 FDI 技术溢出效应的影响因素的文献研究常常是将企业规模作为影响本土企业生产率或者技术进步的控制变量，而不是分析其通过 FDI 技术溢出如何影响企业的技术水平或者创新能力提升。而且，也没有对于 FDI 不同渠道溢出效应的影响分析。同样关于技术差距对 FDI 溢出效应影响的探讨往往仅限对于整体或者简单的产业关联的引入，而缺乏对水平溢出的几个溢出渠道的细化研究。

基于此，本文利用工业企业的大样本数据，从本土企业的所有制、本土企业规模和本土企业

　　[基金项目] 国家社科基金重大招标项目"中高速增长阶段经济转型升级研究"（14ZDA021）；上海财经大学研究生科研创新基金资助项目"技术进步推进产业结构调整的机制、路径选择和战略措施研究"（CXJJ-2012-338）。

技术能力等角度，对影响 FDI 溢出效应发挥的微观企业因素进行分析，并且基于竞争示范模仿、人员流动、前向关联、后向关联等 FDI 的溢出途径予以差别化分析，[①]力求更为全面、细致地梳理各因素对 FDI 不同途径溢出效应的影响。

二、影响 FDI 溢出效应的本土企业特质

对于内资企业来说，吸收能力是指能够将外资企业带来的知识进行内在化利用，并且对其加以模仿、修改，逐渐将其转化为适应于自身生产经营所需要的应用、过程以及程序的能力。比如，企业的所有制形式、企业规模、技术能力及学习投资等都会影响内资企业对技术溢出的吸收能力。

（一）企业所有制

企业所有制的差异时常表示效率执行、政策控制、创新动力甚至技术上的不同，因此也常被认为是 FDI 技术溢出的重要影响因素。如 Feinburg 和 Majumdar（2001）通过案例实证研究发现，东道国本土企业的不同所有制类型使得其最终获取的技术溢出效应大小不同，可以作为影响本土企业对 FDI 技术溢出吸收能力大小的间接衡量方式。通常来说，可以将内资企业划分为国有企业和私营企业等类型。国有企业相对来说，一方面能够更多地获得政府政策的支持，规模和资金实力雄厚，投资环境也更加稳定，有利于提高前向关联或者后向关联的合作机会；另一方面却往往具有管理制度僵化、人员流动不畅、效率低下、机构设置"大而全"、易产生内耗等问题，这将会导致国有企业的创新激励较低、创新动力不足等缺陷，对于竞争示范渠道和人员流动渠道的技术溢出利用不畅。相对国有企业，私营企业在产权安排方面有着较大的优势，具有更强的创新激励和创新动力，而且，人员流动渠道更加灵活畅通，机构设置"少而精"，一专多能及一岗多责，产业内技术溢出的竞争示范渠道和人员流动渠道更有可能在这一类型本土企业里发挥效用。但是，私营企业也时常面临着研发融资难、抗风险能力弱、政府支持相对较少，规模实力较弱，投资环境不稳定等问题，对于前向关联等渠道的溢出难以吸收利用。不同所有制企业的特点会从不同角度影响其对 FDI 技术溢出效应的吸收。

（二）企业规模

企业规模时常作为影响企业生产率的重要因素被引入到实证研究中，对于内资企业来说，其规模的大小对于吸收和利用 FDI 技术溢出会有着不同的影响。规模较小的企业通常获取的资源有限，员工人数比较少、销售收入或者产值较小，竞争力比较弱，在与外资企业竞争时容易受到排挤和损失（Aitken 和 Harrison，1999），而且也往往由于规模有限而无力模仿先进技术；但同时，较小规模的企业也有着更加灵活的市场反应能力，面对外企进入竞争压力也更大，可能会有利于吸收利用在竞争渠道的溢出效应，自身主动改良学习的动力更高。规模较大的企业相对来说，更有利于发挥规模优势，能够较好地承担研发和学习费用成本，有着较强的技术实力，更有机会和能力利用后向关联渠道的技术溢出扩散，进一步提高自身的技术水平；但是若企业规模大于最优生产规模，其规模优势提升空间就会有限。因此，本土企业规模大小也会在一定程度上影响不同

---

① FDI 的产业内溢出效应主要表现为本土企业通过模仿学习、竞争以及吸引外企员工等渠道提升自身的技术水平和产出，从而带动整个行业的技术能力提高和产出增加。FDI 的产业关联效应主要通过产业链的上下延伸来实现，促进关联产业的本地厂商向更高价值产品和服务生产转化。

渠道的 FDI 溢出效应的发挥。

（三）技术能力

技术差距的大小反映了本土企业技术能力的高低，与外资企业相比技术差距越大，则表明本土企业技术能力就越低；与外资企业相比之后技术差距越小，则表明本土企业技术能力越高。若行业内本地企业的平均技术水平与外资相比差距过大，外资企业过于强大，则外资企业就可能通过技术、规模甚至品牌等因素来阻碍本地产业的发展，这不利于下游内资企业吸收技术溢出效应，而且使得本土行业很难通过竞争或者示范模仿来获得溢出收益，相对有效地可能是人员流动效应。但是，这种情况下，外资企业的发展优势和高薪酬待遇也使得就业人员不愿意离开外资企业，本土企业也没有太多吸引人才的优势，FDI 很难通过溢出效应促进本土企业生产率的提升。相反，若行业内本地企业的平均技术水平与外资企业相比差距很小甚至高于外企，则 FDI 溢出效应就有可能通过竞争渠道对内资企业技术水平提高产生影响。因为外企相对并没有太多的技术优势，而是在外资企业进入该行业领域后，对东道国该行业造成了竞争的压力，本土企业更主动降低成本，投入研发和创新等，从而可以通过竞争示范渠道提高该行业的技术水平和技术优势。

能够充分发挥 FDI 技术溢出效应的企业，主要是本土企业平均技术与外企的技术前沿技术靠近的行业（Lamia，2009），适宜技术的引入更有利于东道国产业的发展。这一类型的本土企业能够充分利用技术学习机会，合理发挥研发优势，在学习和模仿外资企业的先进技术和管理模式的同时，利用与外资企业合作生产的机会，利用产业内溢出渠道和产业间的前后向关联渠道的技术溢出及扩散，改善自身不足，进行技术追赶。

三、模型构建与实证检验

（一）本土企业所有制对 FDI 溢出效应差异化影响的实证分析

1. 模型构建与变量说明

本文构造 FDI 在水平和垂直方向的溢出效应与本土内资企业全要素生产率之间的实证检验方程为：

$$LnTFP_{it} = \delta_0 + \delta_1 LnHS_{jt} + \delta_2 LnFS_{jt} + \delta_3 LnBS_{jt} + \delta_4 Age_{it} + \delta_5 Industry_j + \delta_6 Year_t + \lambda_i + u_{it} \qquad (1)$$

这一模型既能检测 FDI 溢出对于同一产业内本土企业生产率增长的作用，也能研究关联的产业间的技术进步和生产率提高。$LnTFP_{it}$ 为行业 j 中的企业 i 在 t 时期的全要素生产率的自然对数。利用平减后的企业工业增加值、中间投入、固定资产净值年平均余额以及从业人员等指标，采用半参数估计方法对 2 位码行业的劳动投入系数和资本投入系数进行分别估算，然后计算出每个企业的全要素生产率的对数值。HS_{it} 分别采用外资企业主营业务收入占行业的比重和外资企业全部从业人员占行业的比重来衡量 FDI 溢出水平方向上的竞争示范效应（HS1）和人员流动效应（HS2）。$LnHS_{jt}$、$LnFS_{jt}$、$LnBS_{jt}$ 的系数 δ_1、δ_2、δ_3 分别代表本土企业受到的 FDI 的水平溢出系数、前向关联以溢出系数和后向关联溢出系数，若系数为正，则表明外资企业进入对于该企业在水平或垂直方向上有着正向的促进作用；若系数为负，说明外资企业对于同行业内的企业技术进步或者上下游关联企业的技术进步有阻碍和抑制作用。

同样地，考虑到 FDI 溢出的滞后性，对 FDI 溢出各变量分别取一阶滞后项，得到下述模型：

$$LnTFP_{it} = \delta_0 + \delta_1 LnHS_{jt}(-1) + \delta_2 LnFS_{jt}(-1) + \delta_3 LnBS_{jt}(-1) + \delta_4 Age_{it} + \delta_5 Industry_j + \delta_6 Year_t + \lambda_i + u_{it}$$
$$(2)$$

2. 数据来源

数据来源于国家统计局 2001~2007 年中国工业企业数据库，包括销售额在 500 万元以上的大中型企业，包含了 31 万多家的企业数据，占中国工业总产值的 95% 左右，数据样本量从 2001 年的约 17 万个到 2007 年的 33 多万个，总样本量为 170 多万个。由于企业数据库部分数据存在重复、异常、缺失等问题，这里对数据库做了相关处理以保证计算结果的可靠性，通过样本筛选，删除了工业总产值、工业增加值、固定资产净值以及从业人员为 0 的样本；并且删除了企业规模较小的样本（剔除了从业人员小于 8 的企业）。同时，为了计量需要，对每个企业进行了重新编码，最后形成了总样本量为 1610643，起止年份为 2001~2007 年的大样本企业面板数据。

再对样本进行筛选，扣除外资企业［定义为外资（含港澳台资）占实收资本比重大于等于 25% 的企业］之后，留下本土企业的数量为 1291084 的样本。然后将数据集分为两类，其中企业的个人资本占实收资本 50% 以上的定义为私营企业，企业的国家资本占实收资本 50% 以上的定义为国有企业。

3. 实证检验结果与分析

将本土企业样本分为国有企业和私营企业两组，考察 FDI 不同溢出渠道的情况，通过 Hausman 检验判断，这里选择固定效应模型进行估计，回归结果如表 1 所示。

表 1　以 LnTFP 为被解释变量的模型实证检验结果

变量	国有企业		私营企业	
	HS1	HS2	HS1	HS2
LnHS(−1)	0.0469*** (4.83)	0.0140 (1.35)	0.1713*** (18.37)	0.2114*** (24.18)
LnFS(−1)	−0.0731*** (−9.43)	−0.0632*** (−8.44)	−0.0131*** (−3.03)	−0.0082** (−1.97)
LnBS(−1)	0.0006 (0.09)	0.0392*** (5.56)	0.0134*** (5.89)	0.0111*** (5.52)
Age	yes	yes	yes	yes
Industry	yes	yes	yes	yes
Year	yes	yes	yes	yes
常数项	5.4136*** (7.72)	5.5179*** (7.86)	6.0271*** (11.48)	6.0561*** (11.54)
r2_a	−0.5511	−0.5516	−0.5793	−0.5791
模型	FE	FE	FE	FE
N	83185	83185	498453	498453

注：这里采用的是滞后一期的回归结果。括号内为对应的 t 统计量，* 表示 10% 水平显著，** 表示 5% 水平显著，*** 表示 1% 水平显著。

从表 1 可以看到，国有企业在水平方向上得到的溢出效应均为正，但显著性不同，竞争示范效应对应系数为 0.0469，在 1% 水平下通过显著性检验，而人员流动效应的系数 0.140 虽为正值，但并不显著。垂直方向上国有企业的前向关联的系数均显著为负，说明 FDI 溢出通过前向关联没有对国有企业的生产率起到促进作用，反而抑制了国有企业生产率提升。在后向关联渠道，FDI 溢出效应则表现出显著地正向促进作用，尤其从业人员比重指标衡量的后向关联系数在 1% 显著性水平下为 0.0392，而主营业务收入指标衡量的后向关联系数尽管不显著，但也显示为正。

私营企业则表现出一些不一样的特征，在水平方向上的竞争示范效应和人员流动效应均表现为正，1% 的显著性水平下分别为 0.1713 和 0.2114，人员流动对应的系数绝对值相对更大一些。垂直方向上，两个指标衡量的前后向关联系数符号表现一致，前向关联系数显著为负，后向关联系数显著为正，说明 FDI 溢出效应能够通过后向关联渠道促进本土私营企业生产率提升，而对于前向关联的估计结果与国有企业一样，会抑制下游本土企业生产率提升。与国有企业相比，私营企业的竞争示范效应和后向关联效应均大于国有企业对应系数。

以外企的固定资产净值年均余额作为替代指标进行检验，结果显示如表 2 所示，可以看到 FDI 指标滞后一期的回归结果中，国有企业的相关指标对应系数与前面的符号和显著性都完全一致，而私有企业的相关指标系数符号没有变化，只有前向关联系数不显著，但符号仍然为负。检验结果表明前面的实证结果有着较好的稳健性。

表 2　以 LnTFP 为被解释变量的模型实证检验结果（固定资产净值指标衡量）

变量	国有企业	私营企业
LnHS(−1)	0.0489***	0.2032***
	(6.80)	(27.21)
LnFS(−1)	−0.0767***	−0.0069
	(−10.26)	(−1.62)
LnBS(−1)	0.0117	0.0090***
	(1.61)	(3.95)
Age	yes	yes
Industry	yes	yes
Year	yes	yes
常数项	5.7309***	7.0239***
	(26.39)	(18.38)
r2_a	−0.5009	−0.4583
N	124007	606037

注：这里采用的是滞后一期的回归结果。括号内为对应的 t 统计量，* 表示 10% 水平显著，** 表示 5% 水平显著，*** 表示 1% 水平显著。

国有企业的人员流动效应不明显可能与国有企业受到机制和体制限制，相对僵化的用人和招聘制度不利于高技术人员的流动有关，而外企灵活的用人方案，则对于许多精英人才有着很强的吸引力。

国企竞争示范效应的显著表现，与近年来国企改革、技术水平提升以及体制扁平化等管理层面的改善有着一定关系，国有企业自身实力的增强有利于对外企进入所引起的竞争示范效应的吸收，加上国企特有的垄断优势和政府支持，使企业的生产率水平不断提高。

对于国有企业来说，FDI 溢出效应在产业间主要是通过后向关联渠道产生，在外资企业进入后，为了配合外资企业的产品质量要求和新的生产标准，上游的本土供应商会通过学习和优化生产流程、员工培训等方式以达到产品满足下游外企客户的要求，从而增强上游本土企业自身的技术能力和生产水准。

私营企业在水平方向上，竞争示范效应和人员流动效应同样能够显著地促进行业内本土企业的生产技术水平，而且人员流动带来的技术溢出效应更明显，这与私营企业更加灵活自由地人才吸引制度有着很大的关系。相对于国有企业，原来在大型外企工作的员工可能会对有活力和更能体现自身价值的私营企业比较青睐，从而促成了高技术人才的转移，有利于 FDI 溢出通过人员流动渠道产生。

尽管国有和私营企业的竞争示范和后向关联系数均为正，进一步地，私营企业竞争示范效应和后向关联效应的对应系数均大于国有企业的系数，说明相对于国有企业来说，私营企业从这两个渠道获得的溢出效应更大一些。可能原因是私营企业本身的技术水平更高，也更有实力与外企竞争和向外资企业模仿学习。而后向关联渠道是因为私营企业更灵活能够及时调整和选择生产新的产品品种，相对国有企业更能促进后向关联的溢出效应产生。

无论是私营企业还是国有企业在前向关联渠道的 FDI 溢出效应都是负向的显著，可能由于外企技术和品牌的垄断优势使其在与本土企业合作时拥有更大的议价实力，无形中增加了下游内资企业的要素成本，减少了本土企业可用于研发的成本，长期如此会阻碍其技术水平和生产率的提高。而且，国有企业受到的这种显著的负向作用更大，可能与国有企业与外资企业具有更多的产业关联联系有关，外资企业合作和合资的主要对象是国有企业（杨亚平、干春晖，2011）。因而，国有企业可能面对来自上游外资企业的牵制更多。

（二）本土企业规模与企业所有制对 FDI 溢出效应差异化影响的实证分析

1. 模型与变量说明

为了考察不同规模本土所有制企业对于 FDI 溢出效应吸收的能力差别，本文进一步结合企业所有制形式，分别将国有企业和私营企业按照企业规模进行分组讨论。

仍然采用模型（2），将前面的国有企业样本和私营企业样本按照企业规模进行分组检验。企业规模采取企业微观数据中销售收入的对数值表示（Lamia，2009），分别将本土企业样本、国有企业样本以及私营企业样本分为企业规模大和规模小两组，进行回归检验。

2. 实证检验结果与分析

本部分研究国有企业和私营企业在受到企业规模影响时，所获得的 FDI 竞争示范效应、人员流动效应、前向关联以及后向关联的差异化表现，检验了不同所有制本土企业的企业规模对于溢出效应各种渠道的表现差别。通过 Hausman 检验判断究竟是采用固定效应模型还是随机效应模型，回归结果如表 3 所示。通过对国有企业和私营企业在各种规模样本组的溢出效应横向比较，可以发现企业规模对于不同渠道的溢出效应影响并不一致。

表 3   以 LnTFP 为被解释变量的模型实证检验结果

变量	国有企业				私营企业			
	规模大	规模大	规模小	规模小	规模大	规模大	规模小	规模小
	HS1	HS2	HS1	HS2	HS1	HS2	HS1	HS2
LnHS(−1)	0.0073 (0.54)	0.0679*** (5.11)	0.1458*** (10.63)	0.2051*** (13.83)	0.1554*** (12.66)	0.1748*** (15.09)	0.0554*** (3.95)	0.1025*** (7.50)
LnFS(−1)	−0.0741*** (−8.53)	−0.0638*** (−7.59)	−0.0537*** (−3.89)	−0.0486*** (−3.65)	−0.0029 (−0.92)	−0.0097* (−1.79)	−0.0069 (−1.07)	−0.0048 (−0.79)
LnBS(−1)	0.0077 (0.81)	0.0185** (2.19)	0.0105 (0.91)	0.0389*** (3.45)	0.0088*** (2.78)	0.0020 (0.65)	0.0058 (1.02)	0.0019 (0.62)
Age	yes	yes	yes	yes	yes	yes	yes	yes
Industry	yes	yes	yes	yes	yes	yes	yes	yes
Year	yes	yes	yes	yes	yes	yes	yes	yes
常数项	8.0272*** (23.99)	8.5353*** (25.00)	5.5639*** (5.44)	6.8251*** (6.64)	7.1509*** (17.09)	7.5062*** (17.87)	5.7368*** (11.29)	6.2277*** (12.12)
r2_a	−0.4418	−0.4414	−0.6825	−0.6789	−0.5111	−0.5105	−1.0521	−1.0515
F	99.7355	100.0212	12.9454	14.8466	725.9712	727.7551	106.7768	107.8066
N	61893	61893	62114	62114	311091	311091	294946	294946

注：这里采用的是滞后一期的回归结果。括号内为对应的 t 统计量，* 表示 10%水平显著，** 表示 5%水平显著，*** 表示 1%水平显著。

如表 3 估计结果所示，国有企业的竞争示范和人员流动效应在企业规模小样本组和企业规模大样本组对应的系数均为正，而且都是在规模小样本组的系数绝对值更大些（分别为 0.1458 和 0.2051），高于规模大样本组的对应系数（0.0073 和 0.0679），表明竞争示范和人员流动在规模较小的国有企业溢出效应更大。垂直方向上，两组规模国有企业的后向关联系数为正，前向关联系数为负显著，也与整体估计一致。前向关联对应的系数都是负显著，主营业务收入行业指标衡量的后向关联系数均为正倾向不显著，从业人员比重指标衡量的后向关联系数均为正显著。但是国有企业中规模大样本组的后向关联系数（0.0077 和 0.0185）均小于规模小样本组的对应系数（0.0105 和 0.0389）；另外，国有企业的规模大样本组的前向关联系数（-0.0741 和-0.0638）也是小于规模小样本组的对应系数（-0.0537 和-0.0486），显示了国有企业的规模小样本组的后向关联效应更大些，前向关联效应尽管为负，但是国有企业的规模小样本组的挤出效应更小些。

私营企业的竞争示范和人员流动效应在两组样本里的表现与不分组的整体估计一样，对应系数均为正显著。与国有企业不同，私营企业在企业规模大样本组的系数更大些（竞争示范效应系数为 0.1554，人员流动效应系数为 0.1748，均在 1% 显著性水平通过统计检验），高于企业规模小样本组（分别为 0.0554 和 0.1025），说明规模较大的私营企业的竞争示范效应和人员流动效应更大。垂直关联方向，两组规模的私营企业后向关联系数为正，前向关联系数为负，与不分组的整体估计系数的符号完全一致。从显著性水平看，主营业务收入行业比重指标衡量的后向关联系数在 1% 显著性水平为正（0.0088），而从业人员行业比重指标衡量的前向关联系数为-0.0097，在 10% 显著性水平通过检验，其他各垂直关联对应系数均不显著，说明私营企业在企业规模大样本组的后向关联效应更大些，前向关联效应在私营企业的两个样本组均为负，即产生了挤出效应，而且是企业规模大样本组的挤出效应更大。

这里仍然采用外企的固定资产净值年均余额作为 FDI 水平溢出效应的衡量指标，所得的估计结果如表 4 所示。

表4　以 LnTFP 为被解释变量的模型实证检验结果

变量	国有企业		私营企业	
	规模大	规模小	规模大	规模小
LnHS(-1)	0.0193* (1.82)	0.1111*** (11.44)	0.1761*** (17.84)	0.0830*** (7.17)
LnFS(-1)	-0.0773*** (-8.85)	-0.0536*** (-4.30)	-0.0050 (-1.60)	-0.0031 (-0.49)
LnBS(-1)	0.0053 (0.58)	0.0139 (1.26)	0.0098* (1.76)	0.0011 (0.34)
Age	yes	yes	yes	yes
Industry	yes	yes	yes	yes
Year	yes	yes	yes	yes
常数项	8.1653*** (24.84)	5.6273*** (5.55)	7.2678*** (17.38)	5.8633*** (11.56)
r2_a	-0.4323	-0.6667	-0.5097	-1.0516
模型	FE	FE	FE	FE
N	55963	68044	311091	294946

注：这里采用的是滞后一期的回归结果。括号内为对应的 t 统计量，* 表示 10% 水平显著，** 表示 5% 水平显著，*** 表示 1% 水平显著。

从表 4 结果可以看出，与表 3 中外资企业主营业务收入衡量的溢出效应对应系数相比，符号完全一致，只是显著性水平略有不同（竞争示范效应在企业规模大样本组的对应系数为正显著，原来是正，但不显著）。从系数的绝对值看溢出效应的表现，也是国有企业的企业规模小样本组和私营企业的企业规模大样本组表现得更好些，估计结果均未发生明显变化，说明对相关变量的估计具有较好的稳健性。

将企业规模与其所有制形式结合分析以后发现，企业规模大小会影响国有企业和私营企业对 FDI 溢出效应的吸收能力。

FDI 溢出效应在国有企业两个样本组的表现为，无论是水平方向上的竞争示范效应、人员流动效应，还是垂直方向上的后向关联效应，都是在企业规模小样本组表现更好。水平方向上，相对来说，大型国有企业制度固化，无论是新技术的采用、新管理模式的实现，还是人才的招聘和录用，在实际执行应用起来由于行政和制度的原因，可能会延滞，难以抓住最佳市场时机。该类型企业更倾向于生产标准化产品，而且也没有太大积极性去追求产品的多种多样，再加上政府的庇护，没有太大的激励去与外企竞争或者模仿，人才引进的机制渠道不够畅通难以吸引大量人才。企业规模较小的国有企业，受到政府干预程度要小一些，市场选择和行为主导性更强一些，面对外企带来的竞争和生存压力，学习动机比大型企业更强一些，若外企的技术可模仿度更高的话，则中小型企业就具有更多的学习优势，从而能够获得更多水平溢出效应。垂直方向上，中小型国有企业由于竞争和市场行为的灵活性，可以利用规模较小、机制相对灵活的特点，通过与外企建立合作关系，为外资企业提供中间投入产品，从而达到产品差异化以缓解市场压力，充分利用后向关联溢出效应获得更多收益。

在私营企业的实证检验中，水平溢出效应和垂直溢出效应均在企业规模大样本组表现更好。水平方向上，私营企业本身机制灵活、市场反应快，但是如果规模太小难以形成较强的学习和模仿竞争实力，因此相对大型的私营企业学习能力更强，也能更有效地分担研发花费，提高自身的创新研发能力，比中小规模的私营企业有着好的吸收 FDI 水平溢出效应的能力；大型私营企业既有灵活的用人制度，又具备较高的薪酬待遇，因此相对中小规模私营企业更能吸引到外企高级人才，有利于人员流动效应的发挥。在垂直方向上，大型私营企业能够更好地完成外企的生产要求，标准化生产所带来的熟练生产也能为其吸引和利用后向关联效应创造条件。

（三）本土企业技术差距对 FDI 溢出效应差异化影响的实证分析

1. 模型与变量说明

为了验证 FDI 不同渠道溢出的程度和大小是否受到本土企业技术能力的影响，这里利用模型（2）进行检验。首先将本地企业总样本分成高、中、低技术能力三组。本地企业现有的技术能力根据技术差距 Gap 来分类。

首先需要计算企业的劳动生产率，劳动生产率是用来计算每个企业的人均劳动生产率，是对企业经济考核的重要衡量指标，也能够较全面地衡量企业的管理经营实力、生产技术水平或者员工的生产熟练度等，是估计企业技术能力的常用指标。计算公式为：

$$LP_{it} = \frac{Y_{it}}{L_{it}} \tag{3}$$

下标 i 表示企业，t 表示时间，Y_{it} 表示工业增加值，L_{it} 为全部从业人员年均人数，被解释变量 LP_{it} 就是企业 i 在时间 t 的劳动生产率。

Y_{it} 以企业每年的工业增加值指标来衡量，该数据可直接从《中国工业企业数据库》获取，然后根据企业所在的省、地、县码对其所在省份进行重新归类，然后将工业增加值按照各省市历年的工业品出厂价格指数进行平减，基期为 2001 年。各省市工业品出厂价格指数直接取自《中国统计年鉴》（2001~2007）。L_{it} 用企业全部从业人员的年平均人数指标表示，数据直接获取自 2001~2007 年国家统计局所编制的《中国工业企业数据库》。

接下来，按照 Kokko（1996）的方法，Gap 被定义为同一行业外资企业的平均劳动生产率与本地企业自身劳动生产率的比值（这里细化到 4 位码工业行业），计算公式为：

$$Gap_{it} = \frac{Average(LP_{(for)jt})}{LP_{(loc)it}} \tag{4}$$

2. 实证检验结果与分析

根据 Gap 值把本土企业大样本分为三组：[①] 技术差距小组、技术差距中组、技术差距大组。技术差距越小，说明企业现有的技术能力越高；技术差距越大，说明企业现有的技术能力越低。运行模型（2）估计本土企业不同的技术能力对于 FDI 各渠道溢出效应影响差异。通过 Hausman 检验判断，最后选择固定效应模型估计，回归结果如表 5 所示。

表5　基于本土企业技术能力分组的 FDI 溢出效应实证检验

滞后一期	技术能力高	技术能力中	技术能力低	技术能力高	技术能力中	技术能力低
	HS1	HS1	HS1	HS2	HS2	HS2
	1	2	3	4	5	6
lnhs（-1）	0.0431*** (2.88)	0.0739*** (13.49)	0.0110 (1.25)	0.0521*** (5.42)	0.0976*** (21.55)	0.0269*** (2.81)
lnfs（-1）	-0.0058 (-1.44)	-0.0365*** (-20.14)	-0.0293*** (-4.91)	-0.0063* (-1.70)	-0.0258*** (-14.73)	-0.0156*** (-2.77)
lnbs（-1）	0.0362*** (11.29)	0.0561*** (18.57)	-0.0034 (-0.46)	0.0503*** (8.62)	0.0522*** (17.93)	0.0118* (1.71)
age	yes	yes	yes	yes	yes	yes
industry	yes	yes	yes	yes	yes	yes
year	yes	yes	yes	yes	yes	yes
_cons	7.0113*** (13.62)	7.1260*** (22.74)	4.5964*** (9.59)	7.1267*** (13.83)	6.8157*** (21.75)	4.6926*** (9.79)
r2_a	-1.0399	-0.6012	-1.5069	-1.0408	-0.6010	-1.5070
F	422.4844	987.3523	42.2557	421.7362	988.4809	42.2481
N	142221	478164	171572	142221	478164	171572

注：这里采用的是滞后一期的回归结果。括号内为对应的 t 统计量，* 表示 10% 水平显著，** 表示 5% 水平显著，*** 表示 1% 水平显著。

HS1 和 HS2 分别衡量 FDI 的竞争示范效应和人员流动效应，在这里就不同的溢出途径予以分别说明。从表 5 滞后一期的回归结果显示，第 1~3 列是以外资企业主营业务收入的行业比重指标来衡量 FDI 溢出效应，第 4~6 列为外企从业人员的行业比重指标的估计结果。可以看到，在不同技术能力的本土企业组别中竞争示范效应表现存在差异，在本土企业中技术能力和高技术能力的组里，竞争示范效应对于本地企业生产技术水平提升有着显著的正向促进作用，系数分别为 0.0739 和 0.0431，都在 1% 水平通过显著性检验，而本土企业低技术能力组对应的系数不显著，即都没有显著的竞争示范效应。

人员流动效应在三组技术能力的本土企业样本中均表现显著，对应系数分别为 0.0521、0.0976 和 0.0269，说明 FDI 溢出通过人员流动渠道能够显著促进本地企业技术能力的增长，本土企业中等技术能力组的人员流动溢出效应最大。

水平方向上的溢出效应随着技术能力的增强呈先增大再减小的趋势，呈倒"U"形变动，说

① 技术能力的分组根据技术差距 Gap 值，将 Gap 值从小到大排序，取前 20% 为技术差距小组，再取 60% 为技术差距中组，最后 20% 为技术差距大组。

明技术差距太高或者太低都不利于 FDI 溢出效应的吸收利用，在当本土企业的技术能力适中，技术差距与外资企业也处于适宜的范围的情况下，最有利于 FDI 溢出效应的发挥。

对于产业关联的纵向分析，两个指标衡量的后向关联和前向关联方向上的 FDI 溢出系数基本一致，前向关联系数基本显著为负（除了主营业务收入比重指标衡量的高技术能力组不显著），外企的进入不但没有为下游本土企业带来溢出效应而且还产生了负向的挤出效应。从系数的绝对值看，高技术能力组对应系数绝对值最小，分别为 -0.0058（不显著）和 -0.0063（1%水平下显著），说明高技术能力组本土企业受到的 FDI 前向关联渠道的挤出效应最小；后向关联系数基本显著为正（除了主营业务收入比重指标衡量的低技术能力组不显著），而且为负值（-0.0034），中等技术能力组本土企业获得的 FDI 后向溢出效应最大，系数分别为 0.0561 和 0.0522。

同样地，这里采用固定资产净值年均余额的外企行业比重作为 FDI 水平溢出效应的替代指标，检验结果如表 6 所示。

表 6　基于本土企业技术能力分组的 FDI 溢出效应实证检验

变量	技术能力高	技术能力中	技术能力低
lnhs(−1)	0.0170* (1.82)	0.0543*** (12.73)	−0.0236*** (−3.27)
lnfs(−1)	−0.0094** (−2.45)	−0.0381*** (−21.06)	−0.0353*** (−5.87)
lnbs(−1)	0.0636*** (10.47)	0.0470*** (15.86)	−0.0088 (−1.24)
age	Yes	yes	yes
industry	Yes	yes	yes
year	Yes	yes	yes
_cons	7.0410*** (13.67)	7.0705*** (22.55)	4.5109*** (9.42)
r2_a	−1.0406	−0.6026	−1.5063
F	421.8959	981.2838	42.6290
N	142221	478164	171572

注：这里采用的是滞后一期的回归结果。括号内为对应的 t 统计量，* 表示 10%水平显著，** 表示 5%水平显著，*** 表示 1%水平显著。

通过比较，发现技术能力低的竞争示范效应系数符号不一致，外企主营业务收入的行业比重指标显示的正向不显著，这里的结果是负向显著，均表达了若本土企业技术能力低的话，竞争示范效应很难实现，还有可能出现负向的挤出效应。其他对应的前后向关联在技术能力的不同组别与前面的回归结果相比，系数的符号完全一致，显著性略有不同（只有技术能力高组前面表现为负向不显著，这里为负显著），表明实证结果有着较好的稳健性。

对技术能力较高的本土企业，面对外资企业的进入，为了保持原有的市场和消费群体会与外资企业竞争，本土企业会通过加大研发投入、标准化生产等提高自身技术水平和降低成本，这种情况下 FDI 竞争效应更易发生。技术能力中等的本土企业则更可能通过对外资企业先进技术的模仿和学习来获得溢出收益，而适中的技术差距也有利于本土企业对外资先进技术的消化吸收并加以生产和应用。若本土企业技术能力过低，与外资企业技术差距过大，面对过高的外企先进技术，本地企业没有学习模仿的实力更谈不上竞争，从而难以通过竞争模仿渠道获得 FDI 溢出效应。

人员流动效应在低技术能力组的本土企业也表现显著的正向作用，可能是因为对于技术差距与外资企业相比非常大的本地企业，通过人才引进的方式获得外企技术是更有效的利用溢出效应的渠道，人才在原来的外企中受到培训和历练，再到本土企业或者自己成为企业家创办企业，能够很好地将外企的先进技术和优化的管理方式应用到本地企业。对于本来技术能力较差的当地公司来说，这样所带来的技术对于其整体的实力有着非常显著的促进和提升作用。

各技术能力组的后向关联溢出效应基本都是显著为正的，外企的进入可以对上游的本土供应商企业通过技术支持、设备提供、专家评判指导以及质量标准制定和检测等方式促进其生产率水平的提高，适宜的技术能力（中等技术差距）更有益于技术溢出。对于本土企业技术能力组（高技术差距组）表现出来的不显著的负向倾向，可能是由于技术差距过大，使供应商企业对于外资企业提供的技术指导和质量要求难以消化和胜任完成，无法通过该渠道提高自身的技术水准。

前向关联显著负向作用，说明外企的进入对于下游的本土企业生产率产生了挤出效应，跨国企业的标准化生产或者技术管理层面的优势，使其在本土企业交易或者合作时拥有更强的讨价还价能力，从而形成明显的卖方优势，不利于下游本土企业降低成本，乃至影响生产率的提升甚至造成生产率受损。而且，当技术差距较小，本土企业的技术能力较强时，受到前向关联的挤出效应会相对小一些，因为这些本土企业具有较强地谈判和技术实力。

总之，当本土企业的技术能力处于中高层次时更有利于对 FDI 溢出效应的吸收，低技术能力的本土企业吸收 FDI 溢出效应的能力有限。因此，应该致力于提升企业的技术能力，配合企业自主研发创新和管理水平提高。技术差距小易产生竞争示范效应，技术差距大获得的竞争示范效应最小。人员流动效应在技术差距大组最明显，后向关联在技术差距小组最显著，在技术差距大组不易发生。水平方向上来看，技术差距小的组竞争效应最大，技术差距中的组示范效应最大，技术差距大的组人员流动效应最大。

四、政策建议

本文利用中国工业企业大样本数据，从本土企业特征入手，以微观视角研究其对 FDI 溢出效应的影响，分别检验了产业内和产业间溢出效应的影响因素，实证分析了本土企业所有制、本土企业规模和本土企业技术能力对于不同渠道的溢出效应的影响。基于上述研究结论，政府需要采取以下措施：

一方面，增强国有企业经营和管理活力，完善股份制改革；有效促进私营企业扩大规模，积极发挥规模优势。国有企业和私营企业均能够从产业内的竞争示范、人员流动以及产业间的后向关联渠道获得正向的溢出效应，但相比之下，私营企业能够获得较大的溢出收益。因此，应积极激发国有企业的学习动力和市场潜能，促进其充分发挥主动性并且利用与外企合作的机会，通过学习、竞争以及更优的人才引进制度，学习下游外商客户的先进技术，合理控制企业规模，避免规模和制度冗余现象，增强对 FDI 溢出效应的吸收能力，促进国有企业技术水平的提高。对于私营企业应该落实和扩大支持政策力度，消除所有制歧视，为企业竞争搭建更公平的平台，构造更加合理的法制环境，培育私营企业的竞争能力，支持其通过合理途径适度扩大规模，对提升国内工业整体的技术生产水平尤其重要。

另一方面，内资企业与外资企业保持适中的技术差距最有利于获得溢出效应，而且这些溢出效应主要通过产业内的水平溢出和产业间的后向关联渠道产生，技术能力的适度提升与提高能够增大内资企业对于部分溢出效应的吸收。因此在外资引进时既要注意量的总额度，更要注重质的需要，有选择地倾向具有国际先进技术的外资企业，充分发挥竞争示范、人员流动和后向关联效应对内资企业的积极影响。对于技术能力弱、与外企技术差距大的本土企业来说，应着力提高对外资企业技术的消化和吸收能力的提升，在与外企的合作过程中，充分学习和利用外资企业的技术外溢；对于技术能力较高、与外资企业技术差距较小的内资企业，应该在利用外溢技术的同时，鼓励其增加自身研发力度和研发投资，强化自身的技术创新能力。

参考文献：

[1] 包群，赖明勇，阳佳余.外商直接投资、吸收能力与经济增长 [M].上海：上海三联书店，2006.

[2] 陈琳，林珏.外商直接投资对中国制造业企业的溢出效应：基于企业所有制结构的视角 [J].管理世界，2009（9）.

[3] 蒋兰陵.异质的所有制结构、FDI 的技术效率溢出和制造业技术创新 [J].国际经济贸易探索，2013（2）.

[4] 平新乔.市场换来技术了吗？[J].国际经济评论，2007（5）.

[5] 覃毅，张世贤.FDI 对中国工业企业效率影响的路径——基于中国工业分行业的实证研究 [J].中国工业经济，2011（11）.

[6] 王华，祝树金，赖明勇.技术差距的门槛与 FDI 技术溢出的非线性——理论模型及中国企业的实证研究 [J].数量经济技术经济研究，2012（4）.

[7] 杨亚平，干春晖.后向关联、技术溢出与本土供应商生产率提升——基于制造业企业大样本数据的实证研究 [J].经济管理，2011（9）.

[8] 周燕，齐中英.基于不同特征 FDI 的溢出效应比较研究 [J].中国软科学，2005（2）.

[9] Ahmed, E. M. Are the FDI Inflow Spillover Effects on Malaysia's Economic Growth Input Driven? [J]. Economic Modelling, 2012, 29 (4): 1498-1504.

[10] Aitken, B. J. and A. E. Harrison. Do Domestic Firms Benefit from Direct Foreign Investment? Evidence from Venezuela [J]. The American Economic Review, 1999 (6): 605-618.

[11] Ben Hamida, Lamia. and P. Gugler. Are There Demonstration-related Spillovers from FDI?: Evidence from Switzerland [J]. International Business Review, 2009, 18 (5): 494-508.

[12] Carluccio, J. and T. Fally. Foreign Entry and Spillovers with Technological Incompatibilities in the Supply Chain [J]. Journal of International Economics, CEPR Discussion Paper, No. DP7866, 2012 (6).

[13] Feinberg, S. and S. Majumdar. Technology Spillovers from FDI in the Indian Pharmaceutical Industry [J]. Journal of International Business Studies, 2001, 32 (3): 421-437.

[14] Kokko, A. Productivity Spillovers from Competition between Local Firms and Foreign Affiliates [J]. Journal of International Development, 1996, 8 (4): 517-530.

产能过剩治理下的河南深化国企改革研究

唐海峰

（河南省社会科学院，河南郑州　450002）

产能过剩是市场经济运行的常态现象，一定程度上的产能过剩，有利于企业竞争、有利于消费者，而超过一定程度的产能过剩则反映了资源配置低效率、反映了产业结构的失衡。产能过剩主要表现：一是产业内资源或生产能力利用率低，一定时期内某行业实际生产能力没有达到潜在产出水平；二是产业利润率低，产业平均利润率很少、趋于零，甚至为负；三是产业内部之间过度竞争，使得行业内产品以低于成本的价格进行竞争。目前在产能过剩问题上，最主要也最突出表现在国有企业领域，是目前我国产能过剩的重灾区，大范围、大规模的产能过剩如果不能有效解决，将可能导致国有企业长期处于亏损状态，而我国工业也将陷入长期的萧条。因此，当前国企改革中的产能过剩治理尤为迫切，而在产能过剩治理下的河南国企改革路径、战略目标也值得深入研究。

一、当前河南省产能过剩现状分析

改革开放以来，我国出现了三次较为明显的产能过剩。第一次出现在 20 世纪 90 年代初，并且历经三年的整顿治理得到了缓解。受亚洲金融危机影响，第二次产能过剩出现在 20 世纪 90 年代末到 21 世纪初。第三次则是在 2003 年中国进入新的经济周期，许多行业的产能过剩问题逐步凸显，并自 2008 年起渐次达到高峰。

（一）我国产能过剩的总体情况

目前，我国产能过剩主要是结构性产能过剩，即落后产能的相对过剩和先进产能的相对不足共存，或者低效的产能过剩，有效产能不足。结构性产能过剩，在产品形态上，低端产能过剩，高端研发能力和产业化能力弱，满足不了有效需求；在产业价值链上，多量处在产业价值链低端、少量处在高端；在技术创新上，简单加工、一般制造的企业多，而高端制造、创新企业少。我国制造业中的钢铁、汽车、水泥、平板玻璃、多晶硅、造船、电解铝等均为产能过剩产业。据测算，中国制造业中的钢铁、汽车、光伏、水泥、平板玻璃等产能利用率分别为 62%、64%、66%、68%、70%，表明我国当前产能利用率偏低，经济效益欠佳，产能过剩比较严重。

[作者简介]　唐海峰（1976~），男，河南邓州人，河南省社会科学院助理研究员。

(二) 河南省产能过剩情况分析

近年来，受国内外多重因素的影响，河南省部分行业再次出现了市场竞争过度、产能过剩的局面，目前对省管国有企业影响较为严重的主要是钢铁、煤炭、化工、水泥、造纸等行业。一方面，河南国有企业确实存在产业结构偏重、产业层次偏低、产品结构不合理等问题；另一方面，国内部分行业投资无序、盲目发展，也挤压了河南国有企业的发展空间。在省国资委监管的 28 家国企中，2013 年有 9 家企业的净利润呈负增长，其中，中国平煤神马集团、河南交投集团分别亏损高达 1.48 亿元、19.34 亿元。在产能过剩的背景下，国有企业大而不强的问题比较突出，国有企业资产负债率偏高。2008 年以来河南规模以上工业企业资产负债率明显下降，2012 年为 51.4%，与 2008 年相比下降了 6.4 个百分点，而同期河南规模以上国有控股工业企业资产负债率确有所提高；在经营效益上，总资产收益率不到 1%，比规模以上工业企业低 5 个百分点以上，抵御市场风险的能力较差。河南国有企业普遍存在"重规模、轻效益"的现象，盲目扩张，导致企业摊子铺的过大，战线过长，主业不突出，产品主要集中在产业链前端和价值链低端，自主创新能力弱，技术含量低，附加值不高，核心竞争力不强。

二、产能过剩背景下河南国企改革面临的机遇与有利条件

本轮国企改革是 30 多年来中国国企改革的继续，站在历史性和全局性层面看，本轮国企改革可以看作是"收官"攻坚战，又恰逢宏观经济调整期和发展方式转型期叠加，虽然在整个产能严重过剩的大背景下强化了来自外部和内部的挑战与制约因素，但从总体上来看河南国企改革仍旧面临的诸多机遇与有利条件。

(一) 全面深化改革持续推进，改革氛围日渐浓重

十八届三中全会部署的全面深化改革，是以经济体制改革为重点，以协同推进经济体制、政治体制、文化体制、社会体制、生态文明体制和党的建设制度改革为主要内容的全面性、系统性、整体性改革，改革涉及的领域之多、范围之广前所未有。十八届三中全会通过了《中共中央关于全面深化改革若干重大问题的决定》，明确了全面深化改革的时间表和路线图。2014 年以来，中央出台了一系列重大改革举措，明确了 2014 年改革的 60 项任务，在转变政府职能、完善市场体系、改革金融财税体制等关键领域实施重大改革。这些改革举措，为河南省深化重点领域和关键环节改革，提供了顶层设计和制度保障。这次改革提出，要敢于啃硬骨头、敢于涉险滩，以更大决心和勇气冲破思想观念的束缚、冲破利益固化的藩篱，奋力在重点领域和关键环节实现历史性突破，深化改革的氛围日渐浓厚，为河南化解长期存在的产能过剩风险、深化国企改革和推动未来经济快速增长提供了重要理论支撑。

(二) 全球新工业革命日益兴起，经济转型升级正当其时

当前，科技革命孕育新突破、社会信息化持续推进、新工业革命日益兴起、全球合作和利益汇合点向多层次全方位拓展、新兴市场国家和发展中国家实力增强等因素，全球正在步入一个创新密集和新兴产业快速发展的时代。在此背景下，新科技革命以其摧枯拉朽的革命性动力，为我国培育和引进战略新兴产业，加速融入世界高端产业链，提供了一次难得的战略机遇期。河南是中国的缩影，资源型和重化工业突出，转型发展和结构调整的压力较大，必须及时把握新一轮科

技革命的战略机遇期，通过加大产能过剩治理力度，加快推进国企改革进程，大力推动河南经济转型升级，在新一轮全球竞争中抢占先机又为改革发展带来新机遇。

（三）国家层面经济工作思路出现重大转变，深化国企改革势在必行

2013 年中央经济工作会议对 2014 年的经济工作提出了总体要求，明确了主要任务，提出要把改革创新贯穿到经济社会发展工作的各个领域，以改革促发展、以改革促转型。国家层面经济工作的思路从"统筹考虑稳增长、调结构、促改革，形成科学的宏观政策框架"，转变到"在稳增长、保就业下限和防通胀上限的合理区间内，坚持主线是转变经济发展方式，主动力是改革攻坚，着力点是调整经济结构"。充分发挥市场的决定性作用，发挥微观主体的能动性和创造性，改革业绩考核中片面追求 GDP、忽略环境和生态的倾向，纠正不正确的政绩导向，把地方政府抓 GDP 的动力转变为抓调整结构、增加就业、重视民生、改善环境和生态的压力和动力，使合理的经济增长目标有丰富的内涵。在经济领域的上述举措也显示了进一步改革的取向，即按照"微观政策要活"的要求"放活微观"，更好地发挥市场配置资源和自我调节的作用，增强经济发展的活力和后劲。明确界定政府和市场的边界，进一步向市场放权，为企业松绑，用政府权力的"减法"换取市场活力的"加法"，使经济发展潜能进一步释放出来。市场化的发展思路更加清晰，不再单纯追求发展速度，最大限度减少对微观主体的行政干预，为进一步深化国企改革，促进产能过剩治理，彻底攻克国企改革历史遗留和疑难问题提供了可能和动力。

（四）推进经济转型已经成为社会共识，产业结构性调整面临重大机遇

近年来，工业粗放发展积累的深层次、结构性问题日益凸显，引起了国家的高度重视，推进重点行业企业兼并重组成为产业结构调整的一项重点工作。2010 年的《国务院关于促进企业兼并重组的意见》印发后，各部门、各地方认真加以贯彻，出台了一系列政策措施，企业兼并重组取得了积极进展。此后，"十二五"规划纲要、工业转型升级规划等相继提出要以汽车、钢铁、水泥等行业为重点推动企业兼并重组。2013 年 12 部门联合下发的《关于加快推进重点行业企业兼并重组的指导意见》，对汽车、钢铁、水泥、船舶、电解铝、稀土、电子信息、医药和农业产业化共九大行业和领域的兼并重组工作提出了主要目标和重点任务。2013 年国务院印发了《关于化解产能严重过剩矛盾的指导意见》，分别提出了钢铁、水泥、电解铝、平板玻璃、船舶等行业分业实施意见，并确定了当前化解产能严重过剩矛盾的 8 项主要任务。在我国经济转型的大背景下，在经济形势相对低迷之时，市场优胜劣汰作用进一步显现，竞争力较弱的企业处境艰难，产业过剩、企业经营困难降低了产业整合成本，这就为优势企业推进兼并重组提供了难得机遇。

（五）三大国家战略稳步推进，助推国有企业深化改革

2008 年以来，国家粮食核心区、中原经济区、郑州航空港经济实验区等相继上升为国家战略，河南迎来前所未有的发展机遇期。通过中原经济区规划，河南获得了在城乡资源要素配置、土地节约集约利用、农村人口有序转移、行政管理体制改革等方面先行先试的权利；通过郑州航空港经济实验区规划，河南获得了在航空管理、海关监管制度、服务外包政策、财税政策等方面一系列先行先试的优惠政策，加上国家粮食核心区规划对河南的一系列扶持和补偿政策，河南省从中央获得的政策优惠前所未有。国家推动建设丝绸之路经济带，为新的时期河南融入全球价值链、融入全球市场提供了新的机遇和通道，对促进河南对外贸易发展、中原文化振兴具有重要的意义。三大国家战略和丝绸之路经济带建设稳步推进，河南进入了机遇集中释放期，为产业结构的战略性调整创造了较为宽松的发展环境和良好条件，河南国有企业应当把握住这个难得的机遇，加快研究实施化解产能过剩的策略，深化企业内部改革，提升发展质量，扩展企业生存空间。

三、产能过剩治理下的河南深化国企改革路径选择

治理产能过剩凸显的产业失衡问题，关键是解决好产能过剩背后的资源配置的权利制度安排，明晰市场、国企与政府在产业结构调整中的功能与边界。市场是产业结构调整的基础，国企是产业结构调整的主体，政府承当引导功能。

（一）国资运营平台化

以国有资本运营公司和固有资本投资公司为重点，打造一批国资运营投资平台。支持有条件的国有企业改组为国有资本投资公司，在若干支柱产业和战略性新兴产业打造一批具有国际竞争力的民族企业。支持国有资本投资公司逐步向国有资本运营公司转型，搭建省级国有资本运营公司，打造真正的国有资本运营集团，促使其开展市场化资本运作。打造一批混合所有制经济的产业发展平台，支持国有企业与其他所有制企业、各类投资机构联合设立产业发展基金以及其他各类创投基金，引导河南新兴产业、支柱产业发展。

（二）产权结构多元化

通过引进战略投资者、股权置换、项目合作、改制上市等多种形式，全面推进国有企业股份和投资主体多元化，促进混合所有制经济发展。大力支持非国有资本参与国有企业改制重组，积极引入社保基金、保险基金、股权投资基金、风险投资基金等投资特许经营行业、战略性新兴产业和创投行业。鼓励国有股权依法向境内外投资者转让，推进地方国有企业与中央企业合资合作。通过公开产权市场引进战略投资者，规范产权交易流转，避免资产贱卖和流失。根据企业形式积极探索企业员持股方式，形成资本所有者和劳动者利益共同体。

（三）国有资产证券化

针对河南国有企业上市平台相对较少的局面，全省国有控股的境内上市公司 20 家，其中省管企业控股 12 家，国有资本证券化率 30%。按照上市一批优势企业、重组一批上市公司、培育一批后备企业的思路，推进国有企业上市，打造一批公众公司。鼓励国有企业充分利用包括主板、中小板、创业板、全国股份转让系统和区域性股权交易场所在内的多层次资本市场上市挂牌。支持已有上市公司的集团利用上市公司平台核心业务资产整体上市，逐步使上市公司成为国有企业的重要组织形态。省级大型产业集团和规模较大的政府投融资平台公司，加快筛选、确定上市后备企业，努力实现每户企业控股至少 1 家上市公司的目标，并逐步实现核心业务资产整体上市。

（四）法人治理规范化

推动国有企业完善法人治理结构，健全现代企业制度，规范董事会的制度建设和运行机制，全面落实董事会在重大决策、薪酬考核、选人用人等方面的职权。竞争性企业实行外大于内的董事会结构，积极推行财务总监外派制度，探索实行首席财务官制度，完善监事会内设外派运行机制。提升国有企业依法规范经营管理水平，探索建立更加公开透明的国有企业财务预算等重大信息公开制度，主动接受人大和社会公众监督。

（五）高管选聘市场化

积极探索国有企业职业经理人的管理模式，完善国有企业职业经理人制度，加大高管市场化选聘力度，形成良好的选人用人机制。国有企业对新选任企业经理层人员（包括总经理在内）原则上都实行市场化选聘。逐步推动现有的出资人推荐经理层人员向市场化管理方式转变，加快形成经营者能上能下、员工能进能出、收入能增能减的市场化经营机制。实现国有企业重要职位全球招聘，每年面向全球招聘一批复合型高层次领军人才，使省管国有企业高级人才引得来、留得下、稳得住、干得好。

（六）国资监管清单化

国有资产由"管资产向管资本转变"，转变国资委监管职能，并进一步"简政放权"，从目前以"审批审核"为主的监管方式向"优化布局和调整结构"为主转变，尝试实施"清单管理机制模式"，省级层面加快研究监管清单、报告清单和问责清单的清单管理机制模式，尝试将国资委作为出资人的投资决策、业绩考核和高级经营管理人员选聘等方面的部分职权下放给建设规范的企业董事会行使，不再干预企业具体经营决策，提高企业自主决策权和决策效率，以监管模式的转变提升国有资产的市场活力。

（七）国企信息公开化

提高本轮国有企业改革信息公开化水平，建立国有企业改革新闻发言人制度，由国资委负责，向社会及非公有制企业及时公布本轮国资国企及混合所有制改革的进程及有关信息，提高非公有制企业及其他社会资本参与国有企业改革的积极性。同时，提高国有企业运营透明度，完善国有企业经营管理信息公开机制，强化国有非上市公众公司、国有上市公司的信息披露管理，及时向社会公众公开企业信息，接受社会公众监督，让参与投资者放心。

四、河南国企深化改革的战略目标

化解国有企业产能过剩矛盾是一项长期工程，需要通过进一步优化国有资产布局、提升国有资产配置效率等来实现，河南本轮国资国企改革的战略目标是建立新的国资监管模式、新的国企产权结构、新的国资运营平台、新的公司治理机制、新的国有资本布局。

（一）新的国资监管模式：建成统筹协调分类监管的国资监管体系

正确处理好政府与市场的关系，政府部门履行宏观调控、市场监管、行业管理等公共管理职能。国资监管机构重点依法履行监管职责，分类推进改革调整和管理，改革重建政企分开、政资分开、分类管理、效率提升的新型国资监管体系。国资委的出资人职责逐渐移交给运行成熟的国有资本运营公司，实现政企、政资分来。

（二）新的国企产权结构：全面实现国有企业混合所有制改革

积极发展混合所有制经济，不留死角，不设限制，全面加快混合所有制改革，省管企业加快实现整体上市或核心业务资产上市，通过分立改制、分拆改制，加快二、三级子公司的改制步伐，推进各类公司与非公有制企业间的兼并重组，形成一批公共公司。

（三）新的国资运营平台：培育具有较强竞争力和影响力的国有企业集团和"淡马锡型"国有资本投资运营集团

培育具有国际竞争力和影响力的企业集团，形成 3~5 家符合国际规则、有效运营的资本投资运营公司，8~10 家全国布局、海外发展、竞争力强的企业集团，以及一批技术领先、品牌知名、引领产业升级的专、精、特新企业。

（四）新的公司治理机制：建立健全具有中国特色的现代企业制度

确立法定代表人在公司治理中的中心地位，健全协调运转、有效制衡的法人治理结构。以规范经营决策、资产保值增值、公平参与竞争、提高企业效率、增强企业活力、承担社会责任为重点。探索去行政化机制，只保留正职有行政级别，副职全部实现市场化选聘，形成企业优胜劣汰、经营者能上能下、人员能进能出、收入能增能减的市场化经营机制。

（五）新的国有资本布局：改革重构适应河南经济发展实际的国有资产新布局

将国资委系统 80% 以上的国资集中在战略性新兴产业、先进制造业与现代服务业、基础设施与民生保障等关键领域和优势产业。企业集团控制管理层级，加强对三级次以下企业管控。

五、推进河南国企深化改革的对策建议

为确保河南国资国企改革的顺利展开，提出以下几点建议。

（一）研究借鉴央企和其他地方国企改革的经验与模式创新

国资国企改革是一项系统工程，河南国有企业改革要借鉴先进经验与模式。建议在国资委设立一个专门的研究小组，对发达国家国企改革经验、我国央企改革经验以及各地的国企改革样本进行研究和剖析，总结经验教训，研究成果及时上报供省决策层参考，有关成果可以以内部资料形式发送到各类国有企业，供企业参考。

（二）建立国有企业改制重组成本分担机制

由于国有企业遗留问题较多，尤其是一些空壳企业资本消融问题普遍存在，要建立一个改制重组成本分担机制，重点解决国有企业办社会职能、厂办大集体、离退休人员社会管理等历史遗留问题，通过国有产权变现、国有资本经营预算支出、公共财政拨付、企业占用土地处置收益返还等多渠道筹措资金，妥善处理国有企业职工养老、失业、医疗、工伤、再就业、组织关系转移、户籍迁移、离退休人员社会化管理等方面的遗留问题，减小国企改革阻力。

（三）建立鼓励改革创新的容错机制

本轮国有企业改革需要大胆创新，而目前改革中又出现了浓厚的观望情绪，从有利于改革创新的角度，建议省级层面要建立一个容错机制，在不越法律法规"红线"、不碰国有资产流失"底线"的前提下，支持鼓励各类国有企业创新思路，探索改革模式，充分尊重基层首创精神，鼓励创新、鼓励探索、鼓励实践。

（四）营造促进国有企业改革的良好氛围

邀请国内有关专家学者和官员到河南就国企改革问题做讲座，召开各类国企改革研讨会，及时总结宣传河南各地国企改革的典型案例和先进经验。建议国资委建立移动端平台、微信平台等，及时发布有关资讯，不断提高对新媒体的适应和运用能力。

参考文献：

［1］何立胜.目前结构性产能过剩背景下的产业结构调整研究[J].中国浦东干部学院学报，2013（2）.

［2］张前荣.我国产能过剩的现状及对策［J］.宏观经济管理，2013（10）.

［3］刘志彪，王建优.制造业的产能过剩与产业升级战略［J］.经济学家，2012（1）.

［4］丁鑫.产能过剩主攻方向应是国企［N］.证券日报，2013-11-25.

［5］徐奎松.快速科学地化解国企产能过剩［N］.企业观察报，2013-10-29.

［6］龚绍东，赵西三，唐海峰.河南国有企业改革及混合所有制经济发展问题研究［R］.河南省社会科学院 2014 年院重点课题研究报告，2014，7.

基于 H-PCAIDS 模型的横向并购单边效应模拟分析
——以中国电冰箱行业为例

余东华　刘滔

（山东大学经济学院，山东济南　250100）

一、引　言

　　横向并购是指相关市场上竞争对手之间的合并，它可能通过两种方式产生反竞争效应：一是可能提高相关市场上企业之间达成默契串谋的可能性，产生协调效应；二是导致市场结构发生变化，企业对市场条件（独自竞争）的利润最大化反应会产生损害竞争的效果，即单边效应。大量案例研究结果显示，单边效应对于有效竞争和消费者福利的损害较为明显，而协调效应在一般情况下难以形成，即使形成也难以维持较长时间，对消费者的损害相对小一些。因而，各国反垄断当局在并购评估审查中主要关注的是单边效应。换句话说，反垄断执法机构主要分析的是非合作性竞争下的市场势力以及并购对市场势力的影响。在司法实践中，主要通过测度由于竞争者数量减少而导致的并购前后纳什均衡点的变化来评估单边效应。近年来，中国市场上发生的企业并购数量逐年增多，并购金额屡创新高，并购对市场有效竞争的影响也越来越明显，亟须反垄断当局强化对并购的评估审查。在对横向并购的审查需求逐年增加的同时，由于反垄断执法机构过分依赖传统的结构分析方法对并购进行分析，难以给出令人信服的量化证据，导致反垄断政策的公信力和透明度下降。传统结构主义分析方法的判定思路是，如果一起拟议的并购显著提高了相关市场的集中度，就推定该项并购是反竞争的。然而，在较高集中度市场中同样存在着高市场绩效，仅仅依据赫芬达尔指数（HHI）对并购案件做出反垄断裁定是不可靠的（Baker 和 Shapiro，2007）。并购反垄断控制的现实需求和并购反竞争效应分析不足之间的矛盾加剧，要求中国反垄断执法机构强化反垄断量化分析，解决反垄断评估审查中技术层面的难题。

　　20 世纪 90 年代以来，随着单边效应理论和计算机模拟技术的发展，并购模拟分析方法逐渐被欧美国家反垄断当局接受，并越来越多地应用到横向并购反垄断执法实践之中。Hausman，Leonard 和 Zona（1991、1994）使用计量模型和商场扫描交易数据分析了横向并购的反竞争效应，估计了不同品牌啤酒的需求函数，计算了并购对产品价格、消费者福利和社会总福利的影响。Coloma（2010）在获得了详尽的阿根廷饼干市场月度数据的情形下，从品牌和类别角度界定了阿

　　[基金项目]　国家社会科学基金项目（批准号：14BJY081）和山东大学青年学术团队项目（批准号：IFYT12072）。
　　[作者简介]　余东华（1971~），男，安徽安庆人，山东大学经济学院副院长，教授，博士生导师；刘滔（1989~），男，安徽太湖人，山东大学经济学院研究生。

根廷饼干行业的相关市场，并使用经典的对数线性模型评估了单边效应的大小。Barone（2004）收集了超市和大型卖场扫描数据，使用 LA-AIDS 模型评估了意大利运动饮料行业横向并购的单边效应，得到与传统的结构主义方法相左的结论。他认为，并购评估审查需要考虑效率对反竞争效应的抵减作用，兼并模拟方法能够评估效率提升对价格的影响。Jayaratne 和 Shapiro（2000）以及 Epstein 和 Rubinfeld（2004）认为，模拟分析不仅可以评估单边效应的大小以及兼并后的效率提升对单边效应的抵减作用，还可以评估兼并与资产剥离的净价格和福利效应。然而，采用以上方法进行兼并模拟分析的共同特点是需要非常详尽的数据支持，并且模型也复杂难懂。为了提高模拟的可操作性以及降低对数据的要求，经济学家们试图在兼并模拟分析模型中增加微观假设。Werden 和 Froeb（1994）使用 Logit 模型对美国长途运输业进行了并购模拟分析。Logit 模型引入了 IIA 假设，[①] 降低了对数据的要求，但是 IIA 假设同时也降低了模拟的精确性。此后，Epstein 和 Rubinfeld（2001、2004）也作了类似尝试，构建 PCAIDS 模型进行并购模拟分析。Lunkmark 和 Warell（2008）、Harbord 和 Riascos（2011）等将 PCAIDS 模型应用到具体案例中去，分别评估国际铁矿石行业并购案和 BAT/Protabacor 并购案的单边效应。近几年，Farrell 和 Shapiro（2010）以 Werden（1996）、O'Brien 和 Salop（2000）的思想为基础提出了 UPP 方法。该方法在评估并购反竞争效应时以并购是否产生净涨价压力为判定标准，而不考虑并购前后价格变化幅度。Mathiesen 等（2011）在传递率可观测的情形下利用 UPP 方法进行了并购模拟分析，并与传统并购模拟分析的结果进行了比较，发现传统并购模拟分析较之于 UPP 方法单边效应较大。UPP 方法透明度高，易于理解，但是进一步使用 UPP 方法评估单边效应的具体值又需要非常详尽的数据支持。从以上分析可以看出，截至目前，经济学家们还没有很好地解决并购模拟分析中模型复杂性与可操作性之间的矛盾。

国内学术界对并购模拟分析的相关研究很少，只是近两年才开始在并购单边效应分析中引入模拟方法。王继平和于立（2010）、刘丰波和吴绪亮（2011）等对国外并购模拟分析的研究现状和并购模拟技术本身做了基础性介绍。王继平（2011）使用 PCAIDS 模型对国际铁矿石巨头必和必拓和力拓并购案的单边效应进行了简单模拟分析，认为两拓合并将产生明显的单边效应，提高铁矿石价格。黄坤和张昕竹（2010）估计了碳酸饮料和果汁的一般线性和对数线性需求系统，并对可口可乐并购汇源案的单边效应进行了模拟分析，结果显示该项并购也将产生单边效应。刘丰波和吴绪亮（2012）以简单 Logit 模型为基础，估计了中国空调业主要企业的需求函数和边际成本，模拟了空调企业横向合并可能引起的价格变化，对模拟结果进行敏感性分析，并与嵌套 Logit 模型和结构方法进行比较。总体而言，国内对并购单边效应的模拟分析还处于起步和尝试阶段，一方面分析工具和方法比较简单，基本上是直接应用国外已有模型，处于简单模仿阶段；另一方面由于实证分析的数据样本较少，分析结果的信度和效度不足，现实意义和执法参考价值不大。

实际上，并购模拟分析过程中不同模拟技术的采用和需求系统估计模型的选择，是在模型精确性和可操作性之间进行权衡。横向并购评估审查中，既要强调操作简单的并购模拟方法在反垄断执法机构中的作用，但也不能忽略模拟分析的准确性。一般而言，模型越复杂，模拟分析的结果越精确（Baker，2011）。一方面，复杂的模拟分析模型对需求系统拟合较好，更加切合实际，从而有更高的准确性，但往往对数据的要求非常高，可能因数据质量问题而失去可操作性；另一方面，简单的模拟分析模型所需数据较少，但过分强调使用一些外生的变量降低模拟的难度，导致分析结果准确性下降。如何兼顾以上两方面，在借鉴已有模型分析思路的基础上构建新的模型，使其能够在获取数据较少的情况下，较为准确地估计需求系统，并进行单边效应模拟分析，是本

---

① IIA 即无关选择独立性：任何两种产品的选择概率比，只取决于两种产品的效用，与其他任何产品的效用无关。

文的初衷所在。

本文的结构如下：第一部分是引言，对研究背景和研究现状进行简要介绍。第二部分在 PCAIDS 模型的基础上改变加总性假设，引入零次齐次性假设，构建 H-PCAIDS 模型；在此基础上，进一步进行矩阵变化，推导只有两种产品的价格和销售量数据时进行需求系统估计的简化 H-PCAIDS 模型，即 SH-PCAIDS 模型。第三部分使用中国冰箱行业各个品牌的价格、销售量和市场份额等微观数据，分别采用 H-PCAIDS 模型和 SH-PCAIDS 模型估计中国冰箱行业的需求系统，并对两种方法下的实证结果进行简单比较。第四部分评估分析中国电冰箱行业横向并购的单边效应大小，验证模型的适用性，并简要分析替代性、市场份额和效率等因素对单边效应的影响。第五部分是全文的简要总结。

二、需求系统估计的 H-PCAIDS 模型

并购单边效应模拟分析的关键和基础性工作是对并购所涉及产品的需求系统进行估计，需求系统估计的常用模型是 PCAIDS 模型。PCAIDS（Proportionality Calibrated Almost Ideal Demand System）模型是在 AIDS（Almost Ideal Demand System）模型的基础上拓展而来。AIDS 模型的基本思路是，假设相关市场上有 N 种品牌产品，把各种产品的市场份额 $S_i (i = 1, 2, \cdots, N)$ 表示成各种产品的价格 P_i 的对数以及其他影响市场需求的变量 Y 的函数，即：

$$S_i = a_{i0} + a_{i1}\ln(P_1) + a_{i2}\ln(P_2) + \cdots + a_{ij}\ln(P_j) + \cdots + a_{iN}\ln(P_N) + a_{iY}\ln(Y) \tag{1}$$

式中，$i = 1, 2, \cdots, N$；$j = 1, 2, \cdots, N$。这个模型中的系数 a_{ij} 用来衡量产品之间的差异化程度，它与价格弹性之间的关系可以表示为：

$$\eta_{ii} = -1 + \frac{a_{ij}}{S_i} + S_i(\eta + 1); \quad \eta_{ii} = \frac{a_{ij}}{S_i} + S_j(\eta + 1) \tag{2}$$

式（1）和式（2）是 AIDS 模型的基本表达式。Epstein 和 Rubinfeld（2001）在 AIDS 模型中引入了三个新假设，得到 PCAIDS 模型。这三个新假设分别为：

比例性假设，即 $a_{ij} = -\dfrac{S_i}{1 - S_j} a_{ij}$ $\tag{3}$

对称性假设，即 $a_{ij} = a_{ji}$ $\tag{4}$

加总性假设，即 $\displaystyle\sum_{j=1}^{N} a_{ij} = 0$ $\tag{5}$

由式（3）和式（4）可以得到：$a_{ij} = \dfrac{S_j(1 - S_j)}{S_i(1 - S_i)} a_{ii}$ $\tag{6}$

至此，在给定行业中某一企业弹性和行业弹性的情况下，就可以推算出相关市场上其他企业的弹性数据，以进一步进行单边效应模拟分析，这就是传统的 PCAIDS 模型。

PCAIDS 模型的加总性假设意味着，只有在其他影响市场需求的变量 Y 保持不变的情形下，当相关市场上所有品牌的产品价格改变相同比例的时候，各种品牌产品的市场份额不变。也就是说，只要 Y 改变，即使相关市场上所有品牌的产品价格改变相同的比例，各种品牌产品的市场份额也会发生变化。但是，如果我们把 Y 看作是收入的话，由微观经济理论可知，当相关市场上的 Y 发生改变并且是与所有产品价格同比例变化时，对产品的需求量不会发生变化，从而各种品牌的市

场份额不会发生变化。[①] PCAIDS 模型中的加总性假设并没有考虑到这种情况，使其现实解释力下降。为了解决 PCAIDS 模型的缺陷，我们借鉴 Coloma（2010）在对数线性需求系统里引入零次齐次性假设的做法，改变 PCAIDS 模型的加总性假设，引入零次齐次性假设，即假设 $\sum_{j=1}^{N} a_{ij} + a_{iY} = 0$，就能使模型与微观实际更为契合。我们将拓展后的模型称为引入零次齐次性假设的 PCAIDS 模型，简称为 H-PCAIDS（Homogeneity-Degree-Zero Proportionality Calibrated Almost Ideal Demand System）模型。

引入零次齐次性假设后，式（1）可以改写成：

$$S_i = a_{i0} + a_{i1}\ln(P_1/Y) + a_{i2}\ln(P_2/Y) + \cdots + a_{ij}\ln(P_j/Y) + \cdots + a_{iN}\ln(P_N/Y) \tag{7}$$

如果我们能够获得各产品的价格、销售量和市场份额数据，就可以估计出式（7）里的各参数值，而待估计的参数也由 N（N + 2）个减少为 N（N + 1）个。引入零次齐次性假设并没有改变 PCAIDS 模型的主要思想：某种品牌产品价格上涨造成的市场份额损失，会按照上涨之前相关的市场份额比例转移到其他品牌的产品中去。也就是说，H-PCAIDS 模型依然保持了 PCAIDS 模型的优点，即通过比例性和对称性假设，在得到 a_{11} 估计值的情况下，可以计算出其他相关市场上所有企业的自身价格弹性和交叉价格弹性。我们把所有系数 a_{ij} 都表示成 a_{11} 的函数，用矩阵形式表示如下：

$$A = \begin{bmatrix} a_{11} & a_{12} & \cdots & a_{1N} \\ a_{21} & a_{22} & \cdots & a_{2N} \\ \cdots & \cdots & \vdots & \cdots \\ a_{N1} & a_{N2} & \cdots & a_{NN} \end{bmatrix} = \begin{bmatrix} a_{11} & \dfrac{-S_2 a_{11}}{1-S_1} & \cdots & \dfrac{-S_N a_{11}}{1-S_1} \\ \dfrac{-S_2 a_{11}}{1-S_1} & \dfrac{-S_2(1-S_2)a_{11}}{S_1(1-S_1)} & \cdots & \dfrac{-S_2 S_N a_{11}}{S_1(1-S_1)} \\ \cdots & \cdots & \vdots & \cdots \\ \dfrac{-S_N a_{11}}{1-S_1} & \dfrac{-S_2 S_N a_{11}}{S_1(1-S_1)} & \cdots & \dfrac{S_N(1-S_N)a_{11}}{S_1(1-S_1)} \end{bmatrix} \tag{8}$$

将矩阵 A 形式表示为方程，式（7）就可以改写为：

$$S_1 = a_{10} + a_{11} \frac{\ln(P_1/Y) - \sum_{k=1}^{N} S_k \ln(P_k/Y)}{1 - S_1} \tag{9}$$

$$S_i = a_{i0} + a_{11} \frac{\ln(P_i/Y) - \sum_{k=1}^{N} S_k \ln(P_k/Y)}{S_1(1 - S_1)}, \quad i=2, 3, \cdots, N \tag{10}$$

可以看出，式（9）和式（10）中待估计的参数变为 N + 2 个，通过式（8）我们可以计算出所有的系数 a_{ij}。式（7）、式（9）和式（10）就是 H-PCAIDS 模型的基本表达式。

现在，我们在考虑另外一个问题，当我们只能获得两种品牌产品（品牌 1 和品牌 2）的价格、销售量和市场份额数据时，如何估计出所需要的参数。我们可以通过定义矩阵 B 来进行处理，矩阵 B 的形式为：

---

① 这里 $S_i = P_i Q_i / \sum_{k=1}^{N} P_k Q_k$，当 P 和 Y 都改变相同的比例时候，需求量 Q_i 不会发生改变，则市场份额 S_i 不会发生变化。

$$B = \begin{bmatrix} a_{11} & a_{13} & \cdots & a_{1N} \\ a_{31} & a_{33} & \cdots & a_{3N} \\ \cdots & \cdots & \vdots & \cdots \\ a_{N1} & a_{N3} & \cdots & a_{NN} \end{bmatrix}^{-1} = \begin{bmatrix} a_{11} & \dfrac{S_3 a_{11}}{1-S_1} & \cdots & \dfrac{-S_N a_{11}}{1-S_1} \\ \dfrac{-S_3 a_{11}}{1-S_1} & \dfrac{S_3(1-S_3)a_{11}}{S_1(1-S_1)} & \cdots & \dfrac{-S_3 S_N a_{11}}{S_1(1-S_1)} \\ \cdots & \cdots & \vdots & \cdots \\ \dfrac{-S_N a_{11}}{1-S_1} & \dfrac{-S_3 S_N a_{11}}{S_1(1-S_1)} & \cdots & \dfrac{S_N(1-S_N)a_{11}}{S_1(1-S_1)} \end{bmatrix}^{-1}$$

$$= \begin{bmatrix} \dfrac{(S_1+S_2)(1-S_1)}{a_{11}S_2} & \dfrac{S_1(1-S_1)}{a_{11}S_2} & \cdots & \dfrac{S_1(1-S_1)}{a_{11}S_2} \\ \dfrac{S_1(1-S_1)}{a_{11}S_2} & \dfrac{S_1(S_1+S_2)(1-S_1)}{a_{11}S_2S_3} & \cdots & \dfrac{S_1(1-S_1)}{a_{11}S_2} \\ \cdots & \cdots & \vdots & \cdots \\ \dfrac{S_1(1-S_1)}{a_{11}S_2} & \dfrac{S_1(1-S_1)}{a_{11}S_2} & \cdots & \dfrac{S_1(S_1+S_2)(1-S_1)}{a_{11}S_2S_N} \end{bmatrix}$$

定义 $B_2 = B^{-1}(-A_2) = 1$，其中，A_2 为矩阵 A 的第 2 列除去第 2 行元素 a_{22} 组成的列向量。将上述矩阵条件代入方程组（7），则可以把方程组（7）中的第一个方程改写为：

$$\ln(P_1/Y) = b_{10} + \frac{S_1(1-S_1)}{a_{11}S_2} + \ln(P_2/Y) \tag{11}$$

即
$$\frac{S_1(1-S_1)}{S_2} = -a_{11}b_{10} + a_{11}\ln\left(\frac{P_1}{P_2}\right) \tag{12}$$

对式（12）进行回归，我们就可以得到参数 a_{11} 的估计值，而 a_{11} 正是求价格弹性以进一步进行单边效应模拟分析的关键参数。我们将以上模型称为简化的 H-PCAIDS 模型，简称为 SH-PCAIDS（Simplified Homogeneity-Degree-Zero Proportionality Calibrated Almost Ideal Demand System）模型。

至此，我们从两个维度上降低了横向并购单边效应模拟分析的难度：一是减少了待估计的需求参数。待估计的参数由 AIDS 模型中的 $N(N+2)$ 个减少到 H-PCAIDS 模型中的 $(N+2)$ 个，进而减少到 SH-PCAIDS 模型中的 2 个。二是降低了数据要求。AIDS 需要大量的扫描数据以达到计量分析的要求，而 PCAIDS 模型往往使用外生的某个企业和行业弹性来进行并购模拟分析，缺乏量上的精确性。通过对式（12）的回归分析，SH-PCAIDS 模型所需要的数据仅仅只是相关市场上两个企业的价格、销售量和市场份额数据，通过严格的计量来估计需求系统，并进行并购模拟分析，提高了模拟的可操作性。下面，我们将以中国家用电冰箱行业为例，分别采用 H-PCAIDS 模型和 SH-PCAIDS 模型进行并购模拟分析，以验证模型的精确性和可操作性。

三、冰箱行业需求参数的多维估计：H-PCAIDS 模型的应用

（一）数据描述

本文采用 2006~2009 年中国家用电冰箱行业 10 个大城市（北京、上海、广州、南京、郑州等）的月度数据估计需求系统。其中，价格、销售量和市场份额数据为北京中怡康市场研究公司（GMM）的零售监测数据。我们获得了家用电冰箱行业近 20 家企业的零售监测数据，包括海尔、

海信、新飞等国产品牌以及西门子、LG、三星等国外品牌。为了提高模拟的可操作性,我们把各城市的数据进行加总,并把由相同集团控制的品牌归于一个集团,如小天鹅、容声、荣事达等由海信集团实际控制,并且将市场份额较低的品牌归于"其他",如东芝、威王等。另外,我们还对数据进行了一些简单的调整,如 2006 年 5 月海信收购了容声冰箱,导致 2006 年容声冰箱价格变化幅度较大,因此将后 3 年中各月份销售量、价格占全年的加权比例乘以 2006 年的容声冰箱的价格、销售量得到调整后的新数值。然后,我们通过各企业的销售额除以总销售额得到市场份额。最后,用城市商品零售价格指数对价格进行平减,以消除通货膨胀因素的影响。收入、城市居民消费价格指数和城市商品零售价格指数数据来源于中经网产业数据库。我们用城市居民消费价格指数对城市居民可支配收入进行平减,以消除价格因素的影响。主要数据的统计描述如表 1 所示。

表 1 数据统计描述

	均值	最大值	最小值	标准差
西门子市场份额	0.3458196	0.4404685	0.2456137	0.0558473
海尔市场份额	0.1944898	0.2412787	0.135145	0.0298492
松下市场份额	0.1098603	0.1371682	0.0743168	0.0157896
LG 市场份额	0.0853912	0.1134633	0.0543793	0.0152461
海信市场份额	0.0483697	0.1209344	0.0134487	0.0298367
加权平均价格（元/台）	4382.19	4798.906	3862.7	297.6471
加权平均产量（台）	26583.65	75569	9291	13799.9
城镇居民人均可支配收入（元）	1218.761	1932.11	887.15	227.5115

资料来源:笔者根据 GMM 数据计算整理。

从表 1 可以看出:①国产品牌冰箱的增长较快,但是国外品牌的冰箱在大城市中仍占据主要地位。海信的市场份额从 2006 年的 1.3%增长到 2009 年的 12.1%,上升近 10 倍。但是,国外品牌的冰箱市场份额仍大于国产品牌的冰箱。这可能是因为,一方面大城市生活水平较高,追求的可能并不是价格实惠,而是质量和高性能,而西门子等国外品牌技术先进;另一方面,国产品牌通过不断技术创新,正在缩小差距。②家用电冰箱价格呈下降趋势,加权平均价格从 2006 年的每台4584 元降至 2009 年的每台 4297 元。国产品牌冰箱的降价幅度要大于国外品牌冰箱。究其原因可能是冰箱行业中的国内企业的管理、技术等不断革新,导致生产率提高;而国外企业管理、技术已经相当成熟,冰箱价格趋于稳定,而其价格的略微下降可能是市场上的互动博弈的结果。③中国大城市冰箱行业的市场集中度较高,CR₄超过 75%。按照美国经济学家贝恩的市场结构划分依据,中国电冰箱行业已经属于高度集中寡占型(寡占Ⅱ型)市场,拥有较高的市场势力,可能出现滥用市场势力来攫取垄断利润的行为,因而有必要对冰箱行业进行并购模拟分析。

(二) 需求系统估计

为了估计需求系统并进一步展开并购模拟分析,我们分别使用两种方法来估计参数。方法一是采用 H-PCAIDS 方法进行估计,待估计的方程组为:

$$S_i = a_{10} + a_{ii} \frac{\ln(P_i/Y) - \sum_{k=1}^{N} S_k \ln(P_k/Y)}{1 - S_i} + \gamma_{ij} \sum_{j=1}^{3} d_{ij}$$

式中,i = 西门子、海尔、松下、LG、海信、新飞等(即各个品牌,共 11 个),d_{ij} 为季节虚拟变量,以消除季节性因素的影响。需要特别说明的是,通过观察数据我们发现,2 月、3 月和 4 月的销售量明显低于其他月份(可能是春节的影响),因此我们将其划分为第一季度,5 月、6 月和

7 月划分为第二季度，以此类推。此时我们需要相关市场上所有品牌的价格、销售量以及市场份额数据。我们分别使用似不相关回归（SUR）与简单最小二乘法（OLS）对该方程组进行回归，在OLS 下得到了较好的结果。

方法二是采用 SH-PCAIDS 方法进行估计。我们假设只能获得西门子与海尔两个企业的价格和销售量数据，因此待估计的方程为：

$$\frac{S_1(1 - S_1)}{S_2} = -a_{11}b_{10} + a_{11}\ln(\frac{P_1}{P_2}) + \mu_1d_1 + \mu_2d_2 + \mu_3d_3$$

式中，企业 1 代表西门子，企业 2 代表海尔。同样，使用简单 OLS 估计我们得到了较好的结果。通过对 a_{11} 的估计，利用估计值我们可以计算出矩阵 A 中所有的元素。因此可以通过以下方程来估计行业弹性：

$$\ln Q = c_0 + \eta\ln(P) + c_yY + \theta_1d_1 + \theta_2d_2 + \theta_3d_3 + \varepsilon \tag{13}$$

式中，Q 为总销售量，P 为加权的价格，ε 为扰动项。引入零次齐次性假设，则式（13）可以改写为：

$$\ln Q = c_0 + \eta\ln(P/Y) + \theta_1d_1 + \theta_2d_2 + \theta_3d_3 + \varepsilon \tag{14}$$

实证分析的结果如表 2 所示。从表 2 可以看出，首先，两种方法回归得到的 a_{11} 的估计值都为负值，而 a_{11} 反映的是企业的自身价格弹性，这符合微观经济理论预期。其次，用 H-PCAIDS 模型（需要所有品牌的价格和销售量数据）和 SH-PCAIDS 模型（仅仅使用西门子和海尔的价格和销售量数据）得到了相近的估计结果，因为它们是基于相同的假设（比例性、同质性以及零次齐次性）推导出来的，并且使用的是相同的回归方法。这也是对上文第二部分的理论推导的验证。使用方法一回归得到系数的 p 值在 1% 的水平上显著，方法二的 p 值在 10% 的水平上显著，都通过了显著性检验。但是方法一下的 R^2 值为 0.8389，说明模型的拟合程度很好，而方法二下的 R^2 值仅为 0.1504，拟合程度一般。最后，电冰箱行业弹性的估计值为负，且 p 值在 1% 的水平上通过了显著性检验，R^2 值为 0.5853，模型的拟合程度较好。[①]

表 2　实证结果的比较

	系数	标准误	T 值	p 值	R^2
方法一	−0.7005434	0.0489191	−14.32	0.000	0.8389
方法二	−0.7038327	0.0480017	−1.84	0.072	0.1504
行业弹性估计	−1.230962	0.2013852	−6.11	0.000	0.5853

注：表中方法一和方法二列出的是对系数 a_{11} 的估计结果。

四、单边效应的模拟分析

（一）理论分析

采用 H-PCAIDS 模型估计了电冰箱行业的需求参数以后，就可以对该行业可能发生的横向并购单边效应进行模拟分析。为了兼顾分析便利性和不失一般性，我们做出以下假设：①企业 1 和

---

① 这里的拟合优度 R^2 低于方法一的拟合优度的原因可能是品牌"其他"的波动较大，如东芝冰箱的价格大幅度下降以及美的冰箱 2008 年之后需求量增长很快等。

企业 2 申报并购，它们各自生产单一品牌的产品，企业 1 生产品牌 1，企业 2 生产品牌 2。品牌 1 和品牌 2 在相关市场上进行 Bertrand 竞争。②企业没有生产能力的约束，且规模报酬保持不变。③企业 1 和企业 2 在是市场上进行非合作竞争，且不存在价格歧视。④并购不会引起市场进入，企业没有调整价格的菜单成本。根据以上假设，我们可以得到企业 1 和企业 2 在并购前的利润函数：

$$\pi_1 = (p_{1b} - c_{1b}) \cdot q_{1b}(p_{1b}, \ p_{2b}) - f_{1b}$$

$$\pi_2 = (p_{2b} - c_{2b}) \cdot q_{2b}(p_{1b}, \ p_{2b}) - f_{2b}$$

式中，p_{1b}，p_{2b}，q_{1b}，q_{2b} 分别为并购前品牌 1 和品牌 2 的价格和销售量；c_{1b}、c_{2b}、f_{1b}、f_{2b} 分别为并购前品牌 1 和品牌 2 的边际成本和固定成本。假设利润函数是二次连续的、可微的和严格凹的，则纳什均衡的充要条件是利润对价格的一阶导数等于零。求解该一阶条件可以得到：

$$p_{1b} = \frac{\eta_{11}}{1 + \eta_{11}} \cdot c_{1b}; \quad P_{2b} = \frac{\eta_{22}}{1 + \eta_{22}} \cdot c_{2b} \tag{15}$$

企业并购如果发生，则企业 1 和企业 2 不是各自追求利润最大化，而是追求联合利润最大化，联合利润函数可以表示为：

$$\pi_{12} = (p_{1a} - c_{1a}) \cdot q_{1a} + (p_{2a} - c_{2a}) \cdot q_{2a} - f_{1a} - f_{2a}$$

式中，p_{1b}、p_{2b}、q_{1b}、q_{2b} 分别为并购前品牌 1 和品牌 2 的价格和销售量；c_{1b}、c_{2b}、f_{1b}、f_{2b} 分别为并购前品牌 1 和品牌 2 的边际成本和固定成本。求解并购后利润函数的一阶条件，可以得到：

$$p_{1a} = \frac{\eta_{11}\eta_{22} - \eta_{12}\eta_{21}}{\eta_{11}\eta_{22} - \eta_{12}\eta_{21} + \eta_{22} - \eta_{21}\frac{s_2}{s_1}} \cdot c_{1a} \tag{16}$$

$$p_{2a} = \frac{\eta_{11}\eta_{22} - \eta_{12}\eta_{21}}{\eta_{11}\eta_{22} - \eta_{12}\eta_{21} + \eta_{11} - \eta_{12}\frac{s_1}{s_2}} \cdot c_{2a} \tag{17}$$

式中，s_1、s_2 分别为企业 1 和企业 2 在相关市场上的市场份额。令 $\lambda = \frac{c_{1b}}{c_{2b}}$，$0 < \lambda \leqslant 1$，也就是假设企业 1 的边际成本小于企业 2 的边际成本，即企业 1 较企业 2 有较高的效率。并购模拟中常划分以下两种情况进行分析：

（1）不存在效率改进，并购后企业 1 和企业 2 按照并购前的各自的边际成本生产，即 $c_{1a} = c_{1b}$；$c_{2b} = c_{2a}$。此时对比并购前后的均衡价格我们可以得到：

$$\frac{p_{1a} - p_{1b}}{p_{1b}} = \frac{(\eta_{11} + 1) \cdot (\eta_{11}\eta_{22} - \eta_{12}\eta_{21})}{\eta_{11}(\eta_{11}\eta_{22} - \eta_{12}\eta_{21} + \eta_{22} - \eta_{21}\frac{s_2}{s_1})} - 1 \tag{18}$$

$$\frac{p_{2a} - p_{2b}}{p_{2b}} = \frac{(\eta_{22} + 1) \cdot (\eta_{11}\eta_{22} - \eta_{12}\eta_{21})}{\eta_{22}(\eta_{11}\eta_{22} - \eta_{12}\eta_{21} + \eta_{11} - \eta_{12}\frac{s_1}{s_2})} - 1 \tag{19}$$

（2）存在效率改进，并购后企业 1 和企业 2 都按照并购前两家企业中较低的边际成本 c_{1b} 生产，即 $c_{1b} = c_{1a}$；$c_{1b} = c_{2a}$。此时对比并购前后的均衡价格，可以得到：

$$\frac{p_{1a} - p_{1b}}{p_{1b}} = \frac{(\eta_{11} + 1) \cdot (\eta_{11}\eta_{22} - \eta_{12}\eta_{21})}{\eta_{11}(\eta_{11}\eta_{22} - \eta_{12}\eta_{21} + \eta_{22} - \eta_{21}\frac{s_2}{s_1})} - 1 \tag{20}$$

$$\frac{p_{2a} - p_{2b}}{p_{2b}} = \frac{\lambda(\eta_{22} + 1) \cdot (\eta_{11}\eta_{22} - \eta_{12}\eta_{21})}{\eta_{22}(\eta_{11}\eta_{22} - \eta_{12}\eta_{21} + \eta_{11} - \eta_{12}\frac{s_1}{s_2})} - 1 \tag{21}$$

通过对式（18）~式（21）进行比较，就可估计得到横向并购的单边效应。

（二）实证分析

从上述理论分析中可以看出，评估冰箱行业的单边效应，需要计算并购企业的自身价格弹性、交叉价格弹性、市场份额和边际成本。自身价格弹性和交叉价格弹性可以根据 a_{11} 的估计值计算得到，市场份额可以从销售额数据中得到，边际成本数据由于不可获得，因此我们可以通过设定不同的 λ 值[①] 来估计单边效应。我们假设模拟的并购发生在 2009 年 12 月，我们列出该时点的市场份额如表 3 所示。

表 3　2009 年 12 月的市场份额

品牌	西门子	海尔	松下	LG	海信	三星	伊莱克斯	博世	美菱	新飞	其他
市场份额	0.26	0.24	0.082	0.054	0.088	0.042	0.019	0.059	0.031	0.034	0.088

注：笔者根据 GMM 数据整理所得。

进一步假设所有国外品牌生产冰箱具有相同的边际成本，所有的国产品牌的冰箱具有相同的边际成本，以 $\lambda = \dfrac{c_{domestic}}{c_{foreign}}$ 表示国外品牌冰箱与国产品牌冰箱的边际成本比值，且 $0 < \lambda < 1$，即在冰箱行业中外企业具有较高的生产效率。[②] 另外，由于本文第三部分在方法一和方法二下得到的 a_{11} 的估计值相差很小，我们取 $a_{11} = -0.700$ 来计算相关弹性数值，并且我们还将 a_{11} 上下浮动 50% 进行敏感性分析。我们分别对西门子和海尔，西门子和海信，LG 和海信分别进行并购模拟分析。这样选择的原因是：①三种情况下都是国外品牌和国产品牌的并购，可以分作有效率改进和没有效率改进两种情形进行分析；②三种情况分别代表了强强联合（西门子和海尔）、强弱合并（西门子和海信）和弱弱合并（LG 和海信）三种类型，将可能所涉及的并购类型都包含在内。为了提高模拟的稳健性，我们分别取 λ = 0.95（5%的效率改进）和 λ = 0.90（10%的效率改进）计算单边价格上涨幅度，实证分析的结果如表 4 和表 5 所示。

表 4　λ = 0.95 时单边价格上涨幅度

		价格上涨 (a_{11} = -0.7)		价格上涨 (a_{11} = -1.05)		价格上涨 (a_{11} = -0.35)	
		A	B	A	B	A	B
西门子—海尔 (A-B)	存在效率改进	11.3%	6.40%	8.60%	3.67%	15.5%	10.8%
	不存在效率改进	11.3%	12.0%	8.60%	9.12%	15.5%	16.6%
西门子—海信 (A-B)	存在效率改进	3.26%	2.91%	2.47%	0.919%	4.60%	6.60%
	不存在效率改进	3.26%	8.33%	2.47%	6.23%	4.60%	12.2%
LG—海信 (A-B)	存在效率改进	2.13%	-3.73%	1.58%	-4.05%	3.22%	-3.09
	不存在效率改进	2.13%	1.34%	1.58%	0.999%	3.22%	2.01%

表 5　λ = 0.90 时单边价格上涨幅度

		价格上涨 (a_{11} = -0.7)		价格上涨 (a_{11} = -1.05)		价格上涨 (a_{11} = -0.35)	
		A	B	A	B	A	B
西门子—海尔 (A-B)	存在效率改进	11.3%	0.800%	8.60%	-1.79%	15.5%	4.94%
	不存在效率改进	11.3%	12.0%	8.60%	9.12%	15.5%	16.6%

[①] 这里 λ 可以衡量效率改进程度，λ 越大效率改进越小；当 λ = 1 时，就不存在效率改进，此时，式（21）退化为式（19）。

[②] 我们查询了相关企业的报表发现，西门子、松下、LG 等国外品牌单位成本低于国内品牌成本，这可能是由于外资企业具有较高的管理水平和技术工艺。

续表

		价格上涨 ($a_{11}=-0.7$)		价格上涨 ($a_{11}=-1.05$)		价格上涨 ($a_{11}=-0.35$)	
		A	B	A	B	A	B
西门子—海信 (A-B)	存在效率改进	3.26%	-2.50%	2.47%	-4.39%	4.60%	-0.980%
	不存在效率改进	3.26%	8.33%	2.47%	6.23%	4.60%	12.2%
LG—海信 (A-B)	存在效率改进	2.13%	-8.79%	1.58%	-9.10%	3.22%	-8.19%
	不存在效率改进	2.13%	1.34%	1.58%	0.999%	3.22%	2.01%

注：价格上涨幅度由笔者计算所得。正数表示价格上涨，负数表示价格下降。实际上我们还使用 R 语言模拟分析了单边价格上涨幅度，得到了相近的结果。

对比表 4 和表 5，我们可以得到以下结论：

（1）a_{11} 估计值的绝对值越小，并购的单边效应越大。这是因为 a_{11} 估计值的绝对值较小，意味着并购企业所销售产品之间的替代性越强。当 $a_{11}=-0.35$ 的时候，即便是市场份额较小的两家企业并购（LG 和海信的并购），在无效率改进的情形下都将会有 3.22% 和 3.22% 的价格上涨。[①]

（2）在不存在效率改进的情形下，无论是强强联合、强弱合并还是弱弱合并，并购后并购双方价格都有一定程度的上涨。特别是西门子和海尔的并购，如果并购之后西门子的管理和技术优势不能有效地传递到海尔，即海尔不能获得效率改进，则即便是在 $a_{11}=-1.05$ 的情形下，海尔和西门子都有超过 8.6% 的价格上涨幅度，而在 $a_{11}=-0.35$ 的时候，海尔和西门子都将获得超过 15% 的价格上涨幅度，这类并购具有显著的单边效应。

（3）当两家进行并购的企业存在效率差异的时候，如果并购能够导致效率改进，效率改进会抵减单边价格上涨，并且效率改进的幅度越大，抵减的作用越明显。例如，西门子和海信的并购，在 $a_{11}=-0.7$ 的情形下，如果不存在效率改进，则海信冰箱价格将上涨 8.33%；如果存在 5% 的效率改进时海信冰箱价格上涨仅为 2.91%，而当存在 10% 的效率改进的时候，海信冰箱在并购后较之并购前价格反而下降了 2.50%。

（4）拥有较大市场份额的企业之间的并购有较大的单边效应。例如，在 $a_{11}=-0.7$ 的情形下，如果不存在效率改进，西门子和海尔的并购将会导致西门子和海尔的价格都上涨 10% 以上，但是 LG 和海信的并购，引起 LG 的价格上涨仅为 2.13%，并且海信价格上涨也只有 1.34%。这是因为市场份额较大的企业，拥有较大的市场势力，从而具有较强的定价能力。

（5）同一并购中拥有较大市场份额的品牌的单边价格上涨幅度小于拥有较小市场份额的品牌的价格上涨幅度。例如，西门子和海信的并购，西门子拥有 26% 的市场份额，海信只有 8.8% 的市场份额，在 $a_{11}=-0.7$ 的情形下，如果不存在效率改进，则海信的价格将会上涨 8.33%，而西门子的价格仅上涨了 3.26%。这是由于如果西门子冰箱提高价格，只有一小部分消费者转为购买海信冰箱；但是当海信提高价格的时候，有较大的一部分消费者会转为购买西门子冰箱。这是比例性假设的结果，即某一产品的价格上升所引起的销量减少会按照市场份额的比例分配到其他企业中去（Farrell 和 Shapiro，2010）。当企业 A 提高价格，消费者从企业 A 的产品到企业 B 的产品的转换比率为 $D_{AB}=DS_B/(1-SA)$，其中 D 为行业转移比例。当行业转移比例一定的时候，随着 A 市场份额的增加或者随着 B 市场份额的减小，企业 A 提高价格时损失的销售量转入企业 B 的将减小。

综上所述，横向并购单边效应的大小取决于产品之间的替代程度、产品的市场份额以及效率改进的程度。我们也注意到，单边效应模拟分析建立在一些假设的基础之上，假设的变化可能影响到模拟分析的结果。在需求方面，实际的需求系统往往非常复杂，这些假设是否限制性过强？比如比例性假设，即某一产品的价格上升所引起的销量减少会按照市场份额的比例分配到其他企

---

① 越小，意味着各品牌的自身价格弹性绝对值越大，以及各品牌之间的交叉价格弹性也越大，从而产品之间的替代性越强。

业中去。实际上，同一行业中不同品牌之间的替代性是有很大差异的，许多经济学家通过引入"组"解决这个问题，组内满足比例性和对称性，组间允许非对称的替代形式（Epstein 和 Rubinfeld，2004）。另外，假设并购前后弹性保持不变，然而当价格变化的幅度比较大的情况下，如西门子与海尔的并购，不变弹性假设会高估并购产生的价格影响。在成本方面，假设并购前后边际成本不变或者并购后企业按照并购前边际成本较低的一方进行生产，也就是说边际成本是独立于产量的。如果边际成本随着产量的变化而降低，则通过模拟预测的价格上涨就会偏高。这是因为，价格上涨意味着较低的产量，反过来又意味着边际成本下降情况下的一个较高产量。因为边际成本传递不完全，从而对价格的影响会低于按照边际成本加成计算出的数值。反之，如果边际成本随着产量变化而上升，（一般是在有产能限制的行业）则通过模拟预测的价格上涨就会偏低。实际上，边际成本上升的可能性是很小的，所以我们不需要花时间去寻找相关企业的产能数据。在行为方面，模型假设进行价格竞争的企业选择静态的纳什均衡以最大化利润。然而，在某些情形下，更为复杂的均衡形式可能更符合实际情况。比如，并购可能导致默契串谋，在这种情况下，并购模拟可能要解决的是合作性均衡的问题，而不是非合作性的单边行为。再者，并购可能会引起市场进入，尤其是在沉没成本较低的行业。这样，并购的价格效应我们就不能仅仅考虑短期影响，而应该考虑长期均衡的问题。

五、结 论

对横向并购单边效应进行模拟分析，首先需要构建需求系统估计模型。为了在模型复杂度和实际可操作性之间寻求平衡，我们在 PCAIDS 模型的基础上改变加总性假设，引入零次齐次性假设，构建了 H-PCAIDS 模型，从而减少待估计的需求参数；然后通过矩阵变换推导了适用于双产品市场需求估计的 SH-PCAIDS 模型，降低了需求系统估计对数据的要求。在理论分析的基础上，分别使用以上两种模型估计了中国冰箱行业的需求系统，并对实证结果进行了比较。在实证分析中，我们通过简单的静态均衡分析，引入效率参数 λ，系统分析了中国家用电冰箱行业并购的单边效应以及可能产生的效率对单边效应的抵减作用，并从需求、成本和行为三方面对单边效应模拟分析结果进行分析评价。结论显示，行业集中度较高的行业中，市场份额较大的企业间并购单边效应较大，而市场份额较小的企业间并购可能由于效率的传递单边效应较小。

并购模拟是一种事前分析方法，可以避免并购发生后因并购导致的滥用市场势力行为而造成社会福利损失以及事后拆分并购后形成的新企业的损失。我国《反垄断法》第二十五条规定，经营者集中的初审时限为 30 天，第二十六条规定进一步审查时限为 90 天。虽然在一定的条件下初审时限可以延长，但最多不超过 60 天。审查时限迫使反垄断机构需要在很短的时间内收集足够的证据对相关并购案件作出正确判断。本文提出的 H-PCAIDS 模型对数据要求较低，易于操作，并且具有一定的精确性和解释力，能够在较短时限内为并购评估审查提供量化证据，适用于我国经营者集中反垄断执法实践。毋庸置疑，并购模拟在中国尚处于起步阶段，如何充分利用并购模拟分析工具，为反垄断执法提供量化的证据显得尤为重要。我们建议，中国反垄断执法机构可以在初审阶段综合使用传统的结构分析方法与简单的并购模拟方法对相关并购案例做出判断，而在进一步的审查中，可以遵循合理推定原则，在收集足够的数据的基础上，使用更加切合实际的需求系统进行模拟分析。

参考文献：

［1］Baker，J.B. Merger Simulation in a Administrative Context ［J］. Antitrust Law Journal. 2011 （2）：451-472.

［2］Baker，J.B. and T. Bresnahan. The Gains From Merger or Collusion in Product-Differentiated Industries ［J］. The Journal of Industrial Economics，1985 （33）：427-444.

［3］Baker，J.B. and C. Shapiro. Reinvigorating Horizontal Merger Enforcement ［DB/OL］. 2007：Available at http：//faculty. Has.Berkeley.edu/shapiro/merger policy.pdf.

［4］Budzinski，O. Competing Merger Simulation Models in Antitrust Cases：Can the Best be Identified? ［J］. The ICFAI University Journal of Merger & Acquisitions，2009，6 （1）：24-37.

［5］Budzinski，O. and I.Ruhmer. Merger Simulation in Competition Policy：A Survey ［J］. Journal of Competition Law and Economics，2009，6 （2）：277-319.

［6］Coloma，G. Econometric Estimation of PCAIDS Models［J］. Empirical Economics，2006，31 （3）：587-599.

［7］Coloma，G. Market Delineation and Merger Simulation：A Proposed Methodology With an Application to the Argentine Biscuit Market ［J］. Journal of Competition Law & Economics，2010，7 （1）：113-131.

［8］Deaton A. and J. Muellbauer. An Almost Ideal Demand System ［J］. American Economic Review，1980，70 （3）：312-326.

［9］Epstein，R. and D. Rubinfeld. Merger Simulation：A Simplified Approach with New Applications ［J］. Antitrust Law Journal，2001，69 （3）：883-919.

［10］Epstein，R. and D. Rubinfeld. Merger Simulation with Brand-Level Margin Data：Extending PCAIDS with Nests ［J］. Advances in Economic Analysis & Policy，2004，4 （1）：7-14.

［11］Filistrucchi，L.，T.F. Klein and T.O. Michielsen. Assesing Unilateral Merger Effects in a Two-sided Market：An Application to the Dutch Daily Newspaper Market ［J］. Journal of Competition Law & Economics，2012，8 （2）：297-329.

［12］Farrell，J. and C. Shapiro. Antitrust Evaluation of Horizontal Mergers：An Economic Alternative to Market Definition ［J］. The B.E. Journal of Theoretical Economics，2010，10 （1）：9-15.

［13］Hausman，J.，G. Leonard and J.D. Zona. A Proposed Method for Analyzing Competition Among Differentiated Products ［J］. Antitrust Law Journal，1991，60 （3）：21-32.

［14］Hausman，J.，G. Leonard and J.D. Zona. Competitive Analysis with Differentiated Products ［J］. Annuals of Economics and Statistics，1994 （34）：159-180.

［15］Mathiesen，L.，O.A. Nilsen and L. Sorgard. Merger simulations with observed diversion ratios ［J］. International Review of Law and Economics.2011 （31）：83-91.

［16］O'Brien，D. and S. Salop. Competitive Effects of Partial Ownership：Financial Interest and Corporate Control ［J］. Antitrust Law Journal，2000，67 （3）：4-15.

［17］Slade，M.E. Merger Simulations of Unilateral Effects：What Can We Learn from the UK Brewing Industry? ［R］. Working Paper，2006 （1）：1-39.

［18］Werden，G.J. and L.M. Froeb. The Effects of Mergers in Differentiated Products Industries：Logit Demand and Merger Policy ［J］. Journal of Law，Economics and Organization，1994，10 （2）：407-426.

［19］Werden，G. A Robust Test for Consumer Welfare Enhancing Mergers Among Sellers of Differentiated Products ［J］. Journal of Industrial Economics，1996，44 （4）：7-14.

［20］Whinston，M.D. 2006：Lectures on Antitrust Economics ［M］. MIT Press，2006.

［21］Willig，R. Unilateral Competitive Effects of Mergers：Upward Pricing Pressure，Product Quality，and Other Extensions ［J］. 2011 （39）：19-38.

［22］黄坤，张昕竹. 可口可乐拟并购汇源案的竞争损害分析 ［J］. 中国工业经济，2010 （12）.

［23］刘丰波，吴绪亮. 中国空调业横向合并的竞争效应及其模拟分析 ［J］. 东北财经大学学报，2012 （2）.

[24] 王继平, 于立. 差异产品市场横向兼并单边效应评价方法评述 [J]. 产业经济评论, 2010, 9 (4).

　[25] 王继平. 基于 PCAIDS 模型的单边价格效应模拟——以国际铁矿石巨头力拓与必和必拓拟议的并购为例[J]. 南开经济研究, 2011 (2).

基于 ISO26000 和"两期"我国商业地产企业提升竞争力策略研究

吕臣[1,2]　彭淑贞[1]

（1. 泰山学院，泰安　271021；2. 对外经济贸易大学，北京　100029）

一、国内经济社会发展"两期"论的界定

20 世纪 70 年代以来，西方发达国家或地区相继实现了人均 GDP4000~5000 美元的跨越。东亚"四小龙"、日本等通过大力调整产业结构，发展重工业，实施出口替代战略，成功实现了劳动密集型向技术密集型转变，经济保持了 10 年以上高速增长，并很快实现人均 GDP5000 美元甚至10000 美元的突破。但是，拉美国家人均 GDP 处于 3000 美元左右时，由于前期快速发展积聚的矛盾，内需不足、贫富差距加大、社会矛盾加剧等集中爆发。阿根廷、智利、墨西哥、马来西亚、巴西等国家在 20 世纪 70 年代均进入了中等收入国家行列，经过 40 年左右的发展，还是处于人均GDP3000~5000 美元的发展阶段，并且看不到内需增长的动力与希望。这就是所谓的"中等收入陷阱"。"中等收入陷阱"概念一经提出便立刻在全世界引起强烈反响。中国是否会陷入"中等收入陷阱"，如何规避"中等收入陷阱"等成为国内外专家学者们研究的热点问题。

从 2008 年人均 GDP 突破 3000 美元后，到 2013 年，我国 GDP 和人均 GDP 每年都在增长。我国 GDP，2008 年 300670 亿元，增长 9%；2009 年 335353 亿元，增长 8.7%；2010 年 397983 亿元，增长 10.3%；2011 年 471564 亿元，增长 9.2%；2012 年 518942 亿元，增长 7.8%；2013 年预计增长 7.5%。我国人均 GDP，2007 年 2280 美元；2008 年 3266.8 美元；2009 年 3711 美元；2010 年4628 美元；2011 年 5432 美元；2012 年 6100 美元；2013 年预计超过 8000 美元。从以上分析可以看出，中国 GDP 总量和人均 GDP 一直在持续上升，成为拉动世界经济的主要动力。据 2009 年联合国发表的世界经济报告中显示，50%的世界经济增长来自中国 2009 年 8.7%经济增长的拉动。这就推翻了国际上的"中国崩溃论"论断。

在经济取得成就的同时，我国在经济发展过程中也出现了很多问题。国际环境方面，包括国际金融危机、欧债危机、世界经济复苏缓慢等加剧了国际贸易保护主义抬头。国内，影响经济稳定增长风险巨大，保持经济平稳较快增长难度增大，物价调控取得一定成效，但物价上涨的中长期

[基金项目] 山东省软科学项目；泰安市科技发展计划项目；山东省艺术科学重点课题（2014308）；山东统计学重点课题（KT14049）。

[作者简介] 吕臣（1981~），男，山东济宁人，对外经济贸易大学中小企业研究中心研究人员，国际商学院博士研究生，泰山学院讲师，主要研究方向：产业升级与产业政策、公司治理等；彭淑贞（1974~），男，山东泰安人，泰山学院旅游学院院长，教授，硕士生导师。

压力仍然存在。部分小微企业资金紧张，生产经营困难；结构调整、节能减排形势依然严峻；贫富差距较大，基尼系数已达国际警戒线，地区之间、城镇与乡村等存在区域发展平衡等。这些问题是在伴随改革开放以来30多年的快速发展所积聚的。这就推翻了国际上的"中国威胁论"论断。

我国是否进入国际上所认为的"中等收入陷阱"，胡锦涛同志于2011年2月对我国现在和今后所处的阶段性特征做了科学判断："当前我国既处于发展的重要战略机遇期，又处于社会矛盾凸显期，社会管理领域存在的问题还不少。从总体上看，我国社会管理领域存在的问题，是我国经济社会发展水平和阶段性特征的集中反映。"即笔者所认为的"两期"论。"两期"论不同于"中等收入陷阱"论，二者之间有着本质区别。"两期"论是立足于改革开放新阶段提出的，具有科学性和指导性。我国正处在"两期"背景的国内大环境。

对于"战略机遇期"，从国际环境上看，第二次世界大战结束后，局部战争频繁发生，但和平、发展与合作已成为当代世界主题。世界进入大发展、大变革、大调整时期，世界多极化、经济全球化、经济区域化不断发展，各国各地区交流加大，思想文化渗透，相互依存日益紧密，总体形势相对稳定，各国各地区进入了科学技术较量的新阶段。新技术、新产业革命成为21世纪国家竞争力的制高点，引领世界经济增长。现阶段，我国已具有较强竞争力，且有强劲趋势。国内看，经过改革开放，经济社会快速发展，我国综合国力不断增强，国内市场日益扩大，社会基本稳定，国际地位不断提高。发挥制度优势，抓住国际环境产业结构升级和调整转移机遇，加快我国惠及十几亿人口的小康社会建设的进程。

对于"矛盾凸显期"，特指当前我国经济经过30多年的高速发展所积聚的各种矛盾会集中凸显，如处理不当，会引起整个国家经济停滞、社会不安定因素增多、群体性事件频发，甚至出现政局动荡等恶果。粗放式经营带来的"三高"发展，资源成为未来经济发展制约瓶颈，地区经济发展不平衡，贫富差距加大，一定程度上增加了社会矛盾；国际上，西方敌对势力对我国进行"和平演变"。经济、社会、国际等显示出我国现阶段正处于"矛盾凸显期"。

"十二五"期间机遇大于挑战。笔者借鉴杨承训教授对"两期"论与"中等收入陷阱"论比较（见表1），界定了我国现阶段大环境是集"战略机遇期"与"矛盾凸显期"于一身的"两期"背景。

表1 "两期"论与"中等收入陷阱"论之比较

指标	中等收入陷阱	两期
发展模式	经济增长，不可持续发展，忽视环境治理	以人为本，可持续发展，转变经济发展方式
制度基础	资本主义经济占主导地位	公有制为主体、多种经济成分共同发展
发展道路	照搬资本主义发展的老路的西方模式	中国特色社会主义道路，贯彻落实科学发展观
追求目标	全面资本主义市场经济，私有化	社会主义市场经济，增强经济活力，共同富裕
进行方式	突发式，企求一步到位	渐进式，分步骤实施
政府作用	政策更迭频繁，缺乏连续性，放开市场	发挥市场配置与宏观调控合力，改善调控机制
对外经济	依附性开放，外资自由出入，外债负担沉重，受国际资本控制	自主性开放，立足自身，外汇储备充足，利用两种资源、两个市场
国外势力影响	敌对势力插手干预，制造动乱乃至发动战争	不依赖外国，警惕西方敌对势力，抵制干预渗透
社会环境	矛盾突出，社会不稳定，民族宗教关系紧张	正确处理改革、发展、稳定关系，保持社会稳定
人口政策	政府不加控制，人口多数增长过快	将计划生育政策作为基本国策
实际效应	易受国际金融冲击，通货膨胀突出，多次发生金融危机，两极分化严重，经济不稳定	强有力化解国际金融风暴冲击，统筹解决诸多社会问题，经济持续、高速发展

资料来源：根据杨承训、张新宁在2012年第3卷第1期《政治经济学评论》中的《科学运用"两期"论把握阶段性特征——兼析"中等收入陷阱"论的非科学性》整理得出。

二、国际 ISO26000 和国内"两期"背景下我国商业地产企业承担社会责任的倒逼机制

国际上，ISO26000 新标准正式颁布。国内看，2010 年初，新"国十条"出台，实行更为严格的差别化住房信贷政策，住宅地产投资下降，商业地产投资上升；随着城市化进程加快，商业地产从一线城市向二三线城市转型；"十二五"规划中强调扩大内需、实现经济结构战略性调整、促进消费结构升级、推动服务业等，为我国商业地产企业带来了机遇。但目前我国商业地产企业也面临着巨大挑战。面临着招商困局，受传统住宅观念束缚，定位不准，融资难、融资成本过高，社会不良影响力影响了很多商业地产企业等困境。面对困境以及 ISO26000 和"两期"背景对我国商业地产企业承担社会责任提出倒逼机制。

（一）新国际标准 ISO26000 对我国商业地产企业承担社会责任提出倒逼机制

新国际标准 ISO26000 要求企业主动承担社会责任。实践证明，企业竞争能力与企业承担社会责任有一定正相关性。我国商业地产企业可以将社会责任转化为企业核心竞争力，提高企业良好社会形象，扩大地产企业知名度和美誉度，为企业带来高销售量，提高企业顾客忠诚度。因此，国际 ISO26000 新标准以及竞争力与承担社会责任的正相关性对我国商业地产企业承担社会责任提出倒逼机制。

（二）市场开拓空间与能力瓶颈制约倒逼商业地产企业承担社会责任

在传统以功利性价值观为核心的企业，已经不能适应当前企业发展。产品竞争、质量竞争发展到现在的社会责任竞争在很大程度上影响了企业的市场开拓空间以及能力瓶颈。国内外实践证明，社会责任履行比较好的企业往往市场开拓能力比较强，通过承担社会责任，升华企业非功利性价值观，形成良好的社会形象。企业社会形象与企业竞争力具有正相关，因此，市场开拓空间与能力瓶颈制约倒逼商业地产企业承担社会责任。

（三）"企业办社会"现代意义化倒逼商业地产企业承担社会责任

"企业办社会"是在计划经济体制下，企业一统天下，搞"小而全，大而全"，每个企业变成一个个小社会。现代意义上的企业社会责任是在现代市场经济体制下，基于市场机制，在形成的社会分工比较完备下，企业统筹股东、用户、员工、环境等各利益相关者责任，社会、经济、环境和谐发展促进社会企业可持续发展，是建立在发达的社会分工基础上对社会资源优化配置的体制，与"企业办社会"有本质区别。现代意义上的企业社会责任增加了竞争，加剧了我国商业地产企业提升竞争能力的紧迫性和重要性。

（四）"以人为本"企业理念制度创新对企业提出新挑战

我国很多企业目光短浅，仅仅看到短期经营利润，以牺牲劳工利益、社区利益、产品质量安全等为代价，仅依靠价格低获取产品竞争力，没有在战略高度实现企业可持续发展。实践证明，这种传统的发展模式不能保证企业可持续发展，特别是激烈竞争的今天，劳动力、资源等生产要素价格越来越高，传统的经营模式已经不能适应当前的竞争。要实现企业竞争力的可持续发展，就要促进企业创新，实现经济增长方式转变。要促进企业创新，就必须依靠技术创新、管理创新、

制度创新。这些创新的关键在于人这个生产要素。因此，在以人为本的新的企业理念制度创新下，我国商业地产企业对内需要通过营造更加和谐的劳资关系、更加注重人才的涵养、积极文化的培育，对外需要积极安排就业、营造更加符合城市发展、环保需求的人文环境提高美誉度和忠诚度，也就是要更加系统的履行社会责任以提升其竞争能力。

（五）政府、社会、企业间良性互动形成和谐环境形成倒逼机制

和谐社会的构建要求社会、企业、政府、环境、人类等方面和谐统一。通过承担社会责任，商业地产企业实现可持续发展，创造良好内外部环境以及更为广阔的发展空间。商业地产企业若不能提供社会各方所需的产品或服务，其正常经营活动就无法进行，更不能实现长远发展。商业地产企业若能提供社会各方所需的产品或服务，承担其应该承担的社会责任，形成良好的勇于承担社会责任的企业声誉，在实现自身经济利润的同时，也实现社会目标。因此，商业地产企业作为企业组织形式，特别是占有社会资源较多的一种企业形式，更需要企业、政府、社会之间的良性互动，这增加了我国商业地产企业竞争能力的紧迫性和重要性。

三、商业地产企业承担社会责任提高其竞争力的理论基础

商业地产的发展比社会企业的发展历史悠久和成熟。现行商业地产运营管理模式主要有产权出售、物业持有、售后返租三种。SOHO 中国经过实践，主要是将自行开发建设完成的商铺以招标形式进行商铺产权转让，形成"产权出售"模式。万达集团在建设前期首先寻找合作伙伴，按照确定关系的大型商业企业要求规划建设，然后将建设完成的商铺租赁给合作伙伴，形成"订单商业地产"模式。"售后返租"是现阶段最流行的商业地产项目运作模式。"信息化商业地产"模式是由德兰集团首创，大量运用四维、4D 等先进电子信息技术手段，打造新业态，通过电子商务手段拓展实体商城辐射能力，提高其竞争力。德兰集团旗下的"德客城"是商业地产繁荣与信息化的实践者与领航者。商业地产发展到现在，对高额利润的追求、价值链条复杂、涉及利益主体多等问题，特别是在国际 ISO26000 标准和国内"两期"背景下企业要承担社会责任，对商业地产企业竞争能力和可持续发展提出严峻挑战。

资源基础论认为企业竞争力主要来源于企业内部资源。重视企业能力的企业竞争力理论认为，企业核心竞争力决定企业核心商品，企业核心商品影响企业战略业务单位，并影响最终产品，从而决定了企业竞争优势，即市场竞争是企业最终产品的竞争，核心能力是企业获取竞争优势的源泉。企业核心竞争力的影响因素主要有：环境；资源（有形和无形资源）；能力（创新能力、市场营销能力、战略管理能力、组织管理能力、生产制造能力、人力资源、企业文化、行业环境）；知识。这四种要素之间存在一定逻辑关系，相互联系形成企业现实的竞争优势。企业资源是基础，环境因素是条件，能动机制是企业资源之间以及企业与环境之间交互联系，企业知识是核心。在社会责任对企业竞争力影响方面，殷格非于 2005 年 12 月在"中日企业社会责任研讨会"首次阐述了"责任竞争力"内涵，"责任竞争力即企业运用自身的专业优势解决社会、环境、员工等一系列问题，使得企业在履行社会责任的同时，经济效益也得以同步提升，责任竞争力得到增强。"在企业社会责任与企业竞争力关系方面，成党伟认为"企业家通过积极承担社会责任进行了企业信誉投资、企业品牌投资、企业社会形象投资等回报社会，符合企业发展长远利益，增强了企业竞争力"。

从以上分析可知，ISO26000 国际标准涉及七个核心问题，国内"两期"现实背景，我国商业

地产企业就要通过主动承担社会责任来提高其核心竞争能力。社会是商业地产企业资源的来源地，社会问题的解决需要商业地产企业。企业发展涉及政府、投资机构、银行、社区、保险公司、基金等各利益相关者，需要协调其利益，达到产业链和谐，进而提升商业地产企业竞争力。因此，在ISO26000新国际标准和国内"两期"背景下，商业地产企业主动承担社会责任提升其竞争力。

四、基于ISO26000和"两期"，我国商业地产企业承担社会责任提高其竞争力的策略

在中国城市化进程加快的现阶段，商业地产成为我国城市化发展的驱动力，体现了新阶段我国商业地产的发展趋势。笔者认为，在现行宏观经济政策下，我国商业地产企业主要向绿色生态商业地产——独立生态写字楼、在消费模式上以体验式消费为主、在经营模式上"开发+持有"型成为主流方向发展。考虑我国在"十二五"规划中的宏观经济环境，中共"十七"大提出把内需作为主要工作来抓，"十八"大加强企业社会责任创新建设。为此，国际ISO26000和国内"两期"背景下，我国商业地产企业应主动承担社会责任，提升其竞争能力。

（一）因地制宜，合理规划，科学准确定位

在我国商业地产企业开发过程中，商业地产企业要根据各大城市的发展规划因地制宜地选择适合自己的规划，要对地产规模、性质等准确定位，进行合理竞争。各地政府要充分合理的考虑城市发展阶段、文化环境、经济发展层次、历史背景和已有的商业圈因素等，对商业地产进行合理选址，促进其可持续发展。同时，对商业圈要找出特色，避免恶性竞争。商业地产企业要准确定位，根据现有资源和未来发展趋势，考虑到地区消费水平、消费能力、消费结构等因素对其进行科学市场定位，选择进入目标市场的时间和营销策略等决策。

（二）鼓励先进的开发模式，尝试商业地产新模式

在国内，主要形成了业界高度认可的模式有华润模式和万达模式。华润模式通过商业定位和选址规则在后期主要以资源整合为主，增强其抗风险能力。万达模式通过提前谈好合作条件选定商家，缩短招商周期，提高商业地产效率和融合。这就为我国商业地产企业发展提供了经验，鼓励我国商业地产企业采用先进的开发模式。在国际上，体验式消费成为我国商业地产的新潮流。体验式消费在原有购物功能基础上，融餐饮、剧院、酒吧、演绎中心等于一体的新型业态，形成以休闲娱乐为主、购物为辅的一种新型商业模式。我国商业地产企业可以借鉴国际上体验式购物中心的成功案例。国际上成功的案例主要有美国纽约第五大道、日本东京都新宿大街、德国柏林库达姆大街、法国巴黎香榭丽舍大街、英国伦敦牛津街、中国香港郎豪坊等世界超一流的体验式商业中心。体验式商业模式主要是以发现式消费为主。据有关统计部门统计，消费者在超市平均逗留时间为45分钟，而体验式消费则为3小时左右。因此，体验式消费等新型模式成为我国商业地产企业发展可以借鉴的模式。

（三）创造稳定的融资环境，拓宽融资渠道，多元化筹措资金

商业地产企业是典型的高投入、高风险、高产出的资金密集型产业。创造稳定的融资环境、拓宽融资渠道、多元化筹措资金成为我国商业地产企业发展的关键。到目前为止，我国形成了房地产信托、房地产基金、公开上市、房地产债券融资、海外地产基金、私募融资等多种融资渠道。

合理使用预售、预租、出售一定年限的物业使用权等融资工具进行内部融资。我国商业地产企业应积极探索新的融资方式。政府相关部门应该结合现实情况，合理融资设计，为我国商业地产企业健康可持续发展创造稳定的融资环境，拓宽其融资渠道。

（四）注重商业地产企业的联盟合作

由于商业地产产业发展历史比较短，商业地产是一种高资本、高投入的资本密集型产业。商业地产对于地产业来说是一个相对较新的范畴，是地产业发展到一定阶段的产物。就目前而言，商业地产已成为继住宅之后占据地产市场的主要业务形态。自我国加入世贸组织以来，我国商业地产进入了前所未有的发展阶段。商业地产是一个跨行业的系统工程，包括地段选择、产品特性、人流、物流、定位、销售、招商经营等若干个复杂的具体环节。因此，商业地产企业具有很大风险性。在 ISO26000 新国际标准和国内"两期"背景下，我国商业地产企业应该注重联盟合作。在联盟合作要考虑到项目运行风险防范对策。在联盟合作时要注重联盟伙伴选择、加强市场研究和项目可行性研究、加强开发过程风险控制、打造商业运作团队，加强商业运作的统一性。

（五）注重产学研结合，培养商业地产专业人才

商业地产是一个综合产业，涉及开发、经营、管理等多功能于一体。到目前为止，我国具有多方面才能的综合人才十分缺少。目前，我国商业地产企业的从业人员很多来自于住宅领域或零售领域，对商业和地产都精通的人比较少。因此，我国应该注重产学研结合，培养商业地产专业人才。

参考文献:

[1] 杨承训，张新宁. 科学运用"两期"论把握阶段性特征——兼析"中等收入陷阱"论的非科学性 [J]. 政治经济学，2012，3（1）.

[2] 高伟. 中等收入陷阱假说 [J]. 人民论坛，2010（1）.

[3] 胡锦涛. 扎扎实实提高社会管理科学化水平建设中国特色社会主义社会管理体系 [N]. 人民日报，2011-02-20.

[4] 王健林. 订单地产及万达城市综合体价值分析 [J]. 商业房地产. 2009（10）.

[5] 成党伟. 基于社会责任的企业竞争力提升 [J]. 商业时代，2007（5）.

[6] 殷格非. 提高责任竞争力，应对全面责任竞争时代 [J]. 上海企业，2006（1）.

[7] 成党伟. 基于社会责任的企业竞争力提升 [J]. 商业时代，2007（5）.

[8] 章惠生. 城市综合体——商业地产的主流模式 [J]. 城市开发，2010（2）.

[9] 康琪雪. 我国商业地产运行模式及发展对策 [J]. 价格理论与实践. 2010（3）.

[10] 王鑫鑫，王宗军. 国外商业模式创新研究综述 [J]. 外国经济与管理，2009（12）.

[11] 王广平. 我国商业地产项目的风险分析 [J]. 金融经济，2009（10）.

[12] 曹鸿星. 零售业创新的驱动力和模式研究 [J]. 商业经济与管理，2009（5）.

企业家个人特征对企业环境行为的影响

白永秀　程志华　王颂吉

（西北大学经济管理学院，陕西西安　710127）

企业既是经济增长的主要贡献者，也是环境问题的主要制造者。环境污染带来环境恶化、资源锐减和气候变化等全球性问题，影响区域可持续发展。已有研究表明企业活动与区域环境密切相关。企业环境行为（CEB）包括实施ISO14001环境管理质量系列标准、清洁生产、环境培训、环境教育等，有助于区域环境改善和可持续发展，而积极的环境行为有赖于企业家的推动。在中国传统的价值观中，企业家具有权威，是主要的政策制定者，员工通过关注企业家行为寻找指导和认同。中国经济快速增长的环境具有高度不确定性和不稳定性，历史的、政治的、文化的、社会的、法制的因素都将影响企业发展，企业家对企业发展前景的预测、战略的制定有关键作用。

本文以陕西省能源类重污染企业调研数据为基础，研究企业家个人特征对企业环境行为的影响，并分类和归纳了企业家环境类型，实证研究发现，不同环境类型的企业家带来了不同的企业环境行为。通过上述分析，以期推动企业环境行为研究进展，并为相关政策制定提供实证基础。

一、理论模型构建

（一）相关文献回顾

对于企业环境行为（CEB）影响因素的实证研究主要集中在外在宏观因素和内部微观因素。在外在宏观因素中，学者认为严格的法律法规制度与企业进行环境行为显著正相关（朱淀，2013；董战峰、王金南等，2010；Xianbing Liu，2010等）；科学技术提高与企业环境行为正相关（Bansal和Roth，2000）；市场因素包括市场压力和市场需求，来自消费者的绿色消费的市场压力和市场需求与企业环境行为正相关（Chen和Soyez，2003；陈兴荣、余瑞祥，2012；李进兵，2012）等。在内部微观影响因素中，学者认为企业规模与企业环境行为正相关（李建强、宋盼，2013；朱淀，2013），企业家年龄、学历及社会声誉同企业环境行为之间存在显著正向关系，即年龄越小的企业家越有积极的环境行为，学历高的企业家有积极的环境行为，社会声誉好的企业家为维护自身声誉倾向于更为积极的环境行为（Annandale和Taplin，2003；张正勇、吉利，2013），企业财务状况与企业环境行为之间存在显著正向关系（Konar和Cohen，1997；Gottsman和Kessler，1998等）。来自不同国家的经验数据的研究结论不尽一致。

［作者简介］白永秀，男，1955年生，西北大学经济管理学院教授、博士生导师，陕西永秀经济管理研究院院长；程志华，女，1986年生，西北大学经济管理学院博士研究生；王颂吉，男，1986年生，西北大学经济管理学院博士研究生。

国外学者的研究表明企业家个人因素，包括性别（Huang 和 Shihping Kevin，2013）、CEO 任期（Huang 和 Shihping Kevin，2013）、企业家影响力（Jennifer L. Robertson 和 Julian Barling，2013；Hui Wang，Anne S Tsui，Katherine R Xin，2011）等均影响 CEB。国内学者相关研究主要集中在人口特征对企业行为的影响，包括年龄（朱淀等，2013；张正勇、吉利，2012）、学历或文化程度（李建强、宋盼，2013）、社会声誉（张正勇、吉利，2012）等因素。

国外学者对企业家类型的分类，具有代表性的是对生态型企业家的分类。Liz Walley（2003）将生态型企业家分为四类：第一类是主要受强势法规和经济利益驱动创新机会主义者；第二类是主要受强势法规和可持续发展目标引导的有远见的胜利者；第三类是主要受道德和可持续发展目标影响的道德标新立异者；第四类是主要受经济利益和道德影响的环保企业家，也称为偶然绿色企业家。

本文试图解决两个问题：一是企业家是否影响了企业环境行为。本文通过构建模型，将企业家人口统计特征、背景特征和意识、行为纳入模型中，通过实证分析得出结论。二是企业家有哪些环境类型，不同环境类型的企业家是否影响企业环境行为。本文通过企业家个人描述的环境角色，对企业家进行环境分类，并分析不同类型的企业家对企业环境行为的影响。

（二）理论假设

为了解决以上两个研究问题，本文以高阶梯队理论和理性行为理论为基础，构建了企业家与企业环境行为关系的概念模型。

1. 高阶梯队理论

Donald C. Hambrick 和 Phyllis A. Mason 于 1984 年提出高阶梯队理论（Upper Echelons）。高阶梯队理论关注企业家可视的特征，包括年龄、性别、组织中经历、部门背景、教育、社会背景和财务状况等，用以预测其对组织的影响。年轻的企业家偏好尝试新鲜的事物和冒险行为，年老的企业家更具有保守立场。公司部门分为产出部门（Output Functions）[1]、全部功能部门（Throughout Functions）[2] 和外围部门[3]，企业家来自的部门不同会影响企业决策。专业、受教育年限及接受专门的管理教育（即 MBA）等均会影响企业表现，领导团队的受教育年限而非受教育的类型与创新正相关，接受过 MBA 教育的管理者更善于管理。企业家社会背景如性别和肤色的人种、俱乐部成员等综合因素会影响企业表现。企业利润与高层管理者所持的股份之间不相关，但与管理者的收入、分红、奖金、期权等的总收入所占的比例正相关。除上述因素外，企业家职业经验（外部引进的主管比内部提升的主管更可能在结构、程序和人事方面做出改变，更可能看到环境的变化，更易于做出积极的环境行为）、企业家所组成团队的异质性[4] 都会影响企业表现。

从上述理论看出，企业管理者背景和个人特征能够决定企业表现。在涉及企业环境行为和企业进行环境战略时，与企业利益最大化的目标冲突，但符合可持续发展和公众、社会对企业的要求。因此，高阶梯队理论为我们建立模型提供了理论假设和依据。

2. 理性行为理论（TRA）

理性行为理论（Fishbein 和 Ajzan，1975）的基本假设是理性人，理性人在行为之前会综合考虑自身行为的后果。基本内容是态度和主观规范影响直接行为，态度是理性人对行为的情感，主观规范是对其他人期望的感知，直接行为是行为目的和意愿。在理性行为的基础上，Ajzen 引入了

---

① 产出部分包括市场、销售、产品研发等部门，旨在增长和寻找新的机会，并负责培育和调整产品和市场。
② 包括生产、动力过程和会计等，旨在提高交易效率。
③ 外围部门指财务和法律部门，涉及企业的核心行为。
④ 同质性是具有相同的社会经验如同年出生、同年结婚、同年毕业等，会影响团队成员的价值观和感知。

行为控制变量，提出了计划行为理论（TPB），行为控制是对自身行为的感知程度，该变量的引入进一步完善了理性行为理论。TRA 和 TPB 为行为预测提供了理论依据。在中国，企业家制定企业运行的大部分决策，基于不断提高的环境意识、地方法规约束和发展环境变革，进行积极的环境行为更符合企业长期持续发展的愿景，因此企业家更可能主动推动企业环境行为的开展。

根据高层梯队理论和理性行为理论，建立含有两个虚拟变量的 ANCOVA 模型：

$$Y = \beta_1 + \beta_2 age + \beta_3 gen_i + \beta_4 bip_i + \beta_5 edu + \beta_6 inc + \beta_7 dep + \beta_8 job + \beta_9 awa + \beta_{10} beh + \beta_{11} role + u$$

式中，Y 为因变量，即企业环境行为（CEB）。

gen_i = 1，男性
     = 0，女性

bip_i = 1，本地人
    = 0，外地人

虚拟变量包括性别（gen）和出生地（bip）两个自变量，按照女性主义观点，女性比男性更关注环境保护；从逻辑上来讲，本地人比外地人更关注自身的生存环境。模型中的变量中 age 代表年龄，edu 代表受教育水平，inc 代表家庭平均月收入水平，dep 代表工作部门，job 代表职务，awa 代表企业家的环境意识，beh 代表企业家的环境行为，role 代表企业家的环境类型。该模型不仅考虑到了企业家的人口特征、社会背景因素，还特别涉及了三个变量，即企业家环境意识、企业家环境行为和企业家环境类型，以考量企业家个人陈述的环境行为，其环境意识和环境行为得分越高，说明企业家自身报告的环境意识和环境行为水平比较高，企业环境行为得分可能也越高。企业家环境类型通过企业家个人陈述的环境角色衡量，越是积极主动的环保型（绿色）企业家，越能带动和影响企业环境友好行为更好的表现。变量通过逐步回归的方法确定最终的统计上显著的各个影响因素。

二、研究方法和数据

（一）数据收集

本文所用的数据来源于陕西省 60 家能源企业 260 位企业家的调查问卷。问卷以北京大学张世秋教授所制《企业与环境社会调研问卷》[①]为基础，有细节修改，以适应区域需要和方便填写。5 名本科生和硕士研究生分别于 2012 年 7 月和 9 月通过走访各地的企业家，通过一对一访谈获得调研数据。实地调研共发放问卷 300 份，回收有效问卷 260 份，有效率为 87%。60 家企业分别涉及煤炭、有色、石油、化工等行业，这些行业具有高能源消耗和重污染的特征。其中，石油加工和炼焦，电力、热力的生产和供应，化学材料及化学制品制造是 2012 年陕西省占工业用能 80% 的六大高能耗行业。在排污方面，陕西省约 90% 以上的二氧化碳排放来源于能源化工行业原料的燃烧。对高能耗和重污染行业的企业家对企业环境行为的影响进行研究，具有重要的现实意义。

（二）指标构建及描述性统计

本文的指标构建及赋值如表 1 所示。

[①] 感谢北京大学张世秋教授给予此项目研究的支持。

表 1   指标构建及赋值

变量符号	变量名称	定义
CEB	企业环境行为	绿色营销、环保教育、环境培训、经营环境和环境标准执行等具体指标的总和。针对"是或否"的问题，选择"是"的赋值 1 分，能进一步给出具体正确判断的再给 2 分。取值 0~27 分
age	年龄	年龄
gen	性别	男为 1，女为 2
bip	出生地	神木或陕北其他县（市）为 1；其他地方为 2，取值 1~2 分
edu	受教育程度	未上过学，小学，初中，高中（中专、技工、职高、技校），大专，大学本科，硕士及以上。得分随受教育程度增加，取值 1~7 分
dep	工作部门	共有 8 个部门，环保部门为 1，人力部门为 2，综合部门为 3，质量部门为 4，生产部门为 5，后勤部门为 6，技术部门为 7，其他部门为 8。得分 1~8 分
job	职务	职务是部门主管\副主管或以上为 1，长期工作人员为 2，临时雇用为 3。得分 1~3
inc	家庭平均月收入水平	4000 元以下，4001~6000 元，6001~9000 元，9001~13000 元，13001~18000 元，18000 元以上。得分 1~6 分
awa	环境意识	企业经营中随处可见"绿色消费者"和"绿色员工"；为子孙后代的福利愿意降低生活享受的标准；为减少交通成本而鼓励员工在家工作；驾车理念是"车让人，人让车"。取值 0~20 分各项得分加总
beh	环境行为	购物时特意不使用塑料袋；使用再生纸；为环保救灾捐款；经常锻炼身体；减少使用一次性纸杯；使用节能产品；参加环保公益活动；关注或购买股票期货。取值 0~40 分各项得分加总
N	—	260

三、模型分析

（一）描述性统计

对企业环境行为描述性统计包括总得分、分项指标描述性统计。解释 CEB 在各个具体内容上参与程度的差异，进一步说明企业环境管理中较易被实践的环节和容易被忽略的行为。

表 2   CEB 及分项指标描述性统计

	极小值	极大值	均值	标准差
CEB	0	27	18.79	5.76
绿色营销	0	3	2.48	1.00
环保教育	0	4	2.74	1.30
环境培训	0	5	2.72	1.82
企业全过程的环境影响	0	7	6.20	1.52
环境标准的执行状况	0	8	4.65	2.75

从表 2 可以看出，目前我国企业环境行为整体水平较低，比较最小值 0 分，最大值 27 分，样本企业均值是 18.79 分（标准差为 5.76），百分制下接近 70%。企业普遍已经超越了"点头知道"阶段，到了"用脚走路"阶段，即脚踏实地地行动起来，参与并实践环境管理的各项举措。但是距离"飞跑"还有很大的差距。如果将此结论推广至一般的企业，而非重污染行业，即国家的监管力度较弱时，企业环境行为的效果可能会更差。

从各个分项指标来看，百分制下绿色营销的均值是 82.7%，环保教育是 68.5%，环境培训是 54.5%，企业全过程的环境影响是 88.6%，环境标准的执行状况是 58.1%。在实际的 CEB 中，各项指标得分高低的顺序为：工作中的环境影响、绿色营销、环保教育、环境标准的执行状况、环境培训。工作中的环境影响与职工的健康安全密切相关，绿色营销关于企业的利润和生存，而环保教育、环境标准和环境培训则受政府规制。

（二）企业家的环境类型

我们将环境类型定义为企业家自我陈述的领导角色，旨在将企业家区别开来，便于政策制定和实施。该指标的设置基于 Liz Walley 对生态企业家的分类，他认为企业家的角色或类型主要是受一系列内部驱动因素和外部社会因素共同影响而形成，内部驱动因素主要是道德驱动，外部社会结构影响主要表现为法律法规和市场影响。在问卷设计中，按照内部驱动和外部社会因素的影响，主要受道德驱动的企业家分为自主推动者和积极参与者；主要受外部社会因素影响的企业家分为遵纪守法者和市场响应者。

第一，自主推动者。33.5% 的企业家认为自身是自主推动者，与其他类型的企业家相比，该类型的企业家具有更高的企业环境行为得分（22.23）、环境意识得分（16.46）和环境行为得分（28.31）；同时具有最高的年龄得分（38.63）、受教育程度得分（5.72）和收入水平得分（2.88）。自主推动者类型的企业家具有高环境意识和环境行为的特征，他们能够敏锐意识到企业运行过程中环境保护的重要性，并积极推动企业环境工作展开。

第二，积极参与者。31.5% 的企业家认为自身是积极参与者，与自主推动者相比，积极参与者有较低的环境意识得分（15.68）和环境行为得分（26.26），较低的年龄得分（38.50）、受教育程度得分（5.48）和收入水平得分（2.64）。他们更善于积极响应开发区生态园区建设的号召并参与建设，而不是积极推动企业环境行为。

第三，遵纪守法者。21.2% 企业家认为自身是遵纪守法者，与自主推动者和积极参与者相比，遵纪守法者具有更低的环境意识得分（16.14）和环境行为得分（25.05），更为年轻的企业家得分（37.67）、受教育程度得分（5.30）和收入水平得分（2.63）。该群体的特征是在日常经营过程中遵纪守法，达到地方各项环境要求，对采取更进一步的环境友好行为持观望态度。在对企业家的访谈中，一再被提及的是当地法规对环境的要求会在很大程度上促使企业家积极推动环境行为，这与我们实证研究的结果一致。

第四，市场响应者。13.8% 的企业家认为自身是市场响应者，在所有的企业家类型中，该群体具有最低的环境行为得分（24.96），并且在年龄得分（34.72）、收入得分（2.61）方面均属于最低的群体。市场响应者的特征在于他们更在意产品市场的需要，会积极响应消费者对绿色产品的需求。相对年轻的企业家具有较低的环境意识和环境行为得分，在日常的环境工作中，对环境压力的感知并不敏感，不会积极主动回应当地或国家的法律法规。但在企业产品面临市场的环境友好需求时，会做出环境友好的反应。

表 3 企业家描述性统计

环境角色	比例（%）	年龄	受教育程度①	收入②	环境意识得分	环境行为得分
自主推动者	33.5	38.63	5.72	2.88	16.46	28.31
积极参与者	31.5	38.50	5.48	2.64	15.68	26.26
遵纪守法者	21.2	37.67	5.30	2.63	16.14	25.05
市场响应者	13.8	34.72	5.30	2.61	16.18	24.96

注：①受教育程度分为：未上过学；小学；初中；高中，含中专、技工、职高和技校；大专；大学本科；硕士及以上；②收入分为：4000 元以下；4001~6000 元；6001~9000 元；9001~13000 元；13001~18000 元；18000 元以上。

企业家的分类需要考虑文化背景，同 Liz Walley 划分企业家类型的基础不同，中国企业家环境类型的划分是建立在关系文化的基础上的，环境法律法规和经济利益位于道德制约和敏感性之后。在 Liz Walley 分类中，具有发展前景的新机会主义者受强势法律和经济利益驱动而采取有利于企业发展的环境友好行为，偶尔绿色企业家主要受道德影响而进行企业环境友好行为，与国内企业家分类的标准正好相反。企业家的环境类型与环境意识得分、环境行为得分一致，积极主动的企业家具有最高的环境意识和环境行为得分，被动接受法规或市场推动的企业家具有较低的环境意识和环境行为得分，该结论进一步解释了将企业家自我描述的环境角色定位纳入回归模型中的合理性。

（三）相关性检验

对样本数据进行 Pearson 相关分析，受教育程度、企业家环境意识、企业家环境行为、环境类型与企业环境行为在 1% 的置信水平上显著正相关，职位与企业环境行为在 1% 的置信水平上显著负相关；收入水平与企业环境行为在 5% 的置信水平上显著正相关；年龄、性别与企业环境行为在 10% 的置信水平上显著正相关。

表 4 Pearson 相关系数

		age	gen	bip	edu	dep	job	inc	awa	beh	role	CEB
age	R	1										
	Sig.											
gen	R	0.183**	1									
	Sig.	0.004	·									
bip	R	−0.214**	−0.002	1								
	Sig.	0.001	0.976									
edu	R	−0.044	0.112	−0.155*	1							
	Sig.	0.486	0.071	0.013								
dep	R	0.068	0.074	0.001	0.116	1						
	Sig.	0.285	0.234	0.989	0.063							
job	R	−0.393**	−0.234**	−0.022	−0.131*	−0.030	1					
	Sig.	0.000	0.000	0.731	0.035	0.628						
inc	R	0.258**	0.107	0.060	0.261**	0.038	−0.308**	1				
	Sig.	0.000	0.089	0.342	0.000	0.543	0.000					
awa	R	−0.172**	−0.077	0.080	0.054	−0.108	0.054	−0.001	1			
	Sig.	0.006	0.214	0.202	0.386	0.082	0.382	0.990				
beh	R	0.035	0.061	0.038	0.195**	0.053	−0.076	0.187**	0.311**	1		
	Sig.	0.577	0.326	0.541	0.002	0.396	0.221	0.003	0.000			
role	R	0.048	0.119	0.018	0.074	−0.080	−0.091	0.148*	0.098	0.209**	1	
	Sig.	0.447	0.056	0.770	0.238	0.198	0.144	0.018	0.113	0.001		
CEB	R	0.108	0.114	−0.053	0.216**	0.006	−0.282**	0.140*	0.224**	0.334**	0.267**	1
	Sig.	0.089	0.067	0.400	0.000	0.927	0.000	0.025	0.000	0.000	0.000	

注：** 在 0 .01 水平（双侧）上显著相关；* 在 0.05 水平（双侧）上显著相关。

（四）逐步回归

逐步回归是逐步将自变量加入模型中，经过数次回归，根据经济意义和统计检验效果保留最好的回归结果。本文设立了 5 个逐步回归模型，模型（1）说明企业家环境行为对企业环境行为有最好的解释，在此基础上逐步回归，分别将职位、环境类型、环境意识和受教育程度加入模型中，最终形成模型（2）、模型（3）、模型（4）和模型（5），年龄、性别、出生地、部门和收入加入模型中，变量和模型均不显著，表明这些变量存在多重共线性，在最终的模型中将其剔除。从 5 个回归模型中可以看出，企业家环境行为、环境类型、环境意识、受教育程度与企业环境行为存在显著正相关关系，而职位与企业环境行为存在显著负相关关系。

表 5　CEB 逐步回归模型

变量	模型（1）	模型（2）	模型（3）	模型（4）	模型（5）
edu					0.606** (2.13)
awa				0.243** (2.56)	0.231** (2.45)
role			0.843*** (3.28)	0.815*** (3.20)	0.775*** (3.07)
job		−2.334*** (−4.55)	−2.206*** (−4.37)	−2.316*** (−4.62)	−2.236*** (−4.46)
beh	0.248*** (5.70)	0.234*** (5.55)	0.205*** (3.28)	0.171*** (3.91)	0.175*** (3.82)
常数项	13.93*** (11.75)	17.49*** (12.63)	14.82*** (9.35)	12.09*** (6.37)	8.84*** (3.74)
F 值	32.48***	27.82***	22.83***	19.13***	17.05***
R^2	0.112	0.178	0.211	0.231	0.252

注：** 在 5% 的置信水平下显著相关；*** 在 1% 的置信水平下显著相关。

四、结论及建议

第一，自主推动型企业家的企业环境行为表现最好，并且与企业环境行为显著正相关。自主推动者占企业家比例约为 1/3，他们具有最高的环境意识和环境行为，对环境的敏感性较高，在企业经营过程中积极推动环境工作的开展。该类型企业家是政府开展企业环境工作首先应该关注的对象，政府开展环境教育、环境培训，推动环境项目，执行相关环境法律法规时应该以自主推动者类型的企业家为重点培养目标，继而推广到全部企业中。同时需要建立甄别自主推动型企业家的机制，借鉴其特征，可通过企业家对环境意识、环境行为的认识或开展环境项目的积极性等指标识别。发挥自主推动者企业家的先锋作用，有助于区域环境的改善和经济区域可持续发展。

第二，企业家环境意识、环境行为同企业环境行为之间显著正相关。首先，环境行为与环境意识相互强化，积极的环境行为进一步强化环境意识；其次，较高的环境意识推动积极的环境行为，促使其在企业管理中开展积极主动推动企业环境行为；最后，环境意识与环境行为不一致，往往是个人环境意识得分较高，但环境行为得分低于环境意识，已有学者的研究支持该观点。推动企业环境行为的关键在于提高企业家环境意识。提高企业家意识可以采取以下措施：首先增加媒体中关于专业环境知识的报道，如电视、报纸、杂志等定期刊登有关环保常识、环境信息、环保参与等项目和具体执行过程；其次从企业家日常环保习惯入手，继而向高层次环境行为推进。

第三，企业家受教育程度与企业环境行为之间显著正相关。即企业家受教育程度越高，企业越容易表现出积极的企业环境行为，该结论的启示在于鼓励企业家接受更高程度的教育——无论是正式教育，还是继续教育。在教育中关注环境教育部分，首先增加学校教育中的环保知识内容，主要包括环境基础概念、环境诉讼的途径、基本环境习惯的培养等；其次在企业继续教育课程中增加环境知识的培训，如绿色营销、ISO14000 环境管理系列标准、清洁生产机制、ISO9000 质量管理体系等。持续的环境教育和环境培训有助于提高企业管理者的环境意识，促使其更加关注企业的环境行为。

第四，企业家职位与企业环境行为之间显著负相关。在企业的领导层中，高层领导通常为发号施令者，中层领导、低层领导通常为具体的实施者。在绿色营销、环境培训、执行环境标准等企业环境行为中，高层领导远离具体实施过程；中层领导和低层领导在具体执行过程中更在意企业环境行为。鉴于此，在具体的项目执行过程中，要求管理团队紧密合作，同时建议所有管理者负责部分工作。企业家通过执行环境项目，提高环境意识，有助于提高企业的环境表现。

参考文献：

［1］David Taylor，E. E.（Liz）Walley. The Green Entrepreneur：Visionary，Maverick or Opportunist？［EB/OL］http：//ideas.repec.org/p/wpa/wuwpmi/0307002.html［2003-07-02］.

［2］Donald C. Hambrick，Phyllis A. Mason. Upper Echelons：The Organization as a Reflection of Its Top Managers［J］. The Academy of Management Review，1984，2（9）：193-206.

［3］Huang，Shihping Kevin. The Impact of CEO Characteristics on Corporate Sustainable Development［J］. Social Responsibility & Environmental Management，2013（20）：234-244.

［4］Hui Wang，Anne S Tsui，Katherine R Xin. CEO Leadership Behaviors，Organizational Performance，and Employees' Attitudes［J］. The Leadership Quarterly，2011（22）：92-105.

［5］Jennifer L. Robertson & Julian Baring. Greening Organizations Through Leader's Influence on Employees' Pro-Environmental Behaviors. Journal of Organization Behavior［J］. 2013（34）：176-194.

［6］Matthew Clark. Corporate Environmental Behavior Research：Information Environmental Policy［J］. Structural Changes and Economic Dynamics，2005（16）：422-431.

［7］Qi Guoyou，Zeng Saixing，Tam Chiming，Yin Haitao，and Zou Hailiang. Stakeholders' Influences on Corporate Green Innovation Strategy：a Case Study of Manufacturing Firms in China［J］. Corporate Social Responsibility and Environmental Management，2013（20）：1-14.

［8］Jennifer L. Robertson and Julian Baring［J］. Journal of organization behavior. 2013（34）：176-194.

［9］Hui Wang，Anne S Tsui，Katherine R Xin. CEO Leadership Behaviors，Organizational Performance，and Employees' Attitudes［J］. The Leadership Quarterly. 2011（22）：92-105.

［10］Xianbing Liu，Beibei Liu，Tomohiro Shishime，Qingqu Yu，Jun Bi，Tetsuro Fujitsuka. An Empirical Study on the Driving Mechanism of Proactive Corporate Environmental Management in China［J］. Journal of Environmental Management. 2010（91）：1707-1717.

［11］Lieberson，S.，& O'Connor，J.F. Leadership and Organizational Performance：A Study of Large Corporations［J］. American Sociological Review. 1972（37）：117-130.

［12］Trudeau and Canada West Foundation. Canadians look first to Government to Address Climate Change［EB/OL］. Retrieved from http：//www.trudeaufoundation.ca/community. igloo?r0=community&r0_script=/script/folder.html.

［13］戈爱晶，张世秋. 跨国公司的环境管理现状及影响因素分析［J］. 中国环境科学，2006，26（1）.

［14］王凤，王爱琴. 企业环境行为研究新进展［J］. 经济学动态，2012（1）.

［15］李洪涛，宁静，方兆本. 环保意识调查问卷的 Logistic 模型［J］. 数理统计与管理，2002（3）.

［16］陈铭恩，李同明，雷海章. 浅析企业"绿色化"支持系统可持续设计［J］. 中国人口资源与环境，2001（1）.

价格理论的新进展[①]
——基于消费者信息不完美视角

甄艺凯

（浙江财经大学中国政府管制研究院，浙江杭州　310018）

一、典型思想

在现实的市场中，经济学家发现同质产品的成交价格在不同时间和不同空间（即不同商家那里）经常不一样。即便在众多企业的行业中，竞争的结果也经常是价格高得离谱，市场中赚取租（经济利润）的机会比比皆是。针对这些现象，经典教科书的价格理论无能为力。

事实上，传统价格理论总假设消费者是掌握充分信息的全知全能者，所以他们对价格的变化将非常敏感。唯利是图的企业在其竞争对手要价比较高的情况下总可以降价以增加需求从而获得更多利润，最终企业竞争的市场均衡结果如囚徒困境般总是价格尽量接近成本。但更接近真实世界的情况或许是，消费者并不能清楚的知道市场中所有信息。并且要让市场中的信息达到有效分布，消费者需要付出搜寻成本，企业则需要支付广告费用。放弃消费者信息完美这一假定，经济学理论自20世纪60年代以来半个多世纪的时间中，发展出了基于消费者信息不完美的价格理论。

这一理论的典型思想是，市场中有一部分消费者需要支付搜寻成本以获取价格等相关信息。获取的信息越充分，消费者越能做出最有利的购买决策，但同时支付的成本也越多。理性的经济人在事前将会权衡成本和期望收益作出最优决策。这意味着搜寻成本较高的消费者并不能完全了解市场中的价格分布。认识到这一点的时候，企业发现即便在竞争对手众多的市场中，他们仍然有机会以超出边际成本的价格甚至垄断价格卖给消费者。换句话说，由于信息的阻隔，在原本竞争的市场中，每家企业一定程度上拥有了市场势力。同时，至少有一部分消费者搜寻成本为零（Rosenthal，1980；Varian，1980；Narasimhan，1988；Stahl，1989），这意味着通过适当降低价格以从竞争对手那里吸引更多的消费者的可能性总是存在，每家企业又一定程度上会面临竞争。在竞争和垄断这两种相反力量的共同作用下，企业最优的价格策略将不再是单一价格的纯策略而是混合策略，即根据某个随机分布规则，以一定概率选择价格，其目的是不让竞争对手猜透。[②]最后，均衡的市场价格不会收敛到某一点（纯策略纳什均衡），而会成为一个随机变化过程（混合策

---

① 本篇文章系作者博士学位论文《消费者信息不完美的价格理论研究》（甄艺凯，2014）的第二章。该文曾经入选第三届政府管制论坛暨"管制体制改革与管制方式创新"研讨会会议论文集（2014，浙江杭州）。
[作者简介] 甄艺凯（1983—），男，甘肃庆阳人，经济学博士，浙江财经大学中国政府管制研究院助理研究员。
② 信息不完美的博弈中，博弈参与者可以正确推知其他人的均衡策略，一旦有参与者选择固定而非随机的策略，则意味着其行动被对手"猜透"。

略纳什均衡)。在消费者信息不完美的框架下,通过对均衡结果的分析,传统经济学理论的一些重大命题需要修正。[①]

二、经典模型

消费者存在信息成本的情况下并不能完全了解市场信息,这意味着企业一定程度上获得了市场势力;同时消费者又有通过搜寻以获得更物美价廉商品的激励,企业一定程度上面临竞争。在这种复杂市场环境下,企业的单一定价决策都将不是最优策略,而市场竞争均衡往往是每家企业根据一定的概率分布随机选择价格(混合策略纳什均衡);正因为企业的定价是随机的,对消费者来说,搜寻才有了意义(消费者无法预测每家企业的具体价格),同时消费者又存在搜寻成本,理性的消费者将不会无限搜寻下去,一定也存在一个适当的搜寻度。企业和消费者各自的策略构成了市场均衡,同时,市场中的成交价格表现出价格离散的特征。20 世纪 60 年代以来的大量文献应用博弈论的方法对上述思想进行了模型化处理,其中 Burdett 和 Judd 于 1983 年提出来的模型[②]因为考虑的比较全面(消费者和企业都是理性的博弈者),提出的时间较早,影响了后来的很多研究,是该领域比较经典的模型之一,下文对该模型做一个概括性介绍。

假设:①消费者的保留价格为 v;②消费者采取固定企业数目的非序贯搜寻策略以发现对自己有利的价格信息,询价一家企业的成本是 s;③市场中存在大量企业,每家企业有不变的边际成本 c,以及他们可以收取的最高价格为垄断价格 $p^m = v$;④每家企业拥有的平均市场份额为 μ;[③]⑤当消费者被收取垄断价格的时候,他们还有充足的剩余参与市场中来,即至少会观察一家企业的价格。

均衡包括企业的价格分布函数 $F(p)$ 以及 $\langle\theta_n\rangle_{n=1}^{\infty}$。其中 θ_i 是一个消费者搜寻 i 家企业的概率。比如 $\theta_1 = 1$ 表明所有消费者只搜寻一家企业,$\theta_1 = 0$,则所有消费者都至少会搜寻两家以上的企业(搜寻一家企业的概率等于零)。θ_i 也可以看作人群中搜寻次数不同的消费者的比例。

若 $\theta_1 = 0$,则每一家企业都至少面临和另外一家企业之间的价格竞争,显然价格将被定在边际成本处(博川德均衡),这样一来,将没有消费者会询价一家以上的企业,但这和 $\theta_1 = \theta$ 相矛盾;$\theta_1 = 1$ 意味着所有消费者只搜寻一次,则企业会把价格定在垄断价格处,但这样一来将不存在价格离散的均衡。所以,下面我们考虑 $0 < \theta_1 < 1$ 的情况。

如果一定有消费者搜寻一次的话,那么在均衡的时候,搜寻一次和搜寻两次也应该无差异。随着被询价企业总数 n 的增加,增加搜寻量所带来的好处会减少。这意味着消费者把所搜寻的企业数目从 1 增加到 2 所带来的好处刚好和搜寻成本相抵消。那么,将没有消费者会搜寻两次以上。所以,可以得到 θ_1,$\theta_1 > 0$,并且当 $i > 2$ 时,$\theta_i = 0$。

令 $\theta_1 = \theta$,$\theta_2 = 1 - \theta$。现在来确定一个离散价格均衡。首先,因为 $\theta \in (0, 1)$,一个企业总会

① 这里需要说明的是,本段所述"消费者信息成本异质性"并非导致价格离散的唯一机制,但这部分文献最多也最为成熟(Shilony,1977;Salop and Stiglitz,1977;Schwartz,1979;Varian,1980;Rosenthal,1980;Wilde and Schwartz,1979;Narasimhan,1988;Stahl,1989;Chen and Zhang,2011;Janssen & Moraga-González,2004 等),故可以视为消费者信息不完美价格理论的典型思想。

② Burdett,K. and K. L. Judd. Equilibrium Price Dispersion [J]. Econometrica,1983,51(4):955-969.

③ 在消费者信息不完美的文献中,直接假设每家企业所拥有的平均市场规模既定似乎是错误的。但在 Burdett 和 Judd(1983)的原文中对此做了合理的解释:假设企业总数为 N,且为整数,消费者总数为 μN^2,每个消费者的需求数目为 1/N,假设消费者完全随机的分配给所有企业,则当 N→∞ 时,每家企业所拥有的市场份额的极限为 μ。

面临不和其他企业竞争的情况（以正的概率），如果制定垄断价格，其利润为：

$$E[\pi_i|p_i = v] = (v - c) \times \mu\theta$$

当一个企业的价格比其对手的价格能低一点的话，它会赢得竞争。如果第 i 个企业收取价格为 $p_i \leq v$，则它所获得的期望利润为：

$$E[\pi_i|p_i \leq v] = (p_i - c) \times \mu[\theta + 2(1 - \theta)(1 - F(p_i))]$$

均衡的情况下，这两式相等，固可以解得 $F(p)$：

$$\theta + 2(1 - \theta)[1 - F(p)] = \frac{(v - c)}{(p - c)}\theta$$

$$F(p) = 1 - \left[\frac{v - p}{p - c}\right]\left[\frac{\theta}{2(1 - \theta)}\right], \quad p \in \left[(v - c)\frac{\theta}{2 - \theta} + c, v\right]$$

同时，搜寻一次和搜寻两次无差异的话，就要求 $E[B^{(2)}] = s$,[1] 该式表示从搜寻一次增加到两次的好处和搜寻成本刚好抵消。

在该模型中，有人搜寻一次，有人搜寻两次，价格离散分布。当 $\theta = 0$ 或 $\theta = 1$ 的时候，$E[B^{(2)}] = 0$，否则，$E[B^{(2)}] > 0$ [对所有 $\theta \in (0, 1)$]。所以当 s 充分小的时候，就会产生两类均衡：一类均衡为部分消费者搜寻两次；另一类为所有消费者都搜寻一次。

Burdett 和 Judd 的模型展示了在所有消费者和企业均同质的情况下，存在价格离散的可能性。均衡的时候，所有企业都会赚得正的利润。比例为 θ 的这部分的消费者不会在商店之间比较，只询价一次便购买；其余 $1 - \theta$ 部分的消费者则会发出两个询价要约，并在比较之后从最低价处购买。

三、主要线索梳理

Stigler 于 1961 年发表在政治经济学期刊（Journal of Political Economics）上的文章《信息经济学》（The Economics of Information）被视为这个领域的开山之作，在随后的半个世纪中，基于消费者信息不完美的价格理论获得长足发展。该理论的出发点是假设消费者信息不完美，获取信息需要搜寻成本。因此，按照不同消费者的搜寻成本的异同，可以分为同质消费者搜寻和异质消费者搜寻，前者假定所有消费者的搜寻成本相同，后者假定不同消费者的搜寻成本不同。在消费者信息不完美的前提下，企业有动机通过广告或网络传递商品信息，因此生产者信息传递可以视为消费者搜寻的一种替代。其中多数文献假定消费者并不了解企业的定价但知道其他相关信息（如企业的生产成本、商品特征），但部分文献会考虑到消费者并不知道企业的生产成本，此时，企业有动机通过商品的价格把生产成本的信息部分传递给消费者。考虑到产品的差异性，消费者也有可能并不知道与产品特征相关的信息，通过付出搜寻成本以发现商品所能带来的不同效用成为消费者搜寻的另一重要内容。

据此，本章将从同质消费者搜寻、异质消费者搜寻，生产者通过传统广告传递价格信息与商品供货信息，通过现代网络传递价格信息与商品特征信息，通过价格传递生产成本信息以及差异化产品下的消费者搜寻等角度对这一理论的发展脉络进行梳理。

---

[1] 定义 $E[B^{(n)}] = E[p_{min}^{(n-1)}] - E[p_{min}^{(n)}]$，表示在搜寻 $n - 1$ 次后，再增加一次搜寻带来的所要支付的期望价格的下降部分。$E[B^{(n)}]$ 随着 n 的增大而减小，那么存在一个最佳的 n^* 满足 $E[B^{(n^*+1)}] < s \leq E[B^{(n^*)}]$，在小于 n^* 的范围内，消费者值得搜寻。

（一）消费者搜寻与价格离散

1. 同质消费者搜寻

这里"同质"指的是所有消费者的搜寻成本相同，早期关于消费者搜寻与价格离散的文献都基本上采用这一假定。

Stigler（1961）第一次开创性的把消费者搜寻与价格离散联系起来，虽然从技术上讲还不够那么完美，因为假设企业的价格分布外生而没有解释为什么外生。他假设企业的价格为随机变量，但外生给定，消费者采取非序贯搜寻，并选择最佳搜寻企业个数。对消费者而言，其所搜寻的企业数量越多，遇到低价的可能性就越大，所能获得的期望剩余也就越多。但随着搜寻次数的增加，再每增加一次搜寻所能获得的边际收益期望增加值却在递减，并且搜寻成本将以不变的速率随着搜寻企业数量的增加而增加。因此，均衡结果将收敛到某个具体的数 n^*，这是消费者权衡因搜寻而获得价格下降的好处和搜寻成本之后所做的最优选择。

Stigler（1961）的想法有两点值得怀疑：①消费者在事前权衡收益和成本后将制订一个搜寻计划，这个计划并不包括事中的调整，然而现实经济生活中理性的买方往往根据已有信息适时调整其搜寻计划；②只是先验的假设了企业会预先设定其价格为服从某一分布函数的随机变量，并没有指出企业为什么要这样设定。

Rothschild（1973）针对上述两点提出了更明确的批评：①因为忽视了在搜寻过程中消费者会不断获得新的信息，消费者选择固定数量作为搜寻策略可能并不是最优的。例如他有可能在没有看到这个固定数目之前就意外的获得了一个更低的价格。事实上，一旦消费者充分的观察到最低价格，就意味着他们从多增加一次观察中获得的价格改善的好处已低于多增加一次的搜寻成本。正如前文指出的，消费者的序贯搜寻遵循一个最佳即停规则，即一旦发现价格低于某个标准，就停止搜寻。[①] ②价格分布函数外生给定与企业最优选择行为不符，仅仅是消费者符合了纳什均衡的特征而不包括企业。[②] 假设一个行业中企业的技术条件都相同（生产的边际成本函数完全相同），这意味着他们将面临相同的期望利润函数，那为什么企业不选择某一个确定的利润最大化的价格？为什么在消费者搜寻的情况下，企业要选择完全一样的价格分布函数来最大化他们的利润？总之，在消费者和企业都做出最优选择的情况下，Rothschild（1973）的质疑指向了一个完全有可能成立的因果关系：是消费者搜寻导致了企业采取随机的价格策略，并最终使均衡价格表现为离散。

事实上，上述 Stigler（1961）的第二点罅漏被 Diamond（1971）更早认识到。[③] 如果所有消费者采取序贯搜寻，并且都有正的搜寻成本，企业的价格决策内生，结论将是所有企业都制定垄断价格。推理的逻辑是：给定所有消费者只搜寻一次，则企业会把价格定在垄断价格处（如果全体消费者不会选择搜寻一次以上，则企业不会面临竞争）；而给定所有企业把价格定在垄断水平上，则所有消费者只搜寻一次（如果所有企业制定的价格都相同，则消费者没有必要搜寻）。并且该均衡具有唯一性：假设有低于垄断价格的价格构成了均衡，则制定该价格的企业总有动机在原有价格基础上增加小于搜寻成本的量，直到变成垄断价格为止。Diamond（1971）的结论相当令人震惊，被后世称为戴门德悖论（Diamond's Paradox）。模型中大量同质企业相互竞争这一点满足了经典教科书关于完全竞争的必要条件，而一旦考虑消费者信息不完美与搜寻摩擦后，结果竟然是所

[①] 在这里需要说明的是，Rothschild（1973）是正确的，但 Stigler（1961）并没有全错。区别在于前者考虑的是序贯搜寻，而后者是非序贯搜寻。这两种搜寻行为并非经济学家想象出来的，在现实经济生活中都会大量存在。这一点在后来的研究中得到了明确的区别和界定（Morgan 和 Manning，1985）。

[②] Rothschild 称其为部分的局部均衡（Partial-partial Equilibrium）。

[③] 从文章的发表时间来看，Diamond 的文章发表于 1971 年，而 Rothschild 的文章发表于 1973 年，但到底谁先思考并清晰地表达了这样的看法则不得而知。

有企业都制定垄断价格。

Rothschild（1973）对 Stigler（1961）的批评以及戴门德悖论启发了后来的大量研究。其中一个核心问题是有成本的搜寻是否为价格离散的原因。并且将研究聚焦到一种情况下：消费者在给定价格分布的情况下制定他的最佳搜寻规则，而消费者所依据的这一价格分布规律则取决于厂商利润最大化的定价决策。这一考虑将使问题回到了更科学的角度，博弈各方将都在完全理性的情况下制定最优化决策。[①]

Reinganum（1979）第一次证明了，在消费者序贯搜寻和生产者最优定价情况下，价格离散作为一种均衡存在的可能性。论证的关键假设是，消费者面临向右下方倾斜的需求曲线和企业的生产成本不确定。[②] 企业的利润最大化原则是边际收益等于边际成本（$\left(\frac{1+\varepsilon}{\varepsilon}\right)p = m$，$\varepsilon$ 为需求弹性，p 为价格，m 为边际成本），其中需求弹性取决于消费者的偏好，为外生给定，边际生产成本为随机。这些最终导致了价格随机。[③] 由于引入了成本不确定，Reinganum 的模型的均衡结果避免了 Rothschild 的批评和戴门德悖论。

Reinganum（1979）的模型仅仅讨论了序贯搜寻下的价格离散，在非序贯搜寻的市场中是否也能得到同样的结果？MacMinn（1980）给出了肯定的答案。仍然假设生产成本随机，但消费者仅有单位需求，最终通过求解微分方程获得了均衡结果。当消费者采取固定数量为 n^* 的非序贯搜寻策略时，每一家企业将和其他 $n^* - 1$ 个企业去竞争能否成功销售一个商品，这 n^* 个企业均贴出他们的报价，其中最低者将赢得这次"竞拍"。上述问题实际上变成了一个标准的一价拍卖（First Price Auction）。Baye 和 Morgan（2006）后来正是在一价拍卖的理论框架下利用收入等值定理（Revenue Equivalence Theorem）把 MacMinn（1980）的结果更一般地归结到了生产成本的随机性上。通过 Baye 和 Morgan（2006）与 MacMinn（1980）的论证发现即便搜寻成本足够的低，价格离散仍会存在。原因是：搜寻成本的存在既导致了消费者事后的信息集是不一样的（不同的消费者往往会搜寻不同的企业，并观察到不同的价格），又导致了企业在某种程度上的竞争（因为一个企业至少要和另外一家企业竞争，但他们却并不知道彼此的成本）。

在 Reinganum（1979）和 MacMinn（1980）的理论模型中，价格离散的均衡结果都离不开企业生产成本的异质性。作为一个理论问题，经济学家想进一步探求的是价格离散这样一个市场均衡状态是否唯一的和信息不完美有关，并在理论逻辑上能够自圆其说。如果完整而纯粹的在这两者之间架起因果关系的桥梁，那么在理论上将具有重大启发意义，这预示着价格离散的均衡状态本质上和市场制度本身有关。Burdett 和 Judd（1983）发现，给定同质的企业和消费者（这一点很重要，同质意味着所有企业的技术完全一样，所有消费者的偏好也完全一样），价格离散的均衡状态仍然可能是一个均衡结果。假定消费者单位需求且参与非序贯搜寻，企业有相同的边际生产成本。

---

① 这里我们看到经济学理论发展的过程就是逐步把参与者内生到模型中来，首先是假设在静止的环境中，有一个人或一类人决策，然后放松假设，引入更多的参与人，在对后面文献的描述中我们将会更清晰地看到这一点。

② 企业在制定价格决策和产量决策之前只知道自己生产成本的实现值，并不知道竞争对手的生产成本，但生产成本的随机分布形式为共同知识。

③ 上述两个假设性条件（企业面临向右下方倾斜的需求曲线和不确定的生产成本），共同导致了最后的均衡结果为价格离散，缺一不可。假设消费者是单位需求，对每件商品的评价为 v，搜寻成本为 c，给定保留价格 r，则所有企业都会把价格定在 r（r<v）上。这样一来，对消费者来说搜寻也便没了意义，只会选择去一家商店。若消费者果真只搜寻一次，厂商会涨价 r+t（t<c），最终会把价格拉到 v 上，此时市场消失。假设需求曲线向右下方倾斜，但生产者拥有固定的边际成本，则所有企业会把价格制定为 $p^* = \min\{r, m\varepsilon/(1+\varepsilon)\}$，如果垄断价格比 r 小，则企业将永远制定垄断价格，而这又回到了戴门德悖论。Reinganum（1979）所构建的理论的本质是：生产者成本不一致，需求曲线向右下倾斜导致最终利润最大化的价格不一致即价格离散，而搜寻成本的存在恰到好处的分割了市场，使均衡结果得以保持。价格不一致是因为生产成本不一致，这点复合常识，但博川德竞争的均衡结果告诉我们，在不考虑产能约束和信息完美的情况下，只有生产成本最低的企业可以存活。现在放松信息完美的假设，消费者并不了解企业的价格，需要搜寻，且搜寻有成本，那么不一致的生产成本就会产生不一致的价格。

均衡结果显示消费者将在搜寻一次和两次之间无差异，即会随机地选择搜寻一次或两次[①]（此时消费者的搜寻策略也变成了混合策略）；给定消费者这一搜寻策略，一个企业将面临与同行竞争和不竞争两种可能性（由于是同时决策，企业事前无法确定自己处于哪种情况下），对企业而言，此时采取任何固定的价格策略都将不是最优选择，而应当根据某个分布函数随机选择价格。[②]

如果把搜寻的概率 θ_1、θ_2（θ_1 为消费者搜寻 1 次的概率，θ_2 为消费者搜寻两次的概率，$\theta_1 + \theta_2 = 1$）理解成全体消费者中部分个体的确定行为（既有比例为 θ_1 部分的消费者搜寻一次，也有比例为 θ_2 的消费者搜寻两次），那么对企业来说这两种理解方式没有什么本质不同，他们仍会维持随机价格策略。但后一种理解本质上已经完全接近下文所要论述的异质消费者搜寻的情况了。

2. 异质消费者搜寻

这里的"异质"指的是消费者因为计算能力、个体偏好、理性程度以及收入差距等不一致而造成的搜寻成本的不一致。Salop 和 Stiglitz（1977）认为消费者在市场中做出购买决策的能力和意愿是不一样的。一方面，存在类似于经济学家、专业议价师等对价格极为清楚的消费者，他们会尽可能地收集价格信息以做出最有利的购买决策；另一方面，部分消费者在做出购买决策的时候并不很"理智"地去全面收集信息加以计算。例如，不同收入的人对同样市场价格信息的估值是不一样的，高收入的人收集价格信息的机会成本更高，低收入的人也许更愿意花时间去打听信息。

Varian（1980）、Rosenthal（1980）最早在异质消费者的假设下得到价格离散的均衡结果。Varian（1980）假设存在两类不同的消费者：第一部分消费者被称为无知的消费者（Uninformed Consumers），他们搜寻成本极高以至于任何搜寻市场信息的行为都不划算，最终会随机购买；第二部分被称为无所不知的消费者（Informed Consumers），他们搜寻成本为零，所以会获取市场中的所有信息以便从最低价处购买。[③] Rosenthal（1980）则假设每家企业面临两个不同的市场：垄断的国内市场和竞争的国际市场。[④] 于是，企业价格决策最重要的考虑是对两类不同消费者或两类不同市场的权衡。竞争的结果将不会存在纯策略纳什均衡，即不会产生每家企业选择固定价格的结果；但存在混合策略纳什均衡，即会按照某种分布规律随机选择价格。[⑤]

回过头来，我们发现 Burdett 和 Judd（1983）模型中的逻辑过程在本质上和 Rosenthal（1980）、Varian（1980）的完全一致。在 Burdett 和 Judd（1983）模型中，每个企业随机搜寻 1 家或 2 家企

① 给定企业的价格分布，多搜寻一次虽然会获得价格更低的好处，但也会支付搜寻成本，利弊相抵将使消费者在搜寻一次和两次之间无差异，对消费者来说，这可能是一个均衡。

② 一旦某个企业制定了固定的价格策略，其对手总可以通过把价格降得再低一点从你这里吸引走所有的搜寻两次以上的顾客的同时而又不至于在搜寻一次的垄断市场上损失太多。此时企业竞争策略的核心是不能为竞争对手所猜透，即会根据某个分布函数随机选择价格。

③ 在 Stahl 等（1989）的文献中第一部分消费者被称为 Non-Shoppers，后一部分被称为 Shoppers。

④ 考虑不同国家只有一家生产某物品的企业，因为高的关税壁垒使得他们彼此很难卖到对方的国度里去，但不生产该物品的国家却可以选择生产的国家中定价最低的企业去购买。每个企业将面临两个市场：一个是国内市场，他们拥有完全的垄断能力；另一个是国际市场，他们必须面对和其他企业的竞争。通常企业不能对不同消费者进行价格歧视。需要说明的是，Rosenthal（1980）在这里并没有明确提到消费者信息不完美。但其模型中所考虑的企业在做出价格决策时对两类不同市场的权衡这一点与 Varian（1980）的模型极为相似，并且启发了后来的大量的关于消费者信息不完美的文献。因此，把 Rosenthal（1980）的文章作为"异质消费者搜寻"这一领域的重要文献是完全有道理的。

⑤ 出现这样一个均衡结果的原因是：设想存在两类不同消费者的市场上，有两家企业：企业 1 和企业 2。假设期初两家企业价格相同，则给定企业 2 价格不变，企业 1 总有动机以微小幅度降价以吸引搜寻成本为零的消费者，同时又不至于在搜寻成本大于零的消费者市场上丧失太多利润；当企业 1 降价后，企业 2 处于同样的目的发现小幅降价更有利于利润的提高。似乎这种企业间彼此压价的竞争方式很接近博川德模型的逻辑，最后的结果是两家企业都把价格定在边际成本上达成均衡。但在存在两类不同消费者的市场上，等于成本的价格并非一个均衡的结局。因为如果企业 1 选择价格等于边际成本后，企业 2 将会把价格定在垄断价格处，或者定在不足以引起搜寻成本大于零的消费者去搜寻的价格处，便可获得正的利润而非零利润，但如此一来企业 1 也会偏离边际成本。因此不存在某个固定的价格使两家企业彼此均衡，即不存在纯策略纳什均衡。只要企业面对的是不同搜寻成本的消费者，竞争将使他们调整价格的过程将像钟摆一样永远来回运动而非静止，而这正好是一个混合策略纳什均衡，每家企业都依据分布函数随机选择价格。

业。换个说法就是，在一个 2 家企业的市场上（n = 2），每家企业拥有搜寻成本大于零的消费者的比例是 $\mu\theta_1$，而拥有搜寻成本为零消费者的比例是 $\mu\theta_2$。最后将得到和 Rosenthal（1980）、Varian（1980）完全一致的结果。

Rosenthal（1980）、Varian（1980）、Burdett 和 Judd（1983）的模型的共同特点是均衡都为对称。每家企业平均分配了市场中搜寻成本大于零的消费者，并面临数量完全一样的搜寻成本为零消费者，均衡结果是每家企业都有完全一样的价格策略。Narasimhan（1988）则考虑了非对称的情况：企业享有不同数量的忠诚类客户（搜寻成本大于零的消费者）。[1] Narasimhan（1988）从另外一个经济背景来考虑上面的问题，即一个行业内不同品牌之间的价格竞争。通过长期的营销和广告，每个品牌都将拥有一部分忠诚的客户，但经营不同品牌的企业所拥有的忠诚客户数量不一致，同时市场中还存在一部分对品牌不敏感而对价格更敏感的消费者。企业从利润最大化出发的价格决策仍要权衡在两部分市场上（对品牌忠诚的客户和对价格敏感的客户所形成的不同市场）的利弊得失。出于和上面同样的逻辑，均衡时不存在纯策略纳什均衡，而存在一个非对称的混合策略纳什均衡。[2]

到目前为止，Rosenthal（1980）、Varian（1980）、Narasimhan（1988）的模型还未涉及真正的消费者搜寻。只是简单假设存在两类不同消费者，一类充分的掌握信息或搜寻成本为零，另一类什么也不知道或搜寻成本极高。在上述理论模型中，消费者的行为像参数一样被给定，仅仅讨论企业的价格博弈均衡。在本节前述部分曾经提到，Rothschild 认为 Stigler 先验的假设厂商的价格分布外生给定将导致最后理论的均衡结果是一个"部分的局部均衡"。同样的道理，把消费者的选择外生给定也将犯类似的错误。

Stahl（1989）在异质消费者框架下把消费者作为决策一方引入模型。仍然假设有两类消费者：一类消费者搜寻成本为零，另一类消费者有大于零的搜寻成本，他们将理性的决定自己在市场中的信息获取行为，即会比较搜寻所可能获得的收益和搜寻成本的大小以做出继续搜寻还是立刻购买的决定。其中，第二类消费者行为如 Reinganum（1979）所设定的序贯搜寻，他们会根据企业的价格策略内生出一个保留价格 r。当企业的价格比 r 低，他们会立即购买，此时，继续搜寻的期望收益不足以抵消他们的搜寻成本；反之，则继续搜寻。当价格超过保留价格时，两类消费者都不会购买。因此，对企业来说，定价超过保留价格将毫无益处。但同时，企业仍一定程度面临竞争，其竞争对手总试图降价以吸引搜寻成本为零的消费者。最终，企业的最优价格策略将是从价格下限到保留价格处的连续随机分布。

上述理论模型更卓越的贡献或许在博川德悖论（Bertrand，1883）和戴门德悖论（Diamond，1971）之间架起了平滑过渡的桥梁。[3] Stahl（1989）证明当搜寻成本为零的消费者的比例 μ 越来越小的时候，均衡时的企业价格策略将越来越收敛到垄断价格（戴门德悖论）。原因是：当越来越多的消费者都接受垄断价格而放弃搜寻时，企业降价以吸引搜寻成本为零那部分消费者来购买的动力就会越来越弱。而当 μ 越来越大甚至接近 1 的时候，均衡时企业的价格策略将向生产的边际成本收敛（伯川德悖论）。原因是：当搜寻成本为零消费者越来越多的时候，企业将面临越来越激烈

---

[1] Narasimhan（1988）虽然是以品牌忠诚度为背景而写的文章。但其模型则是在 Varian（1980）的基础上考虑了企业之间享有"随机购买消费者"数量不对称的情况。因此，Narasimhan（1988）将仍被视为"异质消费者搜寻"这一领域内的重要文献。

[2] 与对称情况下的主要区别在于，拥有忠诚客户数量更多的企业的随机价格策略发生了变化，在整个取值区间中并没有遵循平滑的变化规律，而是在可能的最大值处出现了跳跃，即赋予垄断价格以更大概率。因为如果拥有更多的忠诚类客户，则该企业通过提价以增加利润的策略会比降价以增加更多需求的策略更有效。这一点与经验事实相符，拥有更大知名度的名牌产品往往制定更高的价格。

[3] 经济学理论的发展，一定程度上确如马歇尔所说，自然界没有飞跃。

的竞争，当搜寻成本降到零时，企业将不得不把价格定在边际成本处（伯川德悖论）。换句话说，当搜寻成本为零时，所有消费者都蜕变为信息完美的寻找最低价者；而当搜寻成本越来越大时，企业的价格策略将稳定的倾向于垄断价格。

Stahl（1989）在模型中有一个暗含的假设：搜寻成本大于零的消费者初次购买的时候并不需要支付搜寻成本。事实上，在最后的均衡结果中，这部分消费也只是搜寻一次。如果考虑更真实的情况，或许是大多数消费者初次搜寻也需要一定费用。Janssen、Moraga-González 和 Wildenbeest（2005）在这种假设下证明存在另外一种可能的均衡：当搜寻成本大于零的消费者在完全不进入市场与搜寻无差异时，他们将以某个概率选择搜寻或者放弃搜寻（即搜寻成本大于零的消费者的搜寻策略也是混合策略）。由于搜寻成本大于零的消费者总是存在参与市场的可能，企业在面临竞争的同时也将总是存在定高价而获取更多利润的可能。所以，企业仍将根据累评分布函数随机选择价格。

Chen 和 Zhang（2011）把 Varian（1980）和 Stahl（1989）的模型综合起来考察，假设市场上存在完全随机购买（Local Uninformed Consumers），权衡搜寻成本和可能的搜寻收益后决定是否购买（Global Uninformed Consuemrs）以及搜寻成本为零（Informed Consumers）三类不同的消费者（为了下文叙述的方便对三类不同消费者将按照出现的顺序，分别以第一、第二、第三类命名），由于三类不同消费者的复杂行为将使市场均衡出现与前面不同的特征。当第一类消费者对产品的评价很高时，会存在唯一的对称均衡：企业的价格策略是一个存在跳跃的间断随机分布函数。[1] 当这个评价并不是特别高时，则均衡结果与 Stahl（1989）相同。换句话说，在 Stahl（1989）所设定的消费者信息结构中，再加入一类随机购买消费者并不会影响原来的市场均衡。

Janssen 和 Moraga-González（2004）沿用异质消费者搜寻的框架，在搜寻成本大于零的消费者采取非序贯搜寻的情况下研究了这个问题。结论是：搜寻成本大于零的消费者总以正的概率询价至少一次；[2] 搜寻成本为零消费者的存在导致企业间激烈的竞争，企业在与同行的竞争中，需要权衡"抢生意"和"蒙客户"两种不同策略的效果。最终均衡的市场价格仍然表现为一个非退化的随机分布。

（二）生产者信息传递

1. 传统广告

Butters（1977）考虑了最一般的广告形式：企业针对每一个消费者做广告，如把商品价格的信息发送到消费者的邮箱中等。在模型中，广告在消费者中随机分布。消费者可以免费的得到这些广告信息，并在这些信息中挑选最低价购买。均衡结果显示企业会在垄断价格和成本之间随机选择价格。

Janssen 和 Non（2008）认为，在一部分消费者存在搜寻成本的情况下，企业有动机去做广告以便让这部分消费者更方便地了解价格信息，同时在广告基础上展开价格竞争。均衡的时候，并非所有企业都选择去做广告，但无论是否广告，企业都将采取随机价格策略。

Janssen 和 Non（2009）发现，生产者不仅利用广告传递价格信息，还会传递"某商品是否存在"这样的信息。当消费者通过广告知道"某店有货"后，就会直奔该店而不再是漫无目的的满街寻找。[1] Janssen 和 Non（2009）仍然假设消费者是异质的：一类消费者搜寻成本高且对商品评价

---

① $F(p;\ \alpha,\ r_f) = \begin{cases} (1-\alpha)F_1(p;\ \alpha) & \text{if } t_1 \leqslant p < r_f \\ (1-\alpha) & \text{if } t_f \leqslant p < t_2 \\ (1-\alpha) + \alpha F_2(p;\ \alpha) & \text{if } t_2 \leqslant p \leqslant v \end{cases}$

② 搜寻成本大于零的消费者搜寻次数有三种情况：随机选择搜寻 1 次或不搜寻，确定选择搜寻 1 次，随机选择搜寻 1 次或两次。分别对应上面三种不同的搜寻行为，可以把均衡分为三类：低强度搜寻、中强度搜寻、高强度搜寻。

高，而另一类消费者搜寻成本为零且对商品评价低。企业一旦涉足某种商品的经营，将要支付比较高的上货成本，而经营物品的信息将通过广告去传递或被消费者通过搜寻发现，前者需要企业支付广告成本而后者需要消费者支付搜寻成本。在一系列参数的假设下发现均衡存在且唯一。企业仍以随机的概率选择是否上货以及是否广告并且采取随机价格策略。

2. 网络信息传递

Bakos（1997）发现，随着数字多媒体技术的飞速发展和互联网的普及，人们获取信息的成本迅速下降。一个快速提供信息的电子系统在买卖双方之间架起了桥梁。电子商务市场将使得搜寻成本大大下降。[②] 在这里买方将更容易找到价格和与商品其他特征相关的信息。

此外，在互联网时代，众多商业网站承担了传统媒体的广告功能，更多的企业将通过这个"第三方渠道"来传递价格和商品特征等信息。为了理解这一点在价格理论上的含义，可以先考虑 Diamond（1971）所得到的结论：在一个由众多经营同质产品厂商组成的市场内，由于全体消费者普遍拥有正的搜寻成本，企业的均衡策略是制定垄断价格。虽然市场内企业众多，但由于消费者一方普遍存在搜寻成本，在无价格合谋的情况下仍然出现市场配置资源最坏的一种结果——垄断。现在考虑在 Diamond（1971）所假设的市场环境中引入一个垄断经营的网络广告商。它在向企业收取广告费的同时又向消费者收取订阅费，同时会把企业的价格通过商业网站公布给消费者，形成产品市场之外的信息市场。Baye 和 Morgan（2001）在这个增加网络广告商的市场内发现均衡结果变为：一方面，广告商向消费者收取的订阅费会非常低甚至为零，所有消费者都会参与到信息市场中来（这一定程度上解释了很多网站上的商业信息都可以免费获得）；另一方面，垄断经营的广告商向企业收取的广告费却非常高以弥补在消费者一方所收取的信息费过低而造成的损失。面对较高的广告费用，企业的最优选择是以某个小于 1 的概率随机选择是否要做广告（即只有部分企业选择了做广告），而这一点恰好造成了产品市场上的价格离散。这里价格离散的原因是：消费者在网络广告商所建立的信息市场之外存在着巨大的搜寻费用。对企业来说，在信息市场上持续投放广告并非最佳策略，企业之间彼此竞争的结果是广告策略的随机化，即会出现价格信息供应充分和不充分彼此交替的局面。这意味着企业的最佳策略是在信息供应充分时尽量压低价格以吸引消费者，而在信息供应极不充分的情况下，尽量抬高价格以榨取更多的消费者剩余。

互联网上，企业还可以通过支付一定费用给经营网络搜索引擎的公司，使自己的商品与所显示的搜索结果尽量相关。这一现象已逐渐成为互联网上主要的广告方式之一。针对上述现象，Chen 和 He（2011）提供如下理论模型：假定商品的价值对消费者而言是连续的随机分布，并且每一个厂商所经营的产品以一定概率与消费者的偏好相匹配（模型中为一个匹配系数 $0 \leq \beta \leq 1$），消费者只有付出一定搜寻成本才能真正知道商品所能给自己带来的效用。搜索引擎公司通过二价拍卖的方式来决定商品在搜索结果显示中的排名，出价最高者排第一，其余依次类推。[③]

网络中间商的存在是否必然会降低消费者的搜寻成本，进而创造了社会福利呢？Hagui 和 Jullien（2011）认为这一观点值得商榷。对中间商而言，为了尽可能增加自己的收入，可能会诱导

---

①包含"是否有货"这种信息的硬性广告（Informative Aredvertisement）可以节省消费者的搜寻成本，这使得我们对广告在信息传递和资源配置中的作用有了更深刻的理解，但这个简单的事实长期以来被经济学家的研究所忽略。

②从这个意义上说，依靠电子商务平台发布信息的市场将最大可能接近瓦尔拉斯理论所设想的市场——一个拍卖者而所有买者将会无成本的获得所有价格信息，市场出清的结果是价格等于边际成本，资源配置最优。

③博弈的顺序是，首先每个厂商在观察到自己的匹配系数后，决定自己在搜索引擎的广告拍卖中所支付的费用，然后所有厂商独立决定各自的价格（消费者在没有搜索之前不知道价格），消费者在看到搜索结果后，会对每家厂商的类型（匹配系数）和价格产生信念（Belief），然后决定自己的搜寻顺序以及购买决策。因为是不完美信息，所以最后求解完美贝叶斯纳什均衡（PBE），这要求消费者的信念和厂商的类型以及竞拍策略相容（Consistent）。

消费者参与更多次数的搜寻。例如，他们可能通过电子平台的设计延长消费者的访问时间，并促使他们将注意力转移开自己真正想要的商品。更重要的是中间商的这些行为会直接影响企业的定价决策。而要使得中间商没有动机产生这类行为，可能需要更复杂和完整的合同设计。

Akin 和 Platt（2013）研究了保险公司的介入对医疗、汽车修理等服务市场上消费者搜寻行为与价格离散的影响。在这种情况下，保险公司所确定的最佳保险费用与消费者搜寻服务价格的行为息息相关。在保险公司垄断的情况下，消费者将会全额购买保险，此时，消费者没有激励搜寻，故而服务商品市场上不存在价格离散；而如果保险市场是竞争的，则消费者只会购买部分保险，那么部分消费者将有动机搜寻，因此，服务商品市场上会存在明显的价格离散。

3. 价格本身作为传递生产成本信息的信号

在市场中，影响消费者预期和购买决策的信息是多方面的。本节第一部分主要考虑价格信息，第二部分的 1 和 2 则在价格信息之外又考虑了企业是否供货以及商品自身特征这样的信息。Janssen、Pichler 和 Weidenholzer（2011）则发现了另外一种影响消费者预期和购买决策的信息——企业的生产成本。例如，当一个消费者看到某家加油站汽油价格的时候将选择继续搜寻还是就地购买。在做这个决定的时候，他必须充分估计到价格在多大程度上是受到了普遍的全行业成本因素的影响（例如原油的价格和税收），而又在多大程度上是受到非行业成本因素的影响（例如加油站的地租）。如果受一般因素影响更大的话，他会就地购买，但如果受到更多特殊因素影响的话，似乎继续搜寻是值得的。在这种背景下，价格本身会一定程度上把企业生产成本的信息传递给消费者。考虑到价格的信息传递功能，博弈将变得更为复杂。Janssen（2011）提出了满足保留价格性质的完美贝叶斯均衡（PBERP）来解决这一相对复杂的理论问题，并在一定参数范围内证明了这一均衡的存在性和唯一性。在完美贝叶斯均衡概念下，企业考虑到消费者的搜寻策略和竞争对手的价格策略后，将制定最大化本企业期望利润的价格策略；而消费者将在企业的价格策略下制定最优的搜寻规则，并且在观察到企业的价格后根据贝叶斯法则更新信念。

Janssen（2011）考虑的是企业生产成本确定情况下的序贯搜寻，而 Tappata（2009）则考虑了生产成本不确定情况下的非序贯搜寻。给定消费者的搜寻密度（不同消费者选择的搜寻次数），企业将分别在高成本和低成本下选择价格分布策略来最大化他们的期望利润。当成本比较高的时候，成本和垄断价格之间的距离会比较小；相反，成本比较低的时候，成本和垄断价格之间的距离则比较大。把企业和消费者之间的博弈动态化后发现：当本期成本很高的时候，消费者将预期到下一期成本还会比较高，因而会减少搜寻（较高的成本和垄断价格更为接近使得搜寻的期望收益减少）。考虑到消费者减少了搜寻从而使得企业之间竞争度下降，此时即便全行业成本普遍下调，企业仍会选择维持高价。当本期成本很低，消费者预期未来成本也会比较低，企业却会在推高成本的冲击下选择大幅度提高价格。

4. 差异化产品下的消费者搜寻

上述搜寻理论（Chen 和 He，2011 除外）基本上都假设商品同质且不同企业的定价并不一致，因而消费者只有通过搜寻才能发现价格信息。而关于搜寻理论的另一条线索则是考虑产品的水平异质性。即同一个产品可能对不同消费者带来的满足程度不一样，而消费者只有通过搜寻才能发现这些商品可以给自己带来多大效用。这方面的开创性文献来自 Wolinsky（1986）对垄断竞争市场与寡头市场的界定与区分的研究。

Wolinsky（1986）构建了一个包括众多商家与大量消费者在内的市场。对消费者而言，该市场上的商品具有不完全替代性，消费者虽然知道每一个品牌下的商品给自己带来的效用分布，但只有通过搜寻才能知道某个商品所能带来的具体效用水平。搜寻需要支付成本，因此消费者会权衡搜寻的收益与成本。最终市场成交价格将高于边际成本。Wolinsky（1986）通过他的研究批评了 Hart（1985）关于垄断竞争与寡头竞争市场的区分标准。即认为，信息不完美情况下消费者对差异化产品的搜寻才可能是形成垄断竞争市场的真正原因。

Wolinsky（1986）关于垄断竞争市场与搜寻行为的深刻洞见为此后其他经济学家的进一步研究奠定了基础。Armstrong、Vickers 和 Zhou（2009）认为消费者的搜寻顺序并非随机给定。在不存在非系统化差别的商品市场上，消费者更愿意首先考虑那个更"突出"（Prominence）的品牌，如广告频率最高或者超市货架上摆放在更有利于消费者发现的位置上的商品。文章结论表明那个拥有更"突出"品牌的厂商往往制定更低的价格，但存在"突出"品牌的行业却拥有更高的利润，从而降低了消费者的福利。如果考虑产品垂直差异的话，拥有更高质量品牌的企业更愿意选择"突出"的位置，与上述拥有水平差异化产品的行业相反，企业选择"突出"位置的行为既会增加行业利润又会增加消费者的福利。

Armstrong 和 Zhou（2011）进一步发展了关于"突出"行为的理论，认为厂商可以通过三种方式把自己变为行业内的"突出者"：给予零售商一定的推销费用，使零售商更努力推销自己的商品；在价格比较网上做广告，使自己的价格引起消费者的搜寻兴趣；尽量延长品牌的存在时间并培养消费者对品牌的长期忠诚度。①

Zhou（2011）把价格离散与差异化产品结合起来考虑，并认为搜寻顺序并非完全随机而是外生给定。其与 Armstrong、Vickers 和 Zhou（2009）的区别在于，消费者预期到厂商的定价策略之后，会建立一个完整的搜寻顺序，从而会产生一个有别于上文的动态搜寻规则。文章结论表明存在完整搜寻顺序的市场会产生更高的成交均衡价格从而损害消费者的福利。

Chen 和 Rosenthal（1996）发现人们在买卖例如大额票据、企业、房产等价值较大的资产时并非只有拍卖一种形式。原因是这些资产价值太大且用途非常专业，以至于在短期内，它的潜在买者很难同时出现参与竞价。而买者往往也会拒绝当期的最高出价，希望在以后的某一期能有更好的收益。针对这种情况，卖者通常会给出一个最高价格（Ceiling Price）并留下了充分的讨价还价余地以吸引买者花费一些调查成本来了解该资产。在事前，商品价值对消费者来说呈随机分布，当有部分消费者认为价值高于最高价格的可能性较大时，对这部分消费者而言，这一最高价格保证了存在超过调查成本的期望收益。②

Armstrong 和 Chen（2009）发现总有部分消费者在做出购买决策时仅仅考虑商品的价格而忽视商品的质量。企业会利用这一点去"欺骗"这些"马虎"的消费者。唯一的均衡结果显示企业会随机化他们的价格和产品质量决策。当市场上"马虎"的消费者比较少的时候，企业"欺骗"行为较少发生，社会福利会增加，但这一增加的剩余在消费者和生产者之间的分配比例并不明确。当市场中存在数量众多的厂商时，有几乎一半的企业会发生"欺骗"行为，但更多企业的决策却会导致自己的利润下降从而增加消费者的福利。

---

① 对某些新产品而言，消费者更有可能选择市场上长期存在的品牌。

② Chen 和 Rosenthal（1996）构建了如下模型来描述这一问题：有一个垄断厂商想出卖某单一资产，对垄断卖者来说，除非卖出该资产否则毫无价值可言。潜在买者序贯购买该资产的可能性成 Poisson 分布，并且该资产的价值以及每个买者调查该项资产的成本对卖者而言都是独立同分布的随机变量，但每个买者知道自己的价值和调查成本。结论表明，当垄断卖者有完全的讨价还价能力时，他选择一个最高价格（Ceiling Price）会形成唯一的子博弈完美纳什均衡。并且在卖者出售该项专用资产的所有售卖机制中，给出最高价机制（Ceiling-Price Mechanism）是最优的。

四、重要结论总结及述评

（一）消费者搜寻的重要结论

Stigler（1961）发现，市场中的价格越分散，消费者支付的平均价格将越低，为了获取商品而支付的总成本（包括搜寻成本在内）也越少。[①] 对这一结论更直观的理解是：当价格分布越分散，价格分布函数的左尾就"越厚"，遇到"便宜货"的可能性就越大，那么从搜寻中获得价格改善的好处就越多。这一结论所揭示的更普遍的道理或许是，在一个信息越难汇集的地方，从信息中获得的好处将越多。或者换个说法是，未知的可能性越多，从获取未知中获得的好处就可能越多。

Reinganum（1979）发现搜寻成本的下降可以减小价格离散的程度。这个结论的政策含义是，如果信息市场更完善或有更多的企业愿意做广告，市场的价格离散程度会减小。

MacMinn（1980）认为边际成本浮动程度越大将会导致价格离散程度越大；企业数量增加的时候，价格的离散程度会变大；搜寻成本与价格离散程度呈相反方向变动，搜寻成本越小，价格离散程度越大。

Rosenthal（1980）从他的模型中发现，当市场内企业数量增加的时候，所有消费者支付的平均交易价格反而会增加。根据 Rosenthal（1980）的假设，新进入市场的企业总是可以带来更多的忠实客户，而市场中搜寻成本为零消费者的数量不变。这意味着，随着企业数量的增加，搜寻成本为零的消费者占整个消费者的比例在下降。换句话说，新进入的企业所带来的忠诚客户稀释了热衷于搜寻的这部分消费者的比例。对企业来说，随着搜寻成本为零消费者比例的下降，他们去竞争这部分消费者的动力将越来越弱，而更倾向于制定较高的价格以从不搜寻的消费者那里榨取更大剩余。

Stahl（1989）通过其模型分析发现，当搜寻成本为零的消费者的比例从 0 变化到 1 时，企业的均衡结果将从完全制定垄断价格的"戴门德悖论"过渡到价格完全等于边际成本的"博川德悖论"。当搜寻成本逐渐变化到 0 时，企业的均衡结果将逐渐过渡到价格等于边际成本的博川德结果；而当搜寻成本逐渐升高时，企业价格策略的上限将逐渐移动到垄断价格处，并会赋予垄断价格更高的概率。因此一个显著的结论是，随着搜寻成本为零消费者数量的增加或者搜寻成本的下降，整个社会的福利在增加。随着厂商数量 N 的增加，企业把价格定在垄断价格处的概率会越来越高，当厂商数量 N 趋向于无穷大时，市场中的平均均衡价格将趋向于垄断价格。

Janssen、Moraga-González 和 Wildenbeest（2005）的结论是，首先，搜寻成本的下降会导致平均价格的升高而不是降低，[②] 这与前面 Stahl（1989）的结论完全相反；其次，搜寻成本为零的消费者的比例的增加并不会改变企业的价格策略（分布），这意味着在 Stahl（1989）模型中，随着搜寻成本为零消费者数量的增加，平均价格必然下降的结论在这里未必成立。不同于 Stahl（1989）的结论是，随着企业数量的增加，企业的价格分布函数（随机价格策略）会变成此前分布的一个期望保持扩展（Mean-Preserving Spread），这意味着新企业的进入将导致市场价格分布更分散，搜寻

---

① 原文中的数学表达是：a. 假设 $G(\cdot)$ 和假设 $F(\cdot)$ 分别是两个随机变量的分布函数，如果 $G(\cdot)$ 是 $F(\cdot)$ 的期望保持扩展，那么在 $G(\cdot)$ 下的成交价格比在 $F(\cdot)$ 下的成交价格更低。b. 消费者在风险过程 $G(\cdot)$ 下所付出的平均总成本比在 $F(\cdot)$ 下更低。

② 原因是随着搜寻成本的下降，搜寻成本大于零的消费者参与市场的可能行越来越大，这也意味着每家企业的垄断势力增强，他们会调高价格以获取更多剩余而不是降价以竞争搜寻成本为零的消费者。

成本大于零的消费者的参与率则会下降。从这个角度看，更多的企业反而导致福利的损失。

Chen 和 Zhang（2011）发现，当消费者对商品的评价 v 相对比较大时，随着搜寻成本下降，消费者支付的平均价格反而会升高，[①] 并且存在着总体消费者福利下降的很大可能性。第二类消费者比例的增加将导致均衡的结果由跳跃间断分布（Chen 和 Zhang，2011）过渡到平滑连续分布（Stahl，1989）。在这一过程中，整个市场的平均价格会迅速下降。原因是企业一旦放弃针对第一类消费者的垄断高价，整个市场的竞争性将得到加强，总体价格反而会下降。[②]

Janssen 和 Moraga-González（2004）发现，在低强度搜寻中，若消费者行为外生给定，则随着企业数量 N 的增加，市场中的平均成交价格会趋向于垄断价格；如果消费者行为为内生，则随着企业数量 N 的增加，均衡的市场平均价格不变，但离散程度会加大。在中强度搜寻中，无论消费者行为是否为内生，随着企业数量 N 的增加，市场中的平均成交价格都要随之增加。在高强度搜寻中，当消费者行为外生给定时，随着企业数量 N 的增加，市场中的平均成交价格亦随之增加，当 N 趋向于无穷大的时候，该价格趋向于某个小于垄断价格 v 的值；当消费者行为内生时，随着 N 的增加，消费者支付的平均价格在增加，但当 N 趋向于无穷大时，这个平均价格却与市场中只有两家企业的平均价格相同。以上三种情况下的分析表明，随着企业数量 N 的增加，市场平均价格基本上会严格增加。

以上结论总体上围绕搜寻成本对价格离散程度的影响，搜寻成本对市场平均价格的影响以及企业数量的变化对平均价格的影响这样三个核心问题展开。

首先，在搜寻成本的变化对价格离散程度的影响这个问题上有完全相反的结论。Reinganum（1979）认为搜寻成本的下降会导致价格离散程度的下降，而 MacMinn（1980）的结论则完全相反。不同的结论来自不同的假设，搜寻成本的下降到底导致更高还是更低的价格离散程度取决于不同假设条件下模型本身所展现出来的逻辑。在 Reinganum（1979）的模型中，搜寻成本的下降会导致保留价格的下降。虽然低边际生产成本的企业的垄断价格本来就低于保留价格，在搜寻成本下降时仍然会保持不变，但高边际成本企业的价格却会从此前的垄断价格降到新的相对较低的保留价格。因此，低的搜寻成本降低了价格离散区间的上限进而导致价格离散程度下降。在 MacMinn（1980）的模型中，更低的搜寻成本会导致消费者在购买之前发出更多的询价要约，其效果是每一个企业都将被迫和其他更多的企业竞争。因此，最优价格高于边际成本的部分（Bid Shading）会下降，进而导致了价格离散程度增加。

其次，在搜寻成本的变化对平均价格的影响这个问题上也有完全相反的结论。Stahl（1989）认为搜寻成本越高，平均价格越高。但 Janssen、Moraga-González 和 Wildenbeest（2005）、Chen 和 Zhang（2011）的结论与之相反。Stahl（1989）的逻辑是，当搜寻成本很高时，消费者搜寻的动机会很弱，这意味着企业将拥有更大市场势力，更愿意定高价。在这里，高的信息成本（搜寻成本）分割了市场，阻止了竞争。Janssen、Moraga-González 和 Wildenbeest（2005）发现当搜寻成本过高时，将有一部分消费者退出市场，这将使企业不得不竞相压价去争夺那些对市场更熟悉的消费者（搜寻成本为零的消费者）。Chen 和 Zhang（2011）认为当搜寻成本逐渐下降时，企业将有更多的动机去针对那些完全随机选择的消费者 [③] 以避免过度竞争而造成的价格下降。上述这些结论完

[①] 形成这一点的原因是：随着搜寻成本的下降，第二类消费者的保留价格也会下降，这意味着他们的搜寻动机更足，这势必将导致企业在争夺第二类消费者的竞争上更激烈，因此，更多的企业会有动机转而制定高价以从第一类随机购买消费者那里榨取更大剩余。最终，市场的总体价格被拉高。

[②] 其余结果与 Stahl（1989）类似，例如当搜寻成本为零消费者的比例接近 1 时，整个市场的出清价格接近边际成本，而当市场中的企业数量越来越多时，却导致更高的价格将以更大的概率出现。

[③] Chen 和 Zhang（2011）假设存在三类不同的消费者：搜寻成本为零的消费者，搜寻成本大于零的消费者，完全随机购买的消费者。

取决于搜寻成本的大小以及由此所导致的消费者对信息掌握的不同程度。不同的消费者信息结构将最终导致企业不同的价格策略。不难发现，消费者的搜寻行为具有外部性，不同搜寻成本的消费者通过搜寻将彼此给对方带来福利或者损失。

最后，一个相当普遍的结论是，市场中企业数量越多，平均价格反而越高（Rosenthal，1980；Sthal，1989；Chen 和 Zhang，2011；Janssen 和 Moraga-González，2004）。这与传统经济学理论得到的结论截然相反。在市场中存在搜寻成本为零和大于零两类不同消费者的情况下，当企业数量增加的时候，竞争获利的空间将越来越小，每个企业都有充足的动机把盈利对象转向各自的忠实客户（搜寻成本大于零的消费者），制定高价以最大限度榨取这部分消费者的剩余。同时，这一观点表明市场结构并非唯一影响市场绩效的原因，还应考虑消费者的信息结构，不同的市场结构和消费者信息结构将会共同影响市场绩效。

（二）生产者信息传递的重要结论

Butters（1977）发现生产者信息传递（广告）与消费者搜寻一定程度上有替代性。当广告费相对上升，企业会减少广告投放量，消费者会增加搜寻；反之，当搜寻成本上升，企业会增加广告，消费者则会相应减少搜寻。但即便搜寻成本很低，如果禁止广告的话，市场的均衡结果也将是所有企业都制定垄断价格；而如果禁止消费者搜寻，广告被允许的时候，市场却是最有效的。从这个角度来看，广告对竞争是重要且必要的。[①]

Janssen 和 Non（2008）认为，做广告的企业因为替消费者节省了搜寻成本而更有竞争优势，反而会制定更高的价格。当搜寻成本和广告成本随着技术的进步而下降时，市场竞争会更激烈，价格均会趋向于边际成本。

Janssen 和 Non（2009）认为，当某企业"是否有货"这个信息不确定性时，广告将替消费者节省大量搜寻成本，但做广告的企业会利用这一优势抬高价格。当搜寻不做广告的企业而面临缺货的不确定性时，对商品评价更高且拥有高搜寻成本的消费者宁愿出高价购买广告企业的产品而不是搜寻。这个结论为我们提供了一个认识硬性广告（Informative Advertisement）的重要视角，广告有可能替那些对商品有着高评价且同时拥有高搜寻成本的消费者[②]节省大量搜寻成本。

Bakos（1997）认为，随着电子商务市场的建立，搜寻成本迅速下降，整个资源配置效率将通过以下三种方式得到改善：①当消费者获取信息成本更低的时候，企业之间的价格竞争将更激烈，市场价格将以更大可能性接近边际成本。这意味着电子商务市场的建立消除了企业由于信息分割而形成的市场势力，对市场势力的消解本身意味着社会福利的改善。②当搜寻成本更低的时候，意味着消费者搜寻次数会增加，进而更有可能找到更适合自己的商品。在产品差异化情况下，匹配效率得到改进。③随着信息成本的下降，以前不会有市场的地方会重新出现市场，消失的市场得以建立。无法享受到市场好处的消费者和生产者将直接获利，从而挖掘出大量潜在社会剩余。

Bakos（1997）的另一个重要结论是，在所有市场信息中，商品价格信息对促进竞争是最重要的。当价格信息是透明的，而产品特征信息需要花费搜寻成本才能获得的情况下，市场出清的价格几乎接近边际成本；反之当价格信息不透明而产品特征信息透明的情况下，结论却完全相反，

---

① Butters（1977）的另一个重要的结论是，当广告费用或者搜寻成本很大的时候，市场中的平均成交价格将会很高，价格离散范围加大且离散频率更高（价格分布的方差衡量），很明显这三个结果都将会对消费者的福利带来损害，意味着高昂的信息成本阻断了企业之间的竞争。

② 对商品高评价的消费者往往拥有更高的搜寻成本并不是一个牵强的假设。对商品的评价一定程度上与消费者收入有关，通常意义上，高收入的消费者拥有更高的时间机会成本，因而搜寻成本也会更高。

企业将制定近乎垄断价格的高价。[①]

Baye 和 Morgan（2001）认为一个垄断经营的广告商所支出的广告费以及从消费者那里收取的信息费与社会最优水平一定是相冲突的。[②] 如果考虑信息市场的建立需要巨大成本的话，有可能出现一种并非社会福利改进的结果。原因是，信息市场节约的成本将不足以弥补此前巨大的投资，虽然均衡对博弈各方来说都有可能是收益最大化的结果。但通过一个信息市场把本来由于高昂的信息费用而彼此隔绝的众多产品市场连成一体的话，则一定是一种帕累托改进。[③]

Baye 和 Morgan（2001）的另一个重要结论是，由于信息市场的建立，企业的定价一定低于此前的垄断价格，对消费者来说一定是改善了福利。但对企业来说却面临着福利损失，一方面企业因为被迫参与竞争而丧失了之前的垄断地位，另一方面又必须拿出部分剩余缴纳广告费。

Chen 和 He（2011）的均衡结果表明，当商品本身与搜索结果的关键字更相关时，厂商往往愿意支付更多的拍卖费用。而通过拍卖"付费"机制的搜索结果会更好地揭示商品和消费者偏好的匹配程度，增加了愿意搜寻消费者的福利并提高了总产出。

Akin 和 Platt（2009）认为购买保险的消费者有降低搜寻努力的激励，这不仅会直接减少服务市场上出现竞争低价的可能性，还会弱化提供服务的公司之间的竞争。

Janssen（2011）的结论是，在成本不确定情况下，消费者支付的平均价格更高且价格离散程度更大，因而其福利会受损，但企业的平均利润却会更高并从中受益。这个结论的政策性含义是，应该尽量让企业披露其成本以提高全社会的福利。最后，发现随着企业数量的增加，成本不确定下的各种特征将与成本确定下的各种市场特征趋于一致。造成这一点的原因是，在企业数量众多的情况下，单个企业通过价格暴露出来的成本信息对消费者已经没有了参考意义。[④]

Tappata（2009）利用模型的均衡结果解释了很多市场中存在的"价格上升如火箭，下降如羽毛"的现象。即在受到成本推高冲击后，价格上升的很快，但这个过程并不对称，当成本受到向下冲击时，价格下降的却很慢。

总结上述结论后发现：

首先，在传统广告是不是"好的"这个问题上，消费者信息不完美框架下的结论是一致肯定的。Butters（1977）、Janssen 和 Non（2008）、Janssen 和 Non（2009）认为企业自主广告可以替代消费者搜寻且有利于竞争，因而改善了消费者的福利。

其次，基于互联网的广告是不是"好的"则存在分歧。Bakos（1997）、Chen 和 He（2006）认为基于互联网技术的电子商务、搜索引擎会降低搜寻成本并改善社会福利。Baye 和 Morgan（2001）却认为，如果由一个垄断的第三方来经营基于网络技术的多媒体广告，社会资源的配置不一定是最优的，但一定可以促进市场竞争，并改善消费者福利。Hagui 和 Jullien（2011）论证互联网上的中间商未必能够增加消费者福利，有时候反而会误导消费者从而造成消费者福利的

[①] 形成这一现象的原因是：消费者是想通过搜寻发现更适合他们的商品或者价格更低的商品，即更物美价廉的商品。如果事先有产品的特征被告知，他们搜寻的动机就会下降，更进一步，每个消费者都会被给他提供最合适产品的商家所捕获，如果产品差异化比较大的话，因为不从别的商店购买，很明确可以提高他的收益，结果是消费者被企业拿走所有剩余。

[②] 如果考虑广告商一旦建立信息市场后，前期投资将是沉没成本，那么社会最优水平是广告费为零，所有企业参与信息市场，竞争均衡的结果将是价格等于边际成本，这在产品市场上达到了资源配置的最优化；另外，广告商从消费者那里收取的信息费不超过没有信息市场的搜寻成本，这可以保证所有消费者都参与到信息市场中来。但在这种情况下，广告商的利润会比较小，并且总是存在通过提高广告费以增加利润的可能。

[③] 因为之前 n 个产品市场彼此独立如垄断者那样行事，现在由于统一的信息市场他们不得不面对激烈的竞争，即便竞争的结果是价格离散，也使得所有的市场成交价格至少低于垄断价格，这和之前比将使整个社会的产出更大，平均价格更低。另外，当大量消费者通过信息市场的低廉广告获得信息时，与他们此前比将节约了大量的搜寻成本和信息费用。

[④] Janssen（2011）的另一个有趣的结论是，当成本比较低的时候，对企业而言消费者对成本未知比知道好，而当成本比较高的时候，消费者知道成本却能使企业获得更多利润，这和我们的直觉一致：在企业生产成本比较低的时候会倾向于保密，而在生产成本比较高的时候却更愿意让公众知晓。

损失。

再次，这部分的文献大都假设消费者不知道商品的价格信息，而 Janssen（2011）、Tappata（2009）则从消费者并不知道企业的生产成本信息入手分析问题。Janssen（2011）的结论是，当消费者不知道企业的生产成本时，市场的平均价格更高，价格离散程度更大，消费者受损，而企业则会受益，但整个社会福利下降。Tappata（2009）则认为，很多市场上都存在的"价格上升快下降慢"这一现象背后的原因是消费者并不了解企业的生产成本。因此，这两个结论的政策含义是企业应该披露其生产成本信息。

最后，当在消费者信息不完美的产品市场上引入保险市场后，市场均衡状态下的社会资源配置状况存在着被扭曲的可能性。Akin 和 Platt（2009）为这一观点提供的理由是，保险公司的介入使得医疗、汽车修理等服务市场上消费者的搜寻激励降低，从而弱化了服务供给者之间的竞争。

（三）差异化产品下的消费者搜寻的重要结论

Wolinsky（1986）一个富于洞察力的创见是，产品差异化和消费者信息不完美才是形成垄断竞争市场的真正原因。

其后在 Wolinsky（1986）的基础上，Armstrong、Vickers 和 Zhou（2009）、Armstrong 和 Zhou（2011）研究了企业是否要选择"突出"地位和如何获得更"突出"的地位，以及企业的这种行为对消费者福利的影响。Chen 和 Rosenthal（1996）在差异化产品与消费者信息不完美的前提下研究了大宗商品的一种特殊售卖机制。Armstrong 和 Chen（2008）则揭示了在消费者信息不完美情况下，企业是如何做出价格和质量决策的。

Zhou（2011）把商品价格信息与产品质量信息结合起来考虑，消费者在这一更复杂的未知信息组合下选择最有利的搜寻顺序。这无疑是一种更接近真实世界的模型设定。但结论却是令人悲观的，由于假设更多的信息不为消费者所知，市场最终会产生更高的成交价格，消费者福利会受损。

参考文献：

［1］Akin，S.N. and B.C. Platt. Insurance，Consumer search，and Equilibrium Price Distributions［J］. Journal of Risk and Insurance，DOI：10.1111/j.1539-6975.2013.01515.x.

［2］Armstrong，M. and Yongmin Chen. Inattentive Consumers and Product Quality［J］. Journal of the European Economic Association，2013，7（2-3）：411-422.

［3］Armstrong，M.，J. Vickers and J. Zhou. Prominence and Consumer Search［J］. Rand Journal of Economics，2009，40（2）：209-233.

［4］Armstrong，M. and J. Zhou. Paying for Prominence［J］. Economic，2011，121（556）：368-395.

［5］Bakos，J.Y.. Reducing Buyer Search Costs：Implications for Electronic Marketplaces［J］. Management Science，1997，43（12）：1676-1692.

［6］Baye，M.R. and J. Morgan. Information Gatekeepers on the Internet and the Competitiveness of Homogeneous Product Markets［J］. American Economic Review，2001，91（3）：454-474.

［7］Baye，M.R.，J. Morgan. And P. Scholten. Information，Search，and Price Dispersion［J］. Handbook on Economics and Information Systems，2006.

［8］Burdett，K. and K. L. Judd. Equilibrium Price Dispersion［J］. Econometrica，1983，51（4）：955-969.

［9］Butters，G.R.. Equilibrium Distributions of Sales and Advertising Prices［J］. Review of Economics Studies，1977，44（3）：465-491.

［10］Chen Yongmin and Chuan He. Paid placement：Advertising and Search on the Internet［J］. Economic

Journal, 2011, 121 (556): 309-328.

[11] Chen Yongmin and R.W. Rosenthal. On the Use of Ceiling-price Commitments by Monopolists [J]. Rand Journal of Economics, 1996, 27 (2): 207-220.

[12] Chen Yongmin and T. Zhang. Equilibrium Price Dispersion with Heterogeneous Searchers [J]. International Journal of Industrial Organization, 2011, 29 (6): 645-654.

[13] Diamond, P.A. A Model of Price Adjustment [J]. Journal of Economic Theory, 1971, 3 (2): 156-168.

[14] Hagiu, A. and B. Jullien. Why do Intermediaries Divert Search [J]. Rand Journal of Economics, 2011, 42 (2): 337-362.

[15] Hart, O.D. Monopolistic Competition in the Spirit of Chamberlin: A General Model [J]. Review of Economics Studies, 1985, 52 (4): 529-546.

[16] Hart, O.D. Monopolistic Competition in the Spirit of Chamberlin: Special Results [J]. The Economic Journal, 1985, 95 (380): 889-908.

[17] Janssen, M. and J.L. Moraga-González. Strategic Pricing, Consumer Search and the Number of Firms [J]. Review of Economics Studies, 2004, 71 (4): 1089-1118.

[18] Janssen, M., J.L. Moraga-González and M.R. Wildenbeest. Truly Costly Sequential Search and Oligopolisitic Pricing [J]. International Journal of Industrial Organization, 2005, 23 (5): 451-466.

[19] Janssen, M. and M.C. Non. Advertising and Consumer Search in a Duopoly Model [J]. International Journal of Industrial Organization, 2008, 26 (1): 354-371.

[20] Janssen, M. and M.C. Non. Going where the Ad Leads You: On High Advertised Prices and Searching Where to Buy [J]. Marketing Science, 2009, 28 (1): 87-98.

[21] Janssen, M., P. Pichler and S. Weidenholzer. Oligopolistic Markets with Sequential Search and Production Cost Uncertainty [J]. Rand Journal of Economics, 2011, 42 (3): 444-470.

[22] MacMinn, R.D. Search and Market Equilibrium [J]. Journal of Political Economy, 1980, 88 (2): 308-327.

[23] Morgan, P. and R. Manning. Optimal Search [J]. Econometrica, 1985, 53 (4): 923-944.

[24] Narasimhan, C. Competitive Promotional Strategies [J]. Journal of business, 1988, 61 (4): 427-449.

[25] Reinganum, J. F. A Simple Model of Equilibrium Price Distribution [J]. Journal of Political Economy, 1979, 87 (4): 851-858.

[26] Rosenthal, R.W. A Model in Which an Increase in the Number of Sellers Leads to a Higher Price [J]. Econometrica, 1980, 48 (6): 1575-1579.

[27] Rothschild, M. Models of Market Organization with Imperfect Information: A Survey [J]. Journal of Political Economy, 1973, 81 (6): 1283-1308.

[28] Salop, S. and J. Stiglitz. Bargains and Ripoffs: A Model of Monopolistically Competitive Price Dispersion [J]. Review of Economics Studies, 1977, 44 (3): 493-510.

[29] Schwartz, A. and L. Wilde. Intervening in Markets on the Basis of Imperfect Information: A Legal and Economic Analysis [J]. U. Pa. L. Rev., 1978, 127: 630-682.

[30] Shilony, Y. Mixed Pricing in Oligopoly [J]. Journal of Economic Theory, 1977, 14 (2): 373-388.

[31] Stahl, D.O. Oligopolistic Pricing with Sequential Consumer Search [J]. American Economic Review, 1989, 79: 700-712.

[32] Stigler, G. J. The Economics of Information [J]. Journal of Political Economy, 1961, 69 (3): 213-225.

[33] Tappata, M. Rockets and Feathers: Understanding Asymmetric Pricing [J]. Rand Journal of Economics, 2009, 40 (4): 673-687.

[34] Varian, Hal R. A Model of Sales [J]. American Economic Review, 1980, 70 (4): 651-659.

[35] Wilde, L. and A. Schwartz. Equilibrium Comparison Shopping [J]. Review of Economic Studies,

1979，46（3）：543-553.

[36] Wolinsky，A. True Monopolistic Competition as a Result of Imperfect Competition ［J］. Quarterly Journal of Economics，1986，101（3）：493-511.

[37] Zhou jidong. Ordered Search in Differentiated Markets ［J］. International Journal of Industrial Organization，2011，29（2）：253-262.

全球价值链嵌入与技术进步
——来自中国工业面板数据的经验研究

王玉燕　　林汉川　　王分棉　　吕臣

（对外经济贸易大学国际商学院，北京　　100029）

一、问题提出

经济全球化背景下，全球价值链（Global Value Chain，GVC）的各个增值环节被片断化地分开，从原材料到最终产品包括研发、设计、生产、制造、营销、售后服务等各种增值环节，已经形成有序、相互衔接的链条关系。GVC下的国际价值分工方式导致国际大买家或者跨国公司通过掌控研发与设计、掌控高端渠道整合以及重要的战略资源，牢牢控制着价值链条高端以及战略核心环节，而中国广大制造企业，大都是全球各个产业链上的生产型加工企业与装配企业，对各个产业链上的核心技术、专业服务、销售渠道、规则制定等"高端环节"无话语权，在发达国家国际大买家或者跨国公司重重阻碍下被锁定在低附加值环节。因此，研究GVC背景下中国企业被俘获现状以及应对策略，是推动中国技术进步与产业升级的一个重大课题。

关于发展中国家融入当前全球要素分工体系，实现技术进步与产业升级问题的研究，很多学者都是基于垂直专业化或者全球价值链视角进行的。部分学者认为全球价值链嵌入有利于发展中国家发挥比较优势，促进其技术进步。Evenson，R. E.和Westphal，L. E.以及Humphrey，J.和Schmitz H.认为在全球价值链分工体系下，发展中国家的代工企业受到发达国家的支持与鼓励。另外有些研究支持了出口学习效应的存在，也有学者用技术外溢解释出口企业的技术进步。然而作为发展中国家的中国，与发达国家的技术前沿与创新体系存在一定的差距，导致中国企业嵌入全球价值链过程中只能立足于劳动力和自然资源等要素禀赋，从事低附加值、高能耗的加工组装环节。Gereffi、Schmitz、刘志彪和张杰则认为发展中国家在全球价值链代工体系的低端阶段广泛被发达国家"俘获"，很难进行高端化的企业升级。另外，发展中国家的吸收能力是影响GVC嵌入下技术进步的重要因素。但由于目前全球价值链嵌入程度缺乏量化手段，相关的实证研究较少，部分文献测度了若干省份工业嵌入程度，但全面测度中国工业行业GVC嵌入以及深层次考察GVC嵌入的技术进步效应的研究几乎没有。

[基金项目] 国家自然科学基金重点项目"中国企业的转型升级战略及其竞争优势研究"（批准号71332007）；教育部人文社会科学研究规划基金项目"环境不确定性、组织冗余与企业生存：资源依赖理论的视角"（批准号14YJA630056）；北京企业国际化经营研究基地资助项目；对外经济贸易大学优秀博士学位论文培育基金和研究生科研创新基金资助项目。

[作者简介] 王玉燕（1988-），男，安徽安庆人，对外经济贸易大学国际商学院博士研究生；林汉川（1949~），男，重庆人，对外经济贸易大学国际商学院教授，博士生导师；王分棉（1981~），女，对外经济贸易大学国际商学院副教授；吕臣（1981~），男，山东济宁人，对外经济贸易大学国际商学院博士研究生。

要研究 GVC 背景下中国企业技术进步与升级情况，首先要做好嵌入程度的量化与测度问题。那么，中国嵌入全球价值链程度如何测度？嵌入情况是否存在行业差别？行业技术进步取得怎样进展？GVC 嵌入与技术进步之间是否存在联系？如果有，那么关系又是怎样的，内部的传导机制是什么？GVC 嵌入与技术进步效应是否存在行业异质性？为此，本文利用全球价值链理论，分析 GVC 内在机理与治理特征以及中国切入 GVC 的方式对技术进步的影响。

与以往的研究相比，本文试图从以下几个方面进行拓展：①以往研究大多忽视了全球价值链嵌入的积极作用，而集中探讨低端锁定效应，本文构建 GVC 嵌入的"链中学"效应与"俘获锁定"效应的分析框架，论述 GVC 内在机理与中国嵌入 GVC 方式下的技术进步双重效应；②以往研究很少全面测度全国工业嵌入 GVC 的程度，本文基于投入产出表测算 1999~2012 年中国工业行业嵌入全球价值链程度以及全要素生产率，并剖析其变动的趋势与内涵；③以往几乎没有实证研究 GVC 嵌入与技术进步关系，本文利用 1999~2012 年 23 个工业行业的面板数据模型，考察验证了全球价值链嵌入与全要素生产率倒 U 形关系的存在，并计算出"链中学"效应与"俘获锁定"效应临界阈值；④剖析倒 U 形曲线左低右高的非对称效应，考察是否存在过度嵌入的行业；⑤本文既分析了 GVC 嵌入对技术进步的影响，同时还考虑到行业特征的影响，考察行业异质性特征因素对全球价值链嵌入技术进步效应的影响。

二、分析框架与研究假设

（一）GVC 嵌入对技术进步"链中学"效应

目前 GVC 内在机理和中国加入 GVC 的方式对国内技术进步可能的影响方式包括四个方面：第一，从出口方面来看，全球价值链主导企业将质量、安全、环保、产品款式等高标准要求传递给代工企业，倒逼代工企业学习和追赶发达国家企业技术、管理、组织能力及社会制度体系，以提升自身创新能力从而达到国外消费者的高要求。第二，从进口方面来看，从主导价值链的发达国家进口先进的机器设备、原材料等中间投入品，一方面将直接通过投入产出效应提高发展中国家的劳动生产率，另一方面发展中国家可以以较低的成本学习与吸收发达国家的已有技术实现自身的技术进步。第三，全球价值链的分离和整合，使原本不熟悉国际市场运作的中国本土企业融入跨国公司组织的全球生产分工体系，从而一方面获得难得的学习和锻炼机会，另一方面接受高要求与高标准跨国公司的监督与帮助等"主动溢出"，促使自身技术水平与管理水平的提升。第四，伴随生产非一体化，国内企业与国外企业围绕一个产品的分工与协作，可以借助跨国公司的内部化，即本国企业通过和跨国公司建立前后向的经济联系，获得跨国公司的技术转移与技术外溢。本文将上述 GVC 嵌入导致中国技术水平提升的效应称为"链中学效应"。为此，提出如下假设：

假设一：GVC 治理特征和中国加入 GVC 的方式，使得全球价值链嵌入有利于推动中国技术进步。

（二）GVC 嵌入对技术进步"俘获锁定"效应

与此同时，GVC 治理模式和中国加入 GVC 的方式不利于国内技术进步可能体现在三个方面：第一，中国主要以出口具有低成本优势的技术成熟型或劳动密集型产品为主，容易被主导全球价值链的国际大购买商和跨国公司所"俘获"，从而迫使中国出口企业被锁定在生产成本降低型的生产模式和技术路径，从而抑制中国企业技术进步。第二，中国企业在 GVC 嵌入中实现由低端环节向高端环节攀升过程中，尤其是历经到功能升级或者链条升级时，会遭到发达国家的国际大买家或跨国公司的双重阻击和控制，进而被锁定在低附加值、微利化的价值链低端生产制造环节，而发达国家通过掌控研发与设计环节、高端渠道整合以及战略资源，牢牢控制着价值链高端以及战略核心环节。第三，影响中国企业吸收能力的因素多种多样，包括知识的可获得性、经济水平、社会因素、文化因素、政治因素等，导致与发达国家相比，中国企业吸收能力有限。例如，知识产权保护制度和执行机制普遍缺位严重限制了中国企业吸收与创新能力。本文将嵌入 GVC 过程中遇到发达国家封锁，而不利于中国技术进步的效应称为"俘获锁定"效应。基于此，我们提出假设：

假设二："链中学"效应与"俘获锁定"效应的共同作用，导致中国的全球价值链嵌入与技术进步之间存在非线性关系。

（三）中国 GVC 嵌入与技术进步的倒 U 形关系假说

国际大购买商和跨国公司主导的全球价值链对发展中国家企业采取的是"胡萝卜加大棒"的策略。一方面，价值链主通过高质量、安全、环保等进口要求，给发展中国家提供监督与帮助等"主动溢出"，而发展中国家通过发挥学习效应，可以获得快速工艺升级和产品升级空间，促进自身技术进步；另一方面，一旦发展中国家代工生产体系进入到功能升级或链条升级阶段，试图建立自身核心技术研发能力时，便会对价值链主的垄断势力和既得利益构成挑战，他们就会利用各种方式阻碍和控制代工企业实现较高级的功能升级与链条升级，从而迫使发展中国家被俘获在 GVC 低端环节，抑制其技术进步的步伐。全球价值链主导者的策略分阶段，意味着推动技术进步的链中学效应，随着代工企业 GVC 嵌入程度的加深和升级过程的推进是不断减弱的，最终导致代工企业的价值链低端锁定；然而由于代工企业被俘获在附加值较低的加工组装环节，俘获锁定效应依然存在。也就是说，当发展中国家嵌入 GVC 到达一定的"阈值"时，链中学效应便小于俘获锁定效应，GVC 对技术进步的综合作用会逆转为反向作用。为此，我们提出：

假设三：伴随着代工企业 GVC 的深入，链中学效应不断递减，而发达国家的封锁与限制导致俘获锁定效应依然存在。最终，GVC 与技术进步之间会呈现倒 U 形的非线性关系。

三、中国工业 GVC 嵌入程度与技术进步测算

（一）全球价值链嵌入程度测算（GVC）

1. 测算指标

目前国内外大部分学者用垂直专业化指数来表示一国跨国生产分割程度，然而垂直专业化理论和全球价值链理论只是研究的视角和侧重点不同，其根本都是以同一产品不同工序的空间分布或跨国配置为基础。为此，本文以投入产出表为依据，根据各行业投入产出基本流量表（中间使用部分）以及直接消耗系数矩阵，借鉴 Hummels 等提出的投入产出表法对各国跨国生产分割程度测算的生产非一体化指数，以此作为中国各行业切入全球价值链程度的度量指数。具体方法如下：

假如经济中有 n 个部门，Y_i 表示行业 i 的产出，M_i 表示行业 i 进口的中间投入，X_i 表示行业 i 出口量，则行业 i 出口中进口中间投入数量，即生产非一体化数量为：

$$VS_i = (M_i/Y_i)X_i = (X_i/Y_i)M_i \tag{1}$$

那么行业 i 生产非一体化比重为：

$$VSS_i = [(M_i/Y_i)X_i]/X_i = M_i/Y_i \tag{2}$$

各行业整体的生产非一体化比重为：

$$VSS_i = \frac{VS}{X} = \frac{\sum_{i=1}^{n} VS_i}{\sum_{i=1}^{n} X_i} = \frac{\sum_{i=1}^{n} \left[(VS_i/X_i) \times X_i \right]}{\sum_{i=1}^{n} X_i} = \sum_{i=1}^{n} \left[\left(\frac{X_i}{X} \right) \left(\frac{VS_i}{X_i} \right) \right] \tag{3}$$

将式（1）代入式（3）得：

$$VSS_i = \frac{\sum_{i=1}^{n} VS_i}{X} = \frac{1}{X} \sum_{i=1}^{n} \left(\frac{M_i}{Y_i} \right) X_i = \frac{1}{X} \sum_{i=1}^{n} \frac{X_i}{Y_i} \left(\sum_{j=1}^{n} M_{ij} \right) = \frac{1}{X} \sum_{i=1}^{n} \sum_{j=1}^{n} \frac{X_i}{Y_i} M_{ji} = \frac{1}{X} \sum_{j=1}^{n} \sum_{i=1}^{n} \frac{X_i}{Y_i} M_{ij} \tag{4}$$

令 $a_{ij} = M_{ij}/Y_j$ 表示生产一单位 j 行业产品，从 i 行业进口中间产品数量，即进口系数。于是式（4）可改成：

$$VSS_i = \frac{1}{X} (1, 1, \cdots, 1) \begin{pmatrix} a_{11} & \cdots & a_{1n} \\ \vdots & \vdots & \vdots \\ a_{n1} & \cdots & a_{nn} \end{pmatrix} \begin{pmatrix} X_1 \\ \vdots \\ X_n \end{pmatrix} = \frac{1}{X} u A^M X^V \tag{5}$$

若采用完全系数矩阵，那么式（4）可改为：

$$VSS_i = \frac{1}{X} u A^M (I - A^D)^{-1} X^V \tag{6}$$

式中，M_{ji} 为 i 行业从其他国家 j 行业进口中间产品数量，$u = (1, 1, \cdots, 1)$，为 $1 \times n$ 维向量；A^M 为对进口中间产品的依存系数矩阵，即进口系数矩阵；I 为单位阵；A^D 为国内消耗系数矩阵；$X^V = (X_1, X_2, \cdots, X_n)^{-1}$，为出口向量；$(I - A^D)^{-1}$ 为里昂惕夫逆矩阵；$A^M + A^D = A$，即直接消耗矩阵。

接下来重点问题是如何确定 M_{ji}，进而计算进口系数矩阵。由于中国编制的投入产出没有区分进口中间投入和国内中间投入。为此，我们需作两点假设：①各行业使用 i 行业的中间投入中，进口的中间投入的比例在各个行业间是一样的；②中间投入中进口的与国内生产的比例等于最终产品中进口的与国内生产的比例。用 C_i^m、C_i^d 分别表示 i 行业最终产品中进口与国内生产的数量，I_i^m、I_i^d 表示 i 行业中间产品中进口与国内生产的数量，根据以上两个假设，可以推出：

$$\frac{C_i^m}{C_i^d} = \frac{I_i^m}{I_i^d} = \frac{C_i^m + I_i^m}{C_i^d + I_i^d} \Rightarrow \frac{I_i^m}{I_i^m + I_i^d} = \frac{C_i^m + I_i^m}{C_i^d + I_i^d + C_i^m + I_i^m} \tag{7}$$

也就是说，i 行业提供的中间投入中来自进口所占的比例等于 i 行业的总进口与（总产值+进口-出口）之比。然后用投入产出表的直接消耗系数矩阵 A 的每行乘以相同的比例即可计算出进口中间产品系数矩阵 A^M，代入式（6）可以计算出各个行业嵌入全球价值链的程度指数。

2. 计算方法

中国《投入产出表》统计的中国工业行业包括：A1 煤炭开采和洗选业；A2 石油和天然气开采业；A3 金属矿采选业；A4 非金属矿采选业；A5 食品制造及烟草加工业；A6 纺织业；A7 纺织服装鞋帽皮革羽绒及其制品业；A8 木材加工及家具制造业；A9 造纸印刷及文教体育用品制造业；A10 石油加工、炼焦及核燃料加工业；A11 化学工业；A12 非金属矿物制品业；A13 金属冶炼及压延加工业；A14 金属制品业；A15 通用、专用设备制造业；A16 交通运输设备制造业；A17 电气机械及器材制造业；A18 通信设备、计算机及其他电子设备制造业；A19 仪器仪表及文化办公用机械制造业；A20 工艺品及其他制造业（含废品废料）；A21 电力、热力的生产和供应业；A22 燃气生产和供应业；A23 水的生产和供应业 23 个行业。由于中国只编制了 1997 年、2000 年、2002 年、2005 年、2007 年、2010 年的投入产出表，其他年份缺失，考虑到投入产出表所反映的生产技术短期内变化缓慢，故用 1997 年、2000 年、2002 年、2005 年、2007 年、2010 年投入产出情况分别代替 1999 年、2001 年、2003 和 2004 年、2006 年、2008 年和 2009 年、2011 年和 2012 年。同时由于缺失年份缺乏各行业总产出、出口与进口数据，如果用其他年份来替代，会导致进口比例的偏差。为减少数据误差的影响，借鉴唐玲的处理方法，用当年 GDP 增长率估算缺失年份各个行业的总产出，同时用当年进出口增长率估算进出口额。所有数据来自于各年《中国统计年鉴》以及 1997 年、2000 年、2002 年、2005 年、2007 年、2010 年的投入产出表。通过测算指标，可以计算出 1999~2012 年 23 个工业行业嵌入 GVC 程度。

3. 测算结果

表 1 列示了 1999~2012 年中国工业行业嵌入全球价值链程度的指数。整体上看，1999~2012 年，所有工业行业嵌入 GVC 程度均呈上升趋势，其中以燃气的生产和供应业增幅最大，达到 151%。[①] 表明中国工业各行业在参与全球生产网络的过程中，正通过吸引外商投资、购买先进中间投入品或者承包国际外包等多种方式积极切入全球价值链，谋求在价值链中从低端环节向高端环节升级。另外，从嵌入指数的均值可以看出，嵌入 GVC 程度前 5 位的工业行业依次为通信设备、计算机及其他电子设备制造业（0.3938）、仪器仪表及文化办公用机械制造业（0.3250）、石油加工、炼焦及核燃料加工业（0.2619）、电气机械及器材制造业（0.2491）、交通运输设备制造业（0.2314），以高技术工业为主，主要是由于存在大量类似于富士康的国内企业为国外苹果、微软

表 1 1999~2012 年中国工业行业嵌入全球价值链程度（GVC）

工业行业	1999 年	2000 年	2003 年	2006 年	2009 年	2012 年	均值
煤炭开采和洗选业	0.0908	0.1041	0.1049	0.1577	0.0977	0.1142	0.1152
石油和天然气开采业	0.0581	0.0760	0.0828	0.0974	0.0916	0.1082	0.0927
金属矿采选业	0.1364	0.1611	0.1505	0.2159	0.1554	0.1843	0.1737
非金属矿采选业	0.1023	0.1087	0.1392	0.2124	0.1228	0.1580	0.1476
食品制造及烟草加工业	0.0711	0.0793	0.1030	0.1254	0.0889	0.1140	0.1035
纺织业	0.1352	0.1363	0.2149	0.2131	0.1294	0.1450	0.1695
纺织服装鞋帽皮革羽绒及其制品业	0.1339	0.1404	0.2236	0.2109	0.1234	0.1477	0.1708
木材加工及家具制造业	0.1240	0.1786	0.1605	0.1925	0.1193	0.1566	0.1600
造纸印刷及文教体育用品制造业	0.1370	0.1681	0.1707	0.2230	0.1491	0.1830	0.1793
石油加工、炼焦及核燃料加工业	0.1968	0.1953	0.2652	0.2129	0.2590	0.3231	0.2619
化学工业	0.1567	0.1647	0.2155	0.2526	0.1877	0.2167	0.2103
非金属矿物制品业	0.1163	0.1458	0.1584	0.2043	0.1276	0.1660	0.1598
金属冶炼及压延加工业	0.1722	0.1862	0.2037	0.2656	0.2080	0.2602	0.2278
金属制品业	0.1627	0.1884	0.2117	0.2494	0.1751	0.2108	0.2083
通用、专用设备制造业	0.1703	0.2076	0.2388	0.2661	0.1959	0.2281	0.2287
交通运输设备制造业	0.1838	0.1996	0.2385	0.2664	0.2025	0.2334	0.2314
电气机械及器材制造业	0.1936	0.2185	0.2535	0.2856	0.2212	0.2512	0.2491
通信设备、计算机及其他电子设备制造业	0.2858	0.3361	0.4228	0.4803	0.3555	0.3651	0.3938
仪器仪表及文化办公用机械制造业	0.2163	0.2591	0.3451	0.3839	0.3050	0.3186	0.3250
工艺品及其他制造业	0.1001	0.0925	0.1255	0.1509	0.0955	0.1232	0.1195
电力、热力的生产和供应业	0.1006	0.1222	0.1173	0.2048	0.1172	0.1387	0.1379
燃气生产和供应业	0.1157	0.1286	0.1602	0.1806	0.2390	0.2909	0.2079
水的生产和供应业	0.0756	0.0824	0.1045	0.1418	0.0797	0.0951	0.1000

注：限于篇幅，只列出部分年份，其余历年数据，感兴趣的读者可直接向作者索取。

---

① 整体上看，1999~2012 年全球价值链嵌入程度呈上升趋势。其中，1999~2007 年，绝大多数工业行业均呈稳步上升趋势，直到 2008 年开始受全球金融危机的影响，大部分行业嵌入程度出现了不同程度的下降。

等电子通信类国际科技企业代工生产零部件或者组装成品。嵌入程度较低的5个工业行业依次为石油和天然气开采业（0.0927）、水的生产和供应业（0.1000）、食品制造及烟草加工业（0.1035）、煤炭开采和洗选业（0.1152）、工艺品及其他制造业（0.1195），均为传统工业。

考虑到行业异质性对价值链嵌入的影响，本文综合参考王岳平与邓青和王玉燕的行业分类方法，将上述23个工业行业分为包括劳动密集型、资本密集型与技术密集型的传统工业以及高技术工业。不同类型工业行业嵌入GVC程度的均值显示，嵌入程度最高的是高技术工业，其次是技术密集型的传统工业，劳动密集型和资本密集型传统工业不相上下，高技术工业嵌入程度远远高于传统工业，这种测度结果与中国切入GVC的方式基本吻合。

（二）工业行业技术进步测度（TFP）

1. 测算方法

目前一般用全要素生产率（TFP）来衡量技术进步，而通常采用数据包络分析法（DEA）来计算TFP。为此，本文选取DEA方法来测算1999~2012年中国工业行业TFP的Malmquist指数。由于《中国统计年鉴》与《中国工业经济统计年鉴》对中国工业行业分类标准比《投入产出表》更细致，为保证前后分析的一致性，需进行对应的合并整理。本文将23个工业行业作为决策单元，决策单元产出变量以工业总产值来表示，用构造的平减指数折算为1999年不变价。投入变量包括资本投入、中间投入以及劳动投入。资本投入用固定资产净值年平均余额表示，并折算为1999年不变价；中间投入来自各年投入产出表，并折算为1999年不变价；劳动投入用各行业全部从业人员平均人数表示。工业总产值、固定资产净值年平均余额以及全部从业人员平均人数的数据来自于各年《中国统计年鉴》、《中国工业经济统计年鉴》以及《中国工业统计年鉴2013》。本文在规模经济不变假设条件下运用DEAP2.1软件测算中国工业行业Malmquist指数，而该指数只表示TFP增长情况，因此需进行相应变换，将指数进行相乘即可得到TFP。假定1999年TFP = 1，那么2000年TFP为Malmquist指数乘以1999年TFP，其他年份依次类推。调整处理后的2000~2012年TFP数值既可反映各行业技术进步演化情况，又可以刻画行业间差异。

2. 测算结果

表2列示了1999~2012年中国工业行业技术进步TFP变动情况。整体上看，1999~2012年中国工业行业呈现明显的技术进步，其中金属冶炼及压延加工业技术进步幅度最大，TFP达到3.87倍，这与鲁晓东和连玉君研究结果一致；石油和天然气开采业TFP呈现负增长，降低22%，与李廉水和周勇研究结果一致。从各行业均值来看，TFP位于前五位的行业依次为：非金属矿物制品业（2.5202）、金属矿采选业（2.1557）、金属冶炼及压延加工业（2.1134）、非金属矿采选业（2.0633）、煤炭开采和洗选业（1.9743），以资源类垄断性工业为主。TFP值较低的工业行业依次是石油和天然气开采业（0.8513）、水的生产和供应业（1.0830）、工艺品及其他制造业（1.2720）、造纸印刷及文教体育用品制造业（1.3270）、纺织服装鞋帽皮革羽绒及其制品业（1.3656），主要是传统劳动密集型与资本密集型工业。

表2　2000~2012年中国工业行业技术进步情况（TFP）

工业行业	2000年	2003年	2006年	2009年	2012年	均值
煤炭开采和洗选业	1.0750	1.3397	1.9514	3.0315	2.9579	1.9743
石油和天然气开采业	0.7660	0.9348	1.0804	0.6624	0.7840	0.8513
金属矿采选业	1.2420	1.7305	2.5720	2.8826	3.4350	2.1557
非金属矿采选业	1.6870	1.2379	1.9893	2.6962	3.1253	2.0633
食品制造及烟草加工业	1.1200	1.6984	2.0420	2.2236	2.5387	1.8217
纺织业	1.0850	1.8063	2.1984	1.9872	2.2202	1.8117

续表

工业行业	2000 年	2003 年	2006 年	2009 年	2012 年	均值
纺织服装鞋帽皮革羽绒及其制品业	1.0750	1.3149	1.4160	1.5404	1.6200	1.3656
木材加工及家具制造业	1.2200	1.0005	1.3969	1.7434	1.9777	1.4300
造纸印刷及文教体育用品制造业	0.9840	1.2122	1.3261	1.5982	1.7957	1.3270
石油加工、炼焦及核燃料加工业	1.1720	1.6750	1.9608	1.9518	2.3486	1.7817
化学工业	0.9820	1.5222	1.7463	1.9585	2.4912	1.6405
非金属矿物制品业	1.3760	2.3707	2.4902	3.4370	3.6659	2.5202
金属冶炼及压延加工业	0.9640	1.4494	2.2306	2.7833	3.8692	2.1134
金属制品业	1.1420	1.4413	1.8423	1.8730	2.0043	1.6561
通用、专用设备制造业	1.0180	1.3677	1.7558	2.0194	2.0752	1.6301
交通运输设备制造业	0.7970	1.6503	1.9334	2.1699	2.8205	1.7213
电气机械及器材制造业	0.9710	1.7135	2.0832	2.0689	2.0422	1.7952
通信设备、计算机及其他电子设备制造业	0.9070	1.3630	1.4965	1.4876	1.8096	1.3704
仪器仪表及文化办公用机械制造业	1.0350	1.2074	1.5354	1.6672	2.1165	1.4376
工艺品及其他制造业	1.0800	1.1657	1.2043	1.3867	1.5502	1.2720
电力、热力的生产和供应业	0.7020	1.0667	1.8264	2.0669	2.8658	1.6975
燃气生产和供应业	0.7500	1.1383	2.0458	3.1736	3.4769	1.9404
水的生产和供应业	0.6880	1.1463	1.1071	1.3677	1.2321	1.0830

注：限于篇幅，只列出部分年份，其余历年数据，感兴趣的读者可直接向作者索取。

四、实证检验设计

（一）模型设定与变量说明

如上文所述，嵌入全球价值链对中国技术进步存在两种效应：一方面，中国专业于具有比较优势的劳动力型加工组装环节，会通过学习效应获得发达国家的技术外溢，促进技术进步，即"链中学"效应；另一方面，一旦发展中国家代工生产体系进入到功能升级或链条升级阶段，价值链主就会利用各种手段来阻碍和控制发展中国家代工生产体系的升级进程，阻碍代工企业实现较高级的功能升级与链条升级，抑制其技术进步的步伐。两种效应综合影响导致 GVC 对技术进步的作用可能是非线性的，为此本文加入 GVC 平方项来考察两种效应的非线性影响。首先建立以下基本分析模型：

$$TEP_{i,t} = \alpha + \beta GVC_{i,t} + \beta_z Z_{i,t} + \varepsilon_{i,t} \tag{8}$$

式中，被解释变量 $TFP_{i,t}$ 是工业行业全要素生产率，解释变量 $GVC_{i,t}$ 是该行业嵌入全球价值链的程度，$Z_{i,t}$ 是将要加入其他控制变量所构成的向量集，$i \in [1, 23]$ 表示各截面工业行业，$t \in [1, 14]$ 代表年份，α 是常数项向量，β 是系数，β_z 是系数向量，$\varepsilon_{i,t}$ 是随机扰动项。此外，为控制行业特征以及时间趋势的影响，本文加入研发密集度、行业集中度、产权制定因素、出口密集度与技术密集型等行业变量以及时间变量作为控制变量。

（1）研发密集度（$RD_{i,t}$）。研发支出是影响技术进步的重要因素，并存在一定的行业异质性。一般来说，研发强度较高的行业，技术进步较快。本文用各行业 R&D 经费支出占工业总产值比重表示研发密集度。

（2）行业集中度（$CONCE_{i,t}$）。行业集中度表示市场结构因素，集中度较高的行业竞争程度相对较低，不利于技术进步。本文用大中型工业企业总产值占全部工业总产值比重表示。

（3）产权制度因素（$INST_{i,t}$）。产权制度的改革和私有经济的发展，有利于完善市场经济体制，打破国企垄断的局面，推动技术进步。本文用国有及国有控股工业企业总产值占全部工业总产值比重表示。

（4）出口密集度（$EXP_{i,t}$）。扩大行业对外开放是一把"双刃剑"，一方面可以获得国外的技术支持，另一方面又可能受到压榨和封锁，双向影响行业技术进步。本文用行业出口交货值占工业总产值比重表示。

（5）技术密集度（$TECH_{i,t}$）。技术密集度越高行业的"干中学"效应越强，在嵌入 GVC 过程中可以获得更大的技术外溢。根据上文对工业行业分类的标准，劳动密集型工业与资本密集型工业取值为 0，技术密集型工业与高技术工业取值为 1。

（6）时间虚拟变量（T_t）。受国际金融危机的影响，各行业嵌入全球价值链程度与技术进步均发生一定的变化。本文取 1999~2007 年为 0，2008~2012 年为 1。

考虑到两种效应的共同作用导致 GVC 嵌入与技术进步存在非线性关系，加入 GVC 的平方项，设定以下模型：

$$TEP_{i,t} = \alpha + \beta_1 GVC_{i,t} + \beta_2 GVC^2_{i,t} + \beta_z Z_{i,t} + \varepsilon_{i,t} \tag{9}$$

最后，考虑到行业特征与全球价值链嵌入相互影响，进而间接影响到技术进步。我们在式（6）基础上加入 GVC 和行业特征变量的交互项，来考察行业特征变量如何通过 GVC 来影响技术进步，从而设定如下模型：

$$TEP_{i,t} = \alpha + \beta_1 GVC_{i,t} + \beta_{11} GVC_{i,t} \times Z_{i,t} + \beta_2 GVC^2_{i,t} + \beta_z Z_{i,t} + \varepsilon_{i,t} \tag{10}$$

（二）样本与数据说明

各工业行业全球价值链嵌入与全要素生产率数据根据上文计算得到。与上文相同，按照投入产出表的行业分类标准，将所有控制变量统计行业合并为 23 个工业行业。时间区间为 1999~2012 年共 14 个时期。为此分析截面为 23 个，样本延续期为 14 年，共得到 322 个观测值。全部工业企业、大中型工业企业、国有及国有控股工业企业总产值以及各行业出口交货值数据来自于 2000~2012 年《中国工业经济统计年鉴》与《中国工业统计年鉴（2013）》，部分缺失的 2004 年数据通过《中国经济普查年鉴（2004）》进行补充。各行业 R&D 经费支出数据来源于历年《中国科技统计年鉴》。

五、分析结果

（一）实证方法与相关系数

面板数据容易产生异方差与序列相关的问题，可能会导致 OLS 估计失效。为消除异方差和序列相关的不良影响，本文采用 Hausman 检验来确定选择固定效应还是随机效应，[①] 具体结果如表 3~表 5 所示。由于技术进步同样会影响全球价值链嵌入，为避免互为因果导致的内生性问题对结果产生偏误，本文以解释变量 GVC 作滞后一期处理进行回归。另外，由于式（8）~式（10）引入

---

① 由于变量 THCH 不随时间变化，本身包含个体差异效应，无法参与固定效应回归。为消除异方差与序列相关，可以首先进行 Hausman 检验，显示为固定效应时，然后作 FGLS（广义最小二乘法）回归，参见王华和黄之骏（2006）。

较多的控制变量，可能存在多重共线性的问题。本文在进行面板数据回归分析前，首先分析各主要变量间的相关关系。从主要变量间的 Pearson 相关系数可以看出，研发密集度与技术密集度、行业集中度与产权制度因素存在一定的正相关关系。① 为控制多重共线性对回归结果带来的影响，本文将研发密集度、行业集中度、产权制度因素、出口密集度以及技术密集型等控制变量依次放入模型逐次回归，最后再全部放入回归模型。

（二）GVC 嵌入的"链中学"效应检验

表 3 中方程（1）~方程（6）为不考虑非线性影响的技术进步与 GVC 嵌入的回归结果。可以看出，GVC 的系数为正，均通过显著性检验，表明全球价值链嵌入与全要素生产率存在显著的正相关关系，"链中学"效应存在，假设 1 得证。表明中国参与全球价值分工的企业，一方面可以以较低的成本学习、模仿和吸收发达国家的已有技术，另一方面接受高要求与高标准跨国公司的技术溢出，提升自身技术水平与管理水平。

表 3　全要素生产率与全球价值链嵌入的回归结果（不引入平方项）

变量	（1）FE	（2）FE	（3）FE	（4）FE	（5）FGLS	（6）FGLS
GVC	5.4126*** (9.5482)	6.1070*** (10.3988)	3.1227*** (4.7580)	6.4431*** (10.3522)	2.4738*** (4.4867)	5.6831*** (10.0747)
RD	−72.9922*** (−5.0542)					−16.9129** (−2.1274)
CONCE		−0.4087 (−1.2509)				1.2866*** (4.8466)
INST			−2.7054*** (−7.3985)			−1.5296*** (−7.7492)
EXP				−1.1209* (−1.9576)		−4.5642*** (−13.0938)
TECH					−0.2628*** (−2.9256)	−0.3481*** (−3.8969)
CONS	0.9185*** (5.9864)	0.5659*** (2.8107)	1.9078*** (8.1967)	0.3895*** (3.5133)	1.1054*** (12.2263)	0.9821*** (8.9797)
T	YES	YES	YES	YES	YES	YES
N	299	299	299	299	299	299
Within-R²	0.6179	0.5846	0.6520	0.5880	—	—
F/Wald	147.1881***	128.0561***	170.4785***	129.8651***	134.6113***	428.7650***
Hausmantest	chi2=15.7900 Prob=0.0013	chi2=32.5600 Prob=0.0000	chi2=168.3900 Prob=0.0000	chi2=22.4100 Prob=0.0001	chi2=14.2900 Prob=0.0008	chi2=46.0800 Prob=0.0000

注：①*p<0.1，**p<0.05，***p<0.01；②括号内数值为相应 t 统计量（FE 模型）或 z 统计量（FGLS 模型）；③回归估计所用软件为 Stata12.0；④Hausman test 原假设：difference in coefficients not systematic；⑤FE 模型为 F 统计量，FGLS 模型为 Wald 统计量。

（三）GVC 嵌入的双重效应检验

表 4 中方程（7）~方程（12）加入 GVC 平方项考察 GVC 嵌入对技术进步的非线性影响。与表 4 结果相比，GVC 的系数也为正，不仅显著性有所提升，而且大部分系数值均有较大提高，这就表明方程（1）~方程（6）忽略了全球价值链嵌入与技术进步的非线性关系。表 4 结果显示 GVC²

---

① 限于篇幅，未列示 Pearson 相关系数，感兴趣的读者可直接向作者索取。

表4 全要素生产率与全球价值链嵌入的回归结果（加入平方项）

变量	(7) FE	(8) FE	(9) FE	(10) FE	(11) FGLS	(12) FGLS
GVC	12.2190*** (7.3089)	11.3784*** (6.4075)	7.9686*** (4.7202)	11.1810*** (6.1844)	14.1755*** (8.4077)	4.5512*** (2.6189)
GVC^2	−14.8062*** (−4.3108)	−11.4625*** (−3.1394)	−10.2591*** (−3.1070)	−10.7331*** (−2.7867)	−23.6666*** (−7.2790)	2.5890 (0.6886)
RD	−81.8828*** (−5.7871)					−17.1716** (−2.1592)
CONCE		−0.2340 (−0.7172)				1.2967*** (4.8810)
INST			−2.6285*** (−7.2840)			−1.5802*** (−7.5084)
EXP				−0.5166 (−0.8528)		−4.7465*** (−10.8496)
TECH					−0.4361*** (−5.0621)	−0.3312*** (−3.5780)
CONS	0.3136 (1.5334)	−0.0458 (−0.1647)	1.3969*** (4.9528)	−0.1175 (−0.5534)	−0.0345 (−0.1947)	1.1147*** (5.0357)
T	YES	YES	YES	YES	YES	YES
N	299	299	299	299	299	299
Within-R2	0.6424	0.5991	0.6639	0.5994	—	—
F / Wald	122.1467***	101.6215***	134.3252***	101.7540***	211.4483***	429.9190***
Hausman test	chi2=20.5500 Prob=0.0004	chi2=41.9000 Prob=0.0000	chi2=193.7100 Prob=0.0000	chi2=28.0300 Prob=0.0000	chi2=15.6300 Prob=0.0014	chi2=79.9700 Prob=0.0000

注：①* $p<0.1$，** $p<0.05$，*** $p<0.01$；②括号内数值为相应 t 统计量（FE 模型）或 z 统计量（FGLS 模型）；③回归估计所用软件为 Stata12.0；④Hausman test 原假设：difference in coefficients not systematic；⑤FE 模型为 F 统计量，FGLS 模型为 Wald 统计量。

的系数为负，且基本均通过显著性水平检验，说明全球价值链嵌入与全要素生产率之间呈抛物线的倒 U 形关系，即随着全球价值链嵌入程度的加深，全要素生产率首先是不断上升，等到达临界"阈值"之后，开始不断下降，表明"链中学"效应与"俘获锁定"效应共同作用，假设 2 与假设 3 得证。

嵌入全球价值链的中国代工企业一般遵循工艺流程升级→产品升级→功能升级→链条升级的转型升级过程，在这过程中价值链主导者（国际大买家或跨国公司）采取"胡萝卜加大棒"的策略：一方面给予中国企业实现工艺升级和产品升级的机会与空间，给发展中国家提供监督与帮助等"主动溢出"，使中国企业通过发挥学习效应提升自身技术能力；另一方面一旦中国企业试图从事更高级的功能升级或链条升级，对价值链主垄断势力和既得利益构成威胁，GVC 主导者便将与中国企业的技术关联限制在安全范围之内。也就是说，中国企业在嵌入全球价值链的初级阶段，与价值链主内在利益相一致，工艺升级与产品升级过程中可以获得技术外溢与学习机会，"链中学"效应超过"俘获锁定"效应；一旦中国企业试图完成功能升级和链条升级，发达国家便会通过提升产品进口质量、安全、环保等进入壁垒，利用代工者的可替代性造成代工企业间的竞争，强化市场不对称地位和买方垄断势力，减少对中国的技术溢出，抑制中国企业的自主创新能力的提升，造成链中学效应的不断弱化，"俘获锁定"效应不断变强。

（四）行业特征因素的影响分析

表 5 中方程（13）~方程（18）加入行业特征因素与 GVC 的交互项来考察 GVC 背景下行业因素对技术进步的影响。

（1）研发密集度。表3~表5方程中 R&D 支出比重系数显著为负，表明研发强度与技术进步存在负相关关系，即研发密集度一定程度上阻碍了中国技术进步，结果与预期相反，可能是由于研发投入主体问题、不完善的市场环境、研发强度偏低或者以市场换技术发展策略导致的。而表5方程（13）中 GVC×RD 系数显著为正，说明 GVC 嵌入能够弱化研发密集度对技术进步的抑制作用，可能是由于中国加深全球价值分工能够逐步解决以上研发主体、市场环境不完善等问题。

（2）行业集中度。表3~表4综合方程中大中型工业企业产值比重系数显著为正，表明行业集中度越高的行业技术进步越明显，与预期相反，可能是因为集中度较低的行业，企业规模较小，存在研发投入不足的现象，并且竞争性强使得很难从技术进步中获得大量的利润。然而方程（14）交互项 GVC×CONCE 显著作用使得大中型工业企业产值比重系数为负，表明 GVC 嵌入下行业集中度对技术进步的影响是不确定的，但并不影响解释变量的回归结果。

（3）产权制度因素。表3~表5所有方程中国有及国有控股工业企业产值比重系数显著为负，表明产权制度的改革和私有经济的发展有利于推动技术进步，存在"制度改进效应"，结果与陈勇和李小平一致。另外 GVC×INST 的显著作用，一定程度上提升了制度改进效应的程度（系数从−2.6285变为−3.0458），较好地发挥了协同效应。

（4）出口密集度。表3~表5方程结果显示出口交货值占产值比重系数显著为负，表明行业外向度的加深一定程度上阻碍了技术进步，可能的原因是相对于国内企业来说，出口密集度高的企业面临着竞争日益激烈的国际市场，易受到国际大买家的压榨与限制，技术升级难度提高。但是 GVC×EXP 显著为正会弱化这种负向作用，表明可能由于反向依赖作用的存在，GVC 嵌入程度加深能够使得出口企业在国际贸易中获得一定的话语权。这也证明了出口因素对技术进步的"双刃剑"效应。

（5）技术密集度。表3~表4中该指标系数显著为负，表明目前部分高技术密集度工业的技术进步效果并不明显，可能遭遇到"技术瓶颈"。并且交互项的作用使得技术密集度作用变得不显著，表明 GVC 嵌入背景下，高技术密集度工业技术进步角色逐渐陷入迷茫。本文给予的解释是：高技术密集度行业在参与全球价值分工体系中，未能充分发挥中国特定低级要素禀赋的比较优势，与发达国家电子信息等高技术产业竞争中始终处于劣势，限制了技术升级的步伐。

表5 行业特征因素对全球价值链嵌入的技术进步效应影响

变量	(13) FE	(14) FE	(15) FE	(16) FE	(17) FGLS	(18) FGLS
GVC	11.3253*** (6.9559)	11.0669*** (6.3795)	6.3550*** (3.4410)	13.8602*** (6.7727)	14.0091*** (7.2273)	8.4627*** (3.6077)
GVC²	−16.1548*** (−4.8462)	−15.5931*** (−4.1886)	−7.7005** (−2.1986)	−18.6296*** (−3.8739)	−23.0573*** (−4.8243)	−12.7642** (−2.3434)
RD	−165.1111*** (−7.1643)					−36.2608 (−1.3467)
GVC×RD	458.9487*** (4.4868)					75.3172 (0.6469)
CONCE		−1.0396*** (−2.7235)				1.3777** (2.2868)
GVC×CONCE		4.8250*** (3.8273)				0.1516 (0.0473)
INST			−3.0458*** (−7.4205)			−1.8662*** (−3.5580)
GVC×INST			3.0656** (2.0905)			0.7489 (0.2610)
EXP				−2.9965*** (−2.7249)		−7.9967*** (−7.9109)

续表

变量	(13) FE	(14) FE	(15) FE	(16) FE	(17) FGLS	(18) FGLS
GVC×EXP				8.7552*** (2.6890)		11.2561*** (2.8043)
TECH					−0.3822 (−1.1871)	−0.5235 (−1.5275)
GVC×TECH					−0.2450 (−0.1739)	0.8658 (0.5340)
CONS	0.4161** (2.0912)	0.0879 (0.3214)	1.5529*** (5.3535)	−0.2755 (−1.2635)	−0.0243 (−0.1297)	1.0388*** (3.9108)
T	YES	YES	YES	YES	YES	YES
N	299	299	299	299	299	299
Within-R^2	0.6671	0.6197	0.6692	0.6098	—	—
F/Wald	108.6168***	88.3061***	109.6658***	84.7140***	211.5000***	491.3087***
Hausman test	chi2=26.0100 Prob=0.0001	chi2=58.0000 Prob=0.0000	chi2=179.1100 Prob=0.0000	chi2=20.9900 Prob=0.0008	chi2=14.8000 Prob=0.0051	chi2=31.7300 Prob=0.0015

注：①*$p<0.1$，**$p<0.05$，***$p<0.01$；②括号内数值为相应 t 统计量（FE 模型）或 z 统计量（FGLS 模型）；③回归估计所用软件为 Stata12.0；④Hausman test 原假设：difference in coefficients not systematic；⑤FE 模型为 F 统计量，FGLS 模型为 Wald 统计量。

六、进一步的讨论：过度嵌入了吗？

1. 倒 U 形曲线非对称效应分析

根据表 5 结果，可以在控制其他变量情况下，大致估算出全要素生产率与全球价值链嵌入的抛物线方程：$TFP = -12.7642 \times GVC_2 + 8.4627 \times GVC + 1.0388$，由此我们可以大体判断本文工业行业样本中 GVC 对 TFP 作用的临界点（抛物线的顶点）为 0.3315，即嵌入程度高于 0.3315 的行业存在着过度嵌入的可能。从本文行业样本取值情况来看，呈现左低右高的情况，大部分工业行业位于临界值左边，只有少部分行业某些年份的确过度嵌入了全球价值链。GVC 平方项系数为负，而一次项系数为正，表明这些行业俘获锁定效应大于链中学效应，导致 GVC 嵌入的加深限制了技术进步。

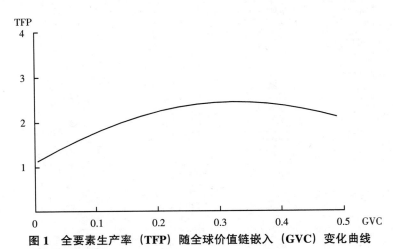

图1　全要素生产率（TFP）随全球价值链嵌入（GVC）变化曲线

资料来源：运用 Stata12.0 软件绘制。

另外，根据上述估计方程以及样本取值范围可以大致绘制出全要素生产率（TFP）与全球价值链嵌入（GVC）的曲线（见图1），明显呈现左低右高的非对称特征。这种特征说明目前中国大多数工业行业 GVC 嵌入过程中存在较大的链中学效应，其作用大于俘获锁定效应，即全球价值链嵌入与技术进步之间的正相关关系是工业行业参与全球价值分工的主要趋势。具体来说，中国目前大部分工业行业仍处于工艺升级与产品升级的初级阶段，主要以国际代工方式切入 GVC，特定低级要素禀赋决定其具有低生产成本制造能力竞争优势，通过追求投入产出效率与控制生产成本，满足国际大购买商和跨国公司由于全球市场多元化导致的产品多样化的需求，这与发达国家企业的利益相一致，因此可以获得诸如生产设备转让、生产工艺指导和辅助技术支持，取得技术能力的提升。

2. 过度嵌入行业分析

在确定倒 U 形曲线的顶点后，我们可以找出过度嵌入 GVC 的行业类别。GVC 嵌入程度加深阻碍技术进步的工业行业包括：A18 通信设备、计算机及其他电子设备制造业（2000 年、2002~2012 年共 12 年）；A19 仪器仪表及文化办公用机械制造业（2003~2008 年、2010~2011 年共 8 年）；A10 石油加工、炼焦及核燃料加工业（2010~2011 年共 2 年），均为高技术密集度的工业行业。[①] 通过对比可以看出，GVC 嵌入程度越高的行业反而 TFP 越低。究其原因，是由于这些工业行业目前在 GVC 中遭到了发达国家的低端锁定，技术进步陷入了俘获式困境，但无法主动退出 GVC，只能被动接受。这类高技术密集度工业行业技术相对成熟，并且逐步完成工艺升级与产品升级阶段，正试图在全球价值链中寻求功能升级与链条升级，这便会触碰到国际大买家与跨国公司的核心利益，他们出于对自身安全的考虑，便设计出更高的包括技术、质量、交货、库存及价格等参数来阻击、打压与控制该类技术密集型企业或网络的技术赶超和价值链攀升进程，迫使中国企业失去功能升级或链条升级的价值链攀升活动空间与发展能力。

3. 稳健性检验

为确保本文上述研究结果的可靠性，我们进行了稳健性检验。本文稳健性检验包括两种方法：①代理变量法。上文 DEA 全要素生产率分解除了得到 Malmquist 指数外，还有科技进步指数 PC 以及技术效率指数 EC。首先，以 1999 年为基期推算出 1999~2012 年的科技进步指数 PC 以及技术效率指数 EC；然后分别以 PC 和 EC 作为全要素生产率 TFP 的代理变量，与 GVC 与其他控制变量作回归。②样本分类法。就劳动密集型、资本密集型、技术密集型以及高技术工业等工业行业分别对 TFP 作回归。两种稳健性检验结果均显示，[②] 与原模型相比，除少数模型中控制变量显著性受一定影响外，GVC 一次项、二次项以及绝大多数模型中控制变量的系数值和符号方向并没有产生大的变化，显著性也没有受到明显的影响。这就表明即使改变部分外部条件或主要变量后，本文回归结果仍具有较强的稳健性。

七、主要结论与政策启示

本文发现全球价值链嵌入与全要素生产率之间呈倒 U 形关系，验证了链中学效应与俘获锁定效应的存在，这对"全球价值链低端嵌入锁定限制了中国技术进步"有关观点是一个重要补充，

---

① 通信设备、计算机及其他电子设备制造业与仪器仪表及文化办公用机械制造业为高技术工业，石油加工、炼焦及核燃料加工业为技术密集型工业。

② 限于篇幅，未给出稳健性检验回归结果，感兴趣的读者可直接向作者索取。

有利于重新审视中国嵌入全球价值链的价值，对中国企业转型升级与技术进步战略具有颠覆性启示。另外，研发密集度一定程度上阻碍了中国技术进步，而 GVC 嵌入能够弱化研发密集度对技术进步的抑制作用；行业集中度越高的行业技术进步越明显；产权制度的改革和私有经济的发展存在"制度改进效应"；行业外向度的加深一定程度上阻碍了技术进步，但 GVC 嵌入程度加深能够使得出口企业在国际贸易中获得一定的话语权；高技术密集度工业行业的技术进步效果并不明显，可能遭遇到"技术瓶颈"。这些结论具有以下几点政策启示：

（1）正确认识全球价值链嵌入的技术进步效应，进一步分行业按照比较优势切入全球价值链。目前绝大多数参与全球价值分工企业仍处于工艺升级与产品升级阶段，链中学效应明显，能够通过静态比较优势、资本、劳动力与技术的流动积累以及上下游产业关联效应，获得技术外溢与扩散，实现企业升级。这些企业，一方面应当加强与价值链上核心企业的技术合作与交流，积极承接来自价值链条高端的技术转移；另一方面加强自身自主创新能力，提高本国技术吸收能力，实现价值链攀升。然而，对于部分高技术密集型工业企业来说，因已取得工艺升级与产品升级，受发达国家的压制难以实现功能升级与链条升级。与其他发展中国家相比，该类企业专利、标准、技术研发、品牌或营销渠道方面具有一定的优势，因此可以构建在发展中国家范围内的价值链体系，并成为其价值链主导与掌控者。

（2）注重改善国内研发投入的结构、效率与分配机制，提升其对技术进步的促进作用。本文研究发现国内工业行业 R&D 对技术进步负向作用的异常现象，可能是由于研发投入主体问题、不完善的市场环境、研发强度偏低或者以市场换技术发展策略导致的，但不能忽略国内 R&D 潜在的促进作用，应当从调整工业行业 R&D 的投入结构、投入效率、分配机制等方式入手，提高国内研发对技术进步的促进作用。

（3）全球价值链嵌入应以出口密集度小、技术升级空间大的行业作为重点对象。本文研究结论显示，高集中度、低出口依存度应列为重点发展范围，因为这些行业参与全球价值分工能够获得更大的技术进步效应。政府建立相关产业集群，一方面使得企业通过集群"抱团出海"，与跨国公司建立相对均衡的合作关系，提升其在国际市场的话语权；另一方面通过搭建包括信息共享、标准检测、金融保险等一条龙服务平台，为企业价值链攀升提供有效保障。

（4）构造 GVC 和 NVC 之间的良性互动，"决胜于国内，决战于国外"。国内价值链（NVC）是发展全球价值链的辅助与铺垫，中国可以借鉴日本的"国内价值链（NVC）→区域价值链（AVC）→全球价值链（GVC）"的经济发展模式。首先利用国内市场上 NVC 关键环节或者不同 NVC 竞争的优胜劣汰，然后参与到区域市场 AVC 的竞争中胜出主导企业，最后推向 GVC。这类企业经过国内市场或区域市场的层层磨炼，往往具备一定的行业话语权以及参与全球市场竞争的基础能力，拥有较强的市场掌控能力、自主研发水平以及品牌能力。

（5）积极营造有利于中国工业企业参与全球价值分工的配套环境，为工业企业提高价值链分工的层次提供有利条件。在竞争日益激烈的全球化舞台上，价值链的攀升对发展中国家而言一直是个难题，中国工业企业要想从价值链低端逐步攀升到价值链高端，仅仅依靠国家经济层面的措施难以完成，需要多方面配套支持。第一，高层次人力资本的匮乏依然是羁绊中国工业企业提升价值链分工层次的重要因素，尤其是高级技工与高端研发人员的缺乏严重限制了工业企业全球竞争力提升。第二，推动多双边的合作是实现全球价值链攀升的有效实践方式。更多国家的参与推进市场多边开放，能扩大贸易自由化对国际投资、生产以及就业的影响，使得全球价值链的获益将更大。第三，薄弱的知识产权保护制度抑制了中国绝大多数工业企业研发积极性与投入，加强知识产权保护与推动产权制度改革刻不容缓。

需要说明的是，全球价值链包括生产者、购买者和混合型三种驱动类型以及市场型、模块型、关系型、领导型与层级型等多种治理模式，要想更全面考察 GVC 嵌入对技术进步作用，还需从全球价值链不同驱动类型或者治理模式进一步开展实证研究，这也是未来值得深入研究的方向之一。

参考文献：

［1］Bernard，A. B. and Jensen J. B. Exporters，Jobs and Wages in U. S. Manufacturing：1976-1987［R］. Brookings Papers on Economic Activity：Microeconomics，1995（12）：67-119.

［2］Cohen，W. and Levinthal，D. Absorptive Capacity：A New Perspective on Learning and Innovation［J］. Administrative Science Quarterly，1990，35（1）：128-152.

［3］De Loecker，J. Do Exports Generate Higher Productivity？Evidence from Slovenia［J］. Journal of International Economics，2007，73（1）：69-98.

［4］Evenson，R. E. and Westphal，L. E. Technological change and technology strategy［J］. Handbook of Development Economics，1995（3）：45-66.

［5］Fosfuri，A. and Tribó，J. A. Exploring the Antecedents of Potential Absorptive Capacity and Its Impact on Innovation Performance［J］. Omega，2008，36（2）：173-187.

［6］Gereffi，G. Beyond the Producer-driven/Buyer-driven Dichotomy-the Evolution of Global Value Chains in the Era［J］. IDS Bulletin，2001，32（3）：30-40.

［7］Hobday M，Rush H. and Bessant J. Approaching the innovation frontier in Korea：The transition phase to leadership［J］. Research Policy，2004，33（10）：1433-1457.

［8］Hummels，D.，Ishii，J. and Yi，K. The Nature and Growth of Vertical Specialization in World Trade［J］. Journal of International Economics，2001，54（1）：75-96.

［9］Humphrey，J. and Schmitz H. How does insertion in global value chains affect upgrading in industrial clusters？［J］. Regional Studies，2002，36（9）：1017-1027.

［10］Javorcik，S. B. Does Foreign Direct Investment Increase the Productivity of Domestic firms in Search of Spillovers Through Backward Linkages？［J］. American Economic Review，2004，94（3）：605-627.

［11］Schmitz，H. Local Upgrading in Global Chains：Recent Findings［R］. Paper to Be Presented at the DRUID Summer Conference，2004.

［12］Smith，M.E.，M. Graca and E. Antonacopoulou. Absorptive Capacity：Process Perspective［J］. Management Learning，2008，39（5）：483-501.

［13］Van Biesebroeck，J. Exporting Raises Productivity in Sub-Saharan African Manufacturing Firms［J］. Journal of International Economics，2006，67（2）：373-391.

［14］北京大学中国经济研究中心课题组. 中国出口贸易中的垂直专门化与中美贸易［J］. 世界经济，2006（5）.

［15］陈继勇，盛杨怿. 外商直接投资的知识溢出与中国区域经济增长［J］. 经济研究，2008（12）.

［16］陈勇，李小平. 中国工业行业的技术进步与工业经济转型［J］. 管理世界，2007（6）.

［17］邓青，王玉燕. 西部省份产业结构变化与经济增长的实证研究［J］. 中南财经政法大学学报，2014（3）.

［18］范剑勇，冯猛. 中国制造业出口企业生产率悖论之谜［J］. 管理世界，2013（8）.

［19］赖明勇等. 外商直接投资与技术外溢：基于吸收能力的研究［J］. 经济研究，2005（8）.

［20］李廉水，周勇. 技术进步能提高能源效率吗？——基于中国工业部门的实证检验［J］. 管理世界，2006（10）.

［21］李小平，朱钟棣. 国际贸易、R&D 溢出和生产率增长［J］. 经济研究，2006（2）.

［22］刘志彪，张杰. 全球代工体系下发展中国家俘获型网络的形成、突破与对策［J］. 中国工业经济，2007（5）.

［23］鲁晓东，连玉君. 中国工业企业全要素生产率估计：1999~2007［J］. 经济学（季刊），2012（2）.

［24］邱斌等. FDI 技术溢出渠道与中国制造业生产率增长研究［J］. 世界经济，2008（8）.

［25］石军伟，王玉燕. 中国西部各省工业结构同构度测算及其决定因素［J］. 中国工业经济，2013（3）.

［26］唐玲. 国际外包率的测量及行业差异——基于中国工业行业的实证研究［J］. 国际贸易问题，2009（8）.

［27］王华，黄之骏. 经营者股权激励、董事会组成与企业价值［J］. 管理世界，2006（9）.

［28］王岳平. 开放条件下的工业结构升级［M］. 北京：经济管理出版社，2004.

［29］许庆瑞等. 转型经济中企业自主创新能力演化路径及驱动因素分析［J］. 管理世界，2013（4）.

［30］姚洋，章奇. 中国工业企业技术效率分析［J］. 经济研究，2001（10）.

［31］张杰等. 出口促进中国企业生产率提高吗？［J］. 管理世界，2009（12）.

［32］张少军，李东方. 生产非一体化与能源利用效率［J］. 中国工业经济，2009（2）：66-75.

［33］张少军，刘志彪. 国内价值链是否对接了全球价值链［J］. 国际贸易问题，2013（2）.

生产率、企业规模与成长关系研究
——基于中国非制造业工业企业数据：1998~2007 年

李洪亚

（宁波大学商学院，浙江宁波　315211）

一、引言

为什么企业规模不同，其成长率会呈现出显著的差异？对于企业规模与成长规律的研究，至少可以追溯到 1931 年由 Gibrat 提出的 Gibrat 定律。Gibrat 定律探讨了企业规模与成长之间的关系，主要说明：①不同规模的企业，其成长率并不因为各自的规模不同而有所差异（这一观点又被称为 Gibrat 的比例效应定律或 LPE）；②企业的成长是个随机过程，企业规模分布近似呈对数正态分布。早期的 Hart 和 Prais（1956）、Simon 和 Bonnini（1958）、Yuji Ijiri 和 Simon（1964）等对英美企业规模与成长之间关系的研究表明，企业的成长独立于其初始规模，企业规模分布趋于稳定状态，满足 Gibrat 定律或修正的 Gibrat 定律。[①] 然而，后来众多基于更广泛的数据研究表明，企业规模与成长并不遵循 Gibrat 定律，企业规模对企业成长具有显著的负向影响。基于市场有效性假设，西方学者对此进行了多种理论上的阐释。Jovanovic（1982）提出的"噪音"选择模型（又称"学习"理论），揭示了在市场信息不对称、不完全以及资本市场不完全的经济条件下，企业的规模与成长偏离 Gibrat 定律（LPE）的内在机制。Dixit（1989）、Hopenhayn（1992）、Cabral（1995）等从沉淀成本的视角对企业规模与成长之间的负相关关系也进行了解释。Colley 和 Quadrini（2001）以及 Glementi 和 Hopenhayn（2006）等构建的"融资约束"理论认为由于金融市场的不完善、企业受到融资约束使得企业成长依赖于其规模。

改革开放以来随着我国市场经济体制的逐步确立，我国经济获得了举世瞩目的成就。在从传统的计划经济向新型社会主义市场经济转型过程中，我国工业经济得到了快速发展，已从传统的计划经济体制下以大型国有工业企业居统治地位的工业体系逐步发展为包括私营、外资、股份等多种工业经济形式并存的多元化的新型工业化体系。尤其是自 1997 年东南亚金融危机过后，至 2007 年这一时期，我国经济处于黄金增长时期，年均增长率为 9.53%。从我国工业企业规模演进或企业成长的视角来看，这一时期我国改革进入深化阶段，在国企改革以及放宽非公有制经济市

[作者简介] 李洪亚（1979~），宁波大学商学院，经济学博士，通讯地址：浙江省宁波市江北区风华路 818 号宁波大学商学院，邮编：315211，电话：15821086328，E-mail：nbulihongya@sina.com。

① Simmon 和 Bonini（1958）、Yuji Ijiri 和 Simon（1964）等在 Gibrat 定律的前提假设下，修改了 Gibrat 定律的某些前提假设，提出企业规模分布服从特定的分布函数（或模型），即修正的 Gibrat 定律，Simmon 和 Bonini（1958）提出企业规模分布服从 Yule 分布模型，Yuji Ijiri 和 Simon（1964）提出了与 Yule 分布近似的又一均衡模型。

场准入等制度设计和政策支持下，一大批非公有制经济迅速崛起，国有企业也在建立现代企业制度、股份制改革以及抓大放小的产权制度改革的过程中获得了快速发展的活力。1998~2007年我国工业企业快速成长，企业规模不断扩大，随着市场经济体制的确立，我国工业企业规模与成长关系是否遵循西方企业规模与成长规律？

对我国工业企业规模与成长关系的探测，可以更好地理解我国工业产业组织演进的动态过程及其背后的市场结构特征。在我国工业企业中，制造业与非制造业（主要包括采矿业采选业，电力、热力、燃气及水的生产和供应业等）工业企业行为及其特征二者之间并不完全相同，现有的研究表明，我国工业制造业企业规模与成长并不遵循 Gibrat 定律（李洪亚，2014），作为比较，那么我国非制造业工业企业规模与成长之间遵循 Gibrat 定律吗？为考察我国非制造业工业企业成长及其行为特征，本文以1998~2007年我国非制造业工业企业数据进行了实证研究。研究发现，我国非制造业工业企业规模与企业成长之间呈现显著的负相关关系，企业规模分布并不完全服从对数正态分布，而且呈现出自身所具有的特点。对于我国工业企业规模与成长关系的经验研究结果反映了我国工业企业规模与成长的特征事实，现实中影响企业成长的因素众多，什么因素导致了企业成长的差异？生产率不仅是宏观经济增长的根本动力，也是微观经济主体企业成长的重要动力之源，生产率的差异也是导致企业规模及其成长差异的重要原因，本文将从生产率这一视角探测我国非制造业工业企业规模与成长之间的差异。

本文以下的部分为：第二部分是相关文献回顾，第三部分是实证研究，第四部分进一步的实证研究，第五部分是结语及政策建议。

二、文献回顾

企业规模扩张和高效成长是经济增长的动力之源，企业规模与成长关系的研究是产业组织研究者研究的重要领域，涉及企业进入、退出、成长及其波动性等多方面的内容，与此相关的问题也是政策制定者所密切关注的问题。企业规模与成长关系的研究由来已久，至少可以追溯到1931年由 Gibrat 提出的 Gibrat 定律。围绕着 Gibrat 定律成立与否，研究者们开启了众多对企业规模与成长问题的研究，已成为产业组织及其对市场结构研究的重要一支（Sutton，1997）。然而，对于 Gibrat 定律的研究并无定论，正向 Sutton（1997）所说，通常所指的 Gibrat 定律与其说是一个既定的法则，不如说只是一种假设（Audretsch 等，2004）。

早期的经验研究多支持 Gibrat 定律（Hart 和 Prais，1956；Simon 和 Bonini，1958；Hyme 和 Pashigian，1962 等），而后来基于更广泛数据的经验研究发现 Gibrat 定律并不成立，而且众多经验研究发现企业规模对企业成长具有显著的负向影响，企业成长具有规模依赖性（Evans，1987a，1987 b；Hall，1987；Dunne 等，1989；Dunne 和 Hughes，1994；Audretsch 等，1999；Almus 和 Nerlinger，2000）。针对现实经济中企业成长率与企业规模之间的负相关关系，基于市场有效性假设，西方经济学者对此进行了多种理论上的阐释，主要包括：

（1）Jovanovic（1982）提出的"噪音"选择模型（又称"学习"理论）。Jovanovic（1982）的"学习"理论强调了市场选择的重要性，揭示了在市场信息不对称、不完全以及资本市场不完全的经济条件下，企业的规模与成长偏离 Gibrat 定律（LPE）的内在机制。

（2）Dixit（1989）、Hopenhayn（1992）、Cabral（1995）等从沉淀成本的视角对企业规模与成长之间的负相关关系也进行了解释。Dixit、Hopenhayn 等所构建的理论模型分析了企业进入后受到产业内沉淀成本影响的效应，研究表明沉淀成本对企业影响的程度越大，越会减少企业退出的可能性或降低幸存企业的成长率。

（3）Colley 和 Quadrini（2001）与 Glementi 和 Hopenhayn（2006）等构建的"融资约束"理论从融资约束的视角解释了企业成长依赖于其规模的原因，揭示了由于金融市场的不完善、企业受到融资约束使得企业成长依赖于其规模。Cabral 和 Mata（2003）与 Angelini 和 Generale（2008）分别利用葡萄牙和意大利的企业数据从融资约束的角度检验了 Gibrat 定律，并探究了融资约束对企业规模分布的影响。然而，还有一些经验研究认为，虽然 Gibrat 定律不成立，但发现企业成长率与其规模之间呈正相关关系（Samuels，1965）。Gibrat 定律不仅刻画了企业成长的自然法则，也为研究影响企业成长的因素提供了一个理论研究框架和实证分析基础。围绕着 Gibrat 定律是否成立的问题，西方学者基于不同国家或地区、不同产业或部门、不同类型的企业的数据对企业规模与成长的规律性及其差异性（Klette 和 Griliches，2000；Audretsch 等，2004；Nurmi，2004；Hölzl，2009；Luttmer，2011；Falk，2012；Sven-Olov Daunfeldt 和 Niklas Elert，2013）进行了大量的研究。

随着我国市场经济体系的日益成熟，我国企业规模与成长规律是否遵循西方企业规模与成长规律，近年来，对于中国企业规模与成长规律性及其差异性的研究也进入了国内研究者的视野。张维迎（2005）利用 1995~2003 年中关村科技园区的企业数据，运用分位回归模型研究了影响我国高新技术企业成长的各类相关因素。研究发现企业规模、年龄、技术效率、研发投入和负债率等因素对处于不同增长分位的企业具有非对称性影响。赵桂芹和周晶晗（2007）基于 2000~2004 年我国非寿险公司的数据，研究了我国非寿险业是否遵循 Gibrat 定律。结果发现，我国非寿险业接受 Gibrat 定律。进而在 Gibrat 定律的框架下分析了投入成本、利润率、公司产出组合、所有制形式等因素对公司成长的影响。结果发现，投入成本对公司成长的影响显著为负；利润率对公司成长的影响不显著；公司产出组合对成长存在较为显著的影响，业务的专业化经营，对公司的成长有益；所有制形式对公司成长的影响并不显著。唐跃军和宋渊洋（2008）基于 2003~2006 年中国制造业上市公司的面板数据研究发现：①中国制造业企业的规模与成长的关系不符合 Gibrat 定律；②总体上，规模对于企业成长有正面影响，规模越大的企业成长率越高；③年龄对于企业成长有负面影响，年龄越大的企业其成长率越低。另外，基于各细分行业的研究样本进一步发现，规模和年龄对于企业成长的影响在制造业各细分行业有所不同。杨其静等（2010）从 Zipf 定律[①]视角探究了 1999~2005 年我国工业企业规模分布特征，实证研究了市场、政府与我国工业企业规模分布之间的关系，研究发现随着中国市场化程度的加深，中国企业规模分布将会更加趋向 Zipf 分布。李洪亚等（2013、2014）利用 2001~2010 年中国制造业上市公司数据，从融资约束角度检验了 Gibrat 定律，并实证研究了融资约束对中国制造业上市公司企业成长及其规模分布的影响。实证分析表明：中国制造业上市公司规模与成长并不遵循 Gibrat 定律，融资约束影响企业规模及其分布，制约企业的成长。高凌云（2014）利用 2008 年我国经济普查数据库中的全样本工业企业，以及分布参数的极大似然估计和非参数检验，从总体和行业层面，具体估计、检验和比较了我国工业企业规模和生产率的异质性特征。

基于西方企业规模与成长理论来研究中国企业规模与成长问题，从上述文献回顾可见，不同研究者的研究结论也并非完全一致，一方面可能是由于采用的数据及其采用方法上的差异，另一方面也反映了不同类型企业成长的差异性，从不同视角对我国企业规模与成长规律的解释可以使我们更深入地理解我国企业的成长行为及其特征，也为制定推动我国企业成长的政策提供经验数据上的支持。传统规模经济理论认为，生产率是企业规模扩张的内在动力，企业能否获得规模经济效益取决于自身生产率的高低，生产率的提高会带来企业规模的扩张。经验研究也表明，企业

---

① Zipf 定律由 1949 年 Zipf 提出，Zipf 定律可以简单地表述为：企业规模至少在上尾服从帕累托分布（Paleto distribution），或幂律法则，特殊地，其幂指数为 1。

生产率的差异是导致企业成长路径差异的重要原因（Aw，2002；Coad 和 Broekel，2012）。因此，对于中国企业规模与成长规律及其影响因素的研究同样不能忽视生产率这一因素。李洪亚（2014）利用 2005~2007 年我国 2 万多家工业制造业企业数据，在 Gibrat 定律的研究框架下实证研究了我国制造业企业研发投入、企业规模与成长之间的关系，结果表明，在大样本情况下，我国制造业企业规模与成长之间同样并不遵循 Gibrat 定律，且企业研发投入对企业成长具有显著的正向影响，从而从企业研发投入视角解释了企业成长的差异性。研发投入是增进企业生产率的重要途径，这一研究成果为理解生产率差异引起的企业成长的差异提供了经验证据。

然而由于，第一，限于研发投入数据的可得性，其研究结果没有考虑企业成长的动态性，以及生产率对企业成长影响的持续性。第二，虽然企业研发投入可以作为企业生产率的代理变量，但研发投入本身并不等同于生产率，在某些情况下，比如在研发投入存在沉淀成本的情况下，研发投入还可能会导致生产率的下降。第三，以中小企业为主的我国工业制造业企业与以具有垄断性质的资源能源类为主的我国非制造业工业企业之间企业成长及其行为特征是有差异的，对于我国工业制造业企业成长及其行为特征的分析，并不一定适用于对我国非制造业工业企业成长及其行为特征的理解。鉴于此，本文通过直接测算企业生产率，并利用 1998~2007 年较长时期非制造业工业企业数据对此进行实证研究。此外，本文还探讨了企业规模、生产率对我国非制造业工业企业规模分布的影响，以期更好地理解我国非制造业工业企业成长及其行为特征，更为准确地把握我国非制造业工业企业产业组织演进的动态过程及其背后的市场结构特征，从而为制定推动我国非制造业工业企业成长、促进企业规模结构合理化以及产业结构优化等方面的相关政策提供经验数据支持。

三、实证研究

（一）模型与方法

同样地，本文对于生产率、企业规模与成长关系的实证研究模型也是基于关于企业规模与成长关系的随机理论模型 Gibrat 定律的分析框架下进行构建的。严格意义上的 Gibrat 定律认为，不管初期企业的规模如何，在给定时期内企业的预期成长率都是相同的。否则，如果企业的成长率或企业成长率的方差与企业的规模相关，Gibrat 定律将不成立。放松 Gibrat 定律的假定，Gibrat 定律仅对超过一定规模之上的企业成立，即达到最小效率规模（MES）以上的企业的规模与成长之间的关系遵循 Gibrat 定律(Simon 和 Bonini，1958)。Gibrat 定律用数学公式可以表述为：

$$\frac{EMP_{it} - EMP_{it-1}}{EMP_{it-1}} = \varepsilon_{it} \tag{1}$$

式中，EMP_{it} 是用企业就业人员总数来衡量的企业 i 在第 t 期的规模，i = 1，2，…，N，t = 1，2，…，T，ε_{it} 被视为一个服从均值为 u 和方差为 σ^2 的独立同分布（i.i.d）的随机变量，即 Gibrat 定律关于企业成长的比例效应。对式（1）两边分别对 t 求和，可得：

$$\sum_{t=1}^{T} \frac{EMP_{it} - EMP_{it-1}}{EMP_{it-1}} = \sum_{t=1}^{T} \varepsilon_{it} \tag{2}$$

假如 t 为一个极短的时间区间，ε_{it} 为一个极小变量，式（2）可以近似表示为：

$$\sum_{t=1}^{T} \frac{EMP_{it} - EMP_{it-1}}{EMP_{it-1}} \cong \int_{SIZE_{i0}}^{SIZE_{iT}} \frac{dEMP}{EMP}$$

$$= lnEMP_{iT} - lnEMP_{i0}$$

$$= \sum_{t=1}^{T} \varepsilon_{it} \tag{3}$$

对于 ε_{it} 为一个极小变量，则 $ln(1 + \varepsilon_{it}) \approx \varepsilon_{it}$，由式（3），可得：

$$EMP_{iT} = (1 + \varepsilon_{it})EMP_{i(T-1)}$$

$$= EMP_{i0}(1 + \varepsilon_1)(1 + \varepsilon_{i2})\cdots(1 + \varepsilon_{iT}) \tag{4}$$

在 $lnEMP_{i0}$ 与 ε_{it} 服从均值为 u 和方差为 σ^2 的独立同分布的假定下，那么 $lnEMP_{iT} \sim N(Tu, T\sigma^2)$。由中心极限定理，根据式（4），企业规模 EMP_{iT} 服从对数正态分布，企业成长独立于其初始规模。Gibrat 定律刻画了企业成长的随机过程，然而 Gibrat 定律的假设过于严格，在现实中企业规模和成长之间很难满足 Gibrat 定律成立的条件。

因此，围绕着 Gibrat 定律是否成立经济学者们进行了众多的经验研究。经验上对于 Gibrat 定律的检验也为分析影响企业成长的因素提供了一个实证研究框架，根据 Evans（1987a，1987b）、Monte 和 Papagni（2003）与 Yang 和 Huang（2005）的设定，企业成长不仅受企业规模的影响，还与企业年龄相关，三者之间的关系表示为：

$$EMP_{it} = G(EMP_{it-1}, AGE_{it-1})EMP_{it-1}e_{it} \tag{5}$$

式中，EMP_{it} 表示企业的规模，AGE_{it} 表示企业的年龄，$G(EMP_{it-1}, AGE_{it-1})$ 是企业规模和企业年龄的函数，e_{it} 是服从对数正态分布的随机干扰项。对式（5）两边取对数，可得：

$$lnEMPRATE_{it} = lnEMP_{it} - lnEMP_{it-1} = lnG(EMP_{it-1}, EMP_{it-1}) + \mu_{it} \tag{6}$$

式中，μ_{it} 是服从正态分布的随机干扰项。对式（6）的 $lnG(EMP_{it-1}, AGE_{it-1})$ 进行二阶展开，加入影响企业成长的异质性因素以及其他控制变量，得到本文的基本计量模型：

$$lnEMPRATE_{it} = \beta_1 lnEMP_{it-1} + \beta_2 lnAGE_{it-1} + \beta_3(lnEMP_{it-1})^2 + \beta_4(lnAGE_{it-1})^2 +$$

$$\beta_5(lnEMP_{it-1})(lnAGE_{it-1}) + \alpha_0 lnTFP_{it} + \phi lnKL_{it} + \varphi D\_EX +$$

$$\gamma D\_OWN + \eta D\_REG + \sum_h \xi_h IND_{ih} + \beta_0 + \mu_{it} \tag{7}$$

式中，i 表示企业单位，t 表示时期（以年为单位）；企业的成长率用企业规模的变化率来表示，即 $lnEMPRATE_{it} = lnEMP_{it} - lnEMP_{it-1}$；$EMP_{it-1}$ 和 AGE_{it-1} 分别表示企业的规模与年龄；TFP_{it} 表示企业的生产率，用全要素生产率来衡量；KL_{it} 是资本劳动比，以刻画企业成长的异质性；在其他控制变量中，D_EX 是企业是不是出口企业的虚拟变量，当企业是出口企业时为 1，否则为 0；D_OWN 是企业所有制虚拟变量，表示企业为国有企业为 1，否则为 0，用来考察企业的所有制类型对企业成长率的影响差异；D_REG 是地区虚拟变量，本文按照通常标准，[①] 把我国内地 31 个省、市、自治区划分为东、中和西部地区，D_REG 表示东部地区为 1，中西部地区为 0。IND_{ih} 是一组两位数行业虚拟变量，根据我国工业行业划分标准，可以把我国工业行业划分为 39 个工业大类，除去 30 个工业制造业大类，非制造业工业大类包括煤炭开采和洗选业、石油和天然气开采业、黑色金属矿采选业、有色金属矿采选业、非金属矿采选业、其他采矿业、电力和热力的生产和供应业、燃气生产和供应业、水的生产和供应业九个大类，所以，令 h = 1，…，8。

此外，根据 Jovanovic（1982）构建的"噪音"选择模型（又称"学习"理论），当一个企业开始进入一个产业时，相对于其估计的产业内平均生产能力，企业的建立者通常会选择以更低的生

---

① 按通常标准划分，东部地区包括北京、天津、河北、辽宁、上海、江苏、浙江、福建、山东、广东和海南 11 个地区；中部地区包括山西、吉林、黑龙江、安徽、江西、河南、湖北和湖北 8 个地区；西部地区包括内蒙古、广西、重庆、四川、贵州、云南、西藏、陕西、甘肃、青海、宁夏和新疆 12 个地区。

产能力来决定企业的初始规模。然后，通过观察他的成本，按照贝叶斯学习过程进行修改他对产业内平均生产能力的估计，一些企业的管理者就会发现它们比另一些企业更加有效率，从而会以更高的生产能力进行生产以此提高企业的成长率。Jovanovic 的"学习"理论强调了市场选择的重要性，认为由于市场选择机制，有效率的企业将会成长和幸存下来，无效率的企业将会衰落或退出，并且有效率的企业将以更快的速度成长。因此，新进入的企业通常具有较低的存活率，然而能够幸存下来的企业由于效率较高反而能够以更快的速度成长。Jovanovic 的"学习"理论解释了企业规模与成长之间的负相关关系，也预示了年轻的企业比年长的企业有更高的成长率。同时，关于企业规模与成长关系的众多理论分析（Dixit，1989；Hopenhayn，1992；Cabral，1995；Colley 和 Quadrini，2001；Glementi 和 Hopenhayn，2006）和实证研究（Cabral 和 Mata，2003；Angelini 和 Generale，2008）表明企业成长具有"规模依赖"（Size Dependence）和"年龄依赖（Age Dependence）"，企业的成长率不仅受企业规模的影响，还受企业年龄的影响。所以，在模型（7）中我们分别用企业规模的对数（$\ln \text{EMP}_{it-1}$）和企业年龄的对数（$\ln \text{AGE}_{it-1}$）及其二次项 $[(\ln \text{EMP}_{it-1})^2$ 与 $(\ln \text{AGE}_{it-1})^2]$ 和它们的交互项 $[(\ln \text{EMP}_{it-1})(\ln \text{AGE}_{it-1})]$ 来考察企业规模和企业年龄对企业成长率的影响。

同时，考虑到企业成长的动态性，以及生产率对企业成长影响的持续性，本文对基本模型（7）进行了扩展，设定为：

$$\ln \text{EMPRATE}_{it} = \beta \ln \text{EMPRATE}_{it-1} + \beta_1 \ln \text{EMP}_{it-1} + \beta_2 \ln \text{AGE}_{it-1} + \beta_3 (\ln \text{EMP}_{it-1})^2 +$$

$$\beta_4 (\ln \text{AGE}_{it-1})^2 + \beta_5 (\ln \text{EMP}_{it-1})(\ln \text{AGE}_{it-1}) + \sum_{p=0}^{T} \alpha_p \ln \text{TFP}_{it-p} +$$

$$\phi \ln \text{KL}_{it} + \varphi \text{D\_EX} + \gamma \text{D\_OWN} + \eta \text{D\_REG} + \sum_h \xi_h \text{IND}_{ih} + \beta_0 + \mu_{it} \qquad (8)$$

式中，$\ln \text{EMPRATE}_{it-1}$ 是被解释变量的一阶滞后项；p 是解释变量生产率 TFP_{it} 的滞后阶数，对于滞后阶数 p 的选取，过短不能反映生产率对企业成长的长期影响，过长又会受到观测值较少的限制，因此滞后期的选择本文是基于经验的而非理论的，其余变量如同基本模型（7）。利用模型（7）和模型（8）可以检验 Gibrat 定律并实证分析企业生产率对企业成长的影响效应。

首先，对于 Gibrat 定律的检验主要看企业规模的系数是否显著为 0，如果企业规模的系数显著为 0，则企业成长率不受企业规模的影响，Gibrat 定律成立；否则，Gibrat 定律不成立。

其次，对于模型的估计，①作为比较，我们采用了通常的 OLS 对模型（7）进行估计；②由于模型（8）的解释变量中包含了被解释变量的滞后项，以及技术进步等变量可能存在内生性，致使通常的 OLS 估计可能是有偏差的。为使估计的结果更为准确，本文采用了由 Arellano 和 Bover（1995）以及 Blundell 和 Bond（1998）开创的动态面板数据系统 GMM（并采用两步系统 GMM 估计）进行估计，该方法可以有效地克服估计中回归元的内生性问题以及残差的异方差性。在使用该方法中，关键是有效工具变量的选取，以及残差项不存在自相关，对此，我们采用 AR（1）和 AR（2）检验对残差的序列相关性进行了检验，对工具变量的有效性进行了 SARGAN 检验。

（二）变量与数据

1. 变量选取

（1）企业规模（EMP_{it}）和企业成长率（$\ln \text{EMPRATE}_{it}$）。通常选用企业的营业总收入、资产总额和就业人员总数来衡量企业规模，本文更倾向于关注生产率对企业就业变化的影响。①一方面，企业生产率的提高，会减少单位产出的就业人数；另一方面，生产率的提高减少了有效劳动的成本也会使企业的产出增加，从而提高就业水平。因此，由生产率的提高对企业就业变化一直引起产业组织研究者们的广泛关注。②采用就业人员总数来衡量企业规模不需要考虑物价指数以及贴现率等因素的影响，会使分析的问题趋于简单。③我国工业企业多为劳动密集型企业，选择企业就业人员总数来衡量我国非制造业工业企业规模也较为合理。所以，本文采用企业的就业人员总数（EMP$_{it}$）衡量企业规模。企业成长率（lnEMPRATE$_{it}$）用企业规模的变化率来衡量，即 lnEMPRATE$_{it}$ = lnEMP$_{it}$ − lnEMP$_{it-1}$。

（2）生产率 TFP。本文选用全要素生产率来衡量我国非制造业工业企业的生产率。对生产率的测算是很多实证研究的基础，它通常被解释为总产出中不能由要素投入所解释的"剩余"。这个剩余一般被称为全要素生产率（TFP），它反映了生产率作为一个经济概念的本质（Massimo 等，2009）。TFP 不仅反映了技术进步水平，还反映了物质生产的知识水平、管理技能、制度环境以及计算误差等要素，因此可以用来衡量整体生产率水平。相对于单一生产率，比如劳动生产率或资本的产出率，采用全要素生产率还可以避免由单一生产率对企业成长影响的偏差，因此，是衡量企业生产率的一个较好的指标。

对于我国企业 TFP 的测度，现有的研究表明利用 OP 法和 LP 法等半参数方法能够较好地解决传统计量方法中的内生性和样本选择问题，因此，OP 法和 LP 法在近年来国内对企业生产率的测算使用中得到了很大的青睐（张杰等，2009；YU，2010；聂辉华和贾瑞雪，2011；鲁晓东和连玉君，2012；孙浦阳等，2013）。OP 法是针对传统生产函数估计中存在的不可观测的生产率扰动因素与生产要素投入之间产生的联立性问题以及存在的样本选择问题由 Olley 和 Pakes（1996）提出，OP 法采用半参估计方法利用投资作为不可观测的生产率扰动因素的代理变量来估计生产函数使传统生产函数估计法得到很大改进。而 Levinsohn 和 Petrin（2003a，2003b）的研究发现投资并一定是个很好的代理变量（比如，投资具有大量的调整成本、对于生产率冲击的反应不够灵敏等缺点），可能会导致估计结果不一致。并且，出于数据使用的考虑，OP 法的一个假定是要求代理变量（投资）与总产出始终保持严格的单调关系，这就意味着那些投资额为零的样本将会被删除。毕竟现实数据中中间投入为 0 的观测值比投资为 0 的要少得多；同时利用中间投入作为不可观测的生产率扰动因素的代理变量可以在估计方法与经济理论之间建立一种简单的联系。由此，LP 法采用中间投入作为这些不可观测的生产率冲击的代理变量进行估计生产函数，而且 Levinsohn 和 Petrin（2003a，2003b）对 TFP 的实证研究中也显示了 LP 法的优越性。本文在选取数据信息时，为了避免受企业进入与退出的影响，选取了数据库中每年连续出现的企业作为样本，并发现各年我国工业企业的中间投入数据也较为齐备，鉴于 LP 法的优越性，本文选择 LP 法进行估计我国工业企业的 TFP。其计量模型设立为：

$$lnY_{it} = \beta_0 + \beta_1 lnL_{it} + \beta_k lnK_{it} + \varphi D\_EX + \gamma D\_OWN + \eta D\_REG + \sum_h \xi_h IND_{ih} + \omega_{it} + v_{it} \quad (9)$$

式中，Y_{it} 表示产出，L_{it} 是劳动投入，K_{it} 是资本投入，[①] D_EX、D_OWN、D_REG 和 IND$_{ih}$ 分别表示出口企业、所有制、地区和行业的虚拟变量（D_EX、D_OWN、D_REG 和 IND$_{ih}$ 在使用 LP 估计时均作为自由变量）。误差项包括能够影响投入决策的不可观测的随机扰动项 ω_{it} 和与投入无相关的随机扰动项 v_{it}，ω_{it} 和 v_{it} 之间关键的差异在于 ω_{it} 是一个状态变量，能够影响到生产者的投入决策，这将会导致在生产函数估计中产生内生性问题，如果忽视 ω_{it} 与投入之间的联立性将会使估

---

① 对于我国工业企业生产函数的估计，第一，根据现有文献的做法，选用工业增加值来衡量企业的产出，其中 1998~2007 年工业企业数据库中对于 2001 年和 2004 年工业增加值并没有直接给出，对于缺失年份的工业增加值，根据会计准则进行估算得到，其计算公式为：工业增加值=工业总产值（现价）−工业中间投入+增值税（刘小玄和李双杰，2008）。第二，用固定资产净值年平均余额来衡量资本投入。第三，用企业就业人员总数来衡量劳动投入。第四，中间投入数据直接取自中国工业企业数据库，本文数据库中包含了各年无论是否有中间投入的所有工业企业数据，但是有很小部分企业没有中间投入，如果将中间投入为 0 的企业样本删除将会造成数据信息的浪费。因此，为了避免运算错误，参考 Fishe 等（1979）与周亚虹等（2012），本文将所有中间投入为 0 的企业的中间投入从 0 改为 0.01（即改为非常小的值，其好处是这样小的中间投入根本不会对企业产出产生任何影响，而且避免 0 不能进行对数运算的缺陷）。

计不一致。因此，我们在使用 LP 估计时用，采用中间投入 M_{it}（取其对数）作为不可观测生产率的代理变量进行估计。进而根据估计的结果进行测算我国工业企业 TFP。

（3）企业年龄（AGE_{it}）。企业年龄根据企业成立时期和观测期计算得到，在模型中以自然对数的形式表示。企业年龄在企业成长动态中可以作为企业"干中学"效应的一个代理变量（Jovanovic，1982）。

（4）资本劳动比（KL_{it}）与其他控制变量。根据 Doms 等（1995）和 Yang、Huang（2005）的建议，在企业成长回归模型中加入资本劳动比可以解释企业的异质性，企业的资本劳动比用 KL_{it} 表示，用固定资产净值年平均余额与就业人员总数的比值衡量。其他控制变量包括企业是不是出口企业的虚拟变量 D_EX、所有制虚拟变量 D_OWN、地区虚拟变量 D_REG 和产业虚拟变量 IND_{ih} 等。

2. 数据说明

表 1　各主要变量数据的描述性统计

Variable	Obs	Mean	Std. Dev.	Min	Max
lnEMPRATE	20875	0.01	0.29	-7.58	5.72
lnEMP	20875	5.79	1.24	1.10	12.58
$(lnEMP)^2$	20875	35.10	15.98	1.21	158.19
lnAGE	20875	3.09	0.71	0.00	4.86
$(lnAGE)^2$	20875	10.08	4.05	0.00	23.62
(lnEMP)(lnAGE)	20875	18.16	6.56	0.00	55.78
lnTFP	23189	6.55	1.30	0.96	12.61
lnKL	23189	4.53	1.38	-2.47	14.40

本文使用的数据来源于上海财经大学高等研究院数据调研中心的"500 万元产值以上工业企业统计年度库"（原始数据来源于国家统计局），该数据库包括了 1998~2007 年所有 500 万元以上工业企业的众多指标，具有样本量大、指标齐全等优点，包括企业营业总收入、资产总额、就业人员总数、所有制、地区以及行业代码等基本数据信息。在选取数据信息时，为了避免受到企业进入与退出的影响，本文选取了数据库中每年连续出现的企业作为样本，共 31521 家企业。为了避免数据本身存在异常值的影响，本文首先按照通常的筛选标准，删掉了样本数据中企业营业总收入、资产总额、就业人员总数、固定资产净值年平均余额、工业增加值以及企业年龄为 0 或为负等明显与事实不相符的样本；其次，删除 39 个工业大类中的 30 个制造业大类的企业数据，样本数据中仅包含非制造业，包括煤炭开采和洗选业（B6）、[①] 石油和天然气开采业（B7）、黑色金属矿采选业（B8）、有色金属矿采选业（B9）、非金属矿采选业（B10）、其他采矿业（B11）、电力和热力的生产和供应业（D44）、燃气生产和供应业（D45）、水的生产和供应业（D46）9 个工业大类企业数据。通过以上筛选工作，最后我们得到了 2394 个企业样本。需要说明的是，本文在使用企业的各项指标进行变量构造时，均选用工业品出厂价格指数[②] 进行了调整。各主要变量的数据描述性统计如表 1 所示。

我们关心的是企业规模与生产率对企业成长及其规模分布的影响。Gibrat 定律不仅刻画了企业规模与成长的过程，也预示了企业规模分布的特征，即在特定条件下企业规模呈对数正态分布。对于企业规模是否服从对数正态分布也得到了许多实证上的检验（如早期的 Hart 和 Prais，1956；

---

① 括号内为行业代码，其划分标准根据国民经济行业分类与代码 2002 年版进行划分。
② 其中工业品出厂价格指数数据来自《中国统计年鉴（2008）》。

Simon 和 Bonini，1958 等，以及后来的 Cabral 和 Mata，2003；Rossi-Hansberg 等，2007；Angelini 和 Generale，2008），虽然从检验结果来看并没有一致性的结论，然而多数检验结果表明：企业规模分布并不完全服从对数正态分布。对于企业规模或生产率分布的正确认识可以为经济政策的制定提供参考，因为，企业规模或生产率的分布可以在很大程度上反映出该经济单元的生态特征或健康状态（杨其静等，2010）。为考察我国非制造业企业规模与生产率的分布特性，我们分别采用核密度估计进行刻画 1998~2007 年我国非制造业工业企业规模与生产率的分布状况及演进特征，用单一样本的 Kolmogorov-Smirnov（KS）检验来检验各年份样本是否服从正态分布，[1] 用两个样本的 KS 检验进行检验各年份样本两两是否服从同分布。检验结果如图 1 和图 2 所示，图形显示 1998~2007 年中国非制造业工业企业规模与生产率的核密度图形二者明显不同，反映了 1998~2007 年我国非制造业工业企业的规模与生产率分布走向的差异。KS 正态分布检验与 KS 同分布检验（根据 KS 检验的 p 值进行判断）结果显示，1998~2007 年中国非制造业工业企业的规模与生产率均不服从对数正态分布，且 1998~2007 年各年中国非制造业工业企业的生产率两两均不服从同分布，而 1998~2007 年各年中国非制造业工业企业规模的对数两两服从同分布，生产率分布与企业规模分布具有显著的差异性。

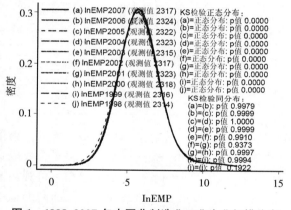

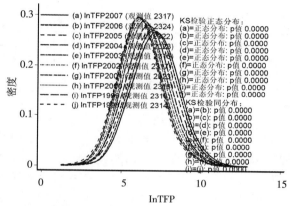

图 1　1998~2007 年中国非制造业工业企业规模分布　　**图 2　1998~2007 年中国非制造业工业企业 TFP 分布**

从样本统计数据上来看，首先，1998~2007 年我国非制造业工业平均企业规模在 1998~2002 年呈上升态势，而在 2002 年后处于稳中有降的状态，并呈缓慢下降的态势，这一结果反映了随着我国工业化进程的加剧和经济的不断发展，我国非制造业工业企业规模趋于稳定，并向缓慢下降的方向转变；相反地，企业规模的标准差在 1998~2002 年呈下降态势，而在 2002 年后几乎处于稳中有升状态，反映了我国非制造业工业集中度的变化趋势。企业规模的偏度和峰度的变化规律并不明显，但总体来看偏度呈先升后降、峰度呈上升趋势，相对于正态分布（常见的正态分布偏度为 0、峰度为 3）而言，我国非制造业工业企业规模分布各年均呈现厚尾的右偏态特征，表现为偏度均大于 0 而峰度均大于 3。

其次，1998~2007 年我国非制造业工业平均企业生产率一直呈上升趋势变化；相反地，企业生产率的标准差、偏度和峰度在此期间均呈现下降趋势变化，相对于我国非制造业工业企业规模分布而言，我国非制造业工业企业生产率分布更趋向于正态分布，表现为偏度均接近于 0 而峰度均接近于 3。

---

① 为了便于比较，本文 KS 正态分布检验均采用标准正态分布进行检验，其中 KS 检验值衡量了样本数据的实际累积分布函数与标准正态分布的累积分布函数之间距离的大小，KS 检验值越大说明样本数据越偏离标准正态分布，一般情况下 KS 检验的 p 值小于 5% 即拒绝样本数据符合标准正态分布的原假设。

最后，根据 1998~2007 年各年我国非制造业工业企业的规模与生产率的 Pearson 简单相关系数进行判断，两变量各年均具有中等程度的相关性，其相关系数在 0.5~0.6，二者呈显著的正相关关系，且 1998~2002 年两变量的相关性呈上升变化趋势，而 2002 年后呈稳中有降的变化趋势。可见，1998~2007 年我国非制造业工业企业规模与生产率的变化具有一定的规律性，其对企业成长及其规模分布会产生什么样的影响，是否也具有一定的规律性？这需要实证上的检验。

表 2　1998~2007 年各年中国非制造业工业企业规模与生产率的描述性统计

Year	Obs	lnEMP				Pearson	lnTFP			
		Mean	Std.Dev.	Skewness	Kurtosis	Cor. Coe.	Mean	Std. Dev.	Skewness	Kurtosis
1998	2314	5.73	1.33	0.76	5.3	0.5544***	6.09	1.24	0.26	3.98
1999	2316	5.78	1.27	0.88	5.51	0.5841***	6.18	1.21	0.4	3.86
2000	2318	5.79	1.25	0.85	5.31	0.5815***	6.21	1.21	0.34	3.51
2001	2323	5.8	1.23	0.87	5.32	0.5867***	6.29	1.22	0.31	3.57
2002	2317	5.81	1.21	0.9	5.5	0.5997***	6.45	1.21	0.4	3.44
2003	2315	5.81	1.22	0.84	5.48	0.5975***	6.56	1.22	0.33	3.44
2004	2323	5.8	1.21	0.84	5.55	0.5825***	6.69	1.27	0.17	3.45
2005	2322	5.81	1.22	0.86	5.52	0.5975***	6.87	1.31	0.06	3.39
2006	2324	5.81	1.22	0.88	5.54	0.5945***	7.04	1.28	0.18	3.12
2007	2317	5.79	1.23	0.77	5.68	0.5620***	7.16	1.32	0.06	3.28

注：***、** 和 * 分别表示 1%、5% 和 10% 的显著性水平。

（三）估计结果及分析

1. 基本模型估计结果

对于基本模型（7）的估计，本文首先采用 OLS 估计，估计结果如表 3（a1）~（a3）所示，结果均显示企业规模对企业成长具有显著的负向影响，说明 Gibrat 定律不成立；而生产率对企业成长具有显著的正向影响。其次考虑到用 OLS 估计可能会存在以下两个问题：①如果存在不可观测或难以观测的个体效应，OLS 估计将会是不一致的，因为影响企业成长的因素众多；②回归因子中技术进步可能具有内生性。因为，企业成长可以带来企业生产率的提高，同时生产率的提高也会推动企业的成长，因而二者具有关联性从而导致内生性。为了解决这些问题，我们采用了两步系统 GMM 估计对加入被解释变量一阶滞后项的动态面板数据模型进行了估计。估计结果如表 3（a4）~（a6）所示，AR（1）和 AR（2）检验与 SARGAN 检验结果表明 GMM 估计是有效的。GMM 估计与 OLS 估计相比，l. lnEMP、l.(lnAGE)^2、l.(lnEMP)(lnAGE)、lnKL 与 D_OWN 估计的系数除估计的大小存在差异外，对企业成长率影响的方向基本一致，但同时我们发现 l.(lnEMP)^2、l.lnAGE、lnTFP、D_EX 与 D_REG 估计的系数具有明显差异，对 GMM 估计的模型和 OLS 估计的模型进行 Hausman 检验，Hausman 检验结果均拒绝 GMM 估计和 OLS 估计的变量系数没有显著差异的原假设，说明 GMM 估计和 OLS 估计显著不同，也说明 OLS 估计确实存在内生性问题，GMM 估计具有优越性。

基于 GMM 估计的结果（a6）进行分析，我们发现：

第一，企业规模的一次项对企业成长仍然具有显著的负向影响，同样说明 Gibrat 定律不成立，企业规模的二次项对企业成长的影响不显著；企业年龄的一次项对企业成长的影响不显著，其二次项对企业成长具有显著的正向影响；企业规模与企业年龄的交互项对企业成长不显著。在控制了其他变量后，企业规模和年龄对企业成长率总的影响效应分别可以用 $E_{EMP} = (\partial \ln G(EMP_{it-1}, AGE_{it-1})/\partial \ln EMP_{it-1})$ 和 $E_{AGE} = (\partial \ln G(EMP_{it-1}, AGE_{it-1})/\partial \ln AGE_{it-1})$ 来衡量。根据模型（a6），在样本均值处，$E_{EMP} = -1.176$、$E_{AGE} = 0.5259$，平均来看企业规模与企业成长率之间呈负相关关系，而企业年龄对企业成长具有正向影响，这与我国制造业企业的行为具有不一样的特点（李洪亚，

2014），这也与 Jovanovic（1982）的"学习"理论模型的预测并不完全一致，Jovanovic（1982）的"学习"理论认为存在市场选择的情况下，企业年龄越长企业的成长率越低，而对于我国非制造业工业企业的回归结果显示我国非制造业工业企业年龄越长企业的成长率越高，一种合理地解释在于我国非制造业工业一般来说属于基础性行业（主要是资源能源类行业），其企业一般来说规模较大、年龄较长，具有明显的垄断性质和国有性质，特有的我国非制造业工业企业性质决定着我国非制造业工业企业成长及其行为特征。

表3　生产率、企业规模与企业成长关系基本模型估计结果

	OLS			GMM		
	(a1)	(a2)	(a3)	(a4)	(a5)	(a6)
l.lnEMPRATE				0.028*** [0.011]	0.031*** [0.011]	0.030*** [0.010]
l.lnEMP	−0.082*** [0.002]	−0.082*** [0.002]	−0.239*** [0.010]	−1.185*** [0.023]	−1.188*** [0.023]	−1.176*** [0.076]
l.(lnEMP)^2			0.012*** [0.001]			0.0001 [0.006]
l.lnAGE		0.002 [0.003]	−0.125*** [0.019]		0.206*** [0.028]	−0.120 [0.146]
l.(lnAGE)^2			0.024*** [0.003]			0.085*** [0.019]
l.(lnEMP)(lnAGE)			−0.0004 [0.002]			−0.004 [0.020]
lnTFP	−0.059*** [0.002]	−0.059*** [0.002]	−0.058*** [0.002]	−0.001 [0.006]	−0.007 [0.006]	−0.010 [0.006]
lnKL	−0.049*** [0.002]	−0.049*** [0.002]	−0.054*** [0.002]	−0.195*** [0.016]	−0.200*** [0.016]	−0.203*** [0.017]
D_EX	0.084*** [0.013]	0.084*** [0.013]	0.047*** [0.013]	−0.004 [0.014]	−0.003 [0.014]	−0.004 [0.014]
D_OWN	0.040*** [0.005]	0.039*** [0.005]	0.037*** [0.005]	0.021* [0.012]	0.025** [0.012]	0.026** [0.012]
D_REG	0.015*** [0.005]	0.015*** [0.005]	0.015*** [0.005]	−0.871 [0.747]	−0.807 [0.727]	0.806 [0.717]
IND	YES	YES	YES	YES	YES	YES
CONS	0.267*** [0.015]	0.263*** [0.016]	0.911*** [0.047]	9.055*** [0.506]	8.278*** [0.487]	8.359*** [0.598]
N	20875	20875	20875	18454	18454	18454
Wald chi2	1693.75	1694.12	2086.41	6228.31	6819.65	6819.65
AR(1)(pvalue)				0.0015	0.0008	0.0004
AR(2)(pvalue)				0.8529	0.9740	0.8862
SARGAN(pvalue)				0.1736	0.2434	0.2433
HAUSMAN(pvalue)	0.0000	0.0000	0.0000			

注：括号内是各自估计系数的标准差，***、** 和 * 分别表示1%、5%和10%的显著性水平。

　　第二，生产率对企业成长的影响并没有显示出显著的正向影响，这与OLS估计的结果具有明显的差异，OLS估计的结果显示生产率对企业成长具有显著的正向影响，而GMM估计结果均不显著。这一差异反映了生产率对我国非制造业工业企业成长的影响具有内生性，而且后面的研究发现生产率虽然对当期企业成长的影响并不显著，而在以后各期，生产率对企业成长呈现出持续的显著的正向影响。这一结果说明了生产率对我国非制造业工业企业成长的影响具有特殊性，也反映了我国非制造业工业成长及其行为的特有性质。这一结果的政策含义在于推动我国非制造业工

业企业成长的政策取向应该放在企业生产率的提高上而非企业的规模上。因为企业规模的扩张会制约我国非制造业工业企业的成长而生产率的提高对我国非制造业工业企业的成长具有长期的持续的正向影响。

表4　生产率对企业成长影响的持续性估计结果

	(b1)	(b2)	(b3)	(b4)	(b5)	(b6)
l.lnEMPRATE	0.030*** [0.010]	0.032*** [0.011]	0.028*** [0.011]	0.042*** [0.014]	0.042*** [0.014]	0.044** [0.017]
l.lnEMP	−1.176*** [0.076]	−1.167*** [0.076]	−1.159*** [0.075]	−1.179*** [0.077]	−1.120*** [0.083]	−1.187*** [0.098]
l.(lnEMP)²	0.0001 [0.006]	−0.001 [0.006]	−0.001 [0.006]	−0.005 [0.006]	−0.013* [0.007]	−0.011 [0.007]
l.lnAGE	−0.120 [0.146]	−0.045 [0.145]	−0.010 [0.147]	−0.114 [0.173]	−0.298 [0.205]	−0.158 [0.267]
l.(lnAGE)²	0.085*** [0.019]	0.058*** [0.019]	0.041** [0.020]	0.031 [0.026]	0.023 [0.032]	−0.036 [0.044]
l.(lnEMP)(lnAGE)	−0.004 [0.020]	−0.006 [0.020]	−0.005 [0.020]	0.009 [0.022]	0.025 [0.022]	0.033 [0.027]
lnTFP	−0.010 [0.006]	−0.001 [0.006]	0.002 [0.006]	0.005 [0.006]	0.006 [0.007]	0.012 [0.008]
l.lnTFP		0.031*** [0.004]	0.037*** [0.004]	0.042*** [0.004]	0.043*** [0.005]	0.043*** [0.005]
l2.lnTFP			0.019*** [0.004]	0.028*** [0.004]	0.034*** [0.004]	0.038*** [0.005]
l3.lnTFP				0.016*** [0.004]	0.024*** [0.005]	0.028*** [0.005]
l4.lnTFP					0.018*** [0.004]	0.026*** [0.005]
l5.lnTFP						0.019*** [0.005]
lnKL	−0.203*** [0.017]	−0.203*** [0.017]	−0.203*** [0.017]	−0.200*** [0.017]	−0.224*** [0.020]	−0.239*** [0.023]
D_EX	−0.004 [0.014]	−0.002 [0.014]	−0.002 [0.014]	−0.007 [0.015]	−0.005 [0.016]	−0.003 [0.016]
D_OWN	0.026** [0.012]	0.027** [0.012]	0.028** [0.012]	0.030** [0.012]	0.030** [0.012]	0.026* [0.014]
D_REG	−0.806 [0.717]	−0.795 [0.705]	−0.731 [0.700]	−1.082* [0.615]	0.602 [3.320]	−0.155 [11.303]
IND	YES	YES	YES	YES	YES	YES
CONS	8.359*** [0.598]	8.195*** [0.600]	8.115*** [0.606]	7.740*** [0.609]	6.945*** [0.931]	4.053 [4.439]
N	18454	18454	18370	15997	13650	11337
Wald chi2	6819.65	6841.05	6944.33	21770.62	6562.94	80685.42
AR(1)(pvalue)	0.0004	0.0001	0.0002	0.0834	0.0006	0.4682
AR(2)(pvalue)	0.8862	0.6516	0.3268	0.8804	0.9377	0.3354
SARGAN(pvalue)	0.2433	0.2252	0.2203	0.4558	0.4082	0.6181

注：括号内是各自估计系数的标准差，***、** 和 * 分别表示1%、5%和10%的显著性水平。

　　在其他结果中，我们发现，①我国非制造业工业企业成长具有持续性，前期的成长均可以推动当期的企业成长率。②资本劳动比的提高对以就业增长来衡量的我国非制造业工业企业成长率均呈负向影响，反映了我国工业企业成长过程中生产要素配置的差异对企业成长的影响效应。③出口与地区差异对于我国非制造业工业企业成长的影响并没有显示出显著的正向影响，显示出我国资源能源类工业企业成长的特殊性。出口对我国非制造业工业企业成长影响并不显著说明作为我国基础性行业的资源能源类工业企业来说并不是以出口为导向的；地区差异对我国非制造业工业企业成长影响不显著说明我国东西部地区企业对于资源能源的开发与利用各有优势。④通常认为，我国国有企业的所有制性质导致企业效率低下会制约企业的成长，而对于以资源能源类为主的我国非制造业工业企业来说，企业的国有性质平均来看对于我国非制造业工业企业成长（主要是对于企业就业人数的增长这一方面）却呈现出显著的正向影响，这与我国制造业企业的行为也具有明显的差异（李洪亚，2014），因此，对于企业的产权特征对于企业成长的影响效应不能一概而论。

2. 生产率对企业成长的持续影响

为考察生产率对我国非制造业工业企业成长影响的持续性我们对扩展模型（8）进行了估计，同样我们选择动态面板数据模型两步系统 GMM 进行估计，基于经验估计，解释变量生产率 $\ln TFP_{it}$ 的滞后阶数 p 的选取最小为 0、最大为 5，估计结果如表 4（b1）~（b6）所示，AR（1）和 AR（2）检验与 SARGAN 检验结果显示各模型估计的结果是有效的。估计结果一致显示，当期生产率对企业成长的影响不显著，滞后一期的生产率对企业成长率的影响效应达到最大，以后各期逐渐下降。从滞后阶数为 5 的估计模型结果来看，滞后一期的生产率每增加 1%，企业成长率可以增加 0.043 个百分点，滞后二期的生产率每增加 1%，企业成长率可以增加 0.038 个百分点，滞后三期的生产率每增加 1%，企业成长率可以增加 0.028 个百分点，滞后四期的生产率每增加 1%，企业成长率可以增加 0.026 个百分点，滞后五期的生产率每增加 1%，企业成长率可以增加 0.019 个百分点，这一结果说明生产率对我国非制造业工业企业的成长具有显著的长期的持续的正向效应。生产率对我国非制造业企业成长影响的滞后性、持续性和长期性反映了生产率对我国非制造业工业企业成长影响的特殊性，也反映了我国非制造业工业企业成长及其行为所特有的特征。其余结果与基本模型（7）估计的结果基本一致，这里不再讨论，这也说明本文估计的结果具有稳健性。

3. 不同行业企业的估计结果及分析

根据我国国民经济行业分类与代码 2002 年版的划分标准，可以把我国工业企业划分为 39 个工业大类，其中非制造业工业企业共有 9 大类，包括煤炭开采和洗选业（B6）、石油和天然气开采业（B7）、黑色金属矿采选业（B8）、有色金属矿采选业（B9）、非金属矿采选业（B10）、其他采矿业（B11）、电力和热力的生产和供应业（D44）、燃气生产和供应业（D45）、水的生产和供应业（D46）9 个工业大类，这九大类均属于资源和能源类行业，究其属性来看具有相似性，都属于国民基础性行业，垄断性、国有化以及大型化是其具有的突出特点，因此具有共同的性质，从而，整体回归结果可以考察该类企业共同的行为及其特性。为进一步考察整体回归结果的稳健性及其不同行业之间的差异性，本文对此进行了分类回归分析。除去样本比较少的其他采矿业（B11），并把样本较少的石油和天然气开采业（B7）与煤炭开采和洗选业（B6）进行合并以外，其他行业均单独划分，共分为七大类。同样利用动态面板数据模型两步系统 GMM 对模型（8）进行估计，其估计结果如表 5（c1）~（c7）所示。

回归结果显示：第一，从不同行业的我国非制造业工业企业规模对企业成长的影响效应上看，企业规模的一次项对企业成长均具有显著的负向影响，这一结果具有一致性，说明不同行业的我国非制造业工业企业规模与成长之间均不服从 Gibrat 定律（LPE）。而且从样本均值上看，如表 6 所示，不同行业的我国非制造业工业企业规模对企业成长均呈显著的负向影响，即企业规模越大企业成长率越低。我们同样采用核密度估计、KS 检验来探测不同行业的我国非制造业工业企业的规模分布状况，以 2007 年为例，如图 3 所示，KS 同分布检验结果显示 2007 年各行业企业规模两两并不服从同分布，KS 正态分布检验结果显示各行业企业规模（取其对数）也并不服从正态分布，但发现相对来说，黑色金属矿采选业（B8）、有色金属矿采选业（B9）、非金属矿采选业

（B10）以及燃气生产和供应业（D45）行业更趋向于正态分布，其他年份的检验结果基本相似，限于篇幅不在文中一一列出。表 5 同时显示，不同行业的企业年龄对企业成长的影响并不完全相同，整体来看我国非制造业工业企业年龄对企业成长具有显著的正向影响，而分行业来看，在样本均值处，结果显示，燃气生产和供应业（D45）、水的生产和供应业（D46）企业年龄对企业成长具有显著的正向影响，而有色金属矿采选业（B9）、电力和热力的生产和供应业（D44）两个行业企业年龄对企业成长并没有显示出显著的影响，其中煤炭开采和洗选业（B6）、石油和天然气开采业（B7）、黑色金属矿采选业（B8）、非金属矿采选业（B10）四个行业企业的年龄还具有显著的负向影响。

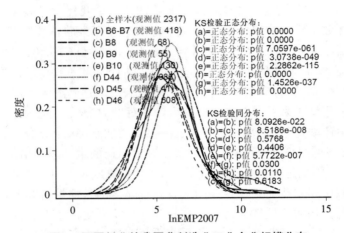

图 3　不同行业的我国非制造业工业企业规模分布

　　第二，不同行业的我国非制造业工业企业生产率对企业成长的影响效应并不完全相同，但生产率对企业成长均显示出具有长期的持续的正向影响。其中，当期煤炭开采和洗选业（B6）与石油和天然气开采业（B7）、黑色金属矿采选业（B8）企业的生产率对企业成长率呈显著的正向影响，而非金属矿采选业（B10）、电力和热力的生产和供应业（D44）、燃气生产和供应业（D45）当期企业的生产率对企业成长率影响并不显著，有色金属矿采选业（B9）与水的生产和供应业（D46）当期企业的生产率对企业成长率反而呈负向影响。以后各期各行业除个别系数呈负向影响或影响不显著外，大多数对企业成长率的影响系数都呈现出不同程度的正向影响，说明生产率对我国非制造业工业企业确实可以带来正向影响，且具有持续性，同时也说明不同行业企业的成长及其行为也并不完全相同，反映了不同行业企业成长及其行为所特有的特性。整体来看，煤炭开采和洗选业（B6）与石油和天然气开采业（B7）、黑色金属矿采选业（B8）企业生产率对企业成长产生的正向影响相对较大，而燃气生产和供应业（D45）和水的生产和供应业（D46）企业生产率对企业成长产生的正向影响相对较小。

　　其他变量中，回归结果显示：①在企业成长的持续性方面不同行业也呈现出不同程度的差异，其中煤炭开采和洗选业（B6）与石油和天然气开采业（B7）、有色金属矿采选业（B9）以及水的生产和供应业（D46）企业的前期成长对当期成长率具有显著的正向影响，而非金属矿采选业（B10）、电力和热力的生产和供应业（D44）企业成长并没有显示出持续型成长，黑色金属矿采选业（B8）、燃气生产和供应业（D45）企业的前期成长对当期成长具有抑制性。②资本劳动比的提高对以就业增长来衡量的企业成长率均呈负向影响，一致反映了我国非制造业工业企业成长过程中生产要素配置的差异对企业成长的影响效应。③出口对于我国不同行业非制造业工业企业成长的影响呈现显著差异，结果显示，黑色金属矿采选业（B8）企业的出口可以推动企业的成长，煤炭开采和洗选业（B6）与石油和天然气开采业（B7）、非金属矿采选业（B10）、电力和热力的生产和供应业（D44）、水的生产和供应业（D46）企业的出口对企业的成长并没有显著影响，而有色金属矿采选业（B9）与燃气生产和供应业（D45）企业的出口却会带来企业成长率的下降，从而整体来看我国非制造业工业企业的出口对其成长率并没有呈现显著影响。④不同行业企业所有制对企业成长的影响也并不相同，其中企业的国有性质能够对企业成长具有显著正向影响的行业有黑色金属矿采选业（B8）、燃气生产和供应业（D45）、水的生产和供应业（D46），其他行业企业的国有性质对企业成长的影响并不显著。⑤地区对企业成长的影响在不同行业也并不相同，其中煤炭开采和洗选业（B6）、石油和天然气开采业（B7）、有色金属矿采选业（B9）、水的生产和供应业（D46）企业在东部地区对企业成长具有显著的正向影响，其他行业企业在东部并没有显示出显著的成长优势。

表5 不同行业企业的估计结果

	(c1)	(c2)	(c3)	(c4)	(c5)	(c6)	(c7)
	B6~B7	B8	B9	B10	D44	D45	D46
l.lnEMPRATE	0.069*** [0.016]	−0.082*** [0.018]	0.194*** [0.031]	0.042 [0.036]	0.021 [0.018]	−0.143*** [0.011]	0.109*** [0.014]
l.lnEMP	−1.495*** [0.138]	−0.322 [0.241]	−2.042*** [0.223]	−1.522*** [0.211]	−0.908*** [0.132]	−0.941*** [0.097]	−0.816*** [0.130]
l.(lnEMP)²	−0.005 [0.009]	0.012 [0.011]	0.042*** [0.011]	0.026** [0.012]	−0.004 [0.011]	0.080*** [0.017]	−0.068*** [0.008]
l.lnAGE	0.035 [0.564]	0.885 [1.162]	0.773 [1.029]	0.882 [0.942]	−0.264 [0.341]	−3.172*** [0.640]	0.203 [0.346]
l.(lnAGE)²	−0.229* [0.118]	0.089 [0.213]	−0.243 [0.164]	−0.357** [0.178]	0.098 [0.062]	0.916*** [0.130]	−0.061 [0.061]
l.(lnEMP)(lnAGE)	0.095** [0.046]	−0.209*** [0.065]	0.108 [0.066]	0.053 [0.049]	−0.048 [0.036]	−0.240*** [0.043]	0.067* [0.036]
lnTFP	0.049*** [0.017]	0.053** [0.022]	−0.113*** [0.023]	0.005 [0.024]	−0.005 [0.008]	0.008 [0.009]	−0.016** [0.006]
l.lnTFP	0.063*** [0.012]	0.005 [0.016]	0.100*** [0.016]	0.050** [0.025]	0.033*** [0.006]	0.021** [0.008]	0.009 [0.007]
l2.lnTFP	0.063*** [0.012]	0.043** [0.019]	0.100*** [0.013]	0.068*** [0.026]	0.025*** [0.006]	−0.010 [0.008]	0.022*** [0.007]
l3.lnTFP	0.050*** [0.013]	0.037** [0.017]	0.099*** [0.020]	0.049** [0.025]	0.024*** [0.007]	−0.017 [0.011]	0.012* [0.007]
l4.lnTFP	0.032*** [0.012]	−0.006 [0.024]	0.040** [0.018]	0.051** [0.022]	0.029*** [0.007]	−0.037*** [0.011]	0.018*** [0.007]
l5.lnTFP	0.007 [0.010]	0.086** [0.033]	0.007 [0.016]	0.033** [0.016]	0.020*** [0.007]	0.028** [0.011]	0.017*** [0.006]
lnKL	−0.188*** [0.028]	−0.328*** [0.034]	−0.242*** [0.021]	−0.286*** [0.032]	−0.293*** [0.040]	−0.326*** [0.023]	−0.093*** [0.018]
D_EX	−0.002 [0.031]	0.166* [0.096]	−0.075* [0.039]	−0.058 [0.039]	−0.004 [0.016]	−0.285*** [0.073]	0.029 [0.027]
D_OWN	0.034 [0.037]	0.415*** [0.138]	−0.004 [0.101]	0.076 [0.065]	−0.032 [0.021]	0.113*** [0.025]	0.070*** [0.021]
D_REG	3.496* [1.852]	0.226 [0.595]	7.153** [2.920]	−0.022 [0.772]	0.452 [0.686]	−0.567 [0.346]	1.942** [0.883]
IND	NO	NO	NO	NO	NO	NO	NO
CONS	8.660*** [1.087]	1.096 [1.846]	6.509*** [1.794]	7.043*** [1.833]	6.654*** [0.711]	9.796*** [0.943]	4.115*** [0.824]

续表

	(c1)	(c2)	(c3)	(c4)	(c5)	(c6)	(c7)
N	2069	305	240	570	4895	196	3058
Wald chi2	2495.24	13601.03	26179.24	2688.69	3691.26	674456.46	15943.54
AR（1）（pvalue）	0.1767	0.0826	0.2611	0.8805	0.0084	0.0647	0.3915
AR（2）（pvalue）	0.7120	0.6085	0.7231	0.5885	0.9644	0.1875	0.1212
SARGAN（pvalue）	0.3562	0.1683	0.7445	0.4948	0.2872	0.6381	0.1036

注：括号内是各自估计系数的标准差，***、** 和 * 分别表示1%、5%和10%的显著性水平。

表6　不同行业企业在样本均值处企业规模与年龄对企业成长的影响效应

	全样本	B6~B7	B8	B9	B10	D44	D45	D46
l. lnEMP（mean）	5.7928	6.678	5.617	5.535	5.565	5.826	5.606	5.232
l. lnAGE（mean）	3.0936	3.131	2.683	2.954	2.956	3.023	2.878	3.282
E_{EMP}	−1.1760	−1.198	−0.561	−1.577	−1.233	−0.908	−0.735	−1.308
E_{AGE}	0.5259	−0.799	−1.174	0.000	−2.111	0.000	0.755	0.351

4. 不同规模与不同年龄企业的估计结果及分析

为考察不同规模与不同年龄的我国非制造业工业企业成长及其行为的差异本文进行了如下操作。

（1）参照2011年6月18日，工业和信息化部、国家统计局、国家发展和改革委员会、财政部联合印发的《关于印发中小企业划型标准规定的通知》对工业企业划型标准的规定，对1998~2008年我国非制造业工业企业按从业人员人数分为大、中、小型企业：1000人及以上、300人及以上1000人以下、300人以下三组，并采用动态面板数据模型两步系统GMM进行对扩展模型（8）进行估计，估计结果如表7(d1)~(d3)所示。

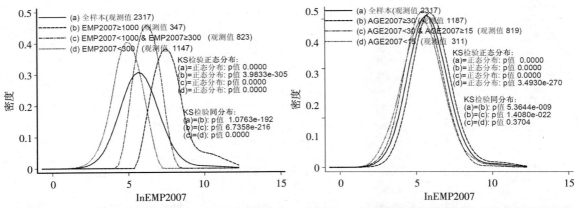

图4　不同规模的我国非制造业工业企业规模分布　　图5　不同年龄的我国非制造业工业企业规模分布

结果显示：①不同规模的我国非制造业工业企业规模一期滞后对企业成长均呈现显著的负向影响，其中小型企业的规模对企业成长的负向影响效应最大，大型企业次之，中型企业最小。在样本均值处（见表8），结果仍然显示我国非制造业工业大、中、小型企业的规模对企业成长具有抑制作用，其中大型和小型企业的规模对企业成长率的影响效应高于中型企业的影响效应。同样采用核密度估计、KS检验来探测不同规模的我国非制造业工业企业的规模分布状况，同样以2007年为例（见图4），KS同分布检验结果仍然显示不同规模的我国非制造业工业企业规模分布并不相同，且 KS 正态分布检验均表明不同规模的我国非制造业工业企业规模分布均不服从正态分布。其余年份的检验结果显示出与 2007 年的结果基本一致，同样限于篇幅这里不再列示。②不同规模的我国非制造业工业企业年龄对企业成长的影响效应也并不完全相同，企业年龄的一阶滞后项只有小型企业的年龄对企业成长显示出正向影响，大、中型企业并没有显示出显著的正向影响。在样本均值处（见表 8），平均来看，我国非制造业工业大型企业的年龄对企业的成长并没有呈现显著的影响，而中型企业的年龄对企业成长具有显著的正向影响，小型企业的年龄却对企业成长呈负向影响。③在生产率对企业成长的影响方面，我国非制造业工业大型企业和小型企业的生产率对企业成长的影响效应具有相似性，当期对企业成长的影响效应不显著，第二期影响效应达到最高，以后各期有所下降。而中型企业生产率的提高当期就可以提高企业的成长率，而后在第三期达到最大，在第四期以后不显著，其持续性相比大型和小型企业来说相对较短。但大、中、小型三类企业的生产率均一致显示出对企业成长具有长期的持续的正向影响，这与整体回归的结果是一致的。④我国非制造业工业大型企业和小型企业的成长具有持续性，滞后一期的企业成长率对当期成长具有显著的正向影响，而中型企业并没有显示出持续成长的性质。⑤同样资本劳动比的提高对以企业就业增长来衡量的企业成长率均呈显著的负向影响。⑥出口与地区差异对不同规模的我国非制造业工业企业的成长均没有呈现出显著影响。⑦而企业的国有性质，对于中型企业的成长具有显著正向影响，而对大型和小型企业并没有呈现出显著影响。

表 7　不同规模与不同年龄企业的估计结果

	(d1)	(d2)	(d3)	(d4)	(d5)	(d6)
	EMP≥1000	EMP<1000 和 EMP≥300	EMP<300	AGE≥30	AGE<30 和 AGE≥15	AGE<15
l. lnEMPRATE	0.032** [0.016]	0.006 [0.022]	0.042* [0.024]	−0.010 [0.018]	0.068*** [0.020]	0.049** [0.023]
l. lnEMP	−0.991*** [0.309]	−0.883* [0.515]	−0.993*** [0.172]	−1.177*** [0.253]	−0.824*** [0.137]	−0.771*** [0.148]
l. (lnEMP)²	−0.021 [0.015]	−0.015 [0.038]	−0.008 [0.017]	0.012 [0.009]	−0.027*** [0.009]	−0.015* [0.008]
l. lnAGE	−0.075 [0.612]	−0.508 [0.494]	1.101*** [0.347]	2.205 [1.925]	0.408 [0.348]	1.705*** [0.590]
l. (lnAGE)²	−0.022 [0.109]	0.193*** [0.074]	−0.232*** [0.065]	−0.311 [0.282]	−0.043 [0.055]	−0.249** [0.110]
l. (lnEMP)(lnAGE)	0.046 [0.042]	−0.039 [0.059]	−0.046 [0.038]	−0.028 [0.073]	−0.066* [0.038]	−0.140*** [0.048]
lnTFP	0.013 [0.016]	0.027*** [0.008]	−0.001 [0.012]	0.009 [0.011]	0.021** [0.009]	0.028* [0.016]
l.lnTFP	0.036*** [0.010]	0.031*** [0.007]	0.039*** [0.008]	0.032*** [0.007]	0.048*** [0.007]	0.039*** [0.011]
l2.lnTFP	0.028*** [0.010]	0.035*** [0.007]	0.030*** [0.008]	0.031*** [0.006]	0.047*** [0.007]	0.035*** [0.011]
l3.lnTFP	0.030*** [0.008]	0.020** [0.008]	0.013 [0.009]	0.037*** [0.008]	0.034*** [0.007]	0.029** [0.013]
l4.lnTFP	0.034*** [0.010]	−0.008 [0.013]	0.024*** [0.008]	0.031*** [0.007]	0.021*** [0.007]	0.029** [0.013]
l5.lnTFP	0.011 [0.010]	−0.020 [0.021]	0.011* [0.006]	0.011* [0.006]	0.026*** [0.007]	0.038*** [0.013]
lnKL	−0.161*** [0.033]	−0.201*** [0.020]	−0.240*** [0.034]	−0.187*** [0.033]	−0.214*** [0.022]	−0.205*** [0.033]

续表

	(d1)	(d2)	(d3)	(d4)	(d5)	(d6)
D_EX	0.035 [0.031]	0.003 [0.015]	−0.042 [0.036]	0.006 [0.013]	−0.006 [0.029]	0.030 [0.044]
D_OWN	0.008 [0.027]	0.066** [0.027]	0.022 [0.020]	0.019 [0.020]	0.039* [0.021]	0.038* [0.020]
D_REG	0.320 [2.037]	−3.417 [41.339]	−1.458 [5.812]	−3.005 [8.168]	0.717 [5.051]	15.231 [56.965]
IND	YES	YES	YES	YES	YES	YES
CONS	7.788*** [1.914]	−4.938 [37.525]	6.245 [7.578]	1.406 [5.142]	6.117 [4.193]	−4.581 [34.750]
N	1716	4061	5560	5394	5925	2086
Wald chi2	2018.16	4563.87	111631.51	785248.66	63101.16	3892.77
AR (1) (pvalue)	0.1706	0.0020	0.0300	0.2727	0.9161	0.1632
AR (2) (pvalue)	0.7310	0.3587	0.9116	0.1078	0.1776	0.5734
SARGAN (pvalue)	0.1498	0.3557	0.1929	0.1698	0.2279	0.4900

注：括号内是各自估计系数的标准差，***、** 和 * 分别表示 1%、5% 和 10% 的显著性水平。

表8　不同规模与不同年龄企业在样本均值处企业规模与年龄对企业成长的影响效应

	EMP≥1000	EMP<1000 和 EMP≥300	EMP<300	AGE≥30	AGE<30 和 AGE≥15	AGE<15
l. lnEMP (mean)	7.820	6.198	4.885	6.187	5.527	5.446
l. lnAGE (mean)	3.394	3.179	2.941	3.715	3.011	2.070
E_{EMP}	−0.991	−0.883	−0.993	−1.177	−1.321	−1.224
E_{AGE}	0.000	1.227	−0.264	0.000	−0.365	−0.088

（2）把我国非制造业工业企业按年龄进行分组：30 年及以上、15 年及以上 30 年以下、15 年以下三组进行分析。估计结果如表 7（d4）~（d6）所示，结果显示：①滞后一期企业规模对数估计的系数仍然显著为负，且具有一致性，同样在样本均值处（见表 8），30 年及以上、15 年及以上 30 年以下、15 年以下三组企业的规模均对企业成长具有抑制作用，其中 30 年及以上和 15 年以下企业的规模对企业成长率的影响效应低于 15 年及以上 30 年以下企业的影响效应。以 2007 年为例，同样采用核密度估计、KS 检验来探测不同年龄的我国非制造业工业企业的规模分布状况（见图 5），KS 同分布检验结果仍然显示不同年龄的我国非制造业工业企业规模分布并不相同，且 KS 正态分布检验均表明不同年龄的我国非制造业工业企业规模分布均不服从正态分布，其余年份也与 2007 年的结果基本一致。②企业年龄对企业成长的影响，除 15 年以下企业年龄的一阶滞后期对企业成长具有显著正向影响外，其余两组并没有显示出显著的正向影响。在样本均值处（见表 8）显示出 30 年及以上的年龄对企业的成长并没有呈现显著的影响，15 年及以上 30 年以下、15 年以下两组企业的年龄对企业成长具有显著的负向影响，其中 15 年及以上 30 年以下企业的年龄对企业成长影响的负向效应较大。③三组企业的生产率对企业成长的影响效应具有相似性，均在第二期影响效应达到最高，以后各期有所下降，所不同的是，30 年及以上企业的生产率当期对企业成长的影响不显著，而其他两组均呈显著的正向影响。④15 年及以上 30 年以下、15 年以下两组企业的成长显示出明显的持续性，前期成长可以推动当期成长，而 30 年及以上企业并没有显示出持续增长的性质。⑤同样资本劳动比的提高对以就业增长来衡量的企业成长率均呈负向影响。⑥出口与地区差异在不同规模的我国非制造业工业企业的成长均没有呈现显著影响。⑦企业的国有性质，对于 30 年及以上的企业的成长没有呈现显著的正向影响，而对于

其他两组企业却具有显著的正向影响。

5. 不同地区企业的估计结果及分析

表 9   不同地区企业在样本均值处企业规模与年龄对企业成长的影响效应

	EAST	MIDDLE	WEST	Yangtzriverdelta	Pearlriverdelta
I.ln EMP（mean）	5.775	6.000	5.597	5.477	5.378
I.ln AGE（mean）	3.028	3.157	3.139	2.973	2.894
E_{EMP}	−0.963	−1.301	−1.044	−1.088	−0.656
E_{AGE}	0.000	0.000	0.000	0.000	0.906

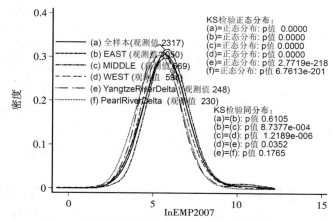

图 6   不同地区的我国非制造业工业企业规模分布

表 10   不同地区企业的估计结果

	(e1)	(e2)	(e3)	(e4)	(e5)
	EAST	MIDDLE	WEST	Yangtzriverdelta	Pearlriverdelta
l.lnEMPRATE	−0.024 [0.021]	0.049*** [0.017]	0.039* [0.023]	−0.036 [0.023]	−0.023 [0.018]
l.lnEMP	−0.963*** [0.133]	−1.301*** [0.118]	−1.044*** [0.160]	−1.088*** [0.099]	−0.223 [0.263]
$l.(lnEMP)^2$	−0.009 [0.011]	−0.008 [0.008]	−0.000 [0.012]	0.012 [0.012]	−0.061*** [0.017]
l.lnAGE	0.103 [0.314]	−0.297 [0.532]	0.267 [0.541]	0.302 [0.400]	0.906* [0.548]
$l.(lnAGE)^2$	−0.044 [0.052]	−0.015 [0.086]	−0.005 [0.101]	−0.047 [0.070]	−0.122 [0.093]
l.(lnEMP)(lnAGE)	−0.007 [0.036]	0.035 [0.037]	−0.024 [0.051]	−0.031 [0.043]	−0.093 [0.059]
lnTFP	0.001 [0.008]	0.030*** [0.011]	−0.026 [0.020]	0.009 [0.011]	0.022* [0.012]
l.lnTFP	0.024*** [0.006]	0.044*** [0.008]	0.061*** [0.012]	0.024*** [0.009]	0.023** [0.011]
l2.lnTFP	0.029*** [0.006]	0.041*** [0.008]	0.045*** [0.010]	0.029*** [0.009]	0.011 [0.011]
l3.lnTFP	0.031*** [0.006]	0.042*** [0.008]	0.001 [0.014]	0.022** [0.010]	−0.000 [0.014]
l4.lnTFP	0.033*** [0.006]	0.016 [0.010]	0.022** [0.011]	0.026** [0.011]	0.024** [0.010]

续表

	(e1)	(e2)	(e3)	(e4)	(e5)
l5.lnTFP	0.017*** [0.005]	0.023** [0.009]	0.011 [0.010]	0.006 [0.008]	0.024*** [0.009]
lnKL	−0.220*** [0.028]	−0.190*** [0.021]	−0.302*** [0.050]	−0.147*** [0.022]	−0.163*** [0.057]
D_EX	0.029 [0.071]	0.006 [0.015]	−0.076 [0.056]	−0.016 [0.079]	−0.236*** [0.074]
D_OWN	0.060*** [0.016]	0.003 [0.028]	0.008 [0.036]	0.105*** [0.024]	0.026 [0.023]
D_REG	NO	NO	NO	NO	NO
IND	YES	YES	YES	YES	YES
CONS	2.241 [10.626]	7.288 [9.471]	6.341*** [1.413]	−0.107 [7.001]	−66.110 [2710.433]
N	5134	3233	2970	1205	1127
Wald chi2	2731.52	6289.69	2172.07	2940.84	7815.76
AR(1)(pvalue)	0.0531	0.2207	0.5450	0.4657	0.9865
AR(2)(pvalue)	0.4395	0.2693	0.1189	0.1209	0.5420
SARGAN(pvalue)	0.3238	0.6441	0.2529	0.6343	0.4980

注：括号内是各自估计系数的标准差，***、** 和 * 分别表示 1%、5%和10%的显著性水平。

为考察不同地区的我国非制造业工业企业成长及其行为的差异，本文按照通常标准（同上），把我国内地 31 个省、市、自治区划分为东、中和西部地区进行分析。此外，我们还特别考虑了经济较发达地区，即长三角地区和珠三角地区① 我国非制造业工业企业的成长及其行为。采用动态面板数据模型两步系统 GMM 对各地区扩展模型（8）进行估计，估计结果如表 10(e1)~(e5) 所示。结果显示：①滞后一期企业规模对数估计的系数除珠三角地区以外均显著为负，同样在样本均值处（见表9），各地区企业的规模均对企业成长具有抑制作用，其中，中部地区企业的规模对企业成长率的影响效应较大。以 2007 年为例，同样采用核密度估计、KS 检验来探测不同地区的我国非制造业工业企业的规模分布状况（见图6），KS 同分布检验结果仍然显示中东西部地区的我国非制造业工业企业规模分布并不相同，而长三角与珠三角地区企业规模分布服从同分布，KS 正态分布检验均表明不同地区的我国非制造业工业企业规模分布均不服从正态分布，而长三角与珠三角地区企业规模分布更趋于正态分布，其余年份也与 2007 年的结果基本一致。②各地区企业的生产率对企业成长均具有显著的正向影响，且具有持续性，但影响效应略有差异。其中，中西部地区前期生产率对企业成长影响效应较大，而后期影响效应较小；相反地，东部地区前期生产率对企业成长的影响效应相对较小，而后期呈现出较长的持续性。同时发现，在经济较发达地区的长三角和珠三角地区企业的生产率对企业成长的影响效应，相对来说，既低于中西部地区也低于东部地区整体水平，凸显出生产率对中西部地区企业成长的相对重要性，也显示出经济较发达地区企业生产率相对较高，生产率的提高对企业成长的影响呈现出递减的效应。③企业年龄对企业成长的影响，除珠三角地区对企业成长具有显著正向影响外，其余各组并没有显示出显著的正向影响。④中西部地区企业的成长显示出明显的持续性，而东部地区包括长三角与珠三角地区企业并没有显示出持续增长的性质，说明即使是同类型的企业在不同地区其成长及其行为也是有差异的。⑤同样资本劳动比的提高对以就业增长来衡量的企业成长率均呈负向影响。⑥出口对其他地区没

① 长三角地区主要包括上海、江苏与浙江地区；珠三角地区以广东为例。

有呈现出显著的影响，而对于珠三角地区非制造业工业企业的成长却呈现出显著的负向影响；而企业的国有性质，对于东部地区尤其是长三角地区企业的成长具有显著的正向影响，而对于其他地区企业没有显著的影响。这些差异反映了企业成长及其行为与地区资源禀赋、制度环境以及经济技术发展水平等区位因素之间的内在联系。

四、进一步的实证研究

实证研究结果表明，中国非制造业工业企业规模与成长并不遵循 Gibrat 定律（LPE），企业规模对企业成长呈显著的负向影响，而生产率对企业成长具有明显的促进作用，同时实证结果也表明中国非制造业工业企业规模分布也并不完全遵循对数正态分布。企业成长过程反映了企业规模变化的动态演进过程与企业规模分布特征，那么，企业规模与生产率对我国非制造业工业企业规模分布会产生什么样的影响？本部分将对企业规模、生产率对我国非制造业工业企业规模分布的影响进行实证研究，其模型设立如下：

$$
\begin{aligned}
\text{Mean}_{it}(\text{S.D.}_{it},\ \text{Skewness}_{it},\ \text{Kurtosis}_{it},\ \text{Ksstat}_{it}) = &\ \beta \text{Mean}_{it-1}(\text{S.D.}_{it-1},\ \text{Skewness}_{it-1},\ \text{Kurtosis}_{it-1},\ \text{Ksstat}_{it-1}) + \\
& \beta_1 \ln\text{EMP}_{it-1} + \beta_2 \ln\text{AGE}_{it-1} + \beta_3 (\ln\text{EMP}_{it-1})^2 + \\
& \beta_4 (\ln\text{AGE}_{it-1})^2 + \beta_5 (\ln\text{EMP}_{it-1})(\ln\text{AGE}_{it-1}) + \\
& \sum_{p=0}^{T} a_p \ln\text{TFP}_{it-p} + \phi \ln\text{KL}_{it} + \sum_{g} \eta_g \text{REG}_{ig} \sum_{h} \xi_h \text{IND}_{ih} + \\
& \beta_0 + \mu_{it}
\end{aligned}
\tag{10}
$$

式中，i 表示行业大类[①]或地区[②]个体，t 表示时期（以年为单位）。被解释变量为刻画各行业大类或各地区企业规模分布特征的变量，包括企业规模（取对数）的均值 Mean_{it}、标准差 S.D._{it}、偏度 Skewness_{it}、[③]峰度 Kurtosis_{it}[④] 和企业规模是否服从正态分布的 KS 检验值 Ksstat_{it}。[⑤] 主要解释变量为企业的规模 $\ln\text{EMP}_{it-1}$、年龄 $\ln\text{AGE}_{it-1}$ 和生产率 $\ln\text{TFP}_{it}$，同样模型中加入了企业规模与企业年龄的二次项及其交互项，并考虑了生产率对企业规模分布影响的持续效应，加入了生产率的滞后期，其中 p 为滞后阶数，根据经验结果模型中生产率的滞后阶数最大取 2 阶。主要控制变量为 $\ln\text{KL}_{it}$ 以及行业虚拟变量 IND_{ih} 与地区虚拟变量 REG_{ig}，μ_{it} 是随机扰动项。主要解释变量与控制变量的数据均为各行业大类或各地区的各年的均值。

同样，我们采用了包含被解释变量一阶滞后期的动态面板数据模型，并采用系统 GMM 进行估计，根据系统 GMM 估计权重矩阵的不同选取，系统 GMM 估计又可分为一步系统 GMM 估计和

---

① 根据上文的实证划分，可以把我国非制造业工业企业分成七大类进行分析。

② 以我国内地 31 个省、市、自治区地区数据为样本，限于样本数据的可得性，对企业规模分布影响检验的地区数据不包括吉林、甘肃和西藏三个地区，共 28 个地区样本。

③ 偏度反映分布的对称性，可以用作衡量正态分布的尺度之一，偏度大于零称为右偏态，小于零称为左偏态。在各行业或地区的样本中企业规模分布的偏度大于 0 的情况普遍存在，同时也存在部分小于 0 的情况，为考察企业规模分布偏离正态分布的程度，偏度的样本数据取其绝对值。

④ 峰度是分布形状的另一种度量，常见的正态分布的峰度为 3，若峰度大于 3，表示分布有沉重的尾巴，说明样本中含有较多远离均值的数据，因而峰度也可以用作衡量正态分布的一个尺度。在各行业或地区的样本中企业规模分布的峰度普遍大于 3，同时也存在部分小于 3 的情况，同样，在实证模型中对各行业或各地区企业规模分布的峰度值均减去 3，并取绝对值进行处理。

⑤ 本文 KS 正态分布检验均采用标准正态分布进行检验，其中 KS 检验值衡量了样本数据的实际累积分布函数与标准正态分布的累积分布函数之间距离的大小，KS 检验值越大说明样本数据越偏离标准正态分布，因此，KS 检验值可以衡量企业规模偏离正态分布的程度。

两步系统 GMM 估计，相比一步法，两步法不容易受到异方差的干扰，一般情况下两步法要优于一步法，但是在有限样本条件下，两步法的标准差可能产生向下偏移，从而影响统计推断（Bond 等，2002）。因此，对模型（10）本文采用一步估计方法进行估计，估计结果如表 11 与表 12 所示。表 11 与表 12 分别为按行业和按地区为单位进行估计的结果，包含生产率一阶滞后项的估计结果与包含生产率二阶滞后项的估计结果基本一致，限于篇幅，表中仅列出包含生产率二阶滞后项的估计结果，并比较不考虑生产率滞后项对企业规模分布影响的估计结果。以按行业为单位估计的结果进行分析，不包含生产率滞后项的结果与包含生产率二阶滞后项的估计结果也基本一致，而包含生产率滞后项的结果显示生产率对企业规模分布特征变量的影响具有滞后性。

表 11 按行业检验企业规模、生产率对企业规模分布的影响

	f1	f2	f3	f4	f5	f6	f7	f8	f9	f10
	Mean	S.D.	Skewness	Kurtosis	Ksstat	Mean	S.D.	Skewness	Kurtosis	Ksstat
l.S.D.		0.452** [0.195]					0.365** [0.182]			
l.Skewness			0.100 [0.090]					0.109 [0.157]		
l.Kurtosis				0.635*** [0.117]					0.613*** [0.140]	
l.Ksstat					0.082 [0.097]					0.100 [0.083]
l.lnEMP	0.354 [0.931]	−0.398 [0.997]	−1.435 [6.026]	−12.169 [15.567]	0.097* [0.056]	−3.786*** [1.259]	−1.071 [1.633]	0.567 [6.310]	−9.926 [8.756]	0.127* [0.075]
l.(lnEMP)^2	−0.002 [0.078]	0.034 [0.078]	0.225 [0.505]	1.040 [1.272]	−0.006* [0.004]	0.357*** [0.116]	0.116 [0.132]	0.069 [0.535]	0.780 [0.702]	−0.007 [0.005]
l.lnAGE	−1.799*** [0.316]	0.291 [0.388]	−2.057** [1.040]	−8.839** [4.445]	−0.018 [0.018]	−2.249*** [0.359]	0.419 [0.492]	−1.219*** [0.440]	−8.842** [4.218]	0.014 [0.038]
l.(lnAGE)^2	0.257*** [0.046]	−0.063 [0.062]	0.737*** [0.173]	1.259** [0.557]	0.012* [0.007]	0.285*** [0.063]	−0.014 [0.056]	0.689*** [0.253]	1.047 [0.701]	0.010 [0.007]
l.(lnEMP)(lnAGE)	0.050 [0.041]	−0.002 [0.038]	−0.387** [0.163]	0.358 [0.606]	−0.008 [0.005]	0.104 [0.073]	−0.091* [0.054]	−0.430* [0.229]	0.637 [0.594]	−0.012 [0.010]
lnTFP	0.025* [0.014]	0.027 [0.026]	0.072* [0.038]	−0.180 [0.130]	−0.002** [0.001]	0.057** [0.029]	0.041 [0.030]	−0.088 [0.190]	−0.098 [0.433]	−0.010 [0.007]
l.lnTFP						−0.019 [0.057]	−0.047 [0.041]	0.292 [0.282]	−0.058 [0.463]	0.015 [0.009]
l2.lnTFP						−0.049 [0.067]	0.072** [0.035]	−0.228*** [0.067]	−0.194 [0.251]	−0.007* [0.003]
lnKL	−0.133*** [0.027]	0.047 [0.052]	−0.222** [0.103]	0.120 [0.336]	−0.003 [0.002]	−0.098*** [0.025]	0.043 [0.062]	−0.274 [0.198]	0.155 [0.361]	−0.004*** [0.001]
IND	yes	yes	yes	yes	yes	yes	yes	yes	yes	yes
REG	no	no	no	no	no	no	no	no	no	no
CONS	6.255** [3.126]	1.364 [3.443]	8.113 [18.186]	46.056 [48.806]	0.664*** [0.101]	18.471*** [3.867]	3.075 [5.316]	1.349 [17.627]	39.999 [27.271]	0.508** [0.199]
N	63	63	63	63	63	56	56	56	56	56
Wald chi2	206.47	8.38e+10	187.20	88.28	6.24e+06	179.71	1564.63	15.36	17.14	345.00
AR(1)(pvalue)	0.090	0.114	0.193	0.061	0.193	0.130	0.101	0.058	0.063	0.157
AR(2)(pvalue)	0.126	0.957	0.394	0.246	0.241	0.189	0.294	0.165	0.255	0.217
HENSAN(pvalue)	1.000	1.000	1.000	1.000	1.000	1.000	1.000	1.000	0.143	1.000

注：①括号内是各自估计系数的标准差，***、** 和 * 分别表示 1%、5% 和 10% 的显著性水平。②采用一步系统 GMM 估计，Sargen 检验多数情况下都会拒绝原假设，一个可能的原因在于在使用 Xtabond2 命令进行估计时 Sargen 检验可能存在过度拒绝的问题（Roodman，2006），因此，这里采用 Hansen 检验进行检验工具变量的有效性。

表 12　按地区检验企业规模、生产率对企业规模分布的影响

	g1	g2	g3	g4	g5	g6	g7	g8	g9	g10
	Mean	S.D.	Skewness	Kurtosis	Ksstat	Mean	S.D.	Skewness	Kurtosis	Ksstat
l.S.D.		0.950*** [0.055]					1.033*** [0.224]			
l.Skewness			0.281*** [0.104]					0.303*** [0.107]		
l.Kurtosis				0.085 [0.137]					0.076 [0.138]	
l.Ksstat					3.393* [1.971]					0.705*** [0.138]
l.lnEMP	−0.546 [0.412]	−0.506*** [0.181]	0.107 [0.494]	1.169 [1.341]	0.144 [0.102]	1.288 [0.792]	1.872** [0.903]	−2.166 [1.443]	0.596 [2.976]	−0.056 [0.050]
l.(lnEMP)^2	0.109** [0.044]	0.031** [0.015]	−0.079 [0.048]	−0.157 [0.137]	−0.002 [0.013]	−0.044 [0.071]	−0.165** [0.082]	0.119 [0.129]	−0.208 [0.292]	0.007 [0.004]
l.lnAGE	0.271 [1.005]	0.319* [0.185]	−2.528** [1.284]	−1.745 [2.340]	−0.658 [0.586]	0.000 [1.055]	0.548 [1.085]	−1.282 [1.732]	−8.537** [3.701]	0.032 [0.024]
l.(lnAGE)^2	0.100 [0.166]	−0.077** [0.035]	0.338 [0.230]	0.190 [0.293]	0.145* [0.085]	0.115 [0.201]	−0.109 [0.182]	0.167 [0.319]	0.961* [0.505]	0.001 [0.003]
l.(lnEMP)(lnAGE)	−0.132** [0.067]	0.031 [0.023]	0.176 [0.109]	0.122 [0.228]	−0.040 [0.039]	−0.111** [0.055]	0.021 [0.037]	0.146 [0.176]	0.581* [0.323]	−0.007 [0.005]
lnTFP	0.051 [0.049]	0.053*** [0.019]	−0.167** [0.070]	−0.004 [0.132]	−0.007 [0.007]	−0.009 [0.069]	0.056 [0.073]	−0.059 [0.099]	−0.051 [0.224]	−0.007 [0.006]
l.lnTFP						0.086 [0.076]	−0.053 [0.050]	−0.193** [0.095]	0.037 [0.192]	0.004 [0.007]
l2.lnTFP						−0.023 [0.053]	−0.026 [0.043]	0.073 [0.089]	−0.300** [0.152]	0.003 [0.002]
lnKL	−0.261* [0.154]	−0.016** [0.007]	−0.287 [0.192]	−0.110 [0.105]	0.000 [0.006]	−0.243 [0.161]	0.151 [0.114]	−0.260 [0.210]	−0.097 [0.124]	−0.002 [0.002]
IND	NO	NO	NO	NO	NO	NO	NO	NO	NO	NO
REG	YES	YES	YES	YES	YES	YES	YES	YES	YES	YES
CONS	7.167*** [2.465]	0.842 [0.612]	6.892** [3.285]	1.623 [5.699]	−1.749 [2.241]	1.860 [3.824]	−6.896 [4.225]	11.653* [6.526]	14.358 [10.095]	0.423*** [0.139]
N	252	252	252	252	252	224	224	224	224	224
Wald chi2	2.45e+08	17454.77	1.88e+07	1.76e+10	841.45	1.24e+08	8.66e+07	2.77e+07	3.60e+06	158946.65
AR(1)(pvalue)	0.029	0.055	0.001	0.003	0.697	0.001	0.086	0.001	0.031	0.015
AR(2)(pvalue)	0.608	0.232	0.625	0.850	0.473	0.337	0.238	0.910	0.765	0.953
HENSAN(pvalue)	1.000	1.000	1.000	1.000	1.000	1.000	1.000	1.000	1.000	1.000

注：①括号内是各自估计系数的标准差，***、** 和 * 分别表示 1%、5% 和 10% 的显著性水平。②这里采用 Hansen 检验进行检验工具变量的有效性。

以包含生产率二阶滞后项的结果进行分析，结果显示：

（1）企业规模的一次项对行业企业规模的均值具有显著的负向影响，二次项对行业企业规模的均值具有显著正向影响，与年龄的交互项对行业企业规模的均值的影响不显著，在样本均值处对行业企业规模的均值的影响效应为 0.2963；企业规模的一次项以及二次项对行业企业规模的标准差影响不显著，与年龄的交互项对行业企业规模的标准差具有显著的负向影响，在样本均值处对行业企业规模的标准差的影响效应为 −0.2724；企业规模的一次项对行业企业规模的偏度具有显著的负向影响，其二次项对行业企业规模的偏度具有显著的正向影响，与企业规模的交互项对行业企业规模的偏度具有显著的负向影响，在样本均值处的影响效应为 0.4477；企业规模对行业企业规模的峰度的影响不显著；KS 统计值的结果显示企业规模对 KS 统计值具有显著的正向影响，反映了企业规模的扩张会使得行业企业规模分布更偏离正态分布。

（2）企业年龄的一次项对行业企业规模的均值具有显著的负向影响，二次项对行业企业规模的均值具有显著正向影响，与企业规模的交互项对行业企业规模的均值的影响不显著，在样本均值处对行业企业规模的均值的影响效应为 -0.5426；企业年龄的一次项以及二次项对行业企业规模的标准差影响不显著，与企业规模的交互项对行业企业规模的标准差具有显著的负向影响，在样本均值处对行业企业规模的标准差的影响效应为 -0.5203；企业年龄的一次项以及二次项对行业企业规模的偏度影响不显著，与企业规模的交互项行业企业规模的偏度具有负向影响，在样本均值处的影响效应为 -1.2873；企业年龄对行业企业规模的峰度具有显著的负向影响，其影响效应为 -8.842；KS 统计值的结果显示企业年龄对 KS 统计值的影响不显著。

（3）生产率的估计结果显示生产率的提高可以扩大行业平均企业规模、增大行业企业规模的标准差削减企业规模的集中性、有利于降低行业企业规模的偏度和峰度，使得行业企业规模分布更趋向正态分布，且其影响效应具有明显的滞后性，反映了生产率对企业规模分布影响的持续性。我们的检验结果显示企业规模与生产率对企业规模分布的影响具有显著差异，企业规模的扩张会使得企业规模分布更倾向于偏离正态分布，而生产率的提高则会使得企业规模分布更趋于正态分布，从估计结果来看生产率对企业规模分布的影响更为稳健。

按地区估计的结果与按行业估计的结果基本一致，同样显示出，企业规模的扩张会使得企业规模分布更倾向于偏离正态分布，而生产率的提高则会使得企业规模分布更趋于正态分布，这里不再详细分析，这也显示出企业规模与生产率对企业规模分布的影响效应具有稳健性。

五、结语与政策建议

本文采用 1998~2007 年我国非制造业工业企业相关数据，基于 Gibrat 定律的实证研究框架，考察了企业规模与生产率对我国非制造业工业企业成长及企业规模分布的影响。①对我国非制造业工业企业规模与生产率对企业成长的实证研究结果表明，我国非制造业工业企业规模与成长之间并不遵循 Gibrat 定律（LPE），企业规模对我国非制造业工业企业的成长呈现出显著的负向影响，即企业规模越大企业成长率越低；而生产率的提高对我国非制造业工业企业的成长呈现出显著的正向影响，且影响具有滞后性、长期性和持续性。②利用核密度估计、Kolmogorov-Smirnov（KS）检验，本文探讨了我国非制造业工业企业规模的分布特征，并实证研究了企业规模与生产率对我国非制造业工业企业规模分布的影响。我们发现，我国非制造业工业企业规模（对数）分布并不服从正态分布；企业规模的扩张对我国非制造业工业企业会带来行业平均企业规模的扩大与行业集中度的上升，影响行业企业规模的偏度和峰度，使得我国非制造业工业企业行业企业规模分布更倾向于偏离正态分布；而生产率的提高在使得我国非制造业工业企业行业平均企业规模扩大的同时却会使得行业集中度下降，倾向于缩减行业企业规模的偏度和峰度，使得我国非制造业工业企业行业企业规模更趋向正态分布。

此外，同样在 Gibrat 定律的研究框架下，本文还分析了企业的年龄、产权特征、地区差异以及出口需求等因素对我国非制造业工业企业成长影响的不同效应。从整体来看，企业年龄与企业的国有性质对我国非制造业工业企业成长具有显著的正向影响，而地区差异与出口需求对我国非制造业工业企业成长的影响并不显著。通过对不同行业、不同地区、不同规模以及不同年龄的我国非制造业工业企业成长及其规模分布的分类研究，我们发现，不同类型的我国非制造业工业企业规模与成长之间也不遵循 Gibrat 定律，不同类型我国非制造业工业企业的成长及其行为特征不仅具有相似性也具有差异性。本文的研究为深入理解我国非制造业工业企业成长及其行为特征，准确把握我国非制造业工业企业产业组织演进的动态过程及其背后的市场结构特征，从而为推动我国非制造业工业企业成长、促进企业规模结构合理化以及产业结构优化等方面政策的制定提供了经验证据。

基于本文的实证研究结果，可以提出以下有利于我国非制造业工业企业的成长及其企业规模结构合理化以及产业结构优化的政策建议。

第一，进一步完善我国市场经济体制，培育一个高度发达、信息完备、法制健全、运行高效的市场经济体系，削减企业成长对其规模的依赖，为我国非制造业工业企业成长提供一个良好市场环境，这将有利于我国非制造业工业企业的快速成长与企业规模结构的合理化。同时，对于我国非制造业工业企业成长我们不能只关注企业的大型化，还要关注我国非制造业工业企业中小企业的成长，因为实证研究表明我国非制造业工业企业规模越大其成长率越低，推动我国非制造业工业中小企业的成长也是推动我国非制造业工业增长的重要动力之源。

第二，应突出强调企业技术的进步、效率的增进以及企业创新能力的提升等生产率提高的内在因素在我国非制造业工业企业成长及其企业规模结构合理化中的重要作用。因为，企业规模的扩张会制约我国非制造业工业企业的成长使得企业规模分布偏离正态分布，而生产率的提高对我国非制造业工业企业的成长具有长期的持续的正向影响，有利于企业规模分布趋向正态分布，所以，促进我国非制造业工业企业成长以及企业规模结构合理化的政策取向应投向企业生产率的提高上，而非仅仅是关注我国非制造业工业企业规模的扩张。这不仅关系到我国工业企业成长路径的选择，也是我国工业结构转型升级以及经济增长方式转变的客观要求。对于多年来高速增长的我国经济来说，后发优势逐渐减少，经济增长将更加依赖于知识、技术和创新以及更有深度的物质资本和人力资本的提升，提高我国非制造业工业企业生产率不仅是提高我国非制造业工业企业成长、促进企业规模结构合理化的重要途径，也是推动我国从工业化大国向工业化强国转变以及实现我国经济长期持续增长的必然选择。

第三，在制定推动我国工业企业生产率及企业成长率的政策时，应充分考虑我国非制造业工业企业的自身特点、产权特征、地区差异以及出口需求等因素对其影响的不同效应。

参考文献：

［1］高凌云. 中国工业企业规模与生产率分布的特征 ［R］. 中国社会科学院世界经济与政治研究所，国际问题研究系列，Working Paper No. 201415，2014.

［2］李洪亚，史学贵，张银杰. 融资约束与中国企业规模分布研究——基于中国制造业上市公司数据的分析 ［J］. 当代经济科学，2014（3）.

［3］李洪亚. R&D、企业规模与成长关系研究——基于中国制造业企业数据：2005~2007 ［J］. 世界经济文汇，2014（3）.

［4］李洪亚. 融资约束、企业规模与成长动态 ［J］. 财经理论与实践，2010（4）.

［5］刘小玄，李双杰. 制造业企业相对效率的度量和比较及其外生决定因素（2000~2004）［J］. 经济学（季刊），2008（4）.

［6］鲁晓东，连玉君. 中国工业企业全要素生产率估计：1999~2007 ［J］. 经济学（季刊），2012（2）.

［7］聂辉华，谭松涛，王宇锋. 创新、企业规模和市场竞争：基于中国企业层面的面板数据分析 ［J］. 世界经济，2008（7）.

［8］孙浦阳，蒋为，张龑. 产品替代性与生产率分布——基于中国制造业企业数据的实证 ［J］. 经济研究，2013（4）.

［9］唐跃军，宋渊洋. 中国企业规模与年龄对企业成长的影响——来自制造业上市公司的面板数据 ［J］.

产业经济研究，2008（6）.

[10] 杨其静，李小斌，方明月. 市场、政府与企业规模分布——一个经验研究 [J]. 世界经济文汇，2010（1）.

[11] 张杰，李勇，刘志彪. 出口促进中国企业生产率提高吗？——来自中国本土制造业企业的经验证据：1999~2003 [J]. 管理世界，2009（12）.

[12] 张维迎，周黎安，顾全林. 高新技术企业的成长及其影响因素：分位数回归模型的一个应用 [J]. 管理世界，2005（10）.

[13] 赵桂芹，周晶晗. 公司成长与规模是否遵循 Gibrat 法则——对我国非寿险公司的实证检验 [J]. 产业经济研究，2007（3）.

[14] 周亚虹，贺小丹，沈瑶. 中国工业企业自主创新的影响因素和产出绩效研究 [J]. 经济研究，2012（5）.

[15] Almus M. and E. A. Nerlinger. Testing Gibrat's Law for Young Firms – Empirical Results for West Germany [J]. Small Business Economics，2000（15）：1–12.

[16] Angelini P, Generale A.. On the Evolution of Firm Size Distributions [J]. American Economic Review，2008，98（1）：426 –438.

[17] Arellano，M. and Olympia Bover. Another Look at the Instrumental Variable Estimation of Error – Components Models [J]. Journal of Econometrics，1995，68（1）：29–51.

[18] Audretsch D .B.，E. Santarelli and M. Vivarelli. Start–up Size and Industrial Dynamics：Some Evidence from Italian Manufacturing [J]. International Journal of Industrial Organization，1999（17）：965–983.

[19] Audretsch，D.，L. Klomp，E. Santarelli，and A. Thurik. Gibrat's Law：Are the Services Different [J]. Review of Industrial Organization，2004（24）：301–324.

[20] Aw，B.. Productivity Dynamics of Small and Medium Enterprises in Taiwan [J]. Small Business Economics，2002（18）：69–84.

[21] Blundell，R. and Stephen R. Bond. Initial Conditions and Moment Restrictions in Dynamic Panel Data Models [J]. Journal of Econometrics，1998，87（1）：115–143.

[22] Bond，Stephen R.. Dynamic Panel Data Models：a Guide to Micro Data Methods and Practice [J]. Portuguese Economic Journal，2002（1）：141–162.

[23] Cabral L, Mata J.. On the Evolution of the Firm Size Distribution：Facts and Theory [J]. American Economic Review，2003，93（4）：1075–1090.

[24] Cabral，L.. Sunk Costs，Firm Size and Firm Growth [J]. Journal of Industrial Economics，1995，43（2）：161–172.

[25] Coad，A.，and Tom Broekel. Firm Growth and Productivity Growth：Evidence From a Panel VAR [J]. Applied Economics，2012，44（10）：1251–1269.

[26] Cooley，F.，and V. Quadrini. Financial Markets and Firm Dynamics [J]. American Economic Review，2001，91（5）：1286–1310.

[27] David Roodman. How to Do Xtabond2：an Introduction to Difference and System GMM in Stata [D]. Center for Global Development Working Paper No.103，2006.

[28] Dixit，A.. Entry and Exit Decisions under Uncertainty [J]. Journal of Political Economy，1989，97（2）：620–638.

[29] Doms，M.，T. Dunne，and M. J. Roberts. The Role of Technology Use in the Survival and Growth of Manufacturing Plants [J]. International Journal of Industrial Organization，1995（13）：523–542.

[30] Dunne，P.，and A. Hughes. Age，Size，Growth and Survival：UK Companies in the 1980s [J]. Journal of Industrial Economics，1994，42（2）：115–140.

[31] Dunne，T.，J. Roberts，and L. Samuelson. The Growth and Failure of U.S. Manufacturing Plants [J]. Quarterly Journal of Economics，1989，104（4）：671–698.

［32］ Evans, D.. The Relationship between Firm Growth, Size and Age: Estimates for 100 Manufacturing Industries ［J］. Journal of Industrial Economics, 1987a, 35（4）: 567-581.

［33］ Evans, D.. Tests of Alternative Theories of Firm Growth ［J］. Journal of Political Economy, 1987b, 95（4）: 657-674.

［34］ Falk, M.. Quantile Estimates of the Impact of R&D Intensity on Firm Performance ［J］. Small Business Economics, 2012（39）: 19-37.

［35］ Fishe, R. P. H., G. S. Maddala, and R. P. Trost. Estimation of a Heteroscedastics Tobit Model, Manuscript ［J］. University of Florida, 1979.

［36］ Gibrat, R.. Les Inkgalitks Economiques ［J］. Paris: Librairie du Recueil Sirey, 1931.

［37］ Glementi, G., and H. Hopenhayn. A Theory of Financing Constraints and Firm Dynamics ［J］. Quarterly Journal of Economics, 2006, 121（1）: 229-265.

［38］ Hall, B.. The Relationship between Firm Size and Firm Growth in the U.S. Manufacturing Sector ［J］. Journal of Industrial Economics, 1987, 35（4）: 583-606.

［39］ Hart, P., and S. Prais. The Analysis of Business Concentration: A Statistical Approach ［J］. Journal of the Royal Statistical Society, 1956, 119（2）: 150-181.

［40］ H.lzl, W.. Is the R&D Behavior of Fast-growing SMEs Different? Evidence from CIS III Data for 16 Countries ［J］. Small Business Economics, 2009（33）: 59-75.

［41］ Hopenhayn, H.. Entry, Exit, and Firm Dynamics in Long Run Equilibrium ［J］. Econometrica, 1992, 60（5）: 1127-1150.

［42］ Hymer, S., and P. Pashigian. Firm Size and Rate of Growth ［J］. Journal of Political Economy, 1962, 70（6）: 556-569.

［43］ Ijiri, Yuji and Herbert A. Simon. Business Firm Growth and Size ［J］. American Economic Review, 1964, 54（2）: 77-89.

［44］ Jovanovic, B.. Selection and Evolution of Industry ［J］. Econometrica, 1982, 50（5）: 649-670.

［45］ Klette, T., and Z. Griliches. Empirical Patterns of Firm Growth and R&D Investment: A Quality Ladder Model Interpretation ［J］. Economic Journal, 2000, 110（463）: pp.363-387.

［46］ Levinsohn, J., and A. Petrin. Estimating Production Functions Using Inputs to Control for Unobservables ［J］. Review of Economic Studies, 2003, 70（2）: 317-342.

［47］ Levinsohn, J., A.Petrin, and B. Poi. Production Function Estimation in Stata using Inputs to Control for Unobservables ［J］. Stata Journal, 2003, 4（2）: 113-123.

［48］ Luttmer, Erzo G. J.. On the Mechanics of Firm Growth Review of Economic Studies, 2011, 78（3）: 1042-1068.

［49］ Massimo Del Gatto, Adriana Di Liberto, and Carmelo Petraglia. Measuring Productivity ［J］. Working Paper, IAREG WP5/01, 2009.

［50］ Montea, A., and E. Papagni. R&D and the Growth of Firms: Empirical Analysis of a Panel of Italian Firms ［J］. Research Policy, 2003（32）: 1003-1014.

［51］ Nurmi, S.. Plant Size, Age and Growth in Finish Manufacturing ［J］. Finnish Economic Papers, 2004, 17（1）: 3-17.

［52］ Olley, Steven and Pakes, Ariel. The Dynamics of Productivity in the Telecommunications Equipment Industry ［J］. Econometrica, 1996, 64（6）: 1263-1297.

［53］ Roodman, David. How to Do Xtabond2: an Introduction to Difference and System GMM in Stata ［J］. Center for Global Development Working Paper No.103, 2006.

［54］ Rossi-Hansberg, E.and Wright, M.. Establishment Size Dynamics in the Aggregate Economy ［J］. American Economic Review, 2007, 97（5）: 1639-1666.

［55］ Samuels, J.. Size and the Growth of Firms ［J］. Review of Economic Studies, 1965, 32（2）: 105-112.

［56］Simon，H.，and C. Bonini. The Size Distribution of Business Firms ［J］. American Economic Review，1958，48（4）：607-617.

［57］Sutton J.. Gibrat's Legacy ［J］. Journal of Economic Literature，1997，35，40-59.

［58］Sven-Olov Daunfeldt，Niklas Elert. When is Gibrat's law a law：Small Business Economics，2013，41（1）：133-147.

［59］Yang，C.，and C. Huang. R&D，Size and Firm Growth in Taiwan's Electronics Industry ［J］. Small Business Economics，2005，25（5）：477-487.

［60］Yu，M.. Processing Trade. Firms Productivity，and Tariff Reductions：Evidence from Chinese Products ［J］. CCER Working Paper，No.E2010007，2010.

政企合作、企业间合作抑或创新成长？
——产业视角下民营企业突破信贷歧视的有效路径研究

王凤荣　　孙涛

（山东大学经济研究院，济南　250100）

一、引言

自改革开放以来，民营企业的整体快速发展不仅改善了中国企业的总体效率，更通过新增大量就业机会、着力新经济增长点等途径推动了"中国式增长"（Firth，2009），为中国经济、社会发展提供着越来越广泛的支撑。然而一个不争的事实是，民营经济持续快速发展的背后缺失来自中国金融部门的支持（Allen，2005），甚至众多民营企业因为信贷歧视（Brandt，2003；方军雄，2007）而难以享受到与国有企业比肩的信贷服务。这意味着民营企业的发展在很长一段时期内都处于一种受抑制状态。而更为严峻的现实是，衍生出信贷歧视的相关制度环境仍将在未来一段时期内存在，如何突破信贷歧视依然是实务界和理论界亟待破解的命题（Brandt，2003；郭娜，2013）。[①]

信贷歧视问题由来已久。Benston（1964）较早指出美国的银行系统对部分贷款申请者存在歧视，随后的一系列文献如 Levine（1997）和 Munnell（1996）等多将国外的信贷歧视归因于性别歧视、种族歧视、规模歧视等非产权因素歧视，而 Brandt（2003）和 Allen（2005）等却指出中国信贷歧视问题更多来源于所有制属性差异。之后有一系列文献聚焦于国内信贷歧视的制度演进、作用机理（方军雄，2007；Cull，2003）以及经济后果（陆正飞，2009；Ge，2007）。然而对于更为重要的问题——如何突破信贷歧视却多语焉不详。既有的少数立意于如何缓解信贷歧视的研究，都基本选择以政府为解决信贷歧视问题的行为主体从制度建设角度进行探索，提出建设信用评级机构、构建完善的金融服务（郭娜，2013）以及与企业建立政治关联（余明桂，2008）等建议，却很少以处于信贷歧视中的民营企业作为行为主体进行研究。由于信贷歧视问题发展演进的历程错综复杂，而制度变迁又需要漫长的过程，因此我们认为突破信贷歧视更需要从处于既定制度环境下的民企行为入手进行研究。

在研究视角上，同类文献多从时间（方军雄，2007；陆正飞，2009）或地区（Brandt，2003）

[项目基金] 国家社会科学基金项目（11BJY148）；山东省自然科学基金项目（2009ZRB02104）；山东大学自主创新基金青年团队项目"企业并购的决策机制、投融资行为与宏微观效应研究"资助。

[作者简介] 王凤荣，山东大学经济研究院教授，博士生导师，山东省济南市山大南路 27 号山东大学经济研究院，250199—E-mail：wangfengrong@sdu.edu.cn；孙涛，山东大学经济研究院硕士生，E-mail：st_cersdu@126.com。

① 2014 年 7 月 23 日国务院常务会议指出，目前我国小微企业融资难，成本高等结构性问题仍然突出。信贷歧视问题亟须解决。

展开，却少有产业维度的研究。产业因素能够影响银行对企业的信贷决策（Firth，2009），[①] 而我国政府又将优化产业结构作为近期深化改革的重要着力点，[②] 因此，我们认为从产业视角探究民营企业信贷融资问题具有重要的现实意义。

在研究样本上，既有的研究多使用上市公司数据（李广子，2009；陆正飞，2009），但上市公司作为优秀企业的代表，其信贷可得性会区别于非上市民营企业。[③] 一些样本中包含非上市民营企业的研究使用了世界银行的企业调查数据（Firth，2009），但截至本文开始写作时已经发表的同类文献还均使用该系列调查中的 2005 年的调查数据，而本文则使用该系列调查的 2012 年数据，以探求信贷歧视问题的最新状态。

本文对该领域理论研究的贡献在于：①既有研究多对信贷歧视的存在性及成因进行分析（方军雄，2007；陆正飞，2009；Brandt，2003），而本文则创新性地民营企业视角探索信贷歧视的突破路径。②既有文献多从时序和区域角度进行研究，本文则从产业维度切入，提出并证实了"信贷歧视及其突破机制具有产业异质性"假说，为后续研究继续引入产业视角铺垫了理论与实证基础。③相关研究如于蔚（2012）等多假设或认为信贷市场中政治关联的行为主体或关键行为主体是政府，而本文则认为政企合作关联可以内生于企业信贷需求。"合作论"是"政治关联缓解信贷歧视论"的丰富。④较多规范研究认为商业信用是银行信用的替代品，而我们实证发现以商业信用为标尺的企业间合作可以作为消除银行与企业间信息不对称的非正式机制。基于这些理论增量，本文分别从企业、政府与银行三方面提出启示性建议，具有较强的现实参考价值。

本文剩余部分安排如下：第二部分进行理论梳理并提出实证研究假设；第三部分介绍本文的研究样本与实证研究方法；第四部分进行实证检验并对检验结果进行分析；第五部分提出结论与启示。

二、理论与研究假设

（一）信贷歧视与突破信贷歧视

信贷歧视问题广泛存在于全世界范围内并具有不同的表现形式。Benston（1964）较早发现在美国信贷市场上存在小规模信贷者信贷成本更高这一不符合市场规律的现象，认为这是银行部门的信贷规模歧视。郭田勇（2003）指出所有不同金融模式、金融发展水平的国家都会存在信贷的规模歧视。聚焦于中国，信贷歧视又突出表现为民营企业的信贷可得性低（Brandt，2003；方军雄，2007；陆正飞，2009）。Brandt（2003）利用江苏、浙江两省数据发现相较于国有企业，民营企业很难得到银行信用。方军雄（2007）通过 1996~2004 年国有工业企业和"三资"工业企业负债数据发现相比国有工业企业，银行对非国有工业企业发放的贷款数额少，还款期限要求也更为严苛。Lu（2012）认为相较于国有企业，民营企业的信贷融资更容易受到来自于政治方面的压力。由于中国的民营企业大部分都是中小企业，所以中国民营企业的信贷歧视问题更显复杂与尖锐。

一系列探究信贷歧视成因的文献（Brandt，2003；罗党论，2007；方军雄，2007；郭田勇，2003）将问题的源头指向了信贷融资的制度失灵与市场失灵，即相关既定制度环境与不完美市场下金融部门利益最大化选择的负外部性。具体而言，由于国内大部分银行具有国有制属性，受制

① Firth（2009）将产业按耐用品以及非耐用品进行了划分。
② 国家发改委于 2011 年公布了《产业结构调整目录（2011 年）》，并于 2013 年又进行了修订。
③ 此外，中国上市公司还具有强烈的股权融资偏好，因此信贷需求也会区别于非上市公司。详见黄少安（2001）等。

于政治干预的银行会对贷款申请进行超出商业逻辑规范的权衡（陆正飞，2009；方军雄，2007；Brandt，2003）。地方政府 GDP 增长偏好促使其默许地方国企在背负大量不良贷款的同时，劝告银行向国企继续投放信贷（巴曙松，2005）以确保国企的正常运转，维持地方经济格局与税收源头，从而保护既定政治收益（罗党论，2007）。这一过程提高了金融部门把信贷流向国有企业的隐性收益。在信贷价格官定的背景下隐性收益冲抵了国有企业获取金融资源的门槛与实际成本，导致了金融资源的倾斜配置，因而相对抬高了民营企业获得金融服务的门槛。这一系列相关制度安排虽快速推动了我国工业化建设，但却滞后于民营企业的快速发展，造成了现行制度环境无法保障民营企业所需金融支持的"制度失灵"。此外，Firth（2009）指出规模较小的企业普遍缺乏对金融部门的有效信息传递，这妨碍了民营企业的信贷获取（Cull，2003）。由于民营企业大多规模较小，因此银行更无力在众多民营企业中进行全面的观测，加重了银行与民营企业间的信息不对称，恶化了民营企业的信贷融资情况（Firth，2009）。同时，罗党论（2007）认为政治关联是一种特殊的信贷担保物，民营企业先天就比国有企业面临更多的风险（卢峰，2004），这无疑加重了信贷市场中的市场失灵。

因此，在现行制度框架下，化解民企信贷歧视的关键在于提高流向民企信贷的"超额收益"。即以合作的方式向政府提供政治利益，[①]让金融部门的行为逻辑重归市场价值判断以避免"制度失灵"。而对于市场失灵而言，民营企业化解信贷歧视的关键在于通过非正式信息传递机制加强对政府、金融部门的信息传递。这也将问题的解决路径指向了合作。然而，无论是提供政治收益还是更为有效的传递信息，根本在于民营企业自身实力。一个强大的民营企业会通过利税、就业、品牌效应成为区域经济的"领头羊"进而为地方政府提供正外部性政治收益，推进政企合作；而自身的发展又会使自己成为更强的信息源。因此，民营企业突破信贷歧视的途径主要可分为两种，即强化合作契约与做大合作剩余（自身的科技发展）。

（二）组织合作与信贷歧视

在我国当前经济转型时期，银行与企业间的信贷活动背后经常出现"政府之手"（方军雄，2007），一定程度上表现为企业、银行与政府间的三方博弈。银行与政府中任何一方的不合作以及企业对于信贷市场的"低议价能力"都有可能导致企业信贷活动失败，由于"低议价能力"又往往来源于合作不足，因此组织合作对于信贷活动具有重要影响。现实经济中民营企业在信贷市场中进行的组织合作主要有两种形式：政企合作（企业与政府）和企业间合作（企业与企业）。[②]

一系列研究都关注到政企合作能够缓解民营企业信贷融资约束。余明桂（2008）指出兼职人大委员、政协委员的企业主能够帮助民营企业提高信贷获得。于蔚（2012）进一步分析了政企合作缓解民营企业信贷融资约束的作用机制，认为政企合作除能帮助企业传递信息以外还能加强企业对信贷资源的掌控能力，并认为后者才是起主导作用的。这既在一定程度上说明中国信贷市场存在市场与制度的双重失灵，也佐证了余明桂（2008）"政治关联化解信贷歧视"观点。然而，包括余明桂（2008）和于蔚（2012）等在内的多数文献都强调或暗示政治关联是由政府决定或进行审核而建立的，这意味着政企合作在很大程度上外生于企业的信贷需求。而我们认为在修正制度失灵的过程中，政府与企业均可以作为行为主体：政治关联的建立并非只来源于企业提供政治收益的能力（企业政府强强联合），还来源于民营企业为政府提供政治收益的意愿（企业尝试与政府

---

① 这里的"合作"显然包含"寻租"的可能。然而，纯粹的寻租仅仅是"分蛋糕"绝非"做大蛋糕"，因此存在帕累托改进空间，所以不可能是均衡状态。详见后续讨论。

② 随着我国小微金融，尤其是中小银行的不断兴起与发展，中小企业与银行间的关系有望改善并影响其融资状况，详见张捷（2002）等。

合作)。不具有规模优势的民营企业可通过主动寻求与政府的合作来满足政府的政治利益延伸，克服制度失灵。因此，本文提出研究假说 1。

假说 1： 民营企业主动寻求的政企合作有助于民营企业缓解信贷融资约束，且内生于民营企业的信贷融资需求。

Cull（2003）指出企业的总经理自选等改革措施能向银行发出强烈的信号，表明该企业具有较强的清偿能力，从而帮助企业享受到更为完善的金融服务。林毅夫（2005）认为由于中小企业信息不透明，且常常不能提供充分的担保或抵押，正规金融机构难以有效克服信息不对称造成的市场失灵，而非正规金融则在收集关于中小企业的"软信息"方面具有优势。因此非正规金融可以作为正规金融在进行放贷决策前的一种信息观测甄别机制，有效降低银行对中小民营的观测成本，避免银行与企业间的信息不对称。既有的文献均强调正规金融（银行信用）与非正规金融（商业信用）在向中小民营企业提供服务时具有独立性（林毅夫，2005；Ge，2007），这多基于一种信贷供给视角。从融资需求角度看，存在于现实中的部分非正规金融是通过自然试错而自发形成的，是内生于融资需求的企业间合作的标志。而企业与企业之间的紧密合作（如组成商会、加入企业集群等）具有信息效应。由此非正规金融在直接缓解企业融资约束的同时，也有助于企业提高正规金融融资，因而提出假说 2。

假说 2： 民营企业主动寻求的企业合作可以帮助民营企业缓解信贷融资约束。

当然，不能否认政企合作存在一定寻租的"灰色地带"，即通过让渡部分资源获得对一些信贷资源的控制能力（于蔚，2012），这是企业间合作所不能具有的。在国家大力发展小微金融的政策背景下，政府通过出资兴建评级机构和小微金融服务企业等途径降低或弥补了信息不对称导致的市场失灵（郭娜，2013），但对于制度失灵，尚无法根治。[①] 因此在政府仍控制诸多资源配置的背景下，政企合作比企业间合作具有更大的影响力。由此提出假说 3。

假说 3： 政企合作缓解民营企业融资困境的效果强于企业间合作。

（三）科技创新与信贷歧视突破

受限于制度环境，政治关联往往体现为民营企业在现有制度约束下为突破所有制歧视而进行的寻租性努力。寻租行为会使企业损失自己的发展潜能，为企业长期的发展带来一定负面影响（邓建平，2009）。因此面对资源约束的民营企业必须在强化合作契约与自身的能力发展之间进行权衡（杨其静，2011）。白俊（2012）指出对于中小企业的信贷活动而言，其禀赋差异的影响已经强于所有制属性，这意味着企业规模、盈利能力以及清偿能力等企业成长性业绩已经成为银行对企业进行甄别的信息来源。而随着中国金融体制改革的深化，银行越来越注重依据市场效率标准进行贷款发放（Firth，2009），因此企业的创新成长成为银行考察企业能力的重中之重。科技投入是实现企业内涵成长的关键因素（Schumpete，1912）。在中小企业不具备规模优势的情况下，其创新成长可以成为规模替代指标：科技投入一方面是企业盈利能力的证明，另一方面也是企业持续盈利能力的保障。因此，企业的创新成长能够在一定程度上修正银行与企业间的信息不对称，避免市场失灵导致的企业信贷困境。更为关键的是，企业创新在一定程度上同时做大了合作剩余，降低了强化合作契约的"寻租"风险，由此提出假说 4。

假说 4： 企业的创新成长是化解信贷歧视的有效途径。

创新成长与合作发展的权衡不得不考虑企业所属的产业因素。产业差异一定程度上决定了企业处于不同的市场竞争水平、信息不对称水平（Rajan，1998）及制度环境（吕铁，2003；郭克

---

① 这也是对李广子（2009）研究结论的一个注解。

莎，2004），进而会决定金融部门对金融资源的产业差异化配置；此外，不同产业中的企业对于外部融资的依赖程度也不尽相同（Firth，2009）。因此无论是从需求还是供给角度，企业的信贷融资都会呈现产业异质性。Gerschenkron（1962）认为这种异质性源自政府实现"政企合作"的强制性制度安排，因为对不同产业间的差异化金融服务为将资本引导向私人收益较低但受到国家支持的技术创新产业创造了契机，可以激励相关企业进行创新研发从而为政府提供公共收益。因此，将信贷资源向公共 R&D 倾斜几乎是每一个国家的通行政策。具体到我国产业结构来看，技术密集度最高的产业往往具有国家支持等先天性发展优势，因此金融部门的资源倾斜配置更有助于技术密集型产业的发展（吕铁，2003）。对于企业而言，由于国内每年新增的消费动力中技术密集型产业产品占到了很大份额，技术密集型产业的发展优势进而会演化为高的经济效益（郭克莎，2004），这又继续推动了技术密集型产业的发展，使技术密集型产业中的企业以良性循环的方式化解融资约束。因此高技术要素贡献的企业比低技术要素贡献的企业具有更低的外部融资需求以及更为宽松的外部融资约束，使民营企业的信贷融资行为呈现产业差异。故提出假说 5。

假说 5：技术要素贡献不同的民营企业，其信贷歧视及其突破机制也具有异质性。

三、研究设计

（一）研究样本

本文选取"2012 年世界银行全球企业调查"中的中国地区数据为研究样本。其内容为 2848 家样本企业的 2011 财年企业经营、投资以及所处相关环境等信息，其中，私营企业 2700 家、100%控股国有企业 148 家。表 1 报告了样本的城市信息以及所属行业信息，可见所有样本较为均匀地分布在东部、中部以及部分西部地区；共包含 20 类行业（148 家 100%国有控股的企业单列）。本文对全样本进行了如下步骤的筛选：①剔除国家持股占 50%及以上的企业样本；②剔除极少数有明显信息缺失的企业样本；③剔除部分数值变量处于分位数 100%的极端值样本。完成筛选后的有效样本为 2596 个。

本文选取受访企业对问卷中"企业是否能从金融机构得到贷款或者具有金融机构的信贷额度？"的回答作为被解释变量，衡量企业的信贷可得性。

表 1　样本的城市分布与产业分布

City（城市）	N	Industry（工业）	N
Beijing 北京	121	15 Food 食品	147
Chengdu City 成都	121	17 Textiles 纺织业	154
Dalian City 大连	121	18 Garments 服装	126
Dongguan City 东莞	99	24 Chemicals 化学品	143
Foshan City 佛山	120	25 Plastics & rubber 橡胶	149
Guangzhou City 广州	120	26 Non metallic mineral products 非金属矿物制品	150
Hangzhou City 杭州	85	27 Basic metals 基本金属	89
Hefei City 合肥	121	28 Fabricated metal products 金属制品	175
Jinan City 济南	121	29 Machinery and equipment 机械设备	152
Luoyang City 洛阳	119	31 ~ 32 Electronics 数码产品	161
Nanjing City 南京	120	34 ~ 35 Motor Vehicles 机动车辆	135

续表

City（城市）	N	Industry（工业）	N
Nantong City 南通	118	38 Other Manufacturing 其他制造业	112
Ningbo City 宁波	120	45 Construction Section F：建筑施工	133
Qingdao City 青岛	119	50 Services of motor vehicles 机动车辆服务	144
Shanghai 上海	37	51 Wholesale 批发	146
Shenyang City 沈阳	117	52 Retail 零售	153
Shenzhen City 深圳	121	55 Hotel and restaurants 酒店及宾馆	150
Shijiazhuang City 石家庄	121	60 Transport Section I：（60~64）运输	143
Suzhou City 苏州	120	72 IT 互联网及计算机技术	138
Tangshan City 唐山	120	100% Government Owned 政府拥有	148
Wenzhou City 温州	120		
Wuhan City 武汉	107		
Wuxi City 无锡	120		
Yantai City 烟台	120		
Zhengzhou City 郑州	120		
Total 合计	2848	Total 合计	2848

  本文分别用"企业管理者花费在政府关系的时间占比"以及"企业是否获得或尝试获得政府合同？"两个问题的回答来刻画企业在现行制度环境下主动强化政治合作契约的努力程度。分别用"与上游企业交易中的商业信用占比"以及"与下游企业交易中的商业信用占比"两个指标来刻画企业主动寻求企业合作的努力程度。在实证中每组的两个指标互做稳健性检验。此外，本文使用"企业是否进行研发活动？"的回答作为企业进行科技创新的代理变量。

表 2 变量说明及描述性统计

Variable（变量）	Description（描述）	Obs	Mean	Std.Dev	Min	Max
被解释变量						
GetLoan	企业是否能从金融机构得到贷款或拥有信用额度；是=1，不是=0	2487	0.31	0.46	0	1
组织关联						
GovTime	企业管理者花费在政企关系上的时间占比	2494	1.36	4.04	0	15
GovContr	企业是否签订或尝试得到政府合同；是=1，不是=0	2557	0.16	0.36	0	1
SalesCredit	与下游企业交易中的商业信用占比；对数	2448	4.06	0.58	0	4.61
PurCredit	与上游企业交易中的商业信用占比；对数	2432	4.07	0.60	0	4.61
其他解释变量						
Sales	企业 2011 财年销售总额；对数	2590	16.7	1.76	4.6	21.8
Labor	企业 2011 年年末职工人数；对数	2596	4.18	1.40	1.3	10.8
K	企业 2011 年年末资本存量；对数	1319	15.0	1.73	9.6	22.9
Manager	企业领导者在同一领域的领导经验（年）	2538	16.4	7.59	1	40
Age	企业历史（年）	2525	12.1	8.87	0	55
R&D	企业是否进行研发活动；是=1，不是=0	1609	0.42	0.49	0	1
Comp	企业所处的竞争水平；高水平=1，低水平=0	2396	0.43	0.50	0	1
Exp	企业主要市场；国外=1，国内=0	2596	0.49	0.50	0	1
Certi	企业资格认证；有=1，没有=0	2578	0.62	0.49	0	1
Gov	企业股份中国有股所占比例	2596	0.13	2.00	0	49

本文还控制了一系列企业特征：①用企业年销售总额作为企业销售情况的代理变量；②用企业职工人数刻画企业的总体人力资本；③用年末企业的重置成本（包括土地、设备）作为企业的资本存量；[①] ④用"企业总经理在同一领域从事企业领导工作的经历"来衡量企业领导者的企业家经验；⑤用"企业的年龄"来衡量一个企业的历史；⑥用"企业具有多少行业竞争者？"的回答来评估企业所处的竞争环境，处理方法为：如果受访企业选择"多到不能统计"选项则定义为"高竞争水平"，如果回答出具体数字，则在剔除100%分位数的极端数据后，定义为"低竞争水平"；⑦用"企业的主要销售市场所在地"选项的回答来控制来自不同销售市场对企业信贷获得的影响；⑧用"企业是否具有如ISO900一类的管理资格认证？"的回答来控制企业的相关资格认证情况；⑨由于样本中部分企业含有国有股份，为控制其影响本文也设置了"企业的国有股占比"变量，从表2中可以看出这一变量均值仅为0.13%。表2报告了所选取的变量指标、变量说明以及变量数值的描述性统计信息。无论从企业资本存量还是从企业人数来看，绝大多数样本均为中小微型民营企业。[②]

（二）实证方程与实证设计

本文首先使用配对T检验的方法比较不同企业行为下企业的信贷融资状况，接着进行多元回归以明确区别的来源。除表2中提及的变量外，企业所处的地区特征、行业归属以及公司制度也可能会影响企业的信贷融资状况，为此本文对这三方面因素进行了控制，建立基准回归方程：

$$\text{Getloan}_i = \alpha \text{Coo}_i + \beta_0 \text{R\&d}_i + \sum \eta_0 \text{Firm}_i + \eta_1 \text{Idu}_i + \eta_2 \text{Cit}_i + \eta_3 \text{Legal}_i + u_i + \varepsilon_0 \tag{1}$$

本文利用Probit模型进行实证，并采取稳健标准差估计以避免可能存在的异方差现象影响回归结果的稳健性。

在对假说1和假说2的检验中，本文先将不含有合作行为方程进行回归以观测银行部门的商业逻辑，再将政企合作、企业间合作两组合作关联变量分别加入回归方程进行回归以观测信贷市场的制度失灵与市场失灵。由于国内银行采取的是商业价值与政治判断双重行为逻辑（Firth，2009），因此，如果回归结果满足：

式（1）所有合作关联变量估计系数显著为正；

式（2）其余估计变量系数与不含有合作关联的回归具有相同的显著性与符号，则接受假说1和假说2；如果式（2）得不到满足则说明检验结果不稳健或不能很好吻合理论与实际。

在对假说3至假说5的检验中，本文参考周勇（2006）和吕铁（2003）按技术要素贡献对产业进行划分的方法，将所有制造业企业的产业归属划分为"劳动密集型产业"、"资本密集型产业"和"技术密集型产业"，结果见表3。本文对这些分样本分别进行配对T检验与多元回归，以检验在以技术贡献为主要区别的不同产业中，各因素对企业信贷融资约束的影响与机制。

表3 按要素密度的产业划分

Industry（工业）	Industry–Type（工业类型）
15 Food 食品	劳动密集型
17 Textiles 纺织业	劳动密集型
18 Garments 服装	劳动密集型
24 Chemicals 化学品	劳动密集型
25 Plastics & rubber 橡胶	劳动密集型

① 原问题是"如果需要在此时重建出一个完全相同的企业，所需花费？"。
②《中小企业划型标准规定的通知工信部联企业〔2011〕300号》指出：从业人员1000人以下或营业收入40000万元以下的工业企业为中小微型企业。

续表

Industry（工业）	Industry-Type（工业类型）
26 Non metallic mineral products 非金属矿物制品	资本密集型
27 Basic metals 基本金属	资本密集型
28 Fabricated metal products 金属制品	资本密集型
29 Machinery and equipment 机械设备	资本密集型
31－32 Electronics 数码产品	技术密集型
34－35 Motor Vehicles 机动车辆	技术密集型

此外，为防止问卷调查数据可能存在的选择偏误以及企业在进行合作策略选择时可能存在的内生性问题影响结论的稳健性，本文在基准模型的基础上利用 Heckman 两阶段法对其关键变量进行选择偏误与内生性测试，以明确合作关联来自于企业自主行为还是政府、金融部门或其他企业的选择。[①]

第一阶段选择方程：

$$Behavior_i = \phi R\&d_i + \sum \chi_0 Firm_i + \chi_1 Idu_i + \chi_2 Cit_i + \chi_3 Legal_i + u_i + \varepsilon_1 \qquad (2)$$

式中被解释变量为企业的合作策略选择，解释变量为式（1）中其他解释变量。对该式使用 Probit 模型进行回归并取残差，对其进行标准化处理得到逆米尔斯比率 IMR，再将其引入第二阶段估计模型，即：

$$Cetloan_i = \delta IMR_i + \theta R\&d_i + \sum \gamma_0 Firm_i + \gamma_1 Idu_i + \gamma_2 Cit_i + \gamma_3 Legal_i + u_i + \varepsilon_2 \qquad (3)$$

从而通过不同 IMR 估计系数 δ 的大小与显著性评估基准模型是否存在自选择偏误或企业策略选择的内生性问题。

四、实证与实证分析

（一）合作、创新与信贷歧视突破

表 4 报告了不同企业行为与企业的融资状况间的配对 T 检验结果。显示总体而言，有政企合作关联的企业通过信贷成功融资的概率比无合作企业高出 15.9%；有科技创新的企业成功融资的概率比无创新企业高出 21.51%。

表 4　不同企业行为下企业信贷融资状况的配对 T 检验

检验项 F	F 有合作—F 无合作		F 创新—F 无创新	
组别	有政府合作	无政府合作	有创新行为	无创新行为
样本数	428	2271	690	970
均值	0.4439	0.2848	0.4666	0.2505
组间差值	0.1590***		0.2151***	
P（diff）	0.0000		0.0000	
Std.err	[0.0241]		[0.0230]	

注：*、**、*** 分别代表 10%、5%、1% 水平显著。

---

① 如果企业合作行为明显受企业特征影响，且此时企业合作行为能够提高企业信贷可得，那么就有理由怀疑企业合作选择是被动而非主动。

差异从何而来？表 5 对式（1）进行了全样本回归：回归（1）没有引入合作关联变量，显示企业销售总量、企业资本存量、企业研发活动和企业资格认证四个因素对企业的信贷可得性有显著的正向影响，这符合一般理论与常识的推断。对模型（2）~（5）的回归中分别引入了政企合作与企业间合作变量。其中回归（2）和（3）稳健的显示，企业主动寻求的政企合作（0.336**，0.0505***）能显著的提高企业的信贷可获得性。回归（4）和（5）则稳健的显示企业合作（0.271***，0.182*）能显著的正向影响企业的信贷可得性。此外，回归（2）~（5）中其他解释变量的估计系数与式（1）没有发生显著性与正负性变化，足以说明民营企业的政企合作、企业间合作与创新行为对表 4 中体现的融资成功率组间差值具有解释力。

此外，表 6 报告了 Heckman 两阶段法的估计结果，可见所有关键解释变量的 IMR 估计系数均不显著，因此无法接受存在选择偏误的原假设。这说明基准模型的检验结论有效：无论是与政府抑或是其他企业，民营企业的合作策略选择并不受其规模、技术水平、产业、所有制、地域条件以及经济环境等因素的强约束，换言之属于企业自主行为。因此依据前述理论，本文在既有文献（余明桂，2008）的基础上进一步提出以政企合作为渠道的政治关联可以满足企业的融资需求。没有规模优势的民营企业也可以主动寻求与政府的合作以避免制度失灵，缓解暂时的信贷融资约束。此外，企业间合作可以作为一种非正式信息传递机制，缓解银行与民营企业间的信息不对称以避免信贷市场中的市场失灵。故假说 1 和假说 2 得以证实。

表 5　基本检验结果

Probit	GetLoan (1)	GetLoan (2)	GetLoan (3)	GetLoan (4)	GetLoan (5)
GovContr		0.336** [0.142]			
GovTime			0.0505*** [0.0169]		
SalesCredit				0.271*** [0.0942]	
PurCredit					0.182* [0.0968]
Sales	0.143*** [0.0543]	0.123** [0.0547]	0.154*** [0.0562]	0.156*** [0.0561]	0.143** [0.056]
Labor	0.0505 [0.0623]	0.0581 [0.0628]	0.0533 [0.0622]	0.0481 [0.0643]	0.0275 [0.0638]
K	0.0897** [0.0415]	0.0927** [0.0423]	0.0985** [0.0437]	0.0829* [0.0427]	0.108** [0.043]
Manager	0.00665 [0.00689]	0.0079 [0.00693]	0.00668 [0.00694]	0.00814 [0.00699]	0.00698 [0.00707]
Age	0.00246 [0.00608]	0.0029 [0.00597]	0.00367 [0.00596]	0.00219 [0.00625]	0.002 [0.00634]
R&D	0.330*** [0.105]	0.303*** [0.106]	0.269** [0.108]	0.352*** [0.108]	0.330*** [0.109]
Comp	−0.0333 [0.118]	−0.032 [0.119]	−0.0767 [0.121]	−0.0279 [0.122]	−0.0295 [0.123]
Exp	−0.0706 [0.132]	−0.0737 [0.133]	−0.0625 [0.134]	−0.0941 [0.135]	−0.11 [0.135]
Certi	0.364*** [0.119]	0.355*** [0.12]	0.360*** [0.121]	0.379*** [0.121]	0.386*** [0.122]
Gov	−0.0139*** [0.00427]	−0.0133*** [0.00418]	−0.0145*** [0.00449]	−0.0144*** [0.00485]	−0.0147*** [0.00496]

续表

Probit	GetLoan (1)	GetLoan (2)	GetLoan (3)	GetLoan (4)	GetLoan (5)
City	YES	YES	YES	YES	YES
LegalStatus	YES	YES	YES	YES	YES
Industry	YES	YES	YES	YES	YES
Observations	1108	1104	1089	1085	1071

注："［ ］"报告了各估计系数的稳健标准差，其余同表 4。

表 6　Heckman 两阶段估计

Cooperation	GovContr	GovTime	SalesCredit	PurCredit
IMR	0.642 ［1.422］	−2.21E−05 ［0.00112］	0.00342 ［0.0263］	−0.0043935 ［0.329］

注：估计系数均未通过显著性检验；"［ ］"为稳健标准差；为节省篇幅不再报告第一阶段及第二阶段其他变量估计结果。

（二）　产业视角下的信贷歧视突破：组织合作与科技创新之间的比较

表 7 报告了不同产业间的信贷融资状况的配对 T 检验与产业内不同企业行为下信贷融资状况的配对 T 检验。显示资本密集型企业通过信贷成功融资的概率比劳动密集型企业高出 4.4%，而这一差值在技术密集型企业与劳动密集型企业间高达 7.5%，说明高技术要素密集度的企业具有更为宽松的融资环境，这印证了前述理论推断。

表 7　产业间与产业内不同企业行为与信贷融资状况的配对 T 检验

产业归属	产业间			劳动密集型产业		资本密集型产业		技术密集型产业	
前项 F	F 资本	F 技术	F 技术	F 合作	F 创新	F 合作	F 创新	F 合作	F 创新
后项 F	F 劳动	F 劳动	F 资本	F 无合作	F 无创新	F 无合作	F 无创新	F 无合作	F 无创新
组间差值	0.0442*	0.0752**	0.0312	0.1629**	0.2008**	0.1862***	0.2012***	0.1104*	0.2571***
P (diff)	0.0534	0.0072	0.1472	0.0101	0.0412	0.0001	0.0000	0.0629	0.0000
Std.err	［0.0274］	［0.0307］	［0.0290］	［0.0691］	［0.0530］	［0.0511］	［0.0366］	［0.0720］	［0.0456］
联合样本数	501	703	446	498	496	695	691	437	420

注：同表 5，下同。

同时，对于不同产业的民营企业而言，合作与无合作、创新与无创新企业间信贷融资情况差距也发生了变化。按劳动密集型、资本密集型、技术密集型的顺序，有合作与无合作企业的组间差值先基本不变，后显著下降；而创新与无创新企业的组间差值则先基本不变，后较大提高。显示出不同策略绩效的产业异质性，并揭示了科技创新与人为强化合作契约间可替代性的产业差异。

进一步，从表 8 的多元回归结果可以看出：①对于劳动密集型企业而言：政企合作（0.0800*，0.812***）显著正向影响企业的信贷可得，而企业合作变量（0.276，0.198）没有通过显著性检验；此外，年销售总量、企业资本存量对信贷可得性有较为显著的正向影响；企业资格认证对企业的信贷可得影响非常显著（均为 1% 水平），但企业研发对信贷可得性的影响却不明显。②对于资本密集型企业而言：政治关联变量的估计系数仍然显著为正（0.0942***，0.358*），企业关联变量的估计系数仍然不显著为正（0.201，0.007）；此外，企业销售总量的估计系数仍然为正，但只有一列均处于 10% 水平显著而其余列均不显著；企业资本存量的估计系数显著性也低于劳动密集型产业，只有两列处于 10% 水平显著；与劳动密集型产业作比较，资本密集型企业总经理经验变量的估计系数在 5% 水平估计为正，显示其影响明显于劳动密集型产业；而企业研发变量有 3 列在

10%水平估计为正，显示其影响明显于劳动密集型产业。③对于技术密集型企业而言，政企合作与企业合作的四个估计系数均不显著，且"企业领导者花费在与政府关系上的时间占比"变量的估计系数为负（-0.0221）；而能决定技术密集型企业是否能够得到贷款的关键影响因素是企业研发活动（四列均在5%水平以下显著）和资格认证（四列均在5%水平以下显著）。同时，Panal C比较了每组回归的第一列的关键解释变量的边际效应（Marginal Effect），可见其大小与显著性的变化趋势和Panal A和Panal B中Probit估计系数基本一致，显示其真实绩效也具有上述规律。

基于前述理论与实证分析可见：

（1）政企合作对民营企业信贷融资约束的影响强于企业间合作。政治关联对于企业融资约束的影响具有信息效应与资源效应，因此在消除信息不对称的同时也额外增强了企业对信贷资源的掌控力。而企业合作化解信贷歧视的机制在于通过非正式渠道加强对银行的信息传递，并不能产生信贷资源的倾斜配置。因此，本文实证结果支持了了蔚（2012）关于"资源效应对缓解企业融资约束的作用强于信息效应"的结论，同时也符合本文中"政治合作对民营企业融资缓解的影响仍强于企业合作"的推断，因此假说3得以证实。

表8 基于产业视角的分样本回归

Probit	GetLoan	GetLoan	GetLoan	GetLoan	GetLoan	GetLoan	GetLoan	GetLoan
	Panal A							
	劳动密集型				资本密集型			
GovTime	0.0800* [0.0479]				0.0942*** [0.0354]			
GovContr		0.812*** [0.312]				0.358* [0.215]		
SalesCredit			0.276 [0.177]				0.201 [0.142]	
PurCredit				0.198 [0.169]				0.007 [0.125]
Sales	0.190* [0.112]	0.107 [0.118]	0.216* [0.123]	0.204* [0.117]	0.149* [0.0858]	0.125 [0.0812]	0.12 [0.0832]	0.122 [0.0832]
Labor	-0.105 [0.123]	-0.0629 [0.13]	-0.0926 [0.127]	-0.146 [0.124]	0.118 [0.099]	0.0712 [0.0973]	0.11 [0.1]	0.0787 [0.0982]
K	0.135 [0.0839]	0.146* [0.0875]	0.102 [0.0892]	0.177** [0.0873]	0.132* [0.0723]	0.105 [0.0653]	0.112* [0.0673]	0.095 [0.0665]
Manager	-0.00731 [0.0149]	-0.00155 [0.0153]	-0.0149 [0.0149]	-0.00673 [0.0151]	0.0256** [0.0115]	0.0273** [0.0113]	0.0283** [0.0114]	0.0256** [0.0113]
Age	-0.0104 [0.0176]	-0.0163 [0.018]	-0.00127 [0.0177]	-0.00844 [0.0175]	0.00131 [0.00823]	-0.00013 [0.00813]	-0.00167 [0.00855]	0.000285 [0.00861]
R&D	0.233 [0.213]	0.184 [0.217]	0.269 [0.216]	0.249 [0.215]	0.18 [0.171]	0.274* [0.165]	0.301* [0.168]	0.277* [0.167]
Comp	-0.389 [0.243]	-0.410* [0.236]	-0.327 [0.244]	-0.409 [0.252]	0.0238 [0.19]	0.00727 [0.187]	0.0156 [0.19]	-0.00951 [0.189]
Exp	-0.0755 [0.25]	-0.0345 [0.265]	-0.0758 [0.265]	-0.173 [0.27]	-0.116 [0.198]	-0.115 [0.187]	-0.187 [0.192]	-0.148 [0.191]
Certi	0.723*** [0.242]	0.718*** [0.244]	0.737*** [0.254]	0.722*** [0.248]	0.112 [0.183]	0.137 [0.177]	0.138 [0.18]	0.208 [0.181]
Gov	-0.00211 [0.00744]	0.000347 [0.00676]	0.00676 [0.00943]	0.000276 [0.00709]	-0.0116* [0.00656]	-0.0104* [0.00614]	-0.0149** [0.00759]	-0.0155** [0.00777]
City	YES	YES	YES	YES	YES	YES	YES	YES
LegalStatu	YES	YES	YES	YES	YES	YES	YES	YES
Industry	YES	YES	YES	YES	YES	YES	YES	YES
Obs	316	308	294	304	450	456	444	442

续表

	Panal B				Panal C			
	GetLoan	GetLoan	GetLoan	GetLoan	M.e	dy/dx	Std.Err.	z	P>z
	技术密集型				劳动密集型				
GovTime	−0.0221 [0.0353]				GovTime	0.0323632	0.01168	2.77	0.006
					R&D	0.1262328	0.0499	2.53	0.011
GovContr		0.16 [0.35]			资本密集型				
					GovTime	0.0162869	0.00995	1.64	0.102
SalesCredit			0.216 [0.213]		R&D	0.0557189	0.05138	1.08	0.278
PurCredit				0.376 [0.289]	技术密集型				
					GovTime	0.0032252	0.00771	0.42	0.676
					R&D	0.1788894	0.06389	2.8	0.005
Sales	0.133 [0.131]	0.0517 [0.132]	0.0853 [0.124]	0.0977 [0.125]					
Labor	0.104 [0.142]	0.124 [0.14]	0.116 [0.137]	0.0222 [0.14]					
K	0.138 [0.108]	0.122 [0.0963]	0.142 [0.1]	0.178* [0.103]					
Manager	−0.0213 [0.0179]	−0.0174 [0.017]	−0.018 [0.0167]	−0.0164 [0.0171]					
Age	0.0167 [0.0143]	0.0136 [0.0138]	0.0122 [0.0141]	0.00795 [0.0145]					
R&D	0.637** [0.253]	0.692*** [0.247]	0.711*** [0.245]	0.733*** [0.254]					
Comp	0.098 [0.269]	0.149 [0.26]	0.182 [0.265]	0.212 [0.269]					
Exp	0.277 [0.368]	0.228 [0.394]	0.302 [0.38]	0.386 [0.378]					
Certi	1.017*** [0.343]	0.915*** [0.313]	0.927*** [0.314]	0.764** [0.305]					
Gov	−0.0289** [0.0138]	−0.0249** [0.0115]	−0.0276** [0.0136]	−0.0270** [0.0134]					
City	YES	YES	YES	YES					
LegalStatus	YES	YES	YES	YES					
Industry	YES	YES	YES	YES					
Observations	240	243	243	235					

（2）对于技术要素贡献占比高的企业，政企合作对其信贷融资约束的影响较不显著。当企业的技术要素贡献占比较高时，政企合作更多地依靠企业技术外溢等正外部性途径实现，无须人为硬化合作契约，充分而低成本的政治关联使高技术企业不再面对资源无法保障的制度失灵与信息严重不对称的市场失灵，因此其信贷资源的配置是充分的。然而，对于劳动密集型及资本密集型企业而言，由于政企合作更多地依赖交换自身资源实现政府的公共利益延伸，仍需要通过合同、公关的方式强化合作契约，因而会在资源向技术密集型产业倾斜配置的产业政策影响下（郭克莎，2004），面对信贷市场中的"灰色空间"。

（3）对于技术要素贡献占比较高的企业，科技创新对该产业企业信贷融资可得性的影响较显著。技术密集型产业最鲜明的标志就是科技创新在其发展中具有重要的影响。而不同于组织合作，这种影响在通过深化政企合作剩余，实现企业信贷资源的充分供给时，也通过内涵发展降低了企业的融资需求，低成本资源效应与信息效应导致科技创新的绩效明显高于强化合作契约。同时，这两个反方向效应的矢量和导致科技创新对缓解企业信贷融资约束的绩效体现出边际递增性，因而呈现出产业差异。综上，本文假说4和假说5得以证实。

（三）稳健性检验

追根溯源，民营企业进行科技创新的最原始动力来源于使自己的产品从众多的竞争者中脱颖而出的激励，即使企业开拓出新的产品市场以提升自己对产品的议价能力进而提升盈利空间。对于并不会自然处于垄断地位的民营企业而言，科技创新是推动企业从强竞争水平到弱竞争水平的唯一有效途径，因此本文以企业竞争水平为标尺区别企业的科技水平，以分样本回归的方法稳健检验合作与创新对化解信贷歧视的绩效，并再次检验科技创新与人为强化合作契约间的可替代关系。

表9　分竞争水平样本的回归结果

Probit	GetLoan	GetLoan	GetLoan	GetLoan	GetLoan	GetLoan	GetLoan	GetLoan
	强竞争水平				弱竞争水平			
GovTime	0.0509** [0.0221]				0.0408 [0.0306]			
GovContr		0.390** [0.174]				0.156 [0.307]		
SalesCredit			0.297** [0.123]				0.293* [0.167]	
PurCredit				0.244** [0.122]				0.0379 [0.168]
Sales	0.0423 [0.073]	0.0257 [0.0713]	0.0428 [0.0737]	0.0324 [0.0745]	0.319*** [0.104]	0.274*** [0.1]	0.357*** [0.101]	0.330*** [0.1]
Labor	0.118 [0.0747]	0.125* [0.0753]	0.130* [0.0775]	0.107 [0.077]	−0.109 [0.127]	−0.112 [0.124]	−0.131 [0.122]	−0.156 [0.126]
K	0.207*** [0.0593]	0.189*** [0.0581]	0.193*** [0.0586]	0.203*** [0.0595]	0.0151 [0.0746]	0.022 [0.0709]	−0.025 [0.0713]	0.0402 [0.072]
Manager	0.0171** [0.00866]	0.0175** [0.00856]	0.0183** [0.00871]	0.0166* [0.00872]	−0.015 [0.0147]	−0.0141 [0.0148]	−0.0117 [0.0145]	−0.0172 [0.0152]
Age	0.00273 [0.00681]	0.0032 [0.00666]	0.00291 [0.00701]	0.00149 [0.00715]	0.00691 [0.0142]	0.00137 [0.0151]	−0.00026 [0.0155]	0.00651 [0.0153]
R&D	0.0972 [0.131]	0.151 [0.129]	0.171 [0.131]	0.178 [0.133]	0.475** [0.235]	0.407* [0.228]	0.523** [0.232]	0.518** [0.236]
Exp	0.023 [0.157]	0.0535 [0.157]	0.0143 [0.161]	0.0194 [0.159]	−0.317 [0.308]	−0.476 [0.312]	−0.327 [0.305]	−0.331 [0.307]
Certi	0.312** [0.144]	0.270* [0.142]	0.301** [0.144]	0.303** [0.145]	0.580** [0.261]	0.651** [0.26]	0.597** [0.261]	0.609** [0.263]
Gov	−0.019*** [0.0053]	−0.017*** [0.00514]	−0.020*** [0.00633]	−0.019*** [0.0061]	0.00954 [0.0108]	0.0098 [0.0104]	0.0094 [0.0107]	0.00958 [0.011]
City	YES	YES	YES	YES	YES	YES	YES	YES
LegalStatus	YES	YES	YES	YES	YES	YES	YES	YES
Industry	YES	YES	YES	YES	YES	YES	YES	YES
Obs	796	812	795	790	266	270	268	258

本文将所有样本划分为"强竞争水平"分样本与"弱竞争水平"分样本，划分的具体方法参照哑变量"企业竞争水平"的赋值。在分别加入合作关联变量后本文按照回归式（1）进行了分样本回归。

表9报告了稳健性检验的回归结果。可见：①对于强竞争水平下的企业而言，政企合作与企

业合作的估计变量均在 5% 水平以下显著为正；但在弱竞争水平样本组中，4 个合作关联变量中仅有 1 个在 10% 水平显著为正，这基本肯定了组织间合作的绩效，同时也说明弱竞争水平确实弱化了人为强化合作契约对企业信贷融资约束的必要性。②对于强竞争水平企业而言，企业研发的变量估计系数在四列回归中都不显著；但对于弱竞争水平企业而言，其估计系数均在 10% 以下水平显著为正。这证实了科技创新修正信贷市场中市场失灵的作用。同时，也符合前文中所提科技创新深化政企合作剩余的功能。因此，本文得到的相关假说得到了支持。此外，稳健性检验也证实只有在竞争激烈的低品质产品市场才会出现信贷的制度失灵，此时企业会进行寻租以强化政企合作契约，进而则可能对寻租性信贷产生依赖，最终形成恶性循环（杨其静，2011）。而企业的科技创新则会使企业脱离这一窘境。科技创新一方面提高了企业的盈利能力与清偿能力，通过降低竞争水平消除信息不对称修正了市场失灵；另一方面也通过自身行为契合了国家产业调控政策与利益诉求，从而以低成本、正外部性的方式自然强化了政企合作契约，并通过带动地方经济发展深化了合作剩余，因而被赋予了更充分的信贷资源分配，避免了信贷市场中的制度失灵。

五、结论与启示

改革开放以来，民营经济已经逐渐成为国家经济、社会发展的重要动力。然而，信贷歧视问题却在一定程度上制约了这一动力的持续释放。突破信贷歧视已成为促进国家经济可持续发展的迫切需求。然而，信贷歧视作为一种非正式制度由来已久，非一朝一夕能彻底改变。因此，如何在现有制度环境下由民营企业自身出发突破信贷歧视就成为具有重要理论与实践意义的议题。

本文认为，民营企业遭遇的信贷歧视，本质上是所有制歧视与规模歧视的复合物，根源在于我国新兴加转轨背景下信贷市场的制度失灵与市场失灵。相应地，民营企业突破信贷歧视的路径可分为三种：一是经由政企合作——规避所有制歧视导致的信贷约束；二是企业间合作——打破规模歧视导致的信贷约束；三是创新成长——实现内涵发展并以其深化合作剩余的方式推进政企间、企业间合作。在国家产业调控与产业初始政治利益禀赋不同的背景下，不同的路径分别对应资源效应与信息效应的异质有机组合，使信贷获取的最终效应呈现产业差异。

本文利用世界银行 2012 年对中国民营企业进行的调查数据进行了实证研究。除证实上述观点外，还发现：①合作式政治关联可以内生于企业信贷融资需求。②以商业信用为标尺的企业合作可以作为消除银行与企业间信息不对称，提高民营企业的信贷可得性。③企业科技创新对缓解企业信贷融资约束的绩效具有边际递增性。

本文的研究发现具有启示意义。①科技创新是民营企业突破信贷融资困境的有效方式。企业在通过持续创新化解短期融资约束的同时，也通过技术外溢带动地方经济发展契合了政府利益诉求，从而以长期政企合作的模式消解信贷歧视；对于尚无实力进行科技创新的民营企业，无论是政企合作还是企业间合作都有助于缓解融资约束。但需要指出的是，民营企业应着力将获得的带有部分寻租性质的信贷用于企业的创新成长以避免掉入融资的寻租陷阱。同时，民营企业无论处于何种发展水平何种产业，都应该在实现自身发展的同时以互助合作的方式促进企业关联，共同应对信贷歧视。在国家优化产业结构、提倡产业集群的大背景下，企业间合作突破信贷歧视的作用将会不断加强。②银行应该在更大程度上参考民营企业的研发创新活动以缓解与企业的信息不对称。同时应积极引导资金流向科技创新企业，以此实现与政府的激励相容。③政府应积极推进企业集群，建设企业合作信息平台；为民营企业建立共同科研保险基金、提供更多的科研资助以引导民营企业迈出科研创新的第一步。

参考文献：

［1］白俊，连立帅. 信贷资金配置差异：所有制歧视抑或禀赋差异？［J］. 管理世界，2012（6）.

［2］巴曙松，刘孝红，牛播坤. 转型时期中国金融体系中的地方治理与银行改革的互动研究［J］. 金融研究，2005（5）.

［3］邓建平，曾勇. 政治关联能改善民营企业的经营绩效吗［J］. 中国工业经济，2009（2）.

［4］方军雄. 所有制，制度环境与信贷资金配置［J］. 经济研究，2007（12）.

［5］郭克莎. 中国工业发展战略及政策的选择［J］. 中国社会科学，2004（1）.

［6］郭娜. 政府？市场？谁更有效——中小企业融资难解决机制有效性研究［J］. 金融研究，2013（3）.

［7］郭田勇. 中小企业融资的国际比较与借鉴［J］. 国际金融研究，2003（11）.

［8］罗党论，唐清泉. 政府控制，银企关系与企业担保行为研究［J］. 金融研究，2007（3）.

［9］卢峰，姚洋. 金融压抑下的法治，金融发展和经济增长［J］. 中国社会科学，2004（1）.

［10］李广子，刘力. 债务融资成本与民营信贷歧视［J］. 金融研究，2009（12）.

［11］林毅夫，孙希芳. 信息，非正规金融与中小企业融资［J］. 经济研究，2005（7）.

［12］吕铁. 论技术密集型产业的发展优势［J］. 中国工业经济，2003（10）.

［13］陆正飞，祝继高，樊铮. 银根紧缩，信贷歧视与民营上市公司投资者利益损失［J］. 金融研究，2009（8）.

［14］余明桂，潘红波. 政治关系，制度环境与民营企业银行贷款［J］. 管理世界，2008（8）.

［15］杨其静. 企业成长：政治关联还是能力建设？［J］. 经济研究，2011（10）.

［16］于蔚，汪淼军、金祥荣. 政治关联和融资约束：信息效应与资源效应［J］. 经济研究，2012（9）.

［17］周勇，王国顺，周湘. 要素角度的产业划分［J］. 当代财经，2006（3）.

［18］Allen F，Qian J，and Qian M. Law. Finance，and Economic Growth in China［J］. Journal of Financial economics，2005（1）：57-116.

［19］Benston，G. J. Commercial Bank Price Discrimination Against Small Loans：an Empiricai Study［J］. The Journal of Finance，1964（4）：631-643.

［20］Brandt L，and Li H. Bank Discrimination in Transition Economies：Deology，Information，or Incentives［J］. Journal of Comparative Economics，2003（3）：387-413.

［21］Cull R，and Xu L C. Who gets credit？The Behavior of Bureaucrats and state Vanks in Allocating Credit to Chinese State-owned Enterprises［J］. Journal of Development Economics，2003（2）：533-559.

［22］Firth M，Lin C，Liu P，et al.Inside the Black Box：Bank Credit Allocation in China's Private Sector［J］. Journal of Banking & Finance，2009（6）：1144-1155.

［23］Ge Y，Qiu J. Financial development，bank discrimination and trade credit［J］. Journal of Banking & Finance，2007（2）：513-530.

［24］Gerschenkron A. Economic Backwardness in Historical Perspective［J］. Cambridge，1962.

［25］Levine，R. Financial Development and Economic Growth：Views and Agenda［J］. Journal of Economic Literature，1997（2）：688-726.

［26］Lu，Z，Zhu，J & Zhang. Bank Discrimination，Holding Bank Ownership，and Economic Consequences：Evidence from China［J］. Journal of Banking & Finance，2012（2）：341-354.

［27］Munnell，A. H.，Tootell，G. M.，Browne，L. E.，& McEneaney，J. Mortgage Lending in Boston：Interpreting HMDA Data［J］. The American Economic Review，1996（1）：25-53.

［28］Rajan R G，and Zingales L. Financial Dependence and Growth［J］. American Economic Review，1998（3）：559-586.

［29］Schumpeter，J. A. The theory of economic development［R］. 1912.

标准竞争中的预期假设
—— 一个实验经济学分析

熊红星

（浙江财经大学，杭州　310018 ）

"标准的问题从人类开始使用口头语言或者更确切地说，使用多种语言的时候就存在了（夏皮罗、瓦里安，2000）"。历史上发生过许多次标准大战，当代经济生活中正在上演着一幕幕标准大战。有的标准竞争局限于研究领域、生产领域，还有大量标准竞争广泛渗透进普通大众的日常生活，例如直流电与交流电标准竞争、火车轨道标准竞争、个人电脑系统标准竞争、第三代移动通信标准竞争、DVD 与 EVD 播放器标准竞争，等等。

与普通的技术竞争、产品竞争相比，标准竞争的基本特征在于产品具有网络效应。"当一种产品对一名用户的价值取决于该产品其他用户的数量时，经济学家说这种产品显示出网络外部性，或网络效应（夏皮罗、瓦里安，2000）"。"网络效应要求消费者附和别人的选择，因此消费者的决策在一定程度上依赖于对别人选择的预期（Farrell 和 saloner，1986）"。非一次性产品在一定的使用寿命内被消费者反复使用，每次使用的消费者效用都依赖于此时的用户规模。因此消费者在选购时，不仅要考虑该产品现在的用户数量，还要预测它未来的用户数量。

一、标准竞争中预期方法的假设

从 20 世纪 80 年代以来，标准竞争逐渐成为经济学研究的一个热点，经济学家主要使用了三种消费者预期假设。

（一）适应性预期的基本思想及评论

适应性预期指人们在对未来会发生的预期是基于过去（历史）的。如果兼容某种技术的产品的现有用户越多，那么人们就会预期它的未来用户也会很多。

Arthur（1989）使用适应性预期的方法处理标准竞争中消费者对网络规模的预测。假设市场中有两个消费者，不考虑网络效用时消费者各自偏好不同的技术。每一轮只有一名消费者进入市场选购技术 A 或者 B 的产品。每一轮中，获准进入市场的消费者以相同的概率从两个消费者中选取，即每轮某个消费者有 50% 的概率被选中进入市场。"对于某时刻准备采用某种技术的消费者，这种技术的净现值（未来收益的现值和）取决于此前采用这种技术的消费者数量（Arthur，

［作者简介］熊红星（1970~），男，汉族，湖北孝感人，博士，浙江财经大学副教授，主要研究方向：产业经济学。

1989)"。因此，在具有网络效应的市场上，两个消费者进入市场的顺序，可能改变两种技术最终的市场份额。如果在初始阶段，偏好技术 A 的消费者更加频繁地进入市场，技术 A 具有更大的网络效用，以至于偏好技术 B 的消费者也选择技术 A，那么在随后的阶段，技术 A 将独占市场，把技术 B 从市场中排挤出去并成为市场标准。相反地，如果在初始阶段，偏好技术 B 的消费者更加频繁地进入市场，那么技术 B 将成为市场标准。由于初始阶段两个消费者进入市场的顺序排列具有相当大的偶然性，因此 Arthur 认为，标准竞争早期阶段的偶然事件，可能决定竞争的最终结果；积累"关键数量"的用户群以便启动正反馈是赢得标准竞争的关键；标准竞争具有"不可预测性、难以改变、路径依赖、路径低效率"等特点。相应地，Arthur、david（1985）等建议"先发制人"战略，领先于竞争对手建立关键数量的安装基础，确立不可逆转的竞争优势。

在 Arthur 等的模型中，实际上两个消费者反复进入市场，由于消费者过去的技术选择改变了随后阶段技术的净现值，消费者可以操纵现在的技术选择以改变未来的处境。但是两个消费者仍然按照过去的技术采用次数，决定现在的技术选择，消费者不仅不知道他们将反复地进入市场，也不知道利用现在的选择改变它将来的选择。总之，消费者在计算未来收益的净现值时，没有考虑未来的用户网络规模可能会发生变化，消费者总是按照过去的用户规模计算产品未来的效用。

可见，适应性预期明显地违反经济学的基本假设——理性原则，1990 年以后几乎没有学者继续使用这种预期方法进行理论分析。

（二）可实现预期的基本思想及评论

Katz 和 Shapiro（1985）首先提出并运用可实现预期方法，"假设消费者预期某网络规模为 y^*，如果在相应的古诺均衡状态中该网络的规模也是 y^*，那么 y^* 就是可实现的预期"。或者说，对于某个外生的消费者预期，存在一组价格，使得各个网络中厂商利润最大化的产出水平等于消费者预期的网络规模。假设消费者的效用函数为：$r + v(\sum_i x_i^e)$，其中市场中消费者的单独效用 r 以密度1均匀分布在 $[A, -\infty]$ 空间，x_i^e 表示消费者对厂商 i 的预期产量。市场上有 n 个厂商，每个厂商的固定成本为 G，边际成本和兼容成本为零。那么就可以计算出潜在可进入的市场上厂商数量、每个厂商的产量、价格。[1]

可实现预期考虑了厂商的行为，为检验某个预期的网络规模是否合理提供了一种检验方法。相比于适用性预期，可实现预期更加符合理性原则。特别是只有一个预期的网络规模满足可实现条件时，可实现预期是唯一正确的预期。例如，如果所有厂商都相同，所有厂商的产品完全兼容，那么市场存在唯一的、对称的可实现预期均衡，即只有一个预期的网络规模满足理性的条件，在理性假设下只有这一种均衡状态。

但是，在每个厂商的产品完全不兼容时，市场存在多重可实现预期均衡：对称的寡头均衡、自然垄断、不对称均衡等。Church 和 gandel 在硬件/软件系统商品竞争模型中，使用可实现预期方法，也得出了多重均衡的市场结果。在他们的模型中，不同的可实现预期对应着不同的市场均衡，对应着厂商不同的市场地位和不同的利润水平。

因为"一个厂商成功地拥有较大市场份额甚至独占市场，仅仅是因为消费者预期它会成功（Katz 和 Shapiro，1985）"。因此，他们建议标准竞争战略以"预期管理"为中心，协调横向竞争关系和纵向竞争关系，组建产业联盟。

可实现预期均衡的问题在于：尽管实现了厂商利润最大化，但是没有考虑消费者最优化行为。实际上，在不同的市场均衡中，消费者的效用水平有着显著的差别。尽管厂商可以影响产品的市

---

① 厂商数量 n、每个厂商的产量 x、价格 p 满足下列等式：$x^* p = G$，$p = A + v(n^* x) - n^* x$。

场可得性即消费者能够购买的商品种类，但是理性的消费者将会努力从多重均衡中找出最高效用水平的可实现均衡，市场最终是由消费者决定标准竞争的胜利者，决定哪一种技术将成为市场标准。争夺消费者的竞争压力迫使厂商尽可能为消费者提供最大效用的技术选择。

（三）理性预期的基本思想及评论

随后，Katz 和 Shapiro（1986、1992）放弃了可实现预期均衡思想，引入了理性的预期，消除了多重均衡。消费者可以预期各种产品网络的最终规模，知道自己选择的代价和对最终结果可能的影响，遵循最大化个人效用的原则做出主动或被动反应。从这些特点看，消费者是理性的，甚至是完全信息的。在前一篇论文（Katz 和 Shapiro，1986）中，两种技术在两个阶段展开价格竞争，每个厂商努力实现两阶段利润最大化。第一阶段消费者预计到自己第一阶段对第二阶段消费者的影响，按照第一阶段和第二阶段的总消费规模决定第一阶段的技术选择。这样，厂商和消费者都实现了各自最优化的愿望，多重均衡消失了。在后一篇论文（katz 和 shapiro，1992）中，katz 和 shapiro 继续利用消费者和厂商最优化，研究新技术替代老技术时厂商兼容决策、市场推广决策。

理性的预期模型中，市场只有唯一的均衡状态，消费者只有一个预期的网络规模，而且消费者预期建立在厂商成本、定位、性能、兼容程度等客观因素之上，厂商失去了操纵消费者预期的能力。

在理性的预期模型中，决定标准竞争成败的因素，既包括一些客观因素如成本和技术进步（Katz 和 Shapiro，1986、1992；Church 和 gandel，1993），也包括一些竞争策略如知识产权策略（Katz 和 Shapiro，1986）、产品预告（Katz 和 Shapiro，1992）、兼容策略（谢伊，2002；Farrell 和 Saloner，1992）、开放策略（Church 和 gandel，2000）；等等。

二、实验设计

本文共设计了四组实验，以便验证三种预期方法的现实性。每组有 7 个同学扮演消费者参加实验，每一轮消费者同时、独立选择兼容某种技术的产品，实验过程中消费者不能交流、协商，每轮结束后实验组织者公布消费者结果。

适应性预期方法认为消费者的技术选择完全依赖于过去的网络规模，与未来的网络规模无关。在下列两组实验中，基于已有网络规模的效用，第一种技术优于第二种技术；但是基于未来网络规模的效用，第二种技术优于第一种技术。如果试验者选择第一种技术，说明消费者是适应性预期的；否则，说明消费者利用了当前阶段的信息，评估未来的网络规模。

实验一的规则：技术 H 的效用：$U = 10 + 3N_H$；技术 G 的效用：$U = 15 + 4N_G$；若选择"等待"（计为 W），本轮效用为零；已经有 2 人使用技术 H；消费者不能更换技术选择；一次购买可以终生使用。

实验二的规则：技术 T 的效用：$U = 10 + 3N_T$；技术 D 的效用：$U = 15 + 4N_D$；若选择"等待"（计为 W），本轮效用为零；已经有 2 人使用技术 T；消费者不能更换技术选择；一次购买可以使用 5 轮。

与适用性预期相反，可实现预期和理性的预期都利用了现在和未来的信息以估计未来的网络规模。可实现预期认为消费者预期是外生的纳什均衡；对于某个网络规模分布，只要没有消费者愿意改变消费选择从而打破这种网络规模分布，这种网络规模分布就是均衡的；一般地，可实现预期存在多重均衡。由于存在多重均衡，消费决策必然存在一定的随机性。理性的预期要求同时实现厂商最优和消费者最优，要么厂商在消费者最优选择的基础上选择利润最大化，要么消费者在厂商最优基础上选择效用最大化，理性的预期只有一个均衡状态。可实现预期和理性的预期的区别在于消费者选择是否具有随机性。

实验三的规则：技术 E 的效用：$U = 13 + 2N_E$；技术 P 的效用：$U = 10 + 3N_P$；若选择"等待"（计为 W），本轮效用为零；后一轮不能改变前一轮的选择；一次购买可以终生使用。

在前三组实验中，对于任意一名消费者，如果其他六名消费者中至少有三人选择第一种技术，他选择第一种技术不劣于第二种技术；同样，如果其他六名消费者中至少有三人选择第二种技术，他选择第二种技术不劣于第一种技术。因此，按照多重均衡思想，消费者选择第一种技术或者第二种技术都可能构成均衡，其他六名消费者中至少有三人选择第一种技术的随机概率即这名消费者选择第一种技术的概率为 50%；按照理性的预期思想，消费者选择具有一致性：多重均衡中带来最大效用的技术标准即第二种技术，消费者选择第一种技术的概率为 0。

在实验四中，按照可实现预期思想，如果其他六名消费者中至少有四人选择第一种技术（随机概率为 22/63），这名消费者才会选择第一种技术，即他选择第一种技术的概率为 22/63；按照理性的预期思想，消费者选择第一种技术的概率为 0。

实验四的规则：技术 F 的效用：$U = 10 + 3N_F$；技术 Q 的效用：$U = 15 + 3N_Q$；若选择"等待"（计为 W），本轮效用为零；共进行六轮选择，后一轮可以无成本地改变前一轮的选择；一次购买可以终生使用。

三、实验分析

第一、二、三、四组实验中消费者选择结果分别如表 1 所示。

表 1　选择结果

轮次	1			2			3												
技术	H	W	G	H	W	G	H	W	G										
N	1	2	4	1	1	5	1	1	5										

(a)

轮次	1			2			3			4			5			6		
技术	T	W	D	T	W	D	T	W	D	T	W	D	T	W	D	T	W	D
N	0	1	6	0	0	7	0	0	7	0	0	7	0	0	7	0	0	7

(b)

轮次	1			2														
技术	E	W	P	E	W	P												
N		2	5	1		6												

(c)

轮次	1			2			3			4			5			6		
技术	F	W	Q	F	W	Q	F	W	Q	F	W	Q	F	W	Q	F	W	Q
N	1	0	6	0	1	6	1	2	4	1	1	5	0	0	7	2	0	5

(d)

在实验一和实验二第一轮 14 个同学的选择中，符合适应性预期思想的只有 1 人，比例为 7%，可见适应性预期的现实性很差。

在前三组实验 21 个同学的第一轮选择中，按照可实现预期思想预测：选择第一种技术的概率为 50%，而实验中只有一名消费者选择了第一种技术，比例仅为 5%，实验值低于预测值 45 个百分点；相反地，理性的预期思想预测选择第一种技术的概率为 0，实验值与预测值仅相差 5 个百分点。在第四组 42 人次选择中，按照可实现预期思想预测：选择第一种技术的概率为 22/63，而实验中只有 5 名消费者选择了第一种技术，比例为 12%，实验值低于预测值 23 个百分点；理性的预期思想预测选择第一种技术的概率为 0，实验值与预测值仅相差 12 个百分点。特别地，四组实验 69 人次中，消费选择具有明显的一致性而不是随机性：选择第二种技术的消费者达到 51 人次，比例为 74%。理性的预期预测所有的消费者选择第二种技术，准确率为 74%；如果加上选择"等待"的消费者数量，理性的预期思想的准确率为 90%。在实验中，理性的预期思想的准确性远远高于可实现预期思想的准确性。

综合来看，在上述简单的实验环境中，大多数消费者采用理性的预期，可实现预期的现实性较差，适应性预期的现实性最差。相应地，标准竞争战略中实施先发制人、预期管理的重要性下降了，产品质量（包括单独效用和网络效应系数）和信息披露仍是竞争的关键因素。

参考文献：

［1］Arthur，B.W. Competing Technologies，Increasing Returns and Lock–in by Historical Events［J］. Economic Journal，1989（99）：116–31.

［2］Church，Jeffrey and Gandal，Neil. Complementary Network Externalities and Technological Adoption［J］. International Journal of Industrial Organization，1993（11）：139–60.

［3］Church，Jeffrey and Gandal，Neil. Network Effects，Software Provision and Standardization［J］. The Journal of Industrial Economics，1992，40（1）：85–103.

［4］Church，Jeffrey and Gandal，Neil. System Competition，Vertical Merger and Foreclosure［J］. Journal of Economics & Management Strategy，2000（9）：25–51.

［5］David，P.A. Clio and the Economics of QWERTY［J］. American Economic Review，1985（75）：332–37.

［6］Farrell，Joseph，Saloner，Garth. Converters，Compatibility，and the Control of Interfaces［J］. The Journal of Industrial Economics.1992，40（1）：9–35.

［7］Farrell，Joseph，Saloner，Garth. Installed Base and Compatibility：Innovation，Product Preannouncements，and Predation［J］. The American Economic Review，1986，76（5）：940–55.

［8］Katz，M–L. and Shapiro，C. Product Introduction with Network Effects［J］. Journal of Industrial Economics，1992（40）：55–83.

［9］Katz，M–L. and Shapiro，C.. Technology Adoption in the Presence of Network Externalities［J］. Journal of Political Economy，1986（94）：7–14.

［10］Katz，M–L. and Shapiro，C.Network Externalities，Competition and compatibility［J］. the American Economic Review，1985（75）：424–40.

［11］［美］卡尔·夏皮罗、哈尔·瓦里安. 信息规则［M］. 北京：中国人民大学出版社，2000.

［12］［英］奥兹·谢伊. 网络经济学［M］. 上海：上海财经大学出版社，2002.

产能过剩大背景下的小微企业生存与发展现状及策略探析

胡国平

(西南财经大学工商管理学院，成都　100084)

一、引言

　　根据工信部发布的《2013 年中国工业通信业运行报告》显示，我国产能过剩矛盾突出，且呈现出行业面广、过剩程度高、持续时间长等特点。产能过剩领域由有色金属、钢铁、建材、化工等传统行业扩展到了光伏、风电、碳纤维等新兴产业。但产能利用率不到 75% 的部分行业的投资仍然以较快速度增长。六成以上的企业需要"3 年以上"的时间才能消化目前的过剩产能。工业品出厂价格连续下降，企业生产经营成本持续上升，使得 2013 年前 10 个月的亏损企业达到 14.7%。而在产能过剩、规模以上企业发展困局的大背景下，小微企业的制造业采购经理指数连续 20 个月运行在 50% 的临界值之下，可以说，小微企业的生产经营困难更为突出。下文将以 CD 市 1949 个小微企业的调查样本作为分析对象，描述小微企业生存、发展的现状，探究其背后的影响因素及相互关系，并提出相关的改善措施。

二、小微企业生存与发展状况

（一）盈利状况不佳

　　从问卷结果来看，小微企业近三年整体盈利能力和销售利润率都不佳。具体来看，在总体盈利方面，20.31% 的企业表示"较差"；4.64% 的企业表示"严重亏损"。"盈利较好"和"效益颇丰"的分别占 15.62% 和 0.47%，如图 1 所示。

　　从销售利润率的变化情况看，67.82% 的企业近三年销售利润率一般，23.55% 的企业"较差"，4.10% 的企业"严重亏损"。"较高"和"高"的企业仅占到 3.89% 和 0.63%，如图 2 所示。

　　[作者简介] 胡国平（1981~），男，浙江永康人，西南财经大学工商管理学院产业经济研究所副教授，产业经济学博士，主要研究方向：产业结构与产业发展、产业运行分析。

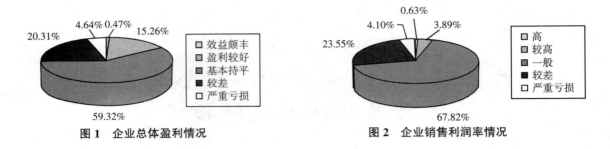

图 1 企业总体盈利情况　　　　　　图 2 企业销售利润率情况

(二) 销售增长能力有限

销售增长能力主要通过销售收入预期、开工率等方面反映。具体看,小微企业对销售收入增长预期不佳,60.96% 的企业预计销售收入与 2012 年基本持平,有 10.22% 的企业表示与 2012 年相比有所减少,表示与 2012 年相比会有所增长的企业仅占 28.81%。从企业往年的销售区域看,小微企业的销售区域主要聚集本省范围内,其比例为 77.32%,其中,47.00% 的是在市域范围内,仅有 4.83% 的小微企业其销售区域跨越了国际,如图 3 所示。

从预计开工率指标来看,12.76% 的企业表示其开工率还不到一半,18.69% 的企业预计开工率在 50%~75%,43.03% 的企业预计开工率在 75%~100%;仅有 25.31% 的企业预计开工率超过 100%,如图 4 所示。

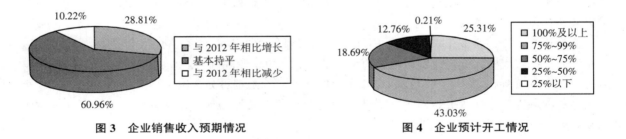

图 3 企业销售收入预期情况　　　　图 4 企业预计开工情况

(三) 面临的竞争压力激励

在问到“目前贵企业所在行业的竞争激烈程度”时,79.93% 的企业选择了“比较激烈”或“非常激烈”,其中有 32.99% 的企业表示竞争非常激烈。感觉没竞争压力(包括“基本没有竞争”和“没竞争”)的企业,近占 2.80%,如图 5 所示。

企业在省内行业中所处地位看,更多是处于“跟随者”和“挑战者”的地位,而处于“领导者”和“补缺者”地位的比例非常低,分别为 2.75%、4.99%,两者累计还不到 8%。而有 41.42% 的企业甚至不清楚自己在行业中所处的地位,如图 6 所示。

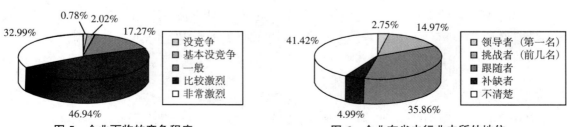

图 5 企业面临的竞争程度　　　　图 6 企业在省内行业中所处地位

从纵向关系看，企业与主要供应商、客户的讨价还价能力处于被动地位，往往是价格接受者。13.08%、7.72%的企业在与主要供应商的讨价还价能力方面表示"较弱"和"弱"，表示"讨价能力一般"的比例为59.19%，三者的总和接近80%。而与主要供应商讨价还价能力强的小微企业仅占3.78%，见图7。

　　与客户讨价还价能力方面，选择"弱"和"较弱"的比例分别为7.00%、14.68%，讨价能力一般的比例为62.23%，三者的比例总高达83.91%。而与客户讨价还价能力"强"和"比较强"的小微企业仅占16.09%，如图8所示。

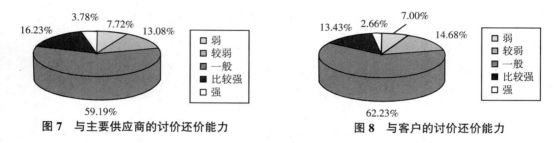

图7　与主要供应商的讨价还价能力　　　　图8　与客户的讨价还价能力

（四）承载着较大的资金融通压力

　　从企业销售回款情况看，仅有41.71%的企业表示"能正常回收"，而32.53%表示"收账期延长"，20.19%表示"销售货款拖欠较严重"，5.56%表示"呆死账较多"，如图9所示。

　　销售回款不畅导致了小微企业出现了一定程度上的资金短缺度。1.61%的企业甚至表示"资金链接近断裂、企业有倒闭危险"，15.63%的企业表示"有较大资金缺口"，45.22%的企业表示"略有资金缺口"，如图10所示。

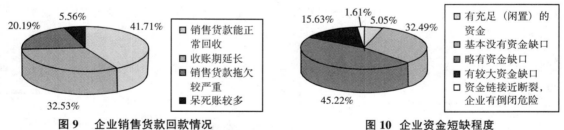

图9　企业销售货款回款情况　　　　图10　企业资金短缺程度

　　面临资金短缺时，小微企业的融资途径仍是以传统的"向亲戚朋友借贷"为主，占27.16%。其次为中、农、工、建四大银行贷款，占17.52%。城市商业银行、信用社等地方性银行机构贷款，占14.72%；引进合伙人或投资者则占14.18%，如图11所示。

　　从银行贷款、非银行金融机构贷款、民间借贷三种途径的分析看，小微企业获得借款的难度普遍较大。特别是从金融机构获得贷款的难度非常大。从银行获得贷款方面，表示"根本不可能"的占3.74%，"困难"的占28.16%，"有点困难"的占39.93%，如图12所示。

　　当然，从调查结果看，69.08%的小微型企业没有融资的经验。而从有融资经验的企业（30.92%）看，有17.29个百分点的企业都在10%以上，成本比率在10%~26%（不含）之间的有14.51个点；在26%~50%之间的，占2.13个点；成本比率在50%及以上的，占0.65%。仅有13.63%的企业融资成本在10%以下，如图13所示。

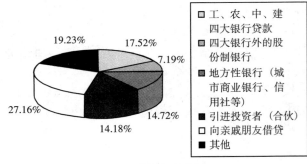

图 11　融资方式分布

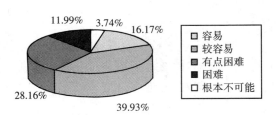

图 12　从银行获得贷款的难易程度

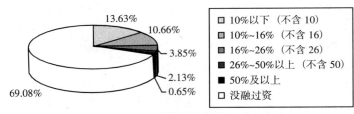

图 13　企业进行外部融资的综合成本分布

（五）企业的创新能力薄弱

从调研情况看，80%的小微企业均表示并未设置研发部门，虽然12%的企业有研发部门，但水平较低，基本上没有级别。其他有级别的研发部门（区县级、市级、省级、国家级）的比例累计之和还达不到10%，其中国家级的技术中心的比例仅为1%，如图14所示。

从企业的创新方式，主要是以模仿或模仿基础上改进及自主研发的创新方式为主，两者分别为22.52%、22.95%。而"与其他部门合作开发"和"从国内外引进"的两种创新方式的比例较低，分别仅为13.65%、5.77%，如图15所示。

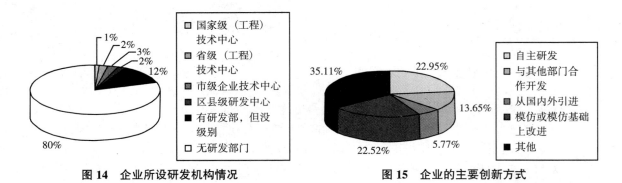

图 14　企业所设研发机构情况　　　　　图 15　企业的主要创新方式

三、影响小微企业生存与发展的因素间关系分析

从财务的视角看，企业生存与发展受到公司盈利能力、现金流量能力和股本扩张能力的影响（张祥建，2004；Coad，2007）。但小微企业由于自身规模小、风险高等劣势，使得其融资困难问

题十分突出，资金瓶颈制约着小微企业的发展壮大。而销售回款情况、企业融资方式、资金短缺度、获得借款的难易程度等影响企业资金融通问题的关键（张玉明、段升森，2012）。从转型与提升的视角看，创新对小微企业的发展至关重要（赵坚，2008）。创新能力体现在研发实力、研发方式、科技成果等层面。从产业环境的视角，新的竞争对手进入、替代品的威胁、买方议价能力、卖方议价能力以及现存竞争者之间的竞争五种力量综合起来决定了产业吸引力（Porter，1979）。此外，政府税收等因素是制约小微企业成长的重要因素（杜传忠、郭树龙，2012）。下文将主要对企业盈利、资金融通、政府服务等影响因素及相互的路径关系进行分析。

（一）分析方法

本文通过建立路径分析模型，探讨企业盈利、资金融通以及政府服务等因素间相互关系。路径分析的模型中包含15个观测变量、3个潜变量。观测变量包括盈利情况、销售利润率、要素涨价对利润率影响、从银行获得贷款难易、从非银行金融机构获得贷款难易、民间借贷难易、是否得到过政府专项资金支持、创业时是否得到过政府帮助、员工是否得到过政府的技能培训补助、是否得到过政府性担保公司的担保服务、是否得到过应收账款等的质押贷款、是否得到过小微型企业的所得税优惠。本文使用AMOS17.0软件进行结构方程的建模。

（二）模型适配度检验

对政府服务、盈利性和资金融通三者关系的路径分析模型的适配度进行检验，各项指标均达到标准，假设模型适配情形良好。回归系数参数结果中，除三个参照指标设为1不予估计外，其余回归加权值均达到显著，表示模型的内在质量佳，如表1所示。

表1　路径分析模型适配度检验摘要

拟合指数	X²/df	P	RMR	RMSEA	GFI	AGFI	NFI	CFI	IFI	TLI	PNFI
适配标准	<2.00	>0.05	<0.05	<0.08	>0.90	>0.90	>0.90	>0.90	>0.90	>0.90	>0.50
检验结果	0.94	0.60	0.00	0.00	0.99	0.99	0.99	1.00	1.00	1.00	0.72
适配判断	是	是	是	是	是	是	是	是	是	是	是

（三）模型参数估计

由估计结果可知，政府服务到盈利性、政府服务到资金融通盈利性到资金融通确实存在着显著的路径关系。这三条路径的系数均是正的，其大小分别为0.14、0.14和0.21，其中盈利性对资金融通的影响系数较大一些，各个系数的显著性也都在0.001水平，如图16所示。

通过路径关系分析表明，小微企业自身的能力——盈利性能直接影响其融资状况，而政府服务既可以直接影响小微企业的资金融通，也可以通过正向影响盈利性间接影响小微企业的资金融通，如表2所示。

改善小微企业融资状况有以下几条主要途径：一是提高小微企业的盈利能力。一方面盈利性提高，企业的收益增大，增强了其融资的实力；另一方面，金融机构更愿意贷款给盈利性好的企业。二是政府可以通过财政政策、税收政策和服务支持等改善小微企业的融资状况。三是政府服务还可以帮助小微企业提高其盈利性，通过盈利性间接缓解小微企业融资难的问题。

（四）政府对小微企业的服务状况分析

政府对小微企业的服务主要通过小微企业是否得到过政府专项资金支持、是否得到过政府部门所提供的帮助、融资所进行的担保服务、所得税优惠等指标来反映。

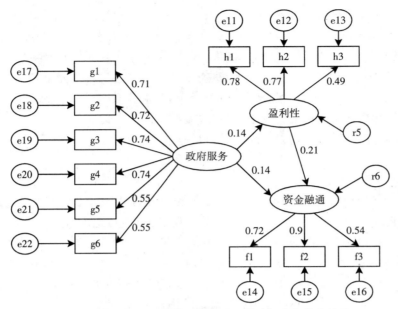

图 16　政府服务、盈利性和资金融通的路径分析输出结果

表 2　路径分析的参数估计及其显著性

	观测变量	参数估计值及显著性
盈利性	近 3 年总盈利	0.784（固定参数）
	近 3 年销售利润率	0.768***
	要素涨价对利润率影响	0.485***
资金融通	从银行获得贷款难易	0.717（固定参数）
	从非银行金融机构获得贷款难易	0.899***
	民间借贷难易	0.539***
政府服务	是否得到过政府专项资金支持	0.708（固定参数）
	创业时是否得到过政府帮助	0.715***
	员工是否得到过政府的技能培训补助	0.743***
	是否得到过政府性担保公司的担保服务	0.737***
	是否得到过应收账款等的质押贷款	0.547***
	是否得到过小微型企业的所得税优惠	0.553***

　　政府在对小微企业提供的相关支持政策宣传、政策实施等方面的工作并不到位。以问卷中"贵企业是否知晓国家、省、市出台有支持小、微企业发展的政策"为例，39.64%的小微企业回答"否"。在回答"是（知晓）"的小微企业中仅有 20.89%（全样本的 12.61%）得到过其中某项或多项政策的支持。这一结果说明或许是受限于小微企业不能满足政策支持所需条件，以及支持政策的覆盖面还不够等原因，基本上的小微企业均未能真正获得过政策的支持，甚至相关支持政策对小微企业来说"闻所未闻"。

　　具体到政府为支持小微型企业发展所提供的专项资金政策的问卷中，有 32.24%的小微企业表示"根本不知道有这一回事"，59.22%的小微企业表示"知道，但没得到过"和"知道，不需要（没进行申请）"；仅有 8.54%的小微企业真正得到过该项政策支持。

　　具体到政府对小微企业提供员工技能培训补助的问卷中，有 38.31%的小微企业表示"根本不知道有这一回事"，49.69%表示"知道，但没得到过"和"知道，不需要（没进行申请）"；只有 12.01%真正得到过该项政策支持。

具体到政府为小微企业融资提供担保服务的问卷中，有37.07%的小微企业表示"不知道有这一回事"，57.20%的小微企业表示"知道，但没得到过"和"知道，不需要（没进行申请）"；仅有5.74%的小微企业真正得到过该项政策支持。

但具体到政府对小微企业创业时（包括转型中的再次创业）所提供帮助的问卷中，有31.42%的小微企业表示"不知道有这一回事"，48.22%的小微企业表示"知道，但没得到过"和"知道，不需要（没进行申请）"；有20.35%的小微企业真正得到过该项政策支持。

具体到行业协会对企业提供相关服务或帮助情况的问卷中，有32.49%的小微企业表示"从没接触过行业协会"；5.58%的小微企业表示"较差"或"差"；35.81%的小微企业选择"一般"；但有26.12%的小微企业选择了"很好"或"较好"。

此外，小微企业期望得到政府的扶助政策中，"增值税改革、所得税减免"、"建立服务中小企业的公共平台"、"融资担保、利息补贴"、"其他各种费用减免"等选项较多，均超过了10%，分别为23.27%、15.41%、14.50%、13.02%。而期望得到"市场、科技等相关信息"、"企业管理者培训"与"普通员工培训"、"技术研发及技改上的优惠政策"、"建立小企业基地提供厂房承租"、"政府主导型投资项目的规划"等方面也有较大的比例。

四、改善小微企业生存状况的对策建议

（一）结论

通过调研数据分析可以得到以下结论：

（1）小微企业生存和发展状况不佳。小微企业面临着激烈的行业竞争，生存压力较大；在与主要供应商、客户的讨价还价能力比较中处于被动的地位，在资金融通方面则是受到款项回收与融资的双重难题制约。另外，特别是代表小微企业发展能力的盈利情况、销售增长能力以及创新能力也是非常不足。

（2）通过路径关系分析模型发现，小微企业盈利性能直接影响其融资状况，而政府服务既可以直接影响小微企业的资金融通，也可以通过正向影响盈利性间接影响小微企业的资金融通。

（3）从政府服务环境因素看，政府在对小微企业提供的相关支持政策宣传、政策实施等方面的工作仍不到位，如何让小微企业快捷、准确地了解到国家、省、市对其提供的服务及相关支持政策，并使所宣称的政策落地、真正有效实施、惠及真正需要帮助与服务的小微企业，将是政府服务小微企业工作的重点。

（二）政策建议

基于上述研究结论，本文提出以下的政策建议。

（1）多角度提高小微企业的生存能力。如完善小微企业财务、资金管理，解决回款慢的问题；增强小微企业自身素质，提高其产品的附加值，提高小微企业的盈利性；增强企业的学习能力和知识获取能力，提升企业在产业链上下游的讨价还价能力（张宗益等，2007）。

（2）小微企业融资难的问题需要通过提高企业自身盈利能力、政府服务能力等途径解决。小微企业应从提高自身盈利能力的角度，获得更多的融资机会及更低的融资成本。政府则可以通过加大小微企业税费优惠力度，帮助建立小微企业融资保障体系，构建小微企业信用信息平台，完善信用担保制度，提供更多、更有效的融资服务。

（3）政府在对小微企业提供支持政策时，需关注政策的宣传环节，确保小微企业管理者都能及时了解相关支持政策。在政策制定与实施过程中，需要充分调动小微企业的参与热情，使政策能更好地落地，真正有效实施，最终惠及真正需要帮助与服务的小微企业。

参考文献：

[1] Coad A., Testing the Principle of "Growth of the Fitter": The Relationship Between Profits and Firm Growth [J]. Structural Change and Economic Dynamics, 2007, 18（3）: 370-386.

[2] Porter, M.E., How Competitive Forces Shape Strategy [J]. Harvard Business Review 1979, 57（2）: 137-145.

[3] 杜传忠, 郭树龙. 经济转轨期中国企业成长的影响因素及其机理分析 [J]. 中国工业经济, 2012 (11).

[4] 张祥建, 裴峰, 徐晋. 上市公司核心能力、盈利性与成长性的实证研究——以"中证·亚商上市公司 50 强"为例 [J]. 会计研究, 2007 (7).

[5] 张玉明, 段升森. 中小企业成长能力评价体系研究 [J]. 科研管理, 2012 (7).

[6] 张宗益, 李忠云, 龙勇. 竞争性技能联盟中企业讨价还价能力实证研究 [J]. 系统工程学报, 2007 (2).

[7] 赵坚. 我国自主研发的比较优势与产业政策：基于企业能力理论的分析 [J]. 中国工业经济, 2008 (8).

[8] 中华人民共和国工业和信息化部. 2013 年计算机行业年度报告 [EB/OL]. http://www.miit.gov.cn/n11293472/n11293832/n11294132/n12858387/15801467.html, 2013-12-30.

战略授权、软预算约束与中国国有企业产能过剩

——基于混合寡占竞争模型的理论研究

向洪金

（湖南师范大学商学院，湖南长沙 410081）

一、引　言

当前，受国际金融危机的深层次影响，国际市场持续低迷，加上国内需求增速趋缓，我国部分产业供过于求矛盾凸显，从钢铁、水泥、煤炭、电解铝、造船等高消耗、高排放的传统产业到风电设备、多晶硅等高新产业，产能过剩问题日益严重。截至 2012 年年底，我国钢铁、水泥、电解铝、平板玻璃、船舶产能利用率分别仅为 72%、73.7%、71.9%、73.1% 和 75%，明显低于国际公认的产能正常利用水平 82%。当前部分行业的严重产能过剩对我国经济活动产生了不利影响，微观上，低水平的产能利用率导致了企业利润低下，企业倒闭或开工不足，引发员工下岗失业；宏观上，产能过剩造成行业由于缺少研发资金而创新缺乏、资源浪费和环境污染。"产能过剩本是市场经济的一种正常现象，一定程度的过剩也有利于形成市场竞争，提高效率。但产能严重过剩将冲击正常的市场秩序，进而引发一系列问题，必须及时加以有效引导、抑制和化解。"

化解产能严重过剩的矛盾，已成为十八大之后我国推进经济体制改革、调整产业结构的重中之重。而化解产能过剩矛盾的关键在于找到造成我国部分行业产能严重过剩的根源。在上面列举的产能严重过剩的行业中，几乎都是国有大中型企业占主导地位，同时又与一些民营企业并存竞争的行业。这表明市场整体需求乏力固然是造成当前我国产能过剩的原因之一，但是，根本原因在于国有企业的经营体制。"产能过剩问题，不会出现在完全垄断行业，不会出现在完全竞争行业，只会出现在多种所有制一起上，垄断与竞争并存的行业"（周其仁，2006）。虽然近年来国内研究产能过剩的文献不在少数，但已有文献以宏观层面分析居多，微观企业层面的分析不足，而且已有相关文献往往忽略了国有企业与民营企业在产能选择方面的差异性。本文通过构建混合寡占竞争模型，从理论上探讨政府对国有企业的软预算约束与国有企业经理人员激励制度对国有企业与民营企业产能选择的影响。

[基金项目] 国家社科基金重大项目（1282D070）、国家自然科学基金项目（71103059）、湖南师范大学优秀人才项目（2013YX06）、湖南省科技厅计划项目（TYH10532）的资助。

[作者简介] 向洪金（1976~）：男，湖南怀化人，应用经济学博士、湖南师范大学商学院副教授、硕士生导师，主要研究方向：国际贸易理论和政策。

二、相关文献综述

（一）国内的相关研究

近年来，产能过剩问题正引起国内越来越多的学者关注，相关文献也不断涌出，在这些文献中以研究产能过剩的原因居多，主要观点集中在两个方面：一是市场失灵论，认为市场不确定性及市场自身调节机制的缺陷导致了产能过剩。林毅夫（2007，2010）等文献认为，市场需求的不确定性以及企业投资决策时的信息不完全是导致产能过剩的一个主要原因。二是体制弊端论，认为我国转轨经济时期的体制扭曲导致企业投资行为扭曲，并最终导致重复建设（张维迎、马捷，1999）。主要诱因包括：信贷歧视、信贷集中、流动性过剩和银行的预算软约束等投融资体制缺陷（张立群，2004；王延惠，2005；刘西顺，2006），以及行政垄断、财政分权、中国地方官员的晋升体制、模糊的土地产权及地方政府的不恰当干预等行政体制缺陷（张维迎、马捷，1999，周黎安，2004、2007；江飞涛、曹建海，2009；张日旭，2012；谭劲松等，2012；江飞涛等，2012）。李静（2011）从企业投资的角度出发，研究认为市场失灵与体制缺陷是导致我国部分行业产能过剩的重要原因。但是也有少数学者认为过度的市场竞争也可能导致产能过剩问题。耿强（2011）、王立国（2012）等少数文献还对我国产能过剩问题进行了实证分析。

综上所述，国内学者对产能过剩问题进行了广泛的研究，成果丰硕，但也存在一些不足。第一，已有相关研究以宏观经济层面的分析居多，对产能过剩的微观机理进行深入研究的文献并不多见；第二，虽然少数文献探讨了政府软预算约束对产能过剩影响，却忽略了我国国有企业经营方式与管理制度对产能过剩的影响；第二，已有文献往往忽略了我国国有企业与民营企业在产能选择上的差异性。

（二）国外的相关研究

国外少数学者利用混合寡占竞争模型，探讨了国有企业与民营企业在产能选择上的差异性。所谓混合寡占竞争（Mixed Oligopoly Competition）市场，是指在同时存在国有企业与私有（民营）企业的寡占竞争市场，相关的模型成为寡占竞争模型。

相关研究表明，国有企业与私有企业在产能选择上确实存在差异性。Nishimori 和 Ogawa（2002）最先利用混合寡占竞争模型研究国有企业与私有企业产能选择的差异性。但关于这种差异性，已有文献得出的结论并不一致。一些研究认为私有企业更有可能出现产能过剩，例如 Lu 和 Poddar（2005）构建产量竞争的混合寡占模型，分析了追求社会福利最大化的国有企业与追求利润最大化的私有企业的产能选择，理论推导得出：在没有政府干预的情况下，私有企业比国有企业更有可能出现产能过剩。Ogawa（2006）也构建了一个产量竞争的混合寡占竞争模型，得到类似的结论，即同国有企业相比，私有企业产能过剩的可能性更大。另一些研究认为国有企业更有可能出现产能过剩，例如 Barcena-Ruiz 和 Carzon（2007）通过构建一个价格竞争的混合寡占模型研究得到与 Lu 和 Poddar（2005）、Ogawa（2006）截然相反的结论：在没有政府干预的情况下，国有企业选择过剩产能，私有企业不会选择过剩产能。Yoshihiro（2013）得到类似的结论：国有企业往往会产能过剩，而私有企业产能是否过剩取决于市场需求的状况。

尽管研究结论并一致，但上述文献有一些共同点：一是假设国有企业的目标函数是社会福利的最大化；二是都没有考虑政府的干预。考虑到我国国有企业尤其是大中型企业的经理几乎都是政府指派，而且我国国有企业大多属于商业性的国有企业，企业经营的直接目标往往是企业利润或者经理人员收益的最大化。因此，上述外文文献的理论假设与我国国有企业的现实是有出入的。

鉴于此，本文对上述外文文献的理论假设进行了重新设定。具体来说，本文模型与上述外文文献中模型的主要不同在于：第一，本文考虑了国有企业与民营企业融资成本的差异性，第二，本文认为，至少在大多数情况下，中国的国有企业尤其是商业性国有企业经营目标并不是为了整个社会福利的最大化。

三、理论模型构建

（一）模型的基本假设

本文假设在封闭经济下存在两类企业：国有企业与民营企业，分别用下标 1 和 2 表示，生产差异产品（Differentiated Goods）。[①] 两类企业在产品价格和产能两个方面展开竞争，即在进行价格竞争之前，国有企业与民营企业分别先决定自己的产能。在企业经营方式上，考虑到中国国有企业经营方式的现状，本文假设国有企业存在战略授权（Strategic Delegation），即政府通过制度激励机制，将国有企业的经营管理授予经理人员，经理人员根据自身利益最大化来行使国有企业的经营决策权力。

根据上述的基本假设，本文的博弈模型包括三个行为主体：政府、国有企业经理、民营企业。博弈过程分为三个主要阶段：第一阶段，政府对国有企业的经营管理进行战略授权，制定对国有企业经理人员的激励机制；第二阶段，国有企业与民营企业选择各自的产能；第三阶段，国有企业与民营企业在市场进行（Bertrand）价格竞争。

假设代表性消费者的消费者剩余函数为：

$$CS = a(q_1 + q_2) - 0.5(q_1^2 + 2bq_1q_2 + q_2^2) - (p_1q_1 + p_2q_2) \tag{1}$$

等式右边前面两部分代表消费者的消费效用，第三部分代表消费者的消费支出。由消费者剩余函数可以推导出市场的反需求（Inverse Demand）函数为：

$$p_i = a - q_i - \theta q_j \quad a > 0, \quad \theta \in (-1, 1), \quad \theta \neq 0 \tag{2}$$

式中，p_i 代表国有企业或民营企业产品的市场价格，q_i 代表国有企业或民营企业产品的产量。θ 代表国有企业与民营企业产品之间的替代关系，且 $\theta \in (1, 0)$，表明两类企业的产品之间为替代品[②]。

生产方面。简单起见，本文假设国有企业与民营企业单位产品的生产成本相同，均为 c。国有企业与民营企业选择的产能分别为 x_1 和 x_2。考虑到国有企业与民营企业在投融资成本方面的巨大差异，国有企业可以享受银行信贷方面的各种优惠，因此融资成本要远低于民营企业。因此，本文对 Ogawa（2006）等文献所采用的总成本函数进行修改，假设国有企业民营企业的总成本函数分别为：

$$C(q_1, x_1) = cq_1 + \lambda(x_1 - q_1)^2$$

---

① 关于开放经济下的模型构建，作者在另一篇论文中有专门的研究。
② 如果 $\theta \in (1, 0)$，表明两类企业的产品之间为互补品，本文模型暂不考虑这种情况。

$$C(q_2, x_2) = cq_2 + \lambda(x_2 - q_2)^2 \tag{3}$$

式中，λ 表示国有企业投融资成本系数，且 $0 < \lambda \leq 1$，这表明与民营企业相比，相同规模的国有企业的投融资成本要低。上面的成本函数还表明，不论是国有企业还是民营企业，给定某个产量，只有当产量等于产能时，企业的总成本才会最低。或者说产能不足或过剩都会导致企业的总成本增加。

两类企业的利润函数为：
$$\pi_1 = (p_1 - c)q_1 - \lambda(x_1 - q_1)^2$$
$$\pi_2 = (p_2 - c)q_2 - (x_2 - q_2)^2 \tag{4}$$

企业的目标函数。当前我国政府对国有大中型企业的管理几乎都是采取委托代理制度，即政府指派职业经理来管理国有企业，并制定对经理人员的激励机制。这种管理制度在寡占竞争理论（Oligopoly Theory）中称战略授权（Strategic Delegation）。考虑到国有企业存在战略授权，国有企业的经营决策权属于职业经理，而职业经理根据自身利益最大化决定国有企业的生产经营活动。因此，国有企业的目标函数实际上转化为国有企业经理的目标函数。假设政府对国有企业经理人员的激励制度如下：
$$\Omega = \beta\pi_1 + (1-\beta)q_1 \quad \beta \in (0, 1) \tag{5}$$

式（5）表明，国有企业经理人员的报酬包括两部分：利润提成加产量提成。其中 π_1 代表国有企业的利润，q_1 代表国有企业的产量，β 代表经理人员报酬中的利润提成系数，$1-\beta$ 代表经理报酬中的产量提成系数。β 的大小由政府决定，β 越大，表明政府越看重国有企业的盈利能力，β 越小，则 $1-\beta$ 越大，表明政府越看重国有企业的社会福利功能。[①]

为简单起见，本文不考虑民营企业的战略授权问题，民营企业的经营目标就是自身利润最大化，因此，其目标函数就是 π_2。

国有企业经理的目标函数为：
$$\beta[(a - q_1 - \theta q_2 - c)q_1 - \lambda(x_1 - q_1)^2] + (1 - \beta)q_1 \tag{6}$$

民营企业的目标函数为：
$$(a - q_2 - \theta q_1 - c)q_2 - (x_2 - q_2)^2 \tag{7}$$

假设政府追求整个社会福利的最大化，社会福利等于消费者剩余加两类企业的利润，因此，政府的目标函数为：
$$W = CS + \pi_1 + \pi_2 \tag{8}$$

其中的消费者剩余可以简化为：$CS = 0.5(q_1^2 + q_2^2) + \theta q_1 q_2$。

（二）模型的纳什均衡解

上面的假设表明，本文构建的是一个三阶段博弈模型，因此，采取逆向归纳法求整个模型的纳什均衡解。

第一步，首先求解第三阶段国有企业与民营企业的最优产量。根据目标函数最大化的一阶条件求解得到两企业的最优产量分别为：

$$q_1 = \frac{4(1-\beta) + (4-\beta)(a-c)\beta + 8\beta\lambda x_1 - 2\beta\theta x_2}{\beta(8 + 8\lambda - \theta^2)}$$

$$q_2 = \frac{\beta(2 + 2\lambda - \theta)(a-c) - \theta(1-\beta) - 2\beta\theta\lambda x_1 + (1+4\lambda)\beta x_2}{\beta(8 + 8\lambda - \theta^2)} \tag{9}$$

第二步，求解企业最优产能。将上面求得的两类企业最优产量分别代入国有企业与私有企业

---

① 由于企业的产量越大，消费者的剩余也越大。

的目标函数，同样根据目标函数最大化的一阶条件，可以求解出两类企业的纳什均衡产能选择分别为：

$$x_1 = \frac{8(1+\lambda)\{4(1-\beta)[\theta^2-4(1+\lambda)]-\beta(a-c)[-4\theta^2+\theta^3+(16-8\theta)(1+\lambda)]\}}{\beta[\theta^6-24\theta^4(1+\lambda)-256(1+\lambda)^2+32\theta^2(5+8\lambda+3\lambda^2)]}$$

$$x_2 = \frac{8(1+\lambda)\{\theta(1-\beta)[8(1+\lambda)-\theta^2]-\beta(a-c)[\theta^3+(16-8\theta-2\theta^2)(1+\lambda)]\}}{\beta[\theta^6-24\theta^4(1+\lambda)-256(1+\lambda)^2+32\theta^2(5+8\lambda+3\lambda^2)]} \quad (10)$$

然后再将两类企业的最优产能式（10）代入式（9），化简后得到两类企业的纳什均衡产量为：

$$q_1 = \frac{[\theta^2-8(1+\lambda)]\{4[(\theta^2-4(1+\lambda))(\beta-1)+\beta(a-c)[-4\theta^2+\theta^3+(16-8\theta)(1+\lambda)]\}}{\beta[\theta^6-24\theta^4(1+\lambda)-256(1+\lambda)^2+32\theta^2(5+8\lambda+3\lambda^2)]}$$

$$q_2 = \frac{[\theta^2-8(1+\lambda)]\{(1-\beta)\theta[\theta^2-8(1+\lambda)]+\beta(a-c)[\theta^3+(16-8\theta-2\theta^2)(1+\lambda)]\}}{\beta[\theta^6-24\theta^4(1+\lambda)-256(1+\lambda)^2+32\theta^2(5+8\lambda+3\lambda^2)]} \quad (11)$$

第三步，求解政府对国有企业经理的最优激励设置。假设政府追求社会福利最大化，则可以进一步求解出政府对国有企业经理人员的最优激励设置，由于本文重点考察企业的产能选择，因此为节省篇幅，本文对国有企业最优激励问题不深入探讨。

四、产能过剩问题及其影响因素

（一）产能过剩

根据国有企业与民营企业的最优产量与产能，就可以分析两类企业的产能是否过剩问题。

为此，将两类企业的最优产能与产量进行比较，可以得到：

$$x_1-q_1 = \frac{\theta^2\{4[\theta^2-4(1+\lambda)](1-\beta)+(a-c)[(4\theta^2-\theta^3-(16-8\theta)(1+\lambda)]\}}{\beta[\theta^6-24\theta^4(1+\lambda)-256(1+\lambda)^2+32\theta^2(5+8\lambda+3\lambda^2)]} > 0 \quad (12)$$

式（12）是国有企业的最优产能 x_1 与最优产量 q_1 的差额。由于本文假设 $a>c$，$0<\beta<1$，$0<\theta<1$，$0<\lambda<1$，不难证明在纳什均衡时有 $x_1-q_1>0$。这表明国有企业均衡产能大于均衡产量，国有企业存在产能过剩。

同样将民营企业的最优产能与最优产量进行比较，得到：

$$x_2-q_2 = \frac{-\theta^2\{(1-\beta)\theta[\theta^2-8(1+\lambda)]-\beta(a-c)[\theta^3+(16-8\theta-2\theta^2)(1+\lambda)]\}}{\beta[(\theta^6-24\theta^4(1+\lambda)-256(1+\lambda)^2+32\theta^2(5+8\lambda+3\lambda^2)]} < 0 \quad (13)$$

从式（13）不难看出 $q_2-x_2<0$，民营企业的均衡产能与产量之差也小于零，这表明，在纳什均衡时，民营企业存在产能不足。

结论1：政府对国有企业的战略授权与软预算约束，不仅导致国有企业产能过剩，而且还会导致民营企业产能不足。

（二）产能过剩的影响因素

上面的分析表明，当政府对国有企业进行战略授权与软预算约束时，不论是国有企业还是民营企业都会存在产能过剩问题。下面进一步探讨国有企业的战略授权与软预算约束具体如何影响国有企业与民营企业的产能过剩。

1. 先考察软预算约束对国有企业产能过剩的影响

本文认为，当前我国国有企业软预算约束主要体现在国有大中型企业很容易以民营企业低得多的成本从银行贷款。因此，本文在国有企业产能成本前加一个融资成本系数 λ，且 $0<\lambda<1$，λ

越小，代表国有企业的融资成本越低。为了考察软预算约束对国有企业产能过剩的影响，将 $x_1 - q_1$ 对软预算约束系数 λ 进行求偏导数，得到：

$$\frac{d(x_1 - q_1)}{d\lambda} = \frac{-\theta^2\{\theta(1-\beta)[\theta^2 - 8(1+\lambda)] - \beta(a-c)[\theta^3 + (16 - 8\theta - 2\theta^2)(1+\lambda)]\}}{\beta[\theta^6 - 24\theta^4(1+\lambda) - 256(1+\lambda)^2 + 32\theta^2(5 + 8\lambda + 3\lambda^2)]} < 0 \quad (14)$$

显然，$\dfrac{d(x_1 - q_1)}{d\lambda} < 0$，这表明，国有企业产能过剩与国有企业融资成本呈负相关关系。即当其他条件不变时，国有企业的投融资成本系数 λ 越大，国有企业产能过剩的程度越小；反之亦然。因此，提高国有企业的融资成本，将有利于缓解当前我国国有大中型企业产能过剩。我国国有企业的投融资成本对国有企业产能过剩的影响也可以用图形来表示。将式（14）中右边的其他参数取固定值，本文令 $a = 10$，$c = 5$，$\theta = 0.5$，$\beta = 0.5$，然后利用 Mathemati9.0 软件作图得到图 1。

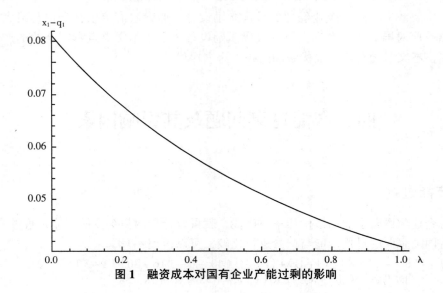

图 1　融资成本对国有企业产能过剩的影响

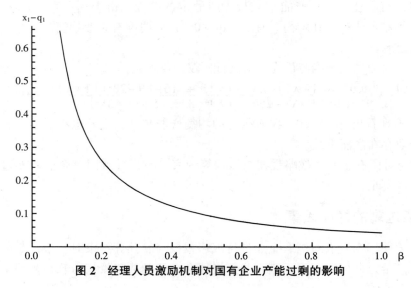

图 2　经理人员激励机制对国有企业产能过剩的影响

从图 1 至少可以看出两点：第一，在本文的假设条件下，$x_1 - q_1$ 的取值为正，即 $x_1 - q_1 > 0$，这表明国有企业存在产能过剩问题；第二，当其他条件不变时，国有企业的融资成本与产能过剩呈反向变动，或者说，国有企业融资成本越高（低），国有企业的产能过剩程度越低（高）。

2. 经理人员激励机制对国有企业产能过剩的影响

根据模型的假设，参数 β 代表经理人员报酬中利润提成系数，$1-\beta$ 代表经理报酬中产量提成系数。为了考察国有企业经理人员激励机制对国有企业产能过剩的影响，将 x_1-q_1 对 β 求偏导数，得到：

$$\frac{d(x_1-q_1)}{d\beta}=\frac{4\theta^2[4(1+\lambda)-\theta^2]}{\beta^2[\theta^6-24\theta^4(1+\lambda)-256(1+\lambda)^2+32\theta^2(5+8\lambda+3\lambda^2)]}<0 \tag{15}$$

显然，$\frac{d(x_1-q_1)}{d\beta}<0$，这表明国有企业的产能过剩与国有企业经理人员报酬中利润提成系数呈反方向变动。提高国有企业经理人员报酬中的利润提成系数，国有企业的产能过剩程度将降低。

结论 2： 在其他条件不变时，国有企业融资成本以及国有企业经理人员报酬中的利润提成系数都与国有企业产能过剩呈负相关关系，或者说，提高国有企业融资成本或者提高国有企业经理人员报酬中的利润提成系数，都可以降低国有企业的产能过剩程度。

3. 国有企业融资成本对民营企业产能过剩的影响

前面的分析结果表明，当国有企业存在软预算约束以及战略授权时，国有企业存在产能过剩，而民营企业则产能不足。下面我们进一步分析国有企业融资成本具体如何影响民营企业的产能不足，为此将 x_2-q_2 对国有企业融资成本系数 λ 求偏导数，得到：

$$\frac{d(x_2-q_2)}{d\lambda}=\frac{8\theta^2(8-3\theta^2)[8(1+\lambda)-\theta^2]\{[8\theta(1-\beta)(1-\lambda)]-\beta(a-c)(16-8\theta-2\theta^2)(1+\lambda)\}^2}{\beta[\theta^6-24\theta^4(1+\lambda)-256(1+\lambda)^2+32\theta^2(5+8\lambda+3\lambda^2)]^2}>0 \tag{16}$$

不难证明 $\frac{d(x_2-q_2)}{d\lambda}>0$，这表明民营企业产能过剩与国有企业融资成本具有正相关关系，或者说，国有企业融资成本越低，民营企业产能过剩越低；反之亦然。这一点也可以用图形来说明，同样令 $a=10$，$c=5$，$\theta=0.5$，$\beta=0.5$，然后利用 Mathematic 9.0 软件作图得到图 3。

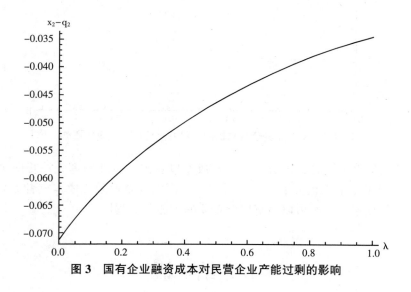

图 3 国有企业融资成本对民营企业产能过剩的影响

从图 3 至少可以得到两点：第一，在给定参数值的情况下，$x_2-q_2<0$，这表明民营企业的产能不足；第二，随着 λ 增加，民营企业产能不足程度降低，即当其他系数保持不变时，民营企业产能不足随着国有企业融资成本的增加而降低。可能的经济学解释是，国有企业的软预算约束降低了资源配置的效率，不仅导致国有企业的产能过剩，而且还导致民营企业融资困难，从而使民营企业的产能不足。

4. 国有企业战略授权对民营企业产能过剩的影响

最后考察国有企业战略授权民营企业产能过剩的影响。为此将 $x_2 - q_2$ 对国有企业经理人员利润提成系数 β 求偏导数，得到：

$$\frac{d(x_2 - q_2)}{d\beta} = \frac{\theta^3 \left[\theta^2 - 8(1+\lambda) \right]}{\beta^2 \left[\theta^6 - 24\theta^4(1+\lambda) - 256(1+\lambda)^2 + 32\theta^2(5+8\lambda+3\lambda^2) \right]} > 0 \tag{17}$$

显然 $\frac{d(x_2 - q_2)}{d\beta} > 0$，这表明 $x_2 - q_2$ 与国有企业战略授权指数 β 呈正相关关系。根据式（13）我们知道 $x_2 - q_2 < 0$，即民营企业产能不足。而根据假设，β 代表国有企业经理人员报酬中利润提成系数。因此，式（17）表明，当政府对国有企业经理人员的考核越注重绩效（β 越大），民营企业产能不足的程度越低（$x_2 - q_2$ 越大）。可能的经济学解释是，当政府提高国有企业经理人员报酬中的利润提成系数 β 时，国有企业经理人员将更加看重国有企业的赢利大小，从而减少产量提高价格。追求利润最大化的民营企业也会采取同样的行为（减少产量提高价格），从而在一定程度上缓解民营企业的产能不足。

这一点也可以用图形来证明，令 $a=10$，$c=5$，$\theta=0.5$，$\lambda=0.5$，然后利用 Mathematic9.0 软件作图得到图 4。从图 4 可以看出：第一，在给定参数值的情况下，$x_2 - q_2 < 0$，这表明民营企业的产能不足；第二，随着 β 增加，$x_2 - q_2$ 越大，民营企业产能不足程度降低。

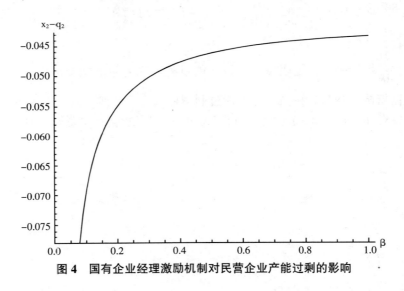

图 4　国有企业经理激励机制对民营企业产能过剩的影响

结论 3：在其他条件不变时，国有企业融资成本以及国有企业经理人员报酬中的利润提成系数都与民营企业产能不足呈正相关关系，或者说，提高国有企业融资成本或者提高国有企业经理人员报酬中的利润提成系数，都可以缓解民营企业的产能不足程度。

五、结　语

产能过剩已成为我国钢铁、电解铝、船舶、光伏等行业利润大幅下滑、企业经营困难的重要原因。如不及时找到我国产能过剩的根源并采取有效措施加以化解，势必会加剧市场恶性竞争，造成行业亏损面扩大、企业职工失业、银行不良资产增加、能源资源瓶颈加剧、生态环境恶化等问题，直接危及产业健康发展，甚至影响到民生改善和社会稳定大局。通过构建混合寡占竞争模型，本文深入揭示了我国国有企业战略授权以及软预算约束对我国国有企业与民营企业产能选择的影响。理论推导表明，国有企业软预算约束以及国有企业片面追求产量的粗放式经营均可导致国有企业的产能过剩，同时导致民营企业的产能不足。理论研究还表明，提高国有企业的投融资成本或者提高国有企业的经营绩效可以有效降低国有企业的产能过剩，并缓解民营企业的产能不足问题。

本研究表明，导致我国部分行业产能过剩的根本原因是由于政府对国有企业的软预算约束以及国有企业经理人员的考核制度和薪酬制度存在缺陷。因此，为了从根源上解决我国产能过剩问题，重点应做好以下几方面的工作：

第一，定位好政府与市场在产能过剩治理中的角色。应该让市场在资源配置中发挥决定性作用，政府和市场的角色错位，政府在解决产能过剩问题时大包大揽，这样不仅会造成市场的大起大落，而且会导致资源的浪费。

第二，积极推进国有企业制度改革。要想从根源上避免产能过剩问题，必须改变国有大中型企业的经营方式，由粗放式经营改为集约型经营，建立现代企业制度，让国有企业真正成为自负盈亏的市场主体。同时，对国有企业经理人员的薪酬与考核制度改革，将企业利润与经营绩效作为经理人员报酬的主要依据。

第三，积极推进财税、金融制度改革。取消国有企业尤其是盈利性国有企业的各种财政、税收优惠政策，取消国有企业在投融资等环节的政策性优惠，为国有企业与民营企业创造一个公平的竞争环境。

参考文献：

[1] A. Nishimori and H. Ogawa. Public Monopoly, Mixed Oligo Poly and Productive Efficiency [J]. Australian Eco- nomic Papers, 2002, 41 (2): 85-190.

[2] Ogawa, H. Capacity Choice in the Mixed Duopoly with Product Differentiation [J]. Economics Bulletin, 2002, 12 (8): 1-6.

[3] Lu, Y. and S. Poddar. Mixed Oligopoly and the Choice of Capacity [J]. Research in Economics, 2005 (59): 365-374.

[4] Lu, Y. and S. Poddar. The Choice of Capacity in Mixed Duopoly under Demand Uncertainty [R]. Manchester School, 2006 (74): 266-272.

[5] Yasuhiko Nakamura. Capacity Choice in a Price-Setting Mixed Duopoly with Network Effects [J]. Modern Economy, 2013 (4): 418-425.

[6] Yoshihiro Tomaru and Yasuhiko Nakamura and Masayuki Saito. Capacity Choice in a Mixed Duopoly with Managerial Delegation [J]. Economics Bulletin, 2009, 29 (3): 1904-1924.

[7] 林毅夫. 潮涌现象与发展中国家宏观经济理论的重新构建 [J]. 经济研究, 2007 (6).

[8] 林毅夫, 巫和懋, 邢亦青. "潮涌现象"与产能过剩的形成机制 [J]. 经济研究, 2010 (10).

[9] 周其仁. 产能过剩的原因 [R]. 2006 年 1 月 5 日经济观察报。

[10] 王廷惠. 微观规制理论研究：基于对正统理论的批判和将市场作为一个过程的理解 [M]. 北京：中国经济出版社, 2005.

[11] 刘西顺. 产能过剩、企业共生与信贷配给 [J]. 金融研究, 2006 (3).

[12] 李静, 杨海生. 产能过剩的微观形成机制及其治理 [J]. 中山大学学报（社会科学版）, 2011 (2).

[13] 张立群. 投融资体制改革根本痼疾及出路 [J]. 投资北京, 2004, 创刊号.

[14] 王立国, 张日旭. 财政分权背景下的产能过剩问题研究——基于钢铁行业的实证分析 [J]. 财经问题研究, 2010 (12).

[15] 江飞涛, 曹建海. 市场失灵还是体制扭曲：重复建设形成机理研究中的争论、缺陷与新进展 [J]. 中国工业经济, 2009 (1).

[16] 秦海. 对中国产业过度竞争的实证分析 [J]. 改革，1996（5）.

[17] 吕政，曹建海. 竞争总是有效的吗？——兼论过度竞争的理论基础 [J]. 中国社会科学，2000（6）.

[18] 魏后凯. 从重复建设走向有序竞争 [R]. 北京：人民出版社，2001.

[19] 张维迎，马捷. 恶性竞争的产权基础 [J]. 经济研究，1999（6）.

[20] 周黎安.晋升博弈中政府官员的激励与合作：兼论我国地方保护主义和重复建设问题长期存在的原因 [J]. 经济研究，2004（6）.

[21] 王立国，鞠蕾. 地方政府干预、企业过度投资与产能过剩：26 个行业样本 [J]. 改革，2012（12）.

[22] 耿强，江飞涛，傅坦. 政策性补贴、产能过剩与中国的经济波动 [J]. 中国工业经济，2011（5）.

[23] 张日旭. 地方政府竞争引起的产能过剩问题研究 [J]. 经济与管理，2012（11）.

[24] 江飞涛，耿强，吕大国，李晓萍. 地区竞争、体制扭曲与产能过剩的形成机理 [J]. 中国工业经济，2012（6）.

地方官员任期、企业资源获取与产能过剩

干春晖[1]　邹俊[2]　王健[2]

（1.上海海关学院，上海　201204；

2.上海财经大学国际工商管理学院，上海　200433）

一、问题提出

改革开放以来，中国出现了数轮大范围的产能过剩，该问题一直困扰着各级政府部门。2008年以来的新一轮产能过剩不仅涉及传统的钢铁、水泥、平板玻璃等行业，还涉及光伏、风电设备等战略性新兴产业，波及面广且持续时间长，给宏观经济带来了诸多不利影响。为了解决产能过剩问题，政府出台了一系列政策措施，严格控制各种不符合规定的项目建设。事实表明，各种政策措施难以从根本上解决产能过剩问题。在产能业已过剩的钢铁和电解铝等行业，地方仍然争相上项目，企业产能持续扩张。由于企业是产能扩张的微观主体，因此，解决产能过剩问题的关键是找到激励企业盲目扩张产能的体制因素。

现有研究产能过剩成因的文献中，国内外学者的研究视角有很大差异。国外学者往往侧重于从市场的角度分析产能过剩的成因，认为产能过剩是市场经济条件下的正常现象。当经济繁荣时，企业会加大投资力度，而当需求下降时，厂商在短期内不急于将这些闲置的生产要素处理掉，因为根据经济波动调整生产要素可能需要付出很高的调整成本，短期储存这部分生产要素的成本可能远远小于调整成本，或者因为专用性等原因造成生产要素难以及时退出。当市场中存在潜在进入者时，在位厂商还可能故意把生产能力设置在一个很高的水平，以策略性的过剩生产能力作为可置信威胁，以此提高进入壁垒阻止潜在竞争对手进入。在不同的市场结构下，企业面临的竞争激烈程度不同，产能过剩程度会有差异。

国内学者认为中国的产能过剩有其独特的成因，不能简单地用经济波动和厂商行为解释。有些学者从宏观经济层面分析，认为中国是发展中国家，在产业发展中采取追随战略，全社会很容易对有前景的产业"英雄所见略同"，在投资上出现"潮涌现象"，这些投资项目都完成后，就可能出现严重的产能过剩现象。有些学者从产业层面研究产能过剩问题，测算了工业行业的产能利用率，认为政府对企业的不当干预导致一些产业过度配置资源，压低了企业投资成本，从而形成

［基金项目］国家社会科学基金重大项目"中高速增长阶段经济转型升级研究"（批准号14ZDA021）；浙江省哲学社会科学青年人才基金项目"融资壁垒对民营企业生产率的影响研究"（批准号11ZJQN024YB）；浙江省自然科学基金项目"政企关系、债务期限结构与浙江工业企业创新能力"（批准号LY13G030011）。

［作者简介］干春晖（1968~），男，江苏常熟人，上海海关学院副院长，教授，博士生导师；邹俊（1984—），男，江西赣州人，上海财经大学国际工商管理学院博士研究生；王健（1985~），男，河南南阳人，上海财经大学国际工商管理学院博士研究生。

产能过剩。有些学者从官员晋升激励的角度探讨产能过剩的成因，认为政治锦标赛博弈中，地方官员只关心自己与竞争者的相对位次，不愿意合作，地区之间普遍存在对于投资的补贴性竞争，地方政府的政策性补贴扭曲了要素市场价格，导致全社会过多的产能投入，甚至导致部分行业出现严重的产能过剩现象。

为此，本文从企业资源获取的角度，研究官员晋升激励对于微观层面企业行为的影响，分析地方官员任期影响产能过剩的机理，并利用企业数据对地方官员任期与产能利用率之间的关系进行实证检验。本文发现，在地方官员任期的第 4~5 年，企业的产能利用率较低。主要原因在于，地方官员在该时期的晋升激励最强，向企业提供更多的土地和融资优惠。企业获取资源的成本降低，产生扩张产能投资的冲动，在市场需求难以快速扩张的情况下，容易导致企业产能利用率下降，形成过剩产能。

二、现实基础

（一）实施财政刺激计划后，中国工业产能利用率下降

2008 年金融危机期间，中国政府出台了 4 万亿元的财政刺激计划，这对于保证中国经济稳定增长起到了重要作用，2008~2011 年中国 GDP 保持了 9% 以上的年均增速。然而，在经济总量增长背后却有经济增长质量隐忧，产能过剩问题凸显，经济增长的可持续性受到挑战。国际货币基金组织公布的 2012 年国别评估报告显示，中国工业产能利用率在危机前稍低于 80%，而在危机中推出大规模的财政刺激计划以后，进一步增强了投资，工业产能利用率降到仅有 60% 左右。此轮中国工业产能利用率下降有多方面的原因，比如受金融危机影响，国际市场需求疲软等。政府财政刺激计划也是造成工业产能利用率下降的重要原因之一。一是政府加大了财政支出力度。财政部数据显示，2008 年地方财政支出增速高达 27.80%，为 1995~2013 年的峰值，如图 1 所示。二是企业获取资金的成本下降。中国人民银行公布的数据显示，自 2008 年 11 月 27 日起，金融机构一年期人民币存贷款基准利率下调 1.08 个百分点，其他期限档次存贷款基准利率作相应调整。同时，下调中央银行再贷款、再贴现等利率，为 1998 年以来最大降息幅度。企业在资源成本压低的情况下有扩张产能的冲动。而地方政府为追求地方经济高速增长，有放松产能管制、允许企业扩张产能的动力。由此可见，政府扩大财政刺激，压低了企业获取资源的成本，导致企业扩张产能的冲动，从而使得工业产能利用率下降，形成过剩产能。

（二）地方财政支出呈现周期性变化

中国地方官员对经济有重要的影响。改革开放以来，中国经济保持了 30 多年的高速增长，地方官员在地区经济增长中扮演着非常重要的角色。财政部公布的数据显示，2013 年中国地方财政收入高达 68969 亿元，占 GDP 的比重高达 12.12%，地方政府的财政支出高达 119272 亿元，如图 1 所示。可见，中国地方官员掌握了大量经济资源，且拥有较高的资源处置权，其资源配置行为对经济会产生较大影响。

多项研究表明，西方国家的政府在大选年及其之前更有可能实施扩张性的货币和财政政策。在东欧等地区的一些前社会主义国家的政治经济也呈现出周期性的特点。中国地方官员的行为也受到晋升激励的影响，因而具有周期性的特点，这与西方国家政治商业周期的理论基础是一致的。不同之处在于西方国家的政治商业周期主要由选举驱动，而中国地方官员的晋升在很大程度上取

决于上级党委和组织部门的考核结果，且主要的考核指标是当地 GDP 增长率。Qian 和 Roland 将中国地方政府的激励归因于如下两个方面：一是改革开放以来，随着中央政府逐渐把经济管理的权利下放到地方政府，地方政府自主的经济决策权越来越重要。二是 20 世纪 90 年代实施的财政分权改革，许多财权被下放到地方，地方可以与中央分享财政收入。因而地方政府有着强烈的激励去发展经济，提高财政收入。周黎安认为，政治晋升对于地方政府发展经济的激励作用很重要。

中国政府一届任期一般是 5 年①，在以 GDP 为核心的考核体系下，官员会在换届前 1~2 年加大投资力度促进经济增长，以此提升晋升概率。图 1 展示了 1995~2013 年地方财政支出及其变化趋势，观察 1997~1998 年、2002~2003 年、2007~2008 年和 2012~2013 年这 4 次中央政府换届前后地方政府财政支出的变化发现，在换届前 1 年，政府支出的增长率较高，换届年份明显下降。② 在换届年份，由于官员的任职去向已经明确，通过投资促进经济增长的激励减弱，因而政府支出增速显著下降。

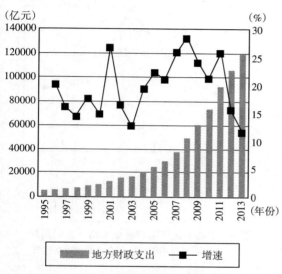

图 1 1995~2013 年地方财政支出及增速
资料来源：根据国家统计局数据整理。

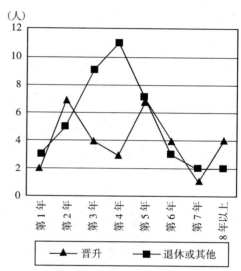

图 2 市委书记任期及岗位变化人数
注：退休或其他包括退休、平调、免职。下同。
资料来源：根据地方官员档案资料整理。

（三）地方官员在任期的不同阶段的晋升激励存在差异，任期影响企业产能利用率

为了提高晋升概率，地方官员可能会在中央政府换届期间扩大地方财政支出，刺激经济增长。基于同样的考虑，地方官员在其任期即将届满时可能会提高干预经济的力度。Guo 考察中国地方政治预算周期时，利用县级官员的数据，发现地方官员新上任的第 1 年或第 2 年被提拔的人数相对较少，也很少有任期在 6 年以上的情况，在任期第 4 年或第 5 年被提拔的概率最大，该时期是地方官员晋升的关键时期。本文整理了 2001~2013 年 25 个城市③市委书记在任期不同阶段的岗位变化情况，如图 2 和图 3 所示。从图 2 可以看出，市委书记在任期的第 4 年获得晋升的人数最多，

---

① 《党政领导干部职务任期暂行规定》明确规定党政领导职务每个任期为 5 年。

② 2007~2008 年地方财政支出变化趋势是个例外，中央政府换届后，地方财政支出增速依然较高，可能是由于地方政府实施财政刺激计划所致。

③ 2012 年世界银行中国企业调查数据来自于以下 25 个城市：合肥、北京、广州、深圳、佛山、东莞、石家庄、唐山、郑州、洛阳、武汉、南京、无锡、苏州、南通、沈阳、大连、济南、青岛、烟台、上海、成都、杭州、宁波、温州。

从图 3 可以看出，市委书记在任期的第 4 年和第 5 年获得晋升的比例较大，分别为 25.58%和 25.93%，而在任期的第 1 年和第 2 年晋升比例较小，仅为 3.53%和 6.49%。可见，地方官员在任期内获得提拔的概率并非均匀分布，根据经验证据，初步假设地方官员晋升的关键时期是任期的第 4 年或第 5 年。

利用 2012 年世界银行中国企业调查数据，以市委书记任期为划分标准，将 25 个样本城市中市委书记任期在 5 年以内的城市分成 5 组，分别计算了每组城市的样本企业的平均产能利用率，如图 4 所示。在市委书记任期的第 4 年或第 5 年，企业的平均产能利用率相比之前年份有了显著下降，[①] 这进一步说明任期的第 4 年或第 5 年是地方官员晋升的关键时期，此时，地方官员会最大限度地动用资源，通过直接或间接的方式激励企业扩大产能，导致企业产能利用率下降。

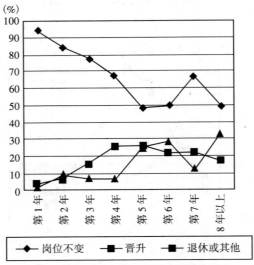

图 3　市委书记任期及岗位变化比例
资料来源：根据地方官员的档案资料整理。

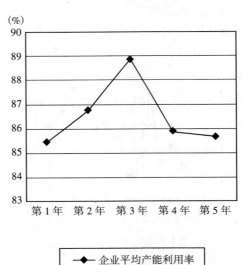

图 4　市委书记任期与企业平均产能利用率
资料来源：根据世界银行中国企业调查数据整理。

三、理论假说

（一）在晋升的关键时期，地方官员更有激励干预经济

地方官员的晋升激励与任期息息相关。作为地方官员的理性选择，地方官员刺激经济的激励也与其晋升时机高度一致，在晋升的关键时期，最大限度地动用资源促进经济增长，此时的经济绩效与其晋升的概率相关性最高。

在中国当前的考核体系下，为了减少地方官员的短视行为，地方官员一般会在某地任职较长时期。从图 3 可以看出，在任期早期，晋升的地方官员比例很低。理性的官员预期到，任职早期的经济绩效与晋升的相关性不大，该时期并非官员晋升的常规时间，其发展经济的努力很可能不会带来晋升的正效用，反而产生努力的负效用。此外，现行的地方官员绩效考核是基于相对绩效

---

① 值得注意的是，在地方官员任期第 1 年，企业的产能利用率较低，可能体现了前任官员的政策效应。

评估方法，如果任职早期的经济绩效较好，到了晋升的关键时期，与之前年份相比，经济的相对绩效难有更好的表现。而且，资源在早期的过度使用会导致晋升关键时期可用资源的匮乏，也不利于地方官员晋升。因此，理性的地方官员不会选择在任职早期动用过多资源。

同样，有晋升激励的官员也不会在任期的较晚阶段才选择动用资源而错过晋升的关键时期。更重要的是，在中国地方官员的晋升考核中，年龄也是一个很重要的考虑因素。各种行政级别都对官员晋升年龄做了相应规定。如果地方官员在某个职位上成长较慢，年龄将成为其晋升的障碍。因此，为了尽早获得晋升机会，理性的地方官员会在晋升的关键时期最大限度地动用资源，促进经济增长。

一般而言，地方官员任职时间越长，掌握的资源也越多。与外调入的官员相比，本地提拔的官员在当地任职时间更长，掌握的资源更多，配置资源的能力更强。因此，在晋升的关键时期，本地提拔的官员对经济的干预能力更强，能够向企业提供更多资源，对企业的生产和投资行为影响可能更大。

假说1：为了追求经济绩效，地方官员会在晋升概率较高的时期增强其对经济的干预力度，最大限度地动用资源促进经济增长。与非本地提拔的地方官员相比，本地提拔的地方官员对经济的干预能力更强。

（二）在地方官员晋升的关键时期，企业获取资源的成本降低

地方官员拥有重要资源的自由配置权，涉及土地和金融资源的配置，对企业获取资源的成本产生重大影响。

地方官员通过低价供地降低企业投资成本，刺激企业扩大投资。地方政府为了吸引投资，常以低于市场价格甚至零地价将土地提供给生产企业，变相地向企业提供投资补贴。随着经济的不断发展，土地价格不断上升，用地成本对于企业的发展越来越重要。此外，在企业投资过程中，土地还扮演了一个极为重要的再融资角色。虽然企业获取土地的成本远低于市场价格，但企业可以按市场价格将土地抵押给银行获取更多贷款，使得企业在投资中的自有资金比例下降，极大地降低企业的投资成本。而中国城市土地一级市场被地方政府垄断，土地出让金已经成为中国地方政府财政收入的重要来源。地方政府在很大程度上控制着企业用地的供给规模和价格，通过控制土地资源可以影响企业的生产和投资活动。

地方官员通过干预国有银行贷款，为企业提供低成本的金融资源。中国的金融资源被国有商业银行垄断，地方政府有能力干预国有银行对企业的贷款。而中国的融资环境较差，稀缺性的金融资源对于企业的发展至关重要。国有银行的"预算软约束"导致地方政府通过默许、容忍，甚至鼓励本地企业用展期、拖欠、逃债的方式攫取全国性金融资源。对于本地重点扶持的企业，地方官员充当中间人的角色，帮助协调银行贷款，甚至以政府或个人的名义提供隐性信用担保，降低企业的融资成本。地方官员通过干预企业融资，能够对当地企业产生很强的影响力。

与非国有企业相比，国有企业在获取关键性资源时可享受更多优惠。Kornai认为政府对国有企业有"父爱主义"倾向，放松了对企业投资的外部控制，却没有通过利润动机或对财务困境的担心建立起企业的自我控制机制，从而导致国有企业有过度投资的冲动。中国国有企业的最大债权人是国有商业银行，银行和企业之间的债权债务关系实际上体现为同一主体之间的内部借贷关系，并受到政府干预。即使偿债能力很低或者亏损的国有企业也可以从银行获得新增贷款，一些风险性很高的投资项目也可以从银行获得项目资金，国有企业甚至可以延期还款或拖欠一部分贷款。预算约束软化使得国有企业获取资源的成本降低，其投资水平大大超出了社会最优水平。

假说2：在晋升概率较高的时期，地方官员向当地企业提供更多的土地和融资优惠，当地企业获取土地和融资的障碍相对较低；与非国有企业相比，国有企业在获取土地和融资方面能够享

受到更多便利。

（三） 在以较低成本获取资源的情况下，企业有扩大投资的冲动，导致产能利用率下降

企业获取资源的成本降低，使得资本替代劳动，导致产能投资增加。由于土地和金融资源是依靠行政力量配置，资源价格与市场的供求信息相背离。在地方官员晋升的关键时期，政府可能以低于市场的价格向企业提供土地和金融资源，土地和资本成本大大降低，劳动力价格相对上升，使得资本替代劳动，导致企业产生扩大产能投资的冲动。

地方官员之间任期不同步，导致各地企业获取资源的成本有差异，企业容易产生重复建设的冲动。在晋升的关键时期，地方官员为了提高当地的经济增长绩效，向当地企业提供更多资源，外地企业需要到当地投资才能享受资源优惠政策，为了以更低的成本获取资源，外地企业有可能到当地进行重复建设。Eckhard 考察了跨国公司的投资行为，认为国家之间的税率竞争使得跨国公司在投资成本较低的情况下有动力在多个国家投资，从而保持过剩的产能；而当投资成本较高时，则不会产生任何投资。在地方官员晋升的关键时期，企业获取资源的成本大大下降，就可能有动力保持过剩产能。企业进行重复建设不是个别现象，许多企业甚至仅仅为了获取廉价的工业用地而进行投资。

从以上分析可以看出，地方政府从贷款、土地等方面加大对企业的干预，鼓励其扩大产能。然而，企业面临的市场需求相对稳定，难以依靠行政力量超常规地扩张。此时，企业的产能扩张高于市场的正常需求水平，从而导致产能过剩。因此，在晋升的关键时期，地方官员最大限度地动用资源，营造低成本的投资环境来吸引投资者，鼓励企业投资，最终将导致企业的产能扩张达到极大值，产能利用率则处于极小值。

假说 3： 与其他年份相比，在地方官员晋升概率较高的时期，企业获取土地和融资的障碍更低，容易产生扩张产能投资的冲动，在市场需求短期内难以快速扩张的情况下，企业的产能利用率降低，形成过剩产能。

四、实证检验

（一） 模型、变量和数据

判断和评价产能过剩的指标分为程度指标和效应指标，产能利用率是表示产能利用程度的指标，可以直接反映产能过剩程度，在工程意义上，等同于"设备利用率"。本文以企业产能利用率指标作为产能过剩的代理变量，企业产能利用率数据来自 2012 年世界银行中国企业调查数据，表示企业实际产出与企业使用全部资源所能达到的最大产出之比。从理论分析可知，地方官员任期与企业产能利用率之间并不是简单的线性关系，因此，在检验地方官员任期对产能利用率的影响时，加入官员任期的二次项。利用下述模型检验地方官员任期对产能过剩的影响：

$$cu_i = \beta_1 term_c + \beta_2 term_c^2 + \gamma C + \delta_j + \varepsilon_i \tag{1}$$

式中，下标 i 和 c 分别表示企业和城市。被解释变量为企业的产能利用率 cu，主要的解释变量为地方官员任期的一次项 term 和二次项 $term^2$。C 为一系列企业层面和城市层面的控制变量，δ_j 为行业虚拟变量，ε_i 为随机误差项。

由于当前中国地市级党委机关的一把手是市委书记，市委书记的决策对当地的经济影响最大，

因此，本文采用 2012 年世界银行中国企业调查数据所包含的 25 个城市的市委书记任期作为地方官员任期的代理变量。这里采用 Bo 的方法计算市委书记任期：若市委书记上任发生在 1~6 月，则该年的经济表现记为其经济增长业绩，且该年被视为任职的起始年；若上任发生在 7~12 月，则该年的经济表现不记为其经济增长业绩且将下一年记为其任期的开始年。

其他控制变量包括：地方官员是否本地提拔的虚拟变量 Local_pro，设定本地提拔为 1，非本地提拔为 0；企业年龄 Lnfirmage，为报告期年份减去企业注册年份所得差额加 1 再取对数；企业规模 Lntotalsale，为企业总销售收入的对数值；企业出口 export，为企业直接出口和间接出口占销售额的比重之和；企业人力资本 educ，用中学以上学历的劳动者所占比重来表示；企业劳均资本 lnk，为企业每个雇员拥有的固定资产的对数；国内私有企业虚拟变量 Private 和国有企业虚拟变量 Soe，国内私人资本和国有资本占比分别超过 50% 为 1，否则为 0；Lngdp_per 为城市人均 GDP 取对数，控制城市规模和企业面临的需求；是否省会城市虚拟变量 Capital 以及行业虚拟变量 Industry。其中，地方官员是否本地提拔虚拟变量由作者根据地方官员档案资料整理，城市人均 GDP 数据来自中国城市统计年鉴，其他控制变量来自世界银行中国企业调查数据。

此外，为了进一步检验地方官员任期影响企业产能利用率的机理，本文还利用下述模型检验地方官员任期对企业获取资源的影响：

$$\text{land}_i = \beta_1 \text{term}_c + \beta_2 \text{terc}_c^2 + \gamma C + \delta_j + \varepsilon_i \tag{2}$$

$$\text{finance}_i = \beta_1 \text{term}_c + \beta_2 \text{terc}_c^2 + \gamma C + \delta_j + \varepsilon_i \tag{3}$$

模型（2）和模型（3）分别检验地方官员任期对企业获取土地资源和融资的影响。被解释变量分别为企业获取土地的障碍程度 Land 和企业获取融资的障碍程度 Finance。分别有 5 个取值，0~4 分别表示没有障碍、轻微障碍、中等障碍、很大障碍和严重障碍。模型（2）和模型（3）中的解释变量和控制变量均与模型（1）相同。土地障碍程度和融资障碍程度的数据都来自 2012 年世界银行中国企业调查数据。

世界银行中国企业调查数据所涉及的 25 个城市中，21 个城市的样本企业数在 110~120，上海的样本企业数较少，仅 36 家，其余 3 个城市样本企业数分别为 79 家、94 家和 101 家。表 1 列出了主要变量的描述性统计。企业的产能利用率均值为 86.76%，说明样本企业的平均产能利用水平比较高。官员任期的均值为 3.94 年。25 个城市市委书记任期在 1~8 年，处于任期第 1~8 年的人数分别为 5 名、2 名、5 名、5 名、2 名、2 名、1 名和 3 名。平均而言，企业获取土地的障碍程度为 0.62，获取融资的障碍程度为 0.81，其中，获取融资障碍稍大，但两类资源的获取障碍都不太严重。这反映了地方官员为了促进经济增长，普遍在土地和融资方面为企业提供了较多便利。

表 1　主要变量的描述性统计

变 量	变量说明	样本数	均值	标准差	最小值	最大值
Cu	产能利用率	1657	86.7550	10.8016	0.0000	100.0000
Term	官员任期	2700	3.9426	2.2739	1.0000	8.0000
Local_pro	本地提拔虚拟变量	2700	0.4563	0.4982	0.0000	1.0000
Land	获取土地障碍	2693	0.6220	0.8098	0.0000	4.0000
Finance	获取融资障碍	2672	0.8144	0.8722	0.0000	4.0000
Lnfirmage	企业年龄	2623	2.3040	0.5666	0.0000	4.8203
Lntotalsale	企业规模	2694	16.6726	1.7345	4.6052	24.4122
Export	企业出口	2698	10.8725	24.6311	0.0000	100.0000
Educ	企业人力资本	2660	60.1192	30.1635	0.0000	100.0000
Lnk	企业劳均资本	1236	11.1641	1.5818	0.4154	19.5841
Private	国内私有企业虚拟变量	2690	0.9249	0.2636	0.0000	1.0000

变　量	变量说明	样本数	均值	标准差	最小值	最大值
Soe	国有企业虚拟变量	2692	0.0349	0.1836	0.0000	1.0000
Lngdp_per	城市规模	2700	10.7508	0.3380	10.1111	11.3349
Capital	省会城市虚拟变量	2695	0.4872	0.4999	0.0000	1.0000

资料来源：笔者计算整理。

（二）官员任期对产能利用率的影响

本文采用 OLS 逐步回归方法对模型进行估计，表 2 列（Ⅰ）中列出了模型（1）的回归结果，除了核心的解释变量（官员任期的一次项及二次项）之外，这里仅控制了地方官员是否本地提拔虚拟变量、城市特征变量 lngdp_per 和省会城市虚拟变量。结果表明，官员任期与企业的产能利用率呈现显著的 U 形关系。在市委书记任期的第 4.52 年，企业的产能利用率最低。列（Ⅱ）进一步加入了企业层面的控制变量，包括企业年龄、企业规模、企业出口、企业人力资本、企业劳均资本、国内私有企业虚拟变量和国有企业虚拟变量。结果表明，任期与企业的产能利用率之间的 U 形关系依然显著，在市委书记任期的第 4.21 年企业的产能利用率最低，与列（Ⅰ）的结果基本一致。列（Ⅲ）进一步控制了行业虚拟变量，主要结论依然没有发生显著变化，官员任期与企业产能利用率的关系曲线的拐点出现在第 4.19 年。

可见，在各列中，官员任期的一次项均显著为负而二次项均显著为正，表明企业的产能利用率与官员任期之间存在着一种显著的 U 形关系。并且在表 2 列（Ⅰ）~（Ⅲ）的回归结果中，这种 U 型关系的拐点都出现在任期的第 4~5 年之间。这与图 2 和图 3 所展示的地方官员晋升的关键时间在任期的第 4 年或第 5 年的结论一致。与地方官员任期内的其他时间相比，在晋升的关键时期，地方官员对企业的干预力度最大，企业的产能利用率最低。

进一步分析控制变量的回归结果，可以发现本地提拔的地方官员对产能利用率有显著的负向影响，这表明与非本地提拔的地方官员相比，本地提拔的地方官员干预经济的能力越强，对企业的影响更大。假说 1 成立。

以表 2 列（Ⅲ）的回归结果为准，观察其他变量的影响。结果发现：企业年龄与产能利用率正相关，说明企业在生产和经营中存在学习效应。企业的存续时间越长，企业的市场经验越丰富，可以根据市场需求调整产能，保证产能的利用效率。而企业的规模以及企业的劳均资本也与产能利用率正相关，可能是因为规模大的企业以及固定资本投入较高的企业可以获取规模经济效益，对产能的利用更为充分。国有企业虚拟变量与产能利用率呈显著的负向关系。由于国有企业普遍面临预算软约束问题，企业盲目扩张产能的倾向更严重，因而产能利用率较低。企业层面的出口和人力资本变量虽然也与产能利用率正相关，但相关关系并不显著。城市层面的 lngdp_per 与企业的产能利用率负相关，可能是因为 lngdp_per 衡量的是城市规模，而规模越大的城市，政府可动用的经济资源也越多，对企业产能利用率的负向影响也就越大。

表 2　官员任期对产能利用率及土地和融资障碍的影响

		cu		land	finance
	（Ⅰ）	（Ⅱ）	（Ⅲ）	（Ⅳ）	（Ⅴ）
term	−1.9988***	−2.4592***	−2.3327***	−0.4953***	−0.3476***
	(0.5496)	(0.6140)	(0.6141)	(0.0399)	(0.0468)
term²	0.2212***	0.2920***	0.2783***	0.0573***	0.0396***
	(0.0606)	(0.0665)	(0.0664)	(0.0044)	(0.0052)

续表

	cu			land	finance
	（Ⅰ）	（Ⅱ）	（Ⅲ）	（Ⅳ）	（Ⅴ）
local_pro	−3.5780***	−4.0383***	−4.0306***	−0.1886***	−0.1807***
	(0.6485)	(0.8374)	(0.8407)	(0.0510)	(0.0563)
lnfirmage		1.0286*	1.0375*	0.0500	−0.0581
		(0.5409)	(0.5411)	(0.0350)	(0.0433)
lntotalsale		0.3818*	0.3860*	−0.0269**	0.0060
		(0.2030)	(0.2095)	(0.0132)	(0.0139)
export		0.0193*	0.0157	0.0001	−0.0016*
		(0.0109)	(0.0109)	(0.0008)	(0.0009)
educ		−0.0062	−0.0052	0.0005	−0.0008
		(0.0120)	(0.0123)	(0.0009)	(0.0010)
lnk		0.6623***	0.6866***	0.0373***	0.1054***
		(0.1767)	(0.1814)	(0.0140)	(0.0176)
private		−0.8803	−1.1126	−0.0371	0.0137
		(1.2693)	(1.2866)	(0.1073)	(0.1172)
soe		−5.0018***	−5.1550***	−0.4029***	−0.6223***
		(1.6755)	(1.6973)	(0.1410)	(0.1456)
lngdp_per	−7.4589***	−5.2371***	−5.3586***	−0.0406	−0.1200
	(0.9143)	(1.1278)	(1.1736)	(0.0776)	(0.0926)
capital	−1.5108**	0.0405	0.0596	−0.0299	−0.0867
	(0.5960)	(0.7641)	(0.7886)	(0.0500)	(0.0607)
_cons	172.4288***	133.5378***	133.5086***	1.8280*	1.7985
	(10.5285)	(13.7546)	(14.3005)	(0.9531)	(1.1499)
行业	否	否	是	是	是
N	1654	1175	1175	1184	1181
R²	0.0530	0.0793	0.0992	0.1747	0.1373
adj. R²	0.0501	0.0698	0.0707	0.1488	0.1101

注：括号内为标准误。***、**和*分别表示在1%、5%和10%的显著性水平下显著。
资料来源：笔者计算整理。

（三）官员任期对企业资源获取的影响

模型（2）和模型（3）的回归结果如表2列（Ⅳ）和（Ⅴ）所示。结果显示，地方官员任期与企业获取土地和融资的障碍程度呈显著的U形关系。在市委书记任期的第4.32年，企业获取土地的障碍程度最低；在任期的第4.39年，企业融资障碍程度最低。这与市委书记晋升的关键时间为任期的第4~5年一致，企业在地方官员晋升的关键时间获取资源的障碍较低。

进一步分析控制变量的回归结果表明，国有企业虚拟变量与土地和融资障碍程度呈显著的负向关系，一般而言，国有企业与政府的关系比较密切，在获取土地和融资方面享受更多便利。假说2成立。

从地方官员是否本地提拔虚拟变量的回归结果可以看出，本地提拔的地方官员向企业提供更多的土地和融资，从而更大幅度地降低了企业获取资源的障碍。这也在一定程度上验证了本地提拔的地方官员比非本地提拔的地方官员配置资源的能力更强，对企业的影响程度越大。

(四) 企业资源获取对产能利用率的影响

为了检验企业的土地和融资的成本降低会刺激企业扩张产能，从而降低产能利用率，这里仍用企业产能利用率作为被解释变量，分别用土地障碍程度和融资障碍程度作为解释变量，其他控制变量与表 2 列 (Ⅲ) 相同。①

从表 3 列 (Ⅰ) 和 (Ⅱ) 的回归结果可知，获取土地障碍程度和融资障碍程度均对产能利用率有显著的正向影响。这表明，当获取土地资源和融资的障碍程度越低时，企业的投资成本也越低，扩张产能的冲动越强烈。此时，企业产能利用率会降低，导致产能过剩。这揭示了政府干预导致微观层面上企业产能过剩的机理，即在晋升激励下，政府干预通过降低企业获取资源的成本，导致企业更大规模地扩张产能，降低了企业的产能利用率。

从获取土地和融资障碍程度的显著性水平可以发现，与获取融资障碍程度相比，企业获取土地障碍程度对产能利用率的影响更为显著，意味着与降低企业获取融资障碍相比，降低企业获取土地障碍更能够刺激企业的投资行为。这可能是因为地方官员在降低企业获取土地障碍的同时往往附加了土地使用的条件，明确土地的使用期限和用途，要求企业提供土地开发计划并在规定时间内落实，否则将收回土地。在此情况下，企业为了享受土地优惠政策，不得不按照附加条件的要求及时扩大投资，开发土地。此外，土地具有再融资功能，通过将土地抵押给银行获取贷款，使得土地优惠政策的刺激效果进一步放大。而降低企业融资障碍需要国有银行的配合，地方官员难以直接干预金融资源的使用或附加很强的条件，这使得向企业提供融资优惠的刺激效果不如提供土地优惠显著。

综上可知，地方官员任期确实对企业产能利用率有显著的影响，与任期内的其他年份相比，在地方官员晋升的关键时期，企业的产能利用率相对较低。主要原因可能是，为了提高晋升概率，地方官员在晋升的关键时期向企业提供较多土地和融资优惠，从而降低了企业获取资源的障碍。企业在获取资源成本下降的情况下，产生扩大产能投资的冲动，而市场需求难以快速扩张，导致企业的产能利用率下降，形成过剩产能。假说 3 成立。

(五) 稳健性检验

本文主要从两个角度对地方官员任期影响产能利用率这一基本结论进行稳健性检验：一是剔除了由于年龄限制失去升迁机会的官员样本，因为是否有机会升迁可能影响地方官员干预经济的动力。考虑到厅级干部晋升为副部级官员的年龄门槛为 58 岁，而部级领导继续升迁的年龄门槛为 67 岁，因此在表 3 列 (Ⅲ) 的回归中删掉了地级城市中官员年龄大于 58 岁以及北京和上海两个直辖市中官员年龄大于 67 岁的样本。二是考虑到直辖市的特殊性，在表 3 列 (Ⅳ) 的回归中去掉了北京和上海的企业样本。回归模型和控制变量均与表 2 列 (Ⅲ) 相同。

结果显示，地方官员任期与企业产能利用率之间仍然呈现出显著的 U 形关系。表 3 列 (Ⅲ) 和 (Ⅳ) 中官员任期的拐点分别为第 4.21 年和第 4.20 年，与前文的基本结论没有本质差异，仍位于任期的第 4~5 年。与表 2 列 (Ⅲ) 的估计结果相比，主要解释变量和其他控制变量的系数符号和显著性也没有发生明显的变化，说明本文的研究结论是比较稳健的。

---

① 由于官员任期影响企业资源获取，加入官员任期变量会导致共线性问题，因此，这里没有纳入该变量。

表3 企业资源获取对产能利用率的影响及稳健性检验

	cu			
	（Ⅰ）	（Ⅱ）	（Ⅲ）	（Ⅳ）
land	1.6383***			
	(0.4512)			
finance		0.7926*		
		(0.4044)		
term			−2.6922***	−2.3637***
			(0.6572)	(0.6094)
term²			0.3194***	0.2814***
			(0.0705)	(0.0649)
local_pro	−3.2343***	−3.2178***	−4.5796***	−4.0492***
	(0.7683)	(0.7603)	(0.8981)	(0.8478)
lnfirmage	0.9712*	1.0710**	0.9587*	1.0800**
	(0.5424)	(0.5449)	(0.5603)	(0.5409)
lntotalsale	0.4668**	0.4375**	0.3641*	0.3397
	(0.2124)	(0.2132)	(0.2119)	(0.2105)
export	0.0151	0.0170	0.0165	0.0162
	(0.0108)	(0.0109)	(0.0116)	(0.0109)
educ	−0.0037	−0.0030	−0.0130	−0.0066
	(0.0124)	(0.0124)	(0.0132)	(0.0125)
lnk	0.6032***	0.5814***	0.6357***	0.6815***
	(0.1843)	(0.1872)	(0.1988)	(0.1827)
private	−0.8747	−0.9448	−0.6383	−1.1497
	(1.2661)	(1.3114)	(1.4467)	(1.3125)
soe	−4.7933***	−5.0567***	−3.9054**	−5.2263***
	(1.6982)	(1.7009)	(1.9565)	(1.7293)
lngdp_per	−4.5655***	−4.3172***	−5.3431***	−5.3752***
	(1.0573)	(1.0518)	(1.2193)	(1.1903)
capital	0.1432	0.1659	−0.6771	0.0417
	(0.7851)	(0.7917)	(0.9240)	(0.8004)
_cons	119.5228***	117.5585***	134.8912***	134.6780***
	(12.6269)	(12.6421)	(15.0244)	(14.6087)
行业	是	是	是	是
N	1174	1170	1036	1158
R²	0.0981	0.0882	0.1019	0.1009
adj.R²	0.0703	0.0601	0.0695	0.0720

注：括号内为标准误。***、** 和 * 分别表示在1%、5%和10%的显著性水平下显著。
资料来源：笔者计算整理。

五、结论与政策含义

通过考察地方官员任期对产能过剩的影响，本文发现在任期的第4~5年，地方官员的晋升概率较高，为晋升的关键时期。为了追求经济绩效，在该时期，地方官员会向当地企业提供相对较多的土地和融资优惠。与非本地提拔的官员相比，本地提拔的官员配置资源的能力更强，对企业的影响更为显著。在该时期，企业获取土地和融资的障碍降低，与非国有企业相比，国有企业在获取土地和融资方面享有更多的便利。在获取资源成本降低时，企业产生扩张产能投资的冲动，导致产能利用率下降，形成过剩产能。改革开放以来，中国经济增长取得了巨大的成绩，地方官员起了很重要的作用。然而，地方官员片面重视经济增长速度的行为给中国经济发展带来了诸多隐患，在任期内非均衡配置资源导致的产能过剩即是重要的后果之一。本文揭示了地方官员在任期内干预经济的行为模式，这对于解决当前存在的产能过剩问题有一定的参考价值。根据研究结果，本文提出以下政策建议：

（1）根据整个任期内的平均表现对官员进行考核和选拔。在晋升激励下，地方官员可能在晋升的关键时期加大对经济的干预力度，创造经济增长绩效。因此，如果仅以 1~2 年的经济绩效作为指标对官员进行考核，容易激励官员从短期目标出发，在晋升概率较高的年份向企业提供更多资源，促使企业扩大投资，进而降低企业的产能利用率，形成过剩产能。并且，以短期经济绩效作为考核指标也难以对官员的工作成效做出整体客观评价，不利于选拔综合能力强的官员，在一定程度上影响了地区经济发展。要减少地方官员在任期内非均衡配置资源的行为，就需要构建地方官员绩效时序档案，对地方官员保持经常性的考核和评价，每次的考核结果记录在案便于后期统计分析。通过分析地方官员在整个任期内的平均表现有利于对地方官员在整个任期内的综合表现进行较为全面的考察，也有利于对地方官员在任期内不同阶段的绩效进行纵向比较，考察官员工作绩效的可持续性和波动性。同时，以整个任期内的平均表现作为地方官员工作能力的评价指标，有利于对地方官员进行横向比较，考察地方官员的综合能力，从而更好地择优提拔。

（2）构建多元化的地方官员绩效考核指标体系。中国地方官员掌握了大量的经济资源，并且对资源有很强的自由配置权，其对经济的干预行为会造成重大影响。当前地方官员的绩效考核指标体系以经济增长为核心，在晋升概率较高的关键时期，地方官员有动力集中资源干预经济，追求经济的短期增长绩效。因此，要改革现有的以经济增长为核心的官员绩效考核指标体系，使考核指标更为多元化。在对地方官员进行考核时，不仅依据当地的经济增长率，还需要考察企业的产能利用率、工业能耗、生态环境等反映经济可持续发展水平的指标，体现经济发展的质量。在选拔地方官员时，应当更多地考察官员的个人素养、社会声誉以及当地社会福利状况、民生事业的完成情况等。这有利于激励地方官员将更多的资源用于提供基本公共服务和满足民生需求等项目，用于干预经济的资源相应减少，从而降低其干预经济的能力。同时，经济增长不再是唯一的考核指标，地方官员不能仅仅通过追求经济增长获得晋升，进而降低其在晋升的关键时期集中资源干预经济的动力。当干预经济的动力和能力下降时，地方官员对企业投资行为的影响力也相应下降，从而降低企业扩大产能投资的冲动。

（3）适当加强地方官员异地交流。异地交流制度使得地方官员在交流后，需要熟悉新的工作环境，一般而言，与长期在同一地任职的官员相比，异地交流的官员掌握的资源相对更少，配置资源的能力也相对更弱。因此，适当加强地方官员异地交流一定程度上有利于减轻地方官员对经济的干预。需要加以注意的是，加强地方官员异地交流需要把握好时机。为了追求经济绩效，在晋升的关键时期，地方官员会动用尽可能多的资源，在该时期之前进行异地交流，更有可能降低地方官员干预经济的能力。然而，加强地方官员异地交流，有可能强化地方官员的短期行为。因此，在进行异地交流的同时，要注意完善地方官员的监督机制。到异地任职的地方官员与前任官员之间一般不存在利益关系，当发现前任官员干预经济的行为不符合规范时，更有可能披露出来。比如前任官员在晋升的关键时期，为了提高晋升概率，有可能将用于民生事业的资金转移到能够短期内提高经济增长绩效的项目上，异地任职的地方官员更有可能对这种行为进行检举。因此，可以通过构建有效畅通的监督渠道，来完善地方官员监督机制，发挥异地交流官员之间的监督作用，从而减少地方官员对经济的不当干预。

（4）积极培育土地和金融等要素市场。在中国的很多地方，企业能够以很低的价格获得工业用地，承担的融资成本也很低，成本的下降使企业有扩大投资的冲动。要化解由于成本扭曲导致的产能过剩，就要积极培育土地和金融等要素市场，减少政府对关键经济资源的占有和配置权，完善要素价格形成机制，减轻政府对资源价格形成的干扰。在培育土地市场方面，要改革现有土地管理制度，明晰土地产权，规范土地流转的程序，提高土地拍卖过程的透明度，加强监督，减少政府对土地资源的行政配置行为，完善土地流转市场定价机制。同时要加强土地资源的长期规划，避免企业以工业用地的价格获取土地之后，擅自改变土地用途，变相地将土地进行商业开发，享受高额成本差价带来的收益。在培育金融市场方面，要深化国有银行市场化改革，提高金融资源配置效率，完善项目评估制度，加强金融资源的风险管理。同时要理顺地方政府和银行之间的关系，增强银行的自主经营权，减少地方政府对银行信贷的不当干预。让市场在土地和金融等要素的价格形成中起决定性作用，使企业获取资源的成本能够体现资源的稀缺程度，降低由于要素成本扭曲导致的投资冲动。

（5）强化国有企业的预算约束。与非国有企业相比，国有企业在获取土地和融资方面享有更多便利，国有企业预算约束软化导致国有企业产生投资冲动，投资水平大大超出了社会最优水平。要解决国有企业的预算软约束问题，需要理顺政府与市场之间的关系，营造公平的市场竞争环境，让国有企业在资源获取方面与其他企业公平竞争。由于大部分国有企业要承担一定的社会责任，企业经营利润必然会相应削减，但由于信息不对称，国有企业可能把因经营不善等原因导致的亏损一并算在政策性负担的头上，如果政府难以识别不同类型的亏损，便只能全部承担。因此要深化国有企业改革，健全国有资产的有效监管机制，采取分类监管的措施，对于竞争性的国有企业要尽量剥离其社会责任，避免由于信息不对称导致的国有企业预算约束软化，减少专项性的优惠和补贴政策，引导国有企业重视投资回报率，对投资行为进行理性决策，从而抑制非理性的过度投资。由于国有银行通过借贷对国有企业获取融资产生影响，强化国有企业预算约束还要理顺银行与国有企业之间的关系，用市场的手段来优化信贷投向，形成市场化的金融资源配置机制，利用金融杠杆来规范国有企业的投资行为。

参考文献：

［1］Barzel, Y. Excess Capacity in Monopolistic Competition ［J］. Journal of Political Economy, 1970, 78 (5): 1142–1149.

［2］Bo, Zhiyue. Economic Performance and Political Mobility: Chinese Provincial Leaders ［J］. Journal of Contemporary China, 1996, 5 (12): 135–154.

［3］Claessens, S., K. Tzioumis. Measuring Firms' Access to Finance ［R］. World Bank Working Paper, 2006.

［4］Eckhard, J. Tax Competition When Governments Lack Commitment: Excess Capacity as a Countervailing Threat ［J］. American Economic Review, 2000, 90 (5): 1508–1519.

［5］Esposito, F. F., L. Esposito. Excess Capacity and Market Structure ［J］. The Review of Economics and Statistics, 1974, 56 (2): 188–194.

［6］Frye, T., E. D. Mansfield. Timing Is Everything: Elections and Trade Liberalization in the Postcommunist World ［J］. Comparative Political Studies, 2004, 37 (4): 371–398.

［7］Guo, Gang. China's Local Political Budget Cycles ［J］. American Journal of Political Science, 2009, 53 (3): 621–632.

［8］Kornai, J. Resource-Constrained versus Demand-Constrained Systems ［J］. Econometrica, 1979, 47 (4): 801–819.

［9］Li, Hongbin, Li-An Zhou. Political Turnover and Economic Performance: the Incentive Role of Personnel

Control in China [J]. Journal of Public Economics，2005（89）：1743-1762.

　　[10] Qian，Yingyi，Gerard Roland. Federalism，the Soft Budget Constraint [J]. American Economic Review，1998，88（5）：1143-1162.

　　[11] Spence，A. M. Entry，Capacity，Investment，and Oligopolistic Pricing [J]. Bell Journal of Economics，1977，8（2）：534-544.

　　[12] Stiglitz，J. E. Toward a General Theory of Wage and Price Rigidities and Economic Fluctuations [J]. American Economic Review，1999，89（2）：75-80.

　　[13] 董敏杰，梁泳梅，张其仔. 中国工业产能利用率：行业比较、地区差距及影响因素 [J]. 经济研究，2015（1）：84-98.

　　[14] 范林凯，李晓萍，应珊珊. 渐进式改革背景下产能过剩的现实基础与形成机理 [J]. 中国工业经济，2015（1）：19-31.

　　[15] 耿强，江飞涛，傅坦. 政策性补贴、产能过剩与中国的经济波动——引入产能利用率 RBC 模型的实证检验 [J]. 中国工业经济，2011（5）：27-36.

　　[16] 国际货币基金组织. 中华人民共和国 2012 年第四条款磋商工作人员报告 [R]. 基金组织国别报告系列，2012.

　　[17] 韩国高，高铁梅，王立国，齐鹰飞，王晓姝. 中国制造业产能过剩的测度、波动及成因研究 [J]. 经济研究，2011（12）：18-31.

　　[18] 江飞涛，曹建海. 市场失灵还是体制扭曲——重复建设形成机理研究中的争论、缺陷与新进展 [J]. 中国工业经济，2009（1）：53-64.

　　[19] 江飞涛，耿强，吕大国，李晓萍. 地区竞争、体制扭曲与产能过剩的形成机理 [J]. 中国工业经济，2012（6）：44-56.

　　[20] 李扬，王国刚，刘煜辉. 中国城市金融生态环境评价 [M]. 北京：人民出版社，2005.

　　[21] 林毅夫. 潮涌现象与发展中国家宏观经济理论的重新构建 [J]. 经济研究，2007（1）：126-131.

　　[22] 刘航，孙早. 城镇化动因扭曲与制造业产能过剩——基于 2001~2012 年中国省级面板数据的经验分析 [J]. 中国工业经济，2014（11）：5-17.

　　[23] 周劲，付保宗. 产能过剩的内涵、评价体系及在我国工业领域的表现特征 [J]. 经济学动态，2011（10）：58-64.

　　[24] 周黎安，李宏彬，陈烨. 相对绩效考核：中国地方官员晋升机制的一项经验研究 [J]. 经济学报，2005（1）：83-96.

　　[25] 周黎安. 晋升博弈中政府官员的激励与合作——兼论我国地方保护主义和重复建设问题长期存在的原因 [J]. 经济研究，2004（6）：33-40.

　　[26] 周黎安. 中国地方官员的晋升锦标赛模式研究 [J]. 经济研究，2007（7）：36-50.

EPR制度下我国废旧电器逆向物流差异化激励机制研究

刘永清[1] 陈为民[1] 全春光[2]

(1. 湖南科技大学 商学院，湖南湘潭 411201；
2. 长沙学院 经济管理系，湖南长沙 410022)

一、引 言

废旧电器回收涉及较多回收主体，如电器生产商、经销商、消费者、回收处理企业等；其中在生产者责任延伸制（Extended producer Responsibility，EPR）背景下，最直接受到制约的是电器生产商。生产商作为独立的市场经济主体，经济利益最大化是其追求的最终目标；然而目前很大一部分生产商进行废旧电器回收处理所支付的成本要大于所获得的经济收入，从而使得电器生产商在很大程度上对废旧电器的回收持消极态度。本文通过建立电器生产商回收逆向物流决策模型，探讨在有无生产者责任制约束下企业的最优逆向物流策略，分析在有无EPR制度约束下的逆向物流决策是否存在差异。在此基础上，从经济效益、社会环境和企业文化价值等因素探讨基于生产商的废旧电器逆向物流差异化激励机制。EPR制度作为一项新的环境政策，其理论与实践仍然处于探索与发展时期。近年来，国内电子产品领域以各种形式尝试开展了基于EPR原则的立法或试点项目。童昕等以中国电子废物实践管理为例，提出构建包含三个层次的演化经济学分析框架：即微观层次的企业技术选择，中观层次的供应链治理结构变动，宏观层次的再生资源产业转型。魏洁等提出了EPR下的逆向物流回收模式的三种形式：生产商负责回收、生产商联合体负责回收和第三方负责回收，并通过建立数学模型和实例验证不同模式下的最优零售价和生产商利润。作为能积极推动循环经济发展的具体措施，欧盟及韩国等发达国家先后通过立法要求企业承担更多的责任以实现资源的循环利用和生态环境的保护。一些学者对不同国家的多个行业部门进行了研究，证实EPR制度对推动企业改进产品设计具有积极的效果。Thomas、Bette K、Naoko等就EPR制度在瑞典、美国和日本的具体实施分别进行了介绍和分析。目前国内外学者鲜有就废旧电器回收主体的激励机制进行专门论述，部分只是涉及激励问题。如Streicher等对印度某地的废弃电器

[基金项目] 国家社科基金项目"政府管制下废旧电器逆向物流系统回收渠道决策与差异化激励机制研究"（项目编号：13BGL106）；湖南省教育厅资助科研项目"物流企业低碳发展影响机理与低碳发展路径研究"（14A017）；湖南省社科基金项目"政府补贴下废旧电子产品处理商回收渠道决策研究"（14YBA172）；湖南省自科基金项目"空间金融流动与产业转移的互生共长机理研究"（2015JJ2059）。

[作者简介] 刘永清（1963~），男，教授，湖南娄底市人，主要研究方向为逆向物流及闭环供应链优化与管理，循环经济；陈为民（1973~），男，管理科学与工程博士，副教授，河南渑池人，研究方向为数据挖掘、决策支持系统；全春光（1974~），男，湖南衡阳人，博士，副教授，研究方向为物流与供应链管理。

的回收处理情况进行了评估，认为废旧电器回收处理体系的主要激励因素是价值增值以及贵金属的获取；A.I.Barros（1998）等构建了双层规划网络分析荷兰的建筑垃圾中沙子的再循环利用中提到了激励问题。我国学者罗乐娟等从概念层面定性分析了废旧电器逆向物流系统激励机制的原因与构成及逆向物流的委托—代理机制；顾巧论等就电器产品基于单一制造商和单一回收商构成的逆向供应链系统，建立了委托—代理模型，讨论基于制造商最大化自身利润建立的激励机制；伍云山等（2006）应用信息经济学方法，研究了制造商对其零售商参与逆向供应链实施的最优激励问题。以上文献很少就 EPR 制度约束下提出相应的激励机制，差异化激励机制更甚少。房巧红等基于生产者责任差异的逆向物流决策进行了研究，但只是就有无 EPR 制度约束下的企业逆向物流决策进行了分析；何文胜对 EPR 制度下废旧家电回收主体的激励机制展开了研究，但只提出可供选择的几种方式，未从理论上进行阐述和分析。本文将运用文献研究与定量研究方法，建立电器生产商回收逆向物流决策模型，探讨在有无生产者责任延伸制约束下企业的最优逆向物流策略；并运用差异化激励理论，从有无 EPR 制度约束层面，针对电器生产商分别提出相应的经济性和非经济性激励机制。

二、模型假设与构建

国际上很多发达国家对企业生产责任制有着明确界定，政府对企业的回收再利用率有着明确的指标。有了这些具体的指标，企业在实际操作中就有明确目标，同时政府也可以根据相关政策对电器生产商进行严格考核。本文模型的构建是在文献（房巧红）的基础上进行改进，模型建立通过"回收再利用率"检测企业回收资源的再利用程度。

（一）模型的基本假定

（1）企业开展废旧电器回收逆向物流需要进行固定投资，且固定投资为一常数；

（2）进行回收处理再利用成本边际上升，回收来的资源未利用将作为废弃物进行处理，处理成本和废弃量呈线性关系；

（3）在 EPR 制度下，回收处理成本由企业承担，否则由政府承担；

（4）逆向物流活动的开展，与原材料的价格以及企业产量无关，由市场决定；

（5）企业没有按照政府规定进行运营，企业将付出一定的惩罚成本，从而造成企业一定程度上利润的损失，无 EPR 制度约束的企业付出的成本小，否则成本高。

下述模型基于以下参数：Q 为企业最初投入的物料总量，假定 Q 不受逆向物流决策的影响；r 为回收再利用率，即回收可再利用的资源占企业最初投入的物料总量的比率；w 为企业开展逆向物流活动所需要的固定投资；β 为投入物料的单位成本；δ 为与企业逆向物流管理技术水平相关的单位回收处理成本参数；$r\delta$ 表示当回收再利用率为 r 时，进行回收再利用的单位变动成本；c 为未回收再利用废弃物处理成本；M 为电器生产企业开展逆向物流并取得显著效益，政府所给予的奖励；$\mu(m)$ 为有着生产者责任制约束的企业进行违规操作需要造成的损失；m 为企业违规操作被揭露的次数，说明 m 越大，$\mu(m)$ 越大。rQ 表示生产企业通过逆向物流所获得的可再生利用的资源量；$c(1-r)Q$ 为生产企业未回收再利用的废弃物处理成本，$\delta > \beta$ 且 $\delta > c$。

（二）无 EPR 制度约束的企业逆向物流决策模型

无生产者责任制约束下的生产企业，一方面企业无须承担未回收废旧产品所引起的废弃物处理成本；另一方面企业一定程度（对社会未造成巨大的影响）上违规操作所造成的损失小，所以 $\mu(m)$ 可以忽略不计，此时，企业则会选择利润最大化，根据企业的相关成本决定最佳的回收利用率。简而言之，企业的利润函数可以概括为：

企业利润 = 总收益 – 总成本，所以企业开展逆向物流的目标函数可以表示为：

$$\pi = \beta rQ - w - \delta r^2 Q \tag{1}$$

式中，βrQ 为企业开展逆向物流活动带来的总收益；$w - \delta r^2 Q$ 为企业开展逆向物流活动的总成本，包括固定投资以及进行回收再利用的变动成本。

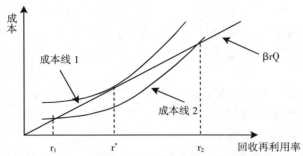

图 1　无 EPR 安排下企业逆向物流回收利用率决策

经求解，无生产者责任制安排下企业逆向物流回收利用率决策如图 1 所示。从图 1 可以看出，只有企业生产规模达到 $\dfrac{4w\delta}{\beta^2}$ 时，企业才有可能开展逆向物流活动。由于企业没有生产者责任制的约束，所以企业违规操作所要付出的心理成本 $\mu(m)$ 可以忽略不计其中，经计算可以得出最佳的回收再利用率及最大利润为：

$$r^* = \frac{\beta}{2\delta} \tag{2}$$

$$\pi^* = \frac{3\beta^2 Q - 4w\delta}{4\delta} \tag{3}$$

由上述求解结果可看出，企业开展逆向物流活动和企业固定规模成正比，和原材料价格成反比。回收利用率在 (r_1, r_2)，企业才有利可图，在其他回收利用率条件下，将导致企业损失。同时，企业最优回收利用率和最优利润均与原材料价格成正比，逆向物流变动成本成反比。

因此可以得出，企业在没有生产者责任制约束的条件下，是否开展逆向物流活动与企业规模以及废旧产品回收处理成本在原材料中所占比例有关，生产规模小的生产企业进行回收的可能性小，能够开展逆向物流活动的企业数量与废旧产品回收处理成本占原材料比例呈正相关。其中，随着原材料价格上升以及回收处理成本下降，回收利用率的上升，企业的利润会上升。

（三）有 EPR 制度约束下企业逆向物流决策模型

和无生产者责任制安排相反，有生产者责任制安排的企业，政府要求生产企业承担未回收利用废弃产品的处理成本，所以企业可以从下面两方面获益：一是可以获得再次投入生产的原材料，从而节约原材料成本；二是减少废弃物处理成本。此时企业不单是考虑到利润最大化，一方面考虑废弃物处理成本，另一方面考虑某些违背政府有关危害环境的法规而造成的损失，假设在政府处罚力度大的情况下，不承担废弃物处理获得的收益低于政府处罚。综合以上所述，企业在 EPR 制度约束下，企业开展逆向物流的目标函数可以表示为：

$$\pi = \beta rQ + crQ - (w + \delta r^2 Q) \tag{4}$$

式中，βrQ 为企业开展逆向物流活动带来的总收益；$w + \delta r^2 Q$ 为企业开展逆向物流活动的总成本，包括固定投资以及进行回收再利用的变动成本；crQ 为进行废弃物处理带来的成本减少。

经求解，只有企业生产规模达到 $\dfrac{4w\delta}{(\beta + c)^2}$ 时，企业才有可能开展逆向物流活动。经计算可以得出最佳的回收再利用率：

$$r^* = \frac{\beta}{2\delta} \tag{5}$$

在 EPR 制度的约束下，企业对未回收处理的废弃物需承担一部分成本支出，综合企业违规操作，未对废旧产品进行处理需要付出的成本 $\mu(m)$，其中 $\mu(m)$ 是一变量，m 为零时，则 $\mu(m)$ 也为零，也就是企业未违规操作，则不需要付出处罚成本；反之，m 值越大，企业则付出的成本越大。所以企业在废旧产品回收再处理的情况下，利润的总效益函数可以表示为：

$$\pi = \beta rQ - w - \delta r^2 Q - c(1 - r)Q + [M - \mu(m)] \tag{6}$$

式中，$\beta rQ - w - \delta r^2 Q$ 为通过开展逆向物流活动获得的收益；$c(1 - r)Q$ 为未回收再利用部分的处理成本，若电器生产企业违规操作，则 $\mu(m) \geqslant M$，反之 $M \geqslant \mu(m)$。将最优回收利用率 $r^* = \dfrac{\beta}{2\delta}$ 代入式（6），通过计算可以得知，企业利润与废弃物处理成本 c 呈负相关，与回收再利用成本呈负相关。

将最优回收利用率代入公式（6），可以得出：

$$\pi = \frac{\beta^2 Q + 2c\beta Q}{4\delta} - cQ + [M - \mu(m)] \tag{7}$$

由式（7）可以得出企业开展逆向物流活动获得利润，必须是考虑到政府相关政策法规之下的决策。

下面将有无生产者责任制安排下的最优回收利用率进行比较，如图 2 所示，可以得知：有责任安排制安排的回收再利用率（r_2^*）大于无责任安排制安排的回收再利用率（r_1^*），最优回收再利用率与单位废弃物处理成本呈正相关。

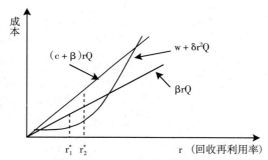

图 2　有无 EPR 安排下的最优回收率决策对比

从图 2 及以上分析，可以明确得出，在生产者责任制约束条件下，开展逆向物流活动的企业会增加，废旧产品的回收再利用率会上升。如果政府加大对违规企业的处罚力度，为企业逆向物流活动的开展营造好的市场氛围，企业将会通过产品设计等多方面的改进，以达到降低回收再利用成本，最大限度地提高企业的利润。

三、电器生产商逆向物流差异化激励机制构建

差异化激励思想认为设计激励机制没有适合全部生产商的基本模式，只有因时而异，因企业而已，随我国基本国情的变化而变化。电器生产商逆向物流差异化激励机制是基于以人为本的理念、以权变的思想，目的是促使电器生产商积极主动参与到我国废旧电器回收体系中，使我国废旧电器回收逆向物流系统更加完善的一种机制。在具体实践中，电器生产商逆向物流激励机制的差异性主要表现在有无 EPR 制度约束的差异以及经济性与非经济性激励机制的差异。本文根据上述逆向物流决策模型所得出的结论，从有无 EPR 制度约束两个角度为电器生产商设计相应的经济性和非经济性激励机制，同时侧重于 EPR 制度约束的电器生产商激励机制的构建。其激励机制的总体构思如表 1 所示。

表 1　电器生产商逆向物流差异化激励机制构思

	经济激励	非经济激励
无 EPR 约束	适度偏高的财政和技术支持（量化表示为 W_1）	制定最严厉的惩罚制度
对应模型参数变动	$r^* = \dfrac{\beta}{2\delta}$：$\delta$ 降低、r 提高	$\mu(m) \geqslant W$
有 EPR 约束	固定的财政和技术支持（量化表示为 W_2）	实行严格惩罚分明的评估体系
对应模型参数变动	固定的最优 r	$M \geqslant \mu(m)$ 或 $M \leqslant \mu(m)$

（一）无 EPR 制度约束的电器生产商激励机制

（1）经济激励。由于家电生产企业开展废旧电器回收业务所获得的利润 π 与实施逆向物流活动的变动成本（δ 和 γ）呈负相关，固定投资 w 的减少也会带来企业利润的增长。而变动成本是由企业逆向物流管理水平以及产品设计决定。同时，生产商的生产规模 Q 是否达到某一水平也制约着生产商的逆向物流决策。因此，在没有 EPR 制度约束下，政府可以采取一种所谓均衡策略，即由政府及相关部委（如商务部、环境保护部）牵头，建立一种多方治理机制，对规模小的家电企业可以不履行废旧电器回收义务，但需缴纳一定费用用于补贴规模较大的家电企业执行回收处理业务，从而使双方都能获取一定的利润；而政府在减少财政支出的同时能实现废旧电器回收处理这一环保要求。另外，政府可以直接运用专项财政拨款、税费优惠或减免、信贷倾斜、政府采购等经济手段降低生产商开展逆向物流活动的成本，提高生产商的整体收益。

（2）非经济性激励。采用经济激励一方面给政府带来一定的财政负担，另一方面也淡化了生产商的社会责任。在激励不足的情形下，政府虽然支付了成本，不仅不能对生产商起到激励作用，还可能使生产商在回收行为中产生偷懒或机会主义选择；在激励过剩的情形下，激励作用虽然达到了预期的目的，但政府增加了不必要的财政支出，所以单纯的经济性激励不利于我国建立完善的废旧电器回收体系。因此，政府在处理废旧电器逆向物流时，可以制定非经济激励措施。第一，制定最严格惩罚机制，起到"杀一儆百"的作用；第二，细化相关法律法规实施细则，明确生产商的责任，建立合理科学的评估体系；第三，政府应该加大宣传，利用传统文化，增强社会的监督力度。

（二）有 EPR 制度约束下的电器生产商激励机制构建

（1）经济性激励。近年来，由于原材料价格上涨，家电行业一直处于微利状态。国家对《基金》的实施，使电器生产商均开始缴纳处理基金，有些大企业每年将缴纳上亿元基金。这对生产商而言是个巨大成本负担，如果要电器生产商完全负责废旧电器的回收处理并负担全部费用，显然也是不切实际的。对电器生产商实施物质上的一些激励，一定程度上降低企业成本，提高企业的经济收益，可以促使电器生产商通过提高企业的管理水平以及产品设计能力，使企业的利润最大化。因此，可以设计如下的激励机制。第一，通过降低变动成本（δ 和 γ）（技术支持），使电器生产商赢利。如改进产品的设计方案，使产品设计有利于产品报废后的拆解。其激励措施是国家相关部门（如科技部、工业和信息化部等）设立国家级的技术创新奖，鼓励企业进行技术创新。同时，对电器生产企业设置一个适度较高的门槛，只有让达到一定技术标准和要求的企业才允许投产，做到宁缺毋滥。第二，结合我国的基本国情，可以通过向电器生产商提供优惠信贷、政府集中采购以及财政直接补助等措施，最直接地降低生产商的生产成本，能实现对生产商的激励作用。

（2）非经济性激励。非经济性激励对于建立长效的废旧电器回收体系是非常重要的。它主要通过法律法规、政策和行政等手段对废旧电器回收行为进行干预和管制，使废旧电器回收朝着既有利于提高经济效益，又有利于提高环境和社会效益的方向行进。根据我国废旧电器回收处理的实际状况，结合我国的基本国情，非经济激励主要选择如下方式。

1）完善与 EPR 制度相关的法律法规。法律法规是强制激励的重要手段之一，是市场经济条件下约束生产商履行自己生产者责任最重要、最有效的外部强制力量。法律法规的制定还可以使废旧电器的回收不至于受到某种局部的、眼前的利益影响，为废旧电器的回收提供强大的法律保障和依据。

第一，要完善相关法律法规实施细则和规章制度。在制定过程中，规定得越细，可操作性就越强。明确电器生产商的社会责任，明确企业生产产品的技术要求，明确规定废旧电器进入二手市场的要求。

第二，制定严格的问责和鼓励政策。禁止电器生产商将回收的废旧电器私自转移到二手市场；对生产商回收、处理以及再利用的废旧电器提供税收减免机制；禁止生产商私自对未能回收再利用的废旧电器直接焚烧处理。

2）规范废旧电器的回收行为。电器生产商对废旧电器的回收处理再利用，应该具备专业的技术人才、装备以及基础设施，回收处理应该符合环保的相关要求。对企业要进行严格审核，提高行业的回收处理水平。

第一，对电器生产商实行回收处理许可证制度。通过对企业经营规模、技术条件及企业文化等进行严格审核，颁发回收处理许可证，并要求获得回收许可证的企业只能进行废旧电器回收处理；获得回收处理综合许可证的企业对废旧电器进行集中拆解、资源化以及保证最终处置，同时也开展回收活动。回收与处理两者分开进行，可以提高回收处理的技术水平，规范回收处理流程。

第二，实施二手电器的质量和流通登记制。政府部门应逐步建立和完善二手电器的质量和流通登记制度，只有那些经过专业维修后，获得权威部门签发的具有再利用质量合格证二手电器，才能进入二手市场进行交易。

第三，制定科学的评估体系。政府建立合理的科学评估体系，对所有电器生产商的回收处理行为进行监管，定期做出评估。对那些严格按照相关法律法规出色完成企业废旧产品回收的企业，给予相应的奖励，并通过公众媒体予以公开。这样可以提高合格企业的企业形象，激励生产商努力提高自身的回收比例，而对于不合格的生产商，应采用强制性的淘汰激励，取消其生产资格。

3）政府提供政策上的扶持。政府政策上的导向对电器生产商是否自觉建立逆向物流系统尤其重要。中国电器生产商目前的整体盈利水平不高，承担回收处理责任的能力有限。政府要为生产商和高校进行技术合作，研发新的技术创造条件；建立信息交流平台，方便生产商之间交流合作；以政府采购的形式，引导社会消费的舆论导向。

4）开展宣传教育，增强社会舆论的监督力度。废旧电器是"城市矿产"的主要来源，对其有效回收处理所产生经济效益、社会效益，尤其是其环境效益大部分人是知之甚少；与此同时，目前我国废旧电器的回收处理异常，绝大多数电器生产商和消费者对其认识并不充分。这些在很大程度上与我国在其宣传教育方面的力度不够有很大关系。宣传教育是培养和增强电器生产商回收意识，提高实施回收自觉性的重要途径，也是建立长效的电器回收体系的必要途径。

四、结　语

随着科技的快速发展，经济生活水平的提高，电器产品的生命周期显著缩短，中国已成为世界第二大电子垃圾生产国。电子废弃物已造成严重的环境污染问题，如何激励回收主体积极主动地回收处理废旧电器电子产品已刻不容缓。

近年来，我国也在积极研讨有关 EPR 制度实施细则的制定，以改善我国废弃电器随意放置处理的现状。如何实现废弃电器高效无害化处理、资源的再利用，促进循环经济的发展，已成为当前我国一重大研究课题。基于我国现状，建立以循环经济发展为指导的绿色回收体系虽然短时期难以起到显著效果，但从长远来看，强调严格 EPR 制度的实施以及非经济性激励是建立和完善废旧电器逆向物流体系的根本所在。只有针对生产商生产规模、企业文化以及我国不同时期基本国情的差异性，设计有不同侧重点的经济性和非经济性激励机制，资源节约、环境友好的意识才能深入人心，从而逐渐地促进我国废旧电器回收体系的建立与完善。

参考文献：

[1] A. I. Barros, R. Dekker and V Scholten. A two-level network for recycling sand: A case study [J]. European Journal of Operational Research, 1998 (110): 199-214.

[2] Bette K. Fishbein. Carpet take-back: EPR American style [J]. Environmental quality management, 2000 (10): 25-36.

[3] Gonzalez Torre P L, Adenso-diaz B, Artiba H. Environmental and reverse logistics policies in European bottling and packaging firms [J]. International Journal of Production Economics, 2004, 88 (1).

[4] Naoko Tojo. Effectiveness of EPR Programme in Design Change: Study of the Factors that Affect the Swedish and Japanese EEE and Automobile Manufacturers [J]. IIIEE, 2000 (1): 1-65.

[5] Ogushi Y, Kandlikar M. Assessing Extended Producer Responsibility Laws in Japan [J]. Environmental Science & Technology, 2007, 41 (13): 4502-4508.

[6] Streicher P M, Widmer R, Jain A. Key drivers of the e-waste recycling system: assessing and modeling e-waste processing in the informal sector in Delhi [J]. Environmental Impact Assessment Review, 2005, 3 (25): 472-491.

[7] Thomas Lindhqvist, Reid Lifset. Can we take the concept of individual producer responsibility from theory to practice? [J]. Journal of industrial ecology, 2003 (7): 3-6.

[8] Tojo N. Extended Producer Responsibility as a Driver for Design Change: Utopia or Reality? [D]. Lund: IIIEE Dissertation, Lund University, 2004.

[9] Tong X, Lifset R, Lindhqvist T. Extended Producer Responsibility in China: Where is 'Best Practice'?

[J]. Journal of Industrial Ecology，2004，8（4）：6-9.

[10] 罗乐娟，竺宏亮. 废旧电器逆向物流的激励机制研究 [J]. 物流技术，2004（11）.

[11] 顾巧论，陈秋双. 不完全信息下逆向供应链中制造商的最优合同 [J]. 计算机集成制造系统，2007（3）.

[12] 伍云山，张正祥. 逆向供应链的激励机制研究 [J]. 工业工程，2006（1）.

[13] 房巧红，陈功玉. 基于生产者责任差异的逆向物流决策比较 [J]. 科技与管理，2009（1）.

[14] 何文胜. EPR 制度下废旧电器回收主体的利益博弈与激励机制研究 [D]. 成都：西南交通大学硕士学位论文，2009.

[15] 童昕，颜琳. 可持续转型与延伸生产者责任制度 [J]. 中国人口. 资源与环境，2012，22（8）.

[16] 魏洁，李军. EPR 下的逆向物流回收模式选择研究 [J]. 中国管理科学，2005，13（6）.

[17] 王冰冰. 循环经济——企业运行与管理 [M]. 北京：企业管理出版社，2005.

基于污染排放程度的中国工业结构调整研究

谢荣辉　原毅军

（大连理工大学经济学院，辽宁大连　116024）

一、引　言

中国改革开放以来，伴随着经济的快速发展，工业粗放型增长导致的单位产出能耗高企和大气环境质量恶化的问题越来越突出，环境污染的负外部性严重影响了人们的生产和生活。面对来自国际和国内的减排压力，中国已出台并实施了一系列减排政策，减排工作也初见成效。由中国环保部的工作简报可知，中国"十一五"期间污染减排取得了重要进展，不仅排污总量大幅下降，排污强度也明显降低：与 2005 年相比，2010 年全国化学需氧量排放量和二氧化硫排放量分别下降 12.5% 和 14.3%。然而，中国环境污染形势依旧严峻，有关学者倡导通过产业结构调整，减少高污染行业的比重，以进一步促进污染减排。由于中国长期实行工业优先发展的政策导向，使得工业在国民经济中长期占据主导地位，而工业生产过程中污染排放量在全国污染物排放总量中也占据了较大比重：2010 年，工业废水排放量占全国废水排放总量的 38.5%；工业二氧化硫排放量占全国二氧化硫排放总量的 85.3%；工业烟尘排放量占烟尘排放总量的 72.8%。因此，工业内部的结构调整尤为受到学术界的关注。

国内外学术界对环境问题的研究主要集中在两方面：①环境与宏观经济的关系研究；②产业结构调整对污染减排的作用研究。Grossman 和 Krueger（1994），蔡昉等（2008），蒋伟、刘牧鑫（2011），高静、黄繁华等（2011）均利用环境库兹涅茨曲线，从不同角度研究了经济增长与环境之间的关系。张成等（2010）从环境规制对中国工业增长影响的角度进行了研究，他们都认为环境规制加大了技术进步在工业增长中的贡献，在长期内对工业结构调整和生产率的提高具有显著的正向促进作用。另外，国内外学者运用不同的方法研究了产业结构调整对环境质量改善、促进污染减排的作用，但结论并不一致。Levinson（2008）认为，美国制造业环境质量的改善主要是依靠技术进步，而不是工业经济结构优化。Chunmei 等（2011）研究了低碳发展与产业结构之间的因果关系，发现中国第三产业的发展是低碳发展的格兰杰原因。黄菁（2009）的研究发现结构效应的变化在一定程度上增加了中国的工业污染；李斌、赵新华（2011）认为，技术进步在节能减排过程中占据了主导地位，而工业经济结构的变化对工业废气减排的作用效果不明显；李姝（2011）

［基金项目］国家社会科学基金重点项目资助项目"污染减排对产业结构调整的倒逼传导机制及政策研究"（批准号 11AZD029）；国家教育部博士点基金项目"中国污染减排政策的传导机制及有效性研究"。

［作者简介］谢荣辉（1988~），女，山东淄博人，大连理工大学经济学院博士研究生；原毅军（1955~），男，山东荣成人，大连理工大学经济学院教授，博士生导师。

的研究表明产业结构调整在解决环境污染问题方面确实发挥了一定的作用。

通过大量国内外文献的阅读发现，现有环境问题的研究均从如何改善环境质量、促进污染减排的手段出发，而关于污染减排对产业结构调整影响和作用的研究十分少见，而基于污染程度对工业行业进行分类，并在此基础上研究产业结构调整的文献更是少之又少。本文首先基于污染程度对工业行业进行分类；在此基础上，运用面板数据模型研究中国工业结构的调整路径，并基于分析结果提出相关政策建议。

二、污染排放程度的衡量

基于污染程度对工业进行分类，学术界目前尚没有统一的标准。通过大量文献的阅读，国内外学者常用的分类方法主要有三种：第一种方法是比较各产业的污染削减成本；第二种方法是比较各产业的污染排放强度；第三种方法是比较各产业的污染排放规模。然而，上述三种方法均较为单一和片面，存在不可避免的局限性。为了更全面、更准确地描述各产业的污染特征，本文借鉴刘巧玲等（2012）的方法，从污染强度和污染规模两方面进行整体考察。建立平面四象限坐标系，分别以污染排放规模和污染排放强度作为横、纵坐标轴，则可将所有产业纳入此坐标系中，如图1所示。其中，象限Ⅰ内的产业表示污染规模大、排放强度大的产业，可界定为重度污染产业；象限Ⅲ内的产业是污染规模小、排放强度小的行业，因此界定为清洁型产业；象限Ⅱ和象限Ⅳ内的产业则介于重度污染产业和清洁型产业之间，因此界定为中度污染产业。

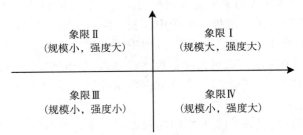

图 1　产业污染排放特征象限图

同时，构建污染密集指数作为横、纵坐标的原点，以代表污染规模与污染强度的综合标准。

首先，用"i 产业的污染排放量/i 产业的工业增加值"表示 i 产业的污染排放强度 E_i；用"i 产业的污染排放量/所有工业产业的污染排放量"表示 i 产业的污染排放规模 P_i。

其次，将各产业的污染排放强度 E_i 和污染排放规模 P_i 进行线性标准化处理，即：

$$\overline{E}_i = \frac{E_i - \min(E_i)}{\max(E_i) - \min(E_i)} \tag{1}$$

$$\overline{P}_i = \frac{P_i - \min(P_i)}{\max(P_i) - \min(P_i)} \tag{2}$$

最后，构建污染密集指数，即对 $\overline{E}_i$ 和 $\overline{P}_i$ 进行几何平均处理：

$$A_i = (\overline{E}_i \times \overline{P}_i)^{1/2} \tag{3}$$

总体而言，某产业的污染密集指数越大，说明该产业污染越严重；反之亦然。

三、基于污染排放程度的工业分类

《中国统计年鉴》中 2002 年前后工业行业的分类存在一定的差异，如工业产值数据和废气污染物排放量数据的统计中，"工艺品及其他制造业"、"废弃资源和废旧材料回收加工业"的数据在 2003 年之后才开始公布；同时，"其他采矿业"和"其他行业"两个分类指标也依不同年份而在指标分类和统计数据上存在差异。此外，木材及竹材采运业在 2003 年的标准中属于农林牧渔业。因此，本文为了保证各统计指标中行业分类的一致性，以及与后文研究的一致性，将"工艺品及其他制造业"、"废弃资源和废旧材料回收加工业"、"其他采矿业"、"木材及竹材采运业"和"其他行业"删除，不作为工业行业列入。

表 1　中国工业行业 SO_2 污染密集指数

SO_2 污染产业	$\overline{E}_i$	$\overline{P}_i$	A_i	SO_2 污染产业	$\overline{E}_i$	$\overline{P}_i$	A_i
煤炭开采和洗选业	0.0322	0.0177	0.0239	化学原料及化学制品制造业	0.0973	0.1155	0.1060
石油和天然气开采业	0.0157	0.0038	0.0077	医药制造业	0.0300	0.0087	0.0161
黑色金属矿采选业	0.0392	0.0057	0.0150	化学纤维制造业	0.0968	0.0118	0.0337
有色金属矿采选业	0.1314	0.0122	0.0401	橡胶制品业	0.0296	0.0043	0.0112
非金属矿采选业	0.0597	0.0045	0.0163	塑料制品业	0.0091	0.0032	0.0053
农副食品加工业	0.0213	0.0187	0.0200	非金属矿物制品业	0.2366	0.1873	0.2105
食品制造业	0.0454	0.0127	0.0240	黑色金属冶炼及压延加工业	0.1531	0.1962	0.1733
饮料制造业	0.0545	0.0123	0.0259	有色金属冶炼及压延加工业	0.1283	0.0892	0.1069
烟草制品业	0.0072	0.0010	0.0027	金属制品业	0.0073	0.0038	0.0052
纺织业	0.0386	0.0274	0.0325	通用设备制造业	0.0059	0.0055	0.0057
纺织服装、鞋、帽制造业	0.0036	0.0011	0.0020	专用设备制造业	0.0076	0.0042	0.0057
皮革、毛皮、羽毛（绒）及其制品业	0.0075	0.0014	0.0033	交通运输设备制造业	0.0022	0.0036	0.0028
木材加工及木、竹、藤、棕、草制品业	0.0193	0.0035	0.0082	电气机械及器材制造业	0.0009	0.0014	0.0011
家具制造业	0.0017	0.0001	0.0005	通信设备、计算机及其他电子设备制造业	0.0000	0.0006	0.0000
造纸及纸制品业	0.2191	0.0564	0.1111	仪器仪表及文化、办公用机械制造业	0.0005	0.0000	0.0001
印刷业和记录媒介的复制行业	0.0033	0.0002	0.0008	电力、热力的生产和供应业	1.0000	1.0000	1.0000
文教体育用品制造业	0.0010	0.0000	0.0000	燃气生产和供应业	0.0373	0.0021	0.0089
石油加工、炼焦及核燃料加工业	0.0974	0.0705	0.0829	水的生产和供应业	0.0078	0.0001	0.0009

注：①以上结果采用 2010 年的统计数据计算而得；②原始数据来自中经数据库和《中国统计年鉴》(2010)。

最终，本文选定 36 个工业行业作为研究的范围，并选取 SO_2 的排放量作为污染指标，用以对工业行业进行分类。原始数据来自中经网数据库和《中国统计年鉴》(2011)。依据各产业的污染排放强度和污染排放规模计算各产业的大气污染密集指数，结果如表 1 所示。

根据表 1 中大气污染密集指数的计算结果和相应的划分标准，可依据工业各行业的污染密集程度进行分类。其中，将污染密集指数 $A_i \geq 0.05$ 的 7 个行业称为重度污染产业；污染密集指数 $A_i \in [0.01, 0.05)$ 的 11 个行业称为中度污染产业；污染密集指数 $A_i < 0.01$ 的 18 个行业称为轻度

污染产业。结果如表 2 所示。

表 2 污染密集型产业识别结果

污染密集指数	分类	产业
$A_i \geq 0.05$	重度污染产业	电力热力、非金制造、黑金冶炼、化学制造、造纸业、石油加工、有金冶炼
$0.01 \leq A_i < 0.05$	中度污染产业	有金采选、化纤制造、纺织业、非金采选、饮料制造、食品制造、煤炭开采、农副加工、黑金采选、医药工业、橡胶工业
$A_i < 0.01$	轻度污染产业	金属制品、通用设备、塑料制品、交通设备、皮革制品、专用设备、石油开采、纺织服装、烟草制品、通信设备、电气机械、家具制造、印刷业、办公机械、文体用品、水的生产、燃气供应、木材加工

四、基于污染排放程度的工业结构调整

（一）模型建立

本文的模型建立借鉴原毅军（1991）对产业结构变动研究的思想，在此基础上加以改进，以适应环境污染背景下的产业结构调整问题。

从数量关系来看，工业污染物的排放总量（P）等于各工业部门的污染排放量（p_i）之和。

$$P = p_1 + p_2 + p_3 + \cdots + p_n \qquad (4)$$

式中，n 为部门数。

根据 Levinson（2009）的模型，式（4）可进一步表述为污染排放总量（P）等于工业生产总值（V）、工业各行业生产总值占工业总产值的比重（$\theta_i = v_i/V$）与各行业污染排放强度（$z_i = p_i/v_i$）的乘积。

$$P = V(\theta_1 z_1 + \theta_2 z_2 + \cdots + \theta_n z_n) \qquad (5)$$

式（5）可进一步转变为：

$$Z = P/V = \theta_1 z_1 + \theta_2 z_2 + \cdots + \theta_n z_n \qquad (6)$$

式中，Z 为整个工业的污染排放强度。由式（6）可知，假如工业污染排放强度不变，则第 i 个行业的污染排放强度 z_i 提高的必然结果是 $\theta_j z_j (i \neq j)$ 下降。当工业污染排放强度 Z 下降时，要求各行业污染排放强度之和为负，但各行业污染排放强度的变化方向并不一致。一般而言，为了实现工业污染排放强度的下降，污染排放强度较大的行业，其比重应相应减小；而污染排放强度较小的行业，其比重应相应提高。

在以污染程度为分类标准的前提下，我们应该分析的是各产业的污染排放强度和占工业总产值比重结合在一起的结构调整路径，即 $\theta_1 z_1 : \theta_2 z_2 : \cdots : \theta_n z_n$ 的变动路径。定义 $\theta_j z_j$ 为第 i 个产业的污染程度对工业总污染 Z 的贡献，则工业结构是否合理取决于 $\theta_1 z_1 : \theta_2 z_2 : \cdots : \theta_n z_n$ 之间的比例是否合理。

从环境污染的角度来讲，工业结构平衡还是失衡是指社会生产过程中，各产业的比重是否使得工业污染排放强度保持较为合理的水平。我们假设在某种理想的环境条件下产业结构达到平衡。设 Z^* 表示最佳工业污染排放强度；θ_1^*，θ_2^*，$\cdots$，θ_n^* 表示实现最佳工业污染排放强度时各行业所占比重。根据式（6），我们有：

$$Z^* = \theta_1^* z_1 + \theta_2^* z_2 + \cdots + \theta_n^* z_n \qquad (7)$$

保持 θ_1^*, θ_2^*, …, θ_n^* 不变的充分条件是 $z_1 = z_2 = \cdots = z_n$，这说明当各行业污染排放强度等于工业整体污染排放强度时，即当 $Z^* = z_1 = z_2 = \cdots = z_n$ 时，对应工业结构可满足污染排放要求。此时式（7）变为：

$$Z^* = \theta_1^* Z^* + \theta_2^* Z^* + \cdots + \theta_n^* Z^* \tag{8}$$

当各行业实际污染排放强度 z_i 偏离最佳工业污染排放强度 Z^* 时，意味着工业结构欠合理。用公式表示：

$$z_i - Z^* = (\theta_1 z_1 - \theta_1^* Z^*) + (\theta_2 z_2 - \theta_2^* Z^*) + \cdots + (\theta_n z_n - \theta_n^* Z^*) \tag{9}$$

设 $\Delta\theta = \theta_i - \theta_i^*$，则 $\theta_i^* = \theta_i - \Delta\theta$，代入上式为：

$$z_i - Z^* = \theta_1(z_1 - Z^*) + \Delta\theta \cdot Z^* + \theta_2(z_2 - Z^*) + \Delta\theta \cdot Z^* + \cdots + \theta_n(z_n - Z^*) + \Delta\theta \cdot Z^* \tag{10}$$

在短期内，由于 θ_i 的变动较小，因而 $\Delta\theta$ 的值较小，$\Delta\theta \cdot Z^*$ 可作为一个微量省略。于是，我们最终得到如下近似公式：

$$z_i - Z^* \approx \theta_1(z_1 - Z^*) + \theta_2(z_2 - Z^*) + \cdots + \theta_n(z_n - Z^*) \tag{11}$$

根据式（11），工业结构的不合理程度主要取决于各行业污染排放强度与工业最佳污染排放强度之差，差异越大，工业结构则越不合理。我们利用各行业的 $\theta_i(z_i - Z^*)$ 来衡量产业结构的不合理程度。

最简单的方法是用平均法计算结构不合理度，把计算结果称作结构不合理度 1，则：

$$结构不合理度_1 = 1/n\left[\theta_1(z_1 - Z^*) + \theta_2(z_2 - Z^*) + \cdots + \theta_n(z_n - Z^*)\right] = 1/n\sum_{i=1}^{n}\theta_i(z_i - Z^*) \tag{12}$$

这种方法通过计算各行业污染排放强度偏离最佳排放强度 Z^* 的加权平均值来衡量产业结构的不合理度，此值越大，说明产业结构越不合理；相反，此值越小，则说明产业结构越合理。但各行业的污染排放强度不可能同时大于或同时小于 Z^*，则计算平均值时会出现正值和负值相互抵消的问题。为解决这一问题，本文最终采取标准差进行计算，记为结构不合理度 2，即：

$$结构不合理度_2 = \sqrt{\frac{1}{n-1}\sum_{i=1}^{n}\theta_i^2(z_i - Z^*)^2} \tag{13}$$

对结构不合理度的实际衡量有两个问题：第一，需要收集到以合理产业分类为基础的数据。本文首先基于污染程度对工业行业进行分类，并在此基础上收集相关时间序列数据进行计算。第二，我们很难准确估计出最佳污染排放强度 Z^* 的值。最佳污染排放强度 Z^* 只是一种理论假设，现实经济过程中无法确定绝对的最佳值。由于美国作为全球经济霸主，其经济发展、工业结构以及经济与环境污染的关系已发展的较为成熟，且学术界普遍认为发展现状较为健康。因此，本文选取美国 2005 年的工业污染排放强度作为 Z^* 的估计值。

（二）工业结构的演变轨迹

在进行模型分析之前，我们首先对所有指标数据进行简要的统计分析（见表 3）。

2001~2010 年，工业总产值逐年大幅度增长，由 2001 年的 102105.32 亿元增至 2010 年的 709798.62 亿元，增加了 5 倍多。在这段时间内，工业二氧化硫排放量在 2006 年达到最大值，其排放量比 2001 年增加了 30%，而后呈现下降趋势。相比 2001 年的排放量，2010 年工业二氧化硫排放量只增加了 8.90%，另外，中国工业二氧化硫排放强度也大幅下降，由 2001 年的 153.37 吨/亿元，减至 2010 年的 24.03 吨/亿元，下降幅度高达 5 倍多。表明中国工业生产总值不断上升的同时，工业 SO_2 的排放总量不断下降，污染减排取得一定的成效，工业结构与环境状况的协调发展也不断改善。

然而，从重度污染产业、中度污染产业和轻度污染产业三种类别来看，中国工业污染现状依然令人担心。中度污染行业与轻度污染行业的情况较为乐观。2001~2010 年，中度污染行业年均产值比重为 19.91%，所占比例较小；SO_2 排放量占工业 SO_2 总排放量的年均比重为 7.03%，且呈现出微弱但显著的下降趋势。轻度污染产业的 SO_2 排放量占工业 SO_2 总排放量的年均比重仅为 1.63%，而年均产值比重为 42.34%，表明产值比重大且污染小的清洁型产业应强调并巩固其在国民经济发展中的重要作用，这将有助于在保证经济增长、工业发展的基础上实现污染减排、改善环境现状。但重度污染产业的年均 SO_2 排放比重高达 82.04%，同时具有高达 33.06% 的产值比重，且逐年显著增加，表明重度污染产业在工业发展中具有举足轻重的地位，但其污染排放量巨大，加重了环境的恶化，给污染减排带来了巨大的压力。这种高污染、高产值的结构特点，增加了产业结构调整的困难。

表 3　中国工业三种类别数据的统计描述

单位：%

年份	重度污染行业		中度污染行业		轻度污染行业	
	SO_2 排放量比重	产值比重	SO_2 排放量比重	产值比重	SO_2 排放量比重	产值比重
2001	74.91	29.27	8.02	20.15	1.93	42.66
2002	76.80	28.10	7.89	19.90	1.94	43.24
2003	73.80	29.86	6.56	19.77	1.66	45.81
2004	82.70	38.99	6.78	19.72	1.70	40.27
2005	82.53	34.91	6.09	19.70	1.48	43.28
2006	89.63	34.39	6.68	19.09	1.54	42.61
2007	83.49	34.71	6.90	19.38	1.37	42.09
2008	83.78	35.97	6.90	20.78	1.45	42.98
2009	82.24	30.61	6.90	19.29	1.55	38.35
2010	90.52	33.83	7.55	21.32	1.69	42.14

资料来源：根据国家统计局《中国统计年鉴》（历年）和《中国经济普查年鉴》（2004、2008）数据计算得到。

这种特点也反映在各类别的内部结构上。重度污染产业中，SO_2 排放量最高的行业是电力、热力的生产和供应业，但此行业的工业产值也在重度污染产业中仅低于化学原料及化学制品制造业，位居第二。中度污染产业中，工业产值最大的纺织业，同时也是 SO_2 排放最高的行业；同样的，轻度污染产业中的交通运输设备制造业也具有高产值、高 SO_2 排放量的特点。表明中国工业发展不仅在很大程度上依赖于重度污染产业，三类产业内部，也存在高产值的行业同样具有高污染排放的特点。而这样的产业结构难以实现高产值、低污染的目标。

（三）污染密集型产业结构调整的实证分析

（1）指标选取与数据处理。为了尽可能保证数据的完整性和真实性，本文选取了 2001~2010 年的工业各行业产值数据和工业分行业 SO_2 排放量数据，数据来源于历年《中国统计年鉴》和《中国经济普查年鉴》。本文选取的指标及其处理如下：①工业经济结构（θ）：采用工业中各行业产值占工业生产总值的比重来衡量。其中，由于现行的统计年鉴没有提供全部工业的总产值数据，本文采用《中国经济普查年鉴》提供的 2008 年工业分行业主要经济指标的全部工业口径数据和规模以上口径数据，计算规模以上分行业总产值占全部工业总产值的比值作为协调依据，并以分行业工业品出厂价格指数进行平滑。②SO_2 排放强度（z）：采用工业各行业 SO_2 排放总量与对应行业总产值的比值来衡量。

（2）模型结果分析。基于上文对工业行业的分类，即重度污染行业、中度污染行业和轻度污染行业，本文的模型计算结果如下：其中 θ_1、θ_2、θ_3 分别代表重度污染行业、中度污染行业和轻度污染行业的产值比重；z_1、z_2、z_3 分别代表重度污染行业、中度污染行业和轻度污染行业的 SO_2

排放强度（下文同）。

本文运用污染排放强度作为衡量工业结构与环境协调度的指标，即衡量工业结构是否满足污染减排的要求。污染排放强度的 z 值越小，表明相应行业的发展与环境的协调度较高，应增加此行业的比重；而污染排放强度的 z 值越大，表明相应行业的发展与环境的协调度较差，该类行业的发展将威胁工业高产值、低污染发展目标的实现，因此应降低此类行业的比重或改善此类行业的生产现状。

计算结果如表 4 所示。由表 4 可知，不仅工业整体污染排放强度自 2001 年起不断下降，重度污染产业、中度污染产业和轻度污染产业各自的 $\theta_i z_i$ 值均呈现显著的下降趋势，表明无论是中国工业结构的整体调整，还是各类别产业内的结构调整，其方向是正确的，有利于污染减排的实现。然而，2001 年时，三种类别产业 $\theta_i z_i$ 的比值为 $\theta_1 z_1 : \theta_2 z_2 : \theta_3 z_3 = 35 : 4 : 1$，至 2010 年此比值变为 $\theta_1 z_1 : \theta_2 z_2 : \theta_3 z_3 = 45 : 4 : 1$，中度污染产业和轻度污染产业对工业污染排放强度的贡献比例保持不变，而重度污染产业对工业污染排放强度的贡献却有显著增加，表明近 10 年，重度污染产业的发展对环境的影响并未得到改善，反而加重了污染，恶化了工业发展与环境的协调度。从重度污染产业内部来看，包括电力供应、金属制造、石油化工等重工业，它们在国民经济发展中具有十分重要的作用，无法简单地压缩其产值比重或将其淘汰，而应进行产业升级，引时清洁生产和污染治理的先进技术。因此，重度污染产业应是工业结构调整的重中之重。

表 4　中国工业行业各类别 $\theta_i z_i$ 的值

单位：吨/亿元

$\theta_i z_i$	2001 年	2002 年	2003 年	2004 年	2005 年	2006 年	2007 年	2008 年	2009 年	2010 年	平均值
工业污染排放强度	153.37	130.52	121.37	96.39	85.13	62.56	51.32	39.54	30.36	24.03	79.46
重度污染产业	114.89	100.24	89.57	79.72	70.26	56.07	42.85	33.13	24.97	21.75	63.34
中度污染产业	12.30	10.30	7.97	6.54	5.18	4.18	3.54	2.73	2.10	1.81	5.66
轻度污染产业	2.96	2.53	2.01	1.64	1.26	0.97	0.71	0.57	0.47	0.41	1.35

运用式（13），我们可以计算出三大类工业行业间的结构不合理度。鉴于数据的可得性，本文选取美国 2005 年的相关数据，计算得到最佳污染排放强度 $Z^* = 12.90$ 吨/亿元。

表 5 给出了近 10 年来三类工业产业的结构不合理度，中国工业始终存在结构不合理的问题，但结构不合理程度逐渐降低。截至 2010 年，结构不合理度已从 2001 年的 78.89 降至 12.81，降幅达到 5.2 倍，说明中国一直以来对产业结构调整所做的努力效果明显。但 2010 年的结构不合理度在绝对值上依然高企，还需进一步加强产业结构调整的力度。

表 5　结构不合理度

年份	2001	2002	2003	2004	2005	2006	2007	2008	2009	2010
结构不合理度	78.89	68.57	60.80	52.95	46.64	36.67	27.35	20.45	15.20	12.81

五、结论及政策建议

本文基于污染排放程度，将中国 36 个工业行业分为重度污染产业、中度污染产业和轻度污染产业三类。进而在此基础上，借鉴原毅军（1991）研究产业结构变动的思路，选取 2001~2010 年的统计数据，通过相关指标的统计描述和模型建立，计算了工业结构不合理度，并深入分析了在促进污染减排的背景下，中国工业结构的现状和特点。研究结果表明：

（1）中国工业生产总值不断上升的同时，工业 SO_2 的排放总量不断下降，污染减排取得一定的成效，工业结构与环境状况的协调发展也不断改善；另外，重度污染产业在工业发展中具有举足轻重的地位，但其污染排放量巨大，加重了环境的恶化，也给污染减排带来了巨大的压力。这种高污染、高产值的结构特点，增加了产业结构调整的困难。

（2）2001~2010 年，中度污染产业和轻度污染产业对工业污染排放强度的贡献比例保持不变，而重度污染产业对工业污染排放强度的贡献却有显著增加。表明近 10 年，重度污染产业的发展对环境的影响并未得到改善，反而加重了污染，恶化了工业发展与环境的协调度。从重度污染产业内部来看，包括电力供应、金属制造、石油化工等重工业，它们在国民经济发展中具有十分重要的作用，但也是中国主要的大气污染来源。因此，重度污染产业应是工业结构调整的重中之重。

（3）中国工业始终存在结构不合理的问题，但情况在不断改善，结构不合理程度逐渐降低。2010 年的结构不合理度在绝对值上依然高企，还需进一步加强产业结构调整的力度。

通过本文的研究，可以就促进污染减排、改善环境质量目标下的产业结构调整得出一些有益的政策启示：

（1）中国应进一步完善环境规制制度和产业政策体系。结合中国工业行业的特点和环境污染状况，进一步适当提高环境规制标准，完善环境监测、监察体系，提高环境执法能力，充分利用市场机制创新环境规制政策，改革环境规制体制，推动清洁生产和循环经济发展。以严格的环境规制标准为依据，参照国家相关政策，修订完善产业分类指导目录，提高重度污染产业和中度污染的准入门槛。

（2）加快技术进步，建立健全技术支撑体系，加大政府科研投入，引导社会资金投资节能减排技术研发和技术改造，鼓励发展产学研相结合的重点节能减排技术研发平台，开展重点行业共性、关键节能减排技术研发。加快发展节能环保技术服务体系，培育节能环保服务市场。加快发展新能源技术，改变能源消费结构。通过技术进步发展壮大环保产业，降低传统重度污染产业的污染强度。

参考文献：

［1］ Chunmei, L., Maosheng, D. and Tianyu, Q. Research on Causality Relationship of Low－Carbon Development and Industrial Structure［J］. Procedia Environmental Sciences, 2011（11）: 4–14.

［2］ Grossman G M, Krueger A B. Economic Growth And The Environment［R］. NBER Working Paper, 1994: 4634.

［3］ Levinson A. Technology, International Trade, And Pollution From US Manufacturing［J］. American Economic Review, 2009, 99（5）: 2177–2192.

［4］蔡昉，都阳，王美艳. 经济发展方式转变与节能减排内在动力［J］. 经济研究，2008（6）.

［5］高静，黄繁华. 贸易视角下经济增长和环境质量的内在机理研究——基于中国 30 个省市环境库兹涅茨曲线的面板数据分析［J］. 上海财经大学学报，2011（5）.

［6］黄菁. 环境污染与工业结构：基于 Divisia 指数分解法的研究［J］. 统计研究，2009（12）.

［7］蒋伟，刘牧鑫. 外商直接投资与环境库兹涅茨曲线——基于中国城市数据的空间计量分析［J］. 数理统计与管理，2011（4）.

［8］李斌，赵新华. 经济结构，技术进步与环境污染——基于中国工业行业数据的分析［J］. 财经研究，2011（4）.

［9］李姝. 城市化、产业结构调整与环境污染［J］. 财经问题研究，2011（6）.

［10］刘巧玲，王奇，李鹏. 中国污染密集型产业及其区域分布变化趋势［J］. 生态经济，2012（1）.

［11］原毅军. 经济增长周期与产业结构变动研究［J］. 中国工业经济研究，1991（6）.

［12］张成，于同申，郭路. 环境规制影响了中国工业的生产率吗——基于 DEA 与协整分析的实证检验［J］. 经济理论与经济管理，2010（3）.

论新常态下中国企业财务领域的十大关系

王保平

（财政部财政科学研究所博士后流动站，北京　100142）

我们或许正置身于一个新时代的转折点上，在这个新时代里，既要重新认知中国的经济发展特征，更要重新理解中国的国家治理体系。在这个新时代里，一切惯例可能都会被打破，一切新规都要重新学习，直到习以为常。一个宏观层面的基本判断是，未来一个阶段的经济形势可概括为经济增长速度换挡期、结构调整阵痛期、前期刺激政策消化期的"三期叠加"。"增长速度换挡期"，是我国经济已处于从高速换挡到中高速的发展时期；"结构调整阵痛期"，是结构调整刻不容缓，梳理结构是实现进一步发展的基础；"前期刺激政策消化期"，是对国际金融危机引发的"一揽子"经济刺激所产生的后果需要一个消化期。新常态下，观察问题需要新的视角、新的框架，财务管理需要新的逻辑、新的思路。因此，应对新常态必须要有新思维。进一步看，在全球经济一体化面向纵深、市场交易环境深刻异化、信息网络互联互通的多维度背景下，中国经济与外部经济的内外互应、国内市场要素与供求关系的联动反应都已经渐进而成了一个新的产业现象与经济环境：改变过度依赖投资拉动的外延式增长模式，实现"三驾马车"协调运行下的消费主导发展方式；改变过度依赖出口和外资拉动型增长模式，实现商品进出口与资本进出口并重的发展方式；改变过度依赖廉价劳动力驱动的增长方式，实现技术管理创新驱动提升附加值的发展方式；改变过度依赖房地产单一增长格局，实现新兴战略产业与现代服务业在内的多元发展方式；改变过度依赖资源消耗和环境代价换取经济增长，实现节能环保、集约化的经济发展方式；改变过度依赖部分人先富的非均衡增长，实现群体间均衡共享、追求包容性增长的发展方式。[①] 可见，不论生存与发展，中国企业都既不能走封闭僵化的老路，也不能走改旗易帜的邪路，而只能走科学发展观引领下的中国经济升级版新路。不过，许多企业在财务管理的理念层次和思维模式仍旧处于"线性生产"时代，对环境变异下的"多维组合"管理思路则未能深刻理解与把握。基于企业财务管理所肩负的群体经济态势与个体经营状况互动中的信号传导使命与潜力互撞角色，企业财务管理必须正确认识和处理现实中的若干重大矛盾关系，将一切积极因素和潜在能量调动起来，全程关注处于动态演变过程中的矛盾关系的协调与转移。一个心理机制是，我们不仅要研究和解释经济现象，还要研究人的行为，在行为假设的基础上作出预测与价值判断。进一步地，理性假设（Rational Hypothesis）也是有边界条件的，不能盲目运用，而应该考虑到经济理论、行为假设的边界性特征（田国强，2009）。《圣经》道：一粒麦子，若不落在地里仍旧是一粒，而如果落在地里便能得到新生并且长出许多颗粒来。作为经济学与管理学的守望者与耕耘者，应该时刻着手于理论与实践的互动链条与对接机理，在企业经济人和市场规制的总体框架下，引导经济主体的行为选

[作者简介] 王保平（1963~），男，中韩人寿保险有限公司，董秘、财务总监，管理学博士、应用经济学博士后。
① 吴敬琏等. 中国 2013：关键问题——中国国家智库十八大之后国势前瞻 [R]. 2013.

择自由。① 因此，本文基于持续变化着的世情、国情，面对发展机遇与风险挑战中的新环境，吸收各方认识、观念，两利相权取其重，两害相权取其轻，进一步探讨新经济与时政环境下企业财务领域带有全局性、根本性的十大关系。

一、企业财务工作"自成一体"与"战略匹配"的关系

企业财务工作是一个价值管理（Value Based Manaement，VBM）工程，包含着对筹资、投资、经营、成本、分配等领域的统筹谋划，需要践行价值管理理念并整合价值管理方法，依托全面预算、管理控制、内部审计、绩效考核等专业工具实现。显然，财务管理有其自身固有的规律性，具有朴素、合理的内涵与哲理，是自成一体的独立体系。闫达五、陆正飞（2000）提出财务管理是现代企业的一种职能管理，只是企业管理的一个侧面，有着事关企业全局的长远发展的内容。而企业发展战略则是企业在对现实状况和未来趋势进行综合分析及科学预测的基础上，制定并实施的长远发展目标与战略规划。财务管理与企业发展战略之间的关系如何定位呢？前者既不是简单的被动服从，也不可能脱离发展战略，而应该与发展战略之间形成自觉匹配和无缝对接。正所谓：大道至简，顺势而为。当前，全球化、集团化、信息化、集成化等态势已经渗透到企业的每一个层级，并成为许多企业在市场竞争环境下生存与发展的基本旋律。财务管理势必不能再局限于单打独斗的原始阶段，必须实施思维与方式的转型升级，必须从更高、更深、更远的层面丰富其信念与技术，天衣无缝地嵌入企业发展战略中。科学地协同、合理地配置好企业财务管理的"自成一体"与"战略匹配"关系，其实就是要搭建一个有机载体，即企业财务战略。

企业财务战略是在企业发展战略旗帜下，以价值管理为依托、以价值分析为基础，以促进资源长期、均衡、有效地流转和配置为标准，以维持企业长期盈利能力为目的的战略性思维与决策活动。财务战略志在形成持续竞争优势，确保企业资金、资本、资源均衡有效流动而最终实现企业发展战略。把握财务战略与企业发展战略的关系，一要科学把握财务战略的从属性，以确保它对执行整体发展战略的工具使命；二要深刻把握财务战略的动态性，以随环境变异而相应调整为新的适应态势；三要适度把握二者之间的互逆性，注重一定条件下的互动互逆及"左手握右手"关系。不少案例证明，如果财务战略与整体发展关系失衡，其负面效应不可小视：相关部门无所适从，无法协调好各种财务关系，无法让人知道是否实现了财务目标，无法对员工产生激励与约束效能，无法开展有效的业绩评价；极易导致企业投资决策失误，难以防范诸如收支性、现金流、筹资性等财务风险，从而祸及投资报酬率和资产利用率；会导致部门仅从局部出发而忽视整体战略，造成企业"正能量"的分散，降低企业资源的利用效率和整体抗风险能力。

企业发展战略的选择和实施是企业根本利益所在，战略的需要高于一切。财务管理必须配合企业发展战略的实施，提出切合实际的企业财务战略目标，确保财务管理在外部法律环境、经济环境发生变化时，不做出错误的决策和计划，尽量避免因二者目标矛盾而造成的资源浪费和经济效益下降。在此前提下，进一步确保财务管理主动与发展战略的匹配与对接，将财务管理全面嵌入公司战略中，如通过基于战略的预算管理，形成纵向价值链与横向价值链的拓展，② 使财务成为战略的支持者和公司变革的积极推进者与主导力量，承担更多的管理和战略决策的责任。

---

① 相对于对企业主体财务关系的粗略式表达，从经济学的思想与方法看，对政府管制行为则需要有明确的程序和规则，且宜细不宜粗，越明确越好。这是因为政府也是经济人，但兼当裁判员和运动员。

② 谢志华. 竞争的基础：制度选择——企业制度分析与构造 [M]. 北京：中国发展出版社，2009.

二、企业对接宏观"通胀对策"与"紧缩对策"的关系

在经济运行已经进入新常态阶段，宏观调控手段必须加以创新，通过政策的协同实施同时达成多目标。从经济学上讲，一般情况下，轻微通货膨胀要好过通货紧缩。短期看，通货紧缩能给消费者带来好处，可以多买一些东西，提高自己的消费质量，而长期看，通货紧缩不利于经济发展。因为如果想要以后比现在生活得更好，就需要拥有比现在更多的收入，这就意味着要有更多的产出，要有更大的生产规模或者生产效益。当然，4 万亿元刺激计划直接带来了通货膨胀，也导致产业结构逆向变动以及产能过剩、政府型债务的问题。新常态下，要根据经济发展潜力和当前实际，科学确定经济运行的合理区间，守住稳增长、促就业的"下限"，把握好防通胀的"上线"。要兼顾宏观、微观，精准发力实现促就业目标，发挥好市场在配置资源的决定性作用和发挥好政府作用。从企业来说，财务管理的主要目标是追求企业不断扩大市场与销售，实现价值创造与价值管理，实现企业价值最大化。这要求财务管理的策略选择必须与经济周期相适应。从风险理论的观点看，财务管理所蕴含的风险应与经济周期波动所造成的经营风险相适应。经济变量间关系的成立有其边界条件，由此得出的结论亦有其内在逻辑。因此，任何一个企业都要通过制定和选择富有弹性的财务战略，以便于能够抵御大起大落的经济震荡，顺应市场环境的"冷暖"而适者生存，赢得新生。

陆建桥（1996）分析通货膨胀引起的存货、债权、成本、人工等变异情形后，强调透析通胀与财务之间的内在机理而为企业提供一条应对之路。从微观角度看，通胀的影响相当复杂，可以促使企业营业收入快速增长，实物资产价值增加而负债相对贬值，对融资能力差的企业将会面临倒闭危险，而资金实力雄厚的企业则有了兼并收购的商机。同时，在通膨挑战中，伴随着生产资料涨价，企业成本明显增长、市场利息率趋高，直接增加企业资金成本，而自身应收账款大幅贬值，也增加了长期投资的风险。为减轻通胀预期的负面影响，企业的应对策略主要有：重新评估长期投资，充分考虑通胀对投资成本的影响；提前购买并储存生产必需原材料，免受原料价格上涨之苦；加大开拓海外市场，以获得海外市场正常采购的价格优惠；清理应收账款和存货，确保企业现金流的充沛与健康；善抓市场机会，进行富有市场价值的购并重组；等等。

通货紧缩也是一个变色镜，从微观角度看，通缩也会对企业理财形成冲击，因为这是一个"现金为王"（Cash is King）的时代：首先，清偿负债须按事先固定的本金偿还，导致债务负担（包括本金与利息）受通缩而自然增加；其次，由于企业经营风险增大，现金流量减少，致使企业资金周转困难，无法偿还到期债务，面临严重的财务危机。面对通缩压力可能采取的对策：调整理财目标，将目标从发展和获利调整为生存，应以降低财务风险为出发点，适度减少负债，渡过财务难关是企业理财的重点；倡导竞争财务，在不影响企业核心竞争力的情况下将非核心业务进行外包，集中优势资源和能力，扭转竞争劣势；资金筹集应以权益资本筹集为主，资金投放集中于竞争力与差别性强的产品，加强对供、产、销各环节的资金控制，加快资金回笼。总之，面对通缩，企业不能坐以待毙，而应积极调整理财思路，或备足现金"过冬"，或见风使舵"扩张"。

还要注意到，现实中的通胀和通缩并不总是"三十年河东，三十年河西"的风水轮流转，通胀和通缩时不时会并肩前行。市场总是瞬息万变的，一些宏观的经济数据也会出现彼此矛盾的特征，有时，刚刚脱离了通缩压力，又可能直接掉进通胀的泥泞。记得在 2008 年 6 月，当 CPI 高位运行却逐月下降时，有观察家认为其最大风险仍然是物价全面上涨压力，央行全年第五次上调存款准备金率。可只过一个月"保增长"便被提出了。后来的三个月里，央行五次下调利率、四

次下调存款准备金率。着眼于企业也是这样，通胀和通缩有时确实只有一纸之隔，当通缩下强调"保增长"时，不能完全掉以轻心，也需要保持政策措施的灵活性，在"冬天"里适当作一些"消夏"的安排。可见，科学把握通胀应对与通缩应对之策，是对企业财务管理者的高难度挑战。

三、企业投资偏爱"金融投资"与"实体项目"的关系

新常态之下，金融改革创新的显著特征是构建金融微体系，并驱动实体经济与虚拟经济的良性互动。对企业而言，从产品经营走向资本经营，从产业投资走向金融投资，从实体经济走向虚拟经济，这是企业经营的一种财资凝聚与智谋升华，更是企业发展进程中的挑战与竞争。尽管，资本经营、金融投资、虚拟经济三者之间各有其细微不同的内涵与外延，不过，对于一般企业来说，可以归类为以金融为代表的虚拟经济而常常作为两大部类，与以产业为代表的实体经济间进行选择。企业的投资理财活动，需要在以金融为主体的虚拟经济和以产业为主体的实体经济这"阴阳两极"面前进行选择。偏好于实体经济或钟情于虚拟经济，尽管彼此之间不是势不两立，但毕竟资源有限，风光不同。从起源看，虚拟经济源于实体经济，是在商品经济进一步发展的进程中，伴随着信用、股份、资本市场等产生与发展而衍生的；从发展看，虚拟经济发展的规模与程度取决于实体经济的规模与程度，股票、债券等虚拟经济载体都是实体经济中特定企业根据其筹资、投资等实体经济运行的资本需要而发行的；从经济运行状况看，虚拟经济运行状况取决于实体经济的运行态势，附着于实体经济身上吸收养分而枝繁叶茂、发展壮大的。如果实体经济运行态势良好，则虚拟经济必然茁壮成长；反之，假如产业经济不景气、微观经济缺乏活力、结构失调等因素使实体经济出了问题，那么虚拟经济最终必然萎缩，股价下跌，资本市场低迷。尽管虚拟经济的原始基因来自实体经济，但它对实体经济具有反作用，即既能在实体经济所派生金融交易需求相适应时促进其发展，也会脱离实体经济而成为实体经济发展的桎梏。虚拟资本的独立运动极易产生泡沫，而这种泡沫的兴起和破灭，也必然对实体经济产生消极影响。如股市正"牛"，投资股票可得到丰厚回报率时，势必引诱大量资本从实体经济流入股市而使实体经济流动性短缺；当脱离实体经济而高度膨胀的泡沫经济不可能长期持续下去时，又必然导致金融资产价格大幅度缩水。这两个方面相互作用，使得实体经济陷入长期的衰退。

正确处理实体经济与虚拟经济的关系，关键是掌握好投资于虚拟经济发展的"度"。政府理当通过宏观调控关注实体经济和虚拟经济之间的协调运转，防止虚热实伤。企业更是这一商战的主角，其企业投资理财在"虚拟经济"和"实体经济"的选择，更加是一种选择的学问：投资实体产业还是投资金融产品，显然面对着完全不同的短期和长期收益的差异、主导产业的培育成熟、核心竞争实力的形成。通常，企业需要清楚地牢记：如果投资收益过分依赖非产品或服务销售利润，那么可能会虚火上升，肌体在根本上可能受损，所以，企业务必要扎扎实实做好自己的主业，从战略到战术，对实体产业绝对不得放松。在未来，还要顺应低碳发展节奏，顺应投资驱动与出口驱动让位于消费驱动的大势，谨慎投资钢铁、水泥等高耗能行业，关注新能源产业的制度环境、政策环境与市场环境。当然，这种利弊得失的权衡，自然也是错综复杂，企业需要根据情况，扬长避短，逐步明确自身投资思路，而不是随风飘扬。总之，如何在实业与虚拟之间进行投资选择，是一件知易行难的决策，只能依靠企业自己的判断力和调控力。多数企业寻找自己的产品或产业作为投资理财的根本出路，而阶段性地参与产业相关的金融类投资。不过，对于实力雄厚的大型实业集团而言，适度的产业资本进入金融资本，通过渐行渐近的金融市场赢得长袖善舞的机会，

实现产业资本与金融资本互相渗透也是一种挑战与机会。总体而言，以实为本，虚实并举，乃是上策。

四、企业经营偏好"利润至上"与"稳固发展"的关系

冷静地看，这并不是一个选择题，而是一个历史性的发展过程。从根本上讲，企业的目标是通过生产经营活动创造出更多的社会财富。但是，由于经济发展的阶段性特征，在根本目标下，企业的现实追求先后经历了以产值最大化、利润最大化、股东财富最大化、企业价值最大化目标等渐进式目标阶段。现实中，仍有一些企业以利润多寡为其唯一追求目标与最高行为准则，从上而下的预算目标下达、经营业绩考核甚至干部提拔重用的砝码都演化成为视利润为唯一标杆。显然，新常态格局下，从供给端来看，人口红利衰退，储蓄率出现拐点，潜在增速下滑，劳动力比较优势丧失。从需求端来看，内部人口结构拐点导致房地产引擎失速，外部全球化红利衰退，全球经济从失衡到再平衡，导致外需和外资引擎失速。体现在企业微观运行的层面，一切以利润多寡为转移的思维是一种不健康的非理性状态。越来越多的企业，开始将利润理解为企业财富，把财务管理目标定位为企业利润最大化，并自觉地、主动地调整以利润为主线的经营，既考核当期利润，也着眼未来的可持续发展态势，能够将表内业务与表外业务、财务信息与非财务信息等统筹起来，渐渐形成一个盈利能力（Profitability）、偿债实力（Solvency）、运营活力（Operation ability）和发展潜力（Development Potential）共同构筑的"四力"体系，并且能够深谋远虑地静下心来，凭借对产品产业、对收入与成本、对价值与资本的"精雕细刻"实现精益化经营，以主动积极地应对资本和资源的快速和合理流动。

不过，发展是目标，稳定是前提。不论是一个企业还是整个社会，稳固的经济发展是整个经济社会发展的前提和基础。这也同样是企业存在的内涵所在。任何一个企业都需要一定的志存高远与长期发展，需要培育企业价值的长期共存。从这个意义上讲，稳固发展无疑是至高无上的追求。在稳固发展的指引下，既要适应政府"人均收入倍增计划"的政策，自觉调整企业人工成本，又要创新成本管理，在成本驱动下推动精益化管理，减少直接材料、折旧与管理、常规制造成本的损失，并凭借精益生产增加产能而削减设备和厂房等固定资产投资、减少人工投入，从而促使利润指数式上升。[①] 此外，还要基于成本控制促进交易成本的下降、弥补生产成本的上升，着眼于流程进化与整合、价值再造与利润重塑，并以超前眼光合理预期有关虚拟经济、低碳经济、云技术、节能减排等新环境所提出的新课题与新使命。

理想很丰满，现实很骨感。是偏爱"利润至上"？还是钟爱"稳固发展"？事实上也成了企业普遍存在的两难选择。不过，如今不再是改革开放初期的经济短缺时代，也不可能延续 2008 年美国国际金融危机带来的财政刺激环境，政府已经明确要"推动经济转型，把改革的红利、内需的潜力、创新的活力叠加起来，形成新动力，并且使质量和效益、就业和收入、环境保护和资源节约有所提升，打造中国经济的升级版"。[②] 面对这种重回市场、渐趋成熟的整体市场竞争，企业应当追求可预见的经营时期内预期利润收入折现值总和的最大化，而不应该过分追求当期利润的最大化。总之，"利润至上"也好，"稳固发展"也罢，在一定条件下，应该说都是企业配置资源模式运行绩效的体现，这两者相比并不存在何者必定更优的结论，而是应当结合具体情况进行综合

---

① 章旸. 成本驱动精益生产［M］. 杭州：浙江大学出版社，2011.
② 李克强总理 2013 年 3 月 17 日首次会见中外记者时的讲话。

考虑。比如：为了适应当前激烈的市场竞争，企业可以采取让利不让市场的适度低价策略；为了先期抢占市场先机，企业可以实行经营业务的快速转型，实现"快速赢利"；为了掌握核心的研发技术，企业也可以不惜举债经营，实现"稳固发展"。总之，企业的决策者应当根据企业和市场的实际状况，在"快速赢利"和"稳固发展"模式之间进行合理的抉择，而不应该对短期即一、两个会计年度内的利润规模情有独钟。

五、企业发展导向"外在规模"与"内涵价值"的关系

新常态经济格局下，整体增速环绕在 7.5% 的区间并更优先关注就业，政府未来宏观调控必定淡化"大投资"、"宽货币"实现总量宽松、粗放刺激，避免产能过剩和债务风险，无疑诱导走弱刺激之策。企业经营之路怎么策应呢？企业发展的外在规模做大与内涵价值做强是一种主观追求，问题在于一定现实条件下，是外在规模做大为先还是内涵价值做强为优？这是我们面临的一个战略选择，也是一种动态平衡的选择，更是一种谋略与智慧。实际上，用动态观点看，"大"与"强"的辩证关系至少可细分为：强则必大、强而速大、强而慢大、强而不大、不强反大、大则易强、大而不强。综上所述，"强"与"大"的辩证关系表明，二者是动态关联的，"强"不是完美的，"大"也不是完美的，"强大"才是一种理想的组合，实现的路径或"先强后大"，或"先大后强"，或"边大边强"，但任何一次"强大"都无法成为"终极"，历史长河浩浩荡荡，顺势则昌，逆势则亡，对于企业来说，只有逗号，没有句号，强无封顶，大无边界！根据正常的经济发展规律，企业自然应当首先提升竞争能力，即先做强，待基础稳固后，再伺机进行多种方式的扩张，即后做大。长久以来，在中国企业界素有"外在规模做大"情结，盲目追求经济总量的扩张。理论界似乎也有一种错觉，以为采用将几个企业捆绑在一起、对其他公司进行收购、积极扩大生产规模的经营方式，就自然会"内涵价值做强"了。经济发展的历史证明：当"内涵价值做强"远远超越于"外在规模做大"时，便会产生"规模抑制"现象，导致企业在商业机会面前的错失良机与市场份额的相对萎缩，并进一步影响到未来的持续做强；当过于追求经济"外在规模做大"时，将会出现商品或产业泡沫，一旦商品或产业不能再输送维持整个商品或产业经济所必需的日益增长的收入流水平时，这一导向体系就会出现重大危机，并反过来加深做强经济的困境。尤其是现今环境下盛行全球 500 强、全国 500 强之类排名的影响，以及市场上大企业相对较易获得更多免费资源现况的刺激，导致大量企业盲目追求做大为荣。但是随着许多企业"大企业病"的爆发，诸如管理效率下降、官僚主义严重、资金利润率大幅降低、企业组织反应迟钝等现象展露无遗，这种思路理念越来越受到诟病。

关于内涵价值，即企业价值，安杰伊·鹤尔满（Andrzej Herman），安杰伊·厦卜乐夫斯基（Andrzej Szablrwski）强调指出：企业市场价值的最大化与股东价值的最大化并不是一回事。股东价值取决于两个条件：一是未来创造的自由现金流的贴现值，二是自由现金流是否会转移给企业股东。因此，股东价值是企业价值创造、价值维持以及将这种价值最终过渡给企业股东的结果。这意味着股东价值最大化是内涵最广的企业目标。股东价值最大化是一个明确的目标，尽管投资者是公司的主要关注对象，但在股东价值最大化这一目标的指引下，公司不可能对其他利益相关人的预期视而不见。市场正在创造各种条件，鼓励公司为所有利益相关者创造价值，包括进一步投资于新技术与员工培训，以及持续关注产品的持续更新、产品质量、合适的服务水平以及客户与供应商的满意度。唯有如此，满足相关利益者的预期，才能给企业带来源源不断的现金流，并

使企业的现金流生成能力达到股东所预期的较高水平。[①]

从经济学的基本价值判断来看，"外在规模做大"是企业的经济规模问题，"内涵价值做强"是企业资源配置的效率问题。因此，根据发展经济学的观点，我国企业应当毫不动摇地将"规模导向"转向"价值导向"，即首先做强，然后在合适的时机上再考虑做大。当然，也不排除特殊条件和绝佳机会下，采取做强之前先做大的发展模式。比如：先行优势明显（大型百货集团在社区和乡镇上开设超市连锁店）、资源有限（饮料生产厂家在优质水源处开设生产加工分厂）、并购"溢出效应"明显（收购经营管理不善但技术生产优势明显的濒临倒闭厂家）等情况下的适度优先做大。

六、企业拓展策略"多元开拓"与"专业经营"的关系

尽管王化成、胡国柳（2005）研究认为：股权集中度、国有股、法人股与企业投资多元化分别显现出显著负相关、负相关和基本无关的特征，而流通股、公众股则与多元化显现显著正相关的特征。但是，不少企业经常会面临财务势力和规模扩大之后的投资热点诱惑，从上到下都开始热衷于多元化思维而忘记这其中的风险。投资组合论成为"不能把鸡蛋放在一个篮子里"逻辑下的跨界行动。可是另一个篮子是什么样子？你熟悉吗？放得进去吗？放进去会是什么结果呢？多元化或专业化？这是企业财务管理一个老生常谈的话题，同时也是企业运作中常见的一个悖论。如果仅从分散风险角度看，"鸡蛋要装在不同篮子里"的投资哲学是有一定积极意义的，但是，它忘记了"篮子"也是有成本的。在经营管理活动中，"篮子"的成本体现在进入新市场、新行业所面临的各项成本，包括市场的准入成本、调研成本、新行业的技术跟进成本、管理分散化产生的成本，等等。

更进一步分析，"篮子装鸡蛋"理论也没有认真考虑鸡蛋的"厚皮"与"薄皮"之分。当企业在一个行业集中经营时，它在这个行业中的经验积累、市场把握、技术开发以及品牌号召力都会增强，产品与服务也更加成熟。这"篮子"里的"鸡蛋"就是风险小、不容易破碎的"厚皮鸡蛋"；反之，当一个企业在多个行业中都是浅尝辄止，那么它就无异于在买下几个贵重"篮子"的同时，装入竞争力差的"薄皮鸡蛋"，不仅财务风险与经营风险的回避无从谈起，最终也只能是"篮破蛋打"的命运。尤其是，从经济成熟度分析，当一个经济体处于卖方市场时，多元化生产经营是企业迅速扩大生产规模、提高效益、增强竞争实力、规避和分散风险等重要的途径和策略。可是，当一个经济体不再是卖方市场时，多元化生产经营就可能会使企业博而不专，很难集中精力创造出具有竞争力的、过硬的名牌产品来，往往事倍功半，甚至全盘皆输，自食苦果。

关于多元化与专业化的辩证思索，在世界经济趋于一体化的趋势下，竞争的对手大多都是来自国内外的"商业大亨"或"资本大鳄"。面对这些以名牌产品为后盾的庞大集团和跨国公司，企业要在硬碰硬的竞争中立于不败之地，只有集中优势"兵力"，其中包括科技、资本、资源、人才之优势，不断地实现技术和产品创新，去争取有限的市场，进而战胜一些竞争对手。因此，从总体上说，多元化之路已经不适应当今和以后企业发展的要求。[②] 理性的发展之路应该是专业化，并

[①] 在如今广为人知的"知识经济"传播者彼得·德鲁克（P.Drucker）看来，土地、资本和劳动不再被视为可以促成公司有效发展的关键要素；阿尔温·托夫勒（A.Toffler）认为"知识比政治、银行系统甚至电力行业都更重要"。

[②] 但不容否认的是，专业化产业经营并不排斥产品结构的多元化，即当在人、财、物等要素聚积到相应规模，具有一定的扩张能力、实力和潜力，可考虑向与自己相关的边缘产业包括上下游产业或企业渗透和发展，从而使既有设备与技术潜力得以充分利用，使自身品牌得到延伸与扩展，使拥有的销售网络及无形资源得到展现。

且在精心专业化的基础上适度延伸或扩张。此外，还可以利用波士顿矩阵工具，随时根据具体的经营状况，对本企业所涉足的行业种类和数量进行调整，做到企业所经营业务可以做加法也可以做减法，在多元化策略和专业化策略之间进行合理转换。

七、企业资源配置"自有资金"与"外部融资"的关系

新常态下的财政、货币政策，必然会贯彻"使市场充分起作用"的调控哲理，只要宏观经济运行状态处在可接受的区间之内，绝不贸然启动财政、货币两大政策的"双松"搭配。当然，"区别对待"结构导向政策相结合，两大政策的松紧适度合理搭配、供需管理结合而更加注重供给管理和服务支持改革，其内在逻辑在于要适合新常态的"趋稳"、"蓄势"与"创新"需要而服务全局。

从财务管理角度看，太过于依靠自我融资发展，会导致企业难以形成良好的财务杠杆；太过于倚仗外部融资发展，又会使得企业经营风险太高。因此，企业在不同发展阶段应当在这二者之间寻求一个适当的平衡。公司股权结构、预算软约束、公司业绩与投融资行为之间的关系（张敏、吴联生、王亚平，2010；盛明泉，2012）已经证明客观存在。但不少企业却往往在这二者之间走向了其中的极端，一些以超常规速度发展的企业太过于依靠外部融资（如贷款甚至短贷长投）扩张做大，将企业赢利用于固定资产再投资与规模扩张，而将外部的融资额度作为企业的流动资金进行"借钱生钱"。这种财务策略确实可以保证企业在短时间内完成规模扩张和资本积累。然而，这种财务策略同时也势必将企业发展希望寄托在了外部融资上，一旦银行抽回资金，就会直接导致企业资金链条的快速断裂，进而使得企业因无法筹集公司正常运转所需的流动资金而倒闭。据此分析，我国企业应当根据本企业自由现金流（Free Cash Flow）的实际情况，合理调整好固定资产投入和流动资金的数量平衡，同时应科学地运用企业内部利润和外部融资。具体而言，应在每年税后利润中留存部分用作企业备用流动资金，以有效控制企业经营风险；同时应当尽量争取获得更多的外部融资，除了努力获得更多的银行贷款以外，还应该广开门路，争取进行多渠道外部融资。从理论上来看，负债经营可以降低企业综合成本，获取财务杠杆利益，减少财务风险。而从实证研究看，陆正飞、姜付秀（2006）来自中国上市公司的研究结论，内部资本市场使得集团框架下内部各业务单元之间可以实现财务协同效应，这意味着上市公司还可以利用对外融资的空间。但如果在没有掌握好负债的规模、利率和期限的情况下，就根据个人的偏好来估计投资项目营利性，对这种很少考虑投资项目的难度和风险，未考虑全部资金的利润率是否高于借款利率，同时又在进行融资时不善于注意合理的组合、不注意收益与成本配比，不注意形成合理的资本结构、不注意负债时间结构的决策，往往会给企业带来很大的风险。

经过不断探索和总结，企业融资方式应该呈现多样化，对企业顺利募集到社会资金有很大帮助。同时，需要正确处理资金筹措与资金投放的关系，在资金筹措与资金投放中，要全盘考虑筹措资本结构合理化、资金成本最小化、财务杠杆利益化、财务风险最低化、投资收益最大化。在资本结构方面，可以利用各种数量分析方法，以资金成本率为基础，建立起无限迫近最优资本结构的良好资本结构。当然，筹措与投放资金，还要注意加强对国际经济与金融市场形势的分析判断，掌握金融创新型产品，熟悉市场运作规则，合理地运用金融工具，尤其是重点加强对金融衍生品投资的管理，做好外汇金融资产的保值增值管理。

八、企业信息系统"工具效应"与"主体能动"的关系

互联网技术正在横扫一切领域。各种信息系统的应用对于推动会计信息的传播和拓展企业价值管理产生着重大影响,不论是被动回应,还是主动嵌入,都应该是值得正视的新元素。从某种意义上看,IT 系统全方位地深度嵌入企业生产经营活动后,一方面,作为核心生产力的物理网络朝着综合集成和更严格的标准化的方向发展,另一方面,日益多样化的信息服务将成为主要产出方式。网络化正以它前所未有的渗透性和外溢效应冲击着传统产业,促使其进一步现代化。[①]生产职员可以转移和充实到软件车间、销售部门、市场调研部门,甚至充实到工厂以外的信息服务部门,而管理部门的白领劳动异化现象也值得关注,会计账务处理、文稿流程自动化等,都证明 IT 技术的普及,使得柔性、敏捷性和精益性的生产制造系统、准时制的管理经验、外包式组织结构应运而生。比如:从手工机器、动力系统到信息网络,从"看不见的手"、"看得见的手"到"挽在一起的手",从不规则产品、标准化产品到多样化服务,从作为谋生手段、追求超额利润到追求生存质量,在各种数据库、操作系统、软件程序的配合下,信息系统已经渗入到我们生活的方方面面,并且朝着智能化、人格化的进化方向发展。

不过,尽管"电脑"与"网络"已经成为企业生产、经营与管理活动中所不可或缺的重要伙伴,甚至作为一种工具,同曾经的纺纱机、蒸汽机可以代替人工劳动一样,还可以代替人脑的部分思维。但是,一切工具,包括各种机器在内都只是人的器官的延伸,简单工具是劳动器官——人手的延伸,望远镜、显微镜、光谱仪等是人的视觉器官的延伸,而"电脑"则部分实现了人的思维器官——人脑的延伸。况且,"电脑"只是对人脑思维功能和思维的信息过程的模拟,它同人类思维还有本质的区别。电脑的物质基础是机械的、物理的装置,过程是机械的、物理的过程,没有自觉能动性,也没有社会性,是一个纯粹的数据处理与逻辑过程。正如爱因斯坦所说的:"任何奇妙的机器,哪怕连一个问题也不会提出。"[②]基于人脑至高无上的思维活动,即使在电脑与网络日益普及的今天,依然需要研究开发各种系统软件与应用软件,对于企业而言,也同样需要根据自己的个性化使用要求与差异化经营环境,对信息系统进行应用性研究开发,真正体现自己的组织框架、经营思维、管理方略。只有全方位、多层次地将自身的思维与元素融合在信息系统与软件工程中,才能确保工程化思想、管理思想和编程思想的三位一体,才能促使武装于信息系统中的管理制度、运行规则都体现出一定的财务管理思想。一个让人不得不信服的现实案例是,马云凭借电子商务已经成长为中国商界巨无霸,甚至可以说,电商不再是一个技术、不再是一个商业模式,而是一场革命、是一个生活方式的变革、是一个商业的生态,其渗透力、影响力不可小视。传统的成本概念主要面向过去,面对制造成本,而如今的机会成本、设计成本、寿命同期成本等,都将直接引起决策思路的改变。

统筹好在新经济环境下会计核算与财务管理领域因"电脑"与"网络"而产生的各种效应,并主动掌控这一科学工具的有效应用和有序开发,理应是一种明智的选择。因此,在企业财务管理领域,务实的态度应该是,既要自觉利用计算机与网络技术对财务管理所产生的直接和间接的

[①] 工业自动化也可以分为两个进化阶段,当初的自动化更多的是指工人按电钮让机器自动地大量生产某种产品,除了将工人原来的机械操作换成电气操作之外,其工作的本质没有什么变化;而今天的工业自动化已经发展到系统自动化甚至网络自动化的程度,整条生产线甚至整个工厂可以按照事先编好的程序,实现无人化柔性生产。

[②] 转引自《科学时代》杂志,1979,1~2,p.42.

积极效应，有效利用其积极的技术进步效应，防范其衍生的风险问题，也要科学地认知信息系统对财务管理的对象、流程以及控制要素所发生的或淡雅轻微或翻天覆地的变革，能够科学应对、主动掌控网络时代的财务管理命运。

九、企业集团框架"集成管控"与"分层而治"的关系

企业管理经历了从集权到分权、从集中到分散的历程（谢志华，2008）。根据法国著名经济管理大师法约尔的一般管理理论："任何增加下级作用之重要性的行动都是分权，任何减少这种作用的行动则是集权"。近年来，许多企业越来越追求集团化、规模化的发展目标，在企业集团架构下也有着集中管理、集成控制、集群经营的势头，母子公司之间的关系如何处理也变得更加重要的。如是在集团化旗帜下统一配置资源，还是分别激发各个责任主体的内在力量。显而易见的例证是：商品集中形成大型超市，金钱集中就形成银行。在这里，集中标志着发展水平的高低，可见，集中标志着发展，发展体现为集中。在企业集团领域，如果决策与管理过度分散了，其"分散"式的管理随着经济的发展越来越不适应集团整体管理的需要，集团公司对子公司的信息掌握不完整、不及时。而财务集中管理有利于提高资金的利用效率，便于企业投资方向调整，有利于实现公司整体利益最大化。比如，通过调剂资金使资金利用效率最大化，集中管理可以降低资金财务费用，可以通过财务了解企业经营活动。集中子公司的财务信息，可以反映企业的经营信息，及时了解各子公司生产、经营情况，便于集团公司根据子公司发展的实际情况对企业集团的计划做出战略性调整，便于对子公司实施有效控制，确保子公司经营不偏离集团公司的整体利益。因此，现代企业集团财务管理的本质是实现集团价值最大化。所以，有效的资金管控应该遵循集中性、时机性、协同性、权变性和求利性原则。在实践中，越来越多的企业集团采用集中的资金管理方式加强协同和控制，并提高集团整体的资金使用效率。集中式资金管理模式包括内部银行模式、报账中心模式、结算中心模式、财务公司模式和"现金池"模式。

当然，在集团框架下，每一个下属公司、生产经营单位，必然进一步强化其成本控制、利润生成、产品销售的中心功能区。这是一种为集团化的合力及相应资源配置效率的"集成管控"与"分层而治"行为。企业集团财务控制模式重构路径的思路是：以集权为主导、分权为辅助的适度性（Moderation），[①] 这种适度性，既有财务控制力度的适度性，又有财务控制结构变迁的适度性。现有通过权益性财务控制、制度性财务控制、协议性财务控制和资产控制，也有子公司自我财务控制、相关利益方财务控制、信任性财务控制和财力文化控制。

十、企业财务管理"制度创新"与"人本管理"的关系

现代企业管理始终拥有两个重要概念，即制度管理和人本管理。人是全部经济要素中最核心、最能动的部分，只有放松对人的思想和行为的束缚，生产力才能获得解放。对于任何一家企业来

---

① 适度性常常是一种理想状态，是一种追求的境界，现实中应该表现为母子公司集权与分权间的"均衡"。"均衡"是"适度"的基础，没有"均衡"便不能达到"适度"，而"适度"则是"均衡"的主导或结果。深一层看，这种"均衡"应该通过正式组织均衡与非正式组织均衡统一而构成。

说，不仅需要始终坚守制度管理，而且还要注重以人为本，"制度创新"与"人本管理"完全是"唇亡齿寒"的辩证关系。

现代企业的制度管理是市场经济下的制度管理，是当管理的协调作用比市场的协调更有效率和更为有利可图时作为市场机制的替代品出现的，它是现代企业管理的根和源。邓小平同志在深刻总结历史经验教训的基础上说：制度好可以使坏人无法任意横行，制度不好可以使好人无法充分做好事，甚至会走向反面。① 制度管理是具有标准化、量化性质的刚性管理，是以制度规范为基本手段而协调企业组织协作行为的管理方式。进一步分析，制度创新同样是一种必然，这可以从生物群落的基本演替规律寻找公司管理制度进化论的答案。经济制度及其变迁在各种内在和外在因素的综合作用下呈现出渐进演化和激进突变相互交替的历史过程（汪立鑫，2006；黄秋菊、张慧君，2012）。田忌赛马的故事尽人皆知，如果从改革角度解读，就是进行了"有效制度变迁"。在经济发展过程中，还要进一步减少由于制度不健全而导致产权保护和合约执行的交易成本高昂。同样，助推中国发展的各种红利，本质上都是改革红利的体现，都是制度创新释放的红利。可见，管理制度肯定有需要完善之处，这也正是改革作为的空间所在。也就是说，通过制度创新调动各方面的积极性、主动性、创造性，源源不断地释放"改革红利"。因为企业处于竞争环境中，其生生死死总是与周边环境、相互联系、相互依赖、相互斗争的。物种能否生存取决于能否适应自然的生存条件、企业能否在所处现实的环境下赚钱。② 制度创新不是一次性的，而应该是持续的。

在制度管理与制度创新的主旋律下，人本管理也应该被提升到相当重要的地位。所谓人本管理就是基于"以人为中心"管理思想的具体表现。"以人为本"，就是把人作为组织管理的出发点，把做人的工作、充分调动人的积极性作为组织管理的根本任务和指导思想。在组织中，无论多么先进的机器设备都是由人设计和操作的，无论多么优质的服务都是通过人的行为体现的。公司的财富就是人——知识和创造能力。在微软公司没有高大的厂房、没有轰鸣的设备，只有高素质的员工队伍才是其真正的价值来源。人同样是任何一个企业组织中最重要的资源，智力资本（Intellectual Capital）也无疑是所有有形无形资产中最有价值的资本。在这种情况下，人本管理也就成为组织管理的必然选择，包括坚持"以人为本"的核心价值观，强调员工是管理主客体的统一，并鼓励员工参与组织的民主管理。

制度创新与人本管理，其目标是统一的，即公司的效率，其存在的基础也是统一的，即发展的远景和利益共同体，它们之间是相辅相成、辩证统一的关系。制度创新是人本管理的前提，制度创新为人本管理提供了有效的环境和渠道，公司的制度保证了公司成员在组织内部得到公平对待，从而在根本上为人本管理提供了条件。在新环境下，强调人本管理，喊破嗓子，不如甩开膀子，喊破嗓子，不如做出样子，需要真抓实干，需要现身说法，需要心服口服。人本管理是制度创新的方向，人本管理能够提高公司制度创新的效率，人的积极性的提高一方面来源于有效的制度创新，另一方面也使得制度创新更加有效。协同两者关系时，要把制度创新和制度管理放在首要位置，制度创新不仅要考虑防止员工不良的行为，更重要的在于引导员工正确的行为，体现人本管理的思想，促使制度创新和人本管理在市场经济环境下实现有机的结合。

参考文献：
[1] 刘剑民. 母子公司财务控制的适度性研究 [M]. 北京：经济科学出版社，2010.
[2] 刘慧凤. 论会计在实体经济与虚拟经济互动中的传导作用 [J]. 会计研究，2011 (6).

① 《邓小平文选》第 2 卷 [M]. 北京：人民出版社，1994.
② 进化论认为，物种本身并不能够自我调适改变来适应外在环境的变化，只有物种突变成新物种后，这个新物种才有可能适应外在环境的变化。制度自身也同样必须借助于外力（即修改与创新）才能适应变化了的环境。

［3］周守华，陶春华. 环境会计：理论综述与启示［J］. 会计研究，2012（2）.

［4］闫达五，陆正飞. 论财务战略的相对独立性——兼论财务战略及财务战略管理的基本特征［J］. 会计研究，2000（9）.

［5］王化成，罗福凯. 财务理论的内在逻辑与价值创造［J］. 会计研究，2003（3）.

［6］迈克尔·波特. 竞争战略［M］. 陈小悦译. 北京：华夏出版社，1996.

［7］马智宏. 融合与创新［M］. 北京：北京大学出版社，2010.

经济转型与环境竞争力提升的协调性分析

黄茂兴

（福建师范大学经济学院，福建福州　350007）

　　当前全球面临着经济、能源、粮食、气候变化等多种危机的影响，各个国家纷纷将实现经济发展的绿色转型作为突破口，出台绿色新政，挖掘绿色财富，打造绿色经济转型升级版。处理好经济发展与环境保护的关系，正考量着全球各国人民的执政能力和智慧。面对日趋强化的资源环境约束，我们必须增强危机意识，转变对经济与环境关系的认识，使经济社会发展建立在资源环境承载力基础上，着力提升环境竞争力，加快构建资源节约、环境友好的生产方式和消费模式，扎实推进经济结构的转型升级。

一、以提升环境竞争力促进经济转型升级

　　在世界经济整体转型的历史时期和新的发展阶段上，环境问题已经成为一个国家和地区在激烈的国际竞争中的关键和核心问题。以提升环保基础设施能力为突破口，强化环境污染防治，以提升环境竞争力优化经济增长，促进转型发展。

（一）科学认识环境与经济的辩证关系

　　环境与经济是一个系统的两个因素，两者之间存在一种既对立又统一的辩证关系。一方面，环境是经济发展的基础和条件，环境与经济是相互依存、紧密联系的统一体；另一方面，环境与经济又存在相互对立、相互排斥的关系。随着经济的发展和社会的进步，人类对环境与经济关系的认识主要经历了以下三个阶段：

　　第一阶段：工业革命以前对环境与经济关系的认识。早期发展经济学家在讨论发展议题时，主要注重对经济增长、收入分配、就业等问题的研究，而经常忽视对环境问题的关注，或者只是简单提及。因此，这一时期环境被简单地看成是为经济发展提供资源的"原料库"和可无限容纳废弃物的"天然容器"，而污染物排放低于自然环境容量，环境问题还不是特别突出，对环境问题造成的危害性缺乏足够的认识。在环境与经济的关系认识上，人们普遍认为环境污染是经济发展必须付出的代价，由此做出的政策选择是追求经济的快速增长，消耗大量的资源，牺牲环境，破坏生态，也就是单纯的"经济发展决定论"。尤其对于发展中国家来说，经济增长成为优先考虑的目标。

　　[作者简介] 黄茂兴，1976 年生，经济学博士，现为福建师范大学经济学院副院长（主持工作），全国经济综合竞争力研究中心福建师范大学分中心常务副主任，教授，博士生导师。

第二阶段：工业革命以后对环境与经济关系的认识。18世纪中叶工业革命以后，人类的生产技术水平和物质文明水平得到了极大提高。但大规模的工业生产和人口的大量增加使得资源利用量与日俱增，由此导致环境破坏日益严重，制约着人类社会进步和经济发展。在认识到这一现实之后，人们开始重视环境保护，通过各种制度、政策和技术手段减少经济发展带来的污染物排放。但是环境保护投入要花费很大的代价，而且还会制约经济发展，因此很多人认为环境保护和经济发展之间是相互对立、不可兼容的关系。在这一理念的影响下，人们做出的政策选择也存在偏颇。一种观点是一味强调环境保护，牺牲经济发展，即"反增长论"或"零增长论"，尤其是以麦多斯等学者发表的《增长的极限》中的观点为典型代表。另一种观点提出走"先污染，后治理"的发展道路，在经济发展到一定阶段再采取措施去治理环境。从本质上分析，这些观点都把环境保护与经济发展对立起来，忽视了它们之间相互联系、相互促进的统一关系。

第三阶段：20世纪60年代以来对环境与经济关系的认识。20世纪50~60年代和80年代人类社会爆发了两次严重的环境危机，环境与经济发展的矛盾日益尖锐，环境问题迅速从局部性、区域性问题发展成波及世界各国的全球性问题。人类逐渐意识到环境保护与经济发展之间的矛盾关系。要想避免环境问题的出现，必须使经济活动处于环境的承载力范围内，达到经济与生态环境的协调发展，即实现二者之间的良性循环。从20世纪60年代开始，全世界先后召开了一系列环境大会，通过了一系列环境宣言、环境保护公约，并提出了可持续发展理念。在这一理念的指导下，经济发展与环境保护并不矛盾，而是可以实现和谐共生、互相促进。目前，全世界已经达成了共识：经济发展必须与环境保护、生态平衡相互协调，提高全人类的生活水平与质量、促进人类社会的共同繁荣与富强，必须通过全球可持续发展才能实现。

（二）环境竞争力是环境经济系统的重要内容

环境竞争力既是环境问题，也是发展问题，它与经济系统密切相关，又超出经济系统的尺度，涵盖了社会、政治、文化等多个领域的综合力量。在当前应对国际金融危机的过程中，世界各国纷纷反思传统发展方式带来的弊端，更加注重人与自然的和谐发展，更加注意环境保护与经济转型的有机契合，努力走出一条资源消耗少、环境污染轻的新型发展道路。

正如前文所述，环境和经济之间存在相互影响、相互制约关系，共同组成了一个互相依赖的环境——经济系统。首先，在环境—经济系统中（见图1），经济和环境之间是互相影响的，自然环境系统向人类经济系统提供了各种自然资源（如石油、矿产和水等）以及各种服务（如生命支持服务、舒适性服务等），而同时经济系统也影响着自然环境系统，进入经济系统的自然资源最终作为副产品或残留物又回到自然界。其次，经济和环境之间又是互相制约的，如果没有自然环境提供的各种资源与服务，人类将无法生存，无法发展，人类经济系统将无法运作；而同时如果人类向自然环境索取过量的资源以及排放过量的残留物，超过了自然环境允许的范围，那么自然环境系统将受到破坏。

基于这样的认识和判断，笔者和课题组成员自2009年起便开展了"环境竞争力"问题研究，从竞争力的视角对环境保护与经济发展等问题进行诠释，突破了环境主要作为生态学、环境科学等研究范畴的传统界限，也搭建起了环境与经济管理之间沟通联系的桥梁。以竞争的动态比较思维和发展眼光，运用定量分析模型和方法综合评价生态环境、资源环境、环境管理、环境影响、环境协调等各方面的环境能力，探讨经济发展中的环境问题和环境制约中的经济发展，以量化的数据指标揭露两者的矛盾统一关系，使环境成为衡量经济发展方式转变和经济结构调整的一个很重要指标。

由传统粗放型经济发展方式向绿色经济、低碳经济、循环经济转变是要以环境为突破口，加强环境保护，而环境竞争力的研究结果可以为环境保护提供科学依据，通过对各项环境经济指标

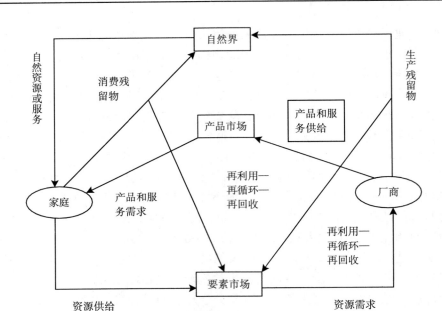

图 1   环境—经济系统模型：自然环境与经济活动的相互依赖

的衡量和评价，找出环境与经济协调发展方面的优势和劣势，并把劣势作为环境保护着力解决的重点和难点，使经济发展方式转变更有针对性，更有可操作性。环境竞争力的研究也客观提出了如何控制经济结构调整的"质"与"量"，把握好合适的"度"的问题，形成环境保护与经济发展的良性循环。

（三）提升环境竞争力是促进经济转型的有力保障

毋庸讳言，环境竞争力问题必将成为世界各国决策者们制定经济发展战略、实现经济可持续发展的核心问题。因此，全球各国只有携起手来共同应对气候变化与环境保护问题，积极顺应经济发展方式转变的战略要求，加快调整产业结构的深度调整，才能有效地利用经济全球化的机遇，在国际竞争中争取更大的利益，把握竞争的主动权。

当然，全球发展中不平衡、不协调、不可持续的问题依然十分突出，经济增长的环境约束持续强化。虽然自 20 世纪 60 年代以来，为了加强环境保护，世界各国政府在环境治理、生物多样性保护和应对气候变化等方面取得了较大进展，但全球环境形势仍不容乐观。对世界各国而言，在当前形势下，不论是推动世界经济强劲复苏还是平衡、可持续增长，谋求环境与经济和谐共生、发展与转型协调共进，已在全球议程中都占有不可替代的重要位置。全球各国政府必须要有智慧和勇气超越狭隘的国家利益理念的束缚，朝着人类追求的国际合作、集体安全、共同利益、理性磋商的方向发展，大力提升各国环境竞争力，使经济发展方式转变和经济结构调整更有针对性，更有效率，更有保障。

二、经济转型与环境竞争力提升的耦合协调分析

面对当今环境与发展问题，要以全球视野观察分析，用发展眼光把握处理，从战略层面谋划解决，积极探索有效的环境保护道路。经济发展与环境保护是一对矛盾的两个方面，它们互为条件，相互依存，密不可分。尤其在世界经济处于深刻调整的今天，实现经济转型与提升环境竞争

力，显得尤为迫切。

（一）实现绿色经济转型是当前世界各国的共同选择

经济转型是指资源配置和经济发展方式的转变，包括发展模式、发展要素、发展路径等的转变。不论是发达国家还是新型工业化国家，无一不是在经济转型升级中实现持续快速发展。2008年爆发的国际金融危机，说明原有的经济发展模式已经过时了，必须予以转变。后金融危机时代，全球生产和贸易格局发生重大改变，经济复苏缓慢、资源相对短缺、环境压力加大是各国普遍面临的挑战，传统的依靠高投入、高消耗、高污染，依靠外延扩张的经济发展方式已经难以为继，实现经济强劲增长、提高经济发展质量和效益、破解资源环境制约成为当前世界各国的主要任务。在这种情况下，全球经济复苏需要一个全新的发展观作为指导，加快经济结构调整、转变经济发展方式、加快推进经济转型和模式创新成为大势所趋，必须在发展中促转变、在转变中谋发展。

当前，绿色经济已经成为世界环境与发展领域内的新趋势和新潮流，是世界各国经济转型的战略方向和主要目标。目前，世界上很多国家已经将绿色经济作为推动经济走向复苏的关键动力，也吹响了发展绿色经济的号角，争先出台各类绿色经济发展计划和政策举措，大力开展各类绿色技术创新，一场涉及生产方式、生活方式、价值观念的全球性"绿色经济革命"正在悄然拉开序幕。

绿色经济转型要求传统的资源消耗大、环境污染重的增长方式向依靠科技进步、劳动者素质提高、管理创新、绿色生产的新增长方式转变，大力发展支撑绿色经济发展的关键技术，提高环境技术创新水平，促进经济结构调整，扩展发展空间，改进消费模式，提高资源环境的利用效率，使经济发展建立在节约能源资源和保护环境上，以节能环保来优化经济发展，提高可持续发展能力和水平。从绿色经济的内涵和目标看，加强节能环保是实现绿色经济转型的助推器和重要突破口，有利于形成新的增长领域，节能环保的多种手段和工具在绿色经济发展过程中大有可为。此外，加强节能环保对于提升经济发展质量具有倒逼作用，将节能环保的"倒逼机制"传导到经济转型上来，能更好地促进产业结构调整和技术升级，淘汰落后的生产工艺、技术和项目，将宝贵的环境容量留给那些资源消耗少、科技含量高、环境效益好的项目，为经济可持续发展创造更大的空间，推动经济发展方式转变，这既是经济转型的重点关注内容，也是检验经济转型成效的重要标志。

（二）大力提升环境竞争力是实现经济转型的重要突破口

20世纪以来，人类在工业化的过程中，生产高速发展，经济极大繁荣，但环境也急剧恶化，环境危机正步步紧逼，环境问题已经成为全球性的问题，也是未来影响世界的首要问题，更是未来经济社会发展的硬性约束。与以往相比，当代国际竞争的主体、性质、方式、范围和程度发生了很大变化，具有新的特点。环境问题作为一个涉及经济、政治、社会、文化、科技等多层次多维度的复杂体，其在国际竞争中具有特殊的重要作用。当前，发达国家之间、发达国家和发展中国家之间已经围绕着环境问题展开激烈的竞争和博弈，许多国家把环境治理和应对气候变化等作为参与外交以及国际竞争的重大筹码就是一个明证。在此种背景下，环境竞争力已经成为国际竞争力的重要评价指标，环保产业和技术直接成为国际经济科技竞争的新领域，环境保护成为国际竞争和合作的主阵地。同时，随着各国间贸易竞争的日益加剧，一些国家开始频繁使用环境壁垒以达到保护本国产业与市场、维护和增强其竞争力的目的，节能环保成为增强国际竞争力的重要手段。

环境竞争力是一种全新的竞争力衡量方式，是一个综合性的体系，既包括自然环境、生态环境，也包括环境质量和环境安全，还包括政府和社会对环境的管理与协调，是涉及政治、经济、社会、文化等多个层面的系统工程，究其本质，也是发展方式、经济结构和消费模式等方面的问题。环境竞争力代表着国家经济社会发展的潜力和持续力，是其他领域竞争力的基础，关系着国家经济社会的长远发展。当前，世界各国正处于经济转型的关键时期，环境发展的目标和任务异常艰巨，努力提升环境竞争力是加强节能环保的必然要求，也是当前世界各国解决环境问题、开辟新的经济增长途径、突破发展"瓶颈"、抢占竞争制高点的必然选择和新平台。谁的环境竞争力高，谁就能在国际竞争中占据主动。

提升环境竞争力，是当前各国解决环境问题、突破发展"瓶颈"、抢占竞争制高点的必然选择。近年来，发达国家之间、发达国家和发展中国家之间均围绕着环境展开了激烈的争论和博弈。鉴于此，提升环境竞争力是全球经济转型的必然要求和现实选择，是为了实现全球的可持续发展，是为了解决人类共同面临的能源资源、生态环境、自然灾害、人口健康等问题，同时也是各国抢占未来发展制高点的新平台，具有非常重要的现实意义。

（三）环境竞争力提升与经济转型具有耦合一致性

耦合是一个物理学概念，是指两个或两个以上系统或运动形式通过各种相互作用而彼此影响的现象。从协同进化学的角度看，系统由无序走向有序的关键在于系统内部序参量之间的协同作用，它左右着系统相变的特征与规律。耦合度就是对这种协同作用的度量。

环境子系统与经济子系统共同构成了环境经济系统，两个子系统之间存在着交互耦合的关系（见图2）。一方面，经济子系统对环境子系统具有较强的干扰作用（资源利用、环境污染、废弃物排放等），而且随着经济的发展，作用不断增强；另一方面，环境子系统为社会经济活动提供了生产加工的资源，以及污染物排放和废弃物排放的空间，同时环境子系统具有一定的修复和再生能力，在经济子系统的影响下努力维持自身系统的结构、功能和稳定，同时也对经济子系统产生一定程度的反制和约束。良好的环境子系统可以有效地支撑经济子系统的发展，为经济子系统的提升提供动力和条件。同时良好的经济子系统又能尽量降低对环境子系统的负面影响，促进环境子系统的改善，两者相互作用，共同推动环境经济系统的协同进化发展。

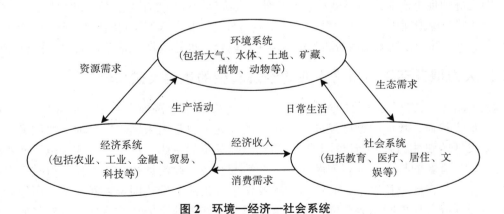

图 2　环境—经济—社会系统

环境竞争力提升与经济转型分属环境子系统和经济子系统的一个方面，它们之间也会相互影响、相互作用。在当前世界各国都面临经济转型压力的背景下，环境竞争力提升与经济转型是辩证统一的，提升环境竞争力是经济转型的现实需要，是经济发展方式转变的一个重要体现和标志；而提升环境竞争力又必然倒逼经济转型，促进经济的发展。

环境竞争力的提升需要落实到具体的实处，不仅包括硬实力的提升，例如资源环境、生态环境、环境承载等方面的提升，也包含软实力的提升，例如环境治理、环境协调等方面能力的提升。这必然要求各国加快实现经济转型，持续加强环境保护工作，切实做到在经济发展中注重环境保护，在环境保护中注重经济发展，将两者有机结合起来。要把环境保护作为转变经济增长方式的重要抓手，切实推动发展进入转型的轨道，把资源、环境承载作为发展的基本前提，把环境治理作为发展的重要手段，把环境与经济协调作为发展的目标结果，充分发挥环境保护对经济增长的优化保障作用和对经济转型的倒逼作用，将其有效融入经济社会发展的各个方面，促进资源节约型、环境友好型经济社会体系的建立。同时，把改革创新贯穿于环境保护的各领域、各环节，积极探索代价小、效益好、排放低、可持续的环境保护新道路，以发展推动环境保护和环境质量的改善，有效提升全球各国整体的环境竞争力。在环境质量改善、资源节约、环境竞争力提升的同时，将带来大量新的需求，促进科技进步和产品创新，催生新的产业，为经济发展增添新的动力。转变发展方式，实现经济效益、社会效益、资源环境效益的"多赢"效果，促进经济长期平稳较快发展与社会和谐进步。

当然，要实现环境竞争力提升与经济转型的耦合协调发展是一个长期和复杂的过程，这是因为环境竞争力的提升是世界各国的共同选择，各国在解决环境问题、提升环境竞争力的过程中，必然要采取全球合作的方式，但是要促成全球合作非常困难和复杂。因为在全球合作中，既交织着各国的共同利益，又有着各个国家和地区自身的利益，同时还需要付出很高的经济成本和社会成本，因此如何协调好各方利益和降低成本是处理环境问题的关键，必然是一个循序渐进的、充满曲折的缓慢过程。

（四）环境竞争力提升与经济转型耦合一致性的实证分析

为了进一步说明环境竞争力提升与经济转型的耦合一致性，下面将对环境竞争力系统和经济系统进行耦合度的实证分析。耦合度是描述系统发展过程中序参量之间协同作用的强弱程度，根据协同学原理，系统走向有序的关键在于系统内部各子系统间的协同作用，耦合度正是这种协同作用的量度。在这里，我们把环境竞争力与经济系统通过各自的要素产生相互作用、彼此影响的程度定义为系统耦合度，建立耦合度模型来说明环境竞争力提升与经济转型的耦合一致性。

首先，建立功效函数。设立变量 $X_i(i = 1, 2, \cdots, m)$ 为系统序参量，x_{ij} 为第 i 个序参量的第 j 个指标，其值为 x'_{ij} 为（$j = 1, 2, \cdots, n$）。α_{ij}、β_{ij} 分别为系统稳定临界点上序参量相应指标的上、下限值，则 x_{ij} 对系统有序的功效系数表示为：

$$x_{ij} = \begin{cases} (x'_{ij} - \beta_{ij})/(\alpha_{ij} - \beta_{ij}), & \text{具有正功效} \\ (\alpha_{ij} - x'_{ij})/(\alpha_{ij} - \beta_{ij}), & \text{具有负功效} \end{cases} \tag{1}$$

式（1）中，x_{ij} 为变量 x'_{ij} 对系统的功效贡献大小，且 x_{ij} 的取值范围在 0 和 1 之间。系统内各序参量相应指标功效的"总贡献"则为：

$$x_i = \sum_{j=1}^{n} \lambda_{ij} x_{ij} \tag{2}$$

式（2）中，x_i 为子系统 i 对总系统有序度的贡献，λ_{ij} 为第 i 个序参量相应指标的权重，且满足 $\sum_{j=1}^{n} \lambda_{ij} = 1$。

其次，建立耦合度模型。借鉴物理学中的容量耦合概念及容量耦合系数模型，得到两系统相互作用的耦合度模型：

$$C = 2 \cdot \{(x_1 \cdot x_2)/[(x_1 \cdot x_2) \cdot (x_1 \cdot x_2)]\}^{1/2} \tag{3}$$

式（3）中，C 为系统耦合度，且值在 0~1。

为了计算系统耦合度，需要分别建立环境竞争力和经济子系统的指标体系。环境竞争力指标体系涵盖了生态环境、资源环境、环境管理、环境承载和环境协调等各个方面，设有 1 个一级指标、5 个二级指标、16 个三级指标、60 个四级指标（见图 3）。本着指标选取的代表性、可比性、动态性、数据可得性等原则，我们建立经济系统的指标体系，构建了包含 1 个一级指标（即经济子系统）、6 个二级指标，分别为 GDP、人均 GDP、GDP 增长率、工业增加值、工业增加值比重、货物净出口，各指标的权重通过专家调查法来确定，分别为 0.2、0.2、0.2、0.15、0.15、0.1。所有指标数据均来源于世界银行、联合国等国际权威组织公布的统计数据。

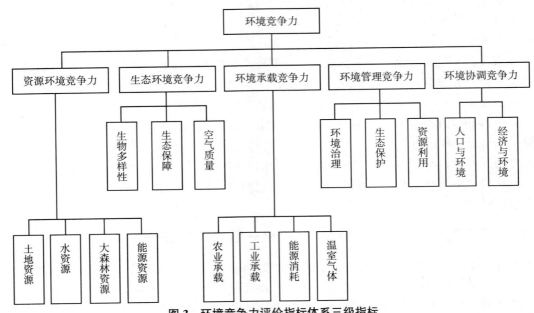

图 3　环境竞争力评价指标体系三级指标

通过耦合度模型可以计算世界上 133 个国家的环境竞争力子系统和经济子系统的序参量和耦合度，如表 1 所示。由该表可知，世界各国的环境竞争力子系统与经济子系统的耦合度都很高，最低为 0.7970，最高为 0.9999，共有 121 个国家的耦合度超过 0.85，有 76 个国家的耦合度超过 0.9。这说明环境竞争力子系统与经济子系统具有内在的耦合一致性，两个子系统相互影响、相互依存，具有很好的同向协同作用，共同推动环境经济大系统的协同进化发展。良好的经济发展是环境竞争力提升的保证，不合理的经济发展模式将加剧人们对自然资源和环境的破坏、污染。而环境竞争力的提升又反过来促进经济的合理发展，它将建立起一种良好的资源环境结构，保持良性的物质循环和能量转换，使人类的生产生活对自然资源和环境的干扰及影响控制在资源环境所能承受的范围之内。因此，各国在加快经济发展的同时，需要注意提升环境竞争力，两者是内在统一的、相互促进的。如果只重视经济发展而忽视环境保护和环境竞争力的提升，那么整个的环境经济大系统就会有失衡的危险，最终也将腐蚀经济发展的成果。

表 1　环境竞争力子系统和经济子系统的序参量和耦合度

项目 国家	环境竞争力序参量 X	经济序参量 Y	耦合度 C	项目 国家	环境竞争力序参量 X	经济序参量 Y	耦合度 C
阿尔巴尼亚	0.5312	0.1483	0.8260	利比亚	0.4034	0.0996	0.7969
阿尔及利亚	0.4650	0.2409	0.9482	立陶宛	0.5130	0.2089	0.9070
安哥拉	0.4803	0.2805	0.9649	卢森堡	0.5166	0.3497	0.9813
阿根廷	0.4988	0.2245	0.9253	马其顿	0.4758	0.1703	0.8812
亚美尼亚	0.4916	0.1594	0.8600	马达加斯加	0.4406	0.1574	0.8808
澳大利亚	0.5484	0.3406	0.9723	马来西亚	0.5153	0.2452	0.9348

续表

项目 国家	环境竞争力序参量 X	经济序参量 Y	耦合度 C	项目 国家	环境竞争力序参量 X	经济序参量 Y	耦合度 C
奥地利	0.5665	0.2720	0.9363	马里	0.3893	0.1586	0.9070
阿塞拜疆	0.4622	0.2605	0.9603	毛里塔尼亚	0.3927	0.1920	0.9392
孟加拉国	0.4698	0.1675	0.8803	毛里求斯	0.5181	0.1858	0.8816
白俄罗斯	0.4844	0.1767	0.8851	墨西哥	0.5052	0.2483	0.9401
比利时	0.5399	0.2644	0.9395	摩尔多瓦	0.4487	0.1753	0.8989
贝宁	0.5028	0.1461	0.8354	蒙古	0.4769	0.2482	0.9489
玻利维亚	0.5522	0.2056	0.8893	摩洛哥	0.4745	0.1728	0.8848
波黑	0.4651	0.1636	0.8775	莫桑比克	0.4637	0.2195	0.9339
伯兹瓦纳	0.5238	0.2233	0.9156	缅甸	0.5247	0.2079	0.9017
巴西	0.5746	0.2624	0.9278	纳米比亚	0.4928	0.1897	0.8959
保加利亚	0.4824	0.1840	0.8942	尼泊尔	0.5107	0.1561	0.8468
柬埔寨	0.5201	0.1656	0.8560	荷兰	0.5278	0.2906	0.9571
喀麦隆	0.4922	0.1788	0.8842	新西兰	0.5767	0.2332	0.9056
加拿大	0.5497	0.3216	0.9651	尼加拉瓜	0.5472	0.1617	0.8392
智利	0.5425	0.2238	0.9094	尼日尔	0.3227	0.1524	0.9336
中国	0.4803	0.5826	0.9954	尼日利亚	0.4854	0.1988	0.9080
哥伦比亚	0.5489	0.2127	0.8973	挪威	0.5820	0.3933	0.9811
刚果	0.5092	0.2674	0.9503	阿曼	0.4602	0.3192	0.9835
哥斯达黎加	0.5720	0.1831	0.8572	巴基斯坦	0.4521	0.1919	0.9147
科特迪瓦	0.4651	0.1539	0.8644	巴拿马	0.5452	0.1400	0.8065
克罗地亚	0.5138	0.1748	0.8704	巴拉圭	0.4920	0.1981	0.9048
古巴	0.5157	0.1527	0.8397	秘鲁	0.5294	0.2011	0.8933
塞浦路斯	0.4938	0.1736	0.8774	菲律宾	0.5316	0.1913	0.8823
捷克	0.5168	0.2225	0.9174	波兰	0.5278	0.2109	0.9033
丹麦	0.5314	0.2655	0.9427	葡萄牙	0.5214	0.1894	0.8842
多米尼加	0.5059	0.1790	0.8787	卡塔尔	0.4430	0.4783	0.9993
厄瓜多尔	0.5589	0.1941	0.8748	罗马尼亚	0.4950	0.2013	0.9067
埃及	0.4611	0.1867	0.9059	俄罗斯联邦	0.4846	0.3009	0.9722
萨尔瓦多	0.5064	0.1658	0.8622	沙特阿拉伯	0.5133	0.3627	0.9851
厄立特里亚	0.4351	0.1670	0.8954	塞内加尔	0.5050	0.1603	0.8554
爱沙尼亚	0.4946	0.2087	0.9136	塞尔维亚	0.4607	0.1894	0.9088
埃塞俄比亚	0.4570	0.1450	0.8552	新加坡	0.4813	0.2816	0.9651
芬兰	0.5324	0.2584	0.9380	斯洛伐克	0.5573	0.2175	0.8987
法国	0.5628	0.3042	0.9545	斯洛文尼亚	0.5382	0.2011	0.8900
加蓬	0.5495	0.3435	0.9730	南非	0.4721	0.2027	0.9168
格鲁吉亚	0.5084	0.1860	0.8856	西班牙	0.4972	0.2552	0.9469
德国	0.5845	0.4169	0.9859	斯里兰卡	0.5258	0.1917	0.8850
加纳	0.4922	0.1819	0.8877	苏丹	0.4760	0.1412	0.8401
希腊	0.5303	0.1793	0.8690	瑞典	0.5526	0.2974	0.9539
危地马拉	0.5516	0.1835	0.8656	瑞士	0.5868	0.3568	0.9698
几内亚	0.4682	0.1736	0.8884	叙利亚	0.4501	0.1808	0.9043
海地	0.4700	0.1462	0.8509	塔吉克斯坦	0.4473	0.1648	0.8872
洪都拉斯	0.5521	0.1739	0.8536	坦桑尼亚	0.5140	0.1403	0.8209
匈牙利	0.4997	0.1984	0.9020	泰国	0.4873	0.2238	0.9288
印度	0.4432	0.2207	0.9422	多哥	0.4844	0.1580	0.8613

项目　　　国家	环境竞争力序参量 X	经济序参量 Y	耦合度 C	项目　　　国家	环境竞争力序参量 X	经济序参量 Y	耦合度 C
印度尼西亚	0.5171	0.2559	0.9412	莱索托	0.3572	0.1795	0.9436
伊朗	0.4589	0.2505	0.9559	突尼斯	0.4846	0.1694	0.8761
伊拉克	0.3802	0.3214	0.9965	土耳其	0.4800	0.1985	0.9099
爱尔兰	0.5143	0.2637	0.9467	土库曼斯坦	0.4326	0.2308	0.9526
以色列	0.4949	0.2196	0.9228	乌克兰	0.4741	0.2066	0.9196
意大利	0.5304	0.2902	0.9562	阿联酋	0.4500	0.3386	0.9900
牙买加	0.5286	0.1536	0.8354	英国	0.5658	0.3032	0.9532
日本	0.5721	0.4204	0.9882	美国	0.5383	0.6458	0.9959
约旦	0.4394	0.1750	0.9027	乌拉圭	0.4948	0.1932	0.8988
哈萨克斯坦	0.3984	0.2472	0.9722	乌兹别克斯坦	0.4030	0.1852	0.9289
肯尼亚	0.4776	0.1367	0.8319	委内瑞拉	0.5582	0.1648	0.8390
韩国	0.5026	0.2808	0.9591	越南	0.4678	0.2100	0.9248
科威特	0.4237	0.4274	1.0000	也门	0.4160	0.1801	0.9184
吉尔吉斯斯坦	0.4252	0.1925	0.9263	赞比亚	0.5251	0.1749	0.8658
拉脱维亚	0.5282	0.1981	0.8907	津巴布韦	0.4899	0.2197	0.9247
黎巴嫩	0.4747	0.1473	0.8503				

三、加快经济转型和提升环境竞争力需要全球各国协调行动

当前，解决环境问题，加快绿色转型，实现可持续发展，是各国的普遍共识和发展战略。世界各国应携起手来，进一步深化全球伙伴关系，求同存异，加强沟通、协调与合作，完善全球环境发展体系，促进经济和环境的良性发展，为拯救人类的共同家园和实现可持续发展做出应有的贡献。

（1）继续加强环境保护，坚持在保护中发展、在发展中保护。环境保护和经济发展与人类的生存和发展息息相关，同时经济与环境之间也有着密切的关系。在发展中保护，在保护中发展，积极探索环保新道路是对环境保护与经济发展关系的深刻揭示。环境为经济发展提供必需的原料和能源，并容纳经济活动所产生的废料，是经济发展的基础。同时，经济对环境也有反作用，经济基础较好的国家，对环境发展给予更多的重视，提出了更多的要求。全球性金融危机的爆发使得政府纷纷调整工作的重心，把应对衰退和保护就业作为头等大事，而在环境方面的承诺则有所弱化，导致全球气候和环境议题被暂时搁置起来，使得世界可持续发展事业面临着更为复杂的形势和严峻的挑战。在这种背景下，正确处理好经济发展与环境保护的关系对于更好地把准发展方向、创新发展理念、转变发展方式、厘清发展思路，具有重大的现实意义。

为此，世界各国要根据本国的资源禀赋、自然环境、生态水平以及国家经济发展战略等现实条件，将经济发展与环境保护有机地结合起来，要坚持把环境保护放在经济社会发展大局中统筹考虑，在发展中落实保护，在保护中促进发展，实现经济与环境相协调、人与自然相和谐的可持续的科学发展，积极探索代价小、效益好、排放低的环境保护新道路。即便是在经济发展相对困难的后金融危机时代，也不能以牺牲环境为代价去弥补经济上的损失，应该按照共生发展、包容

性增长的要求，倡导经济、环境、文化等社会的各个方面基本达到共同可持续发展，在保持经济与环境处于合理协调发展的限度之内，实现各方主体的互利共赢。

（2）坚持走绿色发展道路，大力培育绿色增长点。大力发展绿色经济，必须将绿色经济发展理念贯穿于经济社会发展的各个领域和产业发展的各个环节。在资源利用和环境保护方面，要求在更大程度上、更广范围内采用智力资源替代物质资源，提高资源的利用效率，降低污染的排放数量，把资源消耗控制在资源再生的阈值之内，把污染排放控制在自然净化的阈值之内，对环境污染的解决要从"末端治理"逐渐转变为"全程清洁"的安全生产层面，尽可能实现经济增长与资源消耗、环境污染、生态破坏相脱钩，实现经济发展与资源利用、环境保护相协调。世界各国要重视提高生态系统的稳定性，采取有效措施保护生物多样性和生态系统整体恢复力。积极推进全球新能源革命，大力发展可再生能源，加快核能、太阳能、风能、潮汐能、生物能、海洋能、地热能等新能源的推广应用，降低化石能源的消耗。加快经济结构调整和产业结构优化，大力发展知识含量高、环境污染小、资源消耗少、集聚辐射能力强的"轻型化"产业、绿色产业，引导资源向绿色产业整合与配置，构建现代绿色经济产业体系。加大绿色投资力度，完善绿色金融投融资渠道，加强对绿色产业、新能源企业的信贷支持，发挥政府投资拉动作用，通过绿色信贷政策吸引风险投资、天使投资、股权基金等投资发展绿色经济，为绿色经济发展提供资金保障。大力倡导绿色消费观念，通过政府采购和绿色产品补贴等措施，刺激绿色消费，引导消费者购买节能产品、绿色产品，推动全球形成可持续的绿色消费模式，实现绿色生产和绿色消费良性互动。全球各个国家还应加快制定绿色经济发展的战略规划，明确绿色经济发展的目标任务、重点领域等内容，统筹协调国家相关政策和相关利益主体的行动，加快建立反映生态资本与环境资本价值的绿色国民经济核算体系，充分发挥市场机制、法律法规、科技创新、制度创新等在推动绿色经济发展过程中的保障作用，为推动全球可持续发展、实现传统"棕色经济"的"绿色转身"奠定基础。

（3）提升科技创新能力，支撑服务环境与经济的协调发展。科技创新在支撑引领人类加强环境治理中发挥着至关重要的作用。单纯依靠资源投入和能源消耗来支撑的经济发展是不可持续的，只有通过科技创新、依靠创新驱动才能真正实现经济社会的可持续发展。以科技创新引领环境、经济可持续发展要求利用科学技术、知识、现代企业管理制度和商业运作模式等创新要素对资本、劳动和各种物质资源进行重新组合和优化升级，借以提高科技创新能力和经济可持续发展的内在动力，形成经济的内生性增长。

提升科技创新能力，要进一步加强政府、高校、科研机构、企业之间的官产学研合作，完善科技创新体系建设。政府要进一步发挥在促进科技创新中的组织协调作用，加大对绿色技术、低碳技术等的公共研发投入，制定财税优惠、金融扶持、人才培育、知识产权等相关政策鼓励科技创新，设立专项基金用于支持"绿色"企业的自主技术创新，构建利益补偿机制和风险分担机制，有效推动引进、吸收和集成技术创新；企业是创新体系中的主体，要加强同科研机构、高等院校之间的联系，充分发挥高校、科研机构、企业各自在基础研究、应用研究、试验发展方面的创新优势，联合建立研发机构、产业技术联盟等技术创新组织，形成支持自主创新的企业、高校、科研院所的合作生态，共同面向绿色技术、低碳技术进行科技创新活动，提高科技创新以及将科技创新转化为现实生产力的能力；技术转移中心、高科技企业孵化器、技术交易市场等科技中介服务组织也要充分发挥其中介优势和润滑剂作用，提供绿色技术交流平台和绿色技术引进渠道，促进绿色技术成果的扩散应用和商业转化。加快建立和完善创新型联盟，加强各个国家和地区之间创新系统的联系，促进创新资源自由流动和共享互补，集中优势资源共同攻克气候变化、节能减排、能源安全、资源利用效率、污染防治等相关的重大问题和关键领域。通过大力发展节能减排技术、低碳能源技术、资源循环利用技术、高效清洁利用技术等，逐步降低煤炭等不可再生资源在能源结构中的比重，发展新能源、可再生能源与新型替代能源，切实提高能源资源利用效率。加强环境无害化技术的研究开发和产业化进程，减少自然资源的利用和废弃物的排放，开发各种绿色生产技术和废弃物资源化技术，为发展绿色经济、实现可持续发展提供坚实的技术支撑。通过科技创新实现产业结构的不断优化升级，实现智力资源、创新资源对环境物质资源的替代和经济活动的知识化、生态化转型，实现从资源密集型企业向技术密集型、环保型企业转型，推动全球经济的可持续发展。

（4）加强国际环境合作，完善可持续发展全球治理。国际环境合作是指国家及其他国际行为主体在环境保护领域的合作，通过采取集体行动应对和解决已经发生的对全球有共同影响的环境问题或正在发生的对全球环境有损害或损害威胁的行为，以达到谋求人类共同利益的目标。保护环境是全人类的共同责任和义务，拓展和深化国际环境合作，是促进全球可持续发展的必由之路。合作才能取得共识，合作才能共谋发展，合作才能共同解决全球环境问题。

我们同处一个地球村，在应对气候变化、能源资源安全、粮食安全等全球性环境挑战方面，要充分考虑各国国情不同、发展道路不同、发展阶段不同的现实，各国应携手开展研究，探索符合自身发展道路的可持续发展道路，建立"互信、合作、共赢"的全球治理新机制。发达国家与发展中国家必须加强国际环境合作，在正视各国国情的基础上，坚持"共同但有区别的责任"原则，由发达国家承担更多的责任和义务，以偿还其在工业化时期过度消耗自然资源和大量排放温室气体而形成的气候"欠债"。许多发展中国家正处于工业化和城市化快速发展阶段，一方面面临着消除贫困、发展经济、调整经济结构和向绿色经济过渡的艰巨任务；另一方面又受到资源、环境和能源因素的制约。因此，发达国家还应该向发展中国家提供资金、技术援助，以帮助发展中国家发展绿色经济、低碳经济，增强应对环境问题的能力和积极性，更好地参加国际环境保护合作。在环境与贸易、知识产权保护、环境技术转让等问题上，发达国家必须尊重发展中国家的发展需求与权利，不以环境保护为借口或假借绿色经济、绿色标准之名对发展中国家的经济发展和贸易设置壁垒，变相实行贸易保护主义，也不能打着保护知识产权的旗号，在向发展中国家转让技术方面设置各种障碍。对于广大发展中国家而言，当前正处于向绿色经济转型的初级阶段，要加快形成和实施适合本国国情的可持续发展战略，以获得发达国家充分的支持，为更好地促进全球环境合作奠定基础。国际环境合作的成功与否还有赖于各个参与主体的合作诚意及其采取的实质性举措，这就要求各个主权国家能够更多地从全人类共同利益的角度出发，更多地让渡主权，坚守环境合作的承诺，以长远利益和全球利益为重，同心协力，积极行动，保护人类赖以生存的地球环境。因此，要进一步巩固和深化各国政府间环境合作，拓展合作领域，形成层次合理、重点突出的环境合作新格局，在更加灵活完善的合作机制下开展关键领域的环境保护联合攻关，真正形成全球环境治理的强大合力。

（5）提高资源环境利用效率，促进资源节约和循环利用。合理利用资源，保护环境是实现可持续发展的必然要求。随着世界各国经济的快速发展和人口的不断增加，各国在淡水、土地、能源、矿产等所呈现出的资源不足矛盾更加突出，环境压力日益增大，这种以浪费资源和牺牲环境为代价的发展是不可能持续的。"只有走以最有效利用资源和保护环境为基础的循环经济之路，可持续发展才会得到实现"。因此，世界各国要立足自身的实际，切实增强建设节约型社会的责任感和紧迫感，倡导建设节约型社会，在社会生产、流通、消费的各个领域，在经济和社会发展的各个方面，切实保护和有效利用各种资源，提高资源利用效率，以尽可能少的资源消耗获得最大的经济效益和社会效益。加快推进产业结构调整，将经济增长由主要依靠工业带动向工业、服务业和农业共同带动转变，由主要依靠资金和自然资源支撑向更多依靠人力资本和技术进步支撑转变，将资源利用由"资源—产品—废弃物"单向模式向"资源—产品—废弃物—再生资源"循环模式转变，将经济增长建立在经济结构优化、科技含量提高、国民素质增强、质量效益提高的基础上，逐步形成"低投入、高产出、低消耗、少排放、能循环、可持续"的经济增长方式。在农业发展方面，积极采取节水技术，发展节水型农业；加强对各类矿产资源的综合开发与利用，大力推进矿产资源深加工技术研发，大力推进尾矿、废石的综合利用。大力发展循环经济，以"减量化、再利用、资源化"为原则，以低消耗、低排放、高效率为基本特征，积极推进废钢铁、废有色金属、废纸、废塑料等的回收利用，大力扶持废旧机电产品再制造，建立和完善垃圾分类和分选系统，提高垃圾回收利用率。坚持以提高能源、资源利用效率为核心，以减少废物排放，保护环境为目标，大力促进资源的循环利用和废弃物的再生利用。

参考文献：

［1］李芝，周兴，阎广慧. 生态环境与经济协调发展研究综述［J］. 广西社会科学，2008（2）.

［2］李建平，黄茂兴等. 中国省域环境竞争力发展报告（2005~2009）［M］. 北京：社会科学文献出版社，2010.

［3］俞海. 环保是经济转型的助推器［EB/OL］. 中国环境网，http：//www.cenews.com.cn/xwzx/gd/qt/201007/t20100729_662116.html，2010-7-30.

［4］赵敏，潘晓广. 环境规制——技术创新与经济转型的理性思考［J］. 山西农业大学学报（社会科学版），2012（11）.

［5］李丽平. 加强环境保护提升国际竞争力［EB/OL］. 中国环境报，http：//www.cenews.com.cn/xwzx/gd/qt/201202/t20120207_712318.html，2012年2月7日，第2版.

［6］福建日报评论员. 优美的环境也是竞争力［EB/OL］. 福建日报，http：//fjrb.fjsen.com/fjrb/html/2012-04/14/content_319441.htm，2012年4月14日，第1版.

［7］马丽，金凤君，刘毅. 中国经济与环境污染耦合度格局及工业结构解析［J］. 地理学报，2012（10）.

［8］吴大进，曹力，陈立华. 协同学原理和应用［M］. 武汉：华中理工大学出版社，1990.

［9］贾士靖，刘银仓，邢明军. 基于耦合模型的区域农业生态环境与经济协调发展研究［J］. 农业现代化研究，2008（5）.

［10］Valerie Illingworth，The Penguin Dictionary of Physics［M］. Beijing：Foreign Language Press，1996.

［11］高金田，董方. 环境保护与经济可持续发展问题分析［J］. 生态经济，2005（1）.

外部环境和内部管理
——谁在左右我国碳生产率的潜在改进空间

张成 [1,2,3]　史丹 [1]　王俊杰 [1,4]

(1. 中国社会科学院工业经济研究所，北京　100836；

2. 国务院参事室，北京　100006；

3. 南京财经大学经济学院，江苏南京　210023；

4. 江西财经大学经济学院，江西南昌　330013)

一、引　言

近年来，"金砖四国"（BRIC）在经济领域的成就举世瞩目，但在环境保护领域交出的答卷则不甚理想，正是这种非协调的经济发展模式，或者说快速推进工业化、城市化进程中难以逾越的倒"U"形环境库兹涅茨曲线拐点的左方阶段，成为"金砖四国"备受欧美国家指责的主要问题所在。欧美国家意欲凭借低碳经济重新拉开与"金砖四国"的经济距离，形成相对优势，与此同时，"金砖四国"也想通过低碳经济来赶超欧美国家，实现跨越式发展。

在这一背景下，低碳经济开始取代传统经济，成为世界经济的潮流。研究低碳经济的必要性、可能性和现实性也已成为当前学术界研究的焦点之一。要想实现低碳经济的关键是实现"二氧化碳（CO_2）减排和经济增长"的共赢，而碳生产率指标则是能够将两者有机结合的重要指标。虽然碳生产率构成简单，为单位 CO_2 排放的经济产出（Kaya 和 Yokobori，1999；Beinhocker 等，2008），但却是从投入要素角度给出了社会经济发展所面临的新约束条件，将隐含在能源和物质产品中的碳剥离出来，从而成为能够与传统的劳动生产率及资本生产率相比较的新指标（潘家华和张丽峰，2011）。

根据中国政府在哥本哈根会议上做出的在 2020 年使将 CO_2 排放强度比 2005 年下降 40%~45%的郑重承诺，及国民经济"十二五"规划中提出的单位国内生产总值 CO_2 排放降低 17%的约束目标，可分别求出相应的碳生产率提升要求，前者需要碳生产率提升 67%~82%，而后者则需提升20%左右。如何更为科学合理地将碳生产率目标在地区间和行业间进行合理分解，成为一个迫切

［基金项目］国家社科基金青年项目"中国碳生产率的估算、预测及任务分解研究"（12CJY008）；国家发改委中国低碳发展宏观战略研究项目"中国低碳发展产业政策研究"（201312）；江苏省"青蓝工程"中青年学术带头人培养计划资助项目；江苏高校优势学科建设工程资助项目。

［作者简介］张成（1986~），男，安徽固镇人，中国社会科学院工业经济研究所博士后，国务院参事室当代绿色经济研究中心科技助手，南京财经大学经济学院副教授，硕士生导师；史丹（1961~），女，天津人，中国社会科学院工业经济研究所党委书记，研究员，博士生导师；王俊杰（1986~），男，湖北广水人，中国社会科学院工业经济研究所博士后，江西财经大学经济学院讲师。

需要解决的难题。要想破解这个难题，首先需要明确各地区碳生产率的潜在改进空间。

　　研究碳生产率潜在改进空间的文章则更为鲜见，不过有许多文献研究了 CO_2[①] 和能源的减排问题。从国际数据来看，自 1997 年《京都议定书》制定以来，国际合作的背后总伴随着许多争论，主题莫过于国际 CO_2 减排任务如何分配才更为合理。鉴于现有分配方案往往过多注重效率忽视了公平（Nordhaus，2001；Brandt，2003），Wu 等（2013）基于效率与公平框架对《京都议定书》中的 CO_2 减排目标进行了重新优化分配。不论是应对国际呼声还是履行我国政府的相关承诺，中国在 CO_2 减排问题上一直在且也将会承担相应的责任，深入了解 CO_2 或能源的减排潜力是合理承担责任和优化完成任务的基本前提。史丹（2006）从趋同的角度估算了中国各省份在三次产业上的能源节能潜力，发现能源节能潜力在区域上呈现出西中东递减格局，在产业上则呈现一、二、三次产业递减趋势。魏楚等（2010）基于全要素生产率框架，估算了中国各地区的节能潜力，发现全国在 2006 年和 2007 年分别可节约 113931 万吨标准煤和 123530 万吨标准煤，节能潜力分别高达 39.4% 和 39.0%。郑立群（2012）基于零和收益 DEA 模型估算了各省份未来几年的 CO_2 减排目标，全国具备节约 278817 万吨 CO_2 的潜力，潜在减排率达 12.07%。陈诗一（2010）较早地基于方向性距离函数设计了中国工业 CO_2 的减排路径，深入探讨了不同节能减排路径对工业未来潜在产出和未来生产率的影响。进一步地，为完成国家的节能减排目标，在维持城镇化进行的基础上，应重视能源效率提升的作用，走节能为主、发展清洁能源为辅的低碳经济转型战略（林伯强和孙传旺，2011），在路径安排上，要根据国家能耗强度和碳排放强度的目标，在各省经济增长、能源消耗和 CO_2 排放上进行优化分配（公维凤等，2012）。现有文献虽然在能源和 CO_2 的节约潜力及未来路径安排上作相应研究，但碳生产率的提升不仅依靠 CO_2 的减排，也需依靠现有要素投入下的产出能力增强，因此，为何不同时结合 CO_2 的节约潜力和 GDP 的增长潜力研究碳生产率的潜在改进空间呢？并且现有文献即便估算出 CO_2 的减排空间，也并未回答究竟是外部环境不足抑或内部管理不到位导致了减排空间的存在。

　　为了解答前文的一系列问题，本文尝试构建计量模型来对其进行分析。我们的创新之处在于：我们在估算出各省份样本期间的碳生产潜在改进空间的基础上，从外部环境、内部管理和随机偏差三个角度将该潜在改进率分解成 CO_2 外部环境改进率、CO_2 内部管理改进率、CO_2 随机偏差改进率、GDP 外部环境改进率、GDP 内部管理改进率、GDP 随机偏差改进率六个分解变量，从而能够为有针对性地降低碳生产率潜在改进率、提升实际的碳生产率水平提供新的视角。在结构安排上，本文第二部分为研究方法介绍；第三部分为碳生产率潜在改进率估算及相应的影响因素分解；第四部分则为结论。

二、研究方法

　　在追求节能减排的目标时，可以有两种思路，一种是在满足产出要求的基础上力图实现投入要素的最大节约，另一种则是在充分利于投入要素的基础上追求产出的最大扩张。在本文中，我们遵循第二种思路。具体研究时，首先利用超效率 SBM 模型求出碳生产率的潜在改进空间及相应的碳潜在改进空间和 GDP 潜在改进空间，然后利用随机前沿成本函数模型将每种潜在改进空间的影响因素分解成外部环境、内部管理和随机偏差（即运气因素）三种，以此更深入地把握各省份

---

① CO_2 和能源虽不完全相等，但在很大程度上是一个硬币的两面。

碳生产率的潜在改进效果。

(一) 碳生产率潜在改进空间的估算

鉴于传统 CCR 和 BCC 模型在锥性和径向性等假设上的严格界定，导致实践中的效率评价存在诸多偏差，而 Tone（2001）创立的 SBM 模型，通过将松弛变量引入目标函数，较好地解决了投入和产出的松弛性问题，但该种 SBM 模型和 CCR、BCC 一样，存在着无法对多个同时有效的决策单元（即效率评价值为 1）进行排序的不足，Tone（2002）进一步构造了超效率 SBM 模型，解决了多个有效决策单元的超出效果 ① 及排序问题。限于篇幅，不再对该构建方法进行赘述。

通过该模型能够计算出 CO_2 和 GDP 的松弛变量，考虑松弛变量后的碳生产率可以提升至：

$$CP_{ij}^* = \frac{y_{ij} + s_{y,ij}^+}{c_{ij} - s_{c,ij}^-} \tag{1}$$

为便于运算及后续分解，根据变动率公式，可将碳生产率潜在改进率近似表示成：

$$\dot{CP}_{ij}^{Improve} = Ln\left(\frac{CP_{ij}^*}{CP_{ij}}\right) = Ln\left(\frac{c_{ij} - s_{c,ij}^-}{c_{ij}}\right) + Ln\left(\frac{y_{ij} + s_{y,ij}^+}{y_{ij}}\right) = \dot{C}_{ij}^{Improve} + \dot{Y}_{ij}^{Improve} \tag{2}$$

式中，i 和 j 分别表示省份和时间；CP_{ij}^* 为潜在的碳生产率水平；y_{ij} 和 c_{ij} 分别为实际的 GDP 产出水平和 CO_2 排放量；s_y^+ 和 s_c^- 分别为产出 GDP 和投入 CO_2 的松弛变量；$\dot{CP}_{ij}^{Improve}$ 为碳生产率的潜在改进率，且其可以初步分解成 CO_2 潜在改进率 $\dot{C}_{ij}^{Improve}$ 和产出潜在改进率 $\dot{Y}_{ij}^{Improve}$。

(二) 碳生产率潜在改进空间的分解

从本质上来看，某省份的碳生产潜在改进空间就是该省份在诸多因素的影响下，没有达到前沿有效水平而导致的浪费量，为了深入探讨何种因素导致了这种浪费量，可以使用随机前沿成本函数模型，和前文使用的随机前沿生产函数模型略有不同，具体设定如下：②

$$\dot{CP}_{ij}^{Improve} = I_{ij}\beta + v_{ij} + u_{ij} \tag{3}$$

式中，I 为多成本要素，β 为待估参数，$I_{ij}\beta$ 表示决策单元成本前沿面上的确定性前沿成本部分，即在现有技术条件时各种成本要素投入下的确定性最小成本，该因素是各决策单元在现有外部环境下所导致的碳生产率浪费量即潜在改进率；u 为成本无效率，服从 $iid|N(0, \sigma_u^2)|$，该因素是各决策单元由于内部管理水平上的差异所导致的潜在改进率；v 为随机偏差项，满足 $iidN(0, \sigma_v^2)$，这是运气因素对潜在改进率的随机影响。

此时，可以将碳生产率改进率 $\dot{CP}_{ij}^{Improve}$ 分解成外部环境（EXT）、内部管理（INT）和随机偏差（RAN）三种。类似地，若分别对 CO_2 潜在改进率 $\dot{C}_{ij}^{Improve}$ 和 GDP 潜在改进率 $\dot{Y}_{ij}^{Improve}$ 开展类似的分解，则可以将碳生产率潜在改进率分解成 CO_2 外部环境改进率、CO_2 内部管理改进率和 CO_2 随机偏差改进率、GDP 外部环境改进率、GDP 内部管理改进率和 GDP 随机偏差改进率六个分解变量，恰如式（4）所示。

---

① 在超效率分析中，某个效率值大于 1 的决策单元已经超越了前沿面本身，此时亦可以得到相应的松弛量，如在投入上的松弛变量为 a，意味着该决策单元即使把投入再增加 a，则恰好能够处于效率前沿面上。

② 自 Fried 等（2002）提出三阶段 DEA 后，许多学者纷纷效仿，在第二阶段通过构建随机前沿成本函数模型对松弛变量进行因素分解。但我们认为直接使用松弛变量作为因变量是值得商榷的，不仅混淆了经济整体规模和单个企业规模的不同作用，而且用相对量的自变量去解释绝对量的因变量是有偏差的。因此，我们分析时，使用的是相对量的潜在改进率作为因变量。

$$CP_{ij}^{Improve} = \underset{\text{外部环境}}{EXT_{ij}^{CP}} + \underset{\text{内部环境}}{INT_{ij}^{CP}} + \underset{\text{随机偏差}}{RAN_{ij}^{CP}} = \underset{\text{外部环境}}{EXT_{ij}^{C}} + \underset{\text{内部环境}}{INT_{ij}^{C}} + \underset{\text{随机偏差}}{RAN_{ij}^{C}} + \underset{\text{外部环境}}{EXT_{ij}^{Y}} + \underset{\text{内部环境}}{INT_{ij}^{Y}} + \underset{\text{随机偏差}}{RAN_{ij}^{Y}} \qquad (4)$$

$$\underset{\text{碳生产率潜在改进率分解}}{\qquad\qquad} \qquad \underset{CO_2\text{潜在改进率分解}}{\qquad\qquad} \qquad \underset{GDP\text{潜在改进率分解}}{\qquad\qquad}$$

三、变量构造与数据说明

本文采用中国 29 个省份[①]（剔除了对西藏、香港、澳门和台湾地区的考虑，并将重庆并入四川考量）1995~2012 年的面板数据为样本，所用数据是根据历年《中国统计年鉴》、《中国环境年鉴》、《中国能源统计年鉴》、《中国区域经济统计年鉴》、《中国人口与就业统计年鉴》和分省统计年鉴整理和计算而得。为扣除价格因素的影响，本文所有和价格有关的数据均根据相应价格指数或增长指数调整至 2000 年价格水平。

采用的变量有以下几个：①产出（Y）：选取 GDP 作为产出；②劳动投入（L）：选用年末从业人员数来指代；③资本投入（K）：根据永续盘存法计算出的资本存量[②]来衡量；④能源投入（E）：将各种能源转换成标准煤进行度量；⑤CO_2 投入（C）：通过各种能源消费量来计算出 CO_2[③]的排放量；⑥技术进步（T）：用时间跨度 1~18 来刻画。

至于碳生产率潜在改进空间估算及其因素分解中，使用的数据除了产出、劳动投入、资本投入、能源投入和 CO_2 以外，尚包括以下几个变量：

（1）经济环境因素：①城镇化率（URBAN）：以各省份城镇人口占总人口比重衡量。②工业服务业比值（INDUSTRY）：用各省份工业增加值与第三产业增加值的比值度量。之所以选用两者比值而不是工业占 GDP 比重，是考虑到美国"再工业化"和中国"去工业化"冲突下的工业与服务业的交互外部性作用，工业和服务业比值可能存在一个合理比值，为了刻画可能存在的非线性关系，还添加了该变量的二次方，记为 $INDUSTRY^2$。③人均 GDP（PGDP）：用各省份人均 GDP 除以人口数衡量。

（2）政治环境因素：①环境规制（ENVIRONMENT）：鉴于我国 SO_2 和 COD[④] 在政府环保工作中的重要地位，我们选用 SO_2 达标率作为环境规制水平的代理变量。②财政分权（POWER）：财政分权指标的度量方法有多种（周业安和章泉，2008），鉴于赵文哲（2008）文中对多种度量指标结果的对比和稳健性结果，我们借鉴选用了各省份本级财政收入占总财政收入的比重衡量。③税收强度（REVENUE）：使用各省份税收占 GDP 的比重度量。

（3）技术环境因素：①人力资本水平（HUMAN）：将各省份人口按受教育程度计算出当年人力资本水平。[⑤]②科研投入（R&D）：用各省份劳均研究与开发机构经费支出总额表示，且考虑到科研投入影响的滞后效应，本文采取滞后一期参与模型回归。

（4）国际环境因素：①外商直接投资比重（TFDI）：与常用变量不同，未直接使用 FDI 与 GDP

---

① 文中将 29 个省份分成东、中、西三个组别，划分标准见表 2。

② 资本存量在计算时采用了单豪杰（2008）的方法。

③ CO_2 的计算公式详见杜立民（2010），计算时采用的能源为煤炭、焦炭、原油、汽油、煤气、柴油、燃料油和天然气 8 种，基于此计算出的 CO_2 排放系数分别为 1.9580、2.8456、3.0513、2.9251、3.0520、3.0976、3.1851、21.6502（单位：万吨 CO_2/万吨或万吨 CO_2/亿立方米）。

④ 之所以没有选择 COD 是因为 COD 的数据始于 2003 年。

⑤ 人力资本水平在计算时采用 Barro 和 Lee（1993）的方法。

的比值来衡量，而是用 FDI 资本存量[①]与 GDP 的比重衡量。②国际竞争程度（COMPETITION）：选用进出口总额与 GDP 的比值来度量。

（5）要素环境因素：①资本能源比值（K/E）：用资本存量与标准煤能源的比值度量。②劳均资本存量（K/L）：用资本存量与从业人员数比值衡量。③能源结构（ENERGY）：用标准煤能源与 CO_2 排放量的比值度量。

四、计算结果及其分析

（一）碳生产率潜在改进空间的估算及其分析

我们根据前文介绍的基于产出导向的超效率 SBM 模型，得到了各自的逐年效率值，[②]并根据投入和产出的冗余量，计算得出了碳生产率的改进空间。在计算时，采用了 DEA SOLVER Pro5.0 软件。此处，我们主要根据规模报酬不变的假设对碳生产率的改进空间进行了估算，原因在于如果采取规模报酬可变的假设一般需要决策单元是单个企业，而在地区间进行比较时，地区间往往由多个企业构成，此时一个总体经济规模较小的地区，往往被赋予了规模报酬递增的特性，而一个经济规模较大的地区，则被赋予了规模报酬递减的特性，但两地区里单个企业的规模特性往往可能相同或恰好相反。为此，本文认为在比较地区间的效率时，使用规模报酬可变的假设可能会适得其反。

图 1 汇报了各省份 1995 年、2003 年和 2012 年的超效率值及平均值。可见，北京、上海、福建和广东在整个样本期的效率均值均大于 1，表明 4 省份已经超越了效率前沿面，其中，上海的效率值最高，均值达 1.3501，[③]而宁夏则离效率前沿面最远，取值仅为 0.4502。综观样本期各年，各省份超效率值的稳定性并不一致，如在 1995 年，北京的效率值为 0.9560，需要将产出扩大 4.40%尚能处于效率前沿面，而同期的海南，[④]其效率值反而高至 1.5455。

基于投入和产出的冗余量，我们计算了各省份在样本各年的碳生产率潜在改进率及相应的 CO_2 潜在改进率和 GDP 潜在改进率。其中，CO_2 潜在改进率是为了达到资本、劳动和 CO_2 的最佳比值关系，决策单元可以节约的 CO_2 排放量比率；GDP 潜在改进率则是决策单元在达到各要素最佳比值关系后，为达到效率前沿面，GDP 应该扩大的比率。限于篇幅，仅在表 2 中给出了三种潜

---

① FDI 存量的计算公式为 $ZFDI_{it} = (1-\delta)ZFDI_{i,t-1} + fdi_{it}$，其中 ZFDI 表示 FDI 资本存量，fdi 表示新增 FDI 投资量，δ 为折旧率，本文取 0.096。初期资本存量为 1990 年，计算方式为 $ZFDI_{i,1990} = fdi_{i,1990}/(g+\delta)$，g 为 fdi 1990~2000 年的年均增长率。
② 此处的产出为 GDP，投入为资本存量、劳动投入和 CO_2。
③ 该取值意味着上海即使将产出减少 35.01%，亦可以是有效率的，将会恰好处于效率前沿面上。
④ 实际上，海南在 1995~2001 年均超越或处于效率前沿面之上，之后才逐步远离效率前沿面，之所以发生这种年际变化，与海南的产业结构调整密切相关。在 1995~2000 年，海南的第二产业比重一直低位徘徊在 20%左右，年均 43.5%的 GDP 由第三产业构成，导致全省能源消耗和 CO_2 排放较小，1995~2000 年高居首位的碳生产率恰为例证。从 2001 年开始，第二产业比重趋于上升，由 2000 年的 19.8%上升到 2006 年的 29.0%，而第三产业比重则由 2000 年的 43.8%降至 2006 年的 40.7%，高碳产业的兴起，再加上海南产出能力的相对弱化，导致海南退出并越发偏离效率前沿水平，效率值一度降低至 2007 年的谷底（0.5201）。但自 2007 年始，第三产业比重止降升升，由 2006 年的 40.7%增至 2011 年的 46.9%，而且，第三产业内部相对高能耗的交通运输业所占比例有明显降低，低能耗的金融保险业和房地产业所占比例则呈快速上升趋势。第三产业比重的提升及内部结构的优化也让海南的超效率值自 2008 年后有所反弹，小幅增至 2012 年的 0.6225。

在改进率的年份均值。① 可以发现，碳生产率潜在改进率和超效率值高度负相关，如宁夏的超效率均值低居末位，其碳生产率潜在改进率则高居首位。不过，碳生产率潜在改进率和超效率值并非完全一致，原因就在于资本和劳动冗余量产生的扰动。碳生产率潜在改进率呈现了明显的西中东递减格局，年均改进率分别为 1.2210、0.9503 和 0.3338。需注意的是，碳生产率潜在改进率的绝对差距主要由 CO_2 潜在改进率引起，相对差距则主要由 GDP 潜在改进率导致，即 CO_2 潜在改进率的绝对量较大，西、中、东取值分别为 0.7001、0.6902 和 0.2519，相对比值为 2.8∶2.7∶1，但在 GDP 潜在改进率上，西、中、东取值虽仅为 0.4474、0.2601 和 0.0819，但相对比值高达 5.5∶3.2∶1。

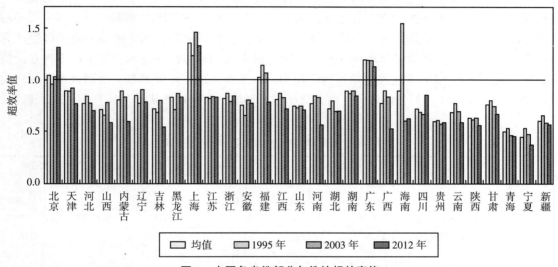

图1　中国各省份部分年份的超效率值

（二）碳生产率潜在改进空间的随机前沿成本函数估算结果及其分析

为研究碳生产率潜在改进率主要受哪些因素影响是我们制定切实可行政策建议的基本提前。为此，我们使用随机前沿成本函数模型对碳生产率潜在改进率、CO_2 潜在改进率和 GDP 潜在改进率进行了研究，在分析时，使用的是 Stata 12.0 软件，且参与回归的变量均对原始变量取了自然对数，相关结果如表1所示。② 自变量的显著性水平、γ 值及似然比检验均支持了随机前沿成本函数模型的必要性和有效性。

由模型形式决定，自变量前的系数若显著为正，则表明其会对潜在改进率产生正向影响，意味着某省份随着该变量取值的提升，会让其更加远离前沿有效水平；反之则相反。细观三个因变量中各自变量的系数值，发现科研投入强度、人力资本水平、资本能源比前的系数均显著为负值，表明这些变量的相对提高有利于提升总体效率水平，降低三种潜在改进率，三变量的经济学含义和直观的理解较为吻合，不再赘述。

---

① 在三种潜在改进率上，会发现北京、上海、福建和广东的改进率为负值或 0 值。如北京的碳生产率潜在改进率为–0.0136，含义是即使北京将碳生产率降低 1.36%，亦可恰好处于效率前沿水平。潜在改进之所以考虑负值，一方面体现了超效率 DEA 的优点，可以进一步评价超越前沿面的具体程度，更主要是为了在随机前沿成本函数模型分析中，能够更为准确地对其进行因素分解。
② 运算时，对年份的时间效应进行了控制，但并未对地区的个体效应进行控制。原因在于：考虑到超效率 SBM 模型分析时，每年的效率前沿面会随着年份推进有所差异，故需要时间效应来对此进行系统控制；但如果添加个体效应，则会对真实的效率水平带来扰动。

财政分权、税收强度和劳均资本存量前的系数均为正值，虽显著性水平有所差异，但总体表明这三变量的增强会提高潜在改进率，降低碳生产率的实际水平。在经济学含义上，主要简谈财政分权。虽然财政分权具备诸多潜在优点（Tiebout，1956），但财政分权本身会弱化中央政府的宏观调控，导致经济波动，弱化技术效率，还可能会促成地方政府间的恶性竞争和低水平竞争，压低企业利润空间，降低创新积极性和技术进步（赵文哲，2008），总体来看，本次研究认为我国当前的财政分权运行模式并不有利于碳生产率实际水平的提升。

城镇化率、人均 GDP、进出口强度和 FDI 存量比值在 CO_2 潜在改进率前的系数为正，但在 GDP 潜在改进率和碳生产率潜在改进率前的系数则为负。这说明，四变量的提升会增强各地区经济对 CO_2 排放的依赖性，使其越发偏离资本、劳动和 CO_2 的最佳比值关系；但四变量的提高却能显著增强各地区利用现有投入的产出能力，降低实际产出对前沿产出的偏离。至于碳生产率潜在改进率前的取值则取决于前文正负两种力量的综合对比，相对而言，四变量能够降低碳生产率潜在改进率，提升碳生产率的实际水平。至于环境规制则对 CO_2 潜在改进率和碳生产率潜在改进率带来负向影响，却对 GDP 潜在改进率产生正向影响，从而体现了环境规制"遵循成本"对产出的抑制作用，而相应的"创新补偿效应"尚有待于提升环境规制强度和优化环境规制形式来诱发。

表 1   碳生产率潜在改进空间的影响因素分解

		碳改进率		GDP 改进率		碳生产率改进率	
		系数	t 值	系数	t 值	系数	t 值
经济环境	URBAN	0.0167	(1.1816)	−0.0253*	(−1.6964)	−0.0126	(−1.0862)
	INDUSTRY	−0.0175	(−0.6723)	0.1234***	(4.4456)	0.1033***	(5.0773)
	INDUSTRY²	0.2125***	(8.5650)	−0.1215***	(−3.6758)	0.1131***	(5.0107)
	PGDP	0.0032	(0.0675)	−0.3108***	(−7.8789)	−0.4057***	(−10.3306)
政治环境	ENVIRONMENT	−0.0259***	(−3.2462)	0.0141*	(1.7145)	−0.0091	(−1.3809)
	POWER	0.3308***	(6.5170)	0.0430	(0.8141)	0.3771***	(8.9828)
	REVENUE	0.0330	(0.9861)	0.0198	(0.5155)	0.0582**	(2.2722)
技术环境	HUMAN	−0.0530***	(−5.4187)	−0.0214*	(−1.6893)	−0.0456***	(−5.2983)
	R&D	−0.0226**	(−2.3613)	−0.0654***	(−6.4807)	−0.0850***	(−10.8446)
国际环境	COMPETITION	0.0523***	(3.6652)	−0.0698***	(−4.6264)	−0.0334***	(−2.5910)
	TFDI	0.0124	(1.0567)	−0.0247**	(−2.1129)	−0.0176*	(−1.8294)
要素环境	K/E	−0.2508***	(−6.1415)	−0.2867***	(−4.8633)	−0.5109***	(−11.4606)
	L/E	0.0391	(1.1118)	0.3237***	(10.4714)	0.4170***	(15.0866)
	ENERGY	−0.4064***	(−9.3578)	0.1316**	(2.5156)	−0.3332***	(−7.2787)
时间效应		控制	控制	控制	控制	控制	控制
σ^2		0.1139***	(4.3101)	0.0359***	(8.5722)	0.0220***	(11.3951)
γ		0.9667***	(4.9274)	0.8776***	(4.3928)	0.8884***	(5.3296)
Log-likelihood		600.0462		575.3426		709.0211	

注：***、**、* 和 # 分别表示在 1%、5%、10% 和 15% 的水平上显著。

工业服务业比值水平项和二次项则对三种潜在改进率引致了非线性的影响，根据系数值可得，工业服务业比值对 CO_2 潜在改进率、GDP 潜在改进率和碳生产率潜在改进率分别带来"U"形、倒"U"形和"U"形影响轨迹，拐点分别为 0.0412、0.5078 和 −0.4567，该值是工业服务业比值自然对数时的拐点，换算成实际值为 1.0420、1.6617 和 0.6334。当工业服务业比值越接近 1.0420 时，越有利于降低 CO_2 潜在改进率；当比值越小于 1.6617 时，其对 GDP 潜在改进率的提升作用越小；当比值越接近 0.6334 时，越有利于降低碳生产率潜在改进率。综合可得，可以认为当工业服务业比值位于［0.6334，1.0420］区间时，可以在降低三种潜在改进率上达到平衡。①

（三）碳生产率潜在改进空间的影响因素分解

基于表1的模型结果和原始数据，我们将碳生产率潜在改进率如式（4）进行了分解，部分结果如表2和图2~图4所示。限于篇幅，本文只是从三个角度将分解因素的特点进行简要归纳。

（1）CO_2内部管理效应和GDP内部管理效应是构成碳生产率潜在改进率的主要成因，但碳生产率潜在改进率波动主要由CO_2外部环境效应和GDP外部环境效应引起。从表2中可以看出，全国整体的碳生产率潜在改进率为0.7844，CO_2内部管理效应和GDP内部管理效应分别贡献了其中的0.3081和0.2535，CO_2外部环境效应和GDP外部环境效应则分别贡献了0.2195和0.0040，至于CO_2随机偏差效应和GDP随机偏差效应的影响更小，分别仅有−0.0002和−0.0004。分组考察时，在CO_2内部管理效应上，东、中、西呈递增趋势，且中西部极为接近；但在GDP内部管理效应上，中西东部则呈递增趋势，且东西部较为接近。在CO_2外部环境效应和GDP外部环境效应上，东中西部排名均呈现递增趋势，且东部在外部环境上均相对较优。图2~图4刻画了东、中、西部相关取值的逐年趋势。容易看出，虽然东中西部的CO_2内部管理效应和GDP内部管理效应均是构成碳生产率潜在改进率的主要因素，但年份间趋于稳定，并无明显变化；而CO_2外部环境效应和GDP外部环境效应虽然取值相对较小，但年份间有明显波动，如中部的GDP外部环境效应从1995年的0.0870降至2001年的0.0093，又逐步升至2012年的0.1392。因此，CO_2外部环境效应和GDP外部环境效应的趋势变化主导了碳生产率潜在改进率的变化趋势。

（2）各省份的超效率水平与内部管理水平并非完全一致，部分省份的高碳生产率主要由先天外部环境效应引致。在直观上，可能会认为某省份的超效率值越高，其内部管理水平就会较高，但事实发现并非完全如此。首先来看超效率均值大于1的北京、上海、福建和广东的对应取值，在CO_2内部管理效应上，广东的内部管理效率是最高的，年均值仅为0.0154，北京、上海和福建的效率相对较高，分别仅为0.0245、0.0560、0.0628，虽然和内蒙古等高达0.6313的CO_2内部管理效应相比具备绝对领先优势，但和未及效率前沿面的海南（0.0168）和广西（0.0549）相比则没有优势。在GDP内部管理效应上，只有上海的内部管理效率较高，年均值仅为0.0190，广东0.1515的年均取值倒也差强人意，至于北京（0.5647）和福建（0.2470）的内部管理效应则不甚理想，远低于未及效率前沿面的山西（0.0242）、内蒙古（0.0356）和甘肃（0.0200）。因此，北京、上海、福建和广东之所以能超越效率前沿面，不完全是因为高超的内部管理水平，而亦取决于优良的外部环境，特别是它们在科研投入、人力资本和要素结构上的外部优势为其加分良多。同时，还发现，北京、海南和内蒙古等省份在CO_2内部管理效应和GDP内部管理效应上的差距较大。其中，北京和海南的CO_2内部管理效率相对较高，但GDP内部管理效率则相对较低，内蒙古则恰恰相反。这种两类内部管理效率的不一致性，体现了它们在要素配置和生产能力上的不一致性。

（3）总体而言，GDP外部环境效应优于CO_2外部环境效应，不过优势地位趋于下降，特别是中西部的优势地位自2010年之后业已消失。在全国整体上，GDP外部环境效应均值为0.0040，远低于CO_2外部环境效应的0.2195，意味着，虽然在GDP产出上，外部环境总体是不利的，但不利程度远低于外部环境对CO_2减排的危害。接着考察逐年变化，发现GDP外部环境效应由1995年的4.76E−5降低至2000年的−0.0582后，逐步上升至2012年的0.0862，这种"U"形演变轨迹说明外部环境对产出的影响由最初的有利影响逐步转为后期的不利影响，同期的CO_2外部环境效应则从1995年的0.2504波浪式降至2012年的0.2046。进一步地，在东中西分组考察中，得到了更

① 2012年，上海、贵州、云南、宁夏、甘肃、广东、浙江处于该区间，北京和海南低于该区间，其余省份高于该区间。需要指出的是，此处的最优区间仅是一个估算，更为准确的区间可根据面板门槛技术获得。

表 2 中国各省份碳生产率改进空间的因素分解（1995~2011 年的算术平均值）

地区	省份	碳生产率潜在改进率 改进率	外部环境	内部管理	随机偏差	CO₂潜在改进率 改进率	外部环境	内部管理	随机偏差	GDP潜在改进率 改进率	外部环境	内部管理	随机偏差	CO₂潜在改进率+GDP潜在改进率 改进率	外部环境	内部管理	随机偏差
东部地区	北京	-0.0136	-0.5774	0.5627	0.0010	0.0018	-0.0210	0.0245	-0.0016	-0.0155	-0.5806	0.5647	0.0004	-0.0136	-0.6016	0.5892	-0.0012
	天津	0.4289	0.0879	0.3419	-0.0008	0.3092	0.1037	0.2058	-0.0002	0.1197	-0.1260	0.2431	0.0026	0.4289	-0.0223	0.4489	0.0023
	河北	1.1531	0.6612	0.4912	0.0007	0.8893	0.3913	0.4978	0.0002	0.2638	0.0969	0.1670	-0.0001	1.1531	0.4882	0.6648	0.0001
	辽宁	1.1024	0.6468	0.4560	-0.0003	0.9368	0.5322	0.4040	0.0007	0.1656	0.0018	0.1627	0.0012	1.1024	0.5340	0.5666	0.0018
	上海	-0.2991	-0.3040	0.0129	-0.0081	0.0000	-0.0556	0.0560	-0.0005	-0.2991	-0.3097	0.0190	-0.0084	-0.2991	-0.3653	0.0750	-0.0088
	江苏	0.3170	-0.0676	0.3852	-0.0005	0.1276	-0.0229	0.1504	0.0000	0.1895	-0.1526	0.3393	0.0028	0.3170	-0.1754	0.4897	0.0028
	浙江	0.2478	-0.1366	0.3846	-0.0002	0.0411	-0.0286	0.0702	-0.0004	0.2066	-0.2110	0.4154	0.0023	0.2478	-0.2397	0.4856	0.0018
	福建	-0.0192	-0.2308	0.2122	-0.0006	0.0000	-0.0626	0.0628	-0.0002	-0.0192	-0.2629	0.2470	-0.0033	-0.0192	-0.3255	0.3098	-0.0034
	山东	0.6812	0.2806	0.4005	0.0001	0.3844	0.1802	0.2049	-0.0007	0.2968	-0.0424	0.3360	0.0032	0.6812	0.1378	0.5409	0.0025
	广东	-0.1758	-0.1837	0.0147	-0.0068	0.0000	-0.0074	0.0154	-0.0080	-0.1758	-0.3283	0.1515	0.0010	-0.1758	-0.3357	0.1669	-0.0070
	海南	0.2490	-0.1873	0.4368	-0.0005	0.0806	0.0682	0.0168	-0.0044	0.1684	-0.3138	0.4848	-0.0026	0.2490	-0.2456	0.5016	-0.0070
	东部平均	0.3338	-0.0010	0.3363	-0.0015	0.2519	0.0980	0.1553	-0.0014	0.0819	-0.2026	0.2846	-0.0001	0.3338	-0.1047	0.4399	-0.0015
中部地区	山西	2.1369	1.4378	0.6980	0.0012	1.7884	0.8370	0.9492	0.0021	0.3486	0.3293	0.0242	-0.0050	2.1369	1.1664	0.9735	-0.0029
	吉林	1.0067	0.4872	0.5195	0.0000	0.6737	0.2307	0.4417	0.0013	0.3330	0.0843	0.2488	-0.0001	1.0067	0.3149	0.6905	0.0012
	黑龙江	0.9612	0.6026	0.3593	-0.0008	0.7698	0.4258	0.3437	0.0002	0.1914	0.0642	0.1258	0.0014	0.9612	0.4900	0.4695	0.0016
	安徽	0.8370	0.4474	0.3898	-0.0002	0.5582	0.2739	0.2845	-0.0002	0.2788	0.0386	0.2376	0.0026	0.8370	0.3124	0.5222	0.0024
	江西	0.5361	0.2633	0.2734	-0.0006	0.3159	0.0210	0.2942	0.0007	0.2202	0.0033	0.2196	-0.0027	0.5361	0.0243	0.5138	-0.0020
	河南	0.8022	0.4070	0.3947	0.0004	0.5368	0.1736	0.3624	0.0008	0.2654	0.0704	0.1993	-0.0043	0.8022	0.2440	0.5617	-0.0035
	湖北	0.7965	0.3781	0.4181	0.0003	0.4647	0.1607	0.3040	0.0000	0.3318	0.0699	0.2624	-0.0005	0.7965	0.2306	0.5664	-0.0005
	湖南	0.5255	0.2042	0.3222	-0.0008	0.4142	0.1854	0.2287	0.0002	0.1113	-0.0853	0.1963	0.0003	0.5255	0.1000	0.4249	0.0005
	中部平均	0.9503	0.5285	0.4219	-0.0001	0.6902	0.2885	0.4011	0.0006	0.2601	0.0718	0.1893	-0.0010	0.9503	0.3604	0.5903	-0.0004
西部地区	内蒙古	1.4782	1.0288	0.4491	0.0003	1.2486	0.6158	0.6313	0.0014	0.2296	0.1986	0.0356	-0.0047	1.4782	0.8145	0.6670	-0.0033
	广西	0.3450	0.0439	0.3014	-0.0003	0.0822	0.0278	0.0549	-0.0005	0.2629	-0.1245	0.3873	0.0001	0.3450	-0.0967	0.4421	-0.0004
	四川	0.6117	0.2397	0.3726	-0.0006	0.2798	-0.0232	0.3032	-0.0002	0.3318	0.0520	0.2758	0.0039	0.6117	0.0289	0.5791	0.0037
	贵州	1.6387	1.0742	0.5638	0.0007	1.1309	0.6086	0.5215	0.0008	0.5078	0.2663	0.2412	0.0003	1.6387	0.8748	0.7628	0.0011
	云南	0.8460	0.3520	0.4932	0.0007	0.4704	0.0167	0.4534	0.0004	0.3756	0.1502	0.2264	-0.0010	0.8460	0.1669	0.6797	-0.0007
	陕西	1.0416	0.4562	0.5844	0.0010	0.5710	0.1945	0.3765	0.0000	0.4706	0.1334	0.3335	0.0037	1.0416	0.3280	0.7100	0.0036
	甘肃	1.3516	0.9053	0.4458	0.0005	1.0668	0.4201	0.6451	0.0015	0.2848	0.2763	0.0200	-0.0116	1.3516	0.6965	0.6652	-0.0101
	青海	1.0897	0.6425	0.4469	0.0003	0.3836	0.2149	0.1690	-0.0003	0.7061	0.2573	0.4464	0.0024	1.0897	0.4722	0.6154	0.0022
	宁夏	1.8517	1.0935	0.7559	0.0023	1.0466	0.5448	0.5018	-0.0001	0.8051	0.3174	0.4839	0.0039	1.8517	0.8622	0.9857	0.0038
	新疆	1.2210	0.8232	0.3976	0.0003	0.7211	0.3594	0.3620	-0.0003	0.4999	0.2422	0.2563	0.0014	1.2210	0.6017	0.6183	0.0011
	西部平均	1.1475	0.6659	0.4811	0.0005	0.7001	0.2980	0.4019	-0.0003	0.4474	0.1769	0.2706	-0.0002	1.1475	0.4749	0.6725	0.0001
	全国平均	0.7844	0.3750	0.4098	-0.0004	0.5274	0.2195	0.3081	-0.0002	0.2571	0.0040	0.2535	-0.0004	0.7844	0.2235	0.5616	-0.0006

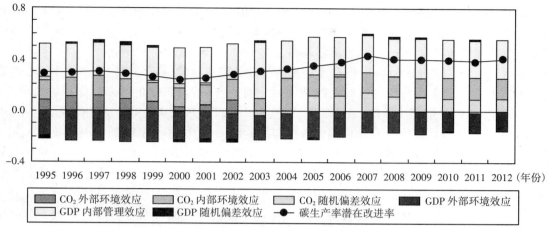

CO₂ 外部环境效应　　CO₂ 内部环境效应　　CO₂ 随机偏差效应　　GDP 外部环境效应
GDP 内部管理效应　　GDP 随机偏差效应　　●—碳生产率潜在改进率

图 2　东部碳生产率潜在改进率的因素分解堆积柱形图

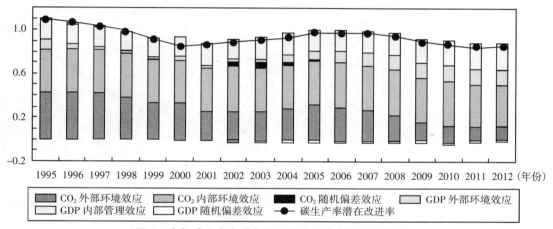

CO₂ 外部环境效应　　CO₂ 内部环境效应　　CO₂ 随机偏差效应　　GDP 外部环境效应
GDP 内部管理效应　　GDP 随机偏差效应　　●—碳生产率潜在改进率

图 3　中部碳生产率潜在改进率的因素分解堆积柱形图

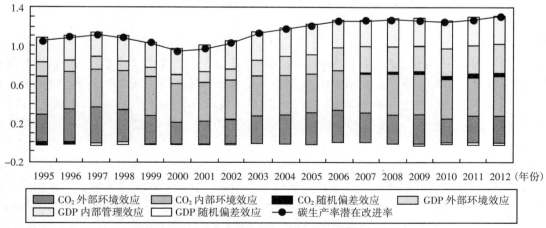

CO₂ 外部环境效应　　CO₂ 内部环境效应　　CO₂ 随机偏差效应　　GDP 外部环境效应
GDP 内部管理效应　　GDP 随机偏差效应　　●—碳生产率潜在改进率

图 4　西部碳生产率潜在改进率的因素分解堆积柱形图

为细致有别的结论。在东部，GDP 外部环境效应和 CO_2 外部环境效应总体上均呈现了波浪式上升趋势，但 GDP 外部环境效应取值均为负值，表明外部环境总体上有利于 GDP 增长而不利于 CO_2 减排。在中部，GDP 外部环境效应由 1995 年的 0.0870 上升至 2012 年的 0.1392，同期的 CO_2 外部环境效应反由 0.4283 降至 0.1253，自 2010 年开始，GDP 外部环境效应的优势已经不复存在。在西部，GDP 外部环境效应亦呈上升态势，由期初的 0.1501 升至期末的 0.2951，同期的 CO_2 外部环境效应在样本年间虽有波动，但起初和期末值较为接近（均为 0.29 左右），使得趋于强化的 GDP 外部环境效应的优势地位自 2010 年起也不复存在。

为了对 CO_2 潜在改进率和 GDP 潜在改进率的稳健性进行检验，我们也对碳生产率潜在改进率进行了类似的分解，重点对比三组数据的结果，分别是（a 检验）碳生产率外部环境效应与 CO_2 外部环境效应+GDP 外部环境效应、（b 检验）碳生产率内部管理效应与 CO_2 内部管理效应+GDP 内部管理效应、（c 检验）碳生产率随机偏差效应与 CO_2 随机偏差效应+GDP 随机偏差效应。图 5 报告了基于非参数方法的双变量关系图，发现 a 检验和 c 检验的效果较好，总体分解和分类分解在外部环境效应和随机偏差效应上的结果较为接近，非参图走势接近斜率为 1 的线性关系；至于 b 检验的内部管理效应，虽单个省份内部的分解存在一定偏差，但样本总体的趋势良好。因此，我们认为，虽然在总体分解和分类分解上存在一定偏差，但总体趋势保持一致，分解结果有一定说服力。

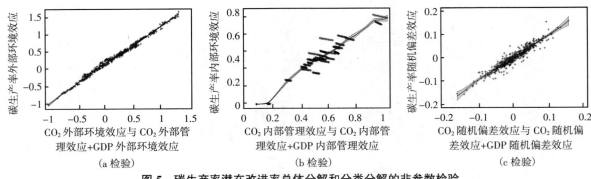

图5　碳生产率潜在改进率总体分解和分类分解的非参数检验

五、结论与政策建议

本文以中国 29 个省份 1995~2012 年的面板数据为基础，详细考察了碳生产率增长率的潜在的改进空间。具体分析时，使用超效率 SBM 模型估算了各省份样本期的碳生产率潜在改进率，并使用随机前沿成本函数模型进一步将其分解成 CO_2 外部环境效应改进率、CO_2 内部管理效应改进率、CO_2 随机偏差效应改进率、GDP 外部环境效应改进率、GDP 内部管理效应改进率和 GDP 随机偏差效应改进率六个细分因素。

在碳生产率潜在改进空间的研究中，发现：①全国整体的碳生产率潜在改进率高达 78.44%，CO_2 内部管理效应和 GDP 内部管理效应是构成碳生产率潜在改进率的主要成因，但碳生产率潜在改进率波动主要由 CO_2 外部环境效应和 GDP 外部环境效应引起。②各省份的超效率水平与内部管理水平并非完全一致，部分省份的高碳生产率主要由先天外部环境引致。且在内部管理效应内部，北京、海南和内蒙古等省份在 CO_2 内部管理效应和 GDP 内部管理效应上的差距较大，体现了它们在要素配置和生产能力这两种管理效率上的差异性。③总体而言，GDP 外部环境效应优于 CO_2 外部环境效应，不过优势地位趋于下降，特别是中西部的优势地位自 2010 年之后业已消失。

如何提高我国的碳生产率水平，在未来实现既要经济有增长又要环境有改善的绿色经济，可以对不同省份采取不同的碳生产率提升目标及具体措施。总体而言，东部地区的整体外部环境是较好的，主要工作应放在如何提高内部管理效率上，特别是要提高如何利用现有要素投入进一步增强产出的能力；中部地区的工作重点是改进 CO_2 外部环境、CO_2 内部管理水平及 GDP 内部管理水平；西部地区的整体外部环境和内部管理水平均需全方位提升。相对而言，调整中西部地区的产业结构，降低要素投入中能源所占比率是重中之重。

参考文献：

［1］陈诗一. 中国的绿色工业革命：基于环境全要素生产率视角的解释（1980~2008）［J］. 经济研究，2010（11）.

［2］单豪杰. 中国资本存量 K 的再估算：1952~2006 年［J］. 数量经济技术经济研究，2008（10）.

［3］杜立民. 中国二氧化碳排放的影响因素：基于省级面板数据的研究［J］. 南方经济，2010（11）.

［4］公维凤，周德群，王传会. 全国及省际能耗强度与碳强度约束下经济增长优化研究［J］. 财贸经济，2012（3）.

［5］林伯强，孙传旺. 如何在保障中国经济增长前提下完成碳减排目标［J］. 中国社会科学，2011（1）.

［6］潘家华，张丽峰. 中国碳生产率区域差异性研究［J］. 中国工业经济，2011（5）.

［7］史丹. 中国能源效率的地区差异与节能潜力分析［J］. 中国工业经济，2006（10）.

［8］魏楚，杜立民，沈满洪. 中国能否实现节能减排目标：基于 DEA 方法的评价与模拟［J］. 世界经济，2010（3）.

［9］赵文哲. 财政分权与前沿技术进步，技术效率关系研究［J］. 管理世界，2008（7）.

［10］郑立群. 中国各省区碳减排责任分摊——基于零和收益 DEA 模型的研究［J］. 资源科学，2012（11）.

［11］周业安，章泉. 财政分权、经济增长和波动［J］. 管理世界，2008（3）.

［12］Barro, R.J., and J.W. Lee. International Comparisons of Educational Attainment［J］. Monetary Economics, 1993, 32（3）: 363-394.

［13］Beinhocker, E., J. Oppenheim, B. Irons, et al. The Carbon Productivity Challenge, Curbing Climate Change and Sustaining Economic Growth［M］. McKinsey Global Institute, McKinsey & Company, 2008.

［14］Brandt, U.S. Are Uniform Solutions Focal? The Case of International Environmental Agreements［J］. Environmental and Resource Economics, 2003（25）: 357-376.

［15］Fried, H.O., C.A.K. Lovell, S.S. Schmidt, and S. Yaisawarng, Accounting for Environmetal Effects and Stastical Noise in Data Envelopment Analysis ［J］. Journal of Productivity Analysis, 2002, 17（1-2）: 157-174.

［16］Kaya, Y., and K. Yokobori, Environment, Energy and Economy: Strategies for Sustainability［M］. United Nations University Press, 1997.

［17］Nordhaus, W.D., After Kyoto: Alternative Mechanisms to Control Global Warming［J］. American Economic Review, 2006, 96（2）: 31-34.

［18］Tiebout, C., A Pure Theory of Local Expenditures［J］. Journal of Political Economy, 1956, 64（5）: 416-424.

［19］Tone, K., A Slacks-based Measure of Super-efficiency in Data Envelopment Analysis［J］. European Journal of Operational Research, 2002, 143（1）: 32-41.

［20］Tone, K.A. A Slacks-based Measure of Efficiency in Data Envelopment Analysis ［J］. European Journal of Operational Research, 2001, 130（3）: 498-509.

［21］Wu, P.I., Huang, Y.C., Liou, J.L. Reallocate CO_2 Emission Reduction after Kyoto: Global Management with Efficiency and Equity［J］. Environmental Economics, 2013, 4（1）: 91-101.

我国产能过剩的结构性解释及政策建议
——基于半导体照明、平板玻璃与钢铁等行业的分析

吴昌南

（江西财经大学规制与竞争研究中心、产业经济研究院，江西南昌　330013）

多年来，我国许多产业都出现了"趋利—产能过剩"陷阱。20 世纪 90 年代的 VCD 行业从新兴走向萧条，2002~2008 年我国钢铁产业的大举扩张到目前的行业低迷，前几年的多晶硅产业欣欣向荣到目前的行业寒冬，这些行业均呈现出我国经济发展中产能过剩的特征。为化解产能过剩，自 2003 年以来，我国出台了一系列抑制产能过剩的政策文件，但直到目前，产能过剩局面并没有改变。如平板玻璃行业，自 2006 年以来，国家出台了一系列抑制产能过剩政策，但直到目前平板玻璃行业依然产业过剩。为什么产能过剩局面扭转不了？产业政策为什么失效？本文拟从产业内部的结构角度解释其原因，并提出相应的政策。

一、文献综述

国内许多学者对我国产能过剩的成因进行了研究。有学者从信息不对称的角度进行了研究，如林毅夫（2010）等认为，我国投资上出现"潮涌现象"导致产能过剩是由于信息不完全，尤其是"行业内企业总数目不确知"，看似"盲目"的结果其实是对其他企业和总量信息了解不足所导致的理性结果。张新海、王楠（2009）认为，由于存在认知偏差，企业会在经济过热时出现冲动投资，在经济处于低谷时拖延投资，导致产能与市场需求的非同步变化，最终形成产能过剩。

也有学者从体制角度进行了研究，如王立国、张日旭（2010）认为，我国产能过剩是由于在财政分权背景下，GDP 作为考核地方政府政绩的重要指标而被盲目崇拜，使得新增的投资项目往往与国家的整体规划背道而驰。同时，由于地方政府为了吸引投资，而竞相给予企业以各种优惠，包括土地、环保、融资等，从而激发了地方政府间的恶性竞争。王晓姝、李锂（2012）认为，产能过剩是由于地方财政分权背景下 GDP 锦标赛的晋升机制导致的。耿强等（2011）认为，地方政府的过度政策性补贴，扭曲了要素市场价格，压低投资成本，是形成产能过剩的主要因素。江飞涛等（2012）也认为，在中国的财政分权体制和以考核 GDP 增长为核心的政府官员政治晋升体制下，地方政府出台各种超优惠招商引资政策和金融机构的软约束等补贴性竞争，是导致产能过剩最重要的原因。

有学者从国家宏观调控政策的角度进行了研究，周炼石（2007）认为，产能过剩是由于我国宏观调控政策目标与工具不协调，依赖于公布限产目标，缺乏调控各种经济成分的公共政策工具，集分权政策使用不当。沈坤荣等（2012）也认为在现有的对地方政府的政绩考核制度下，中央政府各种产业调控政策无效是产能过剩的原因。

有学者从金融角度进行了研究，刘西顺（2006）认为产能过剩直接根源在于过度投资、扭曲分配，但间接强化于信贷配给，以及由此引发的大、中、小企业共生关系的梗阻和中断，削弱了中小及民营企业消化"中间产品"的能力。

总结起来，国内学者关于产能过剩的解释有信息不对称、财政分权体制、产业政策无效、货币供给量过多。从不同的角度看，这些观点都是合理的。但是，我国的产能过剩是以产业表现出来，而某些产业的产能过剩突出表现在产业内部产业链上的发展失衡，或产业内部的产品、技术、价格上的劣势造成的产能过剩，但当前文献还没有深入产业内部解释产能过剩。本文将以半导体照明、平板玻璃、钢铁等行业为例，从产业内部来解释我国产能过剩的原因，并提出相关的政策建议。

二、产业链不平衡的纵向结构性产能过剩
——以半导体照明产业为例

（一）半导体产业发展迅速，产业过剩明显

2006 年以来，我国半导体照明产业发展速度相当快，2006 年，产业总产值为 356 亿元，到 2012 年的总产值为 1915 亿元，翻了 5 倍，年均增长率在 30% 以上。随着我国半导体照明产业的飞速发展，产能过剩越来越明显。2011 年产能利用率不到 70%，[①] 2012 年也只有 78%。伴随着产能过剩，我国半导体照明产业绩效也降低。2011 年毛利率超过 30% 的企业只有 27%，2012 年只有 1/4。从企业毛利率最集中的区间来看，2011 年为 20%~30%，2012 年为 10%~20%。

表 1　我国半导体照明产业发展规模与年增长率

单位：亿元

年份	2006	2007	2008	2009	2010	2011	2012
上游芯片	10	15	19	23	50	65	85
中游封装	146	168	185	204	250	285	320
下游应用	200	300	450	600	900	1215	1510
总产值	356	483	654	827	1200	1565	1915
年增长率（%）		35.67	35.40	26.45	45.10	30.00	23.08

资料来源：国家半导体照明工程研发及产业联盟。

表 2　二级发光管及类似半导体器件产能利用率、进口量及进口额

年份	产能利用率（%）	进口量（百万个）	进口额（千美元）
2009	—	254946	11293397
2010	—	312465	16080357
2011	68	317777	17418890
2012	78	351292	17829886

资料来源：根据国研网"中国外贸数据库"等相关资料整理而得。

---

① 国际上通常认可的产能利用率 80% 为标准，超过 90% 则认为产能不够，低于 80% 则认为产能过剩。

表 3　2009~2012 年我国半导体照明产业高端装置进口量及进口额

进口量：台　进口额：千美元

进口量及金额 产品	进口量	进口金额	进口量	进口金额	进口量	进口金额	进口量	进口金额
	2012 年		2011 年		2010 年		2009 年	
制造半导体器件或集成电路用的机器及装置	4842	1578176					3563	1973694
制造平板显示器用的机器及装置	5070	2722373	5736	3998983	5976	2369814	2415	1034709

资料来源：根据国研网"中国外贸数据库"等相关资料整理而得。

（二）半导体照明产业链发展不平衡的结构性产能过剩

LED 上游产业链主要指 LED 材料外延和芯片制造；LED 中游产业链指 LED 器件封装产业；LED 下游产业链指 LED 显示或信号应用产品的产业，主要指 LED 显示屏、LED 信号灯、LED 汽车灯、液晶背光源等。

1. 产业链上游的芯片设备、材料及技术高端环节我国处于进口状态

产业链上游的 LED 芯片是资金、技术密集型行业，产品附加值高，一条生产线的投资高达几十亿元、上百亿元。由于我国外延芯片缺乏核心专利、测试方法及设备支撑不足，生产 LED 芯片的关键设备，MOCVD 设备被欧美企业垄断，大部分依赖进口，制造芯片设备、材料和技术我国一直靠进口。如 MOCVD 设备采购，2010 年、2011 年和 2012 年我国分别进口了 200 台、350 台和 210 台。未来我国规划 MOCVD 设备规模达 4519 台，全部需要进口。制造半导体器件或集成电路用的机器及装置、制造平板显示器用的机器及装置进口量一直攀升。进口金额几乎与我国半导体照明产业的年销售收入相当，由表 2、表 3 计算可知，2011 年我国半导体照明产业整体销售收入为 1560 亿元，2012 年为 1920 亿元。而 2011 年和 2012 年我国进口的二级发光管及类似半导体器件、制造半导体器件或集成电路用的机器及装置、制造平板显示器用的机器及装置支出金额分别达到 1392 亿元和 1437 亿元。

2. 产业链中下游的芯片制造、封装、应用等中低端环节处于产能过剩状态

在芯片制造环节的上游，即设备、材料和技术上，我国基本依靠进口。我国 LED 产业主要集中于中下游低端环节，我国处于产能过剩状态。

在芯片制造环节，2009 年以来，我国 LED 芯片产业每年都有大规模的投资。目前我国 LED 外延芯片的规划总投资额为 1835 亿元，其中在建项目规划 735 亿元；总规划 MOCVD 设备规模 4519 台，在建项目规划 1642 台，当前实际拥有量为 543 台。2009~2010 年我国芯片投资项目立项数达 46 个，而至今未投产的项目多达 16 个，占项目总数比例达 35%。46 个项目中，已经投产的 LED 芯片项目仅为 20 个，占总项目数量的 43%。46 个项目总规划引进 1220 台 MOCVD，目前仅到位 436 台，而 436 台 MOCVD 设备真正投入使用还不到一半。直至目前已经退出或者无进展的 LED 芯片项目数量为 10 个，占总项目数量比例达 22%。

在 LED 蓝宝石衬底环节，目前在建项目产能达 10100 万片/年，而中国当前实际需求量仅为 685 万片，尚不足产能的 1/10。2011 年 LED 晶片供给量仍高达 1740 亿颗，而晶片需求量仅 1290 亿颗，供过于求的比率高达 35%。

在封装环节，我国已经是全球封装产业最为集中的区域，也是全球 LED 封装产业转移的主要承接地，中国台湾地区以及美国、韩国、欧洲、日本等主要 LED 企业的封装能力很大一部分都在我国内地。目前，我国有封装企业 1500 多家，集中于中低端市场，以小规模企业为主，年销售额

在 1 亿元以上的约有 40 多家，销售额在 1000 万元至 1 亿元间的企业不到 400 家，大部分企业的销售额还不到 1000 万元，真正具有规模效应和国际竞争力的企业还不多。目前封装环节利润为零，大部分企业开工不足。

因此，尽管我国半导体照明产业产能过剩特征明显，但从产业链的角度来看，是由于产业链上下游发展不平衡，造成上游高端环节进口，中下游中低端环节产能过剩，是产业链上的结构性过剩，而不是全行业的过剩。

三、质量劣势的产能过剩——以合成橡胶和钢铁产业为例

（一）合成橡胶产业质量劣势的产能过剩

1. 合成橡胶产能过剩现状

2009 年以来我国合成橡胶产量一直居世界第一。但近几年合成橡胶产能过剩明显。2008 年我国合成橡胶产能利用率达 84%，而到 2012 年产能利用率只有 78%。目前我国合成橡胶仍有一批在建项目，到 2015 年全国合成橡胶装置能力将达 622 万吨，而国内市场需求量仅为 507 万吨左右。除去进口量，我国合成橡胶的市场只有 374 万吨，产能利用率仅为 63%，即使 50% 的进口量被国内产品替代，装置的总体利用率也只有 74%（见表 4）。由表 4 可看出，自 2009 年以来，我国合成橡胶业实际冗余产能不断上升。

表 4　2008~2011 年我国合成橡胶产能利用率、出口额及冗余产能

年份	产能利用率（%）	进口量（万吨）	进口额（千美元）	绝对冗余产能（万吨）	合理冗余产能（万吨）	实际冗余产能（万吨）
2009	84	147.23	3000415	52.36	-9.82	62.18
2010	78.8	156.54	4269755	85.96	8.922	77.038
2011	70	144.50	5361740	157.34	57.70	99.64
2012	78	143.77	5093062	106.62	14.54	92.08

资料来源：根据国研网"中国外贸数据库"等相关资料整理、计算而得。

注：合理冗余产能的标准以国际上通常认可的产能利用率 80% 为标准，超过 90% 则认为产能不够，低于 80% 则认为产能过剩。考虑到我国经济发展处于上升阶段，这里以 81% 为标准。因此，合理冗余产能=产能×19%。

绝对冗余产能=（实际产量/实际产能）×产能利用效率。

实际冗余产能=绝对冗余产能-合理冗余产能。

以下表中数据均采取这一标准和算法。

2. 合成橡胶产业产能过剩的质量劣势分析

尽管我国合成橡胶存在产能过剩，但这种过剩是质量劣势导致的产品结构性过剩。我国合成橡胶集中于质量较低的中低端产品，而节能环保轮胎迫切需要大量的溶聚丁苯橡胶、高性能丁基橡胶、稀土顺丁橡胶和集成橡胶等高端产品缺乏。尤其在耐热、耐寒、共聚胶黏剂、易加工型及乳胶多样化种类方面，我国与国外还有很大的差距。近几年我国新建了一批合成橡胶项目，但总体看来，技术进步的幅度太小。新上的丁二烯橡胶、丁苯橡胶基本是国内原装置，没有新的工艺技术，没有新品种牌号；而丁基橡胶、丁腈橡胶、乙丙橡胶引进的也不是世界最先进的工艺技术，因而产品质量一直处于低端，高端产品基本依靠进口，近 5 年来，我国合成橡胶进口量均在 140 万吨以上，因而我国合成橡胶是产品质量劣势产品结构性的产能过剩。

（二）质量劣势的钢铁产业产能过剩

1. 钢铁产业产能过剩现状

自"十五"以来，我国钢铁产能持续快速增长，"十一五"期间，我国钢铁产量比上一个五年增长了 2.75 亿吨。截至 2012 年年末，我国粗钢产能将达到 7.2 亿吨，产量居全球第一。在钢铁行业持续增长的同时，我国钢铁行业产能过剩持续存在，且越来越明显。从表 5 可看出，自 2008 年以来，我国钢铁行业产能利用率基本低于 80%（2010 年 81%，主要是由于我国采取的刺激经济增长的政策），除 2010 年外，2008 年以来，实际冗余产能历年在增加，目前达到 5542 万吨。并且，中国钢铁产业集中度低，国际铁矿石定价能力弱，致使我国钢铁行业绩效严重降低，2012 年钢铁行业销售利润率仅 0.15% 左右。

表 5　2006~2012 年我国钢铁行业产能利用率、进口额及冗余产能

年份	产能利用率（%）	进口量（万吨）	进口额（千美元）	绝对冗余产能（万吨）	合理冗余产能（万吨）	实际冗余产能（万吨）
2006	80	1851				
2007	80.96	1687.06				
2008	75.83	1538.71		16034.42	12604.63	3429.79
2009	75.8	1763	19479765	18267.56	14342.30	3925.26
2010	81	1643	20112471	14947.37	14947.37	0
2011	75.9	1558	21575915	21759.32	17154.65	4604.67
2012	74.6	1336	17805067	21995.17	16453.08	5542.09

资料来源：根据国研网"中国外贸数据库"等相关资料整理而得。

2. 钢铁行业产能过剩的质量劣势分析

尽管多年来我国钢铁行业存在持续的产能过剩，但是由于技术原因，我国钢铁高端板材、高端模具钢、高端特钢等仍需要大量进口。由表 5 可以看出，自 2008 年以来，我国进口优特钢每年达 200 亿美元左右。

在我国机械制造业中，关键基础件严重依赖进口。如液压件行业要提高液压产品的使用寿命，这对其所用的原料提出了更高的要求。目前一些小型工程机械所需要的泵、阀、液压件等配套件还基本上全部依赖进口。

在电厂压力管道的制造方面，电厂主蒸汽管道、再热蒸汽管道要满足耐高温高压、抗蒸汽氧化能力，同时对焊接性能也有较高要求，管道材料的高温蠕变强度必须满足由于管道热膨胀而引起的热应力要求。其中 80% 的材料需要从德国、美国和日本进口，且进口材料价格是国产材料价格的 3 倍以上。

在模具钢方面，粉末冷冶金钢应具有磨削性好、韧性好、等向性好、热处理工艺性好等特点，但目前我国的粉末冷冶金钢还需从美国、日本进口。每年我国需从国外进口模具钢约 8 万吨左右，而进口的模具钢价格要比国内同类产品高出几倍至十几倍。

在特钢方面，特钢产品对纯度、稳定性、硬度等指标要求苛刻，进而对生产设备和制造工艺的要求也非常高。我国国内特钢企业的产品中，中低端产品占比较大；中高端板带材类的特钢产品仍依赖进口。2011 年我国 36 家主要特钢企业的产品中超过 70% 属于非合金钢和基合金钢，而其中真正可以称为特殊钢材的产品只有不到 30%。而特钢产业水平最高的国家是日本和德国，两国在全球特殊钢市场所占的份额分别达到 20% 和 18%。

因此，我国钢铁行业过剩，是质量劣势导致的产品结构性过剩。高端钢材产能不足，中低端

钢材产能严重过剩。通过表 5 中的实际冗余产能与进口量的数据对比，如能优化产品结构，把中低端钢材实际冗余产能要素投入到高端钢材的生产中，完全可化解产能过剩，还可提高出口能力。

四、技术劣势的产能过剩——以平板玻璃业为例

（一）平板玻璃产能过剩现状

2000 年以来，随着我国工业化、城镇化进程加快，房地产、汽车等相关行业飞速发展，我国玻璃行业得到快速发展的良机。我国平板玻璃产能不断增加。尤其是 2008 年为应对金融危机，我国实行了"增投扩需"政策，使得平板玻璃发展更为迅速。2005 年我国平板玻璃总产量为 4.2 亿重量箱，2011 年和 2012 年，分别增长到 7.85 亿、7.14 亿重量箱，年均增长 13% 以上；连续 22 年居世界第一位，占全球产量 60% 以上。

但是自 2010 年以来，平板玻璃出现了明显的产能过剩。2011 年以后，我国平板下游业企业库存增加，价格大幅下降，多数企业开工不足，资源闲置浪费，出现亏损或面临亏损。2011 年平板玻璃累计产销售率只有 95.41%。产能利用率也明显下降，由 2008 年 84% 下降到 2012 年的 60%，实际冗余产能由 2010 年的 495 万吨增加到 2012 年的 1249 万吨（见表 6）。

表 6　2008~2012 年我国高端平板玻璃产能利用率、进口、库存量及冗余产能

年份	产能利用率 (%)	进口量（吨）	进口额（千美元）	库存量（吨）	绝对冗余产能（吨）	合理冗余产能（吨）	实际冗余产能（吨）
2008	84	211243		839763.23	5255679	6241118.81	-985439.81
2009	88.85	191393	627420	-146953.78	3518386	5995455.96	-2477069.96
2010	70	256802	924098	902527.51	13505583	8553535.90	4952047.1
2011	66	211243	928814	1252871.15	19006217	10621121.26	8385095.74
2012	60	204880	917451	860846.83	23805431	11307579.73	12497851.27

资料来源：根据国研网"中国外贸数据库"等相关资料整理而得。

（二）平板玻璃技术工艺劣势产能过剩

尽管我国已经是世界上平板玻璃生产大国，但由于技术及工艺水平低，我国平板玻璃主要产能集中于中、低档产品，优质浮法和深加工率偏低。目前国内高档优质浮法玻璃的生产线不足 10 条，产量仅占 10%，玻璃深加工率不足 30%，显著低于世界平均 55% 的水平。因而我国平板玻璃产能过剩主要是普通浮法玻璃、单一功能加工玻璃等普通产品产能过剩，而屏显基板玻璃、光伏光热玻璃及镀膜玻璃、防火基板玻璃、高强基板玻璃、太阳能与建筑一体化玻璃制品、低辐射及多功能复合镀膜节能玻璃与制品、飞机与高速列车风挡玻璃、纳米及微晶基板玻璃等高性能新型玻璃产品等高档品种仍需进口。从表 6 可看出，除 2011 年外，近年来进口平板玻璃数量接近国产平板玻璃库存量的 1/3，但由于进口平板玻璃价格是国产普通平板玻璃的 4~5 倍，实际上进口金额大大超过我国平板玻璃库存量的总价。

因此，我国平板玻璃产能过剩，并不是所有产品都过剩，是由于技术劣势，导致高端产品产能不足，而中低端产品产能过剩。若把中低端过剩产能的要素投入到高端产品生产，则产能过剩可化解。

五、成本劣势的产能过剩——以电解铝产业为例

（一）电解铝产业产能过剩现状

早在 2003 年，国家就提出了"严控电解铝低水平重复建设"的要求。但是多年来，我国电解铝产能持续扩张，电解铝行业的产能不但没有减少反而逐年增加。2012 年我国电解铝产能已超过 2700 万吨，生产量只有 2000 万吨。与此同时，电解铝企业亏损面达到 93%。并且目前我国西部地区正在大量上马电解铝项目，电解铝在建和拟建规模超过 2000 万吨。产能扩张使我国电解铝产业产能过剩十分明显，2008 年电解铝产能利用率达 84%，而 2010 年只有 66%，目前也不到 70%（见图 1）。实际冗余产能多年来一直维持在 200 万吨左右的高位。产能过剩导致行业利润下降，企业生存压力加大。另外，根据《有色金属工业"十二五"发展规划》，到 2015 年，我国电解铝产能要控制在 2400 万吨。可根据在建产能测算，2015 年全国电解铝产能可能超过 3300 万吨。

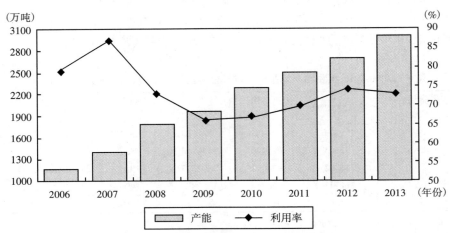

图 1　2006~2013 年我国电解铝产能利用率

（二）产能过剩的成本劣势分析

电解铝工业主要是属于能源—电力趋向型工业，氧化铝和能源价格是电解铝生产成本的主要组成部分。其中电价成本比例十分显著，目前，我国电解铝外购电企业平均电价成本已达到 0.55 元/千瓦时，企业每吨铝电价成本占到总成本的 40%~50%。国际电解铝工业发展经验表明，若电解铝生产的电费超过铝的制造成本 30%，将是电解铝生产的临界电价值。国外电力成本在电解铝总成本中约占 25%~30%。

电价成本高昂使得我国电解铝价格与成本呈倒挂现象。目前我国 1 吨电解铝的市场价格约为 15200 元，而成本高达 16200 元。同时多年来国际电解铝生产成本低于国内，国际电解铝价格也一直低于国内价格。这使得一方面我国电解铝进口量不断增加，另一方面我国电解铝产能过剩。根据 SMM 统计，2011 年 10 月伦敦金属交易所（LME）3 月铝合约与上海，"上期所主力合约 4 月 13 日报收于 16790 元/吨，而 LME3 月铝价目前在 2650 美元/吨，后者还不含国内 17% 的增值税。2011 年 11 月，这两个国内外合约平均比值就已经上升到 7.62，同时从韩国或者新加坡等地的

LME 仓库进口铝锭到岸升水基本维持在 110~130 美元/吨，令进口原铝价格优势进一步扩大。从表7可看出，一方面我国电解铝存在大量的冗余产能，另一方面我国每年进口量在增加。2009 年以来，我国进口电解铝持续增加，由 2009 年的 581368 吨增加到 1170945 吨。

因此，我国电解铝产能过剩关键是成本居高，存在价格劣势，不但国内市场不能消化，国际市场也无竞争力。

表7 我国电解铝进口量及冗余产能

年份	2008	2009	2010	2011	2012
进口量（吨）		581368	590560	577364	1170945
进口额（千美元）		2602586	3125486	3592775	4789961
绝对冗余产能（吨）	6538781.76	5963909.07	6105761.59	5902984.07	7002466.86
合理冗余产能（吨）	3654025.10	3541071.01	4000326.56	4313719.12	4927661.86
实际冗余产能（吨）	2884756.66	2422838.06	2105435.03	1589264.94	2074804.99

资料来源：根据国研网"中国外贸数据库"等相关资料整理而得。

六、结论与政策建议

（一）结论

以上分析表明，我国多数行业产能过剩属于结构性产能过剩，产品质量落后、产品结构不合理、产业链各环节发展不均衡、技术落后及成本劣势。这导致了多数产能过剩行业一方面从国际进口产品，另一方面国内产能过剩。这使得不仅产品在国内市场无法满足市场要求，国际市场力竞争力也不强，出口量不高。若调整结构，以实际冗余产能的要素投入到高端产品或关键环节中，产能过剩可得到化解。

（二）政策建议

多年来，我国对于产能过剩行业均采取"关停压转"政策，但政策效果并不理想。因此，首先应改变思路，在抑制产能过剩行业中，对于竞争性行业，可由其自由发展，只需制定科学合理的质量标准、技术标准和环境标准等；要充分利用市场机制的优胜劣汰，实现产业的自我调整，培育创新能力强的企业，形成完整均衡的产业链，形成合理产能，"关停压转"行政措施也不必实施。

其次，要坚持杜绝地方政府以财政资金直接扶持企业，或政府担保企业贷款等不规范行为。

再次，要从结构性产能过剩出发，产业政策应着重强调结构调整，把中低端冗余产能转换到高端产品的生产上。这需要大力提高企业的创新能力，提高产品质量。

最后，针对我国某些产能过剩产业锁定在中低端环节，高端环节薄弱的现状，要促进产业链均衡发展，尤其是大力发展产业链的关键环节。

参考文献：

[1] 江飞涛，耿强，吕大国，李晓萍. 地区竞争、体制扭曲与产能过剩的形成机理 [J]. 中国工业经济，2012（6）.

［2］林毅夫，巫和懋，邢亦青."潮涌现象"与产能过剩的形成机制［J］.经济研究，2010（10）.

［3］刘西顺.产能过剩、企业共生与信贷配给［J］.金融研究，2006（3）.

［4］沈坤荣，钦晓双，孙成浩.中国产能过剩的成因与测度［J］.产业经济评论，2012（12）.

［5］王立国，张日旭.财政分权背景下的产能过剩问题研究——基于钢铁行业的实证分析［J］.财经问题研究，2012（10）.

［6］王晓姝，李锂.产能过剩的诱因与规制——基于政府视角的模型化分析［J］.财经问题研究，2012（9）.

［7］张平.化解产能过剩是"调结构、转方式"的重点［EB/OL］.新华网，http：//news.xinhuanet.com/energy/2013－03/06/c_124423052.htm.

［8］张新海，王楠.企业认知偏差与产能过剩［J］.科研管理，2009（9）.

［9］周炼石.中国产能过剩的政策因素与完善［J］.上海经济研究，2007（2）.

［10］周业樑，盛文军.转轨时期我国产能过剩的成因解析及政策选择［J］.金融研究，2007（2）.

我国输配电企业 TFP 测度与影响因素分析

张 雷

（浙江财经大学中国政府管制研究院，浙江杭州　310000）

一、引 言

竞争促使企业改进效率，而垄断常常伴随着效率低下。为改变我国电力行业长期垂直一体化垄断所导致效率低下的局面，同时缓解电力供不应求的矛盾，我国于 1985 年开始电力市场化改革，放开发电侧的投资权，吸引多种性质的资本进入，从而引入竞争。截至 1997 年，改革成效显著，全国性的严重缺电局面基本得到缓解。由于电力供给渐至充裕，2002 年，国家开始以"厂网分开，竞价上网"为指导方针，进一步深化电力市场化改革。主要标志是国家电力公司的分拆，打破了国家电力公司垂直一体化垄断，原纵向一体化结构转变为具有纵向关系的上、下游结构，上游为发电市场，且渐渐形成竞争的局面，但下游配电仍与输电一体，由于输电具有自然垄断的技术特征，在我国分区域垄断经营，因而输配电市场依然垄断。

自然垄断的输配电企业是否如理论预期，效率低下，尤其是"厂网分开"后，电力产业链结构的改变是否改变输配电企业的效率状态？目前尚无实证研究给予支持，而本文将对此做实证检验。首先，虽然"厂网分开"后，输配电企业依然垄断，但产业结构发生了变化，最主要的是发电业务的剥离，使得发电与输配电之间由垂直一体化时的管理成本转变为上下游之间的交易成本，这样的转变可能会影响输配电企业的生产效率；其次，政府对输配电企业有直接的规制，包括限制其进入上游发电企业，但主要是对输配电价和销售电价[①]的规制，由于输配一体，成本结构复杂，对输配电价的规制相对困难，对销售电价的规制成为主要规制手段。价格的规制是否影响输配电企业的全要素生产率（Total Factor Productivity，TFP），是本文研究的重点。

除价格因素之外，任何迫使企业降低成本的因素都可能影响企业的 TFP，虽然企业具体的降低成本的方式很多，但都可以归结为技术进步、管理改进或规模经济，萨缪尔森（Samuelson，1949）及诺德豪斯（Nordhaus，1997）等学者认为这三者正是导致企业 TFP 改变的主要因素。因此，本文也会考虑除价格之外的其他因素对输配电企业 TFP 的影响。

后文的安排如下：第二部分将实际测度 1999~2009 年我国上千家输配电公司 TFP，并做描述性分析；第三部分将重点考察销售电价对输配电企业 TFP 的影响，同时，也考虑其他影响 TFP 的因素；第四部分是结论。

[作者简介] 张雷（1984~），男，安徽桐城人，浙江财经大学中国政府管制研究院助理研究员，研究方向为实证产业组织、价值理论和契约理论。
① 本文销售电价并非指电价，当前消费电价为阶梯电价，而销售电价是指各省或直辖市配电公司销售均价。

二、输配电企业 TFP 测度

输配电企业 TFP 的测度是本文分析的基础。TFP 的测度方法较多，Olley 和 Pakes（1996）提出的代理方法是其中利用生产函数测度 TFP 的方法中的一种，由于其解决了利用生产函数测度 TFP 中普遍存在的内生性问题，并且对任何形式的生产函数均适用，因此，正被越来越多的学者所采用。后来学者 Levinsohn 和 Petrin（2003）以及 Ackerberg 等（2007）都对该方法作了改进。本文 TFP 测度模型建立在 Ackerberg 等（2007）模型的基础上，结合中国电力产业链特性做了相应的微调，[①] 使其更好地适用于中国电力产业链上输配电企业 TFP 的测度。

（一）TFP 测度理论模型

由于柯布—道格拉斯（Cobb-Douglas）生产函数对生产性行业具有很好的适用性，在大多数使用生产函数测度 TFP 的文献中，均采用该生产函数形式，因此，假定输配电企业 i 在 t 时间的生产函数满足如下柯布—道格拉斯生产函数形式：

$$y_{it} = \beta_k k_{it} + \beta_l l_{it} + \omega_{it} + \epsilon_{it} \tag{1}$$

式中，y_{it}、k_{it}、l_{it} 分别表示企业产出 Y_{it}、资本 K_{it} 以及劳动 L_{it} 的对数。ω_{it} 和 ϵ_{it} 是计量学者难以观测的，二者的区别在于，ϵ_{it} 可以是企业在 t 期做投入决策时未能观察或者预测到的生产效率波动，也可以是测量误差；而 ω_{it} 表示生产效率，企业在 t 期做投资决策时可以观察到，因此 t 期投入可能与 ω_{it} 相关，这也是内生性问题的根源。由于输配电企业中间投入数据不能获得，而固定资产投资很少为 0，因此，依然选择用投资作为 ω_{it} 波动的代理，假设投资与 ω_{it} 间存在如下函数关系：

$$i_{it} = f_t(\omega_{it}, k_{it}, l_{it}) \tag{2}$$

f 仅有下标 t，表示投资成本随时间而变，但是同一时间不同企业所面对的投资成本相同。式（2）表明，企业在观察到 k_{it}、l_{it} 及其自身的生产效率 ω_{it} 之后再决定投资规模。Olley 和 Pakes（1996）认为投资 i_{it} 与 ω_{it} 具有单调关系，即企业知道自己有更高的生产效率 ω_{it}，便会选择更多的资本投入 i_{it}，[②] 因此，式（2）可以写成反函数形式，即：

$$\omega_{it} = f_t^{-1}(i_{it}, k_{it}, l_{it})$$

将上式代入式（1），得：

$$y_{it} = \beta_k k_{it} + \beta_l l_{it} + f_t^{-1}(i_{it}, k_{it}, l_{it}) + \epsilon_{it} \tag{3}$$

将 f_t^{-1} 视为非参数项，包括 Ackerberg、Caves 和 Frazer 在内，众多学者都采用二阶多项式来表示 f_t^{-1}，回归式（3）得到组合项 ϕ_{it} 的估计。

$$\phi_{it}(i_{it}, k_{it}, l_{it}) = \beta_k k_{it} + \beta_l l_{it} + f_t^{-1}(i_{it}, k_{it}, l_{it})$$

为了区别 β_k 和 β_l，假设 ω_{it} 遵守一阶马可夫过程（First-order Markov Process），于是有：

$$\omega_{it} = E[\omega_{it} | I_{it-1}] + \xi_{it} = E[\omega_{it} | \omega_{it-1}] + \xi_{it} \tag{4}$$

I_{it-1} 是企业在 t－1 期的信息集，一阶马可夫过程暗含着 t－1 期及其之前的信息都已经反映在

---

① 因为输配电企业中间投入数据不能获得，所以模型中依然和 Olley 和 Pakes（1996）一样，采用固定资产投资代理生产效率，在实证数据处理中，剔除了不合理的投资数据，使得固定资产投资代理生产效率依然很合理。
② 该假设对自然垄断的输配电企业依然适用，因为自然垄断企业拥有递减的平均成本，理论上规模可以无限大，当生产效率提高时，增加投资，以扩大规模，会使企业利润增加，因而是理性的选择。

I_{it-1} 之中，因此 ω_{it} 的期望值仅仅依赖于 ω_{it-1}。ξ_{it} 一般认为是创新引发的生产效率变动。通过如下回归：

$$\hat{\omega}_{it} = \gamma_0 + \gamma_1 \hat{\omega}_{it-1} + \gamma_2 \hat{\omega}_{it-1}^2 + \xi_{it}$$

可以获得 $E[\omega_{it}|\omega_{it-1}]$ 的一致非参数近似值 $E[\widehat{\omega_{it}|\omega_{it-1}}]$。给定 β_k^*、β_l^* 以及 $E[\widehat{\omega_{it}|\omega_{it-1}}]$，由式（3）和式（4）可得残差项：

$$\widehat{\xi_{it} + \epsilon_{it}} = y_{it} - \beta_k^* k_{it} - \beta_l^* l_{it} - E[\widehat{\omega_{it}|\omega_{it-1}}]$$

资本 k_{it} 是动态投入，并且与 $t-1$ 期的投资 i_{it-1} 及 k_{it-1} 相关，满足 $k_{it} = f(k_{it-1}, i_{it-1})$，因此，$k_{it} \in I_{it-1}$，与 ξ_{it} 无关，即 $E[\xi_{it}|k_{it}] = 0$，自然，k_{it} 的一阶滞后项 $L.k_{it}$ 也与 ξ_{it} 无关，即 $E[\xi_{it}|L.k_{it}] = 0$；与资本不同，劳动 l_{it} 决定于当期，所以 $l_{it-1} \in I_{it-1}$，即 $E[\xi_{it}|l_{it-1}] = 0$，因而 l_{it-1} 的一阶滞后项 $L.l_{it-1}$ 也与 ξ_{it} 无关，即 $E[\xi_{it}|L.l_{it-1}] = 0$。定义 $Z_{it} \equiv (k_{it}, L.k_{it}, l_{it-1}, L.l_{it-1})^T$，依赖于这四个期望条件，可以得到如下矩阵：

$$E[\xi_{it}(\beta_k, \beta_l)Z_{it}] = 0 \qquad (5)$$

实证中用 GMM 的方法解决该问题，因此，由式（5）可知 $\hat{\beta}_k$ 和 $\hat{\beta}_l$ 为下式的解：

$$\min_{(\beta_k^*, \beta_l^*)} \sum_h \left\{ \sum_t (\widehat{\xi_t + \epsilon_t}) Z_{ht} \right\}^2$$

由式（1）可知：

$$TFP = e^{\omega_{it}} = \exp(y_{it} - \hat{\beta}_k k_{it} - \hat{\beta}_l l_{it} - \hat{\epsilon}_{it})$$

（二）输配电企业 TFP 测度

1. 数据说明

数据来源于《中国工业企业数据库》，选取其中的电力供应行业企业（国家标准行业分类代码：4420）时间跨度为 1999~2009 年的年度数据。初步筛选数据，删除无法人代码的企业，得到 18435 条观察值。由于异常值的存在，进一步筛选数据：首先，删除工业总产值及固定资产小于 0 的观察值，因为这些数据极有可能包含统计误差；其次，删除职工人数少于 8 的观察值，一般认为这些企业缺乏可靠的会计系统，因而数据缺乏可信度；最后，删除投资小于 0 的观察值以及内蒙古东部、内蒙古西部以及西藏自治区的输配电企业观察值之后，① 样本观察值减少到 12268 条，样本中各年份包含的输配电企业个数如表 1 所示。

表 1　输配电企业 TFP 测度样本中各年份包含的企业个数

年份	1999	2000	2001	2002	2003	2004	2005	2006	2007	2008	2009
企业个数	1030	1090	1013	1196	854	985	1196	1353	1341	1170	1040

除 2003 年和 2004 年以外，样本中每年所包含的企业个数均在千家以上，大样本保证了在数据非平衡情况下，估计结果依然可靠。表 2 是输配电企业 TFP 测度模型中变量的描述统计。

产出和资本的单位为千元，劳动的单位是人。除劳动以外，各变量均使用相应的指数平减，并且，包括劳动在内，各变量均取对数值。标准差较小表明经过以上的数据筛选基本上剔除了极端异常值。

---

① 投资小于 0 意味着该企业会计数据极有可能失真；西藏自治区划归西北电网以及内蒙古东部划归华北电网的具体时间不明确，数据不连续，且归并后会计数据统计口径可能有所偏差，因而删除。

表 2　输配电企业 TFP 测度模型中变量描述统计

变量	解释	均值	标准差	最小值	最大值
y_{it}	产出，等于工业总产值除以 PPI 的对数值	10.96	1.65	3.38	18.95
k_{it}	资本，等于固定资产除以 FPI 的对数值	11.06	1.62	2.87	18.88
l_{it}	劳动，即企业的职工人数的对数值	5.86	1.01	2.08	11.53
i_{it}	投资，永续盘存法计算后除以 FPI 的对数值	9.21	1.99	0.57	17.87
PPI	电力工业出厂价格指数	1.12	0.08	1.00	1.24
FPI	固定资产投资价格指数	1.11	0.09	1.00	1.28

注：PPI 和 FPI 来源于《中国统计年鉴（2010）》，笔者以 1999 年为基期整理后获得。

2. 输配电企业 TFP 测度结果

在估计生产函数时，一般假设同行业企业拥有相同的技术参数，即同行业中企业的中间投入产出弹性是相同的，如 Levinsohn 和 Petrin（2003）、Petrin 等（2004）以及 De Locker 和 Warzynski（2012）等。虽然理论上，每个企业应该拥有自己的独立的技术参数，但是实证时，如果估计每个企业的技术参数，往往因为观察值太少，拟合效果很差，反而不如假设同行业企业拥有相同技术参数所获得的结果真实，因此，本文也假设输配电企业拥有相同的生产函数技术参数。

根据 TFP 测度理论模型，我们估计了样本中每家输配电企业每年的 TFP，限于篇章，难以列出上千家企业 11 年的 TFP，因此，在表 3 中，给出样本中输配电企业的 TFP 描述性统计。表 3 显示：

（1）第一四分位数 Q1 与最小值的差以及第三四分位数 Q3 与最小值的差均比最大值与 Q3 的差小得多，这表明大多数输配电企业都处在较低的生产效率区间；

（2）此外，偏度均大于 0，表明大多数输配电企业的 TFP 都落在均值左侧，样本所包含的输配电企业整体 TFP 水平要低于平均值，因为一些极大值影响了均值，进一步表明大多数输配电企业都处在较低的生产效率状态，因此，中位数可能比均值更好地反映了样本内输配电企业整体的 TFP 状态；

（3）各年份及总体的峰度都大于 3，进一步表明绝大多数公司的 TFP 非常接近，且处在均值附近，结合偏度的分析，可断定样本内输配电企业的整体 TFP 水平在中位数和均值之间，而中位数及均值在 1999~2009 年期间整体上均略有下降，如图 1 所示，说明 11 年间输配电企业 TFP 整体上不仅没有改进，反而有所下降。

表 3　输配电企业 TFP 描述性统计

年份	均值	标准差	最小值	Q1	中位数	Q3	最大值	偏度	峰度
1999	0.94	0.46	0.11	0.67	0.85	1.07	4.81	2.73	16.47
2000	0.91	0.46	0.15	0.63	0.81	1.05	5.34	3.26	23.73
2001	0.85	0.38	0.11	0.61	0.80	1.00	3.84	2.30	13.09
2002	0.88	0.41	0.12	0.65	0.81	1.03	5.36	2.99	22.42
2003	0.94	0.46	0.11	0.67	0.85	1.08	5.03	2.95	18.76
2004	0.79	0.27	0.13	0.62	0.73	0.90	2.36	1.48	7.70
2005	0.92	0.41	0.11	0.71	0.87	1.02	5.91	4.04	36.35
2006	0.90	0.40	0.11	0.69	0.83	1.03	4.70	3.43	27.47
2007	0.87	0.34	0.10	0.69	0.83	0.99	3.89	2.41	17.46
2008	0.87	0.35	0.08	0.68	0.81	0.97	3.79	2.33	15.00
2009	0.84	0.34	0.10	0.65	0.79	0.96	3.32	2.15	13.07
总体	0.88	0.40	0.08	0.66	0.82	1.01	5.91	3.05	23.17

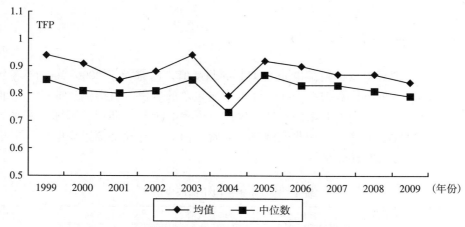

图 1　样本内输配电企业 TFP 均值与中位数趋势图

2002 年"厂网分开"后，2003～2005 年，输配电企业 TFP 波动较大，可能是因为国家电力公司的分拆或者发电业务并未剥离干净，引起统计数据较大误差所导致的。从 2005 年开始，TFP 表现出平稳下降的趋势，按中位数计算，2005～2009 年，TFP 平均年增长率为-2.4%；而"厂网分开"前，1999～2001 年，TFP 平均年增长率约为-3.0%。表明虽然"厂网分开"后，输配电企业 TFP 下降速度有所降低，但没有改变年均负增长率的状态。意味着电力产业垂直一体化的打破或价格规制可能对输配电企业的效率改进产生影响，但没有改变垄断企业的低效率状态，也可能并无影响，后文进一步实证检验。

三、实证检验

（一）实证模型

价格与 TFP 并非是一一对应的关系，即单个市场下，价格改变会引起 TFP 的变化，但是，TFP 的变化并不是必然由价格变化所引起。学者，如萨缪尔森（Samuelson，1949）、诺德豪斯等（Nordhaus，1997），常将 TFP 的变化归结为三个因素，即技术进步、管理改进和规模经济，因此，任何引起这三个因素变化的因素都可能影响 TFP，价格也是通过影响这三个因素而作用于 TFP，因而我们在销售电价与输配电企业 TFP 回归模型中加入控制变量组合，体现其他因素对 TFP 的影响，模型如下：

$$TFP_{it} = \alpha_i + \alpha_1 P_{it} + \sum \alpha_k X_{it} + \varepsilon_{it} \tag{6}$$

TFP_{it} 表示输配电企业 i 在时间 t 的 TFP，P_{it} 表示企业 i 在时间 t 所面对的销售电价，α_i 为个体时期恒量（Individual Time-invariant Variable），即企业 i 的固定效应，反映了不同企业差异的影响。实证中，我们将同时作固定效应和随机效应回归，并通过豪斯曼（Hausman）检验确定合理的回归方法。此外 α_1、α_k（k = 2，3，…，k）为参数项，ε_{it} 为随机误差，$\sum \alpha_k X_{it}$ 为控制变量组合，有：

$$\sum \alpha_k X_{it} = \alpha_2 age_{it} + \alpha_3 state_{it} + \alpha_4 T + Scale\_Dummy + Period\_Dummy$$

age_{it} 和 $state_{it}$ 分别为输配电企业 i 在时间 t 的年龄和所有权结构，T 为技术自然进步变量，Scale_Dummy 和 Period_Dummy 分别为规模和代际哑变量，代际哑变量体现了输配电企业生产效率的代际效应。[①]

(二) 数据说明

TFP$_{it}$ 是本文第二部分对我国输配电企业 TFP 的测度值，P$_{it}$ 来源于 2006~2009 年各年的《电力监管年度报告》中省销售电价数据，表 4 为样本中所包含的省份。值得注意的是，河北电网分为南北两块，河北电力公司管理河北南网，即石家庄、保定、沧州、邢台、邯郸、衡水 6 个供电公司，河北北网也叫京津唐电网，由华北电网公司代管。河北北部和南部销售电价并不相同，因而我们将其一分为二，与其他省份并存。

表 4　样本中销售电价选取省份

华北电网	华东电网	华中电网	东北电网	西北电网	南方电网
北京市	上海市	湖北省	辽宁省	陕西省	广东省
天津市	江苏省	湖南省	吉林省	甘肃省	广西壮族自治区
河北北	浙江省	河南省	黑龙江省	青海省	云南省
河北南	安徽省	江西省		宁夏回族自治区	贵州省
山西省	福建省	四川省		新疆维吾尔自治区	海南省
山东省		重庆市			

控制变量组合 $\sum \alpha_k X_{it}$ 中的变量数据均来自 2006~2009 年的《中国工业企业数据库》，年龄 age$_{it}$ 为输配电企业观察年份与成立年份的差；所有权结构 state$_{it}$ 按企业登记注册类型代码划分，110 的国有企业、141 的国有联营企业、143 的国有与集体联营企业以及 151 的国有独资公司均划为国家所有权企业，其他类型则划归一类。需要说明的是，虽然电网基本上是南北两家，但是其旗下企业仍有其他性质所有权企业，切不可误以为所有输配电企业均为国有；技术自然进步变量 T 即为时间变量，众多学者都曾以时间代表企业技术自然进步的趋势，如 Nelson（1984），陶锋、郭建万和杨舜贤等（2008），在无法度量技术自然进步趋势时，这样的做法较为合理；企业规模 Scale 按国家统计上大中小型企业划分标准进行划分，如表 5 所示；而代际 Period 的划分标准则按中国电力改革阶段及重要历史事件时间划分，具体而言，新中国成立（1949 年）之前为第一个代际，1949 年到"文革"前（1966 年）为第二个代际，"文革"期间（1967~1976 年）为第三个代际，电力市场化改革之前（1976~1985 年）为第四个代际，市场化改革初见成效阶段（1985~1996 年）为第五个代际，电力改革解决"政企合一"问题阶段（1996~2002 年）为第六个代际，从 2002 年开始"厂网分开，竞价上网"至 2009 年为第七个代际。企业规模 Scale 和代际 Period 在回归模型中均以哑变量的形式体现。

表 5　统计上大中小型企业划分标准

行业名称	指标名称	大型	中型	小型
工业企业	从业人员数（人）	2000 及以上	300~2000 以下	300 以下
	销售额（万元）	30000 及以上	3000~30000 以下	3000 以下
	资产总额（万元）	40000 及以上	4000~40000 以下	4000 以下

[①] 代际效应见代际效应也称年轮效应（Cohort or Vintage Effect），反映了不同时间点进入市场的企业之间所存在的差异，这种差异是企业在成立时就已经存在的固有差异。我国学者周黎安等（2007）利用中国制造业企业数据研究了 1998~2004 年间中国制造业企业的生产效率变动中的代际效应和年龄效应。

表 6 是输配电企业 TFP 与销售电价关系模型中各变量的描述性统计，其中销售电价 P_{it} 是采用 PPI 平减后的数值，原销售电价单位为元/每兆瓦时；所有权结构 $state_{it}$ 为 0-1 变量，1 表示国有企业，0 表示非国有企业；企业规模用 1、2、3 表示，1 为大型企业，2 为中型企业，3 为小型企业；企业代际也为类型变量，分别用数字 1~7 表示第一代际至第七代际。此外，电力出厂价格指数 PPI 为省指标，来源各省统计年鉴，笔者整理而得。观察 P_{it} 数据，最大值与最小值有较大的差距，因此，在不同的时间和不同省份，销售电价差异较大。

表 6　输配电企业 TFP 与销售电价关系模型中各变量描述性统计

变量	变量解释	观察值	均值	标准差	最小值	最大值
TFP_{it}	输配电企业 TFP	4903	0.87	0.36	0.08	4.69
P_{it}	省销售电价除以 PPI	4903	425.88	83.97	289.27	681.38
age_{it}	输配电企业年龄	4903	27.33	18.26	1.00	105.00
$state_{it}$	输配电所有权结构	4903	0.80	0.40	0.00	1.00
T	时间变量	4903	2007	1.10	2006	2009
Scale	输配电企业规模	4903	1.85	0.57	1.00	3.00
Period	输配电企业代际	4903	4.26	1.77	1.00	7.00
PPI	电力出厂价格指数	4903	1.13	0.06	0.94	1.35

注：TFP 数据来源于本文第一部分输配电企业 TFP 测度数据；省销售电价数据来源于 2006~2009 年《电力监管年度报告》；PPI 数据来源于各省统计年鉴，为笔者搜集整理而得；其他变量数据均来源于《中国工业企业数据库》。

（三）回归结果及分析

表 7 为各实变量之间的斯皮尔曼（Spearman）相关系数，仅 $state_{it}$ 和 age_{it} 之间的相关系数为 0.32，其他解释变量之间相关系数均不超过 0.3，且相关系数的 P 值均较低，无明显不显著的问题，表现出较低的相关关系，而 $state_{it}$ 实为 0-1 变量，也可认为是哑变量，而非实变量，因此，可以认为回归模型不存在共线性问题。此外，输配电企业 TFP 作为被解释变量与销售电价之间的相关系数仅 0.02，表现出较低的相关性，因而可以初步认为二者之间不存在相关关系；而 TFP_{it} 与年龄之间的相关系数为负，这表明输配电企业可能不存在"干中学"的行为，相反地由于故步自封或者管理臃肿等其他非效率行为使得 TFP 随年龄的增加而下降。

表 7　各实变量之间斯皮尔曼（Spearman）相关系数

	TFP_{it}	P_{it}	age_{it}	$state_{it}$	T
TFP_{it}	1.00				
P_{it}	0.02（0.14）	1.00			
age_{it}	−0.19（0.00）	−0.03（0.05）	1.00		
$state_{it}$	−0.08（0.00）	0.03（0.07）	0.32（0.00）	1.00	
T	−0.06（0.00）	0.18（0.00）	0.02（0.16）	0.00（0.08）	1.00

注：括号内为各相关关系的 P 值。

依据式（6），对输配电企业 2006~2009 年度 TFP 与销售电价分别采用固定效应和随机效应的方法进行回归，并进行霍斯曼（Hausman）检验，以确定哪种方法估计回归方程更为合理，霍斯曼检验结果如表 8 所示，P 值几乎为 0，因此，使用固定效应的方法更为合理。

表 8　回归模型霍斯曼检验

Hausman test	Ho: difference in coefficients not systematic
chi2(2) = 457.46	Prob > chi2 = 0.0000

表 9 给出了固定效应回归的结果，F 统计量非常显著，表明模型整体回归结果可信度非常高。销售电价 P_{it} 的系数为 0.0000486，近乎为零，且极不显著，这表明销售电价与输配电企业 TFP 之间确实不存在相关关系，说明政府规制的销售电价变动对输配电企业的 TFP 无影响，政府试图仅通过规制电价来刺激输配电企业改变自身的生产效率难以实现。

此外，输配电企业还表现出无"干中学"特征，年龄的系数为 0.0000448，且极不显著，表明年龄并不影响输配电企业的生产效率，可能是输配电企业一直处在垄断地位，本身就有足够的利润空间，从而导致其故步自封或者管理渐渐臃肿等其他非效率行为的出现，丧失学习能力；但所有权结构 $state_{it}$ 的系数为正，且非常显著，表明在输配电企业中国有企业比非国有企业拥有更高的生产效率，因为 state=1 表示国有企业，这也与以往众多文献中关于国有企业低效率状态的论断相背离，我们认为这可能是国有输配电企业拥有更多的特权，从而在更多的方面享受到非国有输配电企业无法享受到的便利，因此，才拥有较高的生产效率；输配电企业技术自然增长趋势为负，且非常显著，可能是我们选取的样本时间不够长，没有体现技术自然增长的特征，也可能是当输配电企业没有外在压力或者能够转移外在压力的情况下是不会选择改进技术以得高 TFP 的，或者是一些拥有较高生产技术的输配电企业在我们样本所选时间段内退出了该市场。考虑输配电企业的垄断特征，第二种情况最具可能性。此外，规模效应对输配电企业的 TFP 无明显的影响，虽 scale_2 的系数为负，表示大型企业比中型企业拥有较高的 TFP，但是其系数并不显著，而且 scale_3 的系数为正且显著，这表示与大型企业相比，小型企业反而有较高的生产效率，因此，尽管输配电企业自然垄断，但是生产效率的规模效应却不如发电企业来得明显；而输配电企业的代际效应，从各代际哑变量系数数值（表中未列出）上看，表现为先升后降，但仅第三代际和第六代际哑变量系数显著，这与输配电企业样本期间无技术自然增长相一致，表明输配电企业技术自然增长区间长。

表 9 回归结果

	TFP_{it}
P_{it}	0.0000486 (0.28)
age_{it}	0.0000448 (0.28)
$state_{it}$	0.0465*** (2.65)
T	−0.0117*** (−3.56)
scale_2	−0.00445 (−0.31)
scale_3	0.0300* (1.27)
constant	24.27*** (3.75)
F−test	Prob > F = 0.0000

注：括号中是 t 统计量；*、**、*** 分别表示在 1%、5%、10% 的水平上显著；规模哑变量的基变量是 scale=1，即大型规模；代际哑变量表中未列出，系数均为正，但仅第三代际和第六代际哑变量系数显著，其基变量为 period=1，即新中国成立之前为基变量。

四、结 论

本文实证测度我国电力产业链上输配电企业 1999~2009 年的 TFP，发现 TFP 整体上呈下降趋势，2002 年"厂网分开"后，下降趋势减缓，但并没有改变年均 TFP 负增长的状态。表明电力产业垂直一体化的打破并没有改变输配电企业低效率的状态，尽管改革后，垄断的输配电企业受到政府的规制，但实证测度显示输配电企业 TFP 呈下降趋势，意味着规制可能无效化。

使用 2006~2009 年 30 个省、直辖市及自治区的销售电价与输配电企业 TFP 回归显示，受政府规制的销售电价对输配电企业 TFP 无影响。此外，输配电企业还表现出无"干中学"特征；且输配电企业在很长的时间内无技术自然进步，本文所选样本期间内即无技术自然进步；与大型输配电企业相比，小型输配电企业反而有较高的生产效率，但国有输配电企业却比非国有输配电企业拥有较高的生效率。

因此，依赖于销售电价的规制并不能促进输配电企业改进 TFP，而规模经济也不适用，而且垄断的输配电企业，本身有足够的利润空间，导致其故步自封或者管理渐渐臃肿等其他非效率行为的出现，渐渐丧失学习能力。因此，打破输配电企业的垄断可能是较好的解决方式，当前输配电企业自然垄断性质为"厂网分开"的遗留问题，输电作为电力供应的核心基础设施，加上自身的技术特性，在多数国家都作为自然垄断企业，而配电实质上不具有自然垄断的特性，在我国当前与电网一体，因而披上自然垄断的外衣。

事实上，许多国家电力改革已形成输电和配电分离格局。例如英国英格兰和威尔士地区，20 世纪 90 年代以前电力行业由中央发电局（包括发电和输电）和 12 家地区供电局构成，改革后形成了发电、输电、配电分环节设立公司的局面；在北欧、北美一些国家和地区，传统上存在市政供电企业负责本地区供电，改革后这些公司自然而然成为独立的配电公司，与输电公司独立。虽然我国有自己独立的国情，但若坚持市场化改革，彻底改变输配电企业低效率的状态，"输配分离"势在必行。

参考文献：

［1］Samuelson，P. A. Market Mechanisms and Maximization ［M］. The RAND Corporation，1949.

［2］Nordhaus W. D. Traditional Productivity Estimates are Asleep at the（Technological）Switch ［J］. The Economic Journal，1997，107（444）：1548-1559.

［3］Olley S. G.，Pakes A. The Dynamics of Productivity in the Telecommunications Equipment Industry ［J］. Econometrica，1996，64（6）：1263-1297.

［4］Levinsohn J.，Petrin A. Estimating Production Functions Using Inputs to Control for Unobservables ［J］. The Review of Economic Studies，2003，70（2）：317-341.

［5］Ackerberg D.，Caves K.，Frazer G. Structural Identification of Production Functions ［J］. Mimeo，UCLA，2007（1）：7-14.

［6］Petrin A.，Poi B. P.，Levinsohn J. Production Function Estimation in Stata Using Inputs to Control for Unobservables ［J］. The Stata Journal，2004，4（2）：113-123.

［7］De Loecker J.，Warzynski F. Markups and firm-level export status ［J］. American Economic Review，Forthcoming，2012（1）：8-15.

［8］Nelson R. A. Regulation，Capital Vintage，and Technical Change in the Electric Utility Industry ［J］. The Review of Economics and Statistics，1984，66（1）：59-69.

［9］陶锋，郭建万，杨舜贤.电力体制转型期发电行业的技术效率及其影响因素［J］.中国工业经济，2008（1）.

［10］周黎安，张维迎，顾全林，汪淼军.企业生产率的代际效应和年龄效应［J］.经济学（季刊），2007，6（4）.

［11］国家电力监管委员会.电力监管年度报告.中国：国家电力监管委员会，2006~2009.

中国钢铁产能过剩的成因分析与对策研究

何维达[1]　潘峥嵘[2]

（1. 北京科技大学东凌经济管理学院，北京　100083；

2. 北京科技大学东凌经济管理学院，北京　100083）

一、引　言

自 20 世纪 90 年代以来，中国钢铁"产能过剩"的声音就已经不绝于耳，但是由于国民经济发展的需要，这种状况并没有引起足够重视。近年来，产能过剩问题再一次引起各界的高度关注。根据国家发改委和工信部公布的数据，2006~2011 年累计淘汰的炼钢能力有 1 亿吨，炼铁能力 1.6 亿吨。但具有讽刺意味的是，虽然国家出台了很多产业政策，淘汰产能的标准也在不断提高，但相比已经淘汰掉的产能，这几年新增的产能则要大得多，淘汰落后产能的成效被新建、扩大的产能抵消了。既然存在产能过剩，为什么还会有大量企业愿意进入这一行业？钢铁产业过去 10 多年的持续高盈利和高增长说明产能过剩也许并非想象当中的那么严重。

因此，理论和实践共同指向了一个问题，中国钢铁产能利用状况在过去 10 多年间到底处于何种水平？如果是严重的产能过剩，那么引起过剩的原因都有哪些呢？我们又该如何应对产能过剩呢？

本文内容安排如下：首先将用四个指标对中国钢铁产能利用现状进行分析；其次对造成中国钢铁产能过剩的原因进行分析；最后根据原因有针对性地提出政策建议。

二、中国钢铁产能利用现状分析

本节将以产能利用率、产业集中度、固定资产投资以及境内需求增长率四个指标来对中国钢铁产能利用现状进行分析。

（一）产能利用率

产能利用率是表示生产能力利用程度的指标，反映企业的生产资源能否真正得到有效利用，

［基金项目］本文得到国家社科基金重大项目（批准号：14ZDA088）和北京市社科基金重点项目（批准号：14JGA014）的资助。

是判断产能是否过剩最为直接的指标。它被定义为长期均衡中实际产量与最佳生产能力之间的差异。美国、日本等国家很早就开始对产能利用率指标进行工业统计和跟踪分析，用于反映工业经济实力和工业经济走势。美国的产能利用率指标是以价值量的形式计算的，而目前我国统计部门一般采用实物量计算。针对产品的多样化和计量单位不统一，利用价值量计算能更好地反映整个行业的产能利用水平。但由于我国开展产能源统计工作起步较晚，利用价值量来计算存在一定的难度，因而只限于实物量的统计。目前出现的某些产能过剩行业多属于工业原料材料或能源重化工工业，产品形式比较单一，用实物量计算能较为准确反映整个行业的产能利用水平。

　　根据西方发达国家的发展经验，美联储认为工业部门能够以高达 81% 的产能利用率安全运行。如果低于 80%，则可能会挫伤企业投资的信心，引起失业增加；如果利用率进入 82%~85% 的范围时，生产"瓶颈"就会出现，这时对价格尤其是生产者物价水平产生新的压力（Bernard Baumohl，2005）。2009 年美国钢铁产能利用率只有 65% 左右，而美国制造业当年的产能利用率也仅为 67.5%，远低于 80% 的平均水平。欧元区制造业产能利用率大多数也维持在 85% 以下，德国过去 25 年的制造业平均产能利用率也只有 84%。此外，泰国、印度尼西亚等发展中国家的制造业产能利用率大致在 60%~75%。因此，对比发达国家的产能利用率，我国的钢铁产能利用率并不低。如果以这些发达国家的经验来判断我国的钢铁利用情况，中国钢铁工业并不存在产能过剩问题，但实际上 1996~1999 年，中国钢铁工业经历了较长时间的困难期，利润率非常低，多数钢铁企业都处于亏损状态，但产能利用率却一直维持在 81% 以上，所以用发达国家的经验来评价中国钢铁工业的产能过剩情况显然是不合适的。

表 1　2000~2010 年中国钢铁产能利用率

年份	产能利用率（%）	年份	产能利用率（%）
2012	80.3	2006	83.53
2011	82.3	2005	83.96
2010	82.1	2004	80.2
2009	80.9	2003	84.28
2008	75.8	2002	92.35
2007	90.5	2001	87.69

资料来源：历年中国钢铁工业统计年鉴整理得到。

（二）产业集中度

　　产业集中度这一指标是从产业内部组织来反映产业的国际竞争力状况。如果产业集中度很高，就说明其对市场的支配能力也会加强。一般是用几家企业的某一指标占该行业总量的百分比来表示。钢铁产业的产业集中度可以用最大几家钢铁生产企业的产量与行业全部产量之比来衡量。

　　国际钢铁市场几乎都是寡头市场，有的甚至达到寡头垄断。国外钢铁企业的规模巨大，通过一系列联合重组，使得产业集中度显著提高。2007 年，欧盟四大钢铁公司的产量合计为 15942 万吨，相当于欧盟 15 国总产量的 90.73%，而 1999 年这一数字仅为 54.29%。2007 年美国最大的四家钢铁公司产量合计占美国总产量的 52.09%，比 1999 年的 37.9% 高了 15 个百分点。第二次世界大战后的日本原本有 50 多家钢铁企业，经过几轮的兼并收购，整合为以新日铁、NKK、川崎、住友金属和神户五大联合企业为主的格局。近两年，通过联合再重组，这五大钢铁公司已经初步形成了两大集团的框架。1999 年日本最大的四家钢铁公司合计产量占总产量的 58.75%，而 2007 年这四家钢铁公司合计产量为 8987 万吨，占日本总产量的 74.77%。韩国一直保持较高的钢铁产业集中度。由于特殊的政策扶持，韩国第一大钢铁公司浦项制铁（POSCO）产量占有绝对优势，产量占韩国整个钢铁产量的 50%左右，浦项也积极寻求与国内外竞争对手的合作与联盟。2007 年，韩国最大的三家钢铁公司钢产量合计为 4568 万吨，占韩国总产量的 88.93%，比 1999 年的 79.16%提高了 9.77 个百分点。俄罗斯的产业集中度也很高，2008 年全球钢铁产量在 500 万吨以上的钢铁企业共计 59 家，其中俄罗斯就占据了 6 家，包括谢维尔集团、耶弗拉兹集团、马格尼托格尔斯克钢铁公司、新利佩茨克钢铁公司、金属投资公司和车里雅宾斯克钢铁公司，这六家钢铁企业在俄罗斯国内的粗钢产量为 6740 万吨，占俄罗斯粗钢总产量的 98.4%，较 2007 年上升了 4.7 个百分点，俄罗斯钢铁行业集中度排名全球第二位，仅次于巴西。

表 2　2004 年主要国家钢铁工业的集中度

国家	巴西	韩国	日本	印度	美国	俄罗斯	中国
CR4（%）	99.0	88.3	73.2	67.7	61.1	69.2	15.7

资料来源：2004 年世界钢铁工业统计年鉴整理得到。

表 3　2007 年主要国家钢铁工业的集中度

国家	欧盟	韩国	日本	印度	美国	俄罗斯	中国
CR4（%）	90.73	92.4	74.77	69.3	74.9	70.4	17.27

资料来源：2007 年世界钢铁工业统计年鉴整理得到。

表 4　2010 年主要国家钢铁工业的集中度

国家	欧盟	韩国	日本	印度	美国	俄罗斯	中国
CR4（%）	91.34	94.1	77.6	70.5	76.03	75.6	21.72

资料来源：2010 年世界钢铁工业统计年鉴整理得到。

中国钢铁产业集中度一直保持很低的水平，从表 6 可以看出，2001~2012 年 CR4 一直维持在 15%~22%，远低于国际平均水平（见表 2、表 3 和表 4）。2010 年粗钢产量前 10 名的钢铁企业分别是河北钢铁集团、宝钢集团、鞍钢集团、武钢集团、沙钢集团、首钢集团、山东钢铁集团、河北新武安钢铁集团、渤海钢铁集团、马钢集团。从表 5 可以看出，2000 年，我国生产钢铁企业数量仅为 2997 家，而到了 2010 年钢铁生产企业的数量达到了 12143 家，是 2000 年的 4 倍之多，年均增幅 36%，钢铁企业数量的迅猛增长，是导致我国钢铁产业集中度无法提高的关键因素之一，而这些新增的钢铁企业多数是规模小、专业化生产水平低的小型钢铁企业，彼此之间的无序竞争，在一定程度上加剧了整个钢铁行业的产能过剩。

表 5　2000~2010 年我国生产钢铁企业数量

年份	钢铁企业数量（家）	年增长率（%）	年份	钢铁企业数量（家）	年增长率（%）
2000	2997	50.6	2006	6999	4.5
2001	3176	5.6	2007	7161	2.3
2002	3333	4.7	2008	8012	10.6
2003	4119	19.1	2009	11777	32.0
2004	4992	17.5	2010	12143	3.0
2005	6686	25.3	2011	12589	3.6

资料来源：历年中国钢铁工业统计年鉴整理得到。

表6　2001~2012年我国钢铁产业集中度：CR4

年份	宝钢（万吨）	鞍钢（万吨）	河钢（万吨）	首钢（万吨）	武钢（万吨）	沙钢（万吨）	总产量（万吨）	CR4（%）
2001	1913.5	879.2	392.01	824.8	708.5	253.49	15702	28.53
2002	1948.4	1006.7	506.53	817.1	755.1	359.91	19250	24.83
2003	1986.8	1017.7	608.12	816.8	843.5	502.17	24108	20.98
2004	2141.20	1133.33	765.83	847.58	930.57	755.37	29723	17.9
2005	2272.58	1190.16	1607.81	1044.12	1304.45	1045.95	39692	16.5
2006	2253.18	2255.76	1905.66	1054.62	1376.08	1462.80	46685	16.68
2007	2857.79	2358.86	2275.11	1540.89	2018.61	2289.37	56607	17.27
2008	3544.30	2343.93	3328.39	1019.28	2773.39	2330.46	61379	19.53
2009	3886.51	2012.66	4023.94	1947.81	3034.49	2638.58	69340	18.68
2010	4449.51	4028.27	5286.33	3121.79	3654.60	3012.04	80201	21.71
2011	4330.34	4620.25	7170.24	3000.28	3770.19	3190.40	68239	29.14
2012	4269.6	4531.6	6922.24	3642.21	3770.19	3230.90	95134	20.49

资料来源：历年中国钢铁工业统计年鉴整理得到。

（三）钢铁行业固定资产投资

2010年钢铁行业固定资产投资数据表明，尽管目前粗钢产量高企，但行业仍处于产能扩张之中。2010年黑色金属冶炼及延压加工业完成固定资产投资3494.241亿元，同比增长18.60%。从投资地区来看，产能已经严重过剩的环渤海地区仍然是扩张大户，2011年包括河北、辽宁、山东、天津、北京在内的环渤海地区共完成钢铁项目投资额853亿元，占全行业投资比重的27.2%。此外，从投资主体来看，非国有企业和中小型钢铁企业已经成为投资扩产的主力军：2011年前10个月，非国有钢铁企业的投资额是国有钢铁企业投资额的2.1倍，非国企投资额为2358.5亿元，同比大幅增长39.4%；而根据统计资料显示，在2011~2012年新增高炉中，1000~2000立方米占比达74%，而3000立方米以上仅占5.2%。

钢铁工业投资规模的大小不仅关系着钢铁产品总量规模的变化，同时关系着钢铁工艺技术装备、产品结构等多个方面的优化与提升。钢铁工业与下游用钢行业在固定资产投资规模上的合理配比，决定着钢铁工业能否有效地适应经济发展的要求，也反映出钢铁工业是否处于良性的发展轨道。

表7　钢铁行业历年固定资产投资状况

年份	固定资产投资（亿元）	扩建项目投资（亿元）	新建项目投资（亿元）	改建项目投资（亿元）	固定资产投资增长率（%）
2000	366.96	63.13	276.28		−4.11
2001	505.6	79.18	398.39		37.78
2002	704.28	117.91	572.36		39.30
2003	1453.11	333.75	988.60		106.33
2004	1920.95	766.89	607.23	512.04	32.20
2005	2583.87	837.09	800.09	856.98	34.51
2006	2642.26	712.11	1056.16	798.47	2.26
2007	2616.71	512.99	1038.32	873.27	−0.97
2008	3248.91	702.07	1140.93	1146.79	24.16
2009	3264.93	656.78	1239.73	1084.45	0.49

续表

年份	固定资产投资 （亿元）	扩建项目投资 （亿元）	新建项目投资 （亿元）	改建项目投资 （亿元）	固定资产投资 增长率（%）
2010	3494.241	776.654	1307.797	1105.877	7.02
2011	4251.48	—	—	—	15.5
2012	5946	—	—	—	6.5

数据来源：历年中国钢铁工业统计年鉴整理得到。

（四）产业境内需求增长率

需求增长率与国家经济发展水平、人口多少有关。较高的境内需求增长率可以使产业内的企业加大研发投入力度，进行技术改造，扩大设施，从而有利于产业的发展。当然，需求增长率不是越高越好，过高的需求增长率，会导致企业盲目扩大投资，造成钢铁产业的产能过剩。回顾20多年的钢铁产业发展历程，可以看出钢材需求增长率的变化很大（见表8），2000年之前，除1993年钢材消费量比1992年增长了50.7%，其余各年钢铁产业的需求增长速度较为平缓。2000年之后，随着国民经济的快速发展，经济社会对钢铁的需求也不断增加，除2005年之外，其余各年均以19%的速度快速增长。1990~2012年钢铁境内需求平均增长率保持在14.32%左右。

表8　1993~2012年我国钢材产品境内需求增长率

年份	生产量（万吨）	进口（万吨）	出口（万吨）	净进口（万吨）	表观消费量 （万吨）	境内需求 增长率（%）
1990	5153	368.26	209	159.26	5312	6.2
1991	5638.24	332.59	329	3.59	5713	7.5
1992	6694.2	617.81	327	290.81	7077	23.88
1993	7707	3026	112	2914	10621	50.7
1994	8428	2283	174	2109	10537	-0.79
1995	8980	1397	593	804	9784	-7.15
1996	9338	1598	422	1176	10514	7.46
1997	9987	1322	462	860	10847	3.16
1998	10738	1242	357	885	11623	7.15
1999	12102	1486	368	1118	13220	13.7
2000	13146	1596	621	975	14121	6.8
2001	15702	1722	474	1248	16950	20.03
2002	19250	2449	545	1904	21154	24.8
2003	24108	3717	696	3021	27129	28.2
2004	29723	2930	1423	1507	31230	15.11
2005	39692	2582	2052	529	40222	28.79
2006	46685	1851	4301	-2450	44235	9.9
2007	56607	1687	6264	-4577	52030	17.6
2008	61379	1538	2459	-921	60458	16.19
2009	69340	1763	2459	-696	68644	13.53
2010	80201	1643	4255	-2612	77589	13.03
2011	68239	1500	4891	-3391	64848	-16.42
2012	95134	1366	4170	2804	66032	1.83

资料来源：历年中国钢铁工业统计年鉴整理得到。

三、中国钢铁产能过剩成因分析

有些学者认为，由于受到经济周期波动的影响，使得生产能力在经济衰退期表现为暂时的过剩，这属于周期性的产能过剩。周期性产能过剩是市场经济运行的结果。一般而言，经济增速下滑时，过剩的产能会通过市场调节作用而退出市场。而目前中国钢铁行业存在严重的过剩产能问题，其主要原因是政府出台了若干不合理的经济刺激政策，市场周期性的波动只是加剧了钢铁行业产能过剩的问题，并非根本原因。

（一）地方政府的推波助澜

随着体制转型的深入，中央政府赋予了地方政府较大的资源配置权利，地方政府拥有了相对独立的经济利益目标，而这些目标与中央政府的利益目标往往并不一致。中央政府更多关注国民经济的综合水平以及国家的长远利益，而地方政府更多注重本地区的利益，追求局部利益最大化。因此在现行的财政分权制度和官员考核体制下，地方政府出于对本地区自身利益的考虑，会努力追求地方经济的增长，并表现出强烈的投资冲动。

目前中央政府对钢铁行业的发展态度还是十分明确的：严格控制新增产能，在总量控制的基础上，充分依靠土地、环保部门的严格执法，遏制重复建设项目的上马，地方政府应该认真贯彻执行中央政府的各项调控政策，但政策执行效果并不显著。仔细分析之后我们可以发现，中央政府与地方政府已经不再是单纯的上下级关系，而接近于一种委托—代理关系。这种关系的建立使地方政府更愿意和中央政府进行博弈。面对中央出台的各项政策措施，地方政府如果选择消极执行，本地区不但可以继续保持一定速度的经济增长，同时也可满足地方官员的政绩需要；相反，如果地方政府积极配合执行中央政府的调控政策，则不仅会影响到本地区的经济发展而且会影响官员的晋升。博弈之下，消极执行中央政府的调控政策成为地方政府的最佳策略选择。

（二）企业投资预期扭曲

在市场经济活动中，企业是市场投资的主体，为企业发展提供便利服务是政府在市场经济活动中的基本任务。如果仅有地方政府存在投资冲动，而企业保持理性，则市场出现产能过剩情况的概率还是很小的。近年以来面对钢铁产能过剩越来越严重的现实，仍然有企业愿意投资新的钢铁生产企业，这只能说明企业判断投资钢铁行业仍可获得良好的预期收益，而这种收益来自政府不断出台的各项经济刺激政策或者得益于地方政府政策倾斜而带给企业的正外部性。中国的钢铁企业在土地供应、资金筹措、原材料供应、资源和能源供给、税收优惠、财政补贴等方面严重依赖于地方政府，在这些扶持政策的帮助下，各地钢铁项目蜂拥而上，钢铁产能急剧扩大，市场供给远远大于市场需求，最终造成企业预期的生产利润与实际行业利润的偏离。

（三）有效竞争不足

由经济学原理可知，在完全竞争市场中，企业是能够自由进入或者自由退出某个行业的，而现实情况是地方政府与钢铁企业利益的捆绑以及我国大型钢铁企业的政企不分严重干预影响了企业的进入与退出决策，扭曲了市场运行机制，弱化了企业之间的有效竞争，加剧了钢铁行业的产能过剩。

地方政府在招商引资的过程中，对投资额大、经济拉动效应强，特别是可能成为地方支柱产业的项目表现出极高的热情。钢铁行业是资本密集型行业，项目投资额少则几亿元，多则上百亿元，企业带来的经济利益恰好可满足地方政府发展经济的要求，因此地方政府竭尽全力发展钢铁工业。为了使一些钢铁项目能够落户本地，地方政府通过出台大量的优惠政策来吸引企业投资，这在一定程度上扭曲了要素价格，降低了企业的投资成本。扶持政策在降低企业投资成本的同时，也降低了企业的进入障碍。从表面上看，企业的进入变得更加容易，似乎更有利于行业的竞争，但事实上，这种行业进入的低门槛是通过政府破坏市场竞争而实现的，行业的新进入者既没有与其他新进入者进行竞争，也没有受到在位者的阻碍。当过度进入超出市场的正常需求时，便引发了比较严重的产能过剩。

在完全竞争市场中，企业可以自由退出市场，或者通过市场机制对企业进行淘汰。2010年以来钢铁行业的价格持续下跌，行业的盈利能力远不如2009年之前，2012年一吨钢材利润最低降到1.68元，仅相当于1994年钢铁的利润水平。即便是这样，钢铁企业也未出现大规模破产、兼并重组的情况。原因之一就是地方政府的保护。如前所述，钢铁企业与地方经济的发展密切相关，不仅是地方财政收入的主要来源，一些地区还围绕钢铁企业建立了庞大的产业集群，解决了当地大量的就业问题，成为支撑地方经济的支柱产业。如果钢铁企业退出或被兼并，不但会影响到当地GDP增长和官员的政绩，还可能会影响到本地金融系统的安全。此外，企业的倒闭还会增加当地的失业人数，这可能导致严重的社会问题。因此对于地方政府来说，通过政府扶持和地方保护的方式阻止企业退出，可以保证地区经济和社会的相对稳定。需要强调的是，兼并重组作为淘汰落后产能、实现产业结构升级的有效手段，理应发挥作用，但事实上除了河北钢铁集团进行了区域内简单的整合、兼并之外，跨区域钢铁行业兼并重组的步伐十分缓慢。地方政府出于保护本地区的经济利益的需要，对区域内实施的兼并重组持积极态度，而对有可能削弱本地区经济增长的跨区域兼并重组持消极态度，这使得有发展潜力的企业难以实现跨区域的兼并重组，资源无法得到最优配置。

（四）不合理的产业发展政策

中央政府在制定产业发展政策时，往往对整个行业未来发展趋势考虑不足，即经济政策缺乏前瞻性。2008年爆发的金融危机严重威胁到我国的经济金融安全，为了保持经济平稳增长，政府出台了4万亿元的投资计划以及十大产业振兴政策来应对金融危机带来的挑战。由于4万亿元投资计划的投资方向主要是基建类项目，而需要振兴的十大产业大部分也基本属于制造业范畴，因而在此后的两年中，钢铁产能基本上能够被基建、房地产、制造业等项目消化吸收，产能过剩问题并不严重。2010年，中央政府为了控制房价过快上涨以及减少基建项目不受节制的投资，出台了一系列调控政策：包括停止对房地产和基建项目的贷款；48个城市采取限购措施；汽车摇号等，造成当年汽车产量和基建投资额增速大幅下降，这严重影响到相关上下游产业的发展，而钢铁是受冲击最严重的一个产业。钢铁生产企业没有足够的缓冲时间来应对政策的突然转向，因而造成了2010年至今钢铁产能过剩的局面。我国宏观调控政策基本上是"头痛医头、脚痛医脚"，造成这个局面的原因，一方面是由于信息的不对称，中央政府很难准确地对行业发展趋势进行判断；另一方面中央政府干预经济活动过多，没有明确自己的职能。

四、政策建议

总体来说，过去十年中国钢铁产能利用状况大部分处于相对过剩状态，近几年呈严重过剩状态。产能过剩已经成为制约钢铁产业发展的关键性因素，为了使我国钢铁行业健康发展，避免出现严重的产能过剩情况，根据本文的分析我们提出以下政策建议。

（一）明确中央政府职能，控制地方政府投资冲动

钢铁工业与下游用钢行业在固定资产投资规模上的合理配比，决定着钢铁工业能否有效地适应经济发展的要求，也反映出钢铁工业是否处于良性的发展轨道。模糊综合方法评价结果显示：2001~2012年固定资产投资增长率平均达到15%，指标分数值大部分处于产能严重过剩状态。2011年钢铁行业固定资产投资3494.24亿元，同比增长18.60%。从投资地区来看，产能已经严重过剩的环渤海地区仍然是扩张大户，共完成钢铁项目投资额853亿元，占全行业投资比重的27.2%。从投资主体来看，非国有企业和中小型钢铁企业已经成为投资扩产的主力军，在2011~2012年新增高炉中，1000~2000立方米占比达74%，而3000立方米以上仅占5.2%。

是什么导致了钢铁行业固定资产投资的不合理增长呢？究其原因我们发现：地方政府的推波助澜助长了企业的无序投资。中国的市场经济运行还处于不完善阶段，政府可以通过适当的政策和行政手段干预经济发展。但在这个过程中，政府必须明确自己的职能和定位：规范和维护市场竞争秩序，努力完善市场机制，为企业发展提供便利服务，不能代替企业成为投资决策的主体，维护市场竞争机制，使企业之间进行良性竞争。此外，中国式的分权模式强化了地方粗放式的财政扩张行为，企业只要投资大型项目，无论盈利与否都会增加当地的GDP和税收，这使得地方政府非常热衷于投资这些大型项目，因此，从地方层面上来看要解决产能过剩问题需从三方面着手：第一，明确中央和地方各级政府之间的关系，继续深化财税体制改革和以考核GDP增长为核心的官员晋升体制，把重点产业的产能利用是否过剩纳入政府官员绩效考核体系中，完善官员问责制度，降低地方政府干预企业投资的冲动；第二，改革土地制度，使地方政府无法通过低价供地为企业投资变相提供补贴；第三，严格控制地方银行信贷支持，提高企业投资中自由资金比例，降低企业投资行为中的风险外部化。

（二）深化兼并重组，提高行业集中度

从西方主要发达国家钢铁产业的发展历程来看，完善的资本市场和良好的投资环境是钢铁产业形成一定程度垄断竞争的必要条件。而中国在资本市场和融资环境方面与发达国家仍有较大差距，再加上地方政府行政干预过多，导致中国目前仍然存在大量规模小、效益低、技术落后、地域分散的中小型钢铁企业，行业结构的不合理也是市场产能严重过剩的原因之一。因此，必须解决大量已有钢铁企业的资产重组，在兼并、收购的基础之上，坚决淘汰那些低价值的中小型企业；大型国有钢铁企业也要放弃过去只增不减的僵化经营战略，充分重视和研究钢铁产业的布局规律和市场规律，减少区域内的同质化竞争，按经济效益原则坚决削减销售半径过大、长期亏损的业务单元，通过合理配置经济效益高的企业，努力提高产业集中度，建立适应钢铁行业发展需要的产业组织结构。需要指出的是，在淘汰落后产能的同时，政府应该出台若干保护企业的政策措施，给需要淘汰落后产能企业一些税收上的优惠政策，甚至提供一定的补贴，帮助他们将其劳动力、投资方向转向新兴产业，实现平稳转型。

（三）优化产业政策的针对性，引导钢铁产业科学发展

产业发展速度应保持在一个合理的区间范围之内，过快或者过慢都不利于钢铁行业的健康发展，最好是与国民经济增速相当。本文评价结果显示：中国钢铁行业的发展速度过快，年均达到19.87%，指标大多处于相对过剩和绝对过剩状态。2010年钢铁产业发展速度为15.6%，远远超过同时期的发达国家和发展中国家，整个钢铁产业存在明显的泡沫现象，而发展速度过快的原因之

一是产业政策制定的不合理。

从理论上讲，产业政策是为了实现产业科学发展的一种手段，但在实践过程中，如果只注重政策效应而忽视市场规律，反而会导致发展失衡。4万亿元投资计划、十大振兴产业规划在短期内对经济增长具有明显的拉动作用，但从长期看，这将导致中国若干产业的产能过剩，钢铁行业就是很好的例证。任何一项产业政策的出台，都要考虑协调问题，如果协调成本过大，制定出来的产业政策最终可能无法得到有效执行。此外，政府在运用产业政策时，应当把短期调控和长期发展区分开来，在不同条件下采用不同的手段和政策。产业政策作为宏观调控的一个重要措施，在保持经济总体水平快速发展的大方向上无疑是正确的，但是产业政策在功能上应当和调控政策有所区别，应更加注重前瞻性和针对性，积极利用政府在收集数据、发布信息等方面的有利条件，有计划、分步骤地定期向社会公布钢铁产能利用状况等方面的信息，引导钢铁企业科学做出决策，防止投资不合理、盲目扩张等现象的发生。

（四）建立严格的环境保护体制，创造公平竞争的市场环境

我国环境保护体制上的缺陷也是导致产能过剩的主要原因，只有在公平竞争的市场环境下，优胜劣汰的市场机制才能正常发挥作用，钢铁行业方能恢复到良性运行的状态。高能耗、高污染是钢铁企业的特点，如果企业的排污成本远远小于其所得利润时，不但会污染环境，还使企业更加肆无忌惮地扩大生产规模，导致产能过剩。因此，需要加快环境立法工作，制定并修改相关环境标准，完善污染物排放总量控制制度和污染治理特许经营制度，使主要污染物排放量达到环境可容纳的范围内。环保标准是一项硬性指标，如果项目未能通过环境评价，一律不准开工建设；对达不到污染物排放标准或超过排污总量指标的生产企业必须限期治理，限期治理不合格的必须停产处理。中国经济的发展必须改变过去以环境为代价的粗放发展模式，钢铁行业也势必逐步走向资源节约、环境友好和可持续发展的正确轨道上来。

参考文献：

[1] Bernard Baumohl. The Secrets of Economic Indicators [M] Amsterdam：North Holland. 2005.

[2] 郭庆旺，贾俊雪. 地方政府行为、投资冲动与宏观经济稳定 [J]. 管理世界，2005（6）.

[3] 万学军. 中国钢铁产业政策有效的影响因素分析 [J]. 经济问题与探索，2010（8）.

[4] 徐康宁，韩剑. 中国钢铁产业的集中度、布局与结构优化研究 [J]. 中国工业经济，2006（2）.

[5] 韩国高. 中国制造业产能过剩的测度、波动及成因研究 [J]. 经济研究，2011（12）.

[6] 何维达，万学军. 中国钢铁产业竞争力研究——基于策略能力观的视角 [J]. 中国工业经济，2009（11）.

需求侧补贴政策的效果
——来自家电下乡政策的启示

刘忠　杜艳　彭博

（西南财经大学工商管理学院，四川成都　611130）

一、问题的由来

中共十一届三中全会以来的 30 年，对于政府与市场关系的认识，有一个不断随实践调整、随认识深化的过程。在这个过程中，关于经济体制的问题，逐渐明确了社会主义初级阶段必须实施社会主义的市场经济，从体制上肯定了市场经济的作用。与此相关的是市场在资源配置中的地位问题，从中共十二大提出，"发挥市场在资源配置中的辅助性作用"，到中共十四大提出，"要使市场在国家宏观调控下对资源配置起基础性作用"，再到十八届三中全会提出，"使市场在资源配置中起决定性作用"，认识上同样随着实践的发展而深化。第三个问题与上述两个问题相关，但更具体的是如何发挥市场在资源配置中的作用，特别是在需要政府干预情况下，如何发挥市场在配置资源中的作用问题，存在着广泛的争议。

一些学者主张实施产业政策，对行业从生产侧进行直接干预，体现在政府主导的企业关转并停、对企业进入和退出市场及政府对企业间兼并和合并，和政府对企业技术选择及生产组织方式的直接干预。改革开放以来，尽管社会主义市场经济体制的观念得到了明确，但每逢产业结构发生问题，如产能过剩、过度竞争、需求低迷、区域分布不合理等，这种从生产侧直接干预的政策，在我国中央和地方政府政策制定过程中占据主流位置。对企业进行直接干预的产业政策是否产生了作用呢？不少学者肯定了产业政策的作用，约翰逊（2010）在探究日本经济高速增长的原因时肯定了日本政府和产业政策为此做出的巨大贡献。舒锐（2013）通过实证表明产业政策可以实现工业行业产出的增长。Amsden（1989）对韩国产业政策的研究结果也表明产业政策对经济增长有重要贡献。但也有文献指出这种生产侧的产业政策的实施很难达到预期效果，因为这些政策制定的主要依据是政策制定者对市场需求规模、产品需求结果及其变化的预测，实施的合理性很大程度上取决于政府预测的准确性（申力，2007）。

本文并不否认必要时对生产侧进行直接干预的必要性，而是通过对家电下乡政策的实证分析，

[作者简介] 刘忠（1969~），男，湖南新化人，西南财经大学工商管理学院副教授，博士生导师；通讯地址：四川省成都市温江区柳林大道 555 号西南财经大学工商管理学院，邮政编码：611130；联系电话：18982195616；电子邮箱：zhongliu@swufe.edu.cn。杜艳（1988~），女，四川泸州人，西南财经大学工商管理学院博士研究生；通讯地址：四川省成都市温江区柳林大道 555 号西南财经大学致知园，邮政编码：611130；联系电话：13548162209；邮箱：349127443@qq.com。彭博（1988~），男，湖南常德人，西南财经大学工商管理学院硕士研究生；通讯地址：四川省成都市温江区柳林大道 555 号西南财经大学，邮政编码：611130；联系电话：13982234821；邮箱：bobopengbo@foxmail.com。

提醒政策制定者在必须实施干预时，途径上可更多地考虑从需求侧着手。实证及其后的直接的图示，证明了如国家实施类似于家电下乡的政策，对竞价入围并限价的商品，实施需求侧的适度补贴，可通过市场引导生产要素向优势企业流动，显著降低生产成本，产生正的社会福利。

二、"家电下乡"政策

（一）政策出台背景及实施过程

由于美国的次贷危机所引发的全球金融危机，我国家电出口受到重创。以电视机出口为例，2004~2006 年，一直持续增长。而从 2007 年开始，出口数量由 2006 年的 9529 万台下降到 5103 万台。且由于后来的欧债危机阻碍了国际经济复苏步伐，欧洲等传统家电出口目的国需求增长乏力，造成家电出口增速持续平淡。因此，此时扩大内需成为各方共识，家电下乡政策应运而生。2007 年 12 月，家电下乡政策开始在山东、河南、四川、青岛三省一市试点，彩电、电冰箱（包括冰柜）和手机三大类家电产品作为下乡产品。截至 2008 年年底，试点范围扩大到内蒙古、辽宁、湖南等 14 个省市自治区和计划单列市，新增洗衣机为下乡产品。2009 年 2 月开始正式推广到全国，下乡家电产品新增了电磁炉、电脑、热水器、微波炉、空调。此后，三部委又联合发表通知，允许各省（区、市）在现有 9 类家电补贴产品之外选择一个新增品种纳入家电下乡政策实施范围。"家电下乡"政策在各地区实施的时间统一暂定为 4 年，已经试点的山东、河南、四川、青岛三省一市，执行到 2011 年 11 月底；第二批试点的内蒙古、辽宁、湖南等 10 个省区市执行到 2012 年 11 月底；其余地区，在 2013 年 1 月底全部到期。

（二）政策补贴方式

"家电下乡"采用财政资金直补的方式，按照家电销售价格的 13%（家电产品出口退税比例）予以补贴。家电下乡实行最高限价从电磁炉的 600 元到彩电的 3500 元不等，但在 2009 年年末经调整均有大幅提高，每个农村居民限购 2 台。

家电下乡补贴是对消费者而不是生产厂商的直接补贴，只有农村居民购买了符合政策的家电下乡产品才能享受补贴。家电下乡的补贴有两种方式：一是商家代理垫付。这种方法就是由商家将客户购买时的资料收齐，当场填写申请表，录入电脑"家电下乡信息系统"，补贴款直接在销售总额中抵扣。再由商家向当地的财政局申报，由财政审核发放给商家。二是由客户带着相关材料到客户户口所在地的乡镇财政所申报，待批复后再领取补贴。

三、模型设定

由于边际成本无法直接观测，我们采用间接的方法证明家电下乡政策后边际成本的变化及产生的福利，研究过程如下：我们首先测算出价格与边际成本之比 $\frac{P}{C}$ 在实施家电下乡政策后的变化；由于家电下乡实施限价政策，即入围产品政策实施后的价格不得高于政策实施前的价格，在

测算出 $\dfrac{P}{C}$ 的变化值后，我们可估计出边际成本降低的百分比的下限值，并进一步测算出家电下乡政策产生的福利增加值的下限。

为了估计 $\dfrac{P}{C}$ 的变化值，本文利用 Klette（1999）推导的估计 $\dfrac{P}{C}$ 的模型。Klette（1999）的模型，建立在 Hall（1986，1988）、Roeger（1995）基础上，可直接用产出和要素的相关数据进行估计。Klette（1999）放松了规模报酬假定，运用公司层面数据就可以检测出 $\dfrac{P}{C}$。

Klette（1999）从 Solow（1956）新古典模型出发，假定企业的生产函数为 $Q_{it} = A_{it} F_t(X_{it})$，式中，$Q_{it}$ 为 i 公司在 t 时期的产出向量，X_{it} 为投入向量，A_{it} 为全要素生产率，$F_t(\cdot)$ 为生产函数。假设市场中存在一个代表性企业 $Q_t = A_t F_t(X_t)$，t 时期的投入和产出分别为该时期所有企业投入和产出的中值。运用广义多元微分中值定理，可得：

$$\hat{q}_{it} = \hat{a}_{it} + \sum_{j \in M} \overline{\alpha}_{it}^j \hat{X}_{it}^j \tag{1}$$

式中，带尖帽的变量表示某变量 t 期观测值与代表性企业的观测值的对数差，例如：$\hat{q}_{it} = \ln Q_{it} - \ln Q_t$，$Q_t$ 为代表性企业的 t 期的产出。$\overline{\alpha}_{it}^j$ 表示投入要素 j 的产出弹性。[1]

模型还假定：企业在劳动要素投入上仅根据利润最大化的一阶条件决定。[2] 根据要素市场均衡 MFC = VMP 的一阶条件可得：

$$A_{it} \frac{\partial F_t(X_{it})}{\partial X_{it}^j} = \frac{W_{it}^j}{(1 - 1/\varepsilon_{it})P_{it}} \tag{2}$$

式中，W_{it}^j 为 j 要素的价格，P_{it} 为产出商品的价格，ε_{it} 为需求价格弹性。根据不完全竞争理论，$(1 - 1/\varepsilon_{it})^{-1}$ 为价格与边际成本之比 $\dfrac{P}{C}$，接下来用 μ_{it} 来表示。

由式（2），我们可以得到：$\overline{\alpha}_{it}^j = \mu_{it} \dfrac{\overline{W}_{it}^j \overline{X}_{it}^j}{\overline{P}_{it} \overline{Q}_{it}} = \mu_{it} \overline{S}_{it}^j \tag{3}$

其中，$\overline{S}_{it}^j$ 为投入要素占总收入比重。

令规模弹性为：

$$\overline{\eta}_{it} = \sum_{j \in M} \overline{\alpha}_{it}^j \tag{4}$$

将资本要素和非资本要素分离，[3] 可得

$$\overline{\alpha}_{it}^k = \overline{\eta}_{it} - \mu_{it} \sum_{j \neq k} \overline{S}_{it}^j \tag{5}$$

将其得到的表达式代入式（1），可得：

$$\hat{q}_{it} = \hat{a}_{it} + \mu_{it} \sum_{j \neq k} \overline{S}_{it}^j (\hat{X}_{it}^j - \hat{X}_{it}^k) + \eta_{it} \hat{X}_{it}^k \tag{6}$$

Klette（1999）提出生产率与企业规模呈正相关，因此假设 $\hat{a}_{it} = a_0 + a_i + \theta_{it}$，$a_0$ 为所有企业不随时间变化效果的平均值，a_i 为企业 i 不随时间变化的效果对平均值 a_0 的偏离，θ_{it} 为随机误差项。

---

① $\overline{\alpha}_{it}^j \equiv \left[\dfrac{x_{it}^j}{F_t(X_{it})} \dfrac{\partial F_t(X_{it})}{\partial x_{it}^j} \right] X_{it} = \overline{X}_{it}$，其中，$\overline{X}_{it}$ 属于由坐标 $\{X_{it}, (X_t^1, X_t^2, X_t^3, \cdots, X_t^m), (X_{it}^1, X_t^2, X_t^3, \cdots, X_{it}^m), \cdots, (X_{it}^1, X_{it}^2, X_{it}^3, \cdots, X_{it}^m), X_t\}$ 围成的凸集。

② 现阶段家电制造业市场化程度较高，可以认为企业根据其规模和利润决定员工的投入。

③ Hyde 和 Perloff（1995）证明在对制造业市场势力测度时，若不把劳动和原材料等要素从资本要素中分离出来会产生过高的市场势力估计。

进一步假定行业内普遍存在的市场势力溢价 μ 和规模弹性 η，则上式可改写为：

$$\hat{q}_{it} = a_0 + a_i + \mu \hat{X}_{it}^v + \eta \hat{X}_{it}^k + V_{it} \tag{7}$$

式中，$\hat{X}_{it}^v = \sum_{j \neq k} \bar{S}_{it}^j (\hat{X}_{it}^j - \hat{X}_{it}^k)$，$V_{it} = (\mu_{it} - \mu)\hat{X}_{it}^v + (\eta_{it} - \eta)\hat{X}_{it}^k + \theta_{it}$。

为了检测政策前后市场势力是否发生变化，我们假设家电下乡政策实施后市场溢价水平为 $\mu' = \mu + \beta$，β 为政策实施所带来的市场溢价的变化。引入政策虚拟变量 Z_{it}，$Z_{it} = 0$ 表示当期该企业没有产品中标，[①] $Z_{it} = 1$ 表示当期该企业有产品中标。则模型可改进为：

$$\hat{q}_{it} = a_0 + a_i + (\mu + \beta Z_{it})\hat{X}_{it}^v + \eta \hat{X}_{it}^k + v_{it} \tag{8}$$

最后，在识别策略上，我们考虑到三种可能的内生性：①未观察到的、不随时间变化的 a_i 可能与右侧其他变量相关，因而采用 OLS 估计导致有偏；②企业参与竞标入围，即变量 z_{it} 可能是内生的；③存在观察误差。普通的面板数据回归方法只能解决第一类内生性问题，但不能解决后两者。因此本文采用工具变量两阶段最小二乘回归。采用的工具变量包括：①员工数量。这一工具变量被 Klette（1999）和陈甬军等（2009）采用，其采用的理由是因为员工人数随时间变化的波动较小，与解释变量高度相关而与随机误差项不相关。②去除家电出口额后的全国出口总额。出口总额下降，是扩大内需，制定家电下乡政策的直接原因，其与政策虚拟变量高度相关，但由于去除了家电出口额，其与国内家电需求、家电企业生产组织无关。③时间。由于 $\hat{X}_{it}^v$ 和 $\hat{X}_{it}^k$ 是由相关变量 t 期观测值与代表性企业的观测值的对数差所构成，尽管理论上对企业是否由于动态竞争生产组织趋同或趋异（$\hat{X}_{it}^v$ 和 $\hat{X}_{it}^k$ 随时间变小或变大）有争议，但不否定时间与 $\hat{X}_{it}^v$ 和 $\hat{X}_{it}^k$ 相关，而时间是外生的，因此时间是一可考虑的工具变量。（如果不采用时间做工具变量，下文回归中除随机效果模型 β 的 $p = 0.117$，在10%的水平上不显著外，其他的测试和固定效果 β 值均显著，从而不影响本文的结论）

四、数据来源及说明

Klette（1999）要求采用公司层面的数据，而上市家电制造企业公司层面的数据较为真实可靠，且易于获取，故本文依据"东方财富网"和"新浪财经"对上市公司的分类，选取了多家主营业务为家用电器制造的公司作为整体的样本。由于家电制造业上市公司中，一批企业上市时间较晚（2008 年以后），为了对比政策前后的效果，最终在上海证券交易所和深圳证券交易所上市交易的企业中，选取了 18 家在 2004 年以前上市的家电制造企业作为模型估计的最终样本。

由上文的式（8）可知，为了能估计出市场溢价和规模弹性，需找到相关的产出、投入要素变量以及工具变量。在查阅家电制造业上市公司年度报表后，借鉴陈甬军等（2009）的经验，从利润表中选取了"主营业务收入"字段作为产出变量；从现金流量表中选取了"支付给职工以及为职工支付的现金"和"购买商品、接受劳务支付的现金"字段作为劳动和中间要素投入变量；[②] 从资产负债表中选取了"累计折旧"和"资产总计"字段中的内容经相应计算作为资本投入变量；

---

① 家电下乡政策实施招投标形式，并分别于 2007 年 11 月、2008 年 11 月、2009 年 1 月、2009 年 5 月、2010 年 2 月、2010 年 11 月、2011 年 12 月公布中标产品结果。

② "支付给职工以及为职工支付的现金"和"购买商品、接受劳务支付的现金"在现金流量表中体现，每一笔都有相应的凭证支持，相对于资产负债表和利润表，其人为操作空间小，真实度高。

采用了"员工人数"字段作为投入要素的工具变量，收集了从 2004~2012 年 18 个上市家电制造企业的数据。从国家统计局网站收集了 2004~2012 年全国产品出口总额，并从 UNCOMTRADE 网站和国研网，收集整理了 2004~2012 年我国家电产品出口总额。[①] 具体情况如表 1 和表 2 所示。

表 1 相关变量解释

变量名称	变量释义	变量来源	注释
总产出	各要素投入后形成的最终产品价值	CSMAR 数据库中上市公司资产负债表中"主营业务收入"字段	由于部分公司的多元化经营，故采用"主营业务收入"而非"营业收入"字段
劳动投入	劳动力投入的成本，为职工支付的各项报酬	CSMAR 数据库中上市公司现金流量表中"支付给职工以及为职工支付的现金"字段	
中间要素投入	主要为购买原材料的支出	CSMAR 数据库中上市公司现金流量表"购买商品、接受劳务支付的现金"字段	
资本投入	资本投入包括资本的消耗和资金的时间价值	资本消耗：CSMAR 数据库中上市公司资产负债表"累计折旧"字段中的本期增加；资金时间价值：五年以上长期贷款基准利率×资产总计，其中五年以上长期贷款基准利率来源于中国人民银行网站，资产总计见下	若采用累计折旧差分，则资本消耗可能会出现负值 五年以上长期贷款利率在有多次变动的年份，故采用其加权平均值计算
员工人数	企业当期的员工人数	CSMAR 数据库中上市公司附注信息中"员工人数"字段	不包含退休员工
资产总计	企业当期的资本总计	CSMAR 数据库中上市公司资产负债表中"资产总计"字段	
出口总额	全国当期所有产品出口总额	中国国家统计局网站	
家电产品出口额	全国当期家电产品出口总额	UNCOMTRADE 网站以及国研网	

表 2 变量描述性统计

	观测值个数	均值	标准离差	最小值	最大值
资产总计	162	110.572	172.759	5.540	1080
营业收入	162	133.870	188.064	3.483	993.162
购买商品、接受劳务支付的现金	162	91.462	131.705	2.140	634.259
支付给职工以及为职工支付的现金	162	7.379	10.4933	0.255	56.135
累计折旧	162	1.824	2.637	0.047	18.571
员工人数	160	14805.81	18898.95	381	80189
除去家电出口的全国出口额	162	88228.73	24096.82	47651.33	125212.1
回归方程中的变量					
$(\hat{q}_{it})$	162	0.198	1.319	−2.221	2.769
$(\hat{X}_{it}^{v})$	162	0.118	0.465	−0.946	1.551
$(\hat{X}_{it}^{k})$	162	0.137	1.137	−2.043	2.668
$(z_{it}\hat{X}_{it}^{v})$	162	0.021	0.212	−0.946	0.65

注：原始数据变量中除员工人数，其余变量的单位均为亿元；变异系数=标准离差/均值。

[①] 家电出口产品包含的海关代码为：84145、841510–841583、84182、84501–84502、8509、85165000、85219011、85219012、8525802、852872–852873。

五、回归结果

表 3 呈现了两个模型。模型 Model 1 表示采用除去家电出口的全国出口总额作为政策变量 z 的工具变量，员工人数和时间作为投入要素矩阵差异的工具变量，并分别采用固定效应和随机效应进行回归。模型 Model 2 未采用工具变量回归。

表 3　系数回归结果及相关检验

Variable		Model 1		Model 2	
		固定效应（fe）	随机效应（re）	固定效应（fe）	随机效应（re）
回归系数	μ	0.891*** (3.94)	1.047*** (5.22)	0.546*** (8.54)	0.613*** (9.77)
	β	0.828** (2.06)	0.760* (1.80)	0.148 (1.38)	0.134 (1.22)
	η	0.862*** (11.02)	0.948*** (15.69)	0.796*** (16.94)	0.894*** (22.34)
	a_i	−0.041 (−0.97)	−0.070 (−0.67)	0.022 (1.07)	0.001 (0.01)
$(C-C')/C$		0.48***	0.42***	0.21*	0.18
Wald test	$\mu = 1$	p = 0.63	p = 0.81	p = 0.00	p = 0.00
	$\mu + \beta = 1$	p = 0.10	p = 0.06	p = 0.00	p = 0.02
	$\eta = 1$	p = 0.08	p = 0.39	p = 0.00	p = 0.01
Hausman test		p = 0.74		p = 0.28	

注：括号中的数值为 t 统计量的值；*、**、*** 分别表示在 10%、5%、1% 的显著性水平下通过显著性检验，p 值保留小数点后 2 位，四舍五入。

从估计效果来看，Model 2 未考虑内生性问题，其回归的系数值明显低于 Model 1 回归的系数值，符合理论预测，模型估计结果下偏。Model 1 采用工具变量回归。对于 Model 1，利用 Hausman 检验，p 值大于 0.05，不能拒绝原假设，我们选择随机效应回归。（围绕下文讨论涉及的观点，固定效应和随机效应的实际值差异并不大，这可从表中 μ、β、η、$(C-C')/C$ 的值及其显著性，以及对 $\mu = 1$ 的 Wald test 可知）

从 Wald 检验结果来看，$\mu = 1$ 的 p 值为 0.81，我们无法在 10% 的显著性水平下拒绝原假设，因此政策实施前，家电制造业是没有市场势力的。我国的家电制造业在 2004~2008 年还处于成长期且仍徘徊于产业价值链的低端，对外开放程度很高与各方面条件更加优越的外资品牌竞争激烈，而从内部来看，进入壁垒低、产品同质化严重、技术创新落后，特别是这些年大打价格战，汇率也不断上涨，这期间家电制造业的不存在市场势力，正是由于这些内外部因素共同作用的结果。

而 β 的 p 值为 0.07（t = 1.80），在 10% 的显著性水平下被拒绝，表明值显著为正（0.757），说明家电下乡政策提高了我国家电行业的价格与成本的比值。

产业转型升级与产能过剩治理——中国工业经济学会 2014 年论文集

六、家电下乡对生产成本、利润和社会福利的影响

在测算了 $\frac{P}{C}$ 的变化值，以及 β 值后，我们分析边际成本的变化和对福利的影响。

（一）对生产成本、利润的影响

我们记 μ、P 和 C 分别为家电下乡政策实施前的我国家电行业的价格与成本的比值、价格和边际成本；μ′、P′ 和 C′ 为实施后的对应值。由于 $\mu' = \mu + \beta = \frac{P'}{C'} > \frac{P}{C} = \mu$（β 经上文测算显著为正），又由于家电下乡政策对于下乡产品有严格的价格上限控制，P≥P′。因此，我们可推出 C′< C。我国家电行业的价格与成本的比值的增加，来源于边际成本 C 的下降。边际成本政策实施前后的变化率计算公式如下：

$$\frac{C - C'}{C} = 1 - \frac{C'}{C} = 1 - \left(\frac{P'}{\mu'}\right)/\left(\frac{P}{\mu}\right) = 1 - \left(\frac{P'}{P}\right)\left(\frac{\mu}{\mu'}\right) \geq 1 - \frac{\mu}{\mu'} = 1 - \mu/(\mu + \beta)$$

上述不等式是基于 P ≥ P′，因此边际成本至少下降了 1 − μ/(μ + β)，运用 Model 1 随机效果模型估计结果计算，行业边际成本至少下降了 42%，其值在 1% 水平上显著，如表 3 所示。价格成本加成从政策实施前（$\frac{P - C}{P} = 1 - \frac{C}{P} = 1 - \frac{1}{\mu} = 4.58\%$）变成政策实施后（$1 - \frac{1}{\mu'} = 44.60\%$），前后相差 40.02%。我们这种估计被实际的账务数据佐证。表 4 为全行业的相关数据，显示家电成本占主营业务的比重在政策实施前（2008 年前）介于 93.7% 至 94.5% 之间（均值 94.5%），而政策实施后，这一数据降至 90.1% 以下（均值 89.0%）；行业主营业务利润与主营业务收入之比从实施前介于 5.5% 至 6.3% 之间（均值 5.5%），增至 9.9% 至 12.2% 之间（均值 11.0%），平均提高了 5.5 个百分点。

表 4　全行业销售利润与成本分析

指标	家用电器零售主营业务利润（亿元）	家用电器零售主营业务收入（亿元）	成本（亿元）	成本占主营业务比	主营业务利润占主营业务收入比	利润净增下限（亿元）
	TP	R	TC	TC/R	TP/R	R*（G12−G7）
2004 年	57.65	1040.63	982.98	0.945	0.055	
2005 年	18.2	312.36	294.16	0.942	0.058	
2006 年	88.37	1395.36	1306.99	0.937	0.063	
2007 年	93.95	1690.81	1596.86	0.944	0.056	
实施前平均				0.945	0.055	
2008 年	213.91	2165.2	1951.29	0.901	0.099	119
2009 年	222.12	2220.16	1998.04	0.900	0.100	122
2010 年	292.8	2955	2662.2	0.901	0.099	163
2011 年	420.29	3672.89	3252.6	0.886	0.114	202
2012 年	355.54	2910.99	2555.45	0.878	0.122	160
实施后平均				0.890	0.110	140

资料来源：国家统计局。

以上是对全行业的情况统计，但由于数据限制，无法进行显著性检验。为了检验行业销售成本率，即成本/主营业务收入，是否有显著的下降，我们对 18 家上市企业销售成本率，做了 t 检验。结果如下：

表5　18家上市企业销售成本率分析

组别	观测值个数	均值	标准误	标准差	95%置信区间	
政策实施前	93	1.008	0.009	0.091	0.989	1.026
政策实施后	69	0.982	0.009	0.073	0.964	0.999
全部	162	0.997	0.007	0.084	0.984	1.010
差值		0.026	0.013		0.0004	0.051
T检验	Pr(|T| > |t|) = 0.046　　Pr(T > t) = 0.023					

从表5中，我们可以看出，政策实施前，18家上市企业平均销售成本年率为1.008，政策实施后，其为0.982。两者的差值为0.026。且t检验单侧p值为0.023，双侧P值为0.046，均在5%的显著性水平下显著。表明政策实施后家电行业上市公司整体的销售成本率显著下降了，这与前文中全行业的统计一致。

我们分析，行业边际成本下降主要来源于五个方面：第一，由于补贴导致需求扩大，从而导致单位成本下降。第二，大型企业拥有更好的规模效益，相对更易中标。一旦中标，其需求量扩大，成本下降。以最大的家电制造企业海尔集团为例，其在2009年度实现家电下乡产品销售197.51亿元，占当年家电下乡销售额的近三成；在2011年度的家电下乡招标中，海尔697款产品全部中标；实施两年的以旧换新政策给海尔集团的销售贡献在60%以上，带动销售超过200亿元。[①]整个行业的生产资源往技术更加先进、管理更加完善的大型企业流动，使得整个行业的生产变得更加有效率，因此行业整体的边际成本下降。第三，中标的企业往往收购未中标企业，或者多家企业合并，以降低成本，参与竞标，导致市场集中度增大。据可查数据显示，在2008~2012年，美的收购了小天鹅，爱仕达接盘步步高小家电业务，海尔并购了三洋机电的白电等。企业兼并，减少了企业的管理、营销和上游材料成本。第四，营销渠道的下沉和扩张。家电下乡和以旧换新政策的优惠，使得家电产品的需求量迅猛增长，这也就促进了各大家电厂商自有销售渠道的建设。在三、四级城市，许多的品牌家电直营店、专营店迅速建立起来，海尔、美的等大品牌甚至在村镇一级都设有专门的营业店。这样一来，在一定程度上打破了苏宁、国美等家电连锁以及京东等电商对家电产品销售的垄断，产品销售更加自主灵活，降低了销售成本，进而降低产品边际成本。第五，由于政府大力宣传的家电下乡活动，无形中给中标品牌进行了宣传，提高其知名度，因此企业降低了广告投入，降低了成本。

（二）对福利的影响

社会的总福利变化由消费者的福利变化、政府收支变化及厂商的福利变化之和组成。图1为政策实施前后福利的变化图，由于前文中已经测算出政策实施前家电行业没有市场势力溢价，因此P与C相等，p^*为消费者实际购买价格，c'为企业在政策实施后的成本。由于前文表3中已经测算出 $(C - C')/C = 0.42$，即c'为c的58%，而p^*为p的87%（政府补贴销售价格的13%）。因此，c'在p^*的下方。

由于政府补贴，消费者的福利变化由图形pp^*ge表示，政府收支变化由pp^*gh表示，两项正负抵消后为egh，其值为负。但企业由于成本下降，其福利变化为正的$cc'fh$。因此，最终社会福利变化为正的$pc'fge$。

我们估算行业的净利润增加值的下限为：年度主营业务收入（R）* 行业主营业务利润与主营

业务收入之比政策实施前后之差（即 5.5%）。由此计算，家电下乡产生的社会净增总福利在 2008 年、2009 年、2010 年、2011 年、2012 年分别不少于 119 亿元、122 亿元、163 亿元、202 亿元、160 亿元，平均每年约 140 亿元，如表 4 所示。

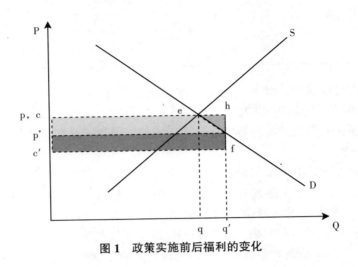

图 1　政策实施前后福利的变化

七、结论与政策启示

前文通过实证及图示证明了家电下乡政策降低了边际成本，产生了正的社会福利。其实，图 2 中 p = c，即政策实施前无市场势力只是一个特例，我们可进一步放松该条件。如图 2 所示，即使 P > C，在满足 C′ < C，且 C′ ≤ p*，P′ ≤ P 也必将产生正的社会福利。因为消费者的福利增加了 pp*ge，而政府支出为 pp*gh，企业增加的收益为 cc′fhek，三者正负抵消后，最终的社会福利为正。

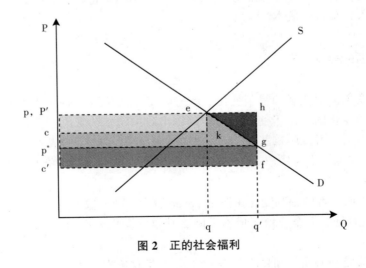

图 2　正的社会福利

为了应用需求侧的补贴政策，我们认为需要满足以下条件：

第一，P′ ≤ P 要求实施需求侧补贴时，通过招投标，要求政策实施后的入围产品的价格不能高于实施前。

第二，C′<C要求：①实施需求侧补贴应选择企业自行兼并、合并经济壁垒较低的行业；②让市场决定企业的破产，降低和取消企业自行兼并、合并的政策壁垒，容许产业适度集中；③不干预企业选择生产技术和生产组织方式。应尽量减少由政府干预引起的企业退出的非经济型障碍，允许企业间兼并与合并，使得资源流向高效率的企业进行生产，降低成本。如针对家电行业，工业和信息化部曾于2009年12月25日公布文件指出，工信部将鼓励和支持符合条件的家电企业通过发行股票进行融资，支持家电龙头企业实施兼并重组和海外并购。

　　为了优化产业结构，政府较多运用直接干预企业的产业政策，但是缺点较多。首先，由于信息不对称以及政府对于市场信息的准确掌握与分析较为困难，导致不能准确做出合理的政策措施从而引发各种附加问题。例如，控制过度导致产品供给不足，一旦放松，又爆发生产过剩等问题。其次，为了避免规制行业违反政策安排，政府常需要投入较大的监督费用与时间，却常常出现已关停企业"死灰复燃"。但采用类似家电下乡政策，政府只需公平地进行产品供给商招标，并实施适度地监督即可，不需要直接干预企业行为，使得市场这只"看不见的手"对生产资源进行合理分配，以提高效率，优化产业结构。基于本文的实证和图示，我们呼吁政府在考虑干预市场时，更多地考虑从需求侧着手。

参考文献：

［1］Amsden，Alice H. Asia's Next Giant：South Korea and Late Industrialization ［M］. Oxford University Press，New York，1989.

［2］Hall R E. The Relation between Price and Marginal Cost in US Industry ［J］. Journal of Political Economy，1988，96（5）：921-947.

［3］Hall R E. Market Structure and Macroeconomic Fluctuations ［J］. Brookings Papers on Economic Activity，1986（2）.

［4］Roeger W. Can Imperfect Competition Explain the Difference between Primal and Dual Productivity Measures? Estimates for US Manufacturing ［J］. Journal of political Economy，1995，103（2）：316-30.

［5］Hyde C. E.，Perloff J. M. Can Market Power be Estimated? ［J］. Review of Industrial Organization，1995，10（4）：465-485.

［6］Klette T. J. Market Power，Scale Economics and Productivity：Estimates from a Panel of Establishment Data ［J］. The Journal of Industrial Economics，1999，47（4）：451-476.

［7］Roeger W.，Warzynski F. A Joint Estimation of Price-Cost Margins and Sunk Capital：Theory and Evidence from the European Electricity Industry ［M］. Aarhus School of Business，2004.

［8］Solow，Robert M. Technical Change and the Aggregate Production Function ［J］. Rev. Ecom. and Statis. 1957（39）：312-20.

［9］舒锐. 产业政策一定有效吗？——基于工业数据的实证分析 ［J］. 产业经济研究，2013（3）.

［10］［美］查默斯·约翰逊. 通产省与日本奇迹：产业政策的成长（1925~1975）［M］. 金毅等译. 吉林出版集团有限公司，2010

［11］申力. 中国制造业过度竞争问题研究 ［D］. 厦门大学硕士学位论文，2007.

［12］陈甬军，周末. 市场势力与规模效应的直接测度——运用新产业组织实证方法对中国钢铁产业的研究 ［J］. 中国工业经济，2009（11）.

碳排放约束下制造业行业能源效率及其影响因素的实证研究

——以天津市为例

吕明元[1]　王洪刚[2]

（1. 天津商业大学经济学院产业经济研究所，天津　300134

2. 天津商业大学经济学院，天津　300134）

一、问题的提出

　　能源是经济发展的重要基础。随着中国经济的快速发展，能源消费不断增加，温室气体排放加剧所引发的气候变暖、生态系统恶化等问题也正严重威胁着人们的生存与发展。因此，能源利用效率问题日益引起众多学者的关注。

　　国内外学者分别从不同角度对能源效率问题进行了研究：Alcantara 等（2004）发现冶金部门和制造部门是能源消费强度最高的部门，因为这两个部门的产品直接用于消费。Yamaguchi（2005）发现 20 世纪 80 年代日本制造业部门的能源消费强度下降了 30%，这种能源使用效率的提高主要得益于对相关技术的投入。Garbaccio 等（1999）用投入—产出法创建了能源消费强度指数，分析了 1978~1995 年中国能源消费的数据，发现技术革新是中国能源消费强度变化的主要因素。Fisher-Vanden 等（2004）收集了 1997~1999 年中国工业企业的数据，运用面板数据的回归分析方法，发现中国能源消费强度变动的原因包括能源价格的上升、能源研发的支出增加、企业产权改革以及中国的产业结构调整等。Hang 等（2007）利用柯布—道格拉斯生产函数以及成本最小化原则构建实证方程，发现中国总体能源消费强度与能源相对价格呈负相关关系，另外，产业结构的升级也导致了中国能源消费强度的减小。史丹（2006）计算了区域间的能源生产率，并在各地区能源生产率趋同条件下计算了节能潜力，认为影响区域能源生产率的主要原因包括产业结构、人均 GDP、能源消费结构、对外开放程度和地理区位。李国璋等（2008）基于广义费雪指数（GFI）方法，将影响区域能源强度变动的因素分解为技术进步效应、结构变动效应和经济规模效应，并利用 1995~2005 年中国 30 个省（自治区、直辖市）的相关数据对区域能源强度变动进行了因素分解分析，发现区域结构因素是能源强度变动的主要解释因素，其次是区域技术进步，而区域经济规模的解释力较弱。Fare 等（2007）运用"多投入—多产出"的 DEA 模型考察了生产过程中的环境绩效及实现投入减少，产出扩张和污染物减少的生产途径。

　　我们发现，以上关于能源效率的文献大多是从地域方面进行的研究，并且主要针对能源经济

　　[作者简介] 吕明元，天津商业大学经济学院产业经济研究所所长，教授。王洪刚，天津商业大学经济学院硕士研究生。

效率，而对环境约束下行业能源效率尤其是对比较细分的某一地区行业的能源效率关注较少。天津市作为中国一个典型的工业城市，作为能源消耗主体的工业尤其是制造业在天津市节能减排工作中具有举足轻重的地位。因此，结合天津市发展的实际情况及现有研究的不足，本文选取天津市 2003~2012 年的制造业作为研究对象，在构造传统能源经济效率指标的同时，引进能源环境效率指标，对比分析了天津市制造业中各个行业的能源使用效率的差异，研究了要素密集度不同的行业的能源使用效率，并对能源结构对制造业能源效率的影响进行了分析，这对天津市在发展规划中进行合理的资源配置，实现系统节能减排相当重要。

二、模型设定与数据说明

（一）能源使用效率的界定

效率一般是通过反映投入—产出关系的指标而测度的。所谓的有效率即以最小的投入获得最大的产出。换言之，在等投入的条件下，最大产出为有效率；在等产出的条件下，最小投入为有效率。

能源使用效率是考察能源使用程度和水平的一项综合指标，它反映能源消费过程中经济、技术、管理等因素的影响及其效果，具有高度的概括性和很强的对比性。本文将行业能源效率定义为某一行业中产出一定的情况下，达到这一产出的潜在能源投入与实际能源投入的比例，即：

$$能源效率 = \frac{潜在能源投入}{实际能源投入}$$

（二）能源使用效率指标体系的构建

本文将从能源经济效率和能源环境效率两个方面来衡量能源使用效率综合指标。

1. 能源经济效率指标的构建

关于能源效率指标的衡量方式主要有两种：一种是单要素能源效率方法，即投入—产出比；一种是全要素能源效率，[①] 即考虑各种投入要素之间相互作用的能源效率，并且现在运用也较为广泛，当代学者争相使用，但其计算比较复杂，并且在大量文献中发现运用单要素与全要素能源效率所得结果基本一致，本文运用传统的单要素能源效率作为能源经济效率指标。

公式如下：

$$EE_i = \frac{Y_i}{AE_i} \tag{1}$$

式中，EE_i 表示制造业中第 i 行业部门的能源经济效率；Y_i 表示制造业中第 i 行业部门的可比生产总值；AE_i 表示制造业中第 i 行业部门的实际的终端能源消耗量。

那么，整个制造业部门的能源经济效率也就是制造业所有行业生产总值之和与实际终端能源消耗量之和之比，即：

---

① 全要素能源效率主要应用 DEA 模型将能源环境等多种要素纳入生产理论，综合考虑其作用，本文将能源经济产出与环境产出分别加以考虑。

$$EE = \frac{Y}{AE} = \frac{\sum_{i=1}^{30} Y_i}{\sum_{i=1}^{30} AE_i} \tag{2}$$

由于各行业的要素密集度不同，它们之间存在能源效率的差异，所以，它们的节能潜力也就不同。我们在分析不同要素密集型行业的节能潜力时，借鉴史丹（2006）分析中国能源效率地区差异与节能潜力时用到的方法，在三种要素密集型行业中找到一个能源效率最高的，其能源效率用 P_m/AE_m 表示，因此，在当前经济技术发展水平下，天津市制造业提高能源效率的最大潜力为：

$$IP = 1 - \frac{P}{AE} \Big/ \frac{P_m}{AE_m} \tag{3}$$

各个类型行业部门的节能潜力[①] 为：

$$IP_k = 1 - \frac{P_k}{AE_k} \Big/ \frac{P_m}{AE_m} \tag{4}$$

IP_k 表示制造业中第 k 种类型行业部门的节能潜力。

2. 能源环境效率指标的构建

为了较为全面地分析行业能源使用效率，并弥补传统单要素能源效率的不足，我们引入能源环境效率指标，本文将 CO_2 作为环境的衡量指标。

公式如下：

$$CEI_i = \frac{CE_i}{Y_i} \tag{5}$$

式中，CEI_i 表示制造业中第 i 行业部门的 CO_2 排放强度；CE_i 表示制造业中第 i 行业部门的 CO_2 排放量。

在根据消耗的能源品种来估算 CO_2 的排放量时，能源品种分得越细，得到的 CO_2 的排放量越准确。天津市统计年鉴中对能源品种的划分较细，利用统计年鉴中提供的不同品种的能源消耗量以及不同品种能源的 CO_2 转化系数，计算 CO_2 的排放量，得到的结果准确性更高。公式如下：

$$CE_i = \sum_{j=1}^{8} \delta_j AE_{ij} \tag{6}$$

式中，δ_j 为第 j 种能源的 CO_2 排放系数；AE_{ij} 表示第 i 行业中第 j 种能源的消费量。

表 1　各种能源 CO_2 排放系数

排放源	燃料类别	排放系数	排放源	燃料类别	排放系数
煤	原料煤（千克 CO_2/千克）	2.69	燃料油	原油（千克 CO_2/千克）	2.76
	焦炭（千克 CO_2/千克）	3.14		煤油（千克 CO_2/千克）	2.56
	燃料煤（千克 CO_2/千克）	2.53		柴油（千克 CO_2/千克）	2.73
	无烟煤（千克 CO_2/千克）	3.09		汽油（千克 CO_2/千克）	2.20
	焦煤（千克 CO_2/千克）	2.69		燃料油（千克 CO_2/千克）	2.98
燃料气	天然气（千克 CO_2/千克）	2.09		液化天然气（千克 CO_2/千克）	2.66
	炼油气（千克 CO_2/千克）	2.17		液化石油气（千克 CO_2/千克）	1.75
	炼焦炉气（千克 CO_2/千克）	0.93		其他油品（千克 CO_2/千克）	2.76

资料来源：IPCC（联合国政府间气候变化专门委员会）2006 年版。

---

① 此处的节能潜力为相对节能潜力。

3. 能源经济效率与能源环境效率之间的关系

在此，我们借鉴最初由 Ehrlich 等学者（1970）提出的环境影响的 IPAT 方程来构造碳排放的 IPAT 方程，变形为 Kaya 模型，其表达式为：

$$CE = P \times \frac{Y}{P} \times \frac{AE}{Y} \times \frac{CE}{AE} \tag{7}$$

从而，我们将其变形可以得到能源经济效率和 CO_2 排放强度的关系如下：

$$EE = \frac{CE}{AE} \times \frac{1}{CEI} \tag{8}$$

式中，$\dfrac{CE}{AE}$ 表示能源的碳密度，与能源利用结构相关。

（三）变量选择与数据说明

本文选取天津市制造业中共 30 个行业[①] 进行研究，样本区间为 2003~2012 年。

根据要素密集度的不同划分行业，目前国内外尚无统一的标准。其主要原因是：①在理论上，划分的依据还不够充分，对一些问题尚有争议；②在方法上，对一些指标的设定有分歧，计算方法也有异议；③由于投入要素之间存在一定的替代性，导致了混合密集型行业和资源密集型行业划分的边界不清楚。尽管如此，由于国内工业有相同的统计口径，也有可比的参照系，按照要素密集度划分仍不失意义。本文在综合分析以往研究文献（王岳平，2004；张理，2007；黄山松、谭清美，2010 等）的基础上将以上 30 个行业分为劳动密集型、资本密集型和技术密集型三大类，具体为：农副食品加工业，食品制造业，饮料制造业，纺织业，纺织服装、鞋、帽制造业，皮革、毛皮、羽（绒）毛及其制品业，木材加工及木、竹、藤、棕、草制品业，家具制造业，印刷业和记录媒介的复制，文教体育用品制造业，橡胶制造业，金属制品业，工艺品及其他制造业，废弃资源和废旧材料回收加工业为劳动密集型行业；烟草制品业、造纸及纸制品业、石油加工炼焦及核燃料加工业、化学纤维制造业、塑料制造业、非金属矿物制品业、黑色金属冶炼及压延加工业、有色金属冶炼及压延加工业为资本密集型行业；化学原料及化学制品制造业、医药制造业、通用设备制造业、专用设备制造业、交通运输设备制造业、电气机械及器材制造业、通信设备计算机及其他电子设备制造业、仪器仪表及文化办公用机械制造业为技术密集型行业。

本文的原始数据来自天津市统计信息网和《天津市统计年鉴》，为了数据的全面性与可获取性，我们选取了开始按新国民经济行业划分的 2003~2012 年作为样本区间。在获取各行业总产值[②] 时，为了数据的可比性，作者利用《天津市统计年鉴》中各年按行业分工业生产者出厂价格指数[③] 和各年各行业的总产值，分别计算了以 2003 年为基期的各行业的不变价总产值，从而消除了价格变动的影响。在获取每年各行业的实际能源消耗量时，由于《天津市统计年鉴》中只给出了各行业主要能源终端消费量，作者根据《中国统计年鉴》中的各种能源折标准煤参考系数计算出各行业的折

---

① 30 个行业分别是：1. 农副食品加工业；2. 食品制造业；3. 饮料制造业；4. 烟草制品业；5. 纺织业；6. 纺织服装、鞋、帽制造业；7. 皮革、毛皮、羽（绒）毛及其制品业；8. 木材加工及木、竹、藤、棕、草制品业；9. 家具制造业；10. 造纸及纸制品业；11. 印刷业和记录媒介的复制；12. 文教体育用品制造业；13. 石油加工炼焦及核燃料加工业；14. 化学原料及化学制品制造业；15. 医药制造业；16. 化学纤维制造业；17. 橡胶制造业；18. 塑料制造业；19. 非金属矿物制品业；20. 黑色金属冶炼及压延加工业；21. 有色金属冶炼及压延加工业；22. 金属制品业；23. 通用设备制造业；24. 专用设备制造业；25. 交通运输设备制造业；26. 电气机械及器材制造业；27. 通信设备计算机及其他电子设备制造业；28. 仪器仪表及文化办公用机械制造业；29. 工艺品及其他制造业；30. 废弃资源和废旧材料回收加工业。

② 2013 年的统计年鉴中将橡胶与塑料行业的数据合并，所以 2012 年的数据作者根据前面几年的数据估算而得。

③ 在获取价格指数时，2004 年的部分行业数据缺失，石油加工炼焦及核燃料加工业由相近两年的数据加和平均而得，化学原料及化学制品制造业、医药制造业由 2005 年数据乘以 2 然后减去 2006 年的数据而得，2012 年的橡胶和塑料行业取值相等。

标准煤终端消费量。由于能源的使用产生较多的温室气体，从而带来温室效应，而 CO_2 是导致温室效应的主要排放物，因此基于本文的研究目的 [1] 和相关数据的可获取性，作者选取了天津市 2003~2012 年的 CO_2 排放强度作为能源环境效率的衡量指标。

三、实证分析

运用第三部分构建的指标和模型及第四部分的样本数据，我们计算并分析了天津市制造业 2003~2012 年各行业部门的能源效率。

（一）天津市制造业能源效率变动规律总特征

1. 能源经济效率（见表 2）

表 2　天津市制造业各行业部门的能源经济效率（2003~2012 年）

单位：万元/吨标准煤

年份 行业	2003	2004	2005	2006	2007	2008	2009	2010	2011	2012
农副产品加工业	7.19	9.46	10.47	8.24	9.58	14.00	12.07	12.01	13.96	17.89
食品制造业	3.35	3.83	5.01	5.08	5.35	9.30	9.69	12.75	12.31	15.35
饮料制造业	1.58	2.67	1.78	1.99	2.17	2.56	6.09	6.94	11.54	9.91
烟草制品业	3.30	4.12	3.23	5.06	7.39	9.01	10.54	13.43	18.06	33.52
纺织业	1.77	1.71	2.10	1.87	2.39	2.52	3.05	3.76	3.86	4.49
纺织服装鞋帽制造业	9.15	10.00	9.29	9.63	9.55	10.89	23.39	28.56	39.05	40.02
皮革、毛皮、羽绒及其制品业	9.33	10.86	13.16	13.08	12.43	12.16	16.57	12.36	13.77	14.21
木材加工及木、竹、藤、棕、草制品业	2.80	4.06	4.06	3.00	5.06	3.13	5.40	8.85	11.39	10.05
家具制造业	10.62	11.08	8.37	5.83	8.23	7.23	10.33	14.57	17.67	26.85
造纸及纸制品业	0.59	1.32	2.12	3.12	3.50	3.04	5.09	3.85	5.60	6.26
印刷业和记录媒介的复制	8.69	6.62	5.76	7.27	7.90	9.00	7.77	10.86	14.71	12.56
文教体育用品制造业	13.99	12.94	11.15	8.04	10.62	16.21	14.11	12.34	21.39	34.19
石油加工炼焦及核燃料加工业	1.39	0.83	1.72	1.04	1.12	0.58	0.66	2.95	3.54	4.09
化学原料及化学制品制造业	0.80	1.13	0.81	1.25	1.42	1.78	1.69	1.40	1.22	1.13
医药制造业	4.53	6.84	6.72	7.87	7.91	8.71	11.62	12.39	16.10	17.73
化学纤维制造业	1.77	2.83	1.41	0.55	4.51	20.42	8.03	14.32	8.31	6.26
橡胶制造业	2.10	2.12	2.05	2.15	2.57	3.20	4.13	4.28	3.95	4.85
塑料制造业	3.57	6.62	7.10	7.87	8.55	7.64	11.97	13.17	13.44	11.58
非金属矿物制品业	0.69	0.91	0.93	0.94	1.24	1.26	1.59	2.65	2.75	2.89
黑色金属冶炼及压延加工业	1.63	0.98	1.11	1.17	1.22	1.18	1.49	1.49	1.68	1.70

---

[1] 本文研究目的：增加产出，减少能源消耗，减少碳排放。

续表

行业＼年份	2003	2004	2005	2006	2007	2008	2009	2010	2011	2012
有色金属冶炼及压延加工业	6.92	6.49	8.74	8.31	9.94	8.12	10.29	13.27	11.56	10.85
金属制品业	3.85	4.87	6.14	7.43	7.43	6.73	8.88	9.62	10.43	10.81
通用设备制造业	1.91	6.10	8.67	10.51	14.52	16.05	15.85	15.54	16.67	31.80
专用设备制造业	7.42	12.48	18.39	15.85	24.12	22.60	22.32	23.75	27.31	38.85
交通运输设备制造业	10.27	16.21	21.19	24.99	29.12	28.29	33.03	42.76	45.02	45.79
电气机械及器材制造业	17.29	15.83	16.69	21.48	17.68	27.88	32.02	30.65	33.79	31.61
通信设备计算机及其他电子设备制造业	38.33	56.31	63.37	81.47	95.00	108.11	107.81	121.12	147.97	193.28
仪器仪表及文化办公用机械制造业	4.63	14.14	21.49	43.53	42.87	90.10	118.84	107.40	92.50	60.89
工艺品及其他制造业	5.77	3.06	4.31	6.18	10.27	9.78	10.01	12.07	19.94	34.78
废弃资源和废旧材料回收加工业	181.0	15.10	39.00	43.07	19.43	18.76	84.83	34.45	58.36	87.95
总效率（整个制造业）	2.68	3.07	3.74	4.17	4.39	4.70	4.77	5.95	6.66	7.37

资料来源：笔者根据相关数据计算而得。

由表 2 可以看出，天津市制造业 30 个行业 2003~2012 年能源经济效率的变动规律特征如下：

（1）天津市制造业的整体能源经济效率处于全国平均水平之上，并呈现逐年提高的趋势，由 2003 年的 2.68 万元/吨标准煤逐年提高至 2012 年的 7.37 万元/吨标准煤。

（2）天津市制造业中各行业部门的能源经济效率相差悬殊，且在多数年份中能源效率都较低的行业较多。能源经济效率最高的行业是通信设备计算机及其他电子设备制造业，在 2003~2012 年均处于前列且除个别年份外均为最高，仪器仪表及文化办公用机械制造业、废弃资源和废旧材料回收加工业和交通运输设备制造业在此区间也有若干年处于前列；能源经济效率较低的行业分别为纺织业、造纸及纸制品业、石油加工炼焦及核燃料加工业、化学原料及化学制品制造业、橡胶制造业、非金属矿物制品业、黑色金属冶炼及压延加工业，2003~2012 年它们的能源经济效率平均值低于 5 万元/吨标准煤。

（3）从 2003~2012 年能源经济效率的变化趋势来看，在制造业 30 个行业中大部分行业的能源经济效率整体呈现上升趋势，只有少数行业在几年中出现了稍微波动。

（4）各行业之间能源经济效率存在的差异使各行业具有一定的相对节能潜力。像能源经济效率最高的通信设备计算机及其他电子设备制造业，虽然其能源经济效率仍然呈现出不断提高的趋势，但其节能潜力不大；而像化学原料及化学制品制造业、黑色金属冶炼及压延加工业等能源经济效率较低的行业随着技术的发展，其能源经济效率提高的潜力较大，即其节能潜力大。

2. 能源环境效率（见表 3）

表 3 天津市制造业各行业部门的 CO_2 排放强度（2003~2012 年）

单位：吨/万元

行业＼年份	2003	2004	2005	2006	2007	2008	2009	2010	2011	2012
农副产品加工业	0.397	0.284	0.220	0.190	0.167	0.135	0.109	0.101	0.086	0.061
食品制造业	0.650	0.595	0.423	0.410	0.374	0.211	0.176	0.123	0.120	0.085
饮料制造业	2.124	1.160	1.788	1.553	1.362	1.213	0.390	0.270	0.156	0.118
烟草制品业	0.990	0.800	1.051	0.619	0.455	0.373	0.318	0.235	0.125	0.049

续表

行业＼年份	2003	2004	2005	2006	2007	2008	2009	2010	2011	2012
纺织业	1.500	1.435	1.074	1.198	0.819	0.682	0.524	0.379	0.350	0.264
纺织服装鞋帽制造业	0.311	0.274	0.305	0.302	0.289	0.255	0.107	0.084	0.061	0.056
皮革、毛皮、羽绒及其制品业	0.303	0.239	0.179	0.160	0.193	0.214	0.109	0.191	0.176	0.180
木材加工及木、竹、藤、棕、草制品业	1.026	0.683	0.694	0.971	0.463	0.692	0.451	0.182	0.115	0.107
家具制造业	0.252	0.191	0.265	0.377	0.244	0.308	0.200	0.112	0.071	0.041
造纸及纸制品业	2.028	1.469	1.262	0.723	0.720	0.803	0.520	0.602	0.325	0.234
印刷业和记录媒介的复制	0.283	0.290	0.388	0.252	0.169	0.166	0.164	0.089	0.069	0.103
文教体育用品制造业	0.147	0.134	0.194	0.310	0.221	0.122	0.136	0.147	0.080	0.062
石油加工炼焦及核燃料加工业	1.223	2.330	1.094	1.496	1.387	2.867	2.471	0.259	0.250	0.148
化学原料及化学制品制造业	1.998	1.246	1.568	1.117	0.917	0.759	0.786	0.965	1.165	1.350
医药制造业	0.605	0.350	0.333	0.257	0.229	0.233	0.161	0.140	0.091	0.087
化学纤维制造业	1.599	1.040	1.947	5.637	0.429	0.095	0.204	0.040	0.268	0.277
橡胶制造业	1.338	1.177	1.264	1.026	0.819	0.686	0.519	0.484	0.517	0.482
塑料制造业	0.213	0.178	0.206	0.168	0.120	0.134	0.065	0.048	0.049	0.050
非金属矿物制品业	4.462	3.360	3.327	3.254	2.391	2.131	1.690	0.961	0.931	0.759
黑色金属冶炼及压延加工业	1.706	3.077	2.620	2.519	2.422	2.473	1.962	1.947	1.718	1.713
有色金属冶炼及压延加工业	0.394	0.350	0.254	0.252	0.210	0.289	0.236	0.145	0.166	0.206
金属制品业	0.640	0.433	0.365	0.276	0.254	0.252	0.185	0.155	0.140	0.133
通用设备制造业	1.768	0.387	0.257	0.175	0.126	0.107	0.098	0.082	0.065	0.024
专用设备制造业	0.338	0.127	0.087	0.087	0.055	0.066	0.066	0.052	0.043	0.033
交通运输设备制造业	0.254	0.130	0.098	0.070	0.049	0.052	0.042	0.026	0.023	0.022
电气机械及器材制造业	0.194	0.108	0.105	0.071	0.085	0.051	0.042	0.035	0.033	0.027
通信设备计算机及其他电子设备制造业	0.034	0.019	0.013	0.007	0.006	0.006	0.004	0.003	0.002	0.002
仪器仪表及文化办公用机械制造业	0.457	0.178	0.064	0.023	0.018	0.005	0.005	0.003	0.006	0.002
工艺品及其他制造业	0.560	1.027	0.752	0.472	0.251	0.256	0.219	0.165	0.112	0.024
废弃资源和废旧材料回收加工业	0.017	0.046	0.045	0.008	0.053	0.113	0.018	0.041	0.019	0.011
总强度（整个制造业）	0.835	0.760	0.607	0.555	0.528	0.487	0.486	0.360	0.316	0.291

资料来源：笔者根据相关数据计算而得。

由表 3 可以看出，天津市制造业 30 个行业部门在 2003~2012 年的能源环境效率的变动规律特征如下：

（1）天津市制造业的整体 CO_2 排放强度呈现不断下降趋势，由 2003 年的 0.835 吨/万元逐年下降到 2012 年的 0.291 吨/万元，即能源环境效率呈不断上升趋势。

（2）天津市制造业各行业部门的 CO_2 排放强度相差悬殊，且在多数年份中还有较多行业的 CO_2 排放强度较大，环境效率低下。在 2003~2012 年，通信设备计算机及其他电子设备制造业的 CO_2 排放强度为最低，即其能源环境效率最高，其次为仪器仪表及文化办公用机械制造业和废弃资源和废旧材料回收加工业。另外，农副产品加工业，纺织服装鞋帽制造业，皮革、毛皮、羽绒及其制品业，家具制造业，印刷业和记录媒介的复制、文教体育用品制造业，医药制造业，塑料制造业，有色金属冶炼及压延加工业，金属制品业，通用设备制造业，专用设备制造业，交通运输设备制造业，电器机械及器材制造业在此区间内大部分年份的能源环境效率较高；能源环境效率较低的行业主要有饮料制造业、石油加工炼焦及核燃料加工业、化学原料及化学制品制造业、化学纤维制造业、橡胶制造业、非金属矿物制品业、黑色金属冶炼及压延加工业，它们的 CO_2 排放强度平均值都大于 1。

（3）从能源环境效率的变化趋势来看，在 30 个行业中绝大部分行业的能源环境效率呈上升趋势，化学原料及化学制品制造业呈现先上升后下降的趋势，个别行业变化趋势不明显，但仍有提高。

（4）不同行业之间能源环境效率差异性的存在使得各行业部门之间具有一定的相对减排潜力。例如，CO_2 排放强度最低的通信设备计算机及其他电子设备制造业，其减排空间较小，从表中也可以看出其每年特别是最近几年的 CO_2 排放强度变化很小；而像黑色金属冶炼及压延加工业等 CO_2 排放强度较高的行业，其减排潜力较大，即其能源环境效率有较大的提升空间。

3. 能源经济效率和能源环境效率综合考虑

由第三部分能源经济效率与能源环境效率的关系及以上内容对比分析可得：第一，天津市制造业的综合能源效率[①] 不断上升，能源经济效率与 CO_2 排放强度呈反比关系，即能源环境效率较高的行业其经济效率一般也较高；第二，若将 CO_2 排放和能源经济效率综合考虑权衡，则能源效率较低的行业增加了饮料制造业和化学纤维制造业，不过这两个行业近几年的能源效率较前几年提升较大；能源效率较高的行业增加的较多，其余行业变动不是很明显。

（二）天津市不同要素密集型制造业的能源效率

如果按照要素密集度对制造业进行区分，则天津市三大类型制造业的能源效率如表 4 所示。

表 4　不同要素密集型行业的能源效率及相对节能潜力（2003~2012 年）

| | 能源经济效率（万元/吨标准煤） | | | | CO_2 排放强度（吨/万元） | | | | 节能潜力（%） | | | |
	劳动密集型	资本密集型	技术密集型	行业平均	劳动密集型	资本密集型	技术密集型	行业平均	劳动密集型	资本密集型	技术密集型	行业平均
2003	3.663	1.459	3.620	2.679	0.749	1.599	0.541	0.835	0.000	0.602	0.012	0.269
2004	4.245	1.092	6.806	3.069	0.585	2.447	0.228	0.760	0.376	0.840	0.000	0.549
2005	4.509	1.389	7.482	3.740	0.562	1.963	0.187	0.607	0.397	0.814	0.000	0.500
2006	4.617	1.298	11.909	4.165	0.507	2.023	0.119	0.555	0.612	0.891	0.000	0.650
2007	5.145	1.379	13.123	4.387	0.427	1.930	0.101	0.528	0.608	0.895	0.000	0.666
2008	6.246	1.235	14.418	4.701	0.346	2.112	0.097	0.487	0.567	0.914	0.000	0.674
2009	8.923	1.555	15.029	4.772	0.203	1.696	0.089	0.486	0.406	0.897	0.000	0.682
2010	9.813	2.029	12.725	5.945	0.166	1.302	0.101	0.360	0.229	0.841	0.000	0.533
2011	11.566	2.252	12.907	6.655	0.135	1.176	0.103	0.316	0.104	0.826	0.000	0.484
2012	13.924	2.272	14.571	7.372	0.105	1.173	0.096	0.291	0.044	0.844	0.000	0.494

资料来源：笔者根据相关数据计算而得。

由表 4 我们可以得到 2003~2012 年天津市不同要素密集型制造业的能源效率以及相对节能潜力随时间的变化趋势，如图 1、图 2 所示。

---

① 综合能源效率包括能源经济效率和能源环境效率。

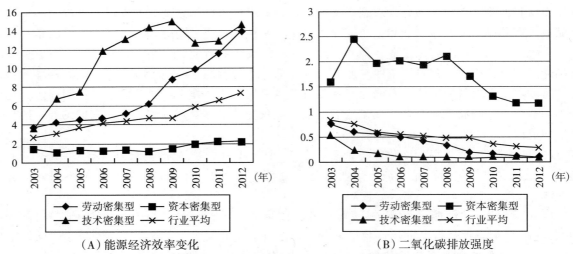

（A）能源经济效率变化　　　　　　　　（B）二氧化碳排放强度

图 1　不同要素密集型制造业的能源经济效率与 CO_2 排放强度变化趋势

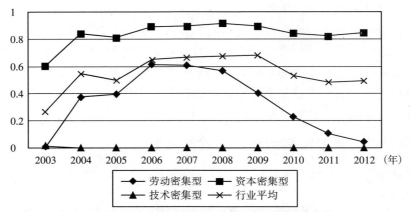

图 2　不同要素密集型制造业的相对节能潜力变化趋势

由表 4 及图 1、图 2 可以得出以下结论：

（1）2003~2012 年，天津市整个制造业行业的能源经济效率呈现不断上升趋势。其中，劳动密集型行业呈现较为严格的上升趋势；资本密集型行业在 2003~2008 年间基本保持稳定，稍微有所波动，2009~2012 年趋于上升；而技术密集型行业在 2003~2009 年呈现较为严格的上升趋势，且上升速度较快，2010 年有所下降，但之后仍趋于缓慢上升趋势。

（2）2003~2012 年，天津市整个制造业行业的 CO_2 排放强度呈现不断下降趋势，即其能源环境效率不断上升。其中，劳动密集型行业的 CO_2 排放强度呈现较为严格的下降趋势；资本密集型行业在 2003~2008 年上下波动，2009~2012 年趋于下降；而技术密集型行业在 2003~2009 年呈现较为严格的下降趋势，2010 年以后稍微有所上升，但趋于稳定。

（3）劳动密集型行业和技术密集型行业的能源经济效率和能源环境效率均大于制造业平均水平，而资本密集型行业的能源经济效率和环境效率远小于制造业平均水平，并且距离在加大，说明资本密集型行业能源效率的变化速度较慢。

（4）由上可以看出，虽然天津市整个制造业行业的能源效率在不断上升，但其节能潜力却呈现先上升后下降的趋势，其原因究竟为何？我们通过表 4 及图 1（A）分析可以得到，除了 2003 年技术密集型行业的能源经济效率稍微比劳动密集型行业的低之外，其余年份均为最高，且其能源效率的增长幅度较大，增速较快，从而使得技术密集型行业能源效率与劳动、资本密集型行业的能源效率差距加大，这样劳动、资本密集型行业相对于技术密集型行业的节能潜力就较大，即呈现上升趋势。然而，随着科技的发展，劳动密集型行业的能源效率的增长幅度大于技术密集型行业，从而具有不断趋于技术密集型行业能源效率的趋势，这也恰恰从能源效率的角度验证了制造业劳动密集型行业存在向技术密集型发展的趋势，从而使整个制造业行业的能源效率提高，节能潜力下降。

（5）无论是能源经济效率还是能源环境效率，技术密集型行业的效率都是最高的，劳动密集型行业次之，资本密集型行业最低，并且三种类型行业的能源经济效率和环境效率的总体变化趋势基本保持一致。

四、天津制造业能源效率影响因素的计量分析

影响能源效率的因素有很多，除了技术进步、管理水平、产业结构、外商直接投资等，能源结构的构成也是非常重要的一个影响因素。本部分将能源结构定义为煤炭（原煤、焦炭）、石油（原油、汽油、柴油、燃料油、天然气）和电力在能源总消费中所占的比重，建立能源效率与能源结构的计量模型，定量分析能源消费结构对能源效率的影响。

在此，我们借鉴柯布—道格拉斯生产函数的形式，得到能源结构与能源效率（能源经济效率或 CO_2 排放强度①）之间的关系如下：

$$\eta = AS_c^{\alpha}S_o^{\beta}S_p^{\gamma} \tag{9}$$

式中，η 表示能源经济效率或 CO_2 排放强度，S_c、S_o、S_p 分别表示煤炭、石油和电力在能源总消费中所占的比重，A 表示技术。

对方程（9）两边取对数将其线性化得：

$$\ln\eta = \ln A + \alpha\ln S_c + \beta\ln S_o + \gamma\ln S_p \tag{10}$$

令方程（10）两边对时间 t 求导得：

$$\frac{d\eta}{dt}\frac{1}{\eta} = \alpha\frac{dS_c}{dt}\frac{1}{S_c} + \beta\frac{dS_o}{dt}\frac{1}{S_o} + \gamma\frac{dS_p}{dt}\frac{1}{S_p} \tag{11}$$

增加满足标准假设的常数项和误差项，则方程（11）可以写成如下计量经济模型：

$$\eta_t = c + \alpha S_{ct} + \beta S_{ot} + \gamma S_{pt} + u_t \tag{12}$$

式中，$\frac{d\eta}{dt}\frac{1}{\eta} = \eta_t$ $\quad$ $\frac{dS_c}{dt}\frac{1}{S_c} = S_{ct}$ $\quad$ $\frac{dS_o}{dt}\frac{1}{S_o} = S_{ot}$ $\quad$ $\frac{dS_p}{dt}\frac{1}{S_p} = S_{pt}$。

由于方程为对数形式，所以系数 α、β、γ 分别表示煤炭、石油及电力对能源效率的弹性，即它们对能源经济效率或 CO_2 排放强度的影响程度。c 为常数。

利用天津市 2003~2012 年制造业的能源消费和 CO_2 排放数据，对以上建立的计量经济模型进行回归，结果如表 5 所示。

由表 5 可以看出：

（1）从能源经济效率的回归结果可知，煤炭、石油和电力消费比重的回归系数均分别通过了显著性水平为 5%、1% 和 10% 的检验，且 $R^2 = 0.959678$，表明煤炭、石油和电力的消费比重均是影响天津市制造业能源经济效率的重要因素，它们的消费比重均与能源经济效率密切相关，调整

---

① 为了使建立的模型更符合实际，在能源环境效率的回归分析中 CO_2 排放强度的数据用能源的碳密度代替。

表 5　天津市制造业能源效率与各能源消费比重回归分析结果

	能源环境效率回归结果					能源经济效率回归结果				
	系数	标准误差	t 值	R²	DW	系数	标准误差	t 值	R²	DW
常数	0.929446	0.283196	3.281994***			−5.715945	3.551043	−1.609653*		
煤炭	0.485984	0.107125	4.536592****	0.959678	1.36	−3.847728	1.343266	−2.864456***	0.908869	1.36
石油	0.092317	0.056478	1.634565*			−2.903548	0.708191	−4.099949****		
电力	−0.237470	0.056888	−4.174316****			1.413338	0.713335	1.981312**		

　　注：*、**、***、**** 分别代表回归系数通过显著性水平为 20%、10%、5%、1% 的检验。以上所有数据均通过 Eviews 6.0 计算而得。

能源结构可以推动能源经济效率的有效提升。

　　对能源经济效率所对应的模型进行检验：由各解释变量之间的相关系数矩阵知，模型存在轻微的多重共线性，这可能是由煤炭与石油之间较强的替代性所致，但不影响结果分析；运用布鲁奇—帕根（BP 检验）检验模型的异方差性时，由 Eviews 6.0 的输出结果可知，检验统计量为 $nR_1^2 =$ 6.064866，对应的 P 值分别为 0.1085，在 5% 和 10% 的显著性水平上均接受同方差的原假设，所以不存在异方差性；由回归结果可知，DW 值为 1.36，模型均可能存在自相关性，运用布鲁奇—戈费雷（LM 检验）检验三阶自相关，由 Eviews 6.0 输出结果可知，检验统计量为 $nR_2^2 =$ 4.971555，对应的 P 值分别为 0.1739，在 5% 和 10% 的显著性水平上均接受无序列相关的原假设，所以不存在自相关性。

　　（2）从能源环境效率的回归结果可知，石油的系数只通过了显著性水平为 20% 的检验，所以，石油的消费比重对能源环境的影响并不显著，这可能是由天津市石油所占比重较低所致。所以，我们剔除石油比重，从而对能源环境效率所对应的模型进行回归如表 6 所示。

表 6　调整后的能源环境效率与能源消费比重的回归结果

	系数	标准误差	t 值	R²	DW
常数	0.490804	0.100701	4.873853		
煤炭	0.333700	0.058856	5.669821	0.941723	1.34
电力	−0.300665	0.046449	−6.473012		

　　注：以上数据由 Eviews 6.0 计算而得。

　　由表 6 可知，煤炭、电力消费比重的回归系数均通过了显著性水平为 1% 的检验。运用 Eviews6.0 对调整后的能源环境效率模型进行检验，此模型均通过了多重共线性检验和显著性水平为 5% 的异方差性与自相关性检验，从而此模型可较好地解释能源消费比重对 CO_2 排放的影响。

　　综合以上分析可得以下结论：

　　（1）天津市制造业煤炭消费比例与能源效率之间呈现显著的负相关关系，即在技术水平等一定的条件下，煤炭消费比重每提升 1%，天津市制造业能源经济效率下降 3.847728%，能源环境效率下降 0.3337%，通过了显著性水平为 5% 的检验。也就是说，煤炭消费比重越大，能源效率就越低。这表明，煤炭能源的大量消费是制约天津市制造业能源效率提高的重要因素，天津市制造业能源效率不高的一个主要原因就是煤炭能源所占比重过大。

　　（2）天津市制造业石油消费比例与能源经济效率之间呈现显著的负相关关系，即在技术水平等一定的条件下，石油消费比重每提升 1%，天津市制造业能源经济效率下降 2.903548%，通过了显著性水平为 1% 的检验，但其对 CO_2 排放的影响并不显著。从系数回归结果看，在对天津市制造业能源效率的制约程度上，石油要小于煤炭。石油虽然也对制造业的能源效率有一定的制约作用，但天津市制造业在 2003~2012 年天然气的消费比重不断增加，从而降低了对能源效率改善的制约作用。

（3）天津市制造业电力消费比重与能源经济效率之间具有一定的正相关关系，与 CO_2 排放之间具有显著的负相关关系，即在技术水平等一定的条件下，电力消费比重每增加 1%，能源经济效率提高 1.413338%，CO_2 排放减少 0.300665%，从而提高了天津市制造业的能源效率。

一般认为，工业化过程中必然要消耗大量的化石能源，原因在于西方工业革命先后经历了消耗煤炭的蒸汽机、消耗石油的内燃机、依赖电力的电气化三个阶段，工业化过程中不可避免地消耗了大量的化石资源。现在，全球已经进入了信息化时代，中国在从农业社会向工业社会和信息化社会转型的过程中，不再需要重复经历蒸汽机与内燃机的阶段。天津市作为中国北方的工业中心城市，工业动力可以摆脱对煤炭和石油的依赖，交通工具的电力驱动技术逐步成熟与大规模应用，促使电力部分替代石油，调整产业结构可以减轻对化石能源的依赖，从而提高能源效率。

实现能源消费向电力转移的前提是增加电力供应，而且要转变依赖煤电的生产方式，否则，使用电力环节减少的污染将转移到煤炭发电环节，能源效率难以得到明显改善。天津电力生产结构与国际先进水平差距明显，核电装机容量很大程度上反映了一个国家或地区的工业和科技综合实力，调整落后的电力生产结构不仅可以降低煤炭消费量和控制碳排放量，也是提高天津综合实力的战略要求。

为了更好地理解能源消费结构对天津制造业能源效率的影响，我们根据天津市制造业的能源消费数据给出煤炭、石油和电力在制造业能源总消费中所占比重的柱形图，如图 3 所示。

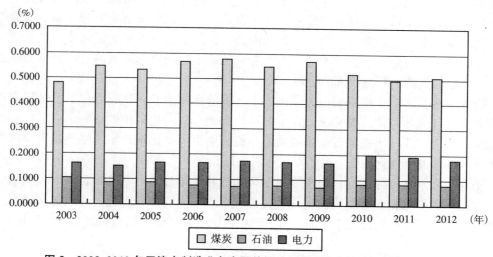

图 3　2003~2012 年天津市制造业各主要能源消耗量在总能源消耗量中所占比重

从本文前面的分析中我们知道，天津市制造业在 2003~2012 年的整体能源效率呈现不断上升的趋势，这除了技术进步、管理水平提高、产业结构优化等因素的作用外，能源结构的调整也具有重要的作用。从图 3 我们也可以看出，天津市制造业在 2003~2012 年煤炭的消费比重大致呈现先上升后下降的趋势，但幅度不大；石油的消费比重稍微有所下降，趋于稳定，且所占比重较小；而电力的消费比重总体呈上升趋势，虽然幅度不是很大，但要比同期煤炭和石油的下降或上升幅度大，这也与天津制造业总体能源效率的提升相吻合。

五、结论与政策建议

本文基于低碳经济的战略，从能源经济效率和能源环境效率两方面综合考虑，分析了天津市制造业 30 个行业 2003~2012 年的能源效率，并对不同要素密集型制造业的能源效率的特征进行了对比分析，最后对天津市制造业能源结构对能源效率的影响进行了计量分析，得到以下几点结论和启示：

（1）通过对天津市制造业的能源效率变化的特征分析表明，天津市制造业各行业部门能源效率相差较为悬殊，技术密集型行业的能源效率最高，其次为劳动密集型行业，资本密集型行业最低。整个制造业的节能潜力从 2003 年的 26.9% 提高至 2009 年的 68.2%，然后又降至 2012 年的 49.4%。因此，通过提高天津市制造业能源效率进而节能降耗仍有较大的潜力和空间。

（2）2003~2012 年，天津市制造业整体能源效率水平呈上升趋势，且近几年三种类型行业的能源效率均维持在各自较高水平上，说明天津市"十一五"、"十二五"实施的节能减排目标约束发挥了作用。

（3）制造业中能源效率最低的子行业几乎都属于资本密集型业，且其能源使用效率提升幅度较小，速度较慢，说明该类型行业在较长时间内面临着巨大的能源消耗和节能减排的沉重压力。与资本密集型行业相比，劳动密集型和技术密集型行业的能源效率较高，且劳动密集型行业的能源效率有向技术密集型行业趋近的趋势。在这个意义上，我们应该重新审视片面追求能源密集型的工业结构和制造业重化的倾向，优先发展低能耗、低污染的技术密集型行业，扩大劳动密集型行业的规模，坚持用先进适用技术改造资本密集型行业中能源效率较低的行业，以实现工业结构的优化升级和能源消费，环境改善的协调一致。

（4）能源结构是影响天津市制造业能源效率改善的重要因素。化石能源消费过程中产生的温室气体和粉尘是环境污染的重要来源，在生态环境恶化和二氧化碳排放指标约束下，必须调整能源消费结构和生产方式，压缩化石能源消费量，提高电力消费比重，用价格机制引导制造业动力系统从燃煤、燃油向电气化转变。

（5）能源结构调整目标应放在减少能源浪费和控制碳排放量上，鼓励资本进入清洁电力生产领域，减少资本向煤电企业继续流入，并且促使现有煤电企业加强管理，改进煤炭开发技术，提高煤炭利用率。随着清洁电力比重增加，适当降低用电价格，引导制造业以电力替代化石能源。

参考文献：

[1] Henrik K.J. Energy Demand, Structural Change and Trade: A Decomposition Analysis of the Danish Manufacturing Industry [J]. Economic Systems Research, 2000, 12 (3): 319-334.

[2] Wilson B., Trieu L. H., Bowen B. Energy Efficiency Trends in Australia [J]. Energy Policy, 1994, 22 (4): 287-295.

[3] Karen F. V., Gary H. J., Liu Hongmei, et al. What Is Driving China's Decline in Energy Intensity [J]. Resource and Energy Economics, 2004, 26 (1): 77-97.

[4] Yu, Eden S. H. and Been2Kwei Hwang. The relationship between Energy and GNP: Further Results [J]. Energy Economics, 1984 (6): 168-169.

[5] Eric Williams. Energy Intensity of Computer Manufacturing: Hybrid Assessment Combining Process and Economic Input-Output Methods [J]. Environ. Sci. Technol, 2004 (38): 6166-6174.

[6] Farrel, M.J., The Measurement of Productive Efficiency [J]. Journal of Royal Statistical Society, 1957

（120）：253-281.

　　［7］史丹.我国经济增长过程中能源利用效率的改进［J］.经济研究，2002（1）.

　　［8］唐玲，杨正林.能源效率与工业经济转型——基于中国1998~2007年行业数据的实证分析［J］.数量经济技术经济研究，2009（10）.

　　［9］陈诗一.节能减排与中国工业的双赢发展：2009~2049［J］.经济研究，2010（3）.

　　［10］史丹.中国能源效率的地区差异与节能潜力分析［J］.中国工业经济，2006（10）.

　　［11］黄山松，谭清美.制造业能源效率测算与影响因素分析［J］.技术经济与管理研究，2010（6）.

　　［12］周宏春.低碳经济学：低碳经济理论与发展路径［M］.机械工业出版社，2012.

　　［13］李春发，谭洪玲.天津市工业行业全要素能源效率变动的影响因素分析［J］.中国人口·资源与环境，2012.

　　［14］齐绍洲，李锴.区域部门经济增长与能源强度差异收敛分析［J］.经济研究，2010（2）.

　　［15］杨子晖.经济增长、能源消费与二氧化碳排放的动态关系研究［J］.世界经济，2011（6）.

　　［16］胡燕平，康文星，何介南.辽宁省能源消费结构和CO_2排放研究［J］.中南林业科技大学学报，2010（1）.

　　［17］王俊松，贺灿飞.能源消费、经济增长与中国CO_2排放量变化——基于LMDI方法的分解分析［J］.长江流域资源与环境，2010（7）.

　　［18］秦艳红.循环经济战略下山东省能源消费现状实证分析［J］.山东经济，2010（5）.

　　［19］陈关聚.中国制造业全要素能源效率及影响因素研究——基于面板数据的随机前沿分析［J］.中国软科学，2014（1）.

　　［20］张珍花，王鹏.中国一次能源结构对能源效率的影响［J］.统计与决策，2008（22）.

电价非市场化、体制缺陷、技术特征与电解铝行业产能过剩

林风霞

（河南省社会科学院，河南郑州　450002）

一、前　言

自从 2003 年电解铝行业产能过剩进入国家宏观调控目录以来，中国电解铝行业陷入了"调控——扩张——调控——扩张"的怪圈，产能过剩已经给行业带来亏损严重、产能关停、人员下岗等种种问题，如何化解电解铝产能过剩成为政府和企业一直焦虑的难题。

对中国特色的产能过剩的成因研究，目前主要有两种对立的解释：一是认为是"市场失灵"引起的，如林毅夫（2007，2010）认为发展中国家的企业很容易对下一个有前景的产业产生共识，从而引发投资的"潮涌"现象，进而导致产能过剩，产能过剩源于市场微观主体企业的战略共识，"市场失灵"为政府干预产能过剩问题提供了重要依据；二是认为是"体制失灵"引起的，转轨经济中的种种体制缺陷，如地方官员政绩"锦标赛"（周黎安，2007）、财政分权（王立国等，2010）、体制扭曲带来的投资补贴性竞争（江飞涛等，2012）、软预算约束（谢作诗等，2013）等，强调了体制缺陷扭曲企业投资行为是产能过剩的主因，江飞涛等（2012）认为，只有在土地产权、环境保护体制、金融体制、财政体制等方面深化改革才能从根本上解决产能过剩问题。

以"市场失灵"解释电解铝产能过剩的形成原因明显与现实不符。不少人认为区域电价悬殊是电解铝产能逆势扩张的主要诱因，而区域电价悬殊是因为电力体制垄断造成的电价非市场化。企业是在寻求低电价方面达成共识，推动新增产能"潮涌"投向西部低电价地区，而不是企业对有前景的新产业形成准确、良好的社会共识。而且，从我国政府化解电解铝产能过剩政策屡屡无效的实践来看，"市场失灵"派还高估了政府直接干预微观经济的能力。目前，化解产能过剩一般采用"疏""堵"结合途径，我国电解铝化解产能过剩的政策措施也基本围绕这两条途径展开，比如，从取消电解铝企业优惠电价，到发布《铝工业准入条件》、《铝工业规范条件》，再到出台化解产能过剩指导意见、实施阶梯电价、淘汰落后产能等，相关"疏""堵"政策并没有达到预期效果。因此，政府更应该推动电价市场化而不是直接干预企业投资经营行为。

以"体制失灵"解释电解铝产能过剩的形成原因也存在不足。比如，我国电力体制存在缺陷，但电价差异悬殊为什么没有推动其他产业产能逆势扩张，这实际上和电解铝行业电力成本高这一技术特征有关。电力体制缺陷和其他体制缺陷带来的地方政府的优惠政策比拼关联不大，在区域

[作者简介] 林风霞（1970~），女，河南开封人，河南省社会科学院副研究员。

电价差异悬殊下，由于其技术上存在电力成本高这一特征，即使没有地方政府优惠政策刺激，电解铝企业也会按照市场机制投向低电价地区，从而使地方政府政策比拼成为电解铝产能过剩的次要原因。显然，同一个体制缺陷对不同产业的产能过剩的影响不同。

目前，国内对电解铝产能过剩成因的专项研究明显不多。张日旭（2012，2012）从铝价格波动角度分析了电解铝产能过剩，认为电解铝行业是以体制性产能过剩为主，也存在周期性产能过剩，政府应转变干预方式以缓解产能过剩问题。文献军（2014）认为电解铝产能过剩存在体制等深层次因素，应采用有效手段控制新增产能，加大淘汰落后产能力度，扩大铝应用。赵秀富（2014）认为，没按市场化配置电力资源是电解铝产能过剩最主要的原因。以上研究存在的不足之处是研究视角仍集中在过剩情况的判断，以及如何解决产能过剩方面，对产能过剩的原因未进行系统分析。

本文在考察电解铝产能过剩现状与特点的基础上，重点分析了电价非市场化、体制缺陷、技术特征与电解铝产能过剩的关系，认为电解铝产能过剩是电价非市场化、体制缺陷带来的政策比拼，以及独有的产业技术特征等互相影响的结果，具有相对独特的成因。这三者的叠加又造成电解铝产能过剩治理的困难。由于篇幅所限，文章未进一步系统分析电解铝产能过剩的机理。

二、电解铝产能过剩现状与特点

2003 年以来，产能过剩的阴云一直笼罩着电解铝行业发展，目前，产能过剩整体上表现为产能逆势扩张造成利用率严重不足，区域增长不平衡，新增产能集中布局在西部地区，价格成本倒挂导致行业亏损产能占比高等。

（一）产能逆势扩张，产能利用率严重不足

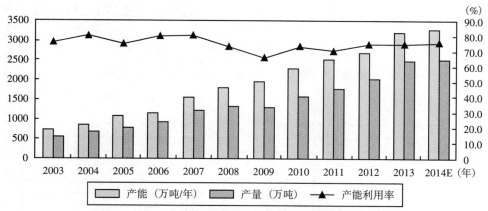

图 1　2003 年以来中国电解铝产能、产量与产能利用率
资料来源：中国统计年鉴、中国有色金属工业协会等。

2003~2013 年，我国电解铝行业的产能和产量一直在高速增长，其中产能自 2003 年的 570 万吨/年快速增长到 2013 年的 3200 万吨/年，中国因此成为全球电解铝产能扩张最快的地区，产量自 2003 年的 554 万吨增长到 2013 年的 2490 万吨，行业整体呈现产能利用率严重不足格局（见图 1）。特别让人疑惑的是，即使在过剩率高达 25%以上、企业亏损严重、限产停产政策频出的情况下，

2009年以来,电解铝新增产能仍然逆势增长60%以上,对行业发展形成了持续冲击,也凸显了宏观调控政策的无效。2014年,据不完全统计,我国新增电解铝产能仍超464万吨,关停产能约300万吨,估计总产能达到3460万吨以上,产量在2600万吨左右,产能过剩的格局并未改观。我们预计未来几年电解铝消费呈稳步上升趋势,而随着国家调控力度的加大,新增产能的增速有望放缓,亏损产能的退出有望加速,总供给增速在2015年将可能放慢,产能过剩趋势会有所改善,但产能过剩获得根本性转变的时间仍难以确定。

(二)区域增长不平衡,新增产能集中布局在西部地区

2010年以来,国内电解铝产能增量的90%以上投向以新疆、青海为代表的西部地区,其他新增产能主要位于山东,河南产能不但没有增加,原有产能还处于不断减少当中,我国新增电解铝产能表现出区域增长极不平衡的特点(见图2、图3)。区域产能变化带来了位次的变化,2012年山东超越河南排名全国第一,而新疆产能规模自2010年连续大幅度提升,2013年超过河南成为全国第二电解铝产能大省,估计其2014年总产能将达到655万吨/年以上,超过山东成为全国第一,河南排名则在2012年由第一降为第二,2013年又降为第三,位次连续降低。2013年,我国新建成产能接近640万吨/年,新投产能超过400万吨/年,其中近9成集中在新疆、甘肃、青海等西北地区。分地区看,作为传统电解铝生产大省的山东、河南,产能占全国的份额都趋于走低,其中,河南由于亏损产能和落后产能的大量关停,其比重由2012年的17.1%下降到2013年的12.5%;

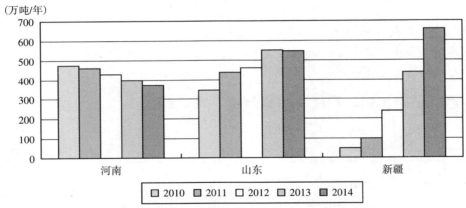

图2 我国三大电解铝产能规模大省近几年的产能变化对比

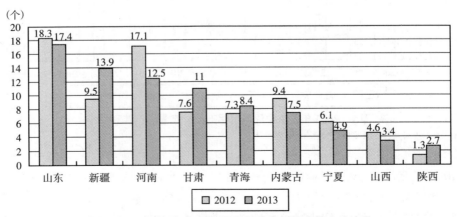

图3 2012年与2013年主要省份的电解铝产能占比变化

资料来源:亚洲金属网、国泰君安证券。

而西北七省的比重由 2012 年的 45.8% 提升至 2013 年的 51.8%，其中，新疆产能占比增长最快，甘肃次之（见图 3）；西南地区总体占比降低了 0.2%，其中云南和重庆产能占比实现了正增长。

（三）价格成本倒挂，行业亏损产能占比高

自 2011 年 12 月以来，我国铝价始终低于国内的平均成本线（见图 4），成本价格长期倒挂等导致多数企业亏损严重。据中国有色金属工业协会统计，2012 年，规模以上铝冶炼企业亏损比例达 31.7%，共亏损 113.5 亿元；2013 年，行业延续 2012 年的亏损状态，亏损面超过 50%，只有新疆、内蒙古、山东等有自备电厂和煤矿的企业微利。2014 年 1~4 月，铝冶炼企业盈亏相抵后亏损 52.6 亿元，亏损产能超过 80%。2014 年 5 月，电解铝平均生产成本 14873.56 元/吨，按照 5 月月均价 13098 元/吨计算，行业平均亏损达到 1775.56 元/吨，亏损产能超过 70%。究其原因，第一，产能过剩竞争激烈导致电解铝价格整体上一路走低；第二，由于西北地区低成本产能逐步释放，中部高成本产能陆续被淘汰，行业平均成本不断拉低（见图 4），在供给大于需求的激烈竞争下，平均成本走低又为价格下降提供了空间；第三，电解铝企业固定资产投资规模大，前几年扩张过快导致资金沉淀，企业财务费用高。

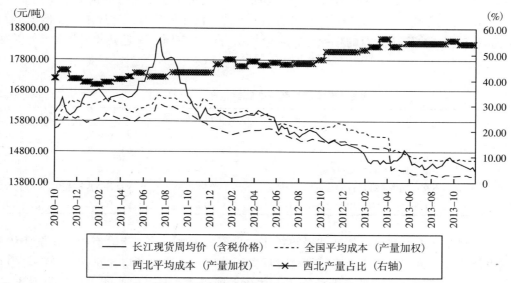

图 4 电解铝的现货价格与平均成本比较

资料来源：国泰君安期货产业服务研究所（注：对全国平均成本的测算，以主要产区产量加权平均得到）。

三、电解铝行业产能过剩的原因分析

从电解铝产能过剩的历史来看，2003 年以来该行业的产能过剩一直在持续，其中 2003~2004 年的产能过剩，是因为大型铝电解槽开发成功为产能快速提升提供了技术保障，可以说是技术推动的产能扩张；2006~2007 年的产能过剩，是因为市场需求强劲、企业盈利能力强导致的扩张冲动，可以说是需求推动的产能扩张；2010 年以来，由于实行西部大开发政策，而中东部优惠电价取消，电价悬殊差异刺激了企业纷纷去西部新建产能，是体制机制不完善导致的供给逆势扩张，特别是电力垄断导致区域电价的悬殊差异引导企业逆势扩张产能。同时，财政分权、干部考核机

制、土地制度、环境制度、金融制度的缺陷以及产能退出机制缺失为地方政府干预企业投资经营提供了动机和可能性。另外,电解铝产能过剩的原因还与其技术特征相关,电解铝具有电力成本高、固定投资规模大、退出成本高、产业关联效应强等特点,这些技术特征使其相当于其他产业来说,更易受体制扭曲的影响,退出成本高还增加了存量产能退出或转移的困难。

(一) 区域电价的悬殊差异、电价非市场化与电解铝产能过剩

电价政策的悬殊差异主导了企业的投资行为,引发了企业逆势投资,造成新增产能区域增长不均衡。电解铝是能源依赖性产业,其用电成本占总成本的 40% 以上。目前,我国电解铝生产的电价分为五个档次,主要是由于 2010 年以来国家取消优惠电价和加快西部大开发的政策的相继出台造成了不同区域电解铝企业电价悬殊差异(见表 1),同一地区不同企业也可能存在悬殊的电价差异,电价差异决定了区域和企业竞争优势的不同。由于我国近几年电解铝的新增产能几乎全部是使用第四档电价和第三档电价,这些新增产能在激烈的市场竞争中具有显著的成本优势。例如,目前,新疆电解铝用电平均单价 0.27 元/度电,河南的平均电价在 0.49 元/度电,按每吨电解铝耗电 13700 千瓦时(即电价惩罚临界线,根据国家阶梯电价政策,电解铝企业铝液电解交流电耗不高于每吨 13700 千瓦时的,其铝液电解用电不加价;高于此标准要按情况接受电价惩罚)计算,电价每差 0.01 元,成本就差了 137 元,新疆的铝成本比河南相同项目的铝成本每吨低 3014 元。可以说,电价差异直接决定了企业的生死存亡及电解铝行业的布局,是近几年电解铝产能在西部逆势扩张的核心因素。

表 1 我国不同区域电解铝生产的电价比较

档次	特点	电价 (元/度)	区域
第一档次	网电	0.64	产能已经关停
第二档次	直购电	0.52	产能基本关停
第三档次	企业自备电厂加较高过网费 (8 分)	0.4~0.46	河南、山西、贵州等地
第四档次	自备电不交过网费或较低过网费 (1~3 分钱)	0.34~0.38	山东及各省原有打包协商的过网费
第五档次	西北自备电不交过网费或较低过网费 (1~3 分钱)	0.2~0.3	新疆、青海、宁夏、甘肃等新增产能

电价差异也是支撑山东电解铝产能逆势扩张的主要力量之一。河南具有铝土矿资源优势,曾经是我国电解铝第一大省,在煤电铝一体化发展方面一度领先,自备电比例达到 70%。但是,国家实行优惠电价政策期间,有些企业放弃了一体化发展模式,自备电产能占比下降到 40% 左右,这就使国家取消优惠电价后,使用网电和直购电的产能不得不相继关停,存留下来的企业大多数是因为使用自备电。由于使用自备电需要相对交纳较高的过网费 (0.08 元/度电左右),目前这些骨干企业也亏损严重。而山东电解铝企业的自备电比例达到 90% 以上,自备电的过网费仅为 1 分/度左右,而且山东魏桥集团的电解铝发展模式,其自建电厂加上独立的内部电网(不用交过网费)、较低的过网费和相对低廉的进口铝土矿资源,推动山东后来者居上在 2012 年代替了老对手河南成为全国电解铝产能第一,结束了河南连续十年占据全国铝业宝座的辉煌。

新疆、青海、宁夏等地既不是我国铝土矿资源的主要产区,也不是我国铝消费的主要市场,但是煤电价格优势为新疆等西部地区电解铝行业发展奠定了竞争优势。新建产能向资源、能源更丰富的地区转移,虽然在理论上是合理的,但是,从短期来看,新疆的原材料、发电、运输和用工情况都难以支持新建产能尽快达产,原材料和产品的运输成本以及产能达产延期的财务费用将降低新疆电解铝企业的盈利预期,使电解铝集中在西部布局显得不如想象中那么合理。

实际上,我国整体电价在世界上处于偏低水平,电解铝产能逆势扩张的主要原因不在于电价的高低,而在于电价差异隐含的机会不均等。区域电价差异主要是因为我国电力行业是高度自然

垄断行业，电价不能由市场决定，大用户在和国家电网进行电价博弈时处于弱势地位。电解铝企业为了消化电价上升带来的成本压力，不得不建自备电厂。电解铝自备电企业在过网费博弈时还是处于弱势地位，无论企业用的自备电经不经过电网都要交过网费。阻挡电力行业市场化的深层次障碍还有行政垄断，例如，地方政府以文件形式决定自备电厂的过网费，在大用户直购试点中，部分地方政府以行政手段指定企业和买卖的价格。自然垄断和行政垄断最终造成市场化的电解铝行业发展被非市场化的电力行业政策所左右。实行各地相对一致的电价政策，推动电价市场化，有可能遏制电解铝产能建设的冲动。因此，政府应避免对能源资源价格进行过多的行政干预，进一步推动电力行业市场化改革，促使电解铝产能按照市场规律建设和转移，为产业发展创造公平的竞争环境。

电价政策的悬殊差异除了扭曲企业投资行为外，还给行业发展带来其他副作用：①阻碍优胜劣汰的实现，导致政府调控政策无效。在电价差异的情况下，争取电价优惠已经成为企业获利的主要手段，企业在资源、技术、装备、管理等方面的劣势往往被电价的优势掩盖，导致实现行业优胜劣汰很难、政府调控政策低效或无效。②抑制行业技术创新，导致"劣币驱逐良币"，并造成资源的浪费。在区域电价悬殊时，技术创新并不是企业的最佳选择，企业往往选择低电价地区投资而不是专注于技术创新，对行业技术创新有抑制作用。由于低成本产能的释放，被市场淘汰的产能并不必然是落后产能，一些技术指标领先的企业反而率先被淘汰出局，例如，河南龙翔铝业的综合电耗、电流效率等技术指标世界领先，每吨电解铝用电指标领先国内水平800度左右，但是技术创新带来的成本下降（400元）折合为电价只有3分钱左右，由于企业全部使用网电，已经因为亏损不得不停产。由于这些关停产能异地再建的成本很高，实际上已经造成资源的浪费。③造成区域、企业发展的不公平。在现有电力垄断体制下，不同地区或同一区域不同企业在电价政策上的差异为企业"寻租"留下了空间，这造成了即使没有地方政府的推波助澜，企业也会按照市场机制，选择在低电价地区逆势扩张产能。市场信号失真导致区域、企业发展处于不公平的竞争环境中。

（二）体制缺陷、地方政府政策比拼与电解铝产能过剩

电解铝是一个投资巨大的行业，也是产业关联度相当高的一个行业，比如，新疆新建一个100万吨的电解铝项目，就需要投资75亿元，如果再配套建设一个投资40亿元的1000万吨煤矿和一个投资60亿元总容量175万千瓦的电厂，一个煤电铝一体化项目就增加175亿元固定资产投资。不仅如此，电解铝行业的发展还将带动煤炭、电力、本地铝加工产业、运输产业等上下游产业和相关服务业发展。技术门槛低、项目建设快、即期投资的拉动效应大、产业关联效应高、解决就业作用好、对GDP拉动作用强等特点，使电解铝项目备受地方政府喜爱。特别是在电解铝需求旺盛、企业盈利水平高的情况下，各地政府具有极强的动力支持电解铝产能扩张，在招商引资中竞相为电解铝项目提供土地、贷款、税收、优惠电价、完善配套等政策支持，使得电解铝行业的新增产能持续增长。为化解产能过剩问题，国家要求新增生产能力的电解铝项目必须经过国务院投资主管部门核准，但是，这一政策并未阻止产能增长，地方政府帮助企业"先建再报批"、"曲线"报批甚至隐瞒不报批，反而催生了电解铝很多"黑户"，2013年，我国未经审批的电解铝产能占总产能超过70%。在调研中我们发现，一些项目纷纷以发展循环经济产业链、节能环保、技术改造、铝加工生产名义上马。

地方政府敢于为企业逆势投资提供优惠政策背后具有深层次的体制原因。①财政分权体制下地方财税收入增长的压力所致。"分灶吃饭"为地方政府确立了财政收入增长的利益诉求，地方政府由此具有很强的动机为项目提供优惠政策以推动经济增长。②领导干部晋升政绩考核的动力所致。以GDP为中心的政绩考核机制使领导干部晋升与本地经济增长紧紧挂钩，地方主管领导在追

求地方财税增长以外，有强烈的个人动机推动大项目在本地落户以在职位竞争中取胜。经济利益动机和政治动机推动地方政府为拉动经济增长竞相在招商引资中提供优惠政策。③我国现行的金融制度、环境制度、土地制度等存在的缺陷为地方政府出台招商引资优惠政策提供了可能。我国商业银行并不真正为其贷款的风险负责，存在预算软约束问题，地方政府建立了大量地方性金融机构为企业在本地投资提供金融支持，地方政府还为本地企业利用全国性商业银行的金融资源提供政策性支持。我国环境制度存在环境产权模糊问题，为地方政府降低环保门槛作为吸引企业投资的一项隐性政策提供了可能，造成了高耗能、高污染企业违规西进。我国长期实行的二元土地制度存在农村集体土地缺乏处分权问题，地方政府可以强行征收集体土地转变为工业用地等。政府利用掌握的土地征收特权为企业投资低价供地，企业拿到土地之后到银行取得抵押贷款，政府的土地征收特权又变相转化为信贷权利（李扬等，2005）。④治理产能过剩的长效机制不健全为政府手段治理产能过剩问题提供了借口。例如，中东部亏损产能不少是技术水平高的产能，不能按照淘汰落后产能的要求逼迫企业退出，由于缺失市场化退出机制，债务、人员问题逼迫相关企业不愿退出、不能退出，政府有理由为企业提供解困政策。

体制缺陷扭曲了企业投资经营与退出决策行为，最终放大了产能过剩的危害，成为造成电解铝重复建设、产能过剩的重要原因。地方政府干预企业投资和退出的行为往往使中央政府的产业政策和调控政策无效或低效。而且地方政府干预会导致企业谋取政策租金而不是自主创新，在经营困难时找政府而不是自主脱困，最终导致企业自主生存的能力弱化，不利于企业提高竞争力和能源使用效率。

（三）产业技术特征与电解铝产能过剩

在前面的论述中可以看到，电解铝具有固定资产投资占比大，技术门槛低、电力成本高、退出或再启动成本高、即期投资效应强、产业关联效应高等特征，这些产业特点及技术特点与电解铝产能过剩紧密相关。例如，电力成本高使企业投资行为更易受电价不平衡政策左右，是电解铝产能过剩具有极为特殊的原因，而即期投资效应强、产业关联效应高、退出成本高也增加了政府支持电解铝投资和电价补贴的动力。

资源区域性分布、搬迁费用高的特点不利于电解铝行业的兼并重组。当一个行业严重产能过剩并由此导致经营状况大幅度恶化时，该行业并购重组的步伐将会加快，市场化兼并重组被认为是化解产能过剩的有效措施之一。但是，从目前来看，电解铝行业由于受制于铝土矿资源本地化、政策本地化等特点，要发挥重组后的规模效应，就需要将被并购企业搬迁，这也就意味着被并购企业原来享有的资源优势和政策优惠将会丧失，行业兼并重组的积极性远不如钢铁等行业那么高涨。电解铝企业搬迁费用高也弱化了跨区域兼并重组的积极性。

退出成本高增加了"疏"的困难。产能退出和产能输出往往也是治理产能过剩的重要途径，该路径却不适合电解铝行业存量产能的退出或输出。与其他产业相比，电解铝在技术特征上表现为产能形成后非常刚性，产能一旦关停则意味着生产线基本报废，产能搬迁或本地再重启的成本很高，在微亏的情况下，企业只能咬牙继续生产，这种技术特征进一步加剧了行业的产能过剩困局。企业如果彻底关停产能往往意味着破产，涉及企业债务偿还、人员安置、财政收入问题等。尤其是中东部部分产能是这几年形成的，尚未盈利，企业欠下巨额债务。

产业关联效应加大了电解铝产能退出的困难和政府干预的动机。在中东部电解铝产区，大多已经形成了煤—电—电解铝—铝深加工产业链，以及铝土矿—氧化铝—电解铝—铝加工产业链，一旦电解铝产能关停，上游的煤炭、电力可能也会发生过剩问题，铝加工行业则会向新产能集聚，还影响银行、运输和电网等服务业发展，对本地 GDP 和就业的直接和间接影响巨大。例如，对河南来说，目前，铝工业规模以上企业对增加值的贡献近 600 亿元，直接就业 4 万多人，相关产业超过 10 万人,增长压力和就业压力逼迫地方政府不得不管。但政府管也有困难,按照河南电解铝行业用电量 500 亿度计算,即使政府对电解铝企业每度电实行 2 分钱的电价补贴,每年就需要财政资金 10 亿元,而经营好转的时间难以预测,显然政府补贴时间可能要持续较长一段时间。对地方政府来说,真是关也痛苦,管也痛苦。

四、结 论

区域电价悬殊差异、技术特征和体制扭曲的共同影响导致产能在西部逆势扩张,没有电力成本高这一特征,电力体制缺陷带来的区域电价悬殊差异就不可能引起产能向西部集中,而如果没有财政分权、政绩考核等体制机制的缺陷,西部就会严格执行中央严禁向西部转移高耗能项目的规定,也不可能出现产能在西部的逆势扩张。因此,可以说电解铝产能过剩是电力市场机制不完善、体制扭曲带来的地方政府比拼政策,以及独有的产业技术特征等互相影响的结果,具有相对独特的、相对复杂的成因。这三者的叠加既造成化解电解铝产能过剩问题的困难,又要求化解电解铝产能过剩必须考虑行业自身的特点。体制缺陷特别是电力垄断的缺陷不仅仅是引起电解铝行业过剩产能的原因,还具有抑制自主创新、阻碍市场机制发挥优胜劣汰功能、弱化企业自主脱困能力等危害。

目前,世界经济复苏缓慢乏力,在房地产、汽车、家电等铝应用产业增长缓慢的情况下,铝消费增速缓慢,因此,短期来说,治理电解铝产能过剩仍然主要从供给端着手,当务之急是制定相对公平的区域电价,推动大用户电价的市场化定价,以遏制因电价政策差别很大导致的投资冲动。同时,要制定严厉的措施杜绝地方政府为新建产能提供优惠政策,暂缓新建但未投产的产能投产,完善淘汰落后产能的政策,推动中部缺乏市场竞争力的产能(非落后产能)减量置换或兼并重组,尽快使电解铝产能过剩的局面不再继续恶化。

从长期来说,要厘清市场和政府在治理产能过剩中的各自的角色定位,政府应完善市场机制,推动市场真正成为资源配置的主体,并矫正完善现有制度不合理的地方,避免政府干预扭曲企业行为。具体来说,在供给端,要根据电解铝产业的技术特点建立完善治理产能过剩的长效机制,如建立科学的市场准入门槛,设计符合产业特点的退出机制,建立市场化的落后产能退出机制,严格落实环保政策等,使企业成为完全的微观市场主体,同时,要通过改革进一步完善土地制度、环境制度、金融制度、财政分权体制、官员考评体制等制度,减少政府干预企业投资的动机和可能性;在需求端要用自主创新、政府采购等市场化政策鼓励下游产业拓展铝应用,支持企业向终端加工发展。

参考文献:

[1] 林毅夫,巫和懋,邢亦青."潮涌现象"与产能过剩的形成机理 [J]. 经济研究, 2010 (10).

[2] 周黎安. 中国地方官员的晋升锦标赛模式研究 [J]. 经济研究, 2007 (7).

[3] 王立国,张日旭. 财政分权背景下的产能过剩问题研究——基于钢铁行业的实证分析 [J]. 财经问题研究, 2010 (12).

[4] 江飞涛,曹建海. 市场失灵还是体制扭曲?——重复建设形成机理研究中的争论、缺陷与新的进展 [J]. 中国工业经济, 2009 (1).

[5] 江飞涛,耿强,吕大国,李晓萍. 地区竞争,体制扭曲与产能过剩的形成机理 [J]. 中国工业经济, 2012 (6).

［6］张日旭. 我国电解铝行业产能过剩问题研究——从铝价格波动角度分析［J］. 价格理论与实践，2012（10）.

［7］张日旭. 重化工业产能过剩的困境摆脱：解析电解铝行业［J］. 改革，2012（11）.

［8］文献军. 电解铝行业产能过剩的判断与建议［J］. 中国市场，2014（3）.

［9］赵秀富. 从电解铝产能过剩看市场配置资源的必要性［J］. 中国金属通报，2014（5）.

［10］压供拓需，完善政策努力化解电解铝产能过剩［N］. 中国经济报，2014-05-09.

负面清单管理与转轨时期中国体制性产能过剩治理

程俊杰[1,2]

(1. 南京大学长江三角洲经济社会发展研究中心，南京　210093；

2. 江苏省社会科学院区域发展研究中心，南京　210013)

一、引　言

与西方发达国家的产能过剩相比，我国目前的产能过剩类型更加复杂，除了普遍存在的周期性过剩和结构性过剩外，还有转型期特殊制度环境所诱发的体制性过剩。前两种类型的过剩实际上是市场经济过剩属性的正常体现，其最佳的治理方式就是交由市场"无形之手"去解决，市场竞争和优胜劣汰的机制会促使企业自发进行数量调节及结构调整，这也成为产业转型升级和经济发展的重要动力机制。真正值得警惕的是体制性过剩，特殊的转轨体制作为"偏向加速器"而非"平衡器"对企业行为所产生的扭曲在计划经济时代造成了经济短缺，同样，在市场经济时期又引发了"久治不愈"的产能过剩。正如科尔奈所指出的，转型时期投资决策的分散化以及预算约束硬度的不足加重了社会主义体制固有的投资过热倾向。根据笔者曾经做过的实证结果，发现体制因素已经成为影响我国现阶段产能过剩的最重要因素。此外，一个典型事实是很多原先由周期性或结构性原因所导致的产能过剩经常会因为政府的介入和不恰当的干预转变为体制性过剩，并受路径依赖的影响而使过剩程度不断加剧。

自20世纪90年代末，中央政府便注意到日益严重的重复建设和产能过剩问题，并多次出台了相应的调控政策和举措，尤其是21世纪以来，这类治理措施越发密集，力度也逐渐加大。但遗憾的是，相关政策的效果并不显著，部分行业的产能过剩矛盾甚至进一步恶化。大量的研究表明，固定资产投资，尤其是过度投资是我国产能过剩产生的最直接原因（韩国高等，2011；王立国等，2012；耿强等，2011）。为了评价我国历次化解产能过剩的政策效果，我们以2004~2011年制造业面板数据为样本，利用Shaikh等（2004）提出的协整方法估算了制造业及细分行业产能利用率，并根据剔除价格因素后的实际固定资产投资额计算了投资增长率和H-P滤波的波动项。图1的结果显示，2004~2011年我国制造业产能利用率呈现出下降趋势，虽然整体并未表现出产能过剩，

[基金项目] 本文是2013年江苏省社会科学基金十八大专项（一般项目）"增创更具活力、更有效率的江苏改革开放新优势研究"（批准号：13WTB021）阶段性研究成果。

[作者简介] 程俊杰，南京大学长江三角洲经济社会发展研究中心博士生、江苏省社会科学院助理研究员，主要研究方向为产业经济学，电话：13770822220，邮箱：topcjj2003@163.com，chengjj@jsass.org.cn，地址：南京市虎踞北路12号江苏省社会科学院，邮编：210013。

但过剩风险明显加大。与此同时，同期的固定资产投资却基本保持着高于 20% 的增长率，且趋势稳定，表明大多数年份投资波动大于 0，以上说明现行的以抑制投资为主的治理政策在制造业整体层面并未产生明显效果。进一步考察细分行业，根据实际测算结果，结合国务院、发改委、工信部等部门相关文件中所提到的过剩产业，我们选择了六大对应的二位码行业进行分析，分别是"石油加工、炼焦及核燃料加工业"、"化学原料及化学制品制造业"、"化学纤维制造业"、"非金属矿物制品业"、"黑色金属冶炼及压延加工业"、"交通运输设备制造业"。

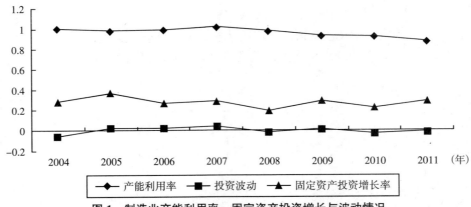

图 1　制造业产能利用率、固定资产投资增长与波动情况

根据图 2 可以发现，虽然以上六大行业均处于产能过剩状态，部分行业的产能利用率甚至出现下降趋势，但是六大行业 2004~2011 年的固定资产投资增长率几乎全部为正，特别是部分行业如化学纤维制造业近两年的投资增长率表现出极高的态势，说明过剩行业的产能仍在快速扩张。这就再次证明了产能过剩治理政策效果不佳的结论。

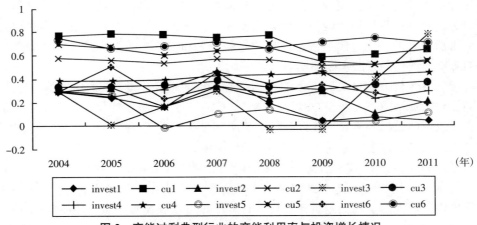

图 2　产能过剩典型行业的产能利用率与投资增长情况

目前，产能过剩已经演变为我国最重要的四大宏观经济风险之一，国家领导人多次在不同场合发出要高度重视并及时化解产能过剩的最强音。我们认为，化解我国体制性产能过剩的关键在于实行负面清单管理。过去我国一直采用正面清单的管理方式，通过集中有限优势资源以实现具有政府强烈偏好的产业在数量层面的迅速发展，这在短时期内顺利完成赶超目标的同时也产生了"过剩之谜"，即只要政府发展什么，什么就一定会过剩。同时，正面清单管理也使得我国产能过剩持续、广泛存在，且难以"治愈"。本文将尝试对"实行负面清单管理是治理产能过剩根本路径"这一重要命题的内在逻辑进行探讨，进而给出可能的政策工具选项。毫无疑问，这将是对产能过剩治理对策研究的有益补充，也对于我国产能过剩矛盾的化解具有一定的现实意义。

本文余下部分的结构安排如下：第二部分回顾我国产能过剩的治理政策及其演变，并试图对为什么诸多政策措施均收效甚微这一问题给出理论解释；第三部分总结归纳发达国家产能过剩的治理经验，并提出我国不能照搬西方经验的重要观点；第四部分分析利用负面清单管理化解我国产能过剩的内在逻辑和理论机制；第五部分指出当前我国从正面清单管理转向负面清单可能面临的难点及障碍；第六部分针对以上分析给出可能的政策选项。

二、我国产能过剩治理政策演变及"失效"原因分析

（一）产能过剩治理思路：基于"五力模型"的分析

美国管理学家迈克尔·波特（Michael Porter）于 20 世纪 80 年代曾经提出过著名的"五力模型"，即行业中存在决定竞争规模和程度的五种力量，分别是进入壁垒、替代品威胁、买方议价能力、卖方议价能力以及现存竞争者之间的竞争。从内涵来看，看似风马牛不相及的产能过剩反映了超过一定程度的供过于求的失衡状态，这必将会引发企业间的过度竞争。在很多场合，过度竞争甚至成为产能过剩的代名词或者近义词使用。从这一意义上讲，产能过剩的治理可以从决定竞争规模和程度的五种力量入手，它们分别代表了影响市场供求关系的五种市场主体。受这一思路的启发，我们认为，治理产能过剩，从供给端的调控选择主要有三：一是控制增量，比如减少潜在进入者、严格限制现存厂商的产能扩张等；二是优化存量，比如同业者之间的产品结构调整、替代产品的技术创新以及企业兼并重组等；三是淘汰落后产能，主要是针对现有的达不到技术、环保、规模门槛的产能。而需求端的调整选择则包括扩大国内需求、加快产能转移等。

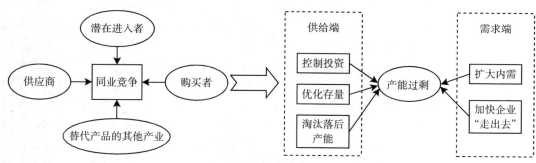

图 3　产能过剩治理思路

（二）我国产能过剩治理政策的演变特征

经过对所掌握的政府文件的梳理，我们发现，其实早在 20 世纪 90 年代我国便开始关注日益严重的产能过剩问题，21 世纪之后，随着问题的加剧，相关文件的出台越发密集。据不完全统计，目前，中央层面涉及产能过剩的政府文件就多达二十余份，其中，2000 年以来颁布的占到总数的 80% 以上。此外，文件针对对象也由个别产业扩大至部分产业。归纳总结后可以得出，我国

产能过剩治理政策的演变主要表现出以下几方面特征：

第一，治理思路的变化。即逐渐由单一的供给端治理转向供给端和需求端的双管齐下。事实上，自20世纪80年代末中央政府便开始陆续出台一些抑制投资的政策文件，比如《国务院关于控制固定资产投资规模的若干规定》（1986）、《国务院关于清理固定资产投资在建项目压缩投资规模、调整投资结构的通知》（1988）、《国务院关于进一步清理固定资产投资在建项目的通知》（1988）等，当时主要是为了防止重复建设以及调整产业结构。真正出现产能过剩之后的治理始于90年代中期，由于对过剩成因的理解把握为盲目投资，因此，调控思路遵循了过去防止重复建设的投资抑制导向，并一直延续至21世纪初期。这一时期的相关文件有《国务院关于调整部分行业固定资产投资项目资本金比例的通知》（2004）、《国务院办公厅关于清理固定资产投资项目的通知》（2004）等。2006年，在《国务院关于加快推进产能过剩行业结构调整的通知》中将治理思路丰富为"控制增能，优化结构，扶优汰劣"。2009年，中央进一步指出要"结合实施'走出去'战略，支持有条件的企业转移产能"。2013年，首次提出需求端治理政策，要求"坚持开拓市场需求与产业转型升级相结合"。

第二，治理任务的变化。伴随着产能过剩治理思路的不断丰富，主要目标和任务也相应发生变化。2005年之前，我国产能过剩的治理一直以抑制固定资产投资、制止盲目投资为主要任务，例如，相继出台了《关于制止钢铁电解铝水泥行业盲目投资若干意见》（2003）、《关于制止铜冶炼行业盲目投资若干意见》（2005）等。2006年，随着治理思路的丰富和调整，主要任务除了控制固定资产投资之外，还加入了淘汰落后产能、推进技术改造、促进兼并重组、深化体制改革、健全行业信息发布制度等。这也在2009年出台的《国务院关于抑制部分行业产能过剩和重复建设引导产业健康发展的若干意见》中得到了进一步的延续和细化。2013年的最新文件《国务院关于化解产能严重过剩矛盾的指导意见》则将治理目标精练为产能规模基本合理、发展质量明显改善、长效机制初步建立三个方面，并在过去的基础上提出了八大主要任务，分别是遏制产能盲目扩张、清理建成违规产能、淘汰落后产能、优化产业结构、开拓国内市场需求、拓展对外发展空间、增强企业创新动力、建立长效机制。

第三，治理工具的变化。比较我国在治理产能过剩过程中的几个重要文件，我们发现政府进行调控的政策工具日益多元化，并且逐渐由偏重行政手段向更多依赖经济、法律、技术、标准等非行政手段转变。例如，在1994年出台的《国务院关于继续加强固定资产投资宏观调控的通知》中着重使用了行政手段（从严审批新开工项目、加强对项目审批工作的管理）以及信贷手段（严格固定资产投资贷款管理）的政策工具。此后的十余年间，中央政府一直将加强规划引导、严格项目管理等行政手段作为治理产能过剩政策工具的重要甚至是首要选项。但令人欣慰的是，进入21世纪后，我国产能过剩的治理开始逐渐启用更多的政策工具，比如利用税收工具、环保标准等严格市场准入。直到2006年，中央政府正式提出要"综合运用经济、法律手段和必要的行政手段"，这一提法削弱了行政手段在治理产能过剩中的作用，同时也体现了政策工具的多元化趋势。随后的调控一直遵循了这一原则，并逐步采用了多种治理工具。2013年41号文，重点突出了运用经济手段、环保手段等进行要素管理而非直接的限制投资，如加强土地岸线管理、落实有保有控的金融政策、完善规范价格政策、完善财税支持政策、落实职工安置政策以及强化环保硬约束等。

导致以上变化发生的动力主要有三：①产能过剩现状的改变。在20世纪90年代中期左右，亟须遏制的是普遍的重复建设，而产能过剩只是潜藏风险或是仅在个别领域发生，因此，自然而然的治理思路便是抑制投资。21世纪后，大量的重复建设造成了真正意义上的产能过剩，并且波及范围不断扩大、程度持续恶化，光"堵"不"疏"的治理思路很难见效，必然要求多管齐下。②对产能过剩成因、影响等认知的深化。学术界对产能过剩的成因一直存在争论，一开始不少学者都认为产能过剩是市场经济的正常现象，随后逐渐意识到市场失灵和政府失灵在产能过剩形成中的作用。从前文的文件梳理中可知，中央政府为治理产能过剩开出的药方经历由"抑制盲目投资"转变为"控制增量、优化存量、建立长效机制"的过程。③经济体制改革的推进。随着市场经济体制的不断完善，在治理产能过剩的过程中，政府越来越强调重视发挥经济、法律等手段的作用，并且不断弱化行政手段的干预。

（三）治理政策"失效"的原因分析

根据前文的测算比较以及大量的经济现实，[①] 毫无疑问，虽然经历了不断的修改和完善，现行的产能过剩治理政策的效果仍不显著。我们将主要的治理政策分为两类：一类是垂直型政策，如严禁建设新增产能、淘汰落后产能等，这实际上是一种指向性很明确的政策；另一类是水平型政策，如鼓励企业兼并重组、加快企业"走出去"、扩大国内需求等，这类政策并不由政府指定"赢家"或"输家"。从我国治理产能过剩的实践来看，基本上还是以垂直型治理政策为主。

我们认为，垂直型治理政策之所以"失效"，主要有三方面的原因：①这类政策本身并不能从根本上治理产能过剩。从具体内容来看，投资规制是垂直型治理政策的主要目的，为此政府往往根据预测和判断以"有形之手"来替代市场调节机制。而从前几章的研究中，可知我国转型期的产能过剩主要是因政府利用垂直型产业政策对经济的不当干预所致。垂直型治理政策本质上还是要发挥政府干预的作用，并不能消除产能过剩产生的根源，除非得到持续的严格执行（曹建海等，2010）。②政策制定与市场之间可能存在偏差。这种偏差极有可能干扰市场机制的正常作用，成为市场均衡的离心力。造成偏差的因素主要包括信息和认知，比如主观方面统计信息的缺失或误差可能会导致政策制定者无法产生精确的判断，客观方面市场体制的不完善可能会使得信号传递失真或滞后，另外政策制定者的认知限制也会产生不良的后果。③政策实施的传导路径受阻。制度设计的激励相容矛盾导致了政策执行的差异，我们经常看到：当中央政府出台重点发展某一产业的规划或政策后，各地政府会忽视比较优势坚决落实，迅速开展投资；而中央政府一旦要求淘汰落后产能，限制项目进入，地方政府往往会阳奉阴违，拿出各种抵制措施，比如重复淘汰、大项目拆分规避上报审批等。其原因主要是当前以 GDP 为核心的政绩考核体制使得产业进入时中央和地方是激励相容的，而退出时是不相容的。

对于水平型治理政策成效不大的原因，我们认为至少有三：①政策制定不完善。比如，我国一般选择事前的直接补贴的方式鼓励企业进行技术改造、产品创新以治理产能过剩，但实际的创新效率并不高。研究表明，间接补贴才是引导企业成为自主创新主体的更有效办法，并且对于不同行业应采用不同的补贴方式，竞争性行业应采用间接补贴，而非竞争性行业则应采用直接补贴（唐清泉等，2008）。②政策落实不到位。主要有主、客观两方面原因：主观方面的根源在于地区竞争，水平型治理政策与建设型政府或非服务型政府实际上是一种错配。以鼓励企业兼并重组为例，我国相继出台了《国务院关于促进企业兼并重组的意见》（2010）、《国务院关于进一步优化企业兼并重组市场环境的意见》（2014），但是资料显示，近两年国内企业并购更多的是购买海外资产，国内企业之间，尤其是跨地区的整合并不活跃。2013 年第一季度，PE/VC 并购交易仅 38 起，涉及金额 8.87 亿美元，同比和环比均有所下降。这其中被收购企业所在地政府的干预和阻挠是很重要的影响因素。客观方面的原因是市场信息不对称使得政策落实出现偏差，比如创新补贴的配置难以实现最优化等。此外，政府官员的"寻租"活动也是政策落实不到位的可能因素。③制度

---

① 以电解铝行业为例，目前电解铝产能进入"越减越肥"的怪圈，内蒙古、新疆等地倚仗成本优势新增产能意愿明显，数据显示，5 月，国内铝冶炼企业建成产能 3417.4 万吨，较上月环比增长 2.24%，较去年同比增长 18.57%，实际运行产能为 2772.5 万吨，较上月环比增长 3.43%，较去年同比增长 18.38%。详细参见 http：//news.163.com/14/0626/05/9VL22FG600014AED.html。

环境存在缺陷。除了地方政府，微观市场主体——企业也是政策传导路径上影响治理效果的重要一环。由于配套制度的不完善，即使治理政策得到了严格执行，也可能导致企业作出超出政策预期的决策。比如虽然接受了 R&D 补贴，但不确定的知识产权保护抑制了企业的创新动力等。

三、负面清单管理：化解我国产能过剩的根本路径

（一）发达国家治理产能过剩的经验启示

产能过剩并不是我国的特有现象，很多先前的学者对发达国家治理产能过剩的做法开展了仔细而深入的总结和分析，并针对我国现实提出了许多中肯的建议。例如，盛朝迅（2013）指出，美国并没有出台太多的专门政策以应对市场萎缩型产能过剩，但会根据形势变化采取相应的措施，其中，供给侧的政策主要包括加快创新驱动产业发展，通过"再工业化"战略提升产业竞争力；需求侧的政策主要包括扩大国内市场需求、加大贸易保护和区域性经贸合作安排以强化国际市场主导权。日本的经验则基本可以概括为：①推动过剩产业的企业兼并重组；②实施相关劳动就业政策；③对过剩产业进行供需预测并制定结构改善计划；④通过国民收入倍增计划启动民间消费；⑤扩大对外投资转移过剩产能；⑥淘汰落后产能，等等（吕铁，2011；殷保达，2012）。

对比目前我国和美、日治理产能过剩的政策措施，可以发现我国从美、日具体做法中借鉴良多，但是效果差异却十分明显。以美国为例，受 2008 年国际金融危机的影响出现严重的产能过剩，在此背景下美国政府通过刺激研发投资，推动创新使产能利用率逐步回升。数据显示，2014年 5 月，美国工业产能利用率达到 79.1%，已经基本接近危机之前的正常水平。而我国近几年的制造业产能利用率却逐年下滑，大多数过剩产业的情况不断恶化，根据测算预计这一趋势仍将在一段时期内持续。

我们认为，造成结果如此迥异的原因主要在于我国"形似神不似"地照搬了西方发达国家的具体政策举措。首先，我国与发达国家的产能过剩类型不一样，发达国家主要以需求冲击导致的周期性过剩为主导，而我国除此之外更多的是体制性过剩和结构性过剩。其次，制定和实施治理政策的政府类型不一样。美、日经验表明发达国家治理产能过剩主要采用水平型治理政策，这与其服务型政府的职能、属性是相匹配的。即使是过去使用垂直型政策较多的日本，在经过 20 世纪90 年代以放宽政府限制为主要内容的行政改革后也完成了向服务型政府的转型。而我国目前正处于由建设型政府向服务型政府过渡的阶段，各级政府仍习惯于垂直型的调控方式。最后，政府定位的差异导致政府间关系的不一样。与大多数发达国家不同，我国政治集权加经济分权的特殊制度安排使得地方政府开展以 GDP 为核心的锦标赛竞争，而水平型治理政策的目标与此可能存在冲突。因此，后两点严重影响了水平型治理政策在我国的落实程度和执行效率。

（二）负面清单管理的新内涵

综合以上分析，我们认为，实行负面清单管理可能才是有效治理当前产能过剩的根本路径。负面清单管理是国际上通行的最早主要针对外商投资领域的管理办法，指政府规定哪些经济领域不开放，除了清单上的禁区，其他行业、领域和经济活动都许可。根据定义，凡是与外资的国民待遇、最惠国待遇不符的管理措施，或业绩要求、高管要求等方面的管理措施均以清单方式列明。实际上，除了贸易投资领域，负面清单管理在产业发展领域，尤其是治理产能过剩方面同样可以借鉴。

当前，我国在治理产能过剩中推行负面清单管理应赋予其新的内涵，除了以清单方式列出禁止或限制投资的产业外，还应包括转变政府职能以及实施水平型产业政策两个重要方面。简言之，就是"负面清单管理市场，正面清单约束政府"。实施负面清单管理不代表政府将转向"无为而治"，也不代表不能释放正向激励，与垂直型产业政策政府直接干预微观经济相比，水平型产业政策是从宏观角度，通过制度改善、环境营造、市场维护等来促进产业发展（金乐琴，2009）。刘志彪教授曾经提出过一个极为类似的概念——中性的产业政策，并将其定义为那些鼓励企业加入全球内产品分工等的开放性产业政策，那些能促进企业间有效竞争的组织政策以及那些旨在诱导企业分享产业集聚效应的集中化政策等。由此可见，利用负面清单管理治理产能过剩的本质就是优化政府的"有形之手"以充分发挥市场"无形之手"的调节作用。

（三）负面清单管理化解产能过剩的理论机制

负面清单管理之所以可以有效化解产能过剩矛盾，至少应有以下四条内在机制：

第一，负面清单管理的前提是转变政府职能。与正面清单管理截然不同的是，实行负面清单管理首先要求将政府角色定位于对市场功能的补充和拓展，减少对经济发展的直接干预，转向经济服务，即"匹配赢家"而非"选择赢家"，比如严格市场监管、优化发展环境等。而根据前文的研究，我们得知，我国目前的产能过剩主要是因政府在体制扭曲和地区竞争的背景下通过要素补贴软化企业预算约束影响其投资决策所致。因此，政府的不当干预才是产能过剩产生的重要根源，而实行负面清单管理的首要前提便是用正面清单约束政府，使其从"运动员+裁判员"转变为纯粹的"裁判员"，从而有利于产能过剩的源头治理。

第二，负面清单管理的本质是均衡发展。从某种意义上讲，当前的产能过剩实际上是政府干预使要素资源在不同产业间过度非均衡投入的结果。中共十八大提出了"五位一体"相对均衡的发展战略，我们理解，其内涵不仅是要求经济、政治、文化、社会、生态文明等多方面的协调均衡发展，也要求各方面内部的均衡发展，比如经济建设领域的产业结构调整等。因此，化解产能过剩其实就是促进要素资源的投入由非均衡向相对均衡转变，而负面清单管理恰好是"使市场在资源配置中发挥决定性作用"这一重要命题的根本体现，表现出明显的均衡发展的特征。

第三，负面清单管理的重要内容之一是提升产业创新能力。通过创新来提高产品质量、改善产品结构是治理产能过剩的一个重要思路。根据第三章的研究，当前国内企业创新活动不活跃主要有两方面原因：一是由创新具有的内在的不确定性、路径依赖、不完善的知识产权保护制度等因素所导致的创新意愿不强；二是创新能力较弱。资料显示，近几年，我国专利授权量迅速增长，但发明专利的比例较低且专利转化率不高，说明我国创新能力的提高主要依赖于研发投入的大幅增长。目前，制约创新能力提高的主要因素包括：基础研究的力量薄弱、创新环境仍不完善以及创新网络尚未广泛形成等。打破以上影响创新活动的"瓶颈"恰恰是负面清单管理的题中之意。根据其内涵，提升产业创新能力、实现创新驱动发展是实行负面清单管理所追求的重要目标之一，这要求通过水平型产业政策加强对技术、信息、资金、基础设施以及人力资本等要素的协调，降低创新风险，保证创新收益，不断增强企业"自我发现"的能力，从而促进产业创新。

第四，负面清单管理聚焦于营造公平竞争的市场环境和构建统一完备的市场体系。除了产业创新升级、落后产能淘汰、推进企业兼并重组、开拓国内市场需求、加快过剩行业的企业"走出去"等均是治理产能过剩的重要思路。但是以上思路能够有效实现的前提条件是具有良好的市场环境以及统一的国内市场。例如，转型期特殊的地区竞争机制以及不完善的市场经济体制产生了较高的市场性和体制性退出壁垒，具体表现为企业退出的信息、资金等搜寻成本较高；政府干扰企业决策因素较大；部分法律制度的制定和执行不合理；要素市场的不完善影响过剩企业投资新产业，进行产权转让或重组，获取技术及匹配的劳动力等。这导致我国淘汰落后产能的方案遭遇了很大的执行阻力，而作为退出机制的另一种形式——企业并购，尤其是跨地区的并购并不活跃。显然，作为负面清单管理的又一项主要任务，市场环境和市场体系的完善将有助于产能过剩治理思路的推进。

此外，负面清单的制定也将从源头上控制新增产能建设，从而有利于产能过剩矛盾的缓解。

四、负面清单管理的难点及障碍

由于国际上通行的负面清单管理主要针对的是外商投资与国际贸易领域，现将其运用至产业发展领域，没有太多现成的可供借鉴的经验，而且又面临转型期不完善的体制安排，因此，利用负面清单管理去化解产能过剩矛盾将困难重重。总的来说，难点及障碍主要包括两点：一是过重的产业结构；二是强政府的职能转变。

(一) 产业结构

资料显示，国内外产能过剩主要都发生在工业，特别是制造业领域。从产业结构高级化的角度来看，西方发达国家经过第二次世界大战后几十年的发展已经完成了由制造型经济向服务型经济的转变，由于服务业发展对市场环境、政府公共服务等软件条件更加敏感，因此，发达国家实行负面清单管理具备了较好的基础。而我国产业结构中仍然是制造业占据主导，借鉴相关文献中的一般做法选择第三产业产值与第二产能产值之比（TS）作为产业结构高级化的衡量指标，计算得知，2000 年以来虽然服务业产值比重总体表现出上升趋势，但依然小于工业产值比重。考虑到国际金融危机之后制造业的不景气因素，产业结构高级化程度应略打折扣。

进一步利用泰尔指数（TL）来测算产业结构合理化程度，具体公式如下：

$$TL = \sum \frac{Y_i}{Y} \ln\left[\left(\frac{Y_i}{L_i}\right)/\left(\frac{Y}{L}\right)\right] \tag{1}$$

式中，Y 表示总产值，L 表示从业人员数，i 代表细分产业。由表 1 可知，2008 年之后我国产业结构的不合理程度不断上升。我们认为，其主要原因在于依然沿用了过去的产业发展模式，即通过要素扭曲追求粗放型的速度追赶和数量扩张。

表 1 我国产业结构变动情况

年份	TL	TS	一次产业		二次产业		三次产业	
			贡献率	拉动率	贡献率	拉动率	贡献率	拉动率
2000	0.0748	0.8498	4.43	0.37	60.8	5.13	34.77	2.93
2001	0.0761	0.8960	5.08	0.42	46.7	3.88	48.22	4
2002	0.0811	0.9258	4.57	0.41	49.8	4.52	45.68	4.15
2003	0.0786	0.8970	3.36	0.34	58.51	5.87	38.13	3.82
2004	0.0959	0.8736	7.8	0.79	52.23	5.27	39.92	4.03
2005	0.0773	0.8553	5.61	0.63	51.11	5.78	43.27	4.89
2006	0.0677	0.8538	4.78	0.61	50.04	6.34	45.18	5.73
2007	0.0902	0.8849	2.99	0.42	50.7	7.18	46.31	6.56
2008	0.1087	0.8815	5.73	0.55	49.25	4.75	45.02	4.34
2009	0.1164	0.9391	4.48	0.41	51.94	4.79	43.58	4.02

续表

年份	TL	TS	一次产业		二次产业		三次产业	
			贡献率	拉动率	贡献率	拉动率	贡献率	拉动率
2010	0.1399	0.9264	3.85	0.4	56.84	5.94	39.32	4.11
2011	0.1743	0.9310	4.61	0.43	51.61	4.8	43.77	4.07
2012	0.2052	0.9863	5.72	0.44	48.71	3.73	45.56	3.49

资料来源：根据《中国统计年鉴》整理计算得出。

综上，目前的产业结构给我国实行负面清单管理带来的困难主要表现在两方面：①目前我国产能过剩已经表现出普遍性特征，过剩行业很多是拉动经济发展的关键行业，比如钢铁、水泥、船舶、新能源等，而且增长动力主要依靠投资驱动，因此，实行负面清单管理有可能会导致经济失速，从而带来更加严重的后果。②相对于西方发达国家，我国市场基础相对薄弱，市场机制长期扭曲。虽然经过30多年的超高速增长之后，我国经济正进入正常的中速增长轨道，原先依靠要素成本驱动的增长动力发生了彻底改变，劳动力、能源、土地等过去偏低的要素价格正在被重估（刘志彪，2013），但恢复正常的市场机制，使市场在资源配置方面起决定性作用远非一日之功。负面清单管理可能在短期由于市场化改革不足、企业路径依赖等使得产能过剩情况趋向恶化。

（二）政府转型

由于历史、文化等原因，我国具有强势政府的典型特征，正是在不完善的市场体制中发挥了基于市场的强势政府的调节作用，才能通过必要的资源集聚和积累，不断优化基础设施环境和发展的制度环境，实施经济赶超。以江苏为例，在地方政府的强有力的直接参与和支持下，江苏以乡镇企业为代表的农村工业化对其经济现代化进程做出了重要的基础性贡献，在此基础上发展出了"次生形态"的民营经济；与我国资本市场的发育高度相对应，发展了具有活力的股份制经济；与经济全球化趋势下产品内分工发展有机结合，促进了以吸收FDI为特征进行加工贸易的外向型经济（程俊杰等，2012）。但是随着经济发展向更高阶段迈进，强势政府的干预导致了一系列长期被高增长光环所掩盖的问题，比如产能过剩。根据前文的分析，利用负面清单管理化解产能过剩矛盾必须对政府职能进行重新定位，必须通过正面清单约束政府"闲不住的手"，这就带来两个难点：一是斩除"越位之手"；二是补齐"失位之手"。具体表现如下：

（1）转变传统管理思路。转变之难主要源自于：①路径依赖。长期以来，我国一直采用正面清单的管理方式发展经济，比如施行垂直型产业政策。这使得权力对经济运行介入过多，很多本应发挥市场机制调节作用的地方错装了政府之手。正面清单管理在各级政府及相关部门均已根深蒂固，很容易形成路径依赖。②利益格局被打破。管理思路的转变意味着政府机构的调整、部门利益的再分配，加上不少官员长期获取的"寻租"利益受到损伤，负面清单管理思路的转变阻力极大。

（2）提升政府经济管理能力。负面清单管理对政府管理经济，特别是改善服务、加强监管等方面提出了新的要求，比如：①负面清单管理降低了市场准入门槛，与正面清单管理相比将政府监管职能从事前转移到了事中和事后。但是，随着准入门槛的放宽以及企业经济活动自由度的加大，政府监管的内容和难度均明显增加。提升监管能力，特别是事中、事后的监管能力，完善监管体系，成为各级政府亟待研究的重要课题。②负面清单内容的制定和调整需要政府加强对市场信息的及时掌握和分析能力提高。很多学者认为政府实施微观规制提高市场绩效必须事先准确预测市场将来展示的信息和知识，这个难度非常大。

以上两大难点中最根本的难点应是政府职能转变，因为产业结构的问题本质上是体制安排不当所致。具体来说，就是以GDP为单一目标的地方竞争诱使各级政府对某些产值大、经济拉动力强的产业趋之若鹜，这类产业多数是制造业中的重工业。因此，实行负面清单管理治理产能过剩首先必须跨过政府职能转型的坎。

（三）理顺三对关系：政府转型的基本方向

政府转型主要包括三对关系的转变：一是政府与市场之间的关系。二是中央与地方之间的关系。三是地方之间的关系。刘志彪（2014）指出，三对关系中最重要的是中央与地方之间的关系，这是当今中国经济体制的所有症结所在。笔者认为，之所以中央与地方之间的关系最为重要，主要因为"政治集权、经济分权"的体制安排。

第一，政府与市场之间的关系。长期以来，我国政府的"强"主要表现为在资源配置，尤其是土地、资本等重要资源配置上发挥着主导作用并以此推动经济增长。随着市场力量的逐步增强，市场配置资源、提升经济发展质量的优势开始凸显。虽然市场失灵会时有发生，但是日本著名经济学家青木昌彦认为政府政策并非旨在直接引入一种解决市场失灵的替代机制。因此，未来政府应该从微观经济干预中解脱出来，由经济建设主体转变为经济性公共服务主体。经济性公共服务的主要任务主要包括：①制定科学的和具有约束性的中长期发展规划；②保持宏观经济政策的稳定和有效；③开展严格的市场监管以维持良好的市场秩序；④及时公开经济信息；⑤建设重要的基础设施。

第二，中央与地方之间的关系。欧美经验和拉美教训启示我们，中央必须扬弃以 GDP 为核心的政绩考核体制，尝试建立以经济性公共服务、社会性公共服务、资源环境公共服务以及制度性公共服务为核心的评价指标体系。在此基础上以财税体制改革为核心抓手，从完善立法、明确事权、改革税制、稳定税负、透明预算、提高效率六个方面入手进行调整。比如，完善资源税以及房产税征收办法，增加地方政府财政收入；以"营改增"为新一轮改革契机，逐步取消激励地方政府追求经济总量并加剧了地区不平衡的税收返还和原体制补助；按照公共服务属性合理划分中央与地方职责，中央应该负责公益性覆盖全国的公共服务供给，地方则应主要负责各自辖区内的公共服务供给，关注辖区内居民的实际需求等。

第三，地方之间的关系。地方之间的关系本质上是由中央与地方之间的关系所决定的，改革的方向则是形成良性的竞合关系。首先是促进地方政府间的合作。通过良好的制度环境、合理的组织安排和完善的区域合作规则来促进府际合作。除了在管理层面建立协商谈判、财政补贴与平衡、协调联动制度外，还要在法制层面建立冲突协调机制，从而使地方政府间合作更为高效有序。充分发挥纵向的科层制组织的积极协调作用，形成多层次的交流机制等。然后是规范地方政府间的竞争。在地方实行以资源为基础的经济区划，通过经济区的整合来推动行政区的整合。实施发达地区对不发达地区干部的培训以及干部异地任职制度，提高府际治理的社会资本水平。

由此可见，政府转型的破题之举就是在完善政绩考核体制的前提下开展第二轮财税体制改革，这也充分发挥了十八届三中全会所提出的经济体制改革的牵引作用。

五、利用负面清单管理化解产能过剩的政策建议

基于以上分析，我们将从政府转型以及实施水平型治理政策两个方面给出利用负面清单管理化解产能过剩矛盾的政策建议。其中，政府转型方面：

第一，逐步用经济调控来替代行政控制。目前，各级政府在治理产能过剩的过程中较多地使用了审批控制、勒令关停等行政手段。例如，根据《国务院关于进一步加强淘汰落后产能工作的通

知》（2010），国家在"十二五"时期抑制电力、煤炭、钢铁、水泥、有色金属、焦炭、造纸、制革、印染等产能过剩行业主要是通过审批控制或勒令关停等行政管理方式。虽然用行政审批的方式管理这类基础性、支柱性的产业有其一定的合理性，但是这种带有计划经济色彩的管理方式日益暴露出诸多严重弊端。应该尊重市场规律，更多地使用经济手段去调控，例如根据地区和产业特征征收差异化的税种和税率，将所有制偏向、区域偏向的税式支出政策更多地转向产业偏向，等等。此外，调控的标的应由具体的项目转变为生产要素，通过要素调节从根本上淘汰或限制不符合标准的项目。

第二，加强部门之间的协调。"五龙治水"是我国转型时期的典型特征，即市场监管的权力被划分到多个政府职能部门，如工商、税务、物价、质量监督、食品管理等。虽然这些部门行使的权力范畴和权力内容有所不同，但经常会造成多头管理，责权利不明确和不对称，进而导致监管效率的低下。不少文献均关注到我国特有的"五龙治水"体制，比如谢志斌等（2005）利用一个两阶段动态谈判博弈模型论证了在传统国有资产管理体制下，多个政府职能部门分割行使国有企业控制权会损害企业效率，而整合有利于提高效率的结论。

第三，消除隐性壁垒。王碧珺（2013）认为实行负面清单管理模式意味着外资企业、国有企业、民营企业都有权进入没有明令禁止的行业，但这并不意味着各类所有制企业真正实现了公平竞争。例如，民营企业早已被获准进入某些国有经济占主导的行业，虽然受自身各方面实力等影响，民营经济的影响力仍然非常有限，但这更与存在各类隐性壁垒密切相关。要建立公平开放透明的市场规则：一是实行统一监管，严禁和惩处各类违法实行优惠政策的行为，反对地方保护和各种垄断及不正当竞争；二是加强社会信用体系建设，提高准入的便利化程度，形成法制化的营商环境。

第四，完善银行信贷控制。目前，银行贷款仍然是我国企业融资的最重要来源。现实中，地方政府可以对本地银行机构或分支机构施加影响干预信贷投放。如果说在产业的进入期，政府主要是通过对土地、环保等多种要素价格的扭曲来诱导投资的话，那么在产业的退出期，政府则更多的是通过对银行信贷的干预来阻止企业退出。要实现淘汰落后产能的目标就必须切断落后产能的资金链。在当前的制度背景下，应将对过剩行业的信贷审批投放权上收到省级分行，同时参考日本的主办银行制度，加强银企合作与了解。实施水平型治理政策方面，主要政策目标应包括：加快过剩企业"走出去"、鼓励企业兼并重组以及提高企业的创新能力和效率。

第五，积极打造对外贸易升级版，推动由鼓励产品出口向鼓励企业"走出去"转变。大量的实证研究表明，增加出口可以有效化解本国的产能过剩（Blonigen et al.，2010）。但这并不意味着要通过加大贸易保护来促进对外出口，尤其是在2008年国际金融危机发生后，国内外经济形势发生重大变化，主要发达国家陷入漫长而艰难的复苏，并开始推行"再工业化"战略，国内要素成本进入上升通道，以上种种使得增加出口的内、外部条件出现恶化。因此，应及时改变思路，由通过产品出口化解过剩转向借助企业"走出去"来化解过剩。针对不同类型的产业应采取不同的"走出去"方式，比如在投资区位的选择上，资源导向型企业应选择那些自然资源丰富、能源产量高的国家或地区，市场导向型企业应首选市场需求大的国家或地区，而技术导向型企业则应选择同类产业发展迅速、技术领先的发达国家。

第六，破除体制障碍，加快企业区域内或区域间兼并重组。根据以前的分析，企业规模过小，数量过多是发生产能过剩的重要诱因。目前，政府主要通过环保、节能、规模以及技术门槛进行淘汰关停，但这会产生极高的社会成本：①企业经营受到影响甚至倒闭；②地方政府的经济和政治利益受到侵犯；③工人失业影响社会稳定。因此，很多地区均出现了诸如将一些已经关停的生产线重复上报等的抵制现象。而兼并重组是提升企业规模、提高市场集中度、化解产能过剩的低成本、高效清洁剂，应通过体制改革鼓励企业沿着规模适度化方向进行合并以及企业以母子公司制的形式和中小企业形成纵向联合，政府在税收、金融等方面为之创造良好的环境。对于跨地区的兼并重组，实行税收分成，充分调动地方政府引导兼并重组的积极性。

第七，完善政策工具，提升企业创新效率。要使国内企业真正摆脱对国外技术引进的严重依赖关键在于要让企业自身"想创新"，同时也"能创新"。首先，要加大基础理论研究的支持力度，彻底改革科研经费的使用和管理制度，真正做到尊重人力资本的投资、价值与回报。其次，完善创新补贴方式，对不同类型的创新活动灵活采取符合客观规律的补贴方式，充分发挥事后补贴和消费补贴的重要作用。再次，规范补贴资金的分配和管理监督，引入第三方资金使用绩效评估机制。最后，要营造创新的氛围。比如，通过财富效应来驱动创新效应，通过大力发展非银行金融机构总部经济，营造风险投资和股权投资的良好氛围，建立动态的垄断制度来鼓励创新经济发展（刘志彪，2011）。特别需要指出的是，抓住国际经济不景气的契机，加强对国外创新要素的吸引和使用也是提高我国创新效率的一条重要捷径。

参考文献：

［1］韩国高，高铁梅，王立国，齐鹰飞，王晓姝. 中国制造业产能过剩的测度、波动及成因研究［J］. 经济研究，2011（12）.

［2］王立国，鞠蕾. 地方政府干预、企业过度投资与产能过剩：26 个行业样本［J］. 改革，2012（12）.

［3］耿强，江飞涛，傅坦. 政策性补贴、产能过剩与中国的经济波动——引入产能利用率 RBC 模型的实证检验［J］. 中国工业经济，2011（5）.

［4］Anwar M. Shaikh and Jamee K. Moudud. Measuring Capacity Utilization in OECD Countries：A Cointegration Method［Z］. The Levy Economics Institute of Bard College，Working Paper No.415，2004.

［5］曹建海，江飞涛. 中国工业投资中的重复建设与产能过剩问题研究［M］. 北京：经济管理出版社，2010.

［6］唐清泉，卢珊珊，李懿东. 企业成为创新主体与 R&D 补贴的政府角色定位［J］. 中国软科学，2008（6）.

［7］盛朝迅. 化解产能过剩的国际经验与策略催生［J］. 改革，2013（8）.

［8］吕铁. 日本治理产能过剩的做法及启示［J］. 求是杂志，2010（5）.

［9］殷保达. 中国产能过剩治理的再思考［J］. 经济纵横，2012（4）.

［10］金乐琴. 美国的新式产业政策：诠释与启示［J］. 经济理论与经济管理，2009（5）.

［11］刘志彪. 双重追赶战略下的均衡中国与经济变革——十八大后中国经济的战略取向［J］. 江海学刊，2013（2）.

［12］程俊杰，刘志彪. 中国工业化道路中的江苏模式：背景、特色及其演进［J］. 江苏社会科学，2012（1）.

［13］刘志彪. 财税体制：全面深化改革的突破口和关键环节［J］. 江苏社会科学，2014（4）.

［14］谢志斌，郑江淮. 控制权的分割与整合——国有产权"五龙治水"体制变迁效率的博弈分析［J］. 产业经济研究，2005（6）.

［15］王碧珺. 消除负面清单管理的隐性壁垒［J］. 中国金融，2013（20）.

［16］Bruce A. Blonigen，Wesley W. Wilson. Foreign Subsidization and Excess Capacity［J］. Journal of International Economics，2010（80）：200-211.

［17］刘志彪. 从后发到先发：关于实施创新驱动战略的理论思考［J］. 产业经济研究，2011（4）.

资源节约型社会建设对工业能源强度变化及其收敛性影响的实证分析

——以青岛市为例

江世浩

（青岛大学商学院国贸系，山东青岛　266071）

　　自 2004 年 4 月，国务院办公厅发出了《关于开展资源节约活动的通知》以来，资源节约型社会建设工作在全国迅速展开。研究人员对建设资源节约型社会存在的以下问题进行了较为深刻的探究。有学者从理论上探究资源节约型社会的基本内涵、特征及其架构，如陈德敏从我国提出建设节约型社会的战略意义出发，对节约型社会的定义进行了界定，指出了节约型社会的实质和基础是指物质资源的节约使用，描述了节约型社会的形成与目标，分析了节约型社会的基本内涵、特征及其架构，论证了节约型社会与循环经济的关系。也有从区域节能存在的问题入手探讨典型地区资源节约型社会建设需要解决的深层次问题及其对策，如韩寓群系统地总结了山东省在建设资源节约型社会时存在诸如人均资源相对不足，产业结构、能源结构不够合理，资源利用效率偏低，全社会的资源节约意识不强等问题，并提出了合理化对策。还有运用计量方法建立评价指标体系探究全国资源节约型社会建设的问题，如刘晓洁等利用熵值法确定评价指标权重，最后通过两个节约指数综合反映区域构建资源节约型社会的状况。根据以上指标体系，对全国 1990~2004 年的资源节约状况进行了综合评价，结果显示我国总体上处于弱节约状态，且评价期内各子系统先后经历了基本协调发展、较协调发展、高度协调发展状态，我国距离资源节约型社会仍有很大距离。

　　这些研究成果都将能源效率（降低万元 GDP 耗能量或能源强度）提高作为核心标准，这有利于我们了解资源节约型社会效果。但是，已有研究没有将青岛市在开展资源节约型社会建设前后的工业各部门能源强度变化进行深入分析，考察资源节约型社会建设的效果。鉴于此，为了客观了解青岛市资源节约型社会建设的短期和长期效果，笔者以青岛市规模以上工业 32 个行业为研究对象，运用 2000~2011 年的能源使用强度面板数据，建立计量经济模型，分析资源节约型社会建设过程中青岛市规模以上工业各部门在 2004~2005 年和 2006~2011 年是否具有收敛性，评价资源节约型社会建设的效果，为继续深入开展资源节约型社会建设，持续提升能源使用效率提供一些参考信息。

[作者简介] 江世浩（1988~），男，山东省人，硕士生，主要研究方向为可持续发展经济学，邮箱：123864924@qq.com。

一、数据收集与处理

本文的研究对象是青岛市规模以上工业32个行业的能源强度。2000~2011年青岛市规模以上工业能源使用量数据和工业增加值取自青岛市历年发布的《青岛市统计年鉴》。为了使数据具有可比性，以2000年价格为基准，18个能源品种折算标准煤的系数参考《中国能源统计年鉴》标准折算系数（标准折算系数为区间的采用平均值，其他洗煤采用洗中煤和煤泥折算系数的平均值，其他煤气采用发生炉煤气、重油催化裂解煤气、焦炭制气、重油重裂解煤气、压力气化煤气和水煤气折算系数的平均值计算），对2000~2011年的工业增加值用工业品出厂价格指标做出了调整。

根据实际获取的数据情况，本文用能源强度（万元工业增加值）代表能源使用率。我们主要是分析国家开展资源节约型社会建设前后青岛市工业能源效率的变化情况，因此在数据处理时将2004年作为一个重要的时间节点。另外，为了考察资源节约型社会建设后对青岛市工业能源强度的影响，本文将开展资源节约型社会建设的前两年（2004~2005年）作为考察节能效果的前期，将以后几年（2006~2011年）作为考察节能效果的后期。

二、资源节约型社会建设前后的能源强度变化

由表1可知，资源节约型社会建设对青岛市工业能源强度具有比较明显的影响，但是规模以上各工业之间及不同时段之间的能源强度变化量具有非常不同的特点。下面从能源强度下降量和下降率两个方面考察资源节约型社会建设的效果及其差异。

表1　规模以上工业能源强度年均下降量（吨标准煤/万元，2000年价格）

	2000~2003年	2004~2005年	2006~2011年
有色金属矿采选业	0.087	−0.053	−0.100
非金属矿采选业	−0.542	−0.140	−0.106
采掘业平均	−0.139	−0.066	−0.082
农副食品加工业	−0.057	−0.068	−0.046
食品制造业	−0.138	−0.006	−0.068
饮料制造业	0.045	−0.004	−0.006
烟草制品业	−0.015	−0.002	−0.003
纺织业	−0.127	−0.115	−0.101
纺织服装、鞋、帽制造业	0.001	−0.057	−0.061
皮革、毛皮、羽毛（绒）及其制品业	−0.009	−0.062	−0.052
木材加工及木、竹、藤、棕、草制品业	−0.108	−0.013	−0.065
家具制造业	−0.009	−0.039	−0.066
造纸及纸制品业	−0.137	−0.148	−0.183
印刷业和记录媒介的复制	−0.022	−0.081	−0.063
文教体育用品制造业	−0.005	−0.065	−0.047
化学原料及化学制品制造业	−1.119	0.261	−0.486
医药制造业	−0.080	0.013	−0.028

续表

	2000~2003 年	2004~2005 年	2006~2011 年
化学纤维制造业	−0.122	0.136	0.023
橡胶制品业	−0.192	−0.110	−0.098
塑料制品业	0.017	−0.043	−0.039
非金属矿物制品业	−0.026	−0.783	−0.404
黑色金属冶炼及压延加工业	−0.910	−0.191	−0.660
有色金属冶炼及压延加工业	−2.110	−0.204	−0.063
金属制品业	0.004	−0.084	−0.051
通用设备制造业	−0.049	−0.038	−0.050
专用设备制造业	−0.038	−0.023	−0.031
交通运输设备制造业	−0.027	−0.128	−0.056
电气机械及器材制造业	−0.001	−0.001	−0.007
通信设备、计算机及其他电子设备	−0.008	−0.020	−0.013
仪器仪表及文化、办公用机械制造业	−0.011	−0.074	−0.041
工艺品及其他制造业	−0.012	−0.075	−0.054
制造业平均	−0.269	−0.506	−0.852
电力、热力的生产和供应业	−0.357	1.466	0.026
燃气生产和供应业	−17.279	−5.494	−3.122
电煤气平均	−5.946	−1.318	−1.042
全工业平均	−0.744	−0.538	−0.802

（一）青岛市工业能源强度前后期下降量的变化

青岛市规模以上工业的 32 个行业的能源强度和整体经济能源强度在我国大力推进资源节约型社会建设后，除有色金属矿采选业、化学、医药、纤维制造业和电力、燃气供应业出现小幅上升外，其他行业能源强度均出现不同幅度的下降，即资源节约型社会建设效果非常显著。青岛市工业能源强度下降存在以下特点。

由图 1 很容易发现，采掘业、制造业和电煤气业在不同时间段年均下降量是各不同的。尤其是电煤气公共行业在我国建设资源节约型社会之前能源强度的下降量不仅比该行业其他时间段下降量大，而且比其他行业的下降量也大。

从前期和后期的效果来看：采掘业 2006~2011 年年均下降量为 0.082 吨标准煤/万元，大于 2004~2005 年年均下降量 0.066 吨标准煤/万元，说明采掘业的后期效果大于前期效果；同样的制造业 2006~2011 年年均下降量为 0.85 吨标准煤/万元，大于 2004~2005 年年均下降量 0.51 吨标准煤/万元，说明制造业的后期效果也大于前期效果；但是对于电煤气业来说，2006~2011 年年均下降量为 1.04 吨标准煤/万元，小于 2004~2005 年年均下降量 1.32 吨标准煤/万元，说明电煤气业的后期效果小于前期效果。总的来看，全行业的后期效果还是大于前期效果的。

（二）青岛市工业能源强度前后期下降率的变化

从图 2 的工业能源强度年均下降速度上看，采掘业、制造业和电煤气业的能源强度下降的情况与能源强度下降数量存在非常明显的不同。

资源节约型社会建设前后工业能源强度年均下降率情况为，工业的前后期效果均比较显著，但差异明显。制造业的工业能源强度的后期年均下降率明显高于采掘业、制造业和电煤气业的工业能源强度的后期年均下降率，并且前期和后期的年均下降率均在15%以上，其后期的年均下降率更是高达26.06%。采掘业的工业能源强度的后期年均下降率高于前期年均下降率，但是两者都

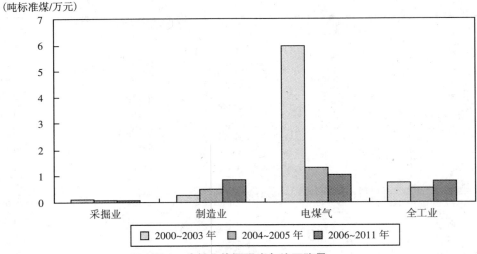

图 1　分行业能源强度年均下降量

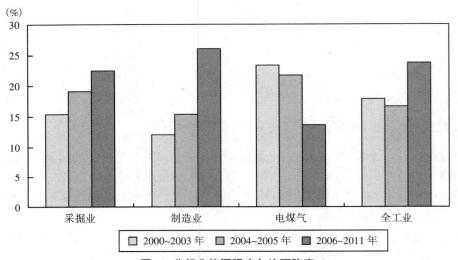

图 2　分行业能源强度年均下降率

很高（后期为 22.5%，前期为 19.1%）。相对于电煤气业有点不同，其工业能源强度后期年均下降率低于前期年均下降率，并且对于其他两个行业，其后期年均下降率是最低的。总体来说，全工业能源强度的后期年均下降率明显高于前期年均下降率（后期为 23.51%，前期为 16.54%），这说明构建资源节约型社会对青岛市产生了越来越大的作用。

（三）资源节约型社会建设前后青岛市能源强度变化分析

另外，便于比较资源节约型社会建设前后工业能源强度的变化情况，将有色金属矿采选业和非金属矿采选业分类为采掘业，食品加工业等 28 个行业分类为制造业，剩下两个行业分类为电煤气业。将前四年（2000~2003 年）能源强度的变化情况作为实施资源节约型社会建设之前的考察点，余下年份（2004~2011 年）作为实施资源节约型社会建设后的考察点。

由表 2 可知，在 2000~2003 年，各行业能源强度均有一定量的下降，下降最大的应属电煤气业。在全国开展资源节约型社会建设之后，即 2004~2011 年，相比较 2000~2003 年除了制造业下降幅度略小之外，其他行业有了更大幅度的下降，尤其是电煤气业，能源强度下降量达到 42.14 吨标准煤/万元，比实施资源节约型社会建设前多下降了 25.95 吨标准煤/万元，就整体行业来说，资源节约型社会建设之后能源强度的下降量是建设之前能源强度的下降量的 2.20 倍，可见，资源节约型社会的构建对青岛市工业能源强度的下降量起到了举足轻重的作用。

表 2　资源节约型社会建设前后时段分行业能源强度下降总量

单位：吨标准煤/万元

时间段	采掘业	制造业	电煤气业	整体行业
2000~2003 年	−0.77615	−0.81538	−16.1897	−0.50844
2004~2011 年	−0.92596	−0.57346	−42.1432	−1.12307

三、资源节约型社会建设对能源强度收敛性的影响分析

（一）方法介绍

为了考察青岛市规模以上工业各部门的能源强度的变化是否具有收敛性，以及资源节约型社会建设对这种收敛性的定量影响，本文将文献 ［5］ 检验 β 收敛的模型变形如下：

$$\ln(E_{i,t}/E_{i,t-1}) = \alpha + \beta_1 \ln(E_{i,t-1}) + \beta_2 [D_1 \times \ln(E_{i,t-1})] + \beta_3 [D_2 \times \ln(E_{i,t-1})] + u_{i,t} \qquad (1)$$

式 （1） 中，$E_{i,t}$ 为 i 行业第 t 年的能源强度，α、β_1、β_2、β_3 为待估计参数，虚拟变量 D_1 在 2004~2005 年时取值 1，其他年份取值 0，虚拟变量 D_2 在 2006~2011 年时取值 1，其他年份取值 0，$u_{i,t}$ 为扰动项。该式能够检验各部门能源强度是否具有 β 收敛。若参数 β 的估计值为负，则表明存在绝对的 β 收敛，即能源强度较高部门的下降速度较快，能源强度较低部门的下降速度较慢；否则，若参数 β 的估计值为正，则能源强度较高部门的下降速度慢于能源强度较低部门的下降速度，部门之间的能源强度出现了发散特点。

加入虚拟变量 D_1、D_2 的作用是判断资源节约型社会建设对青岛市规模以上工业能源强度收敛性的影响，若参数 β_2 的估计值为负，则表明在 2004~2005 年实施资源节约型社会建设使规模以上工业部门能源强度的收敛性进一步增强；否则，若参数 β_2 的估计值为正，则表明在 2004~2005 年实施资源节约型社会建设使规模以上工业部门能源强度的收敛性减缓，从而导致在 2004~2005 年规模以上工业各部门的能源强度的收敛速度慢于 2000~2003 年的收敛速度。若参数 β_3 的估计值为负，则表明在 2006~2011 年实施资源节约型社会建设使规模以上工业部门能源强度的收敛性进一步增强；否则，若参数 β_3 的估计值为正，则表明在 2006~2011 年实施资源节约型社会建设使规模以上工业部门能源强度的收敛性减缓，从而导致在 2006~2011 年规模以上工业各部门的能源强度的收敛速度慢于 2000~2003 年的收敛速度。

（二）回归结果与分析

由表 3 可知，2000~2011 年青岛市规模以上工业各部门能源强度呈现了比较明显的收敛趋势，并且开展节约型社会建设以来这种收敛趋势呈现了较为明显的加速现象。2000~2003 年，青岛市规模以上工业各部门能源强度收敛速度为 0.254，2004~2005 年收敛速度增加 0.060，2006 年以后的收敛速度增加 0.029。无论从收敛速度增加效果还是显著性水平上看，节约型社会建设前期（2004~2005 年）的工业能源强度下降效果均好于后期（2006~2011 年）的能源强度下降效果。并且在建设资源节约型社会前期的收敛效果明显高于建设资源节约型社会后期的效果（前期收敛效

果为 0.060，后期收敛效果为 0.029），其后期效果仅为前期效果的 50%左右。

为了解决全面建设小康社会面临的资源约束和环境压力，保障国民经济持续快速协调健康发展，2004 年 4 月，国务院办公厅发出了《关于开展资源节约活动的通知》，2004~2006 年在全国范围内组织开展了资源节约活动，全面推进能源、原材料、水、土地等资源的节约和综合利用工作，在 3 年的时期内，让资源节约型社会的构建实现实质性跨越。青岛市各工业部门在这期间通过推进产业结构调整、提高科技进步、加强新能源开发与利用管理模式等措施对高耗能及高污染的产业进行了大力整顿，在降低能源强度方面取得了良好的效果，但是，随着节能科技的不断改进，进一步降低能源强度需要付出更大的人力、物力和时间，所以出现了较长时间内的能源强度收敛速度低于短时间内的收敛速度。

表 3　资源节约型社会建设对能源强度收敛性的影响

变量	参数估计	T 统计量	P 值
常数项	−0.251	−10.234	0.000
$Ln(E_{i,t-1})$	−0.254	−6.598	0.000
$D_1 \times Ln(E_{i,t-1})$	−0.060	−2.401	0.016
Hausman test		79.635*	0.000

注：* 为该统计量服从 χ^2 统计量分布。

四、结论与建议

资源节约型社会建设在降低青岛市规模以上工业能源强度方面起到了非常显著的效果。但是在采掘业、制造业和电煤气业之间以及不同时间段之间存在显著差别。在下降量方面，采掘业和制造业的能源强度下降后期效果（2006~2011 年）大于前期效果（2004~2005 年），而电煤气业前期效果比较明显；在下降率方面，采掘业和制造业的能源强度下降的后期效果大于前期效果，电煤气业前期效果比较显著。资源节约型社会建设进一步促进了青岛市规模以上各工业部门能源强度的收敛趋势，不管是前期内还是后期内都对各部门能源强度的下降有进一步的收敛效果，并且前期内各部门能源强度的收敛速度明显大于后期内各部门能源强度的收敛速度。

我国目前处于工业化中期的重化工业阶段，工业总产值和增加值处于不断上升的时期，虽然青岛市工业能源强度在往年下降明显，但是工业耗能总量不断增加，能源供应仍然面临越来越大的压力。为了促进青岛市工业能源强度的持续降低，尽早地依靠科技进步，不断增强自主创新能力，有效发挥先进技术在节能中的特殊作用，加大节能技术的投入力度，颁布朝新能源科技和新节能科技角度倾斜的优惠政策，积极引导鼓励科研机构和企业进行科技创新，加大对科技开发方面的经费支持力度。大力发展第三产业，减轻对能源需求量的压力；优化第二产业的内部结构，大力开发低能耗的高新技术产业，从而降低第二产业对能源的需求量；同时建立一个市场手段和行政手段相结合的长效机制，通过政策导向和经济手段，优化工业内部结构；完善促进节能的价格、财政、税收、信贷等政策措施，鼓励节能公司的建立，利用市场竞争推动节能；通过规划控制、土地征用、环保达标等多方面措施，提高资源消耗大、污染严重产业产品的市场准入门槛，限制和加快淘汰浪费资源、污染环境的落后工艺、技术、产品和设备。

运用合同能源管理等市场手段促进节能的服务机制，为用户提供节能诊断、融资、改造等服务，并以节能效益分享方式回收投资和获得合理利润，大大降低用能单位节能改造的资金和技术风险，充分调动用能单位节能改造的积极性，是行之有效的节能措施。尽快完善相关的法律法规和政策，通过立法手段对合同能源管理产业的发展提供有力的法律保障，制定行业规范；需要政府在财政、税收等方面给予优惠支持，对高新技术企业的扶持方式出台一系列财税优惠政策；拓宽融资渠道，设立专业化的节能项目担保基金和相应的运作机构，建立并完善以担保基金启动银行贷款的节能融资中介机制。

加强资源节约型社会建设，是促进青岛市规模以上工业能源强度不断收敛，缩小差距的有效途径，因此，继续开展资源节约型社会建设，将能促进青岛市工业能源强度继续保持收敛态势。针对电煤气行业能源强度虽有下降但依旧过高的现象，青岛市应继续增大对电煤气业的投资，发展高新节能技术，调整和优化内部结构，完善市场运行机制，提高电煤气业现代化发展步伐尤为重要。另外，要继续坚持建设资源节约型社会，重视资源节约型社会带来的长远效果，为青岛市工业能源强度进一步收敛做出努力。

参考文献：

［1］中国科学院可持续发展战略研究组. 2006中国可持续发展战略报告 ［M］. 北京：科学出版社，2006.

［2］陈德敏. 节约型社会基本内涵的初步研究 ［J］. 中国人口·资源与环境，2005，15（2）.

［3］韩寓群. 大力发展循环经济　建设资源节约型社会 ［J］. 中国人口·资源与环境，2005，15（2）.

［4］刘晓洁，沈镭. 资源节约型社会综合评价指标体系研究 ［J］. 自然资源学报，2006，21（3）.

［5］齐绍洲，李锴. 区域部门经济增长与能源强度差异收敛分析 ［J］. 经济研究，2010（2）.

［6］国务院办公厅关于开展资源节约活动的通知 ［Z］. 2009.

［7］周嫚. 中国能源利用效率分析 ［J］. 现代商贸工业，2009（1）.

［8］雷波. 我国合同能源管理发展问题及建议 ［J］. 中国科技投资，2010（8）.

［9］梁海东. "借鸡下蛋"的合同能源管理 ［J］. 中小企业管理与科技，2011（1）.

广东省森林碳汇量估算及其空间效应分析

刘凯　江世浩　朱文珏

（华南农业大学经济管理学院，广东广州　510642）

一、问题提出

低碳经济作为符合人类历史发展趋势的新经济模式，为世界各国所关注。低碳经济发展中的低碳或无碳技术也称为碳中和技术，是指通过增加碳汇、二氧化碳捕捉埋存等方法把排放量吸收掉。碳汇作为一种可循环的、可再生的固定大气中碳的方法，是利用自然界植物自身的光合作用来吸收和储存碳元素，是控制和储存二氧化碳最直接最有效的方法之一，在低碳经济的发展中，起到了举足轻重的作用。另外，碳汇固定的碳越多，其"外部效应"溢出的合理份额可以抵消部门经济发展过程中的碳排放，因此，是未来碳交易市场中的重要组成部分，有着广泛的发展前景。

在碳汇来源中，森林生态系统是地球上除海洋之外最大的碳库，其碳储量约为1146PgC（$1Pg=10^9t$），占全球陆地总碳汇储量的46%；在所有固碳陆地植被中，森林生态系统碳汇功能最强，其碳汇作用主要表现在直接固碳、能源的替代作用上。用森林吸收二氧化碳比直接采用减排技术更加经济，实施造林和再造林，增加森林碳汇，是世界公认的最经济有效的解决二氧化碳上升的办法。自2011年广东省被确定为第一批低碳试点省后，积极推动森林碳汇与碳交易市场体系建设。2012年5月制定了《广东省森林碳汇重点生态工程建设规划》，这为森林碳汇发展提供了政策支撑；2012年9月广东省政府印发《广东省碳排放权交易试点工作实施方案》，明确指出建立补偿机制，推动省内温室气体自愿减排交易活动，将森林碳汇纳入碳排放权交易体系。因此准确估算广东省森林碳汇，不仅有利于CDM林业碳汇项目在广东的顺利开展，而且能为碳排放交易市场建设提供决策依据。目前研究广东省森林碳汇及其潜力的成果较少，且已有对森林碳汇潜力的研究多未能对系统各组成部分碳汇潜力进行细分。本文选用蓄积量换算因子法和CO₂FIX V3.2模型，分别用于估算广东省现有森林静态的碳汇储量和未来新造林的碳汇潜力，并利用Moran I指数分析碳汇布局的空间效应，为广东省碳交易市场发展及其CDM造林碳汇项目开展提供决策依据。

[基金项目] 2012年广东省发展改革委员会低碳发展基金项目（201212）。

[作者简介] 刘凯，（1988~），男，山东青岛人，硕士生，主要研究方向：资源环境管理。江世浩，（1988~），男，山东青岛人，硕士生，主要研究方向：可持续发展经济学，邮箱：123864924@qq.com。

二、研究模型与数据来源

（一）森林碳汇储量估算方法

森林碳汇估算主要服务于碳汇的经济评价和开展碳贸易，目前学者们对于碳汇估算的研究方法及其选择并没有达成一致认同的观点。目前比较普遍采用的碳汇计算方法是样地清查法，即通过设立典型样地来测定森林生态系统的碳汇，并通过连续观察来获知一定时期内变化情况的推算方法，具体又分为平均生物量法，平均换算因子法和换算因子连续函数法。这些方法中，以建立生物量与蓄积量关系为基础的估算植物碳储备量估算方法即森林蓄积量换算因子法得到了较广泛的应用。其基本计算过程为：根据清查的森林蓄积量，然后推算出生物量，再以生物量为基础乘以一个换算系数而得到碳汇量。这种方法以自然科学计算方法和研究结果为基础，避免了基于纯自然科学范畴计算方法中对森林生态系统中的各个组成部分进行细分再进行碳密度测算的烦琐和实际操作起来的测度成本。森林蓄积量换算因子法的计算公式为：

$$CF = 林木生物量固碳量 + 林下植物固碳量 + 林地固碳量$$

$$= \sum (S_{ij} \times C_{ij}) + \alpha \sum (S_{ij} \times C_{ij}) + \beta \sum (S_{ij} \times C_{ij}) \tag{1}$$

$$C_{ij} = V_{ij} \times \delta \times \rho \times \gamma \tag{2}$$

式（1）中，S_{ij} 为第 i 类地区第 j 类森林类型的面积；C_{ij} 为第 i 类地区第 j 类森林类型的生物量碳密度；V_{ij} 为第 i 类地区第 j 类森林类型单位面积蓄积量；式（1）和式（2）中，各系数的取值见表1。δ 为生物量扩大系数，利用该系数可以将树木蓄积量换算成以树木为主体的生物蓄积量。我国针叶树和阔叶树的树木平均生物量占整棵树总生物量的 6.75%，树枝占 15.75%，树根占 25.0%，树干占 52.5%。由此确定树木生物蓄积量扩大系数为 1.9。这与国际气候变化专门委员会 IPCC 默认值一致。α 为林下植物碳转换系数，其作用是根据森林生物量计算林下植物（含凋落物）固碳量。据研究，森林蓄积生物量固碳量占森林固碳总量的 41%，林下占 8%，林地占 51%，[①] 因此，一般将系数值设定为 0.195。β 为林地碳转换系数，其作用是根据森林生物量碳汇量计算林地碳汇量，国际通用 IPCC 默认值是 1.244；ρ 为容积系数，是将森林全部生物量蓄积转换成干重的换算系数，采用国际通用 IPCC 默认值 0.5；γ 为含碳率，该系数是为了将生物量干重转换成固碳量的换算系数。我国阔叶林一般含碳率都低于 0.5，而针叶林的平均含碳率一般等于或高于 0.5，用 0.5 作为平均含碳率计算森林中乔木层碳汇储量所得结果比较客观真实。

表1　蓄积量换算系数

采用的系数	取值	备注
α	0.195	林下植物碳转换系数
β	1.244	林地碳转换系数
δ	1.9	生物量扩大系数
ρ	0.5	容积系数
γ	0.5	含碳率

① 来自法国信息网：www.info-foretbois，2004。

需要指出的是，由于林下植物固碳时间较短，一般小于一年，其固碳效果不宜核算。根据这一核算准则，本文以活立木总蓄积（树干材积）为计算基础，通过蓄积扩大系数计算树木（包括枝丫、树根）生物量，再通过容积密度（干重系数）计算生物量干重，最后通过含碳率计算固碳量。相关原始数据来源于《广东省农村统计年鉴》（2009 年和 2011 年）。

（二）新造林碳汇潜力估算模型

近年来，随着遥感技术结合地面调查的新型技术发展，为森林碳汇的计量提供了新的方式，许多影响森林生态系统碳循环的因素（如气象、生物、化学等方面）被综合加以考虑，Nabuurs 等、王铮和 Zhang 分别运用了 CO2FIX 和 F-CORBON 1.0 模型对森林生态系统的碳汇潜力进行了估算。本研究选用 CO_2FIX 软件，结合第七次全国森林资源清查资料以及《广东省农村统计年鉴》（2009 年）等相关数据，对广东省 2008~2057 年新造林碳汇的动态变化进行模拟。

CO_2FIX 模型是由荷兰瓦格宁根大学开发，用于计算森林生物量、土壤和木质林产品碳库的碳储量和碳平衡模型，如今已发展到 3.2 版本。其主要模块包括生物量模块、土壤模块、林产品模块、生物质能模块、经济模块和碳核算模块，本研究使用了生物量模块、土壤模块、林产品模块以及生物质能模块。该模型已经被世界上很多学者应用，而且部分结果被 IPCC1995 气候变化评估引用，模型模拟结果具有较高的可靠性。CO_2FIX 模型的原理如图 1 所示。模型中森林生态系统单位面积的净固碳量的计算模型为：

$$C_i = C_t^1 + C_t^2 + C_t^3 + C_t^4 \tag{3}$$

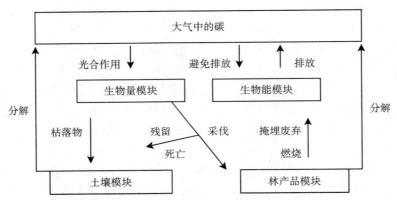

图 1 CO_2FIX V3.2 模型原理

式（3）中，C_t^1、C_t^2、C_t^3 分别表示活立木、土壤、木质林产品 t 时间的碳储量，C_t^4 表示 t 时间内由薪材代替化石能源的使用而减少的碳排放，从而计入净固碳量。由此，森林生态系统的碳汇总量计算公式为：

$$C_f = C_i \times S \tag{4}$$

式（4）中，C_i 表示森林生态系统单位面积的净固碳量，S 表示现有森林的面积。

对树木的动态变化连续性，初试数据设定分为两种情况：第一种是基于树龄，第二种是基于树木生长过程中地上部分的生物量所占其最大生物量比例的变化，当该比例接近于 1 时，默认该树种已到达生长极限。本研究采用基于树龄的动态变化连续性分析。C_t^1 生物量模块涉及树木的干、枝、叶、根的连年生长量以及死亡率（包括自然、竞争和经营性死亡）和采伐模式等因素对单位面积（一般是以 ha 为单位）上活立木碳储量的影响。C_t^2 土壤模块描述了土壤中树木残体分解累积的土壤动态碳储量的变化。残体主要来源于生物量模块中树木的更新周转、自然死亡与经营死亡还有伐木残留。木质残体的分离率与分解率由气温和降水决定。C_3^1产品模块是对树木采伐后获得的林产品进行模拟跟踪，这些林产品主要包括木质产成品，被填埋的废弃品以及薪材，树胶等不予考虑，且假定木质产品在使用寿命内碳平均排放。C_1^1生物质能模块考虑了木质薪材代替化石能源（主要是煤炭）的使用从而减少的碳排放。

本研究假设新造林分为用材林与非用材林，用材林到达轮伐期进行采伐后在原有的面积上再种植原树种，非用材林不进行轮伐。用材林与非用材林造林比例和用材林树种种植比例参考2008年广东省的造林情况，非用材造林的树种比例参照第七次全国森林资源清查资料中的优势树种面积蓄积量统计表。全国第七次森林资源清查数据显示，至2008年广东省森林覆盖率为49.44%。按照2010年12月广东省林业厅印发的《广东省林业发展"十二五"规划》要求，到2015年全省森林覆盖率要达到58%，规划新增造林面积为$1.925×10^5$公顷，其间（2008~2015年）每年新增造林面积公顷，即可达到目标。2008年广东省实现造林面积为121245公顷，其中用材林为90564公顷，用材林造林所用树种如图2所示。树种中南洋楹和竹所占比例较小，因此假定用材林选用的树种为杉树、桉树、松树三种。结合广东树种种植情况，假定杉树选择杉木，桉树选择柠檬桉，松树选择马尾松，非用材林用选择软阔类和硬阔类整体代替，模拟期为50年。

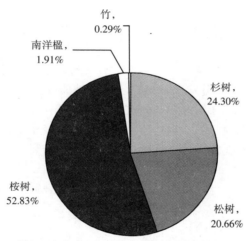

图2 广东省2008年用材林造林情况统计

各树种的轮伐期及其生物量模块所用参数见表2。其中，木材密度的数据主要来自文献[12]，模块所需输入的枝、叶、根相对树干的生长比例，通过各部分的净生产力数据获取，文献来源如表2所示。另外，为了简化计算，未考虑由于树种间竞争及采伐造成的活立木死亡率。树木各部分的周转率参数以及采伐情景参数设置的使用来自文献[10]。土壤模块所需要的气象数据包括月平均气温和全年平均降水量均来自广东气象网。① 林产品模块关于最终产品的处理分配，林产品的使用及回收再利用提供了两组参数。一组参数处理和利用的效率较高，而另一组较低。考虑广东省实际情况，选用低处理、低效能的参数组。各种树种的含碳量均采用IPCC推荐值0.5（MgC/MgDM）。生物能模块采用模型提供的默认参数，对于采伐过程中产生的薪材等考虑代替煤等化石能源的使用，并采用改良炉灶技术。

---

① 广东气象网：www.grmc.gov.cn。

表2 生物量模块使用参数

树种	木材干质量密度 (MgDM/m³)	叶/枝/根年周转率	轮伐期	CAI及其干、叶、枝、根净生产力参考文献
马尾松	0.431	0.33/0.05/0.1	30	[13] [14]
杉木	0.307	0.33/0.05/0.1	25	[15]
桉树	0.578	0.33/0.05/0.08	10	[16] [17]
软阔类	0.443	0.05/1.00/0.1	20	[18] [19]
硬阔类	0.47	0.05/0.33/0.08	35	[20] [21]

(三) 碳汇的空间效应分析模型

为了测度广东省碳汇储量及其潜力在地理空间上的分布特征,采用探索性空间数据分析方法中的全局空间自相关 Moran I 指数及其散点图进行分析。全局 Moran I 可以发现观测值在空间分布的差异性和相关性,其取值范围处于 $[-1, 1]$。指数值越接近1,表示相似属性的空间单元集聚程度越大;值越接近-1,表示相异属性空间单元产生集聚程度越大。如果 Moran I 指数接近或等于0,则说明空间单元属性属于随机分布状态。计算公式如下:

$$I = \frac{n \sum_{i=1}^{n} \sum_{j=1}^{n} w_{ij}(y_i - \bar{y})(y_j - \bar{y})}{(\sum_{i=1}^{n} \sum_{j=1}^{n} w_{ij}) \sum_{i=1}^{n} (y_i - \bar{y})^2} \tag{5}$$

式中,n 为地区总数,y_i 和 y_j 分别表示第 i、j 地区某属性的观测值,$\bar{y}$ 为平均值。空间权重矩阵元素 w_{ij} 为空间对象在第 i 和第 j 两点之间的关系,该矩阵可由诸如距离方式、面积方式、可达度方式等方法来确定,一般为对称阵,其中 $w_{ij} = 0$。本文选择距离的权重矩阵,同时,对全局空间自相关分析的结果进行了 Z 值显著性检验。

三、研究结果

(一) 森林碳汇储量分析

(1) 碳汇储量核算结果。广东省森林资源静态的碳汇储量计算结果见图3。2010 年全省森林碳汇总量为481.34TgC (1TgC=106t)。广东省属的 21 个地级市,碳汇平均值为 22.92TgC,碳汇量极值差为 75.89TgC,变异系数为 1.02。碳汇量排在前三位的是地处粤北山区的韶关、清远和河源,分别为 77.69 TgC、72.30 TgC 和 53.22 TgC,三市碳汇总量占到全省的 42.22%。碳汇量排在后三位的是位于粤东的汕尾以及珠江三角洲的中山和东莞。从四大区域格局看,粤北地区森林碳汇储量最多,达 149.99 TgC,其次是粤西地区,碳汇储量 139.37 TgC,粤东地区略低于粤西地区为116.55 TgC,最低的为珠江三角洲地区,为 75.43TgC,仅为粤北地区的一半左右。

(2) 碳汇储量的地域分布特征。对比 2010 年广东省各市 GDP 总量和碳汇储量曲线 (见图3),可发现一个基本规律,即经济发达地区碳汇储量较小,而经济欠发达地区碳汇储量较高。

为了进一步分析碳汇储量的地域格局特征,将碳汇总量和 GDP 总量联系起来考察,以纵轴表示经济总量,横向虚线表示全省 21 市 GDP 均值;横轴表示碳汇总量,纵轴虚线表示全省碳汇量均值,形成四个象限的空间关联模式 (见图4)。从图4可知,落在 C 区域的广州、深圳、佛山和

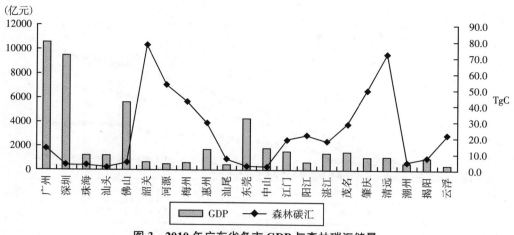

图3   2010年广东省各市GDP与森林碳汇储量

东莞4个城市具有"高收入、低碳汇"的特点。落在B区域的韶关、清远、河源、肇庆、梅州、惠州和茂名7个城市具有"低收入、高碳汇"的特点；落在D区域的中山、湛江、江门、珠海、汕头、揭阳、潮州、汕尾、阳江和云浮10个城市具有"低收入、低碳汇"的特点。通过上述分析可知，广东区域碳汇储量和经济发展水平间存在明显的异质性，不仅体现了经济发展阶段性特点，也表现出较为明显的地区特征和规律性特点。

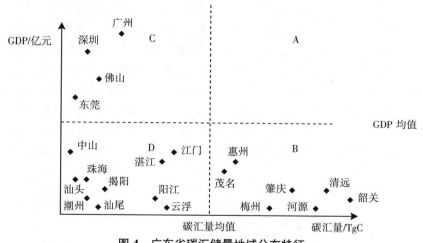

图4   广东省碳汇储量地域分布特征

（二）新造林碳汇潜力分析

（1）碳汇潜力预测。广东省新造林碳汇潜力动态变化如图5所示。2008~2057年，新造林产生的净固碳量接近于线性增长，至模拟期末的2057年，其总量为97.38TgC，50年间森林生态系统总固碳量为135.07 TgC。截至2057年，活立木、土壤以及林产品的固碳量分别占系统总固碳量的44.22%、9.35%、18.73%，剩下的27.7%又重新释放到大气中，这是由于代替煤等化石能源的薪材燃烧，向大气中释放了37.41TgC，但相比于不使用薪材而全部使用煤等化石能源，使用薪材减少了33.69TgC释放到大气中。活立木固碳量呈逐步增长的趋势，平均增速为14.19%，但其增长速率存在小幅度的周期性波动，这是由于用材林在轮伐时点上进行采伐，活立木蓄积量会减少，此时其固碳量主要由非用材林贡献，但采伐结束进入下一个轮伐周期后，活立木的固碳量增长速度

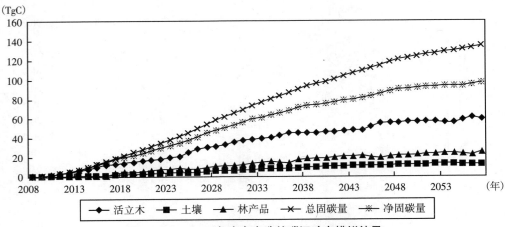

图 5　2008~2057 年广东省造林碳汇动态模拟结果

较采伐时明显加快。至 2055 年，活立木固碳量增速整体放慢，甚至出现负增长，原因在于非用材林分逐渐接近成熟林甚至过熟林，其连年生物蓄积量增长基本处于较低水平所致。林产品固碳量在模拟期间增长较为缓慢，平均增速为 10.63%，在轮伐期前会有小幅度负增长，这是因为木质产品是一个不断消耗的过程，随着桉树、杉木等用材林到达轮伐期后，呈现平稳增加的趋势，至 2057 年的固碳量达到 25.3TgC。土壤固碳量在总量中所占比重最少，但其变化趋势较为平稳，至模拟期末的 2057 年，固碳量为 12.68TgC。

（2）碳汇潜力的地域分布特征。根据 2008 年全省 21 个城市无林地的分布情况，将新造林碳汇潜力分摊到 21 个城市，得到未来广东省 21 个城市 2008~2057 年各市无林地碳汇潜力如图 6 所示。2008~2057 年，碳汇潜力最大的是清远，清远地域面积居广东省之首，林业用地面积占比大，净固碳量可达 25.96TgC。其次是韶关、梅州、河源三地，至 2057 年净固碳量分别是 14.22TgC、9.61TgC、9.52TgC，惠州、江门、肇庆、云浮四地的净固碳量在 4~6TgC，净固碳量潜力排名靠后的为深圳、汕头、佛山、东莞和中山，都低于 0.5TgC。从整体上看，全省造林潜力主要集中在粤北、粤东地区，新造林碳汇潜力较大，分别为 40.19TgC、26.73TgC，共占全省造林碳汇潜力的 68.72%，珠三角以及粤西地区碳汇潜力较小，分别为 13.48TgC、16.99TgC，占全省造林碳汇潜力的 31.28%。

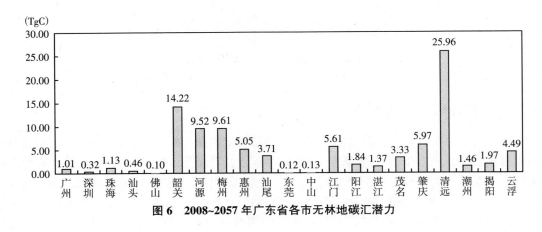

图 6　2008~2057 年广东省各市无林地碳汇潜力

（三）森林碳汇储量及其潜力的全局空间效应分析

利用 GeoDa 软件，对广东省 21 个城市 2010 年的森林碳汇储量和 50 年内的总碳汇潜力进行

Moran I 指数的统计分析。计算结果表明，广东森林碳汇储量和潜力的全局 Moran I 分别为 0.314、0.167，其 Z 值分别为 2.34、2.06，通过了 5% 的显著性水平检验，这表明广东省 21 个市的碳汇储量及其潜力在空间分布上并非是随机的，具有显著的正相关性，表现出一定的空间聚集性。

Moran 散点图将广东省碳汇集群分为四个象限的空间关联模式，第一象限（H–H，高—高）表示高碳汇城市被高碳汇的其他城市所包围；第二象限（L–H，低—高），表示低碳汇城市被高碳汇的其他城市所包围；第三象限（L–L，低—低），表示低碳汇城市被低碳汇的其他城市所包围；第四象限（H–L，高—低）表示高碳汇的城市被低碳汇的其他城市所包围。从 Moran 散点图 7 可知，广东绝大部分城市位于第一象限和第三象限。在碳汇总量 Moran 散点中，位于第一象限（H–H）和第三象限（L–L）的城市有 13 个，合计占样本总数的 61.9%。其中，位于第一象限（H–H）的城市是韶关、清远、河源、肇庆、惠州，表现出"高—高"正自相关关系集群；位于第三象限（L–L）的城市是江门、阳江、深圳、东莞、汕头、揭阳、中山、珠海，表现出"低—低"的空间自相关关系。在碳汇潜力 Moran 散点中，位于第一象限（H–H）和第三象限（L–L）的城市有 14 个，合计占样本总数比重为 66.7%。其中，位于第一象限（H–H）的城市是清远、韶关、河源、肇庆，表现出"高—高"正自相关关系集群；位于第三象限（L–L）的城市是茂名、中山、汕头、揭阳、东莞、深圳、阳江、湛江、佛山、珠海，表现出"低—低"的空间自相关关系。上述分析表明，广东省碳汇布局存在较强的空间正相关，碳汇高的城市相互邻接，碳汇低的城市相互邻接，各自在空间上相互邻近而形成聚集格局。

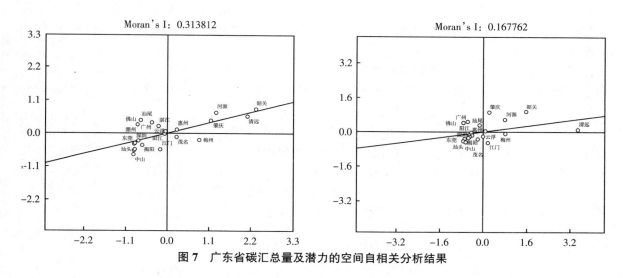

图 7　广东省碳汇总量及潜力的空间自相关分析结果

广东省碳汇布局存在较强的空间正相关，空间集群特征客观存在。从省内碳交易角度看，如果碳排放权变成一种商品，碳汇储量及其潜力高的粤北地区，其"外部效应"溢出的合理份额可以抵消部门经济发展过程中的碳排放，成为碳交易市场的主要组成部分。因此，广东碳交易市场体系建设，应充分考虑到这些空间特性，将森林碳汇纳入广东碳排放权交易体系，通过低碳汇潜力的珠江三角洲地区与高碳汇潜力的粤北地区、粤西地区进行跨区域合作，开展 CDM 林业碳汇项目，从而实现减排成本的最小化和区域碳排放平衡。

四、结论与讨论

由于全球气候变化给世界各国带来不同程度的影响，各个国家对于森林碳汇的发展都给予了相当大的重视。发展森林碳汇是低碳经济的重要组成部分。广东省是第一批低碳试点省，在此背景下，对广东省的森林碳汇进行研究具有重要的决策借鉴价值。研究表明：

（1）森林静态碳汇储量。2010 年广东省森林碳汇总储量约为 481.34TgC。由于原有森林并非完全是成熟林，因此原有森林碳汇量在未来仍会持续增加。经济发达的珠三角各市碳汇储量较少，粤北山区森林碳汇量多，因此加大对粤北山区的森林保护力度，是维持广东省碳汇水平稳定的有效保障。

（2）新造林碳汇潜力。2008~2057 年广东省新增造林的碳汇量是持续增加的。虽然对用材林进行定期轮伐，但其储存的碳以林产品的形式继续在相当长时期内保存，采伐后形成的薪材替代煤炭的使用也减少了一定的碳排放。一方面，再造林是提供持续碳汇量增加的最有效方法，通过定期轮伐、间伐并及时进行再造林，可以有效扩展森林碳汇潜力；另一方面，人工造林应该选择固碳树种，并营造混交林，控制火灾，同时在宜林地、荒山、海岸、平原四旁等地要尽可能多植树。从碳汇潜力分布看，粤北、粤西地区潜力大，珠江三角洲地区潜力小。珠江三角洲地区是经济高增长地区，应侧重增加城市绿化水平，以增加碳汇量。未来 CDM 碳汇造林项目应该集中于粤北、粤西地区，才能发挥巨大的效益。

（3）碳汇空间效应。广东省碳汇储量及潜力布局存在较强的空间正相关，即碳汇高的城市与碳汇低的城市各自在空间上相互邻近而形成聚集格局。将森林碳汇纳入广东碳排放权交易体系，开展 CDM 林业碳汇项目，实行"碳交易"具有现实基础和意义。

在森林碳汇潜力计算中，本文采用的是树种各年龄段的单位面积蓄积连年生长量，有的树种该统计量少，因此采用年平均生长量代替。另外，各树种具体种植面积的空间分布数据难以获得，而是依据往年种植比例，这对 CO_2FIX 模型的输出结果以及各城市碳汇潜力计算结果的准确性也会造成一定的影响。同时，在估算非用材林的碳汇动弹平衡时，未具体区分经济林、竹林、灌木、疏林等的碳汇潜力，这一定程度上会导致实际结果的误差。

参考文献：

[1] 联合国急商气候变暖　全球环保面临更大挑战 [N]. 上海证券报，2007-1-31（8）.

[2] Watson R. T., Noble I. R., Bolin B., et al. IPCC Special Report on Land Use, Land Use Change and Forestry [R]. 2000.

[3] 陈根长. 林业的历史性转变与碳交换机制的建立 [J]. 林业经济问题，25（1）.

[4] 沈文清，马钦彦，刘允芬. 森林生态系统碳收支状况研究进展 [J]. 江西农业大学学报，2006，28（2）.

[5] 何英. 森林固碳方法综述 [J]. 世界林业研究，2005（1）.

[6] 李顺龙. 森林碳汇问题研究 [M]. 哈尔滨：东北林业大学出版社，2006.

[7] 刘江. 中国可持续发展林业战略研究 [M]. 北京：中国林业出版社，2003.

[8] Nabuurs G. J., Schelhaas M. J. Carbon Profiles of Typical Forest Types Across Europe Assessed with CO_2 FIX[J]. Ecological Indicators，2002（1）：213-223.

[9] 曹吉鑫，田赟等. 森林碳汇的估算方法及其发展趋势 [J]. 生态环境学报，2009，18（5）.

[10] 吕劲文，王峥，乐群等. 福建省森林生态系统碳汇潜力 [J]. 生态学报，2010，30（8）.

[11] Zhang X. Q., Xu D. Y. Potential Carbon Sequestration in China's Forests [J]. Environmental Science and Policy, 2003 (6): 421-432.

[12] 中国林科院木材工业研究所. 中国主要树种的木材物理力学性质 [M]. 北京：中国林业出版社，1982.

[13] 项文化，田大伦. 不同年龄阶段马尾松人工林养分循环的研究 [J]. 植物生态学报，2002，26 (1).

[14] 周政贤. 中国马尾松 [M]. 北京：中国林业出版社，2001.

[15] 陈楚莹. 杉木人工林生态学研究 [M]. 北京：科学出版社，2000.

[16] 曾天勋. 雷州短轮伐期桉树生态系统研究 [M]. 北京：中国林业出版社，1995.

[17] 祁述雄. 中国桉树 [M]. 北京：中国林业出版社，2002.

[18] 范海兰，洪伟，洪滔等. 闽北山地檫树生长规律的初步研究 [J]. 福建林业科技，2005，32 (2).

[19] 田大伦，张昌剑，罗中甫等. 天然檫木混交林的生物量及营养元素分布 [J]. 中南林学院学报，1990，10 (2).

[20] 詹有生，敖向阳，林飞等. 江西次生栲树、木荷林生产力的研究 [J]. 林业科学研究，1998，11 (6).

[21] 李文华. 中国森林资源研究 [M]. 北京：中国林业出版社，1996.

[22] 张连均，张晶，侯晓惠. 江苏省人口分布的空间自相关分析 [J]. 首都师范大学学报，2010，31 (4).

[23] Wong D. W. S., Lee J.Statistical Analysis of Geographic Information with ArcView GIS and ArcGIS [M].John Wiley and Sons, 2005.

[24] 匡耀求，欧阳婷萍，邹毅等. 广东省碳源碳汇现状评估及增加碳汇潜力分析 [J]. 中国人口·资源与环境，2010，20 (16).

技术进步、经济结构转型与中国OFDI

李洪亚[1]　宫汝凯[2]

(1.宁波大学商学院—浙江宁波，315211；2.东华大学旭日工程管理学院，上海　201620)

一、引　言

1978年改革开放以来，中国政府通过出台一系列经济改革开放政策，鼓励企业积极吸引FDI，从而促进了中国经济的快速稳定增长。随着中国经济的突飞猛进，全球对外投资格局发生了明显变化，作为一个发展中国家，中国对外直接投资近些年来出现了迅速增长的态势，在全球对外直接投资中的份额逐渐增大。从流量上来看，中国对外直接投资流量1982年为0.44亿美元，2013年已达到1010亿美元，年均增幅为61.7%，占世界对外直接投资流量的比重也从1982年的0.2%上升到2013年的7.2%。从存量上来看，中国对外直接投资存量1982年为0.44亿美元，仅占世界对外直接投资存量的0.01%，而2013年中国对外直接投资存量已达到6135.85亿美元，占世界对外直接投资存量的比例已增至2.3%。[①]

进入21世纪，世界经济形势已发生了深刻的历史性变化，经济全球化的进程日益加深，国际经济合作与交往日益密切，开放的中国正积极参与国际经济交流与合作。在全球化的进程中，中国政府已加快实施"走出去"战略步伐，简化投资手续、实行权限下放，不断完善和推进服务体系建设，鼓励有条件的各种所有制企业积极开展对外投资。中国海外投资企业纷纷出海，积极参与国际合作与竞争，企业融入经济全球化步伐的内生动力进一步增强。近年来，中国对外直接投资迅速扩张。如表1所示，2003~2012年中国对外直接投资净额从2003年的不足30亿美元增加到2012年的878.04亿美元，年均增长率为48.7%。

中国对外直接投资取得令人瞩目的发展，成为国内外学者关注的焦点。现有的研究主要从如下两个方面来解释中国OFDI规模持续扩大的动因：

第一，中国OFDI的决定因素：经济发展的外部支持。主要包括两个方面，①"走出去"为了开拓市场。现阶段，国内市场已经在一些领域出现饱和或生产能力过剩，为了消化这种过剩的生产能力企业开始寻求对外直接投资（Diego等，2008）。尤其是自2008年金融危机以后，欧美企业经营压力加大，接收并购或国际化的意愿增强（易纲，2012），为中国跨国企业对外投资提供了更多的市场机会和更大的市场份额。②"走出去"获取资源。随着经济持续快速发展，中国越来

[作者简介] 李洪亚（1979~），宁波大学商学院，经济学博士，通讯地址：浙江省宁波市江北区风华路818号宁波大学商学院，邮编：315211，电话：15958279310，E-mail：nbulihongya@sina.com。宫汝凯（1983~），东华大学旭日工商管理学院，经济学博士。

① 资料来源：UNCTAD数据库。

依赖于全球原材料和能源的供应，体现在中国的战略选择与"能源外交"上则表现为中国资源、能源类大型跨国企业的海外扩张，如中石油、中海油等在海外资产的急剧增长。代表性的研究有，邱立成和王凤丽（2008）利用 1993~2006 年的数据，从对外贸易、资源需求、工资水平等方面对我国对外直接投资增长进行解释，结果表明，三者均对我国对外直接投资有显著的影响；Cheung 和 Qian（2009）基于 1991~2005 年的数据，实证分析了寻求市场和寻求资源的动机、出口、国际储备等因素对中国对外直接投资的影响；王方方和扶涛（2013）利用 2003~2010 年 144 个国家及地区的面板数据，考察了中国 OFDI 的出口引致效应和出口平台效应。

第二，中国 OFDI 扩张的影响因素：基于东道国经济和制度环境视角。代表性的研究有，Buckley 等（2007）利用 1984~2001 年的相关数据对中国对外直接投资的影响因素进行了实证研究，发现，中国对外直接投资与东道国的政治风险、文化相似性、市场规模和地理因素以及自然资源禀赋相关；张新乐等（2007）利用 2003~2004 年相关数据考察了东道国的出口水平、东道国汇率、东道国工资水平等宏观经济因素对我国对外直接投资的影响；邱立成和赵成真（2012）采用 1996~2010 年中国对外直接投资的 142 个东道国作为样本，研究了不同发展水平下东道国的制度环境差异对企业海外直接投资的影响；綦建红等（2012）基于 2003~2010 年中国对 40 个东道国及地区 OFDI 的面板数据进行探索了文化距离对中国对外直接投资区位选择的影响；李猛和于津平（2011）使用 2003~2007 年中国与 74 个东道国的数据，考察了对东道国区位优势与中国对外直接投资之间的相关性；李优树等（2014）利用 2003~2011 年中国 OFDI 的跨国面板数据，综合实证分析了自然禀赋、对中国的贸易依存度、对中国的相对汇率以及政治风险等因素的影响。

表1 2003~2012 年中国技术进步、结构转型与 OFDI

	2003 年	2004 年	2005 年	2006 年	2007 年	2008 年	2009 年	2010 年	2011 年	2012 年
OFDI	28.55	54.98	122.61	211.60	265.10	559.10	565.30	688.11	746.54	878.04
OFDI 增长率	13.35	92.60	123.01	72.58	25.28	110.90	1.11	21.72	8.49	17.61
TFP	100	103.39	107.53	113.05	121.03	123.49	121.78	125.78	128.24	125.62
TFP 增长率	1.98	3.39	4.01	5.13	7.05	2.04	−1.38	3.28	1.96	−2.05
TL	31.60	27.70	27.07	25.74	23.35	22.04	20.54	19.29	17.26	15.53
TS	89.70	87.36	85.53	85.38	88.49	88.15	93.91	92.64	93.10	98.63
OWN	26.21	24.58	22.85	21.70	20.75	20.08	19.27	18.79	18.67	18.43

注：①数据来源于 UNCTAD 数据库与 2003~2013 年《中国统计年鉴》，并经相关计算得到；②TFP 指换算为 2003 年为 100 的 TFP 指数；③OFDI 为流量数据，单位：亿美元，OFDI 增长率、TFP 增长率、TL、TS 和 OWN 变量单位：%。

综上所述，现有的研究不仅基于市场寻求和资源寻求的外部需求视角讨论中国 OFDI 发展的决定因素，而且从东道国的经济和制度环境视角探究中国 OFDI 的影响因素，均为我们深入理解 OFDI 规模的快速扩张提供了有价值的结论。但仍存在如下待改进之处：①现有的研究集中于讨论 OFDI 规模持续增大的外部驱动力，比如，外部市场和资源的寻求，（也是一种内部驱动力，但是只能是动机还不能称之为动力）以及东道国的环境因素等，而缺乏对内在机理的分析。一国对外投资不仅需要外部的拉力，还需要内部的推力，尤其对处于转型时期的发展中国家而言，这一点可能更为重要。②现有的研究结论并不能解释近 10 多年来的中国对外直接投资的急剧扩张。中国 OFDI 始于 20 世纪 80 年代初期，从 1980 年到 2000 年 20 余年间中国对外直接投资规模一直处于较低水平，累计对外直接投资不足 300 亿美元。而进入 21 世纪后的 10 多年来中国对外直接投资的规模急剧扩张，截至 2012 年年底，中国对外直接投资累计已达到 5319.41 亿美元。而这一时期，除去 2008 年的金融危机之外，外部环境并未发生较大变化，而国内则出现较大幅度的经济结构转型。因此，可将其与中国 OFDI 规模的逐年扩张相联系，深入分析 OFDI 扩张的内在动力，对现有的研究文献进行补充。

随着市场经济体制日益走向成熟和国民经济持续稳定增长，处于经济转型中的中国经济正从投资驱动型发展阶段向创新驱动型发展阶段转变，自主创新能力不断增强，产业结构不断升级。据估算，如表 1 所示，2003~2012 年，中国的全要素生产率（TFP）指数一直呈上升趋势变化，虽然受全球金融危机的影响 TFP 增长率有所下降，但年均增长率仍位于 2.5% 的水平；衡量产业结构变迁的产业结构合理化（TL）和产业结构高级化（TS）指标显示，中国的产业结构在不断走向合理化和高级化；所有制结构（OWN）指标的变化表明，国有经济占比在逐年降低，中国逐渐出现投资主体多元化的格局，而这三者的变化均与逐年扩张的 OFDI 密切相关。现阶段中国 OFDI 的快速扩张是中国经济转型的典型特征，也是中国经济进入全球价值链的必然选择。深入探讨中国 OFDI 逐年扩张的内在机理对于中国企业在"十二五"期间加快实施"走出去"战略，提升其参与全球价值链的广度和深度具有重要的理论和实践价值。如此，中国的对外直接投资是与技术发展水平以及经济的市场化与开放程度密不可分的，现阶段中国对外直接投资的快速扩张是中国转型经济的典型特征，也是中国经济转型发展的现实反映。

有鉴于此，本文采用 2003~2012 年世界 179 个国家（地区）的跨国面板数据，从技术进步、产业结构变迁和所有制改革三个视角实证分析了中国对外直接投资逐年扩张的内在动力。主要结果表明，技术进步具有正向促进作用；产业结构的合理化具有显著的负向效应，产业结构的高级化对 OFDI 具有显著的正向效应；以国有比重度量的所有制变量对 OFDI 具有显著的负向影响；在交互作用方面，技术进步与产业结构的合理化对 OFDI 具有显著的相互促进作用，而技术进步与产业高级化对 OFDI 具有互斥效应，技术进步在促进 OFDI 时主要通过国有产权发挥作用，并根据东道国的经济发展水平，分别考察非 OECD 国家和 OECD 国家 OFDI 的影响效应的差异。

本文的研究主要从以下三个方面丰富了现有的文献：①在研究内容方面。本文考察了技术进步、产业结构变迁和所有制改革对 OFDI 的促进作用，而且深入分析三者之间的联合影响。②在研究方法方面。为克服模型中主要变量的内生性问题，本文采用了动态面板数据 GMM 的估计方法，提高了估计结果的精确度。③在研究结论的稳健性方面。一是本文分别采用了流量和存量 OFDI 为被解释变量进行估计；二是考虑到产业结构和所有制变量的选择可能会对实证结果造成影响，本文采用了多种形式的产业结构和所有制变量进行稳健型检验以保证研究结论的可靠性。此外，本文还特别考虑了金融危机可能带来的影响，以期通过细致深入探讨中国 OFDI 逐年扩张的内在动力，将其与外在动因相互补充以便更为全面地解释近年来 OFDI 的快速增长。

本文以下的结构为，第二部分是研究背景与机理分析；第三部分阐述实证研究基础——计量模型设计与变量数据说明；第四部分为实证结果与分析；第五部分是全文的结语与相关政策建议。

二、研究背景与机理分析

本节在详细考察了中国 OFDI 发展历程与地理分布的基础上，深入分析技术进步、产业结构转型和所有制结构调整三个方面对我国对外直接投资扩张的影响机理，探索中国 OFDI 快速增长的内在动因。

（一）中国 OFDI 的发展历程和地理分布

中国对外直接投资开始于 20 世纪 80 年代初期，如图 1 所示，从 1980 年到 2000 年 20 余年间中国对外直接投资规模一直处于较低水平，累计对外直接投资不足 300 亿美元。而进入 21 世纪后至今的 10 多年来中国对外直接投资的规模急剧扩张，截至 2012 年年底，中国对外直接投资累计已达到 5319.41 亿美元。中国 OFDI 的发展历程大致可以分为以下三个阶段：

（1）起步阶段。改革开放之初，生产能力不足是当时中国经济发展的突出特点，出现储蓄短缺和外汇短缺同时并存的"双缺口"格局。在政策层面上，中国的国际投资政策多是以鼓励吸引外资、限制对外投资为主要特征。因此，受经济发展水平与所处的发展阶段的制约，中国对外直接投资缺乏必要的技术水平，也缺少必要的资金和法律政策制度的支持，对外直接投资规模较小、增长缓慢，在国民经济中的地位和作用微小。其间一次较高增速，即 1985 年，外经贸部制定《关于在国外开设非贸易性合资经营企业的审批程序和管理办法》并实施审批权限的下放后，中国对外直接投资增长率达到 369.4%。

（2）发展阶段。20 世纪 90 年代，我国对外直接投资水平稳步提高。1992 年，邓小平南方讲话和中共十四大关于建立社会主义市场经济体制的决定把我国经济体制改革和对外开放推向了一个新的高度，外经贸体制改革进一步加快，1992 年中国对外直接投资增长率达到 338.1%。

（3）扩张阶段。进入 21 世纪后，中国对外直接投资的规模急剧扩张。随着中国市场化经济的推进与对外开放的逐步深入，国民经济获得了快速的发展，生产能力获得了迅速提升。过剩的生产能力使得国内市场已不能完全满足中国企业发展的诉求，中国企业在海外寻求市场的动机也愈显迫切。2000 年以后，中国开始实施"走出去"战略，放松对外投资管制和鼓励对外投资。2001 年中国加入 WTO 促使"走出去"战略步伐进一步加快，推动中国对外直接投资快速地增长。2003 年，中国对外直接投资流量仅为 28.5 亿美元，存量仅为 332 亿美元，分别只占全球当年的 0.45% 和 0.48%。截至 2012 年年底，中国对外直接投资流量和存量分别为 878.04 亿美元和 5319.41 亿美元，分别占全球当年的 6.3% 和 2.3%，流量名列按全球国家（地区）排名的第 3 位，存量位居第 13 位。①

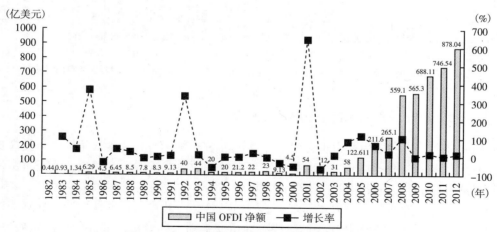

图 1　1982~2012 年中国 OFDI 净额及其增长率

资料来源：UNCTAD 数据库。

在中国 OFDI 的地理分布方面，随着时间的推移，中国 OFDI 的地理分布已经发生了很大变化。截至 2012 年年底，中国 OFDI 已覆盖到全球 179 个国家和地区。其中，在亚洲中国的 OFDI 覆盖率最高，其覆盖率已超过 80% 以上的国家（地区）。2012 年，中国对亚洲的投资达到 647.85 亿美元，占流量总额的 73.8%，其中，对中国香港的投资占亚洲投资流量的 79.1%。对欧洲的投资

---

① 资料来源于 2003~2012 年《中国对外直接投资统计公报》。

总额为 70.35 亿美元，占 8.01%；对拉丁美洲的投资总额为 61.7 亿美元，占 7%；对北美洲的投资为 48.82 亿美元，占 5.6%，主要流向美国和加拿大。从集中性上来看，中国对外直接投资相对比较集中，从 2012 年中国对外直接投资的 179 个国家（地区）分布来看，前 20 个主要是中国对外直接投资国的 OFDI 流量达到 790.80 亿美元，已占据中国 OFDI 流量总额的 90.1%。

中国 OFDI 的地理分布是与东道国的经济发展水平相关的，对于不同经济发展水平的东道国的对外直接投资方面，以 OECD 国家和非 OECD 国家① 进行分析，在 2003~2012 年的扩张阶段，中国 OFDI 在 OECD 国家和非 OECD 国家均呈增长走势，2003 年中国对 OECD 国家和非 OECD 国家的直接投资分别为 3.65 亿美元和 24.9 亿美元，分别占中国 OFDI 流量总额的 12.8% 和 87.2%；2012 年，中国对 OECD 国家和非 OECD 国家的直接投资分别达到 146.21 亿美元和 731.83 亿美元，分别占中国 OFDI 流量总额的 16.7% 和 83.4%。从图形上来看，以 2008 年为分界点，2008 年之前中国对 OECD 国家的 OFDI 投资的比率呈下降趋势变化，对非 OECD 国家的 OFDI 投资的比率呈上升趋势变化，2008 年之后呈相反趋势变化。然而，不管是从总量还是从比率上来看，对非 OECD 国家的投资都高于 OECD 国家，因此中国的对外直接投资主要还是流向了发展中或欠发达国家或地区。

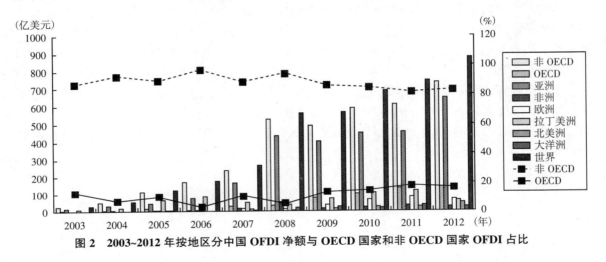

图 2　2003~2012 年按地区分中国 OFDI 净额与 OECD 国家和非 OECD 国家 OFDI 占比

（二）技术进步、产业结构升级与 OFDI

国际经验表明，当一国生产力迅猛发展、经济水平显著提高的时候，其生产与扩大再生产必然会超出一国范围，向世界延伸。谋求更佳生存与发展的内在机制自然促成企业经营由低级向高级渐进发展的不同形态。从各国外向型经济发展的实践看，由于各自的政治、经济、文化背景不同，其企业国际化轨迹各异，但大体都要经过国内经营、商品输出、国外生产、建立跨国公司的由低级向高级、国际化程度逐步加深的阶段，并由此推动一国经济向更高的层次发展（赵晓晨，1999）。

在投资产业分布方面，我国对外直接投资前后经历了资源开发→制造业→第三产业为主的发展路径，与上述三个发展阶段相对应：

首先，在起步阶段，主要获取天然资源以及生产所需的原材料为主，为快速发展的工业化进程提供基础条件。此时，国内的产业发展基础比较薄弱，技术落后，对外直接投资主要集中于资源开发业和初级加工制造业，过分偏重于初级产品产业的投资，缺乏技术密集型产业的投资。

---

① 这里 OECD 国家代表着经济发展水平较高的国家或地区，非 OECD 国家大多是发展中国家或欠发达国家。

其次，在发展阶段，伴随着经济转型和产业升级，中国对外直接投资逐步转向采矿业和制造业为主的第二产业，作为技术后进的国家，此时的主要目的是通过广泛的国际合作获取国际先进技术，进一步促进产业结构转型。2003 年，48.3%的中国 OFDI 流向了采矿业，21.9%进入了制造业，主要包括电信设备、计算机和其他电子设备、交通设备、通用设备、纺纱和木制产品和金属制品等，12.5%进入了批发零售业，9.8%进入了租赁和商务服务业。我国在关键技术方面与发达国家仍存在巨大的差距，大部分的中国企业处于技术模仿阶段，不具备自主开发引导市场需求的核心技术和产品的能力。而随着经济地位的提升，发达国家开始对技术转让以及在对外投资中关键技术的扩散进行限制，中国直接引进先进技术的难度越来越大。因此，中国企业要想获取核心技术实现经济可持续发展，在强调自主创新的同时，也需要积极"走出去"，最大限度地利用发达国家技术聚集地的外溢效应。然而，获取正向技术外溢的必要条件是企业自身具有一定的技术基础，具有承接新技术的能力，实现技术的良性互补和弥补技术缺口。可见，随着国民经济的快速发展，试图通过对外直接投资获取重要技术的先决条件是提高自身的技术水平。从中国的实际情况来看，自改革开放以来，中国的经济发展已经历了从资源驱动为主和投资驱动为主的两个阶段，正在逐步从以大规模投资和大规模生产为主要驱动力的投资驱动阶段向以技术创新为主要驱动力的创新阶段过渡。尤其是进入 21 世纪以来，中国 TFP 实现了逐年递增态势（见表1），技术进步成为我国对外直接投资持续扩张的内在动力凸显。

最后，在扩张阶段，随着工业化进程的深化、技术能力提升以及产业结构的转型升级，中国对外直接投资已经从以制造业为主的第二产业向以租赁和商务服务业为主的第三产业转变，并逐步进入到科学研究、技术服务和地质勘查业、信息传输、计算机服务和软件业等复杂技术领域，促使中国对外投资的规模不断扩大、层次不断提升。在进入 21 世纪以后，随着技术进步以及经济的快速转型，家电、纺织、重化工和轻工等行业普遍出现了生产能力过剩、产品积压和技术设备闲置等问题，这些行业要获得进一步的发展，就必须寻找新的市场，需要"走出去"建立销售网络和售后服务网点，或直接投资建厂，以带动国产设备、原材料以及半成品的出口，有效地拓展国际市场（王辉、张俊玲，2008）。2012 年，中国最大的对外直接投资份额为租赁和商务服务业，占 30.5%；其次为采矿业，占 15.4%；批发零售业的份额为 14.9%；制造业的份额为 9.9%；金融业为 11.5%。

此外，中国对外直接投资的重点由以制造业为主的第二产业转变为以服务为主的第三产业，也是产业转型升级的结果。随着市场体制的逐步完善以及产业的转型升级，国内存在生产成本很高，以及在转型升级中面临淘汰的行业将会转移到其他国家，或为寻求低成本的生产要素，或为开拓新的市场，从而促使对外直接投资规模的逐渐扩张。

综上所述，基于自主创新的技术积累，中国企业已初步具备了进行深度国际合作的技术基础，满足技术互补和填补空缺的经济发展需要。同时，中国产业的转型升级也会转移出一些失去比较优势的行业，而正是这一时期，中国对外直接投资的规模出现了持续扩张。

表 2　2003~2012 年按行业分中国 OFDI 的份额

单位：%

	净额										存量
	2003 年	2004 年	2005 年	2006 年	2007 年	2008 年	2009 年	2010 年	2011 年	2012 年	2012 年
第一产业	2.85	5.25	0.86	0.87	1.03	0.31	0.61	0.78	1.07	1.66	0.93
第二产业	71.72	48.79	32.99	45.35	25.16	17.24	29.03	18.91	33.50	31.20	24.58
其中：采矿业	48.30	32.74	13.66	40.35	15.33	10.42	23.60	8.31	19.35	15.43	14.06
制造业	21.86	13.74	18.60	4.28	8.02	3.16	3.96	6.78	9.43	9.87	6.42
第三产业	25.43	45.96	66.15	53.77	73.81	82.46	70.36	80.31	65.43	67.14	74.48

续表

| | 净额 | | | | | | | | | | 存量 |
	2003 年	2004 年	2005 年	2006 年	2007 年	2008 年	2009 年	2010 年	2011 年	2012 年	2012 年
其中：信息传输、 计算机服务和软件业	0.31	0.56	0.12	0.23	1.15	0.53	0.49	0.74	1.04	1.41	0.91
批发和零售业	12.51	14.55	18.43	5.26	24.92	11.65	10.85	9.78	13.83	14.86	12.82
金融业	0.00	0.00	0.00	16.68	6.29	25.13	15.45	12.54	8.13	11.47	18.13
租赁和商务服务业	9.77	13.63	40.30	21.37	21.16	38.85	36.22	44.01	34.29	30.46	33.03
科学研究、技术 服务和地质勘查业	0.22	0.33	1.06	1.33	1.15	0.30	1.37	1.48	0.95	1.68	1.28

资料来源：2004~2013 年《中国统计年鉴》，并进行相关计算得到。

（三）技术进步、所有制结构变化与 OFDI

由上述可知，技术进步对中国对外投资具有直接的促进作用，而在作用过程中，所有制结构变化具有重要的调节作用。基于现有的研究文献，不同的所有制结构会影响技术创新效率，进而影响到技术进步的提高（姚洋，1998；孙晓华和王昀，2013），非国有企业的技术创新效率高于国有企业。从所有制结构上来看，中国对外直接投资主体已从单一国有与集体投资主体的格局逐渐发展为包括有限、股份、私营和外资等多元主体的格局。在起步阶段，大部分对外直接投资由国有企业来承担，特别是由中央政府部委管辖的大型跨国公司承担。但是伴随着中国所有制转型与

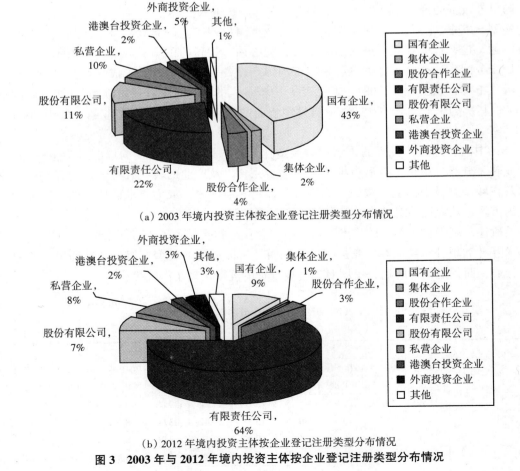

（a）2003 年境内投资主体按企业登记注册类型分布情况

（b）2012 年境内投资主体按企业登记注册类型分布情况

图 3　2003 年与 2012 年境内投资主体按企业登记注册类型分布情况

经济发展进程的深化，中国对外直接投资正逐渐从"自上而下"的对外直接投资模式向"自下而上"的投资模式转变，对外直接投资主体呈现多元化趋势发展。

在发展阶段，国有企业所占比例下降，其他非国有企业比重逐年增加。如图 3 所示，2003 年中国对外直接投资主体中国有企业占据 43%，有限责任公司与股份有限公司分别为 22% 和 11%，私营和外资企业分别为 10% 和 5%。而在进入扩张阶段，非国有企业对外投资比重逐年上升，国有企业的比重则逐年下降。截至 2012 年年底，国有企业在中国对外直接投资主体中的比重已下降至 9%，有限责任公司则上升为 64%，股份、私营和外资分别占据 7%、8% 和 3% 的比重。但在存量方面，国有对外直接投资依然占据主导地位。截至 2012 年年末，以 9% 投资主体的国有企业在非金融类中国对外直接投资存量中依然占据 59.8% 的份额，其次为有限责任公司占 26.2%，股份有限公司占 6.6%。可见，中国对外直接投资实体组织由一元化向多元化演变，形成了以公有制为主体、多种所有制经济共同发展的新格局。在所有制结构对 OFDI 的影响方面，有两个作用机制：第一，直接机制。所有制结构的变化促使对外直接投资主体的多元化，而不同投资主体均会产生对外投资的需求。第二，间接机制。所有制结构变化促使技术进步效率的提高，技术进步使得企业的生产能力增强，促使对外投资寻求生产要素和开拓市场；同时，如上所述，技术进步本身也作为学习、吸收国外先进技术的必要基础。

基于以上讨论，将技术进步、产业结构转型与所有制变化三个方面对中国 OFDI 快速扩张的影响机理总结如图 4 所示。

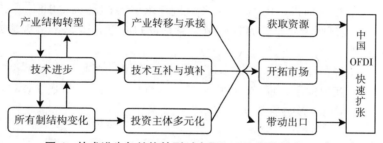

图 4　技术进步与结构转型对中国 OFDI 影响的机制分析

首先，技术进步是中国 OFDI 扩张的根本内生动力。企业通过技术进步使得生产能力提高，才有能力去进行国际技术合作和开拓国际市场，从而学习、吸收和集成国外先进的技术，实现技术互补和弥补缺口。

其次，产业结构升级往往会使得在国内丧失比较优势的行业转移到国外，通过在国外投资实现低成本的要素，同时绕开国际贸易中的诸多壁垒。值得注意的是，产业结构升级与技术进步之间存在交互影响，这与中国经济转型的阶段密切相关，技术进步往往促使产业结构升级，而产业结构的转型同时提高企业的技术创新效率。

最后，随着所有制结构的逐步调整，形成多元化的对外投资主体，增加了对外直接投资的需求。另外，具有不同所有制的企业对技术进步存在影响，从而使技术进步对 OFDI 的影响具有调节作用。以上表明，技术发展水平、产业结构转型与所有制结构调整是中国进行对外直接投资的内在动力，三者的共同作用实现获取资源、开拓市场和带动出口的目标，促进中国的 OFDI 持续扩张。

基于以上讨论，本文利用 2003~2012 年世界 179 个中国对外直接投资国（地区）的相关数据对此进行实证研究，使之对近年来影响中国对外直接投资的影响因素有更深入的理解。

三、模型、变量与数据

（一）模型与方法

根据本文的研究目的和思路，以中国 OFDI 为被解释变量，同时考虑到我国的 OFDI 地理分布以及时间上的动态演化等特性，本文构建了加入被解释变量的一阶滞后项的动态面板数据模型进行分析，其基本模型设立如下：

$$lnOFDI_{it} = \alpha_0 + \alpha_1 lnOFDI_{it-1} + \beta_1 lnTFP_{it-1} + \beta_2 TL_{it-1} + \beta_3 TS_{it-1} + \beta_4 OWN_{it-1} +$$
$$\beta_5 lnTFP_{it-1} \times TL_{it-1} + \beta_6 lnTFP_{it-1} \times TS_{it-1} + \beta_7 lnTFP_{it-1} \times OWN_{it-1} +$$
$$X\Gamma' + \mu_i + \varepsilon_{it} \tag{1}$$

式中，i 表示国家或地区，t 表示时期（年）。$OFDI_{it}$ 为被解释变量，表示中国对各东道国（地区）的对外直接投资，并取对数。主要解释变量为：TFP_{it}，即全要素生产率，取其对数用来衡量中国的技术进步；TL_{it} 和 TS_{it} 是衡量产业结构变迁的变量，分别为衡量产业结构合理化和高级化的指标；OWN_{it} 表示所有制改革的变量。X 为控制变量向量，其控制变量主要包括：GDP_{it}、$RGDP_{it}$ 和 $GDPG_{it}$ 用来衡量寻求市场的动机；RAW_{it}，用来衡量寻求资源的动机；$\overline{RISK_{it}}$ 用来衡量东道国的政治风险；REG_{ig} 是一组地区哑变量。Γ 为各控制变量系数的向量，μ_i 是不可观测或难以观测的个体效应，ε_{it} 是随机扰动项。

另外，考虑到中国经济结构转型与技术进步的相互作用，因此，在模型设定中增加了技术进步与结构转型变量的交互项向量，即（$lnTFP_{it} \times TL_{it}$，$lnTFP_{it} \times TS_{it}$，$lnTFP_{it} \times OWN_{it}$），用来考察技术进步与结构转型对中国 OFDI 影响的交互效应。

（二）变量选取

1. 对外直接投资（OFDI）

关于 OFDI 变量的选取，在实证研究中不同的研究者对中国 OFDI 的界定和测度并不相同，有的使用 OFDI 存量（邱立成和王凤丽，2008），有的使用中国对东道国的 OFDI 存量与东道国的人口之比来衡量（Cheung 和 Qian，2009），有的使用 OFDI 流量（Buckley 等，2007；李猛和于津平，2011，王海军和宋宝琳，2013；李优树等，2014）。使用年度 OFDI 流量由于没有滞后，从而能更有效地刻画当期经济状况的发展和变化（项本武，2009）。使用东道国的 OFDI 存量与东道国的人口之比来衡量可以控制东道国人口规模对 OFDI 的影响，也便于对不同人口规模国家之间的比较。鉴于以往的研究，本文主要采用中国对外直接投资流量（净额）来衡量中国 OFDI，并用东道国 OFDI 存量与东道国人口之比进行结果稳定性的检验。

2. 全要素生产率（TFP）

全要素生产率（TFP）是经济增长中不能被资本、劳动等投入要素所解释的部分，因而可以作为技术进步的代理变量。本文利用标准的生产函数核算方法来估算中国的全要素生产率。具体地说，利用回归方法核算资本的产出弹性和劳动的产出弹性，回归方程设立为：

$$ln\frac{Y_t}{L_t} = lnA + \alpha ln\frac{K_t}{L_t} + \gamma D08_t + \nu_t \tag{2}$$

式中，A 是效率系数，Y_t 表示产出，K_t 表示资本存量，L_t 表示劳动投入，ν_t 是随机干扰项。本文产出 Y_t 用国内生产总值来衡量，劳动投入 L_t 用各年年末全国就业人数来衡量，并假定生产函数规模报酬不变（张军和施少华，2003）。需要说明的是，第一，考虑到 2007 年后金融危机可能对产出的影响，本文在回归方程中加入了衡量金融危机的虚拟变量，即 2007 年后为 1，其余年份为 0。第二，对于资本存量的核算，本文选用目前通用的 1951 年由 Goldsmith 开创性运用的永续盘存法（PIM）（Young，2003；张军等，2004；单豪杰，2008 等）进行核算，其基本估计公式可以表达为：$K_t = (1 - d_t)K_{t-1} + I_t/P_t$。同时，对于资本存量 K_t 的计算需要考虑四个关键因素：基年资本存量的确定、固定资产投资价格指数的确定、当年投资额的取舍以及折旧额或折旧率的确定。对以上四个关键因素，本文进行了以下处理：①本文选定 1990 年[①]为基年，并设定 1990 年基年的资本存量=1991 年的固定资产形成总额/（平均固定资产投资增长率+折旧率）（Hall 和 Jones，1999；Young，2003 等）；②固定资产投资价格指数 P_t 采用中国统计年鉴上公布的固定资产投资价格指数；③当年投资 I_t 用固定资产形成总额来衡量；④根据张军等（2004），本文的折旧率 d_t 选取为 9.6%。进而根据回归结果计算出全要素生产率。

3. 产业结构变迁

对于产业结构的考察，本文选取了衡量产业结构变迁的两个维度，即产业结构合理化和产业结构高级化变量，其指标构造如下：

（1）产业结构合理化指标（TL），借鉴干春晖等（2011）的研究，本文采用即泰尔指数 TL，[②] 其计算公式如下：

$$TL = \sum_{i=1}^{n} \left(\frac{Y_i}{Y} \right) \ln \left(\frac{Y_i}{L_i} / \frac{Y}{L} \right) \tag{3}$$

式中，Y 表示产值，L 表示就业，i 表示产业，n 表示产业部门数，根据古典经济学假设，经济最终处于均衡状态，各产业部门生产率水平相同。因此，当经济处于均衡状态时，就有 TL = 0。泰尔指数同样可以反映产业结构和就业结构的耦合程度，泰尔指数越大，则表明产业结构越偏离了均衡状态，产业结构越不合理。

（2）产业结构高级化指标（TS），产业结构高级化实际上是产业结构升级的一种衡量，在信息化推动下的现代经济结构中服务化是产业结构升级的一种重要特征（吴敬琏，2008）。根据干春晖等（2011）的研究，本文采用第三产业产值与第二产业产值之比（TS）作为产业结构高级化的度量。如果 TS 值处于上升状态，就意味着经济在朝服务化的方向推进，产业结构在升级。

4. 所有制结构（OWN）

所有制结构问题一直是我国经济领域中最基本的问题。伴随着我国市场经济体制的不断调整，我国所有制结构已经从单一的公有制结构逐渐演变为以公有制为主体的多种所有制结构，包括私

---

① 本文选择 1990 年为基年，一是考虑到从 1991 年《中国统计年鉴》才开始公布固定资产投资价格指数，选择 1990 年为基年，旨在选用的固定资产价格指数具有一致性；二是采用 1990 年以后数据而不是采用 2003 年以后数据进行核算全要素生产率，旨在使观测值足够多以便使得参数估计更为有效。同样地，对于按不变价格计算的国内生产总值本文也以 1990 年为基年采用居民消费者价格指数（CPI）对以当年价格计算的 GDP 进行了平减。

② 对此作出如下说明：第一，产业结构合理化指标一般采用结构偏离度进行衡量，其公式为，$E = \sum_{i=1}^{n} \left| \frac{Y_i/L_i}{Y/L} - 1 \right| = \sum_{i=1}^{n} \left| \frac{Y_i/Y}{L_i/L} - 1 \right|$，式中，E 表示结构偏离度，Y 表示产值，L 表示就业，i 表示产业，n 表示产业部门数。根据古典经济学假设，经济最终处于均衡状态，各产业部门生产率水平相同。而由定义，Y/L 即表示生产率，因此当经济均衡时，$Y_i/L_i = Y/L$，从而 E = 0。同时，Y_i/Y 表示产出结构，L_i/L 表示就业结构，因此 E 同时也是产出结构和就业结构耦合性的反映。E 值越大，就表示经济越偏离均衡状态，产业结构越不合理。因而，结构偏离度可以用来衡量产业结构的合理化。然而，结构偏离度指标构造时并没有考虑各产业在经济体中的权重，因而不能反映各产业在经济体中的重要程度，同时绝对值的计算也为研究带来不便。泰尔指数，又称泰尔熵，最早是由 Theil（1967）提出，许多学者将之用于地区收入差距问题的研究。干春晖等（2011）的研究认为泰尔指数是一个很好的度量产业结构合理化的指标，因为，该指数考虑了产业的相对重要性并避免了绝对值的计算，同时还保留了结构偏离度的理论基础和经济含义。第二，鉴于数据的限制，本文计算了结构偏离度的稳健性。

营、外资、股份等多种所有制并存的多元所有制形式，表现为我国国有经济在国民经济的比重呈下降趋势，而其他所有制经济的比重逐渐上升。采用国有经济的比重可以衡量我国所有制结构变化，本文将主要采用我国城镇国有单位就业人数占城镇就业人员总数的比重进行衡量。

5. 控制变量

（1）寻求市场动机：采用 GDP、RGDP 和 GDPG 分别表示寻求市场动机的三个方面，其中，GDP 是东道国的 GDP 与中国的 GDP 的比率，代表中国 OFDI 的相对市场规模（Kravis 和 Lipsey，1982）。RGDP 是东道国的人均收入与中国的人均收入之比率，通常用来表示市场机会（Eaton 和 Tamura，1994）。GDPG 是东道国的实际收入增长率，用来测量市场的增长潜力（Billington，1999；Cheung 和 Qian，2009）。

（2）寻求资源的动机（RAW）：采用东道国的原材料（包括矿石和金属、燃料、农业原材料）的出口成本与总商品出口成本的比率进行衡量，可以衡量东道国自然资源禀赋的丰裕程度，因此，可以作为寻求资源动机的代理变量（Kinoshita 和 Campos，2004；Cheung 和 Qian，2009）。

（3）政治风险（RISK）。采用东道国的故意谋杀犯罪率（每 10 万人）来表示，本文中故意谋杀犯罪率是指对由于家庭纠纷、人际间暴力、为争夺土地资源的暴力冲突、黑帮团伙之间争抢地盘地或控制权的暴力事件以及武装团伙的掠夺性暴力和杀戮而有意造成的非法谋杀犯罪的估计，将其作为衡量政治风险的一个指标。

（4）地区哑变量（REG_{ig}），根据地理分布情况，我国对外直接投资主要分布在亚洲、非洲、欧洲、拉丁美洲、北美洲和大洋洲六大洲，所以本文取 g = 5。

（三）数据说明

本文采用的是 2003~2012 年中国对外直接投资跨国面板数据，其中，OFDI、GDP、RGDP、GDPG、RAW 以及 RISK 等变量采用的数据均来源于世界银行发布的《世界发展指数》数据库，并经相关计算得到。而计算 TFP、IND、OWN 等变量的数据，除特别说明外，其数据主要来自各年《中国统计年鉴》或《中国对外直接投资统计公报》。各主要变量的数据描述性统计如表 3 所示，从数据描述性统计上来看，我们发现，中国对 OECD 国家与非 OECD 国家的对外直接投资具有显著差异，对 OECD 国家的投资明显低于非 OECD 国家。从东道国特征来看，OECD 国家的相对市场规模与人均收入水平均高于非 OECD 国家，而经济增长率和市场风险明显低于非 OECD 国家。

表 3　各主要变量数据的描述性统计

Variable	全样本			非 OECD 国家			OECD 国家		
	Obs	Mean	Std.Dev.	Obs	Mean	Std.Dev.	Obs	Mean	Std.Dev.
lnOFDI	1204	−2.470	2.620	950	−2.568***	2.596	254	−2.102	2.682
lnTFP	1611	4.750	0.086	1305	4.750	0.086	306	4.750	0.086
TL	1611	23.844	4.316	1305	23.844	4.316	306	23.844	4.321
TS	1611	89.361	3.026	1305	89.361	3.026	306	89.361	3.030
OWN	1611	50.866	8.059	1305	21.435	2.507	306	21.435	2.510
GDP	1560	8.913	39.727	1254	2.252***	6.334	306	36.207	83.501
RGDP	1560	486.952	813.404	1254	269.324***	607.244	306	1378.801	935.029
GDPG	1558	4.434	5.105	1252	4.966***	5.315	306	2.259	3.358
RAW	1237	30.130	29.305	931	34.632***	31.031	306	16.432	17.145
$\overline{RISK}$	1593	8.874	10.777	1287	10.493***	11.346	306	2.066	2.422

注：①OFDI 的单位为万美元，取其对数；lnTFP 为 2004 年为 100 的 TFP 指数的对数；为了便于比较，TL、TS、OWN、GDP 等相对比值的单位均化为%；②由于 RISK 部分年份数据有所缺失，为了在模型估计中利用更多的观测值，本文采用了 2004~2012 年 RISK 的平均值 $\overline{RISK}$ 来衡量东道国的政治风险，并且为了便于比较也把谋杀犯罪率的单位换算成了百分比；③对 OECD 国家和非 OECD 国家样本进行了均值检验；④*、**、*** 分别表示 10%、5% 和 1% 的显著性水平。

OECD 国家代表着经济发达国家，而非 OECD 国家则代表着经济不发达或欠发达国家，鉴于中国 OFDI 与东道国特征在 OECD 国家和非 OECD 国家之间的显著差异，本文还分别考察了技术进步与结构转型对中国 OFDI 在两者之间的影响差异。

（四）内生性问题

考虑模型设定中潜在的内生性问题，具体涉及如下两个方面：

第一，从微观主体上来看，在经济全球化的背景下，一方面，技术进步或自主创新已成为企业获得垄断竞争优势的关键所在，技术进步的高低决定着企业能否参与以及多大程度上参与国际竞争，因此，技术进步的提高可以推动对外直接投资的扩张；另一方面，企业从事跨国经营或对外直接投资，在自主创新的同时，也可以通过学习效应，从而产生逆向技术溢出，推动企业自身技术水平的提高。因此，技术进步与对外直接投资相互关联从而产生内生性。

第二，相似地，产业结构转型与所有制转型也会影响对外直接投资的流向，从而推动对外直接投资的扩张，同时通过对外直接投资也可以有利于本国的产业结构调整与所有制的变迁，因而，二者之间的相互关联性也可能使产业结构和所有制结构与对外直接投资之间产生内生性。

四、实证结果与分析

本节运用动态面板数据模型 GMM 估计方法对计量方程（1）进行估计，首先，基于全样本的数据对技术进步、产业结构转型与所有制结构变化以及联合效应对中国 OFDI 的影响进行实证分析；其次，基于东道国的发展水平，分别考虑中国对 OECD 国家与非 OECD 国家对外直接投资的影响因素；最后，考虑关键变量变化后对估计结果进行稳健性检验。

（一）基本模型估计结果及其分析

由于在模型中加入因变量的一阶滞后项，计量模型变成动态面板数据（DPD）模型。而 DPD 模型的滞后因变量与误差项相关，采用标准的混合 OLS、固定效应和随机效应的估计结果会出现非一致性；为了克服这一问题，我们采用 GMM 方法进行动态识别。现有研究主要采用两种处理技术：一是差分广义矩（Difference-GMM）的估计方法（Arellano 和 Bond，1991）；二是系统广义矩（System-GMM）的估计方法（Blundell 和 Bond，1998）。差分广义矩法被广泛地应用于处理内生性问题，但差分广义矩法会导致样本信息的损失，尤其在解释变量具有时间上的持续性时，工具变量的有效性将减弱，从而影响估计结果的渐进有效性。而系统广义矩法可以同时利用差分和水平方程中的信息，增加一组滞后的差分变量作为水平方程相应变量的工具变量。由于利用更多的样本信息，系统广义矩估计一般会比差分广义矩估计更有效，但这种有效性需要进行两个检验：一是通过 Hansen 过度识别约束检验来检验所有工具变量的有效性；[①] 二是检验差分方程随机误差项的二阶序列相关性，原假设是不存在序列相关的，在原假设下经过差分转换后的残差一定有一阶序列相关性，但如果拒绝二阶序列相关则断定原假设成立。

此外，GMM 估计又分为一步（One-step）估计和两步（Two-step）估计，由于在有限样本条

---

① Sargen 检验也是一种工具变量过度识别约束检验，但是在使用 Xtabond 2 命令进行分析时，Sargen 检验在大多情况下都会拒绝原假设，一个可能的原因是该检验在 Sys-GMM 中存在过度拒绝的问题（Roodman，2006），相对而言，Hansen 检验较能准确地反映 Sys-GMM 中工具变量的有效性。

件下两步估计法所得的统计量存在严重的向下偏误，从而影响统计推断（Bond 等，2002）。鉴于一步估计法的渐进误差较小，较两步估计法更为可靠（Blundell 和 Bond，1998）。因此，以下将采用一步估计方法对方程（1）进行估计。根据 Bond 等（2002）提出的检验方法来判断 GMM 估计值的有效性。[①] 对工具变量的设置如下：鉴于东道国地理位置虚拟变量确定是严格外生变量，将其视为外生变量；其他变量均作为弱外生变量对待，使用系统"内部工具"，采用弱外生变量的滞后值作为自身的工具变量；估计结果报告如表 4 所示。由估计结果可知，Hansen 检验不能拒绝工具变量有效的原假设；残差序列相关性检验表明，差分后的残差只存在一阶序列相关而无二阶序列相关，由此断定原模型的误差项无序列相关性；滞后项的估计值介于混合 OLS 和固定效应模型的估计值之间，表明系统广义矩估计结果是有效且可靠的。

表 4   以 OFDI 流量为被解释变量的估计结果

样本分类	全样本				非 OECD 国家		OECD 国家	
估计方程	A1	A2	A3	A4	A5	A6	A7	A8
lnOFDI	0.116 (0.123)	−0.034 (0.138)	0.193 (0.135)	−0.012 (0.142)	0.243 (0.158)	0.026 (0.150)	−0.137 (0.150)	−0.264* (0.158)
lnTFP	−5.827 (3.91)	−5.531 (3.93)	205.5* (119.19)	280.7** (128.44)	−1.675 (118.70)	35.488 (135.16)	694.9*** (240.50)	826.7*** (247.53)
TL	−0.130* (0.072)	−0.165** (0.077)	11.186** (4.530)	12.187*** (4.721)	10.337* (5.298)	11.458** (5.550)	10.783 (7.612)	21.718** (9.121)
TS	−0.040 (0.032)	−0.005 (0.036)	13.879** (7.06)	17.365** (7.70)	3.567 (7.206)	5.358 (8.269)	36.861*** (13.94)	43.046*** (15.22)
OWN	−0.297*** (0.109)	−0.340*** (0.122)	−20.866** (9.562)	−18.921* (10.16)	−26.119** (11.09)	−26.316** (12.04)	0.790 (14.61)	−8.039 (18.46)
lnTFP×TL			−2.419** (0.972)	−2.634*** (1.012)	−2.204* (1.135)	−2.440** (1.189)	−2.419 (1.625)	−4.676** (1.945)
lnTFP×TS			−2.920** (1.488)	−3.646** (1.620)	−0.736 (1.518)	−1.103 (1.739)	−7.785*** (2.939)	−9.065*** (3.198)
lnTFP×OWN			4.300** (2.025)	3.824* (2.146)	5.522** (2.348)	5.527** (2.546)	−0.603 (3.076)	1.144 (3.858)
GDP		0.007* (0.004)		0.006 (0.004)		0.060** (0.028)		0.007 (0.005)
RGDP		0.001* (0.0004)		0.001* (0.0004)		0.001 (0.001)		0.001 (0.001)
GDPG		−0.009 (0.018)		0.011 (0.020)		0.014 (0.022)		0.009 (0.064)
RAW		0.015** (0.006)		0.014** (0.006)		0.012** (0.005)		−0.013 (0.028)
RISK		0.020 (0.017)		0.020 (0.016)		0.020 (0.014)		−0.111 (0.146)
REG		yes		yes		yes		yes
CONS	38.925* (22.642)	36.140 (22.889)	−961.223* (556.892)	−1315.060** (601.687)	1.578 (555.641)	−176.699 (634.795)	−3230.819*** (1124.500)	−3860.528*** (1160.138)
AR(1)(pvalue)	0.000	0.005	0.000	0.005	0.001	0.007	0.030	0.071
AR(2)(pvalue)	0.641	0.263	0.952	0.492	0.949	0.518	0.196	0.149

---

① 根据 Bond（2002）给出的检验 GMM 估计值有效性的方法：如果 GMM 估计值介于固定效应估计值和混合 OLS 估计值之间，则 GMM 估计是可靠和有效的，这是因为混合 OLS 估计通常会导致向上偏误的滞后项系数，而在时间跨度较短的面板数据中，采用固定效应估计则会产生一个严重向下偏误的滞后项系数。

续表

样本分类	全样本				非 OECD 国家		OECD 国家	
估计方程	A1	A2	A3	A4	A5	A6	A7	A8
HANSEN(pvalue)	0.304	0.286	0.321	0.348	0.709	0.362	0.992	1.000
Obs	929	733	929	733	723	527	206	206
Wald Chi2	129.35	280.63	152.67	323.36	132.21	238.76	44.91	175.48

注：括号中的数字是标准差，*、**、*** 分别表示 10%、5% 和 1% 的显著性水平。

1. 全样本的实证结果与分析

在估计结果表 4 中，（A1）~（A4）是全样本估计的结果，其中，（A1）和（A2）考察不包含技术进步与结构转型交互作用的情形。基本方程（A1）仅包含技术进步与结构转型变量的估计结果，结果表明，TL 与 OWN 的系数均显著为负，而 TFP 的系数不显著为负，说明产业结构合理化与所有制结构转型均可以推动我国对外直接投资规模的扩张，技术进步并未单独对 OFDI 发挥作用；加入控制变量后的估计结果（A2）显示，估计结果变化微小。在（A3）和（A4）中加入技术进步与结构转型的交互项，基于（A3）的估计结果表明，TFP、TS 和 OWN 的系数均对我国 OFDI 具有显著的正向影响，值得注意的是，在考虑交互作用后，与（A1）和（A2）不同，TFP 的系数在 10% 的水平下显著为正，TL 的系数由显著为负变化为显著为正，而 TS 的系数为正，并通过了 5% 的显著性水平检验；OWN 的系数与以上相同，在 1% 的水平下显著为负。在交互效应方面，lnTFP×TL 和 lnTFP×TS 的系数显著为负表明，在样本期间内，技术进步与产业结构合理化具有正向的联合效应，两者相互促进对我国 OFDI 产生显著的正向影响，而技术进步的提高却会使得产业结构高级化具有相互竞争或排他的效应，两者在发展中可能具有一定程度的相互冲突，对 OFDI 的发展产生不良影响；lnTFP×OWN 的系数显著为正，显示技术进步的推动往往与国有企业的对外投资相联系，这可能是在 OFDI 起始阶段国有企业在对外投资起主导作用的印迹。在加入控制变量的（A4）的估计结果与（A3）基本一致，说明估计的结果具有稳健性，同时也说明技术进步与结构转型之间对中国对外直接投资的影响具有交互效应。

2. 两个子样本的实证结果

考虑到东道国的发展阶段和特征可能对估计结果产生影响，以下我们将东道国分类讨论，为了便于对现有研究的扩展与比较，我们分别考虑非 OECD 国家与 OECD 国家的情形。

在表 4 中，模型（A5）和模型（A6）是非 OECD 国家样本的估计结果。基本模型（A5）的估计结果显示，TL 的系数显著为正，以及 OWN 系数为负，并通过了 5% 水平的显著性检验。与模型（A3）的估计结果一致，所有制转型对非 OECD 国家的 OFDI 具有显著的正向影响，而产业结构合理化对非 OECD 国家的中国 OFDI 具有显著的负向影响。在交互影响方面，技术进步与产业合理化交叉项的系数显著为负，表明两者具有正向的相互作用：技术进步的提高有利于产业结构合理化对非 OECD 国家的中国 OFDI 的正向影响，而技术进步的提高却会使得所有制转型对非 OECD 国家的中国 OFDI 影响效应的下降。模型（A6）是加入其他控制变量之后的估计结果，与模型（A5）估计结果相差不大。

模型（A7）和模型（A8）是 OECD 国家样本估计结果，基本模型（A7）的估计结果显示，技术进步和产业结构高级化均对 OECD 国家的 OFDI 具有显著的影响，两者的交互项系数显著为正，表明技术进步的提高同样会降低产业结构高级化对 OECD 国家的中国 OFDI 的正向效应；而产业结构合理化和所有制转型对 OECD 国家的中国 OFDI 的影响并不显著。加入其他控制变量后，模型（A8）和模型（A7）估计的各变量估计的系数相比，除影响效应大小存在差异外，其影响方向基本一致。

通过比较 OECD 国家和非 OECD 国家样本的估计结果，可见技术进步、产业结构变迁以及所有制转型对不同东道国的中国 OFDI 的影响效应并不完全一致，其中，产业结构合理化和所有制转型对非 OECD 国家的中国 OFDI 具有显著的影响，而技术进步与产业结构高级化在 OECD 国家具有显著的影响，表明，技术进步与结构转型对不同经济发展水平的国家的 OFDI 影响是有差异的，对于经济发展水平较高的国家技术进步与产业结构高级化对对外直接投资的影响更大，而对于经济发展水平不高的国家产业结构合理化与所有制转型对对外直接投资的影响更大。

此外，在控制变量方面，模型（A2）、模型（A4）和模型（A6）结果一致显示，我国对外直接投资具有明显的市场寻求和资源寻求特征。其中，对于经济发展水平较高的 OECD 国家，我国对外直接投资市场寻求和资源寻求的特征并不明显，而对于经济发展水平不高的非 OECD 国家，我国对外直接投资同时具有明显的市场寻求和资源寻求特征。同时结果还显示，风险因素对我国对外直接投资的影响并不显著，可能因为，一方面风险因素的增加会降低对东道国的投资，另一方面高风险可能意味着高收益，也可能增加对东道国的投资。

（二）替代变量的稳健性检验

考虑估计结果的稳健性，我们选择关键变量的替代变量对模型（1）进行重新估计。本文采用了中国 OFDI 存量与东道国人口之比（取对数）作为被解释变量，同时采用产业结构偏离度（E）作为泰尔指数（TL）的替代变量来衡量产业结构的合理化；采用第三产业就业人数与全国总就业人数比重进行衡量产业结构向服务业转向；采用国有固定资产投资占全社会固定资产投资的比重作为衡量所有制结构的变量。与以上的分析思路一致，以东道国的经济情况分类，分别估计了全样本、非 OECD 国家和 OECD 国家的样本，估计结果如表 5 所示，所得结论与表 4 的估计结果基本一致，表明上述实证结果具有较强的稳健性。

限于篇幅，本文仅列出以中国对外直接投资存量与东道国人口之比为被解释变量，以衡量技术进步的全要素生产率（TFP）、衡量产业结构合理化的产业结构偏离度（E）、以衡量产业结构高级化的第三产业增加值占国内生产总值的比重（THIRDIND）、以衡量所有制转型变量的国有固定资产投资占全社会固定资产投资的比重（ASSET），及其技术进步与经济结构转型交互项为主要解释变量的估计结果。估计结果如表 5 中（B1）~（B8）所示，AR（1）和 AR（2）检验以及 HANSEN 检验结果表明各模型系统 GMM 估计是有效的，除被解释变量一阶滞后项与所有制变量对 OFDI 的影响效应存在差异外，其余估计结果与以中国 OFDI 流量为被解释变量估计的结果基本一致。被解释变量一阶滞后项的估计结果表明，相对流量来说，存量的动态演化持续性较为明显，而以国有资产比重进行衡量的所有制变量显示国有资产比重的上升对 OFDI 具有显著的正向影响，显示出中国 OFDI 初期国有对外直接投资占比较高对 OFDI 存量遗留下来的影响。其余结果这里不再重复说明，这说明本文的结果具有很强的稳健性。

表 5　以人均 OFDI 存量为被解释变量的估计结果

样本分类	全样本				非 OECD 国家		OECD 国家	
估计方程	B1	B2	B3	B4	B5	B6	B7	B8
lnOFDI	0.808*** (0.076)	0.817*** (0.059)	0.814*** (0.083)	0.817*** (0.066)	0.803*** (0.075)	0.816*** (0.065)	0.848*** (0.159)	0.740*** (0.145)
lnTFP	−3.738*** (1.238)	−2.942** (1.234)	166.608 (88.611)	158.497* (86.015)	89.401 (103.267)	36.166 (98.240)	506.839*** (134.249)	613.705*** (150.101)
E	−0.019*** (0.006)	−0.019*** (0.006)	−0.383 (0.382)	−0.211 (0.402)	−0.636* (0.374)	−0.591 (0.382)	0.799 (0.916)	0.687 (0.927)
THIRDIND	−0.055 (0.054)	−0.065 (0.053)	18.745* (9.653)	17.814* (9.467)	9.981 (11.246)	4.098 (10.815)	57.190*** (14.837)	69.101*** (17.172)

样本分类	全样本				非 OECD 国家		OECD 国家	
估计方程	B1	B2	B3	B4	B5	B6	B7	B8
ASSET	0.0002 (0.009)	0.013 (0.010)	3.724* (1.949)	2.614 (2.007)	4.758** (1.921)	3.915** (1.928)	−1.019 (4.838)	0.596 (5.023)
lnTFP*E			0.066 (0.080)	0.031 (0.084)	0.122 (0.079)	0.116 (0.080)	−0.198 (0.190)	−0.182 (0.190)
lnTFP*TTIRDIND			−3.992* (2.043)	−3.790* (2.002)	−2.138 (2.382)	−0.891 (2.289)	−12.118*** (3.141)	−14.619*** (3.626)
lnTFP*ASSET			−0.767* (0.403)	−0.535 (0.416)	−0.984** (0.397)	−0.808** (0.399)	0.227 (1.002)	−0.105 (1.040)
GDP		−0.001** (0.001)		−0.001** (0.001)		−0.003 (0.005)		−0.001 (0.001)
RGDP		0.0002** (0.0001)		0.0002** (0.0001)		0.00027 (0.00019)		0.0003** (0.0001)
GDPG		−0.005 (0.007)		−0.003 (0.007)		−0.003 (0.007)		0.016 (0.026)
RAW		0.002 (0.001)		0.002 (0.001)		0.002 (0.001)		−0.0001 (0.004)
$\overline{\text{RISK}}$		−0.001 (0.004)		−0.001 (0.004)		−0.001 (0.004)		−0.021 (0.019)
REG		yes		yes		yes		yes
CONS	20.702** (8.261)	17.010** (7.740)	−774.168 (415.383)	−737.823* (403.652)	−412.554 (483.622)	−164.304 (460.298)	−2369.654*** (628.752)	−2875.233*** (703.322)
HANSEN(pvalue)	0.065	0.049	0.082	0.084	0.237	0.248	0.992	0.934
AR(1)(pvalue)	0.000	0.000	0.000	0.000	0.000	0.000	0.003	0.001
AR(2)(pvalue)	0.986	0.696	0.964	0.679	0.684	0.376	0.801	0.804
Obs	1408	1128	1408	1128	1126	846	282	282
Wald chi2	2058.85	3268.30	2277.63	3477.00	1716.13	1727.92	1720.77	3079.66

注：括号中的数字是标准差，*、**、*** 分别表示 10%、5%和1%的显著性水平。

（三）考虑金融危机的稳健性检验

考虑到金融危机对我国 OFDI 潜在的影响，参考 Cheung 和 Qian（2009）的研究思路，在基本模型（1）中本文加入了衡量金融危机的虚拟变量 $D08_t$，及其金融危机虚拟变量与资源寻求和市场寻求的交互项对本文的主要结论进行稳健性检验。可将计量模型设立为：

$$\ln OFDI_{it} = \alpha_0 + \alpha_1 \ln OFDI_{it-1} + \beta_1 \ln TFP_{it-1} + \beta_2 TL_{it-1} + \beta_3 TS_{it-1} + \beta_4 OWN_{it-1} +$$
$$\beta_5 \ln TFP_{it-1} \times TL_{it-1} + \beta_6 \ln TFP_{it-1} \times TS_{it-1} + \beta_7 \ln TFP_{it-1} \times OWN_{it-1} +$$
$$\beta_8 GDP_{it-1} + \beta_9 RGDP_{it-1} + \beta_{10} GDPG_{it-1} + \beta_{11} RAW_{it-1} + \beta_{12}\overline{RISK_{it-1}} +$$
$$\sum_{g=1}^{5} \eta_g REG_{ig} + D08_t + D08_t \times GDP_{it-1} + D08_t \times RGDP_{it-1} +$$
$$D08_t \times GDPG_{it-1} + D08_t \times RAW_{it-1} + \mu_i + \varepsilon_{it} \qquad\qquad （4）$$

同样，采用与以上相同的方法对模型（4）进行估计，估计结果如表 6 所示。以流量进行分析，D08的系数均为负，并且仅在 OECD 样本下通过了 5%的显著性检验。结果表明，总体而言，金融危机对中国 OFDI 的影响并不显著，但对流向经济发展水平较高的 OECD 国家的中国 OFDI 则具有显著的负向影响，而且与资源寻求和市场寻求的交互项的结果表明，金融危机后更有利于中国 OFDI 对外寻求市场。其他变量的估计结果与表 4 和表 5 基本一致，从而为本文的主要结果提供了稳健性检验。

表6 考虑金融危机的进一步分析

被解释变量	OFDI 流量			人均 OFDI 存量		
样本分类	全样本	非 OECD	OECD	全样本	非 OECD	OECD
估计方程	C1	C2	C3	C4	C5	C6
lnOFDI	−0.006 (0.144)	0.013 (0.153)	−0.276 (0.177)	0.695*** (0.066)	0.714*** (0.080)	0.540*** (0.097)
lnTFP	308.996* (164.870)	37.526 (168.947)	983.717*** (309.999)	133.912** (53.964)	64.703 (59.894)	258.544* (134.527)
TL	11.997** (5.966)	10.096 (6.680)	7.683 (11.228)	2.376 (2.090)	−0.386 (2.110)	8.298 (5.397)
TS	19.200* (10.097)	5.922 (10.458)	54.904*** (18.987)	7.754** (3.222)	3.580 (3.549)	14.243* (8.591)
OWN	−20.333* (11.546)	−27.901** (13.078)	−0.788 (19.694)	−1.835 (3.439)	1.668 (3.389)	−5.537 (8.985)
lnTFP×TL	−2.599** (1.288)	−2.150 (1.440)	−1.906 (2.408)	−0.551 (0.445)	0.044 (0.450)	−1.811 (1.135)
lnTFP×TS	−4.019* (2.130)	−1.201 (2.206)	−11.565*** (4.002)	−1.640** (0.680)	−0.759 (0.749)	−3.016* (1.806)
lnTFP×OWN	4.136* (2.414)	5.906** (2.741)	−0.346 (4.090)	0.298 (0.714)	−0.382 (0.708)	0.928 (1.865)
GDP	0.005 (0.003)	0.045 (0.028)	0.008** (0.003)	−0.001 (0.001)	−0.006 (0.009)	0.0004 (0.001)
RGDP	0.001** (0.0004)	0.002* (0.001)	−0.0003 (0.001)	0.0002* (0.0001)	0.0005 (0.0003)	0.0001 (0.0003)
GDPG	0.008 (0.035)	−0.001 (0.036)	−0.629*** (0.230)	−0.030 (0.022)	−0.011 (0.021)	−0.052 (0.128)
RAW	0.018*** (0.007)	0.015** (0.007)	0.008 (0.032)	0.009*** (0.003)	0.006* (0.003)	0.010 (0.011)
$\overline{RISK}$	0.021 (0.016)	0.020 (0.015)	−0.064 (0.140)	−0.001 (0.005)	−0.002 (0.005)	−0.020 (0.027)
D08	−0.694 (0.716)	−0.831 (0.780)	−4.917** (1.980)	0.048 (0.345)	0.303 (0.333)	−0.799 (1.447)
D08×GDP	0.011** (0.004)	0.038*** (0.014)	0.008 (0.005)	−0.001 (0.002)	−0.001 (0.009)	−0.003 (0.002)
D08×RGDP	0.0001 (0.0004)	−0.001 (0.001)	0.001* (0.001)	0.0004* (0.0002)	−0.0001 (0.0002)	0.001** (0.0004)
D08×GDPG	0.029 (0.050)	0.048 (0.042)	0.739*** (0.254)	0.052* (0.031)	0.014 (0.032)	0.078 (0.144)
D08×RAW	−0.006 (0.005)	−0.005 (0.005)	−0.023 (0.015)	−0.014** (0.006)	−0.008 (0.005)	−0.021 (0.017)
CONS	−1455.705* (768.382)	−199.242 (788.029)	−4583.108*** (1444.805)	−622.844** (251.744)	−302.469 (278.808)	−1196.881* (629.979)
REG	yes	yes	yes	yes	yes	yes
HANSEN(pvalue)	0.348	0.359	1.000	0.198	0.373	1.000
AR(1)(pvalue)	0.003	0.008	0.060	0.000	0.000	0.001
AR(2)(pvalue)	0.529	0.451	0.149	0.841	0.424	0.296
Obs	733	527	206	1128	846	282
Wald chi2	287.75	259.93	350.05	3311.64	1752.81	2278.57

注：括号中的数字是标准差，*、**、*** 分别表示10%、5%和1%的显著性水平。

五、结语与政策建议

什么因素影响着中国的对外直接投资？近年来，随着我国对外直接投资规模的急剧扩张，这一问题已经引起了广泛关注。虽然国内外学者对我国对外直接投资的动因进行了多方面的探讨，但一些潜在因素依然值得进一步探究，这对于理解我国对外直接投资行为、明确我国对外直接投资方向、提高我国对外直接投资效率与效益等方面具有重要的理论和现实意义。与以往的研究不同，本文着重考察技术进步、产业结构与所有制对我国对外直接投资的影响。在深入分析影响中国 OFDI 快速增长内在机制的基础上，基于 2003~2012 年世界 179 个国家和地区的跨国数据实证分析了影响我国对外直接投资增大的多层次因素，在控制了市场寻求动机、资源寻求动机和东道国的市场风险等潜在影响的外在因素后，结果表明，技术进步具有正向促进作用；产业结构的合理化具有显著的负向效应，产业结构的高级化对 OFDI 具有显著的正向效应；以国有比重度量的所有制变量对中国 OFDI 具有显著的负向影响；在交互作用方面，技术进步与产业结构的合理化具有显著的相互促进作用，而技术进步与产业高级化具有互斥效应，技术进步在促进 OFDI 时主要通过国有产权结果发挥作用，并根据东道国的经济发展水平，分别考察非 OECD 国家和 OECD 国家中国 OFDI 的影响效应的差异性。以上结果对于考虑替代变量和考虑金融危机的潜在影响后的结果均是稳健的，以期深入探讨中国 OFDI 逐年扩张的内在机理对中国企业加快实施"走出去"战略提供现实的借鉴。

基于以上研究结论，本文可以提出以下有利于中国对外直接投资的相关政策建议：

第一，不管是对于国家来说，还是对于企业来说，技术进步都是参与国际竞争、提升自身竞争力的关键所在，要提高自身的国际竞争力依赖于自身技术水平的提高与创新，实证研究也表明技术进步对中国对外直接投资具有显著的正向影响。因此，对于中国对外直接投资企业来说，应积极努力提高自身的技术水平，加大研发投入的力度，不断推动企业自主创新的能力，培育新产品、改进新工艺、完善企业组织管理制度创新、开拓新市场，加快对外直接投资步伐，引进先进技术和科学管理经验，提高企业对外直接投资的逆向技术溢出效应，增强企业对外直接投资的内生动力。对于国家来说，一方面，应努力提高国家整体的教育、科学、技术水平；另一方面，应为企业的技术创新营造良好的制度环境，鼓励有条件的企业积极推动技术创新。

第二，产业结构与中国对外直接投资密切相关，实证结果表明，产业结构高级化对中国对外直接投资产生显著的正向影响，而产业结构合理化还不能对中国对外直接投资产生有利影响。因此，对于国家来说，应稳步推进产业结构调整，促进产业结构向合理化和高级化进程演化，以产业结构高级化带动产业结构合理化来推动中国对外直接投资的扩张和产业结构的转变。对于对外直接投资企业来说，也应从国家产业结构调整与宏观经济发展的要求出发，适时调整对外直接投资流向及其产业结构，使之符合中国产业结构转型升级以及经济增长方式转变的内在要求。

第三，国家应推动所有制转型发展，营造良好的制度环境，鼓励有条件的各种所有制企业积极开展对外直接投资，推动对外直接投资主体多元化。

第四，应注意对外直接投资规模的连续性及其对对外直接投资增长速度的影响。

第五，充分利用国际、国内两个市场两种资源，积极主动开发利用海外资源，促进资源在全球范围内的合理配置，弥补国内资源短缺和提高市场经济效益。

第六，针对海外投资风险，应完善海外投资风险管理体系，强化海外投资风险管理。

产业转型升级与产能过剩治理——中国工业经济学会2014年论文集

参考文献：

［1］Arellano，M. and Olympia Bover. Another Look at the Instrumental Variable Estimation of Error‐Components Models［J］. Journal of Econometrics，1995，68（1）：29-51.

［2］Billington，N. The Location of Foreign Direct Investment：An Empirical Analysis［J］. Applied Economics，1999（31）：65-76.

［3］Blundell，R. and Stephen R. Bond. Initial Conditions and Moment Restrictions in Dynamic Panel Data Models［J］. Journal of Econometrics，1998，87（1）：115-143.

［4］Bond，Stephen R. Dynamic Panel Data Models：a Guide to Micro Data Methods and Practice［J］. Portuguese Economic Journal1，2002（1）：141-162.

［5］Buckley，P.J. and Casson，M.. The Optimal Timing of a Foreign Direct Investment［J］. Economic Journal，1981（91）：75-87.

［6］Buckley，Peter J. and Clegg，Jeremy and Cross，Adam R. and Liu，Xin and Voss，Hinrich and Zheng，Ping. The Determinants of Chinese Outward Foreign Direct Investment［J］. Journal of International Business Studies，2007，38（4）：499-518.

［7］Cheung，Yin‐Wong XIngwang Qian. Empirics of China's Outward Direct Investment［J］. Pacific Economic Review，2009，14（3）：312-341.

［8］Diego，et al. China's Outward Foreign Direct Investment Driving Factors，Theoretical Background and Strategic Implications［R］. 34th EIBA Annual Conference，Tillinn，2008.

［9］Eaton，J. and A. Tamura. Japanese and US Exports and Investment as Conduits of Growth［N］. Working Paper No. 5457，NBER，1996.

［10］Goldsmith，Raymond W. A Perpetual Inventory of National Wealth［M］. NBER Studies in Income and Wealth，New York：Nation Bureau of Econmic，1951.

［11］Hall，Robert Eand Charles I，Jones. Why Do Some Countries Produce So Much More Output Per Worker Than Others［J］. The Quarterly Journal of Economics，1999，114（1）：83-116.

［12］Kinoshita，Y. and N. F. Campos. Estimating the Determinants of Foreign Direct Investment Inflows：How Important are Sampling and Omitted Variable Biases［J］. Bank of Finland. Discussion Paper BOFIT，2004（10）：1-4.

［13］Kojima，Kiyoshi. Direct Foreign Investment：A Japanese Model of Multinational Business Operation［M］. London：Croom Helm，1978.

［14］Kravis，I. B. and R. E. Lipsey. Location of Overseas Production and Production for Export by U.S. Multinational Firms［J］. Journal of International Economics，1982（12）：201-223.

［15］Roodman，David. How to Do Xtabond2：an Introduction to Difference and System GMM in Stata［N］. Center for Global Development Working Paper No.103，2006.

［16］Theil H.. Economics and Information Theory［M］. Amsterdam：North Holland.

［17］Young，Alwyn. Gold into Base Metals：Productivity Growth in the People's Republic of China during the Reform Period［J］. Journal of Political Economy，2003，111（6）：1220-1260.

［18］单豪杰.中国资本存量K的再估算：1952~2006年［J］.数量经济技术经济研究，2008（10）.

［19］干春晖，郑若谷，余典范.中国产业结构变迁对经济增长和波动的影响［J］.经济研究，2011（5）.

［20］李猛，于津平.东道国区位优势与中国对外直接投资的相关性研究——基于动态面板数据广义矩估计分析［J］.世界经济研究，2011（6）.

［21］李优树，陈丹，向鹏达.中国对外直接投资影响因素的理论分析与实证检验［J］.统计研究，2014（2）.

［22］綦建红，李丽，杨丽.中国OFDI的区位选择：基于文化距离的门槛效应与检验［J］.国际贸易问题，2012（12）.

［23］邱立成，赵成真.制度环境差异、对外直接投资与风险防范：中国例证［J］.国际贸易问题，2012

(12).

　　［24］邱立成，王凤丽.我国对外直接投资主要宏观影响因素的实证研究［J］.国际贸易问题，2008（6）.

　　［25］孙晓华，王昀.企业所有制与技术创新效率［J］.管理学报，2013（7）.

　　［26］王方方，扶涛.中国对外直接投资的贸易因素——基于出口引致与出口平台的双重考察［J］.财经研究，2013（4）.

　　［27］王海军，宋宝琳.中国对外直接投资的动因研究——基于市场与资源两种因素的探讨［J］.西安交通大学学报，2013（3）.

　　［28］王辉，张俊玲.企业技术创新能力与国际化成长［J］.中南大学学报，2008（6）.

　　［29］温磊.中国对外直接投资决定因素的实证研究［J］.山西大学学报，2013（4）.

　　［30］吴敬琏.中国增长模式抉择（增订版）［M］.上海：上海远东出版社，2008.

　　［31］项本武.东道国特征与中国对外直接投资的实证研究［J］.数量经济技术经济研究，2009（7）.

　　［32］姚洋.非国有经济成分对我国工业企业技术效率的影响［J］.经济研究，1998（12）.

　　［33］易纲.中国企业走出去的机遇、风险与政策支持［J］.中国市场，2012（37）.

　　［34］张军，施少华.中国经济全要素生产率变动：1952~1998［J］.世界经济文汇，2003（2）.

　　［35］张军，吴桂英，张吉鹏.中国省际物质资本存量估算：1952~2000［J］.经济研究，2004（10）.

　　［36］张新乐，王文明，王聪.我国对外直接投资决定因素的实证研究［J］.国际贸易问题，2007（5）.

　　［37］赵伟，古广东，何元庆.外向 FDI 与中国技术进步：机理分析与尝试性实证［J］.管理世界，2006（7）.

　　［38］赵晓晨.中国对外直接投资动因分析［J］.对外经贸实务，1999（1）.

图书在版编目（CIP）数据

产业转型升级与产能过剩治理——中国工业经济学会2014年论文集/刘友金，吕政主编. —北京：经济管理出版社，2015.10
ISBN 978-7-5096-3957-3

Ⅰ.①产… Ⅱ.①刘… ②吕… Ⅲ.①产业结构升级—中国—文集 ②生产过剩—中国—文集
Ⅳ.①F121.3-53 ②F124-53

中国版本图书馆 CIP 数据核字（2015）第 209862 号

组稿编辑：陈　力
责任编辑：杨国强　张瑞军
责任印制：司东翔
责任校对：张　青　赵天宇

出版发行：经济管理出版社
　　　　　（北京市海淀区北蜂窝 8 号中雅大厦 11 层　100038）
网　　址：www. E-mp. com. cn
电　　话：（010）51915602
印　　刷：三河市延风印装有限公司
经　　销：新华书店
开　　本：880mm×1230mm/16
印　　张：37
字　　数：1070 千字
版　　次：2015 年 10 月第 1 版　　2015 年 10 月第 1 次印刷
书　　号：ISBN 978-7-5096-3957-3
定　　价：98.00 元